人民检察院组织法与检察官法修改
——第十二届国家高级检察官论坛论文集

主　编　　胡卫列　董桂文　韩大元
副主编　　徐鹤喃　何秉群

中国检察出版社

图书在版编目（CIP）数据

人民检察院组织法与检察官法修改：第十二届国家高级检察官论坛论文集/胡卫列，董桂文，韩大元主编．—北京：中国检察出版社，2016.7
ISBN 978 - 7 - 5102 - 1695 - 4

Ⅰ.①人… Ⅱ.①胡…②董…③韩… Ⅲ.①检察机关 - 机构组织法 - 中国 - 文集②检察官法 - 中国 - 文集 Ⅳ.①D926.3 - 53

中国版本图书馆 CIP 数据核字（2016）第 154561 号

人民检察院组织法与检察官法修改
——第十二届国家高级检察官论坛论文集

主　编　胡卫列　董桂文　韩大元
副主编　徐鹤喃　何秉群

出版发行：	中国检察出版社
社　　址：	北京市石景山区香山南路 111 号（100144）
网　　址：	中国检察出版社（www.zgjccbs.com）
编辑电话：	（010）68682164
发行电话：	（010）88954291　88953175　68686531
	（010）68650015　68650016
经　　销：	新华书店
印　　刷：	河北省三河市燕山印刷有限公司
开　　本：	710 mm × 960 mm　16 开
印　　张：	60.5
字　　数：	1114 千字
版　　次：	2016 年 7 月第一版　2016 年 7 月第一次印刷
书　　号：	ISBN 978 - 7 - 5102 - 1695 - 4
定　　价：	140.00 元

检察版图书，版权所有，侵权必究
如遇图书印装质量问题本社负责调换

编者的话

高级检察官论坛是国家检察官学院倡议，国家检察官学院与中国人民大学法学院联合主办的系列学术会议。论坛的宗旨是围绕检察理论与检察实践中的前沿热点问题展开多元的全方位的探索与对话，以期对促进中国特色社会主义检察制度的科学发展，推动社会主义法治的进步有所助益。

《人民检察院组织法》和《检察官法》（以下简称"两法"）是检察机关的两部重要法律，对于坚持、发展和完善中国特色社会主义检察制度有重大意义。随着我国社会主义民主与法治建设的不断完善，特别是在全面推进依法治国战略部署下，司法体制改革不断深入，围绕依法独立公正行使检察权这一目标，对健全检察权运行机制和自身监督制约机制、健全符合检察职业特点的检察人员管理制度、提高检察人员政治业务素质和公正执法水平等提出了更新更高的要求。为保障司法体制改革与检察改革依法有序推进，"两法"已被列为十二届全国人大常委会立法规划一类立法项目，需在本届人大任期内提请审议。"两法"修改工作时间紧、任务重、要求高，最高人民检察院党组对此十分重视，要求集中全系统之力，全力以赴做好"两法"修改工作。"两法"修改事关司法体制改革和检察改革的顺利推进，也直接关系到中国特色社会主义检察制度的科学发展，涉及一系列重大理论问题和实践问题。法学理论界和司法实务界对"两法"修改中的一些问题还存在分歧与争议，亟待深入研究和解决。

为了推进对相关问题的深入研究，为"两法"修改提供理论指导和学理支撑，我们将今年论坛的主题确定为"人民检察院组织法与检察官法修改"，展开对"'两法'修改中的重大基础理论问题"、"司法改革与'两法'修改"、"检察机关的设置"、"检察机关的权力配置"、"检察机关内设机构与办案组织"、"检察人员分类管理与职业保障"六个方面议题的思考和讨论，积极为"两法"修改工作建言献策。

论坛的组织得到各方的积极响应和参与，共收到有关院校专家学者和检察机关实务部门人员提交的论文320余篇。囿于篇幅的限制，我们挑选部分有代表性的文章结集出版。

本届论坛由河北省人民检察院承办，中国检察出版社对于论文集的出版给予了大力支持，我们表示衷心的感谢！同时，由于时间紧迫，本书可能存在未能尽如人意的地方，恳请大家批评指正！

本书编写组

2016 年 6 月 20 日

目　录

一、"两法"修改中的重大基础理论问题

《人民检察院组织法》修改若干问题的法理剖析 …… 冯玉军　赵轩毅（3）
论检察官独立的正当性、相对性与限度性 ………… 叶　青　吴思远（13）
检察一体化下检察官的独立性 …………………………… 孟　群　董东晓（26）
检察官相对独立之权力解构 …………………………………………… 秦天宁（33）
司改背景下检察权运行机制的基本架构
　　——以司法责任制为视角的观察 …………… 盛宏文　张红良（42）
我国检察权国家性的宪法学解释与规制
　　——兼论《人民检察院组织法》修改 ……… 郑立泉　常俊朋（53）
国家法律监督机关职能论
　　——兼与陈卫东教授商榷 ………………………………… 王昌奎（61）
略论"十三五"时期我国检察法制的发展完善 …………………… 阮志勇（78）
中外检察院组织法、检察官法探源 ………………………………… 薛伟宏（87）
中国特色检察监督权法治化形态探索 ……………… 高保德　郭洁璐（101）

二、司法改革与"两法"修改

改革视野下组织法文本的反思与重构 ……………… 罗　军　刘　毅（111）
"两法"修改中的几个问题
　　——以刑事执行检察工作为视角 …………………………… 王伦轩（124）
符合检察特点的办案责任制模式研究
　　………………………………… 上海市浦东新区人民检察院课题组（132）
司法责任制与侦查监督工作机制构建 ……………………………… 周永年（142）
检察官办案责任制制度解构
　　——以侦查监督程序为视角 ………………… 黄凯东　张建兵　张　涛（150）

— 1 —

司法责任制改革中的主任检察官角色演进
　　——对主任检察官制度的再检视 ………… 许创业　张梁　张光平（162）
司法改革背景下专职委员的职能定位
　　——以天水市检察机关专职委员履职情况为实证研究
　　……………………………………… 张喜　郭洁璐　邓净元（174）
办案责任制改革中的检察官职业伦理研究 …………… 阮祝军（183）
司法体制改革与《人民检察院组织法》修改 …………… 邢伟（192）
司法改革与"两法"修改中的几个问题 ………………… 李永志（202）
《人民检察院组织法》修改的"为"与"不为"
　　…………… 天津市人民检察院　天津市北辰区人民检察院联合课题组（208）
《人民检察院组织法》修改的若干问题研究
　　………………………………… 王悦群　孟睿　刘雨珣（222）
试论司法改革背景下的"两法"修改 …………………… 娄立新（233）
检察委员会制度改革研究
　　——以检察官办案责任制改革为视角 …… 李荣冰　徐碧雪　姜康康（241）
宪法视界下的检察改革与《人民检察院组织法》修改
　　……………………………………………… 李月晨　宋生辉（250）
浅议《人民检察院组织法》的修改与完善 ……… 罗堂庆　刘亚男（262）
《人民检察院组织法》修改方向探析 ……… 张春明　李坡山　杨爽（272）
对《人民检察院组织法》修改的几点思考 ……………… 韩欣悦（282）
《人民检察院组织法》修改的未来动向 ………………… 吴轩（288）

三、检察机关的设置

特殊检察机关设置问题研究 ……………………………… 甄贞（301）
跨行政区划检察机关的制度构建
　　——以跨省检察机关设立为中心 ……………… 张亮　张伟新（314）
跨行政区划检察院改革与《人民检察院组织法》修改
　　……………………………………………… 孙秀丽　韩东成（326）
跨行政区划检察院办案机制研究
　　——以办理破坏环境资源刑事案件为切入点 …… 门植渊　门洪训（334）
派出检察院设立的现实检视与理性回应
　　——以各地人大常委会的设立《决定》为切入点
　　……………………………………………… 苟小军　赵晓荣（344）

检察机关法律政策研究机构设置问题研究
　　……………………………………… 韩少峰　孙寅平　陆瑞芳（355）
关于检察机关设置的四个问题 …… 北京市人民检察院第二分院课题组（365）
关于我国检察机关设置的思考 ……………………………… 张玉华（380）
检察机关办案组织的再思考 ………………………………… 龚　斌（390）
中国未检组织体系设置问题研究 …………………………… 操宏均（397）

四、检察机关的权力配置

检察职权与检察院组织法修改 ……………………………… 王玄玮（409）
司法责任制改革中检察内部办案职权的配置及优化
　　………………………………………… 项　谷　张　菁　姜　伟（418）
检察机关内部权力的配置优化 ……………………………… 李忠明（427）
检察官办案职权的优化配置与实践探索 …………………… 钱云灿（439）
符合检察特点的检察官权力清单研究 ……………………… 孙　静（449）
改革和完善检察机关权力配置之构想
　　——兼谈修改《人民检察院组织法》与《检察官法》…… 何明田（457）
试论检察机关的权力设置 …………………………………… 傅君佳（471）
完善检察监督程序的几点思考 ……………………………… 王国宏（480）
检察机关诉讼监督职权研究 ………………………… 肖振猛　姚俊峰（491）
从"以公诉为中心"到"以侦查监督为中心"
　　——"以审判为中心"视角下侦查活动监督中心调整 …… 高扬捷（506）
"捕诉合一"抑或"捕诉分离"：实务考察与理论探究 ……… 伏　波（515）
检察机关刑事审判监督权运行现状与改进 ………… 赵永红　金　鑫（528）
审判中心主义视角下的检察官质证问题研究
　　………………………………………… 戴　飞　杨宇冠　张扣华（536）
未成年人监护关系变更的检察公益诉讼研究 ……………… 陈历幸（551）
论行政不作为检察监督 ……………………………… 霍敬裕　刘　雯（560）
直辖市民事检察职权配置研究 …………… 岳金矿　郭兴莲　那　娜（568）
派驻基层检察室职权配置研究
　　——以诉讼职权与监督职权的关系为视角 ……… 曾　军　师亮亮（578）
从守法执法监督视角看检察职权配置 ……………………… 周晓霞（584）
公诉人行使法律监督职权合理性分析 ……………………… 赵培显（595）

五、检察机关内设机构与办案组织

中国检察权运作的内部组织构造回应 ………… 邵　晖　韩建祥（603）
检察机关办案组织改革的组织行为学分析与构建
　　——以18个省（市）、自治区检察机关司法改革文本共性为视角
　　………………………………………… 蒋昱程　王东卫（613）
我国基层人民检察院内部机构设置探析 ………… 何秉群　冯韶辉（625）
基层检察机关内设机构设置改革研究
　　——以检察权权力属性为视角 ………………… 陈晓明（634）
基层检察机关内设机构调整研究 ………………… 赵智慧　付文亮（644）
论健全检察机关办案组织 ……………… 王春风　佟　齐　张云波（653）
司法体制改革试点中的检察办案组织研究 ……… 杨　平　杜　颖（664）
论检察机关司法办案组织及权力运行机制的完善
　　——以湖北省武汉市汉阳区人民检察院改革试点为例 ……… 陈重喜（674）
检察组织机构改革的原点回归与立法遵循
　　——以福建省平潭县检察组织机构设置为标本 …… 林雪标　周孙章（684）
检察改革与检察机关内外组织体系完善研究 ……… 张福坤　韩秋杰（695）
司法责任制改革背景下检察机关办案组织改革研究 …… 刘兆欣　史　焱（707）
检察机关内设机构优化配置的立法思考 ………………… 白剑平（721）
检察机关办案组织与办案责任制相关问题探讨 ……… 戴　萍　陈鹏飞（726）
检察机关办案组织形式问题探究
　　——以《人民检察院组织法》修改为视角 ……………… 冀运福（734）
基层检察院内设机构改革途径之初探
　　——以成都市金牛区检察院改革为视角 ………………… 连小可（744）
反思基层院的"大部制"改革
　　——以某省L市基层院的内设机构整合改革为研究样本
　　………………………………………… 李芳芳　唐　燕（752）
省以下检察机关设置问题研究 ……………………… 孔　璋　程相鹏（760）
职务犯罪侦查部门办案组织构建问题思考 ………………… 白　洁（771）
检察机关办案组织比较研究及其构建 ……………… 常　杰　徐　健（777）
检察办案组织若干问题研究
　　——以司法责任制改革下的办案组织构建为视角
　　………………………………………… 桂万先　杨吉高（786）

基层检察院内设机构与办案组织构建
………………………… 马 量 任丽敏 刘 哲 蔡菊霜（797）
检察机关的办案组织及其权责配置
——以《人民检察院组织法》的修改为视角 ………… 孙 锐（802）

六、检察人员分类管理与职业保障

检察人员分类管理的实证考察
——基于对7省市13个检察院全体检察人员的调查
……………………………… 陈宝富 程金华 陈 鹤（811）
检察人员分类管理制度的现实考察与路径探析
——以《人民检察院组织法》修改为基点 …… 杨 安 林晓萌（822）
浅析检察官职业保障和人员分类管理制度 ………………… 杨文萍（831）
检察官遴选制度的现实困境与理想构建
……………………… 安徽省淮南市人民检察院课题组（837）
员额检察官监督制约制度研究 ………………… 钟晓云 吴 波（852）
检察人员分类管理与职业保障 …………………………… 常高直（863）
试点时期检察官助理的困境及破解 ……………… 任海新 吴 波（873）
完善检察官职业保障机制研究 …………………………… 曲 波（883）
检察职业保障视角下的检察官研修机制创新
——以上海市闵行区人民检察院研究室的工作试点为例
………………………………… 张 晨 杨 珍 林竹静（893）
海峡两岸比较视野下检察官考核制度研究 ……… 林秀冰 沈 威（900）
完善检察官职业保障制度的路径 ………………………… 张纳军（914）
我国检察职业国家荣誉制度设计初探 …………………… 简乐伟（923）
论作为组织法制度的检察官考核 ………………………… 张剑文（933）
日本检察官的工资制度及其启示 ………………………… 韩 啸（946）

一、"两法"修改中的重大基础理论问题

《人民检察院组织法》
修改若干问题的法理剖析

冯玉军　赵轩毅[*]

一、引言

作为改革开放后我国立法机关制定的首批基本法律之一，现行《中华人民共和国人民检察院组织法》（以下简称《人民检察院组织法》）于1979年7月5日颁布，1980年1月1日正式实施，并分别于1983年9月2日与1986年12月进行了部分修改。这部法律主要规范检察院组织体系、职权配置、机构设置和人员管理等基本制度，对彼时检察机关的恢复重建意义重大，极大地推动了检察工作在改革开放时期的发展。但鉴于当时的立法环境，检察院组织系统和运作模式还没有定型化，检察制度及其理论基础尚需在检察工作实践中摸索和发展，这部组织法总体上还是"粗线条"和不全面的。过去30多年，我国经济社会深刻变革，司法改革深入开展，检察院组织制度和履职程序等也都发生了重要变化，现行《人民检察院组织法》已不能适应全面依法治国和检察工作进一步发展的实践需求，其对检察工作的调整、支撑作用呈现出边际收益递减的明显趋势，亟须修改和完善。与此同时，同《人民检察院组织法》直接相关的三大诉讼法、检察官法等相继颁布和修改，也需要《人民检察院组织法》在职权配置等方面对应衔接。基于此，2013年10月30日，全国人大常委会召开立法工作会议，公布《十二届全国人大常委会立法规划》（2013~2018），《人民检察院组织法》（修改稿）被认定为"条件比较成熟、任期内

---

[*] 作者简介：冯玉军，中国人民大学法学院教授，博士生导师，甘肃政法学院"飞天学者"特聘教授，中国立法学研究会秘书长；赵轩毅，中国人民大学法学院硕士研究生。
项目支持：国家社科基金2014年重大项目（第三批）《完善以宪法为核心的中国特色社会主义法律体系研究》（14ZDC008），北京市社科基金重大项目《完善以宪法为核心的中国特色社会主义法律体系研究》（15ZDA03）。

提请审议的法律草案",列入 5 年立法规划。

近年来,理论与实务界关于《人民检察院组织法》的修改完善进行了深入探讨,发表了很多卓有见地的报刊文章,为《人民检察院组织法》的修改奠定了良好基础。前一阶段,最高人民检察院组织各方面专家进行修改论证,开展修改建议稿的起草工作,大大促进了《人民检察院组织法》修改进程。但细究该专家建议稿的相关内容,对检察组织立法的理论基础仍未厘清,对检察权性质、检察机关基本原则等理论问题和相关制度构建还有深究之必要。假若《人民检察院组织法》的最终定稿对这些争议予以选择性忽视或规避,势必导致具体制度设计中的概念模糊和逻辑冲突。基于此,本文围绕《人民检察院组织法》的定位、检察权性质与法律监督的关系、检察机关组织制度的工作原则等立法中尚待厘清的理论问题予以剖析,以期为《人民检察院组织法》的修改提供可资借鉴的思路和方法。

二、检察院组织立法的基础理论问题

(一) 立法定位

一部法律在整个法律体系中的定位,是法律文本所涉内容在整个法律框架中地位的体现,将其定位为何种位阶的法律,直接会影响法律文本内容的涵摄范畴。关于《人民检察院组织法》的定位,即《人民检察院组织法》属于何种位阶的法律,学界早有论争,观点不一。总体而言,观点有二:宪法性法律还是部门法;基本法律还是非基本法律。一种观点认为,《人民检察院组织法》应当定位为基本法律和宪法性法律,因为组织法涉及国家制度的基本组织构架,在《宪法》之下,《人民检察院组织法》在所有涉及检察机关和检察权的法律规范中应当居于统领地位;[1] 另一种观点认为,《人民检察院组织法》定位为非基本法律的部门法较为合适。这一观点的理由是若将组织法定位为宪法性法律或基本法律,就不可避免地与三大诉讼法形成隶属关系、上位法和下位法的关系,而事实上《人民检察院组织法》与三大诉讼法之间并不存在这种隶属关系。[2]

要厘清这一问题,首先要明确宪法性法律与基本法律本身的内涵,宪法性法律是对于宪法规范内容具体化、规则化的法律性文件,其在形式上不具备宪

---

[1] 参见张步洪:《检察院组织法修改的基本问题与主要观点评介》,载《国家检察官学院学报》2011 年第 6 期。

[2] 参见陈卫东:《检察院组织法修改相关基础理论问题》,载《国家检察官学院学报》2011 年第 6 期。

法的最高法律效力以及严格的制定和修改程序。在成文法国家，它是法律而不是宪法，宪法性法律通过将宪法内容具象化、程序化来保障宪法。它与其他法律的不同之处在于：宪法性法律是"宪法"法，是"国家"法，是"权力"法和"权利"法。[1] 宪法性法律的本质特征在于内容往往涉及国家权力的配置和组织构造。而基本法律，是指全国人大制定和修改的刑事、民事、国家机构和其他方面的规范性文件；基本法以外的法律，即由全国人大常委会制定和修改的规范性文件。这种划分源于《宪法》第62条第3项规定：全国人民代表大会行使下列职权：（3）制定和修改刑事、民事、国家机构的和其他的基本法律。这一区分原则在《立法法》中得到进一步明确：《立法法》第7条第3款规定，"全国人民代表大会常务委员会制定和修改除应当由全国人民代表大会制定的法律以外的其他法律；在全国人民代表大会闭会期间，对全国人民代表大会制定的法律进行部分补充和修改，但是不得同该法律的基本原则相抵触"。由此似乎可以得出一个结论：制定与修改某部法律的立法主体权限决定了某部法律本身的性质。

这个结论用于阐述法律渊源体系的一般原理诚然不错。但在我国立法体制的现实之中，这种划分界限并不清晰，经常被打破。譬如人称"小宪法"的《刑事诉讼法》，其制定和修改主体皆为全国人民代表大会，是一部典型的基本法；而与之相对应的《民事诉讼法》，由全国人民代表大会制定，但历次修改主体却都是全国人民代表大会常务委员会。但无论如何，我们不能据此说《民事诉讼法》不重要，不属于基本法律。《民事诉讼法》还是基本法律，只不过基于人民群众的最大关切和彼时自身工作资源的合理配置考虑，全国人大未将其修改列入议程而已。所以，通过制定与修改主体的区分来划定基本法律与非基本法律，这种划分界限已变得模糊，如果仍要界分基本法律与非基本法律，或许可以从《宪法》第62条的规定中找到答案："基本法律是由全国人民代表大会制定的，涉及国家机构设置和刑事、民事等基本程序或制度的法律规范。"

根据以上实践法理和宪法法理的分析，我们认为，人民检察院制度由《宪法》所设立，是我国政治制度中的关键组成部分；《人民检察院组织法》具体、系统地规定了检察院的组织机构和职权配置，阐释了人民检察院在国家政治架构与国家权力运行中的地位，涉及对我国政治结构体制下法律监督权的配置以及检察机关与权力机关、行政机关和审判机关的关系问题，理应归入宪法性法律和基本法范畴。需要指出的是，将《人民检察院组织法》定性为宪

---

[1] 参见马岭：《宪法性法律的性质界定》，载《法律科学》2005年第1期。

法性法律和基本法律，并不会与三大诉讼法产生上下位隶属关系，反而更能发挥其与三大诉讼法之间的协调互补作用，更好地与《人民法院组织法》等其他国家机关组织法相衔接。

（二）职权属性

在厘清《人民检察院组织法》在整个法律体系中的定位之后，另一个牵涉法律条文内容拟制的根本性问题——《人民检察院组织法》所依据和需要明确加以规范的检察院职权属性是什么——得以展开。对此问题的理解正确与否，直接影响到该法框架体系建构和具体制度设计。目前理论界对此亦多有探讨、莫衷一是，但其中的主要缺憾在于：现有关于检察院职权属性的探讨，多集中于检察权到底是行政权、司法权、双重属性权力还是法律监督权的分析，进而由此引申出"行政权说"[①]、"司法权说"、"双重属性说"与"法律监督权说"[②]。笔者以为，前三种学说其实就是借用"三权分立"的制度构架判断人民检察院的职权属性，认为既然不是立法权，则不是行政权就是司法权，甚而是兼具行政权和司法权之双重属性。这种"非此即彼"的模糊认识的核心错误，就在于罔顾当今中国独特的政治架构，即人民代表大会制度下的"一府两院"制度和"议行合一"的政治体制，因而无法完全与检察权的内容一一对应；有学者在对现代政治体制的变迁予以梳理，并在摒弃"三权分立"的成见之后，提出检察权就是法律监督权的结论[③]，对此笔者表示赞同。但对这类主张"法律监督权说"的文章没有深究法律监督概念的内涵与外延，对检察权与法律监督二者关系未置可否表示遗憾。

在笔者拜读到的有关《人民检察院组织法》修改专家意见稿中，关于检察院性质，有的条文规定："人民检察院是依法行使检察权的法律监督机关"；有的规定"检察院是履行法律监督职能的司法机关"。前一种叙述是否意味着

---

① 参见陈卫东：《我国检察权的反思与重构——以公诉权为核心的分析》，载《法学研究》2002年第2期。

② 参见叶建丰：《法律监督权：检察权的合理定位》，载《河北法学》2004年第3期。

③ 参见姚忠仁、唐德才、郭颖：《论检察权的性质与法律监督权能之完善》，载《学术论坛》2007年第10期。文中通过对各国检察制度梳理指出，英、美、法、德各国都注意到了检察权是一种不同于传统立法权、行政权、司法权的独特权力形式。但由于以"三权分立"为原则，各国在检察权独立问题上并没有走得更远，检察权始终在立法、行政、司法三权之间左右摇摆寻找自己的归宿。就检察权而言，三权分立的学说和国家结构，使本来应当在国家权力结构中独立存在的检察机关不得不依附于行政机关或审判机关，严重地制约了检察功能的发挥和检察制度的发展。

法律监督职能专属于检察院，又或者法律监督概念涵盖了检察权？还有进一步深思的必要。后一种叙述或许认为法律监督职能是人民检察院的专属职能，而且法律监督涵盖了检察权，对此需要进一步质疑的是：法律监督职能是否由检察院独享，其他部门的内部法律监督算不算法律监督？"法律监督职能"怎么涵盖检察院的"侦查、批捕、公诉"等职能？一些学者在质疑中甚至指出"不能由此就简单地把人民检察院定性为我国的监督机关"[1]。笔者认为，此问题的症结在于对法律监督的内涵尚未厘清。正是学者们对"法律监督"概念的多重理解，导致了《人民检察院组织法》修订意见中对检察权与法律监督之间关系的不同文本表达。

就"法律监督"语义的文本溯源而言，"法律监督"具有特定含义。它源于《宪法》第129条关于人民检察院性质之规定，"中华人民共和国检察院是国家的法律监督机关"。从中可见，我国《宪法》文本所谓"法律监督"，并非各种主体监督法律实施的一切活动，而是国家权力机关授权特定机构，依照法定职权和程序，对执法和司法过程中的合法性进行监督，以确保法律在社会中的合理适用。相较于一般意义上"监督法律实施"的内涵，"法律监督"这一专有名词指的并非是公民依法享有的民主权利，而是法律授权特定机构必须履行的法定职责，是国家权力配置维度下设置检察院所要达到的基本目的。

就"检察权"语义的文本溯源而言，《宪法》第131条规定："人民检察院依照法律规定独立行使检察权，不受行政机关、社会团体和个人的干涉。"其中未对检察权的实质内容做出规定。结合三大诉讼法的文本内容可以发现，"检察权"概念的内涵随着社会发展和政治经济相关需求在发生变化。有学者将现今检察机关实际行使的"检察权"概括为5个方面：一是对职务犯罪的侦查权，二是侦查监督权，三是公诉权，四是审判监督权，五是执行监督权。[2] 而这5个方面的内容，也正是检察机关行使法律监督职能所涵摄的范畴。其中，职务犯罪的侦查权，涉及国家机关工作人员的职务犯罪行为，属于对公权力的法律监督；侦查监督、批捕和公诉职能，是对公安机关侦查案件的审核与监督；审判监督权与执行监督权，属于检察机关对司法和执法过程中合法性的监督。从中可以看出，"检察权"的实际内涵同法律监督各项职能是一一对应的，法律文本意义上的法律监督职能，涵盖上文所提出的检察院"侦

---

[1] 陈卫东：《检察院组织法修改相关基础理论问题》，载《国家检察官学院学报》2011年第6期。

[2] 参见石少侠：《论我国检察权的性质——定位于法律监督权的检察权》，载《法制与社会发展》2005年第3期。

查、批捕、公诉"等权力,均专属于人民检察院。

由此,我们得出检察权与法律监督的关系是:法律监督是国家权力运行体系下设置检察机关所要实现的目的,检察权则是实现法律监督这一目的的有效手段;法律监督的基本目的恒定,而检察权作为执行手段的内涵则随着经济社会的发展的而不断变化。在修改《人民检察院组织法》时,必须坚持与《宪法》相适应,将人民检察院定性为国家的法律监督机关。而从法律监督这一目的出发去涵摄作为手段的检察权的相关内容,是正确处理检察权和法律监督这组概念及其相互关系的应有之义。

（三）基本原则

关于如何设定《人民检察院组织法》的原则条款,是《人民检察院组织法》修改所面临的另一个理论难题。现行《人民检察院组织法》第7条至第9条规定了检察机关的组织原则,包括适用法律平等原则、依法独立行使检察权原则等。这些组织原则确定了我国检察制度的基本框架,为检察制度的发展奠定了基础,也为检察机关履行职责提供了保障。但随着经济社会的发展和法治建设的进步,一些表述已变得不再具有现实意义,亟须修改与调整。譬如"人民检察院通过行使检察权,镇压一切叛国的、分裂国家的和其他反革命活动,打击反革命分子和其他犯罪分子",《刑法》规定已取消"反革命罪"的设置,同时设置"危害国家安全罪",《人民检察院组织法》的表述需要更新;再譬如"严禁逼供信,正确区分和处理敌我矛盾和人民内部矛盾"等政治性表述,随着立法技术的专业化和法律术语的规范化,具体原则的相关表述需要进行一定的修改。

在《人民检察组织法》的修改稿中,有必要吸收一些现代法治理念,增补一些新的检察院活动原则。相关专家论证稿也为《人民检察院组织法》提出了诸多原则,譬如"法治原则"、"司法责任原则"、"群众路线原则"、"客观公正原则"、"保障人权原则"、"公共利益原则"、"检务公开原则"、"内部制约原则"、"接受监督原则"等,上述原则均有学者强烈主张入法,以至于最新一版《人民检察院组织法》专家论证稿总则中出现了十几条原则,数量庞杂,占到总条文数近三分之一,但却没有在组织设置章节中具体体现或予以回应。

鉴于原则性条款过多的弊端,笔者建议区分总则当中的原则和制度理念两类立法形式。所选择的总括性原则必须能整体性地涵摄分论中关于检察机关的具体组织制度,必须符合当下现实实践对《人民检察院组织法》的需求,必须高度凝练概括,仅在《人民检察院组织法》之总则部分列明数条;更多具体的原则可以转换成组织理念和具体制度设计,在分论中予以规定。这样一来,可以避免因抽象性原则设置过多、具体制度的细节规定过少,而导致《人民检察院组织法》在内容上本末倒置,也避免这些原则本身流于具文。

笔者以为,在目前看到的诸多原则中,具备上述特征的总括性原则就是"检察一体原则"、"独立行使检察权原则"和"尊重和保障人权原则"。第一,"检察一体原则",可以总括性地厘清检察机关内部的关系,即最高人民检察院领导地方各级人民检察院的工作,上级人民检察院领导下级人民检察院的工作,各级人民检察院和检察官执行职务应当相互配合、相互协作,对于重大案件和复杂案件可以相互承继、移转和代理。第二,"独立行使检察权原则",对外可以厘清检察机关与其他机关、团体和个人的关系,对内可以保障办案检察官独立行使检察权而不受各种非法干涉,推动具体的司法责任制更加公平公正的落实,避免办案检察官无法独立行使检察权却要承担行使检察权后相应的司法责任。同时亦能使得检察院在各项组织机构设置与职权配置中践行独立行使检察权的原则。第三,"尊重和保障人权原则",作为2004年《宪法》第33条第2款新增之内容,被新修订的《刑事诉讼法》所吸纳,反映了中国法治理念在不断地完善和发展。体现在人民检察院职权设置的具体制度里,人权保障主要牵涉侦查、审查逮捕和公诉等诉讼过程中的权力行使问题,譬如在刑事司法活动中,公安机关要逮捕犯罪嫌疑人必须由人民检察院批准,但实际上公安机关对犯罪嫌疑人实施刑事拘留的权力本身仍然过大,公安机关很容易以各种理由将犯罪嫌疑人的拘留期限延长至30天,对于这种情况,检察机关的法律监督仍不充分,检察院的"检察建议"没有强制效力。为进一步保障公民的合法权利,健全检察体制,这一原则作为总括性规定应当在《人民检察院组织法》中有所体现,为具体制度设计中的人权保障提供指引和依据。

三、《人民检察院组织法》制度设计探讨

廓清检察院组织立法的基础理论问题之后,以下对《人民检察院组织法》分论部分几个具体制度的设计与修改予以探讨。

(一)制度衔接问题探讨

《人民检察院组织法》的修改并非一部法律孤立的变动,它势必还要纳入整个法律体系进行"结构—功能"的联动考虑,势必需要与其他相关法律规范相互衔接。

笔者以为,既然此次《人民检察院组织法》修改幅度大、内容广泛,理应将其置于和"上、下、左、右"法律制度的衔接和协调中去建构与思考。具体而言:在拟制法条的过程中,要分别考虑与上位法律(《宪法》、《立法

法》）的制度衔接，与同位阶法律（如《人民法院组织法》、《国务院组织法》等）的制度衔接，以及在组织制度和职权配置方面相关联法律（如《刑事诉讼法》、《民事诉讼法》、《行政诉讼法》、《检察官法》等）的制度衔接。

在《人民检察院组织法》与《人民法院组织法》的制度衔接方面：司改背景下，检察院与法院在人员编制、经费保障、组织制度以及诉讼程序对接等方面，都需要作出对应性规定。如果只顾检察院一家方便，即使法律制定出来也举步维艰。再以司法体制改革过程中拟增设的跨行政区人民检察院为例，《人民检察组织法》中如何对这一机构进行设置，不仅要考虑增设机构在检察系统内部的关系和设置方式，还要考虑跨行政区人民检察院与相应级别法院在诉讼程序上的对接和在机构设置方面的对应。只有厘清相关制度的衔接问题，增设相应机构才具有可操作性和现实意义。再比如《人民检察院组织法》与相关联的诉讼法律规范之间的衔接问题：我国目前的检察制度分散规定于三大诉讼法、《人民检察院组织法》、《检察官法》等法律之中，使得检察机关在现实的司法实践中行使检察职权与现行《人民检察院组织法》的法律规定难以对接。其典型例证是检察机关在民事行政检察方面职能规定。现行《人民检察院组织法》第 5 条仅规定了检察机关在刑事诉讼中具有法律监督职能，而根据现行《民事诉讼法》和《行政诉讼法》的规定，如今检察机关对民事诉讼活动与行政诉讼活动均有法律监督权。甚至在民事诉讼领域牵涉公益诉讼的一些案例中，人民检察院在司法实践中已经成为了民事诉讼的原告。但由于现行组织法中未提及检察机关对民事审判、行政诉讼等活动实施法律监督的职权，也未对检察机关的职权配置留下弹性或兜底性表述，这种立法缺失使得目前《人民检察院组织法》与民事、行政诉讼活动的相关法律无法很好地衔接。这些问题迫切需要组织法进行检察机关相应职权的厘清。

基于此，《人民检察院组织法》的修改，不能凭空臆造相关制度，而应当在遵循宪法原则的基础上，与上位法、同位阶法、其他相关联法律法规中的最新规定相衔接，吸收司法体制和工作机制改革中已经成熟的理论和实践范式，结合相关法律制度，进行体系化的梳理与建构，对检察机关组织机构、职权配置、行使职权的程序和措施、人员选任及检察保障等作出明确规定，规范和健全检察权行使的相关制度与权限，保障检察监督职能的实现。

（二）制度增设问题研究

随着司法体制改革的深入，面对许多新情况和新问题，在实践中检察机关推行了许多试验性、试点性制度与政策，有不少政策改革更是通过多个国家机关联合出台相应文件试行运作的。为此，有学者主张在组织法内增设正在试点中的新机构和相关监督方式，以期"最大限度地吸收司法体制和相应监督机制的改革成果,为进一步完善检察制度提供组织法上的依据"[①]。

需要指出的是,在我们目前已看到关于机构设置的相关建议中,虽然出现了新的试点性制度,但对其具体内容却语焉不详,并未准确全面地加以界定说明。以"跨行政区划人民检察院"为例,修改建议稿声称跨行政区划人民检察院属于其设置机关的下一级人民检察院,普通类型案件由行政区划检察院办理,特殊类型案件由跨行政区划检察院办理。那么以最高人民检察院设置跨行政区划人民检察院为例,这一级别的人民检察院与相关省级人民检察院的关系怎样,二者如何进行案件移转和工作配合?根本没有规定。此外,不同跨行政区人民检察院之间的行政区划是否可以重叠?它们彼此之间的关系如何?对于这类改革当中的问题,实践中尚处于理论研究阶段,完全没有标准答案,但草率规定于《人民检察院组织法》当中,与立法理论中所谓"法律通过发现客观规律,调整成熟稳定的社会关系"的原理不相符合。

此外,一些关于机构设置的修改意见还主张响应司法体制改革的号召,增设知识产权检察院和金融检察院,将知识产权和金融方面的检察业务独立出去。笔者在此要提问的是:这种独立是否有此必要,当前我国知识产权和金融方面的检察业务是否已经饱和到需要设置特殊检察院的地步,对此也未见到有任何实质性的理论与实践论证。而一旦把这些检察业务从某地方检察院独立出去之后,原检察院是否仍然有权力处理相关业务;这些独自承办特殊检察业务的检察院,是否需要相对应的法院受理案件;新增设机构如何与具体诉讼制度相衔接?如此叠床架屋,不是通过改革解决问题,降低社会成本,反而可能增加成本,产生法律和制度供过于求的非均衡现象。我们认为,基于组织法在检察制度规范体系中的重要地位,在这些问题还没有具体完整的解决方案之前,就应当将这些拟增设的机构作为司法政策继续试点、继续研究,待其成熟后再决定是否入法。而不能一味求新求变,损害了法律的稳定性、权威性。

在监督机制方面,个别修改建议强调民众和社会对检察系统的监督,在此基础上新增了"公众行使参与权进行监督"和"媒体舆论监督"等监督方式,但是民众和媒体应当通过哪些渠道进行监督?却语焉不详;个别修改建议提出各民主党派、各团体、各民族、各阶层均有权对办案活动进行监督,那么在这种情况下如何做到与检察机关依法独立行使检察权彼此协调而不冲突?也是语焉不详。举凡上述两例,其在实践中干系重大,关乎检察权行使的独立和公正,必须明确。对此只简单提出"高大上"的价值追求或者轻易就提出设置

[①] 张步洪:《检察院组织法修改的基本问题与主要观点评介》,载《国家检察官学院学报》2011年第6期。

某个新机构，而没有具体落实的制度设计，既不符合司法改革的预期效果，也可能与《宪法》规定机构设置、主体权限及法律原则相抵触。

总之，对于司法体制改革中的各项试点性、试验性制度是否入法的问题，在组织法的修订当中应当审慎处理。对于检察院组织制度构建、检察职权配置具有指导意义和深远影响的制度设计，如果在理论基础和具体实践方面已经成熟，应当尽量实现法律化，写入组织法。而对于一些新出台的改革措施，则需要实践的反复检验，在法律之中为其兜底留白可能比直接明文规定尚不成熟的组织制度更为恰当。结合现实的检察工作实践，适度调整组织法中检察机关的职权配置，与诉讼法等具体制度相对接，完善检察机关的监督程序和相关组织架构，审慎增设改革中尚未成型和完善的制度，应当是《人民检察院组织法》具体制度修改时秉持的理念。

四、结语

《人民检察院组织法》是国家规范检察机关组织、职权与相关活动的基本法律。修改法律时，在基础理论层面对组织法的定位、检察权与法律监督的关系、组织法的基本原则等问题的厘清，有助于反思现今检察理论与相关修改建议的长处与不足，满足中国社会发展和法治进程的需要。《人民检察院组织法》的修改与完善，应当回应当下中国检察制度体系的现实需求，应当依托中国特色社会主义法治理论。而在具体制度设计中，不仅要与其他法律制度相衔接，还要将现有的制度实践和试点问题纳入法律规范的涵摄范畴。同时需要在统合各方修改意见的基础上，进行内容的集中梳理和逻辑规划。

说到底，不管是修改《人民检察院组织法》还是其他法律，都需要有成熟的立法技术和制度设计理念。"从客观实际出发认知社会价值、社会秩序和社会规律，并以科学合理的立法活动加以确认"①，由此而拟制的法律文本才能条理更加清晰，做到整体脉络和主线的统筹一致，也便于文本系统性的梳理和创新内容的取舍，使法律修改得以更加有效地进行。

---

① 冯玉军、王柏荣：《科学立法的科学性标准探析》，载《中国人民大学学报》2014年第1期。

论检察官独立的正当性、相对性与限度性

叶 青 吴思远[*]

完善确保依法独立公正地行使检察权的制度，是党的十八届四中全会所明确提出的要求。最高人民检察院《关于深化检察改革的意见（2013—2017年工作规划）》也将此作为深化检察改革的总体目标与重点任务。然而，依法独立行使检察权这一重大议题的实现，有必要首先厘清检察官是否具备独立性这一长期存有争议的问题。

从目前我国《宪法》、《人民检察院组织法》与《刑事诉讼法》的规定来看，独立行使检察权的主体是人民检察院，[①]而非检察官。至于检察官的地位，则并无明确规定。不过，综观近年来检察改革的举措，其或多或少承认并赋予了检察官一定的独立性。尤其是2013年底最高人民检察院颁布了《检察官办案责任制改革试点方案》，在全国17个检察院推行主任检察官制度改革，其核心便在于"突出检察官办案主体地位"[②]。这一突破也引发了学界与实务界的不少争议。主任检察官制度改革亦是本轮司法体制改革重点推进的举措之一，因而检察官独立与否已经成为了难以回避的焦点问题，若不予厘清恐怕难以理顺改革的脉络与逻辑。

笔者不揣冒昧对此问题展开探讨。在笔者看来，应当确认检察官的独立，并认识到检察官的独立具有正当性、相对性与限度性。本文将分为三个部分论

---

[*] 作者简介：叶青，华东政法大学教授、博士生导师；吴思远，华东政法大学2015级刑事诉讼法专业博士研究生。

本文系2014年度国家社会科学基金重大项目"依法独立行使审判权检察权保障机制研究"（项目批准号：14deZDA017）的阶段性成果之一。

[①]《宪法》第131条、《人民检察院组织法》第9条、《刑事诉讼法》第5条都规定，"人民检察院依照法律规定独立行使检察权，不受行政机关、社会团体和个人的干涉"。

[②] 徐盈雁：《依法赋予主任检察官执法办案相应决定权》，载《检察日报》2013年12月27日第002版。

证上述观点：首先从法理上证成检察官独立的正当性，紧接着从内涵上探讨检察官独立的相对性，最后厘定检察官独立的限度讨论其限度性。

一、法理论证：检察官的独立具有正当性

（一）检察官独立是检察一体化①的应有之义

检察一体化始于大陆法系，是目前许多国家检察体制所普遍遵循的基本原则。作为检察体制建构的基本原则，检察一体化看似与检察官独立的主张相冲突，但实际上却并不能成为否定检察官独立性的理由。一方面，虽然检察一体化要求检察机关在组织结构上保持完整性，以整个检察机关的名义来对外行使检察权，但是检察权的具体行使最终仍须落实至检察官个体，因而予实际权力行使者身份上的肯定可谓顺理成章；另一方面，虽然检察一体化赋予了上级检察官对下级检察官的指挥领导权，但从逻辑上来看，这仅仅勾勒了检察机关内部的上下级关系，属于权力分界的范畴，并不与肯定检察官的主体地位相矛盾。

以检察一体化为由来否定检察官的独立，是对检察一体化的误读。笔者认为，作为遵循检察一体化原则来建构检察体制的国家之一，我国对检察一体化的认识与实践即存在极度化的倾向。长期以来我们过于强调检察机关的整体独立，而忽视了检察官的个体独立；强调检察机关内部的上命下从，而忽视了上下级之间的良性互动。这种检察一体极度化的倾向，最为直接的后果便是造成检察机关内部关系的异化。下级检察官对上级检察官的过度依赖，丧失了作为个体检察官的主观能动性，不利于形成一支高素质的检察官队伍；而上级检察官权力的过度扩张，使其存在正当的途径来"非正当"干预下级办案，可能"处于一种几近不受节制的权力位置"②，就此成为引发人情案、关系案、金钱案的症结所在。

因此，检察官的独立应当是检察一体化的必要组成，否定或忽视检察官的独立，不仅将造成检察一体化在理论与实践上的失衡，更严重的在于破坏了独立公正行使检察权的内部关系构造。正如有学者所言，"检察一体原则实际上是以检察官的独立性为前提，是对检察官独立性的统一"③。

---

① 参见张智辉：《检察权研究》，中国检察出版社2007年版，第252页。
② 林钰雄：《刑事诉讼法》（上），中国人民大学出版社2005年版，第112页。
③ ［日］松尾浩也：《日本刑事诉讼法》（上），丁相顺译，中国人民大学出版社2005年版，第31页。

(二) 检察官独立是办案责任制的逻辑前提

检察官办案责任制是检察改革的关键，关系到检察工作的全局。党的十八届四中全会报告明确提出了"完善主任检察官办案责任制，落实谁办案谁负责"的要求。此后，最高人民检察院也颁布了《关于完善人民检察院司法责任制的若干意见》，旨在构建公正高效的检察权运行机制和公平合理的司法责任认定、追究机制。①

从构建公正高效的检察运行机制角度来看，明确检察官的独立性是从职权配置的维度回答了"由谁办案"的问题。检察官独立性的缺失，意味着检察机关内部办案主体的不明，由此产生的弊端不仅仅在于加大了内部追责的难度，更在于侵蚀了检察官的责任意识，挫伤了检察官的职业荣誉感与办案积极性，对于依法公正办案并没有益处。应当说，目前正在探索的主任检察官制度正是意识到了这一问题，因而作出了"尊重办案人"②、"给予检察官适当的独立性"③ 的努力。通过授权主任检察官及其办案组一定范围内的独立办案权，从而明确了权力范围、框定了责任主体，使得责任主体承担责任成为可能。

从构建公平合理的司法责任认定与追究机制角度来看，明确检察官的独立性则从后果承担维度回答了"由谁负责"的问题。让无权定案的办案者承担责任，显然有违公平合理。因此，只有首先从权力角度明确办案者的独立性地位，才能在逻辑上理顺办案者与定案者同一性的问题，为办案责任的认定与追究奠定基础。否则，一旦认定与追究办案责任时，必然将产生责任推诿、责任混同的问题，从而造成难以认定责任、难以追究责任，甚至"容易演化成集体无意识、集体不负责"④。当前，社会公众对于司法的关注在不断上升，其对于追究错案责任的期待也随之增加。只有实现检察官办案的权责统一，才能避免责任的分散与不清；只有有效认定办案责任，才能正确消解来自社会公众的压力。

因此，明确检察官的独立性是建立健全司法责任制的逻辑前提。正如学者

---

① 参见最高人民检察院《关于完善人民检察院司法责任制的若干意见》第1条。
② 樊崇义教授认为，本轮改革的一个重点即尊重办案人，而最终落脚点是检察官的独立办案。参见樊崇义、龙宗智、万春：《主任检察官办案责任制三人谈》，载《国家检察官学院学报》2014年第6期。
③ 陈卫东、程永峰：《新一轮检察改革中的重点问题》，载《国家检察官学院学报》2014年第1期。
④ 陈卫东、李训虎：《检察一体与检察官独立》，载《法学研究》2006年第1期。

所言,"独立性与责任直接关联,检察官的独立性正是确立办案责任包括错案追究制的前提"①。只有这样,才可能形成权责明晰、权责相当的检察官办案责任制,其对于保障检察权独立公正行使有着至关重要的意义。

(三) 检察官独立符合检察规律的必然要求

从检察工作的基本规律来看,其与检察官的独立性也具有内在的契合性。然而,在过去很长一段时间里,我国可以说在一定程度上"忽视了检察权运行规律对检察官个体独立的要求"②。

首先,检察权于本质上兼具了行政性与司法性的双重属性,因而检察权运行机制也应当按照这一内在规律来构建。而构建符合诉讼规律的检察权运行机制的关键,便在于如何设置检察机关内部的办案模式。长期以来,我国检察机关适用的是"三级审批制"的办案模式,即"检察人员承办,办案部门负责人审核,检察长或检委会决定"。在多层级的审批与把关下,检察权的行使得以集中与统一,对保证案件的办理质量确实起到了积极作用;但如同学者所言,其缺陷也日益明显,与司法规律并不相符。③ 这是由于这一办案模式过度凸显了检察权的行政性属性,而淡化了检察权的司法性属性,导致检察官的独立办案空间殆无孑遗,也造成了诉讼进程拖沓、工作效率低下等消极后果。

其次,从我国检察权的发展来看,其司法属性不断在增强。由于各国的政治制度、社会历史背景、法律文化、经济文化发展水平等因素的制约,即使是同一法系的不同国家,检察权的性质、内容也会不一样,呈现出一种多元化体制共存的局面。学术界对如何看待我国检察权性质一直存有不同的争议,④ 但自 2012 年《刑事诉讼法》修改后,我国相继确立了非法证据排除、羁押必要性审查、诉讼救济等机制。可以说,这些机制在一定程度上吸收并体现了司法的公开性、程序性、参与性等特质,因而要求检察机关应以相对中立的准司法官身份来对相关事项作出审查和决定。以羁押必要性审查为例,其增加了检察机关对逮捕必要性的持续性审查义务,并要求检察机关以听取犯罪嫌疑人、辩护人意见等方式进行审查。实践中,一些地方检察院引入了听证式的羁押必要

---

① 龙宗智:《伦依法独立行使检察权》,载《中国刑事法杂志》2002 年第 1 期。

② 郏茂林:《"检察一体化"与检察官独立的博弈分析》,载《中国检察官》2006 年第 1 期。

③ 参见王守安:《完善主任检察官办案责任制》,载《检察日报》2014 年 12 月 19 日第 003 版。

④ 参见龙宗智:《检察制度教程》,法律出版社 2002 年版,第 92~93 页;张兆松主编:《检察学教程》,浙江大学出版社 2009 年版,第 111~115 页。

性审查程序,① 这从一个侧面反映了检察工作由封闭、单方公开向多方转变。有学者即认为,上述机制的创设"强化了检察机关诉讼职能中的司法性要素"②。在这样的情况下,检察官履行检察职能的方式也面临着新的变革,不宜再适用过度行政化的办案模式,而要求体现更多的司法性属性。尽管与真正意义上的司法权有着区别,但检察权司法性属性的增强,在客观上对检察官展现亲历性与判断性提出了要求。那么,只有首先保证检察官自身的独立才能践行上述要求。

以上两点充分表明,我们应当在新的形势下根据检察工作的基本规律来合理设置检察机关内部的办案模式,化解当前检察权运行机制过度行政化的问题。检察官的独立性便是其中不可缺少的一环。赋予检察官相对的独立性地位能够彰显"尊重宪法和法律的法律家精神"③,符合检察权的内在规律,也是遵循检察工作基本规律的必然要求。

(四) 检察官独立满足诉讼模式发展的需要

随着依法治国、保障人权等理念的不断深入,我国的诉讼模式越来越多地吸收了当事人主义模式的因素。2012年修改的《刑事诉讼法》从结构上较之以往有了较大转变,尤其是进一步强化了对被追诉人的权利保障。可以预见,未来我国的诉讼模式也必然将向着强化对抗制因素的方向不断发展,进一步朝着维护与加强控辩平等及司法公正的目标迈进。尤其是随着我国审判中心主义改革的不断推进,庭审中控辩双方的对抗因子已然日益加强。这样的改革背景对于检察官个人的办案能力提出了更高的要求。从逻辑上来说,理应首先赋予其身份地位上的独立,才能保证其在新的诉讼模式下积极发挥作用。

如上文所述,由于我国检察一体化的倾向,导致实践中过于凸显检察机关内部"上命下从"的特征。从逻辑上看,应当是先有下级检察官独立办案,再有上级检察官对办案的领导监督。若失去了检察官独立办案这一前提,则上级的领导与监督反将占据主导地位,从而弱化了检察官在办理案件中的个体地位与作用。

如今,我国诉讼模式的发展与庭审中心主义的改革,意味着庭审将由虚转

---

① 上海等地已有相关探索,参见林中明:《上海全面推行羁押必要性公开审查》,载《检察日报》2015年6月2日第01版。

② 龙宗智:《检察机关办案方式的适度司法化改革》,载《法学研究》2013年第1期。

③ [日] 松尾浩也:《日本刑事诉讼法》(上),丁相顺译,中国人民大学出版社2005年版,第31页。

实,这亦加剧了庭审过程的对抗性和不可预测性。若检察官该独立而不能独立,则始终难以迈出改变当前"襁褓中的检察官"现状的步伐,这必然将有损检察官作为"法律守护人"与"国家法意志的代表人"的形象。因此,主张检察官的独立,是顺应我国诉讼模式发展的客观需要,也是实现我国检察官走向正规化、专业化、职业化的必然要求。

二、内涵探讨:检察官的独立具有相对性

（一）独立的相对性:法官与检察官之间的界岭

检察官的独立有别于法官的独立,其并不具有法官那样完全的独立,而是一种相对的独立。可以说,检察官的相对独立是检察官与法官之间的界岭,也意味着独立行使检察权与独立行使审判权具有本质区别。

首先,检察权与审判权根本属性不同,决定了检察官独立的相对性。审判权是纯粹的司法权,即属裁判权,通过适用法律规则于具体案件上发挥裁判争议之功能。为了确保裁判者独立采纳证据、认定事实、适用法律,并保证裁判过程与结论符合起码的公正,便要求裁判不能背离亲历性的原则。这也意味着,在裁判过程中法官具有不可替代性。然而,由于检察权本身兼有行政与司法的双重属性,而非审判权那般纯粹的司法权,因而其运作过程中也必然呈现了行政化的特点。上下级检察官之间的关系也蕴含着检察业务上的领导与被领导关系,而不像法官那般相互平等,"除了法律之外没有别的上司"。检察官并不具有不可替代性,可以根据需要和指令更换。

其次,刑事诉讼进程中承担职能不同,决定了检察官独立的相对性。尽管英美法系与大陆法系国家在检察机关的设置及权力配置上存在一定的区别,但从根本上来看,检察机关所行使的权力都属于刑事追诉权,对于惩罚犯罪负有重大责任。正如学者所指出的,公诉职能是检察机关的当然定位。[①] 因此,相当于审判职能所体现的消极被动,检察机关在履行公诉职能时更多体现的是积极主动。换句话说,法官所必须具备的高度的中立与超然,对于检察官而言并不需要达到相应高度,否则必然违背了其所承担的职能要求。因此,对于检察官来说,一方面需要保证其依法独立办案,另一方面为了防止强大的控诉职能不被滥用,必须通过内部指令权来确保其权力行使受到监督控制。

综上所述,独立行使检察权与独立行使审判权具有本质不同,也决定了检察官的独立不同于法官的独立。上下级检察官之间领导与被领导关系即是贯穿

[①] 参见陈卫东:《我国检察权的反思与重构——以公诉权为核心的分析》,载《法学研究》2002年第2期。

检察权运行全过程的检察一体化原则的表现,上级检察官对下级检察官有内部指令权,下级检察官对于上级检察官的指令有服从之义务。这个角度也印证了检察官的独立并非绝对,与法官行使审判权时只受法律与良心拘束相比,检察官的独立始终受到检察一体化这一根本原则的制约。

(二) 独立的相对性:独立与一体化之间的平衡

理解检察官独立的相对性,其关键在于把握检察官的独立与检察一体化之间的关系。检察一体化的目的是保证检察权的统一性、保证法律的统一与正确实施。检察一体化与检察官独立之间的关系问题,一直以来也深受检察制度领域研究者的关注与争议。① 可以说,检察官独立与检察一体化天然上确实存在一定的冲突。尤其是在检察官独立行使职权的层面上,检察一体与检察官独立会存有一定意义的对抗。② 因为根据检察一体化原则,上级检察官对下级检察官有指挥监督的指令权。然而如果两者的关系处理不当,上级检察官的指令权很可能将侵蚀下级检察官独立行使职权;反之,则可能因疏于监督而造成下级检察官的恣意妄为。不过,笔者认为,检察官的独立与检察一体化之间的冲突并非不可调和。当两者的冲突得以调和,则两者的关系将处于一个相对平衡的状态,此时便深刻诠释了检察官独立相对性的内涵。否则,或走向个权集中的极端或走向一体专横的极端,都是背离检察官相对独立实质内涵的。正如学者所言,"没有检察官独立的检察一体制是一种纯粹的行政体制,没有检察一体制的检察官独立是一种纯粹的司法体制,而这两者都不符合检察工作的特点和要求"③。

实现检察官独立与检察一体化的平衡,应当将此问题放置在不同的检察职能语境下进行讨论。检察官所承担的职能复杂多样,因而在不同的检察职能行使过程中,检察官独立的相对性程度也有所差别。目前,一般可将检察职能分为三大类,即公诉职能、监督职能、职务犯罪侦查职能。如下将分别论之。

首先,公诉职能。公诉职能的司法属性最强,对于检察官亲历判断的要求也最高,因而检察官的相对独立程度也最高。检察官在履行诉讼职能时,应当

---

① 国内学者对此问题也做过不少积极的探讨,具体参见谢鹏程:《论检察官独立与检察一体》,载《法学杂志》2003 年第 3 期;陈卫东、李训虎:《检察一体与检察官独立》,载《法学研究》2006 年第 1 期;王强、赵罡:《检察一体化与检察权独立行使的关系》,载《法学》2007 年第 7 期等。

② 参见张栋:《主任检察官制度改革应理顺"一体化"与"独立性"之关系》,载《法学》2014 年第 5 期。

③ 谢鹏程:《论检察官独立与检察一体》,载《法学杂志》2003 年第 3 期。

严格按照法律规定与自身的法律确信、证据评判来作出相应决定。相应地，上级检察官则应当谨慎行使指令权，尊重检察官的独立判断与内心确信，原则上不宜命令检察官改变决定。除非确有法律适用上的错误，则上级检察官应当严格依照程序改变。一旦上级检察官改变了下级检察官所作的决定，相应的办案责任也应当予以转移。这便体现了检察官独立与检察一体化之间的协调平衡。

其次，监督职能。诉讼监督职能的问题较为复杂，应当加以区分讨论。一是在侦查监督中，检察官有审查警察侦查行为并保证侦查行为合法的义务。从这个层面上来看，检察官在侦查监督中处于准司法官的地位，应当具备相当的中立和客观立场来作出审查与判断。因此，应当保证检察官具有相当的独立性来作出判断。二是在审判监督中，检察官则处于相对被动的法律监督者位置。笔者认为，为了防止不当的审判监督破坏良性的诉审关系，应当要求检察机关以一个整体向法院提出抗诉或检察建议，这也是比较慎重和稳妥的选择。

最后，职务犯罪侦查职能。笔者认为，检察官在职务犯罪侦查职能中的独立性最弱。这是由于职务犯罪的侦查活动客观上需要检察机关形成合力、协同作战，集结最大化的力量来打击犯罪；同时，职务犯罪侦查事关人身权利之保障，行使职权易伴随权力滥用的危险，尤其是在我国令状主义尚未确立且职务犯罪侦查的监督制约尚不足的情况下，适当加强检察一体化的权重来作为内部监督确有必要。

因此，在职务犯罪侦查阶段，上级检察官的指令权行使界限最为宽松。[①]然而，这也并不意味着检察官的相对独立性完全隐没于职务犯罪侦查职能中。由于侦查行为应当严格按照法律规定进行，因而上级检察官发布违法指令时，下级检察官也应当依法拒绝执行指令。从这个角度来看，即使在行使职务侦查职能时检察官所体现的相对独立程度有所局限，但仍需以法定主义的"帝王条款"[②]来抵御对上级的绝对服从。

（三）独立的相对性：不应抗辩实现独立的保障

即使相对性是检察官独立的本质内涵，但从检察权外部运行的视角来审视检察官独立的问题，应当充分赋予实现检察官相对独立的相关保障。换言之，检察官独立的相对性不应成为保障这一独立实现的抗辩理由。检察官于内部的相对独立，不应受到来自外部的不当干预，这蕴含了检察官处于"一种不依

[①] 参见陈运财：《检察独立与检察一体之分际》，载《月旦法学杂志》2005年9月第124期。

[②] 林钰雄：《检察官论》，法律出版社2008年版，第35页。

附于其他机关、个人、权力而独立地行使权力的状态"①。结合域外法治国家的经验做法,笔者认为,应当从以下三个方面来保障检察官的相对独立。

一是应从法律上保障检察官的相对独立。许多国家或地区都明确规定了检察官相对独立的法律地位。比如,我国台湾地区"法院组织法"第61条规定,"检察官对于法院独立行使职权";日本也明确规定了检察官并不服从于所属检察厅长官的命令,而是独立地行使检察权,因而检察厅也被称之为"独任制官厅"。② 在国际刑事司法领域,也已有不少关于检察官职责与角色的国际准则。其中,以1990年12月14日由联合国大会通过的《关于检察官作用的准则》最为重要。这一准则明确了检察官的独立角色,成为调整各缔约国检察官制度的国际性指标。然而,我国《宪法》、《人民检察院组织法》、三大诉讼法对检察官是否具有独立性地位并没有明确规定,仅仅规定了检察机关独立行使检察权,从而也就导致了检察官的相对独立在法律上缺乏充分的依据。虽然,目前正在推进的主任检察官改革对于检察官的办案主体地位有所突出,并或多或少肯定了其具有独立性地位。然而,如学者所指出的那样,"这一独立的地位并非法律赋予,而是改革方案设计的"③。因此,我国检察官的相对独立仍有待从法律上予以明确。从检察制度改革的角度来看,这是破除改革阻碍与冲突并确保改革可以长久推进的重要保证。

二是应从身份上保障检察官的相对独立。为了保障检察官的独立性,应当保证其履行职权时具有稳定性,这种稳定性主要来源于法律对其身份的保障。具体言之,除非符合法律规定,否则不得随意将检察官停职、免职、撤职或以任意方式使其离职。④ 对此,如日本⑤、我国台湾地区⑥等都有着相似的规定。

---

① 郑青:《论司法责任制改革背景下检察指令的法治化》,载《法商研究》2015年第4期。

② 参见[日]森际康友:《司法伦理》,于晓琪、沈军译,商务印书馆2010年版,第170页。

③ 谢鹏程:《检察官办案责任制改革的三个问题》,载《国家检察官学院学报》2014年第6期。

④ 值得注意的是,笔者发现,这些检察官身份的保障规定,与对法官身份的保障有显著区别。其区别在于法官身份上的保障一般还包括了不得违背个人意愿"调职"。从这一点来说,充分说明了检察官独立与法官独立的区别,也体现了检察官的官僚性人事的特点。

⑤ 参见日本《检察厅法》第25条,"检察官除了退休或其他特别规定的事由外,不得违背其本人意愿而使其失去官职、停止职务或减少工资"。

⑥ 检察官除转调外与实任法官相同。即检察官为终身制,非受刑事或惩戒处分或禁治产之宣告,不得免职,非依法律不得停职或减俸。参见秦冠英:《检察一体与检察独立之分际与界限》,载《甘肃政法学院学报》2015年第2期。

此外，检察官的纪律及管理实务应当由中立的检察官惩戒委员会负责，以此来阻断下级检察官与上级检察官之间可能产生的身份上的依附关系。

三是应从机制上保障检察官的相对独立。除了法律及身份上的保障外，相关配套机制的建立也对保障检察官的相对独立起到了重要作用。域外法治国家对检察官独立履职构建了身份保障、薪酬收入保障、职业安全保障、职业晋升机制等。在我国，相关配套机制亟待健全完善。不过值得一提的是，党的十八届四中全会规定要求建立领导干部干预司法活动、插手具体案件处理的记录、通报和责任追究制度，这一制度的建立对于检察官恪尽职守、公正独立履行职责具有不可替代的作用。

三、边界厘定：检察官的独立具有限度性

（一）厘定独立的界限

确认检察官的独立，并不意味着这种独立的漫无边际。检察官独立的相对性决定了其独立的限度性，这就要求框定检察官独立行使职权与上级检察官的领导监督权各自的界限，互不逾越。笔者认为，对这一问题可以从以下几方面加以阐述：

一是下级检察官的独立应具有优先性。如上文所述，下级检察官独立办案从逻辑上先于上级检察官对案件的领导监督。这意味着上级检察官享有的指令权只能是事后的、补充的，而非事前的、主导的。上级检察官行使指令权，实际上是一种纠错的行为，通过纠正下级检察官的行为或决定来保障检察权的统一行使，防止下级检察官行使权力的肆意。正如学者所言，指令权"在功能上具有决疑性、纠错性和政策性"[1]。然而，这种纠正性质的监督不能逾越检察官独立行使职权的优先性。确定下级检察官独立办案的优先性，是框定上级检察官领导监督权界限的前提。

二是上级检察官的领导监督应体现审慎性。上级检察官行使指令权不应任意妄为。一方面应当充分考虑发出指令的正确性与必要性，在确有必要时作出指令，以防止对案件的不当干预；另一方面，还应当是在尊重下级检察官个人判断的基础上做出。应当认识到，下级检察官并非上级长官的附庸，上级检察官谨慎行使指令权。当上级检察官改变下级检察官决定时，应当充分听取下级检察官陈述理由，以此保持上下级检察官之间的良性关系，从而弥补任何偏颇的弊端。

---

[1] 万毅：《检察改革"三忌"》，载《政法论坛》2015 年第 1 期。

三是上级检察官的领导监督应保证合法性。合法性，要求上级检察官行使指令权必须在法治轨道上进行，是上级检察官谨慎行使指令权的制度依据。对此，可以从实体与程序两个角度加以规范上级检察官所享有的指令权。实体上应确定权力清单，划定不宜作出指令的事项；程序上则应明确上级指令权作出的程序与方式，尤其应当明确指令行为应当通过书面形式进行并附卷，做到全程留痕，以供监督与追责。通过实体与程序两个方面将上级检察官的指令权力关进笼子，避免了指令行使的随意与越界，同时也为下级检察官所享有的独立空间划清了界限。

（二）消解不当的影响

检察权的行政与司法双重属性决定了检察官身兼行政官与司法官的双重身份。然而，虽然检察官具有行政官员的某些属性，但出于检察官行使职权涉及追诉犯罪与国家法律实施，这一特殊性与重要性也意味着检察官与普通的行政官员具有本质的不同。更为重要的是，从检察官创设的初衷来看，其即是在警察与法官之间设置了权力制约的要津，因而检察官职责本身理应包括了法律监督的底蕴。因此，检察官的客观义务自始被视为一项重要的原则，其要求检察官以客观公正之义务来行使职权。从这个角度来看，其与法官一样，"同为客观法律准则及实体真实正义的忠实公仆"[1]。检察官的客观义务是检察官个人职业信仰，正如学者所言，"一旦个别检察官以上命下从为理由，而不顾客观性义务，则有可能因上命下从而摆脱法律仆人的角色"[2]。

然而，完全寄希望于检察官个体以客观公正心态行使职权，不明智也并不现实。其一，在检察一体化原则下，检察官个体置于作为法律人的良心与复杂的人际关系夹层中的矛盾难以避免；其二，我国检察官综合素质仍有待提高，其距离正规化、专业化、职业化的目标尚存距离，单凭客观义务恐怕难以支撑检察官独立行使职权。因此，笔者认为，应当特别注意到我国检察官相对独立所须依靠的制度土壤与环境。如果这些因素不加以考虑，那么极有可能架空了检察官独立的意义。从我国的现实情况来看，应当关注可能不当影响检察官独立行使权力的因素，并尽力予以消解。

目前如何理顺主任检察官与检察官个人的关系，尤其应当予以重视。从短期来看，两者关系的异化可能将成为阻碍检察官独立行使职权的最大因素。从长远来看，两者关系则直接关系到了我国主任检察官改革与发展的前景。具体

---

[1] 林钰雄：《检察官论》，法律出版社2008年版，第21页。

[2] 孙谦：《维护司法的公平和正义是检察官的基本追求——〈检察官论〉评介》（二），载《人民检察》2004年第3期。

而言，目前一些试点地方在推行主任检察官时，将主任检察官视为办案小组长。同时，部分主任检察官还担任着科层中处、科长的职务。在检察官办完案件后，主任检察官需要审核；若有不同意见，还需要交由检察长决定。从实质上来看，这与原先的三级审批办案制并没有区别，检察机关内部过于行政化的问题仍没有得到根除。有学者便指出，这样的改革"不过是穿新鞋、走旧路"①。从另一角度来看，其也反映了目前的主任检察官制度具有过渡性与不彻底性。应当认识到，个体检察官是办案的权力主体，也是追责的责任主体。检察官独立的最小单位是个体检察官，而非主任检察官。对此，笔者主张，主任检察官的头衔应当弱化而非强化。一旦进入检察官序列的，全部应当视为检察官。而过渡时期内主任检察官对普通检察官所作决定的审核，只能是形式或程序上的，并不具备实质意义。

（三）配套适当的监督

"大道至简，有权不可任性。"检察官践行着社会中最严格的道德承诺，掌握着国家实施刑罚的权力。② 如果没有配套适当的监督机制来约束这样的权力，将造成不可想象的后果。美国独立检察官制度的失败，为我们树立了不应忽视的经验教训。很大程度上，法律本身的制约与社会公众的监督效果往往是甚微的。③ 因此，在主张检察官独立性的同时，也必须考虑建立起怎样的机制才能对其独立地位与权力进行有效的监督。

从已有的监督机制来看，包括了内部监督与外部监督两种。内部监督，一方面，由于内部利益共同性的属性很难真正发挥监督的功能；另一方面，检察一体化原则作为一种内部监督控制的手段，已在很大程度上承担了相应功能。因此，应当将视角更多地放在外部监督机制上。笔者认为，设立中立的检察官惩戒委员会不失为一个好的方式。中立的检察官惩戒委员会，应当由非检察官组成，吸收具有专业性与权威性的法学专家与律师、法律工作者等。即使在未有申诉时，检察官惩戒委员会也有权主动对检察官启动临时的、随机的审查。审查后可以根据事实和法律明确检察官是否应当承担相应责任，作出给予检察官无责、免责或给予惩戒处分的决定。目前，上海司法改革中的惩戒委员会是错案责任追究制中的重要创新，也可视为设立检察官惩戒委员会的经验积累。

---

① 万毅：《检察改革"三忌"》，载《政法论坛》2015年第1期。

② See Ronald F. Wright, Marc L. Miller. The Worldwide Accountability Deficit for Prosecutors, Washington and Lee Law Review, Vol. 67, 2010, p. 1589.

③ See Angela J. Davis. The American Prosecutor: Independence, Power, And the Threat of Tyranny. Iowa Law Review, Vol. 86, 2001, pp. 399 - 400.

当然，有学者已经指出了其中的不完善之处，例如，如何扩大代表性与权威性等。① 究其关键，应当防止检察官惩戒委员会沦为"橡皮图章"，通过制度设计充分保证其中立性与超然性，以真正发挥检察官惩戒委员会对检察官的监督与制约功能。

---

① 参见陈海锋：《错案责任追究的主体研究》，载《法学》2016年第2期。

检察一体化下检察官的独立性

孟 群 董东晓*

在"人民检察院组织法与检察官法修改"的大背景下,如何从检察一体化的角度来完善检察办案管理机制,给予检察官一定的独立性,以调动检察官执法办案的积极性,充分发挥检察机关的领导体制优势,推动检察工作的科学发展,成为当前检察改革中亟待关注的问题。为此,笔者通过对检察一体化的内涵、检察官独立的特征及其与检察一体化的冲突入手,思考二者之间如何相互协调,从而促进检察工作的平稳与科学发展,确保检察一体化在保证检察官相对独立的同时,时刻注意和避免借检察一体化之名而过于强化管理中的行政色彩,导致对检察官相对独立的侵害,并就如何避免这种情况做了一点思考。

一、检察一体化的内涵

(一) 检察一体化的发展

起源于法国,如今盛行全球的现代检察制度,检察一体化是其中一项极为重要的组织原则,只是这种一体化的程度强弱不同。[①] 所谓"检察一体化"是指,根据检察权的性质及独立行使检察权的需要,整个检察系统形成统一的有机整体,各级检察机关及其人员实行上级对下级的领导与指挥和下级对上级的服从与执行,在检察权的行使过程中形成的整体统筹、上下一体、协作配合的运行体制。它包括两层含义:一是指对外检察独立,检察机关依法独立行使检

---

* 作者简介:孟群,陕西省人民检察院副巡视员;董东晓,陕西省人民检察院公诉一处助理检察员。

① 检察一体化目前是全球绝大多数国家普遍实行的一项检察组织原则,只有美国等少数国家由于其刑事诉讼实行的是一种当事人主义模式,控辩双方完全平等,因此,实行检察一体化违背当事人主义诉讼模式的初衷。同时,美国有50个州,每个州为一套司法制度,外加一个联邦,其司法制度共有51套。因此,其检察制度也有51套。其共性之处为,无论是联邦或州,都是由首席检察官来完成犯罪追诉任务,联邦或州的检察总长都不是首席检察官的顶头上司,自然不能指挥和监督首席检察官,也不能参与具体的检察事务。

察权，除依法接受有关权力机关的领导监督外，不受其他任何机关、个人的非法干涉；二是指对内检察一体，检察机关上命下从，整个检察系统形成一个有机整体统一行使检察权。① 当前，针对检察一体化的问题，理论界与实务界均有不同的声音，主要就是在中国应不应该实行检察一体化和如何构建具有中国特色的检察一体化。学者们提出的构想较多，从中不难看出，检察一体化在国际上是一种普遍的组织原则，它能够有效地实现惩罚犯罪与保障人权的目标，因而具有重要的价值，所以，否定检察一体化者的担忧虽具有一定的合理之处，但依据是明显不足的。尤其是检察制度欠缺类似于审判体系中的审级制度及合议制度；且其本身是监督机关而缺乏有效的防范滥用监督权限之手段，所以检察制度从产生之日起就面临着"谁来监督监督者"的诘问。

（二）检察一体化在我国的现状

目前，正在修订的《人民检察院组织法》对检察一体化的构建与加强明确给出了回应，从而为理论界和实务界对是否需要在中国建立检察一体化的争论给出了回答，② 因此，接下来我们需要努力的就是如何去构建具有中国特色的检察一体化的问题了。

针对中国来说，目前的关键问题是如何以更为合理的规范来构建检察一体化，从而把检察一体化的副作用降到最低，而不再是直接否定这一检察组织原则的合理性。现在面临的紧迫问题是，如何构建具有中国特色的检察一体化。对此，我们无法直接照搬某一国家或地区现成的模式，但各国的共通之处却必须引起我们的重视：检察一体化的目的在于形成检察机关的合理布局，完成宪法和法律赋予检察机关的"法律守护人"的重要使命，而不是把检察一体化作为争权夺利的"筹码"。同时，检察一体化绝不应该在运行中异化为首长负责制，或者说检察事务由检察长或部门"一把手"说了算，检察官只能成为

---

① 参见彭东：《检察一体化下的公诉机制研究》，载《河南社会科学》2011年第3期。

② 《人民检察院组织法（修订草案初步意见稿）》第5条规定："最高人民检察院领导地方各级人民检察院、新疆生产建设兵团人民检察院、跨行政区划人民检察院和专门人民检察院的工作，上级人民检察院领导下级人民检察院的工作。上级人民检察院可以指令下级人民检察院纠正错误决定，或依法撤销、变更下级人民检察院对案件的决定；可以对下级人民检察院管辖的案件指定异地管辖；可以在辖区内人民检察院之间调配检察官异地履行职务。对于上级人民检察院的决定，下级人民检察院应当执行。下级人民检察院认为上级人民检察院的决定有错误或者对上级人民检察院的决定有不同意见，可以在执行的同时向上级人民检察院报告。"

检察事务的执行工具，正确的做法应该是，在"上命下从"与检察官的客观义务之间实现平衡与协调，即"上命下从"要以检察官的客观义务为边界，不能抹杀下级检察官的相对独立性，而且还应该避免检察官的行政人化。

二、检察官独立性的特征

（一）检察官的独立性是相对的

我国《宪法》、《刑事诉讼法》和《人民检察院组织法》都规定：人民检察院依照法律规定独立行使检察权，不受行政机关、社会团体和个人的干涉。[①] 根据《刑事诉讼法》的规定，刑事诉讼中行使检察权的主体是"人民检察院"；只有在某些义务性条款上，其主体才是"检察人员"。《宪法》及《人民检察院组织法》还规定，人民检察院实行上级领导下级的体制，在检察院内部实行检察长负责制和检察委员会民主集中制相结合的领导体制。因此，理论上认为，"人民检察院依照法律规定独立行使检察权"中的"独立"指的是检察院作为整体的独立，而非检察官独立。虽然《检察官法》第9条第2项规定检察官"依法履行检察职责不受行政机关、社会团体和个人的干涉"，但该规定在其他法律和检察机关办案程序规范中都没有得到应有的体现，人们大多时候也未给予足够的重视。然而，深入研究发现，检察官应该具有独立性，并且这种独立性是相对的。这是因为检察官相对独立是检察机关依法整体独立的基础，检察官相对独立既是"检察一体"的基础，又是防止"检察一体"弊端的重要措施。检察官是检察诉讼职能的具体行使主体，他们在依法履行检察职能时对外代表检察院；这就决定了检察官应当相对独立，即有权在职责范围内自行处理有关事务而排除任何不当干涉，对自己的职务行为承担责任。

（二）检察官的独立性是受限制的

我国检察官的相对独立是指检察官在行使检察权时，有权以事实为根据、以法律为准绳，在职权范围内自主处理有关事务，而不受行政机关、社会团体和个人的干涉。[②] 其主要特点有：一是依法独立。这里的法律规定既指作为办

[①] 《宪法》第131条规定：人民检察院依照法律规定独立行使检察权，不受行政机关、社会团体和个人的干涉。第132条规定：最高人民检察院是最高检察机关。最高人民检察院领导地方各级人民检察院和专门人民检察院的工作，上级人民检察院领导下级人民检察院的工作。《刑事诉讼法》第5条规定：人民检察院依照法律规定独立行使检察权，不受行政机关、社会团体和个人的干涉。

[②] 参见朱孝清：《检察官相对独立论》，载《法学研究》2015年第1期。

案依据的法律规定,也包括有关检察官权限范围的规定。二是党的领导和人大监督下的独立。中国共产党是执政党,党的领导是中国特色社会主义法治最根本的保证;中国共产党代表和维护的是全国各族人民的根本利益,坚持党对司法工作的领导有利于实现司法公正,因此,检察工作包括检察官的执法办案工作当然要接受党的领导。人民代表大会制度是我国的根本政治制度,检察工作包括检察官的执法办案工作当然也要接受人大的监督。同时,党对司法工作的领导主要是政治领导、思想领导和组织领导,是管方向、管政策、管原则、管干部,而不是包办具体事务。对于具体案件,各级党政机关和领导干部要支持司法机关依法独立公正行使职权,而不得干预司法活动、插手具体案件的处理。人大对检察工作的监督也主要是对检察机关适用法律等情况的监督,而不监督个案。三是"检察一体化和上命下从"体制下重要事项决定权归属于检察长的独立。检察官执法办案要接受上级检察院和本院检察长的领导,服从他们和检委会的决定。但是,如前所述,现行的大小事项决定权几乎均归属于检察长的制度存在诸多弊端,应当逐步改革。当前的改革应当以重要事项决定权仍归属于检察长、其他事项决定权归属于检察官为目标,以后再进一步增强检察官的独立性。至于"重要事项"的判断标准,则需根据不同职能加以区分。四是区别法官独立的相对独立。我国宪法和法律规定,人民检察院和人民法院在依法独立行使职权上不存在任何区别,但在检察官和法官的独立上却有明显区别。在刑事诉讼中,检察权行使的主体是检察院,案件的决定权归属于检察长和检委会,而审判权行使的主体却主要是法官,只有疑难复杂、重大的案件,合议庭认为难以作出决定的,才会由合议庭提请院长决定提交审判委员会讨论决定。可见,检察官的独立性要比法官的独立性小得多。

(三) 检察官的独立性是检察一体化的基础

首先,检察官的相对独立是检察机关依法整体独立的基础,检察院的整体独立必须以检察官个体的相对独立为基础。"检察官是依法行使国家检察权的检察人员"①,是检察职能的直接承担者,是构成检察机关整体的基本组成单元。只有检察官真正相对独立,排除一切非法干预,做到以事实为根据、以法律为准绳,客观公正地办好每一个案件,检察机关的整体独立才有坚实的基础②;否则,检察机关整体独立就会成为空中楼阁。龙宗智教授认为,检察权

---

① 参见《检察官法》第2条。
② 参见朱孝清:《检察官相对独立论》,载《法学研究》2015年第1期。

依法独立行使的第一种形式是检察机关集体独立；检察权依法独立行使的第二种形式是确认检察官在检察机关内部的相对独立，从而以检察官为主体，独立地行使职权。① 这也说明，检察机关集体独立和检察官个体相对独立，都是检察权依法独立行使不可或缺的形式；二者共同构成检察权依法独立行使的整体。

其次，检察机关对外整体独立必须以检察官对内相对独立为条件。一般认为，检察机关整体独立指的是对外的整体独立，即"不受行政机关、社会团体和个人的干涉"。但检察院对外的整体独立必须以检察官对内的相对独立为基础。检察机关以惩治犯罪、监督公权、维护国家法治和社会公平正义为职责，在检察权行使过程中，会遇到压力、各种感情的干扰、金钱的诱惑和阻挠。这些干涉有来自检察机关外部的，也有来自检察机关内部的，但无论来自何处，都只有通过对办案检察官进行说情或干扰，才能达到干预办案的目的。特别是外部少数握有大权的人以言代法、以权压法，往往要采取向检察院内部领导人打招呼，然后再由内部领导人对办案检察官下达指令的方式进行。对于这些由外而内的间接干预和来自内部的直接干预，都只有让检察官保持相对独立，坚决予以抵制，检察院对外整体独立才具有可靠的保证。

最后，诉讼规律也要求检察官必须具有相对的独立性。《人民检察院刑事诉讼规则（试行）》第4条规定：人民检察院办理刑事案件，由检察人员承办，办案部门负责人审核，检察长或者检察委员会决定。根据这一原则，检察机关履行职责时在程序或实体上作出的各种决定，几乎都需经检察长批准、决定或检察委员会讨论决定，办案检察官自由裁量、自行决定的权限十分有限。这不仅难以体现检察官在办案中的主体地位，影响检察官主观能动性的发挥，影响诉讼效率，而且不太符合诉讼规律。司法人员对案件的认识是随着诉讼程序的推进而不断深化的，所以，随着诉讼程序的推进，有时会因情况紧急或诉讼程序不便于中断等原因，来不及或不便于报请检察长决定，而需要一线检察官临场自行决策；有时会因事实、证据发生变化而需要立即对检察长原先作出的决策加以修正。如出庭支持公诉过程中因事实、证据发生变化而需要变更或撤回起诉等，按照现行的规定，这都不属于一线检察官自由裁量的范围，而属于检察长的权限。但根据诉讼规律，不赋予检察官相对的独立性，就无法根据诉讼中变化了的情况临场应对。

---

① 参见龙宗智：《论依法独立行使检察权》，载《中国刑事法杂志》2002年第1期。

三、检察一体化与检察官独立冲突的协调

（一）合理构建检察官的相对独立性，明确检察一体化的合理边界

检察官的相对独立是检察官客观义务得以顺利实现的重要制度保障，如果绝对地"上命下从"，则可能导致检察官成为上级的"传话筒"、"复读机"，失去了检察院层级设置的必要性，然而，如果过分强调检察官的相对独立，则又可能因检察官的先天弱势而无法承担起侦查监督和诉讼监督的如此重任。于是，世界各国检察一体化组织原则在建立之初，就开始关注二者之间的关系定位，并适时对之进行合理的修正。不难看出，西方国家主要是以检察官的法定义务和客观义务为基础，并通过检察官相对独立、财政独立等，对检察一体化的"上命下从"进行限制，首先，从程序上，上级检察首长的指令权的行使必须以法律的明文规定为限，法无明文规定不得行使。其次，在实体上，上级检察首长对检察事务行使内部指令权时，当遭到检察官拒绝时，则不会对检察官独立地提起公诉或不起诉形成影响，也就是说这种提起公诉和不起诉等仍然有效。

（二）明确检察官有权对所承办的案件提出独立意见，任何机关、团体和个人都无权干涉或要求改变

对所承办案件提出自己的独立意见是检察官最起码的权利，也是检察官相对独立的最基本内容，任何机关、团体和个人都无权采取施压、授意、劝说、诱导甚至下命令等方式予以干涉或者要求改变，除非检察官经听取他人意见后真正接受了他人的意见。如果检察长做出不同于检察官意见的决定，检察官应当服从，但他有权保留自己的意见。这里的"保留自己的意见"既包括存在于自己内心的意见，也包括在办案报告（如侦查终结报告、审结报告等）中提出的见之于书面的意见。即使检察官所提意见后来被检察长否定，检察官也有权将记录于办案报告中的意见不被违心修改或不被他人修改，以便事后查验、分清责任。

（三）检察官除服从本院检察长、检委会的决定外，有权不受任何干涉

此处的"不受任何干涉"绝不是说检察官可以不接受党的领导、人大的监督和上级检察院的领导，而是说党委、人大和上级检察院关于个案的意见要通过本院检察长下达，而不能越过检察长直接通知检察官。检察长是检察院的领导人，负责"统一领导检察院的工作"。上级指示通过检察长来传达贯彻，既是上级对检察长的尊重，也便于检察长知悉上级意图，并将其作为统一领导全院工作的重点内容加以贯彻落实。同时，把检察院的上级领导与一线检察官

作适当区隔,也有利于防止上级不当干预检察官办案。因此,在服从本院检察长或检委会的决定当中,已经包含了党的领导、人大的监督和上级检察院的领导。况且,各级党政机关和领导干部都不得插手具体案件的处理,人大也不监督个案。随着十八届四中、五中全会精神的贯彻落实和依法治国的全面推进,党和人大对检察工作的领导和监督会进一步加强和改进,党委领导办案工作的方式也会得到规范。

(四)检察官有权拒绝服从检察长和检委会的违法和错误指令

根据检察机关的领导体制和"上命下从"原则,检察长和检委会对案件的决定,检察官应当服从,但对违法的指令检察官有权拒绝执行。因为检察官以维护法制为使命,更不能违反法律;否则,就有违检察官的职责使命,并应对此承担责任,而不因执行上级指令而被免责。其实,这一内容《公务员法》①也早有规定,由此可见,法律高于"上命下从";只要越过法律底线,尽管是执行上级指令,也应承担责任。我国的检察官属于公务员序列,显而易见,也应当执行这一规定。这里需要说明的是,《公务员法》规定的底线是"明显违法",但鉴于检察官既是司法者又是法律监督者,应当比一般公务员要求更高,更应该自觉地遵守和维护法律,故把检察官的底线规定为"违法"这一更高的要求。对于错误指令,检察官也有权拒绝服从。"错误指令"是指违反检察官依据案件事实和法律对案件定性处理形成的内心确信,并会造成案件定性或适用法律错误的指令,特别是会造成冤假错案的指令。

(五)检察官有权对一定范围内的事项依法自主作出决定

现行的办案决策制度无法体现检察官在办案中的主体地位和检察官的相对独立性,正在进行的司法改革,要关注检察院的领导体制、司法的民主决策机制、办案组织的合理构建和不同检察职能的不同特点这几个问题。改革要在合法有据的前提下,可以考虑独任检察官在职权范围内对办案事项作出决定。检察官办案组设主任检察官。主任检察官组织、指挥、协调办案组承办案件,在职权范围内对办案事项作出处理决定。对于非独任检察官,可以考虑通过检察长通过授权的方式,赋予检察官对一定范围内的事项自主作出决定的权力,从而使检察官有职有权有责。

---

① 《公务员法》第54条:公务员执行公务时,认为上级的决定或者命令有错误的,可以向上级提出改正或者撤销该决定或者命令的意见;上级不改变该决定或者命令,或者要求立即执行的,公务员应当执行该决定或者命令,执行的后果由上级负责,公务员不承担责任;但是,公务员执行明显违法的决定或者命令的,应当依法承担相应的责任。

检察官相对独立之权力解构

秦天宁[*]

检察官依法独立行使职权，本质上是检察官通过检察长授权，由办案检察官在授权范围内独立行使决定权并承担相应责任，即"谁办案谁决定，谁决定谁负责"，这是当前司法体制改革的重点和难点。与法官不同，"法官除了法律之外没有别的上司"，而检察官除了法律之外还有"上命下从"的上司。因而，检察官独立是"检察一体"下的有限独立，[①]具有相对性。目前，理论界和实务界对检察机关和检察官既要"上下一体"，又要依法独立已达成共识，但对于"相对性"的含义和尺度却鲜有深入阐述。笔者认为，检察权横向上具有多元属性，有其特殊运行规律；纵向上具有行政权和司法权的双重属性，检察官作为"纵横交汇"中的基点，其独立地位的相对性恰恰体现为"上下和左右"关联体对其产生影响的程度，有必要因权制宜、因岗制宜、因案制宜地对检察官的权力配置进行深入考察。

一、检察官权力本位之回归

就司法改革宏观体系而言，检察官相对独立的机制探索无疑是"牵一发而动全身"的重要一环。从横向层面来说，检察官相对独立意味着检察职权的优化配置；从纵向层面来说，检察官相对独立是检察权公正、高效、权威行使的必要条件。而检察官职权设置就成为了检察权力系统各要素之间相互联系、彼此制约的交汇点，发挥着枢纽作用。因此，应当将检察权中的更多权能配置给单个检察官，使办案一线的检察官处于办案活动的核心层，这对于"亲历性"的传导、司法责任制的推进和办案组织的构建均具有辐射参考意义。

---

[*] 作者简介：秦天宁，上海市静安区人民检察院检察官助理、华东政法大学博士研究生。

[①] 参见朱孝清：《检察官相对独立论》，载《法学研究》2015年第1期。

（一）检察官相对独立地位之强调

以往人民检察院办理刑事案件，由检察人员承办，办案部门负责人审核，检察长或检察委员会决定，具有浓厚的行政色彩，在运行中有悖司法认知规律。检察官承担各类案件的司法审查判断职能，其行使必须基于直接办理案件的亲历性，而非审核或决定案件的部门负责人或检察长、检委会等。原有"三级审批"的办案机制降低了检察官在承办案件过程中的独立履职地位，使检察官成为办案职权的载体，而非主体。随着司法改革进程的推进，在承认"检察一体"（检察权外部运行时检察机关作为独立整体）的同时，检察机关也正逐步强化着检察官作为独立个体直接行使检察职权，承担法律责任的地位。与过去检察官办案责任制改革中所蕴含的有限放权式改革路径相比，此次司法改革对"适度司法化"的强调，实质上是"还权"于检察官，力求行政属性的淡化。

值得一提的是，2013 年底，与主诉检察官相类似的主任检察官制度开始进行试点探索。主任检察官办案责任制改革的主要内容包括：配备主任检察官；建立以主任检察官为核心的办案组织、划定职责权限、完善监督制约机制等。主任检察官的权力来源检察长的直接授权，与检察官一样系一级办案主体，但同时其又是中间管理层，对其所在的办案组织成员具有指令权。虽然，基于当前的司法环境及检察队伍现状，暂由主任检察官审核和监督检察官的办案活动，具有过渡时期的合理性，但这种兼任办案主体、行政领导职务的角色设计使得主任检察官依然摆脱不了"部门负责人"的行政窠臼，检察官主体地位仍未得到充分体现，进而造成两者之间的职权冲突。因此，笔者认为，未来的理想模式是充分还权，由独立的检察官行使，本文所探讨的"检察官"亦是指回归职权本位的检察权行使主体。

（二）检察官独立"相对性"之解读

检察官依法独立行使检察权意味着其主体地位的增强，然而，检察官独立地位及其独立化程度，因行政权和司法权的交织，而产生了横向和纵向上的差序化特征。"差序"的概念最早是由费孝通先生在《乡土中国》一书中提出来形容中国的传统社会结构特征的。[①] 他所提出的"差序"具有横向与纵向两方面的含义：横向强调"差"，即在辐射度不同的情况下由一个中心向外扩散的模式；纵向强调"序"，在结合中国社会格局时主要体现为等级制。这种差序性同样可以为检察官相对独立性的理论正当性所借鉴。与费孝通先生提出的概

---

① 参见费孝通：《乡土中国》，三联书店出版社 1985 年版。

念不同的是，在检察基础理论语境中，笔者认为，"差"指的是因不同检察权属性而产生的权限差异；"序"与其最初提出的概念不同，并非强调等级性，主要体现为一种次序优先性上的差异。这种"差序格局"是对检察官相对独立的一种科学解读方式，为现阶段有区别、有次序地对检察官职权进行分配和设计提供了正当性基础。

"主体地位"要求"上下和左右"的关联体给予"主体"以必要的尊重。① 但检察官既要"上下一体"、"内部配合制约"，又要依法独立，检察官与"上下和左右"关联体的权力配置如何合理划分，使其相对独立性处于平衡而理想的状态，是一个需要区分层面进行解析的问题。

1. 横向：不同检察权能的科学划分

为了适应控审分离、控辩平等的近代刑事司法理念及相应的制度革新，检察权作为一支制约审判权的力量从审判权中分离出来，因而，检察权天然具有司法属性。在保持司法权力及其活动总量不变的前提下，检察权的权限分配和调整，基于法实现过程中各种主客观因素的变化而产生适应性差异。相较侦查权、审判权而言，检察权因其自带的附加性和制约性而受到最大波及。若游移贴近侦查行为，则表现出更多行政属性；若游移靠近审判权，则表现出诸多司法属性。②

就我国现阶段而言，检察权也因上述论及的自身逻辑体系和价值理念产生复合性特征。实际运作中，职务犯罪侦查权更加贴近行政权，公诉权更靠近司法权，诉讼监督权因包含侦查监督、审判监督、执行监督等职能而具有不同程度的司法权因素。检察官权限的配置与检察权的性质和法律功能具有密切联系，不同功能需要配置不同权力，以实现最终权力运行目标。因此，检察机关内部行使不同检察职能的检察官的权限配置也因而产生了内源性主体差异。

2. 纵向："上命下从"理念下的相对独立

在我国，同被界定为司法机关的人民法院，是中立的裁判机关，每一位法官都不受包括上级在内的外部指令。而检察机关，作为宪法意义上的"法律监督机关"，由于肩负保障法律统一实施的重任，具有"国家性"特点，即检察机关不再属于地方政权的构成，而成为执行中央意志的机关，其内在机制要求具有"一体化"特征，上下级检察机关以及同一检察机关内部不同层级的

---

① 参见王戬：《不同权力结构因子中检察权的共性表征》，载《中国刑事法杂志》2009年第11期。

② 参见郑青：《论司法责任制改革背景下检察指令的法治化》，载《法商研究》2015年第4期。

检察官之间,遵循相同的法律指令,即"上命下从"。此时,上级有权就下级对法律的理解或适用发出指令,下级对该指令一般需要服从,以维护国家法制秩序稳定。

然而,"检察一体"也存在一些弊端,诸如上级检察机关对下级检察机关的不当干预及权责界限不明等。此时,就涉及如何在一体化制度建构下配置检察权的问题。我们在坚持"检察一体"的前提下,必须突出因检察权内在司法属性而产生的下级检察机关、检察官的相对独立。"如果完全任由检察首长在见解不同时,即刻剥夺原检察官对个案的承办权,则个案检察官依其法律确信自主办案的空间几乎无存,而上级也处于一种几近不受节制的权力位置。"[1] 同时,检察官权责相对独立亦有利于不同层级检察权之间的相互制约,从而最终服务于司法公正的目的。因此,目前各国都试图通过限制上级的检察指令权,加强下级检察官司法活动的相对独立性,以维持"检察一体"与"检察官独立"的有机融合。

二、检察官相对性权力之构造厘清

在我国检察权结构体系中,纵向上的"检察一体"特征和横向上的权力因子多元化特征,使得单纯以一种模式来统合且保障其各项检察官权能的完备运行捉襟见肘。因此,有必要在厘清检察权各种因素的前提下,合理配置检察官权力。横向上,对检察机关内设机构的调整重组及对检察人员的专业化分类,都应当由检察官微观的独立主体这一前提出发,围绕检察官权责配置进行整合。纵向上,由于检察权运行必须体现司法属性,为避免目前逐层汇报、层层审批过程中难免"定而不审,审而不定"的尴尬局面,尊重检察官办案活动的独立话语权就成为了检察权适度司法化改造的逻辑起点和内在精神。

(一)"司法化"改造是横向划分检察官权力的基础

检察机关的司法属性和行政属性是此消彼长的,检察机关的"去行政化"和适度司法化问题也是历年司法体制改革的重要目标和内容之一。随着新《刑事诉讼法》赋予检察机关司法权力因素的增加,横向上检察官权力的配置应当从司法权运转的基本规律为依据。

检察权具有复合性特点,不同诉讼阶段、职能部门,对办案亲历性、判断性、对审性要求是不同的,因而司法属性呈现的程度不同。内设机构系按照检察权具体权能的属性、特征和运行要求进行设置的,检察官独立性亦由此产生

---

[1] 林钰雄:《刑事诉讼法(上)》,中国人民大学出版社2005年版,第112页。

了权力属性、结构、行使方式上的差异。

基于检察机关在诉讼过程的"串联性"特点以及诉讼任务分解各部门承担的现状，笔者认为，横向层面检察官独立性程度应当从检察职权运行载体的视角出发，兼顾专业化需要。对职务犯罪侦查权、诉讼监督权、刑事检察权等主要职权的相互关系和权责范围进行必要的调整。基于各种检察权具有不同程度的司法化因素，笔者认为，对于检察官权力应当差异化设权。对职务犯罪侦查案件，由于侦查权行使具有严密的组织性和主动性，为保障其整体统一性，对一些重大的诉讼决定，如立案、撤案、侦查终结、移送起诉、根据相关规定的请示汇报等，以及直接影响当事人基本权利的事项，如适用强制性侦查措施和强制措施，应当由检察长或检委会决定。对诉讼职能以及诉讼活动中的监督事项，由于检察权中的诉讼职能司法属性较强，审查逮捕亦或是审查起诉，都应赋予检察官更大的决定权。

（二）检察一体与检察官相对独立之纵向平衡

不容置疑，检察一体具有保障法律监督权统一、高效、有序实施的理论和实践基础。并且从最终目标看，检察一体与检察官相对独立在依法、独立、公正的最终价值追求上是一致的。但是，客观上，这两者仍存在某些冲突。

检察官办案独立，暗含一种不依附于其他机关、个人、权力而独立自主地行使权力的状态，内在机理与"上命下从"的规则内涵相左。因此，检察权纵向层面配置的重要任务之一就是推进检察官独立和检察一体的有机兼容，这亦是此次司法改革必须面对的难点问题。如果在"检察一体"视野下考察上下级之间的职能划分，就必须与现行法律中关于检察长或检委会行使检察权的规定相一致。具体而言，检察官职权既要符合职权本身的属性，也要考虑案件的影响、权力关涉的利益大小等进行合理界定。既要强化检察长、检委会对重大案件、重大事项的领导与指挥，确保检察工作的统一性和整体性，也要在一定程度上突出检察官主体地位，赋予相关检察权能的执法权限。从案件上看，疑难、复杂以及社会影响重大的案件可保留检察长的决定权，检察官对上述案件的办理应履行一定的审批程序，原因在于保障检察工作的整体性和统一性，也是出于检察官素质、社会环境、体制因素等现实条件的制约。当然，检察长作为承办检察官也可直接办理上述案件而行使决定权。

另外，鉴于我国检察制度具有"检察一体"的深厚传统，检察官独立地位的增强亦不能一蹴而就，应逐步放权，注意监督。检察官独立必然要求具备拒绝执行上级指令权的权力。由此，笔者认为，应该从把握好检察官的拒绝上级指令权入手，强化检察官的独立地位。但囿于制度框架和法制条件障碍，目前宜规定由检察官请求上级检察官转移案件承办权的方式来行使。另外，笔者建议,宜先将该范围局限于指令明显违反法律的情形,而不宜以对案件认识存在分歧为由而拒绝。

三、检察官相对独立之权力互动与控制

要体现检察官的相对独立性,必须从人员管理和机构设置上"去行政化",优化配置检察官的差序性权力结构。笔者认为,为此应当进一步建立健全以检察官为核心的组织模式和办案模式,强化检察机关内部的配合和制约。

(一)检察官是检察权行使的微观主体

基于检察官在个案办理过程中必须遵循亲历性规律,检察机关办案组织及其办案模式必须突出检察官的相对独立性。因此,检察机关的内设机构设置必须在遵循宪法和法律赋予的监督职能的前提下,以保障检察官独立办案为出发点和归宿,以各种类型检察权权力属性为依据划分。鉴于目前检察机关内设机构设置还具有较为浓重的行政色彩,缺乏统一标准,职权界限模糊、职能重叠现象仍客观存在,笔者认为,内设机构的设置应当以"亲历性"为基点,围绕"检察官"构建职权结构,避免"亲历性"通过行政审批方式传导并稀释。笔者进一步认为,办案组织及办案模式的调整与改造,必须使承办人员对案件处理的话语权得到充分而有效保障,如果调整与改造的方式不仅未达到强化"司法化"的目的,反而有可能重回行政化的老路,这种制度设计将背离改革的逻辑起点和内在精神,不利于改革的深化和推进。改革应当使检察权的主体落实到检察官身上,而不是抽象的"机构"。机构只能是作为承担同类业务工作的检察官以及围绕检察官开展事务性工作的其他检察人员共同构成的一个团队,其作用是管理、监督、调控业务工作。

1. 权力清单

检察官在执法办案中的权限是优化检察权运行质效、确保检察权依法独立公正行使的基础,也是实现检察官相对独立必须解决的核心和前提问题。司法改革之后,全国不少地方检察机关开始采取检察官"权力清单"模式,明确检察官行使检察权的具体内容和权限。"检察官权力清单是落实检察院办案责任制的一个核心内容,使检察官真正成为执法办案的主体。"[①] 从权力赋予和权力制约的角度来看,权力清单制度不仅落实了对于检察官的"还权"而且划定了检察官的权力界限。从实践来看,不少地方的检察机关将权力清单以

---

① 简工博、栾吟之、陈琼珂:《抓住"放权"与"监督"两个关键——上海司法改革试点探索权责统一有效举措》,载《解放日报》2015年7月24日第1版。

"正面清单"和"负面清单"的形式展示，详细列明检察长（副检察长）、检察委员会、检察官（主任检察官）的职责权限，同时从审查批捕、审查起诉、职务犯罪侦查、侦查活动监督、刑事审判监督、民事行政检察、刑事执行监督、控告申诉检察和未成年人刑事检察等多项检察职能来明确配置划分各权力主体的职权，做到各层级、各属性职权可视化，并明确了检察官必须直接承担的工作职责，在体现司法办案独立性的同时，也完成了对检察权微观主体的权力分配与控制。因此，检察官的权力清单是检察权"差序化"结构的列表式反映，是对检察官职能与权限的总体理解和认识。

2. 办案组织

鉴于我国检察机关的职能具有权力因子的复合性，办案模式存在多样性，因此，实践中检察官办案组和独任检察官两种组织建制共存。这两种办案组织系针对检察权的不同属性分别实行的，对侦查监督、审查起诉工作，以独任检察官为主，检察官办案组为辅；对职务犯罪侦查工作，以检察官办案组为主，独任检察官为辅；对诉讼监督工作，视不同情况决定由独任检察官或检察官办案组办理。主任检察官和检察官在职责范围内对办案事项作出处理决定，承担司法责任。从各地的实践来看，作为司法办案的基本单元，检察官办案组一般在分类管理基础上，由一名主任检察官、两名以上检察官和若干名书记员及辅助人员组成。各办案部门根据实际情况，合理配置人员，均衡各个办案组的办案能力水平。实践中，就"如何科学区分这两种办案组织"、"如何明确这两种办案组织的受案范围"、"如何科学配置和设定相应的办案组织"、"如何确定检察官办案组内部主任检察官与检察官之间的权限责任"等一类问题还未达成共识，目前也没有出台普遍适用的规范性文件予以统一。笔者认为，对于横向层面的办案组织模式确定问题，应当结合各院内设机构情况、检察人员现状等因案制宜、因地制宜加以确定。而对于纵向层面检察权的分配和协调，办案组这种形式较之独任检察官制更具考察价值。办案组内部关系涉及检察官（主任检察官）与内设机构负责人、检察辅助人员等几个主体的权限配置和调整。因此，如何在确保检察官（主任检察官）地位独立的前提下，划定与其他主体的执法办案权限是研究检察办案组织模式的主要内容。笔者认为，对此，仍应当从检察机关的适度"司法化"改造作为切入点。鉴于"亲历性"是权责分配的逻辑原点，建议将检察官享有的权力在权力清单基础上，从对承办权、决定权、审核权的归属作出明确划分。具体而言，赋予检察官（主任检察官）一定的独立承办权，且检察长和内设机构负责人不得随意干预，检察官（主任检察官）在其职权范围，有权拒绝检察长的不当干预。在办案组织内部，由其依法在职权范围内享有独立权力，承担独立责任。在设置主任检察官的情形下，鉴于主任检察官需对其办案组的案件质量和效率等各方面负责，下属检察官在审理案件过程中对某些特定事项作出处理时仍需获得主任检察官的审核批准。同时，检察官对于案件的最终处理虽享有决定权，而且此项决定权应当受到主任检察官的尊重，但其仍需接受主任检察官的审核，在后者与其意见不一致之时，后者享有提请检察长决定的权力，由检察长决定或提请检委会讨论决定。

（二）检察官权力之监督制约

检察官相对独立是检察权运行方式改革的基点，改革的基本理念是"还权"于检察官，通过赋予检察官"司法人格"，按照司法权的性质塑造检察官独立办案、独立负责的检察权运行方式。但在依法授予检察官更多决定权的同时，检察机关应当更加注重内部监督制约，独立办案与监督制约，即"还权"与"限权"，是相辅相成的，是一个问题的两个方面，解决两者冲突的关键是要寻求各种监督制约形式中的理想平衡点，使执法办案质量得到保证。构建和完善检察官监督制约机制必须与司法规律相适应，鉴于检察官权力属性在纵横两个维度具有"差序化"形态，笔者建议建立多元化的监督制约体系。一是加强检察长（分管副检察长）的监督制约。检察长（分管副检察长）有权对检察官承办的案件进行审核，检察长（分管副检察长）不同意检察官处理意见的，可以要求检察官复议或提请检委会讨论决定，也可以直接作出决定。二是加强内设机构负责人的监督制约。内设机构负责人通过抽查法律文书、组织质量评查和评议等方式，加强对本部门检察官司法办案的事后监督。三是加强案管部门的流程监督。案管部门将监督对象聚焦为检察官，对办案中存在超期办案、法律文书不规范等问题的，督促整改。四是完善办案组内部的相互监督。对检察官明显违法的决定或指令，检察官助理、书记员应当首先向检察官提出，意见未采纳的可以向内设机构负责人报告，由该负责人视情况处理或报告分管副检察长、检察长处理；对检察官助理、书记员在办案中的不当行为，检察官应当立即批评纠正，并可以提出更换检察官助理、书记员的建议。五是内设机构分工负责、相互制约。对贪污贿赂、渎职侵权等犯罪案件的立案侦查、审查逮捕、审查起诉等工作，分别由侦查、侦查监督、审查起诉等不同内设机构承担，实现办案组织扁平化、专业化，并由不同的副检察长分管。

（三）检察官相对独立之外部机制完善

检察官拥有相对独立性后，相应的配套措施必须随之完善，以下着眼于体制性、机制性问题，提出符合检察权性质及其内在规律的检察官权力配置方案。

1. 推动立法完善，确立司法化的检察权运行架构。建议对《人民检察院组织法》、《检察官法》进行修改，在主任检察官办案组试点探索的基础上，逐步探索独任检察官制度，使每位检察官都具有相对独立地位；对检察官任职资格、检察职责和办案权限进行科学设定，使检察官能够依授权办理并决定案件，落实"谁办案、谁负责"；建立健全检察官执法档案和办案责任考评机制，科学界定错案认定标准及责任程度。

2. 改革人事管理，形成符合检察属性特点的职业保障制度。在实现省级以下检察院人财物统一管理和检察官员额制的前提下，建立健全有别于普通公务员的检察官职务序列管理制度，实现与行政职级和职务"脱钩"的检察人员分类管理；完善检察人员履行法定职责保护机制，非因法定事由，非经法定程序，不得将检察官调离、辞退或者做出免职、降级等处分；设立检察官惩戒委员会，独立、公正地对检察官言论不慎、行为不检、交往不当等行为监督、调查和惩戒，保障检察官依法独立公正履职。

3. 强化检务公开，完善人民监督司法、参与司法的形式与载体。定期开展执法检查、案件评查、听庭评议等专项监督工作，主动接受人大权力监督和政协民主监督；完善人民监督员选任和管理方式，进一步拓宽其监督案件范围，加强其知情权保障；平衡司法公开与办案独立的关系，确保相关公开信息全面、真实、依法、准确；使公开听证、公开审查成为检察环节终结案件的常态化办案方式。

司改背景下检察权运行机制的基本架构

——以司法责任制为视角的观察

盛宏文　张红良[*]

司法责任制直接影响着本轮司法体制改革的效果，人员分类管理、职业保障等其他改革都与司法责任制互为保障、紧密联系。如何妥善架构检察权运行机制是检察改革的重点和难点、是落实司法责任制的必要制度保障。本文认为，应当以权责利相一致为原则，以"谁办案、谁签字、谁负责"为要求，对现有检察权运行机制做出重新架构，在检察官的职权范围和行权方式、检察官与检察委员会、检察长和业务部门之间的关系、办案质量终身负责制与错案责任倒查问责制、内外部监督制约等各方面做统一规范，以符合司法规律、体现司法职业特点，实现去行政化和职业化。

一、关于检察权的现行规定和改革要求

（一）现行规定

现行法律法规对于检察权的运行机制做了相应的规定，主要内容包括：（1）《宪法》第131条规定：人民检察院依照法律规定独立行使检察权，不受行政机关、社会团体和个人的干涉。（2）《检察官法》第6条规定：检察官依法进行法律监督工作；代表国家进行公诉；对法律规定由人民检察直接受理的犯罪案件进行侦查；法律规定的其他职责。第7条规定：检察长、副检察长、检察委员会委员除履行检察职责外，还应当履行与其职务相适应的职责。（3）《人民检察院组织法》第3条第2款规定：各级人民检察院设立检察委员会。检察委员会实行民主集中制，在检察长的主持下讨论决定重大案件和其他重大问题。如果检察长在重大问题上不同意多数人的决定，可以报请人民代表

---

[*] 作者简介：盛宏文，法学博士，重庆市人民检察院研究室副主任；张红良，西南政法大学刑法学博士生，重庆市沙坪坝区人民检察院研究室副主任。

大会常务委员会决定。（4）《人民检察院刑事诉讼规则（试行）》第4条规定：人民检察院办理刑事案件，由检察人员承办，办案部门负责人审核，检察长或者检察委员会决定。第5条规定：人民检察院按照法律规定设置内部机构，在刑事诉中实行案件受理、立案、侦查、侦查监督、公诉、控告、申诉、监所检察等业务分工，各司其职，互相制约，保证办案质量。（5）最高人民检察院《人民检察院错案责任追究条例（试行）》第2条规定：本条例所称错案是指检察官在行使职权、办理案件中故意或者重大过失造成认定事实或者适用法律确有错误的案件，或者在办理案件中违反法定诉讼程序而造成处理错误的案件。追究错案责任的范围由本条例第6条、第7条、第8条具体规定。第4条规定：追究错案责任应当坚持实事求是、有错必纠的原则，以事实为根据，以法律为准绳，准确认定错案性质及责任人员。第5条规定：追究错案责任实行责任与处分相适应，惩戒与教育相结合的原则。第12条规定：检察官徇私枉法、徇情枉法、滥用职权造成错案的，应当承担责任。（6）最高人民检察院《关于切实履行检察职能防止和纠正冤假错案的若干意见》规定：各级检察机关要进一步增加责任感和使命感，把严防冤假错案作为检察工作必须坚决守住、不能突破的底线，以高度负责的态度办好每一起案件。检察人员要牢固树立社会主义法治理念，始终坚持惩罚犯罪与保障人权并重，实体公正与程序公正并重、互相配合与依法制约并重，坚持依法独立行使检察权。

由上可见，从作为基本法的《宪法》到《检察官法》《人民检察院组织法》，及检察机关内部规定，如《人民检察院错案责任追究条例（试行）》《人民检察院刑事诉讼规则（试行）》《关于切实履行检察职能防止和纠正冤假错案的若干意见》等，对检察权的基本运行机制做出了较为全面的规定。这些规定与本轮司法体制改革"去行政化、职业化""权责利相一致""谁办案谁负责"等精神确有冲突。《宪法》的规定比较宏观，没有冲突，但《人民检察院刑事诉讼规则（试行）》的规定就削弱了检察官独立办案的地位，不利于实现"谁办案、谁签字、谁负责"，《人民检察院错案责任追究条例（试行）》《关于切实履行检察职能防止和纠正冤假错案的若干意见》等规定也不够具体明确，不利于司法责任的准确追究。

（二）改革要求

针对上述情况，中央层面对司法责任制改革做出了具体要求。三中全会《中共中央关于全面推进依法治国若干重大问题的决定》讲道，"完善确保依法独立公正行使审判权和检察权的制度""建立健全司法人员履行法定职责保护机制。非因法定事由，非经法定程序，不得将法官、检察官调离、辞退或者作出免职、降级等处分""明确司法机关内部各层级权限，健全内部监督制约机制。司法机关内部人员不得违反规定干预其他人员正在办理的案件,建立司法机关内部人员过问案件的记录制度和责任追究制度。完善主审法官、合议庭、主任检察官、主办侦查员办案责任制,落实谁办案谁负责"。最高人民检察院相关文件也明确了改革的具体要求。最高人民检察院2015年2月16日印发的《关于深化检察改革意见(2013-2017年工作规划)》讲道,要"健全错案防范、纠正、责任追究机制。严格规范取证程序,……健全预防刑讯逼供、体罚虐待的工作机制,……坚持疑罪从无,严格实行非法证据排除规则,……建立对犯罪嫌疑人、被告人、罪犯的辩解、申诉、控告认真审查、及时处理机制。完善侦查、起诉和审判环节保障律师依法执业权利,……统一错案责任认定标准,明确纠错主体和启动程序。建立办案质量终身负责制,完善错案责任追究机制。"

这些规定直接针对了现行机制存在的检察官职权不清、责任不明的主要问题,是完善司法责任制的重要指导。但是在具体落实过程中,仍有一些分歧存在,需要引起我们注意。

二、建立符合司法责任制要求检察权运行机制的问题与分歧

(一) 主任检察官的界定

我国法律法规及司法解释并无关于主任检察官的规定。检察系统曾推行过主诉(办)检察官制度,最高人民检察院1999年先后下发了推行主诉(办)检察官办案责任制系列文件,试图在现有体制下突出检察官的办案主体地位,但效果并不理想。德国、我国台湾地区和我国大陆检察院检察体制比较如下:

德国、台湾地区和大陆检察院现行体制比较

国家或地区	职位设置	职权关系
德国	设检察长、司、处、科等机构,每个科通常由一名检察官领导;每三个科组成一个处,处由主任检察官领导;规模较大的院在处上设司,一般规模的检察院处上直接设检察长。	检察长和主任检察长领导各科的工作,有权指挥检察官,办案基本组织是科,作为科长的检察官独立办案。
台湾地区	设检察长、主任检察官、检察官和检察事务官、书记官等。	检察长指挥监督本署工作,主任检察官主要是对检察官的监督权,检察官独立办案,检察事务官和书记官协助检察官工作。

续表

国家或地区	职位设置	职权关系
大陆	设检察长、副检察长、业务部门负责人、检察官、助理检察官。	检察长统领全院工作,授权副检察长分管业务部门,业务部门负责人少量办理案件并审核部门内检察官工作,检察官、助理检察官直接办案。

主任检察官制度是对主诉(主办)检察官办案责任制的进一步深化与完善。十八届三中全会召开后,中央政法委把主任检察官办案责任制与人员分类管理、职业保障、省以下人财物统管同步推进,合理司法体制改革更为系统协调。主任检察官制度在境外早有设置。在德国和我国台湾地区,主任检察官是介于检察长与普通检察官之间的法定职务。德国,"主任检察官实际上就是检察机关的部门负责人,……负责一个业务部门的工作"[1]。台湾地区"各级法院及分院检察署检察官员额在六人以上者,得分组办事,每组以一个为主任检察官,监督各组事务""该主任检察官类似大陆检察机关科长、处长等中层职务"[2]。

但到目前为止,本轮司法体制改革的主任检察官与员额制检察官之间的关系仍未完全厘清,有认为主任检察官就是员额制检察官,只不过在过渡期叫作主任检察官,以与暂未进入员额的检察官相区别,有认为主任检察官是改革后办案组织的"负责人",能够领导其他检察官办案。这样的分歧应当得到深入研究、尽快统一。

(二)检察官的行权方式

目前我国主任检察官改革实践中,很多试点单位的主任检察官对其领导的检察官有审核审批权,实际上并没有完全改变原有的"承办人-科长-检察长"三级审批制,是一种过渡性质的做法。

这种模式下,检察长(授权的副检察长)审核业务部门工作,业务部门负责人审核检察官工作,形成三级审批制。检察官没有案件决定权,也没有辅助人员协助其工作。现行模式显然与改革要求不符,需要做出调整。

---

[1] 樊崇义、吴宏耀、种松志主编:《域外检察制度研究》,中国人民公安大学出版社2008年版,第186页。

[2] 陈晨:《主任检察官的考察性研究——以比较法的角度》,载《主任检察官办案责任制——第十届国家高级检察官论坛论文集》,第815页。

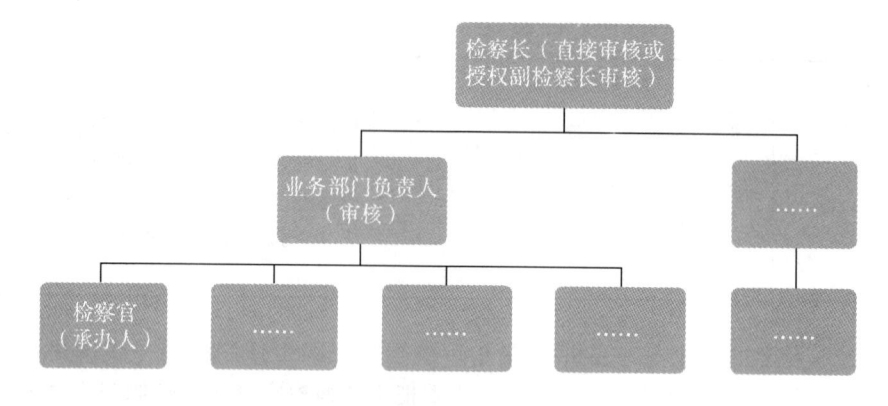

现行"三级审批制"下检察权运行图

（三）检察委员会工作机制的设计

当前检察委员会在实践中的弊端主要有以下表现：一是未能很好地体现民主集中制，在检委会讨论案件时委员随从检察长意见，无独立的意思表示；二是检委会决定的责任难以认定，目前采取的集体表决机制实际上使检委会的决定成为部分争议案件的责任"避难所"，难以追究个人责任；三是检委会讨论范围过于宽泛，案无大小、事无巨细都提交检委会讨论，淡化了检委会在检察机关的重要地位。为此，最高人民检察院《关于深化检察改革的意见（2013－2017年工作规划）》专门对检察委员会改革做出了要求，即"推进检察委员会专业化建设。完善检察委员会委员的任职资格和条件。建立完善检察委员会履职考评机制。明确和规范检察委员会工作职责。完善检察委员会议事规则和决策程序，规范决策咨询工作。加强检察委员会办事机构建设"。

（四）院庭长及检察长、科（处）长的职权设定

目前，关于检察院内部各类人员职权设定有多种不同观点：第一种观点认为，检察长领导和负责全院工作，对所有检察官的决定有权改变。副检察长在检察长授权下行使相应权力，审批所负责的业务部门检察官的办案决定。第二种观点认为，在新的体制下，增加了主任检察官的选项，主任检察官类比于副检察长，有权改变其他检察官的办案决定。第三种观点认为，在改革后主任检察官对其他检察官只有监督指导权，无权改变其决定，只能在有异议时提交检察长或检察委员会。对于科（处）长等部门负责人，整体倾向是退出办案审批层级。这三种观点涉及检察官与相关人员的职权关系，是去除内部行政化的重要内容。

（五）办案质量终身负责制与错案责任倒查问责制的设计

1. 对办案质量终身负责和错案责任倒查问责制的整体认识。四中全会公报明确提出了办案质量终身负责和错案责任倒查问责制。尽管最高人民检察院曾经出台了追究违法审判责任、错案责任的指导意见，但实践中真正追究办案质量责任及错案责任的却比较少。下图是本文依据各年度重庆市高级人民法院和人民检察院向市人大做工作报告统计出的数据：

2009-2013年重庆市法检系统查处违法违纪干警数量统计表（单位：人）

年份	重庆市人民法院	重庆市人民检察院	总计
2009年	27	17	44
2010年	18	7	25
2011年	8	10	18
2012年	14	8	22
2013年	8	9	17

2. 关于办案质量终身负责制。确定应当终身负责的办案质量问题确需谨慎：标准过严可能导致检察官办案畏首畏尾，影响司法效率；标准过宽难以制约司法权，失于宽纵。办案质量终身负责制，类似于"工程建设质量终身负责制"，是一种保障工作质量的责任追究制度。从行为规范角度看，它将警醒案件承办人，从而利于避免错案发生；从现实纠偏的角度看，也有利于后续问责，给受害者一个交代。① 也有观点提出，"错案责任终身追究制，对法官（检察官）责任的追究甚至超过了刑法的最长追溯期限，出现了过犹不及的倾向"②。同时，对何谓"终身"也有争议。主要有三种观点：一是认为终身司法人员生存期间都应追责，即生命期；二是认为终身即从事审判、检察工作期间，即法官、检察官生涯终身；三是认为终身即在法院、检察院工作期间，即法院、检察院生涯终身。调研组认为，如果采纳第二、三种观点的话，可能造

---

① 参见刘金智：《法官办案终身负责制不能止步于机制规定》，载东北新闻网，http: //news. nen. com. cn/system/2014/05/30/012301221. shtml，访问时间：2014年10月8日。

② 广东省高级人民法院研究室理论研究小组：《法官办案责任制的健全和落实》，载《人民司法》2014年第7期。

成出现办案质量问题或是错案问题,将办案人员调离一线但保持其法官、检察官身份或者法院、检察院工作人员身份,不能体现出"办案质量终身负责"及"错案责任追究制"所追究的严肃追责的精神,不能对相关责任人员起到倒逼作用,也不符合老百姓对严肃追责的期待与诉求。但采取第一种方案的确存在对法官、检察官执业保障的侵蚀,使法官、检察官退休后仍然要承担其所办理案件的责任,这种无限期追责可能使法官、检察官执业保障大打折扣。

3. 关于错案责任倒查问责制。立法上对何为错案一直没有明确的界定。理论界大多认为"错案是指各级法院在案件主要事实的认定和适用法律上有错误导致判决明显不当,损害当事人实体、诉讼权益,从而被改判以及执行错误需追究责任的案件"[①]。从实践角度看,"错案的产生极其复杂,往往掺杂了司法人员主客观方面的多重因素,如果不问具体情形,一律追究其责任会使司法人员因履职而处于不利境地,也与国际倡导的司法豁免权理念不符"[②]。因此,错案责任的认定需要谨慎。另外,四中全会公报提到了要"建立健全司法人员履行法定职责保护机制",因此要充分考虑司法追责与履职保护之间的平衡。

(六) 建立和强化监督制约机制

内部监督主要是指办案质量终身负责制和错案责任倒查问责制;外部监督主要包括司法公开和充分发挥律师在诉讼中的作用等。内部监督前文已述,此处着重论述外部监督。

1. 关于加大司法公开力度。目前,检察系统在检务公开方面做了许多努力,建设有门户网站的公开平台、各检察院的案件信息查询系统、与人大代表及政协委员的联系制度、人民监督员制度等。但这与社会对检务公开的要求仍有一定差距。

2. 关于充分发挥律师在诉讼中的作用。律师在执业过程中也发挥着发现立法盲区并积极争取推动立法完善的作用。律师的不断质疑,有利于提高审理活动的质量和公正性,有利于避免冤假错案,提高司法机关的权威和信誉。[③]但由于律师水平参差不齐,也确实存在一些律师钻营法律漏洞谋取个人私利,收费高昂却不负责任,甚至有的律师故意行贿法官拉拢法官枉法裁判等。此

[①] 于森淼:《司法改革背景下我国法官错案责任追究制度实证研究》,内蒙古大学2011级法律硕士学位论文,第2页。

[②] 李春刚:《关于司法体制改革的几个基础性问题——以人民法院司法体制改革实践为视角》,载《人民法院报》2014年10月15日第5版。

[③] 参见季卫东:《司法体制改革的关键》,载《东方法学》2014年第5期。

外，考察当前法治实际，律师的社会地位和执业环境不容乐观，律师执业权力未得到尊重和保障。律师执业困难主要存在于刑事诉讼活动中，如阅卷难、会见难、取证难、辩护难等。这些问题都需正视。

（七）在新的司法权力运行机制下如何进行组织创新

目前关于检察院内设机构调整的学理研究较少。总的原则是精兵提效，即减少机构数量、提高业务效率，扁平化、专业化成为改革的主要方向。在实践中，有些单位多设机构为解决"位子""福利"之考虑，部分同志担心影响个人待遇；有些单位多设机构是为创新而创新，部分同志担心影响工作成绩。这些问题应当得到及时处理。但如何调整机构，以实现职权明晰、权责一致，则需要做具体研究。

三、建立健全检察权运行机制的基本思路

（一）主任检察官的界定

关于主任检察官的界定。本文倾向于学习我国台湾地区模式，可表述为：主任检察官在检察长依法授权下，监督指导办案组织行使检察权。检察院的办案组织由检察官及检察辅助人员组成，主任检察官对办案组织有监督指导权，但没有审核审批权。这种模式的优点是：化解检察长监督全院工作的压力，在目前检察官队伍素质参差不齐的状况下，有助于保障检察工作质量；突出检察官执法办案的主体地位，主任检察官只有监督指导权，执法办案决定权仍在检察官手中；合理定位副检察长和业务部门负责人权力，即保证业务部门退出案件审批层级，又充分发挥了他们的业务骨干能力，保持了队伍稳定。同时，在案件管理、研究室等综合业务部门也可以设置主任检察官或检察官，以发挥其对检察工作的整体推动作用。而且，这样的设置也为主任检察官的"过渡性"定位留下了空间，即这种操作模式不会为员额制改革完成后取消主任检察官的设置造成障碍。

（二）检察官的行权方式

关于检察官的行权方式。改革后，检察权行使机关包括四类主体两个层次一个咨询机构，四类主体是检察长、检察委员会、主任检察官、其他检察官，两个层将是检察长和其他检察官，一个咨询机构是主任检察官联席会议。四类主体中，检察长对全院工作负责。检察委员会对属于其职权范围内的案件事项讨论决定。主任检察官对检察官负监督指导责任，可以提交检察长或提请启动检察委员会和主任检察官联席会议。检察官对自己领导的办案组织负责。主任检察官联席会议为执法办案提供参考意见。

在以上检察官行权方式"四主体两层次一机构"的基础上,应当明确检察官在执法办案中的主体地位,科学界定检察委员会、检察长、副检察长、主任检察官和其他检察官在执法办案中的职责权限。检察长对其他检察官办案决定有权改变,并对改变后的决定负责。主任检察官对办案组织内其他检察官负有监督指导职责。主任检察官对其他检察官决定有异议的,可以提请启动主任检察官联席会议或提交检察委员会讨论。主任检察官联席会议意见仅供检察官参考,检察委员会有权改变检察官决定。检察长、主任检察官和其他检察官对在其职权范围内做出的决定各自签署文书。业务部门退出检察业务审批层级。检察委员会委员对检察委员会决定有异议的,应予注明。

在设置有主任检察官时,检察权分为两个层面运行,具体如下:

一是坚持检察一体化原则下的检察长负责制。我国检察权的特点是检察一体化,即检察长要对全院检察工作负责,检察长有权改变院内其他检察官的决定,并对改变后的决定负责。唯有检察委员会的决定可以抗衡检察长的决定,促使相关问题提交同级人大或上级检察院最终确定。在没有设置主任检察官前,副检察长依检察长授权对分管的检察官的检察工作有审核权。在设置主任检察官后,主任检察官对其监督的检察官具有监督权,在对检察官的工作有异议时,得提请主任检察官联席会议讨论做出建议或提交检察长、检委会讨论决定。

二是突出检察官主体地位的检察官对办案组织的负责制。检察官依授权独立行使检察权,对自己做出的决定负责,主任检察官只有监督权,不得随意干预。办案组织有一定的检察辅助人员,由检察官助理、书记员或其他人员共同组成。检察辅助人员受命于检察官,听从检察官的直接指挥。

具体结构如下图:

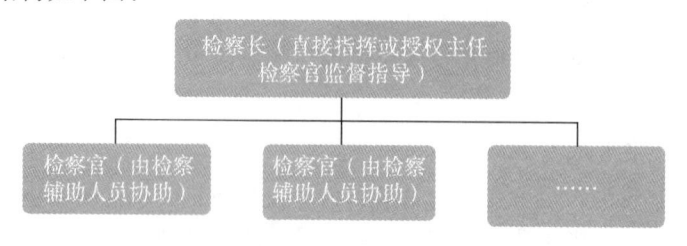

```
        检察长(直接指挥或授权主任
             检察官监督指导)
        ┌────────┬────────┐
   检察官(由检察   检察官(由检察    ......
   辅助人员协助)   辅助人员协助)
```

设置主任检察官后检察权运行图

这种模式下,业务部门退出了案件审核层级,突出了检察官的办案主体地位。同时为检察官配置检察辅助人员协助其工作,将检察官从大量烦琐的辅助性工作中解脱出来,专心办案。

（三）检察委员会工作机制的设计

检察委员会的改革重点在于合理界定检察委员会议事方案范围，建议参考最高人民检察院相关规定，规范检委会议事程序，限定议事议案范围。这一改革与检察官职权的确立是同步进行的，在检察官"权力清单"明确后，检察委员会的权力清单也就明确了。

（四）检察长、科（处）长的职权设定

改革后，检察长仍对全院工作负责，这是对检察一体原则的坚持。科处长等部门负责人将退出检察业务审批层级。主任检察官对检察官具有监督指导的责任。

（五）办案质量终身负责制与错案责任倒查问责制的设计

落实检察官办案质量终身负责制和错案责任追究制的前提是要明确检察官的职责范围，检察官依法履行司法职责的行为不受追究，对其司法职责之外的事项不负司法责任，非因法定事由和法定程序不得剥夺检察官职务。应当全面建立执法档案，对法官、检察官办案应进行过程监督和结果监督，建立科学合理的检察官业绩考评机制，作为落实办案质量终身负责和错案责任倒查问责的基础性依据。

基于当前对检察官素质能力和办案质量尚未能达到改革要求的顾虑，建议在改革初期或者是较长一段时间内，合理发挥检察长和主任检察官的指导监督作用以保障案件质量。可由检察官惩戒委员会依据违法事实、行为人的法定职责、主观过错以及违法行为所产生的后果来综合判定错案责任，同时要落实法律、纪律面前人人平等以及责任自负、罚当其过、处罚与教育相结合的原则。同时，全面准确地记录工作过程，包括检察官办案过程、领导干部的介入行为和司法机关其他人员的干预行为，以为追责备用。

（六）建立和强化监督制约机制

强化对司法的监督制约机制，按照《框架意见》主要应包含以下内容：加大司法公开力度，做到既遵循法治原则和司法规律，又充分保障司法公开的效率和效果，为社会公众和当事人及时、全面、便捷地了解司法、参与司法及监督司法提供服务和保障；切实保障律师在诉讼过程中依法履行职责及行使诉讼权利，完善律师对法官、检察官违法违纪行为的投诉及反馈机制。依法处理律师违反法庭纪律，恶意投诉，诋毁法官、法院、检察官、检察院声誉等不当行为。

（七）在新的司法权力运行机制下如何进行组织创新

在内设机构方面，检察院需明确岗位职责，确保职责明确、分配合理、院

内协调、上下级统一,以之为方向调整内设机构。在检察院,可按突出业务部门、精简综合部门原则,参照最高人民检察院、上海市人民检察院和重庆市人民检察院的设想,对现有科室分类整合,重新设置刑事检察局、职务犯罪侦查局、诉讼监督局、政治部、检察事务部、检察长办公室等6~8个部门,并确保上下级间机构设置的统一协调。

检察机关内设机构调整图

单位	现有设置	调整设想
最高人民检察院	办公厅、政治部、侦查监督厅、公诉厅、反贪污贿赂总局、渎职侵权检察厅等21个内设机构。	刑事检察部、职务犯罪侦查部、诉讼监督部、案件管理部、检察事务部、政治部等6~8主要部门。
上海市人民检察院	政治部、办公室、行政装备处、金融检察处等23个内设机构。	刑事检察部、职务犯罪侦查部、诉讼监督部、案件管理部、检察事务部、政治部等部门。
重庆市人民检察院	检察长办公室、政治部、公诉一处、侦查监督处、干部处、宣传处等33个内设机构。	刑事检察局、职务犯罪侦查局、诉讼监督局、政治部、检察事务部、检察长办公室等6~8个部门。
改革设想		刑事检察局、职务犯罪侦查局、诉讼监督局、政治部、检察事务部、检察长办公室等6~8个部门。(与最高人民检察院和重庆市设想基本一致)

总之,本轮司法体制改革涉及检察权运行机制的重新架构,需要对主任检察官定义,包括职责权限、行权方式,检察机关内部的权力制约,包括检委会改革、业务部门去行政化,检察官的追责,包括建立办案质量终身负责制与错案责任倒查问责制,检察权的监督,包括内外监督等各个方面都做出调整。"权责一致"是调整的基本要求,去行政化、职业化是调整的基本方向,唯有此,才能为司法责任制的落实打下坚实的制度基础。

我国检察权国家性的宪法学解释与规制
——兼论《人民检察院组织法》修改

郑立泉　常俊朋[*]

我国新一轮司法改革正如火如荼的进行，相关文件明示：近期目标是省以下司法机关（包括检察机关和审判机关）人财物统一管理。显然，省以下统一管理是司法系统全面垂直管理的过渡阶段。然而，如何从宪法理论和宪法运行上给予应有的回应，是当前司法改革过程中摆在宪法学部门和宪法学研究者面前亟须解决的两大任务。在我国，司法权一直被默认为既包括审判权也包括检察权，囿于主题，本文将着重论述有关检察权部分的内容。本文将从我国检察权的性质和结构特殊性入手，结合单一制国家特征，对检察权具有国家性的命题进行宪法学解释。并在此基础上，提出从两方面对检察权的运行进行规制：一是对相关法律进行修改，在法律层面明确检察权的"中央事权"范畴，在法律文本上理顺检察权中央与地方的宪法法律关系；二是运行中在业务上实现检察一体，构建涵盖政治领导、人事管理、财政后勤的垂直领导机制。时下语境中，便是如何构建省以下人财物及政治领导的垂直管理体制。

一、我国检察权的属性与结构辨析

关于我国检察权属性问题，一直有司法权说、行政权说、法律监督权说和复合说等观点间的争论，目前尚无定论。本文以为，无法抽取出一个"共相"的性质涵盖我国当下所有的检察职权，对检察权性质的认定，必须立足我国检察职权构成本身进行全面分析。尽管我国检察制度来源于列宁的法律监督理论和苏联的检察制度，但随着我国社会主义法律体系的逐步完善，检察制度取得了长足发展，检察权的内容也得到了极大丰富。尤其是我国刑事诉讼制度的现代化进程中，刑事抗辩制度和公诉人制度被引入和普遍接受，我国的公诉权内

---

[*] 作者简介：郑立泉，天津市河东区人民检察院检察长；常俊朋，天津市河东区人民检察院研究室助理检察员。

涵和性质越来越接近西方法治发达国家的公诉权。本文主张对我国检察权性质的认定，必须立足于当下我国检察权的运行现状，只有在对检察权的实际构成逐项进行考察后，才能对其属性进行进一步的合理归纳。当下我国的检察职权主要包括：公诉权、法律监督权和侦查权。公诉权又具体包括：审查起诉权、出庭支持公诉权、自行补充侦查权以及对一审判决或裁定的抗诉权；法律监督权具体包括：侦查监督权、审判监督权和执行监督权；职务犯罪侦查权主要包括法律规定由检察机关直接受理的刑事案件的侦查权。

在我国检察权的三种职权中，公诉权和侦查权具有明显的司法权性质，包括侦查监督权、审判监督权和刑罚执行权部分的监督权则具有法律监督权性质。因此，基于其本身的独特性，将我国检察权本质属性归结为广义司法权与法律监督权的复合更为合适。

一个国家的法律活动中，刑事司法系统（criminal-justice system）与其他法律系统相比具有显著特征。那就是它本身并不是基于国家行政与司法活动的范畴划分而产生的概念，而是针对刑事犯罪行为而形成的一个完整的应对体系，是指确定刑事指控被告人的刑事法律责任并解决其刑罚问题的一系列机构与制度所形成的集合体。① 就像刑法部门法的划分标准是因其制裁手段的严厉性，而不跟其他部门法按照所调整的社会关系性质不同进行划分那样，刑事司法系统也不能按立法权、行政权、司法权的范畴进行划分，其因社会治理目标的特殊性及治理手段的严厉性而自成系统。该系统包含三个典型的功能部分或阶段：执法（law enforcement）、司法程序（the judicial process）、罪犯矫正（corrections）。② 无论是在三权分立的西方国家还是实行人民代表大会制度的我国，刑事司法系统都是独立存在的。由于各个国家的政治体制、法律传统不尽相同，刑事司法系统在各个国家的表现形式亦不相同，主要体现在刑事程序设置、相关机构称谓等具体形式的不同。在我国，执法阶段主要指对案件有侦查权的机关实施的对犯罪事实的侦查行为，是我国刑事司法活动中的一个独立阶段，侦查权的刑事司法权性明显已经脱离于行使它的机构公安机关的本身性质而存在。③ 司法程序则是指包括检察官、法官、辩护人在内的法律活动，对犯罪行为和事实进行法律评价，确定责任，在我国则包括公诉阶段和审判阶段。罪犯矫正阶段在我国目前主要包括刑罚执行和新确立的社区矫正活动。检

---

① 参见杨宗辉、周虔：《检察权结构探微》，载《法学评论》2009年第1期。
② 参见杨宗辉、周虔：《检察权结构探微》，载《法学评论》2009年第1期。
③ 需要说明的是，公安机关在我国的政治架构中无疑属于行政机关，但公安机关所行使的职权之一侦查权却与其机构性质相脱离，属于司法权范畴。

察机关的侦查权和公诉权是和刑事审判权一样，都是刑事司法系统中各独立阶段中不可或缺的因素，具有刑事司法权性质。很显然，此处所谓的司法权已经突破传统意义上的司法权范畴，不具有狭义司法权的终局性、中立性、被动性等特点，但这并不影响它属于更广义范围的司法权属性。

法律监督权主要包括侦查监督权、审判监督权和执行监督权。主要是指检察机关对侦查机关的侦查活动、审判机关所有的审判活动（含民事诉讼、刑事诉讼和行政诉讼）和执行活动的监督。对于这部分职权，很难将其囊括在上述司法权的范畴，尽管其监督的对象均为司法活动，但其最根本的属性仍然是法律监督性，因为法律监督活动是对侦查活动、审判活动和刑罚执行活动中不符合法律规定的行为进行纠正，纠正的主要实现方式是检察建议、违法纠正和抗诉，不包括任何有涉对被监督对象法律责任的认定和追究行为。即使在监督的过程中发现需要追究法律责任的情形，也应当通过侦查权和公诉权来实现。而是否有涉法律责任的认定和追究又是法律监督活动和司法活动的最本质区别。值得说明的是，对刑事审判监督活动是在公诉活动过程中进行的，与公诉活动本身在时间上具有重叠，尽管如此，二者仍然各自独立，具有不同的性质。

二、宪法学解释：单一制国家中检察权的国家性及应然表现

所谓单一制国家检察权的国家性，是指在单一制国家结构中，检察权的配置不属于地方与中央分权的范畴，从国家最高检察机关到地方各级检察机关，均应由中央统一立法设置，不受地方干涉，从而保证检察权系统的完整性和独立性。在中国当下的语境里，就是破除检察权的地方化。

（一）我国检察权的国家性

解决检察权地方化问题，就必须明确检察权在国家结构形式中的地位和分配原则，因为所谓的国家结构形式，"实质上是一种权力的分配形式，而不是什么区域的结构，即便是就其所划分的领土而言，也只是外部的表象，最终还是要回到在所划分的区域间以什么原则来分配国家权力的问题上来"[1]。

1. 检察权中司法权性质部分的国家性

如本文第一部分所述，在我国检察权的构成中，侦查权和公诉权都属于刑事司法系统中不可或缺的部分，具有国家性，属于中央事权。原因有三：第

---

[1] 秦倩、李晓新：《国家结构形式中的司法权配置研究》，载《政治与法律》2012年第10期。

一，司法权的性质决定其应当被排除在中央与地方分权的范畴之外。刑事司法活动中要求的宪法法律至上、平等保护、平等对待、同案同判、程序正义等司法理念也要求全国检察机关和审判机关具有统一性和平衡性，不因地区的差异而出现不同的司法形态，或者说司法不具有地域性。[①]第二，侦查权和公诉权的国家性是维护国家法制统一的必然要求。我国检察权中的侦查权和公诉权正是对侵犯国家或社会利益、践踏法律尊严的行为进行事实认定，法律适用和责任认定，进而通过法律责任的实现维护我国社会主义法制的统一和尊严。第三，侦查权和公诉权的国家性是维护中央权威的重要保证。在单一制国家的国家权力分配中，司法权是维护国家法律权威和国家公共利益的重要工具，在克服地方分离主义和地方保护主义方面具有重要作用。因此，司法权必须由中央统一行使，建立完善统一的司法系统，借助司法的力量加强中央对地方的领导和监督，消除地方对中央权威的威胁。

2. 检察权中法律监督权的国家性

如前文所述，当下我国检察权中的法律监督权包括侦查监督权、审判监督权和执行监督权三部分。前已提及，法律监督权中的各项权利虽然均是对广义司法活动的监督，但其根本属性仍然是监督权，而不是司法权，故在此有对其国家性的单独论证。在我国当下的检察制度下，检察机关肩负着对侦查机关、审判机关以及刑罚执行机关司法活动进行法律监督的任务。从其监督的内容上不难看出，其本质仍然是对上述机关在司法活动中权力的制衡，代表国家对在上述活动中保障公民的合法权益，其权力来源为国家权力机关——全国人民代表大会的授权，监督的对象为国家的司法活动，监督的目的是被监督机关的行为符合国家法律的规定。我国《宪法》也规定了检察机关是国家的法律监督机关，其相应的法律监督权自然具有国家性，应同侦查权和公诉权一样，由中央统一配置和行使。

（二）检察权国家性的应然表现

1. 检察权应统一来源于中央

具有国家性的检察权，完全属于中央事权，应排除任何地方机关的不当干预。在我国人民代表大会制度下，国家最高检察机关作为检察权的行使者由全国人民代表大会产生自不多言。根据前述检察权国家性的论述及当下检察改革精神，如果仍规定地方各级检察机关的权力来源为对应各级人民代表大会，在

---

① 参见郝银钟：《法院去地方化改革的法理依据与具体路径》，载《法律适用》2013年第7期。

法律和实践两个层面都难以讲通。因此，从宪法部门法角度看，将地方各级检察机关检察权力来源统一设为全国人民代表大会更为适宜，地方各级检察机关根据最高权力机关授权依需要在地方设立，由最高人民检察机关统一向全国人民代表大会及其常委会负责并汇报工作。另外，中央立法机关对国家检察权的授权还应当通过国家宪法予以明示，排除地方权力机关对检察权的干预，这是检察权国家性其他表现形式的法律基础，也是理顺中央与地方检察权配置过程中宪法法律关系的关键。

2. 检察长及检察官应由中央统一任免

检察官的任免权尤其是检察长的任免权是检察权属的重要体现。在检察机关由国家权力机关产生的前提下，检察机关的重要组成部分——检察官及其首长也应由中央统一任免。最高检察机关的检察长自然应由最高权力机关选举产生，地方各级检察机关的人事任免权也应直接或间接地归属最高权力机关。考虑到我国地域辽阔、检察官人数众多，地方各级检察机关的检察长与检察官的任免可由上级检察长层层报请最高人民检察机关，由最高人民检察院检察长定期集中提请全国人民代表大会常委会任免，摆脱与地方权力机关的关系，这样更符合检察一体原则和检察发展规律，为检察机关垂直领导奠定组织基础。在过渡期省以下由省级人民代表大会进行统一任免。人事任免权是地方对检察权侵蚀和影响检察权独立运行的重要途径，因此，地方对检察机关人事任免的影响一直是检察独立和司法公正的重要障碍。

3. 检察机构独立于地方

检察机关的日常工作应当由两种性质完全不同的部分组成，一种是检察业务管理工作，另一种是涵盖政治领导、人事考察、财政经费、后勤保障的检察综合管理工作。根据检察权国家性原理，检察业务工作宜奉行检察一体原则，所谓检察一体原则，即上级检察机关对于下级检察机关的检察业务具有指挥和监督的权力，全体检察官和检察机关形成从上至下的统一体系，即对内上级检察机关对下级检察机关是领导与被领导的关系，对外则要求"检察权的行使保持整体的统一，不受外来势力，特别是来自现实的政治力量的不当影响，进而实现维护公正秩序和尊重基本人权的国家目的"[①]。政治领导上，地方各级检察机关的党组织应当直接受上级检察机关党组织的领导，最高检察机关的党组织受中国共产党中央领导，以确保党对检察机关思想领导、组织领导和政治领导由独立的检察系统内部党组织体系完成。在财政经费和后勤装备保障上，应建立"中央统一预算、财政层层拨付、赃款赃物上缴中央"独立于地方财

---

① 董璠舆：《日本司法制度》，中国检察出版社1992年版，第191页。

政系统的检察经费后勤装备管理机制。

4. 检察管辖区域与行政区划相脱离

检察权的国家性和独立性决定了检察管辖区域和国家行政区划不需要完全重叠，也就是说检察机关管辖区域可以与行政区划相脱离，不受行政区划的限制。检察机关可以在全面考虑管辖区域内的地理状况、人口数量和案件情况的基础上，脱离当下行政区划而设置管辖区域，从而彰显检察机关的独立性，减少地方干扰。

三、宪法学规制：法律修改与体制重构

对于检察权的宪法学规制，本文以为，应站在国家宪政角度，对相关法律进行修改，理顺检察权配置中的宪法法律关系，在运行上构建检察垂直领导体制，实现"检察一体"原则，从而解决实现检察权的地方化问题。值得说明的是，此次改革的目标是省以下检察机关人财物统一管理，这是中央统一管理的过渡阶段，考虑到宪法和法律的稳定性和尊严，其修改宜一步到位，实践运行上可逐步过渡。

（一）法律修改

1. 适时对《宪法》中检察权相关内容进行调整

《宪法》是我国的根本大法，指导我国政治体制和法律体系的正常运转，是所有国家机关组织法和部门法的立法基础，我国各项法律制度也都能在《宪法》上找到根源，检察机关当下的"双重领导"体制也不例外。因此，检察权的去地方化改革无法绕开对《宪法》的修改，当然，作为一国政治运转根本指导准则的宪法，应当保持一定的稳定性，不能朝令夕改，损害其权威性。因此，在修改宪法的窗口期应适时对《宪法》有涉检察权的内容进行调整，从根本法层面对双重领导体制进行修正。我国《宪法》第133条规定：最高人民检察院对全国人民代表大会和全国人民代表大会常务委员会负责。地方各级人民检察院对产生它的国家权力机关和上级人民检察院负责。此项规定是我国检察机关双重领导体制的宪法基础，也为检察权地方化创造了制度便利。《宪法》第131条规定：人民检察院依照法律规定独立行使检察权，不受行政机关、社会团体和个人干涉。建议增加一款：地方各级人民检察院不受地方人民代表大会及其常委会干涉。关于上级检察机关与下级检察机关的领导与被领导关系，《宪法》第132条规定的内容合适，保留即可，无须修改。

2. 对《人民检察院组织法》进行修改

我国现行《人民检察院组织法》已运行35年。现行《人民检察院组织法》的部分内容已与现代社会状况、法治理念、法律规定及检察工作实际不

符甚至产生冲突,对检察机关工作的指导作用也在逐渐减弱,对其进行及时修改是我国检察制度进一步发展的必然选择。《人民检察院组织法》是国家机构组织法,属于国家宪法部门法,依据《宪法》对检察机关的规定,对检察机关的组织体系、职责权限、活动准则、机构设置等内容进行具体调整。因此,在《人民检察院组织法》的修改中应坚持以下原则:宪法一致性原则、尊重法治和检察规律原则、符合中国国情原则、与程序法相协调原则和适当超前原则。通过《人民检察院组织法》的修改实现检察机关的垂直领导体制重构、固化司法改革和检察改革成果、构建检察工作人员分类管理体制、检察财政后勤装备保障独立等目标,完成检察权去地方化与去行政化的任务。

(二) 体制重构

在《人民检察院组织法》的修改过程中,应当着重考虑以下内容在法律层面的确认,与《宪法》内容相统一,将此次检察改革的精神体现在《人民检察院组织法》,也使《人民检察院组织法》成为体制重构的指导性文件。需要说明的是,运行层面,当下还需要考虑我国中央司法改革的统一部署和计划,做好省以下检察机关人财物统一管理的过渡期机制构建和试行工作。

1. 检察机关垂直领导体制重构

(1) 业务上贯彻检察一体。我国检察制度也在一定程度上体现了检察一体原则,比如我国法律确立的检察机关上下级领导关系,但其规定仍显笼统,缺少相应具体制度落实,且受地方机关各种形式干扰严重。结合我国检察实际,检察一体应当包括以下内容:①上下级检察机关的领导与被领导关系,最高检察机关对各级检察机关的领导关系。②最高检察机关的决定地方各级人民检察机关必须执行,上级检察机关的决定,下级检察机关必须执行。③最高人民检察机关对地方各级检察机关、上级检察机关对下级检察机关的决定有直接变更和撤销权。④在管辖权上赋予最高人民检察机关和上级检察机关更多的调配权。⑤建立正式的案件请示制度。

(2) 检察机关党组织领导体制的重构。中国共产党是我国各项社会主义事业的领导核心,检察工作也应在中国共产党的统一领导下进行。在检察机关垂直领导改革中,应将检察机关党组织从受同级地方党组织领导改变为受上级检察机关党组织领导,最高检察机关党组织统一领导地方各级检察机关党组织,受中央党组织领导。党组织对检察机关仍然在思想、政治和组织方面进行领导,领导内容不变。检察机关党组织领导体系的独立是相对于地方党组织而言,仍然是共产党领导的有机组成部分。

(3) 检察机关工作人员分类管理机制构建。检察一体要求检察机关工作人员应实行分类管理,可将检察机关工作人员总体分为检察官和行政人员,行政人员又可分为政治工作人员和检务保障人员。对于检察官的考核晋升工作，成立专门的检察官人事考核机构，机构工作人员为行政人员，负责本机关检察官的选任、录用和晋升考核具体工作，设检察官人事管理委员会，委员会委员由检察官代表和政治工作人员按比例组成，共同决定本级机关中层领导人选、检察官任用和下级检察机关检察长人选，并将拟任免名单层报最高检察机关统一报全国人民代表大会常务委员会定期统一任免。包括政治工作人员和检务保障人员在内的行政人员则按照公务员管理制度进行管理，与检察官人事管理制度双轨运行。过渡阶段，可先在省以下检察机关设置上述管理体制。

2. 财政经费、后勤装备保障机制重构

财政经费是检察机关多年来受地方权力牵制的主要原因之一，为消除地方对检察权干扰，在去地方化过程中应当建立从中央到地方统一的检察财政经费、后勤装备保障机制。在省以下人财物统一管理过渡期，可由省级权力机关对本辖区内检察机关财政支出统一预算，减少原来财政中对各地区检察财政支出省份，省级财政统一承担本辖区检察机关支出。在后勤装备保障方面，地区各级检察机关成立专门的检务保障中心，在省级检察机关检务保障中心领导下，统一负责机关和检察业务系统的日常行政、后勤、装备、服务等工作。

3. 探索与行政区划相脱离的检察管辖区域体制

前文提及，检察权国家性和独立性并不要求管辖区域与行政区划相一致，因此，检察机关在管辖区域的划分上完全可以考虑辖区内人口数量、案件总量，结合自身机构设置、人员配备状况等因素重新设置，摆脱当下与行政区划重叠的状况，进一步减少地方干预检察权的可能。在具体设置上，管辖区既可大于行政区划，亦可小于行政区划，由上级检察机关视情况而定。还可以参考仲裁机构的设置，在机关名称上去掉"省"、"市"、"县"、"区"等级别名词，如将"北京市人民检察院"改为"北京人民检察院"，将"北京市海淀区人民检察院"改为"北京海淀人民检察院"，弱化检察管辖中行政区划色彩。

在我国检察改革中，我们需要意识到，任何改革都是循序渐进的过程，不可能一蹴而就，在明确方向的基础上，需要经过"论证——设计——实践——再论证——再调整——再实践"循环往复的过程，检察改革亦莫能外，整个过程需围绕"检察权具有国家性"这一理论基础和改革方向，在法律上建构并在实践中推行有助于检察权去地方化的各项体制机制，并在实践过程中发现问题时进行相应的修正和调整，寻求一条真正符合我国司法实际的检察独立和检察公正之路。

国家法律监督机关职能论
——兼与陈卫东教授商榷

王昌奎*

《宪法》第129条规定:"中华人民共和国人民检察院是国家的法律监督机关。"在这一职能定位的基础上,《人民检察院组织法》等相关法律为检察机关配置了职务犯罪侦查权、公诉权及其他诉讼监督权。这一职能定位和职权配置近年来遭到了学术界的抨击。由于抵挡不住系统外学者的抨击,检察系统内的少数学者开始动摇,提出在检察机关单独设立法律监督内部机构,将法律监督职能与公诉职能"适当分离"的妥协方案。[①] 笔者认为,上述观点都源于对法律监督职能的误读,若将上述观点付诸实践,我国检察机关将难逃被彻底边缘化甚至被取消的厄运。

一、对法律监督的不同学术阐述

何谓法律监督?学界几种非常具有代表性的观点:第一种观点认为法律监督是一种居高临下的监督,监督者的地位高于被监督者。持该观点的学者站在语义学的角度,认为"监"就是"从旁察看",而"督"则包含有"指挥"或"领导"的意思,监督就是站在一旁察看并进行领导。[②] 他们指出,监督者的地位优于监督对象,检察官是一种"法官之上的法官"[③]。基于这种认识,

---

* 作者简介:王昌奎,重庆市人民检察院第四分院预防处副处长,法学博士。
① 参见张朝霞等:《论检察职权内部配置的基础与路径》,载《政法论坛》2009年第1期。
② 参见杨祥:《关于法律监督的几个理论问题探讨》,载《社会科学》1994年第9期。
③ 陈卫东:《我国检察权的反思与重构——以公诉权为核心的分析》,载《法学研究》2002年第2期。

学界对作为监督者的公诉人在法庭上是否应起立①、"谁来监督监督者"和"法律监督职能是否会导致对抗式诉讼中控辩关系严重失衡，是否应当将监督权与公诉权分离"② 等问题展开了激烈的争论。第二种观点认为，监督就是站在旁边看。其中部分学者认为监督者只能动口不能动手，少数极端的学者认为监督者既不能动口也不能动手。第三种观点认为，国家权力机关、行政机关、司法机关的监督和执政党、政协、民主党派、人民群众的监督都叫法律监督。第四种观点认为，法律监督包括对所有国家机关、政党、社会团体、企事业组织和全体公民的监督，目的是保证宪法、法律的统一实施。

笔者认为，上述观点均值得商榷。如果将上述观点贯彻到底，毫无疑问都必然导致检察机关法律监督职能的虚无化。之所以会出现上述错误观点，根本原因在于对"监督"内涵的误读，混淆了我国《宪法》意义上的法律监督与一般监督的本质区别。那么，到底什么叫监督？什么叫法律监督？

要正确理解"监督"的内涵，必须根据宪法、法律的相关规定，结合我国的政治体制设计，进行体系性解释。《宪法》第129条规定检察机关是国家法律监督机关，《宪法》第135条又规定："人民法院、人民检察院和公安机关办理刑事案件，应当分工负责，互相配合，互相制约，以保证准确有效地执行法律。"可见，《宪法》赋予检察机关的法律监督职能并非要求检察机关简单地"从旁边看"，更非要求检察机关去"指挥"、"领导"公安机关和审判机关，而是出于"权力制衡"的考虑，利用法律监督职能去约束侦查权、审判权等公权力，以保证其在宪法和法律范围内活动，防止其异化。根据我国的政治体制设计，人民代表大会为最高权力机关，行政机关、审判机关、检察机关由其选举产生，之所以将三机关放在同一高度来定位，也是出于"权力制衡"的考虑，利用检察机关去约束行政机关、审判机关等公权力机关，以保证其在宪法和法律范围内活动，防止公权力异化，而并非想让这个检察机关去"领导"、"指挥"行政机关、审判机关。

如果把"监督"理解为"指挥"、"领导"，把监督者与被监督者的关系理解为上对下的关系，则有很多制度无法理解。如根据我国的制度设计，人民群众、民主党派、新闻媒体对国家机关有权监督，下级机关对上级机关有权监

---

① 参见龙宗智：《检察官该不该起立——对庭审仪式的一种思考》，载《法学》1997年第3期；贺卫方：《异哉所谓检察官起立问题者——与龙宗智先生商榷》，载《法学》1997年第5期。

② 陈卫东：《我国检察权的反思与重构——以公诉权为核心的分析》，载《法学研究》2002年第2期。

督，工程建设中的监理人对施工方有权监督，难道说政协、民主党派、新闻媒体能"指挥"、"领导"国家机关？下级机关能"指挥"、"领导"上级机关？如果"监督"具有地位优越性，监督者与被监督者的关系是上对下的关系，为什么包括《宪法》第135条在内的在一些规范性文件及在一些正式场合同时提到法院、检察院时，始终把被监督者法院排在监督者检察院之前？可见，"监督"并无"指挥"、"领导"之意。由于"监督"并无"指挥"、"领导"之意，因此，法律监督者当然就并非"法官之上的法官"。

根据我国《宪法》、《人民检察院组织法》等相关法律规定，法律监督针对的是公权力，不但有监督职权，而且有监督职责，不但有权站在旁边看，而且对被监督者滥用公权力的行为有权动口批评，有权动手纠正，本质上属于一种权力监督。虽然我国有关法律中都直接或间接地规定了人民群众、民主党派、新闻媒体有权监督公权力，并直接或间接地规定了监督者对被监督者可以提出批评意见或向有关部门反映，但并没有规定监督者对被监督者的违法违纪行为可以直接纠正，更没有赋予监督者以监督责任。可见，这种监督有权无责，只动口不动手，本质上属于权利监督。社会团体、企事业组织很少有公共权力资源，普通群众几乎没有公共权力资源，对这些对象的监督在相当程度上与公共权力的滥用无关。因此，这些监督与我国《宪法》意义上的法律监督均有本质区别，只能列入一般监督范畴。

二、法律监督职能的三个维度

检察机关作为国家法律监督机关，其主要职能应当是国家法律监督职能，但法律监督职能与检察职能到底有何关系？学界有三种观点：第一种观点认为，法律监督职能大于检察职能。他们认为，法律监督的主体和对象都非常广泛，远远超出了检察机关的能力范围，检察机关难以承载法律监督的使命。[①]第二种观点认为，我国的法律监督职能等于检察职能[②]，检察机关是国家法律监督机关，其主要职能就是法律监督，其职权配置应以法律监督职能为核心。第三种观点认为，法律监督职能小于检察职能。该种观点认为，检察职能本质上是一种公诉职能，法律监督职能是一种与公诉职能、职务犯罪侦查职能并列

---

① 参见郝银钟：《评检察机关法律监督合理论》，载《环球法律评论》2004年（冬季号）。

② 参见王桂五：《人民检察制度概论》，法律出版社1982年版，第15页。

而又冲突的职能①，应将法律监督职能与公诉职能、职务犯罪侦查职能分离。要厘清法律监督职能与检察职能的关系，必须要弄清法律监督职能的三个维度。

（一）法律监督的主体

毫无疑问，谁具有法律监督职能，谁就是法律监督的主体。但学界对这一问题争议颇大：第一种观点认为，法律监督的主体包括国家权力机关、行政机关、司法机关的监督和执政党、政协、民主党派、人民群众的监督。② 第二种观点认为，法律监督是有权监督，因此法律监督的主体包括执政党和各级各类国家机关。第三种观点认为，人民代表大会（以下简称"人大"）才是法律监督职能的主体。第四种观点认为，检察机关是《宪法》明确规定的国家法律监督机关，因此，检察机关是唯一的法律监督的主体。

笔者认为，前三种观点都有失偏颇，检察机关才是法律监督的唯一主体：第一，职能是职权和职责的统一体，要判断谁具有法律监督职能，除了要看谁享有法律监督职权外，还要看谁负有法律监督职责。其他监督主体虽然也有监督权，但这种监督权体现得更多的是单纯的权力而非职责，而检察机关的监督更多体现的是职责而非单纯的权力。第二，法律监督主体所拥有的监督权应当是该主体的基本职权、主要职权，而非附属职权、衍生职权。虽然人民代表大会拥有法律监督职能力，但这只是人民代表大会作为权力机关的衍生权力，而不是人大的基本职权、主要职权。第三，法律监督职能的主体与监督对象之间是监督与被监督关系。人大与其他国家机关之间虽然也有监督与被监督关系的成分，但主要还是产生与被产生关系，是决策与执行的关系。其他监督主体与监督对象之间也有一定的监督关系，但也并非这两种主体之间的主要关系。第四，《宪法》第129条明确规定检察机关是国家法律监督机关，第57条、第85条、第124条明确规定全国人民代表大会是最高国家权力机关、国务院是最高国家行政机关、人民法院是国家审判机关，没有再明确规定其他机关是法律监督机关。依据《宪法》规定，正如人民政府是唯一行使行政权的主体、人民法院是唯一行使审判权的主体一样，人民检察院是唯一行使法律监督职权的主体。可见，无论从实然的角度还是从应然的角度，检察机关对法律监督职能都具有专属性和唯一性。

---

① 参见陈卫东：《我国检察权的反思与重构——以公诉权为核心的分析》，载《法学研究》2002年第2期。

② 参见孙国华等：《法理学教程》，中国人民大学出版社1994年版，第523~524页。

(二) 法律监督的对象

对于谁是法律监督的对象，学界有两种非常极端的观点：一种观点认为，"法律监督的对象包括所有国家机关、政党、社会团体、企事业组织和全体公民"①。言下之意，法律监督的对象包括公权和私权。另一种观点认为，"法律监督权"实质上就是一种"司法监督权"，言下之意，法律监督的对象是司法权。

第一，从我国检察制度的发展历史看，法律监督的对象不包括私权。我国检察制度是在列宁的法律监督思想指导下，在借鉴苏联检察制度的基础上，结合我国的实际情况再造而建立的。1936年12月，苏联通过《宪法》，明确规定检察机关在国家体制中的地位、作用、职权和组织原则等。根据该宪法的规定，苏联检察机关享有一般监督权，有权对各级政府、地方各级权力机关、企业事业单位和公民实行监督。1949年中国人民政治协商会议通过的《中华人民共和国中央人民政府组织法》第28条规定："最高人民检察署对政府机关、公务人员和全国国民之严格遵守法律负最高的检察责任。"1954年《宪法》第81条规定："中华人民共和国最高人民检察院对于国务院所属各部门、地方各级国家机关、国家机关工作人员和公民是否遵守法律行使检察权。"从上述法律规定的表述看，检察机关最初是按照"一般监督"模式来设计的。但"文化大革命"以后，随着改革开放的不断深入，我国法学界眼界大开，西方的一些先进的政治法律理论不断被介绍进来，我国对新中国成立初期的检察制度也进行了重新定位。1979年《人民检察院组织法》、1979年《刑事诉讼法》和1982年《宪法》相继明确规定"检察机关是国家法律监督机关"，却再也没有提"对各政党、社会团体、企事业单位和公民行使检察权"。可见，我国检察机关法律监督的对象重点转向了公权力，检察机关不再具有一般监督权。

第二，从《宪法》对检察机关的职能定位来看，法律监督的对象绝不仅限于司法权。据《宪法》第85条、第123条、第129条人民政府是国家行政机关，人民法院是国家的审判机关，人民检察院是国家法律监督机关；根据《宪法》第62条、第63条和人民政府、法院、检察院组织法，各级人民政府首长、法院院长、检察院检察长都由人民代表大会选举、罢免，各级人民政府、法院、检察院对人民代表大会及其常务委员会负责并报告工作。人民检察院与人民政府、人民法院具有相同的政治地位，都被提高到《宪法》高度，合称"一府两院"。如果法律监督职权仅仅是一种"司法监督权"，法律监督

---

① 孙国华等：《法理学教程》，中国人民大学出版社1994年版，第523~524页。

的对象仅仅是司法机关的司法权,他能与行政权、审判权相提并论?还用得着提高到《宪法》的高度来进行职能定位吗?还用得着向各级人大及其常务负责并报告工作吗?检察长还用选举或罢免吗?

第三,从我国的国家权力配置模式来看,法律监督的对象是公权力。孟德斯鸠指出:"有权力的人们使用权力一直到遇有界限的地方才休止。"① 权力不加制约就会被滥用。在一个民主法治国家,对宪法和法律最严重的破坏往往来源于公权。② 正是基于这些认识,世界上每一个法治国家,在配置国家权力时,都十分注重权力制约机制建设,防止国家权力滥用。西方资本主义国家一般实行分权制衡模式,坚持立法权、行政权、司法权分离并相互制衡。例如,行政首脑通过否决立法而制衡立法权;立法机关通过对政府首脑的不信任案或弹劾而制衡行政权;司法机关通过对立法活动、行政行为进行司法审查而制衡立法权、行政权。我国则根据马克思列宁主义的国家学说建立了一种有别于分权制衡模式的一元权力领导下的专门的法律监督模式,即由省、自治区、直辖市、特别行政区和军队选出的代表组成全国人民代表大会——国家最高权力机关,由最高权力机关产生立法权③、行政权、审判权,虽有分权却无法相互制衡,因此创设了一个专门的国家法律监督机关,在最高权力机关的授权和监督下来承担常规、具体的法律监督职责,保证上述公权力始终在宪法、法律范围内活动,防止其异化。这个行使监督制约公共权力的机关就是检察机关。这种监督模式的特点是:法律监督职能来源于最高权力机关的授权,而不是通过被监督权力的让渡、分享、削减;最高权力机关与法律监督机关的关系是宏观监督与具体监督的关系;监督者与被监督者之间是平等关系。我国的这种权力监督模式虽然有别于分权制衡模式,但与分权制衡模式却有共同的理论基础——"以权力制约权力"是防止公权力被滥用和异化的重要手段。

从上面分析可以看出,法律监督的对象是公共权力。根据我国《宪法》规定,法律监督的对象只包括行政权、审判权。立法权作为一种与行政权、审判权同属国家层面的公权力,也可能被滥用,理论上也需要监督。

---

① [法]孟德斯鸠:《论法的精神(上)》,商务印书馆1961年版,第154页。
② 参见蒋德海:《以法律监督为本质还是以控权为本质》,载《河南社会科学》2011年第2期。
③ 在我国,全国人大作为最高权力机关不是就其立法权而言的,主要是就其选举产生行政机关、审判机关、检察机关和修改宪法等综合权力而言的。全国人大既是最高权力机关,同时又是最高的立法机关,但其立法权处于最高权力之下,因为其是由最高权力机关产生的,其权力是最高权力机关授予的。

(三) 法律监督的手段

要确保检察机关能正确履行法律监督职能，就必须要赋予其一定的监督手段——法律监督权。对法律监督的手段，目前学界有两种非常极端的认识。一种观点认为法律监督就是"站在旁边看"，不需要任何手段。其中部分学者认为监督者只能动口不能动手，个别极端的学者甚至认为监督者既不能动口，也不能动手。笔者认为，这种观点是非常危险的。如果法律监督仅仅是"站在旁边看"，那么，监督者与一个摄像头没有任何区别。如果看后只能动口提点批评意见，无权动手纠正违法行为，那么法律监督与一般的群众监督、新闻媒体监督将没有任何区别。无论上述哪种情形，只要没有必要的监督手段，法律监督者即使看见公权力被滥用，也必然无能为力，其结果必然是法律监督者将被彻底架空，番号被最终取消。

我国《宪法》、《人民检察院组织法》等相关法律围绕检察机关的法律监督职能为检察机关配置了职务犯罪侦查权、公诉权及其他诉讼监督权。近年来，不少学者提出批评意见，认为职务犯罪侦查权、公诉权、批捕权都不属于法律监督权。这种观点认为，无论是公安机关对刑事犯罪的侦查权还是检察机关对职务犯罪的侦查权，无论是国外的公诉权还是我国的公诉权，实质上都属追诉权，无论是我国检察机关的批捕权还是国外法院的批捕权，实质上是对是否剥夺犯罪嫌疑人人身自由的请求的决定权，都具有被动性，属于一种典型的司法权。笔者认为，上述观点值得商榷。第一，职务犯罪侦查权、公诉权并非简单的追诉权。若将职务犯罪侦查权、公诉权都简单定位为追诉权，按行政效率原则应由一个机关行使，可为什么无论是英美法系国家还是大陆法系国家都要将同一种职权分别交给两个机关行使？第二，批捕权并非司法权。批捕权具有被动性并不意味着批捕权就一定属于司法权，法律监督权在某些情况下同样具有被动性，如纠正违法行为就属于被动监督。第三，职务犯罪侦查权、公诉权、批捕权本质上都属制约公权力的权力，是检察机关履行法律监督职能的重要手段。公诉权监督的对象侦查权、审判权，并非公民个人。职务犯罪侦查权监督的对象是行政权、审判权，批捕权监督的对象是侦查权。没有职务犯罪侦查权、公诉权、批准逮捕权作为手段，检察机关根本不可能完成法律监督使命。

根据不同的视角，可对法律监督权进行不同的分类。从横向上看，法律监督权的内容包括对立法行为的监督权、对行政行为的监督权和对审判行为的监督权，有学者把这种职权叫功能性职权。遗憾的是，由于我国人大的立法行为和抽象行政行为几乎完全不受监督制约，检察机关对行政权的监督制约也仅限于部分警察权，对其他具体行政行为的监督制约充其量只算个间接监督——职务犯罪侦查和行政诉讼监督。从纵向上看，法律监督职能的内容应当包括知情权、程序动议权、违法纠正（包括责任追究权）和检察建议权等，有学者把这种职权叫结构性职权。①

1. 知情权。知情权是一个宪法学概念，是一种公民权，其含义是指："公民知晓、获取官方信息的自由与权利"②。作为法律监督的主体，检察机关有权知道、了解和掌握公权力运行过程。知情权是正确履行法律监督职能的基础，没有知情权，根本不可能进行法律监督。

2. 程序动议权。主要是指引起某项法律程序的启动或者终止的权力。检察机关法律监督职能以程序动议为本质特征，对案件作出程序性处理，可以说是检察机关法律监督的核心权力。无论是立案监督权、侦查监督权、审判监督权，还是公诉权，都包含有案件程序动议权。如自行决定立案侦查、通知公安机关立案侦查、提起公诉、不起诉、抗诉等权力都是检察机关程序动议权的具体化。

3. 违法纠正权。当法律监督主体发现公共权力违反宪法、法律时，有权依法作出纠正，甚至启动责任追究程序。纠正违法行为和启动责任追究程序，是保障检察机关法律监督职能效力的重要权力。在立案监督、侦查监督、审判监督、刑罚执行监督、民事审判监督、行政诉讼监督和行政执法监督等活动中，检察机关通过行使违法纠正权，才能有效地进行法律监督，确保国家公权力在宪法和法律范围内活动。

4. 检察建议权。检察建议是检察机关通过纠正一般违法以实现预防犯罪、促进严格执法的非诉讼法律监督活动。有学者认为，检察建议权没有法律强制力和诉讼性，不属于法律监督职能范围。笔者认为，检察机关的法律监督职能不仅体现在纠正违法和制裁违法上，也体现在预防公权力滥用之上。

综上，法律监督职能就是指我国《宪法》赋予检察机关监督制约公共权力的职能，其目的在于保证公共权力在宪法、法律范围内活动，防止其滥用和异化。法律监督职能的外延与检察职能的外延一样，包括职务犯罪侦查职能、公诉职能和批捕职能等诉讼监督职能。法律监督职能与职务犯罪侦查职能、公诉职能和批捕职能的关系是目的与手段的关系。应特别强调的是，我国的"法律监督职能"并非指"保证宪法、法律的统一实施的职能"，"保证宪法、法律的统一实施"是"一般监督"的范畴，是执政党和所有国家机关的共同

---

① 参见林明枢：《从权力机构要素看检察机关法律监督职能的配置》，载《国家检察官学院学报》2006 年第 2 期。

② 宋小卫：《论我国公民的知情权》，载《法律科学》1994 年第 5 期。

任务，单凭检察机关是难以承载那么沉重的历史使命的。

三、我国检察机关的地位和职能

大陆法系国家将检察官定位为法律的守护人，英美法系国家将检察权定位为追诉权，我国《宪法》将检察机关定位为法律监督机关。但我国对检察机关的职能定位遭到不少学者的质疑：一种观点认为法律监督外延太大，检察机关难以承载法律监督的使命；另一种观点认为，将检察机关定位为国家法律监督机关，使检察机关的地位高于法院，成为"法官之上的法官"，造成刑事审判中控辩双方地位严重失衡，在一定程度上危及"既判力"原则。[1] 对检察机关到底该如何进行职能定位？传统的观点有行政机关说、司法机关说、行政兼司法机关说，近来争论得比较激烈的有法律监督机关说、公诉机关说。

笔者认为，与其他学说相比，将检察机关定位为国家法律监督机关是科学的、合理的，具体理由如下。

（一）"行政机关说"、"司法机关说"、"行政兼司法机关说"均存在重大理论缺陷

第一，上述观点的逻辑前提是错误的。行政机关说、司法机关说和行政兼司法机关说都是以"三权分立"理论为逻辑前提，似乎认为政府权力除了立法权、行政权、司法权，再无其他权力。第二，都不能解释有些问题。如行政机关说，行政权本质上追求的是实体上的效率和效益，如政局稳定、经济增长等，但检察权则维护的是一种法定程序，更注重程序的正当性；如司法机关说，司法权具有被动性，但我国检察机关的法律监督却兼具主动性和被动性。如发现违法行为属主动监督，而纠正违法行为则属被动监督；如行政兼司法机关说则根本没有回答检察机关的定位问题。第三，都具有一定危险性。如司法机关说，职务犯罪侦查不符合司法权被动、中立等特点，可能被赋予其他行政机关。行政机关说容易让检察权服从于行政权，检察官服从于政府首长，损害法治原则，容易使检察机关成为"君主耳目"、"鹰犬狗腿"，使国家重走德国纳粹时期警察国家之路。行政兼司法机关说则可能使检察机关角色尴尬，长期处于争议漩涡，最后被彻底边缘化甚至取消。

（二）"公诉机关说"难以自圆其说

"公诉机关说"以陈卫东教授为代表，其主要理由是：检察机关是为适应

---

[1] 参见陈卫东：《我国检察权的反思与重构——以公诉权为核心的分析》，载《法学研究》2002年第2期。

公诉制度的发展需要而建立起来的,当今世界各法治国家都把检察机关定位为公诉机关,将其定位为公诉机关也是我国现代社会发展的需要。笔者认为,陈教授的观点值得商榷。

第一,检察机关不是为适应公诉制度发展需要而建立起来的,而是随着对警察权、审判权的控制需要而发展起来的。据四川大学万毅教授考察,检察官制度系法国大革命的产物,检察官在大陆法系国家有"启蒙之子"、"革命之子"的美誉,被定位为国家法律的"守护人"。① 大陆法系国家建立检察官制度的主要目的是废除当时的纠问诉讼制度,分化和制衡警察权、审判权。检察官的前身是国王代理人,虽然在其缘起阶段紧紧依附王权,但在法国大革命之后,检察权实现了由简单的统治工具向权力制衡的质的飞跃。正如陈卫东教授自己所说"国家掌握追诉犯罪的主动权,但又不能让裁判机关同时握有追诉权,因此设置了专门的追诉机关"。德国当代刑事法大师罗克信(Rokin)指出:"创设检察官制度的最重要目的在于通过诉讼分权模式,让检察官节制法官,保障刑事司法权行使的客观性与正确性,并控制警察活动,摆脱警察国家的梦魇。"前联邦德国著名检察官华格纳亦指出:"检察官制之创设,乃催生法治国并克服警察国之明显指标。"②

第二,"现代各法治国家都将检察机关定位为公诉机关"这一理由没有说服力。只有英美法系国家将检察权定位为公诉权,大陆法系国家没有将检察官定位为公诉人,而是定位为法律的守护人,其主要职能是对警察权、审判权的双重控制。万毅教授认为,英美法系本无检察官制度,其检察官制度来源于大陆法系国家。英美法系国家将检察权的基本功能定位为公诉权(检察、检察官的英文书写形式 prosecution、prosecutor 的本意均是"起诉"、"公诉人"),所以万毅教授认为英美法系的检察制度是被阉割的检察制度。③ 就是英国,其检察权也是从警察局分离出来的,明显带有分权制衡性质。况且我们学习借鉴外国法律制度并不需要照搬照抄。虽然除了俄罗斯没有哪个国家将检察机关明确定位为法律监督机关,但那是因为政治体制不同。西方实行三权分立并相互制衡,检察权没有与立法权、行政权、审判权并列的空间,所以没有赋予其法律监督的历史使命,这也是为什么他们的检察长不用议会选举、罢免和他们的

---

① 参见万毅:《一个尚未完成的机关:底限正义视野下的检察制度》,中国检察出版社 2008 年版,第 181 页。
② 石少侠:《检察权要论》,中国检察出版社 2006 年版,第 172 页。
③ 参见万毅:《一个尚未完成的机关:底限正义视野下的检察制度》,中国检察出版社 2008 年版,第 181 页。

检察机关也不用向议会报告工作的原因。

第三，将检察机关定位为公诉机关并非我国现代社会发展的需要。我国现代社会发展需要什么？显然，我国现代社会发展最需要的是加强对公共权力的制约，防止其腐败和异化，而并非强化公诉权。

第四，"公诉机关说"对很多问题都无法解释。如果检察权仅仅是一种追诉权，检察权的对象仅仅是犯罪分子的犯罪行为，他能与行政权、审判权相提并论？还用得着提高到《宪法》的高度来进行职能定位吗？还用得着向各级人大及其常委会负责并报告工作吗？检察长还用选举或罢免吗？警察机关、检察机关都具有追诉犯罪职责，为什么同一种工作要由检察机关和公安机关两个机关行使？按行政效率原则应将两者合并，但英美法系国家为什么却要让检察机关从警察机关分离出来？① 同样都是追诉机关，为什么我国对检察机关要用《宪法》来进行职能定位而对公安机关却未用《宪法》进行职能定位？显然，这些问题，用追诉权理论都是无法解释的。

（三）检察机关是国家法律监督机关

1. 法律监督机关之定位有其思想基础

长期以来，我国的法律监督职能研究一直笼罩着一层误解的迷雾，不少学者认为，我国和苏联的法律监督制度是根据列宁的几句话建立起来的，没有理论根基，苏联解体后只有中国和俄罗斯在坚持这一实践。其实，这种说法是没有依据的。早在古希腊时代，柏拉图就在其晚年遗著《法律篇》里就提出了监督权思想。② 他指出，监督权是一种独立于行政权及其他国家权力的专司监督的权力，其内容包括对职务犯罪或者职务不当行为的查处权、停职审查权等。也许正是受柏拉图监督思想的启发，不少国家都将职务犯罪侦查权交给了检察机关。

2. 法律监督机关之定位有其理论依据

现代系统论、控制论都可以为这种法律监督职能理论提供有力的支撑。按照控制论，任何一个管理系统，都必须构成一个互相联系而又互相制约的连续封闭的回路，才能进行管理。这个封闭回路一般有四个元素：目标、决策机

---

① 虽然英国号称是检察制度发祥地，但直到 1986 年初，从中央到地方并没有形成独立的检察系统，只是在总检察长下设立一个公诉官处，负责对重大疑难案件提起公诉，绝大多数刑事案件都是由警察局提起公诉，没有公诉律师处的地方则由警方私人开业的律师起诉。1985 年，英国制定《追诉犯罪法》，检察机关独立于警察局，独立行使公诉职权。

② 参见曹呈宏：《柏拉图的监督权思想及其启示》，载《人民检察》2010 年第 3 期。

构、执行机构与监督机构①。为了使系统能够有序地运行,设置独立的监督机构是必要的,这样才能"以权力制约权力",防止权力的滥用和异化。三权分立模式并不存在独立的监督权,这用控制论的观点看是有欠缺的。例如在美国的现实运作模式中,往往通过临时设立一些行使监督权的"特别检察官"、"独立检察官"来进行弥补,但这种弥补有天生缺陷。如独立检察官制度每五年就需要由总统提议并经联邦议会"再授权"才可存续,受政治的影响很大。一般来说,民主党人倾向于进行"再授权"使其变成"活法",而共和党人倾向于不提议"再授权"而使其变成"死法"。从这个意义上说,我国的法律监督制比三权分立制先进。当然,目前中国的现实操作中未能充分发挥作用,其实是另有原因的。

3. 法律监督机关之定位能解释所有问题

(1) 关于法律监督职能是否影响控辩双方平衡关系?笔者认为,这两个问题都不是问题。第一,正如前面分析,监督者与被监督者关系是平等的,检察官并非"法官之上的法官",因此不会破坏控辩双方的平衡关系,更不会影响"既判力"。第二,控辩平衡是相对的。就是英美法系实行当事人中心主义的对抗式诉讼模式,也难以真正做到控辩关系平衡。在英国,1986年初以前,绝大多数刑事案件都由警察机关侦查并提起公诉,当事人就依靠一个辩护律师,能与公诉人抗衡吗?大陆法系实行职权主义诉讼模式,检察官有权监督法官,控辩双方地位就更不平衡了:检察机关与审判机关合署,检察机关又有权指挥警察,负有追诉犯罪的职责,一件刑事案件相当于由同一个"署"里的人负责侦查、起诉、审判,当事人能与之抗衡吗?从理论上讲,要彻底实现控辩平等,只能改公诉为自诉,把刑事案件民事化,让被害人自己去侦查,自己向法院起诉,但如果真实行这种制度,不是又回到了奴隶社会的私人追诉主义,国家还能控制犯罪吗?中国之所以会出现这种理论上的困扰,主要原因是我们在1996年《刑事诉讼法》修改时以大陆法系的刑事诉讼法为骨架,但庭审模式上却简单地移植了英美法系的当事人中心主义模式,是张冠李戴的结果。事实上,大陆的职权主义模式和英美的当事人中心主义模式在理念上区别非常大,有很多地方是相互排斥的。

(2) 关于法律监督职能是否影响生效判决的"既判力"?以陈卫东教授为代表的不少学者认为,法律监督会影响"既判力",影响司法终局原则,意思是对审判权不能监督。显然,这些忘记了孟德斯鸠的忠告。不受监督的权力必然会出现腐败,审判权也不例外。最高人民法院原副院长黄松有曾强烈反对检

---

① 参见李曙光:《晚清职官法研究》,中国政法大学出版社2000年版,第112页。

察机关对民事行政案件进行法律监督，其主要理由是公权力介入私域，会造成民事行政诉讼中原被告双方的不平等关系，破坏司法公正。但最终的事实证明，不是检察机关的法律监督破坏了司法公正，而是其利用了权力和民事行政领域这一监督真空破坏了司法公正。笔者认为，生效判决的"既判力"是相对的，是针对正确的生效判决而言的。为了防止法官滥用审判权，必须设计一定的制度对其权力进行制约，否则就会出现司法腐败。如果判决确有错误，必须予以纠正。绝大多数大陆法系国家的检察机关对法院的判决都有审判监督权，都有上诉或抗诉权，不过具体名称不一样。就是英美国家，检察官也可以在判决前针对法官适用法律问题（如排除非法证据所适用的法律）提出上诉。

（3）为什么我国的公诉权就属于法律监督职能而外国的公诉权不叫法律监督职能？为什么公安机关的侦查权就叫侦查权而检察机关的侦查权就属于法律监督权？要回答这两个问题，首先要思考，为什么大陆、英美两大法系都在赋予检察机关公诉权力的同时不同程度地赋予其职务犯罪侦查权？这两种权力的共性是什么？如果将两种没有共性的权力赋予检察机关，那么检察机关岂不成了杂牌机关？有同志说侦查权、公诉权都是追诉权。如果仅用追诉权来理解，虽然勉强回答了上面两个问题，但又会冒出许多新问题。如警察机关、检察机关都具有追诉犯罪职责，为什么同一种职责要由检察机关和公安机关两个机关行使？按行政效率原则应将两者合并，但英美法系国家为什么却要让检察机关从警察局分离出来？同样都是追诉机关，为什么我国对检察机关要用《宪法》来进行职能定位而对公安机关却未用《宪法》定位？可见，追诉机关说显然不能从根本上解决问题。事实上，无论英美法系国家还是大陆法系国家，其检察机关的公诉权、职务犯罪侦查权都是从法院的审判权和警察的刑事侦查权中分离出来的，都是控审分离、侦诉分离的结果，目的就是加强对行政权、侦查权、审判权等公权力的监督制约。无论中外，职务犯罪侦查权、公诉权都具有监督制约性质，不过，我国《宪法》把它明确定位为法律监督权，西方虽然没有明确将其定位为法律监督权，更没有上升到《宪法》的高度，但并不意味着他们的公诉权、职务犯罪侦查权就没有制约公权力的性质。公安机关的侦查权之所以不能称为是法律监督职能，主要是因为其针对的是私权而不是公权力。

（4）谁来监督监督者？其实，柏拉图在《法律篇》中已提出了解决这一问题的方案。柏拉图认为可以通过审判监督、民众监督和制度设置对监督权进行监督。他说，无论多大的权力，只要这个权力的行使者不是说最后一句话的人，不是最后的拍板者，那么我们就可以认为这个权力也是受到监督和制约的，不可能是高高在上、无法无天的。我国检察机关的法律监督职能只是程序启动权,最终不是自己说了算,比监督者的实体性权力滥用的风险本身相对较小。况且,法律监督职能与行政权、司法权平等,本身存在相互制约问题。再有,法律监督职能还受全国人大、执政党的纪律检查机关和人民监督。按马克思的国家学说,人民是权力的最终来源,因此人民也是最终的监督者。如果不从这个角度理解,那么我们是不是也要追问,谁来监督共产党,谁来监督共产党的纪律检查机关?

(5) 检察机关的执法属于司法还是行政执法?有学者认为,执法只有行政执法和司法两种基本类型,检察机关的执法无法归类。① 笔者认为,这一问题的逻辑前提是错误的,似乎认为政府权力除了立法权、行政权、司法权,再无其他权力。

四、我国检察机关的职权配置

对检察机关的职权配置,学界主要有两种观点。第一种观点叫"分离说",主张将法律监督职能与职务犯罪侦查职能、公诉职能、批捕职能分离。第二种观点叫强化说,主张进一步强化职务犯罪侦查职能、公诉职能、批捕职能。"分离说"具体又分为三种:传统的观点主张将职务犯罪侦查职能、批捕职能划出去,围绕法律监督职能配置职权;以陈卫东教授为代表的"公诉机关说"认为法律监督职能与公诉职能矛盾,主张摘掉"法律监督机关"的帽子,以公诉职能为龙头配置职权;检察系统内部少数"动摇派"学者主张检察机关内部建立专门的法律监督机构。

笔者认为,上述三种"分离说"均不可采信:一是"分离说"的逻辑前提是错误的。上述三种"分离说"都有一个共同的逻辑前提:法律监督职能与职务犯罪侦查职能、批捕职能和公诉职能冲突。事实上,从前面对法律监督职能的构成要件分析可以看出,职务犯罪侦查权、批捕权和公诉权的本质都是制约公共权力的权力,都属于法律监督权的范畴,法律监督职能与职务犯罪侦查职能、批捕职能和公诉职能是目的与手段、实质与内容的关系,因此,不存在分离的空间。二是"分离说"是在开历史的倒车。我国《宪法》将检察机关从英美单纯的"公诉机关"提升为"法律监督机关",是不断吸收分权制衡理论的合理内核和适当借鉴大陆法系对检察官职能定位的结果,是不断总结我国和苏联实践经验的结果,是控制公共权力的需要,是历史的进步。如果再以公诉权为龙头配置检察权,不仅是盲目的西化,而且是"在开历史的倒车"。三是若将"分离说"付诸实践,我国检察机关将难逃被彻底边缘化甚至被取

---

① 参见工春连等:《论刑事法治视野中的检察权—由"检察官该不该起立"的法庭仪式引起的思考》,载《党政干部学刊》2008 年第 3 期。

消的厄运。如果按第一种观点，将职务犯罪侦查权、批捕权划归其他机关，相当于砍掉了监督者的手。今天有人主张砍掉监督者的手，难保明天没有人主张堵住监督者的嘴。如果监督者的"手被砍，嘴被堵"，检察机关将彻底变成一个"站在旁边看"的机关，与一个摄像头没有任何区别，法律监督权将被彻底架空，即使看见公权力被滥用，也无能为力。按第二种观点，摘掉"法律监督机关"的帽子，以公诉权为龙头配置检察权，则检察院最终会更名为公诉院（或追诉院），批捕权甚至职务犯罪侦查权都会因明显不属于公诉权而应被"名正言顺"地分离出去。按第三种观点，单独设置法律监督部门，则无疑会进一步强化那种认为法律监督职能与公诉职能、职务犯罪侦查职能相互排斥的错误认识，将法律监督职能与职务犯罪侦查职能、批捕职能、公诉职能分离的呼声将会更高。

正如前面所分析，我国《宪法》将检察机关的职能定位为国家法律监督机关是科学的、合理的。检察机关既然负有法律监督职责，就应享有法律监督职权，具有法律监督手段。无论是职务犯罪侦查权、批捕权还是公诉权，都是检察机关履行法律监督职能的具体手段。检察机关的职权配置，不能分离，只能强化。实践中，由于一些错误观点的影响，近年来，检察机关特别重视公诉职能的强化，而忽视职务犯罪侦查职能的强化，因此对公共权力的制约软弱无力，职务犯罪越来越严重，检察机关离《宪法》的期待越来越远。因此，笔者认为，检察机关的职权配置应本着有利于强化法律监督职能的原则，以对等式监督为模型，重点强化职务犯罪侦查职能。

（一）检察机关职权配置的理想模式

根据监督者与被监督者的关系不同，可设计为三种监督模式：第一种模式，法律监督者的权力低于被监督者的权力，即法律监督者只能提出纠正建议，而不能停止决定的执行，简称建议模式。第二种模式，法律监督者的权力与被监督者的权力相对等，在监督与被监督关系中，监督者与被监督者居于平等地位，简称对等模式。第三种模式，法律监督者的权力高于被监督者的权力，即法律监督者认为被监督者违法执法时，有权停止被监督者的执法行为，并向违法者提出纠正，被监督者应当执行监督者的纠正决定。我国的法律监督模式只能设计为对等模式，否则就会出现公诉人在法庭上是否应起立、"谁来监督监督者"和"法律监督者地位优于监督对象，是否影响控辩双方的平衡关系，是否应当将公诉权与监督权分离"之类的问题。

（二）检察机关职权配置的战略重心

职务犯罪侦查权是制约公权力的最有效的手段，因此，检察改革应以强化职务犯罪侦查权为战略重点，配置检察权，提升法律监督效能。近年来，东亚法治国家和地区不断强化检察机关的职务犯罪侦查权，最高检察机关带头侦办大、要案，如日本的东京地方检察厅特搜部侦办首相田中角荣收受美国飞机制造商洛克希德公司巨额贿赂案、韩国大检察厅特侦部侦办前总统卢武铉涉嫌收受韩国制鞋企业泰光实业公司老板朴渊次贿赂案、台湾地区"最高检察署"，特侦组侦办前地区领导人陈水扁家族洗钱案，检察机关声名鹊起，万毅教授称之为检察制度发展的东亚模式。① 柏拉图就在其晚年遗著《法律篇》里就提出了监督权思想，他指出，监督权的本质就是对职务犯罪或者职务不当行为的查处权，按照这种思想，我国检察机关对职务犯罪的查处是监督权的应有之义。无论是根据联合国《关于检察官作用的准则》的规定，还是两大法系的实践，检察机关都应具有职务犯罪侦查权。只有不断强化职务犯罪侦查权，检察机关对公权力的制约效果才会越来越好。

（三）检察机关职权配置的具体思路

1. 功能性权力的配置

当前，我国对立法行为、抽象行政行为缺乏监督，对具体行政行为也限于间接监督——职务犯罪侦查权和行政诉讼监督权。这些公共权力在理论上也存在滥用的可能，完全不受监督是不正常的。当前，行政执法违法、滥用职权、贪赃枉法等现象蔓延，损害政府形象，降低政府公信力，这既是法律监督的真空地带，又是人民群众关注的焦点。因此，首先，要加强对立法权、行政权的监督。一是建立司法审查制度将立法行为、抽象行政行为纳入监督范围，赋予检察机关司法审查案件的程序启动权，对涉嫌违宪的立法行为和抽象行政行为提起公诉，二是建立行政公益诉讼制度，加强对损坏国家利益和公共利益的行政违法行为的监督。其次，在职务犯罪侦查权方面，要建立健全举报制度、污点证人制度、举证责任倒置制度、资产追回制度、缺席判决制度等。最后，在刑事诉讼监督方面也有待加强，如赋予检察机关对死刑复核案件的监督权等。

2. 结构性权力的配置

（1）知情权的配置。信息知情权没有保障，法律规定不明确，这是导致目前法律监督职能无力的主要原因之一。信息知情权的配置主要包括：在职务犯罪侦查权方面，将"初查"明确规定为刑事诉讼的法定程序，赋予检察机关在初查中的秘密调查权，技术侦查权；在刑事诉讼监督方面，将逮捕之外的

---

① 参见万毅：《一个尚未完成的机关：底限正义视野下的检察制度》，中国检察出版社2008年版，第181页。

强制性侦查措施纳入监督范围，建立侦查机关对犯罪嫌疑人财产采取强制性措施移送检察机关备案或审查的制度，针对刑罚执行中存在的突出问题，明确规定检察机关对刑罚执行的同步监督权，减刑、假释、保外就医和监外执行应同步报送检察机关；在民事行政监督方面，赋予检察机关调卷权、调查取证权、庭审参与权、再审结果知情权等具体权能。

（2）程序动议权的配置。应明确规定，检察机关在侦查监督阶段可随时介入，发现侦查行为严重违法的，可以通知其停止。在审查起诉阶段，赋予检察机关附条件不起诉权，非法证据排除权等。当然，重点还是批捕权的配置。有学者指出："检察机关没有批准或决定强制性措施的权力，这是世界性的趋势。在近 10 多年来的司法改革，德国、法国等原本可以由检察机关行使强制措施批准权的国家都已经放弃了原来的做法，改由法官行使令状签发权。"① 笔者认为，老搬西方的模式来否定检察机关的批捕权是没有说服力的。西方虽然由法院行使，但与其检警一体化机制有关，中国实行侦、控、审分离，检察机关与警察机关不但不是一家，而且检察机关还肩负着制约警察权等公权力的使命，审查批捕是侦查监督最主要的手段，当然应由检察机关行使。西南政法大学高一飞教授认为"检察机关不应拥有没有任何第三方监督的侦查权"②。为了避免这种无谓的争议，笔者建议将职务犯罪侦查案件的审查批捕权交给法院，将职务犯罪的监督转化为外部监督。当前虽然由上级检察机关行使，司法实践中也没有出现批捕权滥用的问题，但毕竟是内部监督。

（3）违法处理权的配置。违法处理权没有保障，法律规定不明确，这是导致目前法律监督职能无力的又一主要原因。如侦查监督权，实践中，检察机关发出纠正通知或督促通知以后，被监督机关既不提出异议，也不执行，此时检察机关往往束手无策，这就是困扰检察机关多年的"纠正不理"问题，也是实践中法律监督效果不佳的重要原因。笔者认为，应明确规定，对于纠正既不执行也不提异议的，检察机关应有单方面纠正。如对于通知立案而不立的，检察机关可以自行立案侦查。在对行政执法的监督方面，也需要配置相应的违法处理权。如对严重违法但尚未构成犯罪的行为之调查权、建议撤换行政执法人员权、提请同级人大撤换、罢免相关行政执法违法人员权等。

---

① 高一飞：《从部门本位回归到基本理性——对检察机关职权配置的思考》，载《山西大学学报（析学社会科学版）》2008 年第 6 期。

② 高一飞：《从部门本位回归到基本理性——对检察机关职权配置的思考》，载《山西大学学报（析学社会科学版）》2008 年第 6 期。

略论"十三五"时期
我国检察法制的发展完善

阮志勇[*]

中国特色社会主义法律体系虽然已经形成,但是作为上层建筑,法律体系必须随着时代和实践发展而不断完善。坚持科学立法,努力形成完备的法律规范体系,仍然是建设中国特色社会主义法治体系的重要任务。健全完善检察法律规范体系,实现各项检察工作的法制化、规范化,无疑是其中的应有之义。这有利于建设公正高效权威的社会主义检察制度,有利于确保检察权依法独立公正行使,有利于保障"十三五规划"的顺利实施,具有十分重要的意义。

一、我国检察法制的现状评析与发展展望

检察法律,是旨在规范检察机关及其检察人员权力或行为之法律规范的总称,是检察制度得以产生、发展、完善的法律基础。从理论上讲,检察法律的外延包括国内与国际检察法律两大类,具有附属与专门性、实体与程序性、全局与局部性、一般与特殊性、成文与不成文检察法律等多种形态。[①] 在此探讨的是我国大陆的检察法律。我国现行检察法律主要从三个层次对检察制度进行规定。第一层次是我国《宪法》作为国家根本大法,确立了检察机关是国家的法律监督机关,明确了检察机关依法独立检察权的原则、上下级检察机关之间的领导关系等,奠定了检察制度的基石;第二层次是《人民检察院组织法》、《检察官法》等专门性检察立法,作为宪法性法律,依据《宪法》有规定,总体规定了检察机关的组织机构、职能职权、行使职权的程序以及检察官任职资格条件、任免、职责、权利义务、考核、奖惩、培训等内容,搭建起检察制度的主体结构;第三层次是《刑法》、三大诉讼法、《人民警察法》、《海

---

[*] 作者简介:阮志勇,湖北省人民检察院法律政策研究室副主任,湖北省法学会检察学研究会副秘书长。

[①] 参见单民、薛伟宏:《试论检察法律》,载《河南社会科学》2013年第12期。

关法》、《监狱法》、《看守所条例》、《关于加强行政执法与刑事司法衔接工作的意见》等基本法律和法规规章中包含着许多附属性检察立法，进一步明确细化了检察机关的各种具体职能，规定了检察机关依法行使职权具体程序，充实丰富了检察制度的基本内容。通过上述三个层次的检察法律，检察机关法律监督的总体格局和基本制度已经成型。但是，我国检察法律存在的问题仍然突出，具体表现为：一是人民检察院作为法律监督机关的宪法地位在法律上尚未充分体现，法律监督的体制性、机制性、保障性束缚尚未完全摆脱；二是检察法律滞后于法治建设进程和经济社会发展，已不能完全适应检察工作科学发展的实际需要；三是检察法律的相关规定较为原则、零散，系统性、操作性不强，有的法律条文甚至难以执行，法律监督手段不足、乏力，法律监督后果规定缺失。检察实践中法律监督难度大，往往失之于"软"、失之于"乱"。我国检察制度的独特优势难以充分发挥，专门法律监督机关的职能作用难以完整体现，这与检察法律的不完善不无关系。

　　健全完善中国特色社会主义检察法律规范体系，是完善以《宪法》为核心的中国特色社会主义法律体系的重要内容，是实现科学立法的重要环节。我国检察立法较为单一、薄弱、陈旧，从形成完备的法律规范体系、完善中国特色社会主义法律体系的客观要求出发，从蓬勃发展、不断深入的检察实践和检察改革的客观现实出发，都亟须建立科学化、系统化的检察法律规范体系，这是我国检察制度实现科学发展的必然趋势。总之，与中国特色社会主义检察制度相适应的检察法律规范体系的形成，是我国检察制度更加成熟、更加定型的重要标志。健全完善检察法律规范体系，一要坚持检察机关的宪法定位，以充分履行法律监督职能为目标，形成层次分明、功能互补、结构合理的检察法律规范体系。检察法律规范体系应当在坚持检察机关宪法定位的基础上，进行检察职权配置和检察权运行机制的调整和完善，不能轻易舍弃中国检察制度的突出特色和合理内核。同时，有中国特色社会主义检察立法体系不能是零散的立法，而应当是有关检察领域的一系列法律、法规、条例和相关制度、规则等规范性文件构成。这一系列规范性文件不能是各自孤立、无序地存在，而应当是系统地、完整地和相互协调地存在，是一个有机的统一体。① 《人民检察院组织法》是仅次于《宪法》，而高于其他检察立法的国家基本法律，从宏观上对检察制度、检察职权、检察组织作出全面调整，是统领性检察法律，起着纲举目张的作用。由于《人民检察院组织法》不可能十分详尽、具体，故需要制

---

　　① 参见陈健民：《关于有中国特色社会主义检察立法体系的构想》，载《人民检察》1998年第7期。

定《检察官法》、法律监督法等单项检察立法与之相配套,对其所规定的一些基本制度进行细化分解,使之具体化和便于执行。同时,除了专门性检察立法之外,《刑法》、诉讼法等附属性检察立法也是我国检察法律规范体系的有机组成部分。完善相关附属性检察立法,直接影响着检察职能发挥和拓展,也是健全完善检察法律规范体系的路径之一。最后,最高人民检察院制定一系列的条例、工作细则和规则,通过这些司法解释、规范性文件对法律适用作出具体解释或者完善配套规定。二要立足国情检情,坚持问题导向,遵循检察规律,适应司法改革的新要求,及时将改革成果上升为法律制度。十八大以来,党中央对检察机关法律监督工作高度重视,针对检察工作存在的问题作出了一系列重大部署,将检察机关法律监督纳入法治监督体系,作为司法监督的重要组成部分。这为在全面依法治国的新形势下发展完善检察制度、健全检察法律体系提供了政策依据,指明了行动指南。随着新一轮司法体制改革进入深水区,一些重要改革成果亟须以法律形式加以固化,一些新增检察职能亟须通过立法加以明确,解决检察改革于法有据的难题,破解影响检察工作科学发展的瓶颈。三要借鉴域外检察立法的先进经验,特别是法、德等大陆法系国家以及俄罗斯等国的成功立法和科学理念,并将《关于检察官作用的准则》等国际公约中有关检察制度的通行规定转化为国内法规定。但是,借鉴并不等于全盘照抄,要结合国情检情,通过借鉴使我国检察法律规范的不足之处逐步改进。

目前,《人民检察院组织法》、《检察官法》已列入十二届全国人大常委会第一类立法项目,分别由全国人大内司委、最高人民检察院牵头修改,须在本届人大任期内提请审议。这为健全完善检察法律规范体系迈出了关键一步,我们要及时提出修改《人民检察院组织法》、《检察官法》的合理建议。同时,积极开展检察院法律监督法的立法论证,使其成为全国人大的立法项目,巩固改革试点成果,全面补齐、及时祛除检察法律体系的"短板"和"硬伤"。

二、落实检察机关宪法定位,修改完善《人民检察院组织法》

《人民检察院组织法》是建立我国检察机关的宪法性法律,是检察机关行使检察职能、开展检察工作的"总章程"、"定盘星"。《人民检察院组织法》解决的是体制层面的问题,明确检察机关在国家权力格局中的法律地位及与其他国家机关的关系框架、检察机关的组织原则、组织机构的具体设置以及职责、权限等内容。[①] 修改《人民检察院组织法》应毫不动摇地坚持我国根本

---

① 参见李乐平:《检察院组织法修改若干问题研究》,载《河南社会科学》2014年第11期。

政治制度、落实检察机关宪法定位、贯彻司法体制改革精神，健全完善检察组织机构、检察领导体制、检察人员配置和管理、检察职权配置、检务保障等重要内容。同时，组织法的结构要适应立法内容的扩展和变化，进行及时调整，增加专章规定。

（一）健全检察组织机构

检察组织机构是检察权有效运行的基础和组织保障。一是设立跨行政区划检察院，排除对检察工作的干扰。探索在铁路检察院的基础上设立跨行政区划的交通运输检察院，负责办理铁路、民航、水上等涉及交通运输领域的刑事案件，以及对跨行政区划的海事法院审判活动开展法律监督。二是规定市级检察院经最高人民检察院批准可以设置派出检察院，全面规范派出检察院的设置。三是县级人民检察院根据工作需要可在部分人口集中、经济发达的乡镇、社区设立派出检察室，延伸法律监督触角、促进检力下沉。四是确立内设机构作为"专业平台"、"管理单元"的原则，在基层院实行内部机构整合，解决机构林立、部门众多、力量分散的突出问题；在省、市两级院内设机构调整时侧重精细化分工和专业化建设，分设相关内设机构，规范机构名称和职能。五是规定检察机关办案组织。在独任检察官和检察官办案组两种办案组织基础上，细化规定基本办案组织，根据实际情况采取固定办案组、临时办案组、临时指派办案等三种形式，在此基础上实行组合办案或协同办案，对一些特别重大、复杂案件采取专案组的组织形式。

（二）完善检察领导体制

加强检察机关上下级之间的领导关系，对实现检察工作的整体性、统一性，维护法律的统一正确实施具有重要作用。检察一体化是落实我国检察机关领导体制的必然要求，随着省以下检察院人财物统管改革的推进，检察一体化的作用获得了更为普遍的认同。在实现上下统一的纵向关系方面，上级人民检察院作出的决定，下级人民检察院必须执行，不得擅自改变、故意拖延或者拒不执行；上级人民检察院可以指令下级人民检察院纠正错误决定，或依法撤销、变更下级人民检察院对案件的决定；可以对下级人民检察院管辖的案件指定异地管辖，在辖区内人民检察院之间调配检察官异地履行职务。此外，在横向协作、内部整合、整体统筹等方面，还要建立相关配套制度。

（三）加强检察人员配置和管理

《人民检察院组织法》对检察人员管理制度作出规定是由其性质所决定的。一是落实检察人员管理改革的要求，将检察人员分为检察官、检察辅助人员、司法行政人员三类。检察官实行单独职务序列，明确检察辅助人员的职责和任免，司法行政人员按综合管理类公务员管理。二是实行员额制，明确检察官、检察辅助人员、司法行政人员等各类检察人员的员额比例。三是明确跨行政区划设置检察院的检察员，由派出人民检察院检察长提请本级人民代表大会常务委员会任免。

（四）优化检察职权配置

《人民检察院组织法》对检察职权作出全面系统的规定贯彻权力法定原则的需要，并应以专章作出规定。一是完善各级人民检察院行使的职权。增加规定附条件不起诉权，立案监督权，社区矫正监督权，对于犯罪嫌疑人、被告人逃匿、死亡的案件提出没收违法所得的申请权；对于对依法不负刑事责任的精神病人实行强制医疗的决定和执行活动是否合法的监督权，民事诉讼法律监督权，行政诉讼法律监督权，对损害国家利益或者社会公共利益的民事、行政行为依法提起和参与诉讼权，对行政机关移送涉嫌犯罪案件活动的法律监督权，对涉及公民人身、财产权益的行政强制措施是否合法的监督权，对在履行职责中发现的行政机关违法行使职权或者不行使职权行为的督促纠正权，以及法律规定的其他职权。二是明确最高人民检察院行使的职权。现行组织法对最高检察机关专门行使的权力未作规定，应规定最高人民检察院的司法解释权、提出法律案和法律解释权、提请立法审查权力、死刑复核监督权、法律规定的其他职权。

（五）强化检务保障

检察权是中央事权，理应由中央统一行使、提供保障。但由于我国地域广、经济发展不平衡，现阶段可实行省以下地方检察院财物统一管理制度，实行分类保障与分省保障相结合的体制。根据检察工作特点，完善各类检察人员的工资、职业保障制度。

（六）调整立法结构

立法结构是立法内容的重要载体。现行组织法只有三章，难以承载立法所需修改的内容，须在原有三章的基础上加以扩充，调整为总则、各级人民检察院的设置、人民检察院的内设机构、人民检察院的人员及任免、人民检察院的办案组织、人民检察院行使的职权、人民检察院行使职权的方式和措施、对人民检察院行使职权的监督制约、检务保障等九章。

三、保障检察官依法履职，修改完善《检察官法》

《检察官法》是加强检察官队伍规范化管理、保障检察官依法行使职权、正确履行法律监督职责的重要法律，也是规范人民检察院工作的基本法律之一。现行《检察官法》对检察官的职责、权利义务、任职条件、任免程序、职务等级、考试考核、岗位培训、奖励惩戒、职业保障等作出了全面规范。但是，随着我国公务员制度的完善和司法体制改革的深入，《检察官法》一方面需要与《公务员法》保持一致，调整修改相关规定，实现两者的合理衔接，坚持和落实统一的国家干部人事制度；另一方面检察官的范围、任职资格条件、职责义务、责任承担、职业保障等发生了深刻变化，须突出检察官的职业特点，结合新变革进行补充修改，巩固司法改革和检察机关干部人事制度改革的重要成果。

（一）明确检察官的范围、条件

一是缩小检察官范围，将检察官的范围限定为检察长、副检察长、检察委员会委员和检察员，助理检察员不再是检察官。同时，明确规定检察官是公务员的组成部分。二是提高检察官的学历条件、任职年龄和法律工作经历年限，明确规定检察官必须通过国家统一法律职业资格考试，确保检察官的专业化、精英化。同时，实行统一的检察官职前培训制度，规范检察官的选任和遴选制度，确保优秀法律人才进入检察官队伍。

（二）划分各层级检察官的职责权限

检察官是司法办案的主体，依照法律规定和检察长委托履行职责，在职权范围内对办案事项作出决定。一是明确检察长的职责权限。检察长作为检察院的首长，统一领导检察院的工作。检察长依法享有办案审核、决定权，行使重大案件的立案权、逮捕权、起诉权、抗诉权等。检察长还享有监督管理权，决定将案件提请检察委员会讨论并主持检委会会议、决定检察人员的回避、主持检察官考评委员会对检察官进行考评、组织研究检察工作中的重大问题等。二是规定副检察长、检察委员会专职委员受检察长委托，履行检察长的相关职责。三是为了突出检察官的办案主体地位，规定检察员依照法律规定和检察长委托行使侦查、公诉、法律监督等职权，建立检察官权力清单，明确检察官亲自承担的办案事项，在职权范围内依法对案件作出决定。四是为了以柔性化的方式处理检察一体化与检察官独立之间的关系，建立检察官职务移转制度。检察官应执行检察长和检察委员会作出的决定、指挥、指令，但明显违法的除外。检察官坚持自己意见的，检察长在时限许可时可将案件转由其他检察官办理。

（三）加强对检察官的管理和职业保障

一是明确规定各级人民检察院和省级以上公务员主管部门按照管理权限和分工，实行检察人员全省统一招录、基层任职、有序流动、逐级遴选制度，省一级设立检察官遴选、惩戒委员会，完善检察官考评、奖励制度。二是为了体现检察官管理制度的特点，使之与检察官单独的职务序列相适应，应明确检察官职务层次。检察官职务层次按等级设置，可分为四等十二级。三是强化检察官职业保障，非因法定事由，非经法定程序，不得将检察官调离、辞退或者作出降级、撤职、开除等处分。四是建立与检察官职务等级序列相适应的单独薪酬制度，按照规定享受年终奖金；检察官退休后，享受检察官等级津贴。

（四）健全检察官责任体系

落实"谁办案谁负责、谁决定谁负责"的原则，完善司法责任制。检察官应对其履行检察职责的行为承担司法责任，具体包括故意违反法律法规责任、重大过失责任和监督管理责任。检察官在职权范围内对办案质量终身负责。

（五）建立检察官异地履职制度

检察人员分类管理后，检察官必须是检察员以上职务，只有通过遴选及人大任命才能取得资格，各级检察院检察官任职标准各不相同，异地履职存在较大困难。为解决这一难题，应规定上级检察院调派检察官异地履职、临时承担执法办案任务时，由履职地检察长以批准授权的方式进行。

此外，为了确保检察官公正行使检察权，应将《检察官法》中的"任职回避"改为"回避"，规定地域回避、公务回避、违纪回避等内容。

四、加强和规范法律监督，推动法律监督工作立法

十八届三中、四中全会提出，加强和规范对司法活动的法律监督，加强对刑事诉讼、民事诉讼、行政诉讼的法律监督。检察机关是国家的法律监督机关，专门行使批捕公诉、查办预防职务犯罪和对诉讼活动的法律监督等职权。2009年湖北省人大常委会出台了《关于加强检察机关法律监督工作的决定》，从诉讼监督、查办预防职务犯罪两个方面加强检察机关法律监督工作，将查处执法不严、司法不公背后的职务犯罪作为强化法律监督的重要内容和有力手段，通过预防职务犯罪及时发现和纠正违法行为，充分发挥检察机关法律监督的整体合力。这既符合检察制度的基本原理和规律，又契合中央政策和司改精神。2013年湖北省检察院起草了《诉讼监督规程》，着力加强诉讼监督"制度化、规范化、程序化、体系化"建设，完善诉讼监督相关标准、程序、措施，取得了一定成效。

对诉讼活动的法律监督在整个检察工作中仍然相对薄弱，不敢监督、不善监督、监督不到位、不规范的现象依然存在，诉讼监督范围、方式、手段需要

进一步明确。目前，全国 31 个省级人大常委会制定了关于加强检察机关法律监督工作的决议或决定，较为系统地整合了分散于法律中的有关法律监督的规定，吸收了近年来司法改革的成果，落实了中央关于加强和规范法律监督的精神，对诉讼活动的法律监督工作在很大程度上得到了强化。但是，地方立法不可能在检察职能方面创设新的监督方式和措施，也不可能修改和完善有关国家立法，难以弥补法律监督工作方面的立法不足，难以解决法律监督实践中存在的各种问题。在地方立法的基础上，由全国人大及其常委会制定关于加强和规范法律监督工作的法律是未来的必然选择和不可替代的立法方案。国家制定检察院法律监督法，是落实全面依法治国的部署和司法体制改革精神，加强和规范对司法活动的监督制约，保障司法公正的客观需要，是完善中国特色社会主义检察制度、强化法律监督和加强自身监督的迫切需要，是建设公正高效权威的社会主义司法制度，满足人民群众的司法需求，巩固党的执政地位的政治任务。[1] 目前，切实可行的模式是由全国人大常委会作出加强法律监督的专门决定。

（一）明确检察机关法律监督的主要任务、原则、方式

检察机关法律监督的主要任务是通过个案审查，对侦查机关的立案、侦查活动，审判机关的诉讼活动，执行和监管机关的执行活动是否合法，实施监督，保障国家法律的统一正确实施。法律监督的基本原则是依法独立监督、自觉接受人大监督、被监督者配合监督。法律监督的工作方式是上级人民检察院领导下级人民检察院的法律监督工作，遵循同级监督。法律监督的基本程序包括违法行为的发现、核实和处理。发现渠道应包括受理申诉、审查批捕、审查起诉、出庭公诉等；核实手段包括查阅案卷、文书等资料、询问有关人员等。处理方式包括提出纠正意见，检察建议、纠正违法、提出抗诉、立案侦查等。

（二）细化立案和侦查监督的内容与程序

立案监督包括对应立不立、不应立而立案以及违法撤案的情形。侦查监督范围包括侦查机关违反法律规定、侵犯诉讼参与人诉讼权利和人身财产权利的行为。侦查机关应当定期向同级人民检察院通报刑事立案和侦查情况。检察机关可以通过案件办理、审查立案通报情况、查阅台账自行等发现违法线索，受理被害人、犯罪嫌疑人等诉讼参与人的投诉。人民检察院认为侦查机关当立不立、违法立案、违法撤案的，可以要求侦查机关书面说明理由；如理由不能成

---

[1] 参见谢鹏程：《加强和改进法律监督工作立法的三种模式》，载《检察日报》2010年11月8日第3版。

立的，应当通知侦查机关立案或撤案，侦查机关应当执行。人民检察院对于情节较轻的侦查违法情形，可以向侦查机关提出口头纠正意见；对于情节较重的违法情形，应当向侦查机关发出纠正违法通知书，侦查机关应当纠正。

（三）细化审判监督的范围与程序

审判监督包括对刑事审判庭审活动的监督，对刑事、民事、行政判决或者裁定的监督。人民检察院通过出庭公诉对人民法院的庭审活动进行监督，发现法庭审判违反法律规定的诉讼程序，应当在休庭后向人民法院提出。人民检察院通过上诉审程序对人民法院未生效的刑事判决进行监督。人民检察院通过审判监督程序对人民法院已生效的刑事、民事、行政判决进行监督。明确检察长列席审判委员会制度的范围和列席程序。

（四）细化执行和监管活动的监督范围与程序

人民检察院对于刑事案件判决、裁定的执行和监狱、看守所等监管场所的活动以及社区矫正活动是否合法，实行监督，发现违法行为的，应当及时纠正。刑罚执行机关拟提出减刑、假释意见的，应当在报请人民法院前抄送人民检察院审查。刑罚执行机关在执行非监禁性刑罚时，应当将监管和考察等材料报人民检察院备案。提前解教、减期、延期、所外执行、所外就医的，应当在作出决定前将有关材料抄送人民检察院。同时，人民检察院对于人民法院在民行判决或者裁定执行中的违法行为，检察机关可以提出纠正意见，人民法院应当予以纠正。

（五）规定检察机关查办预防职务犯罪的内容

人民检察院应将查办职务犯罪作为法律监督的主要途径和措施，坚决查处执法不严、司法不公背后的贪污贿赂、渎职侵权等职务犯罪。积极参与反腐倡廉建设，注重发挥法律监督在预防职务犯罪方面的作用，结合法律监督和办案工作开展检察建议、警示教育等职务犯罪预防工作，从源头上预防和减少职务犯罪。

（六）规定检察机关对行政权力的监督制约

人民检察院在履行职责中发现行政机关违法行使职权或者不行使职权的行为进行监督，对涉及公民人身、财产权益的行政强制措施实行监督，对行政机关移送涉嫌犯罪案件的活动进行监督，灵活运用检察建议或督促令、提起行政公益诉讼、职务犯罪侦查等监督手段。

此外，检察院法律监督法应重点规定被监督机关及检察机关不依法履行职责和义务的法律责任，根据造成后果的严重程度分别承担行政责任或刑事责任。

中外检察院组织法、检察官法探源

薛伟宏[*]

一、检察法律

(一) 词源、概念与特点

有检察制度，必有检察法律，反之亦然。而中外有无"检察法律"称谓？尽管其出现频率不高，但绝非没有或标新立异。

第一，我国目前不仅有"检察法律"表述，也有"检察法"、"检察法令"提法。而早在20世纪40年代，我国就有与之类似的"检察法规"存在。例如，伪满司法协会1941年1月编印的《检察警察法规总览》（参见崔清兰、曹为主编：《中国法学图书目录》，群众出版社1986年版）一书的第785页。

第二，倘若没有"检察法律"这一词根或词素，就难有"检察法律监督"、"检察法律规范"、"检察法律制度"、"检察法律文书"等派生词语的客观存在。

第三，我国澳门特别行政区甚至有诸如《澳门检察法律汇编》（澳门特别行政区检察院2000年10月编印）明示。

因此，在我国，"检察法律"或其简称"检察法"，早在20世纪70~90年代就已出现。同样，这一时期，国外也有"检察法律"或其简称"检察法"提法。譬如，对英国《1985年犯罪起诉法》，也有人译为《1985年检察法》、《1985年英国检察法》。[①]

另外，何谓检察法律（以下简称"检察法"）？见仁见智。窃认为，所谓检察法，即旨在规范检方（即检察机关及其内设机构、检察人员特别是其中

---

[*] 作者简介：薛伟宏，国家检察官学院检察理论教研部副主任，最高人民检察院《人民检察院组织法》修改工作小组成员。

[①] 参见莫洪宪、易建国：《刑事检察比较研究》，载《中国刑事法杂志》1999年第4期；《〈皇家检察官准则〉第1条》，载《世界各国检察院组织法选编》，中国社会科学出版社1994年版，第111页。

检察官的统称）之权力或行为的行为规范的总和。因此，它有以下特点：（1）它是规范检方权力或行为的圭臬；（2）它诞生于何时何地众说纷纭；（3）它的创制主体具有多样性；（4）它有附属性与多元化；（5）检察法之间具有法律位阶性；（6）它的内容具有广泛性；（7）它的结构不尽相同，等等。

此外，我国检察法除有上述共性之外，还有如下个性：一是沿革的阶段、时期性；二是创制的自主与非自主性；三是生成的总结与借鉴、仿效与承袭、摒弃性；四是适用的法域性；五是法律结构的同异交融；六是文种繁多。一言以蔽之，我国是世界上唯一的集中华、大陆、英美和社会主义法系检察法特点于一身的国家。

（二）种类

自世界上第一部检察法随着1670年法国国王路易十四颁布刑事法律敕令而诞生以来，检察法不仅神形兼备地存在于"三大法系"之中，而且包括许多种类：

第一，据制定主体、管辖效力范围和适用对象的不同，可将其分为国内和国际检察法两类：前者即由国家或地区依法制定或认可的、旨在规范本国本地区检方权力或行为的国内法（含法律规范）的总称；后者即由国家间制定的、旨在规范国家间检方权力或行为的国际法（含法律规范）的总称。例如，《联合国关于检察官作用的准则》。

第二，据存在形态或是否具有附属性，可将其分为附属和专门性检察法两类：前者即旨在规范检方权力或行为并附属于国际法或国内法中的检察法律规范的总称；后者即旨在规范检方权力或行为的、国际与国内专门性检察法的总称。例如，检察院组织法、检察官法。

第三，据表现形式的不同，可将其分为成文与不成文检察法两类：前者即以成文法形态存在的检察法；后者即以不成文法形态存在的检察法。

二、检察院组织法

（一）概念与种类

何谓检察院组织法？见智见仁。窃以为，它就是有关检察机关（含其内设部门和派出机构）组织的法律，即由特定立法机关制定或认可的、旨在规范检察机关权力或行为之国内与国际法的统称，抑或由特定立法机关制定或认可的旨在规范检察机关的组织原则、系统构成、内设机构、人员组成、职权范围与活动原则诸事宜的国内与国际法的总称。

另外，除有国内与国际检察院组织法外，它还有广狭两义：广义的检察院组织法含义有三：一指检察院组织法典。例如，我国《人民检察院组织法》、《俄罗斯联邦检察机关法》和《英国1985年检察法》。二指其他专门性检察院

一、"两法"修改中的重大基础理论问题

组织法。例如，我国的《最高人民检察署试行组织条例》、《日本检察厅事务章程》和《澳大利亚联邦检察院起诉规则》。三指检察院组织法律规范。例如，"检察机关有权向银行了解涉嫌犯罪的信息材料"（《亚美尼亚银行保密法》第10条）；"缔约国中不属于审判机关但具有类似于审判机关独立性的检察机关，可以实行和适用与依照本条第1款所采取的具有相同效力的措施"（《联合国反腐败公约》第11条第2款）。而狭义的检察院组织法，仅指检察院组织法典和其他专门性检察院组织法。

此外，据是否具有附属性，还可将检察院组织法分为两类：一类是专门性检察院组织法，又包括检察院组织法典和其他专门性检察院组织两种；另一类则是附属性检察院组织法。

（二）名称

一方面，作为检察法的重要子集，作为专门性检察法的典型代表之一，"'检察院组织法'是个泛指的概念，即凡有关检察组织的法律规范均在此列，而非单指冠以'检察院组织法'字样的法典"[①]。另一方面，由于各国或地区有关检察机关的具体称谓不尽相同，[②]因此，检察院组织法的常见名称也至少

[①] 参见陈健民主编：《检察院组织法比较研究》，中国检察出版社1999年版，第95页。但本书认为，除名称的泛指之外，还包括检察院的泛指。进言之，除"检察院"外，"检察院"还包括检察署、检察部、检察厅、检察局、检察机关等称谓。同时，由于组织通常是指"按照一定的宗旨和系统建立起来的集体"，因此，常见的检察组织包括：检察院、检察分院、检察机关、检察厅、检察部以及检察机关内设的厅（庭）、局、处、科（课）等。

[②] 譬如，各国宪法有关检察机关的具体名称，就不尽相同，并包括21种称谓：（1）称"检察机关"的有阿塞拜疆、比利时、巴拿马、博茨瓦纳和苏联等国；（2）称"检察院"的有阿塞拜疆、克罗地亚、秘鲁、布隆迪等国；（3）称"人民检察院"的有我国和越南等国；（4）称"检察系统"的有南非等国；（5）称"总检察长办公室"的有尼泊尔、委内瑞拉、乌干达等国；（6）称"检察长办公室"的有阿富汗等国；（7）称"检察官办公室"的有希腊、阿尔巴尼亚、苏里南、洪都拉斯等国；（8）称"特别检察官办公室"的有菲律宾等国；（9）称"公共检察官办公室"的有安哥拉等国；（10）称"首席检察官办公室"的有土耳其等国；（11）称"总检察官办公室"的有危地马拉等国；（12）称"检察署"的有多哥等国；（13）称"检察总署"的有蒙古、洪都拉斯等国；（14）称"总检察署"的有新加坡、古巴等国；（15）称"公诉人办公室"的有阿联酋等国；（16）既称"国家检察署"，又称"总检察院"的有厄瓜多尔等国；（17）既称"总检察署"，又称"检察机关"的有巴拉圭等国；（18）既称"检察机关"，又称"检察院"的有中国、保加利亚等国；（19）既称"检察官办公室"，又称"最高检察官办公室"的有塞尔维亚等国；（20）既称"检察机关"，又称"检察部门"的有西班牙等国；既称"总检察长办公室"，又称"检察部门"的有墨西哥。究其原因，主要是译者对检察机关性质理解的差异。

有如下 12 余种：

第一，检察法（条例）——《捷克共和国检察法》和《陕甘宁边区暂行检察条例》。

第二，检察院（署、厅、部、局）法（章程）——《拉脱维亚共和国检察院法》、《秘鲁检察署法》、《日本国检察厅法》、《西班牙王国检察部组织章程》。

第三，检察院（署、局）组织法——《亚美尼亚检察院组织法》、《葡萄牙检察署组织法》、《沙特阿拉伯王国检察局组织法》。

第四，总检察署法——《洪都拉斯共和国总检察署法》。

第五，检察院（部）组织章程——《古巴总检察院组织章程》和《西班牙检察部组织章程》。

第六，检察院（署）条例（通则）——《苏联检察院条例》、《蒙古共和国检察署条例》、《各级地方人民检察署组织通则》。

第七，检察机关（组织）法——《俄罗斯联邦检察机关法》、《奥地利检察机关组织法》。

第八，（总）检察长法——《澳大利亚联邦 1986 年检察长法》、《阿根廷共和国总检察长法》。

第九，总检察长办公室法——《坦桑尼亚总检察长办公室法》。

第十，检察署署长法——《加拿大检察署署长法》。

第十一，检察官办公室（组织）法——《阿塞拜疆共和国检察官办公室组织法》、《塞尔维亚共和国公共检察官办公室法》。

第十二，其他——《罗马尼亚人民共和国关于检察署组织与活动的法令》、《朝鲜民主主义人民共和国法院检察所条例》、《巴基斯坦旁遮普邦刑事检控机关组织法》，等等。

（三）产生与分布

1. 检察院组织法的产生。概言之，检察院组织法是人类进入近代社会而产生的社会存在。而通常认为，最早的检察院组织法诞生于 17 世纪的法国。

诚然，"世界各国包括我国目前都没有单独的检察法典，大多数国家的检察法都是散见于其他法律之中，或者以多个单独的法律规范来表现"[①]。因此，一方面，诸如检察官法、检察监督条例等专门性检察法中，也有检察院组织法

---

① 参加"《检察法》答疑库"，载百度文库（http：//wenku.baidu.com/view/a7b58660caaedd3383c4d330.html）2012 年 5 月 27 日。

规范。另一方面，由于人是组织的生命源泉和决定性力量，检察官也是检察机关的生命源泉和决定因素，故而检察院组织法中也包含诸如检察官法等其他专门性检察法律规范。所以，尽管检察院组织法与检察官法可分立，但其内容却藕断丝连、密不可分。

那么，世界上第一部名副其实的检察院组织法典究竟诞生于何时何地？莫衷一是。窃以为，苏联《南高加索社会主义联邦苏维埃共和国检察机构条例》①，是苏联乃至世界上首部名副其实的全面、专门、系统的检察院组织法典。

2. 检察院组织法在"三大法系"的分布。据有关资料检索不难发现，与附属性检察法的普遍存在不同，目前，"三大法系"只有43个国家（不含9个有检察长法的国家）有或曾经有过检察院组织法典，仅占世界现有200个国家的22%。

另外，有或曾经有过检察院组织法典的大陆与社会主义法系国家包括：欧洲的苏联、俄罗斯、爱沙尼亚、拉脱维亚、立陶宛、亚美尼亚、波兰、捷克斯洛伐克、捷克、斯洛伐克、匈牙利、阿巴尼亚、保加利亚、罗马尼亚、斯洛文尼亚、摩尔多瓦、民主德国、西班牙、葡萄牙、奥地利20个、亚洲的中国、蒙古、越南、老挝、朝鲜、日本、韩国、沙特、叙利亚、印尼10个，美洲的古巴、哥斯达黎加、洪都拉斯、尼加拉瓜、阿根廷、智利、危地马拉7个，非洲的卢旺达1个等38国。

此外，有过检察院组织法典的英美法系国家包括：美国、英国、爱尔兰、巴基斯坦、南非等5国。

当然，在上述43部检察院组织法典中，并不包括诸如《不丹总检察长法》、《阿富汗总检察长办公室法》、《捷克斯洛伐克社会主义共和国检察长法》、《塞尔维亚共和国公共检察官办公室法》，以及《加拿大检察署署长法》、澳大利亚《联邦1986年检察长法》和《联邦1982年检察长法》、《阿联酋公诉人法办公室法》等亦可视为检察官法典的检察院组织法典。

---

① 1931年8月22日，苏联南高加索社会主义联邦苏维埃共和国中央执行委员会和人民委员会通过《关于批准〈南高加索社会主义联邦苏维埃共和国检察机构条例〉的决议》指出："南高加索社会主义联邦苏维埃共和国中央执行委员会和人民委员会特作出如下决定：一、批准《南高加索社会主义联邦苏维埃共和国检察机构条例》。二、通知加入南高加索社会主义联邦苏维埃共和国的各共和国政府，根据本决议及本决议批准的条例修改自己的立法。"

(四) 特点

1. 国外检察院组织法特点。作为检察法的子集，作为一种常见的专门性检察法，检察院组织法除具有检察法或其检察法典、其他专门性检察法之共性外，还有以下特点：

第一，多为宪法授权制定。从法律性质和位阶性上说，检察院组织法属于宪法范畴。为此，"三大法系"国家宪法往往对其制定加以规定。例如，《格鲁吉亚宪法》规定，"格鲁吉亚检察机关的权限和活动程序，由组织法予以规定"；我国《宪法》第130条也规定，"人民检察院的组织由法律规定"。

第二，名称众多。如上所述，各国检察院组织法名称有12种之多。究其主因，除翻译因素外，在于检方性质、地位的五花八门以及检察院组织法立法模式的多样化所致。比较而言，大陆和社会主义法系国家多以"检察院（署、机关）法（条例、章程）"或"检察院（署、机关）组织法（条例、章程）"为名，英美法系国家则多以"检察法"、"（总）检察长法"、"（总）检察长办公室法"、"检察署署长法"为称。究其原因，是大陆和社会主义法系主张检察权由检察机关主导，而英美法系国家强调检察权由检察长（或检察官）主导的检察权执行主体理念使然；而"这些不同国家关于检察院的法律的不同名称，反映出各国检察机关在国家政治体制中的地位和称谓，也反映出其检察法在该国法律体系中的地位和效力等级，并且还表明了各国检察机关建设和检察组织立法的受重视与完善程度"①。

第三，种类多样，且规范性与非规范性内容并存。其中，规范性内容，通常是指具有法律规范性质的内容，亦即包括假定条件、行为模式和法律后果（或假定、处理和制裁）内容的法律条文；非规范性内容，一般是指不具有法律规范性质的内容，亦即不包括假定、处理和制裁内容的法律条文。当然，规范性与非规范性内容，均需检察法文本记录承载。

第四，法律结构复杂。譬如，通过检索《检察署组织法研究资料》一书目录不难发现，仅苏联、民主德国、保加利亚、波兰、蒙古、阿尔巴尼亚、朝鲜、罗马尼亚等人民共和国国家检察院组织法典的内容结构，就包括：（1）检察署的性质；（2）检察署的任务；（3）检察署的职权和行使职权的程序，又包括：总的职权、一般监督、侦查与侦查监督、审判监督、监所监督、对于民事案件的监督、其他职权；（4）检察署的组织，又包括：垂直领导的原则，

---

① 陈健民主编：《检察院组织法比较研究》，中国检察出版社1999年版，第95~96页。

对谁负责，任免和任期，任命的条件，组成部分，总检察长、副总检察长和助理检察长的分工，对下领导，与有关部门的分工，关于侦查员的规定，关于工作人员的级别，关于人民检察长的规定；（5）其他规定，包括：宣誓、到职和离职、关于兼职的规定、工作所在地、年龄、工龄、工资、休假、工作人员的提升、纪律和纪律处分、预算；（6）通则和过渡规定。

第六，法律体例不一。主要有如下5种：（1）包括：部分、编（篇）、章、节、条、款、项、目的有：《葡萄牙检察署组织法》。（2）包括：编（篇）、章、节、条、款、项、目的有：《古巴共和国总检察院组织章程》和《苏联检察法》。(3) 包括：篇（或编）、章、条、款、项、目的有：《西班牙王国检察部组织章程》和《俄罗斯联邦检察院法》。(4) 包括：章、条、款、项、目的有：我国《检察院组织法》和《越南人民检察院组织法》。（5）只有条、款、项、目的有：《日本国检察厅法》和我国的《最高人民检察署试行组织条例》。

第七，编章节条数量不同，且内容繁多。

而值得注意的是，基于"三大法系"法制（治）理念、立法与诉讼传统、检方性质与地位等差异，不仅导致"三大法系"检察院组织法之名称不同，也导致其法律结构不尽相同，并呈以下特点：（1）数量不同。社会主义法系国家制定的检察院组织法最多。除南斯拉夫外，在目前或曾经奉行过社会主义制度的16个国家中，有15国制定有检察院组织法，占社会主义国家检察院组织法总数的94%。其他大陆法系国家（含除缅甸之外的15个社会主义法系国家）共35个，占大陆法系国家总数（132个）的26%。数量最少的是英美法系国家5部，占英美法系国家总数（61个）的8%。（2）所规范对象和客体的侧重点不同。大陆和社会主义法系国家检察院组织法侧重于规范检察机关的权力或行为，英美法系国家检察院组织法则侧重于规范检察官的权力或行为。（3）无论从内容还是形式结构上看，大陆和社会主义法系国家检察院组织法更像全面、系统和专门规范检方权力或行为的统一检察法典，而英美法系检察院组织法更像杂乱无章的"大杂烩"。（4）社会主义法系国家检察院组织法，既深受列宁检察监督思想影响，也深受苏联《检察监督条例》及其修正案、《检察院条例》和《检察院法》"四法"的影响。

2. 中国检察院组织法特点。尽管中国检察制度晚于西方检察制度建立，但我国检察法却集中华、大陆、英美和社会主义检察法特点于一身。与此同时，我国也是迄今为止世界上制定检察院组织法最多的国家——"12部半"：既有诸如"五四、七九、八三和现行检察院组织法"等名副其实的全面、专门和系统规范全国检察机关权力或行为的统一检察院组织法典，也有诸如

《中华苏维埃共和国工农检查部的组织条例》、《中华苏维埃人民共和国工农检查局的组织条例》、《陕甘宁边区暂行检察条例》和《旅大检察工作条例（草案）》等全面、专门和系统规范地方检察机关权力或行为的检察院组织法；① 既有诸如《最高人民检察署试行组织条例》、《最高人民检察署暂行组织条例》和《最高人民检察院组织条例（草稿）》等全面、专门和系统规范最高人民检察署（院）权力或行为的检察院组织法，也有诸如《各级地方人民检察署组织通则》、《中央人民政府各级（大行政区直属市、省、市、县）人民检察署试行组织通则（草案）》等名副其实全面、专门和系统规范地方各级人民检察署权力或行为的检察院组织法。②

另外，由于检察人员是检察机关的决定因素，因此，与"三大法系"国家检察组织法一样，"12部半"检察院组织法都或多或少地含有检察官法规范。但之所以将它们视为检察院组织法而不是检察官法或检察监督条例，关键在于，其中的检察院组织法规范居多、居要。

此外，"12部半"检察院组织法，除有中外检察法共有特点外，也有中国检察法本身所特有的特点；除具有"三大法系"国家检察院组织法之共性外，还具有自身之个性。

再者，由于清末、中华民国以及港澳台地区始终奉行审检合署机制，因而它们并未制定全面、专门和系统的检察院组织法；而规范其检察机关权力或行为的检察法，则是诸如《大理院审判编制法》、《法院编制法》、《法院组织法》以及香港特别行政区《律政司检控政策及常规》、《澳门特别行政区第9/1999号法律——司法组织纲要法》、我国台湾地区"法院组织法"（2008年6月11日修正）等法院（或司法）组织法中所附属的检察法律规范，以及形形色色的其他专门和附属性检察法。

三、中外检察官法

（一）概念与种类

何谓检察官法？众说纷纭。窃以为，作为检察法的重要子集之一，检察官法就是有关检察官的法律，即由特定立法机关制定或认可的、旨在规范检察官权力或行为之国内与国际检察法律总和。例如，我国现行《检察官法》、芬兰《检察官法》和《地区检察官法》、《加拿大检察署署长法》，以及《联合国关于检察官作用的准则》、《国际检察官联合会检控人员专业责任守则和主要职

---

① 中华苏维埃共和国时，"查"与"察"通用。
② 其中，由于该通则已草拟但未审议、颁行，故算"半部检察院组织法"。

责及权利的声明》，等等。

另外，除有国内与国际检察官法之外，检察官法还有广狭两义：广义的检察官法包括检察官法典（如《越南人民检察官法》）、其他专门性检察官法（如《韩国检事惩戒法》）和检察官法律规范（如"被任命在检察部就职的人员，必须是西班牙人，年满18岁以上的法学博士或硕士，并具有本章程所规定的任职资格"《西班牙检察部组织章程》第43条）；狭义的检察官法仅指检察官法典和其他专门性检察官法——亦即专门性检察官法。

此外，与检察院组织法的概念一样，检察官法也是一个泛指概念。一方面，凡是有关检察官的专门性检察法律均在此列，而不仅指冠以"检察官法"字样的检察法律。另一方面，检察官也是一个泛指概念——即"被依法任命的行使国家检察权的检察人员"①，包括检察机关内，除工勤人员之外的一切工作人员。

再者，由于国家工作人员与国家机关之间的生死相依、唇亡齿寒关系，因而规范检察机关之权力或行为的检察院组织法与规范检察官之权力或行为的检察官法之间，也是你中有我、我中有你，藕断丝连的。一方面，据有关资料统计显示，目前或曾经既有检察院组织法又有检察官法的国家，仅限我国、越南、老挝、保加利亚人民民主共和国、捷克斯洛伐克人民共和国、捷克、斯洛伐克、俄罗斯、立陶宛、加拿大等少数国家。另一方面，比较而言，基于检察机关是检察权真正执行主体理路，因而大陆和社会主义法系更注重制定检察院组织法；基于检察人员是检察权真正执行主体理路，因而英美法系更强调制定检察官法。

最后，基于检察官理当包括检察长、总检察长或检察总长的立法惯例，②因而也可将"检察长法"（如《南非共和国1992年检察长法》）、"总检察长法"（如《缅甸联邦共和国总检察长法》）、"检察总长法"（如《马其顿检察总长法》）、"总检察长办公室法"（如《不丹王国总检察长办公室法》、《尼泊尔联邦民主共和国总检察长办公室法》）、"检察署署长法"（如《加拿大联邦检察署署长法》）、"（公共）检察官办公室法"（如《克罗地亚共和国国家检察官办公室法》、《塞尔维亚共和国公共检察官办公室法》）等，视为检察官法

---

① 张思卿主编：《检察大辞典》，上海辞书出版社1996年版，第682~683页。
② 例如，《日本检事厅法》第3条规定："检察官是检事总长、次长检事、检事长、检事及副检事"；我国现行《检察官法》第2条也明确规定："检察官是依法行使国家检察权的检察人员，包括最高人民检察院、地方各级人民检察院和军事检察院等专门人民检察院的检察长、副检察长、检察委员会委员、检察员和助理检察员。"

的一种特殊类型。换言之，它们兼有检察官组织法和检察官法的双重身份和属性。因此，实践中，有人主张制定全面、专门、系统规范检察机关及其检察人员权能的统一检察法典，也不无道理。①

（二）名称

除有检察官法称谓外，据检察官称谓和范围的不同，检察官法除包括上述检察长法、总检察长法、检察总长法、总检察长办公室法、检察署署长法、检察长办公室法、检察官办公室法、公共检察官办公室法之外，还包括以下4种：

第一，公诉人法。例如，东帝汶、土耳其、瑞典、哥伦比亚、委内瑞拉、巴布亚新几内亚、埃及、佛得角、莫桑比克、南苏丹等国，就将检察官、检察人员称为公诉人；而阿联酋甚至将总检察长称为总公诉人。

第二，刑事检控专员。例如，巴巴多斯、多米尼克、格林纳达、圣基茨和尼维斯、圣卢西亚、毛里求斯、塞拉利昂、赞比亚等国，就将检察官、检察人员称为刑事检控专员。

第三，出庭律师。例如，安提瓜和巴布达、伯利兹、所罗门群岛、新西兰等，就将检察官、检察人员称为出庭律师。

第四，司法部长。例如，土耳其、叙利亚、爱沙尼亚、保加利亚、德国、法国、英国、罗马尼亚、美国等国，就将总检察长或检察总长称为司法部长。

（三）产生与分布

基于检察法律的客观存在，导致检察官、检察长等检察人员的产生；基于检察官、检察长等检察人员的客观存在，则反证出检察官法的客观存在。易言之，最早的检察官法同样出生于17世纪的法国，并以附属性检察法律出现。

而迄今为止，"三大法系"制定有检察官法典的国家有22个。其中，包括大陆和社会主义法系的阿塞拜疆、越南、阿富汗、不丹、中国、老挝、泰国、尼泊尔、芬兰、捷克斯洛伐克、斯洛伐克、克罗地亚、斯洛文尼亚、塞尔维亚、摩尔多瓦、尼加拉瓜、阿根廷、智利、贝宁等19国，占大陆法系国家总数（132个）的14%；英美法系的有加拿大、澳大利亚、缅甸、巴基斯坦旁遮普邦、坦桑尼亚、英属百慕大群岛等6国，占英美法系国家总数（61个）的10%。

---

① 参见夏思扬：《应制定统一的检察法和法院法》，载《正义网——正义论坛》2008年3月3日。

（四）特点

1. 国外检察官法特点，作为由特定立法机关制定或认可的、旨在规范检察官权力或行为之国内与国际法总和的检察官法，它除具有检察院组织法特点外，①还有如下特点：

第一，范围广泛。作为一种常见的专门性检察法律，它既包括诸如我国《1995年检察官法》等检察官法典，也包括诸如"检察官以社会的名义提起公诉，监督侦查活动，监督刑法的实施、罪犯的追捕和判决的执行。法律管理检察官，规定他们的职权，规定担任检察官职务者的条件和特殊保障。在特殊情况下，检察官可以依法委托公共安全机构就某些轻微的罪行提起公诉"（《阿曼苏丹国国家基本法》第64条）等检察官法律规范。

第二，检察官宪法规范普遍存在。即"三大法系"国家宪法，多存有规范检察官、检察长、检控专员、公诉人权力或行为的检察宪法规范。例如，《意大利共和国宪法》规定："最高法院第一院长和总检察长是最高司法委员会的当然成员"（第104条第3款），"检察官享有司法组织规范为其规定的相应保障"（第107条第4款），"法律保障特别法院的法官的独立性，同时也保障检察官及参与司法审判的非司法机关人员的独立性"（第108条第2款），"检察官有义务提起刑事诉讼"（第112条）。

第三，尽管有血、有肉、有思想、有意识、有主观能动性的检察官才是检察法或其检察权、检察行为得以适用的真正主体，尽管世界各国都强调检察官制的重要性，甚至有人认为检察官制的确立与否是检察制度建立与否的重要或者唯一标志。②但当下，"三大法系"以"检察官（或检事、检察员、检察人员等）法"命名的、全面、专门、系统、统一的检察官法典并不多，近30部。而名称中含有"检察官（或检事、检察员、检察人员等）"的其他专门性

---

① 之所以说检察官法也具有检察院组织法的多为宪法授权制定、名称众多、种类多样、规范性与非规范性内容并存、与检察监督法的法律结构不同、法律结构复杂、法律体例不一、编章节条数量不同且内容繁多等特点，一因两者内容的藕断丝连；二因（总）检察长法、总检察长办公室法、检察署署长法、检察官办公室（组织）法的双重性。

② 例如，"在世界司法制度史上，检察官参与刑事诉讼之运作，则须至十四世纪以后之法国始可见。嗣后，随拿破仑之征服欧洲大陆，与法国进步之司法制度对德国及其他欧洲诸国之影响，滥觞于法国之检察制度，遂普遍于欧陆诸国，并渡越大西洋而移植美洲与加拿大"（参见黄东熊著：《中外检察制度之比较》，中国台湾中央文物供应社1986年版，第5页）；"一般认为，检察官制度发源于14世纪的法国，但现代意义的检察官制，诞生于法国大革命，因此被称为'革命之子'；溯其法制来源，是根据1808年的'拿破仑治罪法典'而正式建立"（参见龙宗智：《检察官制度教程》，法律出版社2002年版，第23页）。

检察法律，却很常见，数量众多。例如，日本的《检察官特别考试令》、《检察官适格审查会令》、《对检察官调查对象支付差旅费、津贴、住宿费等的法律》、《检察官俸给法》、《检察官、公证人特别任用等审查会令》。

第四，名称多样。既有名称为"法"（如《越南人民检察官法》）、"法典"（如《立陶宛检察官职业道德法典》）的，也有名称为"条例"（如《俄罗斯邦检察机关工作人员衔级条例》）、"规定"（如我国《黑龙江省追究法官、检察官、人民警察违法办案责任的规定》）、"办法"（如我国《初任检察员、助理检察员考试暂行办法》）的检察官法；既有名称为"检察官法"（如《阿尔巴尼亚检察官法》）、"检察人员法"（如《泰国检察人员法》）的，也有名称为"公共（诉）检察官法"[如《芬兰公共（诉）检察官法》]、"地区检察官法"（如《芬兰地区检察官法》）、"国家检察官法"（如《斯洛文尼亚国家检察官法》）的，甚至还有名称为"公诉人法"（如《伊拉克1979年公诉人法》）等公诉人法。究其主因，翻译所致。

第五，尽管检察官法与（总）检察长法、检察总长法、（总）检察长办公室法、检察署署长法、（公共）检察官办公室法、总公诉人法、刑事检控专员法名称不同，但它们的法律结构、体例基本相同。究其原因，就是针对（总）检察长或检察官的翻译不同所致。而基于英美法系国家检察官亦称律师、司法部长亦称总检察长等特点，既可将诸如《马来西亚1976年律师法》（亦称《马来西亚1976年检察官法》）等律师法，也可将诸如《加拿大1970年司法部法》等司法部法，视为英美法系国家的总检察长（办公室）法。

2. 中国检察官法特点。集中华、大陆、英美和社会主义检察法特点于一身的我国，不仅注重检察院组织法的制定，也注重检察官法的制定。

（1）可将其大概分为两类：一类是国内检察官法，又包括国内检察官法典（如我国《1995年检察官法》）、其他专门性检察官法（如最高人民检察院《检察官培训条例》）和附属性检察官法[如"曾担任法官、检察官的律师，从人民法院、人民检察院离任后两年内，不得担任诉讼代理人或者辩护人"（《律师法》第36条）]3种。

另一类是国际检察官法，又包括国际检察官法典（如《联合国关于检察官作用的准则》）、国际其他专门性（如《国际检察官联合会检察官职业责任准则和主要权利义务准则》）和附属性检察官法["双方互派检察人员，进行专业研究或培训"（《中华人民共和国最高人民检察院和克罗地亚总检察院合作谅解备忘录》第3条）]3种。

（2）国内附属性检察官法众多，诸如"全国人民代表大会常务委员会根据最高人民检察院检察长的提请，任免最高人民检察院副检察长、检察员、检

一、"两法"修改中的重大基础理论问题

察委员会委员和军事检察院检察长,并且批准省、自治区、直辖市的人民检察院检察长的任免"(《宪法》第67条第12项)等检察官宪法性规范;

诸如"审判人员、检察人员、侦查人员不得接受当事人及其委托的人的请客送礼"(《刑事诉讼法》第29条)等检察官基本法律规范;

诸如"确定初任法官、初任检察官的任职人选,可以面向社会,从通过国家统一司法考试取得资格的人员中公开选拔"(《公务员法》第45条第3款)等检察官法律规范;

诸如全国人大常委会法制工作委员会《如何理解〈中华人民共和国检察官法〉规定的"从事法律工作"和"具有法律专业知识"的答复》"其中'从事检察工作',应以从事检察机关的检察业务工作为宜"等检察官立法解释规范;

诸如"各级人民法院、人民检察院应当严格按照公务员法、法官法、检察官法的规定,对现已提前离岗、离职的法官、检察官进行管理和考核,明确考勤纪律,要求其做到正常履行工作职责"(中组部、中编办、"两高"《关于缓解西部及贫困地区基层人民法院、人民检察院法官、检察官短缺问题的意见》第4条)等检察官司法解释规范;

诸如"检察官培训工作实行统一规划、统一管理、分类培训、分级实施"(最高人民检察院《检察官培训条例》第3条)等检察官检察解释规范;

诸如"如原系公诉案件,检察长(员)是以公诉人身份出庭,支持公诉"(最高人民法院《关于一个刑事被告人可以同时委托两个辩护人和发回更审案件检察人员以何种身份出庭问题的批复》第2条)等检察官审判解释规范;

诸如"最高人民检察院检察长以职务名义使用的外交文书、信笺、信封、请柬、贺卡、赠礼卡等,应当印有国徽图案"(国务院《关于〈对外使用国徽图案的办法〉的批复》第2条)等检察官行政法规规范;

诸如"各级检察长要坚守岗位,强化值班制度,根据当地党委、防总的统一部署,做好各项工作"(最高人民检察院《关于积极参加抗洪抢险工作的紧急通知》第2条)等检察官检察政策规范;

诸如"生活不能自理鉴定,由看守所分管所领导、管教民警、看守所医生、驻所检察人员等组成鉴定小组进行"(公安部《看守所留所执行刑罚罪犯管理办法》第19条)等检察官行政规章规范;

诸如"法官、检察官、人民警察由于故意或重大过失违法办案、造成错案或者造成其他严重后果的,应当依照本规定追究责任"(黑龙江省人大常委会《黑龙江省追究法官、检察官、人民警察违法办案责任的规定》第3条)等检察官地方性法规规范;

诸如"自治州中级人民法院和自治州人民检察院,应当由苗族、侗族人员担任院长或者副院长,检察长或者副检察长"(黔东南苗族侗族自治州人大《黔东南苗族侗族自治州自治条例》第18条)等检察官地方性自治条例规范;

诸如"接受省人民检察院检察长辞职,或者罢免省人民检察院检察长职务,均须报最高人民检察院检察长提请全国人民代表大会常务委员会批准"(贵州省人大《贵州省人民代表大会议事规则》第41条)等检察官地方单行条例规范;

诸如"接待的检察人员应当制作笔录,必要时可以录音、照相和录像"[湖北省人民检察院《刑事立案与侦查活动监督调查办法(试行)》第5条]等检察官准司法解释规范。

诸如"探索量刑纳入法庭审理程序后检察人员参加量刑审理活动的程序和方式"(《四川省剑阁县人民检察院关于加强对诉讼活动法律监督工作的实施意见》第5条)等检察官其他规范性文件规范。

(3)由于清末、中华民国以及港澳台地区始终奉行审检合署机制,因而它们并未制定全面、专门和系统的检察官法典;而检察官法典的出现,则是新中国"文化大革命"结束之后的事情。也就是说,1995年2月28日《检察官法》颁行之前,我国仅有其他专门与附属性检察官法;之后,我国既有专门性检察官法(包括检察官法典和其他专门检察官法),也有附属性检察官法。

而迄今为止,我国只有两部检察官法典:一部是1995年2月28日八届全国人大常委会第12次会议通过《1995年检察官法》;另一部是2001年6月30日九届全国人大常委会第22次会议通过的《2001年检察官法》,亦即现行《检察官法》。

综上所述,诚如陈光中教授所云:"中国建国以来的经验教训就是,什么时候法制被践踏被破坏的时候,检察机关的作用就萎缩,甚至于整个地被取消;什么时候法制健全发达的时候,检察机关的作用发挥得就比较充分或者更加充分。"反之亦然——什么时候检察机关的作用萎缩了,这时候国家的法制就会被践踏、被破坏;什么时候检察机关的作用发挥得比较充分或者更加充分,这时候国家的法制就健全发达了!而增强检方法律监督职能的关键在于,检察院组织法、检察官法等检察法的"立、改、废"。

中国特色检察监督权法治化形态探索

高保德　　郭洁璐[*]

党的十八届四中全会提出全面推进依法治国，建设中国特色社会主义法治社会的总目标，使推进法治建设成为我国当前最重要的政治任务，而中国特色检察监督权的法治化也成为依法治国的重要方面。

一、我国检察监督权与法治的渊源

（一）概念的启示——法治与检察监督权具有共同的契合点

对于"法治"最早的定义可追溯到古希腊的学者亚里士多德的解释，"法治应包含两重意义：已成了的法律获得普遍的服从，而大家所服从的法律又应该本身是制定得良好的法律"[①]。而随着社会的发展，法治的含义也越来越丰富，除了原有的含义外，"法治"还被认为是一种治国方略、一种办事原则、一种法律精神和一种理想的社会状态，但无论"法治"的含义如何发展，其以法律至上、依法而治的精神是不变的，而这一精神的本质目的就是对权力的制约，这也是"法治"与"人治"最大的不同点。

同样，检察监督权也是衍生于历史之中，其内涵随着历史的发展而慢慢扩充和改变，甚至不同国家的检察监督权也有着不同含义。因此，对于检察监督权并没有一个可以作为"永恒真理"的定义，而是要根据它在当前时代和国家所处的地位来理解。在我国，检察监督权一般又被称作法律监督权，是我国检察权的重要内容之一，而我国《宪法》也将检察机关定义为法律监督机关。从我国检察监督现状来看，检察监督也有广义狭义之分，狭义的检察监督是指对侦查、审判、刑罚执行活动的专门监督，监督方式为纠正违法、提出抗诉、提出检察建议等，而广义的监督则包含检察权各方面的职能，可以说无论是自

---

[*] 作者简介：高保德，甘肃省天水市甘谷县人民检察院检察长；郭洁璐，甘肃省天水市甘谷县人民检察院助理检察员。

[①] 亚里士多德：《政治学》，商务印书馆1965年版，第167页。

侦、批捕、公诉，还是刑罚执行，都在一定程度上具有监督的意义，因此，可以说，监督是检察权的核心意义，检察监督权也是检察权的核心权力。

从以上两个概念中就可以看出，无论是"法治"还是"检察监督权"，其最终的目的都是制约公权力的滥用，进而在此基础上实现公平、公正，因此，在这一点上，二者具有共同的目的性和契合点，这也成为我们讨论本课题的基础。

(二) 检察监督权需要法治环境——封建御史监察制度的启示

我国自秦汉起，历朝历代封建统治者都设立了御史监察制度。御史有多项职能，但纠察百官、追究官吏犯罪是其基本职能之一。他们拥有侦查、逮捕、审判等广泛的权力，对于维护封建社会纲纪、遏制官吏违法犯罪无疑起到了重要作用。[①] 御史监督机构可以说是封建统治阶段专门的监督机构，其监督的对象是官员，范围是官员的履职行为。

从某种程度来说，我国当前的检察制度和封建社会的御史制度具有一定的相似性。一方面，我国设立检察机关专门行使法律监督权，可以说，检察机关就是专门的法律监督机关，而御史监察机构同样也是封建社会专门的监督机构；另一方面，检察机关不仅可以对行政人员、司法人员的执法行为进行监督，还可以对国家工作人员的职务犯罪行为进行侦查，而御史监督机构同样也可以对官员微行暗察、风闻奏事等。

但我们应当清楚地看到，虽然封建社会的御史监督制度较为发达，但却仍然难以产生廉洁高效的政府，其根本原因就在于其监督与法治不能兼容。[②] 良好的监督制度固然可以起到制约公权力的作用，但这种监督制度只有在法治的语境下才能最大限度地发挥作用，否则就像高性能的软件运行在低配置的电脑上一样，虽然可以运行，但许多功能无法使用，有时甚至连正常的功能也无法发挥。同样是监督权，封建专治社会下的御史制度明显未能充分发挥其作用，甚至还经常沦为统治阶级压榨人民的机器，而在法治社会下，检察监督权便能充分发挥其功能，对公权力起到有效的制约作用。

(三) 检察监督权的出现是法治的需要——为了制约审判权而出现的权力

虽然当前有学者认为，公诉职能才是检察机关的基本职能，不能在行使公

---

① 参见朱孝清：《中国检察若干问题研究》，中国检察出版社2008年版。
② 参见孙笑侠、冯建鹏：《监督，能否与法治兼容》，载《中国法学》2005年第4期。

诉权的同时行使监督权。但从历史的发展来看，公诉权是检察监督权的最初形态，检察监督权的出现正是法治的需要，并在法治的要求下继续扩大其内涵。

从刑事控诉权的历史来看，最早出现的是原始社会的"复仇权"，从"血族复仇"发展到"血亲复仇"，再发展到"同态复仇"，当事人集侦查、起诉、审判、执行于一身，所以当事人在行使复仇"权利"时，具有很大的随意性，结果往往导致反复的仇杀。① 到了奴隶社会，为了制约这种"复仇权"，出现了完全私诉制度，即诉讼由私人提起，法院只进行受理和审判，如何行使控诉权主要是私人的事情，但这样也很容易使当事人滥用权利而危害社会，因此，随着封建中央集权制度的建立，出现了审诉合一控诉制度。这一制度虽然遏制了当事人的权力，但却给审判权相当大的空间，使审判机关的权力极容易被滥用。

随着社会的发展，法治思想在西方越来越盛行，资产阶级对建立法律权威、消除人治、加强对公权力制约的要求和呼声越来越高，因此，在资产阶级民主思想、分权思想的影响下，为了加强对审判权的制约逐渐促使了审诉分离，现代公诉制度正式确立。从这一发展过程来看，公诉权从审判权中分离正是出于对审判权监督制约的目的，因此，公诉权本身就具有监督权的性质，可以说，检察监督权最初的形态就是公诉权，这一权力的出现就是为了监督审判权，实现法治。同时，在法治的要求下，检察监督权进一步扩充其内涵，逐渐从对审判权的监督发展为对其他公权力执法行为的监督。

二、中国特色检察监督权的特点及法治化意义

为了能更好地分析中国特色检察监督权的特点，笔者先对我国检察监督权的主要理论予以阐述。

（一）中国特色检察监督权的主要理论基础——列宁关于社会主义法律监督的理论

虽然我国检察监督权深受西方权力制约理论的影响，但追根溯源，我国检察监督权的主要理论基础其实是列宁关于社会主义法律监督的理论。列宁认为，社会主义国家的法制应当是统一的，而检察机关就当成为维护法制统一的专门机关。他指出："检察机关和任何行政机关不同，它丝毫没有行政权，对任何行政问题都没有表决权。检察长的唯一职权和必须做的事情只是一件：监

---

① 参见种松志：《中国检察制度改革与探索》，中国人民公安大学出版社2010年版，第31页。

视整个共和国对法制有真正一致的了解,不管任何地方的差别,不受任何地方的影响。"① 列宁提出检察机关所具有的法律监督权范围较广,它包括对刑事犯罪和民事违法行为的监督、对行政机关违法行为的监督、对国家工作人员是否守法的监督等。同时,列宁主张,检察机关必须要自上而下集中统一领导,中央检察机关应接受党中央的领导。

列宁关于检察机关法律监督的理论是马克思主义关于法的理论上的重要组成部分。② 从以上理论中可以看出,我国当前的检察体制从很大程度上是继承了列宁关于法律监督的理论。检察机关接受党的领导,并以法律监督为主要职责,检察机关行使的一切检察权力都是为了监督国家的法律正确统一实施,可以说,我国检察权的本质就是法律监督权。③

(二)中国特色检察监督权的特点

基于上述理论和我国国情,我国探索出了中国特色检察监督权的基本特点。

1. 我国的检察监督权以党的领导为基本前提。我国《宪法》确立了中国共产党是执政党的地位,这是历史和人民选择的结果,也是我国国情所决定的。十八届四中全会指出,党的领导是中国特色社会主义最本质的特征,是社会主义法治最根本的保证。坚持党的领导,是社会主义法治的根本要求,是党和国家的根本所在、命脉所在。检察监督权行使的目的是制约公权力,更为有效、公正地保障人民群众的合法权益,这与党全心全意为人民服务的遵旨是一致的。党对国家机关的领导,包括对检察机关的领导,是政治上的领导,即大政方针和政治思想的领导,而不是业务和行政上的领导。因此,检察监督权的行使必须要以党的领导为前提,这样才能保证其权力向正确的方向运行,才能使检察监督权真正维护到最广大人民群众的利益。

2. 我国的检察监督权是一元分立权力架构下的权力。我国《宪法》规定,"中华人民共和国的一切权力属于人民,人民行使国家权力的机关是全国人民代表大会和地方各级人民代表大会",可以说,人民代表大会代表人民,成为我国一切国家权力的拥有者。因此,不同于西方的分权制约,我国实行的是一元分立的权力架构,即在一元权力——人民代表大会下,分出立法权、行政

---

① 《列宁全集》(第33卷),第326页;转引于王桂五:《中华人民共和国检察制度研究》,中国检察出版社2008年版,第148页。

② 参见王桂五:《中华人民共和国检察制度研究》,中国检察出版社2008年版,第151页。

③ 参见孙谦:《平和:司法理念与境界——关于法治、检察相关问题的探讨》,中国检察出版社2010年版,第63页。

权、审判权、检察权、军事权，除立法外，其他各项权力由不同的国家机关行使，并向人民代表大会负责。也就是说，我国的检察权是一元分立权力下的二级权力，而检察监督权作为检察权的核心权力，也要对人民代表大会负责。当然，人民代表大会同样具有监督权力，但这种权力是宏观的监督，而对具体的法律执行情况则由检察机关监督。

3. 我国的检察监督权是一切检察职能的基础。根据列宁的社会主义法律监督理论，检察机关是专门行使法律监督权力的机关，检察机关的所有职能，都应当统一于法律监督，都是法律监督的一种表现形式。因此，虽然我国检察机关职能较多，包含职务犯罪侦查、审查逮捕、审查起诉、民事行政检察、刑事执行检察以及职务犯罪预防等，但这些职能都是以法律监督为基础，以法律监督为出发点而延伸的职能。因此，要探讨检察监督权的范围，不应从现有的职能出发，而要从"法律监督"的根本属性出发，否则就会像"唯刑事论"一样，本末倒置，让检察改革的步伐停滞不前。

4. 检察监督权具有司法权属性。虽然我国《宪法》未对检察监督权给予属性定位，但我国通说将检察机关认为是司法机关，检察权是司法权，检察监督权具有司法权的属性。事实上，从上文中检察监督权的由来我们就可以看出，检察监督权的最初形态是公诉权，是从审判权中分离出来的，因而，检察监督权的司法权属性是从"母体"带来的。同时，虽然随着时代的发展，检察监督权的内涵越来越广，但无论其功能还是目的，仍然是对于法律的正确实施进行专门监督。另外，并且不同于其他的监督权，检察监督权必须要严格依法行使，部分监督还需要通过抗诉等司法手段来实施，因此，检察监督权的司法属性是十分明显的。

（三）中国特色检察监督权法治化对依法治国的重要意义

党的十八届四中全会通过了《中共中央关于全面推进依法治国若干重大问题的决定》，要求建设中国特色社会主义法治体系，建设社会主义法治国家。可以说，当前我国最主要的政治任务就是依法治国。而中国特色检察监督权的法治化对依法治国具有十分重要的意义。第一，中国特色检察监督制度是中国法治体系的重要组成部分，加强对中国特色检察监督权的法治化建设也是中国特色社会主义法治监督体系建设的重要内容，是依法治国的必经程序。第二，依法治国要求法制统一，一方面要有完备的法律体系，另一方面也要保证法律的统一实施。而检察监督权正是对法律实施的监督，中国特色检察监督权的法治将更有利于保障法律的统一实施，从而保障依法治国的顺利实施。第三，中国特色检察监督权的法治化必然会进一步加强各执法部门的监督制约，从而加强依法行政，不断推进依法治国的进程。第四，检察监督权的法治化能更大程度地促进公平正义,从而不断增强宪法法律的权威性,提高人民群众对宪法法律的信仰度,从而为依法治国提供更好的群众基础。

三、中国特色检察监督权的法治化形态及实现路径

无论是哪个国家的检察监督权,只有同法治相结合,在法治的语境下才能充分发挥其职能。而中国特色检察监督权也有其自身的法治化形态。

(一)运行环境的法治化

检察权独立化。我国的检察监督权以检察权为依托,并表现为职务犯罪侦查、批捕、公诉、诉讼监督等职能,这些职能都会涉及一些个人或团体的利益。因此,在司法实践中,会或多或少受到来自外界的干扰,尤其是对于职务犯罪案件,因为检察机关的财务由当地政府下属的财政部门管理,因此,检察机关在办理案件时,尤其是在办理国家工作人员的职务犯罪案件时,会存在不敢办理或者办理后政府部门以财务相威胁而插手等情况,这就使检察权无法充分运行,使检察监督权无法充分发挥。只有检察权独立行使,才能给检察监督权创造一个良好的运行环境。同时,作为司法权的检察权本身就具有司法独立的需求,否则就难以保障公平正义的实现。因此,要进一步强化关于人财物的改革,初步实现省以下检察机关垂直管理,尽可能保障检察权的独立运行。

(二)有完备可依的相关法律体系

完备可依的法律体系是法治的基本表现,同样,中国特色检察监督权法治化的首要标志就是有关于检察监督完备可依的法律体系。这就要求立法者在列宁的社会主义法律监督理论的基础上,充分认识中国特色检察监督权和特点,以中国特色检察监督权"法律监督"的本质职能出发,将当前的"局部法律监督"扩展到"全面法律监督",将法律监督从刑事、民事、行政诉讼监督进一步扩展到对行政执法、民事违法等的监督,以法律的形式确认检察机关的行政执法监督、民事或行政公益诉讼、支持起诉等权力,使检察监督权的相关法律规定不断完善。另外,完善的法律体系不仅仅包括对权力的定位和范围的归纳,更要有一套科学并且操作性强的程序,也就是说,关于检察监督权的法律体系不仅仅要有实体方面的认定,更要制定检察监督的程序,只有这样,才能保障检察监督权的正当行使。建议在成熟时可制定专门的《检察监督法》,从实体和程序两方面对检察监督制度进行归纳梳理,从而为检察监督权的有效行使提供一套完备的法律体系。

(三)有完善的制约机制

监督者更要接受监督,法治化的中国特色检察监督权在进行法律监督的同

时，其自身也更需要被监督和制约，否则将与法治关于权力制约的要求相违背。因此，要结合我国的国情、政情，要进一步健全对检察监督权的制约机制，一方面，要不断强化外部监督机制，建立和完善由人大、政协、人民监督员、社会团体、媒体等共同监督的社会监督网络；另一方面，要不断推进司法改革，强化内部监督，完善部门间的相互制约机制，充分发挥案件管理机制，推行检务公开制度，增强检察监督权运行的透明度。同时，还要进一步纪检监督，保障检察监督权的正确行使。

（四）有高素质的检察队伍

党的十八届四中全会指出，全面推进依法治国，必须大力提高法治工作队伍思想政治素质、业务工作能力、职业道德水准，着力建设一支忠于党、忠于国家、忠于人民、忠于法律的社会主义法治工作队伍。因此，一支高水平、高素养的检察队伍是检察监督权法治化的基本标志。为此，不仅要不断完善法律职业准入制度和干部交流制度，同时，还要不断加强对现有检察人员的思想政治教育和业务素质培养，尤其是要加强对社会主义法治理念的培养，以及法治思维和法治意识的培养，不断更新执法理念，严格规范执法，从而保障检察监督权规范正确行使。

二、司法改革与"两法"修改

改革视野下组织法文本的反思与重构

罗 军 刘 毅[*]

在对《人民检察院组织法》修改的论证过程之中,规范分析方法可谓是当前所使用最为频繁的一种研究范式。诚然,对法律文本修改模式的探寻最终必然以规范本身的合理性为依归,但透过单纯的规范分析以确立其深层次所宜恪守之研究主线,则更能强化论证的系统性和科学性。应当看到的是,随着深化司法体制改革这一目标要求在十八届三中全会上的提出,对检察院组织法文本的反思与重构似乎更应当在检察改革这一逻辑视野下进行。

一、理论阐释:检察改革与组织法修改之辩证关系

检察改革与检察院组织法修改之间的辩证关系,着重体现于两者之契合性及差异性两个层面。契合性在一定程度上决定了将检察改革作为组织法文本修改探讨背景的可行性,而差异性则强调在改革逻辑下对组织法修改所应坚持之原则的进一步判定。

(一)检察改革与组织法修改之契合性分析

1. 目标价值的相通

80年检察制度的发展史也是检察制度的改革史。"检察改革承载着制度定型化建构与发展运行的使命,这是六十年检察改革的基本动力和内在发展逻辑,也是其核心价值所在。"[①] 而检察院组织法更承载着检察制度法定化的神圣使命。两者由此找到了第一个契合点,即均以检察制度缺陷僵局的突破和功能效用的优化为其根基和依归。这就为组织法文本的设计提供了一条新的思路——从对检察改革历程的回顾中发现立法之不足,从而为其修改方向提供有益资鉴。

---

[*] 作者简介:罗军,江西省人民检察院法律政策研究室主任、检委会委员、三级高级检察官;刘毅,江西省吉安市人民检察院法律政策研究室科员。

[①] 徐鹤喃:《制度内生视角下的中国检察改革》,载《中国法学》2014年第2期。

2. 功能价值的互促

相比而言，两次改革之间的时间间隔较之法律修改往往要短得多，而改革与立法在功能价值上的互促，正是通过介于改革之"变"和法律之"定"之间的时空错差来加以实现的，制度的定型化与法定化之间并非仅存在单向的逻辑因果和时间顺序。检察改革赋予制度以生命，而组织法则是对新创设制度合法身份的授予，使改革及作为改革成果的制度在后续的制度完善中得到延续和呼应。这就要求修法活动不仅要在对改革成果的检视中完成对文本缺陷的弥补，更要为改革的持续和深化提供稳固的立法支撑和空间预留。

3. 规范形成的同塑

各类改革样态所淬炼出的制度可以作为构成检察院组织法文本的绝大部分组织性规范的原型和主干。检察制度创新、检察体制改革和检察工作机制改良中所形成的制度成果都可以成为检察院组织法的文本表述的雏形，个中的差异性将集中体现于三种不同形态的改革成果在组织法中所归属的规范性质板块和所占的比例两个方面。这一层面上的契合性要求立法文本对改革成果的吸收和表述必须同时兼顾实质意义上的规范组织性和形式意义上的条文挈领性。

（二）改革逻辑视野下组织法修改原则之确定

1. 原则一：对改革尺度的合理把握

《人民检察院组织法》的修改本身处于检察改革持续深化的潮流之中。而"前些年的检察改革措施基本上是在现行体制和法律框架内进行的工作层面的机制创新，具有比较明显的局限性，制约检察工作发展的一些深层次问题、体制性障碍没有得到很好解决"①，十八大所提出的深化司法体制改革的要求则直接将检察体制改革推入了深水区，使其直面影响司法公正、制约司法能力的体制性、机制性、保障性障碍。某些改革方案尚未经受实践检验，改革所能展开的尺度也尚不明晰。这就需要在修法时准确把握尺度，避免"失之于超前"的立法尴尬的出现。

2. 原则二：对改革逻辑的严谨判定

在改革内在逻辑性判定缺失的基础上草率确定组织法的文本，将引发条文内容上的抵牾，降低条文设计的科学性，在扼杀法律本身的生命力的同时甚至还将间接增加改革本身的成本投入。改革活动的趋于成熟化，对于检察院组织法文本的科学确定而言无疑既是机遇，又是挑战。可以毫不夸张地说，立足于对相应改革逻辑严谨判定基础上的立法不仅会使组织法本身获得极强的生命

---

① 童建明、万春：《中国检察体制改革论纲》，中国检察出版社 2008 年版，第 2 页。

力，更能借立法之力促进与改革之间的良性循环，从而同时收获更佳的立法和改革效果。

3. 原则三：对改革空间的科学预留

立法者应尽量实现表述上的概括性和原则化，对于一些存有认识分歧和不同意见的改革方案不作直述性的条文表述，而尽量作出相对原则性的规定。尤其是"对于从国情实际来看一时还不具有可操作性的内容，不急于写入法律……这样做既可以体现检察改革的方向，又考虑到当前实际情况，有利于保证法律规范的科学性和可行性"①，从而为改革的进一步深入和调整提供足够的回旋余地和发展空间。

二、立法观察：改革视角下组织法的文本审视

在从现行《人民检察院组织法》颁行的1979年到被纳入十二届全国人大常委会第一类立法规划项目，检察改革在近35年的漫长期限内已经通过制度调整、机制改良和体制改革进行了多轮探索。无论是检察体制改革、检察机制调整还是检察工作机制创新，均能够通过制度成果的立法筛选和立法写入对组织法的文本形成发挥作用，此即检察改革对组织法文本的塑造功能。因此，对现行组织法缺陷的分析，亦可以分别从体制改革、机制调整和工作机制创新三重视角来予以展开。②

（一）视角一：制度创新层面——条文规定的滞后性

1. 检察制度创新的史迹回顾

由于"制度层面的改革和创新涉及现行组织法的规定，必须在不违反组织法的前提下进行，因此改革空间是有限的"③。自检察院组织法颁行以来，检察改革先后经历了酝酿期和三轮改革，其中涉及检察制度调整的历程及相关成果可以按照三个阶段进行如下归纳（见表1）：

---

① 孙谦：《关于修改人民检察院组织法的若干思考》，载《人民检察》2011年第12期。

② 鉴于现行《检察院组织法》颁行于1979年，故对检察改革历程和成果的回顾，在时间节点上只能选择检察机关恢复重建的1978年为考察之起点。

③ 谢鹏程：《检察改革五年的回顾与展望》，载《法学》2009年第4期。

表 1 1988 年以来检察制度创新的历程及成果概览

改革阶段	主要改革措施及成果
检察改革酝酿期与第一轮改革时期（1988~2003）	废止了免予起诉制度
	探索建立主诉检察官办案责任制
	检务公开制度
	建立专家咨询委员会制度
第二轮检察改革时期（2004~2008）	试行人民监督员制度
	健全违反检务公开规定的责任追究制度
	建立查办职务犯罪案件的"双报批、双报备"制度
	推行讯问职务犯罪嫌疑人全程同步录音录像制度
	建立检务督查制度，完善执法责任追究制度
	深化主诉检察官办案责任制度
第三轮检察改革时期（2009~2012）	全面推行人民监督员制度
	完善不起诉、申诉案件听证制度，推行检察法律文书释法说理改革
	建立健全被害人救助制度

不同时期的检察制度创新主要呈现出如下特色：一是某些制度创新呈现出时效上的持续性；二是制度创新的措施不断趋于细化；三是检察制度创新主要围绕对检察工作的监督制约而展开。

2. 制度创新的文本摄入考察

"在中央统一领导下进行的司法体制改革包括检察改革已经取得许多成功的经验。这些改革的成果都是检察院组织法修改予以关注的实践经验。"[①] 与此相比，容易感受到组织法条文规定的滞后性。

其一，现行组织法缺乏对检察机关组织活动制度的相关规定。"总则作为法的结构中对全法具有统领性的组成部分，它的内容主要包括如下几个方面：（1）立法目的；（2）立法根据；（3）法的原则；（4）有关法定制度或基本法定制度……"[②] 故这一缺憾应当在修法过程中得以弥补，以完善总则部分的结构设置。

---

① 郭立新：《检察院组织法修改应坚持的原则》，载《国家检察官学院学报》2011年第6期。

② 周旺生：《立法学》，法律出版社2008年版，第484页。

其二，就具体内容而言，集中于如下几个方面：一是仍有"免于起诉"的规定，而这一内容早已废除；二是未及时将检务公开制度入法；三是未对检察机关实行人民监督员制度作出规定；四是未规定检务督查制度；五是未对检察官办案责任制作出规定。

（二）视角二：机制改良——条文规定的盲目性

1. 检察机制创新的史迹追溯（见表2）

检察工作机制创新问题大多属于诉讼程序完善范畴，受到诉讼原理和诉讼规律的支配。它更多地是在涉检诉讼活动的范畴内进行自生性的优化：

表2　1978年以来检察工作机制创新历程及成果概览

改革阶段	主要改革措施及成果
检察制度恢复重建时期的改革（1978~1987）	制定《刑事检察工作试行细则》、《直接受理侦查的刑事案件办案程序》以及《劳改检察工作细则（试行）》
检察改革酝酿期与第一轮改革时期（1988~2003）	将侦查、预审与决定逮捕、起诉分离
	申诉由上一级检察院审查处理
	建立举报、侦查、预防一体、提前介入对重大刑事案件的侦查、预审活动的工作制度
	拓宽了监督途径，确定了三大诉讼监督的重点
第二轮检察改革时期（2004~2008）	建立两法衔接工作机制
	健全了审查逮捕、审查起诉工作机制
	完善民事抗诉制度
	建立对减刑假释暂予监外执行裁决工作的同步监督机制
	完善羁押期限管理工作机制，建立健全防止和纠正超期羁押的长效工作机制
	协调侦查、诉讼监督等职能，推进职务犯罪侦查一体化建设机制
	健全了贯彻宽严相济刑事政策的工作机制（包括：完善对未成年人犯罪案件办理程序，探索对轻微刑事案件的快速办理机制，探索刑事和解）

续表

改革阶段	主要改革措施及成果
第三轮检察改革时期（2009~2012）	健全诉讼监督工作机制，明确、规范了检察机关调阅审判卷宗材料的程序，建立了案件情况通报、信息共享平台、同步抄送备案、列席相关部门会议等制度，进一步建立非法证据排除机制、监管场所和刑罚执行监督机制、开展量刑建议工作
	推进职务犯罪案件审查逮捕程序改革
	侦查权与抗诉权相分离
	完善接受人大监督、民主监督、社会监督的机制和措施
	探索健全体现宽严相济的案件办理工作机制
	完善检察机关国家赔偿工作机制
	健全举报工作机制和执法办案风险预警评估机制
	推进侦防一体化机制建设，完善行贿犯罪档案查询系统等，完善职务犯罪惩治和预防工作机制
	完善了诉讼监督范围，明确和完善了民事、行政诉讼检察监督的范围和程序，将生效调解和民事执行明确纳入检察监督范围
	增加了诉讼监督手段，明确了检察机关对司法工作人员诉讼渎职行为的调查核实、建议更换办案人等监督形式，明确了再审检察建议、检察建议等监督手段，丰富了监督手段体系

历轮检察工作机制创新的重心有二：一是强化法律监督职能。二是创新工作机制，如"两法"衔接工作机制等。

2. 机制创新的文本写入考察

其一，在职权体系上，现行检察院组织法在内容上存在明显的滞后性，尤其是对法律监督职能的规定上尤显其不力。从微观上来看，对于一些经过机制改革验证且已经被相应的诉讼法律写入的检察监督职能，组织法未能及时作出规定，这在一定程度上无法实现与相应诉讼法的有效衔接和呼应；从宏观上来看，与其他诉讼性职权相比，规定法律监督职能的相关规范在整部检察院组织法内容比例之式微，也影响到对检察职权体系这一组织性法律规范版块的整体构建。

其二，要禁止将属于诉讼程序完善范畴的工作机制排除在检察院组织法的内容之外。检察机关行使职权的程序已经为相应的诉讼法律所明确规定，组织法以专章就"行使职权的程序"进行规定的做法是极不科学的。

（三）视角三：体制改革——文本体系的缺失性

1. 检察体制改革的当前考察

检察体制改革并不是一个初生的概念。它一直处于不停地反思与调整之中（见表3）：

表3 1978年以来检察体制改革历程及成果概览

改革阶段	主要改革措施及成果	归属板块
检察制度恢复重建时期的改革历程（1978~1987）	明确检察机关为国家法律监督机关	检察机关的性质
	重新确立双重领导体制	检察机关领导体制
	增加一系列重大犯罪案件的检察权，增加对刑事裁定执行和劳教活动的监督权，对民事审判活动和行政诉讼的监督权和司法解释权	检察职权体系
	对检察人员的任免程序作了修改	检察人员管理体制
检察改革酝酿期与第一轮改革时期（1988~2003）	相继建立了法纪检察机构和举报机构，尝试设立职务犯罪预防机构	检察机关内设机构
第二轮检察改革时期（2004~2008）	颁行《检察官法》，制定实施了《检察官等级暂行规定》、《检察官培训暂行规定》和《检察官考评委员会章程（试行）》	检察人员管理体制
	改革检察官遴选制度	
	开展检察人员分类管理改革试点	
	建立检察官检察津贴制度	
	完善检察官培训制度	
	完善检察机关司法鉴定机构和鉴定人的登记管理制度	
	改革和完善基层检察院经费保障机制	检察经费管理体制
第三轮检察改革时期（2009~2012）	健全基层院建设和干部培训制度	检察人员管理体制
	完善检察人员工资待遇和执业保障制度	
	修改完善了检委会议事工作规则	检察机关领导体制
	开展铁路检察院管理体制改革	检察组织体系
	落实政法经费保障体制改革	检察经费管理体制

检察体制改革整体呈现出如下特征：一是改革的关注点基本涵盖了检察体制的各个方面；二是改革的广度和深度不断增加；三是检察体制改革的重心不断调整和偏移，即经历了由早期的外向性到后两轮改革中的内调性，再到晚近方案的外向型变革这一轨迹。这对组织法修改产生如下影响：一是组织法的结构体系亟待优化；二是体制改革的系统性、整体性和协同性的不断增加，修法的难度正逐渐增加。

2. 体制改革的文本吸收考察

体制层面的改革具有两个方面的特征：一是难度上的相对较大。如向纵向的深化就离不开中央的统一协调和支持。二是对组织法塑造功能的相对较强。检察体制改革对组织法的塑造往往是最为直接的。以此反观组织法文本，其体系上的缺失性则当属最鲜明的特征。

其一，组织法未能基于检察体制改革的主要落脚点，形成体系严谨的文本结构。组织法文本在章节结构上可以考虑以体制改革的几大重心为命名参考，并根据其内在逻辑性进行有序排列。当前的文本对章节之间逻辑结构的忽视，往往给人以不伦不类之感。

其二，归属于同一种类的组织性规范未能获得有效整合，条文设置呈现出较为严重的散落性。如第3条第1款对检察官的设置进行了规定，第三章又对检察人员任免作了规定，而未能将相应内容统一在检察人员管理体制这一部分之内。修法工作应及时清理不同性质的规范条文，以丰富并充实相应的内容板块。

其三，现行文本在体制性内容的设置比例上严重失衡。在检察职权方面，对检察职权规定不完善，却规定有行使职权的程序；在检察组织体系方面，缺乏对检察内设机构的统一规定；在检察管理体制方面，对检察人员管理问题和检察经费管理问题均缺乏直接有效的规定。

三、实践展开：组织法文本承载功能的具体发挥

滞后、盲目和缺失，这是从对检察改革脉络与组织法文本的互动审视中所提炼的三个词组。这就需要在修法工作的实践展开中充分发挥组织法文本的承载功能。

（一）文本结构体系的立法优化

检察制度创新和检察工作机制改良成果更倾向于对组织法总则的塑造，而检察院组织法分则部分则重点需要从结构和内容上实现对检察体制改革成果的有效承载。立法结构可作如下安排：一是删除"行使职权的程序"一章。在检察院组织法中对检察机关行使职权的程序进行规定，将造成与相应诉讼规范

在内容上的重叠，模糊检察院组织法和诉讼法的界限。二是增设"检察组织体系"一章。三是增设"检察管理体制"一章，修法工作应充分关注逐级遴选和分类管理等干部人事制度的整体调整和检务管理方面的内容。四是增设"检察职权体系"一章。五是增设专门检察机关一章。

因此，检察院组织法应由五大板块构成：总则、检察组织体系、检察管理体制、检察职权体系和专门检察机关。这一立法结构的确定，将成为具体设计总则和分则性条款的基本前提。

（二）总则性规范的立法完善

1. 法定制度条款的增加

"如果说法的原则是全法的纲领、关键和中心，那么法定制度便是全法的具有统领性的实体性内容……这种制度一般说主要是有关体制问题的总的制度。"[①] 修法可考虑吸收的检察制度包括：（1）增加检务公开制度的相关规定。规定："检察机关实行检务公开制度，保障检察权的公开公正行使。"（2）增加人民监督员制度的相关规定。可以表述为："各级人民检察院实行人民监督员制度，保障职务犯罪侦查权的正确行使。"（3）增加涉及检察官办案责任的配套性制度。组织法尚不宜直接确认具体办案责任制，而可以表述为："检察机关探索并建立权责统一、责任明确的办案责任制度。"但可对终身责任制进行肯定式的表述："检察官对所承办案件的质量终身负责，不因职位或身份的调整而免除。"（4）增加检务督查制度的相关规定。如可规定："检察机关实行检务督察制度，严格执法责任追究。"

2. 其他组织性条款的整合

一是将第2条的第1款、第2款，第3条的第2款移出总则，并入检察组织体系一章进行系统性规定。二是将第2条第3款关于专门检察机关的问题单独成章，抛弃授权性规定的立法表述。三是将第3条第1款、第10条移出总则，并入检察管理体制一章中进行规定。四是将第5条、第6条移出总则，单列为检察职权体系一章。

3. 其他总则性条款的修改

（1）修改某些滞后不当的表述。其一，对组织任务条款，用"人民民主专政""危害国家安全"替换过时的"无产阶级专政""反革命"等语词；其二，对工作原则条款，删除"敌我矛盾、实事求是"等政治性色彩较浓的词语。

---

① 周旺生：《立法学》，法律出版社2008年版，第488页。

（2）增设某些必备性总则条款。一是立法目的和立法依据条款，可表述为："为规范检察机关活动，正确履行法律监督职责，惩治犯罪，保障人权，根据宪法，结合我国检察工作实践经验和具体情况，制定本法。"二是基本工作原则条款。包括依法独立公正行使检察权原则、法治原则、保障人权原则、客观公正原则。

（三）分则性条款的条文设计

1. 板块一：检察组织体系的修改方向

检察机构的内部设置，主要着重于以下几点：

其一，检察机关内部领导机构层面。一是完善检察委员会的相关规定。组织法可以考虑增加"检委会的性质"的相关表述，如"各级人民检察院设立检察委员会，检察委员会为检察机关业务决策机构。"二是增加检察机关党组的相关规定。同时明确院党组的决策事项范畴。通过对院党组和检委会属性和职权的明晰，以期形成权责分明的决策体系，提升检察工作决策的科学性。

其二，检察机关内设机构层面。综观当前部分地区的试点情况，内设机构的"大部制"整合、检察事务型内设机构比例的压缩和业务型内设机构的重组将成为改革的基本方向。为保留改革的空间，检察院组织法的修改应在把握这一主流趋势下作出相对明确而富有弹性的规定。

其三，检察机关直属事业机构层面。当前检察直属事业单位设置主要集中于省级院和最高人民检察院。但鉴于直属事业单位的特殊地位和管理模式，检察院组织法不宜对其具体性组织细则进行规定，只需原则性地明确其设置目的、性质和设置主体。

其四，检察机关派出机构层面。一是规范派出机构的设置权限。取消县级检察院的派出主体资格，采用归口审批制，将派出权限统一收归高检院和省级院。具体可规定："最高人民检察院和省级人民检察院根据工作需要，经提请本级人民代表大会常务委员会批准，可以在工矿区、农垦区、林区等区域设置地级人民检察院和基层人民检察院，作为派出机构。"二是明确派出机构的编制管理和经费保障。

2. 板块二：检察管理体制的修改方向

（1）组织管理。组织管理主要牵涉两个层次的内容：一是检察机关与权力机关之间关系的确定；二是检察机关内部的领导体制问题。在前一问题上无须作出原则性的改变。在后一问题主要体现为对检察一体化的明确。除此之外，条块结合以条线领导为主的管理体制在省以下检察机关中的确立实则具有前瞻性和必然性，因此，组织法可以就此予以必要的确认。

（2）人员管理。一是对检察人员分类问题予以原则性的明确，具体问题由《检察官法》予以规定。二是对检察官的职务保障问题作出明确的规定。可以吸收《检察官法》就所作的原则性规定,而由后者对具体保障机制予以细化。三是对检察官选任制度进行明确。明确检察官员额制、检察官逐级遴选制度等内容。

(3) 检务管理。一是确立检察经费管理的基本原则。二是明确基层院经费保障标准。充分发挥省级财政部门和省级检察机关的作用。三是建立落实"收支两条线"的保障制度。主要应就涉案赃款的上缴进行严厉限制。可以明确规定:"检察经费全部由财政予以保障,检察机关所查获之涉案赃款应全额上缴国库。"

3. **板块三:检察职权体系的修改方向**

(1) 完善诉讼职权层面的规定。具体包括:一是规定审查起诉职能,对于现行组织法的第13条第2款、第14条、第15条、第16条等程序性规定则应予以删除。二是规定职务犯罪侦查职能。三是保留现行组织法对批准逮捕权的规定。

(2) 完善监督职权层面的规定。检察监督职权体系应当由诉讼监督职能和非诉讼监督职能所组成。其中前者又可以由基础性职权和配套性职权所构成。组织法应当三大诉讼法律监督职能这类基础性权能,同时对如下配套性职权进行完善:一是明确赋予检察机关在各类诉讼法律监督中的调查权和阅卷权;二是赋予检察机关调查违法活动和制止违法行为、建议更换办案人员的相关权限;三是明确将为检察实践所反复验证的检察建议制度写入组织法,化柔性监督为适度的刚性监督。此外,组织法的修改还应注意对非诉讼监督权的适当拓展。

(3) 其他职权层面。可考虑将如下三项职能入法:一是明确规定预防职务犯罪职能。将这一权能入法可以为检察机关这一生力军介入预防腐败体系的建设中提供组织法上的依据和保障。二是规定检察机关的法律解释权。这主要是针对最高人民检察院而言的。三是规定检察机关立法建议权。

4. **板块四:特殊检察机关的修改方向**

(1) 特殊检察机关的内涵。"按照现行法律,铁路运输检察院的地位处于悬疑状态,既不再是专门人民检察院,也不是一般的派出检察院,但是在实际工作中,却按照派出检察院的管理模式进行管理。"[①] 由于铁路运输检察机关正处于当前检察体制改革的聚焦点,其现行组织体系和管理体制接受变革的可

[①] 童建明、万春:《中国检察体制改革论纲》,中国检察出版社2008年版,第402页。

能性较大,故在对铁路运输检察机关的入法问题上,当下之修法必须慎而又慎。从当前的改革趋势来看,铁路运输检察机关正被作为设置跨行政区划检察机关的一块最佳的"试验田",而一些跨行政区划的法院、检察院设置试点工作已经在京沪展开,这就要求对"特殊检察机关"内涵的把握应当跳出"铁路运输检察机关是否入法"这一狭隘的判断范畴,直接吸收跨行政区划检察机关的原则性内容。

（2）军事检察机关的组织体系。军事检察机关在层级设置和组织管理上的规定并没有太大问题,也符合军队管理体制的需要,故对现行组织法的修改主要体现为对当前组织体系的确认。同时,军事检察院实行双重领导的体制,对这些内容均应在现行组织法中予以确认。除此之外,军事检察院在内部也设置有检察委员会等业务决策机构,其主要性质和职责与普通检察机关并无二致,为避免立法重复,对相应内容无另行规定的必要性。

（3）军事检察机关的人员管理。在人员分类管理层面,军事检察机关与一般意义上的检察机关有共同之处,所值得注意的是军事检察机关干部的选任和交流问题。其一,在干部选任上,由于军事检察机关实行双重领导体制,故对于军事检察院的副检察长以及其他各级军事检察机关的检察长、副检察长的任免,必须坚持军队干部任免权限进行,以保障军队干部管理体制的需要。其二,在干部交流上,组织法分则中关于检察官逐级遴选的规定对于军事检察机关也应当同时适用,至于具体内容可作出授权性的规定。

（4）跨行政区划检察机关的相关规定。十八大提出了探索建立跨行政区划司法机关的目标要求。上海市人民检察院第三分院和北京市人民检察院第四分院作为试点单位,率先依托两地的铁路运输检察分院而设立。当前试点模式下所设立的跨行政区划检察机关具有如下特征:一是在未突破省级行政区划和县级行政区划界限的基础上,成立了地市级的检察机关;二是"跨行政区划"指案件管辖上的跨区域,即将特定区域内（主要是直辖市范围内）的某些种类的案件专门交其办理,体现出检察业务受理上的专业性和特殊性;三是机构设置上的特殊性。即相应的跨行政区划检察机关均是依托相应的铁路运输检察分院而设置。

在跨行政区划这一问题上,当前的改革也无异于"摸着石头过河",在相应的疑惑未能得到完全而彻底的解决之前,组织法的修改不宜涉及具体性的问题。但可就如下几个方面进行原则性的规定:一是明确跨行政区划检察机关的设置主体。将相应的权限赋予最高人民检察院来行使就显得尤为必要。二是坚持组织管理上更高程度的独立性。三是明确人员管理上的提级任命制度。跨行政区划检察机关中的人员任免只能通过提级任免这一渠道来加以完成。四是在检务保障问题上做出原则性的规定。

四、结语

"我国司法改革历经了由酝酿准备到'两高'自主启动,由司法机关内部推动向中央决策组织推进,由完善工作机制向触及司法体制改革的三大转变和跨越,但仍存在顶层设计协同性不够、问题导向不足、滞后于经济社会文化改革的时滞现象。司法地方化、行政化、低职业化、司法权配置异化、司法保障分灶固化、人权司法保障弱化等深层次问题仍未得到有效破解。"[1] 横亘于对检察改革所迈过轨迹的回溯和所追求目标的展望之间,检察院组织法的修改工作所承担的使命不可谓不重,所面临的阻力不可谓不大,所迈出的步履不可谓不艰。制度变革对法律文本的重塑功能无疑是直接而深刻的,而对检察改革塑造功能的最佳回应,就必然需要通过对文本规范的反复审视和条分缕析,来实现对检察改革成果和检察改革趋向的有力承载。

---

[1] 徐汉明、徐必恒、张孜仪、徐晶:《深化司法体制改革的理念、制度与方法》,载《法学评论》2014年第4期。

"两法"修改中的几个问题

——以刑事执行检察工作为视角

王伦轩[*]

一、引言

现行《人民检察院组织法》制定通过于1979年，1983年对个别条文进行修改，至今已施行30多年。《检察官法》于1995年通过的，2001年进行过局部修改，至今也施行了10多年。尽管2005年通过的《公务员法》对检察官的义务、权利和管理作出了规定，促进了检察官队伍的专业化建设，但是，随着《刑事诉讼法》修改、《刑法修正案（八）、（九）》的陆续出台实施，司法改革的深入推进，我国检察组织管理体制、检察权运行机制都发生了重大变化，其中，一个较为典型的代表就是刑事执行检察工作。我国刑事执行检察监督工作经历着建构新的监督体系的发展历程。主要表现在：监督的场域由固定的看守所、监狱等监禁场所拓展至社区矫正监督、死刑执行临场监督等非监禁刑的社会化场所；监督的对象由单纯的刑罚执行发展至包括刑罚执行、刑事强制措施执行和强制医疗措施执行等内在几乎所有的刑事执行领域；监督的时间已由传统的事后监督逐步向同步监督转变；监督方式已由派驻监督逐步向以派驻为主、以巡回检察、专项检察为辅的多样化方式转变，以致我国有学者指出，刑事执行检察监督的性质已由通常意义上的诉讼监督扩展至包含程序救济、司法救济在内的法律监督。[①] 可以说，《人民检察院组织法》与《检察官法》（以下简称"两法"）的修改势在必行。本文基于刑事执行检察工作实际对相关问题谈几点看法和认识。

---

[*] 作者简介：王伦轩，最高人民检察院刑事执行检察厅副厅级检察员。

[①] 参见卞建林、谢澍：《刑事执行检察监督：资源整合与体系建构》，载《河南社会科学》2015年第7期。

二、"两法"修改中的几个问题

当前,对于"两法"的修改应当坚持《宪法》确立的检察院的性质、地位与领导体制,积极回应与固化司法改革的成功做法,进一步完善检察权配置,强化检察监督职能,确保检察权依法、独立、公正行使等,这些已经达成了基本共识,本文不再逐一论述。结合刑事执行检察工作职能发展与实践探索经验与实际,笔者认为"两法"修改应重视以下几个方面的内容。

(一)《人民检察院组织法》应确立尊重与保障人权原则

尊重与保障人权是检察机关的一项基本任务。原组织法第6条规定,"人民检察院依法保障公民对于违法的国家工作人员提出控告的权利,追究侵犯公民的人身权利、民主权利和其他权利的人的法律责任"。但并未明确将尊重和保障人权上升为基本活动原则,此次修改应当在《人民检察院组织法》中明确确立尊重与保障人权为活动原则。一方面,我国《刑事诉讼法》已经明确确立了尊重与保障人权的原则,《人民检察院组织法》虽然与《刑事诉讼法》是平行关系,但作为在刑事诉讼活动中,人权保障原则的主要践行者,应当将其确立为基本活动原则,与《刑事诉讼法》相呼应、相协调一致。另一方面,确立该项原则对检察业务实践具有重要意义。以刑事执行检察工作为例,《刑事诉讼法》修改后赋予了刑事执行检察工作诸多新的职能,同时,经报中编办批准,最高人民检察院已于2014年12月30日下发通知,决定将监所检察厅更名为刑事执行检察厅,由监所检察到刑事执行检察,组织模式、行为方式与职能体系都发生了巨大变化,随之,刑事执行检察工作陆续在防止冤假错案、清理久押不决、羁押必要性审查、死刑执行检察、强制医疗监督、加强规范化监督等方面推出了一系列卓有成效的工作机制体制创新,这其中的一条主线,就是更好地落实尊重与保障人权原则,更好地发挥检察机关在尊重与保障人权工作的优势与职能作用。可见,在客观上,尊重与保障人权已经是检察机关职能发展与实践创新的一项活动原则,此次《人民检察组织法》修改理应将之明确确立,以回应客观现实,促进检察工作科学全面协调发展。

(二)"两法"的修改应当注重检察工作的内生动力

"两法"修改应回应司法改革、及时将检察改革成果上升为法律规章,已经无须过多论证。然而,具体哪些改革内容应当是由"两法"要吸收,哪些应当是其他法律规范所确定的范围,这是一个值得反复斟酌的话题。对此,笔者认为,吸收改革成果,很重要的一方面应当是重视检察改革内生动力的相关内容。有学者在梳理检察改革历程后指出,检察改革的历史包含了制度发展的实践场景、影响因素、内生或外生变量及其相互关系等诸多内容,如何在此基础上建立一个新的分析框架,确定制度内生演化的分析结构和分析方法,进而把握其发展规律,有待深入研究。① 这里的"分析框架",在一定意义上,可以看作是对检察改革理论本体架构的思考。从功能作用的方向不同来看,检察改革的结构功能可以包含内生功能与外向功能两类。内生功能,可以看作是检察改革对于检察组织、制度、行为的整合效能。② 回顾历程,2000年1月,最高人民检察院通过了《检察改革三年实施意见》,提出并推动进行了35项具体改革,随后2004~2012年间,最高人民检察院先后布置了两轮检察改革。十八大以来,根据《中共中央关于全面深化改革若干重大问题的决定》和中央《关于深化司法体制和社会体制改革的意见》,积极贯彻中央关于统筹落实三中、四中全会提出的改革任务的要求,最高人民检察院对2014年6月颁布的《关于深化检察改革的意见(2013~2017年工作规划)》进行了全面修改,进一步加强了对检察改革的组织统筹,制定了工作方案,把42项改革任务细化为91项改革举措,其中,检察机关办案责任制、检察官职业保障等举措与其说是贯彻落实了中央司法改革的各项要求,更多的则是检察制度发展内生动力的应然诉求。而检务公开、职务犯罪预防服务经济社会发展等则是外生动力的反应,体现了检察工作服务大局、服务经济社会发展的职能作用,是着眼于社会整体体系发挥法律子系统的功能导向。相比而言,内生功能则是检察系统自身的优化与发展。在经过两轮检察改革后,内生功能反过来推动检察改革向着纵深化发展,促进新一轮检察改革走向深层次化,是检察组织运行规律的直接表现。为此,在"两法"修改中,应注重充分考量体现或产生于检察制度发展内生动力的举措及取得的成效,应当成为回应改革诉求、深化改革成果的基本维度。

(三)派出机构的建设与设立要注重案件特殊性

如何规范包括派出院在内的检察机关派出机构建设模式是此次"两法"修改的重要内容。笔者认为,无论是否应当向特定区域、场所派出检察院,还是应当向何处特定区域派驻,这些问题的关键在于把握检察客体的本质。场所、地域只是立法技术的表象,其本质在于案件的特殊性。以刑事执行检察派出院为例,在监狱、看守所等场所派驻设立派出院,监狱、看守所等地场所的特殊性只是外在表象,其刑事执行活动中职务犯罪案件的隐蔽性、违法行为的

---

① 参见徐鹤喃:《中国检察改革回顾》,载《中国检察官》2014年第5期。
② 参见桑先军:《检察改革的选择、实践与建构》,载《学习时报》2014年8月25日第11版。

诉讼性等检察客体的特殊性才是其内在诉求，失去了对检察客体、案件属性特殊性的关注，派出院建设、组织模式等方面就会出现滞后，反之，也正是如此，只要注重案件属性的特殊性，即便是在社区矫正机构等社会化执行场所中，一些地方尝试设立派驻检察室，积极探索一体化检察工作机制，就能满足工作发展的现实需要，并取得显著成效。总之，案件的特殊性不仅是专门检察院或跨地区检察院设立与发展的基点，同样也是派出院设立与组织建构的基本立足点与出发点，对此，《人民检察院组织法》应当给予充分认识与关注，在一些具体条款中，避免以场所的特殊性规定诸如刑事执行检察的机构设立、组织建设，而是要突出强调职权属性的特殊性，从法律制度规范中为派出机构的建设与发展解脱束缚、指出方向、提供支撑，逐步推动形成专门检察院、跨行政区划检察院、巡回检察院、派出检察院等组织模式的协调一致、良性互动。此外，当前，派出院的组织设置方式、规格、职能还存在诸多不统一的地方，刑事执行检察派出院中，有的是省级院的派出院，有的是市级院的派出院，还有的是院处合一或成立刑事执行监督局，从而导致了职能不一致，但很多行使的都是县级检察院职能，又导致职能叠加、资源浪费严重，这些问题都需要"两法"修改给予原则性明确，将派出权限、设置模式等给予清晰的规定。

（四）检察官办案组织模式的设定应当注重多样性和结构性

结构性是相对部分或组成成分而言，是一组多样化事件或因素组成的系统，结构性包含了多样性与系统化组织形式。随着司法责任制改革的深入推进，《关于完善人民检察院司法责任制的若干意见》等一系列规范行为相继出台实施，在"两法"修改中充分吸收司法责任制改革成果，明确检察官责任制、办案组织模式已是必然。在此，笔者要强调在规定检察官权责、管理与保障等多样性方面的基础上，更加注重结构性。对外，要强调检察官行使权力的一体化，肯定、推进检察官办案责任制，实行独任检察官、主任检察官等办案组织形式，并不代表否定或淡化了检察工作一体化。检察工作一体化是从检察工作实践中总结与提炼出来的基本规律，检察官权责设置、管理形式都应当体现与保障检察工作一体化。对内，要强调检察官主体性，要充分调研论证检察机关司法责任制改革的经验与面临的困难、问题，明确权力清单设置的基本原则与内容，合理配置检察官、检察委员会、检察长之间的权责，不断增强检察权运行机制的科学性。同时，要做好"两法"之间的衔接一致，在实体上，要保障检察官权责对等，对案件终身负责且合法权益不容侵犯；在程序上，要注重检察官行使权力独立高效，司法亲历性与组织审核协调一致，监督与制约适度有效，确保每一位检察官都能依法独立行使职权。具体而言，检察官办案模式具有多样性，比如刑事执行检察内部，一直以来有学者倡议设立社区矫正检察官,因为社区矫正检察工作具有很强的社会化专业需求,还有倡议需要设立缓刑检察官等,都是以刑罚执行监督中检察办案特殊性的基本理据。笔者在此并不建议,直接在"两法"修改中直接确立社区矫正检察官、缓刑检察官等"舶来品",而是建议,在微观上,注重检察官办案组织模式的多样性,在检察官权责配置上注重结构性、系统性,作为单独一章进行专项规定,以确保检察司法责任制能够得到科学有效的落实与实现。

(五)要确立检察官评鉴制度

所谓检察官评鉴制度,是指以淘汰不适任检察官为目的,由专门的检察官评鉴机构,对于触犯特定情形的个案检察官或者必要时定期对特定地区检察官进行考核,以决定检察官是否适任并在行政上给予妥当处理的筛检制度。① 目前,各地积极探索检察官遴选与惩戒机制取得了显著成效,很多地方采取了遴选委员会与惩戒委员一体化的组织形式,如《上海市法官、检察官遴选(惩戒)委员会章程》(试行),明确将遴选与惩戒视为一个委员会的两项职能。相信在《检察官法》修改中,这一探索将在一定程度上得到认可,加以法治化。与之相比,关于评鉴制度的探索却举步维艰。《关于完善人民检察院司法责任制的若干意见》中虽然规定了"建立办案质量评价机制,以常规抽查、重点评查、专项评查等方式对办案质量进行专业评价"。但受限于惩戒委员会尚处于探索初期的客观限制,受限于检察院组织形式整体改革尚有诸多不成熟之处,评鉴制度被淡化,各地司法责任制改革基本上都未对评鉴制度的设立与运行进行有效探索,不禁让人叹惋。笔者认为,遴选与惩戒制度其实只是完成了保障检察权依法公正独立运行的一部分,在惩戒制度中明确办案质量评价机制,并不能取得独立的评鉴制度。案件评价与检察官评鉴制度是完全不同的两个层面,其价值目标与功能不能同日而言。法国、我国台湾地区等的实践证明,法官检察官评鉴制度对检察官个体独立、公正行使司法权具有重要监督、保障作用,是保障司法权公正的基本制度,同时,也表明在遴选委员会之外成立相对独立、社会性更强的评鉴委员会,履行评鉴工作机制,构建具有诉讼属性的评鉴程序,才能更加充分地发挥其应有的价值与功能。为此,建议在此次检察官法修改中,明确实行检察官办案质量评鉴的原则性条款,而不是单纯地规定案件评价考核机制,从而为建立健全符合我国实际的检察官评鉴制度留下探索空间,也指明方向,推动各省级检察机关在惩戒委员会之外探索建立健全

---

① 参见李美蓉:《检察官评鉴制度值得借鉴》,载《检察日报》2011年7月25日第003版。

独立的检察官评鉴委员会，建立与完善具有诉讼属性的评鉴机制，在微观层面更有效地保障检察权依法公正行使。

三、刑事执行检察工作的应对与探索

此次"两法"的修改，应当着眼于检察业务发展诉求，包括刑事执行检察工作体制与机制发展的内在需求，从我国检察制度发展全局对执检工作的探索提出方向与要求。立足于当前"两法"修改的共识与阶段性成效，刑事执行检察工作应当重点做好以下四项，以抓住此次立法契机，推动工作科学发展。

（一）重视刑事执行检察理论体系的独立性

近年来，有些学者已经对刑事执行检察权属于诉讼监督权提出了异议，比如有学者指出，刑事执行监督权不属于诉讼监督权的范畴，而应当属于执行监督权的一部分。[①] 笔者认为，这一论点具有合理性，刑事执行检察权与诉讼监督权相比，应是客观存在，但也存在不足之处，对刑事执行检察权独立性的依据与重要性认识不足。对此，笔者认为，首先，刑事执行检察权独立于诉讼监督权之外的依据不存在于现行《人民检察院组织法》与《检察官法》的规定之中，由检察学研究对象推出刑事执行检察权平行于诉讼监督权也过于牵强。刑事执行检察权与诉讼监督权的并列之依据在于刑事执行检察属性的复合性、职能多样性以及实践中的多元性。其次，正是因为刑事执行检察权的独立性，才应该修改现行《人民检察院组织法》中"监狱、看守所、劳动改造场所"等类似以监管场所为界定的方式，因为社区矫正、财产刑执行等监外执行早已突破执行场所界限制，如此界定与关于侦查活动、审判活动监督等表述方式也不相统一，更不利于刑事执行检察业务工作的拓展与丰富。最后，要以此次"两法"修改为契机，真真正正视刑事执行检察权的独立性，职责属性独立于诉讼监督之外代表着独立的理论体系建构的可能性。当前，刑事执行检察理论研究在一定程度上落后于职能发展诉求，深刻把握刑事执行检察的职责属性，深入研究刑事执行检察工作实践的特殊性，积极建构刑事执行检察理论研究方法体系，推动刑事执行检察理论研究系统化、深层次性发展，努力建构一个相对独立、层次清晰、富有活力的理论研究系统，是摆在检察理论研究的重要任务和重大课题。

[①] 参见袁其国、尚爱国：《试论刑事执行检察理论体系之构建》，载《河南社会科学》2015年第7期。

（二）增强刑事执行检察专项活动的建构性

对于检察工作方式的规定一直以来是检察制度规范体系规定的盲点。从宏观层面来看，深入开展专项检察是深化刑事执行检察工作的基本方式，也是我国检察机关增强检察实效的重要途径。比如，近年来，刑事执行检察机关通过有序开展清理久押不决案件专项活动、减刑、假释、暂予监外执行专项检察活动、社区服刑人员脱管、漏管专项检察活动等专项活动，有力地推动了刑事执行检察工作的深化发展，形成了一个个工作亮点。由此，笔者提出一个命题供大家思考，即此次"两法"修改能不能对检察工作方法进行单独规范。其理由是，随着检察工作体系的完善，诸如专项检察、巡视检察等工作方式的不断丰富，在"两法"层面明确检察方法，将实践中一些行之有效、成熟的检察工作方法上升为法律规范，有利于检察工作在法治轨道上运行，提升检察工作法治化水平。仍以刑事执行检察为例来看，着眼"两法"修改带来的办案组织形式的变革与要求，为了更好地发挥专项检察的功能，执检工作就要进一步注重专项活动的建构性。重视专项活动的选择，不仅要充分调研执检监督中某一项或某一环节的客观状况，还应当注重专项活动客体在该项检察工作机制中的现实功能，注重制度规范功能的连续性。加强专项活动的多向性，既要聚焦力量集中破解难题、攻克顽疾，也要注重专项检察的提拉作用，突出制度规范功能的系统性。加强专项活动的深度研讨，既要通过专项活动及时建章立制，也要善于通过专项活动对原有机制的突破，及时推进检察工作机制的"推陈出新"，保持制度规范功能的与时俱进。

（三）探索刑事执行检察的评鉴制度

如前所述，检察官评鉴制度将是未来考核与筛选检察官的一项重要制度，即便评鉴制度在短时间内可能未必能够得到确立，但随着惩戒机制的建立与健全，也足以让刑事执行检察部门重视与深思如何在检察官办案模式下有效推进考评工作机制的创新发展，探索将评鉴评查作为一种新的检察方式与考核手段。理据有四：一是我国执检部门现有考核评价机制过于注重评分制，很多考分脱胎或移植于传统办案分值评价模式，综合性较差，对下工作的考察与激励功能较弱。二是随着检察官办案模式的全面推开，刑事执行检察工作由办事模式全面转向办案模式，以检察建议等为指标难以有效评价基层工作，迫切需要对刑事执行检察官的办案工作能够有针对性地考核评查。三是执检部门尤其是派驻单位长期与监督对象一起，"同化"现象比较严重，相比其他检察机关更需要评鉴与评查。四是刑事执行检察方式的实践发展需要在微观的办案层面探索有效的监督考核方式。2012年2月，最高人民检察院执检厅印发了《关于上级人民检察院监所检察部门开展巡视检察工作的意见》，对巡视检察进行了规范，在一定程度上解决传统工作监督模式的弊端，取得显著实效，但这种"权力对权力"的监督属于相对比较宏观的工作"面"的监督检察。评鉴检察则是从微观层面对执检检察官办案工作的直接考核与评价，对于一些常年办案工作不力、办案质量不高或常年检察官流动刑性较差等部门有针对性地开展办案评鉴评查工作，可以与巡视检察工作相辅相成，极大地增加刑事执行检察工作自身监督与考核评价工作实效。

（四）强化刑事执行检察工作机制的一体化

从属性上来看，无论是《人民检察院组织法》还是《检察官法》都属于保障法、管理法，都是检察权运行规律的保障与体现。承前所述，检察权运行规律的一个重要方面就是检察一体化，"两法"的修改要充分体现检察一体化的基本原则与取向。鉴于检察一体化的理解与相关论证较多，其基本内涵、内容尚不统一，故此，笔者不建议直接将检察一体化直接写入法条，列为检察组织形式的原则予以规范，而是建议在具体条款规范中注重以检察一体化为基点或立足点。比如，在检察官权利配置上，要破解三级审批办案责任制与主任检察官办案责任制之间冲突，最大限度地去检察官管理行政化色彩。要设计相对完善的检察官职称评级与晋升制度，确保主任检察官的合法权益与应有的职业发展空间。要统筹检察长资源整合权责与检察官办案独立性之间的关系，通过检察组织管理层级的规范、检察官权责的明确，保障与促进检察业务的一体化。以刑事执行检察工作为例，在贯彻"两法"修改精神中，刑事执行检察工作的一体化，就要以最大化的资源整合、最大化的监督实效为取向，加大由办事模式向办案模式的转变力度，主动适应检察官办案模式，对工作机制、监督方式、监督手段等进行进一步整合，强化检察官办案的主动性与能动性，提升监督方式系统化水平，在健全与完善刑事执行检察方式体系上下功夫，促使各项监督方式进一步协调与融合，形成最大合力。

符合检察特点的办案责任制模式研究

上海市浦东新区人民检察院课题组[*]

按照中央深化司法体制改革的部署,探索建立突出检察官主体地位的办案责任制是新一轮检察改革的重要内容之一。检察办案责任制旨在通过健全完善检察办案组织、科学界定内部办案权限、完善办案责任体系,构建公正高效的检察权运行机制和公平合理的办案责任认定、追究机制,从而真正做到"谁办案谁负责、谁决定谁负责"。

一、检察办案责任制模式的特点

完善检察办案责任制模式,主要目的在于建立健全权责明晰、制约有力、运行高效的检察权运行机制,保证案件的承办人以及决定的作出者对案件质量真正负起责任,确保案件经得起事实、法律和时间的检验与考验。检察办案责任制模式应当具备如下特点:

(一)责权利的统一性

办案责任的追究建立在责任主体明确、职权职责清晰、监督制约规范的基础之上。只有责任主体明确、职权职责清晰、监督制约规范,才能做到"谁办案谁负责、谁决定谁负责"。简言之,检察办案责任制模式应体现权责一致性,强调权责统一。

同时,我们认为,除了权责一致,还应强调责、权与利的统一性。这里所说的"利"并非简单的金钱等物质利益,还包括检察人员职业能力、职业培训、职业晋升、职业身份、职业尊荣等各方面的保障。以检察官为例,要让检察官对其承办的案件真正负起责任,就应该赋予其明确的检察权限,给予充分的职业保障,确保其非因法定事由、非经法定程序不被追责处理。

---

[*] 作者简介:课题组负责人:陈思群,上海市浦东新区人民检察院检察长;课题组成员:程金华(华东政法大学教授)、江学、郑浴、傅慧、金懿、尹学诚(上述5人均为浦东新区人民检察院干警)。

（二）责任主体的多元性

根据"谁办案谁负责、谁决定谁负责"原则，应对案件质量负责的主体有两大类：办理案件的人即承办人；对案件作出处理决定的人，我们称之为决定者。

承办人又包括各种类型，主要有主承办人和参与案件办理的人。主承办人既可以是检察官，也可以是主任检察官；部门负责人、检察长（分管副检察长）、检察委员会委员亲自办案的，也属于主承办人。参与案件办理的人一般是指检察辅助人员。

案件决定者又分为两种类型：一是案件承办人自主作出案件处理决定的，案件主承办人即案件决定者，案件承办人与案件决定者合二为一；二是案件承办人以外的各级领导、检察委员会对案件作出处理决定的，案件决定者为责任主体，案件承办人也可能承担相应的责任。

（三）责任类型的多样性

根据司法改革精神，检察办案责任可以划分为故意违反法律法规责任、重大过失责任和监督管理责任。检察人员在办案过程中故意违反法律法规，造成案件质量问题的，应承担司法责任，即故意违反法律法规责任。检察人员在办案过程中有重大过失，怠于履行或不正确履行职责，造成严重后果或恶劣影响的，应承担重大过失责任。负有监督管理职责的检察人员因故意或重大过失怠于行使或不正当行使监督管理权，导致司法工作出现严重错误的，应当承担监督管理责任。

由以上三类责任的规定可知，除了直接承办案件的检察人员应承担办案责任外，对案件负有监督管理职责的检察人员也应承担司法责任。无论是办案责任还是监督管理责任，都以故意或者重大过失为限。在既无故意又无重大过失的情况下，即使发生办案质量问题或监督管理问题，亦不产生司法责任。将司法责任限定为故意与重大过失的情形，有利于检察人员依法独立公正办案，不至于因为追究范围宽泛而在办案时缩手缩脚、畏首畏尾。

二、符合检察特点的办案责任制模式的体系与构造

符合检察特点的办案责任制模式是一个有机整体，我们认为，其体系与构造应包括以下内容：办案组织是检察权运行机制的载体和细胞，是明确责任主体的基石；职权职责是检察官执法办案的依据，是划定各类办案主体权限范围与责任认定的准绳；检察权的运行机制是执法办案活动规范有序运转的关键，是检察官依法办案的保障；责任追究是办案责任制获得切实履行的重要表现，

是检察办案责任制的归宿。

（一）健全办案组织

从改革试点情况和司法改革精神来看，检察办案组织主要采取两种形式：独任检察官和检察官办案组。是实行独任检察官还是检察官办案组的办案组织形式，应依据履行职能需要、案件类型及案件复杂难易程度来确定。

1. 独任检察官。独任检察官办理案件，应配备必要的检察辅助人员。检察辅助人员通常包括若干检察官助理与若干书记员；如有必要，还可配备若干司法警察和检察技术人员。检察长（分管副检察长）、检委会委员、业务部门负责人亲自办案的，也可采用独任检察官的组织形式。独任检察官主要适用于司法属性较为突出的刑检案件以及简单的诉讼监督类案件。

2. 检察官办案组。检察官办案组由两名以上检察官组成，并配备必要的检察辅助人员。办案组应确定一名负责人，负责人应由主任检察官担任；检察长（分管副检察长）、检委会委员、部门负责人参加办案组办案的，是当然的负责人。检察官办案组可以相对固定，也可以根据司法办案需要临时组成。这其中，担任办案组负责人的主任检察官是指经过相应程序，从入额检察官之中选任产生的资深、优秀检察官。主任检察官原则上不超过各院检察官员额数的三分之一。检察官办案组主要适用于职务犯罪侦查、诉讼监督类等案件，以及重大敏感、疑难、复杂类刑检案件。

（二）明确职权职责

根据权责一致原则，要真正落实办案责任制，必须明确各自的职权职责。因此，为检察人员量身定制符合司法办案规律的权力清单是完善司法责任制的一项重要内容。

1. 检察官的职权职责。检察官依照法律规定和检察长委托行使职权职责，其中下列重大办案事项应由检察官亲自实施：询问关键证人和对诉讼活动有重要影响的其他诉讼参与人；对重大案件组织现场勘验、检查，组织实施搜查，组织实施查封、扣押物证书证，决定进行鉴定；组织收集、调取、审核证据；主持公开审查、宣布处理决定；代表检察机关当面提出监督意见；出席法庭；其他应亲自实施的事项。另外，检察官承办案件时可以讯问犯罪嫌疑人、被告人，根据情况，检察官可以安排检察官助理进行讯问，但检察官至少亲自讯问一次。

2. 检察官助理的职权职责。检察官助理在检察官的指导下行使以下职权职责：讯问犯罪嫌疑人、被告人，询问证人、其他诉讼参与人；接待律师及案件相关人员；现场勘验、检查，实施搜查，实施查封、扣押物证书证；收集、调取、核实证据；草拟案件审查报告，草拟法律文书；协助检察官出席法庭；完成检察官交办的其他办案事项。

3. 主任检察官的职权职责。主任检察官除行使检察官的职权职责外，还包括：负责办案组承办案件的组织、指挥、协调以及对办案组成员的管理工作；在职权范围内对办案事项作出处理决定或提出处理意见。也就是说，主任检察官还应承担一些管理工作，行使一些处理决定权或建议权。

（三）规范运行机制

在办案组织健全、职权职责明晰的情况下，要确保案件质量，还得保障检察权得以按照立法者的预想规范运行。为保障权力的规范运行，需要建立一套科学有效的监督制约机制。为规范检察权的运行，既要有检察机关内部的监督制约，又要有外部的监督制约机制。

检察机关内部的监督制约又有两种情形：检察机关各内设机构之间的相互监督制约与上级对下级检察机关的监督制约。

1. 内设机构之间的监督制约。主要有：第一，办案组内部的监督制约。检察官在其职权职责范围内依据案件证据和法律独立办案，其作出的法律决定须报主任检察官审核；主任检察官对案件进行审核，应出具书面的审核意见。第二，主任检察官合议。检察官不接受主任检察官意见的，主任检察官可以提议召开主任检察官联席会议；主任检察官联席会议应对案件提出建议，供办案检察官参考。第三，业务部门负责人审核。独任检察官或检察官办案组办理的案件应报经业务部门负责人审核；独任检察官或办案组不接受业务部门负责人的审核意见，或对于重大、疑难、复杂、新类型等案件，业务部门负责人可组织召开主任检察官联席会议进行讨论。第四，检察长（分管副检察长）决定。检察长（分管副检察长）可以直接改变检察官的处理决定，或将案件转给其他检察官。第五，检察委员会决定。第六，法律文书把关。除了通过审核案件的方式对文书进行把关，对抗诉书、检察建议等重要法律文书，还可指定专人进行文书审查。第七，个案评鉴与案件评查。第八，案件的流程监管。另外，还可以通过执法档案、考核评价等方式对案件质量进行监督制约。

2. 上级对下级检察机关的监督制约。通常通过审级制约的方式实施，如报备审查、案件指定管辖、职务犯罪案件批捕权上提一级、支持抗诉、审监程序等。另外，案件的流程监管、案件质量检查抽查、案件质量考评、人员考核等传统方法也是监督制约的表现。

3. 外部监督制约。主要方式有：第一，人民监督员的监督；第二，律师的监督制约；第三，检务公开制度；第四，案件当事人及有关人员的举报、控告、申诉；等等。鉴于上述监督制约方式已广为人知，不作更多阐释。

（四）落实责任追究

追究司法责任本身不是目的，而是保证案件质量的手段，因此，追究司法责任的范围不能宽泛。"要把严肃追责与保护干部、调动工作积极性结合起来，建立健全检察官履行法定职责保护机制。"① 在办案过程中虽有错案发生，但检察人员在履职中已尽到必要注意义务，没有故意或重大过失的，不应承担司法责任，即依法履职行为应予免责。根据责任类型，检察办案人员仅就故意违反法律法规行为、重大过失行为承担司法责任，负有监督管理职责的检察人员对其故意或重大过失怠于行使或不当行使监督管理权行为负责。

1. 故意违反法律法规责任。检察人员在办案过程中故意实施下列行为之一的，应承担司法责任：包庇、放纵被举报人、犯罪嫌疑人、被告人，或者使无罪的人受到刑事追究的；毁灭、伪造、变造或隐匿证据的；刑讯逼供、暴力取证或以其他非法方法获取证据的；违反规定剥夺、限制当事人、证人人身自由的；违反规定限制诉讼参与人行使诉讼权利，造成严重后果或恶劣影响的；超越刑事案件管辖范围初查、立案的；非法搜查或毁损当事人财物的；违法违规查封、扣押、冻结、保管、处理涉案财物的；对已经决定给予刑事赔偿的案件拒不赔偿或拖延赔偿的；违法违规使用武器、警械的；其他违反诉讼程序或司法办案规定，造成严重后果或恶劣影响的。

2. 重大过失责任。检察人员在办案过程中有重大过失，怠于履行或不正确履行职责，造成下列后果之一的，应当承担司法责任：认定事实、适用法律出现重大错误，或案件被错误处理的；遗漏重要犯罪嫌疑人或重大罪行的；错误羁押或超期羁押犯罪嫌疑人、被告人的；涉案人员自杀、自伤、行凶的；犯罪嫌疑人、被告人串供、毁证、逃跑的；举报控告材料或其他案件材料、扣押财物遗失、严重损毁的；举报材料内容或其他案件内容泄露的；其他严重后果或恶劣影响的。

3. 监督管理责任。检察人员承担监督管理责任的，也仅限于主观上具有故意或重大过失的情形。对案件质量负有监督管理职责的检察人员都有可能承担监督管理责任：业务部门负责人对本部门检察官、检察官办案组承办的案件负有监督管理职责；检察长（分管副检察长）对其监督管理职责范围内的事项承担监督管理责任；案件管理部门对案件流程管理负有监督管理责任；上级检察院对其监督管理的案件负有监督管理责任；等等。

---

① 曹建明检察长在 2015 年 7 月 23 日至 24 日召开的司法体制改革试点工作推进会的讲话。

三、符合检察特点的办案责任制模式的构建——以检察权能为基础

本轮司法改革不仅涉及司法责任制，还对检察内设机构提出了整合的要求，因此，具体办案模式的构建不宜建立在现有内设机构的基础之上。我们认为，无论内设机构如何整合，检察机关的基本权能不会发生大的变动，故我们根据检察权能，按照职务犯罪侦查、审查逮捕与审查起诉、诉讼监督等基本权能划分，构建检察办案责任制模式。

（一）职务犯罪侦查办案责任制模式

1. 办案组织形式。职务犯罪侦查的行政属性十分浓厚，应以检察官办案组为主要办案组织形式，以独任检察官为补充形式。一般情况下，以专业化分工为基础，建立各专门领域的专业化办案组，每个办案组由一名主任检察官、数名检察官及检察辅助人员组成。考虑到职务犯罪侦查经常涉及技术侦查，检察辅助人员除了检察官助理、书记员，还应包含一定数量的检察技术人员。对于案情简单、证据收集较容易的案件，可以由独任检察官承办。

2. 职权职责配置与运行。检察官办案组办案的，主任检察官对全案负责，是案件质量第一责任人，统筹全组办案活动，对组内办案活动具有决定权，主要是根据办案需要负责组织、指挥、协调办案活动以及对办案组成员的管理，并对职权范围内的办案事项具有决定权、提出处理意见的权力。办案组检察官负责具体办案，在主任检察官的组织指挥下，负责讯（询）问、调查取证以及组织实施有关侦查措施等。检察官助理协助检察官开展上述检察办案活动，或在检察官的指导下开展上述办案活动。书记员也负责协助检察官办案，但有别于检察官助理的是，书记员只能从事事务性工作，主要负责制作笔录、开具文书、案件材料整理、协助讯（询）问和调查取证及其他办案工作。检察技术人员则为办案组提供技术服务与支持，如讯问犯罪嫌疑人全程录音录像、进行技术鉴定、通过技术手段收集固定证据、调查收集电子数据等。

在检察官办案组与业务部门领导、检察长（分管副检察长）的关系上，要尽可能减少审批层次，一般可采取"主任检察官—局长"模式，特殊情况下则采取"主任检察官—局长—分管检察长（分管副检察长）或检委会"模式。即对一般办案事项，应将决定权下放至部门领导人层级，既保留行政审批，又保证办案的快捷高效。只有在涉及检察长保留事项的情况下，例如决定立案、不立案、撤销案件等，才适用三级审批制。在笔者看来，主任检察官的权力清单应当包括查清案件事实和收集证据方面的实体权力、程序性事项的决定权以及对检察长所保留权力提出意见的权力。实体权力包括实施初查、搜查

扣押、预审、调取有关证据等；程序性权力包括决定并案侦查、决定依法终结移送审查起诉、决定律师会见犯罪嫌疑人、决定聘请专家鉴定等；至于启动或终结诉讼程序、采取人身性强制措施、采取技术性侦查手段等属于检察长保留的权力，主任检察官则有向检察长提出启动上述权力意见的权力。

在强化主任检察官办案独立性的同时，也应从健全和完善制度上下功夫，加强制度建设，形成严密的内部制约机制，以规范职务犯罪侦查权的运行。职务犯罪侦查权的规范运行包括内部监督和外部监督两方面。

内部监督主要通过如下方式实现：第一，业务部门负责人的监督制约。即使将职务犯罪侦查权下放至办案组，但自侦部门负责人对案件仍享有审批权，可通过审批权对办案活动实施监督制约。在遇到重大复杂案件时，部门负责人可以直接行使侦查指挥权。第二，检察长（分管副检察长）及检察委员会的制约。对启动或终结诉讼程序、采取人身性强制措施、采取技术性侦查手段等重大事项，检察长享有决定权。第三，上级检察院的监督制约。职务犯罪侦查案件批捕权上提一级后，上级检察院可通过审查批准逮捕的方式对案件实施监督。对于疑难复杂案件，自侦部门还可以请示上级院，这也是监督制约的有效管道。第四，本院诉讼监督部门的监督。批捕权上提一级后，本院诉讼监督部门依然对案件享有侦查监督、立案监督等职权。另外，监所检察、控告申诉部门也能通过传统监督方式对案件质量实施监督。

对职务犯罪侦查的外部监督主要借由案件当事人及其代理人、辩护律师的控告、申诉、意见建议等方式实现。人民监督员也是实施外部监督的方式之一。

3. 责任的追究。"让承办者决定，让决定者负责"，是本轮检察改革的主要任务目标。对自侦部门而言，主任检察官应当对履行职权的行为负责，对案件质量整体负责，且实行终身负责制。属于主任检察官有权决定的事项，主任检察官对此决定负责。由主任检察官提出意见，属于自侦部门负责人、检察长（分管副检察长）或检委会决定的事项，主任检察官对其中的事实和证据负责。自侦部门负责人、检察长（分管副检察长）或检委会对主任检察官决定改变或部分改变的，主任检察官持保留意见的，对改变部分不承担责任。

（二）审查逮捕、审查起诉办案责任制模式

1. 办案组织形式。在检察机关的诸多权能中，审查逮捕权与审查起诉权属于典型的司法权，因而，在办案组织形式上应体现亲历性、扁平化管理等特征。为此，审查逮捕和审查起诉应以独任检察官为主要办案组织形式，只有在遇到重大疑难复杂案件，独任检察官难以胜任的情况下，才考虑由检察官办案组承办。独任检察官应配备相应的检察官助理和书记员；在需要技术支持的情况下，可配备检察技术人员；司法警察可视具体情况决定配置与否。

2. 职权职责配置与运行。独任检察官办理审查逮捕、审查起诉案件的，由检察官直接对检察长（分管副检察长）负责，检察官在其职权范围内对办案事项作出决定。业务部门负责人只对案件进行审核而不审批；检察长（分管副检察长）对案件进行审批。检察官办案组办理审查逮捕、审查起诉案件的，由主任检察官直接对检察长（分管副检察长）负责，主任检察官在其职权范围内对办案事项作出决定。部门负责人对案件进行审核，检察长（分管副检察长）对案件进行审批。

以独任检察官办理案件为例，独任检察官负责案件的组织、指挥，除了亲自提审犯罪嫌疑人、询问关键证人、组织实施非限制人身侦查措施等，独任检察官可以指导检察官助理实施审查犯罪事实、证据等工作。检察官助理还应承担接待律师及案件相关人员、草拟案件审查报告和法律文书、协助检察官出庭等事务。书记员一般只承担证据录入，法律文书的打印、装订、归档，协助提监（一般指看守所监室）、还监犯罪嫌疑人等事务性工作。对是否批准逮捕犯罪嫌疑人、是否起诉等决定性事项，独任检察官应出具承办人意见，报部门负责人审核。部门负责人只审核独任检察官的承办意见，不能改变独任检察官的拟定结论；不同意独任检察官意见的，应报经分管副检察长审批。分管副检察长不同意独任检察官意见的，可以径行改变决定。

检察官办案组的权力运行与独任检察官的情形相似。区别之处在于，主任检察官对案件质量负责，对下组织、指挥组内检察官及检察辅助人员办案，出具是否批准逮捕或起诉的意见；对上直接向分管副检察长负责，由分管副检察长对案件进行审批。换言之，在办案组中，主任检察官的地位类似于独任检察官办案组织中的独任检察官。

3. 责任的追究。独任检察官办案的，独任检察官对案件质量负责，其作出的批准逮捕或不批准逮捕意见、起诉或不起诉意见错误的，业务部门负责人的审核意见、分管副检察长的审批意见与独任检察官一致的，独任检察官负办案责任，业务部门负责人、分管副检察长负监督管理责任。无论是办案责任还是监督管理责任，均以责任人主观上具有故意或者重大过失为限。检察官办案组办理案件的，情形亦相类似：主任检察官承担办案责任，业务部门负责人、分管副检察长负担监督管理责任。不同之处在于，主任检察官承担办案责任时，组内的检察官及检察辅助人员应对其参与的办案事项承担相应的办案责任。

另外，承办案件的独任检察官或主任检察官的意见被分管检察长改变的，则该独任检察官或主任检察官不对案件质量负责。

— 139 —

（三）诉讼监督办案责任制模式

除了职务犯罪侦查、审查逮捕与审查起诉等检察业务，对民事、行政、刑事案件实施诉讼监督也是检察机关的重要业务。民事行政案件诉讼监督的范围包括对民事、行政生效判决、裁定、民事调解书进行监督，对审判程序中的违法行为进行监督，对民事、行政执行活动进行监督，等等。刑事案件监督包括刑事侦查活动监督、立案监督、庭审与裁判监督、刑事执行监督等诸多内容。由于诉讼监督的范围广泛、事项繁多，到底是采取独任检察官办案模式还是检察官办案组模式，不能一概而论，而应视具体情况确定。

1. 办案组织形式。就刑事案件诉讼监督而言，侦查监督针对的是侦查机关、自侦部门的侦查活动，涉及案件事实与证据材料，一般可采取独任检察官实施；立案监督需要挖掘、获取监督线索，必须与公安、工商、税务、食药监、海关等相关政府职能部门打交道，仅凭独任检察官的个人力量是不够的，需要团队的分工合作，需要构建专业化的办案组，因此应采取检察官办案组形式；庭审与裁判监督可以考虑由诉讼监督部门派员出席法庭审理的方式实施，因此，一般可采取独任检察官的监督形式；刑罚执行监督一般由出席法庭的检察官进行追踪，故通常也采取独任检察官的监督方式。相较于侦破案件、收集证据的职务犯罪侦查等部门，民事行政检察部门主要对法院认定的证据和事实进行核实、法律适用和实施进行监督，团队协同作战的需求并不迫切，因此，民事行政诉讼监督案件可以由独任检察官承办。独任检察官审查案件的，独任检察官形成案件审查结论。案情较为复杂的，也可以由检察官办案组承办。

2. 职权职责配置与运行。诉讼监督的范围广泛，监督类型与方式多样，其职权职责的配置与运行简述如下：

侦查监督一般采用独任检察官方式，通常由审查逮捕、审查起诉的检察官实施，但在检察权能重新整合后，诉讼监督权与审查逮捕、审查起诉权相分离，可以考虑由诉讼监督部门的检察官对侦查活动实施同步监督，即自公安机关、职务犯罪侦查部门对案件立案之时就由独任检察官进行监督，在案件报捕或移送审查起诉时与审查逮捕、审查起诉的检察官做好沟通与衔接。对侦查活动中的不规范与违法行为，视情制发检察建议、公函或纠正违法。侦查监督由独任检察官负责，检察辅助人员协助独任检察官开展侦查监督。以检察院名义制发的监督文书由检察长（副检察长）签发。

立案监督通常采取检察官办案组的方式。主任检察官组织、指挥、协调立案监督事项，并对办案组成员负管理之责；检察官在主任检察官指导下负责立案监督线索的获取与案件的具体办理；检察辅助人员协助检察官办理案件。主任检察官直接对分管副检察长负责，诉讼监督部门负责人只对案件进行审核，

二、司法改革与"两法"修改

而不审批。

庭审与裁判监督一般由独任检察官实施。独任检察官由部门负责人指派出席庭审，就案件问题与出庭公诉的检察官进行沟通，对案件的审理与判决实施同步监督。独任检察官直接向分管副检察长负责，部门负责人只对案件进行审核，但无权改变独任检察官的承办意见。

刑罚执行监督一般也由独任检察官实施。为保证诉讼监督的连续性与实效性，刑罚执行监督应由实施庭审与裁判监督的检察官继续实施，具体的运行方式亦如前，不复。

民事行政诉讼监督可以由独任检察官或检察官办案组实施。检察官办案组承办的，主任检察官与办案组成员之间分工如下：主任检察官具有指导办案权、组织讨论权以及案件决定权；办案组成员，包括检察官、检察官助理、书记员等在主任检察官的指导下各司其职。其中，指导办案权包括指导小组成员听取当事人意见、调查核实、听证、审查案件、文书拟写等。独任检察官、主任检察官对检察长（分管副检察长）负责，形成"独任检察官—检察长（分管副检察长）"或"办案组成员—主任检察官—检察长（分管副检察长）"的职权职责配置模式，对下一级的意见，上一级有权形成不同意见并作出决定。实施民事行政监督，应当听取当事人意见，必要时可以听证或者调查核实有关情况，可以调取法院诉讼卷宗，审查终结后制作审查终结报告，形成处理决定或处理建议。如果通过审查监督申请书等材料即可以认定案件事实的，也可直接制作审查终结报告，形成处理决定或处理建议。民事行政诉讼监督的方式主要是抗诉和检察建议。对于形成监督意见的，如将以检察院名义提出纠正违法意见、再审检察建议或者提出（提请）抗诉的，应当报请检察长（分管副检察长）批准并提请检委会作出最终决定。

3. 责任的追究。诉讼监督虽然类型的方式较多，但在办案责任方面并无特别之处。独任检察官或主任检察官对案件质量负责；检察长（分管副检察长）、检察委员会对案件享有审批权、决定权；诉讼监督部门负责人对案件享有审核权。申言之，承办人对案件质量负责，部门负责人负监督管理责任，检察长（分管副检察长）负监督管理责任或对改变处理意见的决定负案件质量责任，检察委员会对其议定事项负案件质量责任。

司法责任制与侦查监督工作机制构建

周永年[*]

2016年是全面深化司法体制改革的攻坚之年。完善司法责任制在司法改革中居于基础性地位，是必须紧紧牵住的"牛鼻子"。上海检察机关积极推进司法责任制改革，着力构建与之相适应的侦查监督权运行机制，切实落实司法责任，努力让人民群众在每一起侦查监督案件中感受到公平正义。

一、正确理解、积极适应司法改革

这一轮司法改革是深层次的体制性机制性改革，完善司法责任制是本轮司法改革的核心任务，对于推进司法人员分类管理、职业保障等改革，具有牵一发而动全身的意义和作用，其成效与本轮司法改革的成败密切相关。完善司法责任制改革对司法办案工作影响深远，检察人员思想观念和检察权运行机制尚需要调整和适应。在推进司法体制改革中，侦监干部总体思想平稳，对司法改革抱着积极的态度，但也反映出，一些同志对司法改革全面推进以后可能会带来的问题还有些担忧，有的认识还不到位。这些都很正常，改革就是要促进观念的更新。当前改革已经到了爬坡过坎、攻坚克难的关键阶段。要进一步厘清思想、提高认识，正确把握完善司法责任制的目标和基本原则，把思想和行动统一到中央和最高人民检察院的要求上来，确保这项改革取得成效。侦监部门司法责任制改革取得看得见的变化，检验标准有四项：

第一，是否体现侦查监督工作规律特点。侦监部门承担着审查逮捕和立案监督、侦查活动监督三项职能，逮捕权具有典型的司法属性，立案监督和侦查活动监督业务是监督属性。侦监部门办案组织形式、业务运行方式和责任机制的设置，要适应亲历性要求、独立判断和操作的司法方式，也要兼顾强化监督职能、加强专业化建设等需要。

第二，是否突出检察官的办案主体地位。通过依法合理放权，使办案检察

---

[*] 作者简介：周永年，上海市人民检察院巡视员、副检察长，全国检察业务专家。

官有定案的权力,把检察官的权力做实,确立起检察官在司法办案中的独立地位。

第三,是否明晰责权利。司法体制改革之所以要强调明晰职责权力,就是要分清责任,真正做到"谁办案谁负责,谁决定谁负责"。要通过明晰司法责任,明确检察长、检察委员会、部门负责人、检察官和检察辅助人员的职责,明确检察官必须亲历的事项,规范检察官就承办案件提交检察长审核、提请检察委员会讨论的请求权,增强检察官办案的责任意识,促进检察官依法公正履行职责,从而更好地保障依法独立行使检察权,提高司法公信力。

第四,是否实现在每一起司法案件中让人民群众感受公平正义。落实司法责任制、实现改革终极目标,是让人民群众有获得感,切实感受到司法的公信,切实感受到公平正义。

二、科学构建侦查监督部门的办案组织

办案组织是检察权运行机制的载体,也是司法责任制的基础。司法改革试点以来,上海检察机关在闵行、静安等8个区院开展了主任检察官办案责任制的办案组织改革试点。在总结各地试点经验的基础上,最高人民检察院《关于完善人民检察院司法责任制的若干意见》(以下简称《意见》)提出,建立独任检察官、检察官办案组两种办案组织形式,规定"审查逮捕、审查起诉案件,一般由独任检察官承办","诉讼监督等其他法律监督案件,可以由独任检察官承办"。上海检察机关侦监部门的办案组织以独任检察官为主、检察官办案组为辅,主要基于四个方面的考虑:一是审查逮捕是检察机关最具司法属性的工作,必须体现司法亲历性的要求,减少审核、审批环节,真正落实"谁办案谁决定";二是大多数审查逮捕案件相对比较简单,一般只需要由一名检察官带领辅助人员承办;三是审查逮捕期限短,办案节奏快,应当尽可能减少办案环节;四是实行检察官员额制后,员额内的检察官减少到政法专项编制33%以内,已经相对精英化,与在原有检察官中选任1/3作为主任检察官相当,可以说员额内的检察官相当于主任检察官。需要注意的是,独任检察官建立在办理案件基础上,并不是独立的检察官名称,每一个入额检察官在独立承办案件时都是独任检察官。检察官办案组一般由两名以上检察官组成,确定其中一名担任主任检察官,负责办案组承办案件的组织、指挥、协调,在职责范围内对办案事项作出决定或提出处理意见,并对决定事项承担责任。侦监部门的检察官办案组随案产生,主要适用于两种情形:第一,检察长或分管检察长决定对重大复杂和有影响的案件组成检察官办案组专案办理;第二,涉案犯罪嫌疑人众多的案件,案管部门负责人提议,或者检察官在分案后认为需要由

检察官办案组办理向部门负责人提出的。

三、科学制定侦查监督部门的权力清单

检察官权力清单是司法责任制的重点和难点。要充分认识、正确把握三个关系：

1. 充分认识、正确把握检察长负责制和检察官办案责任制的关系。最高人民检察院《意见》第 16 条规定，检察长统一领导人民检察院的工作，并明确了检察长依照法律和有关规定履行决定或批准逮捕、起诉、提出抗诉等 10 个方面的权力。完善检察权运行机制，既要赋予检察官相对独立的依法对案件作出处理决定的职权，又要坚持检察一体原则，加强上级人民检察院、检察委员会、检察长对司法办案工作的领导。市院侦监处按照最高人民检察院的要求，在权力清单中突出检察长对侦监工作的领导作用，对于法律规定应当由检察长行使的职权，明确由检察长行使决定权。

2. 充分认识、正确把握重大案件、重要事项决定权和普通案件、普通事项决定权的关系。侦查监督部门检察官权力清单，经广泛征求意见、深入研究，决定将除重大案件外大部分案件的逮捕权和相对不捕权充分放权给检察官，赋予检察官依照法律规定和检察长委托对侦查监督部门办案中非终局性事项、事务性工作独立作出决定的权力，从制度上落实"谁办案谁负责，谁决定谁负责"的司法亲历性要求，切实解决"办案者不定案，定案者不办案"的问题。同时，根据最高人民检察院提出的科学合理制定检察官权力清单，做到因事制宜、因地制宜、因时制宜的要求，针对不同案件、不同层级的办案主体，我们对检察权的下放作出了限制：第一，确定了检察长决定侦查监督部门案件和事项的"三个重大"原则，即重大案件决定、重大监督事项决定、重要法律文书签发，由检察长或检委会履行，不得委托检察官决定；第二，分院层面办理的案件多为重大、疑难案件，在试点初期，相对不捕暂不放权。

3. 充分认识、正确把握放权和监督的关系。对于司法责任制的改革，有的分管检察长、部门负责人担心放权后，对案件情况的整体把握减弱，案件质量面临冲击，甚至会带来权力寻租、权力腐败；有的检察官担心权力下放后的责任承担，怕出错、怕担责。入额检察官是经过严格筛选进入检察官序列的，应当充分信任他们的职业素质和道德修养。在落实检察官办案主体地位，赋予检察官办案权力的同时，在办案各环节之间、办案组织之间、办案组织内部建立起一整套监督制约机制，有效规制检察官的权力，确保检察权依法正确行使。如关于相对不捕决定权，相对不捕是诉讼程序中的司法决定，有诉讼制度设计本身的救济，公安机关可以提出复议复核；有监督管理的救济，检察长有

权决定变更,部门负责人可以提请审核,案管部门通过案件质量评查提出意见,上级检察院通过备案审查可以作出纠正;有后道环节的把关救济,对于相对不捕的案件,公安机关可直接移送起诉,公诉部门可以决定是否需要逮捕、是否提起公诉。上海检察机关规定检察长授权部门负责人负责法律文书的审核签发,就是考虑到通过审核环节便于对检察官办理的案件强化监督管理。因此,在放权的同时完善监督制约机制,能够有效防止权力腐败。

对照司法工作的目标和执法办案的重任,目前上海的侦查监督检察官队伍还存在差距:一是新手不少,35岁以下青年干部占55.8%,办案经验不够,风险预判能力比较欠缺;二是有依赖心理的不少,习惯于过去三级审批的办案模式,习惯于依靠部门负责人推进监督工作,独立解决问题的能力、独立监督纠正的能力不够;三是"三门"干部多,社会阅历比较浅,沟通协调能力较弱;四是法律功底还不够扎实,面对新情况、新问题、新类型案件,应对处置能力不强。2016年,司法责任制、检察官权力清单将全面实施。每一个入额检察官必须对岗位有全新的认识,要自我加压、提升能力,尽快适应新形势、新任务、新要求。对入额的检察官,要充分放手,让他们丢掉"拐杖",自己独立办案,自己承担责任。各级领导要避免"包办包揽",要通过加强案件指导和审核,帮助他们尽快适应办案要求,尽快成长为有担当的侦查监督检察官。

四、科学设计侦查监督部门的权力运行方式

检察权的运行需要建立系统、配套的制度机制。

1. 科学建立分案机制。科学合理的分案机制对于保障司法公正、提高司法公信力具有重要作用。世界上多数国家司法案件的承办法官、检察官主要是随机产生的。上海检察机关从侦查监督工作实际出发,建立以随机分案为主、指定分案为辅的分案机制。

对于审查逮捕案件,实行随机分案为主、指定专业分案为辅的案件承办确定机制。一是建立预分案制度。结合专业化办案、提前介入引导侦查机制,部门负责人根据区域特点,选定检察官专业承办案件,将名单提前报备案管部门;部门负责人指定检察官提前介入引导侦查案件的,将提前介入的案件和检察官名单报案管部门备案。二是随机分案。结合案管部门对案件的统一受理,对普通案件通过案件管理系统随机分配至检察官,各检察官办案数量等于在办案件加上未结案件。对于犯罪嫌疑人较多的案件进行分类,分别随机分案。三是实行微调制度。检察官因回避等法定原因,不适宜办理的,应当向部门负责人提出更换检察官或临时组成检察官办案组的请求。部门负责人认为合理、作

出相应决定的，书面报案管部门，必要时报检察长决定。四是建立指定分案制度。重大、疑难、复杂案件，可以由检察长指定或者委托部门负责人指定检察官办案组或者独任检察官承办。案管部门认为案件有必要由检察官办案组办理的，应当事先征求部门负责人意见。

对于监督案件，在办案中自行发现立案监督、侦查活动监督线索的，原则上由发现监督线索的检察官办理。有关部门移送的监督案件，由部门负责人按照随机分案为主、指定分案为辅的原则分配至检察官。重大、疑难、复杂案件，可以由部门负责人指定检察官办案组承办。

2. 科学确定检察官与检察辅助人员的职责权限。在检察人员分类管理、检察官员额数量受到限制的情况下，科学合理地确定检察官、检察官助理、书记员的职责权限十分重要。检察官职责主要体现在"司法性"上。涉及"司法决定权"、"亲历性"的事项，必须由检察官办理，其他事务性工作应当交由辅助人员完成。检察官的工作重心要回归审案、司法判断和制作报告，提高审案质量，提高文书说理性。要对入额检察官的案件质量和文书质量组织抽查，抽查结果点评、通报，并纳入检察官的考核，以此倒逼检察官提升审案质量。要制定案件质量评查的具体标准和文书质量说理要求，与案管部门统一认识，共同推进办案质量。检察官助理的工作侧重于"业务性"。检察官助理主要是协助检察官办案，除了检察官"决定权"和"亲历性"事项之外，检察官在司法办案中的其他职责，都可以由检察官助理在检察官指导下完成。检察官助理是重要的检察官预备梯队，在司法办案中要介入对案件实质性内容的处理，在诉讼流程中承担部分组织、主持、引导、调查等职能，才能充分发挥作用，得到有效锻炼和提高。改革试点过渡期间，具有检察员、助理检察员资格的检察官助理，经检察长授权，可以履行部分检察官职责，独立办理案件，但其审查的案件应当报检察官审核，由检察官行使决定权并承担责任。书记员主要是从事事务性工作。分类管理的目的就是要各司其职、分清责任。司法改革后检察官的主要精力要放在办案上，检察官助理、书记员作为辅助人员，要承担起联系提审、通知公开审查、安排远程视频讯问、办案软件录入、文书扫描归档等职责。侦监部门要会同案管部门，对统一业务应用系统录入的完整性、准确性组织专项检查，定期通报。

3. 正确认识部门负责人的地位作用。根据现阶段的上海检察机关司法改革方案，部门负责人承担行政负责人和独任检察官的双重角色，除个人办案任务外，主要负责五项职责：一是案件审核职责。权力清单规定，检察官决定的案件，由检察长授权部门负责人审核并签发法律文书。需要明确的是，部门负责人虽然审核签发文书，但不对案件质量承担责任。对于部门负责人的审核意见，如果检察官采纳的，由检察官承担责任。制定这项规定，主要是考虑到改革初始阶段，权力刚刚下放，工作制度机制需要磨合，检察官也需要一段适应的时期。侦监部门负责人要继续发挥作用，充分运用自己的丰富经验和案件质量的把控能力，加强指导和管理，确保司法改革顺利推进。条件成熟，适时取消部门负责人的审核权。二是协助分案职责。由案管部门随机分案，目的是减少案外因素干扰，保证公平正义。实践中，侦监部门已经建立起的专业办案、提前介入引导取证工作机制，对确保重大案件质量、建立专业办案队伍发挥了积极作用。将两者有机结合，部门负责人要发挥重要作用，为入额检察官科学设计专业办案，对重大有影响的案件合理安排检察官提前介入，做好与案管部门的沟通协调工作，及时掌握新收案情况，妥善调整案件承办人，发挥每一位检察官的作用，确保案件质量。三是召集检察官联席会议的职责。检察官联席会议在检察权运行中发挥重要作用，通过联席会议研究案件、交流意见，有助于检察官全面审查、准确判断案件。部门负责人对审核的案件，不同意检察官意见的，可以启动联席会议。联席会议仍不能统一意见的，可以提交分管检察长决定。联席会议的提议、议程、发言、记录应当规范，归入案件卷宗。要强调的是，联席会议意见仅供承办检察官参考。四是协调公安、公诉部门的职责。部门负责人要关注案件的捕前引导侦查取证和捕后跟踪监督，加强与公安、公诉部门的沟通协调，尤其是要适应以审判为中心的诉讼制度改革要求，进一步完善捕诉衔接工作机制。五是行政管理职责。司法办案要去行政化，但行政管理不能弱化。尤其是改革试点期，新制度、新机制的建立健全尚需要时日。侦监部门负责人要有担当，加强管理工作，确保平稳过渡。要认真研究，将条线考核与检察官、检察辅助人员的考核相结合，落实办案责任、监督责任。

五、正确理解司法责任追究

落实"谁办案谁负责、谁决定谁负责"是完善司法责任制的核心。这是近年暴露出来的冤假错案的深刻教训，是回应社会公众对错案责任追究关切的现实需要，也是解决长期以来各层级执法权限不明、责任不清，司法过错责任难以严格落实问题的必然要求。司法改革的成效要在人民群众那里得高分，必须先责任后权力、先责任后保障，解决好司法责任追究问题。

对于错案责任终身追究，一些同志认识上有偏差，有的同志表示为了规避责任追究可捕可不捕的宁可不捕，有的同志担心出现了捕后不诉、撤案就要追究错案责任，有的同志提出案管部门不熟悉侦监工作，由案管部门进行个案评鉴不合理。如何全面理解、理性看待个案评鉴和终身追责？第一，个案评鉴的启动前提是案件出现规定的情形,是以诉讼结果来判定,而不是对案件的责任认定。因此,进入个案评鉴的案件并非都是错案。即使是错案,也不等于侦查监督环节有差错。不同诉讼阶段有不同的错案评价标准。侦监部门的错案评价标准由市院侦监处负责制定。第二,错案并不必然追责。错案责任的认定坚持主观过错与客观行为相统一,从严启动检察官责任追究,只有在履行职责过程中有故意或者重大过失的才追责。虽有错案发生,但在审查逮捕环节尽到必要注意义务,对事实证据有客观中立的评析,充分预测了捕或不捕可能的风险及诉讼变化,在此基础上作出法理分析和司法判断的,豁免司法责任。即使有司法瑕疵,只要没有达到故意或者重大过失的程度,只要不影响案件处理,也不作为司法责任予以追究。作出这些规定,就是要保护检察官的办案积极性和担当精神。要全面认识、自信坦然地面对错案责任终身追究。各级领导要做好思想引导,让检察官放开手脚,大胆办案。

司法责任制是权责利的统一。要担当起这份责任,第一,根本的是要提高执法能力,练就真本事。第二,要规范办案、精细办案。要重视执法过程和司法判断过程的客观记录,尤其要提高审查报告质量,加强说理论证,为今后可能的评鉴作好准备。第三,要充分发挥检察官联席会议、部门负责人审核等制度的作用,多研商、多咨询、多请教,兼听则明,有助于作出正确判断。第四,要以公开促公正。特别要重视发挥公开审查、远程视频讯问等制度机制的作用,对司法办案进行全程同步录音录像,以程序透明促进司法公正、树立司法公信。第五,要明晰责任,勇于担当。不能因为怕担责而将本该自行决定的案件提交分管检察长决定,不能随意扩大存疑不捕的范围,不能因为怕担风险而将可捕可不捕的一律不捕。对于消极履职的,要记入检察官司法档案,作为绩效评价和晋职晋级的依据。

六、积极应对案多人少矛盾

2016 年,司法责任制正式落地,只有检察官和原来具有检察员、助理检察员法律职务的检察官助理可以独立办案,无办案资格的检察官助理、书记员的办案压力将转移到这些同志身上。在刑事案件总体仍处于高发期的形势下,短期内人案矛盾可能会加剧,尤其是重大节假日等受案高峰期间,办案压力加大。对此,要早作预判、及早应对。

一要向信息化要效率。信息化是转变工作模式、推动工作发展的有力驱动。要加强信息化建设,与案管等部门建立全条线办案和监督信息平台,实现数据统计、条线考核、备案审查、证据摘抄等工作信息化,把人员从备案审查和考核材料报送中解放出来,将更多力量集中到办案上。

二要向科学办案要效率。目前,案件承办人大量精力放在摘抄证据上,对证据的分析论证和说理不够。今后要把证据摘抄工作交给辅助人员,通过扫描方式留存在档。对简易案件,要积极推进远程视频讯问工作,探索讯问与公开审查合二为一,提高办案效率。

三要向科学管理要效率。检察官、检察官助理和书记员要明晰职责、各司其职,把检察官从事务性工作中解脱出来。由于历史原因,现在人员结构不尽合理,检察官助理、辅助文员缺失比较严重。在今后人员调配过程中,要重视优化队伍结构,按照司法工作特点和规律,逐步合理调整检察官和检察辅助人员的配比,保证办案工作顺利开展。

检察官办案责任制制度解构

——以侦查监督程序为视角

黄凯东　张建兵　张　涛[*]

党的十八届四中全会强调要"完善主审法官、合议庭、主任检察官、主办侦查员办案责任制，落实谁办案谁负责"，明确了检察官办案责任制的改革方向。检察官办案责任制是与检察官办案相关的责任体系，是新的司法语境下检察机关改进办案方式、规范司法行为、提升办案质效的全新尝试。

在检察权运行机制中，检察办案组织与形式充分体现了检察机关的司法性质，地位至关重要。在《十二届全国人大常委会立法规划》中，《中华人民共和国人民检察院组织法》（以下简称《检察院组织法》）的修改被列为条件比较成熟的第一类立法项目。因而，在即将修改的《检察院组织法》中，应当对检察办案组织与形式进行明确制度设计，以立法力量推动检察改革进程。在检察办案组织与形式的架构中，检察官办案责任制作为完善检察人员分类管理的关键举措，得到高度重视。2013年底，最高人民检察院印发了《检察官办案责任制改革试点方案》，为构建检察官办案责任制指明了方向道路。

在刑事诉讼程序中，侦查监督程序是检察机关占据主导的关键程序，是检察权行使的集中体现，发挥着承上启下的重要作用。然而，当前我国检察机关的侦查监督工作存在诸多问题，与正当程序背离，应当加以及时革新。在《检察院组织法》修改背景下，在侦查监督程序确立检察官办案责任制，是创新工作模式、增强诉讼功能、提升程序实效的必然选择。

因而，本文以《检察院组织法》修改为研究背景，以侦查监督程序为研究视角，对检察官办案责任制进行制度解构。从考察侦查监督程序确立检察官办案责任制之基本理论入手，检视侦查监督程序确立检察官办案责任制之面临

---

[*] 作者简介：黄凯东，江苏省南通市通州区人民检察院检察长；张建兵，江苏省南通市通州区人民检察院检察委员会专职委员、研究室主任、全国检察理论人才；张涛，江苏省南通市通州区人民检察院研究室助理检察员。

困境，探讨侦查监督环节确立检察官办案责任制之进路选择，以期为《检察院组织法》相关内容的修改提供有益参考。

一、侦查监督程序检察官办案责任制之基本理论

在检察改革与《检察院组织法》修改背景下，应当大力强化侦查监督程序在刑事诉讼中的地位和作用，为公诉、审判程序的事实证据审查、准确运用法律奠定良好基础。对此，把握侦查监督程序检察官办案责任制的基本理论，是研究的基础。

（一）侦查监督程序确立检察官办案责任制之价值意义

1. 有利于增强程序的司法属性

长期以来，对侦查监督程序的批判集中体现于程序的封闭化与行政化色彩浓厚。对此，学者提出的完善与改革措施也主要围绕侦查监督程序中检察权运行的司法化展开。[①] 从本质上而言，侦查监督程序中检察机关的各项职能尤其是核心的审查逮捕职能，与法院的居中裁判职能颇为类似，具有较强的司法属性，在权力行使上也要求去行政化以及检察官的相对独立化。然而，认真检视当前侦查监督程序中检察机关的办案模式与管理现状，不难发现其职权运行的科层化行政管理特征明显，与侦查监督活动的司法化、科学化发展趋势背道而驰，必须加以摒弃与革新。

在检察改革与《检察院组织法》修改背景下，侦查监督活动应当遵循"客观性义务"，以"法定主义"为原则。侦查监督活动司法属性的强化，要求变革该程序行政色彩浓厚、层级过多、责任不明等现状，实现去审批化、层级简略化、责任明确化。而在侦查监督程序中确立检察官办案责任制，能够保证检察官的相对独立地位，简化行政审批层级，明确检察人员办案责任，增强侦查监督工作的司法属性，提升程序运行实效。

2. 有利于推进程序的科学规范

受传统诉讼模式的影响，检察机关侦查监督工作中普遍推行行政审批化、故步自封化的运行模式，在很大程度上限制了检察官的独立性与创造性。一方面，侦查监督审批程序使得承办案件的检察官丧失独立职权，为上级干预下级办案提供了法理上的正当性；另一方面，行政审批强化办案的"集体合力"在遇到错案追究时的结果是"集体负责"成了"谁也不负责"，导致办案责任

[①] 参见张涛、张建兵：《检察权运行司法化之路径探析——以构建审查逮捕程序律师参与机制为参考》，载《侦查监督的规范化发展——第五届刑事诉讼监督论坛论文集》。

追究制沦为空谈。①

在侦查监督程序中确立检察官办案责任制，能够弱化程序的行政审批色彩，坚持检察长授权下的检察官独立地位，充分调动检察官的积极主动性，排除外界不当干扰，推动程序科学运行。同时，能够明确办案责任，防范错案风险，促进程序优化完善，为起诉、审判程序的顺利运行打下良好基础。

（二）侦查监督程序检察官办案责任制之责任主体

责任主体是关系到检察官办案责任制整体架构的根本性理论问题。在检察改革中，增强办案主体的独立性，去除其行政化色彩，有效放权和还权已达成基本共识。但这种独立是以主任检察官为核心而组成的办案团队的独立，还是以检察官为基本办案单位而确立的一通到底的独立，则还存有不同看法。②"主任检察官办案责任制"与"检察官办案责任制"存在明显区别，主任检察官是检察官之中的精英群体，范围明显小于检察官。在确定检察机关办案责任制主体时，应当充分考虑检察权兼具司法属性和行政属性的特征，区别对待：以司法属性为主的检察权即刑事检察权一般以检察官为责任主体，以行政属性为主的检察权即职务犯罪侦查权一般以主任检察官为责任主体。

显然，侦查监督程序的各项职能，尤其是核心的审查逮捕职能属于刑事检察职能。在履行审查逮捕职能时如果以主任检察官为主体，将使检察机关陷入实际办案需求与司法亲历要求互相矛盾的两难境地。一方面，以主任检察官为办案主体与实践办案需求不相适应：最高人民检察院对主任检察官选任的比例规定为"原则上占全院检察官总数的三分之一"，③ 再考虑到部门负责人承担行政管理工作，相应办案数量还要减少约三分之一，如此侦监部门的主任检察官将无法应对数量巨大的案件。另一方面，脱离办案的主任检察官办案责任制违反了司法亲历性要求：主任检察官既然无法亲自完成所有办案任务，唯一解决途径便是让组内其他检察官办案，由主任检察官审查决定。如此导致办案人与决定人角色分离，又陷入改革前"审者不定、定者不审"的怪圈，主任检

---

① 参见吴学艇：《检察一体原则与主诉检察官制度改革》，载《人民检察》2000年第4期。

② 参见张栋：《主任检察官制度改革应理顺一体化与独立性之关系》，载《法学》2014年第5期。

③ 参见杜颖：《论检察官办案责任制的责、权、利》，载《海峡法学》2015年第1期。

察官成为了"小科长"、"小处长",事实上形成了新的审批制。①

于是,在侦查监督程序中确立的办案责任制,不应是"主任检察官办案责任制",而应当是"检察官办案责任制"。这里所称的"检察官",即"独任检察官"或"承办检察官",就是当前检察人员分类管理与员额制改革之下的"员额内"检察官,并非改革前的检察员与助理检察员。对于检察官,除了审批权以外,应当赋予其与主任检察官类似的对于大部分案件的决定权,并承担相应责任;当然,对于担任部门负责人的检察官,还要赋予其相应的行政管理权。

二、《检察院组织法》修改背景下侦查监督程序确立检察官办案责任制之困境

在检察改革与《检察院组织法》修改背景下,侦查监督程序中确立检察官办案责任制至关重要。然而,检察官办案责任制毕竟是新鲜事物,其与我国检察机关"本土资源"惯性的有效契合仍需适应过程,在侦查监督程序中确立检察官办案责任制也面临一定困境。

(一)侦查监督程序确立检察官办案责任制之理性困境

1. 法律依据不够明确

在侦查监督程序中推行检察官办案责任制,要求对传统三级审批制模式下部门负责人与检察长对案件的决定权进行分割,重新配置检察官权限。办案检察官的权限已经不限于承办案件,还要求有条件地相对独立行使对案件的决定权。然而,现行《检察院组织法》中并无"办案责任"的相关规定,《刑事诉讼法》、《检察官法》等相关法律包括司法解释也无此规定,甚至存在相悖的规定。因而,在侦查监督程序尤其是在核心的审查逮捕程序中推行检察官办案责任制,将会与现行法定的检察机关管理及运行体制产生冲突。

其一,《刑事诉讼法》明确规定审查逮捕权属于检察长与检察委员会。根据《刑事诉讼法》第87条规定,人民检察院审查批准逮捕犯罪嫌疑人由检察长决定,重大案件还需提交检察委员会决定。我国的逮捕措施与域外各国不同,既是保障刑事诉讼的强制措施,又是惩罚打击犯罪的有效手段,一旦适用就意味着被羁押,犯罪嫌疑人的人身自由就将被剥夺。因而,就审批决定而言,审查逮捕应当比审查起诉更为严格。在审查起诉程序中,检察官依法可以代表检察机关行使公诉权,在该环节确立检察官办案责任制法律障碍不大;在

---

① 参见杜颖:《论检察官办案责任制的责、权、利》,载《海峡法学》2015年第1期。

审查逮捕程序中，检察官却不是法定的审查逮捕权行使主体，在该环节确立检察官办案责任制在当前存在法律障碍。

其二，司法解释规定审查逮捕案件由办案人员办理。根据《人民检察院刑事诉讼规则（试行）》第304条规定，侦查监督部门办理审查逮捕案件，应当指定办案人员进行审查；办案人员提出是否批准或决定逮捕的意见，经部门负责人审核后，报请检察长或者检察委员会批准或者决定。一方面，该规定并未突破《刑事诉讼法》对逮捕决定权限的规定，办案人员只对是否逮捕具有建议权而非决定权，这与检察官办案责任制要求的相对独立决定权相悖；另一方面，依照该规定提请逮捕的案件审查由一般办案人员办理，并不要求为严格法律意义上的检察官，这与检察官办案责任制之下对检察官的资质要求冲突。

2. 管理体制不够顺畅

当前，侦查监督程序在"三级审批"制模式下，办理案件的检察官只是案件的承办人，每项具体工作只要严格按照程序进行，即是一名合格的办案者，没有权，也没有责。① 然而，实行检察官办案责任制，必然要求对检察官适度放权，将原本应该属于部门负责人、检察长的部分权力让渡于检察官。但是，正确处理检察官与部门负责人及检察长的权限关系，建立良好的管理体制，存在难度。

一方面，就审查逮捕而言，在我国逮捕即被羁押的情况下，审查逮捕关涉公民权利及诉讼进程，将何种权力下放给检察官、以何种形式放权给检察官、如何放权给检察官才能确保权力适度，均是至关重要的问题。然而关于上述问题，目前尚无定论，在法理与立法上也难以找到有效依据。

另一方面，实行检察官办案责任制以后，通过部门负责人及检察长分案或者向其报告与报备案件材料等内部管理方式，能否足以保证检察官正确行使权力，令人怀疑。当前侦查监督尤其是审查逮捕程序的"三级审批"制体现了行政化的管理方式，而且剥夺了检察官的独立决定权。因此，这种垂直的行政管理体制与检察官办案责任制要求的扁平化管理模式存在一定的冲突。②

3. 案件分流机制不全

侦查监督程序中核心的审查逮捕工作期限较短，从受理到作出是否批捕的法定期限包括节假日在内只有7天，因而审查逮捕工作中的每一个细节都影响

---

① 参见郭兴莲：《试析主诉检察官办案责任制主体间的关系》，载《人民检察》2013年第9期。

② 参见李坡山：《侦查监督部门确立主任检察官办案责任制的困境与出路》，载《法治与社会》2014年10月（中）。

到办案人员对是否批捕的判断，更加强调办案人员的直接性和亲历性。于是，实行检察官办案责任制，必然要求对案件进行科学分类与繁简分流，以保证案件得到依法处理。

然而，在当前缺乏案件科学分类与繁简分流机制的情况下，侦查监督尤其是审查逮捕工作中同样存在对一般与疑难案件、简单与复杂案件的分类标准、评判主体无法确定的问题。如果需要详细明确审查后才能分清其中差别，并在此基础上确定哪些案件由检察官决定，哪些案件由检察长或者检委会决定，那么这对于办案期限只有短短7天的审查逮捕程序而言意义不大。

（二）侦查监督程序确立检察官办案责任制之实践困境

1. 业务类型分类影响

检察机关侦查监督程序的主要业务类型分为审查逮捕这"一体"以及立案监督与侦查活动监督工作这"两翼"。此外，还包括提前介入侦查机关重大恶性、疑难复杂案件与上级指示案件，羁押和办案期限监督，复议、复核符合公安机关不服不批准逮捕案件等。

实践中，审查逮捕的工作量通常要占侦查监督程序工作量的80%以上，当然其他侦监业务类型也不容忽视。审查逮捕工作期限短暂，要求办案人员在证据尚未充分完善的情况下做出是否逮捕的判断，对办案人员的业务素质要求较高。立案监督工作需要面对不同层次的申诉人群，对办案人员的社会阅历要求较高。侦查活动监督工作涉及公安机关与检察机关的相互协调，要求办案人员有较强的驾驭侦捕双方关系的能力。因此，不区分侦查监督程序的业务类型，将全部业务都授权给检察官决定，究竟具有多少现实合理性与操作可行性，值得怀疑。

2. 案多人少矛盾制约

当前正在试点的检察官办案责任制普遍在地市级以上检察机关试点，对于人员配置、职级配备、后勤保障等方面均无资源上的制约，但如果推行至广大案多人少、编制紧缺的基层检察机关，面临较大困难。

以江苏省南通市基层检察机关侦监部门人员配备情况为例，9个基层检察院（开发区院除外）的侦监部门全部人员普遍在5~8人，而平均年受案量在300~400件，如果实行检察官办案责任制，必将面临案多人少的困境。按照当前方案，实行人员分类管理及员额制改革后，侦监部门的员额内检察官成为办案责任制下的检察官，以前独立办案的一部分助理检察员乃至检察员成为检察官助理，丧失独立办案资格，只能从事辅助性工作，这对案件压力巨大的基层检察机关侦监部门产生较大冲击：如果严格按照人员分类管理与员额制要求，则数量有限的员额内检察官（包括承担繁杂行政事务的部门负责人）必将难以消化大量案件；如果让检察官助理挂员额内检察官之名继续变相办案，则如此的行为无疑比现状更为倒退，也与改革目的宗旨相悖。

3. 监督不严保障不力

一方面，有权必有责，用权受监督，为了保证侦查监督部门检察官正确行使权力，提高办案效率，保证办案质量，应当建立相应的配套机制，对检察官行使权力实行监督制约。然而考察各地检察官办案责任制试点情况，普遍未在侦查监督程序中针对检察官履职建立严格的监督制约机制：一是在检察机关内部，对检察官履职尚未建立有效的监督考核机制；二是在检察机关外部，对检察官履职没有构建可行的监督反馈机制。

另一方面，在侦查监督程序赋予检察官部分案件决定权的同时，也必然要求其承担相应的办案责任。同时，为了贯彻权义相统一原则，充分调动检察官工作积极性，必然要求给予其相应待遇。实践中，在推行检察官办案责任制时，检察官普遍关注是否能够提高职级以及增加奖金、补贴、待遇等问题。从各地试点情况来看，在检察官职级冻结现状以及职级数额有限的影响下，能否真正提升职级待遇值得怀疑；在人财物省统管等改革措施尚未完全到位的情况下，能否切实提升经济待遇不无疑问。

三、《检察院组织法》修改背景下侦查监督程序确立检察官办案责任制之进路展望

侦查监督程序确立检察官办案责任制意义重大，已是大势所趋。在检察改革与《检察院组织法》修改背景下，针对侦查监督程序确立主任检察官办案责任制的困境，本文对相关进路进行分析与展望。

（一）侦查监督程序确立检察官办案责任制之理性进路

1. 加快相关修法进程，解决制度法律之间冲突

现行立法框架下，我国相关法律只规定了检察院独立和检察长负责制，导致检察官独立办案的法律依据不足。立法对检察官独立权力不够重视，造成检察官办案责任制与长期以来形成的检察机关集中统一、上命下从的办案方式存在一定的制度冲突。对此，在相关立法尤其是修改后《检察院组织法》中，单独设立"办案责任"章节，明确规定检察官办案责任制的关键事项，推动侦查监督等刑事诉讼活动的顺利运行。"办案责任"一章的主要内容应包括以下几点：

（1）办案组织。人民检察院实行检察官、检察官办案组等办案组织形式。检察官是人民检察院办案组织的基本形式。人民检察院应当为检察官配备必要的辅助人员。人民检察院根据需要，可以设立检察官办案组。检察官办案组由

若干名检察官和检察辅助人员组成。主任检察官是检察官办案组的负责人,由本院检察长任命。人民检察院应当根据职务犯罪侦查、侦查监督、公诉、诉讼监督等不同业务类型及诉讼环节,实行合适的办案组织形式。

（2）办案责任。检察官对承办的案件依法行使决定权和执行权,并承担相应的法律责任。主任检察官领导检察官办案组的工作,对办理的案件承担相应的法律责任。检察辅助人员应当服从和执行检察官或者主任检察官的决定,并对自己的办案行为负法律责任。检察长、副检察长、检察委员会专职委员、检察委员会委员和部门负责人可以作为检察官或者主任检察官承办案件,并承担相应的法律责任,认为检察官或者主任检察官的决定或者执行行为违法或者不当的,应当提出纠正意见和建议。

（3）监督制约。人民检察院对司法办案活动和检察人员在履行司法办案职责中遵守法律、纪律和规章制度情况实施监督。人民检察院案件管理部门统一负责案件受理、流转,监控办案流程,监管以本院名义制发的法律文书,组织办案质量评查和检察业务考评。

同时,鉴于立法的长期性与现实的紧迫性之间存在冲突,建议当前修改《人民检察院刑事诉讼规则（试行）》等司法解释中侦查监督程序不适宜检察官独立办案的权限配置。具体而言,就侦查监督程序中关键的审查逮捕工作而言,建议在司法解释中规定侦查监督部门办理审查逮捕案件,应当指定有资质的承办检察人员进行审查;承办检察人员对于法定权限内的案件,有权直接批准或决定逮捕;对法定权限以外的案件,应当经部门负责人审核后,报请检察长或者检察委员会批准或者决定。这种做法既调和了现行法律与新制度的冲突,又不必在改革前期突破法律的界限。① 在条件成熟之后,可以结合其他改革措施,对《刑事诉讼法》、《检察院组织法》等相关法律中的有关条文加以修改。

2. 加大制度建设力度,明确管理体制权责范围

首先,在侦查监督程序中要坚持"检察一体"与检察官独立相制衡的检察官办案责任制改革原则。在改革的过程中,如果过分强调检察一体,容易使上级检察机关或上级领导侵夺检察官权力;如果过分加强检察官独立权,容易产生检察官滥用自由裁量权的危险。因此,应当确立二者之间此消彼长、相互制衡的关系。同时,明确检察官独立,在检察机关实行去行政化管理,确保检察官严格公正司法。

---

① 参见李坡山:《论侦查监督环节主任检察官办案责任制的理论与实践构建》,载《法制与社会》2014年11月（中）。

其次，在侦查监督程序中科学确立检察官办案责任制的办案模式。如上所述，侦查监督等刑事检察权应当实行检察官负责制，检察官由此成为办案责任制的主体。这里需要厘清三层关系：第一，检察官与检察长与检察委员会的关系。实行检察官办案责任制后，检察官尽管可以在法定权限内独立决定案件，但仍需向检察长或检委会负责，必须服从检察长或者检委会的决定。第二，检察官与部门负责人的关系。对于办案权限已经明确赋予检察官的，部门负责人不再承担案件审核职权；部门负责人担任检察官的，办案权限与其他检察官保持一致；部门负责人除了办案，还有权主持检察官联席会议讨论重大、疑难、复杂案件并提供咨询意见，承担分案、监督、协调等行政管理职责，决定部门行政事务，检察官应当服从部门负责人的行政管理。① 第三，检察官与部门其他人员的关系。鉴于侦查监督部门不宜设立检察官办案组，建议建立检察辅助人员办公室，由检察官根据实际办案需要提出申请，部门负责人审核后，统一调度使用检察官助理、书记员等检察辅助人员。

最后，在侦查监督程序中明确检察官的权责范围。侦查监督程序中检察官的职权主要包括：（1）批准逮捕的决定权；（2）重大、疑难、复杂案件提交检察官联席会议或者提交检委会并发表意见的职权；（3）启动捕诉联动机制的职权；（4）法律规定的其他事务性的职权。侦查监督程序中检察官的责任包括：（1）对其认定的案件事实、证据及作出的决定负责；（2）对其职权范围内有权决定的事务性事项负责；（3）对其在办理案件过程中有徇私舞弊、滥用职权等故意行为或重大过失造成错案的，承担法律责任。②

3. 建立案件分流机制，确保案件办理质量效果

侦查监督程序尤其是审查逮捕程序突出办案人员的直接性和亲历性。实行检察官办案责任制，必然要求进行案件科学分类与繁简分流。在审查逮捕工作时间紧、任务重的情况下，建议通过权力清单机制以及分案管理机制，进行案件分类分流工作。

其一，要建立侦查监督部门权力清单机制。建立权力清单，是建立案件分流机制的有效前提与保障。具体而言，在检察人员分类管理、员额制以及检察权下放的基础上，事先明文规定侦监环节检察长或者检委会、部门负责人、检察官、检察官助理、书记员的各项职权与相应责任。在此基础上，分清哪些案

---

① 参见杜颖：《论检察官办案责任制的责、权、利》，载《海峡法学》2015 年第 1 期。

② 参见李坡山：《论侦查监督环节主任检察官办案责任制的理论与实践构建》，载《法制与社会》2014 年 11 月（下）。

件属于检察长或者检委会的决定范围；哪些案件属于检察官的决定范围，以便为案件分类分流工作奠定坚实基础。

其二，要发挥案件管理部门的分案管理作用。就占比最大的公安机关移送案件而言，案管部门在收案的同时，要根据移送罪名、涉案人数、犯罪情节、危害后果等关键因素进行初步分类，提出案件分流的初步意见后连同案卷材料移交侦监部门。侦监部门收到案管部门案件分类分流的初步意见后，就初步判断为重大、疑难、复杂的案件，部门负责人应当立即向分管检察长汇报，由分管检察长在一个工作日内作出案件是否重大、复杂的判断意见。在此基础上，科学进行案件繁简分流，将一般案件的决定权交由检察官行使，将重大、复杂、疑难案件决定权交由检察长或者检察委员会行使。

（二）侦查监督环节确立检察官办案责任制之实践进路

1. 根据业务类型合理授权

在侦查监督程序中确立检察官办案责任制，应当根据不同的业务工作类型，合理确定检察官的业务权限。

一方面，就侦查监督程序的主业即审查逮捕程序而言，其工作难易程度导致工作压力不同。对于事实清楚、证据较为完善的审查逮捕案件可以由检察官决定，对于重大、疑难、复杂案件，或者涉及捕与不捕、罪与非罪的案件仍由检察长或者检委会决定。此外，检察官有权决定将重大疑难复杂案件提交检委会，并发表意见；担任部门负责人的检察官，还有权启动捕诉联动机制。

另一方面，就立案监督和侦查活动监督工作而言，关涉到是否会引起信访问题，以及与公安机关的协作关系，且实践中数量不多，建议均由检察长或者检委会决定，不宜授权检察官决定。此外，就提前介入侦查机关重大恶性、疑难复杂案件与上级指示案件、羁押和办案期限监督案件、复议复核公安机关不服不批准逮捕案件等，鉴于这些案件影响重大或者类型特殊，仍应由检察长或者检委会决定。

2. 科学化解案多人少矛盾

如上所述，在侦查监督程序中不推行"主任检察官办案责任制"而推行"检察官办案责任制"，关键因素便是案多人少的巨大压力。在侦查监督程序中推行检察官办案责任制，人案压力尽管能得到一定缓解，然而受制于人员编制、案件数量，仍然难以根治这一问题。对此，应当建立科学机制，加以有效解决。

其一，适当推行刑检部门大部门制、轮案制。当前，部分检察机关已经实行刑事检察部门大部门制，即将原有的公诉、侦查监督、未成年人刑事检察等部门整合为"刑事检察局"之类的大刑检部门。在有条件的地方推行刑检部门大部门制是有相当合理性的，在推行大部门制的同时，还应实行轮案制。轮案制的要旨是事先确立轮案标准，把大刑检部门内原有的公诉、侦监、未检等部门的所有检察官作为轮案对象，参考检察官办理案件的性质数量以及自身业务专长因素，不管案件业务类型，实行轮流分案，轮流办案。刑检部门的办案原理、流程、经验大多是相通的，在实行刑检大部门制的同时推行轮案制，能够在较大程度上化解与分担侦监环节检察官的办案压力。

其二，充分用好过渡期政策机遇。检察人员分类管理和员额制改革普遍预留了5年左右的过渡期，在当前人案压力巨大的情况下，过渡期内仍赋予未入额检察员和助理检察员独立办案资格，对其所办案件仍实行三级审批制。鉴于过渡期的短暂性以及未入额检察官办案数量的有限性，该做法不会对检察官办案责任制形成冲击。此外，要充分发挥这些未入额检察官的资历、经验、能力优势，尤其是鼓励其中的年轻检察官认真积累，厚积薄发，早日入额，以化解案件压力。

其三，增加编制发挥辅助人员作用。在人财物省级统管的背景下，省级检察机关在配置基层检察机关的检察官比例时，要适当向办案任务重、案件压力大的刑检部门倾斜，适当增加检察官编制人数。此外，在过渡期届满以后，对于检察辅助人员，根据其检察官助理或者书记员的角色定位，分别赋予其相应的辅助办案权限，并切实保障其职级与经济待遇。

3. 加强监督保障工作力度

在对侦查监督程序中的检察官充分放权的同时，应当建立有效的监督制约以及履职保障机制，保证权力不被滥用。

一方面，构建监督制约机制。在内部监督机制方面：一是建立案件质量监管机制。案管部门对侦监部门检察官办理案件质量进行定期考核评估；建立包括个人综合信息和办案业务信息在内的检察官司法档案。二是建立部门负责人监督检查机制。赋予侦监部门负责人对检察官的案件分配、办案效率、执行规范等方面的管理权限。三是建立检察官考核追责机制。对侦监部门检察官的办案数量质效、政治业务素能等定期综合考评，确立检察官任期制；落实办案质量终身负责制和错案责任倒查问责制，追究故意或重大过失引发错案的检察官责任。在外部制约机制方面：一是建立公安机关制约机制，要求检察官认真对待公安机关提出的意见建议，对于无法处理的要及时提交部门负责人、检察长或检委会解决，并及时反馈给公安机关。二是建立社会公众制约机制，对于人大常委会等机关部门、案件当事人与相关人、新闻媒体等通过各种途径对检察官所办案件提出的质疑或意见，检察官应当实事求是对待，认真加以说明，耐心进行解释。①

　　另一方面，构建履职保障机制。在职级待遇方面：一是在省级统管的背景下，寻求省级检察院以及地方党委、政府支持，逐渐解冻职级限制，结合检察官职务套改工作，有效提升检察官的职级待遇。二是对于部分优秀的检察官，赋予其享有部门副职以上的职级待遇。在经济待遇方面：一是以专业等级为基础，建立检察官单独工资序列，使检察官收入水平与社会经济发展同步，并适当高于本地普通公务员。二是进一步健全检察官医疗保险、困难救助、抚恤优待等制度，免除检察官在经济上的后顾之忧。三是为保障检察官有效履职，检察官助理、书记员等检察辅助人员也应参照检察官的经济待遇保障制度，建立相应的履职保障机制。

---

① 参见黄凯东、张建兵、张涛：《主任检察官办案责任制之制度逻辑》，载《人民检察》2014年第21期。

司法责任制改革中的主任检察官角色演进
——对主任检察官制度的再检视

许创业　张　梁　张光平*

几乎与十八届三中全会吹响司法体制改革的号角同步，2013年12月，最高人民检察院决定在全国7个省市17个试点检察院开展一项意义重大的内部改革——检察官办案责任制改革。① 这一改革，是中央在6省市试点开展的四项司法改革内容之一，同时也与重点和关键的司法责任制不谋而合，并随之成为当下检察机关的基础性改革。

与其说是巧合，不如说是现实压力推动的必然。在司法公信赢弱危及司法权威生成的严峻情势下，意图通过强化司法责任制，将司法权关进制度笼子，面向民众构塑公正透明的司法权力运行体系，无论针对宏观司改，还是具体的检察改革，都是无法回避的首要政治正确考量。"作为一个尚未完成的机关"，② 最高人民检察院对于检察制度的自我完善始终高度自觉并推动不止，此次探索的检察官办案责任制改革，有幸得以放置系统性"顶层设计"的宏大司改布局中，从而有了前所未有的驱动力和最接近成功的可能，被寄予了极大的期望。

---

* 作者简介：许创业，重庆市渝北区人民检察院党组书记、检察长；张梁，重庆市渝北区人民检察院检察长办公室检察官、助理检察员；张光平，重庆市渝北区人民检察院检察长办公室助理检察员。

① 最高人民检察院于2013年11月19日出台《最高人民检察院检察官办案责任制试点方案》，提出从2014年1月开始，用一年时间在全国7个省份17个检察院试点开展检察官办案责任制改革。参见彭波：《检察官办案责任制改革将试点》，载《人民日报》2013年12月27日。

② 德国学者罗科信教授称检察官是"一个尚未完成的机关"，所谓检察官是"一个尚未完成的机关"，并非是指检察机关作为一个国家机关的整体组织体系尚未建构完毕，而主要是指检察官的身份不明、地位未定。参见万毅：《一个尚未完成的机关：底限正义视野下的检察制度》，中国检察出版社2008年版。

置身在"法治崛起"和"争相改革"的时代氛围,感召于"去地方化、去行政化"的美好描绘,亲历着人员分类、职业保障、省统管等一揽子改革措施的布子落棋,司改进行时不可谓不风劲蹄疾。在"法治"的时代苍穹下,检察官办案责任制试点改革已不再可能是最初设定的一项检察机关局部、自主、目标单纯的改革,而被深深嵌入整体、联动、目标多维的快节奏的司法改革浪潮中,既迎来无限机遇和曙光,也日益显现瓶颈与张力。在波澜壮阔的司法改革大潮中,一方面,各地试点改革花样迭出、繁复多样;另一方面,各项司法改革措施错综交织、急速推进。当前,检察官办案责任制改革步入忙碌季,亦陷入困惑季,从部分检察改革先行试点单位的实践来看,虽然取得了一定成绩,也涌现出不少问题,突出表现在对主任检察官制度的认识上。当前亟需厘清主任检察官制度的基本内涵,反思检察官办案责任制改革的理路,进而勾画未来改革的新图景。

一、检察官办案责任制主角之惑:检察官还是主任检察官

不难发现,在此前一段时间如火如荼的检察改革中,主任检察官办案责任制改革无论在话语还是实践中,都取代了自始就语焉不详的检察官办案责任制改革。现在看来,当时随处可见的概念替换或者模糊,很难说不是缺乏深入了解的误读、误解和误用。

究其原因,也许在于:作为新一轮检察改革基础性支撑的办案责任制因理论准备不足,而缺乏对其核心意蕴的深入挖掘和接地气的广泛阐明,使实践层面的改革游离于理论之外,从而导致办案责任制改革呈现方向性偏失。对"办案责任制"这一基础概念缺乏深入、系统和开放性阐释,构成了难以突破的改革盲区。

办案责任制改革方向偏失,主要体现在对办案责任制之主体的争论上。检察系统关于办案责任制的主体,有的认为是主任检察官,有的认为是检察官,还有的则认为是以检察官或以主任检察官为核心的办案组。在此前一段时期的检察试点改革中,事实上则采取了构建以员额制的主任检察官为核心的办案组织的范式完成了对检察官办案责任制的嬗变。而在新近发布的《关于完善人民检察院司法责任制的若干意见》中,最高人民检察院却否定了地方试点的做法,明确独任检察官乃检察官办案责任制的基本主体,从而终结了对办案责任制之主角的争论。

此前的地方试点改革中,有的将办案责任制主角由检察官替换为主任检察官,使得检察官办案责任制因主体的变迁而异化。应当看到,一方面,司法改革权威文件,无论来自最高人民检察院还是中央司改办,都开宗明义或相当明

确地提出了检察官办案责任制,① 考量该类文件措辞的严谨性,办案责任制的主体理所当然是"检察官",而不应是"主任检察官"或以检察官、主任检察官为核心的办案组织。另一方面,办案责任制以主任检察官为主体也不符合相关法律精神。既然我国《检察官法》明确了检察官作为依法行使检察权的资格和身份,② 就应严格遵照其精神承认我国检察官之检察权行使主体地位。实行检察官办案责任制改革恰是为了赋予检察官在检察体制内的独立性,是落实该法的具体体现,若替换为主任检察官,则与该法规定不符。

至为关键的也许是,在《检察官法》没有作出修改的情况下,对于检察官的办案主体资格,任何人都无权否定、限制或者剥夺。改革若另起炉灶再造主任检察官,以替换《检察官法》所认可的检察官或叠加其上,无形中剥夺了经过人大选举任命的检察官的办案权限,将更加不利于检察官独立人格的生成,背离了强化检察官独立办案的改革初衷,与其采取这种成本高昂、程序繁复且前途不明的改革,不如依据《检察官法》"还权"于检察官的法律精神,效仿域外经验建立独任检察官制,从而谋求改革思维和具体路线图之根本突破。

对于主任检察官改革自身来说,也存在一个不容忽视的重大漏洞。法治原则要求任何改革必须具有合法性,而主任检察官改革目前则缺乏充分的合法性基础:现行法律法规中仅有检察官的规定没有关于主任检察官的规定,主任检察官行使检察权及其独立地位并非法律的赋予,而来源于"检察长授权"的设想。我们很难说这种改革范式违法,但其确实处在法律的空白地带。此外,主任检察官并非一定是改革最优安排,相反,其呈现明显的行政化特征,"主任检察官这一称谓本身具有比较浓厚的行政化色彩,在某种程度上有违检察官的司法官性质,过分凸显了检察一体"③。在我国检察行政化色彩较为浓厚的

---

① 最高人民检察院于 2013 年 11 月 19 日出台的《最高人民检察院检察官办案责任制试点方案》,该文件题名是"检察官办案责任制",内容却围绕主任检察官展开。2014 年初中央出台的《关于深化司法体制和社会体制改革的意见》及其贯彻实施分工方案也明确规定:"以落实和强化检察官执法责任为重点,探索建立突出检察官主体地位的办案责任制。"

② 《检察官法》第 2 条规定:"检察官是依法行使国家检察权的检察人员,包括最高人民检察院、地方各级人民检察院和军事检察院等专门人民检察院的检察长、副检察长、检察委员会委员、检察员和助理检察员。"《检察官法》第 6 条、第 9 条规定,检察官是依法行使国家检察权的检察人员,享有相应职权和工作条件。

③ 谢鹏程:《关于检察官办案责任制改革的几个问题》,载《新一轮检察改革与检察制度的发展完善——第四届中国检察基础理论论坛文集》(2014 年 10 月 25 日)。

背景下采用"主任检察官"的称谓容易产生歧义，影响办案责任制改革的效果。而当下正在进行的检察人员分类管理改革将检察工作人员分成检察官、检察辅助人员和司法行政人员三大类，其中也并没有主任检察官的设置，主任检察官乃处于虚空的尴尬状态。

二、面向司法责任：检察官办案责任制改革的内在意蕴

探究我国新近的司法改革，不难发现，一直都是以提高司法公信和司法权威为目标的，其核心逻辑在于以自身变革促进司法公正，进而实现政治效果、社会效果、法律效果的有机统一，即人民满意。从本轮司法改革的宗旨来看，其根本目的亦在于维护公平正义。[①] 而要达到这一目却面临着严峻挑战。正由于防范司法腐败、维护司法公正被作为首要目标，严格落实司法责任制就成为司法改革的不二选择和当务之急。

十五大至十八大以来党的权威文件，都要求检察机关要"依法独立公正行使检察权"，以此奠定检察改革的基本方向乃以"依法、独立、公正"三个价值维度为基准进行有机结合，而其最终目仍落脚于防范腐败、保障公正、提升效率和权威，即建立公正、高效、权威的检察体制。实践早已揭示，检察改革要实现上述根本性目标，重点乃解决检察权运作的独立性问题和检察权的监督制约问题。当前，检察权运作的独立性不足尤为专业人士所关注：一是宏观体制上的检察地方化影响检察机关的执法公正性与公信力；二是检察官受到所在部门、所在机关以及上级检察机关的束缚而独立性不足，导致检察官办案的积极性受挫。检察权行使的公正性需要独立性作为保障，若缺乏相对独立的检察权行使机制，就绝谈不上公正的实现。由于当下检察权运行分别受到"外部地方干预"和"内部行政化"的双重制约，为此，要进行宏观方面去地方化，微观方面确保办案检察官具备相对独立性的检察改革。

然而，当前检察改革中产生了这样一个困惑，即办案责任改革是否与强化检察权独立行使相矛盾。这一问题事实上已成为检察改革实践中的两个不同面向，表现为两种理念相左范式相异的改革路径。在狭义的语境解读，强化办案责任等同于施加检察官更多义务，强化检察官独立性则意味着授予检察官更多权力，一个悬利剑，一个赋权力，改革方向截然相反，改革动机也大相径庭。我们看到，在中央所确定的四项司法改革任务中，司法责任制常常被相关权威

[①] 中共中央总书记习近平指出，要努力让人民群众在每一个司法案件中都感受到公平正义，所有司法机关都要紧紧围绕这个目标来改进工作，重点解决影响司法公正和制约司法能力的深层次问题。

人士以司法改革的"牛鼻子"所表述，以此象征居于统领地位。① 司法责任制在司法改革中居于基础性地位，对于检察改革来说，责任制亦是其核心内容，如当前的检察改革路径是以办案责任制为核心而设计和首先推进的，其他三项改革任务：检察人员分类管理、职业保障、省统管人财物皆是其外围配套措施。

事实上，办案责任制是为综合解决检察权运作的独立性问题和检察权的监督制约问题而设计的一种制度。理由在于，责任制既是一种权力配置机制，也是一种对权力运行的监督和制约机制。"司法责任原则，是根据权力与责任相统一的法治原则而提出的一个权力约束机制，司法责任既指司法权，也意味着行使此种权力的责任。"因此需认识到，以办案责任制为核心的检察改革虽极度强调检察官的司法责任，但却是以承认检察官的主体地位和相对独立为前提的。首先，检察官相对独立行使检察权是责任制的基础，检察官能独立行使检察权，方可能有责任地独立承担。独立行使检察权不仅能提高检察官的职业荣誉感，也有利于加强检察官的职业责任感，从而提高检察办案的质量。其次，办案责任制作为一种权力与责任匹配的制度，不仅内在地要求检察官独立性与办案责任存在明确的边界，也要求两者能够精密耦合以致协同运行。最后，应当承认，以权力配置为基础的检察官相对独立行使检察权需置身在一个以司法责任为底限的规范体系中。因为，责任制乃是保障司法权正当运行的最后一道防线，通过责任设定保证检察权正当有效运行既是办案责任制改革的本义，也是法治中国建设的要义。

从长远的意义说，司法改革虽然旨在促进司法官相对独立办案，但实质目的则在于防范司法腐败，以维护政治合法性。因此，司法责任制的核心意蕴在于"责任控权"。从检察机关开展的检察官办案责任制改革来看，虽然本质上是以强调"办案责任"为核心的内部改革，是关于检察官行使检察权，执行检察事务所应享有权力、承担责任的制度安排，是一种对检察官的监督管理制度，但由于其承认和强调检察权的检察官相对独立行使，意图通过赋予检察官办案主体地位，将检察官职权行使与责任承担一体化，从而就从逻辑上厘清了检察官办案责任制改革的深刻内涵，明确了检察官既为检察办案主体也为检察

---

① 习近平强调，要紧紧牵住司法责任制这个"牛鼻子"，凡是进入法官、检察官员额的，要在司法一线办案，对案件质量终身负责。法官、检察官要有审案判案的权力，也要加强对他们的监督制约，把对司法权的法律监督、社会监督、舆论监督等落实到位，保证法官、检察官做到"以至公无私之心，行正大光明之事"，把司法权关进制度的"笼子"，让公平正义的阳光照进人民心田，让老百姓看到实实在在的改革成效。参见：《习近平：由人民评判司法体制改革成效》，载《新京报》2015 年 3 月 26 日 A05 版。

司法责任主体的根本认识，体现了权责应当一致的改革精神，符合司法的权责一致性规律。

三、借鉴的价值：大陆主任检察官制度改革的基本逻辑

"实行检察官独立行使职权的国家，检察权行使的效果明显好于我国，其原因就在于他们构建了一套完善的监督制约机制。"① 以此审视，可能带来两点启示：首先，对于我国来说，检察权的行使主体通常仅限于作为整体的检察机关，而非检察官个体，检察官独立性的缺失影响了检察权行使的效果；其次，以"三级审批"为基本模式而排斥检察官意志的检察权运行机制，固然因"高度行政化"强化了检察一体，却并不意味着监督制约机制的卓越，相反，"谁来监督法律监督者"是多年来的常见诘问。基于此，两点改革设想随之提出：首先应当赋予检察官更充分的独立性，其次要进一步强化对检察官的监督制约。

检察官办案责任制，正是一种可能实现这两点变革期望的制度设计。因为，其不仅突出了检察官作为办案主体和责任主体的双重主体地位，也以浓厚的自我约束以及外部强制色彩凸显监督属性。"无论如何设定检察权，具体检察权能的行使都必须落实给具体的检察官。可以说，检察官是检察权能的具体承载者，其如何运用检察权能直接决定了检察权的运行效果。检察官办案责任制试图在一体化的检察体制内，开辟出专属于检察官的独立办案空间，意在通过给予检察官适当的独立性，使检察官在独立范围内承担责任，克服目前层级审批制的办案模式所导致的'责任分散、主体不明、责任难追'的弊病。"② "检察官办案责任制的核心制度安排，就是要逐步实现由集体负责向个人负责转变，使违法办案者责无旁贷，无可推脱。"③

检察官办案责任制改革的最终落脚点放在承担办案责任上，但不可忽视的是，其逻辑出发点却在于构造能够独立承担办案责任的主体，因为如果没有适格的办案主体，就无法真正落实权责一致下的办案责任制，一方面容易产生权力滥用或者权力腐败，另一方面则必然导致办案质量下降、检察权威受损。所

---

① 陈卫东、程永峰：《新一轮检察改革中的重点问题》，载《国家检察官学院学报》2014年1月10日。

② 陈卫东、程永峰：《新一轮检察改革中的重点问题》，载《国家检察官学院学报》2014年1月10日。

③ 薛应军：《"检察官办案责任制"撬动检察改革杠杆》，载《民主与法制时报》2015年5月24日。

谓适格的办案主体,从当前来看,基本条件应当是具备独立办案能力。然而,我国当下真正能够独立办案的检察官有多少呢?据统计,目前大陆具有《检察官法》所认可的检察官资格或者称谓的人约占整个检察队伍的70%,而具备独立办案能力的人仅占30%。① 具有独立办案能力,才有可能独立承担办案责任,显然,根据这一数据,当下能够独立办案且担当办案责任的"检察官"不到三分之一,这部分人应当说属于检察业务骨干,由他们办案并担负责任,才最可能避免改革的风险。

我国检察官数量庞大而又未实现精英化,就检察官的人员结构来说,目前留在一线办案的检察官中资历尚浅、经验短缺的年轻人占了多数,这一状况在基层检察机关尤为突出,要一步到位地让所有检察官承担办案责任,既不现实也蕴含着巨大风险。② 从这个意义上看,检察官办案责任制改革中所构造的检察官,在当下特定国情下,就不应当是《检察官法》文本中所规定的"检察官",而只能是其中的一小部分群体,谓之精英检察官,或者责任检察官。因此,当前,我们推行检察官办案责任制改革的基本路径,就是要从《检察官法》所规定的检察官中选拔出素质较好且具备独立办案能力的"精英检察官",由他们亲自办案并相对独立地担负办案责任,从而保证检察办案质量,提升检察业务质素。

基于这样的逻辑,主任检察官办案责任制应运而生,近年来,一些地方检察院开始借鉴我国台湾地区"主任检察官"这一称谓推行"主任检察官办案责任制改革"。由于"主任"二字在我国国情下所具有的特殊含义,主任检察官被认为是有别于一般检察官的高级检察官,从而具有一定程度的精英化特征,使得"主任检察官办案责任制改革"成为最富有潜力的推广范本。然而,在一些人看来,这种改革方式其实是对我国台湾地区主任检察官制度的"颠覆",是并非出于理性选择的误读、误解、误用。因而,在上述改革被广泛推崇的情境下,也出现了部分检察院试图照搬台湾地区主任检察官模式进行"移植"式改革的情况。两者似乎各有缺陷,被指"误读误用"的改革范式,既"笑纳"了我国台湾地区初创的"主任检察官"名称,却同时忽视了该制度之原始价值,事实上与台湾地区主任检察官制度的宗旨形成背离,南辕北辙。被指"简单照搬"

---

① 根据国家检察官联合会于1999年出版的统计资料,检察官有15.96万人,而另外资料显示,其时全国检察人员大概有25万人,检察官资格获得条件不甚严格,是导致我国拥有世界上最为庞大的检察官群体的主要原因。参见谢鹏程:《检察官办案责任制改革的三个问题》,载《国家检察官学院学报》2014年11月28日。

② 参见万毅:《主任检察官制度改革质评》,载《甘肃社会科学》2014年7月25日。

的改革范式,则被批评完全忽略了大陆与台湾地区的主任检察官设置在背景、条件、目标、功能和定位等方面都存在的显著差别,显得过于僵化。

追根溯源,我国台湾地区主任检察官制度是在检察官高度精英化且高度独立的现实基础上形成的,当前大陆的情况与台湾截然相反,不仅表现在检察官缺乏独立性且极其泛化,也突出反映在内设机构臃肿而行政管理强势上。因为主要矛盾的不同,大陆的检察改革虽取"主任检察官"之名,却势必要行迥异之实。大陆地区设立主任检察官是为了对冲内设行政机构和层级审批过多而产生的行政化弊病,目的是构建"办案、定案、负责"为一体化的检察权基本行使单元,因而使主任检察官制度嬗变为"主任检察官办案责任制"。而台湾地区主任检察官则是在独立办案的检察官大增而行政管理缺失的情境下,为强化和延伸检察长行政管理职能所设置的,因而其主任检察官制度恰恰体现出行政化。有台湾地区学者就明白指出"主任检察官"只不过是检察首长指挥监督检察官的"行政幕僚"而已,根本就是"空的"、是"盖章"的。[①] 由此可见,我国台湾地区的主任检察官制度与我国大陆地区开展的主任检察官办案责任制存在根本不同。

针对此前大张旗鼓的主任检察官改革,一些学者提出了富有见地的观点,"从长远目标或者理论设想来说,大陆地区的主任检察官只是一种过渡性的称谓。它是以人民检察院为办案组织过渡到以检察官为办案组织的一种组织形式和特定称谓,其制度内涵和组织模式类似于台湾地区的检察官,是办案组织的负责人,而台湾地区的主任检察官则类似于大陆地区检察机关内设业务机构的负责人"[②]。"在过渡期后(5年甚至更长),主任检察官制度必将为检察官

[①] 参见林山田主持:《刑事诉讼法改革对案》,台北元照出版公司2000年版,第356页。

[②] 如龙宗智认为,如分类管理与司法员额制得到切实贯彻,主任检察官制度可以仅在某些需要的检察层级和某些规模较大且办案任务较重的业务部门实行。通过实践探索和经验总结,甚至可以考虑若干年后,在检察官相对精英化和检察官责任制建立的条件下,进一步强化承办负责制,而不再采用主任检察官制度。参见龙宗智:《检察官办案责任制相关问题研究》,载《中国法学》2015年第1期;谢鹏程认为,推行检察官办案责任制,把办案组织的负责人称为主任检察官,既是从现有检察官中选优则能的结果,也是现行体制下便于检察长授权的需要,在当前历史条件下,这个称谓有其积极意义,即使这些具备独立办案能力的检察官获得特别的授权并享受特别的政治待遇,便于检察官办案责任制的推行。参见谢鹏程:《检察官办案责任制改革的三个问题》,载《国家检察官学院学报》2014年11月第22卷第6期。

办案责任制所取代,目前的主任检察官将恢复其本来意义上的检察官。"① 这种看法虽然揭示了推行主任检察官办案责任制改革的内在逻辑,却没有对部分地方检察院所开展的漫无目的主任检察官办案责任制改革进行纠偏。另一方面,也混淆了试点实践中的"主任检察官办案责任制"与"主任检察官制度"的区别,将主任检察官办案责任制理解为检察官办案责任制的过渡,不仅颠倒了两者之逻辑关系,事实上也忽略了主任检察官制度所具有的独特价值。

源自检察官精英化改革思维而推行的主任检察官办案责任制受到了理论界的质疑,龙宗智教授就是其中的典型代表,"考察域外检察制度与实践,包括其现实状况与发展趋向,检察机关办案组织形式,虽然必要时'协同办案'成为常态,而且目前随着社会发展,案件的复杂性、关联性以及侦破难度增大,因此需要进一步发挥团队协作,发展团队办案形式,但检察机关最基本的办案形式仍然是单独办案……检察官因办案的特定需要而协作办案,仍以承办检察官为做出决定并承担案件责任的主体,其他检察官的协作配合,并未从根本上改变独任制的性质……因此检察机关办案组织形式仍以独任制为主要和基本的形式,而以协作办案包括团队办案作为辅助形式或必要补充"②。"未确认普通检察官的这一地位,并不符合检察规律及司法改革的基本精神,实为过去那种科、处长主导办案制度的一种变形,虽因团队办案需要而确认主任检察官的办案责任制,却不能以此取代检察官责任制。"③

如果说,此前地方试点致力于推进的主任检察官办案责任制改革,事实上是借助主任检察官这一特殊舶来制度,有意通过主任检察官的精英化拟制和公众形象塑造,刻意营造"高大上"的改革意境,创设类似于我国台湾地区的高度独立的独任检察官制度的话。那么,虽然这种"曲线救国式"的改革呈现出来的是源于策略的"用心良苦",其效果却未必很好。一方面,检察官办案责任制的独特价值和地位被遮蔽;另一方面,大力宣扬的主任检察官制度本身昙花一现,也影响检察改革的公信力。事实上,舶来于我国台湾地区的主任检察官制度不仅可以不是一种过渡措施,反而有可能成为我们未来检察改革的一种尝试方向。当前,在检察官独立性较为缺乏的特殊情境下,应当实行以"独任检察官"为核心的检察官办案责任制,这是不得不走的基础性一步,但

---

① 但未来也可以设置主任检察官,主任检察官从检察官中产生,应相当于现在的部门负责人,从事行政管理、并指导、监督检察官办案。少数主任检察官则担任各办案组组长,牵头组织若干检察官办理重大、疑难案件。
② 龙宗智:《检察官办案责任制相关问题研究》,载《中国法学》2015 年 2 月 9 日。
③ 龙宗智:《检察官办案责任制相关问题研究》,载《中国法学》2015 年 2 月 9 日。

随着时代发展,为了适应团队办案的需要,也可以借鉴和改造我国台湾地区的主任检察官制度,以发挥其适应团队办案需要的核心价值。

四、由主角到配角:当前大陆主任检察官的定位与面向

此前一些先行试点院在开展办案责任制试点改革时,无论在认识层面还是具体操作层面,都出现了不尽一致的局面,一些基本的思路和举措存在不同程度的混乱和失当,从而遭遇争议与质疑。这突出表现在推行办案责任制改革中,基于主任检察官乃办案责任制主体的理论前提,有的坚持主任检察官之下应当设置检察官,有的则坚持主任检察官之下无检察官。两者皆对主任检察官的根本定位存在一定程度的误读。

在主任检察官办案责任制改革的逻辑下,主任检察官就是检察机关相对独立行使检察权的主体,类似于我国台湾地区的独任检察官。据此,一些试点检察院的改革者认为,主任检察官不是"检察官之上的检察官",主任检察官改革不能形成新的层级审批制。与此相对的是,在其他试点改革单位,主任检察官之下却设置了检察官。在这种模式中,主任检察官并非根据司法办案需要临时组成的办案组织的负责人,而是常设的固定的办案组织的负责人,即检察官的直接上司。在这种组织结构中,检察官事实上是有办案权而无决定权的具体案件的承办人,主任检察官则主要负组织协调、监督指导和审批决定案件的职责而不具体承办案件。相较两种改革模式,后一种做法不仅不符合办案责任制所要求的主任检察官必须发挥亲历性的司法属性,另一方面也背离了主任检察官改革"去行政化"的目的和初衷,有可能形成新的行政层级审批制,在内设机构仍旧存在的情况下,层级"双轨制"无形中加剧了内部行政化,是一种"走回头路"的改革。

当前检察机关所进行的内部改革,其核心目的在于建立检察机关基本的司法化办案组织。因此,如果将主任检察官制度本土化为主任检察官办案责任制,那么就应当坚持"主任检察官之下无检察官"的做法,将主任检察官作为最基本的办案责任主体,虽然这样一来,主任检察官之下因没有检察官这一层级而显得突兀,但从根本上来说只有这样才更符合司法规律,因为只有这样,才有助于弱化原有的三级审批,增强检察权运行的司法化特征。不过这一做法仍旧欠缺合理性,因为,据通常理解,主任检察官应当属于检察官之上的检察官,与一般检察官属于"将兵关系"。从常识来看,主任检察官之下无检察官将导致主任检察官这一称谓名不副实,因而也从根本上危及主任检察官办案责任制改革的合理性。

在这种矛盾的情况下,也出现了一种既有利于突出主任检察官制度的价

值,又体现检察官基本办案主体地位的改革模式。近年来,重庆市Y区人民检察院在已开展10年并取得突出成效的检察人员分类管理和内设机构大部制整合的背景下,①以"精英化"为标准从严选任检察官,充分授权并同步提高检察官责任意识,形成了专业化、精英化的检察官队伍,由于享有充分而相对独立的检察办案和决定权,该院的检察办案组织模式类似于我国台湾地区的独任制检察官办案组织模式。实行主任检察官改革后,该院在不增加新的内部层级的前提下,进一步优化检察权内部配置,形成了"检察长(副检察长)——主任检察官(其定位相当于因办理重大、疑难等特殊案件而设置的办案组的组长)——独任检察官(或检察官办案组)"这样一种检察权力配置模式和司法责任链,主任检察官呈现为检察机关基本办案组织之外为适应团队化办案需要而设置的临时性或固定化的办案组织。应当说,这一改革模式在复杂多样的检察改革中显得独树一帜。

在本轮试点检察改革最初,借鉴我国台湾地区的主任检察官制度,一些地方开展了以"主任检察官"为导向的办案责任制改革,以构建主任检察官为基本主体的办案责任制体现和落实司法责任制。然而,经过理论与实践的互动,人们逐渐认识到,主任检察官制度乃"为适应检察机关团队办案需要而作为独任检察官基本办案模式的辅助形式或必要补充"。从而进一步厘清了当前检察改革所要解决的核心问题,以此确定了基本方向——主任检察官办案责任制并不能取代检察官办案责任制,当前应以员额制的独任检察官为核心构建检察机关执法办案的基本权力主体和责任主体。摒弃主任检察官办案责任制的同时,并不否认主任检察官制度的价值,而是适应形势需要将其作为检察官办案责任制的重要补充。由于形成了更科学、更清晰的认识,当前的检察改革摆脱了不必要的困扰,正在最高人民检察院的领导和推动下稳步开展。最近出台的《关于完善人民检察院司法责任制的若干意见》已经明确,"根据履行职能需要、案件类型及复杂难易程度,实行独任检察官或检察官办案组的办案组织形式……检察官办案组可以相对固定设置,也可以根据司法办案需要临时组成,办案组负责人为主任检察官"。

---

① 2004年起,最高人民检察院在部分基层检察院试点检察人员分类管理,但由于各种现实的原因,这些改革相继陷入困境。在多数地方改革难以推行、缺乏成功经验借鉴的情况下,作为试点的重庆市渝北区人民检察院克服各种不利条件和现实障碍,坚持大胆放权,将14个内设机构整合为7个,通过近10年的努力,初步建立起了检察官办案责任制。2013年,最高人民检察院选取17个检察院作为检察官办案责任制改革试点单位,该院是其中之一。参见《司法改革,更加强调主体责任》,载《人民日报》2014年7月23日17版;《检察官分类管理:不当官照样有前途》,载《检察日报》2007年9月5日头版。

五、未竟之问

检察官办案责任制改革，乃以创设类似于域外"独任检察官"亦属"责任检察官"的检察官为基本面向的改革，这一改革对检察制度的完善意义重大，但在实践中也经历了波折。可喜的是，在最高人民检察院的积极主导和深入探索下，合理的改革路径正逐渐由模糊到明朗，即实行独任检察官或检察官办案组的基本办案组织形式，主任检察官乃根据司法办案需要临时组成的办案组负责人。应当说，当前开展的以独任检察官为基本主体、以主任检察官为必要补充的检察官办案责任制改革，顺应了经济社会快速发展对检察办案提出的新要求，契合了法治时代下检察官相对独立行使检察权的新趋势，有助于遏制检察权内部行使的过度行政化，是适应当前大陆检察制度基本结构和检察改革基本情势的务实之举。

从目前的试点实践来看，主任检察官已然由主角悄然转换为配角。需要指出的是，这种角色转换并非盲目地符合上级的改革要求和精神，而应认识到这是由我国大陆地区当前检察官制度的主要矛盾所决定的，即检察官独立性不足与检察权行使过度行政化的矛盾。恰恰由于这一矛盾的客观存在，我们只能循序渐进、日拱一卒，而不可一蹴而就、毕其功于一役。从长远来看，当上述矛盾得到逐步解决，检察官的独立性大大增强，主任检察官及以其为核心的制度就可以发挥出突出的优势——这正是我国台湾地区主任检察官制度的演进逻辑。基于上述理由的审慎是极好的，不过，对于主任检察官制度的探索不应当停滞下来，对此，我们反而可以大胆设想、小心求证。一个典型的疑问是，当前检察机关的部分办案部门负责人是否可以直接改造为主任检察官？

孙笑侠指出："司改要避免产生制度断裂。"[①] 这对当前的检察体制改革是一种善意的警醒。具体到司法责任制下的检察官办案责任制改革而言，首先，要保证检察官办案责任制这一制度的内在逻辑能够自洽；其次，还要保证其他配套制度能够与其达致有机统一和相互协调。在检察官办案责任制改革的探索中，主任检察官由主角到配角的角色演进，一方面证明了检察体制改革中改革者的自我修复功能是强大的，但同时也需要认识到再强的修复能力也可能会给机体留下有形和无形的损伤。其中的深层意蕴在于：当过去的都已经成为过去，我们仍应该关注曾经我们苦苦追寻的主任检察官制度究竟是什么，仍应该思考其存在的价值，而不是完全地否定和摒弃。

---

① 孙笑侠：《司改要避免产生制度断裂》，载中国法学创新网，http://www.lawinnovation.com/index.php/home/miaowen/artindex/id/2883/tid/6.html，访问时间：2016年4月28日。

司法改革背景下专职委员的职能定位

——以天水市检察机关专职委员履职情况为实证研究

张 喜 郭洁璐 邓净元[*]

专职委员是最高人民检察院为进一步提高检委会议事能力,强化检委会决策的专业性、科学性而设立的职位。自最高人民检察院要求各级检察院设置专职委员以来,全国绝大部分检察院陆续设立了该职位,从一定程度上确实提高了检委会的议事水平。但随着专职委员制度的不断深入实践,一些弊端也随即暴露出来,其中最为明显的则是专职委员履职效能不足的问题。本文将以甘肃省天水市检察机关专职委员履职情况为例,深入探讨这一问题。

一、天水市检察机关专职委员履职效能不足的主要表现

效能,顾名思义,效率、效果、效益的综合体现。作为专职委员,在工作中要体现出效能,就要充分发挥其专职委员的作用,使其工作既有一定的效率,又能充分体现出专职委员的价值所在。与这一标准相比,当前天水市检察机关专职委员明显存在效能不足的问题。

(一)专委不"专"

从当前全市专职委员基本情况来看,"专职"的委员十分少,大部分专职委员并不"专",而是分配了专委职能以外的其他工作,如天水市院的专职委员分管反贪工作和检委办工作,清水县院的两个专职委员分别担任控申科长和民行科长,并办理相关的控申和民行案件,甘谷县院的两个专职委员协助副检察长分管业务工作,但同时,也和普通干警一样进行公诉和侦监案件的日常办理,甚至麦积区、张家川县院的专职委员还分管或协助分管办公室、纪检、政

---

[*] 作者简介:张喜,甘肃省天水市人民检察院检察长,三级高级检察官,兰州大学法律硕士研究生导师;郭洁璐,甘肃省天水市甘谷县人民检察院助理检察员;邓净元,甘肃省天水市人民检察院书记员。

工等非业务性工作。这些院并不是不清楚专职委员应当"专职",而是在当前检察工作中,大部分检察机关均面临着案多人少的压力,尤其天水各基层院,有能力、有经验的工作人员本身就不多,却有80%以上的案件在基层办理。故而许多院明知专委应当"专职",却仍然给其分配了其他工作,特别是许多专职委员办案能力较强、经验丰富,由专职委员办案,从表面看的确是充分发挥了个人的作用。但需要注意的是,这种做法虽然能充分利用专职委员,但仅仅是对"个人价值"的利用,而非对"专职委员"一职的充分利用。从长远看,这样的做法一方面剥夺了专职委员"中立"的基本优势,另一方面,长期如此会使专职委员的职能处于混乱状态,使专委成为院内的可以任意调配的"机动人士",甚至会影响其主要职能的履行。

(二)专职委员沦为"闲职"

当前大部分院对专委职能的定位仍放在检委会相关工作上,尤其是放在重大疑难案件的办理或指导上。而无论是市级院还是基层院,每年召开检委会的次数有限,除去日常学习的会议,多则一年召开20余次,少则不足10次,其中重大疑难案件更是少之又少,有的基层院可能几年也不会办理1件重大疑难案件。因此,"专职"的委员大部分情况下都是管理检委办,而许多院检委办具体的事务又有相关工作人员来做,专委仅就进行程序性审批,这样一来,专职委员几乎无事可做。同时,对于一些重大业务决策,许多院都习惯性地通过党组会来确定,除了个别担任党组成员的专职委员以外,其他专职委员对这些重大业务决定的参与度很低,专职委员基本成为"闲职",甚至有些院的专委连检委办也不负责,除了参加检委会再无其他事情可做,长此以往,使专职委员成为"养老"职位,一些院为解决年老干警待遇,会在其快退休时,将其放在专委的位置上,给其"专职"的待遇,也有些院将已有待遇而即将退入二线的院领导放在专职一职上,以便退休过渡,这些也将专职委员一职仅看作解决待遇的方式,加上其临近退休,很少会好好思考如何将专职委员的职能履行好,使专职委员的效能进一步降低。

(三)专职委员应有的作用不能完全发挥

一方面,"专职委员"一职设置的初衷是因其具有"中立性",从而在检委会中能充分发表更为公正、科学的意见,促进检委会议事水平的提高,但当前许多专委由于被赋予办案或分管业务等其他职责,如此便丧失了其"中立性",从而无法正确发挥其应有作用,而有的专委虽然是专职,但在检委会中并非是首个发言,如天水市有3个院的6名专委都是在副检察长发言以后再发表意见的,这就使专职委员提供中立性、专业性意见的作用无法发挥,使其效能有所降低；另一方面，从全市专职委员的履职情况看，"专职"的委员并没有充分发挥出效率、效果和效益，相反，其当前的工作量与工作难度与专职委员能力强、经验丰富的自身条件不相适应，在这一情况下，专职委员自身的价值无法充分体现，使其对本职工作认可度不高，其主动性、积极性明显不足，不仅工作效率、效果有所降低，更为院内其他的办案人员提供一种恶性导向——既经验越丰富、能力越强，到最后成为专委后会越不能发挥其作用、越不受重视，若在司法改革后，专委的待遇和普通检察官一样，则专委的人选极有可能成为问题。同时，对于最高人民检察院规定的专职委员的现有职能，也有相当一部分委员并没有充分履行，如在开展检察调研、总结职能的履行上，全市15名专职委员中，有8人从未撰写过调研文章，3人每年撰写不到1篇，另3人每年撰写2~3篇，只有1人因为负责研究室工作，每年撰写约10篇，但以上文章大部分都是基于征文任务，很少根据工作中的实际问题进行调研，专职委员对检察工作进行调查研究的效能没有充分发挥出来。

二、效能要求下对专职委员的职能定位

检察委员会是中国特色社会主义司法制度、检察制度的重要组成部分，是人民检察院内部实行集体领导决策的重要组织形式。[①] 而专职委员制度对于促进检委会规范化、专业化建设、提高检委会议事议案能力、指导并提高院内业务水平等方面具有重要作用。但从专职委员现有的职能看，作为专业性人才，并不能人尽其用，甚至在基层，专职的委员几乎无事可做，而有事可做的专委却重点做着"兼职"工作。

笔者认为，专职委员之所以为"专"，一方面体现在专业性上，即专职委员应当是专业水平高、办案经验丰富的人；另一方面体现在独立性上，即专职委员是一个专门的职位，并不能兼职。检委会中的兼职委员或担任检察长、副检察长、科室负责人，或在具体的部门进行办案，他们在讨论案件时既要考虑检委会的整体目标，也要考虑自身部门和分管工作的利益需求，[②] 其发表的意见具有部门利益性，尤其是在当前绩效考评体制下，这一利益需求更为明显。如检察机关办理的职务犯罪案件，在逮捕后到了公诉阶段发现证据不足，且无法再进一步取证，因此提交检委会是否作不起诉决定。在所有委员中，作为分

[①] 参见杜建国：《检察委员会整体建设探析》，载杨振江主编：《检察委员会理论与实务研究》，中国检察出版社2012年版，第10页。

[②] 参见吕钺、龚坚强：《关于基层院检委会专职委员职能作用的思考》，载杨振江主编：《检察委员会理论与实务研究》，中国检察出版社2012年版，第223页。

管自侦或侦监工作的副检察长极有可能不会赞成，因为如果作不起诉决定，则意味着自侦条件和侦监条线将面临着考核被严重扣分的情况，而作为分管公诉的委员则希望作不起诉决定，因为如果起诉后法院作出无罪判决，则公诉条线也要面临严重扣分。检察长则有可能会衡量两种决定对单位的影响大小，从而作出取舍。而"专职"的委员则不存在这些利益考虑，他们发表的意见多具有中立性和科学性，但倘若由专职委员分管或协助分管业务，或担任科室负责人，则一来不成"专职"，二来将专委参与检委会的优势剥夺，使专委在发表意见时丧失了这种中立性，从而与设置专委一职的初衷相违背，不利于检委会议事议案水平的提高。因此，在案多人少的情况下，要充分发挥专职委员职能，使其履职效能最大化，笔者认为，专职委员除了参加检察委员会进行议事、议案外，应当具有以下几方面的职能。

（一）对院内干警进行业务指导

如果严格按照专职委员的选任条件进行选任，则可以说，专职委员是整个检察院中的资深人员，无论从专业水平、办案能力还是法学理论水平，都是院内的佼佼者。因此，由专职委员承担业务指导工作是毋庸置疑的。笔者认为，专职委员的业务指导工作主要体现在以下几个方面。首先，对院内案件尤其是重大疑难案件提供指导意见。对于普通的案件，若办案人员、办案组或办案科室对案件有争议，则可邀请专职委员参加小组或科室的讨论，对案件发表意见。对于重大疑难案件，则由检察长指定专职委员对案件进行全程参与，提供意见。其次，专职委员应定期组织干警进行相关业务知识学习。笔者认为，专职委员对干警的培训应当形成一种制度，由专职委员定期进行辅导，一般至少每周1次为宜，若辅导内容为系统性的内容，则可以相对增加每周辅导的次数。具体的辅导内容由专职委员根据业务需要来决定，专职委员应当每月或每季度制定学习计划表，交由政工部门进行具体的学习组织。最后是对院内案例的定期总结、发布，一般建议至少每月发布1起案例。案例不限于最高人民检察院要求的典型性指导性案件，而是包括所有提请检委会讨论的可公布的案件、未上检委会但做法较好的案件、法律适用上有歧义的案件、不常见罪名的案件或办理的错案，甚至其他院办理的做法较好的案件等。专职委员通过定期对这些案例予以总结、评析、发布，对于错案寻找原因并提出对策，对于类案要进行类案总结等，从而对实际办案工作起到指导作用。另外，上级院的专职委员可以对下级院的检察业务进行指导，这主要是通过列席下级院检察委员会、回答下级院专委提交的业务问题等方式进行。

（二）进行案件质量管理

作为院内专业性强、办案能力优秀的检察官，由专职委员对案件质量进行管理显得更为合理。这种管理一方面是通过案件评查的方式进行。即由专职委员组织案件管理部门、院内资深检察官对全院办理的各类案件进行定期评查，一般每季度评查一次，评查时，由专职委员会同案管部门制定评查标准、评查重点以及评查方式等，并将评查结果和整顿的具体措施形成报告报检委会讨论通过。另一方面，专职委员对案件质量的管理可以通过案件质量考核的方式进行。首先以案件评查标准为基础，起草院内案件质量考核办法，报检委会通过。接着，由专职委员组织案件管理部门进行年终考核，这一考核的主要内容是将当年的案件评查结果和日常办案程序监管情况分值化，同时参考市院对条线的考核结果，以此进行综合计算，故而这一考评一般在市院考核后进行。

基于实际中的具体操作，笔者建议将案件管理部门交由专职委员分管，因为案管部门不牵扯具体的业务工作，而是对所有业务案件以中立者、监督者的身份进行管控，因此，不会妨碍专职委员在检委会中发表意见的中立性和科学性。相反，作为对院内业务工作有指导职能的专职委员，其有责任、有能力对院内案件质量进行把控，而若将案件管理部门交由其他副检察长分管，则一方面可能会在案件质量管理时存在利益牵扯，因为一般情况下，副检察长除了分管案管办外，常常还分管着公诉或侦监等其他业务工作，这样在案件质量管理时不容易做到秉公处理；另一方面，则可能会使专职委员在进行案件质量把控时无法直接组织安排，而需要与副检察长进行协商、沟通，若协商不成，反而会使其在管理案件质量时束手束脚。

（三）负责检委会相关工作

检委会的工作可以说是专职委员的天然职能，而这一职能除了参加日常检委会会议外，主要体现在对检察委员会办公室的管理中。一般情况下，专职委员应当分管或者负责检委办工作。一般日常性的事务工作由检委办工作人员进行，但有两项工作是必须由专委亲自进行的。一是对提交检委会的案件进行会前实体性审查。从天水市两级检察机关来看，15名专职委员有13人均对提请检委会讨论的案件进行会前审查，其中9名进行全面审查，其他的均进行程序性审查。根据《人民检察院检察委员会组织条例》第17条规定，"检察委员会办事机构的职责是：（一）对提交检察委员会讨论的案件或者事项材料是否符合要求进行审核；（二）对提交讨论的案件或者事项提出法律意见；（三）对提交讨论的有关检察工作的条例、规定、规则、办法等规范性文件提出审核意见……"从以上规定可以看出，检委办对提请检委会讨论的案件或事项进行的审查，既包括程序性审查，也包括实体性审查，程序性审查可由检委办办事人员来进行，但实体性审查必须提出法律意见或审核意见，此时，只有专职委员才有能力对此提出意见。二是组织检委会的集体学习，必要时，对检委会委员进行辅导。检委会集体学习是提高检委会议案、议事能力的重要途径之一，一般由检委办提请检察长决定。但在何时学习何种内容并不是一般办事人员有能力决定的，这就需要经验丰富的专职委员进行把关，必要时，由专职委员进行辅导。

除了以上两项工作必须由专委亲自负责外，检委办的其他工作则由专委仅进行领导和把关，如检委会决定执行情况的督查、检委会会议记录的制作、统一业务应用系统的使用等。当然个别院出于人员考虑，将这些事宜都交由专委负责，而不另派检委办工作人员，这种做法在人员紧张的情况下也是可以适当参考的。

（四）进行法案研究

笔者这里所指的法案研究工作主要包括以下几个方面。一是对个案操作中对法律适用的疑层级汇报请示或解答。这主要是指个案中存在的一些问题没有相关规定或者法条有所冲突，办案人员对此有疑问，本院专职委员也无法解决的情况。当前实践中，很多院遇到这种情况时，几乎不会通过专职委员上报请示，而是直接通过业务条线向上请示，但上级院接到这种请示时，有时因业务能力限制，无法直接批复，大部分情况是给予不太确定的口头批复，并且即使正式批复了，相关业务科室也基于时间、能力等各方面原因，难以将这类问题及时总结。因此，对于这种情形，建议由该院专职委员将该问题上报至上级专职委员处，由上级专职委员在吸收相关业务科室意见后，直接解答或提出意见，如果法律适用确有疑难，可层级汇报。同时，专职委员应定期整理各业务科室和下级院提出的问题，进行相关的调查、总结和研究，从而有效推动检察工作的发展。二是收集对司法解释的意见建议。专职委员对办案人员日常办案中遇到的司法解释不符合司法实践或存在问题的情况，定期层级上报上级院，给高层制定司法解释或规范提供参考。三是制定院内相关业务程序、制度。专职委员专业知识丰富、业务能力强、办案经验多，平时对法律法规了解较多，对于院内相关业务的程序、制度由专职委员制定再合适不过。四是对需要与其他单位协调的法律制度问题由专委牵头进行沟通。专职委员可以说是院内资深检察官的代表，从一定程度上代表了检察院内法律知识、办案能力的最高水平，对于业务方面需要与其他单位进行沟通的事宜，由专职委员进行牵头联络，能更好地从专业角度去分析问题，并可以防止最后形成的制度与法律相冲突。

（五）开展调查研究

具有较深的法学理论功底是对专职委员的选任条件之一，而"开展检察调研，总结检察工作经验"也是《人民检察院检察委员会专职委员选任及职责暂行规定》对专职委员规定的基本职能之一。专职委员有丰富的业务工作经验，其有能力对司法实践中存在的各种问题进行调查和研究，同时，其具有深厚的理论功底，因此，其能更好地将司法实践与法学理论相结合，形成有实证研究、有理论高度的高水平调研文章，从而防止实践与理论的脱节。专职委员对检察工作进行调查研究不仅要从各业务科室或下级院平时咨询、请示的问题中入手，还要主动深入业务科室，对平时工作中存在的问题、好的经验做法等进行调查、总结，从而充分指导检察工作、促进检察理论与实践的有机结合。

（六）提供法律服务

一方面，专职委员的法律水平较高，因此，可以对院内出台的各类制度进行合法性审查，防止制度违法情况出现；另一方面，专职委员也可以接受群众的法律咨询，为其提供专业性的指导意见。值得注意的是，对于院内干警的咨询，一般是属于业务指导职能，而对于普通群众的咨询则属于法律服务。当然，对本院干警咨询其所在业务以外的其他法律问题，也可以归在此类。

三、司法改革下如何完善专职委员相关制度、充分发挥专委效能

当前，司法改革正在如火如荼地进行。在这一大背景下，一方面，要将以上职能以制度形式予以正式编发，最好能在法律或相关司法解释中进行规定，并制定相关的实施细则，以确保其实施效果；另一方面，专职委员制度也需要进行相应的改革，而以上职能也需要相应的制度予以配合，从而将专职委员的效能最大化。

（一）人员分类管理下专职委员的去向和地位

人员分类管理是当前改革的重中之重。从理论上讲，专职委员专业能力强、办案经验丰富，其除了要对提请检委会的案件进行审查、发表意见外，对其他业务工作也有指导职能，甚至还要对全院的案件质量进行把控。以此为基础，只有专职委员具有检察官身份，才有资格履行以上职能。从实践看，根据当前上海市及其他一些省的司法改革试点方案，检察委员会成员是当然的检察官，而专职委员作为检委会委员之一，自然要拥有检察官身份。

但专职委员能否担任主任检察官却说法不一。笔者通过对天水市专职委员进行意向调查发现，80%的专职委员认为，专职委员应当担任主任检察官，因为专职委员经验丰富，办案能力强；20%的专职委员认为自己不应当担任主任检察官，因为专委不宜直接办理案件。笔者同意后一种看法。基于以上对专职委员的职能设定，专委对业务不直接办理，而是起到指导、宏观把握质量的作

用，若由专职委员担任主任检察官，则必然要办理案件，这就和专委分管业务工作一样，使专委在检委会发表意见时丧失了中立性。若在人员分类管理前，基于需要，部分专职委员可能会直接办理一些重大、疑难案件，但在分类管理后，这类案件会由主任检察官办理。且司法改革后，案件将实行终身责任制，因此，专职委员可以参与在具体的案件中对案件提供意见，但意见是否采纳由办案检察官或主任检察官决定，专职委员对此无权进行干涉，但专职委员认为案件确实存在质量问题的，可以提请检委会讨论。

在司法改革后，专职委员受检察长直接领导，对检察长负责，就其负责的所有工作定期向检察长汇报，案件质量管理工作还需要向检察委员会负责。同时，专职委员对副检察长分管的业务仅以提供意见建议，或者编发案例等形式进行，对副检察长不进行任何干涉。各院应当对专职委员根据其具体的职能进行分工，各司其职，在必要时相互配合、相互协作，共同履行好专职委员的职能。

（二）完善专职委员的选任机制

基于专职委员的以上职能要求，专职委员既要有丰富的业务知识、资深的办案经验，还要有深厚的理论水平和总结研究的能力。虽然《人民检察院检察委员会专职委员选任及职责暂行规定》对以上选任条件基本明确了，但在实际操作中却仍然出现专委业务能力不足的情况，甚至有的院将专委一职仅作为解决干警待遇的途径，而忽略了作为专职委员应当具备的一些素质。因此，笔者建议，将专职委员的选任条件量化，综合考虑学历学位、是否有律考证或司法考试证、业务工作年限、办理案件数量和质量、办理重大疑难案件数量和质量、撰写调研文章数量、发表数量、发表级别、获奖数量、是否是全省人才库人员等，最后根据综合量化的评定结果来选任专职委员人选，并报当地人民代表大会通过。通过这种方式，以实际能力选任出的专职委员，大多具有较强的综合素质，有能力履行好专职委员的职责，而不是将专职委员作为解决待遇的方式之一。

另外，建议取消"现任同级人民检察院检察委员会委员，且担任检察员和检察委员会委员二年以上，或者担任下一级人民检察院检察长或者副检察长二年以上"这一选任条件，因为从当前大部分检察院的情况来看，担任检委会委员的绝大部分都是院领导，有些领导甚至没有办案经验，而是从其他单位调入的。但这些人并不一定具备专职委员应有的素质，如果以此作为选任专委的条件之一，则很难选到真正有能力的专职委员。但可以要求担任检察官的年限，甚至可以要求一定的办案年限，以此来结合以上选任条件进行专职委员的选任。同时，建议破除专职委员终身制，虽然不一定要按检察长那样以届任期，最长 2 届，但建议配合相关的考核机制，以决定是否继续任职。

(三) 完善专职委员责任考评机制

基于以上破除终身制的建议，笔者认为，应当对专职委员进行述职考评和定期考核相结合的方式进行考评。其中述职考评每年一次，由专职委员将一年中履行职能情况、廉洁从政情况等形成报告，在全院进行述职述廉，并由全院干警对专委当年的履职情况和作风等情况进行匿名评定，将评定结果作为专委定期考核的内容之一。定期考核每两年进行一次，考评内容主要是专职委员任期内履职情况，包括组织案件评查的次数、组织全院学习的次数、组织检委会学习的次数、对提请检委会案件审查的准确性、任职期内案例编写发布情况、调研文章的撰写数量、发表级别、获奖情况等，同时参考院内干警对两年述职述廉的评定结果，进行综合考评，并将考评结果报上级院备案。连续 2 次考评不合格的，应当取消专职委员职务，但连续 2 年考核优秀的，应当有所奖励，以此作为激励，不断提高专职委员履职的效能。

(四) 完善专职委员纵向管理制度

专职委员对下级院进行业务指导可以说是专委的重要职能之一，而这种职能的实现需要通过与下级专职委员进行联络。一方面，列席下级院检察委员会需要由下级院的专职委员提出列席邀请；另一方面，回答下级院的业务问题也是由下级院专职委员提交的。因此，笔者建议整合全国专职委员资源，畅通从上至下的专职委员沟通渠道，以便专职委员更好地履行职能。同时，建议省级检察机关对全省专职委员进行定期培训，根据专职委员的职能，开展指导能力培训、业务知识培训、案件质量管理培训、总结调研培训等，从而不断提高专职委员的综合素能。有条件时，可以由最高人民检察院组织各省较为优秀专职委员进行培训。另外，省级院可以不定期召开研讨会，就检察业务中、专委履职工作中遇到的问题进行研讨，使全省专职委员形成"一盘棋"。

(五) 提高专职委员待遇

专职委员作为资深的检察官，完全有能力胜任主任检察官的职位，甚至可能会从主任检察官中选任。但在司法改革后，主任检察官的待遇必然会大大提高，这样从一定程度上，会使院内的优秀人才更倾向于担任主任检察官，不愿担任专职委员。因此，基于这一点考虑，专职委员的待遇不能过低，否则，难以选任到适合的人选。笔者建议专职委员应当参照院领导的待遇，或者直接将专职委员作为院领导，并在晋升检察官等级时，对定期考评为优秀的专职委员有一定的政策倾斜，这样才能调动专职委员工作的积极性，不断提高工作效能。

办案责任制改革中的检察官职业伦理研究

阮祝军[*]

党的十八大之后，中央全面深化司法体制改革和工作机制改革，在此大背景下，2013 年和 2015 年最高人民检察院先后出台了《检察官办案责任制改革试点方案》（以下简称《试点方案》）和《关于完善人民检察院司法责任制的若干意见》（以下简称《若干意见》），以基层检察院为试点单位，通过科学划分执法权限，建立健全检察机关执法办案组织，在消除检察活动行政化倾向、突出检察官主体地位、落实检察办案责任等方面取得了积极明显的成效。然而，司法的基础是司法官的素质。当前我国司法领域问题突出、司法公信力不高，究其原因，除了司法体制、职权配置、权力运行机制等制度性深层次因素之外，司法腐败、冤假错案、办案粗疏、作风不正等司法人员职业伦理的缺失也给社会公众留下了严重的负面影响。[①]

因此，检察官办案责任制改革，不仅要在检察办案组织构建、检察官权力配置等机制方面进行优化探索，对于改革放权后如何确保办案检察官具有良好的职业操守同样需要予以足够的关注。

一、职业伦理建设对检察官办案责任制改革的意义

所谓职业伦理，是指在职业范围内形成的比较稳定的价值观念、行为规范和习俗的总称。[②] 他不同于一般的社会伦理和个人道德，是特定行业或者职业成员内部形成的最基本的价值取向和行为标准，反映了一个职业群体的主导价值和精神特质，具有普适性、稳定性和外在约束性。检察官作为职业法律共同

---

[*] 作者简介：阮祝军，上海市嘉定区人民检察院检察长，上海市检察业务专家。

[①] 参见龙宗智：《检察官客观义务与司法伦理》，载《国家检察官学院学报》2015 年第 3 期；万毅：《检察官职业伦理的划分》，载《国家检察官学院学报》2014 年第 1 期。

[②] 参见李本森：《法律职业伦理》，北京大学出版社 2008 年版，第 4 页。

体中的重要成员,不同于一般公务人员,其经过长期的法律专业学习和训练后,会形成一种基于纯粹技术的身份荣誉感和责任感。但不同于医生,检察官的这种技术权威必须建立在社会公众的信任之上,如果不能保持整个职业团体的廉洁正派,那么其技术功能将消失殆尽。① 因此,检察官职业伦理建设,一方面为检察官办案责任制改革的合理性进行价值背书,另一方面也是意图通过理性的力量为检察官办案责任制构建起伦理标准,借此提升全社会对检察机关和检察官的司法信心。

(一) 检察官职业伦理是推行办案责任制的合理性前提

从设立检察官制度的目的来看,不管是大陆法系还是英美法系,都把检察官作为法律的守护人和国家公益的代表,其职业伦理都要求检察官代表国家追诉犯罪,公正严明,不惧权贵,维护社会公平正义,保障社会公共利益;同时要求保障人权,尊重程序正义,客观中立,依法追诉,防止过度追诉,防范陷无辜者于罪名。② 我国检察机关是宪法法律规定的国家法律监督机关,相较于其他国家检察机关,拥有更高的法律地位和检察职权,在对检察官的职业伦理要求上与国际检察伦理准则是基本一致的。

检察官办案责任制改革的目标是保障检察机关依法独立公正行使检察权,其突出检察官办案主体地位,以公正为最终目的,以独立客观为核心内容,以依法为底线要求,与检察官职业伦理建设的目标也高度一致。但"徒法不足以自行",检察官办案责任制的实现,不仅需要良好的办案组织和工作机制,更需要具有独立办案能力且品行良好的检察官。③ 检察官作为检察权行使的唯一主体,必须在办案中秉持良好道德品格、遵循司法职业伦理,才能让社会树立起对司法的信心,支持检察官办案责任制等司法改革。

(二) 检察官职业伦理是落实办案责任制的必然性要求

近年来,多起刑事冤假错案的曝光引起社会的广泛关注,整个司法机关承受了巨大的舆论压力。中央政法委、最高人民法院、最高人民检察院和公安部

---

① 参见 [德] 马克斯·韦伯:《学术与政治》,冯克利译,三联书店 1998 年版,第 68 页;[美] 布莱恩·甘道迪:《美国法律伦理》,郭乃嘉译,商周出版社 2005 年版,第 6 页。

② 参见张志铭、于浩:《国际检察官职业伦理评析》,载《国家检察官学院学报》2014 年第 1 期;王永:《我国检察官职业伦理规范研究》,山东大学 2012 年博士学位论文,第 81 页。

③ 参见万毅:《检察官职业伦理的划分》,载《国家检察官学院学报》2014 年第 1 期。

就防止冤假错案也分别出台了相关的指导意见，并明确要求法官、检察官、警察对办案质量终身负责。然而，为了防止检察官权力的滥用，我国检察机关长期以来实行"检察人员承办、科处长审核、检察长决定"的"三级审批制"。在这种行政化控制的办案模式下，检察办案权和决定权的行使主体完全分离，具体承办案件的检察官仅仅是负责检察事务的办事人员，权力与决策都集中到行政中层和检察首长，因此从实然的角度看，检察官并未能独立地行使完整的检察权，追究其办案责任也难言公平。① 在检察官办案责任制改革之后，检察官在一般案件处理上具有较大的独立性和决定权，而掌握权力者除了承担一般的公民义务之外，还需承担更多的由权力引出的责任。② 因此，检察官在职业荣誉和职业保障得到提升的同时，为了保证办案质量、降低其办案风险，自然需要对他们提出较高的职业伦理要求。

而司法职业伦理并非是一种纯粹的规范性伦理，而是一种责任伦理，它关注的不仅仅是伦理规范，还关注由这些规范而产生的实际效果。③ 检察官职业伦理指引从业者凭良心和良知执业，规范检察办案行为，并对违反者予以惩戒，以维护职业的地位和尊荣，有利于强化检察官的内部自律和内心自省作用。④ 相较于"三级审批制"的外部监督措施，检察官职业伦理在办案责任制改革中实际上起到了检察权控制模式由外部控制向内部自律转变的作用。⑤

二、办案责任制改革中检察官职业伦理建设面临的困境

（一）身份困境：人民检察院还是检察官

检察官是执法办案的主体，由于检察活动具有亲历性、程序性、建议性、阶段性的特征，很多情况下需要独立负责，因此赋予检察官行使职权时较大的独立性是世界各国检察制度的通例。然而，我国实行的不是单一的检察官负责制，宪法和法律规定依法独立行使检察权的主体是人民检察院而非检察官，人民检察院的唯一法定代表是检察长，只有检察长依法可以独立行使检察权。检

---

① 参见杜磊：《检察官办案责任制改革探索》，载《环球法律评论》2015年第3期。
② 参见何怀宏：《政治家的责任伦理》，载《伦理学研究》2005年第1期。
③ 参见王申：《从"法官集体嫖娼事件"看司法伦理规范建设的重要性》，载《法学》2013年第8期。
④ 参见张志铭、徐媛媛：《对我国检察官职业伦理的初步认识》，载《国家检察官学院学报》2013年第5期。
⑤ 参见陈卫东：《合法性、民主性与受制性：司法改革应当关注的三个"关键词"》，载《法学杂志》2014年第10期。

察官办案责任制改革虽然在办案组织建设和检察官办案主体地位的确立上开辟了新的路径，但没有改变以人民检察院为权力主体的基本格局，也没有为检察官确立办案主体的法律地位。[①] 因此，在检察官办案责任制改革的背景下，如何看待检察官独立行使检察权的职业伦理就成为一个问题。

（二）组织困境：独任检察官还是检察官办案组

本次检察官办案责任制改革的一大特点就是健全了检察办案组织形式，根据最高人民检察院《若干意见》规定，检察机关实行独任检察官或检察官办案组的办案组织性。对此，有观点认为，由于检察机关本身奉行检察一体原则，因而，检察机关办案不宜也不能采用合议制，只能采用独任制，独任制检察官是检察机关的基本办案组织。[②] 但也有观点认为，检察院不同业务部门，实行检察官责任制不能一概而论，要注意办案模式和工作性质相适应。[③]

我们认为，上述观点分歧实际上反映了检察官独立行使检察权与检察一体上命下从的组织要求的客观冲突。检察办案组织是检察权运行的基础，独任检察官和检察官办案组制度是对检察机关现行办案组织框架的具体设计和检察职权的新型配置，检察官职业伦理规范的形式和内容与"检察一体化"的组织结构及程度密切相关，对于检察官办案责任制改革中检察官的职业伦理要求具有较大的影响。

（三）规则困境：理念伦理还是责任伦理

我国检察官职业伦理的规定主要有《检察官职业道德规范》、《检察人员纪律处分条例（试行）》、《检察人员执法过错责任追究条例》、《检察官职业道德基本准则（试行）》、《检察官职业行为基本规范（试行）》等。总体来看，规定数量虽多，但多为检察系统的内部规范，缺乏有效的外部伦理规范。同时，各规范体系庞杂，层次分明，在架构逻辑和具体内容上存在重复、交叉的问题。尤其是对一些奖励或惩戒性的伦理内容，只是做了原则性宣示，并没有规定相应的标准和奖惩措施，过于抽象和概括，未能形成对检察人员办案行为统一的指引。根据学者的分类，政治家的伦理可以分为信念伦理、责任伦理和规则伦理，其中信念伦理更注意行动意图的纯洁性，责任伦理更注意行动后

---

① 参见谢鹏程：《检察官办案责任制改革的三个问题》，载《国家检察官学院学报》2014年第6期。

② 参见万毅：《主任检察官制度质评》，载《甘肃社会科学》2014年第4期。

③ 参见樊崇义、龙宗智、万春：《主任检察官办案责任三人谈》，载《国家检察官学院学报》2014年第6期。

果的可接受或承受性，而规则伦理更注意行动的方式或手段的正当性。① 检察官作为法律公共事务的重要参与者，检察官职业伦理应该侧重于哪一方面也成为一个重要问题。

三、办案责任制改革中检察官职业伦理建设的建议

（一）名正言顺：明确检察官的主体法律地位

如上文所言，不管是独任检察官还是检察官办案组中的主任检察官，都只意味着具有代表人民检察院依法行使检察权的资格和身份，而不是独立的机构或者官署，都不具有英美法系、大陆法系国家检察官那样的独立法律地位和完整办案主体资格。② 但是，所有检察权最终都要落实到具体的检察官，没有检察官的相对独立就不可能有检察机关的独立行使职权，确认承办检察官具有独立自主决定案件的权限，是构建权力与责任相协调的办案机制的逻辑起点。③ 否则不管检察官职业伦理规定得多么完美，其在检察官办案责任制改革中、在保障检察官的依法独立公正行使检察权方面都存在制度上的缺陷。

我们认为，检察官责任制是一种承办负责制或者主导性责任机制，即"谁办案谁负责、谁决定谁负责"。因此，从权责利相一致的角度看，建设检察官职业伦理，首先要突出检察官办案主体地位。我们建议在修改《人民检察院组织法》时，明确独任检察官和检察官办案组作为检察机关办案组织的法律地位，赋予独任检察官和检察官办案组以相对独立行使检察权的职权，即除法律规定必须由检察长或检察委员会行使的职权外，其他案件处理决定可以由独任检察官或者检察官办案组独立作出，并由检察官承担责任，进而增强检察官的荣誉感和责任心，确保检察官恪尽职守尽心履职。

（二）因地制宜：围绕检察权运行规律设定职业伦理

南宋哲学家朱熹在《近思录》中提道："学之道，必先明诸心，知所往，然后力行以求至，所谓自明而诚也。"推行检察官办案责任制改革，出发点是突出检察官办案主体地位，核心则是探索检察权的科学运行方式。在我国，检

---

① 参见何怀宏：《政治家的责任伦理》，载《伦理学研究》2005年第1期。
② 参见朱孝清、张智辉主编：《检察学》，中国检察出版社2010年版，第289~290页；谢鹏程：《检察官办案责任制改革的三个问题》，载《国家检察官学院学报》2014年第6期。
③ 参见邓辉、谢小剑：《责任与独立：检察官纪律惩戒的双重维度》，载《环球法律评论》2010年第5期；杜磊：《检察官办案责任制改革探索》，载《环球法律评论》2015年第3期。

察权具有司法属性、监督属性和行政属性,也具有不同的检察权运行规律。因此,研究检察官职业伦理建设必须要围绕检察权运行的特点和内在要求进行。

我们认为,检察官办案责任制改革中,在司法属性较为突出的公诉、侦监等刑检部门,检察官的判断性和独立操作性比较强,在办理一般案件时可以采用独任检察官加辅助人员的模式办理案件,在办案要求上也可以较多地强调独立的职业伦理。而在职务犯罪侦查、诉讼监督类等案件,以及重大敏感、疑难、复杂类刑检案件中,案件侦查、起诉过程较长,社会关注度高,光靠单个检察官单枪匹马很难开展工作,这是应该由主任检察官、检察官、辅助人员组成检察官办案组模式,其中主任检察官是检察官办案组的负责人,检察官办案组在主任检察官领导下行使承办权,相应地,这时更多地需要强调检察官之间的紧密合作、同甘共苦的"心理一体",以全体协作的职业伦理要求,全体检察官群策群力、共同履行职务,共同担当外界干扰或办案压力。①

(三)权责明晰:由理念伦理向规则伦理转化

"一个国家检察官的性质与检察官在宪法、法律上的地位有着重要的关系,更与该国刑事诉讼的结构和模式关系密切。"② 在我国,检察官非经检察长指派或者授权并以人民检察院的名义对外进行的活动不具有法律效力,在赋予检察官独立依法决定权力的同时,要坚持检察一体化原则,保证上级检察院、检察长、检委会对司法办案工作的领导权和指挥权。但实行检察一体原则,最重要的是建立一个明确的游戏规则,使检察权行使的方式透明化,让作为独立官厅的检察官抑或是具有领导指挥权的上级检察长官,都可以成为被监督的"监督者",其违法违规责任同样可以得到及时有效的追究,这才是检察组织伦理健康发展的唯一正解。③

我们认为,解决检察官独立与检察一体原则冲突的游戏规则,主要内容就是权力配置、书面意见、职务移转、责任承担。一是根据"谁办案、谁决定、谁负责"的总体原则,积极探索决定权、审核权、承办权的职权定位和责任归属,细化明晰规范职权行使,确保司法责任制落到实处。二是上级检察机关或者检察长对下级检察官发出指令,必须要有制度依据,而且要以书面方式为之。如果检察官接受意见,则继续办理此案,但此时检察官要自我负责,为自

---

① 参见万毅:《检察官职业伦理的划分》,载《国家检察官学院学报》2014 年第 1 期。
② 陈国庆:《检察制度原理》,法律出版社 2009 年版,第 54 页。
③ 参见王永:《我国检察官职业伦理规范研究》,山东大学 2012 年博士学位论文,第 83 页。

己的决定承担责任。如果检察官不接受意见，上级检察机关或者检察长可以指派其他检察官或者亲自接替该检察官，不能强令其遵守。不论是提出书面意见还是职务移转，都有一个同样的结果，那就是责任转移，即"谁决定，谁负责"。①

这一点，我们认为中办、国办印发的《领导干部干预司法活动、插手具体案件处理的记录、通报和责任追究规定》和中央政法委印发的《司法机关内部人员过问案件的记录和责任追究规定》（以下简称"两个规定"）起到了很好的示范作用。按照上述"两个规定"的要求，检察机关领导干部和上级检察机关检察人员因履行领导、监督职责，需要对正在办理的案件提出指导性意见的，应当依据程序以书面形式提出，口头提出的，检察人员应当记录在案。检察官在办案过程中遇到给检察机关人员干预、插手、过问检察机关司法办案的，应当做好记录、通报和报告，严肃追究相关责任。"两个规定"既能排除外部对检察权行使的违法干预和影响，建立"防火墙"和"隔离带"，又能促进检察人员自觉规范自身言行，不违规干预和过问他人办理案件，为检察官依法独立公正行使职权提供制度保障和救济途径，具有中国特色。

（四）底线伦理：检察官办案责任的分辨界限

责任伦理本身是规则规定，其特征是责任的分辨。职业伦理本身就是一种责任伦理。在理性主义占据垄断地位的现代社会，对于检察官的职业伦理规范而言，更主要的是一种可以具体操作的责任型伦理规范。② 在司法伦理学上，责任概念不仅仅是产生于外在的强制规范，还包含了正义、善良意志等自然法概念。不同职业伦理下产生的职责是完全不同的，其所产生的职责含义甚至会与遵循人类基本生存准则而产生的职责含义处于对立的两极。任何人都不能以服从命令为借口而超越一定的道德伦理底线。③ 检察官的职业伦理来源于责任感，检察官办案责任制就是要求检察官保持职业伦理责任感并为其职务行为的后果承担责任。尤其是一些底线伦理和行业规范，检察人员履职必须遵从，一旦违反即不适合做一名检察官。

---

① 参见林钰雄：《检察官论》法律出版社2008年版，第202~216页；谢鹏程：《检察官办案责任制改革的三个问题》，载《国家检察官学院学报》2014年第6期。

② 参见宋远升：《论检察官职业伦理的构成及建构》，载《法学评论》2014年第3期。

③ 如德国法西斯的鹰犬艾希曼的价值观，汉娜·阿伦特认为是一种"庸常之恶"，职责借口的犯罪比其他犯罪更邪恶，其没有内心的谴责。参见萧瀚：《法槌十七声》，法律出版社2013年版，第131页。

从比较法的视角看，不论是国际检察官职业伦理（如联合国《检察官角色指引》和国际检察官联合会《检察官专业责任守则和主要职责及权利的声明》），还是世界各国检察官职业伦理，都规定有两种类型的职业伦理规范，其中惩戒性规范作为底线伦理，一般比较具体；期待性规范作为上线伦理则比较抽象。因此我们认为，在检察官办案责任制改革的背景下，检察官职业伦理建设应当更加注重对检察官职务行为的指引或提示，探索完善因执法办案造成严重后果或恶劣影响等情况的追责制度，确定司法责任和承担主体，科学认定应承担的司法责任，真正把责任落实到"人"。尤其要明确底线伦理和确立司法责任豁免制度，对办案中虽有错案发生，但检察官恪尽职守，依法办案，没有故意、过失和严重违反办案纪律的行为，不应承担司法责任。但即使没有发生错案，办人情案、关系案，严重违反法律程序的，也要严肃追责。

这一点，我们认为可以借鉴上海市检察改革的有益经验。上海市人民检察院根据最高人民检察院纪律规定制定《上海检察机关检察官从业规范（试行）》，并在市委政法委、市高级法院、市检察院联合下发《关于上海法官、检察官从严管理六条规定》之后，制定《上海检察机关关于严禁检察官违反任职回避规定，对领导班子成员配偶、子女和检察官配偶在本市从事律师、司法审计、司法拍卖职业实行"一方退出"机制的规定（试行）》、《上海市人民检察院机关加强纪律作风建设的规定》等一系列相关配套制度措施。这些规定条文都不多，但没有停留在理念宣示的自律层面，而是通过实践中比较容易判断的具体标准转化成显在性的行为指引，如落实检察官任职回避，严禁打探案情、泄露办案秘密、干预他人办案，不得与案件有利害关系的人员私下接触、交往，严禁接受职权和职务影响范围内的吃请、送礼及其他任何形式的利益输送，严禁涉足夜总会、企业会所、私人会所及其他与职业身份不符的娱乐休闲场所等，获得社会的好评。①

（五）伦理惩戒：检察官办案责任的实现途径

检察官职业伦理的一项重要保障机制即为对法官、检察官的纪律惩戒，因此在制定了相应的检察官职业伦理规则的同时，还需要有科学合理的奖惩途径。② 上海检察机关在检察官办案责任制改革过程中，成立了法官、检察官遴

---

① 参见刘栋：《为全国司法体制改革当好探路先锋——上海推进司法体制改革试点这一年（下）》，载《文汇报》2015年7月24日第1版。

② 如在我国台湾地区，《检察官伦理规范》具有法规命令的效力，而违反此伦理规范的法律效果与检察官评鉴及惩戒机制相联结，因此具有较强的法的拘束力。参见龙宗智：《检察官客观义务与司法伦理》，载《国家检察官学院学报》2015年第3期。

选（惩戒）委员会，制定了检察官个案评鉴、社会评议、年度考核、司法档案管理等制度，对违反职业道德、违反法律枉法裁判、徇私枉法的检察官由检察官遴选（惩戒）委员会进行惩戒，对严重违反程序和违背职业操守、引起社会不良反响等情形，组成检察长、检察业务专家以及人大代表、政协委员和专家学者参加的评鉴委员会进行评鉴，确认检察官是否应承担责任，作为检察官业绩评价和惩戒依据，既避免司法从属于政治或者行政，也避免司法垄断、自身监控的弊端，有利于实现检察权独立行使与有效监督、制约之间的平衡，值得借鉴。[①]

四、结语：制度与人的相互救赎

世界上没有完美的制度，也没有完美的人。检察官办案责任制改革为检察官职业伦理建设提供了一个较好的外部环境和发展契机。但同时，制度也并不是万能的，作为外在的规则约束，制度必须以人内在的约束为基础，没有自律的他律不可能获得成功。

正如史尚宽先生所言："虽有完美的保障审判独立之制度，有彻底的法学之研究，然若受外界之引诱，物欲之蒙弊，舞文弄墨、徇私枉法，则反而以其法学知识为其作奸犯科之工具，有如为虎附翼、助纣为虐，是以法学修养虽为切要，而品格修养尤为重要。"因此，实现检察官办案责任制需要制度和人的良性互动，既要依靠办案责任制的机制约束弥补人性中的弱点，也要依靠检察官职业伦理的内部遵循来克服制度中固有的僵硬和不足。

[①] 参见《上海市检察机关案件质量评查工作办法》、《上海检察机关关于加强司法办案内部监督制约的规定（试行）》、《上海检察机关个案评鉴实施办法（试行）》、《上海检察机关关于规范检察官管理的若干意见（试行）》、《上海检察机关关于检察官业务考核的规定（试行）》等。

司法体制改革与《人民检察院组织法》修改

邢 伟[*]

党的十八届三中全会通过的《中共中央关于全面深化改革若干问题的决定》(以下简称《决定》),对检察管理体制改革的要求体现为以下方面:推动省以下检察院人财物统一管理,探索与行政区划适当分离的司法管辖制度;推进分类管理改革,完善检察官的选任和招录制度,完善检察官的任免和惩戒制度;探索建立突出检察官主体地位的办案责任制,健全检察权运行机制。[①]《决定》是落实党的十八大关于全面深化改革的战略部署,是党对有关涉及司法体制改革内容、立法工作和法律修改工作的重要主张。因此,《人民检察院组织法》的修改应当以《决定》为纲,最大限度地吸收《决定》的内容,为进一步完善检察管理制度提供保障。本文仅结合现行检察院组织法与检察管理体制改革存在的冲突,谈谈自己对立法完善的认识。

一、检察机关的领导体制

(一) 现状以及存在的问题

《人民检察院组织法》作为检察机关活动的基本准则,框架设计已不能适应检察工作现实需要,不利于建立组织完善、运行高效、管理科学、制度健全的检察管理新体制。

没有规定上级检察院领导的方式、程序。《人民检察院组织法》第 10 条规定:最高人民检察院领导地方各级人民检察院和专门人民检察院的工作,上级人民检察院领导下级人民检察院的工作。但如何领导,并未详细规定,以至于实际工作中上级检察机关对下级检察机关主要通过业务考核、检查督导、评优评先等方式来实现"领导",使"领导"关系异化为"指导"关系。检察机关人、财、物受制于地方,已经成为我国司法管理体制的一大弊端。此

---

[*] 作者简介:邢伟,河北省邢台市人民检察院检察长。
[①] 参见孟建柱:《深化司法体制改革》,载《人民日报》2013 年 11 月 25 日。

次检察管理体制改革，重要内容之一就是要去行政化建立跨行政区划的检察机关。

（二）域外制度比较

1. 美国。检察体制是"三级双轨、相互独立"。在联邦、州和市镇检察机构之间没有隶属关系，但在联邦检察系统呈现出一定程度的集中性。联邦检察系统由联邦司法部中具有检察职能的部门和分散于各地的联邦检察官办事处组成，其首脑为联邦总检察长，他同时也是联邦政府的司法部长。美国联邦总检察长由总统提名，参议院审议通过；联邦检察官由总统任命，但须经联邦参议院同意。[1]

2. 德国。检察领导体制分为两个体系。一是联邦体系，即联邦司法部——联邦总检察长——联邦总检察院。联邦总检察院在总检察长的领导下工作。总检察长对司法部长负责并接受其指令。二是邦体系，即邦司法部——邦高级检察院——邦检察院。邦高级检察院检察长统一领导邦高级检察院和邦检察院的工作。邦检察机关从属于邦司法部，邦高级检察院检察长有义务接受司法部长的指令，司法部长有权要求检察院报告工作。[2]

3. 俄罗斯。苏联解体后，俄罗斯检察机关仍被确定为统一的机关，要求下级检察长服从上级检察长和俄罗斯联邦总检察长。联邦总检察长由上议院（联邦委员会）根据联邦总统的提名任命和解除职务，联邦各主体的检察长和区检察长则由联邦总检察长任命。[3]

在领导体制上，双轨制领导体制为美国检察机关所特有，这种领导体制在一定程度上影响了联邦检察机关和各州检察机关在检察工作上必要的协调、联系和监督制约，不利于发挥检察职能。所以，目前尚无其他国家实行这种体制。[4] 但在联邦体制下，检察机关相对集中，联邦总检察长统一领导联邦检察机关的工作。德国检察机关虽然是属于两个体系，但两个体系中的检察机关都相对集中，分别由联邦总检察长和邦高级检察长领导。俄罗斯检察机关统一由联邦总检察长领导，具备高度集中性。在与权力机关的关系上，由总检察长对权力机关负责，下级检察机关（官）对总检察长负责。

---

[1] 参见龙宗智：《检察制度教程》，中国检察出版社2006年版，第33页。
[2] 参见龙宗智：《检察制度教程》，中国检察出版社2006年版，第30页。
[3] 参见龙宗智：《检察制度教程》，中国检察出版社2006年版，第37页。
[4] 参见贾志鸿等：《检察院检察权检察官研究》，中国检察出版社2009年版，第56页。

(三）立法建议

1. 强调上级检察机关领导下级检察机关，各级检察机关对上一级检察机关负责并报告工作。理由：现行《人民检察院组织法》虽然明确了上下级检察机关的领导关系，但又规定向本级人民代表大会负责并报告工作，强化了本级人大的监督，从而冲淡了检察机关上下级领导关系。因而，要恢复和加强这种领导关系，强调对上级检察机关负责并报告工作是应该的。同时，这种做法也符合省以下检察机关统一管理的司法体制改革精神。

2. 改变省级以下地方人民代表大会及其常务委员会对检察机关的监督方式。将省级以下地方权力机关对同级检察机关的监督，由直接监督改为逐级向省级权力机关通过提案来实施监督，由省级权力通过询问、质询、成立调查委员会、罢免有关人员等方式来实现。理由：新一轮司法体制改革要求，实现省以下检察机关人财物的统一管理。如果不改变目前的监督模式，会引起"未摆脱受制于地方"的误读。而监督方式上提一级，更能引起上级检察机关的重视，更能保证权力机关监督的严肃性和有效性。

二、检察机关及其内设机构的设置

（一）现状及存在问题

我国检察机关设置的宪法和法律依据主要有：《宪法》第130条规定，中华人民共和国设立最高人民检察院、地方各级人民检察院和军事检察院等专门人民检察院；第133条规定，最高人民检察院对全国人民代表大会和全国人民代表大会常务委员会负责。地方各级人民检察院对产生它的国家权力机关和上级人民检察院负责。《人民检察院组织法》第2条规定：中华人民共和国设立最高人民检察院、地方各级人民检察院和军事检察院等专门人民检察院。地方各级人民检察院分为：（1）省、自治区、直辖市人民检察院；（2）省、自治区、直辖市人民检察院分院，自治州和省辖市人民检察院；（3）县、市、自治县和市辖区人民检察院。省一级人民检察院和县一级人民检察院，根据工作需要，提请本级人民代表大会常务委员会批准，可以在工矿区、农垦区、林区等区域设置人民检察院作为派出机构。专门人民检察院的设置、组织和职权由全国人民代表大会常务委员会另行规定。根据以上规定可以看出，我国的检察机关原则上是按行政区划进行设置的。这样的设置，难免会带来以下问题：

二、司法改革与"两法"修改

	自侦案件（人）	审查逮捕（人）	审查起诉（人）	刑事诉讼监督	民行检察	总计
沙河市院	19	120	287	28	33	487
清河县院	11	89	242	17	23	382

1. 工作量不均。按现体制，一个行政区划内，设置一个检察院。其编制人员原则上由行政区划内的常住人口而定，但事实是办案量还与经济发展、法制观念、人口素质、流动人口数量等因素有关。以我市沙河市院和清河县院为例：沙河市人口为43万，清河县人口为42万[1]，沙河市院编制人数为39人，清河县院编制人数为38人，虽然沙河市院只比清河县院多一人，但办案量却多出100余件（如上表）[2]，沙河市院明显比清河县院的办案压力大。

2. 受行政区划影响，在一定程度上增加诉讼成本。行政区划多考虑的是历史传统、地理因素，存在"以河为界"、"隔江而治"的现象，有的甚至是以路作为划分行政区划的标志。作为检察机关办公地的县城、市区并非行政区划的地理中心。因此，可能有的村离本县县城或者市区很远，却离邻县的县城或者市区非常近。按照现在的司法管辖区，有的群众要提起诉讼或参与诉讼，就可能存在舍近求远的问题，既影响诉讼效率，也增加诉讼成本。

（二）域外制度比较

1. 美国：根据法院划分的94个法区，每个法区设置一个联邦地区检察署。[3] 而美国是由50个州、1个直辖特区（首都所在地华盛顿哥伦比亚特区）、5个岛屿自由邦和10多个其他远洋小岛组成。

2. 英国：王室检察署是一个全国性的检察机关，分为中央和地区两级，王室检察署总部以及42个地区检察院。[4] 而英国是由英格兰、威尔士、苏格兰和北爱尔兰4部分组成。

3. 法国：原在26个行政地区中设有35个上诉法院，在100个省内共设181个大审法院。2008年初，23个大审法院被撤销。目前，法国存在158个

---

[1] 参见中华人民共和国民政部：《中华人民共和国行政区划简册2015》，中国地图出版社2015年版。
[2] 依2015年度办案主要指数统计。
[3] 参见何家弘主编：《检察制度比较研究》，中国检察出版社2008年版，第9页。
[4] 参见何家弘主编：《检察制度比较研究》，中国检察出版社2008年版，第29页。

大审法院。① 在上诉法院和大审法院中均设置有检察机构。

4. 德国：在联邦一级设有联邦最高法院，联邦总检察院设置于联邦最高法院里。在德国现有的16个联邦州中，每个州至少有一个总检察院，有的大州有两个或三个总检察院，这样全国共有24个州级检察院。②

从以上四个有代表性的国家检察机构的设置来看，全国性的地区检察机构几乎都与行政区划相分离，对我国建立与行政区划适当分离的司法管辖制度，有很大的借鉴意义。

（三）立法建议

有的观点认为，有必要建立跨县、跨市的司法管辖区，甚至在更深度的司法改革设计下也可能触及跨省的司法大区的设置。③ 也就是说，检察院有必要建立跨县、跨市设置，甚至可能跨省设置。笔者认为，虽然上述观点与司法管理体制改革的方向是一致的，但是就目前来说，建立跨省设置司法管辖区，实现起来有很大的难度：建立跨省的司法管辖区，对现有体制是一个颠覆性的改革，工作量过大，成本过高，管理难度也会成倍增加。因此，建立跨省的司法管辖区，还值得进一步商榷。

有的观点认为，要改革目前按行政区划设立司法机关、管辖所属行政区域内案件的司法管辖制度，包括提级管辖、集中管辖、设立跨行政区域的检察机关等。④ 笔者认为，这种提法，正好与中央司法体制改革相吻合，但应明确具体一些，才具有可操作性。

笔者建议，最终实现与行政区划相分离的司法管辖区，要分两步走：

第一步，由省级检察院与同级人民法院协调，重新划分县级司法机关管辖区。管辖区的人员要达到一定数量（以80~100万为宜），使检察院的人员在数量上保持一定规模（100人左右）。司法机关驻地要处于管辖区的地理中心，便于群众参与诉讼。理由：合并或者拆分部分县级检察院，在检察人员数量一定的情况下，院领导和行政管理人员人数相对减少，直接增加了办案人员的数量，更利于集中力量办案，有利于提高办案质量和办案效率。但跨县、市设置检察机关的话，是集中办公还是分散办公是不能回避的问题。如果集中办公，就需要新建办公场所，这是一项不小的开支，此经费是由中央财政还地省级财

---

① 参见朱孝清、张智辉主编：《检察学》，中国检察出版社2010年版，第249页。
② 参见朱孝清、张智辉主编：《检察学》，中国检察出版社2010年版，第165页。
③ 参见田飞龙：《司法区划改革或现跨省司法大区》，载《法制晚报》2013年12月7日第A56版。
④ 参见马竞文：《大检察官访谈录》，载《法制日报》2013年12月3日第5版。

政承担,能否承担得起,也是一个问题。另外,如果集中办公,一部分检察人员,就可能要离开其驻地,生活成本会增加。如果分散办公,上述两个问题虽然不用考虑,但大多还是本地的人办本地事,会不会受到人情、关系的影响,会不会走到老路上去,会不会影响到办案的公正性,也是一个很大的问题。因此,跨县设立检察机关后,可以先分散办公,等条件成熟后,再逐步集中办公。

第二步,适当增加省级检察院的数量,重新划分省级司法机关管辖区。理由:现有的省级管辖区面积过大,人口过多,省级检察院办案压力大,导致一些本来由省级检察机关办理的案件,由于人员少、案件多,常常交由市级检察机关承办,不利于司法公正。因此,有增加省级检察机关的必要性。

三、检察官的任免

(一) 现状及存在问题

1. 检察长的任免。现行《人民检察院组织法》第22条至第23条规定,地方各级人民检察院的检察长由本级人民代表大会选举和罢免。地方各级人民检察院检察长的任免,须报上一级人民检察院检察长提请该级人民代表大会常务委员会批准。派出检察院检察长,由派出的检察院检察长提请本级人民代表大会常务委员会任免。实际操作中,根据《党政领导干部选拔任用工作条例》的相关规定,通常以组织部门为主导。以县级检察院检察长的选举为例,由市委组织部门考察并确定人选,报市委研究批准,由拟任地的县委任命为党组书记后,再由县级人民代表大会选举产生。因此,县级检察院检察长的提名权,实际上由组织部门行使;县级检察院检察长的任命权,实际由市、县两级权力机构行使。检察长的罢免程序与检察长的选举程序一样。也就是说检察长的任免,上级检察院所起的作用不大。

2. 副检察长、检察委员会委员,以及其他检察员的任免。现行《人民检察院组织法》规定,副检察长、检察委员会委员、检察员,由检察长提请本级人民代表大会常务委员会任免;派出检察院副检察长、检察委员会委员、检察员,由派出检察院的检察长提请本级人民代表大会常务委员会任免。

在实际操作中,与检察长的任免相似,副检察长、检察委员会委员的任免,也是由同级的组织部门和人大决定。以县级检察院副检察长任命为例,先由县委组织部考察确定人选,再由县委研究决定后,检察长才能提请县人民代表大会常务委员会任命。

具备一定行政级别检察员的任免与上述情况类似。如县级检察院的主任检察员和副主任检察员,须先由县委组织部考察,县委研究决定提拔,检察长才能提请县人民代表大会常务委员会任命。

3. 助理检察员的任免。根据《人民检察院组织法》规定，助理检察员由本级检察院检察长任免，跟检察员相比，被任命者难以感受到那种崇高的使命感。

由于检察官的任免被地方化，在一定程度上干扰了检察权的独立行使，不利于检察官职业建设，违背了检察管理体制改革的目标。具体地说，由于这种任免机制的问题，导致地方党委在确定检察长、副检察长、检察委员会委员人选时，往往更多地是从"人事安排"的角度来考虑，将一些原来并没有从事检察工作，甚至将没有从事过其他法律工作的人员直接任命为检察长、副检察长、检察委员会委员。

一是不利于司法独立。由于一些官员长期在党政机关工作，与行政系统及其相关系统人员建立起了深厚的感情和复杂的关系，在履行检察职责时，受到的干扰、阻力和困惑较大，影响了检察权的依法独立行使。

二是不利于检察官职业化建设。对于那些既没有扎实的法学理论知识，又没有丰厚的司法实践，就直接担任检察长、副检察长、检察委员会委员的人来说，现实中大多暴露出在法律业务方面的先天不足，再加上他们进入检察院时年龄已偏大，掌握新知识的能力不占优势，以及一上来就忙于各种领导性事务等原因，很难在一定时期内提高自身的业务水准，也就很难履行好本身的职责，很难适应检察工作的需要，制约了检察官职业化建设。另外，助理检察员与检察员一样，也属于检察官，但其由本级检察长任免，使助理检察员难以体会到检察官的荣誉感，也不利于检察职业化建设。

三是不利于检察官积极性的发挥。由于检察长、副检察长、检察委员会委员，不论是行政级别，还是在法律职务上均处于领导地位。如果选任错位，"外行领导内行"的现象难以避免，以至于在其领导工作中，缺乏威信，不能服众。而有着丰富检察经验的优秀检察官得不到应有的待遇，升职无望，从而丧失工作激情等负面效应。

(二) 域外制度比较

1. 美国：检察体制实行的双轨制，有联邦检察系统和地方检察系统。联邦检察院包括检察长在内的检察官都由美国总统直接任命，但须经联邦参议院同意。联邦检察官的任期为4年，是否连任则主要取决于政党在总统大选中的胜负。一般来说，总统仅任命本政党的人担任检察官。各州的检察长一般都由本州公民直接选举产生。只有在新泽西、罗得岛、特拉华、康涅狄格4州，检察长由州长或州最高法院任命。①

2. 英国：1985 年英国设立王室检察署，成为一个全国性的检察机关。总检察长和副总检察长的选任由首相从本党的下议院议员中提名推荐，由女王任命。王室检察署的检察长由首相根据总检察长的推荐进行任命。王室检察署的检察官，由检察长依职权任命。②

3. 法国：检察机关受司法行政机关领导，总检察长和各级检察官均由司法部长提请总统任命。③

4. 德国：联邦总检察长以及联邦检察官是经联邦司法部建议，联邦参议院同意，由联邦总统任命。④

5. 苏联及俄罗斯：1933 年 6 月 20 日，苏联中央执行委员会和人民委员会通过一项决议，建立了苏联检察署，成为一个全联盟的中央领导机关。根据《苏联宪法》规定，苏联总检察长由苏联最高苏维埃任命；省（边区）和加盟共和国检察署的检察长，由苏联总检察长任命。⑤ 苏联解体后，俄罗斯总统于 1992 年签署命令，批准《俄罗斯联邦检察机关法》规定，联邦总检察院总检察长的职务，由联邦委员会根据总统的提议予以任免；联邦副总检察长的职务，由联邦委员会根据联邦总检察长的提议予以任免；其他检察官，由联邦总检察长任免。俄罗斯联邦主体检察长，由俄罗斯联邦总检察长同相应俄罗斯联邦主体确定的俄罗斯联邦主体国家权力机关协商后任命；其他检察官，由联邦主体检察长任免。市和区的检察长以及专门检察院检察长的职务，由俄罗斯联邦总检察长予以任免；其他检察官，由市和区的检察长任免。⑥

综观当今世界各国对于总检察长（官）和其他检察长（官）的产生，大多数实行委任制，而实行选举制的占极少数。⑦ 检察长大多由国家权力机关或国家元首任免；其他检察官，大多由总检察长以上级别人员任免。

（三）立法建议

有的观点认为，最高人民检察院检察长实行全国人民代表大会选举制。即

---

① 参见何家弘主编：《检察制度比较研究》，中国检察出版社 2008 年版，第 15 页。
② 参见何家弘主编：《检察制度比较研究》，中国检察出版社 2008 年版，第 33 页。
③ 参见朱孝清、张智辉主编：《检察学》，中国检察出版社 2010 年版，第 129 页。
④ 参见何家弘主编：《检察制度比较研究》，中国检察出版社 2008 年版，第 163 页。
⑤ 参见谢鹏程选编：《前苏联检察制度》，中国检察出版社 2008 年版，第 62～63 页。
⑥ 参见［俄］Ю. Е. 维诺库罗夫：《检察监督》，刘向文译，中国检察出版社 2009 年版，第 433～434 页。
⑦ 参见王桂五主编：《中华人民共和国检察制度研究》，中国检察出版社 2008 年版，第 446 页。

由最高人民检察院在具备任职资格的人员中提出下届检察长候选人 2~3 人，由现任检察长将候选人名单提交全国人大常委会审查，后提交下届全国人民代表大会选举产生；全国人民代表大会有权免去检察长职务。地方各级人民检察院检察长一律由上一级人民检察院检察长任免。各级人民检察院副检察长实行本级人民代表大会常务委员会任命制。最高人民检察院检察长，在具备副检察长任职资格的人员中确定提名人选，提请全国人大常委会任命；免职程序相同。地方各级人民检察院检察长在具备副检察长任职资格的人员中提出准备提名的人选名单，报上一级人民检察院检察长审查批准后，提请本级人大常委会任命，免职程序相同。国家级检察官①由最高人民检察院检察长按照法律和制度规定任命，由全国人民代表大会常务委员会批准，免职程序亦同；其他级别的检察官，一律由所在检察院的检察长按照法律和规定任免。② 笔者认为，这种观点，有其积极的意义：一是明确提出了最高人民检察院检察长实行差额选举制度，有利于更好地发挥人民代表大会的作用，对提高最高人民检察院检察长的素质有极大的促进作用。二是明确了各级检察长的提名权，使检察机关在选任检察长时占有了较大的话语权，提升了检察机关在任免干部上的地位，也有利于检察职业化建设。这种观点也有两点值得商榷的地方：一是仍将省以下检察长交由地方人大代表大会选举和罢免，仍未摆脱检察机关的"人"受制于地方这个怪圈。二是本级人民代表大会的选举和罢免结果经上一级人民代表大会常务委员会批准不妥。上一级人民代表大会常务委员会跟下一级的人民代表大会只是监督和指导关系，并不是领导关系。因此，下一级人民代表大会的选举和罢免结果报上一级常务委员会批准的做法，缺乏法理基础。而且实际操作中，如果本级人民代表大会选举和罢免检察长已经通过，而报经上一级人民代表大会常务委员会未获批准时，该如何办，法律未规定，难免会造成实务中的困境。

有的观点认为，最高人民检察院检察长由全国人大选举和罢免，地方各级人民检察院检察长由本级人大选举和罢免。应当坚持，不能动摇。建议省级检察院的检察长经最高人民检察院检察长提名，由本级人民代表大会选举产生。省级以下检察院检察长，由上一级检察院检察长提名，由本级人民代表大会选

---

① "检察官拟设三等九级，即国家级检察官：一、二、三级；高级检察官：四、五、六级；普通检察官：七、八、九级。"王桂五主编：《中华人民共和国检察制度研究》，中国检察出版社 2008 年版，第 457 页。

② 王桂五主编：《中华人民共和国检察制度研究》，中国检察出版社 2008 年版，第 447 页、第 463 页。

举产生。① 跟上述观点一样，积极之处在于明确了省级以下检察院检察长的提名权由上一级检察机关行使。但仍未摆脱地方权力机关任命检察官的困扰。

还有的观点认为，最高人民检察院首席大检察官由全国人民代表大会批准后由国家主席任命，最高人民检察院和省级检察机关高级以上检察官由全国人民代表大会常务委员会批准后由国家主席任命；其他检察官授权最高人民检察院首席大检察官提名，以国家主席名誉任命。②

对省级以下（不含省级）检察院检察长、副检察长和检察官的任免，要坚持中国国情，适当借鉴国外经验进行改革，即在现行宪法框架内进行小幅度改革。高级检察官，由省级检察院检察长提名，由省级人民代表大会常务委员会任命；免职程序相同。其他检察官，由本级检察长提请省级检察院检察长任免。

---

① 参见卞建林：《关于人民检察院组织法修改的若干思考》，载《人民检察》2005年第13期。

② 参见马明林：《检察官职业化研究》，收集于张智辉、谢鹏程主编：《中国检察（第三卷）——司法体制中的检察改革》，中国检察出版社2003年版，第727页。

司法改革与"两法"修改中的几个问题

李永志[*]

党的十八届四中全会提出全面推进依法治国，标注了依法治国新高度。建设法治中国，司法机关首当其冲；推进依法治国，司法必然先行。面对我国司法体制中制约法治发展的种种时弊，司法改革势在必行。而检察机关与检察人员的组织定位、职责权限等是司法改革需要首先解决的基本问题。"两法"修改既是司法改革的重要内容，又为司法改革提供了重要遵循，还是司法改革的固化成果。几年来，在党中央、中央政法委坚强领导下，司改工作由点到面，整体推进，平稳顺利，"两法"修改也正在酝酿。但在改革的深化过程中，还有几个问题需要进一步认识和论证。

一、司法改革的基本要求

党的十八届三中、四中全会以来的一系列重要文件反复强调要推进、实现"国家治理体系和治理能力现代化"。实现"现代化"首先要推进"法治化"，国家治理体系和治理能力的法治化，是实现国家治理体系和治理能力现代化的必由之路、重要标志和关键所在。"法治化"的基本要求是将法治思维和法治方式运用到所有治理领域，实现一切社会事务都依法进行。司法改革也必须遵循这一要求，运用法治思维、法治方式，依法推进。

首先，要运用法治思维进行顶层设计和方案论证。司法改革涉及司法人员分类管理，完善司法责任制，健全法官检察官职业保障制度，实行省以下法院及检察院人、财、物统一管理等诸多方面，这些问题都是"两法"修改的重要内容，范围广、影响大，许多改革牵一发而动全身。如果顶层设计不合法、不科学，"两法"修改的前期论证不充分，相应的改革实践便会因为缺乏正当性基础而难以整体推进。比如员额制改革，在员额比例的确定上，要充分考虑我国司法的实际需求，起码要能够满足基层司法机关运转的最低要求。对此问

---

[*] 作者简介：李永志，河北省衡水市人民检察院党组书记、检察长。

题，我们下面还将专门进行讨论。又如针对不同机构改革方案的确定，应以相关的法律规定为根据，充分考虑到审判机关和检察机关在职能定位、领导体制、履职方式等方面的区别，分别制定不同的改革方案。再如机构改革，检察机关现有的机构设置是经过编制管理部门严格审批的，符合法定程序，具有合法性；体现了权力的分工和制约，经过长期实践，符合司法规律；体现了专业化、精细化的要求，是改革的产物，符合世界潮流。检察机关的内设机构改革必须本着遵循法治、符合司法规律的原则，从有利于检察工作有序开展的角度向前推进。

其次，要通过法治方式循序渐进、依法实践。在当前的司法改革中，还存在一些不符合法治思维、法治方式的实践，值得我们反思。比如，在人员分类管理方面，一些地方存在"一刀切"的现象，简单地按岗定人定性，忽略了检察人员的岗位流动性要求。一些地方要求检察长、副检察长都不进员额，看似领导集体发扬风格，实则人为剥夺了检察长、副检察长的履职基础，使其丧失了行使法定职权的合法性。还有一些地方为了不突破员额制指标39%的配比上限，宁可削足适履，人为地将原属于业务部门的研究室、案管办等剥离出去，将其视为综合行政岗位，不配备检察官员额。以研究室为例，最高人民检察院在有关文件中曾多次强调，"研究室是承担综合性检察业务工作的业务部门"，可见研究室业务部门的定性早有依据，将其划归综合部门，违反了相关的法律规定。又如，在机构改革方面，一些地方无视侦查监督权和公诉权是两种完全不同、无法兼容的检察职权，将侦查监督部门和公诉部门合并，搞所谓的"大部制"，破坏了检察机关内部的监督制约机制，不符合检察权运行规律，违背了法治原则。再如，在办案组织形式改革方面，一些地方过分强调去行政化，认为检察机关办理案件只需进行办案组的划分，业务部门已无存在的必要。实际上，去行政化不等于否定行政管理。检察机关与其他机关单位一样，要维持正常运转，行政管理是普遍的、经常的、必不可少的。在事务上需要行政管理，在业务上也不能完全否定行政管理。比如在办理自侦案件的过程中，专案组需要在组长的领导下协同作战、突破案件，处理一些重大复杂案件时还需要由检察长做出决定，这种管理是检察业务需要，是由检察工作规律所决定的，具有合法性、合理性和必要性。否定行政管理既不符合检察工作实际，也不符合相关法律规定。总之，上述种种不符合法治思维和法治方式的实践都应被摒弃。

二、司法改革的基本原则

司法改革能否成功，很大程度上取决于是否坚持了正确的原则。习近平总书记指出,"问题是工作的导向,也是改革的突破口。""改革是由问题倒逼而产生,又在不断解决问题中而深化。"总书记系列论述阐明了一个深刻道理:改革,必须以解决问题为归依。因此,司法改革必须坚持以问题为导向的原则,以解决实际问题、破解发展难题为价值取向。

长期以来,我们的司法体制凸显出许多问题,其中两个事关全局的根本性问题不容忽视:

一是案多人少矛盾突出。这是基层司法体制长期存在的最大问题,这里的人少,并非笼统地指工作人员少,而是指具有执法资格的人员少,而能够在一线办案的有执法资格人员更是少之又少。如何破解这一难题甚至成为历届全国两会的讨论重点。

二是司法"地方化"倾向问题突出。我国是单一制国家,司法权属于中央事权。但长期以来,我国法院、检察院的人、财、物实行分级管理、分级负责的体制,地方法院、检察院的人、财、物由同级党政机关管理,导致司法活动经常受地方保护主义干扰,难以依法独立公正行使审判权、检察权,也影响了国家法律的统一正确实施。

司法改革应当紧紧盯住这些核心问题、关键问题,寻求破解方法。如果改革不能妥善解决现存的突出问题,改革的实际效果必然会大打折扣。

三、司法改革的方案设计与《人民检察院组织法》的修改

司法改革的方案设计与《人民检察院组织法》的修改密切相关。鉴于人民检察院与人民法院职能定位的区别,应分别制定不同的改革方案,《人民检察院组织法》的修改也要充分考虑和更加关注检察机关的特点,对其进行准确的定性。

第一,检察院与法院职责不同。检察院具有多重职责,首先是法律监督机关,通过立案监督、侦查监督、审判监督、执行监督等对侦查机关、审判机关、执行机关的诉讼活动进行法律监督;其次是公诉机关,代表国家作为原告对公诉案件提起诉讼;还是侦查机关,负责职务犯罪的侦查。而法院职能则相对单一,主要是行使审判权,包括对民事案件、刑事案件和行政案件进行审理、判决;此外还承担部分刑罚执行权,对死刑立即执行的罪犯执行刑罚,对相关民事案件进行执行或者强制执行。

第二,检察院与法院领导体制不同。检察机关实行检察一体化,对外检察独立,检察机关依法独立行使检察权,不受法定机关、事项及程序以外的干涉;对内则业务一体,检察机关上命下从,作为命运共同体统一行使检察权,上下级检察院之间是领导关系。而法院上下级之间并不是领导关系,而是业务

指导和审判监督关系，审判案件实行合议制。

第三，检察官与法官履职方式不同。法官审判案件，可以实行独任制，也可以实行合议制，而即使实行合议制，由于有人民陪审员的参与，也可以仅由一名审判员办理案件。而检察权的特殊运行方式要求检察机关更加注重内部的分工和制约，检察官办理案件，很多情况下必须要由两名以上具有执法资格的人员共同进行。因此我国法律规定了许多职务活动都必须有两名以上检察人员共同进行。如《人民检察院刑事诉讼规则（试行）》规定，"讯问的时候，检察人员不得少于二人"、"询问的时候，检察人员不得少于二人"、"人民检察院查封、扣押财物和文件，应当经检察长批准，由两名以上检察人员执行"、"辨认应当在检察人员的主持下进行，主持辨认的检察人员不得少于二人"等。

因此，司法改革不应脱离实际、无视二者区别，对检察院、法院实施统一的改革措施。应充分认识到检察机关的特殊性，在员额配置、机构设置、办案组织形式的选择等方面作出单独的制度安排，这是"两法"修改必须考虑的前提问题。

四、员额制问题与《检察官法》修改

员额制改革与《检察官法》修改一脉相承，目的是顺应司法规律，压缩不办案的检察官的比例，减少非办案岗位占用的员额，实现人员的分类管理，最终实现检察官队伍的职业化、专业化、精英化。员额制的重要性、科学性毋庸置疑，此项改革也得到了基层检察机关的普遍赞同、拥护。但对如何确立员额或确定检察官在全部政法编制中的占比存在不同看法和认识。

司改是在依法治国的大背景下进行的，基本要求是实现国家治理的法治方式，即执法、司法的规范化、法制化。解决的是现实执法司法中不利于规范执法、严格执法中的问题。就基层而言，执法不规范的问题客观存在，但最突出的问题是案多人少的问题，尤其是具有执法资格的人员更少，以致普遍存在长期混岗现象，造成了执法的不规范。随着"三期"（对敌斗争复杂期、刑事犯罪多发期、人民内部矛盾凸显期）叠加问题的凸显，这一问题将是一个时期基层司法工作中的主要矛盾，以衡水检察机关为例，市院下辖11个基层检察院，50人左右的院占7个，最少的武强县检察院有政法专项编制48个（现有具有检察官身份的22人；衡水市11个县市区，武强县人口最少，地域最小，经济欠发达。）而该院近3年来办案数为1404件，检察官少案多的矛盾尤为突出。除此之外，这样的配比，甚至无法满足办案的正常需要。基层检察机关一般配备检察长一人，副检察长3~4人。由于我国法律规定了许多检察活动都需要由两名以上检察人员进行，因此，侦查监督、公诉、刑事执行、民行检察、职务犯罪侦查、控申、案管等基本职能部门必须保证配备两名以上检察官，若按照配备4名副检察长计算，一个基层检察机关至少要有19名以上的检察官。我们建议，可以把不同层级检察院划分为小中大三类，以人口最少、地域最小的单位为基点，以满足最基本的履行职能为基础确立员额数，然后根据办案数量对中、大型院适当增加（少数民族、边远山区可通过设立分院或地区院的方式落实，解决员额不足问题）。这样既能解决工作中的问题，又能充分体现改革要求。

五、"人、财、物"省以下统管问题

法检两院实行省以下"人、财、物"统管的核心要义是"去地方化"。为使法检两院能够依法、独立、公正地行使职权，省以下"人、财、物"统管可谓意义重大、势在必行。但具体应采用何种方式实现统管，尚需进一步探讨。

在人员管理方面，一些地方的改革不但不能实现这一目标，反而有使"地方化"更加严重的倾向。改革之前，作为党对政法部门的领导和管理机关，地方党委赋予了同级政法委协助管理检察机关领导干部和领导班子的职责。而在实际中，检察机关的领导干部主要由其在内部调配，政法委对协管干部的调配，在事前一般都不参与，只是在事中或事后履行一个组织任免程序。但根据试点地区的方案，统一管理以后，市级、县级检察院检察长由省级党委管理，其他领导班子成员，省级党委可以委托当地市级党委管理。这样一来，地方党委对检察机关除检察长之外的领导干部变协管为管理，看似坚持了党的领导和落实了党管干部原则，实际上加强了地方党委对检察机关"人"的控制，加重了地方化的倾向。需要纠正的一点认识是，长期以来法院、检察院的设置基本上与行政区划相一致，在管理上以地方为主，因此无论是地方党委政府，还是各级法院、检察院，都习惯性地认为"党的领导就是同级党委的领导"、"党管干部就是同级组织部门管理干部"，进而产生"省级统管就是省级法院、检察院垂直管理"、"省级统管就是否定省以下地方党委领导"等错误认识。应予明确的是，党的领导并不就必然体现为同级地方党委领导，实际上目前很多条块的工作，如纪律检查、食品药品监督，以及工商、税务、海关等，都是垂直领导或以上一级党委领导为主。

在财物的管理方面，改革目标是实行省以下地方检察院经费由省级财政统一管理，但在具体的管理方式上，各地做法不同。有的地方是在省级财政部门设置检察院经费管理职能部门，对省、市、县三级检察院的经费分别进行直接管理。而有的地方省以下地方检察院经费由省级财政部门统一管理，市、县级检察院经费通过省级检察院分解下达，省级财政部门通过管理省级检察院实现对全省检察系统经费的管理。然而，鉴于省以下检察机关辐射地域辽阔、数量众多、情况不一的复杂现实，采用这两种方式显然不利于实现经费管理的科学有效性。我们认为，由省级财政部门将省级检察院作为直属管理单位，采取省级检察院管理市级检察院，市级检察院管理县级检察院的分级管理方式更加科学、更加符合实际。

综上所述，我们建议检察机关省以下"人、财、物"的统管应借鉴司法行政部门管理监狱的办法，即人、财、物在司法厅党委领导下，分层级分别由司法厅、监狱管理局党委管理，这样既体现了党对政法工作的领导，党管干部原则的落实，又体现了改革要求。

《人民检察院组织法》
修改的"为"与"不为"

天津市人民检察院　天津市北辰区人民检察院联合课题组[*]

检察机关的组织体制、职能范围和权力配置是否科学合理,直接关系到检察机关能否履行好宪法和法律赋予的法律监督职责。《人民检察院组织法》是以我国《宪法》为依据,对人民检察院的组织制度进行调整和规范的基本法律,涉及检察机关的组织体系、工作任务、活动原则、职责权限、履职程序和机构设置、人员任免等内容,是构建我国检察制度的法律基础[①],是履行检察职能、开展检察工作、发展检察事业的"总章程"。现行《人民检察院组织法》于1979年7月1日第五届全国人民代表大会第二次会议通过,是继1954年之后我国第二部基本法性质的检察院组织法,其后经1983年9月2日第六届全国人民代表大会第二次会议决议、1986年12月2日第六届全国人民代表大会常务委员会第十八次会议决议进行了部分修改。改革开放以来,我国经济社会和法治环境发生了深刻变化,现行《人民检察院组织法》已不能适应司法实践的不断发展,如关于检察机关任务的规定不够全面,一些表述已与时代脱节;关于人民检察院职权的规定不够完善,不能全面反映检察机关承担的实际职责;关于检察机关组织体系的规定已不适应检察工作实际需要;部分条款已与其他新制定或修改的法律规定不相一致,对履行法律监督职能的措施和手段的规定也需要进一步完善等。[②] 因此,现行《人民检察院组织法》亟须修改

---

[*] 作者简介:课题组成员:金晓慧,天津市人民检察院公诉处处长;张忠利,天津市北辰区人民检察院副检察长;王文萍,天津市北辰区人民检察院法律政策研究室主任;马青春,天津市人民检察院法律政策研究室助理检察员。

[①] 参见万春:《人民检察院组织法修改的基本原则》,载《人民检察》2007年第2期。

[②] 参见孙谦:《关于修改人民检察院组织法的若干思考》,载《人民检察》2011年第12期。

完善，以适应不断发展的社会生活，以引领蓬勃开展的司法改革，推动与保障检察事业的发展与进步。

一、立足《宪法》定位，《人民检察院组织法》应有三个"突出"

根据我国《宪法》规定，检察机关是国家的法律监督机关，承担法律监督职能，维护着社会主义法制的统一、尊严和权威。《宪法》如此定位检察机关是党和国家为加强社会主义民主法治建设而采取的重大举措，是在坚持共产党领导和人民代表大会制度下如何实现权力监督和制约的积极探索，是中国特色社会主义政治制度的重要组成部分。[1] 因此，《人民检察院组织法》作为宪法性文件，是《宪法》条文的具体阐释，其修改应当依照《宪法》而设，受宪法的统领，对法律监督机制的内涵和基本原理做出阐释，包括构成要素及其运行条件、约束机制、保障机制和评估机制等。笔者认为，《人民检察院组织法》的修改应突出检察机关法律监督的三点特征，即控权性、职业化与独立性。

（一）围绕职权内容设置要突出控权性

国家机关是国家权力的物质载体，国家权力必须通过国家机关得到体现。理解检察机关的地位既要了解检察机关在整个国家机关体系中的地位，也要了解检察权在整个国家权力结构中的地位。中国特色社会主义检察制度根据人民民主专政理论和列宁关于法律监督的思想，在继承新民主主义革命时期检察工作的优良传统，吸取中国历史上政治法律制度的精华，借鉴外国检察制度建设经验的基础上，结合中国的实际情况建立的。不同于西方三权分立体制，我国检察机关是在人民代表大会监督下与审判机关并行的国家机构，由人民代表大会产生，对其负责，受其监督，检察机关是专门的法律监督机关，肩负维护法制正确统一实施的职责。分析我国特色的体制，其间同样蕴含着分权制衡的思想和理念。现代法治最本质的功能就是治权，并通过限制公权力保障私权利。列宁的法制思想之所以强调统一而强有力的法律监督，其根本目的也在于防止地方公权力违法滥用，"如果我们不来绝对施行这种规定全联邦统一法制的最起码条件，那就根本谈不上对文明性有任何保护和任何建树了。"[2] 因此，我们可以说检察机关对损害法律统一正确实施的行为进行监督，其最本质的功能

---

[1] 参见孙谦：《推动人民检察院组织法修改保障检察权科学运行》，载《国家检察官学院学报》2011年12月。

[2] 《列宁全集》（第33卷），人民出版社1955年版，第328页。

是控制和约束国家权力,通过法律监督将国家权力严格纳入法律的支配之下。①

有学者比较各国检察制度的演进历程,指出两种不同类型的检察制度,一是以控权为核心,通过对警察和法官的双重控制,建立了一种控权型的检察制度;二是以公诉为核心,通过控、审分离,建立了一种公诉型的检察制度。大陆法系和英美法系的检察制度,分别代表了这两种模式。② 对我国检察体制影响很大的苏联检察体制承袭的便是大陆法系控权型检察体制。我国在借鉴苏联检察体制基础上,又糅合了中华传统法文化中的御史监察经验,在广泛借鉴现代法治思想的基础上形成现有的检察体制。因此"法律监督"自诞生之始就包含着控权的精髓,监督是控权的前提和基础,控权是监督的深化,是监督的逻辑结果。③ 正是这种监督性和控权性的统一,为保障中国宪法和法律统一正确实施提供了极为积极有效的法治机制。所以,《人民检察院组织法》应当把握法律监督"控权性"的基本特征,丰富法律监督权能上的创造,让检察权真正起到制衡行政权、审判权等其他公权力的作用,让权力能够有限,让权利得到彰显。

此外,检察机关的控权特征还表现在对检察权的规制以及检察机关强化自我监督方面,即法律监督者也同样需要被监督。规制与授权一样是检察制度的基本内容,是检察制度设计与实施的核心问题。检察机关的法律监督是一种专门的有限的程序性权力,其权力运行的对象、范围、程序、手段是依法限定的,同时检察机关还要接受党的领导、人大及其常委会的监督,并接受政协的民主监督和人民群众的监督;在具体履行法律监督职能时受到公安机关、人民法院和律师在法律程序上的制约。在法律监督关系中,检察机关与被监督对象并非上下级之间的监督,而是不同类别权力之间的制衡。事实上"谁来监督监督者"的质疑在理论学界一直存在,某种程度上影响着检察事业的进一步发展,《人民检察院组织法》应该对此有所回应。所以,《人民检察院组织法》在保障检察机关法律监督权力行使的同时,也应该明确检察机关法律监督权力的约束、评价机制,例如党委对检察机关领导方式,人大对检察机关监督程

---

① 参见蒋德海:《中国特色社会主义检察制度的三特点》,载《检察日报》2008年1月4日。

② 参见蒋德海:《建构以控权为本质特征的中国检察制度》,载《人民检察》2008年第11期。

③ 参见蒋德海:《中国特色社会主义检察制度的三特点》,载《检察日报》2008年1月4日。

序、方式都应该细化。

(二) 围绕权力主体配备要突出职业化

组织主体配备情况是组织目的的实现的关键因素。检察官是配置于检察机关行使法律监督权的专职国家工作人员，是检察机关最活跃的因素，是检察权行使的具体承载者，检察官的能力与素养直接影响着检察职能的正确履行。为此，现代法治国家检察官的选拔与任命都有与法官相类似的极为严格的条件，检察官的管理、培训与考核区别于一般行政官员遵循着法律专业特有的规律而进行，这种职业准入与职业管理、职业保障机制促成了检察官成为法律职业化共同体——现代法治社会中国家机构和市民社会的衔接部位，起着安全阀的作用[1]——的重要一员。检察官队伍的职业化是现代法治社会的重要特征，也应该是我国检察事业的发展方向。

长期以来，我国在法律工具主义的影响下，司法目的呈意识形态化，对法官与检察官往往更强调政治性，而对必须具备的学历水平和专业知识则更少要求，又由于司法主体资源的匮乏，大量不具有法律专门知识的人员进入检察机关，有的甚至直接从事一线检察工作。近年来，随着《检察官法》的实施以及司法考试制度的推行，检察官队伍的专业化程度得到改善，但是检察官选任标准依然偏低，当前的检察官职业准入制度远不完善，加之检察权地方化严重，检察机关管理行政化现象突出，检察职能同检察机关内部的司法行政管理职能发生交叉和混合，检察官职位范围宽泛和缺乏分类管理，导致检察机关专业能力的削减和检察公信力的下降。一方面大量没有经过长期专业训练的人员成为检察官甚至成为院领导[2]，占据司法资源，另一方面又有很多具有丰富法律经验的检察官从事着非法律业务，造成资源浪费。所以，有必要通过修改《人民检察院组织法》建立严格的职业准入机制和高效合理的检察官管理制度，通过明确检察官的法律地位、提高检察官素质、保障检察官依法行使职权等方法和手段，以充分履行宪法和法律赋予的法律监督职能。

我国现行《检察官法》对检察官的职责、权利义务、任免条件与程序、考核与奖惩等进行了规定，其中有部分条款与现行《人民检察院组织法》存在不协调，同时也存在对检察官尤其是检察长任职条件宽泛、检察官考核培训

---

[1] 参见[德]马克斯·韦伯：《论经济与社会中的法律》，中国大百科全书出版社1998年版，第304页。

[2] 参见左卫民：《中国法院院长角色的实证研究》，载《中国法学》2014年第1期。检察院与法院存在类似现象，即检察长的核心角色主要在于管理家与政治家，法律家的角色尽管学界积极倡导但还未受到足够重视。

管理未突出专业性、检察官保障条款不具体缺乏刚性等问题。这些问题的存在一方面需要对《检察官法》进行修改，另一方面也需要《人民检察院组织法》在职业准入、职业管理、职业保障等方面进行引领性的规定，为《检察官法》的修改提供宪法性法律的授权。《人民检察院组织法》的修改需要在突出职业化的角度重申检察官作为检察权行使主体的法律属性；明确检察官在检察机关组织体系中的地位和功能；明确检察官之间的相互关系，在尊重检察官主体性的前提下，科学确定不同职务的检察官的职责权限；根据检察人员分类管理的精神，按照履行检察权的实际需要，明确检察官编制标准及其确定权限。[①] 当然《人民检察院组织法》只需概括规定，为各类检察人员实行分类管理的原则和方向，授权有关机关制定相应的配套规定，具体内容应由《检察官法》规定。

（三）围绕权力运行保障要突出独立性

坚持和完善中国特色社会主义检察制度，确保检察机关依法独立公正行使检察权，是我国政治体制的应然要求，也一直是司法改革的方向。检察机关法律监督的依法独立的内涵包括三个层面：一是检察机关在国家体制中是独立的国家机构，检察权是与行政权、审判权并列的独立的国家权力，其由人大产生并对人大负责。二是检察机关行使法律监督职权具有独立性。《宪法》第131条规定："人民检察院依照法律规定独立行使检察权，不受行政机关、社会团体和个人的干涉。"检察机关的职权行使受到宪法与法律保障。三是作为具体行使国家检察权的检察官在依法履行职责时，受法律保护，不受行政机关、社会团体和个人的干涉，现行《检察官法》对此已有规定。尽管检察官独立是相对独立，但是其并不完全是机关的附庸，在执法办案中享有着受法律保护的独立的裁量权。机构、职权、检察官这三层面的独立性是我国检察机关依法行使法律监督职能必不可少的要素。

由于历史因素以及现实体制问题，目前检察机关的职权配置还不能完全并有效实现法律监督的效能，依法独立行使检察权的保障机制也不健全。例如我国检察权地方化十分明显，检察权在行使过程中因受到地方政府不同程度的制约而偏重保护地方利益的现象。依《宪法》规定，检察机关是国家的法律监督机关，这也就意味着法律监督权是国家事权而非地方事权，否则就很难谈及维护法制的正确统一实施。但在我国，由于长期以来按行政区划分、设置地方

---

① 参见徐鹤喃、张步洪：《检察机关组织机构设置探析》，载《人民检察》2007年第2期。

各级检察院,司法管辖区从属于行政管辖区,检察机关对地方行政机关存在机构、人员和经费等依附关系,使设在地方的国家检察机关实际上成了"当地政府的检察机关",检察机关几乎弱化为地方政府下属执法部门,使检察官独立行使检察权的职责与服从地方权力指示之间的关系时常存在冲突。地方化的问题,也影响到上下级检察机关的领导关系,实际上造成了与维护法制统一的法律监督职能的根本矛盾。而检察官在依法履职时也存在独立性保障不足的问题,在现行体制下检察官更像流水线上的作业工,过分强调层级审批的办案程序违背司法"直接原则",不利于发挥检察官的主观能动性,不利于提升检察官的业务素养和职业荣誉感,同时"审者不判,判者不审"也容易造成权责不清。为此,我国已探索试行主任检察官责任制,未来值得预期。[①] 针对这种法律监督独立性不足的问题,《人民检察院组织法》应注意突出检察机关依法行使法律监督职责的独立性,理顺检察机关与地方的关系,在制度上消除外部对检察机关的非法干预,增加检察机关独立履行职责的权能,健全独立行使权力的保障机制,明确检察官的独立主体地位,强化检察官的职业保障,以真正实现检察官的办案独立。

当然,在强调权力独立的同时,也应同时强调责任与监督,为避免法律权力滥用,要不断完善监督制约机制,如检察长、检委会对执法办案活动的领导和监督;内设机构负责人对执法办案活动的监督;主办检察官与办案组成员之间的相互监督;专门监督管理机构如案管部门、纪检监察部门对执法办案活动的监督制约等。《人民检察院组织法》要设定检察权运行的内部监督制约机制,保证检察权依法依程序正当行使,保证"权、责、利"的统一。

二、注重顶层设计,《人民检察院组织法》应明晰核心要素

顶层设计这一概念来自系统工程学,是指理念与实践之间的"蓝图",自高端开始的总体设想,为在实践中能够"按图施工",避免各自为政,造成工程建设的混乱无序。所谓系统,是指以规则的相互作用又相互依存的形式结合着的对象的集合,是由一定数量的因素所组成的相对稳定的统一体。我们可以将检察制度体系看作一个系统,从而完善检察立法体系,即关于检察领域的检察法律规范性文件,以其制定机关在国家法律创制活动中的立法权力和立法地位及与此相联系的法律规范性文件的效力范围和效力等级关系,所构成的既有

---

① 参见曹建明检察长在第十二届全国人民代表大会上做的《最高人民检察院工作报告》。

纵向层次结构，又有横向网络联系的有机的统一整体。① 从整体上分析其构成要素及其层级结构，通过顶层设计的方法调整职权配置，协调各要素之间关系，可以实现检察职能的目标优化，更有利于检察制度整体效能的发挥。

目前，我国的检察制度分散规定于各诉讼法、《人民检察院组织法》、《检察官法》等法律之中，各法律之间由于制定背景、立法目的差异等原因存在着不协调、不统一甚至相互矛盾的情况。而现行《人民检察院组织法》由于规定滞后，对检察机关的职权规定简单而含混，条文结构具有很大缺陷，并没有充分发挥检察权运行"总章程"的作用，同各诉讼法、《检察官法》等衔接也存在的问题，对检察立法体系的完善与检察实践的进步造成了不利影响。检察机关应是一个完整的组织系统，其各个组织要素要能够构成纵向的层次结构和联系，并能够构成横向的分工结构和联系，通过构建科学合理的结构体系以有效发挥检察机关作为国家政权组织的功能、达到其组织的目的。② 因此，有必要突出《人民检察院组织法》的应有地位，以它来统领整个检察规范体系，使其成为整合各单行法授予检察机关职权的法律平台。③《人民检察院组织法》的修改应当遵循组织规律，通过顶层设计对检察权运行系统的核心要素进行明确界定与规范，促进各项检察职能得到更有效的衔接，使检察制度成为一个内在协调的规范体系。

按照系统理论，通常可以把组织的构成要素确定为：组织环境、组织目的、管理主体和管理客体。这四个基本要素相互结合，相互作用，共同构成一个完整的组织。据此我们可以建构《人民检察院组织法》的结构并填充相关内容。比较的国外立法例和我国现行《人民检察院组织法》存在的问题，修改后的《人民检察院组织法》应围绕法律监督关系对组织职权、组织体系、组织主体等核心要素进行明确，所以修改后的《人民检察院织法》应按照总则、检察职能、检察体系、检察主体、特殊组织的立法结构来创制。④ 总则要明确

---

① 参见陈健民：《检察立法与检察制度》，中国检察出版社2000年版，第87页。

② 参见卞建林、田心则：《论我国检察院组织法结构体系的立法完善》，载《人民检察》2007年第2期。

③ 参见王磊、徐鹤喃、张步洪、刘计划：《人民检察院组织法修改的理论前瞻与现实路径》，载《人民检察》2012年第17期。

④ 受苏俄检察制度影响、以列宁的法律监督学说为理论基础的国家《人民检察院组织法》体例具有比较相近的法律结构，具体可参考《苏联检察院法》、《俄罗斯联邦检察院组织法》、《越南社会主义共和国检察院组织法》等。参见严奴国、刘恒、陈长均：《关于调整检察院组织法结构的思考》，第七届国家高级检察官论坛会议文章，载中国知网，2011年10月12日。

检察机关的组织环境与组织目的，主要规定检察机关的组织性质、组织活动原则、组织任务与其他国家机关的关系等组织制度方面的基本规范内容。检察机关的组织目的在于通过法律监督维护国家法制的正确统一实施，具体目标功能可以概括为：公权力运行的合法性保障，重点是打击职务犯罪；司法权力运行的公正性保障，通过诉讼参与和诉讼监督防止侦查权和审判权的滥用；公民权利的司法保障，通过法律监督实现保障人权的目标。总则部分笔者认为需重点明确检察权的性质，强调检察权的司法性并由此强化检察机关的独立性应当成为检察机关创新发展的方向。在实践上检察机关可以继续担负其法律监督职能，同时在体制上逐渐脱离行政系统，成为相对独立的一种司法权的行使者。① 检察职能章节规定检察机关在进行法律监督活动时依照法律规定应当发挥的职责与功能，即"监督什么"、"怎么监督"以及"发挥什么作用"的问题②，具体包括职权活动的范围、内容、过程和方式。职权结构是由哪些权力以何种方式组合成检察权，决定了法律监督的基本功能，是国家机构组织法必不可少的组成部分。根据现行法律，检察机关的职权可以概括为职务犯罪侦查权、公诉权以及诉讼监督权，基本局限在诉讼领域；但是需要注意的是，检察权运行宗旨在于保障国家宪法与法律正确统一实施，法律监督职能不能仅仅局限在诉讼领域，还包括一些非诉讼监督职能，比如在国家机关、国有企事业单位工作人员公务中未构成犯罪的一般违法、渎职行为采取检察建议、纠正违法通知书等形式督促纠正；检察机关对某些行政处罚或行政强制行为的法律监督，如违法行为教育矫治（劳动教养已废止）的法律监督；检察机关对一般行政规范性文件、审判机关司法解释等违反上位法时提请审查的权力；检察机关可以针对宪法与法律实施过程中存在问题向立法机关提出立法建议等。此外，法律过于概括、监督手段匮乏是长期以来影响检察机关法律监督效果的重要原因。在明晰检察职权内容之后，还应当具体列举行使职权的监督措施与手段。建议结合各诉讼法修改，将"技术侦查措施"、"公益诉权"、"调阅审判、侦查卷宗和行政执法机关的案卷材料"、"调查违法和建议更换办案人"、"检察建议"等监督手段写进《人民检察院组织法》，从而保证检察机关的法律监督不再只是"看起来很美的风景"。检察体系章节主要规定检察机关的机构设置，具体包括检察机关的领导体制、上下级检察机关的关系、检察机关内部机

---

① 参见李成：《论检察制度的创新发展——人民检察院组织法修改需要厘清的几个问题》，第七届国家高级检察官论坛会议文章，载中国知网，2011年10月12日。

② 参见王会甫：《浅析我国检察职能的基本要素及结构体系——以现代系统论为分析工具》，载《人民检察》2011年第13期。

构的设置等。现代法治国家大多实行"检察一体制",一方面肯定检察官的相对独立性,另一方面也强调检察权的上命下从,保证权力行使的整体统一性以形成相互协调配合。现行《人民检察院组织法》将检察机关上下级关系设置为与法院等国家机关不同的领导关系,立法初衷在于保证检察机关对全国实行统一的法律监督。① 这种立法设计蕴含着检察一体化的理念,但是由于现实环境以及法律条文过于原则,地方检察机关在人财物管理上主要依靠地方党委政府,导致检察权"地方化"严重。因此《人民检察院组织法》修改应该完善与细化检察机构上下一体领导体制内涵,明确规定上级检察机关领导下级检察机关的具体内容及方式、程序等,明确下级检察院接受上级检察院领导的责任与义务,在业务指导、组织管理、人事任免等方面要确保上级院的领导,从而促成"检察一体化"以保障法律的正确统一实施。党的十八届三中全会提出的全面深化改革方案中也提到省级检察院人财物统一管理,无疑代表着检察一体化的趋势,《人民检察院组织法》修改应当顺应、引领检察改革。检察主体章节规定检察人员的设置、任免、权利、义务等方面内容,主体结构决定着法律监督功能的发挥程度和实际效果。这一章节涉及检察机关的内部治理方式。《人民检察院组织法》的修改关于检察机关内部治理方式问题主要涉及三个方面内容,一是上命下从领导体制的强化和细化,二是检察官独立行使职权的法律审视,三是民主集中制的完善。② 检察官是检察权行使的具体执行者,《人民检察院组织法》修改应当注意科学界定检察长和检察官的职权范围,强化检察官的职权和责任。检察机关内部实行检察一体化的工作机制,检察长负责制、上命下从是世界各国的通行做法,检察官不同于法官,不宜赋予过大的自由裁量权;但是基于我国司法独立性不足的现实,还是应适当强调检察官的相对独立。笔者建议《人民检察院组织法》对主任检察官责任制、检察官分类管理制度应有概括规定,为后续检察改革提供较为刚性的制度保障。特殊组织章节是关于军事检察机关、铁路检察机关等专门检察机关在组织方面的特殊规范。组织的性质是由组织本身所决定的,或者说由组织的构成要素所决定的;理顺《人民检察院组织法》的结构,明晰其构成要素,有助于检察组织体系作为组织特征的目的性、整体性和开放性的实现,从而使"组织法"名副其实。

---

① 参见1979年彭真在五届人大二次会议对人民《人民检察院组织法》草案说明,转引自闵钐编:《中国检察史资料选编》,中国检察出版社2008年版,第414页。

② 参见吴美满:《人民检察院组织法修改的若干基本问题匡正》,载《中国检察官》2011年第12期。

三、着眼立法技术，《人民检察院组织法》修改应设定边界有所不为

富勒在《法律的道德性》一书中提出了法律的内在道德的概念，这是一种程序的或也可以称之为形式的自然法，"我们在这里所关注的不是法律规则的实体目标，而是一些建构和管理规范人类行为的规则系统的方式，这些方式使得这种规则系统不仅有效，而且保持着作为规则所应具备的品质"①。为此富勒提出了法律"合法性"的原则，如法必须具有一般性或普遍性，必须公之于众，必须具有可预测性而非溯及既往，法律要明确、稳定、前后一致可以为人所遵守，官员的行为必须与公布的规则一致等。笔者认为，实现法律的内在道德离不开精湛的立法技术，一部法律的制定如果缺乏统一逻辑的指导和科学周密的条款设计，立法目的将大打折扣。因此，作为统领检察制度根本法的《人民检察院组织法》，其修改在立法技术方面应该提出更高的要求。正如沈家本所言"法久弊生，不能不变；变而不善，其弊益滋"，《人民检察院组织法》亟须修改，但是修改要遵循立法规律，法律条文要张弛有度、简洁而宜行，不能拘泥部门利益，不能越俎代庖，不必面面俱到，要注意与社会主义法律体系的整体协调，要注意与其他法律的衔接，要注意为检察改革预留空间，要注意发挥对其他检察立法的引领作用。

（一）《人民检察院组织法》不能拘泥部门利益，要注意与法律体系整体适应

近年来，检察理论研究存在一种不良倾向，即研究目标和取向过度集中在部门扩权，而对部门权力规制研究不足；某种程度上也体现在检察立法方面，即过于强调部门利益，而对整个宪法体制与法律结构有所忽视。当然，这与近10年来关于检察制度存废的争论有关，但是应该看到检察体制只是国家体制的一部分，检察体制的设计与实施还是应当在国家体制的整体框架下进行，不能自行其是，也不能有所僭越。检察权实际上是多种类型授权的综合体，其结构和功能也是发展变化的。这种发展变化既取决于社会政治环境的变化，也取决于检察权运行的效果及其社会评价。②《人民检察院组织法》虽然是专门规定检察机关组织制度的法律，但它是国家的法律，是国家规制检察机关组成与活动的规范体系，要从属并受制于国家整体的法律体系。《人民检察院组织

---

① [美]朗·L.富勒：《法律的道德性》，郑戈译，商务出版社2005年版，第96页。
② 参见谢鹏程：《检察学研究的新春展望》，载《检察日报》2012年2月8日。

法》的修改不仅要反映检察规律与检察改革的成果,而且要服从社会主义法治建设的总体需要,体现全社会的共同意志。[①] 修改《人民检察院组织法》,涉及检察职权配置、监督方式与检察措施的赋予,应当着眼于国家和社会的需要。其修改既要包括授权内容也要包括规制内容,授权是赋予法律监督以依据,决定了法律监督的范围和活动方式,规制是对检察权运行的调整和控制,决定了检察权运行的规则体系和管理模式,两者应当结伴而生、相辅相成,《人民检察院组织法》修改的理想状态就协调两者关系,从而健全检察体制。

(二)《人民检察院组织法》不能越俎代庖,要注意与其他法律衔接互补

《人民检察院组织法》在性质上属于宪法性法律,它是直接受《宪法》统领的国家法;要理性地看待《人民检察院组织法》的功能,不能寄希望于通过一部《人民检察院组织法》解决所有问题。其修改应当立足于构建检察机关组织体系的科学框架,能够为单行法律授予检察机关职权提供指引;但《人民检察院组织法》不必面面俱到,不能越俎代庖,要注意与其他法律的衔接协调。一是与诉讼法的衔接协调。现行《人民检察院组织法》共28条,分为3章,其中第2章规定了人民检察院行使职权的程序,从总体上看,该章的规定大多属于应当在诉讼法中规定的内容。检察机关主要是在诉讼活动中履行法律监督职能,检察机关的活动既要受《人民检察院组织法》又要受相关诉讼法的调整和规范。现行《人民检察院组织法》制定于1979年,当时我国法制刚刚恢复,很多法律处在空白状态,而当下我国法律体系已基本形成,各部门法门类已较为齐全,《人民检察院组织法》没有必要再如有的学者主张[②]那样延续原来体例。但是《人民检察院组织法》偏重于实体职权范围的界定,而相关诉讼法等程序法偏重于程序内容的规定,两者之间的功能应当有所分工,不能越界重复,造成立法资源的浪费。2012年以来《刑事诉讼法》、《民事诉讼法》已修改完毕;《人民检察院组织法》的修改要吸纳相关诉讼法的立

---

① 张步洪:《检察院组织法修改的基本问题与主要观点评介》,载《国家检察官学院学报》2011年12月。

② 参见张和林:《现实与前瞻:完善人民检察院组织法与诉讼法等法律衔接的若干思考》,第七届国家高级检察官论坛会议文章,载中国知网,2011年10月12日。

二、司法改革与"两法"修改

法成果,着力解决诉讼法中难以专门规定的法律监督程序和措施问题①,在职权配置等实体方面应引领相关诉讼立法,而至于具体职权行使程序则由诉讼法来规定。二是与《检察官法》的衔接协调。《人民检察院组织法》是关于检察组织制度的法律规范,而《检察官法》则主要是对检察机关组织体系中的一个核心要素——检察官的权利义务、管理保障等具体规范,二者法律内涵不同,应当有所分工。《人民检察院组织法》应着重对检察官与非检察官之间的关系,不同等级检察官之间的关系、检察官与检委会的关系、检察官与检察机关的关系,检察长与检委会关系,地方各级检察长的任免等做出界定,对于检察官的职业化、相对独立性等做出明确但概括的规定,而不需要过多规定本应由《检察官法》规定的内容,一者为避免法律条文冗长,二者简约而有刚性的《人民检察院组织法》更能为《检察官法》以及其他检察立法提供法源支持。考虑到我国的人大制度及检察领导体制,建议《人民检察院组织法》如此修改规定:省、自治区、直辖市人民检察院的检察长,经最高人民检察院检察长提名,由本级人民代表大会选举产生。其他地方各级人民检察院检察长,由上一级检察院检察长提名,由本级人民代表大会选举产生。这样既解决了权力机关选举产生与上级机关批准任免之间的矛盾,避免影响权力机关的选举权威,同时也维护了"检察一体"化的制度要求。② 三是关于人民监督员问题。人民监督员制度。最高人民检察院于 2010 年下发《最高人民检察院关于实行人民监督员制度的规定》,人民监督员制度开始全面推行,一定程度有利于规范执法行为,监督检察权特别是职务犯罪侦查权的正确行使,维护犯罪嫌疑人合法权益,促进司法民主。③ 因此有学者建议《人民检察院组织法》的修改应将人民监督员制度纳入。笔者认为,人民监督员制度规定的是检察权运行中的社会监督,并非检察机关组织制度范畴,没有必要由组织法规定,而应由单独一部法律来详细规定。

---

① 例如应当就检察机关对侦查、审判、刑罚执行机关进行法律监督所形成的权力与责任义务关系作出规范,明确规定检察机关提出纠正违法意见的,相关机关应当纠正并将纠正情况及时通知检察机关;发出检察建议的,相关单位应当及时向检察机关通报采纳建议的情况;检察长或者受委托的副检察长可以列席同级法院审判委员会会议;检察机关根据履行法律监督职责的需要,可以调阅相关机关的案卷及其他材料,有关机关应当在规定期限内提供等。这些具体措施直接影响着法律监督的实效。

② 参见卞建林:《关于人民检察院组织法修改的若干思考》,载《人民检察》2005 年第 13 期。

③ 参见徐昕、黄艳好、卢荣荣:《中国司法改革年度报告(2010 年)》,载《政法论坛》2011 年第 3 期。

（三）《人民检察院组织法》不能条文僵化，要注意为检察改革预留空间

稳定性是衡量一部法律是否良好的重要标准之一，因为没有稳定性将无法构建可预期的秩序。法律的修改不宜过于频繁，因为"如果经常修改法律，那么人们在特定时间将很难发现法律的规定是什么，人们将陷入修改法律的忧虑之中，因为他们所了解的法律已成为过去"[①]。避免法律频繁修改，就要坚持科学立法原则，充分考虑社会变迁，要有前瞻的远见，在法律刚性与弹性之间找到结合点。回顾历史，我国检察制度经历了创建、探索、曲折、重建与勃兴的复杂过程，与此相对应，《人民检察院组织法》的制定和完善也经历了一个螺旋式的渐进发展过程。[②]《人民检察院组织法》的修改，要充分考虑我国社会主义初级阶段的经济社会发展水平和政治、经济体制改革的整体推进情况，立足于我国建设社会主义法治国家、推进司法体制改革的实际进程，有关条文要适度超前，在吸纳成熟的改革成果的基础上又能引领改革，循序渐进地实现检察立法体系的完善。《人民检察院组织法》的修改应该解决这样几个问题[③]：一是检察改革合法性问题。当前的法制环境已不同于改革开放初期，检察改革不能再走"良性违宪"、"良性违法"的道路，检察改革需要在合法框架下推进司法组织机构和人员等制度性层面的"深水区"改革，《人民检察院组织法》需要承担起为检察改革提供法律依据的使命。笔者认为，可以在其中增加1条规定：最高人民检察院根据依法治国形势发展的需要，经全国人大常委会同意，可以组织与法律监督职责履行有关的，不与现行《宪法》、法律原则和精神抵触的检察改革探索试验。二是检察改革公正性的问题。检察改革涉及国家权力的配置，不能也不应由检察机关主导，否则检察改革的公信力将受到质疑。"一个健康的法律制度将根据这样一种计划来分派权利、权力和责任，这种计划既考虑了个人的能力和需要，同时也考虑了整个社会的利益所在"。[④] 因此《人民检察院组织法》修改务必要突破部门利益的藩篱，严格在

---

① [英] 约瑟夫·拉兹：《法律的权威：法律与道德论文集》，朱峰译，法律出版社2005年版，第107页。

② 参见赵钢、阮志勇：《人民检察院组织法修改之我见》，载《人民检察》2012年第20期。

③ 参见吴美满：《人民检察院组织法修改的若干基本问题匡正》，载《中国检察官》2011年第12期。

④ [美] E. 博登海默：《法理学—法哲学及其方法》，邓正来等译，华夏出版社1987年版，第379页。

宪法框架内进行，以满足国家与人民的需求为最终依归。三是检察改革的方向性问题。检察院改革整体上怎么改，应该有一个整体的理论论证和制度设计，《人民检察院组织法》应该对检察改革起到指导改革方向的引领作用。所以说，《人民检察院组织法》的修改不能仅仅立意在现有检察组织制度的整合上，还应当在填补相关立法空白的同时，注意为检察改革预留空间，为其提供合法性的支持与方向性的指引。

《人民检察院组织法》修改的若干问题研究

王悦群　孟　睿　刘雨珣[*]

随着依法治国方略的稳步推进,中国特色社会主义法治建设取得了显著成效,现行的《人民检察院组织法》的部分内容已明显滞后于当前社会经济的飞速发展、法治理念和法律规定。特别是随着修改后的《刑事诉讼法》和《民事诉讼法》的相继出台和实施,以及司法体制改革的不断深入,《人民检察院组织法》在明确其性质、原则,检察职能、检察组织机构、检察机关设置和检察人员条件保障等方面亟须修改。本文结合检察工作实际,在实践调研的基础上对《人民检察院组织法》原则、修改内容等进行简要论述。

一、《人民检察院组织法》修改原则

(一) 依据《宪法》原则

1982年颁布的《宪法》规定了我国的根本政治制度和根本任务,"宪法规范作为社会共同体所选择的基本共识和最高价值体系"[①],必然对其他法律的制定和修改提供最重要的依据和指导,《宪法》对于检察机关的性质、地位和组织活动原则做出概括性的规定[②],《宪法》是《人民检察院组织法》制定的直接依据,因此依据《宪法》原则是制定和修改《人民检察院组织法》的根本原则。准确理解和把握与《人民检察院组织法》内容密切相关的宪法规范,是贯彻"以宪法为依据"的前提和基础[③],《人民检察院组织法》的修改应该在《宪法》及相关法律的框架内修改完善,在符合《宪法》精神、坚持《宪

---

[*] 作者简介:王悦群,天津市人民检察院副检察长；孟睿,国家检察官学院天津分院教师；刘雨珣,国家检察官学院天津分院教师。

① 韩大元:《关于检察机关性质的宪法文本解读》,载《人民检察》2005年第13期。

② 参见许文辉、张子强、宋凯利:《〈人民检察院组织法〉的修改与完善》,载《法学杂志》2013年第12期。

③ 参见卞建林:《关于人民检察院组织法修改的若干思考》,载《人民检察》2005年第13期。

法》规定的基础上,结合自身特点和检察工作实际,有的放矢地进行补充和调整。首先,《宪法》第 130 条第 3 款规定:"人民检察院的组织由法律规定。"这既肯定了《人民检察院组织法》的必要性,也直接赋予了立法机关制定《人民检察院组织法》的权限。其次,《宪法》在第 131 条规定:"人民检察院依照法律规定独立行使检察权,不受行政机关、社会团体、个人的干涉。"为检察机关独立行使检察权提供了《宪法》保障,使其确立了检察机关依法独立行使检察权的宪法原则,行政机关、社会团体和个人不得干涉。最后,《宪法》对于规定检察机构领导体制以及阐明与法院、公安机关的相互关系方面也均有所涉及。在检察机构领导体制方面,《宪法》第 132 条第 2 款规定:"最高人民检察院领导地方各级人民检察院和专门检察院的工作,上级人民检察院领导下级人民检察院的工作。"第 133 条规定:"最高人民检察院对全国人民代表大会和全国人民代表大会常务委员会负责。地方各级人民检察院对产生它的国家权力机关和上级人民检察院负责。"在与法院、公安机关的关系方面,《宪法》第 135 条规定:"人民法院、人民检察院和公安机关办理刑事案件,应当分工负责,互相配合,互相制约,以保证准确有效地执行法律。"其三者分工负责、相互配合、相互制约的原则在 1979 年《刑事诉讼法》中亦有所体现。现阶段,在"推进以审判为中心的诉讼制度改革,确保侦查、审查起诉的案件事实经得起法律的检验"的司法改革大背景下,以审判为中心,辩证看待侦查、审查起诉和审判三者之间的相互联系,坚持三机关的宪法关系,在《人民检察院组织法》的修改中也应明确。

(二)坚持公平正义原则

公平正义是人类社会锲而不舍追求的理想,是衡量法治实现程度的重要标尺。在我国,公平正义是社会主义法治的核心价值,是检察工作的生命线。随着社会主义法治建设的深入推进,人民群众对追求社会公平正义的愿望更加强烈,对检察工作必须时时处处体现公平正义的要求也更加严格。古人云,法者,治之端也。法律乃天下之公器,社会之公义。立法是在设计正义,执法是在分配正义,守法是在实现正义,司法是在矫正正义。厉行法治是实践规则公平、机会公平、权利公平、保护公平的根本途径。检察院作为法律监督机关,同时还具有职务犯罪侦查权、公诉权和诉讼监督权等职权。人权保障作为公平正义的重要内容之一,在 2004 年正式被纳入《宪法》,因此秉承公平正义、加强人权司法保障这一点在《人民检察院组织法》的修改过程中应有所体现,规定对于诉讼活动和行政执法活动中侵犯人权的国家权力行为,应纳入检察机关的法律监督范围之内。司法行为是维护公平正义、维护司法公信力的必然要求,也是确保检察权正常行使、确保法律正确实施的重要保障。规范司法行为的核心是规范司法权,紧紧抓住检察机关运行重点环节,确保严格依照法律规定的权限和程序履行职责,健全内部制约机制,构建完善检察机构组织体系。

《人民检察院组织法》的修改应始终贯彻公平正义原则,关键要在执法办案中把好事实关、证据关、程序关、法律适用关,要坚持实体正义与程序正义并重,维护好社会公平正义的最后一道防线。应牢牢把握以下几个方面:一是强化诉讼过程中当事人和其他诉讼参与人的知情权、陈述权、辩护辩论权、申请权、申诉权的制度保障;二是健全落实罪刑法定、疑罪从无、非法证据排除等法律原则的法律制度;三是完善对限制人身自由司法措施和侦查手段的司法监督,加强对刑讯逼供和非法取证的源头预防,健全冤假错案有效防范、及时纠正机制;四是正确处理程序与实体的关系,程序既是实现实体正义的重要保障,又能够让当事人体会到权利平等、机会公平,让社会感受到检察机关执法、司法过程中的公正性。规范执法程序,推动文明司法,确保程序规范与制度建设的协调一致和司法文明在实体、程序层面的双重保护。从而使得修改完善后的《人民检察院组织法》经受得住实践的检验,为检察事业持续健康发展提供有力的法律支持。

(三)尊重司法规律原则

坚持党的领导,是社会主义法治的一项根本原则,也是检察机关进行《人民检察院组织法》修订的根本原则。检察机关作为履行法律监督职能的国家机关,维护法制的统一,是法治的保障。在对《人民检察院组织法》修改过程中只有坚持党的领导,严格贯彻党中央对司法体制、机制改革的各项要求才能实现依法治国。党中央一系列有关司法体制改革及推进检察制度建设的文件中明确要求,"完善中国特色社会主义法律体系,执行司法改革,严格监督执法活动,进一步健全司法体系,达到权责明确、互相配合、互相制约、高效运行的司法体制,在政治上,逐渐形成检察机关的独立检察权"。这些规定为检察工作发展和检察体制改革指明了方向,我们在修订《人民检察院组织法》的过程中要将四中全会提出的全面推进依法治国具体化到法律条文中,强化检察机关行使职权的法律依据。

《人民检察院组织法》中对于检察工作的相关规定要坚持公开透明的原则,"阳光是最好的防腐剂,灯泡是最有效的警察"①,构建开放、动态、透明、便民的阳光司法机制,推进审判公开、检务公开,依法及时公开执法司法依据、程序、流程、结果和生效法律文书,杜绝"暗箱操作"。同时,深化人

---

① 引自美国法官布兰狄西的名言。

民监督员制度,坚持人民司法为人民,依靠人民推进公正司法,通过公正司法维护人民权益,牢固树立监督者要更加自觉地接受监督意识,把人民监督员制度作为一种倒逼机制,紧密结合规范司法行为专项整治活动,深入推进司法规范化建设,不断提高司法水平和办案质量。

《人民检察院组织法》的修改要与其他法律保持有效衔接。在修改《人民检察院组织法》的过程中,特别要处理好与三大诉讼法的关系。《人民检察院组织法》重要内容应是检察机关的"组织",即我国检察机关在国家机构中的性质、地位、作用和职责;三大诉讼法则是从诉讼规律出发,调整的是刑事、民事、行政诉讼活动。[①] 因此,《人民检察院组织法》的修改还是要注重从完善法律监督职能的角度出发,着力解决诉讼法中难以专门规定的法律监督问题,如知情权、调查权、纠正违法权、检察建议权、职务犯罪预防权、查阅复制或者调阅案卷材料及更换办案人员建议权等,这样既体现了《人民检察院组织法》与诉讼法之间的特点,又避免了条文上的重复。

(四)继承与借鉴相结合原则

修改和完善《人民检察院组织法》,并不是重新构建一个全新的检察制度运行体系,而是一种自我完善,是在继承基础上的发展。

新中国的检察制度是基于新中国成立初的政治、经济形势并借鉴苏联的检察制度创设的。时至今日,虽然国内、国际环境发生了巨大变化,但是检察制度的核心精神从未改变。在现行《人民检察院组织法》的修改中,要对其性质的法律精神予以继承并发扬,对具体的制度进行设计和规定,通过检察工作实践证明了是符合社会主义法治要求并行之有效的应该予以坚持,着重保持修法过程中法律的连续性和稳定性。从世界范围来看,各国检察制度的核心精神都具有传承性。例如,作为注重判例法的英美法系的英国,其《1908年犯罪起诉法》规定的检察制度的精神至今仍指导英国检察制度的发展;成文法系的法国,其检察机关从封建制度下的菲利普四世创设历经拿破仑时代的资本主义制度、垄断资本主义制度,其基本原则和精神传承至今,超越了政治制度、政权结构、政党政策。可见,无论检察制度如何变革,都不应该超出其设立的初衷和核心,甚至法律规则和法律条文都可以在一定程度内保留,以维护制度的稳定性和传承性。

借鉴国外先进立法经验在我国检察制度的设计和变革上表现比较明显,我

---

① 参见刘斌、宋冀峰:《以法治思维推动人民检察院组织法修改》,载《黑龙江政法管理干部学院学报》2014年第5期。

国检察机关是在列宁法律监督说的基础上建立起来的，最初的具体规则设计也参见了苏联的检察制度。借鉴其他法系检察制度设计中的可取之处，吸收、引入不同法治国家的先进制度和规定对我国《人民检察院组织法》修改的完善和发展意义重大。但借鉴不等于全盘照搬，而是通过借鉴使我国检察制度中的不完善方面得以加强。综观其他国家，借鉴先进经验也是其检察制度立法中必不可少的一项内容。例如，德国的检察制度最初是由作为联邦成员之一的普鲁士从法国引入的，但德国在引入后，根据其国情将之进一步发展，如进一步扩大检察权的行使范围、建立系统的检察官培养、录用、任职制度等，形成了具有德意志风格的检察理论和检察体系。日本在明治维新之前仿效唐律规定中的"御史台"建立了具有检察职能的官职，在明治初期邀请法国学者波阿索纳特仿照法国《刑事诉讼法》起草制定了《治罪法》，引入了法式的检察制度，明治中期以德国法为蓝本对检察制度进行了改革，二战后效仿美国，建立起颇具日本特色的现代检察制度。[①] 可见，无论是大陆法系法治传统悠久的德国，还是亚洲法治国家典型代表的日本都曾经在历史上向检察制度先进的他国进行学习、借鉴，最终建立起具有本国特色的检察制度。所以，在《人民检察院组织法》修改的过程中，应对其他法治国家的检察制度予以考察，摒弃社会制度、意识形态等分歧，引入先进的检察理论思想和制度设计，以完善我国的检察制度建设。

二、《人民检察院组织法》修改的结构与主要内容

（一）明确《人民检察院组织法》修改中的性质地位

《人民检察院组织法》是依据《宪法》而制定的法律。在《宪法》之下，《人民检察院组织法》在所有涉及检察机关和检察权的法律规范中应当居于统领地位。按照职权法定原则，公权力应当依法取得、依法行使。检察权作为一种公权力，必须经法律授权，但《宪法》作为国家的根本大法，不可能对检察制度作过多的具体规范。根据《立法法》规定，检察权配置属于法律保留的立法事项，必须由全国人大及其常委会通过立法授予。《人民检察院组织法》是立法机关授予检察机关职权的重要载体。从这个角度上说，《人民检察院组织法》不仅应当是《宪法》原则的具体化，还应是检察权行使的标准化，从而为检察机关履行职责提供指引。

检察机关是法律监督机关，检察职能既具有司法职能的基本属性，又与审

[①] 参见刘兰秋：《日本检察制度简介》，载《国家检察官学院学报》2006年第5期。

判职能相区别。我国检察机关不仅拥有批捕权、公诉权、侦查权，还有法律监督权、司法救济权等，内涵丰富；检察权既有司法属性，又有行政属性，还有监督属性；检察组织的完善、不同业务的运行方式、内部管理监督以及责任体系的构建，既要遵循司法活动的一般规律，又要符合检察职业的特殊规律。《人民检察院组织法》的修改重在落实《宪法》规定的检察机关在国家中的功能定位，它规定的检察职权、检察措施要通过相关法律或者另行制定的规范作为依据。正由于这种权力属性的多元化，业务类型的多样化，决定了在《人民检察院组织法》的修改过程中，不能用一种模式来涵盖所有的检察业务，分类创制是必然选择。对一些司法属性较强的业务工作，更多地运用司法方式确立运行方式和司法责任形式；对于一些行政属性较强的业务工作，则较多地采取行政性的运行方式；而对于一些监督属性较强的业务工作，实际操作中可能更为复杂，需要考虑更多的具体情形。

(二)《人民检察院组织法》修改中应涉及新增职权

现行的《人民检察院组织法》在检察职权范围的设定上与检察机关实际履职情况并不一致，存在部分内容与《刑事诉讼法》、《民事诉讼法》、《行政诉讼法》衔接不到位，没有体现司法改革成果，部分表述明显过时等诸多问题，故在修改中应增加以下几项新增职权：

1. 为了更好地规范和引导职务犯罪侦查取证工作，研究职务犯罪法律适用问题，加强对职务犯罪侦查活动的监督，现行《人民检察院组织法》的修改中应增加侦查监督、公诉部门介入职务犯罪案件侦查的相关规定，确保职务犯罪侦查权的顺利运行。

随着国家对惩治和预防腐败犯罪的要求不断增加，《人民检察院组织法》在对职务犯罪侦查权的再完善中应注意以下几点问题：一是要准确定位职务犯罪案件侦查的范围，明确在可能判处 10 年有期徒刑以上刑罚的贪污贿赂案件或者可能判处 3 年有期徒刑以上刑罚的渎职侵权案件；上级人民检察院等单位督办、批办和交办的案件；在当地有重大社会影响的案件；案情重大、疑难、复杂，在事实认定、证据采信以及法律适用等方面存在重大分歧的案件；其他需要介入侦查的案件这五种情况之下，侦查监督、公诉部门才可介入侦查。二是要厘清介入的时间节点，侦查监督部门介入侦查，一般应当在职务犯罪案件立案后，报请审查逮捕前进行；公诉部门介入侦查，一般应当在采取强制措施后，侦查终结前进行，但经检察长批准，也可以在立案后介入侦查。三是要强调侦查监督、公诉部门间的相互配合，侦查部门可以提请本院或者上一级人民检察院侦查监督部门派员介入侦查；也可以商请或者报经检察长批准后通知公诉部门介入侦查；侦查监督、公诉部门对符合职务犯罪侦查范围的案件应当介入侦查。侦查监督部门认为必要时,可以在报经本院检察长批准后派员介入本院和下一级人民检察院的侦查工作。公诉部门认为必要时,可以在报经检察长批准后派员介入侦查工作。

2. 为全面履行刑事执行法律监督职责,深入开展刑事执行的检察工作,发现并解决实践中的突出问题,《人民检察院组织法》应积极探索建立对刑事执行的法律监督体系,开拓创新,总结经验,建立健全刑事执行检察工作机制。

随着检察体制改革在内的司法体制改革不断深入,《人民检察院组织法》在对刑事执行权的相关修改中应把握以下几点问题:一是在现有检察体系中,为保证刑事执行监督的统一规范行使,可以确立以监所检察部门为主体,职务犯罪侦查、侦查监督、公诉和控告申诉部门参与配合的刑事执行检察权配置模式。二是建立派驻检察与上级巡回检察同步进行制度,即在派驻检察的基础上,由上级检察院组织人员进行巡回检察。三是强化对刑事执行的同步监督和动态监督,实行全程同步监督,是刑事执行监督机制改革的方向。四是赋予检察机关随时介入调查权与刑罚执行强制措施权,给予检察机关刑罚变更执行程序的参与权和抗诉权,同是赋予检察机关对违法通知书进行建议和纠正的权力,发挥检察机关对刑事执行监督的法律效力。[①]

3. 为了更好地发挥检察机关法律监督职能作用,促进依法行政、严格执法的理念进一步加强,《人民检察院组织法》应探索建立检察机关提起公益诉讼的制度。

随着国家对公共安全、公共利益方面的立法不断重视,《人民检察院组织法》在对公益诉讼制度的完善中应把握以下几点内容:一是要牢牢抓住公益这个核心,坚持从维护国家和社会公共利益出发,防止把不具有国家利益和公共利益属性的案件以公益诉讼的方式进行保护。二是要准确把握提起公益诉讼的范围,检察机关提起民事公益诉讼的案件范围限定在污染环境、食品药品安全领域侵害众多消费者合法权益的案件,提起行政公益诉讼的案件范围限定在生态环境和资源保护、国有资产保护、国有土地使用权出让领域造成国家和社会公共利益受到侵害的案件,尤其是以生态环境和资源保护领域为重点。三是要妥善运用好公益诉讼这一监督方式,诉前程序是提起公益诉讼的必经程序,提起民事公益诉讼之前,应当依法督促或者支持法律规定的机关或有关组织向人民法院提起民事公益诉讼;提起行政公益诉讼之前,应当先行向相关行政机

---

① 参见青昊:《浅析刑罚执行监督存在的问题与对策》,载《法治博览》2005年第11期。

关提出检察建议，督促其纠正违法行政行为或依法履行职责，既要注意充分运用好诉前程序，发挥好相关诉讼主体的作用，尽可能发挥行政机关履行职责的能动性，节约司法资源，也要掌握好提起公益诉讼的标准，在经过诉前程序而没有取得监督效果的情况下，及时向人民法院提起公益诉讼。四是要准确做好诉讼各个环节的相关工作，充分收集整理好诉讼证据，分析研判好提起公益诉讼的可行性，准确确定好案件的性质和诉讼请求，制作好诉讼文书，熟悉把握好庭审规律和出庭技巧，确保诉讼工作取得良好的法律效果、政治效果和社会效果。

（三）《人民检察院组织法》修改中应新增的机构设置

近年来，随着司法改革不断深入，全国检察机关业务工作不断发展，创新思路、创新工作机制与方法是现阶段检察工作的迫切要求，结合各地的实践经验来看，《人民检察院组织法》修改应该着眼于基层机构设置发展，主要集中在以下几个方面：

1. 《人民检察院组织法》应增加设立知识产权检察机构。检察机关依法设立专门的知识产权检察机构，办理知识产权案件，履行知识产权保护职能。知识产权检察机构的设置突破了传统的以诉讼为划分标准的检察权配置模式，是以打击侵犯知识产权犯罪为出发点，以拓展知识产权领域法律监督为目标，以检察权二次配置为根本的检察工作体制和机制的一次创新与探索。在具体设置中应遵循两个原则：一是"价值平衡原则"，[1] 即在充分发挥知识产权检察机构的办案优势，实现整体优化的同时，又要适度考虑不同诉讼环节中检察权之间的相互制约；二是"有限司法原则"，[2] 知识产权检察机构及其职能的设定必须符合刑事司法规律和检察机关的法律监督属性，突出重点围绕打击侵犯知识产权犯罪，合理确定知识产权检察机构的工作范围。

2. 《人民检察院组织法》应新增设立派出检察机构。[3] 因现行的《人民检察院组织法》虽然明确了县一级人民检察院有设置检察院主体资格，但在肯定列举的范围内没有乡镇，而且设置的机构是人民检察院而非检察室。从立法层面看，目前检察室的设置仍然没有明确法律依据，更多地是依靠检察系统的内部设定，其效果相对于法律较弱。根据最高人民检察院规定的检察室的工

---

[1] 章蓉、徐军、单家和：《基层检察院应设立知识产权保护专门机构》，载《人民检察》2015年第1期。

[2] 张伯晋：《南京探讨"三检合一"知识产权案件办理模式》，载《检察日报》2011年9月15日。

[3] 引自《天津市司法调研报告》相关数据说明。

作实践，检察室的检察职能分为八部分，但其规定的内容仅涉及原则性，概括笼统，缺乏一个全国性的统一法律规范，同时对检察室的行为缺乏禁止性限制，在职能上还存在与其他机构尤其是"两所一庭"[①]的职能交叉，对于如何明确分工与协作是检察机构体制建设需要解决的重点问题之一。对此，应进一步明确派出检察室的地位与职能。自上而下进一步规范检察室工作机制，针对所在地区地域特点和经济社会发展环境出台一套细致的派驻检察室工作制度，其内容应涵盖案件线索的移交、受理控告检举、诉讼法律监督、社区矫正监督、协助查办职务犯罪等工作。

3.《人民检察院组织法》应新增设立跨行政区划检察机构。跨行政区划检察机构的设置不仅对于优化刑事司法职权配置具有深远影响，而且必将进一步推动刑事诉讼管辖制度的改革与完善。在《人民检察院组织法》未修改的前提下，无法在直辖市外设立跨行政区划检察院。自四级两审制度确立以来，各级人民法院基本是以行政区划为基础设置的，地方各级人民检察院的设置与之相对应。设立跨行政区划检察院的初衷和直接动力是为了弥补现有的司法体制漏洞，保障检察院依法独立公正行使检察权，构建普通案件、特殊案件在行政区划检察院起诉、法院审理诉讼的格局。对此，新设立的跨行政区划的检察院应具备以下特征：一是没有一级行政区划与之相对应，不存在同级地方党政机关等与之配套的行政权组织，相对独立；二是依托于铁路运输检察院设立；三是在直辖市内设立，级别上与直辖市检察院分院并列；四是编制精简、合署办公，配备高素质的检察官。

三、《人民检察院组织法》修改的几点建议

（一）突出组织法的本质和特点

修订《人民检察院组织法》应当以《宪法》为依据，重点是厘清检察院上下级领导关系、结构体系、机构设置规则、职权和人员管理等"组织"方面的内容，对于行使权力的程序以及一些内部管理活动不宜写到组织法中。在修订《人民检察院组织法》时，要注重组织法自身的规范性、法律性和可操作性，处理好与其他部门法之间的协调衔接，强化组织法的自身特色。

（二）完善检察机关领导机制

在《人民检察院组织法》中明确不同级别检察机关的设置原则以及职能职权，上级人民检察院对下级人民检察院进行工作领导的方式、程序和下级人

---

① 周建华、常忠山：《派驻检察室有关情况调查》，载《山东青年》2014 年第 10 期。

民检察院接受领导的责任和义务。特别是从立法上明确检察机关派出机构设置的法律地位，取消现行《人民检察院组织法》中关于县级检察院可以设置派出检察院的规定，明确最高人民检察院提请全国人大常委会决定，省、自治区、直辖市人民检察院、自治州和省辖市人民检察院根据工作需要，经最高人民检察院批准并提请本级人大常委会决定，可以在特定区域设置跨行政区划检察院。监管场所所在的地级市以及直辖市分院可以根据工作需要，在监狱等监管场所设立派驻检察室；县一级检察机关可以在所在区县看守所等部门和地区设立派驻检察室。县、市、自治区和市辖区人民检察院根据行政区域内各乡镇（街道）人口和案件情况可以设置若干派驻检察室。

（三）更加全面系统规定检察机关职权

充分吸收诉讼法等法律的最新规定，将近年来《刑事诉讼法》、《民事诉讼法》和《行政诉讼法》，以及其他法律规定的检察机关行使的职权纳入《人民检察院组织法》规定，如对民事、行政审判、执行活动和民事调解活动实行法律监督；对公安机关立案活动的监督；对死刑复核程序的监督；对违法所得的没收、强制医疗的决定和执行的法律监督等。同时应将司法改革过程中已出台的相应文件中关于检察机关职权规定在《人民检察院组织法》中固定下来，如对行政执法机关移送涉嫌犯罪案件的活动实行法律监督；对涉及公民人身、财产权益的行政强制措施实行法律监督；对社区矫正实行法律监督；检察长列席本级法院审判委员会会议等。

（四）注重完善对检察权运行的监督制约机制

以党的十八大三中、四中、五中全会精神为指导，明确人大及其常委会对检察机构的监督，确保检察制度符合国家和人民的意志；健全司法权力运行机制，提高检察工作透明度，方便人民群众参与和监督检察工作，确保检察权在阳光下运行；公检法三家应遵循相互制约机制，秉承"分工负责、互相配合、互相制约"的原则，依法行使其各自职权，提升执法水平与质量。同时，在《人民检察院组织法》中还应明确，人民检察院办理直接受理立案侦查案件应当接受人民监督员监督，并就人民监督员的选任管理、监督范围和程序做出规定。

（五）完善检察机构人员和办案组织设置

长期以来，检察机关始终存在机构名称不统一、横向不统一、上下级不统一等问题，机构名称套用党政机关厅、处、科的方式，设置随意，没有体现检察机关司法属性，也不利于检察权统一规范行使。在修订《人民检察院组织法》时，要按照精简、统一、科学、效能的原则，尊重司法规律，从立法上明确检察机关各内设机构的名称和职责，理顺各项具体检察职能之间的关系，既要与法律规定的职权相适应，又要与法院、公安机关的机构设置相衔接，提高检察机关整体效能。同时，加强检察人员管理方面，将检察官、检察辅助人员、司法行政人员分类管理、检察官办案司法责任制和办案职权、检察官工资、职务序列等职业保障、省级以下检察院人财物统一管理等吸收到人民检察院组织法中，做出明确规定。

（六）明确检察委员会与检察长的关系，厘清检委会与检察官的办案责任界限

修订后《人民检察院组织法》应对检委会的性质、职责、工作方式等进一步加以明确，通过立法推动检察委员会工作改革。各级检察机关检委会职能的定位，既要考虑检察权、检察机关自身的特性，又要考虑相对应同级法院职能的变化因素，不同层级检察院检委会的职能应有所不同。以天津市人民检察院分院为例，作为联系市院和辖区基层检察院的直辖市分院，其主要职能就是办案，包括重大职务犯罪的立案侦查、重大复杂案件的批准决定逮捕、重大一审刑事案件的公诉、辖区内二审上抗诉案件的审理以及民事行政、控告申诉案件的审理、相应监管场所的刑事执行检察等。因此，其检委会审议议题和案件的范围，是否应主要集中于对于这些重大案件作出处理决定，与市院审议全市性专项工作、区县院审议案情简单的不诉案件有所不同。

试论司法改革背景下的"两法"修改

娄立新[*]

奉法者强则国强,奉法者弱则国弱。2013 年,中国共产党第十八届中央委员会第三次全体会议审议通过的《中共中央关于全面深化改革若干重大问题的决定》明确提出了要加快建设公正、高效、权威的社会主义司法制度,"建立符合职业特点的司法人员管理制度,健全法官、检察官、人民警察统一招录、有序交流、逐级遴选机制,完善司法人员分类管理制度,健全法官、检察官、人民警察职业保障制度",以此作为"确保依法独立公正行使审判权检察权"的重要举措。2014 年,党的十八届四中全会又通过了《关于全面推进依法治国若干重大问题的决定》,提出了"建设中国特色社会主义法治体系,建设社会主义法治国家"的总目标。该决定为推进国家治理体系和治理能力现代化指明了方向,也为司法改革提供了动力、指明了方向。2014 年,围绕完善司法人员分类管理、完善司法责任制、健全司法人员职业保障和建立省级以下检察院、法院人、财、物统一管理四项重点内容的第一批司法体制改革试点工作在上海、吉林、广东、青海、海南、湖北、贵州等 7 个省(市)正式启动。2015 年和 2016 年,第二、三批司法体制改革试点工作也按照党中央的统一部署全面启动,中央所提出的各项司法体制改革举措正在逐项落实之中。然而,随着检察改革进入"深水区",在司法改革试点过程中遇到的一些具体问题不容忽视,尤其是司法改革中一些制度设计与《检察官法》和《人民检察院组织法》(以下简称"两法")的矛盾冲突显得较为突出,亟须通过修改"两法"来解决它们之间的衔接问题,否则会成为阻碍司法体制改革试点工作的瓶颈,必须引起高度重视。笔者试从司法改革大背景下"两法"的修改谈一些粗浅的认识。

---

[*] 作者简介:娄立新,黑龙江省齐齐哈尔市人民检察院检察委员会委员、法律政策研究室主任、四级高级检察官。

一、司法改革的制度设计与"两法"的现实冲突

《人民检察院组织法》是我国各类组织法中的一种，它规定了我国检察机关的性质、地位、职权、组织与活动原则以及人民检察院上下级之间和人民检察院与国家权力机关、行政机关、审判机关之间关系的法律。我国在1954年第一届全国人大第一次会议时就通过了我国第一部《人民检察院组织法》。1979年，在第五届全国人大第二次会议上对《人民检察院组织法》进行了重新修定，1983年9月2日，第六届全国人大第二次会议上，对该法进行了修订，1986年又对个别条文进行了修正，形成了现行有效的《人民检察院组织法》，共计3章28条。

现行《检察官法》是在1995年2月28日，由第八届全国人民代表大会常务委员会第十二次会议审议通过，2001年6月30日，第九届全国人民代表大会常务委员会第二十二次会议又对个别条款作出修改，共计17章56条。这部法律规定了检察官的职责、义务和权利、检察官的条件、任免、等级、考核、奖惩、工资福利、辞职辞退等多项内容。它的颁行对于提高检察官素质、保障检察院依法独立行使检察权、促进检察官队伍专业化、职业化建设，提升司法公信力起到了重要的促进作用。

随着依法治国和司法体制改革的全面推进，现行"两法"的很多规定已经不能适应我国法治建设的需要，亟须予以修改。笔者以正在进行的完善检察人员分类管理、完善司法责任制、健全检察人员职业保障和建立省级以下检察院人、财、物统一管理四项重点改革内容与"两法"进行对比分析，阐述修改"两法"的必要性。

(一)完善检察人员分类管理制度

按照中央关于深化司法体制改革的总体部署，根据《关于司法体制改革试点若干问题的框架意见》精神，各地在制定完善检察人员分类管理制度时，把以下三个方面作为改革的重点：一是划分司法人员类别；二是实行检察官员额制；三是实行检察官单独职务序列。下面，我们就来分析三个方面的制度设计与"两法"的冲突。

1. 划分检察人员类别。对检察人员进行科学分类管理，是保障公正、高效行使检察权的重要举措。2013年3月，中组部和最高人民检察院联合发布《人民检察院工作人员分类管理制度改革意见》，将人民检察院工作人员主要划分为三类，即检察官、检察辅助人员、司法行政人员，为建设职业化、高素质的检察官队伍提供了制度保障。各地出台的司法改革方案对检察官、检察辅助人员、司法行政人员的含义和范围进行了明确。检察官是指依法行使国家检

察权的检察人员，包括各级院的正副检察长、检察委员会委员、检察员。检察辅助人员是指协助检察官履行检察职责的工作人员，包括检察官助理、书记员、司法技术人员、司法警察等。司法行政人员是检察院从事行政管理的工作人员，包括政工党务、行政事务、后勤管理人员。这样的制度规定与"两法"出现了矛盾，一是《检察官法》中的检察官还包括助理检察员，这部分人的法律职务是经过法定程序任命的，现在将他们排除在检察官之外，对于他们履行法律职责的合法性将产生质疑。实践中，这部分检察官往往是各院从事一线检察业务的骨干。因为有些检察员虽然是检察官，要么是中层以上领导，要么在综合部门工作，从事检察业务的较少。二是《人民检察院组织法》中关于助理检察员的设立和代行检察员职务的职责规定、《检察官法》中关于助理检察员的任免和任职回避中有关助理检察员的规定都显得落后和多余，应当通过修法予以删除。三是这样的分类在"两法"中找不到依据，特别是对检察辅助人员和司法行政人员的界定应当在"两法"中有所体现。

2. 实行检察官员额制。各地在司法改革中，按照中央的统一部署，综合考虑辖区经济社会发展、区域位置、人口数量和案件数量等各种因素，按照司法辅助人员比例高于检察官，基层检察院检察官员额比例高于上级检察院的原则要求，以中央政法专项编制总数为测算基数，安排85%的司法人力资源直接投入办案工作。通过5年过渡达到检察官、司法辅助人员、司法行政人员分别占编制总数39%、46%、15%的员额控制目标。这个规定与现有的检察官占编制数80%多的比例相比大大缩小，使其成为司法改革试点工作的"牛鼻子"，牵一发而动全身。在我国，受历史传统和政治环境等多种因素的影响，形成了一种以行政职级为主体的独特分类模式。并且，受整个国家统一的干部制度的影响，检察院内所有的工作人员被统称为"检察干警"，其中包括检察官和法警。法警仅是其中一少部分，绝大多数检察人员都是"检察官"，虽然有相当一部分检察干警实际从事的工作并非严格意义上"检察官"的工作，而是对履行检察职能起保障或辅助作用的各项行政管理工作和专业技术性工作。可以想象，用《检察官法》来统管这样一支"检察官"队伍，显得过于简单化，并由此带来管理上的一些问题和困难。同时，《检察官法》只规定了检察官的任职条件、等级、考核、培训、奖励、工资福利以及惩戒等制度，但是对于不是检察官的人员，包括书记员等，未规定特定的人员管理方式。因此，虽然《检察官法》中确定了四等十二级检察官制度，将检察人员的职级晋升和待遇与普通公务员作了区分，但实际上也处于空转状态。

3. 实行检察官单独职务序列管理。各地改革方案规定，初任检察官主要从检察官助理中择优选任，选任后首先在基层检察院任职，上级检察院检察官原则上从下一级检察院择优遴选。同时扩大检察官的选任渠道，实行有别于普通公务员的招录办法，由有关部门联合组织考试，从优秀的律师和具有法律职业资格的法学学者等法律职业人才中公开选拔，符合条件的依法任命为检察官。进入员额的检察官必须在司法一线办案。担任检察院领导职务的检察官办案要达到一定数量。完善检察官等级定期晋升和择优选升制度。在各级检察院检察官员额限度内，符合任职条件的，基层检察院检察官一级以下定期晋升，四级高级以上择优选升，检察官等级按照规定年限逐级晋升。未担任领导职务，长期在一线办案的检察官可择优选升高等级检察官，等等。这些规定与现行的"两法"规定有较大出入，一是担任检察官的年龄要求不同。《检察官法》规定年满23周岁即可，司法改革中要求28周岁以上，不符合《检察官法》规定，剥夺了一部分人成为检察官的资格。二是选任检察官的程序不同。《检察官法》规定只要达到一定的年龄、学历等要求均有资格报考各级检察院的检察官，司法改革中规定实行逐级遴选和从检察官助理中择优选升等制度，不符合《检察官法》的规定。三是遴选检察官的方式不同。《检察官法》规定由各院负责组织，通过公务员招录方式选调，而司法改革中各地在省一级成立检察官遴选委员会，通过考试+考核方式，由省级遴选委员会统一任命，地市级和基层检察院没有任命检察官的权力了，不符合《检察官法》的规定。

（二）完善司法责任制

完善人民检察院司法责任制，是建立权责统一、权责明晰、权力制约的司法权力运行机制的关键，是深化司法体制改革的核心。按照"谁办案谁负责、谁决定谁负责"的要求，各地司法改革方案中明确了突出检察官办案主体地位，以主任检察官为负责人，检察官助理等辅助人员协助，组成基本办案组织。主任检察官由检察长指定，在检察长依法授权范围内，行使执法办案权并承担相应责任。各级检察院检察长、副检察长、检察委员会委员应当直接参加办理案件。优化检察机关内设机构设置，推进基层检察院内部整合改革，实现扁平化管理。健全检察委员会运行机制。规范了检察委员会讨论决定具体案件的范围，明确了检察委员会由检察长、副检察长、专职委员和部分资深检察员组成，赋予检察官可以就所承办案件提出提请检察委员会讨论的请求权，完善了检察委员会讨论决定案件的机制，同时还提出了建立健全检察委员会决策咨询机制等改革措施。同时规定，加强对司法权力的制约监督。建立司法权力清单制度，以清单形式列明各级各类司法人员司法权力，并明确各项权力的相应责任。加强检察院内部办案监督工作机制建设，强化对权力行使的监督制约和办案质量的全程监控，对检察官执法办案实施专门监督，建立执法档案，确保对办案质量终身负责，并严格执行错案责任追究。

长期以来，检察机关实行检察官办案、部门负责人审核、检察长或者检察委员会决定的三级审批制，普通检察官只是案件的承办人，从而形成了以上命下从的行政性关系为特点的办案责任机制。这种传统的办案组织模式，有利之处在于方便强化对办案人员的监督并保证检察活动的统一，但与检察权行使的内在要求有矛盾，不符合司法活动直接性和亲历性的要求，行政审批环节过多不仅影响诉讼效率，也浪费了本已缺乏的司法资源。在此次检察体制改革中，经过中央司改办同意，最高人民检察院印发了《关于完善人民检察院司法责任制的若干意见》，对办案组织进行改革，就是要使检察官从缺乏自主性和独立性的案件承办"工具"成为有职有权、相对独立的检察权行使主体。当然，完善人民检察院司法责任制是一项综合性改革，涉及检察机关基本办案组织、检察业务运行方式、检察委员会运行机制、检察管理和监督机制、司法责任认定和追究机制等多个方面的具体改革举措和相关配套改革。这些改革措施与现行的"两法"规定有很大的出入，需要通过修改法律来逐步落实。

（三）健全检察官及检察辅助人员职业保障制度

各地司法改革方案中都规定了建立有别于普通公务员的司法人员职业保障体系，增强检察官的职业荣誉感和使命感，为依法公正履职提供必要的职业保障。一是建立以专业等级为基础的检察官工资待遇保障机制。二是检察官助理按照现行工资收入＋岗位津贴方式确定薪酬，专业技术人员、司法警察分别按专业技术类公务员和人民警察现行有关政策执行。三是建立检察官职业权利保障制度。检察官依法履行检察职责不受行政机关、社会团体和个人干涉，非经法定事由、法定程序，不被免职、降职、降级、辞退或者处分。四是建立检察官及检察辅助人员人身安全和医疗、住房保障等制度。五是建立检察官延迟退休制度。这些规定，有的与现有《检察官法》规定不符，如《检察官法》规定检察官实行定期增资制度，检察官的制度与工资标准按照行政级别掌握；再如专业技术人员的工资也是按照行政级别执行，没有按照技术职称执行。有的规定属于新增内容，在《检察官法》中找不到，如检察官延迟退休制度等，这些都需要通过修改"两法"来加以体现。

（四）建立省以下地方检察院人财物省级统一管理体制

各地的做法是改革现有检察官管理制度，形成检察官全省"统一选任、遴选，分级审批、任免"的管理格局，塑造高素质的检察队伍。建立省以下地方检察院经费由省级政府财政部门直接管理的预算管理体制，积极发挥省检察院的作用，形成符合分类管理要求的经费分配体系，理顺三级检察院工作人员收入分配格局。这项改革措施与现行"两法"的冲突是最大的，属于全新的内容,对多年来实行的地方党委考核、选任检察官的管理体制存在不同,与地方财政收入决定地方检察院财政来源的做法相矛盾。现行《人民检察院组织法》规定的领导体制是双重领导,最高人民检察院领导全国各级检察院的工作,上级检察院领导下级检察院的工作,同时,地方各级检察院对地方本级人大及其常委会负责并报告工作。按照司法改革方案的规定,基层院检察长是否还向当地人大报告工作?对基层院检察长的任免由谁负责?其他班子成员如何进行管理?等等,都需要加以研究。司法改革方案与"两法"中规定的机构设置、考核任免、工资福利保障等规定存在差异,急需在修改"两法"时加以解决。

二、司法改革的价值追求与"两法"的修改完善

2016年是全面推进司法体制改革和检察改革的攻坚之年,我们应当按照中央政法工作会议和全国检察长会议的部署和要求,在认真总结司法改革试点工作经验基础上,抓紧对"两法"修改。因为,这两部法律已经严重滞后于司法实践,与司法体制改革追求的价值目标有较大差距,与其他法律的规定也明显脱节,在许多方面已经不能适应我国法治建设和检察工作的发展需要,应当尽快启动修订工作。修改"两法"也是进一步完善中国特色社会主义法律体系的必然要求,是全面系统准确反映检察机关法定职责的必经途径,是体现和固定司法体制改革成果的重要形式。笔者认为,修订"两法"应当把握以《宪法》为依据,以党的十八大、十八届三中、四中全会精神为统领,充分吸收诉讼法等法律的最新规定,吸收司法体制和工作机制改革的重要成果,发挥规范检察权行使、保障检察监督职能实现的功能为原则,重点对检察机关的职权、行使职权的程序和措施、领导体制、组织机构、人员选任及检察保障等作出明确规定。笔者认为,在修改"两法"时对以下几个方面问题应当予以考虑:

(一)内设业务机构整合问题

笔者曾于2015年随市委司法体制改革试点工作考察团前往上海、湖北、贵州、深圳等地考察,感觉在内设机构整合方面各地做法不一,有的仅在基层院对内设机构进行了整合,实行了"大部制",有的地市级以下实行"大部制",导致与上级院工作沟通联系出现了一定的问题。有的院为了保障工作协调一致性,虽然机构整合了,但还是由某个检察人员从事某项工作,效果并没有想象得好。笔者了解的情况是目前全国仅有吉林省是三级检察院均对内设机构进行了整合,取得的效果也是较好的。目前,由于中央对整合内设机构没有具体规定,各地整合"大部制"的情况也各有差异,一是数量上有差异。同

样是基层院，有的实行五部制，有的实行六部制，有的实行七部制。二是布局上有差异。有的把反贪、反渎和预防整合到一起，有的仅把反贪、反渎整合到一起，有的把民行、控申、监所、预防整合到一起。三是名称上有差异。同样是自侦部门，有的叫职务犯罪侦查部，有的叫反贪污贿赂侦查部，等等。分析原因是由于领导职数、职业保障、党务工作衔接等一系列原因，试点单位普遍对内设业务机构整合存在较多顾虑。由于内设机构整合不彻底，还导致部门负责人与主任检察官、独任检察官并存，业务机构与检察官办案组重叠。部门负责人多数同时担任主任检察官，造成对司法办案过程的干扰。建议中央加强整合内设机构方面的顶层设计，对整合的数量、名称、职责等统一进行规范，并在修改"两法"时予以明确，确保检察工作的严肃性。

（二）职业保障加以明确问题

党的十八大之后，我国走上深化改革与依法治国的快车道，其中司法改革当属尤为引人关注的重要领域之一。让人民群众在每一个司法案件中都能够感受到公平正义是我们的价值追求。要实现这一目标，离不开具有较高社会地位的高素质检察队伍。可以说，建立健全检察人员职业保障制度是保障公正司法的基石。因此，检察人员保障制度建设应与深化司法改革同行，在修改"两法"时，检察官保障制度建设亦应提上日程。笔者认为，应当重点考虑以下几点：一是履职保障机制。在要求检察官对办理的案件终身负责的前提下，要为检察官履职提供必要的经济保障。在薪资待遇方面，要尽快把检察官工资待遇高于普通公务员的设计落到实处，写入法律中加以明确。在职务任免方面，要保障检察官一旦任职除非法定事由不被随意免职，使检察官放下心理负担，全身心地履行职责。在"两法"修改时，对检察官的任免条件、程序、职责、待遇等方面进行详细规定，具有可操作性。二是职级晋升机制。为避免之前长期困扰检察官的"待遇低、晋升难"的问题，建议将检察官的工作成果、绩效考核与职级晋升挂钩，建立完善的考核体系，在法律中加以规定。

（三）人民检察院履行法律职责的问题

一方面，现行《人民检察院组织法》中对人民检察院履行法律职责的表述已经不符合现行《刑事诉讼法》、《刑法》、《监狱法》等法律的规定，应当按照新的《刑事诉讼法》和新的《刑法》和《监狱法》等法律规定予以修改完善。如对刑事判决、裁定的执行，判处缓刑的，原来交由公安机关执行，现在出现了社区矫正。由社区的司法所负责帮教。对刑罚执行部门的监督方式和程序也有新的规定；检察院刑罚执行监督部门的任务增加，工作量加大。另一方面，检察机关的职能不仅仅限于刑事诉讼中的侦查、批捕、公诉和审判、执行监督等职能,从 1991 年起先后增加了对民事诉讼和行政诉讼活动的监督、加强了对职务犯罪预防工作、增加了对检察机关的监督,设立了人民监督员监督的制度、专家咨询委员会咨询制度,这些新职能、新规定都应当写入组织法中。

(四) 检察长的领导权与检察委员会集体决策权力不协调的问题

《人民检察院组织法》规定"检察长统一领导检察院的工作",指的是检察机关的一切工作都应当由检察长来领导,既包括检察权的行使,也包括行政管理的日常事务工作。这实质上是说检察机关实行的是检察长负责制。但《人民检察院组织法》中又规定了检察委员会这一集体决策方式,这与检察长统一领导检察院的工作是有矛盾的。因为,《人民检察院组织法》中规定"如果检察长在重大问题上不同意多数人的决定,可以报请本级人大常委会决定"仅是给检察长的特权,既非否决权也非决定权。后来,最高人民检察院规定检察长在案件讨论时与多数人意见不一致时,应当报请上一级检察院决定。所以,在修改《人民检察院组织法》时,建议把最高人民检察院出台的《关于完善人民检察院司法责任制的若干意见》中的相关内容写入组织法中,包括检察长、检察委员会、检察官之间的权力划分。既赋予检察官相对独立的依法对案件作出处理决定的职权,又要坚持检察一体原则,加强上级检察院、检察委员会、检察长对司法办案工作的领导,同时也要注重加强监督制约。在明确检察官职责权限特别是"放权"的同时,相应地研究完善检察权运行监督制约机制,完善办案各环节之间、办案组织之间、办案组织内部的制约机制,对司法办案工作实行更有力的监督,确保检察官依法正确行使权力。

(五) 一些陈旧过时表述的删除问题

《人民检察院组织法》第 4 条的规定中关于"镇压反革命活动、打击反革命分子、维护无产阶级专政制度"这样严重滞后于社会发展的表述应予以删除。我国《刑法》中已经将反革命罪等罪名取消,《人民检察院组织法》中却还保留着这样的提法很不和谐。同时建议删除《人民检察院组织法》中关于"免予起诉"的表述。如第 5 条检察院职权规定第三项、第 13 条检察院行使职权程序中均有"免予起诉"的表述。我们都知道,我国自 1996 年修改《刑事诉讼法》之后,就不再有"免予起诉"的表述了。那时就应当对其予以修改。这么多年在《人民检察院组织法》中还存在,不能不说是一种遗憾。还有就是向"劳动改造机关"、"敌我矛盾和人民内部矛盾"、"逼供信"的提法也已经过时,应予以删除。

检察委员会制度改革研究

——以检察官办案责任制改革为视角

李荣冰　徐碧雪　姜康康[*]

当前检察官办案责任制改革正在全国各地深入推进，一些地方的检察官办案责任制改革已经涉及检察委员会（以下简称检委会）制度，而一些地方选择了暂时回避。作为检察改革中的一项基础性改革，检察官办案责任制改革必将会对检委会制度产生影响。但这种影响到底有多大，会如何影响？我们对此进行了一些粗浅的思考。

一、检察委员会制度的历史溯源

（一）"检委会"的来源

"检委会"这一名称最早开始于1941年的山东抗日民主政府。其《山东省改进司法工作纲要》第11条规定："为发扬检察制度，贯彻法律保障人权之精神，各级司法机关设置检察官若干人。为了便于领导及加强检察工作，建立各级检委会为领导、计划和推动各级检察官及一切检察工作；各级检委会由各级参议会选举之，检察官则由检委会推选之。"[①] 但是，山东的"检委会"与今日的检察委员会还有所不同，山东的"检委会"可以理解为是检察工作的领导机关，或者说是以委员会制形式出现的一级检察院。

（二）当代检委会制度的诞生

在新中国成立初期，随着新中国检察制度的确立，检察委员会制度也开始登上历史舞台。1949年6月23日，在新中国政治协商会议筹备会第一次会议

---

[*] 作者简介：李荣冰，北京市人民检察院第四分院公诉处副处长、主任检察官、法学博士；徐碧雪，北京市人民检察院第四分院检察官助理；姜康康，北京市人民检察院第四分院书记员。

① 闵钐编：《中国检察史资料选编》，中国检察出版社2008年版，第255页。

上，董必武所作的《政府组织纲要中的基本问题》的报告中提出了"最高人民检察署是最高检察机关"的机构设置意见。后来的《中央人民政府组织法》采纳了这一意见确立了"最高人民检察署"的机构设置和职权。1949年10月19日，中央人民政府委员会第三次会议任命了由检察长、副检察长和委员共14人组成中央人民政府最高人民检察署检察委员会会议。10月22日，最高人民检察署委员会议在罗荣桓检察长主持下举行第一次会议，宣布最高人民检察署成立，并决定起草检察署组织大纲，从速建立机构。这次最高检察署委员会议是新中国检察机关的第一次检委会，在检委会制度的历史源流中具有承前启后的作用。经过几年的实践，1954年制定的《人民检察院组织法》正式系统地确立了当代检委会制度。其第2条规定：各级人民检察院设检委会，检委会在检察长领导下，处理有关检察工作的重大问题。[1]

（三）检委会制度的发展

随着国家司法制度的变迁，检委会制度与中国的检察制度相伴发展。主要体现在以下三个方面：

一是检委会的职能从较为广泛宏观，到逐渐调整细化，再到最终确定为决议重大案件和其他重大问题。根据1954年《最高人民检察院组织条例（草稿）》第4条，最高人民检察院检委会讨论和决定下列重大事项：关于检察工作的方针任务和重要的计划、总结、报告事项；关于重要的决议、命令、指示和措施事项；关于重大和疑难案件的处理事项；关于各级人民检察院的编制和预决算事项；关于干部的提请任免和批准任免事项；其他有关检察工作的重大事项。1979年《人民检察院组织法》将"讨论决定重大案件和其他重大业务工作"作为检委会的职能范围。随后2008年的《人民检察院检察委员会组织条例》、2009年的《人民检察院检察委员会议事和工作规则》对检委会的职能范围进行了细化，但基本没有脱离"重大案件和重大业务工作"的基调。

二是检委会的决策机制从"检察长领导"向"检察长主持"演变。根据1949年的《最高人民检察署试行组织条例》，检察长以主席身份出现在检委会中，当意见不一致时，由检察长最后决定，表明了检察长在检委会制度中的特殊地位。1954年的《人民检察院组织法》进一步扩大了检察长的权力，规定检委会在检察长领导下处理检察工作的重大问题。1979年的《人民检察院组织法》，在总结过去的历史教训基础上，"在检察长的领导下"也被改为"在

---

[1] 参见刘昌强：《检察委员会制度研究》，西南政法大学2012年博士学位论文，第120页。

检察长的主持下"。此后的有关组织法或组织条例逐步细化了民主集中制的内容，如 2008 年的《人民检察院检察委员会组织条例》第 11 条规定了少数服从多数的原则以及"双过半"的会议制度。

三是组织建设方面，检委会委员配置经历了由外到内、由少到多的转变。新中国成立初的第一届最高检察署检委会有 14 名议委员，但这些委员并非都是检察机关工作人员，后来考虑到外部人士不太熟悉检察业务，且不容易聚拢开会进而影响及时决议等情况，1954 年之后检委会就不再吸收检察机关以外的社会人士参加，全部由检察院的领导人员和主要干部组成检委会。在委员数量上，1949 年的《最高人民检察署试行组织条例》规定最高检察署配置 11～15 名委员。新修订的《人民检察院检察委员会组织条例》整体提高了各级检察机关检委会的数额，最高人民检察院委员可达 17～25 人；县、市、自治县和市辖区人民检察院为 7～15 人。①

二、检察官办案责任制的特点及其对检委会制度的影响

从各地检察机关改革试点的情况看，此次检察官办案责任制改革的特点非常鲜明。

（一）检察官办案责任制的特点

1. 检察官的司法化

在我国，检察机关内设机构的设置基本上都是参照行政机关"处、科、组"的形式设立。从名称上看，行政化色彩非常浓厚。在实际办案中，检察官犹如行政机关的办事员，依法开展工作之后并没有相应的决定权，绝大多数事项需要向上级汇报。而享有决定权的上级通常并不在一线办案，主要通过听取汇报决定证据是否采信、案件如何处理等。这种办案模式在检察机关持续多年，检察官的行政化色彩非常浓厚。近年来，随着理论研究的推进，中央高层对检察权的司法属性认识更加明确。2006 年《中共中央关于进一步加强人民法院、人民检察院工作的决定》明确指出："人民法院和人民检察院是国家司法机关。"十八届四中全会之后，最高人民检察院根据中央精神在检察系统推进检察官办案责任制改革。从各地试点情况看，"凡是进入检察官员额内的检察官必须在司法一线办案"已经成为大家的共识。我们认为，要求检察官在一线办案体现了司法工作规律。司法工作与行政工作不同，非常强调亲历性，

---

① 参见刘志成：《检察委员会决策历程考》，载《国家检察官学院学报》2010 年第 1 期。

只有处于一线，亲自讯问嫌疑人、询问证人、翻阅案卷材料才能形成对案件的内心确信。检察官办案责任制的深入推进必然要求检察官遵循司法规律、亲临一线办案。

2. 检察官的精英化

几年前，理论界曾经就司法官的精英化还是平民化争论不休。十八届四中全会之后，这种争论基本平息。大家一致认为，随着社会的发展，分工必然越来越细，司法官（包括检察官）的精英化是大势所趋。检察官办案责任制的推行就是一个检察官逐步精英化的过程。目前检察机关内，检察官的比例高达70%左右。根据中央要求，进入员额内的检察官不能超过39%。这就意味着有相当一部分现在的检察官将来不再具有检察官身份，检察官精英化的大幕已经拉开。特别是还有一些地方，同时推行了主任检察官制度，即在员额制改革的基础上，进一步挑选优秀的检察官成为主任检察官，承担办理重大、疑难、复杂案件和指导其他检察官的职能，主任检察官成为检察官群体精英中的精英。

3. 办案层级的扁平化

长期以来，检察机关办案方式实行"检察官承办，办案部门负责人审核，检察长或者检察委员会决定"的"三级审批制"。"三级审批制"违背了司法工作亲历性的要求，一定程度上造成检察工作中"审者不判、判者不审"的不合理现象。与此同时，所有案件不分轻重都实行"三级审批制"，使决策链条过长，也对司法工作的效率产生了负面影响。因此，削减办案层级成为各地试点单位的共同选择。目前来看，大家较为一致的是削减了部门负责人审核这一层级，形成"检察官—检察长"两级办案模式。与此同时，很多试点单位大范围缩小检察长审批权限，将绝大多数的决定权授予检察官行使，在提高办案质量的同时还提高工作效率。

4. 权责清晰化

在原有的办案体制中，案件办理与决定相分离，办理者与决定着的责任范围较为混乱。特别是经过检委会研究的案件，决策者人数众多，造成责任不清、责任分散，看似多人负责，其实无人负责。权责不清必然带来责任心的丧失，办案人员作出决定就会失去应有的谨慎。我们认为，相比专业技能，责任心才是检察官公正办理案件的基石。检察官办案责任制的推行，正是顺应了社会发展的需要。各地的改革都紧紧抓住"责任"这个关键点，通过拟定检察官的权力清单，清晰划定检察官的责任范围。可以预见，随着权力清单逐渐明晰，检察官的责任心将大幅提高，案件将会得到更加公正的办理。

（二）检察官办案责任制改革对检委会制度的影响

在检察官办案责任制的对比之下，检委会制度的优势将会减小、弊端将会凸显，存在的合理性将会受到质疑。

1. 集体智慧的优势缩小

从历史上看，检委会制度出现的一个很重要原因是当时检察人员的专业素质不高。我们认为，在当时历史背景下，这是一种非常符合常理的想法。在大家都不太懂的情况下，多一个人提点意见并没有坏处。然而，随着检察官职业素质的不断提高，绝大多数案件检察官个人就可以做出正确判断，通过检委会平台寻求集体智慧的需求不再那么迫切。

2. 权力制约的需要降低

检委会实行民主集中制，很重要的一个功能是制约检察长。特别是1979年的《人民检察院组织法》，毅然将检察长在检委会中的地位由"领导"改为"主持"，深深体现了对检察长个人擅权的担忧。我们非常理解当时的那种担忧心情，毕竟刚刚经历"文化大革命"。但实际上，检察制度属于典型的误伤。试想一下，在"文化大革命"期间，检察机关是被砸烂的，又何来检察长的擅权呢？相比改革开放初期，对检察长的各项内外部监督制度已经越来越完备，检察长擅权的可能性在降低。

3. 严重缺乏亲历性

亲历性是司法规律的必然要求，只有亲历重要办案环节，才能确保证据的真实性，才能形成内心确信。检委会审议案件只是听取检察官的汇报，不接触当事人，也不翻阅卷宗，几乎没有亲历性可言。在此情形之下，让检委会决定案件，特别是决定案件的证据采信和事实认定，出错的概率比较大。

4. 难以追责

检察官办案责任制改革强化了检察官的办案责任，而作为检委会实行的是集体负责制，一旦决定出现错误，责任由检委会承担，但如何认定并追究委员的责任并不够清晰，这就造成"人人负责，实则人人都不负责"的状况。导致的后果一方面易使个别委员忽视检委会决策重要性，影响决策主体的责任心，另一方面影响了检委会职能作用的发挥，进而影响决策质量，使检委会的功效因此大打折扣。此外，目前还缺乏对检委会委员履职能力的考评机制，同一检委会中，有的委员尽职尽责，会前认真审查议案，会上充分阐述观点和理由，有的委员会前不做准备，会上基本不发表意见，这必然影响检委会决策的质量和效率。

三、当前改革检委会制度的现实路径

检委会制度在历史上发挥了重要作用,然而随着社会的发展,检委会制度不可避免地出现一些不适应的地方。我们认同这样的观点,即检委会的功能调整和角色淡出是司法规律的必然要求。随着司法专业化和检察职业化进程不断加快,检察官整体素质不断提高,检察官独立性越来越强,职业检察官必将取代检委会的地位与作用。检委会制度功能作用的逐步消退将成为一种发展趋势,职业检察官的角色替代也将成为历史必然。① 但在当前历史条件下,检委会存在还有一定合理性,只是需要加以改良。

(一) 优化检委会的运行方式

1. 合理确定议题范围

我们认为,随着检察官办案责任制的深入推进,检委会的议题范围应当进行调整。一是检委会应当多议事少议案。检委会作为一种集体决策机构,能够较好地体现集体智慧,在议事方面较有优势。二是检委会审议一般案件时,应当尽量只研究法律适用问题。认定事实和证据讲究亲历性,检委会在此方面没有优势,因此检委会审议一般案件时,应当尽量避免改变检察官或主任检察官对事实和证据的认定。检委会应当充分发挥其专业优势和集体智慧,在法律适用方面发挥作用。三是对于一些重大的案件,如涉及国家安全的案件、涉众型的案件,检委会还可以对事实和证据适当介入。因为这些案件涉及非常重大利益,而且政策性非常强,检察官或主任检察官比较难以把握,办案全过程几乎都需要检委会的指导和支持。

2. 议事程序与议案程序适度分离

检委会议事的对象主要是宏观业务性工作,如制定业务规范性文件、听取业务工作报告等。而检委会审议的案件属于诉讼化议题,一般存在直接利害关系人即特定相对人,检委会审议该议题是将抽象的法律规定应用到具体案件之中的司法认定过程,是履行检察机关诉讼职能的体现。② 议案和议事在以下方面存在较大不同:一是责任应有所不同。办案是检察机关的核心工作,特别是检察官办案责任制的推行,检委会委员在办案方面承担的责任越来越重,甚至要承担终身责任;而议事方面,检委会委员虽然也要承担责任,但责任显然不

---

① 参见刘昌强:《检察委员会制度研究》,西南政法大学 2012 年博士学位论文,第 332 页。

② 参见卞建林、李晶:《检察委员会议事程序之思考》,载《人民检察》2010 年第 17 期。

如议案方面重。二是程序严格程度应有所不同。鉴于案件关系重大，为了保证案件公正处理，应当对议案工作规定更为严格的程序，如在议案时，委员应当比议事时更加遵守发言顺序。然而目前法律将议案和议事程序混在一起，未能体现出两者的区别。我们建议将来修改法律时将两者的程序适度区分，以更为符合两者的实际特点。

（二）提高检委会议案工作的司法属性

1. 提高检委会议案工作的亲历性

（1）提高委员议案的亲历性。检委会委员人数较多，工作也较为繁忙，要求每个委员都如同案件承办人一样的亲历性显然不可能，但检委会委员也大可不必还像以前那样光听汇报，可以通过以下方式提高议案工作的亲历性：①电子阅卷。目前不少卷宗材料都已经电子化，一些检察机关的信息化水平也较高，完全可以通过专门的检委会议案系统将电子卷宗传送给检委会委员阅读。②远程讯问。目前一些检察机关已经建立了远程讯问系统，可以将远程讯问系统与检委会议案系统对接，必要时可以这种方式讯问犯罪嫌疑人或者询问关键证人。

（2）由专人对事实和证据进行审查。鉴于检委会人数众多，提高全部委员亲历性的举措必然带来效率的丧失，况且有的地方检察院信息化水平还无法做到电子阅卷和远程讯问。这种地方，建议由检委会专职委员对案件的事实和证据进行审查。具体做法是：检察长决定将案件提交检委会研究后，案件承办人应当及时将案卷材料移送给专职委员，专职委员主要在阅卷的基础上对事实和证据进行审查，必要的时候可以讯问犯罪嫌疑人或者询问重要证人。

（3）改进汇报方式。目前承办人在检委会的汇报方式主要是汇报书面文字材料，这种汇报方式直观性、形象性较差，也使检委会委员没有亲历感。现在，一台电脑、一个投影仪就可以组成多媒体示证系统，我们完全可以利用这种方式将一些犯罪现场的图片、相互矛盾的口供、关键证人的证言等形象地搬到检委会会议室，使汇报不再完全依赖书面文字，而是实现形象化的汇报，尽可能地提高检察委员会委员对于案件证据的直观认识。

2. 提高检委会议案工作的公正性

（1）保证委员独立。检委会委员需要拥有相对独立性，这样才能不受外界干扰，自由地根据法律作出判断。就检委会制度而言，独立性问题主要体现为检察长之外的检委会委员与检察长之间的关系。根据《人民检察院检察委员会组织条例》的规定，检委会委员由本院检察长提请本级人民代表大会常务委员会任免。本文认为，检委会委员的提名权不应当由检察长独享，而应当由一个包括检察长在内的检察官任免委员会进行提名。通过这种安排，降低检察长对其他委员的控制力，使检委会委员地位能够更加平等，在发表意见过程中能够更加独立。

（2）保证委员中立。保持中立有利于检委会委员客观公正地做出判断。目前中立性问题主要体现在回避制度不完善。根据1999年《人民检察院刑事诉讼规则》（以下简称旧《刑诉规则》），当事人有权申请检委会委员回避，但并没有规定检察机关负有告知当事人的义务。这一制度缺陷在2013年《人民检察院刑事诉讼规则》（以下简称新《刑诉规则》）中得到弥补，其第22条明确规定：人民检察院应当告知当事人及其法定代理人有依法申请回避的权利，并告知办理相关案件检察人员、书记员等的姓名、职务等有关情况。而根据新《刑诉规则》第32条，这里的"检察人员"包括"人民检察院检察长、副检察长、检察委员会委员、检察员和助理检察员"。

由此可见，相比旧《刑诉规则》，新《刑诉规则》在检委会成员回避制度方面已经有了很大进步，但依然存在以下不足，即法律没有规定应当何时告知当事人。对此，本文认为可以规定，检察长确定将案件提交检委会研究后，检委会办事机构应当及时（通常理解为24小时内）告知当事人申请检委会委员回避的权利。

（三）充分发挥检委会办事机构作用

1. 辅助办案

随着检察官办案责任制的实施，检委会审议普通个案的数量将会逐步减少，在审议案件方面，检委会将主要关注重大、疑难、复杂个案和类案。在此情形之下，检委会办事机构要想在辅助办案方面有所作为，就应当在辅助工作的深度上下功夫，具体而言就是当办案部门将案件提交检委会审议时，检委会办事机构应当提前翻阅案卷材料，及时与办案部门沟通，在此基础上向检委会提出独立意见，辅助检委会客观公正办案。

2. 业务研究

业务研究是检委会办事机构从理论研究角度为检委会提供的一项延伸服务。实践中，多数检委会办事机构都设在研究室，这为检委会办事机构开展业务研究提供了便利。值得注意的是，检委会办事机构进行的业务研究应当主要围绕检委会会议中发现的、委员普遍关心的问题开展。主要可以包括以下类型：

（1）案例研究。一般而言，检委会汇集了本级检察机关最为优秀的检察官，审议的也是本级最为疑难、复杂的案件，其对一些案件作出的认定具有很强的指导意义。因此，检委会办事机构可以对检委会审议过的案件进行筛选，对具有指导意义的案件整理撰写为案例并予以发布，供本辖区检察官办案参考。对案件中发现的法律漏洞，检委会办事机构可以撰写成法律适用请示，然后逐级上报最高检察机关，供其制定司法解释时参考。

（2）趋势分析。检委会的职能之一是对检察业务工作进行宏观指导，这就需要掌握趋势。检委会办事机构可以定期对业务数据进行统计，分析数据变化的原因，供检委会参考。

（3）重点课题研究。对检委会审议案件中反复出现且争议较大的问题，检委会办事机构可以列为重点课题进行研究。如证明标准问题。证明标准不仅在刑事和民事案件中差异较大，在刑事案件的不同诉讼阶段也有所不同，较为复杂且颇有争议。但检委会委员对证明标准的认识对其做出决定又影响较大。检委会办事机构将其作为重点课题研究并向检委会汇报后，可以辅助委员更为准确地把握证明标准。

宪法视界下的检察改革与《人民检察院组织法》修改

李月晨　宋生辉[*]

检察机关是《宪法》所规定的最主要的国家机构之一,《人民检察院组织法》是《宪法》相关法的重要组成部分,是构成检察立法体系的根本法。1979年制定的《人民检察院组织法》奠定了我国改革开放新时期检察制度的基础。虽然,1979年的《人民检察院组织法》经过了1983年和1986年两次修改,基本明确了我国检察制度的基本内容。但是,1986年以来的30年,我国经济社会和法治生态发生了深刻变化,《人民检察院组织法》的滞后性和技术性已经成为检察立法体系的短板,必须进行修改才能更好地促进中国特色社会主义法治体系的完善,才能为中国特色社会主义检察事业的不断发展提供强有力的保障。按照全面深化司法改革和完善《人民检察院组织法》的要求,要更加重视人民检察院的宪法定位及其《人民检察院组织法》的重要作用,加强对检察职权和《人民检察院组织法》的研究,逐步实现检察立法体系的科学化。

一、《人民检察院组织法》的宪法地位与宪法渊源

(一)《人民检察院组织法》的重要历史发展

约秦朝之始,历代王朝已有纠察百官的"御史官"。《汉书·百官公卿表》:"监御史,秦官,掌监郡,汉省。"与现今的检察监督制度有很多相似的地方,直至1906年清光绪颁布《大理院审判编制法》,各级审判厅附设检察局,各检察局设检察长一人,并设置一定数量的检察官,标志着近代检察制度的诞生。1949年9月《中共中央政府组织法》规定,"组织最高人民法院及最高人民检察署,以为国家的最高审判机关及检察机关"。1949年12月,在最

---

[*] 作者简介:李月晨,河北省新乐市人民检察院政治处主任、研究室主任;宋生辉,河北省新乐市人民检察院公诉科干警。

二、司法改革与"两法"修改

高人民检察署检察长罗荣桓等人的努力下,《中央人民政府最高人民检察署试行组织条例》颁布试行,该《条例》是新中国的第一部《人民检察院组织法》,其规定的垂直领导体制,随后在1951年制定的《中央人民政府最高人民检察署暂行组织条例》及《各级地方检察署组织通则》中被改变。处于创建阶段的检察机关及组织法为建设完备的检察制度及法制体系积累了丰富的经验。1954年第一届全国人民代表大会第一次会议表决通过了《宪法》,第81条规定"最高人民检察院对于国务院所属各部门、地方各级国家机关、国家机关工作人员和公民是否遵守法律,行使检察权。地方各级人民检察院和专门人民检察院,依照法律规定的范围行使检察权"。《宪法》对人民检察院的"正名"标志着"一府两院"的国家机构结构正式形成。然而,"文化大革命"背景下有严重缺点的"七五宪法"严重阻断了检察事业的发展,《人民检察院组织法》更无从实施。1978年通过的《宪法》重新确立了人民检察院的地位,并于1979年通过了《人民检察院组织法》,明确规定了人民检察院是国家的法律监督机关。1982年通过的《宪法》将《人民检察院组织法》中的检察机关"法律监督机关"的地位从国家根本法层面得以确立,夯实了中国特色社会主义检察事业的基础。

(二)《人民检察院组织法》重要发展的基本经验

"国运兴则法治兴,法治兴则检察兴。"①《人民检察院组织法》的重要发展是新中国检察事业发展史的一面镜子,所有的检察改革也都离不开《人民检察院组织法》的制定、修改和废止。经过改革开放以来的不懈努力,中国特色社会主义法律体系基本形成,我国社会主义民主法制取得了长足进步,尤其是党的十八大以来,法治中国建设得到了全面提升。站在这样一个新的历史时期,检察历史的发展历程让我们充分地看到了《人民检察院组织法》的重要历史意义和法律地位,为其修改提供了诸多的启示。

1.《人民检察院组织法》的修改必须以《宪法》为依据

法律监督权是《宪法》赋予检察机关的历史使命,也是我国检察制度的基本属性,决定了其宪法地位。从法律体系上,《人民检察院组织法》属于《宪法》的"子法"。《宪法》是国家的根本大法,《人民检察院组织法》则是保障《宪法》条文得以实施,《宪法》精神得以贯彻的具体法律。在任何历史时期,检察机关的定位和《人民检察院组织法》的有效运行都离不开《宪法》的指导。另外,《人民检察院组织法》所规范的对象是人民检察院的结构和功

---

① 汤维建:《聆听历史是一种深远的智慧》,载《检察日报》2011年9月21日。

能。具有最高法律效力的《宪法》已经对人民检察院的性质、地位、组织和原则等问题作出了概括性规定，从维护法制统一、确保《宪法》权威的层面也应当严格依据《宪法》实施《人民检察院组织法》的修改活动。

2.《人民检察院组织法》在法律体系中的地位

《宪法》确立了"一府两院"的国家权力结构，检察机关在其中具有极其特殊的地位，《人民检察院组织法》自然也直接与国家权力结构相关，是调整国家机关的组织、职权及国家机构间相互关系的宪法性法律，与同一法律位阶的诉讼法、刑法、民法等部门法有着不同的性质和地位。[①]《人民检察院组织法》应当是规范检察制度层面的基本内容，发挥着它保障《宪法》实施的重要作用，在社会主义法律体系中居于核心地位，是检察机关组织、职权、运行等检察立法体系的根本法。

3.《宪法》和《人民检察院组织法》共同构成检察职权的直接法律依据

在检察发展历史上，检察机关曾经历过隶属行政机关、审判机关的不同阶段，也只有它真正被《宪法》确认为独立的法律监督机关时，才使得我国人民代表大会制度的先进性和优越性得以充分的体现。《宪法》从宏观的角度，为检察制度划定了一定的范围；《人民检察院组织法》则从体制层面，为检察制度的构建填充了结构性和功能性内容。新中国成立以来，对于检察机关职权的关键词就有两个："检察权"和"法律监督"，关于这个问题的争议一直都在，无论检察理论产生如何的分歧，检察职权的法律依据都无法摆脱《宪法》或《人民检察院组织法》任何一方，毕竟《人民检察院组织法》是对《宪法》的一种具体化。

二、现行《人民检察院组织法》的文本检视与实践透视

我国现行《宪法》是"八二宪法"，历经1988年、1993年、1999年和2004年四次修正。然而，现行《人民检察院组织法》是1979年制定，1983年和1986年对部分条款进行了修正，最后一次修正至今已30年，我国的经济社会发生了深刻变化，立法工作突飞猛进，尤其是共同构成检察立法体系的《检察官法》、诉讼法以及全国人大常委会、最高人民检察院相继出台的规范性法律文件已经突破了《人民检察院组织法》的内容并得到了良好的实践。党的十八届四中全会的顺利召开，更是将深化司法改革向前推进了一大步，凸显了检察立法体系之根本法的滞后性。

[①] 参见王磊、徐鹤喃、张步洪、刘计划：《人民检察院组织法修改的理论前瞻与现实路径》，载《人民检察》2012年第17期。

(一) 时效：特定时代的符号和立法固有的滞后性共存

现行的《人民检察院组织法》形成于改革开放初期，我国的法治事业受到重创，该法的制定为恢复检察建制和检察事业发展提供了法律基础。但时至今日的《人民检察院组织法》诸多规定已经偏离了"依法治国"的关键即依宪治国之轨道。《人民检察院组织法》与《宪法》的冲突体现在《人民检察院组织法》第4条、第7条、第9条，依然保留着"无产阶级专政"、"反革命"、"敌我矛盾"等带有时代色彩的字眼。并且，立法活动本身就具有滞后性，如"免予起诉"等规定，已被检察实践所摒弃。

(二) 技术：立法的技术性和科学性影响立法的稳定

立法的技术性和科学性主要考量的是《人民检察院组织法》在立法中所体现和遵循的法律立、改、废的一些技巧或规则，包括立法的结构技术和立法的语言技术。《人民检察院组织法》作为改革开放后第一批出台的重要法律之一，当时的法学研究和法学实践水平并不能为其提供强有力的立法技术支撑。其结果是《人民检察院组织法》的文本结构和部分语言规范存在一定的诟病。

(三) 衔接：后来居上的立法实践"孤立"了《人民检察院组织法》

《人民检察院组织法》制定之后，我国制定了《检察官法》、诉讼法、《律师法》等一批法律法规或规范性文件，不断充实着检察理论和司法实践成果，极大地推动了检察事业的发展。但在这个过程中，《人民检察院组织法》与其他检察立法和检察实践成果逐渐出现了偏离，无法形成衔接统一的检察立法体系，如《人民检察院组织法》第5条、第11条、第12条、第13条、第14条、第16条、第17条等条款，最直接的结果是弱化了《人民检察院组织法》在检察立法体系中的重要地位。

三、《人民检察院组织法》修改应注意的宪法定位与谦抑平衡

"随着司法体制改革的深入推进，特别是由于刑事、民事和行政诉讼法等相关法律赋予了检察机关一些新的职能，现行检察院组织法在许多方面已不能适应我国法治建设和检察工作发展的需要。"[1] 包括《人民检察院组织法》在内的检察制度的构建需要在我国法治建设和检察实践中不断的摸索。十二届全国人大常委会立法规划已将《人民检察院组织法》修改列入"第一类项目：条件比较成熟、任期内拟提请审议的法律草案"，并于2016年4月召开了《人

---

[1] 孙谦：《推动人民检察院组织法修改 保障检察权科学运行》，载《国家检察官学院学报》2011年第6期。

民检察院组织法》修改研讨会,最高人民检察院副检察长姜建初研讨时表示,"要始终坚持宪法规定,处理好组织法修改与检察改革之间的关系,注意与社会主义法律体系的整体协调,立足国情与借鉴国外有益经验并举,既有理论高度又有实践基础,既能有效实施又有包容发展空间"。为《人民检察院组织法》的修改指明了科学的指导理念。

(一)释权:法律监督的《宪法》地位

我国《宪法》明确了检察机关是国家的法律监督机关。《宪法》的条文规范和立法精神是我国检察改革的逻辑起点①,也是《人民检察院组织法》修改的逻辑起点。在组织法的修改中,要准确把握《人民检察院组织法》的修改是否有利于法律监督职能的充分发挥,是否有利于突出检察机关的法律监督之属性,从而进一步完善我国检察权的科学配置。

1. 法律监督和检察权

从理论上,法律监督体系可以划分为国家监督和社会监督,司法监督、国家权力机关的监督、国家行政机关的监督共同组成了国家监督体系。《宪法》对检察机关的法律监督只做了原则规定,广义理解应当包括立法监督、执法监督和司法监督。现行《人民检察院组织法》第5条以穷尽列举的方式明确了《宪法》所规定的"人民检察院依照法律规定独立行使检察权",该规定与《宪法》对检察机关的定位并不对称。无论是检察权和法律监督权的一元论还是二元论,其实都没有否认检察机关通过依法行使检察权而实现国家法律监督职能的基本思路。最关键的问题是如何解释"法律监督权"的内涵和外延。"对于79年和82年的宪法解释,彭真的秘书去问彭真,什么叫法律监督?彭真说得很明确,就是刑事诉讼监督。"② 然而,该解释是基于时代背景的特定产物,当前深入推进的检察改革和法制建设早已突破了刑事诉讼监督的内涵。实践证明,检察机关在法治社会发展中发挥的作用与其宪法地位还有较大的差距,归根结底还是如何充分履行《宪法》赋予的法律监督职能,该话题具有重要的现实意义和理论意义。

2. 法律监督和检察实践

党的十八届三中全会以来,全面深化改革不断深入,一定程度上实现了政府的权力理念、职能结构和管理模式的变革。但这也对法律的实施和法治社会

---

① 参见李乐平:《坚持宪法定位 推进检察改革》,载《检察日报》2014年2月7日。

② 秦前红:《在宪法视野下的检察制度暨纪念八二宪法实施30周年学术研讨会上的讲话》,载于:http://live.jcrb.com/html/2012/743.htm,2012年12月2日。

治理带来一些需要整合、监督的问题。检察机关在宪法、法律上有独特的优势来促进我国社会治理水平的提升。检察实践也在推动着我国检察机关的职能不断趋于完善,形成了包括刑事案件侦查、批准和决定逮捕、公诉、立案侦查监督、刑事审判监督、刑事判决裁定执行监督、民事审判监督、行政诉讼监督、司法解释权、提出议案权等在内的各项职权①,都直接体现着法律监督的属性,发挥着社会调节的法律作用。除此之外,为充分实现法律监督的宪法职能,以"一府两院"的权力结构和"保障人权"、"法律监督"的宪法精神为理论基础,检察机关通过《检察建议书》等方式在"谨慎"地进行着行政执法监督,但这种监督是极为乏力的,并不能保障宪法和法律的统一实施而实现保障人权的宪法精神。虽然,法律监督的广义理解可以包括立法监督、执法监督和司法监督,但真正去践行这种广义监督的先例几乎不存在,即使有所尝试也没有法律刚性和效力。

(二) 谦抑:检察权能的宪法边界

检察机关在法治社会发展中发挥的作用与其宪法地位还有较大的差距,且宪法、法律并没有对检察权行使划定边界,但这并不意味着可以无限地扩大解释法律监督的内涵。检察机关的法律监督是宪法、法律特定的一种权力内容,其权能范围是特定的,也是有限的。任何的公权力都应当是有所规制而不可能是"无所不包"的,这是法治建设的基本要求。

1. 权力结构中的检察机关

人民代表大会制度是我国的根本政治制度,是构建国家权力体系的前提和基础,也是我国检察机关能够作为国家法律监督机关而和行政机关、审判机关并列的基础。检察改革和《人民检察院组织法》的发展方向都不可能脱离我国的基本国情和政治制度,也不可能脱离我国的社会主义法律体系。这就决定了《人民检察院组织法》的修改必须将检察权能限制在一定的法律范围内,核心是严格控制在《宪法》的框架之内,去保障《宪法》的实施且不得僭越。同时,需要将《人民检察院组织法》的修改放置于社会主义法治理念中,体现党对检察工作的绝对领导,落实党对检察工作的重要指示和重大部署,更好地满足人民群众对检察工作的新期待。

2. 诉讼结构中的检察机关

根据《宪法》规定,"人民法院、人民检察院和公安机关办理刑事案件,应当分工负责,互相配合,互相制约,以保证准确有效地执行法律"。具体的

---

① 参见梁国庆:《中国检察业务教程》,中国检察出版社2014年版,第8~10页。

权力运行方式在诉讼法中得以具体体现。就检察机关的法律监督而言，概括地讲，即检察机关对刑事、民事、行政诉讼活动具有法律监督权。但不论诉讼活动中的法律监督范畴是什么，其行使的方式主要是通过启动一定的法律程序来实现维护法律统一实施的目的，从本质上是一种纠错机制。① 此时，这种诉讼结构的存在也正意味着《人民检察院组织法》的修改不能独立于公安、法院等相关立法而独自进行释权。

（三）平衡：检察权能的外部角色

1. 检察权与行政权

行政机关、审判机关和检察机关共同构成了"一府两院"的权力格局，但是关于检察机关的性质一直存在行政属性、司法属性和行政属性与司法属性兼备的分歧，主要是因为其司法属性或多或少受着行政权的影响。并且，司法独立并不能回避检察机关的综合管理，包括检察权管理和检察行政事务管理同时存在的问题。在检察系统内部，一直以来采用的都是《公务员法》的统一规范，体现着科层制的行政管理色彩。只是，现行的行政事务管理属性使检察权过于依赖地方资源，甚至使检察权生态受到了破坏。② 对此，检察改革提出，推行省级以下垂直管理的检察权管理体制无疑是检察权和行政权的一个平衡。毕竟，检察权管理包含着检察行政权的内容而影响着检察机关系统内部管理和参与社会治理创新的能力，使检察权并不能彻底的与行政权完全决裂。此时，如何在《人民检察院组织法》中平衡好检察权和行政权、检察一体和检察官个体价值是良好的检察权生态不可忽视的内容。

2. 检察权与社会治理创新角色

社会治理创新是政法工作的重点之一，检察机关应当充分认识到参与社会治理创新的重要意义，找准检察机关保障经济社会持续健康发展的切入点和着力点。该项工作是检察机关履行法律监督职责的重要内容，也是不断完善检察机关法律监督体制的要求。但是，检察机关参与社会治理创新必须注意方式方法，避免行政权力干扰或影响检察职权的独立行使，以法治的手段强化对社会治理创新的保障性和内控性功能，在司法独立和检察职能法定的基础上，与社会治理者身份找到平衡点。

这些问题的探讨，其落脚点是确保《人民检察院组织法》的修改能够准

---

① 参见孙谦：《关于修改人民检察院组织法的若干思考》，载《人民检察》2011年第12期。

② 参见李乐平：《检察院组织法修改若干问题研究》，载《河南社会科学》2014年第11期。

确地反映我国检察事业发展的客观要求，使检察事业中的重要实践成果和理论成果能够以法律的形式固定下来，实现检察立法体系的科学、完整、统一。

四、《人民检察院组织法》修改的重点内容与逻辑结构

随着我国司法体制改革及检察改革的不断深入，对《人民检察院组织法》的修改提出了迫切要求，而《人民检察院组织法》的滞后性也从制度本身流露出了修法的紧迫性。适应《宪法》发展和法治建设发展是《人民检察院组织法》修改的现实需求，《人民检察院组织法》如何保障检察权能的组织结构、职权结构和功能结构能够与其宪法地位相对称是《人民检察院组织法》修改的重要方向，也是检察改革的终极目标。

（一）保障检察权的科学运行

在《宪法》的指导下，检察改革与《人民检察院组织法》修改有着相同的发展方向，而目前检察实践和改革远远走在了《人民检察院组织法》修改的前面，如何让《人民检察院组织法》充分发挥引导作用和规范作用，为建立健全科学的检察立法体系，强化法律监督职能，深化检察改革实践提供直接的法律依据是《人民检察院组织法》必须面对的问题。有研究指出，当前我国检察职权的模式是"诉讼型"，应当向"宪政型"转型，即将检察机关的职权中心从诉讼职能转向监督职能，总体布局从诉讼监督转向对立法权、行政权和审判权的监督均衡发展。[①] 这种观点其实与法律监督的字面含义并不违背，依旧停留在《宪法》的框架之内。但是，检察实践和法律体系并未能为检察机关"扩权"提供可能的土壤，甚至会使检察权陷入难以约束的"肆意解释"境地。为保障检察权的科学运行，《人民检察院组织法》的修改必须严格以《宪法》为指导，认真总结检察事业发展的经验教训，更好地适应我国社会主义法治建设和经济社会发展的需求，建立科学合理的检察权运行生态。

（二）是否入法与如何立法

《人民检察院组织法》在检察立法体系中居于根本法的地位，但是我们不能寄希望于一部《人民检察院组织法》解决所有的检察改革和实践问题，而应理性地看待《人民检察院组织法》的定位和功能[②]，立足于构建科学的检察

[①] 参见王玄玮：《检察职权转型、范围调整与检察院组织法的修改》，载《云南大学学报法学版》2015 年第 2 期。

[②] 王磊、徐鹤喃、张步洪、刘计划：《人民检察院组织法修改的理论前瞻与现实路径》，载《人民检察》2012 年第 17 期。

立法体系，保障检察权科学运行。

1. 宪法性法律规定的基本职能事项

根据我国宪法精神和《立法法》第 8 条第 2 项之要求，涉及"各级人民代表大会、人民政府、人民法院和人民检察院的产生、组织和职权"的只能制定法律。与第 8 条第 10 项的"诉讼和仲裁制度"相对应，可以看出，《人民检察院组织法》应当将检察院的产生、组织和职权入法，这是最基本的要求。只是，《宪法》是《人民检察院组织法》修改的逻辑起点，有必要对现行《人民检察院组织法》中出现的与《宪法》发展不相适应的条款进行修改，表现为第 4 条、第 7 条、第 9 条等带有浓厚时代符号的语句。

（1）组织结构事项。现行的《人民检察院组织法》基本上涵盖了《立法法》所要求的检察机关产生、组织和职权内容，即检察机关的产生、组织体制、机构设置和人员任免等组织结构事项。组织结构是组织法最基本的内容之一，此次，深化司法体制改革已经触及组织体制等深层次的问题，需要从实际出发，以《宪法》为依据，慎重、合理设定检察机关的产生、组织体制、机构设置和人员任免等问题。对于检察改革中正在或已经有成熟经验的法官检察官遴选委员会制度、跨区域检察机关的设置、派驻检察室的设置等问题，需要通过一定的立法技巧有选择性地吸纳入法，以保证立法的前瞻性和可行性。

（2）职权结构事项。检察机关的职权结构是现行组织法急需修改的内容，也是阻碍检察机关宪法定位实现的关键。根据法律监督的广义解释，法律监督包括立法监督、执法监督和司法监督。对此，有研究主张要强化检察机关的非诉讼行政执法监督或单方面强调检察监督的刚性和效力，此时，对检察职权的释权需要注意谦抑性，对于司法实践已经有成熟经验并有其他法律已经明确规定的内容可以根据组织法的结构和文本要求予以吸收，以强化法律监督职能，有力地保障宪法、法律的统一实施。而对于尚存争议较大，立法条件不成熟的内容不宜直接入法。

当前阶段，检察职权结构事项最基本的权力延伸即民事诉讼活动监督、行政诉讼活动监督和公益诉讼，当然，除此之外，还有容易被人们忽视的立法监督。其依据是《立法法》第 26 条、第 46 条、第 99 条、第 104 条及 1981 年通过的《全国人民代表大会常务委员会关于加强司法法律解释工作的决议》第 2 条，赋予了最高人民检察院提案权、法规审查请求权、司法解释权。当然，在全面深化司法体制改革背景下，如何规范检察机关的立法监督和地方检察机关的话语权也是值得探讨的话题。

（3）功能结构事项。《人民检察院组织法》是检察立法的根本性法律，负有维护《宪法》尊严、保证《宪法》实施的职责，但检察机关的职权并非一个静态的结构。功能结构所关注的正是一种相互关系,这需要对检察机关行使职权的程序作出一般规定。一方面,检察机关的权能不能脱离其所处的权力结构和诉讼结构。也正因如此,《人民检察院组织法》需要对其行使职权的程序进行概括规定,该部分内容主要表现在诉讼活动之中。诉讼法从诉讼规律出发,以权利行使的流程、时限、后果、程式要求等为重点规定了检察机关参与诉讼活动的程序。而《人民检察院组织法》从根本法的层面,是以突出诉讼监督为重点,对监督的方式和范围进行规定,所调整的是监督法律关系[①]。两者具有截然不同的价值取向和功能定位。另一方面,《人民检察院组织法》是检察立法体系的根本法,需要在某种程度上发挥对其他检察立法的统领作用,同时,也需要《人民检察院组织法》在体制层面给予指导性、原则性规定。《人民检察院组织法》如何保障检察权能够与其宪法地位相对称的关键也在于对检察机关功能性职权的正确把握。

2. 与其他法律相衔接的检察职能事项

近年来,我国检察改革实践取得了丰富的成果,《刑事诉讼法》、《民事诉讼法》、《行政诉讼法》的修改也为《人民检察院组织法》的修改提出了迫切需要解决的问题。包括与《全国人民代表大会常务委员会关于加强司法法律解释工作的决议》在内的其他法律相衔接的关键问题集中在检察机关职权结构事项中,更需要《人民检察院组织法》予以规范。一方面,《人民检察院组织法》中与现行法律不相适应的条款应当进行废除或修正。另一方面,诉讼法等法律已经吸收入法的相关合理规定应当在《人民检察院组织法》中得到认可,使检察机关依法行使法律监督权有检察立法可依,更重要的可能是对其他法律已经做出的规定进行高度的理论抽象。

3. 其他全面深化改革的成果转化事项

根据《立法法》第6条规定,"立法应当从实际出发,适应经济社会发展和全面深化改革的要求,科学合理地规定公民、法人和其他组织的权利与义务、国家机关的权力与责任"。该条规定为我国检察改革实践成果入法提供了法律依据。近年来,我国深化检察制度改革已经试点或探索推行了诸多措施,如设立跨行政区划的人民检察院、完善人民监督员制度、检察人员分类管理等组织结构问题,建立健全检察机关提起公益诉讼、检察建议制度等职权结构问题。对此,哪些需要吸收进《人民检察院组织法》的修改之中,哪些变通吸收或不予吸收需要以《宪法》为指导,牢牢把握社会主义法治理念和《人民

[①] 参见孙谦:《关于修改人民检察院组织法的若干思考》,载《人民检察》2011年第12期。

检察院组织法》的宪法定位，为修法划定合理的边界。

（三）《人民检察院组织法》的逻辑结构

科学立法不仅仅体现在文本内容上，文本结构也是不可忽视的问题。此次，《人民检察院组织法》将面临一次大修，需要重新审视《人民检察院组织法》的逻辑结构。现行《人民检察院组织法》的逻辑结构形成于法学研究和法制建设较为薄弱的时期，暴露出了一定的问题。对此，结合《人民检察院组织法》规范内容和国内外立法体例，《人民检察院组织法》的理想结构应当包含总则、组织体系及职权、人员管理、经费保障、特殊规定等方面的内容。但是，为确保《人民检察院组织法》的承继性，可以根据《人民检察院组织法》的内容对现行的逻辑结构进行分化整合。① 一方面，保留现行《人民检察院组织法》的三个部分，分化组合每一部分的内容，调整为总则、人民检察院的职权（包括职权结构事项和功能结构事项）、人民检察院的机构设置和人员任免；另一方面，增加经费保障和专门检察机关等特殊制度规定。除此之外，《人民检察院组织法》的修改从内容和结构逻辑上都应当为检察改革工作的进一步发展预留一定的空间。当前，我国的法治环境得到了较好的优化，对《人民检察院组织法》的理论性、科学性和实践性都提出了更高的要求。党的十八届三中全会、十八届四中全会多次强调重大改革要于法有据，检察改革的深入推进也需要《人民检察院组织法》为其承担起提供法律依据的使命。这对《人民检察院组织法》的前瞻性提出了更高的要求。

五、《人民检察院组织法》修改与检察改革同步推进应注意的问题

我国的《人民检察院组织法》修改经过了一段时间的论证研讨，广泛听取了各方意见，体现了科学立法的重要内涵。但《人民检察院组织法》的修改与检察改革同步推进，还需要注意以下几点：第一，需要注意严格从于法有据的法治意识出发，正确处理与国家权力机关的关系，使各项改革都能够做到有法可依。借助全国人大及其常委会的作用，通过立法或授权为深入推进检察改革提供充分的立法保障。第二，《人民检察院组织法》的修改必然会涉及检察权的科学配置，而人民检察院是《人民检察院组织法》所调整的对象。所以，《人民检察院组织法》的修改应形成合理的主导力量，提高立法的公平、公正、公信，并充分践行社会主义法治理念，坚持党的领导，走群众路线。第

---

① 参见许文辉、张子强、宋凯利：《〈人民检察院组织法〉的修改与完善——以检察机关职权体系的科学构建为核心》，载《法学杂志》2013年第12期。

三,《人民检察院组织法》的修改所涉及的不仅仅是检察工作本身,还需要立法学、宪法学等相关领域的专家、学者共同参与,提供智力支持。这是保障《人民检察院组织法》合宪性、科学性和技术性全面提升的重要保障。法律的立、改、废是一个长存的话题,一部法律的出台既要追求稳定性,又要适应社会发展需求,这是一对永远存在的矛盾。《人民检察院组织法》的修改对检察立法体系,对社会主义法制体系都具有重要的意义,也是对检察理论和检察实务工作的一次重要考验,需要掌握极高的立法技巧,才能确保《人民检察院组织法》能够兼具指导性与可操作性,同时预留一定的立法弹性,以保障检察权的科学运行。

浅议《人民检察院组织法》的修改与完善

罗堂庆　刘亚男[*]

《人民检察院组织法》（以下简称"组织法"）是以我国《宪法》为依据，对人民检察院的组织制度进行调整和规范的基本法律，是建立我国检察机关的重要法律依据，是行使检察职能、开展检察工作、发展检察事业的"总章程"。[①] 修改完善"组织法"对于形成科学完备、系统规范、协调运行的法律监督制度体系，加快建设公正高效权威的社会主义检察制度，推进国家治理体系和治理能力现代化和法治化，具有重大现实意义和深远影响。

一、现行"组织法"存在的主要问题

囿于特定的经济社会物质文化历史条件，我国现行"组织法"存在不可避免的局限性。其主要表现在以下几个方面：

（一）立法指导思想未与时俱进

现行"组织法"立法及修法中带有较多计划经济体制的痕迹及影响，"重刑轻民"等陈旧观念十分突出，有关检察机关职能任务的关键性制度设计则表述不准确、不完整、不规范。比如，"组织法"第4条规定的人民检察院任务中，一些表述出现同我国《宪法》规定不相一致的重大缺憾；其中"维护无产阶级专政制度"的表述显然与《宪法》第1条第1款"中华人民共和国是工人阶级领导的、以工农联盟为基础的人民民主专政的社会主义国家"的规定不相一致。此外，《宪法》和《刑法》已取消了"反革命"这一政治用语，代之以"危害国家安全"的表述，"组织法"第4条却仍然沿用"镇压反革命活动、打击反革命分子"的过时法律术语。随着经济体制改革的深入，

---

[*] 作者简介：罗堂庆，湖北省人民检察院汉江分院党组书记、检察长；刘亚男，湖北省人民检察院汉江分院反渎职侵权局干部。

[①] 参见赵刚、阮志勇：《人民检察院组织法修改之我见》，载《人民检察》2012年第20期。

我国坚持公有制为主体、多种所有制经济共同发展的基本经济制度，个体经济、私营经济等非公有制经济是社会主义市场经济的重要组成部分。这些改革成果已经上升到"宪法性"法律规范和其他部门性法律规范。但"组织法"仍停留在原有规定上，即："检察机关保护社会主义的全民所有的财产和劳动群众集体所有的财产"，对个体经济、私营经济等非公有制经济未纳入保护范围并作出规定，这显然与法律对检察机关法律监督的性质定位明显不相称。

（二）立法内容不够全面

与宪法、基本法律及相关部门法的规定对照梳理，现行"组织法"的规定内容不全面，主要表现在：（1）领导体制层面。"组织法"第10条规定了我国检察机关的领导体制，形成了既非垂直领导，又非双重领导，而是一重领导一重监督的特殊领导体制。① 在这种监督与领导并行的体制下，各级人民检察院既受同级人民代表大会及其常委会的监督，又在检察系统内部确立了上下级领导关系。但这种领导体制尚不完善，抗"地方化干扰"的功能不足。一方面，检察系统内上下级之间的领导关系名不副实，人、财、物受地方制约太多，有的地方领导甚至借口"维护地方稳定"或"发展地方经济"而干预检察机关依法独立公正行使检察权。这种检察权"地方化"的状况，不利于检察机关独立行使检察权，不利于检察机关有力维护法制的统一。另一方面，人民代表大会对检察机关的监督范围和方式不甚明确，权力机关对检察机关的监督难以实化、细化。（2）职权层面。"组织法"没有确立民事检察、行政检察和公益诉讼制度。"组织法"第5条仅对人民检察院在刑事案件中的职权作了规定，致使人民检察院蜕变为职能单一的"刑事检察院"。由此可见，"组织法"关于检察职权的规定不全面，未能客观反映出我国检察机关所实际承担的各项职能。（3）组织机构层面。"组织法"第20条对检察机关内设机构的设置只作了原则性规定，对内设机构的具体名称与职责划分则未予以明确规定。② 这样一来，便在客观上给基层检察机关过多地设置内设机构打开了方便之门，使检察机关的具体职能在随形势发展而不断完备的同时，也不可避免地带来机构的扩张和膨胀。我国检察机关内设机构经多次调整，虽有一些改善，但结构不严、机构重叠、职能交叉的问题仍未得到根本解决。

（三）立法结构不够严谨

从科学完备的法律监督体系与法律监督能力现代化层面检讨，现行"组

---

① 参见王桂五主编：《中华人民共和国检察制度研究》，法律出版社1991年版，第692页。

② 参见吴建雄：《检察机关业务机构设置研究》，载《法学评论》2007年第3期。

织法"结构不严谨是多维度、多层面的,主要表现在:(1)总则层面。"组织法"总则的内容过于庞杂,缺乏内在的逻辑性,其囊括了检察机关的性质、层级、组成、任务、职权、活动原则、检察机关与权力机关的关系等内容,给人以"大杂烩"之感。(2)法律监督程序层面。由于当时我国尚未制定《刑事诉讼法》、《民事诉讼法》、《行政诉讼法》三大诉讼法,现行"组织法"沿袭了1954年"组织法"的规定,专设第2章规定了"人民检察院行使职权的程序"。有人据此认为,继《刑事诉讼法》之后,《民事诉讼法》和《行政诉讼法》已经陆续颁布实施,在"组织法"中仍专章规定检察院行使职权的程序已失去意义。[1] 还有学者进一步指出,现行"组织法"列专章规定人民检察院行使职权的程序,实质上已经超出了"组织法"的应有内容,使其显得冗杂,结果应该规范的内容反而并不突出。[2] 我们认为,现行"组织法"第2章既存在仅简单重复旧《刑事诉讼法》相关规定的内容,又存在民事诉讼、行政诉讼、公益诉讼监督程序内容缺失的滞阻,还存在职务犯罪侦查程序不完备的问题,致使检察机关履行法律监督的程序规范不完备、不协调、不科学,严重制约了法律监督体系和法律监督能力现代化和法治化的加速推进。

二、"组织法"修改的法律依据和实践依据

现行"组织法"由1979年第五届全国人民代表大会通过,并于1983年和1986年分别对部分条款作了修订。"组织法"的制定和修改集中表达了我国检察机关在国家机构中的性质、地位、作用和职责,为检察事业的健康发展提供了法制保障[3],是对当时我国宪法法律实施状况的客观反映,为我国检察工作的健康发展提供了有力的法律保障。随着全面推进依法治国、建设法治国家、实现"法治梦"战略目标的制定与实施,现行"组织法"所固有的历史局限性逐步暴露,其规定无法完全满足宪法法律赋予检察机关履行繁重法律监督职责的需要,亟待加以修改完善。"组织法"的修改具有法律、实践等方面的依据。

---

[1] 参见陈健民:《简论检察院组织法的修改与完善》,载《检察理论研究》1993年第2期。

[2] 参见胡盛仪:《我国人民检察院组织法亟需修改》,载《楚天主人》2002年第8期。

[3] 孙谦:《关于修改人民检察院组织法的若干思考》,载《人民检察》2011年第12期。

(一) 法律依据

检察制度运行及其功能的实现,需要通过法律来保障实施。《宪法》明确了我国检察机关性质及在国家机构中的地位,多部法律对检察制度内容的明确保障了检察权的规范运行,同时也为"组织法"修改提供相关依据。

1. 《宪法》依据。《宪法》对检察机关在我国社会主义法治国家中的法律监督的性质方面、产生方式方面、组织体系的构建方面、与权力机关和上级检察机关的关系方面、与行政机关和社会团体与个人的关系方面,以及与公安机关、法院的关系方面和检察人员选举、罢免等方面均做出了明确规定,这些规定表明了"组织法"属于宪法性法律,是直接受《宪法》统领的国家法。其修改应该以社会主义法治理论与法治方针政策为引领,以《宪法》关于检察机关性质和职能定位的规定为根本依据,坚持检察机关性质与职能的宪法定位,将法律监督的各项职能规范化、制度化及法律化,使宪法定位从组织法层面落实到位。

2. 其他法律依据。作为规定检察机关组织、职权、基本工作等原则性内容的"组织法",一方面需要对其他部门法律所规范的对象和内容加以统筹,另一方面需要其他相关部门法将"组织法"内容加以明细化和具体化,以保障检察权正常运行的规范体系化和科学化。其他部门法为"组织法"修改提供法律依据主要表现为"组织法"修改时对其他部门法的统筹协调。主要体现在:(1)刑事实体法发展完善必然要求"组织法"与之相适应。如1997年《刑法》在将1979年《刑法》的基础上,对《刑法》任务进行了修改,删去了1979年《刑法》"反革命"的用语,修改了《刑法》制定目的,增加了《刑法》任务。这一重大修改,不仅准确把握了我国社会主义国家人民民主专政国体性质,而且明确了惩罚犯罪与保障人权的双重任务。这就要求"组织法"与之相适应,明确规定检察机关履行法律监督职能必须承担起惩治犯罪与保障人权的双重任务。《刑法》的修改完善为检察机关的任务和职能提供了刑事实体法的导引。(2)三大诉讼法发展完善必然要求"组织法"与之相适应。检察机关职权的行使三大诉讼法密切相关,二者内容虽有所交叉,但主要为互补,应当在内容上实现协调一致。如我国分别于1996年和2012年对《刑事诉讼法》进行了修改,创设了一系列制度上的新成果,而这些新成果亟待转化成"组织法"新的规范,从而使我国法制体系在程序法与"组织法"的协调性、统一性。(3)《检察官法》专门法发展完善对"组织法"修改的充实效用。"组织法"内容不仅包括上下级检察院的领导关系、检察机关内设机构的设置等,同样对检察人员管理作出了规定。《检察官法》作为对检察官人员管理进行法律规范的专门法,以"组织法"的原则性规定为指导对检察人员管理等作出具体明确的规定。1995 年《检察官法》制定，2001 年《检察官法》进行了修改，对检察官资格考试、担任条件、检察长副检察长及检委会委员任免条件、检察官免职条件及程序、员额制等内容作了修订，加强对检察官人员的统一化、专业化管理，体现了检察人员分类管理实现检察队伍现代化建设的目标和要求，为"组织法"修改提供依据。

(二) 实践依据

我国检察制度已实行 30 余年，人民检察院始终以贯彻落实党的决策精神为原则，坚持系统论的方法，综合吸收最新司法改革及法律成果，遵循发展规律逐步推进检察实践的发展，为"组织法"的修改提供了有利的实践依据。如在内设机构的设置上，我国"组织法"对检察机关内设机构的设置作了原则性的规定，即"组织法"第 20 条规定，"最高人民检察院根据需要，设立若干检察厅和其他业务机构。地方各级人民检察院可以分别设立相应的检察处、科和其他业务机构"[1]。为降低检察机关内设机构设置的随意性，最高人民检察院于 1996 年印发了《关于地方各级人民检察院机构改革意见的实施意见》，加强检察机关上级领导关系，合理配置职能、设置机构、编制人员，提高人员素质，强化法律监督职能，建立和完善与社会主义市场经济体制相适应的检察体制。[2] 2000 年，最高人民检察院制定《检察改革三年实施意见》，要求内设机构的设置要根据机构改革的总体要求，调整过程中要切实加强业务部门的力量，对于非业务机构则要精而减。[3] 2013 年，最高人民检察院印发《检察官办案责任制改革试点方案》，在全国 7 个省份的 17 个检察院试点开展检察官办案责任制改革，提出取消二级内设机构以及整合基层院内设机构。[4] 检察机关始终按照精简、统一、效能的原则，从加强检察业务工作的基点出发，科学合理整合内设机构。以湖北省为例，湖北检察机关遵循"检察工作一体化"、"两个适当分离"等原则，就内设机构的优化调整进行了一系列探索，省、市两级院侧重精细化分工和专业化建设，基本形成了执法办案、诉讼监督、综合业务、综合管理、检务保障等五类机构；根据基层院的不同规模，

---

[1] 引自《人民检察院组织法》第 20 条，载中国人大网 2005 年 7 月 8 日。

[2] 参见最高人民检察院 1996 年 7 月 4 日印发的《关于地方各级人民检察院机构改革意见的实施意见》。

[3] 参见徐鹤喃：《检察改革的一个视角——我国检察机关组织机构改革论略》，载《当代法学》2005 年 11 月。

[4] 参见徐盈雁、许一航：《最高检在 7 个省份 17 个检察院试点检察官办案责任制》，载《检察日报》2013 年 12 月 27 日。

探索实行"四部制"、"五部制"、"七部制"、"九部制"等多种运行模式。检察机关内设机构的设置对于制度建设的作用举足轻重,是"组织法"修改的一个核心问题。司法实践的经验为科学、合理地修改"组织法"奠定夯实基础,另外,完备的"组织法"又能推动检察实践的向前发展。再如职权配置方面,我国司法实践的进步推动了我国法律体系的完善,2012 年《刑事诉讼法》、《民事诉讼法》修改以及 2014 年《行政诉讼法》的修改对于发展完善我国检察职权体系具有标志性意义。虽然《刑事诉讼法》废除了检察机关免予起诉制度,但赋予了检察机关对公安机关的立案监督权,修改后的《刑事诉讼法》又赋予了检察机关对死刑复核程序、社区矫正等的法律监督职权。修改后的《民事诉讼法》将民事检察监督的范围由"民事审判活动"拓展为"民事诉讼",将民事调解书、审判程序中审判人员违法行为及民事执行活动纳入检察机关的法律监督范围等。修改后的《行政诉讼法》规定人民检察院有权对行政执行活动实行法律监督等。因此,《宪法》对检察职能的修正,为"组织法"的修改提供原则性指导。诉讼法对检察职权的补充与完善作用于检察职能,为"组织法"的修改提供了相关的法律制度环境与支持。还有近年来,主办检察官办案责任制的探索。基于对传统"三级审批制"的反思,最高人民检察院通过调研论证总结经验,于 2000 年推出了检察制度的改革方案,其中包括"健全、落实检察业务工作中的主诉、主办检察官办案责任制",各地检察机关按照最高人民检察院的部署,开始了主办检察官办案责任制的探索和实践。

总之,随着司法体制改革的进一步深入,相关问题的进一步明确,修改"组织法"的时机也更加成熟。按照司法体制改革的总体部署,我国检察体制和工作机制改革已取得明显进展。这些改革既为"组织法"的修改指引了明确方向,改革的成果也是社会主义司法制度的新发展、检察制度的新内容,迫切需要在"组织法"上固定下来。

三、"组织法"修改的若干建议

"组织法"的修改完善,是推进检察制度体系化规范化的必由之路,是实现法律监督体系与法律监督能力现代化的成事之基。检察制度体系的发展完善,需要战略思维前瞻性制度重构与谋划。修改"组织法"秉持的基本立场与原则是,必须坚持人民代表大会这一根本政治制度,坚持检察机关的法律监督的性质及其宪法定位,吸收我国法治建设和司法改革的重要成果。在路径选择上,要紧紧围绕检察组织体系(机构设置)、法律监督职权体系(职权配置)、立法结构体系等核心问题加以修改完善。

（一）科学设置检察机关的组织体系

检察机关组织体系的合理设置，应当以推进法律监督体系和法律监督能力现代化为核心，发展完善检察机关的层级组织体系。（1）在坚持检察机关组织体系四个层级不变的情况下，增加设立与行政体制改革要求相适应的跨行政区划检察院。"优化行政区划设置，有条件的地方探索推进省直管县（市）体制改革"①的提出对当前司法区划造成直接影响。在省管县（市）体制改革后，地市一级的行政机关可能被取消，但同级的司法机关却不能被取消。这是因为，反映司法权运行规律的两审终审制的诉讼体制所决定的。比如依照审级管辖制度的上诉审程序，是诉讼当事人行使诉权、实现争讼的定纷止争、权利救济、制约公权、维护正当权益的法定渠道，这需要相应的司法机关予以保障。这样在一个省范围内就要求设立若干个跨行政区划的检察院、法院。如湖北省仙桃、潜江、天门三个省管市（县）没有地市一级的行政机关，但却有担负上诉审级管辖的检察院、法院，即湖北省人民检察院汉江分院和汉江中级人民法院。（2）进一步总结专门司法管辖体制的运行经验。当前，我国铁路运输检察机关实际上是一种跨行政区划的检察院，专门负责管辖铁路运输领域案件。可以考虑将铁路运输、长江航运、航空运输和海关执法监督等交通运输领域案件先纳入管辖范围，实现对交通运输领域刑事、民事、行政和执法"四合一"的法律监督。在此基础上，将实践中成功做法加以制度化、规范化、定型化，探索将一部分跨行政区划的职务犯罪案件，通过指定管辖等方式，交给跨行政区划检察院进行办理。根据形势发展，逐步探索将跨行政区划的重大环保案件和土地资源案件纳入检察机关监督范围，设立专门检察院。（3）设立最高人民检察院巡回检察分院。党的十八届四中全会《决定》提出，最高人民法院设立巡回法庭，审理跨行政区域重大行政和民商事案件。这样做有利于审判机关重心下移、就地解决纠纷、方便当事人诉讼。这将给我国的司法管辖制度、诉讼程序制度以及法律监督制度带来相应的改革完善提出了要求。因此，适应改革后的诉讼格局的发展完善，需要相应设立最高人民检察院巡回检察分院，重点行使对最高人民法院巡回法庭审判活动的法律监督。（4）设立专门的公益诉讼检察院。四中全会《决定》提出，要探索建立检察机关提起公益诉讼制度，加强对公共利益的保护。当前，跨行政区划乃至跨境案件越来越多，如国有资产保护、国有土地使用权转让、生态环境和资源保护等案件，往往涉及数省或者数个地区，由某个案件所在地检察院提起公益诉讼，难

---

① 参见《中共中央关于全面深化改革若干重大问题的决定》。

以摆脱地方干扰和"主客场"的嫌疑。在省区范围内，可以设立一至两个检察院专门办理此类案件；在跨省区域，设立最高人民检察院公益诉讼检察分院，对跨省公益诉讼案件行使检察权。

（二）优化配置检察职权体系

我国检察权由侦查权、公诉权和诉讼监督权三项基本职权构成。这三大检察职权密切联系，构成了一个紧密结合的有机体，共同维护国家法律的统一正确实施，防止行政权、审判权的专横与腐败。为此，"组织法"修改应围绕以下几个方面细化、实化及规范化，即：（1）完善检察机关行使监督权的法律制度。明确规定检察机关行使刑事诉讼、民事诉讼、行政诉讼的法律监督范围、效力、程序及其规制。（2）完善对行政违法的法律监督制度。明确规定对涉及公民人身、财产权益的行政强制措施实行法律监督的范围、效力、程序及其规制；明确规定检察机关在履行职责中发现行政机关违法行使职权或者不行使职权的行为，应该督促其纠正的范围、程序、效力及其规制。（3）建立检察机关提起公益诉讼制度。明确检察机关提起公益诉讼的范围、效力、程序及其规制。（4）加快完善预防和惩治职务犯罪的法律规范。明确规定职务犯罪线索管理、健全受理、分流、信息反馈的程序，建立纪律检查、行政监察办理职务违纪违法案件与检察机关办理职务犯罪案件标准和程序衔接。（5）完善对司法活动的法律监督。明确规定对限制人身自由司法措施和侦查手段的司法监督的范围、效力、程序及规制。（6）完善检察权运行监督制约机制。明确规定司法解释和案例指导的规范，统一法律实施标准；明确规定推进以审判为中心的诉讼制度改革，确保职务犯罪侦查、起诉的案件和实施法律监督涉及的案件经得起法律的检验；明确规定检察机关内部各层级权限，健全内部制约监督的范围、程序、效力及规制；建立检察权指令清单制度，明确规定检察院及检察首长行使检察指令权的范围、程序、效力及规制；建立基层检察院和检察官抗命制度，明确规定行使抗命权的范围、效力、程序及规制；建立司法机关内部人员过问案件的记录制度和责任追究制度，明确责任追究的范围、效力、程序及检察官陈述、抗辩、申诉等救济权行使的范围、程序及效力；完善人民监督员制度，明确规定重点监督检察机关查办职务犯罪的立案、羁押、扣押冻结财物、起诉等范围、程序及效力。（7）完善主任检察官办案责任制。深化检察办案责任制改革，全面推行司法档案制度，建立办案质量终身负责制和错案责任倒查问责制；明确规定主办检察官的权力清单、责任清单、义务清单及其行使的程序；明确规定检察人员履职的标准、流程，建立办案质量终身负责制和错案责任倒查制的程序和申诉救济制度；明确规定检察人员与当事人、律师、特殊关系人、中介组织的接触交往行为的界区及禁止性规定等。

（三）完善立法结构体系

现行"组织法"由"总则"、"人民检察院行使职权的程序"、"人民检察院的机构设置和人员的任免"等3章组成。我们建议，"组织法"应修改为"总则"、"人民检察院的职权"、"人民检察院行使职权的程序"、"人民检察院的机构设置和人员的任免"等4章。考察苏联、俄罗斯、越南等国家的《人民检察院组织法》文本，其总则均主要规定检察机关的组织性质、组织活动原则、组织任务、组织内部的领导体制以及组织与权力机关等其他机关的关系等。对于检察机关的职权，则分一章或者若干章加以系统规定。可见，有关检察职权的规定是上述国家《人民检察院组织法》的核心内容。采取这种独立成章的结构规定检察职权，有利于明确检察监督职能的边界和检察权的规范行使，有利于保障检察职能的充分有效实现。我国"组织法"只有第5条对检察职权进行了简单规定，根本无法构建起完整的检察职权体系。为此，我们建议，将"人民检察院的职权"从总则中独立出来，单列为第2章。同时，建议将原第2章"人民检察院行使职权的程序"予以细化、实化、定型化。"组织法"并不排斥程序问题，检察机关行使职权的程序涉及与其他国家机关关系、法律监督职能的实现状况，应当是"组织法"的调整对象。正如有学者指出，我国检察机关既有行使公诉权的检察机关共性，又有被定位为法律监督机关的特性，既在诉讼活动中担负着参与诉讼和监督诉讼的职能，又在非诉讼活动中行使监督的职能。因此，仅由诉讼法来规范检察机关行使职权的程序是不全面的。因为诉讼法不可能专门就检察机关行使法律监督职权的程序，以及因其开展法律监督而同侦查机关、审判机关、刑罚执行机关等形成的法律关系作出规范，尤其是随着社会主义法律监督体系的日益完善，检察机关在非诉讼活动中法律监督的任务不断加大，故而后者仍需要在"组织法"中设置监督程序专门予以规定。① 我国检察权独具的特色和权力本身的复合性特征，导致行使诉讼职能与行使诉讼监督职能所适用的范围及对象不同，诉讼监督与非诉讼监督的范围及对象不同，这使得我国检察机关在坚持"法律监督一元论"的前提下，既要关照诉讼职能与诉讼监督职能行使的适当分离的程序制度设计，又要关照诉讼监督职能与非诉讼监督职能行使的适当分离的程序制度设计。故此，"组织法"需要就检察机关履行法律监督职能的程序予以细化、实化、规范化乃至法律化。随着中国特色社会主义检察体系与检察能力的现代化

---

① 参见万春：《人民检察院组织法修改的基本原则》，载《人民检察》2007年第2期。

二、司法改革与"两法"修改

与法治化的推进,在条件成熟时也可以考虑制定专门的《检察监督法》或《法律监督程序法》。无论是"组织法"关于法律监督程序的规定还是《检察监督法》或《法律监督程序法》的专门立法,其核心内容需要共同关照和回应的是规范检察机关履行法律监督职能、刑事诉讼监督、民事诉讼监督、行政诉讼监督、提起和参与公益诉讼、行使非诉讼监督等职权的程序,以确保法律监督权公正高效清廉文明行使,用程序把法律监督权装于制度的"铁笼子",破解社会对检察机关行使法律监督权由谁监督的"二元悖论"。

《人民检察院组织法》修改方向探析

张春明 李坡山 杨 爽[*]

现行《人民检察院组织法》自 1979 年制定以来,除了对个别条文予以修改以外,已实施了 30 多年。30 多年来,我国检察机关的性质及诉讼职责虽然没有发生变化,但是在实践中检察机关的职能及职能程序却发生了巨大变化。伴随着西方国家检察制度及做法被介绍进来,我国学界对我国检察机关职权、检察机关组织体系及组织法的功能等问题产生了分歧。在对分歧观点的碰撞中及司法改革的背景下,检察体制改革的各项任务相继开展。检察体制改革取得了一定成果,同时也遇到了无法可依的尴尬境地。通过修订《人民检察院组织法》(以下简称"修法")既能够将改革成果纳入法制轨道,又能够对长期以来有关检察体制问题的分歧予以积极回应。但是,"修法"必须既要看到现行法律存在的缺陷与不足,又要明晰和确立新法的立法方向,从而实现立法初衷的现实转化和立法目的的有效实现。

一、入法标准:明晰"修法"的边界

在研究"修法"的过程中,分歧最大也是亟待解决的问题就是入法的标准问题,即现行组织法的哪些内容需要修改,哪些内容应当被写入组织法中。具体而言,"修法"重点关注的内容主要集中于检察机关的法律定位、《人民检察院组织法》的功能定位以及组织法与程序法的关系等方面。但是,在诸多"修法"的研究中,围绕如何入法的讨论较多,对于入法的具体细节讨论较多,而对于是否入法以及入法的标准却缺乏系统的研究。[①] 笔者认为,廓清"修法"的边界和明晰入法的标准,应从法律制度、体制以及机制等宏观层面把握。

---

[*] 作者简介:张春明,天津市红桥区人民检察院检察长;李坡山,天津市红桥区人民检察院侦查监督科科员;杨爽,天津市红桥区人民检察院助理检察员。

[①] 参见张步洪:《检察院组织法修改的基本问题与主要观点评介》,载《国家检察官学院学报》2011 年第 6 期。

二、司法改革与"两法"修改

（一）"修法"的边界应限定于体制层面

不同层级法律需要解决问题的层面不同，就检察制度而言，《宪法》解决的是制度层面的问题，组织法解决的是体制层面的问题，诉讼法解决的是机制或方式层面的问题。[①] 检察制度已由我国《宪法》予以确立，检察体制的改革就是改变现行的体制使其更好地落实《宪法》规定的检察制度。《人民检察院组织法》需要解决的问题就是通过什么样的检察体制来实现《宪法》予以定位的检察制度，与此同时，检察体制对检察制度的发展具有制约作用，完善的检察体制符合检察制度的发展要求，能够最大限度地发挥检察制度的优越性，而不合理的检察体制则会阻碍检察制度的发展，乃至阻碍整个国家的法治进程。我国《宪法》将检察机关定义为法律监督机关，法律监督是《宪法》赋予检察机关的唯一职能，因而《人民检察院组织法》就应当围绕法律监督职能，在检察权的优化配置、检察权独立行使以及检察领导体制等方面做出体制选择。

（二）现行《人民检察院组织法》之审视

1.《人民检察院组织法》中的体制性与机制性内容并存

《人民检察院组织法》应当立足于《宪法》的价值定位，其作为统领检察机关行使检察权的"根本法"，应当重点解决检察权的范围、检察机关的组织关系及检察机关与其他国家机关的关系等问题。但是，现行《人民检察院组织法》以 1/3 的篇幅对检察权运行程序作出规定，独立成章地将诉讼机制性内容纳入了体制层面的范畴。与之相反，对于检察机关职权的内容却没有系统的予以规定，而是散见于"检察权运行程序"一章，并且规定的过于笼统而无法涵盖法律监督的语义。

2.《人民检察院组织法》呈现与司法改革进程脱节的态势

现行《人民检察院组织法》实施 30 多年来，除了个别条文进行了修改之外，没有进行大规模的修订。与之对照，在历经 30 多年的司法改革进程中，检察机关的法律职能被不断地重新认识和深化，三大诉讼法的修改，更是赋予了检察机关一些新的职责。但是，检察体制革新并没有在《人民检察院组织法》中得到体现，检察机关被赋予的新职能在司法实践中因缺乏组织法依据，而无法顺畅运行。以行政法与刑事法衔接机制为例，检察机关监督行政机关执法活动本是《宪法》赋予检察机关法律监督权的应有之义，但是《人民检察

[①] 参见李乐平：《检察院组织法修改若干问题研究》，载《河南社会科学》2014 年第 11 期。

院组织法》却没有这方面的体制性安排，使得实践中检察机关只能做一些机制性探索，而无法进行实质性监督。随着司法改革进程的深入推进，在顶层设计方面对检察制度、体制与机制的内容划分逐渐清晰，无论是学术研究还是实践探索，都对其加以分层次的甄别与改进。但是，现行《人民检察院组织法》的文本结构因与实践探索脱节而没有做出应有的调整。

（三）遵循入法边界的"修法"建议

1. "修法"应坚持和落实《宪法》对检察机关的定位

检察机关的法律监督职能是人大法律监督的职能延伸，是人民代表大会制度体系下独立于行政权、审判权的检察权，其与行政权、审判权之间存在监督与制衡关系。《人民检察院组织法》为落实法律监督的定位，在权力配置和组织体系的架构方面应体现检察院与其他国家机关的关系以及检察机关的监督范围和方式。例如，在《人民检察院组织法》中规定，检察机关独立行使检察权，不受任何行政机关的干预。

2. "修法"应坚持法律监督的合理性和谦抑性

一是坚持监督法定原则。《人民检察院组织法》对法律监督的范围应当加以明确限定，不能规定过于原则，更不能将检察机关的监督职能无限扩大。当前的研究中有人认为检察机关对执法活动的监督范围应当进一步扩大，凡是可能出问题的地方、领域，都应当进行监督。[①] 这种观点忽视了法律的谦抑性原则，表面上扩大了检察机关的执法监督权力，实际上将检察机关的监督权置于无边界状态，反而使得检察机关的监督力分散，监督效果大打折扣。二是坚持监督合理原则。对于《人民检察院组织法》赋予检察机关的职能既要在《宪法》规定的法律监督限度内，又要具有可操作性和合理性。例如，有学者提出，检察机关的法律监督职责包括对行政机关立法行为的监督。[②] 笔者认为，我国的权力架构体系与西方的"三权分立"有着根本区别，检察机关的法律监督职责与行政机关的部分立法权限均出自全国人大。立法监督是人大的职权，检察机关的法律监督不应包括立法监督。

3. "修法"应辩证看待改革与入法的关系

检察体制改革的深入推进是《人民检察院组织法》修改的重要动因，将检察体制改革的成功经验尽快入法，也是巩固改革成果的迫切需要。但是，对

---

① 参见孙谦：《关于修改人民检察院组织法的若干思考》，载《人民检察》2011年第12期。

② 参见李乐平：《检察院组织法修改若干问题研究》，载《河南社会科学》2014年第11期。

于改革与入法应当辩证的看待：一方面，检察体制改革的成功经验入法必须限定于体制层面。对于检察机关的制度、职权等内容的改革应当实现其法律化，而对于改革中提出的机制和做法，则应在诉讼法中有所体现。另一方面，《人民检察院组织法》的修订不能过于僵化，要为检察改革预留空间。当前，检察体制改革进入"深水区"，修法应有一定的前瞻性，法律条文要适度超前，为今后的检察改革提供合法性的支持。

二、体制安排：架构检察机关组织体系

体制性问题是"修法"的法理问题，也是检察改革的重中之重。当前，我国检察制度最受诟病的地方在于检察机关事实上不能做到独立行使职权，而我国检察体制改革的方向在于去地方化和去行政化，加强检察一体化原则，这点必须在"修法"中有所体现。

（一）现行检察机关体制建设存在的问题

1. 检察权与行政权结合的异化导致司法不独立

我国现行检察机关体制的行政化主要表现为内部的行政化管理和外部的行政化干预两个方面。一是检察机关的管理模式的异化导致检察官个体独立难以得到保障。检察行政事务的自治和自理注定了检察机关不是单纯的"法律监督机关"，检察权管理与检察行政权管理，共同构成了检察机关管理的完整内涵。[1] 但是，我国在检察机关管理模式设计之初并没有处理好检察权管理和检察行政管理的关系，而是照搬行政权的科层制管理模式。在管理方式上，科层制和科层逻辑有着目标化、规则化、权限化的先天优势。[2] 通过科层制的管理模式不仅对内配置资源最有效、最经济，对外获取资源也最有力、最直接。[3] 检察行政管理套用科层制管理模式无可厚非，但在检察机关内部完全使用科层制的内控机制，使得检察行政权取代了检察权的行使，导致检察系统的管理方式和权力运行机制呈现了行政化和官僚化的特性。检察机关行使权力的方式与其权力特性渐行渐远，检察机关内部实行层层审批的办案模式，违背了司法办案亲历性和专业化的本质要求。美国大法官霍姆斯有句名言："法律的生命不

---

[1] 参见李乐平：《检察院组织法修改若干问题研究》，载《河南社会科学》2014 年第 11 期。

[2] 参见［德］韦伯：《支配社会学》，康乐、简惠美译，广西师范大学出版社 2004 年版，第 65 页。

[3] 参见朱全景：《引入科层逻辑修改人民检察院组织法》，载《人民检察》2012 年第 10 期。

在于逻辑,而在于经验。"① 行政化管理模式以牺牲检察官个人独立思维和丰富经验为代价,换取检察权运行的目标化和效率化,进而违背了司法运行的规律。二是对行政权力的依赖导致检察机关不能独立行使检察权。由于我国检察系统的人事权和财权依赖于行政权的分配,检察机关为了获取生存的资源,不得不向资源的分配者靠拢。行政权的过渡渗透,使得检察权对行政权的监督被异化为单纯的配合与保障,主要表现为一方面检察机关力推保障区域经济发展和社会管理创新,另一方面一些行政官员以经济发展名义插手干预具体案件。

2. 检察地方保护主义导致司法不公

检察地方保护主义,是指检察机关或者检察人员在司法活动中受制于地方党政机关或地方利益集团,在处理具体个案时丧失独立权力和地位,屈从于行政或个人权威的现象。② 当前,我国地方检察机关的地方化现象较为突出,检察权地方化成为地方保护主义对检察权的干预。检察权地方化的原因,除了检察权不能真正独立于行政权运行之外,还与我国社会人情文化、法治环境以及检察官个人法治素养等因素有关。检察权地方化偏离了检察权法律监督的本质属性,对地方行政权的肆意扩张无能为力。

3. 检察一体化与检察地方化此消彼长的困局

"检察一体",是指通过上行下从的方式行使检察权,即在检察系统中上级检察机关指导下级检察机关行使检察权,在检察机关内部检察长检察权行使上有指挥监督权、更换权和转移权。③ "检察一体"源于西方国家三权分立体制下检察权不独立的情况下而形成的内部合力,以便抗衡外在力量的干预而产生。检察一体原则的强调被视为抗衡检察地方化及倾向的有效方式。抵制司法干预是各国所面临的共同制度难题,但在问题解决机制上未必走向相同的道路。西方国家的权力构造中检察权本身就是行政权的附属,检察一体提出的目的在于平衡检察权在行政权中的地位。但我国检察权与行政权在权利构造中处于平等地位,检察权沦为地方化的原因不是权力构造的问题,而是检察行政权与检察权结合异化的结果。只要在检察机关内部划清检察行政权与检察权的界限,在外部剥离检察权对行政权的资源分配的依赖就能解决检察地方化问题。

---

① [美]霍姆斯:《法律的生命在于经验》,明辉译,清华大学出版社2007年版,第28页。

② 参见胡夏冰:《司法权:性质与构成的研究》,人民法院出版社2005年版,第281页。

③ 参见张志铭:《对中国检察一体化改革的思考》,载《国家检察官学院学报》2007年第2期。

因此，检察一体化与检察地方化并不是非 A 即 B 的逻辑关系，检察一体未必能解决检察地方化倾向的问题，相反，随着检察体制改革的深入推进，检察权集中统一行使被过度强调的问题暴露出来，检察机关的整体独立受制于上级检察机关，而检察官个体独立缺失的问题彰显。

（二）"修法"需解决体制安排的难题

无论是官方的检察体制改革进程，还是学界对检察体制的研究，都未有对检察地方化、行政化及检察一体化问题有过终极定论。检察机关去地方化、去行政化以及合理设置检察机关内部组织体系是"修法"所亟待解决的体制性难题。如何协调三者的关系，应当从以下两个方面入手：

1. 完善检察机关内部组织体系，正确处理检察一体化与去行政化的关系

检察一体化与去行政化只是相对概念，而不能被绝对化。过于强调检察一体化容易削弱检察机关的独立性，而完全实现检察机关去行政化又会降低检察权运行的效率。在"修法"的过程中，正确处理检察一体化与去行政化的关系，应当遵循权力运行的规律，把握权力本质，从检察机关内部组织体系着手。一是"修法"应体现检察权与检察行政权的剥离。现行《人民检察院组织法》并没有区分检察权管理模式和检察行政权管理模式，虽然规定了依检察权而设置相应的科室，但是没有对服务于检察权的检察行政部门作出任何规定。检察机关依据现行《人民检察院组织法》设置业务科室，又效仿行政机构的内设模式设置了相应的综合管理科室，而两者在职权和程序的安排上却界限模糊，价值功能颠倒。解决的方案是，"修法"应根据不同的权力性质，在检察机关内部建立两套相对独立的组织系统，使得检察权与检察行政权在各自的价值和功能上发挥独立的作用。二是"修法"应体现检察官在检察组织体系内的主体地位。良好的体制安排是权力运行顺畅的有力保障，检察权运行的力道不应在行政层级中被内耗。确立检察官在检察组织体系中的主体地位，使检察官管控检察机关组织体系，才能确保检察权的有效运行。在"修法"时，应明确几点：以检察权为核心，突出检察官的主体地位和决策权；检察行政体系处于服务和隶属地位；检委会只能由检察官组成，负责处理检察院一切重大的决策性问题；检委会的权力运作应当更加规范化，以制约检察长集权。

2. 架构省直管的外部组织体系，协调检察一体化与地方化的关系

检察地方化容易导致司法不公是不争的事实，但是过于强调检察一体化并完全去地方化，又将带来新的问题：一方面，我国幅员辽阔，人员众多，完全去地方化，无疑将加大中央管控的难度和负担；另一方面，在法治环境未改变的情况下，通过检察一体化并不能实现上级检察机关对下级检察机关的有效监督，而如果没有地方对检察权的监督制约，司法腐败的风险将会加大，反而影

响司法公正。为此，党的十八届三中全会决定提出"推动省以下地方法院、检察院人财物统一管理，探索建立与行政区划适当分离的司法管辖制度"，即是通过构建省直管的检察机关外部组织体系，试图在检察一体化与检察权地方化之间寻求最佳平衡点，既兼顾检察权的因地制宜，又避免了检察权过度地方化干预检察权运行。因此，在"修法"过程中，应将省直管的检察组织体系吸收入法，在《人民检察院组织法》中明确规定省级财政部门、人事部门及组织部门应当为检察机关及检察人员提供充分的履职保障。同时，为了体现地方对检察机关的监督，《人民检察院组织法》还应规定地方检察机关应受省级党委的领导和省级人大的监督，在经费的使用方面应受省级审计部门的审计等。

三、权力配置：统筹检察权释权分权收权体制

组织体系的架构是"修法"的法理问题，而检察权力的配置则是"修法"所面临的现实性问题。权力配置是否恰当直接检验了检察体制改革的成功与否，也体现了我国《宪法》架设的检察制度是否得到充分的落实。

（一）我国检察权性质的反思与定位

探讨"修法"必不可少的需要研究检察权的配置问题，而权力配置应依权力性质而设定。当前，学界对检察权的性质界定主要存在行政权说、司法权说、法律监督权说及复合权说几种观点。学界提出的四种观点均不能给予检察权准确的定位。首先，检察权不是行政权。检察权来源于人大的授权而非直接来源于行政权，恰恰相反，检察权是监督行政权的权力。其次，检察权也不是司法权。司法的属性包括终局性、独立性、中立性及消极性，一般认为严格意义的司法权应专属于法院。我国检察权只是一种单纯的程序性权，除不起诉决定外，大多情况下都是程序性手段，且检察权代表国家和公益，不可能做到真正的中立。最后，检察权不能被理解为复合权。如前所述，检察权既不包括行政权属性，也不符合司法权性质。虽然，检察权在运行过程中有类似于行政权和司法权的运行方式，但是仍然存在本质上的区别。以侦查活动监督为例，虽然检察机关应当以中立的角度审视侦查机关的侦查行为，但是其更多地是纠正侦查机关错误的侦查行为方式，以便于代表国家进行诉讼，从而配合侦查机关打击刑事犯罪。笔者赞同检察权为法律监督权说的观点，主要有两个理由：一是法律监督权是《宪法》明确规定的权能，是《宪法》监督体系的重要组成部分。检察机关的法律监督权与全国人大及其常委会的立法监督，国务院对地方行政机关及各部门的行政监督，共同组成了我国独特的宪法监督体系。其中，立法监督和行政监督属于专门的监督，而法律监督的范围较为广泛，应包

括对行政执法和司法等活动的监督。二是将检察权认定为行政权或司法权属性的观点实际上是错误地套用了西方国家"三权分立"框架。"三权分立"原则将国家权力划分为立法权、行政权和司法权,三者相互权衡、互相制约。但是,我国的国家权力架构并不依照"三权分立"原则,而是建立具有特殊优越性的人民代表大会制度,确立了一切国家权力来源于人民。只有人民的代议机构才享有立法权,在立法权之下设立行政权和司法权,从而实现真正意义上的依法治国。为了防止行政权和司法权的恣意扩张,在立法权之下又设置独立的检察权,实现对行政行为与司法活动的法律监督。因此,检察权当然不能具有行政权或司法权的属性,而应属于现代国家权力理论中一种独立的权力形式。①

(二) 现行《人民检察院组织法》对检察权配置的缺陷

1. 检察权释权不充分致使检察权对外监督力弱化

从我国检察权的宪法渊源来看,检察权的法律监督属性,在监督的范围上应当包含对行政权和司法权的监督两个方面。虽然我国《宪法》明确了检察机关法律监督的职权,但是对法律监督的范围却没有做出明确的授权或者限制,只是作了原则性规定,这点与《宪法》对立法监督及行政监督的规定大相径庭。立法的缺失反映到司法中表现为,检察机关对司法活动的监督不全面,对行政执法活动的监督尤为乏力:(1) 作为对司法活动监督的检察权能在诉讼的各个环节配置不均衡。在刑事诉讼方面,实践中的检察机关诉讼活动监督对诉中程序最重视、诉前程序次之,而对诉后程序的监督则相对薄弱。②在民事、行政诉讼方面,现行《人民检察院组织法》至今未对检察机关具有民事、行政诉讼活动的权能予以明确。(2) 作为对行政执法监督的检察权能完全缺失。现行《人民检察院组织法》对检察机关监督行政执法行为的规定阙如,直接导致检察机关对行政执法监督的无法可依,而行政权的扩张与滥用却得不到有效的制约,这又违背了《宪法》架构检察权的法律监督本意。

2. 检察权分权体制不完善致使检察权内部监督失灵

"检察权内部监督",是指在检察机关内部,监督主体按照相应职责对检察权的运行进行监督和制约,保证检察权依法独立公正行使。③ 检察权内部监

---

① 参见张铁英:《论检察权的配置》,载《法学杂志》2012年第1期。
② 参见聂晓生、马晓梅、成华:《检察权的配置与司法改革》,载《当代法学》2008年第5期。
③ 参见杨圣坤:《检察权内部监督的调整与发展——以检察官办案责任制改革为背景》,载《时代法学》2014年第6期。

督主要通过内设机构单向监督和通过分权互相制约两种方式来实现内部的权力制衡，其中分权制约的方式是防止权力滥用的最佳手段。当前，我国检察机关虽然对检察权予以分解并在各业务部门进行配置，但是在权能划分上并不科学，整体规划欠佳。一是检察权能划分存在交叉重叠和权能空白的双重矛盾。就审查逮捕权而言，检察机关除了有侦查监督部门专门负责审查逮捕案件，公诉部门、监所部门均在不同程度上被赋予该项职能。但就国家、社会利益受损案件而言，检察权的行使却并不到位，对于国家或社会重大利益受损应当如何行使检察监督，检察机关往往无所适从。二是检察机关内部职能部门之间的制约力度不够，监督效果不理想。以羁押必要性审查为例，根据该制度设计理念，监所部门负责对侦查监督部门审查逮捕的案件中存在无羁押必要性的情况予以审查，但是实践中，监所部门并不具备案件审查的现实动力，有些地方检察院对羁押必要性审查更多流于形式。

3. 检察权收权体制未确立致使检察权行使无边界

现行《人民检察院组织法》并未规定检察机关具体的检察权能，但是我们不能由此任意解读检察权或创设检察权能。检察权的合理运行应遵循《宪法》对检察权的定位，即法律监督的边界。我国现行《人民检察院组织法》并没有落实贯彻好《宪法》对检察权能的定位，给检察权能设置相应的边界，导致检察权释权体制不充分，应有职权未能有效开展，同时在收权限权方面又一筹莫展。

（三）遵循检察权配置合理性的修法建议

笔者认为，此次"修法"是重新审视我国检察权性质的重要契机，应当通过立法确立我国检察权运行的边界和运行的方式，促进检察权运行的良性循环。

1. "修法"应立足检察权的定位，确立检察权运行边界

检察权的核心价值在于法律监督，只有立足于该价值导向，才能确立检察权运行的合理边界，才能防止检察权被恣意创设或减损。一是在检察权释权方面，应当强化检察机关对司法活动和行政执法活动的监督权能，即：（1）明确检察机关享有民事、行政诉讼的监督权和监督方式；（2）明确检察机关对涉及国家利益和社会利益的民事、行政案件具有诉讼权；（3）明确检察机关对行政执法活动的监督权和监督方式；（4）明确检察机关职务犯罪预防的职能及方式。二是在检察权的收权方面，应当以去行政化和去地方化为导向，在修订的《人民检察院组织法》中限定检察机关超出法律监督范围的自创职权。一方面，限定检察机关参与社会管理创新的角色，以法治理念作为社会管理的理论先导，将检察机关参与社会管理限定在法律监督的框架之内。另一方面，

严格限制检察机关参与区域经济的管理，在防止地方行政权的干预、渗透之外，也应防止检察机关插手经济，干扰区域经济发展。

2. "修法"应科学分配检察权能，保障检察权内在的监督制约

监督与制约作为两种行之有效的限权方式，应当在"修法"时对检察权内部监督体系的建设中有所体现。从监督的角度来说，就是要调整内部监督方式，加强监督的针对性、有效性。主要包括：（1）利用信息技术手段，实现对检察权运行的程序性监督。例如，在检察体制改革中，设置案件管理部门，通过检察业务应用统一系统，实时监控案件办理全过程，而案件管理部门的设置以及信息技术的运用应当在"修法"中有所涉及。（2）强化检务公开，增强检察权运行的说理监督。对检察权的监督应从以往的整体监督转变为个案监督，这种转变在"修法"中的体现就是明确检务公开，要求终结性法律文书应当向社会全面公开，倒逼检察机关增强法律文书的说理性。（3）加强检务监督，严格对检察权运行的结果监督。通过对检察官日常检察行为进行检察，对办案结果进行评查，对违反办案程序的行为进行监察等形式，以机动性的监督检查形式，强化对检察人员办案的质量监督及责任追究。从制约的角度来说，就是在明晰职能部门权责的同时，以权力之间的制约力为标准，合理划分检察权能，均衡配备各职能部门的权能。

3. "修法"应体现外在监督力量，统筹检察权运行内外控制

检察权作为法律监督权，在运行过程中不可避免地遇到"谁来监督监督者"的问题，而这个问题同样也是"修法"应当解决的与权力配置相关的问题。检察权的运行固然可以通过分权和内部监督的方式加以控制，但是检察权分配是权衡与博弈的过程，如果检察权分配不合理，则将导致检察权内部监督失灵，而此时就应有相应的配套机制予以弥补。检察体制改革成功探索的人民监督员制度，是检察权运行的外在监督力量，应将该制度纳入法律范畴，作为检察权运行的配套制度。与此之外，检察体制改革所探索的检察官遴选制度及检察官惩戒制度，同样是通过增强外部监督力量以抗衡检察权力。尽管该制度还有待进一步的完善，但是"修法"也必须为该制度预设一定的空间。

对《人民检察院组织法》修改的几点思考

韩欣悦[*]

现行《人民检察院组织法》由1979年全国人大通过,1983年、1986年两次分别对部分条款进行了修改。但自1986年之后,近30年一直未作修订,《宪法》、《刑法》、《刑事诉讼法》、《民事诉讼法》均进行了大量修改,并且当前我国经济社会和法治环境已经发生了深刻变化,《人民检察院组织法》明显落后于当前的司法需要,已不能适应中国特色社会主义经济和法治的需要。特别是,党的十八届四中全会提出进一步全面深化司法体制改革,对健全和完善中国特色的社会主义法律体系明确了目标。因此,修改、补充和完善《人民检察院组织法》成为事关检察工作健康发展的迫切需要,只有对《人民检察院组织法》进行必要的修改、补充和完善,才能更好地保障具有中国特色社会主义检察事业不断向前发展。为此,笔者就《人民检察院组织法》的修改、补充和完善谈几点粗浅认识。

一、新形势下《人民检察院组织法》存在的问题

《人民检察院组织法》颁行以来,社会主义市场经济体制逐步确立,社会主义民主与法治建设取得巨大进步,中国特色社会主义检察事业不断发展,对法律监督职能的认识在实践和改革中不断深化,特别是刑事、民事、行政三大诉讼法以及其他相关法律陆续赋予检察机关一些新的职责,目前,《人民检察院组织法》规定的一些内容已经不适应经济社会法治发展的新情况。为此,《人民检察院组织法》的修改已经显得十分必要和紧迫。

(一) 存在重大立法空白

目前正在实施的《人民检察院组织法》共设三章,即总则、人民检察院行使职权的程序、人民检察院的机构设置和人员任免。既然是组织法,那么人民检察院的组织机构和职权应当作为主要部分单列出来。但是,该法有关组织

---

[*] 作者简介:韩欣悦,河北省邯郸市丛台区人民检察院党组书记、检察长。

机构和职权的内容是散见于各章的。如该法在第一章总则中规定了各级检察院的设置，之后，在第三章中又有"人民检察院的机构设置和人员任免"。笔者建议，该法就检察机关从整体机构层级到内部机构设置可以在一章中进行明确，而具体的人事管理应该再单独列为一章。同时，因该法制定的时间较久远，明显地突出了打击刑事犯罪的作用，而未坚持与时俱进的指导思想，对民事诉讼监督、行政诉讼监督，预防职务犯罪等职能未涉及，而且在司法改革中出现的设立案件管理办公室、基层人民检察院派驻乡镇检察室等探索出来的好经验、好做法也未涉及，对这"两室"的工作职能更应该明确。《人民检察院组织法》的部分条款已与其他新制定或修改的法律规定不相一致，亟须作出修改。《人民检察院组织法》第11条、第12条、第13条、第14条、第16条、第17条的有关规定已明显与《刑事诉讼法》、《民事诉讼法》的有关规定不相一致，需要作出修改，以维护法律体系的统一和协调。

（二）《人民检察院组织法》关于检察机关组织体系的规定已不适应我国经济社会发展和检察工作的实际需要

随着国家的进一步改革开放，全国各地陆续建立了一些由国务院批准的经济开发区、保税区和保税港区。为了及时高效地行使检察权，加强法律监督，有必要在这些区域设立基层检察院。随着省直管市县行政管理体制改革的推行，对没有较大市管辖的县级制区域，有必要相对集中划定一定区域设立检察院分院。这些都应当在《人民检察院组织法》上得以体现，获得法律依据。并且，《人民检察院组织法》对检察机关履行法律监督职能的措施和手段的规定需要进一步完善。检察机关恢复重建30多年的实践表明，检察机关要履行好宪法和法律赋予的职责，必须有相应的监督措施和手段加以保障。而《人民检察院组织法》恰恰在这方面缺乏必要的规定。在实践中，检察机关缺乏必要的知情权、调查权和必要的监督措施。有必要把检察机关的实践经验和司法体制改革的成果上升为法律，体现在《人民检察院组织法》中，这是保障检察机关发挥法律监督职能的关键。

二、《人民检察院组织法》修改的必要性、现实性

随着中国特色社会主义法律体系的形成，司法体制和工作机制改革不断深入、检察工作不断发展，修改《人民检察院组织法》的条件已经逐渐趋于成熟。

（一）中国特色社会主义法律体系形成，为修改《人民检察院组织法》提供了良好的环境和机遇

经过改革开放30多年来的不懈努力，以《宪法》为统帅的多层次、多部

门的中国特色社会主义法律体系已经形成。这标志着我国社会主义民主法制建设进入崭新的历史阶段，对于全面落实依法治国基本方略、加快建设社会主义法治国家，推动和保障改革开放和社会主义现代化建设顺利进行，具有重大而深远的意义，同时对于中国特色社会主义检察制度的发展和完善也是一个有力的促进。有法可依的问题解决之后，有法必依，执法必严，成为时代的新要求，人民群众的新期待，法律监督在社会主义法治中的重要性更加凸显，检察机关发挥职能作用的空间更加广阔。随着依法治国，建设社会主义法治国家进程的深入推进，党中央对检察工作高度重视，各级党委、人大、政府、政协对检察工作更为关心和支持，加强法律监督正逐渐成为社会各界的广泛共识，检察工作面临良好的外部环境。随着司法体制和工作机制改革的深入推进，长期制约检察工作的一些体制性、机制性和保障性问题正在得到逐步解决。

（二）相关法律特别是《刑事诉讼法》、《民事诉讼法》与《行政诉讼法》的修改完善对修改《人民检察院组织法》是一个有力推动

绝大部分检察行为是依托诉讼程序行使的，检察机关作为国家的法律监督机关，通过参加诉讼活动和办理具体案件对诉讼活动进行法律监督，维护国家法律的正确实施。《人民检察院组织法》与三大诉讼法关系密切，其修改必须与三大诉讼法的修改协调进行。根据深化司法体制和工作机制改革的部署，三大诉讼法的修改都已列入十一届全国人大常委会的立法规划，全国人大常委会法工委已经启动刑事诉讼法和民事诉讼法的修改工作并列入今年的立法工作计划，对一些制约检察机关发挥监督职能的突出问题进行了调研论证，并形成了初步的修改方案。相关诉讼法的修改，一些事关检察权内容和程序的重要问题的解决，也必将推动《人民检察院组织法》作出相应的修改。

（三）地方人大关于加强检察机关法律监督、诉讼监督的立法实践为修改《人民检察院组织法》提供了宝贵的经验和借鉴

为了充分发挥人大的监督作用，维护司法公正，近年来，已有25个省级人大常委会先后通过了有关加强检察机关法律监督工作、诉讼监督工作的决议、决定。这些决议和决定是地方人大常委会的重要立法活动，也是人大常委会提高监督工作实效的重要举措，实现了国家权力机关依法监督和支持人民检察院依法履职的有机统一，充分体现了人大及其常委会对检察工作的高度重视和支持。这对于为诉讼监督营造良好的外部环境，对于检察机关按照党中央的要求，创新监督工作机制，改进和规范监督工作方法，增强监督实效，发挥了重要作用。上述决议、决定的出台，将分散在各相关法律中的检察机关法律监督内容、方式、程序加以集中、完整地表述，将近年来司法改革中关于强化法

律监督和强化检察机关对自身执法活动的监督制约的内容与已经在法律上规定的内容进行融合和系统化，对于人们全面地了解检察机关的法律监督，对于人大及其常委会更好地监督检察机关的活动，对于规范检察机关法律监督和发展中国特色社会主义检察制度，都具有十分重要的制度意义、理论意义和现实意义，对《人民检察院组织法》的修改完善也是一个很大的帮助。同时，由于立法权限的限制，地方人大无权对国家的司法制度和诉讼程序进行立法，一些深层次的问题必须由全国人大及其常委会在修改《人民检察院组织法》过程中加以解决。

三、修改《人民检察院组织法》的几点建议

社会主义法治理念的牢固树立，执法观念的与时俱进为修改《人民检察院组织法》指明了政治方向，作为规范和保障检察权依法独立公正行使的重要法律，有必要在立法宗旨、检察机关的任务和职责等方面体现社会主义法治理念的精神和要求。

（一）坚持党的领导原则

中国共产党是执政党，是社会主义事业的核心领导力量。坚持党的领导，是社会主义法治的一项基本原则，也是检察机关进行《人民检察院组织法》修改的根本原则。检察机关在《人民检察院组织法》修改过程中，只有坚持党的思想、政治、组织领导，才能把握正确的政治方向，具体地说，在对《人民检察院组织法》的任何内容进行修改时，必须始终要坚持党的领导原则，要严格贯彻党中央对司法体制、机制改革的各项要求。首先，《人民检察院组织法》的修改应当充分体现中央对检察工作的明确要求，贯彻落实党中央关于完善检察监督体制的改革精神，将党的意志通过立法程序准确、全面地转化为国家意志。其次，在改革和完善检察干部管理体制、检察机关经费保障机制，改革有关部门管理人民检察院的体制等提出具体要求。《人民检察院组织法》的修改，应当尽可能地将党中央的要求纳入法律条文，将司法体制改革的成就固定在法律上，从而使检察机关强化法律监督有法可依。最后，《人民检察院组织法》内容必须有利于加强党对检察机关和检察工作的领导。在完善有关检察机关上下级领导体制和检察干部管理体制的规定是，不得违背党管干部的原则，也不能以保障独立行使检察权为由，削弱党对检察工作的领导。

坚持以《宪法》为依据的原则。《宪法》是具有最高法律效力的国家根本大法，在国家法律体系中居于最高法律地位，是其他法律立法的基础和依据，任何法律法规都不得与《宪法》相抵触。所以，《人民检察院组织法》的修改

必须以《宪法》为依据。

（二）应明确人民检察院对民事诉讼法活动行使监督权

2012年8月31日，十一届全国人大常委会第二十八次会议审议通过了《关于修改〈中华人民共和国民事诉讼法〉的决定》。新修订的《民事诉讼法》第208条第2款、第3款增加了民事诉讼的监督方式，即再审检察建议、违法行为的再审检察建议；该法第14条扩大了民事诉讼监督的范围，即由原来的只对民事审判活动实行监督，扩充到还有权对民事执行活动和调解活动实行监督；该法第210条强化了民事诉讼监督手段，即增加了检察监督的调查核实权。这些民事诉讼监督权的扩展，在修改《人民检察院组织法》中应予以明确。

（三）应明确人民检察院对社区矫正的法律监督职权

最高人民检察院2006年6月发出通知，要求"检察机关在社区矫正试点工作中发现法院、公安、司法行政机关在社区矫正工作中有违法情形的，可以视情况口头方式发出检察建议或纠正违法通知书，督促其及时纠正，并重点监督交付执行环节、执行变更环节、执行终止环节、监管措施，及时纠正工作中执行机关工作人员侵犯监外罪犯合法权益的行为"。《刑法修正案（八）》明确了社区矫正执行场所；2012年1月10日，最高人民法院、最高人民检察院、公安部、司法部印发的《社区矫正事实办法》，该办法第2条明确规定"人民检察院对社区矫正各执法环节依法实行法律监督"；新修订的《刑事诉讼法》第258条规定"对被判处管制、宣告缓刑、假释或者暂予监外执行的罪犯，依法实行社区矫正，由社区矫正机构负责执行"，该法对265条规定："人民检察院对执行机关执行刑罚的活动是否合法实行监督。如果发现有违法的情况，应当通知执行机关纠正。"这条规定比较原则，但也包含着对社区矫正执法活动的监督。所以，修改《人民检察院组织法》时，应对社区矫正的法律监督权作出明确规定。

（四）应明确人民检察院预防职务犯罪工作的职权

2007年2月27日，最高人民检察院制定《人民检察院预防职务犯罪工作规则（试行）》，明确了预防工作的方针、工作机构、主要职责、预防措施、工作纪律等。2013年2月6日，最高人民检察院制定《检察机关执法基本规范（2013年版）》，该规范第七章专门细化了预防工作的主要职责、预防措施。但这些仅仅是检察机关内部工作规则，立法上未涉及，难以充分发挥"预防职务犯罪也是生产力"的作用。因此，《人民检察院组织法》修改完善时应将此项业务工作作进一步明确。

二、司法改革与"两法"修改

（五）应明确人民检察院案管办负责人高规格配置

2012年11月22日最高人检察院制定的《人民检察院刑事诉讼法规则（试行）》第十五章就案件管理工作，从第668条至第675条，共8条详细规定了案件管理部门的工作职责，具有很强的可操作性。笔者认为，基于案管部门通过流程管理、法律文书控制、案件评查、绩效考评、专项检查、统计分析等管理工作，对检察业务工作进行综合分析和专题研究，注重抓住主要矛盾，突出重点，切中要害，在充分论证的基础上，适时提出具有针对性、新颖性、实用性、指导性和可操作性较强的监管建议，指导检察工作实践，帮助业务部门乃至检委会采取相应措施，进一步提高办案质量。故此，在修改完善《人民检察院组织法》时，应当明确对案件管理部门的负责人要进行高规格配置。

（六）应明确派驻乡镇检察室的工作职权

2010年10月11日，最高人民检察院印发《关于进一步加强和规范检察机关延伸法律监督触角促进检力下沉的指导意见》。该意见明确了派驻乡镇检察室重点履行7项工作职责：接受群众举报、控告、申诉，接待群众来访；发现、受理职务犯罪案件线索；开展职务犯罪预防；受理、发现执法不严、司法不公的问题，对诉讼中的违法问题依法进行法律监督；开展法治宣传，化解社会矛盾，参与社会治安综合治理和平安创建；监督并配合开展社区矫正工作，参与并促进社会管理创新；派出院交办的其他事项。检察室通过多年的探索与实践，履行了对基层司法、行政执法单位实施法律监督的职能；受理和初步办理群众诉求的职能；面对基层深入开展法律宣传的职能；积极化解基层社会矛盾的职能；发挥了搭建与人民群众联系的桥梁作用，建立起检察人员服务群众的工作平台。在实践中，也发现"派驻检察室与院内设各部门之间职责划分不清晰，容易产生重合"的突出问题，表现为：一是在接受群众举报、控告、申诉，接待群众来信来访，受理职务犯罪案件线索等方面与控申检察部门职能上存在重合；二是在履行法律监督职能时，与侦监科、公诉科、民行科职能产生重合。而且，在这些重合职能时，检察室只能是协助作用，充当配角角色。因此，笔者建议，在修改完善《人民检察院组织法》时，应当明确派驻乡镇检察室的法律地位，包括派驻检察室职能定位、组织机构、人员配置、工作程序、监督管理等，使深入推进检察室工作于法有据，更具刚性。

《人民检察院组织法》修改的未来动向

吴 轩[*]

现行《人民检察院组织法》制定于1979年,其后1983年、1986年对部分条款作了修订,之后将近30年没有过修改。《人民检察院组织法》无论是在篇章结构和条文用语方面,还是在检察机关领导体制、机制及职能机构设置保障等方面,都已经严重脱离时代要求,不足以支撑检察机关的发展。当前,诉讼制度的发展完善,单行法对检察机关、检察实践的探索尤其是十八大以及十八届三中、四中全会的召开,新一轮司法改革更是对《人民检察院组织法》的修改提出了迫切的要求,《人民检察院组织法》的修改已步入"快车道"。

一、理性思辨:《人民检察院组织法》修改的双重定位

(一)法律监督权的准确定位

《人民检察院组织法》的修改,不可避免会谈到法律监督权的属性。只有准确定位法律监督权,才能明确如何保障检察权的独立行使,才能明确《人民检察院组织法》应赋予人民检察院哪些权能。关于法律监督权属性的探讨和争论很多,我们认为,考量我国检察机关的法律监督制度不能仅看到其与苏联检察制度的渊源,也不能完全从人民检察机关在现实中担负的实际功能去界定它、解释它,而应该从我国的基本政治制度出发来明确《人民检察院组织法》的性质定位。我国的政权组织形式是以人民代表大会制度为中心的议行合一的政权组织形式,采取和实行的是"一府两院"以及国家军事委员会为国家权力横向分配的国家政权组织形式。国务院、法院、检察院均有人大产生,对人大负责,受人大监督。检察机关作为法律监督机关,其职能是人大职能的延伸。法律监督权源于对权力扩张性和制约性的警惕,检察机关的法律监督旨在约束权力,约束行政权和审判权,目的是为实现国家法制统一,保障宪法和法律的正确实施。所以说,《人民检察院组织法》的修改应坚持和落实检

---

[*] 作者简介:吴轩,天津市人民检察院第一分院助理检察员。

察机关的《宪法》定位。检察机关的主要职能作用体现在诉讼中，但是《宪法》规定的法律监督机关的职责不应局限于此领域，否则人大对于政府、法院的法律监督就是不全面的，有缺陷的。

我国是单一制国家，以人民代表大会制为核心的政权组织形式决定了法律监督职权是中央事权。1954 年《人民检察院组织法》曾设置过最高人民检察院统一领导下的检察权中央集权制。因此，在检察机关内部，检察机关的内部组织体系应当是地方各级人民检察院独立行使职权，不受地方国家机关的干涉。地方各级人民检察院和专门人民检察院在上级人民检察院的领导下，并且一律在最高人民检察院的统一领导下进行工作。在体制内，最高人民检察院对全国人民代表大会负责并报告工作。地方各级人民检察院的检察长、副检察长、检察委员会委员、检察员都应当由上一级检察机关任命。本着循序渐进的原则，可以暂不改革司法管理体制，先将省以下的地方人民法院、人民检察院人财物由省一级统一管理，地方各级人民法院、人民检察院和专门人民法院、人民检察院的经费由省级财政统筹，中央财政保障部分经费。

（二）检察机关的组织功能定位

总有些人将检察制度等同于社会主义法系，并暗示这是国家主义的产物，认为我国的检察制度源于苏联，与大陆法系的检察官制度有着本质的区别。中国检察制度的建立和发展受到了苏联的极大影响。新中国检察制度是以列宁的法律监督思想为理论基础，借鉴苏联的模式而建立起来的。[①] 可是，苏联的检察制度也并非凭空而来，它是对俄罗斯检察制度的进一步改造，而俄罗斯检察制度又是在引进了欧陆国家的先进司法体制后产生的，并不断受到来自欧陆检察体制的影响。因此，苏联检察制度必然直接或间接地体现着大陆法系国家检察制度的一些基本理念和整体框架。同理，我国检察制度也就与大陆法系国家的检察制度之间有着不可否认的历史传承性。

检察官，起源于法国，是为了维护法律统一实施的"国王的法律顾问"，检察官作为"法律的守护人"，既要保护被告免于法官之擅断，又要保护其免于警察的恣意。检察官具有对国家侦查权和审判权的双重制衡。我国检察机关在刑事诉讼中的这一职权与大陆法系检察官的职权基本相同。

不可否认法律是具有阶级属性的，但是无论是大陆法系还是英美法系抑或是苏联的检察制度，检察官或检察机关在世界各国的组织功能定位上是具有一

[①] 参见张步洪：《检察院组织法修改的基本问题与主要观点评价》，载《国家检察官学院学报》2011 年第 6 期。

定的相同之处的。而实际情况是,不仅是社会主义国家仍然坚持着检察工作体制,大陆法系的国家与地区也在不断地完善其检察工作机制,联合国也通过了多个关于检察官作用的公约,而即使是老牌的海洋法系的国家如英国,在20世纪80年代,也设立了其检察机制,这些说明了在世界经济社会日益一体化的今天,各个法系也在不断的靠拢融合,对于检察官的作用也在不断得到各个国家的认同,检察官在法治建设中的地位不断彰显。

从宪法部门法整体构成来讲,《人民检察院组织法》应当是《宪法》条文的具体化,将《宪法》条文抽象的规定,转化为可以组织实施的规则性的内容。比如检察机关是国家法律监督机关,那么其对于国家行政机关非可诉行政行为如何监督,就应当以组织法的形式,进行适当的制度安排,这样的安排既可以是刚性的,也可以是柔性的,以协商监督的方式提醒行政机关注意,但是检察机关作为国家法律监督机关的权能必须在此相关领域体现。

总之,《人民检察院组织法》应当具有行为模式和法律后果。《人民检察院组织法》明确了检察院法律监督工作的内容与边界,其机构、机制和保障等方面的内容与其他国家机关不可避免地发生各种关系,对于各自的权利义务应当明确,以利操作,所谓《人民检察院组织法》只能规定检察院的权利义务而不能规定其他机关的权利义务,是对《宪法》规定的法律监督机关的误读。

二、回到现实:《人民检察院组织法》的运行状态

当我们从法治的理想中构想检察院的组织法时,我们增加了对于完善《人民检察院组织法》的信心,并且对于其路径设计有了更清醒的认识。纸面上的《人民检察院组织法》尽管30年来没有得到很好的修改,存在诸多不足。但检察院的组织与运行,实际情况并不令人悲观,检察院的组织体系无时不与我国法治共同进步。"宪法并不是创造出来的,他们是逐渐形成的。"人民检察院作为《宪法》所规定的法律监督机关,其运行与组织的依据《人民检察院组织法》的条文从纸面上看已经破败不堪了,但是在社会上层建筑与社会实践的几十年的互动中,在整个国家《宪法》的实施中,存在一种实然层面的《人民检察院组织法》,努力地克服纸面上的组织法的不足,从而印证了"宪法是一个动态的,一个国家的世代人都参与对话流动话语"。所以说,现行《人民检察院组织法》,除了那部制定于1979年、1983年、1986年对部分条款进行修订的成文法以外,还有那些法律没有明确规定,但司法实践中加以归纳而自觉遵守的那些为了实现《宪法》规定的实际做法,以及中央有关司法改革、人大加强检察工作的决定等组成的虽不能称之为组织法,但是发挥

组织法规定的作用。只是这样的实践迫切需要以成文法的形式予以固定下来。

（一）关于领导体制的规定不够完善，检察机关宪法地位体现不足

我国《宪法》确立了"一府两院"的基本政权组织架构，检察院与政府拥有平等的宪法地位，并且明确了上下级检察院的领导关系。现行组织法确认了检察机关是专门法律监督机关这一宪法定位，但对上级检察院对下级检察院领导的方式、程序等领导体制的规定不够明确。司法实践中，上级检察院对下级检察院领导力度不够，往往局限于一般业务指导，不少地区的检察机关人财物受制于地方党委、政府，检察机关和检察工作地方化、行政化的问题较为突出。

1. 检察权行使容易受到地方干扰

虽然《宪法》、《人民检察院组织法》规定检察机关依法独立行使检察权不受任何机关、团体和个人的干涉，但有的地方领导往往以服务发展大局、维护社会稳定等为由，对检察机关办理的具体案件作指示、提要求、搞协调，有的甚至为了个人私利，在案件的事实、证据认定方面进行不当协调，给检察机关执法办案设置阻力。另外，检察机关查办职务犯罪要案向地方党委报告制度也有随意扩大范围的趋势。检察机关作为国家法律监督机关，肩负着维护国家法律统一正确实施的职责，但由于受到人财物管理地方化的现实因素制约，难以完全排除来自地方的不当干扰，影响了依法独立公正行使检察权。

2. 检察机关存在被部门化的倾向

《人民检察院组织法》关于检察机关领导体制的规定不够全面，造成一些地方党委、政府往往把检察机关当作一个职能部门对待，经常要求参加与检察职能无关的工作，如招商引资、征地拆迁、环境整治、文明城市创建、卫生城市创建、双拥、扶贫、志愿者服务等，各项工作都需要建台账、设阵地，耗费了宝贵的人力资源。另外，个别地方党委、政府的"两办"直接向基层检察院领导发布通知，布置工作，检察机关的领导干部疲于应付地方党委、政府组织的各类会议和活动，检察机关既定工作部署和执法办案工作时常受到影响。

3. 检察机关的人财物保障不够到位

《人民检察院组织法》没有就检察机关人财物管理问题作出规定，目前检察机关的人事任免、管理权主要由地方党委掌握，各项经费主要由地方财政保障，上级检察机关的领导实际上形成业务上主管、人事上协管、经费上不管的局面。而人财物管理被地方化的情况下，检察人员的政治待遇、检察机关的经费实际保障水平均普遍低于同级党委、政府工作人员。在经济待遇方面，检察人员的薪资收入也较同级党委、政府工作人员低。由于工资待遇低，部分基层院招录检察人员较为困难，因报名人数不足开考比例而取消招录名额的现象时

有发生。检察机关的宪法地位、检察人员的职业尊荣感难以体现。

（二）关于检察职权范围及行使程序的规定不够全面，影响法律监督职能作用的充分发挥

近年来，随着法治建设的不断发展和各项司法改革的深入推进，全国人大已经完成对《刑法》、《刑事诉讼法》、《民事诉讼法》等一系列重要法律法规的修订，检察职权内涵不断拓展，而现行《人民检察院组织法》没有全面反映检察机关承担的实际职责，已经严重滞后于检察工作发展。

1. 《人民检察院组织法》对法律监督职权的规定过于单一

人民检察院是国家的法律监督机关，法律监督职权范围应是《人民检察院组织法》的核心内容。当前检察工作已经形成刑事诉讼法律监督、民事诉讼法律监督、行政诉讼法律监督三大诉讼监督的工作格局，但现行《人民检察院组织法》仅规定了检察机关刑事诉讼监督职责，对民事诉讼、行政诉讼监督职权没有涉及。特别是随着《民事诉讼法》的修改，检察机关在民事诉讼案件中的监督职权进一步扩大，从"民事审判活动监督"拓展到"民事诉讼活动监督"，亟须将民事诉讼法律监督职权写入《人民检察院组织法》。在刑事诉讼监督方面，《刑法修正案（八）》、修改后《刑事诉讼法》赋予检察机关社区矫正监督、立案监督等新职能。为更好地惩治和预防腐败，最高人民检察院先后于1999年和2000年出台关于加强预防职务犯罪工作的意见和决定，随后检察机关广泛开展了预防职务犯罪工作，实践也证明该项工作在遏制腐败、推进依法治国进程中起到重要作用。《人民检察院组织法》关于检察职权范围的规定已严重滞后于检察工作实际，影响了《人民检察院组织法》作为检察机关根本法的地位。[①]

2. 《人民检察院组织法》关于检察职权行使的程序不完善

检察机关法律监督职能作用的充分发挥，有赖于完备的职权行使程序。《人民检察院组织法》在第二章人民检察院行使职权的程序中重点就刑事诉讼中批准逮捕、提起公诉、抗诉等职权行使程序予以规定，但是规定相对原则，对民事、行政诉讼监督程序以及检察机关可以运用的监督方式没有提及，已不适应检察机关履行职责的要求和司法实际。比如检察建议已经成为检察机关开展法律监督的一种重要方式，最高人民检察院都已出台相关规定规范检察建议的制发，检察建议在规范执法行为，促进法律正确实施方面发挥了积极作用，

[①] 参见王玄玮：《检察院组织法对检察职权规定的修改建议价》，载《人民检察》2014年第7期。

《人民检察院组织法》修改时应予考虑。同时，《人民检察院组织法》对人民检察院职权行使程序缺乏最关键的一环，即职权行使的法律效力。《人民检察院组织法》以及三大诉讼法都没有规定被监督对象不履行义务时应承担的法律后果，对被监督对象的消极行为甚至抵制现象缺乏制裁性措施，导致司法实践中检察机关监督难、监督软、监督无效等问题长期存在。司法实践中，有些检察院发出立案监督文书后，同级公安机关怠于行使职权，消极侦查或者久侦不结，检察机关法律监督作用难以发挥。

3. 《人民检察院组织法》对行政执法监督的规定存在缺位

当前，在行政领域有法不依、执法不严、违法不究的问题还比较突出，严重影响了法治政府的形象，也损害了司法公正。然而，由于《人民检察院组织法》没有规定检察机关对行政执法行为的监督职权，检察机关主要是通过依法查办行政机关工作人员涉嫌贪污贿赂、渎职侵权等职务犯罪案件，来实现对行政违法行为的监督，范围较窄。虽然近年来建立了"两法衔接"工作机制，但由于该机制的规定主要源于国务院的行政法规、部门规章和相关部门联合发文，位阶不高，约束力不强。实践中行政执法机关与公安、检察机关之间相应的办案信息交流和协调配合还不够顺畅，检察机关对行政执法机关的执法信息不能随时掌握，导致违法情形发现难，影响监督工作开展。

（三）关于检察机关管理机制的规定不够完善，制约了检察权运行质量和效率

《人民检察院组织法》对检察机关的管理机制，包括机构设置、人员管理和履职保护等方面的规定不够明确具体。在司法实践中，一些地方检察机关存在机构设置臃肿化、人员管理行政化、履职保护虚泛化的问题，影响了检察队伍专业化建设、人员素质能力的提升，不利于检察权规范有序运行。

1. 机构设置过多分散了人力资源

《人民检察院组织法》第20条规定，最高人民检察院根据需要设立若干检察厅和其他业务机构，地方各级检察院可以分别设立相应的检察处、科和其他业务机构，但是对机构设置的具体要求未作规定。实践中，一些基层检察院内设机构过多的问题较为突出，往往是上面有什么部门，下面就跟着设立对口部门，内设机构过多导致人力分散。例如部分基层检察院除领导班子成员和二线人员外，每个科室人员很少。由于内设机构过多，不少基层院形成了"一人科室"、"二人科室"的局面，内设机构忙闲不均的问题较为突出，不能充分发挥人力资源效用。

2. 人员管理行政化色彩较为浓重

由于《人民检察院组织法》未对检察人员的管理机制作出规定，目前检

察机关内部仍然套用行政机关的管理模式,检察人员全部套用地方行政职级,被统称为检察干部或检察干警,部门负责人一般按照行政职务予以称谓,称为"处长""科长""主任"等;检察官、书记员、司法警察、行政人员、技术人员等各类人员被当作普通公务员对待,身份之间没有明确界限。检察人员管理行政化与检察职业化形成矛盾,不仅严重淡化了检察官的司法官属性和职业荣誉感,而且影响了检察官能力水平的提高,不利于形成专业化的检察官队伍,影响了严格公正执法的效率和效果。①

3. 检察官履职保护机制不完善

《人民检察院组织法》仅原则规定了检察官任免程序,且缺少对检察官辞退、免职的法定事由,没有确立必要的履职保护机制。虽然《检察官法》规定了检察官非因法定事由,非经法定程序,不得被免职、降职、辞退或者处分,但是规定绝大部分是套用《公务员法》的规定,对于专门履行法律监督职能的检察官来说,显得过于宽泛。实践中,检察官的考核工作主要参照公务员考核"个人述职、部门评议和领导评定"的基本程序,部门领导的意志和同事的反映成为决定一个检察官是否称职的关键环节,检察职业身份的保护不够到位,不符合检察官职业司法属性,也不利于执法办案工作的稳定。

三、本源思考:《人民检察院组织法》修改的未来动向

要破解检察工作科学发展的现实瓶颈问题,必须借助本轮司法体制改革的推动,同时也迫切需要立法和改革决策相衔接,做到重大改革于法有据。因此,加快作为检察机关根本法的《人民检察院组织法》的修改势在必行,也意义重大。我们认为,修改《人民检察院组织法》应当认真贯彻落实中央关于司法体制改革的要求,不断强化检察机关的法律监督职能,丰富和完善检察权体系,同时要注重将检察改革的成功经验法治化。

(一)完善符合检察权特点的领导体制,明确检察机关的宪法定位

1. 健全人民检察院管理机制

建议在《人民检察院组织法》中明确上级人民检察院对下级人民检察院进行领导的方式、程序和下级人民检察院接受领导的责任和义务,并充分体现目前正在试点推行的省级以下检察院统一管理改革的方向和要求,逐步建立摆脱地方影响和干涉的检察管理体制。在人事管理方面,建议将地方各级检察院

---

① 参见孙谦:《关于修改人民检察院组织法的若干思考》,载《人民检察》2011年第12期。

领导干部的党内推荐、提名程序同宪法、法律规定的提名、任免程序统一起来，赋予省级检察院对市、县检察院检察长、副检察长及其他领导班子成员的提名权；其他检察官的法律职务由省级检察院提名、管理，以此来强化检察机关上下级之间的领导关系。在经费保障方面，建议确立省级以下检察院经费保障统一管理模式，由省级检察院会同省级财政部门，根据本地区经济发展水平和检察机关经费实际需要，制定分类别、分阶段的县级检察机关基本保障标准，通过财政转移支付的形式，由省级财政统筹对各基层检察院办公办案经费予以保障。

2. 确立与行政区划适当分离的司法管辖制度

十八届三中、四中全会都强调要求探索建立跨行政区的司法管辖制度，解决司法地方化的问题。因此，建议在《人民检察院组织法》中规定有条件的地方可以在省级以下划分司法管辖区，即在省内打破原有按行政区划设立基层院的模式，走出县市区行政管辖的限制，根据人口及案件的数量、经济发展状况和交通通信情况等重新规划司法管辖区域。属同一省份的各个司法管辖区之间级别相同，相互独立。

3. 建立非法干预司法的防范和处理机制

十八届四中全会提出，要建立领导干部干预司法活动插手具体案件处理记录、通报和责任追究制度。因此，建议在《人民检察院组织法》中建立检察机关防范案件受到非法干预的机制，要求各级人大、党委支持检察机关依法独立办案，对随意干涉司法机关执法办案的行为，检察机关可以依法建议有关部门，严肃追究党纪政纪责任。同时，需要建立地方协调的案件向上级检察机关同步报告、备案制度，对重大案件特别是在法律适用上存在较大分歧案件的协调意见，应及时报告上级检察院；上一级人民检察院对下一级人民检察院报备的案件，也应及时进行研究，如认为协调意见不当的，应当通过同级政法委及时指出并予以纠正，为下一级人民检察院严格公正执法提供有力支持。

（二）完善法律监督职权体系，凸显《人民检察院组织法》作为检察机关基本法的地位

1. 将法律及相关规定中确定的检察职权写入《人民检察院组织法》

十八届四中全会提出，要加强对司法活动的监督，完善检察机关行使监督权的法律制度，因此，有必要在《人民检察院组织法》中进一步明确检察监督职权范围。《人民检察院组织法》修改时，应重点解决《人民检察院组织法》与其他相关法律的协调问题，将其他法律规定的检察机关行使的职权纳入《人民检察院组织法》规定，包括对民事审判、执行活动，民事调解活动实行法律监督；对行政诉讼活动实行法律监督；对刑事立案与侦查活动监督、

对死刑复核程序的监督等内容。另外，还应将预防职务犯罪等在实践中广泛有效行使的检察职权在《人民检察院组织法》中固定下来。

2. 完善检察机关行使职权的程序和措施

建议在《人民检察院组织法》中进一步明确检察机关法律监督的手段、方式和效力，以及不接受监督的法律后果，推动检察机关法律监督工作由软变硬。一方面，在《人民检察院组织法》中明确检察机关调阅人民法院、公安机关、刑罚执行机关和行政执法机关的案件卷宗材料，调查司法工作人员渎职违法，建议更换办案人，提出检察建议、检察长列席审判委员会以及民事诉讼中检察机关的调查核实权等各种监督手段和方式。另一方面，建立公检法相互配合、相互制约的工作机制，及时通报执法办案信息，明确对不接受检察机关监督又不说明合理原因的行为进行必要的惩戒和问责，切实增强监督刚性。[①]

3. 赋予检察机关对行政执法行为的监督职权

十八届四中全会提出，要深化行政执法体制改革，健全行政执法和刑事司法衔接机制，强化对行政权力的制约和监督。为了更好地促进"两法衔接"工作开展，发挥检察机关法律监督职能，推动法治政府建设，在《人民检察院组织法》修订时需要增加"两法衔接"的内容，明确检察机关在"两法衔接"中的监督地位、监督职责等，增强监督刚性。同时，全会提出检察机关在履行职责中发现行政机关违法行使职权或者不行使职权的行为，应该督促其纠正；对行政机关违法行使职权或者不作为造成对国家和社会公共利益侵害或者侵害危险的，可以由检察机关提起行政公益诉讼，建议在《人民检察院组织法》修订时将全会精神予以吸纳，明确检察机关对行政执法行为的监督职权。

（三）健全完善管理模式，进一步加强专业化、职业化建设

1. 明确机构设置的原则和基本要求

检察机关内设机构的设立应当围绕服务和保障主体业务工作开展进行，既要明确各职能部门的权限，又要避免职能交叉重复。因此，在《人民检察院组织法》中应当合理确定内设机构设置的原则和标准，对检察职权进行统筹、优化配置，保障检察权全面、有效行使；明确检察机关内部的主要职能部门，规定原则上可以设立职务犯罪侦查与预防、刑事检察、诉讼监督等业务部门，同时为了贯彻落实四中全会提出的关于探索实行检察院司法行政事务管理权和

[①] 参见向泽选：《检察规律引领下的检察职权优化配置》，载《政法论坛》2011年第2期。

检察权相分离的要求,建议规定设立案件管理、综合性检务保障等部门,充分整合司法资源,提升司法行政事务工作效率。另外,根据近年来检察机关派驻基层检察室的发展状况,在《人民检察院组织法》中有必要明确其法律地位,促进检察工作重心下移,力量下沉。[①]

2. 积极推进检察队伍专业化建设

十八届四中全会提出必须完善司法管理体制,建立专业化的法治队伍。《人民检察院组织法》修改时,要充分体现检察人员分类管理改革的要求,建立符合司法职业特点、突出检察官主体地位的人员分类管理制度,优化人力资源配置,逐步形成政治素养好、专业素质高、能够独立办案、具有较高能力水平的专业化、职业化法官检察官队伍。建议将检察人员划分为检察官、检察辅助人员、检察行政人员三大类;完善检察官单独职务序列管理,不再参照普通公务员管理制度;建立完善检察辅助人员管理制度,明确检察官助理和书记员工作职责,并确立不同的职务序列分等级管理;技术人员按专业技术类公务员管理。司法警察按执法勤务机构警员职务序列管理。行政人员参照综合管理类公务员管理。

3. 完善检察官履行职责的保护机制

十八届四中全会提出,要建立健全司法人员履行法定职责保护机制。这对保障检察官依法行使职权至关重要。于是,在对《检察官法》进行修改的同时,也有必要将检察官履行法定职责的保护机制在《人民检察院组织法》中予以明确。考虑到我国目前的检察官惩戒制度未能体现检察官职业特点且缺乏外部监督,建议可尝试在中央和省级设立检察官惩戒委员会,增强检察官免职辞退及受其他惩戒事由的针对性和层次性,除应包括检察官贪污、渎职、滥用职权、徇私舞弊以及其他应受刑事追究的行为,还应将严重违反检察官职业道德、纪律的行为纳入惩戒范畴。同时,建议对检察官的惩戒程序作出有别于普通公务员的严格具体规定,赋予检察官充分的知情权、申辩权、控诉权等,切实保障检察官身份不受非法剥夺及其他不当惩戒。

(四)吸收和固定司法改革成果,进一步完善《人民检察院组织法》的结构体系

自1997年党的十五大提出推进司法改革的要求后,按照中央、最高人民检察院统一部署,检察机关先后开展了三轮司法改革,形成了一批改革成果,

---

① 参见张智辉:《检察改革要以检察职权优化配置为核心》,载《河南社会科学》2011年第3期。

切实增强了检察工作创新发展能力，有力提升了检察机关办案质量、效率及队伍的素质能力，如探索实行了人民监督员制度、检务公开制度、案件监督管理制度等。这些成果是社会主义司法制度的新发展、检察制度的新内容，迫切需要在《人民检察院组织法》中固定下来。现行《人民检察院组织法》的章节和条文较少，分为"总则"、"人民检察院行使职权的程序"、"人民检察院的机构设置和人员的任免"三章，共 28 条，在检察机关的组织原则、组织构成、人员管理、组织体系等方面的规定不足，没有形成一个完备的检察机关组织规范体系，特别是缺少检察机关自身监督管理方面的重要内容，无法体现"三个强化"的检察工作总体要求，不利于检察机关队伍建设和检察工作的科学发展。因此，我们建议在《人民检察院组织法》中增设检察机关自身监督管理的章节，将人民监督员制度、检务公开制度、案件监督管理制度法律化，不断健全与规范检察工作监督管理职能，通过建立强化内部监督和接受外部监督机制，确保检察权依法规范行使，切实提升检察工作公信力。

三、检察机关的设置

特殊检察机关设置问题研究

甄 贞[*]

检察机关的设置是指检察机关在国家权力体系中的地位,以及检察机关与其他国家机关、检察机关上下级之间的关系,[①] 其核心是检察机关的法律地位和层级设置。检察机关是检察权行使的载体,检察机关的设置反映了检察权纵向配置的组织结构,决定着中国检察权的权力禀赋。《人民检察院组织法》是关于检察机关组织建设的基本法,是检察机关的"小宪法",自1979年制定以来,实施30多年来未曾进行全面修订。随着我国民主法治建设不断加强和检察工作的快速发展,现行《人民检察院组织法》有许多地方已不能适应我国法治发展形势和检察工作需要。《人民检察院组织法》实施以来,检察机关的设置发生了显著变化,出现了新疆建设兵团检察院、跨行政区划检察院等现行《人民检察院组织法》未曾规定的特殊检察机关,[②] 在实践中出现了滞后的检察院组织法与检察实践相脱节的问题,给检察工作法治化造成了一定影响。当前,《人民检察院组织法》修改已纳入全国人大立法规划,特殊检察机关的设置问题将是《人民检察院组织法》修改难以回避的重大问题。

一、问题的提出:特殊检察机关的合法性危机

当代中国检察制度,是以移植苏联检察制度为主要途径创建的,经过60余年的曲折发展,形成了最高、省级、地级市和县市检察院的四级层级设置,地方检察院与军事、铁路等专门检察院并存的检察机关组织体系。实践证明,

---

[*] 作者简介:甄贞,北京市人民检察院副检察长。

[①] 参见卢建平:《检察学基本范畴》,中国检察出版社2010年版,第115页。

[②] 我国检察机关是由最高人民检察院、地方各级人民检察院、军事检察院、铁路运输检察院、新疆建设兵团检察院和跨行政区划检察院组成的组织体系,相对于最高人民检察院、地方各级人民检察院等普通检察机关而言,铁路运输检察院、新疆建设兵团检察院和跨行政区划检察院均属特殊检察机关。本文中特殊检察机关即指新疆建设兵团检察院、跨行政区划检察院和专门检察院。

中国检察制度从总体上看是优越的，具有自己的特色，与社会主义初级阶段的基本国情相适应。① 当代社会，变革与创新成为政治制度永葆生机与活力的推动力，作为政治制度的组成部分，检察制度也因循社会变迁而不断变革，② 中国也不例外。随着我国社会主义民主法治的不断发展和司法体制改革的不断深化，我国检察机关的组织体系也不断进行调整，1984年新疆建设兵团检察院恢复重建，2012年6月全国铁路运输检察系统完成属地化管理改革，③ 2014年12月承载着探索建立与行政区划适当分离的司法管辖制度的上海市检察院第三分院和北京市检察院第四分院相继挂牌成立，检察机关在组织体系上发生了重大变化。然而，除铁路运输检察机关是作为省级检察院的派出机关以外，新疆建设兵团检察院和跨行政区划检察院在现行法律框架下并没有明确的法律定位。

新疆建设兵团检察院的前身是建立于20世纪50年代的新疆军区生产建设兵团军事检察院，1975年随新疆建设兵团的撤销而撤销。1984年恢复重建，其机构按三级设置，即新疆维吾尔自治区生产建设兵团人民检察院、新疆生产建设兵团检察院农垦师分院、基层新疆生产建设兵团人民检察院。④ 由于新疆建设兵团检察院恢复重建晚于《人民检察院组织法》立法，《人民检察院组织法》就没有关于新疆建设兵团检察院法律地位的规定，导致新疆建设兵团检察院在法律上一直处于"有实体无名分"的尴尬境地。为此，"两高"在1998年12月分别向全国人大常委会提交了《关于确定新疆生产建设兵团法院法律地位的议案》和《关于确定新疆生产建设兵团检察院法律地位的议案》，第九届全国人大常委会第六次会议通过了《关于新疆维吾尔自治区生产建设兵团设置人民法院和人民检察院的决定》（以下简称《决定》），明确规定新疆维吾尔自治区人民检察院在生产建设兵团设置生产建设兵团人民检察院、生产建设兵团人民检察院分院和垦区基层人民检察院，作为新疆维吾尔自治区人民检察院的派出机关。然而，实践总习惯于偏离立法者设计的轨道，由于《决

---

① 参见陈国庆：《检察制度原理》，法律出版社2009年版，第286页。
② 参见甄贞等：《检察制度比较研究》，法律出版社2010年版，第613页、第614页。
③ 参见徐向春：《铁路运输检察体制改革》，载《国家检察官学院学报》2015年第2期。
④ 参见《最高人民法院、最高人民检察院〈关于确定新疆生成建设兵团法院、检察院法律地位〉的议案的说明》，载《中华人民共和国全国人民代表大会常务委员会公报》1998年第6期。

定》合法性基础的薄弱性①和新疆建设兵团实行党政军企合一、行政与司法事务自行管理的特殊体制，新疆建设兵团检察院的实际定位逐渐偏离了《决定》的轨道。在实践中，新疆建设兵团检察院在审级上直接对最高人民检察院，受最高人民检察院直接领导，不受自治区检察院的领导，在事实上形成了新疆建设兵团检察院与自治区检察院地位同等、互不隶属的现实状况。《决定》的出台并没有改变新疆建设兵团检察院法律地位的合法性危机，新疆建设兵团检察院的现实状态与《决定》规定的背离，更加复杂化了其法律定位，在《人民检察院组织法》修改过程中，关于新疆建设兵团检察院的诸多纷争便是明证。

跨行政区划检察院是从司法管辖与行政区划的关系角度对检察机关的学理性称谓，是新一轮司法体制改革的产物。肇始于2014年的新一轮司法体制改革把去除司法的地方化作为深化司法体制改革的重要支点，其中一项重大举措就是建立跨行政区划的人民法院和人民检察院。2014年12月，根据中央深改组审议通过的《设立跨行政区划人民法院、人民检察院试点方案》（以下简称《试点方案》），依托上海、北京铁路运输检察分院，上海市检察院第三分院和北京市检察院第四分院先后成立。目前，跨行政区划检察院的设置与案件管辖的规范依据只有《试点方案》和上海、北京各自颁布的管辖文件，②并没有取得全国人大对试点改革的立法授权，试点地区跨行政区划检察院的管辖范围依然要受到现行《刑事诉讼法》及其相关司法解释的制约。按照《刑事诉讼法》

---

① 根据《立法法》第8条规定，人民法院、人民检察院的产生、组织和职权，以及诉讼制度只能制定法律。用全国人大常委会决定的形式来规定新疆建设兵团检察院的组织及产生程序与《立法法》规定并不完全契合。

② 《北京市人民检察院第四分院案件管辖的规定（暂行）》将八类案件纳入管辖范围，主要包括北京市第四中级法院管辖的行政诉讼案件；北京市第四中级法院管辖的跨地区重大民商事监督案件；北京市知识产权法院管辖的知识产权类诉讼监督案件；北京市检察院指定管辖的跨地区重大职务犯罪案件及关联案件；应由中级人民法院管辖的环境资源保护和食品药品安全刑事一审案件；应由中级人民法院管辖的发生在民航、公交、水运领域并由所属公安机关侦查的刑事一审案件；海关所属公安机关侦查的刑事案件；北京市检察院指定管辖的其他重大刑事案件；北京市检察院铁路运输分院管辖的原有案件。上海《关于跨行政区划人民法院、人民检察院刑事案件管辖的规定》、《关于跨行政区划人民法院、人民检察院民事行政监督案件管辖的规定》以及《关于明确市检察三分院案件管辖相关问题的批复》将九类案件纳入三分院管辖范围，主要包括：上海市第三中级法院管辖的行政诉讼案件；上海市第三中级法院管辖的行政诉讼监督案件；上海市第三中级法院管辖的跨地区重大民商事监督案件；上海市知识产权法院管辖的知识产权类诉讼监督案件；上海海事法院管辖的海事诉讼监督案件；涉铁、轨交、海关、航空、水运系统重大职务犯罪案件；海关、港口、民航、水运、轨交所属公安机关侦查的重大刑事案件。

第 20 条的规定，可能判处无期徒刑或死刑的刑事案件才属于中级法院管辖。这意味着，除原先的铁路运输领域刑事案件，只有符合以上要求，同时又具有跨地域特点的刑事案件才属于跨区划检察院法定管辖范围。① 从上海、北京两地的管辖文件来看，跨行政区划检察院的管辖范围已经部分突破了《刑事诉讼》的规定，如将重大环境资源保护刑事一审案件纳入跨行政区划检察院管辖范围。② 跨行政区划检察院管辖的知识产权诉讼监督案件、食品药品安全刑事案件、海关公安机关侦查的刑事案件和民航、水运、公交所属公安机关侦查的重大刑事案件，这些案件一般并不具有易受干扰的因素，将这些案件交由跨行政区划检察院管辖，只是将原本属于本市其他检察分院管辖的案件，转移到了跨行政区划检察院专属管辖的范围，这与法院对特定类型案件进行"集中审理"无异，与跨开干扰的跨行政区划检察院设置目的不甚契合。同时，跨行政区划检察院还面临着属地化管理模式与排除地方干扰的制度设计初衷的冲突，单一诉讼层级设置与案件回流地方的矛盾。当前，由于法律地位的不明和全国人大的授权欠奉，跨行政区划检察院试点改革徘徊在合法与非法的界限边缘，试点改革在某种程度上已裹足不前，进入一个瓶颈期，急需在《人民检察院组织法》层面明确跨行政区划检察院的法律地位和层级设置。

二、《人民检察院组织法》关于特殊检察机关设置的考量因素

作为司法制度的组成部分，检察制度具有多样化的色彩，而检察机关的设置正是检察制度多样化的突出体现，从世界范围来看，各国的检察机关内部组织机构设置纷繁复杂、千差万别。经过新中国成立后几十年的发展，我国检察机关的组织体系历经改革、发展，已经日趋完善，存在的一个突出问题是《人民检察院组织法》关于特殊检察机关设置的规定严重滞后于检察实践。《人民检察院组织法》修改要立足解决现实问题，解决部分检察机关在组织法层面的法律缺位问题。笔者认为，《人民检察院组织法》修改关于特殊检察机关设置应当综合考虑以下因素：

（一）司法实践需求

各国检察机关内部组织机构设置模式的基本决定因素，在于检察机关内部

---

① 参见唐立、叶宁：《跨行政区划检察院刑事案件管辖的合理模式——从实践探索看改革前景》，载《西北政法大学学报》2015 年第 6 期。
② 破坏环境资源保护罪的最高刑是 10 年以上有期徒刑，尚未达到中级法院的级别管辖标准。

组织机构设置所预期实现的主要功能。① 功能是相对于需求而言,"目的是一切法律的创造者",满足我国社会主义法治建设发展的需要是司法体制改革的根本出发点。② 新疆建设兵团检察院、跨行政区划检察院是否有必要写入《人民检察院组织法》,专门检察院是否有必要细化明确,将来需要设立那些类型的专门检察院,判断的主要标准就是是否契合司法实践需求,满足我国法治建设发展的需要。当前,法治中国建设已驶入快车道,悄然换挡提速,加速前进,司法体制改革也进入"深水区"。新疆建设兵团检察院、跨行政区划检察院法律地位不明,人员任命未经过国家权力机关,检察权的行使缺乏人民代表大会的有效监督的这种不正常状态与法治中国建设要求不相符合。《人民检察院组织法》修改要立足检察工作实际,将解决问题作为出发点和落脚点,在组织法层面明确新疆建设兵团检察院、跨行政区划检察院法律地位问题,彻底化解新疆建设兵团检察院、跨行政区划检察院的合法性危机,破解跨行政区划检察院试点改革裹足不前的窘境。对于专门检察院的设置,也应当遵循司法专业化的发展方向,以检察工作的实际需求为前提,科学寻求我国专门检察机关的发展之路。

(二)《宪法》文本限制

《宪法》是国家根本大法,是《人民检察院组织法》修改不可逾越的底线。如果司法改革可以随意突破法律,法律改革可以随意突破《宪法》,就将从根本上动摇法治根基,就谈不上依法治国。③《人民检察院组织法》作为下位法,其关于检察机关设置的规定,必须在《宪法》的框架内进行,不能与《宪法》规定相冲突。《宪法》第130条第1款规定:"中华人民共和国设立最高人民检察院、地方各级人民检察院和军事检察院等专门人民检察院。"从《宪法》规定来看,我国检察院只有三类,即最高人民检察院、地方各级人民检察院和专门人民检察院。这次《人民检察院组织法》的修改是一次系统修订的"大修",但从笔者参加的几次《人民检察院组织法》修改座谈会看,全国人大并无修改《宪法》的打算。那么,在《宪法》没有修改的背景下,在《人民检察院组织法》上就不能出现第四种类型的检察院。新疆建设兵团检察

---

① 参见李哲:《中国检察机关组织机构设置研究——以各国检察机关组织机构设置模式为基础》,载《中国刑事法杂志》2010年第9期。
② 参见杨帆、吕偲偲:《专门法院何去何从——建立与行政区划适当分离的司法管辖制度的探索》,载《全国法院二十六届学术讨论会论文集》,第80页。
③ 参见万春:《人民检察院组织法修改的基本原则》,载《人民检察院》2007年第2期。

院、跨行政区划检察院等特殊检察院写入《人民检察院组织法》，也不能突破这三种类型。

(三) 司法改革或实践经验的成熟度

司法体制改革是制度改革的试错过程，一项司法改革任务成功与否需要经过相对较长时间的实践检验，可能成功，亦有可能失败，在实践中司法改革任务失败的情形并不鲜见。①《人民检察院组织法》作为检察机关组织建设的基本法，既要做有前瞻性的顶层设计，也要及时确认司法体制改革成果，同时避免不成熟的改革成果写入组织法，损害组织法的科学性和权威性。那么，司法改革成果的成熟度将是否能写入《人民检察院组织法》的一项重要标准。《人民检察院组织法》关于检察机关设置的规定，一方面，要尽可能将客观条件具备、比较成熟的一些机构改革成果体现在法律上。另一方面，对于一时还不具有可操作性的内容，实践尚不成熟的机构改革设想，不急于写入《人民检察院组织法》或者可以先作出原则性规定，待条件成熟时再作出具体规定。这样做，既可以体现检察改革的方向，又考虑到当前实际情况，有利于保证法律规范的科学性和可行性。②对于新疆建设兵团检察院，其虽然不是司法体制改革的产物，但30余年的检察实践，已形成完整的组织体制和成熟的管理机制，其写入《人民检察院组织法》的条件已经成熟。跨行政区划检察院改革仍处于试点阶段，虽不成熟，但其体现了党中央对检察工作的要求，遵循了司法管辖与行政区划适当分离的司法规律，符合新时期检察工作和检察改革的方向，应当作为顶层设计的内容写入组织法。对于专门检察院，我国专门检察院是照搬苏联检察制度，脱胎于计划经济体制的产物，并非是司法专业化发展的结果。除军事检察院、铁路运输检察院外，我国其他专门检察院的设置多见于理论上的讨论，并无相关改革试点，实践经验较为有限，写入《人民检察院组织法》应当慎重。

(四) 司法成本考量

司法资源是一种稀缺资源，是有限的。特殊检察机关的设置必然耗费一定的司法人力资源和财政资源。实践已经证明，我国中央与地方检察机关四级层

---

① 1979年《刑事诉讼法》明确规定检察机关提起公诉实行"卷宗移送主义"，1996年《刑事诉讼法》修改时将其改为"起诉状一本主义"，2012年《刑事诉讼法》修改时又改回"卷宗移送主义"。实践证明，"起诉状一本主义"的诉讼制度改革并不成功。

② 参见孙谦：《关于修改人民检察院组织法的若干思考》，载《人民检察院》2011年第12期。

级设置、普通检察机关与专门检察院并存的检察机关组织体系基本适应我国国情。跨行政区划检察院、专门检察院作为办理特殊案件需要而设置的检察机关，是普通检察机关的有益补充，其设置必须遵循精简、效能原则，防止叠床架屋。对于跨行政区划检察院，其设置旨在办理排除地方干扰的特殊案件，相对于普通检察机关办案的普通案件而言，特殊案件是"小众"，在数量上远远不及普通案件。在现有行政区划检察系统已经实现检察职能全覆盖的基础上探索设立跨行政区划检察院办理特殊案件，并不需要建立一套与行政区划检察院高度重叠、庞大的跨行政区划检察系统。① 笔者认为，在能够实现跨行政区划检察院的预期功能前提下，跨行政区划检察院的设置应当尽可能充分利用铁路运输检察机关资源，精简设置，降低改革成本。对于专门检察机关的设置，也应当考虑司法成本问题。受刑事职能为主的局限性，专门检察院的设置不能效仿专门法院的多元化发展路径，设置诸多专门检察机关。与专门法院"一一对应"设置诸多专门检察院，不仅我国有限的司法资源难以承受，也被司法实践证明毫无必要。②

（五）司法管辖因素

司法机关都有其法定管辖范围，案件管辖范围和管辖层级是影响司法机关法律地位的重要因素。在我国，普通检察机关一般与行政区划对应设置，按照三大诉讼法的规定，其案件管辖范围涉及刑事案件和民事、行政诉讼监督案件，涵盖所有类型的诉讼案件，管辖范围具有综合性。而专门检察院是根据检察工作的需要，在特定组织系统内设置的、具有专属管辖性质的人民检察院，主要特点是不按行政区划设置，而是满足于某些案件对于程序的特殊要求和专业性较强领域工作的专业化办案要求，对特定范围的案件实行专门管辖。一般而言，专门检察院的管辖范围仅限于某一类或某几类案件以及特定人犯罪案件，这与普通检察机关机关的管辖范围有着根本区别。那么，新疆建设兵团检察院和跨行政区划检察院写入《人民检察院组织法》，就必须考量其案件管辖范围，并对其法律地位做一个恰当的界定。

---

① 参见张步洪：《跨行政区划检察院案件管辖》，载《国家检察官学院学报》2015年第5期。

② 自1984年起，我国陆续设立上海、天津、青岛、大连等10个海事法院，但并未同步设置海事检察院，各海事法院驻地所在地的地市级检察院在实践中逐步设立海事检察处，实现了对海事审判的同级监督。

三、《人民检察院组织法》修改关于特殊检察机关设置的重点问题

（一）新疆建设兵团检察院的法律定位

新疆建设兵团检察院在实践中已经形成三级院架构设置，其在《人民检察院组织法》上的设置主要是关于法律定位问题。这个问题在《人民检察院组织法》修改过程中争议较大。主要观点有四种，第一种观点是将新疆建设兵团检察院作为不同于地方检察院和专门检察院的一种独立类型检察院。[①] 第二种观点是将新疆建设兵团检察院作为专门检察院。[②] 第三种观点是将新疆建设兵团检察院作为与新疆维吾尔自治区地方检察院平行的地方检察机关。第四种观点是将新疆建设兵团检察院作为新疆维吾尔自治区检察院的派出机关。笔者同意第四种观点，理由如下：

1. 当前政治体制下不允许将新疆建设兵团检察院作为一种独立类型的检察机关。如前文所述，这次《人民检察院组织法》修改没有修改《宪法》的打算，新疆建设兵团检察院的法律地位必须在现行《宪法》第130条规定的框架下进行解决，换言之，新疆建设兵团检察院要么纳入地方检察院体系，要么归入专门检察院范畴，将其作为不同于地方检察院和专门检察院的一种独立类型检察机关，存在不可逾越的《宪法》障碍。

2. 综合性管辖范围与专门检察院的属性不契合。根据2001年最高人民检察院《关于新疆生产建设兵团各级人民检察院案件管辖权的规定》，兵团各级检察院管辖兵团所属的国家工作人员职务犯罪案件、垦区内的刑事案件以及同级兵团法院的民事、行政诉讼监督案件。可见，兵团检察院的案件管辖范围涉及刑事案件和民事、行政诉讼监督案件，管辖范围是综合性的、多元化的，在本质上与地方检察机关的管辖范围无异。这与管辖权局限于某一类或某几类案

[①] 参见最高人民检察院研究室《中华人民共和国人民检察院组织法（修订草案初步意见稿）》第12条规定："中华人民共和国设立最高人民检察院、地方各级人民检察院、新疆生产建设兵团人民检察院、跨行政区划人民检察院和军事检察院、海事检察院、知识产权检察院、少年检察院等专门人民检察院。"

[②] 2016年3月，参见最高人民检察院研究室委托北京、上海、重庆、武汉四个地方检察机关分别起草《人民检察院组织法》修改建议草案，其中，北京院建议草案第12条规定："中华人民共和国设立最高人民检察院、地方各级人民检察院和军事检察院、新疆生产建设兵团人民检察院、跨行政区划人民检察院、金融检察院、海事检察院、知识产权检察院、少年检察院、刑事执行检察院等专门人民检察院。"北京院建议稿将新疆建设兵团检察院归入专门检察院范畴。

件的专门检察院机关有着明显的区别,将新疆建设兵团检察院定位为专门检察院,在理论上难以自圆其说。

3. 新疆生产建设兵团"师市合一"改革为兵团检察院纳入地方检察机关体系铺平了道路。当前,按照"师建城市、团场建镇"的城镇化发展思路,新疆生产建设兵团正在推进"师市合一"的行政管理体制改革,"师市合一"是新疆生产建设兵团下辖的农业师和新疆生产建设兵团直辖县级行政区划的一种特殊管理体制,即师和市实行"一套人马,两块牌子"。目前,兵团在新疆设有7个"师市合一"的新疆维吾尔自治区县级市和5个"团(场)镇合一"的建制镇。① 在师市合一的管理模式下,兵团师部将设立县级市,成为一级政府,兵团基层检察院将有对应的同级人大,其司法管辖区域也与行政区划完全重合,这为新疆建设兵团检察院纳入地方检察机关体系提供了便利条例。值得注意的是,将新疆建设兵团检察院纳入地方检察机关体系,并不是将其作为与新疆维吾尔自治区地方检察院平行的地方检察机关,而是在将其作为新疆维吾尔自治区检察院的派出机关,即回归到《决定》的定位上来。在我国单一制政权结构下,在新疆一个行政区划内,不可能出现自治区检察院和兵团检察院两套地方检察机关,把兵团检察院定位于与新疆维吾尔自治区地方检察院平行的地方检察机关实不可取。

新疆建设兵团检察院的定位与现实状况相脱节的问题,是历史原因形成的。新疆建设兵团检察院在组织法上的定位纷争,主要不在于理论上的争议,而在于利益上的纷争。笔者认为,《人民检察院组织法》修改在利益纷争中应有政治决断力,要扭转新疆建设兵团检察院的客观现状与全国人大决定背离的窘境,维护全国人大决定的权威性,新疆建设兵团检察院的定位应当回归到全国人大常委会的决定上来,将其定位为新疆维吾尔自治区的派出检察院。

(二)跨行政区划检察院的法律地位和层级设置

关于跨行政区划检察院的法律地位,在《人民检察院组织法》修改过程中主要有三种意见:第一种意见是将跨行政区划检察院作为《宪法》第130条规定之外的一种独立的检察机关类型,认为跨行政区划检察院是改革完善我国司法管辖体制的新生事物,其既有别于地方检察院又有别于专门检察院,应作为一个特殊门类的检察院,由全国人大对跨行政区划检察院的设立予以授权,单独规定。第二种意见是将跨行政区划检察院定位于专门检察机关,将跨

---

① 参见李果:《新疆生产兵团:2020年前形成数个师市合一城市》,载《21世纪经济报道》2014年10月9日。

行政区划检察院确定为专门检察机关既符合跨区划检察机关在原铁路运输检察院基础上改造、扩充的制度沿承关系,也有利于降低机关组织性改革的难度,便于推进跨区划检察院刑事案件管辖的相关改革,确保改革的合法性、合宪性。① 第三种意见是将跨行政区划检察院定位为最高人民检察院的派出检察机关。笔者认为,将跨行政区划检察院定位为最高人民检察院的派出机关,既可以最大限度地实现跨行政区划检察院的设置初衷,也有利于降低《人民检察院组织法》的修法难度,不失为在现行法律框架下的一条较为可行的修法路径。理由如下:

1. 可以最大限度降级修法障碍。跨行政区划检察院是与普通检察院相对应的检察机关,其法律地位断然不能等同于地方检察院。如前文所述,在现有宪法框架下,并不存在将跨行政区划检察院作为一种独立类型检察机关的可能性,而将其作为最高人民检察院的派出机关,则《宪法》障碍将不复存在,仅需对现行《人民检察院组织法》第 2 条第 2 款规定进行修改即可,赋予最高人民检察院设置派出检察机关的权力,并取消该款对派出检察机关设置地点的限制,只原则性规定最高、省、市三级检察院根据工作需要,② 提请同级人民代表大会常务委员会批准,可以设置派出人民检察院,具体在哪些区域、场所派出检察机构,可由相关检察院根据法律原则和实际工作需要进行审批。

2. 多元化管辖范围与专门检察机关的属性并不相符。按照《试点方案》的规定,跨行政区划检察院的案件管辖范围主要包括六类,③ 既包括原涉铁路运输案件,又包括重大职务犯罪、环境资源保护、食品药品安全和民航、水运、海关公安机关侦查的重大刑事案件。虽然上海、北京跨行政区划检察院的管辖文件对试点方案的管辖规定进行了细化,但其管辖范围也大体如此。当前,跨行政区划检察院的管辖范围是多元化的,并非局限于某一类或某几类案件。并且,跨行政区划检察院是为排除地方干扰而设,在理论上,各种类型的案件都有可能受到干扰,凡已经受到干扰或可能受到干扰的案件都可能指定由跨行政区划检察院管辖。由于干扰因素的不确定性,跨行政区划检察院的管辖范围也具有较强的"弹性"。这种多元化和弹性较强的管辖范围与针对某一类

---

① 参见唐立、叶宁:《跨行政区划检察院刑事案件管辖的合理模式—从实践探索看改革前景》,载《西北政法大学学报》2015 年第 6 期。

② 区县检察院作为基层检察院,不宜再设置派出检察院,应取消其派出检察院设置权。

③ 即行政诉讼监督案件、跨地区重大民商事监督案件、跨地区重大职务犯罪案件、跨地区的重大环境资源保护和重大食品药品安全刑事案件,民航、水运所属公安机关侦查的重大刑事案件、海关所属公安机关侦查的刑事案件以及其他重大案件。

或某几类案件进行专业化办理的专门检察机关格格不入。

3. 定位为最高人民检察院的派出机关可以最大限度地体现中央设置初衷。跨行政区划检察院是建立在司法管辖与行政区划的适当分离基础上，目的是斩断跨行政区划检察院与地方党政机关的连接关系，阻断地方党政部门和领导对司法的干预。它在本质上要求跨行政区划检察院不能与地方机关存在隶属关系。在某种程度上说，跨行政区划检察院与属地化管理有不可调和的矛盾。从上海和北京的试点改革情况来看，上海三分院和北京四分院仍然是定位于两个直辖市检察院的派出检察院，隶属于直辖市检察院，人财物及其办案仍须接受直辖市检察院的管理和指导。这种属地化的管理模式虽然可以尽可能避免跨行政区划检察院被区县级党政机关所干扰，但面对直辖市这一层级党政机关的干扰可能就无能为力。将跨行政区划检察院定位为最高人民检察院的派出机关，进一步设置跨区县、跨省管辖的跨行政区划检察院，从而构建起完整的诉讼层级体系，让易受干扰的案件，自始至终都在跨行政区划检察院体系中办理，可以最大限度实现排除干扰，维护司法公正和法制统一的目的。

笔者认为，可以依托铁路运输检察体系，对跨行政区划检察院进行三级设置。现有铁路运输检察院本身就是两级，可以进行适当改造，将现有59个基层铁检院改造为跨县的跨行政区划检察院，定位为跨县、区人民检察院；把18铁检分院改造成跨地市的跨行政区划检察院，定位为跨自治州、省辖市人民检察院；在华北、东北、华东、中南、华南、西南、西北等区域各设置1个跨省级的跨行政区划检察院，定位为跨省、自治区、直辖市人民检察院。对于没有设立铁检分院、基层院的省、自治区、直辖市，可以根据人口、辖区面积、案件数量、地理位置、交通状况等因素进行设置，每省设置1至3个跨区县的跨行政区划检察院，设置1个跨地市的跨行政区划检察院。三级跨行政区划检察院均为最高人民检察院的派出机关，跨省管辖的跨行政区划检察院的人财物由最高人民检察院统一管理，法律职务任免均由全国人大常委会决定。跨区县、跨地市的跨行政区划检察院人财物暂时委托所在地省级检察院统一管理，条件成熟时，统一收归最高人民检察院统一管理，除直辖市的跨地市的跨行政区划检察院的法律职务任免由直辖市人大常委会决定外，其他跨行政区划检察院的法律职务任免由驻地所在同级人大常委会决定。

（三）专门检察院的设置

在《人民检察院组织法》修改过程中，对于是否设立海事、知识产权、少年、金融检察院等专门检察院的讨论十分热烈。有观点认为专门检察院不应列那么多，也有观点认为应多列。笔者认为，专门检察院不应列明过多，过多设立专门检察机关并不符合司法专业化的发展方向和诉讼经济原则，也缺乏坚实的实践支撑,现阶段,除已有的军事检察院之外,《人民检察院组织法》不宜设置其他类型专门检察院。

1. 多元化的专门检察机关设置并不符合司法专业化的演进方向。法律现代化的重要表现就是司法的专门化,专门司法机关的出现是司法专门化的产物。然而,由于法律属性和职权范围的差异,审判机关和检察机关在司法专门化上并非遵循相同的演进路径。对于审判机关,独立设置专门法院和非独立设置专门法庭,专门管辖某一类或某几类案件,这是审判机关专业化的主要表现形式。这一点,在专门法院的设置上表现的最为充分。从世界范围来看,各国根据本国国情,设置了诸多形形色色的专门法院,主要包括宪法法院、行政法院、海事法院、知识产权法院、少年法院、环境法院、财税法院、劳动法院等。相反,设置专门检察机关的国家较为鲜见,[①] 绝大多数国家是以职能专业化为主线,兼顾案件类型的专业化,在检察机关内部实行职能细化分工,分设专门办案部门,以期实现对专业性较强案件的专业化办理。由此可见,独立设置专门检察机关并不是世界各国司法专业化发展的主流。

2. 过多设置专门检察院不利于司法资源的最优化配置。专门检察院的设置必须考量司法成本,如同专门法院的设置,并非任何政策因素或新事物的出现都将导致一个专门法院的出现,在有多重途径实现新的诉讼需求时,司法成本将成为这是否需增设专门法院的重要考量因素。[②] 在检察机关内部,通过设立专业办案部门,即可实现专业化办案的前提下,没有必要投入大量司法资源,广泛设立专门检察机关。

3. 海事、知识产权、少年、金融等专门检察机关的设置缺乏足够的实践经验支撑。我国30多年的改革开放过程总体上是一个摸着石头过河的不断实践探索过程,习惯于采取先实验、后总结、再推广的方法,从实践中获得真知。我国当下进行的司法体制改革也是遵循这一思路。《人民检察院组织法》是检察制度的顶层设计,其关于专门检察院的设置必须有坚实的实践基础支撑。当前,除军事、铁路等专门运输检察机关外,我国刑事检察机构设置专业化的历史并不长,开端较早的少年检察处的专门设置,至今仍未实现在全国各

[①] 俄罗斯在继承苏联自然保护检察制度基础上,建立起了完整的自然保护专门检察院体系,设立了1个全流域性的伏尔加河跨地区自然保护专门检察院,此外,在36个联邦主体内建立起42个独立的、隶属于本联邦主体检察院的跨区自然保护检察院。详见刘向文、王圭宇:《俄罗斯自然保护检察制度对我国的启示》,载《国外社会科学》2014年第2期。

[②] 参见杨帆、吕偲偲:《专门法院何去何从——建立与行政区划适当分离的司法管辖制度的探索》,载《全国法院二十六届学术讨论会论文集》,第75页。

级检察机关的全覆盖设置，知识产权检察处、金融检察处、海事检察处的设置也仅仅是个别地方检察机关的地方性实践，尚未发展到广泛设置的水平。可以说，我国刑事检察专业化仍然停留在检察机关内设机构专业化层面，探索的范围较为狭窄，经验有限，更遑论独立设置专门检察机关了。笔者认为，当前设立少年、知识产权、金融、海事等专门检察院的实践经验较为缺乏，条件不成熟，不宜写入《人民检察院组织法》，应当保持现行《人民检察院组织法》对专门检察院的规定范围。

跨行政区划检察机关的制度构建

——以跨省检察机关设立为中心

张 亮　张伟新[*]

中国共产党十八届四中全会审议通过的《中共中央关于全面推进依法治国若干重大问题的决定》（以下简称《决定》）中，提出一项优化司法资源配置的重大举措——设立跨行政区划检察机关，办理跨行政区划案件。事实上，有关设立跨行政区划检察机关在司法实务界和学术界中早就有人提及过，如1994 年晏向华在考察德国、奥地利、法国检察制度后，就提出过参照国外经验设立跨行政区划检察机关的设想。[①] 但是《决定》仅提出了设立跨行政区划检察机关的目标，并没有对如何实施这一决定做具体规定。

2014 年 12 月上海市人民检察院第三分院、北京市人民检察院第四分院作为全国试点的两个跨行政区划的检察院先后成立。[②]《决定》确定成立的跨行政区划检察机关，期望其能在破除司法地方化顽疾、维护国家法律统一、提高检察机关威信力等方面发挥作用。从目前公布的跨行政区划检察机关实施方案和进度计划角度考虑，如果能够利用好跨行政区划检察机关这一新制度，在相当长的时期内其必将成为消除司法地方化、保证法律公正实施、维护检察机关威信力的重要制度保障。因此，跨行政区划检察机关的实施方案和具体组织机构设置，应具有一定前瞻性，并应将其放入司法改革这个大环境内予以考虑。本文从跨行政区划检察机关的设置背景、跨行政区划检察机关的功能及具体组

---

[*] 作者简介：张亮，河北省石家庄市长安区人民检察院检察员，西南政法大学诉讼法博士研究生；张伟新，河北省石家庄市长安区人民检察院党组书记、检察长。

[①] 参见晏向华：《奥地利的检察制度——欧洲三国考察概况之一》、《德国的检察制度——欧洲三国考察概况之二》、《法国的检察制度——欧洲三国考察概况之三》，载《人民检察》1994 年。

[②] 参见《习近平主持召开中央全面深化改革领导小组第七次会议》，载网易新闻网：http：//news. 163. com/14/1203/07/ACH8GG2700014JB5. html。访问日期：2016 年 4 月 12 日。

织设计等相关问题予以探讨，以期为跨行政区划检察机关的顺利运行和发挥其应有的作用提供些许思路。

一、跨行政区划检察机关设立背景

在我国古代常常有"巡抚"、"钦差"等在全国各地跨区行政区划查办、督办、复查地方官员办理的各类案件，这在一定程度可以说是跨行政区划办案的萌芽。新中国成立后有一段时间内检察机关曾出现过跨行政区划的"接访"、"接受举报"等，但这些仅是跨行政区划检察机关的一部分内容。真正现代意义上的跨行政区划检察机关是在《决定》实施后而设立的检察机关，其是党中央基于如下背景所作出的符合时代发展的决定。

（一）检察机关人、财、物管理体系改革后司法地方化顽疾仍没有彻底解决

十八届三中全会通过的《中共中央关于全面深化改革若干重大问题的决定》指出：推动省以下地方法院、检察院人财物统一管理的改革方案，以期能消除司法地方化的顽疾。中央全面深化改革领导小组在《关于司法体制改革试点若干问题的框架意见》中再次强调：推动省以下地方法院、检察院人财物统一管理。这表明，此次司法改革中检察机关人、财、物统一管理仅限于基层和地市级检察机关，而省级检察机关的人、财、物仍归地方管理。虽然也有人提出检察机关人、财、物由中央直管的建议，但最终并没有被采纳。最高人民检察院解释说这是因为我国基层和市级检察机关和检察官人员众多，直接变为中央直管难度颇大。但究其真因，或许正如贺卫方教授所言：是由于省级党政领导有参与最高层决策并提出交涉的机会和能力，其并不赞同完全脱离地方、彻底独立的法院和检察院，因此最终选择省以下法院、检察院的人财物统管。① 然而该改革方案为检察机关的司法地方化留了一扇门，省级检察机关没能完全摆脱地方党政机关的干扰。基层和市级检察机关的人、财、物统管可能造成的另一个弊端是强化了检察机关的行政化趋势。② 假如省级检察机关对下级检察机关行政干预过多，将更难实现真正的司法独立。

（二）司法资源配置不合理，检察机关办案压力不断增大

当前检察机关是以行政划为标准设立的，即一个行政区划设立一个检察

---

① 参见贺卫方：《司法区划的构思》，载《中国法律评论》2014 年第 1 期。
② 最近，很多学者都表达出对省级司法机关人财物统管后，法院系统行政化会加强的担忧，如马长山：《司法改革中可能的"异化"风险》，载《法制与社会发展》2014 年第 6 期；葛洪义：《关于司法改革的几点认识》，载《法制与社会发展》2014 年第 6 期。

院。但是其忽略了各地经济社会发展状况不同的现实，其结果是有的区域案件较少，而有的区域案件很多，但是他们的编制却相差无几，这就造成司法资源的不合理配置。而跨行政区划检察机关的设立可以让其在司法管辖区内合理调配司法资源，实现司法资源的高效利用。几年来，尤其是十八后各地检察机关检察人员几乎没有增加，但是办案数量和办案质量均有较大提升。特别是随着中央反腐力度的强化，反贪污贿赂案件和反渎职侵权案件提升较为明显，最高人民检察院直接参与和督办的案件数量激增。以河北省检察机关自侦案件为例：2012年共办理贪污贿赂案件1721人，其中大案710件，要案50人，查办渎职侵权案件787人；2015年共办理贪污受贿案件2008人，其中大案1387件，要案204人；查办渎职侵权案件982人。① 从以上数据看出仅3年时间，河北省检察机关查办贪污贿赂案件就增加了近300件，其中大案翻了近一番，要案翻了两番多，渎职侵权案件增加了近200件，在案件增加的同时办案人员并没有增加。随着反腐力度的加大，对办案质量要求的提高，各级检察机关办案压力不断增大，尤其是要案数量激增，而办案压力直接给了省级检察机关乃至最高人民检察院。跨行政区划检察机关的设立可以在很大程度上分流最高人民检察院和省级检察机关的案件，减轻最高人民检察院和省级检察机关的办案压力。

（三）解决社会矛盾，化解政治风险的需要

最近一个时期，司法改革的一个明显特征就是"收权"，即将在下级的权力，收归到较高级别的司法机关，以保证法律的统一实施、防止司法腐败。权力集中到上级检察机关的一个结果就是责任的增加，大量案件向上级检察机关尤其是最高人民检察院集中。在社会矛盾频发的今天，案件处理中不可控的各类因素会给检察机关带来更多的政治风险。在当下加强维护社会稳定的政治大格局下，若检察机关尤其是最高人民检察院不采取强有力措施将可能影响社会安定团结的涉检案件进行有力控制，可能会把检察机关推向舆论的风口浪尖，使其承担严重的政治后果。从近期来看，无法也不能通过"放权"来减轻这种压力。跨行政区划检察机关的设立成了不错的选择，通过设立跨行政区划检察机关将社会矛盾解决在矛盾发生地，使其在首都之外予以解决，会在很大程度上减少检察机关的政治风险。

二、跨行政区划检察机关的功能

从跨行政区划检察机关的设立背景看，其一方面是为实现司法改革总目

---

① 参见2013年和2016年河北省人民检察院工作报告。

标；另一方面是为了检察权顺利运行及相应的政治需求。虽然跨行政区划的检察机关性质上是设立其检察院的派出机构，负责办理、协调具体案件，但办理、协调案件本身却承载着更多的功能。具体而言跨行政区划检察机关具有下面几项功能：

(一) 监督下级检察机关公正司法，树立司法权威

基于司法受制原理，为了保证司法权的理性行使，司法权要接受制约，① 未能完全独立的司法权更需要接受监督和制约。就目前而言，由于司法改革已经将省级以下检察机关的人、财、物进行了统管，但省级检察机关的司法独立性仍然不能得到保障，且其有可能利用手中的权力不当干涉下级检察机关而保护地方利益，所以最高人民检察院设立的跨行政区划检察机关的一个重要功能就是对省级检察机关进行有效监督，以保证其独立公正行使检察权，进而为基层和市级检察机关检察权的独立公正行使提供制度屏障，为树立检察机关的司法权威加码。

(二) 通过司法有效化解地方矛盾

通过跨行政区划检察机关的设置，将有可能对社会稳定产生负面影响的案件通过司法渠道予以解决，最大程度地降低风险是成立跨行政区划检察机关的目标之一。有学者提出，在设立跨行政区划检察机关的问题上过多地考虑政治因素，会在一定程度上弱化其司法属性，进而影响司法的独立性，不利于树立司法权威。但事实上是司法独立与司法机关落实国家政策不是等同的，作为国家强制机器的一部分，其不能完全脱离政治而独立存在于真空中。即便是在司法高度独立的美国，联邦最高法院也经常在宪法案件中遵从国会的意见，只有在极少数的案件中，联邦最高法院才对国会的政策制定权形成明确而迫切的威胁。② 化解社会矛盾维护国家社会稳定，不仅是我国的一项政策更符合广大群众的根本利益。当前，党中央提出要发挥法治在化解社会矛盾、缓解社会冲突

---

① 参见谭世贵：《中国司法原理》，高等教育出版社 2004 年版，第 496 页。
② 参见 [美] 杰弗瑞·A. 西格尔等：《美国司法体系中的最高法院》，刘哲玮、杨微波译，北京大学出版社 2011 年版，第 335 页。

中的作用,并使之长效化、制度化。① 在该政策下,检察机关就应当率先举起在法治轨道上化解社会矛盾的大旗,并制定切实可行的方案,而跨行政区划检察机关的设立就成为检察机关化解社会矛盾的有力措施之一。

党的十八大报告指出,要提高领导干部运用法治思维和法治方式深化改革、推动发展、化解矛盾、维护稳定的能力。因此,司法机关尤其是检察机关应当发挥司法权在化解社会矛盾中的主渠道功能。② 跨行政区划检察机关作为上级检察机关的派出机构,对可能导致社会不稳定的案件,必须严格依法办理并将当事人的利益诉求纳入法治轨道,发挥司法权对地方党政机关的限制作用。跨行政区划检察机关办理案件不但要在个案中实现案结事了,解决社会冲突,而且应发挥示范作用防止类似矛盾的再次发生。

(三) 指导跨行政区划检察机关司法辖区内检察机关行使司法权

随着跨行政区划检察机关的成立,检察机关办理案件的重心随之下移。相较而言,跨行政区划检察机关更加贴近和熟悉下级检察机关的具体情况。跨行政区划检察机关除了办理、协调具体案件外其本身的性质也决定了其能更好地根据区域司法特征指导下级检察机关在行使检察权过程中出现的误解、违反法律法规和法律解释等现象,提高下级检察机关的司法能力。如果按照不同省级行政区域设置跨区划检察院,不同的区域的案件类型和数量则会呈现不同的特征。例如,在极端民族势力活动较多的西北边疆地区暴恐类案件数量相较而言会更多,而在东南沿海地区则经济犯罪案件会较多。

跨行政区划检察机关可以针对司法辖区内案件的特征和发展趋势有的放矢,发挥指导下级检察机关行使司法权的功能,而最高人民检察院的重点则放在具有典型意义和示范作用的案件办理和一般性的司法指导工作。对于跨行政区划检察机关来说,对下级检察机关进行业务指导可以通过重大案件业务研讨、检察官集中培训等方式进行。而对于特定类型的案件则可以组织专家进行

---

① 《中共中央关于全面深化改革若干重大问题的决定》中已经明确提出,要"健全重大决策社会稳定风险评估机制。建立畅通有序的诉求表达、心理干预、矛盾调处、权益保障机制,使群众问题能反映、矛盾能化解、权益有保障"。"改革行政复议体制,健全行政复议案件审理机制,纠正违法或不当行政行为。完善人民调解、行政调解、司法调解联动工作体系,建立调处化解矛盾纠纷综合机制。""改革信访工作制度,实行网上受理信访制度,健全及时就地解决群众合理诉求机制。把涉法涉诉信访纳入法治轨道解决,建立涉法涉诉信访依法终结制度。"

② 参见王利明:《以法治思维和法治方式维稳》,载中国民商法律网:http://www.ivillaw.com.cn/article/default.asp?id=62317,访问日期:2016年4月24日。

讲座、通过其他渠道将其他行业的精英纳入检察机关来等方式解决。对于下级发布的司法政策文件应当及时审查，有错误的及时纠正。为了规范跨行政区划检察机关司法辖区内检察权行使而制定规范性文件或有关司法解释的或有示范意义案例的应当向上级检察机关提议针对特定区域内制定规范性文件或司法解释，或者将案例推介给案件指导办公室，使跨行政区划检察机关作为上级检察机关与下级检察机关的纽带作用得以发挥。

三、跨行政区划检察机关的组织设计

自《决定》颁布以来，司法实务界及理论界就跨行政区划检察机关如何组织设计展开了热烈的讨论，从讨论来看我们可以简要地勾勒出跨行政区划检察机关的大致框架。为了避免和《人民检察院组织法》产生冲突，目前仅在北京、上海两个直辖市成立了跨行政区域的检察院，但是学者对其讨论的重点在于跨行政区划检察机关的管辖问题，其对跨行政区划检察机关的管辖有一定的指导意义。但是，目前成立的两个跨行政区划检察院代表性不强，因此对跨行政区划检察机关的组织设计不具有普遍指导意义。对于跨行政区划检察机关的区域如何设置、其案件管辖范围、检察官的选任、管理等尚未出台明确、详细的实施方案。作为司法改革的一项重要措施跨行政区划检察机关的设置一定要慎之又慎对于其设立细节要通过充分的论证和规划，且制定的实施方案要具有一定的前瞻性。对于跨行政区划检察机关的以下几个问题，我们应当重点予以考虑。

（一）跨行政区划检察机关的改革原则

对于跨行政区划检察机关的具体设计，我们应考虑整体司法改革的大背景，跨行政区划检察机关的具体改革方案要考虑以下两个原则：

1. 跨行政区划检察机关的设置要放在司法改革的整体背景下予以考虑。跨行政区划检察机关的建设与四级检察机关的职能定位是相互关联的，如果将其割裂开不考虑相关的配套制度和四级检察机关的职能定位单独实施改革，其很可能会导致因缺乏相关的衔接制度而致改革无法达到预期目标。更重要的是跨行政区划检察机关肩负去地方化、保证检察权独立行使的重任，如果没有各级检察机关的辅助和完善的配套设置，会在一定程度上会影响这次改革的效果。

2. 要注意此次改革的阶段性，切不可盲目冒进。跨行政区划检察机关要实现《决定》赋予的功能，不仅要与其他跨行政区划检察机关积极进行交流，还要与其派出检察机关形成分工明确、职能定位清晰的工作格局。这就要求各级检察机关尤其是跨行政区划检察机关要把握好办理案件与指导案件的度，熟

练掌握典型案件识别等司法技术。就当前司法实践来说，有些司法技术还处于摸索阶段，对于跨行政区划检察机关建设而言在考虑长远规划的同时应当兼顾当前的司法现状，在对当前司法现状进行分析的基础上逐步探索进而达到整体改革目标，切不可盲目冒进，否则不仅会影响检察机关的司法威信，而且会影响这次改革整体目标的实现。

（二）跨行政区划检察机关的区域设置和数量

目前学界和司法实务界对跨行政区划检察机关的区域设置和数量探讨并不多，但是有关巡回的法庭的研讨却不少，我们可以借鉴有关巡回法庭的设置思路，这样不仅可以解决跨行政区划检察机关的设置问题，还有利于与法院的相互衔接。例如，据司法部司法研究所前所长王公义介绍，按照以前的规划，最初设想是设立七大巡回法庭，包括华北、华南、华东、华中、西南、西北、中南7个片区，此后改为将华中与中南片区合并，设立六大巡回法庭。① 这种思路也完全可以用在设立跨行政区划检察院的设置上。但是具体区域的设置要根据各个地区的历史传统、经济地域特征等方面综合考虑。从设立跨行政区划检察机关的目的（破除司法地方化顽疾及树立司法公正）的角度考虑，设立跨省市检察机关是切实且合理的做法。在国外有很多国家都设置了跨行政区划的检察院②，以美国为例，目前美国共有94个联邦司法区，一些大的州覆盖数个联邦司法区，较小州仅有一个联邦司法区。全美国因此设置有93个联邦地区检察长，与联邦法院系统的94个联邦地区法院相对应，但是关岛和北马里亚纳群岛两地由一名联邦检察长统领。③ 美国联邦检察院的一个重要作用就是避免地方州检察院对本地案件有所偏袒。在墨西哥，全国共设23个司法区，根据各个州情况不同有的一个州设置一个检察院，有的则一个检察院管辖三个州。与国外不同的是，我国的跨行政区划检察机关并不是独立的一级检察机关但是其作用和运行方式与国外有相似之处。设置跨行政区划检察机关，能够破解司法地方化的顽疾，也有利于实现司法公正，树立司法权威。

以跨省检察机关为例，全国需要设立多少个跨行政区划检察院，跨行政区划检察院的总部设在哪里？这些问题均需要仔细、深入的研讨、论证。

---

① 参见王腾腾、张乐：《巡回法庭打破地方保护确立独立审判》，载网易新闻网：http://news.163.com/14/1025/07/A9CU0FAC00014AED.html，访问时间：2016年5月1日。

② 美国、英国、德国、法国等许多国家都设立有跨行政区域的检察院，可参见陈海峰：《检察机关设立的域外法考察——以对跨行政区划检察院的借鉴为视角》，载《新常态与大战略——上海市社会科学界第十三届学术年会文集》（2015年度）。

③ 参见张鸿巍：《美国检察制度研究》，人民出版社2011年版，第115页。

一方面，对于总部设立地点应当着眼司法改革的长远发展慎重确定。《决定》提出探索设立跨行政区划的人民法院和人民检察院，办理跨地区案件。现有的跨行政区划检察院，是由最高人民检察院对北京、上海两个铁路检察院进行一定的改造而来，① 而不是设立新的检察院，更不是对现有的地方各级检察院进行合并整合。② 因此不涉及对设立地点的选择，一般而言，跨省级检察机关的设立地点要综合考虑两个原则即适当原则和便民原则。适当原则是指跨行政区划检察机关的设立与其所管辖司法区域的范围应当适当，不宜过大亦不宜过小。如果管辖范围过大不利于实现对下级检察机关的监管，易造成各级检察机关之间对案件的管辖混乱，如果过小则不利于发挥跨行政区划检察机关的优势和功能的实现。便民原则是指跨行政区划检察机关的设置还必须便于当事人行使权力，不能为当事人接受司法救济设置障碍增加难度。同时还要考虑到政治、经济、交通、国际影响等因素。例如，可以将管辖北京、河北、天津的跨行政区划检察院总部设在北京；将管辖云南、贵州、重庆三省的跨行政区划检察机关设在重庆。

另一方面，如何确定设立跨行政区划检察机关的数量。笔者认为，数量的确定要考虑以下三个因素：一要管辖的区域面积大小，二要考虑经济发展和社会稳定状况，三要跨行政区划检察机关正常运行所需的编制数量。跨行政区划检察机关的数量以便于当事人且能够顺利运行为前提，因此可以在两个或三个至多不能超过四个省份设立一个跨行政区划检察院（港澳台除外）这样全国一共设置 8~16 个跨行政区划检察院。为了避免检察官在同一个院长期任职形成利益关系，有必要对跨行政区划检察机关的检察官进行定期不定地的交换。另外，为了方便跨行政区划检察机关办理案件，可以与最高人民法院协商以便将巡回法庭与检察院总部设置在一起，这样既方便案件办理也方便对法院进行有效监督。

（三）跨行政区划检察机关案件管辖权

跨行政区划检察机关的本质特征是：其所管辖的地域不再仅仅局限于与《宪法》第 30 条所规定的行政区划相对应，真正实现了司法管辖区域与行政区划的彻底分离。跨行政区划检察机关设立的目的是消除司法地方化顽疾，保

---

① 参见孟建柱：《完善司法管理体制和司法权力运行机制》，载《人民日报》2014 年 11 月 7 日第 6 版。

② 如新成立的跨行政区划的上海市民检察院第三分院，即是依托原上海铁路运输检察院而设立的，新成立的北京市人民检察院第四分即是依托原北京市铁路运输检察院而设立。

证检察权的公正行使,树立检察机关的司法权威。明确的案件管辖权既为树立检察机关的司法权威提供制度保障,也是当事人行使诉讼权利、保护其合法权益的必要前提。因此,跨行政区划检察机关要实现其功能和目标必须建立清晰的、统一的且适用于全国各地的跨行政区划检察院案件管辖规则。

1. 跨行政区划检察机关案件管辖权需要考量的因素

跨行政区划检察机关的目的是办理跨行政区划的重大案件和其他需要有其办理的"特殊案件",因此其管辖权的设置不需要与《宪法》第30条所规定的行政区划重叠,基于这一出发点,跨行政区划检察机关管辖权的设置应考虑以下几个方面:

第一,确保司法公正。公正是司法的灵魂和存在的基础,没有公正就不可能形成全社会对司法的信仰。跨行政区划检察机关管辖的案件理应是重大的案件,案件涉及的法益越重大则应由公正性更强的司法机关进行管辖。[1] 而跨行政区划检察机关本身级别较高,由其办理的案件,案件结果对当事人说服力更强,易树立检察机关公正司法的良好形象。同时,跨行政区划检察机关办理案件可以脱离当地党政机关对司法的干预,有利于检察机关依法独立行使职权,独立的司法是司法公正的保障和前提,在跨行政区划检察机关案件管辖中不能不考虑司法公正的因素。

第二,司法经济原则。司法经济原则包括两个方面:办案效率和办案成本。跨行政区划检察机关的性质决定了,由其办理的案件不是专业性较强的案件就是影响范围很广且涉案人数中多的重大案件。由于取证等行为涉及地域广、专业性强,造成了办案周期相对会较长。同时跨行政区划检察机关管辖范围较大其数量相对而言也较少,公民、组织到跨行政区划检察院行使诉讼权利、履行诉讼义务难免要来回奔波[2],其办案成本必定要大于行政区划检察机关。通过上述分析,易知跨行政区划检察机关管辖的案件数量不宜过多,应以指导性为其主要作用,以提高司法的经济性。

第三,行政区划改革。十八届三中全会提出要进一步优化行政区划,逐步推进"省直管县"。省直管县的改革有两项措施:一是"强县扩权",二是实现财政直管。如果优化行政区划的改革能够顺利实施,那么许多案件与地市级党政机关的利益将被弱化,与其利益冲突明显的案件将会大幅度降低。地市级

---

[1] 参见林国贤、李富春:《刑事诉讼法论》,三民书局2006年版,第55页。

[2] 也有学者认为,设立跨行政区划法院,可以从有利于人民群众诉讼的原则出发确立法院管辖权,建立与行政区划适当分离的司法管辖制度,既可以方便人民群众参与司法、寻求司法保护,又可以合理配置有限的司法资源,节约司法成本。

党政机关对地市级检察院的干涉将会减少。随着省直管县的推行，地方的"省、市、县、乡"行政结构将会被打破，行政结构将变成"省、县、乡"的结构。省内地级市检察机关将会像直辖市的检察分院一样自然成为跨行政区划的检察机关。

2. 跨行政区划检察机关法定管辖案件范围分析

法定管辖是跨行政区划检察机关办理案件的法律依据，即哪些案件由跨行政区划检察机关办理。法定管辖也决定了跨行政区划检察机关的办案范围、职能。对于法定管辖范围的确定我们应考虑上述有关管辖的几个因素，并在综合各种其他因素的基础上确定。根据跨行政区划检察机关的职能及综合考虑各种因素再结合北京、上海跨行政区划检察机关管辖范围。笔者认为，跨行政区划检察机关的较合理案件管辖范围为：第一，考虑到诉讼经济原则和办案的专业化，应将发生在航空、长途运输、水运领域及涉铁路、轨道运输交通案件的"大交通案件"案件及划归跨行政区划检察机关管辖。第二，考虑案件的影响力及与群众的关系密切程度，宜将跨行政区划的重大环境资源污染案件和重大食品药品安全刑事犯罪案件等与公民生活、生存关系密切的案件划归跨行政区划检察机关管辖。第三，考虑到办理案件专业化的需求可以将跨行政区划的有关知识产权犯罪、海关立案侦查的刑事犯罪案件等专业性较强的案件划归跨行政区划检察机关办理。第四，在检察监督案件中发现司法人员涉嫌渎职侵权行为的，可以由跨行政区划检察机关办理。该类案件的直接管辖早在2010年颁布的《关于对司法工作人员在诉讼行为中的渎职行为加强法律监督的若干规定》第6条中已有类似规定，因此可以考虑将此类案件纳入跨行政区划检察机关管辖。第五，其他跨行政区划的重大案件及最高人民检察院交办的案件亦归跨行政区划检察机关管辖。例如跨行政区划的重大职务犯罪案件，跨行政区划的涉黑、涉恐、涉毒、涉及国家安全的重大案件，跨行政区划的巨额诈骗类等案件及在管辖区域内有重大影响的其他案件。需要说明的是，所谓"重大"一般是指涉案人数众多或犯罪嫌疑人可能被判处无期徒刑及以上刑罚的案件。

3. 跨行政区划检察机关指定管辖案件范围分析

"探索建立与行政区划适当分离的司法管辖制度"是十八届三中全会提出的一项司法改革目标，设立跨行政区划检察机关正是实现这一目标的方式之一。实现该目标的另一方式则是案件指定管辖。指定管辖实质是法律授权司法机关让其在特殊情形下能够改变和确定案件的管辖机关，以确保案件能够及时公平的办理。

下面我们重点分析跨行政区划检察机关指定管辖时需要考虑的因素：第一，被指定管辖检察机关的办案能力。一个案件的办理质量首先取决于办案人员的办案能力,可以预见的是,当跨行政区域检察机关组建后,在相当长的时间内大量优秀的办案人员仍会隶属于各行政区划检察机关。"谁办案,谁负责"的原则要求跨行政区划检察机关组建后,对于需要制定管辖的案件,应当以检察机关的办案能力为标准确定具体承办案件的检察机关,"能办案,办好案,办安全案,办精品案"的检察机关应当优先考虑。就河北省而言,多次承办重、特大案件的石家庄市人民检察院就属于此类检察院。第二,被指定检察机关的层级和职能。不同层级的检察机关有其不同的职能。就控告申诉案件而言,当事人在申诉时往往更钟情于较高级别的检察机关。实践中,较高级别的检察机关往往也拥有申诉案件的处理权,地市级检察机关及区县级检察机关往往承担"传话筒"的角色,处理案件等权限有限。因此,跨行政区划检察机关指定此类案件的办理检察机关时应当充分考虑被指定检察机关的层级和职能定位。第三,要考虑办案的成本。跨行政区划检察机关由于管辖地域范围大、级别高,其直接办案成本必然会较高。在如今普遍案多人少,办案经费紧张的情况下,办案成本是不得不考虑的因素。因此对于那些具有跨行政区划因素,但地方与地方关系不紧密,地方政府干预可能性较小的案件,完全可以指定给当地检察机关办理,以节约办案成本。但是对于与地方关系密切的案件如涉黑性质的案件、职务犯罪案件,往往涉及当地的官员则需要指定异地检察机关办理,甚至可以有跨行政区划检察机关直接办理,以确保检察权公正行使。

(四)跨行政区划检察机关的检察官遴选与管理

巡回法庭在法官遴选的做法是由本部各业务部门选派优秀的精干力量,按一定的时间轮流派驻巡回法庭。[①] 对此,傅郁林教授建议基于巡回法庭承载的司法公信力和形成示范裁判功能,应当采取"全国遴选"与"高薪高职"相配合的模式,[②] 跨行政区划检察机关检察官的选任可以借鉴巡回法院的做法。但是笔者认为,可以部分采纳学者的建议,毕竟全国范围内突然设立10多个跨行政区划检察院需要大量经验丰富的检察官,需要由最高人民检察院工作经验的检察官指导,但全部由最高人民检察院派驻不符合实际,应当在全国范围内遴选,将一部分有基层工作经验、高学历的青年干警充实到跨行政区划检察机关中来。但是考虑到跨行政区划检察院并不是独立的一级检察机关,因此在

[①] 参见罗沙:《最高法审委会审议通过关于最高法巡回法庭审理案件若干问题的规定》,载新华网 http://news.xinhuanet.com/legal/2015-01/06/c_1113900782.htm,访问时间:2016年5月3日。

[②] 参见傅郁林:《最高人民法院巡回法庭的职能定位与权威形成》,载《中国法律评论》2014年第4期。

人事和待遇上应当保持与设置其的检察机关一致。

对于跨行政区划检察机关检察官的轮换周期，笔者认为时间不宜过长。一方面是避免法官长期留任可能会受到管辖区的地方政府影响，形成新的司法地方化问题①，另一方面也要考虑到检察官的个人因素（婚姻、家庭、生活等）。在具体的轮换时间设定上可以结合各个处室的办案情况灵活掌握（如3~4年）。考虑到跨行政区划检察院作为较高级别的检察机关其组织应当严密，尤其是处室负责人其流动时应注意工作的衔接性。笔者认为，在轮换上以（占检察官总人数的1/3~1/4）适当比例为宜，即每年轮换该院所有检察官人数的1/3~1/4较为妥当，这样既可以实现轮值又可以确保不出现大规模更换检察员而影响检察机关的正常运行。

---

① 我国在以前的改革中曾经尝试以集中管辖的方式来避免地方化的影响，尽管改革在最初取得了较好的效果，但是时间一长，集中管辖的检察院仍然会受到辖区内政府的影响，典型的是外地的行政长官通过检察院所在地的政府来间接接触或影响检察院，这是在跨行政区划检察机关的改革中应当尽量避免的。

跨行政区划检察院改革与《人民检察院组织法》修改

孙秀丽　韩东成[*]

一、问题的提出

《中华人民共和国人民检察院组织法》(以下简称《检察院组织法》)是检察制度的法律形式,是检察权运行的法律基础,它不仅体现检察规律,更反映检察制度的改革成果,为检察机关更好地履行法律监督职责提供组织法依据。[①] 然而,自1979年制定以来,除在1983年对个别条文进行修改外,《检察院组织法》至今已有33年没有修改。期间,我国社会主义民主和法治建设不断加强,检察工作也有很大发展,现行《检察院组织法》有许多地方已经不能适应我国法治发展形势和检察工作需要。尤其是党的十八大以来,司法改革进一步得到深化,相形之下,与之紧密相关的《检察院组织法》已严重滞后于我国司法改革进程。

对《检察院组织法》的修改迫在眉睫。从2014年列入十二届全国人大常委会立法规划第一类项目,着手进行准备工作,到最终确定2017年将完成对"两院"(人民法院、人民检察院)组织法的修改,提请全国人大常委会审议,[②]《检察院组织法》的修改确实走了一段很长的路。支持修法的理由中,有论者指出,通过总结司法改革已取得的成果和试点经验,及时修改《检察

---

[*] 作者简介:孙秀丽,上海市人民检察院综合业务处副处长;韩东成,上海市人民检察院综合业务处检察官助理。

[①] 参见庄永廉:《人民检察院组织法颁布35年需大修》,载《检察日报》2014年6月6日第3版。

[②] 参见郑赫南:《检察院组织法修改准备工作已启动》,载《检察日报》2014年11月2日第1版;谢文英:《从三个层面修改检察院组织法》,载《检察日报》2016年3月12日第5版。

院组织法》，有利于司法改革的深化和改革成果的法律化。① 更有论者更加明确建议，针对诸如跨行政区划的人民法院和人民检察院等新的组织形式，在"两院"组织法中应增加相应规定。②

鉴于《检察院组织法》的修改是一个牵一发动全身的系统工程，涉及方面众多，许多重大的理论、现实问题，乃至文本结构本身，此前也已经有诸多专家、学者进行过前瞻性研究、精密化论证。③ 作为跨行政区划检察院改革的亲历者，笔者仅拟结合当前跨行政区划检察院改革的推进情况，并以此为视角，具体分析《检察院组织法》中可能涉及条款，提出相应修改建议，以期对《检察院组织法》的修改有所助益。

二、检视的基点——跨行政区划检察院的"跨"在一定层级上应为"跨省（级行政区划）"

跨行政区划检察院，是党的十八届四中全会决定的产物。党的十八届四中全会通过的《中共中央关于全面推进依法治国若干重大问题的决定》中提出，"探索设立跨行政区划的人民法院和人民检察院，办理跨地区案件"，并在随后印发的《关于十八届四中全会〈决定〉的说明》中进一步阐述，"这有利于排除对审判工作和检察工作的干扰、保障法院和检察院依法独立公正行使审判权和检察权"。其目标是要构建"普通案件在行政区划法院审理、特殊案件在跨行政区划法院审理"的新型诉讼格局。据此，2014年12月2日，中央全面深化改革领导小组第七次会议审议通过了《设立跨行政区划人民法院、人民检察院试点方案》，上海、北京分别依托原有铁路运输检察分院成立上海市人民检察院第三分院（以下简称上海三分院）和北京市人民检察院第四分院（以下简称北京四分院）。

（一）上海三分院试点情况概览

上海三分院自成立以来，主要围绕构建普通案件在行政区划检察院办理、

---

① 参见郑智：《围绕三个方面加快修法进程》，载《检察日报》2015年3月12日第2版。

② 参见谢文英：《从三个层面修改检察院组织法》，载《检察日报》2016年3月12日第5版。

③ 参见陈卫东：《检察院组织法修改相关基础理论问题》，载《国家检察官学院学报》2011年第6期；张建升：《人民检察院组织法修改的理论前瞻与现实路径》，载《人民检察》2012年第12期；谢鹏程：《我国检察院组织法文本结构的立法完善——以17国检察院组织法为统计分析样本》，载《人民检察》2015年第7期。

特殊案件在跨行政区划检察院办理的新型诉讼格局的改革目标,进行了有益的探索,取得了初步成效。截至目前,中央确定的八类跨行政区划检察院特殊案件管辖,上海三分院均已有涉及。一是明确上海三分院外部职能管辖。探索特殊案件的管辖是整个跨行政区划检察院改革试点工作的前提性、基础性的关键。上海三分院根据中央试点方案的原则要求,结合上海具体实际,通过深入的调研、科学的预测,提出了跨行政区划职能管辖的具体方案。2015年7月,在上海市委政法委的组织协调下,市检察院与市公安、法院、司法局和海关等五部门会签下发了《关于跨行政区划人民法院、人民检察院刑事案件管辖的规定》,明确上海三分院管辖的刑事案件有四类①;市高级法院、市检察院又会签下发了《关于跨行政区划人民法院、人民检察院民事行政监督案件管辖的规定》,确定上海三分院管辖的跨地区民事行政监督案件范围有四项。②两份文件的签订,标志着上海三分院对外职能管辖的基本形成,实现了改革试点工作的重要突破。二是理顺检察院内部诉讼体系。在明确刑事、民事管辖的基础上,上海三分院就检察系统自侦案件的管辖及内部诉讼关系,向市检察院提出建议报告;2015年9月,市检察院讨论下发了《关于明确市检察三分院(铁检分院)案件管辖相关问题的批复》③。由此,上海三分院从检察系统内

---

① 即可能判处无期徒刑以上刑罚的危害食品药品安全刑事案件,以及在全市有重大影响或由上海市公安局立案侦查或者提办的危害食品药品安全、破坏环境资源保护、侵犯知识产权的刑事案件;由上海市公安局水上公安局、上海港公安局、上海海事公安局、长江航运公安局上海分局、上海市公安局国际机场分局、上海市公安局城市轨道和公交总队立案侦查的可能判处无期徒刑以上刑罚或者在全市有重大影响的刑事案件;上海海关所属公安机关侦查的刑事案件;由上海市第三中级人民法院受理的危害食品药品安全、破坏环境资源保护、侵犯知识产权刑事二审案件。

② 即上海市第三中级人民法院审理的行政诉讼案件;上海市第三中级人民法院审理的跨地区重大民商事诉讼案件;上海知识产权法院审理的知识产权诉讼案件;上海海事法院审理的海事诉讼案件。

③ 在职务犯罪侦查方面,除原有的铁路系统管辖不变外,涉铁企业副局级以上或在系统内有重大影响的案件,由三分院管辖,其余案件由铁检基层院管辖;上海轨交系统涉及副局级以上或者在系统内有重大影响的案件,由三分院管辖,其余案件由上海铁检院管辖;上海海关、航空、水运系统涉及副局级以上或者在本系统有重大影响的案件,由三分院管辖,其余案件逐步指定由上海铁检院管辖。在刑事检察方面,三分院在办理跨地区重大刑事案件、危害食品药品安全、破坏环境资源保护、侵犯知识产权等管辖范围内刑事案件时,对本市相关区、县院行使业务指导职能。在民事行政案件监督方面,除了对上海三中院、上海知识产权法院、上海海事法院实行诉讼监督以外,市检察院可以通过交办的形式进一步扩大三分院管辖范围。

部在案件管辖、诉讼层级上得到进一步理顺，形成了相对完备的内部诉讼定位。三是探索实践向铁检基层院延伸辐射。上海三分院改革探索中，高度重视铁检系统"去行政化"的体制基因和原有"跨行政区划"的特征，把分布在长三角"三省一市"的5个铁检基层院纳入改革视野。如积极推动将新增管辖案件向属于上海行政辖区内的上海铁检基层院延伸，以期形成"特殊案件"办理的局部系统。在市检察院的有力推动下，将上海三分院管辖的"危害食品药品安全、破坏环境资源保护、侵犯知识产权"的三大类案件，按照"整体规划，分步推进"的思路，一审案件逐步过渡到上海铁检院办理。

（二）争论与共识

应当说，当前试点改革取得了一些阶段性成效，形成了一定范围内特殊案件在跨行政区划检察院办理的新型诉讼格局。

1. 存在的争论

在改革试点工作稳步推进的同时，也存在一些争论。一是试点的选取。选择北京、上海两个直辖市作为试点，是否足够典型，能否解决省一级的地方保护主义问题，是否可以根据地理、人口、经济等因素，分别从东、中、西部地区选取一些典型的地方进行试点？[1] 二是铁检基层院应否纳入改革试点范围。此次改革试点仅限于分院一级，没有涵盖基层院，导致分院扩大管辖的几类案件得不到基层院的支撑，特别是与分院不在同一省级行政区域的一些基层院，根据所在辖区省级院的指定办理一些非涉铁、非试点的案件，分院无权管理和指导，工作关系上不够顺畅。[2] 三是案件管辖规定的法律依据和文字表述。目前，跨行政区划检察院的受案范围仅依靠市高级人民法院和市人民检察院予以指定，缺少明确的法律依据，此外，关于受案范围的规定文字表述，如"跨地区"、"重大"等，过于宽泛，内涵也比较模糊。[3] 四是与法院之间的协调。法院的改革意向主要侧重于集中审理跨行政区划的行政诉讼案件、民商事案件，刑事案件并非其重点，这与设立之初即侧重于以办理跨行政区划的一般刑事和职务犯罪案件的检察机关，在重心上存在一定"失准"，导致双方在职能

---

[1] 参见段婕妤：《探索设立跨行政区划的人民法院和人民检察院》，载《昆明学院学报》2015年第1期。

[2] 参见刘新成：《科学推进跨行政区划检察改革试点》，载《检察日报》2016年2月20日第1版。

[3] 参见宋振策：《跨行政区划法院和检察院及其刑事管辖权研究》，载《石河子大学学报（社会科学版）》2015年第5期。

对接、改革思路和措施上不同步。①

其实，较之前述争论，最大的争议之处还在于对试点跨行政区划检察院是否系真正意义上的"跨行政区划检察院"的质疑。如有论者认为，现行改革举措，从"建立与行政区划相分离的司法管辖制度"上来说，是"有限的"；② 有论者更是一针见血地指出，现行试点改革方案，就案件管辖来说，仅为将一部分符合"跨地区"、"重大"两个标准的刑事案件，由其他检察分院手中转移到了跨行政区划检察院专属管辖范围中，其实质上系属地性检察系统内部的案件再分配，离真正意义上的"跨行政区划"管辖尚存较大差距，③ 如此设计是否达到了十八届四中全会决定对跨行政区划司法机关改革的实质要求，值得深思。

2. 达成的共识

正是基于对上述争论尤其是对于试点跨行政区划检察院是否系真正意义上的"跨行政区划检察院"质疑的反思，故而，当前，无论是理论界抑或实务界，基本达成一种共识，即跨行政区划检察院的"跨"在一定层级上应为"跨省（级行政区划）"。"中央不撤销铁检的架构而是在其基础上探索、设立跨行政区域的检察院意思就是要'跨省'。""根据中共中央的精神，未来应当在现行省、自治区和直辖市之间设立跨行政区域的法院和检察院。"④ "四中全会决定确立的司法改革的根本目标是'保证司法公正、提高司法公信力'；阻断行政部门和领导对司法的干预、打破司法机关地方化造成的诉讼'主客场'现象是实现根本目标的具体改革方向。从司法改革的根本目标和具体改革方向看，跨区划检察院发挥最大改革效用的定位显然应当是建成'跨省级区划管辖'的检察院。"⑤

---

① 参见闫俊瑛：《跨行政区划检察院案件管辖范围的北京探索》，载《河南社会科学》2015年第6期；刘新成：《科学推进跨行政区划检察改革试点》，载《检察日报》2016年2月20日第1版。

② 参见邵新：《跨行政区划司法管辖制度改革的三条路径》，载《中国党政干部论坛》2015年第4期。

③ 参见唐立、叶宁：《跨行政区划检察院刑事案件管辖的合理模式——从实践探索看改革前景》，载《西南政法大学学报》2015年第6期。

④ 上海市人民检察院第三分院综合业务处：《"跨行政区划检察院改革实践与探索研讨会"会议综述》（未刊稿）。

⑤ 唐立、叶宁：《跨行政区划检察院刑事案件管辖的合理模式——从实践探索看改革前景》，载《西南政法大学学报》2015年第6期。

三、涉及条款及修改建议

前述共识，即跨行政区划检察院的"跨"在一定层级上应为"跨省（级行政区划）"，也恰恰是本文论述的逻辑起点。亦即，无论将来跨行政区划检察院的层级设置，是"在国家和省级两个层面分别设置，采取二元化方式"，抑或"在大、中、小三个层次构建完备的跨行政区划检察院体系"①，再或"以跨省级区划管辖为原则、具有三级机关建制"②，有一点是可以确定的，那就是必然有一级是"跨省"的。

以此检视现行《检察院组织法》，涉及条款大致有两条，即第2条和第10条。如果进而对这两条进行分析，则可以发现第二条实为对跨行政区划检察院进行法律定位，第10条规定的是跨行政区划检察院与权力机关之间的关系。

（一）法律定位

现行《检察院组织法》第2条规定了人民检察院的组成体系，即由最高人民检察院、省一级人民检察院及其派出机构、省一级人民检察院分院以及自治州和省辖市人民检察院、县一级人民检察院及其派出机构和专门人民检察院构成。作为新时期司法改革产物的跨行政区划检察院，未能被规定在该组成体系中，亦属正常。但这却给跨行政区划检察院这一新生事物带来一个"身份认证"上的问题，即其究竟属于何种类型的检察院？

笔者认为，跨行政区划检察院应定位为专门检察院。首先，从沿承性来看，跨行政区划检察院是以铁路运输检察院为基础设立的，"这项改革，考虑对现有铁路运输法院和检察院加以改造，合理调配、充实审判人员和检察院即可实施"③，而铁路运输检察院在1979年《检察院组织法》中明确规定为专门检察院。其次，从目的性来看，建立跨行政区划检察院，目的就是排除地方对依法独立公正行使检察权的干扰，而专门检察院，如改制前的铁路运输检察院等，则具有完整和统一的体制，④有助于最大程度地避免受到地方权力机关各种体制内与体制外的干预。再次，从目标性来看，建立跨行政区划检察院，

---

① 上海市人民检察院第三分院综合业务处：《"跨行政区划检察院改革实践与探索研讨会"会议综述》（未刊稿）。

② 唐立、叶宁：《跨行政区划检察院刑事案件管辖的合理模式——从实践探索看改革前景》，载《西南政法大学学报》2015年第6期。

③ 孟建柱：《完善司法管理体制和司法权力运行机制》，载《人民日报》2014年11月7日第6版。

④ 参见李守德：《浅谈铁路检察体制改革》，载《检察调研》2000年第11期。

就是要构建普通案件在行政区划法院审理、特殊案件在跨行政区划法院审理的新型诉讼格局，而专门检察院，如军事检察院等，原本即并非按照行政区域设置，而是按照地区设置与系统设置相结合的原则建立①，将跨行政区划检察院定位为专门检察院，完全符合十八届三中全会要求探索建立的与行政区划适当分离的司法管辖制度的改革精神。最后，从现实性来看，探索设立跨行政区划检察院改革，从研究制定试点方案、开始试点、总结完善再试点，直至出台正式的实施意见，中央均有明确的时间要求。② 而现行《检察院组织法》第 2 条第 4 款规定："专门人民检察院的设置、组织和职权由全国人民代表大会常务委员会另行规定。"将跨行政区划检察院定位为专门检察院，则可以降低机关组织性改革的难度，有利于在规定时间内完成改革任务。

关于专门检察院，1979 年《检察院组织法》第 2 条第 4 款规定：专门人民检察院包括：军事检察院、铁路运输检察院、水上运输检察院、其他专门检察院。此处立法运用的是"列举"的语言策略。列举，是现代行政法律规范性文件中最为常用的语言手段之一，对于法律规范性文件的细化和清晰有着重要的作用。③ 但列举的语言策略也容易产生一个问题，那就是列举选项难以穷尽。或因此，1983 年修改《检察院组织法》时，立法者将此款删除，代之将该条第 1 款修改为"中华人民共和国设立最高人民检察院、地方各级人民检察院和军事检察院等专门人民检察院"。

综上，笔者建议，将现行《检察院组织法》第 2 条第 1 款修改为"中华人民共和国设立最高人民检察院、地方各级人民检察院和专门人民检察院"或"中华人民共和国设立最高人民检察院、地方各级人民检察院和军事检察院、跨行政区划检察院等专门人民检察院"。前者，是删去"军事检察院等"，同之前修改时删去"铁路运输检察院、水上运输检察院"一样，之后，再以其他形式，将跨行政区划检察院纳入专门检察院中；后者，则是通过一种明确的方式，为跨行政区划检察院的设立寻求法律依据，同时突出其专门检察院的法律定位。

（二）与权力机关的关系

如前所述，现行《检察院组织法》第 10 条规定的是检察院与权力机关之

---

① 参见于新华：《军事检察院及其工作》，载《中国法律年鉴》1987 年第 1 期。
② 参见《关于"两高"联合调研组赴四川调研探索设立跨行政区划检察院法院情况的报告》，载铁路运输检察厅编：《2014—2015 年调研报告汇编》。
③ 参见马晓红：《我国〈宪法〉修改中"列举"语言策略的运用及问题》，载《修辞学习》2006 年第 4 期。

间的关系，当确定了跨行政区划检察院专门检察院的法律定位之后，再来检视此条，对其修改的紧迫性或有所降低。原因在于，虽然现行《检察院组织法》规定，军事检察院等专门检察院的设置、组织和职权由全国人民代表大会常务委员会另行规定，但据笔者有限所知，目前全国人民代表大会及其常务委员会并无关于专门检察院的"另行规定"。在此情况下，虽现行《检察院组织法》中亦无关于专门检察院与权力机关关系的任何表述，二者亦"相安无事"。

但修改紧迫性的降低并不代表无须修改，之前没有关于专门检察院的法律规定并不代表以后也不需要有。随着我国全面推进依法治国进程的加快，相信相关专门立法的出台是必要的，也是可行的。但在此之前，在现行《检察院组织法》已经确定要修改，并即将被提请全国人大常委会审议的背景之下，是否可以通过对相关条款的先行修改，来填补有关空白？

基于此，笔者建议在现行《检察院组织法》第10条第1款之后增加1款，"专门检察院对产生它的人民代表大会和人民代表大会常务委员会负责并报告工作"，或将第10条第1款修改为："人民检察院对产生它的人民代表大会和人民代表大会常务委员会负责并报告工作。"以此回应"行政区划法院、检察院由行政区划内的人大及其常委会产生。跨行政区划法院、检察院由谁产生，受谁监督"①的问题。

此外，现行《检察院组织法》第20条至第27条系关于人民检察院人员任免的相关规定。遵循前述"填补空白"的一致思路，立足本文"跨行政区划检察院在一定层级上一定是跨省的"检视基点，建议在第21条，即关于最高人民检察院人员任免的规定之后，增加一条关于跨行政区划检察院人员任免的规定："专门检察院检察长由产生它的人民代表大会选举和罢免，副检察长、检察委员会委员和检察员由专门检察院检察长提请产生它的人民代表大会常务委员会任免。"

---

① 张步洪：《跨行政区划检察院案件管辖》，载《国家检察官学院学报》2015年第3期。

跨行政区划检察院办案机制研究

——以办理破坏环境资源刑事案件为切入点

门植渊　门洪训[*]

在全面推进依法治国的背景下,党的十八届四中全会明确指出,"探索设立跨行政区划的人民法院和人民检察院,办理跨地区案件"[①]。跨行政区划检察院,顾名思义,是指司法管辖区大于行政区划的创新做法,是为了使检察机关能够客观公正地办理案件,而依托直辖市的铁路运输检察院设立,在级别上相当于直辖市检察院的分院。跨行政区划检察院最大的创新之处在于,"没有一级行政区划与之相对应,不存在同级地方党政机关等与之配套的行政权组织"[②],案件管辖范围为中央确定的八类特殊案件,目前分为特殊刑事案件[③]和特殊民事行政监督案件[④]。跨行政区划检察院的设立预示着"普通类型案件由行政区划检察院办理,特殊类型案件由跨行政区划检察院办理"[⑤]的诉讼新格局的逐步构建。

随着人类活动对自然界破坏的日益加剧,破坏环境资源保护刑事案件数量逐年上升,资源和环境保护问题引起了社会各界的广泛关注。破坏资源环境刑

---

[*] 作者简介:门植渊,北京市东城区人民检察院干部;门洪训,山东省青岛市黄岛区人民检察院检察长。

[①] 《中共中央关于全面推进依法治国若干重大问题的决定》,载《人民日报》2014年10月29日。

[②] 宋振策:《跨行政区划法院和检察院及其刑事管辖权研究》,载《石河子大学学报(哲学社会科学版)》2015年第5期。

[③] 特殊刑事案件包括跨地区的重大职务犯罪案件、破坏环境资源保护、危害食品药品安全、侵犯知识产权的刑事案件,"大交通运输"刑事案件和走私犯罪案件。

[④] 特殊民事行政监督案件包括同级法院审理的跨地区重大民商事诉讼案件、知识产权诉讼案件、海事诉讼案件、同级法院审理的行政诉讼案件。

[⑤] 《跨行政区划检察院改革试点工作取得阶段性成效》,载《检察日报》2016年3月12日。

事案件因其自身具有的跨地区、危害重大、取证难、认定难、易受地方保护等特点被纳入跨行政区划检察院的管辖范围，目的是排除外部因素对检察工作的干扰，保障司法公正。但是，在运行过程中，在现有法律框架下该制度仍然面临一些亟须解决的问题。

一、由跨行政区划检察院办理破坏资源环境刑事案件的原因分析

（一）破坏资源环境刑事案件在证据收集上的困难

破坏资源环境罪保护的法益是较为抽象的环境法益。法益保护上的特殊性要求检察机关在认定行为人构成破坏资源环境罪时，除了证明行为人具有主观故意、实施了破坏环境资源的行为等常规构成要素，还要证明是否具有因果关系。但是，司法实践中，江河水系和地下水污染、土壤污染等破坏环境的行为具有隐蔽性和结果发生的不确定性，同时，破坏环境的行为与危害结果的发生之间经常出现时间上的间断性，很多污染案件结果都是在行为后的数十年内才出现，因此，这使得在认定破坏环境行为与危害结果的发生之间的因果关系时更加困难。即使有的案件进入诉讼程序，能否得到有效处理不得而知。

（二）跨地区性是破坏资源环境刑事案件的新特点

当前，我国面临的环境资源保护问题愈发严峻，《刑法修正案（八）》的颁布预示着环境资源本身成为《刑法》所要保护的法益，"破坏环境的行为成为刑法禁止的对象，环境犯罪关注的重心从人移至环境"[1]。行为人实施的破坏环境资源的行为对生态环境造成严重破坏，对人类生命、财产安全造成损害。其具有的隐蔽性、长期性、间接性等特点，致使表面上看似虽未造成现实的损害，但是具有造成损害的现实可能性，生态系统和生态平衡一旦遭到破坏，国家、社会需耗费巨资才能恢复，甚是难以恢复，这些都严重侵害了《刑法》所保护的环境法益。

随着工业化和城市化进程的加快，水域污染、生态破坏、植被砍伐、物种捕杀等一系列破坏环境资源的行为和由此产生的结果已呈现出新的特征。其中，犯罪行为和结果的跨区域性最为明显。比如，以雾霾、水流等范围广、流动性强的特殊传播物质为媒介，导致犯罪行为地与结果发生地呈现跨区县甚至跨省市的特点，过去那种界定在一个行政区划内的传统管辖方式会使部分司法

---

[1] 王勇：《从〈刑法〉修订看中国环境犯罪立法观转变》，载《环境保护》2011年第7期。

机关因地方保护或利益驱动等因素对案件进行推诿或争抢,进而影响司法公正。

(三)破坏资源环境刑事案件因与经济发展密切相关易受到地方保护的干扰

随着经济社会的发展,"一些地方、一些领域没有处理好经济发展同生态环境保护的关系,以无节制消耗资源、破坏环境为代价换取经济发展,导致能源资源、生态环境问题越来越突出"①,政府监管不到位,环境腐败问题也随之而来。以 GDP 为核心的政绩观不可避免地将部分已经构成犯罪的行为纳入地方保护的范围。当破坏环境资源保护刑事案件中涉及当地的大型、知名企业时,办理过程就可能会受到行政权的干预。一旦行政权插手干预,司法机关就容易受到影响,进而影响案件的公正处理,此种情形下也容易产生上访等群体性事件,影响社会稳定和谐,阻碍地方经济发展。

综上,破坏资源环境刑事案件的特点使得有必要将其纳入跨行政区划检察院的管辖范围,这也有利于建设公平、有序、高效的司法环境,进而提升司法公信力。

二、设立跨行政区划检察院办理破坏环境资源刑事案件的功能定位

《宪法》规定了我国属于四级行政区制度,《刑事诉讼法》也规定了相应的管辖制度,然而,跨行政区划检察院管辖特殊案件是司法管辖制度方面的突破和创新。此举是党中央从全面深化改革、全面依法治国战略高度作出的重大部署,对完善中国特色社会主义检察制度具有重要意义。

(一)检察机关依法独立行使检察权,保障司法公正

习近平总书记指出,"要牢固树立生态红线的观念,任何人、任何组织不能触碰、不得突破"②,"在生态环境保护问题上,就是要不能越雷池一步,否则就应该受到惩罚"③。

当检察机关办理的案件涉及同级政府或影响当地发展时,因自身依附于同级人民政府、权力机关,当地政府对案件进行的干预很有可能会影响案件的最终结果。设立跨行政区划检察院的根本目的在于革除现行司法体制的弊端,排除外部因素对检察工作的干扰,杜绝司法地方保护主义。跨行政区划检察院没有与之配套的行政权组织,相对独立,又因其人事任免、经费保障统一提到省级

---

① 《习近平诠释环境保护与发展》,载中国经济网,2014 年 8 月 15 日。
② 《习近平诠释环境保护与发展》,载中国经济网,2014 年 8 月 15 日。
③ 《习近平诠释环境保护与发展》,载中国经济网,2014 年 8 月 15 日。

或国家层面管理,实现了司法管辖区域与行政区划的分离。其分离有利于跨行政区划检察院依法独立公正行使检察权,有利于实体公正与程序公正的真正实现。

(二)合理配置司法资源,提高办案质量和办案效率

近年来,检察机关充分发挥职能作用,严厉打击破坏环境资源的刑事犯罪,不断加大对生态环境的司法保护力度。破坏资源环境刑事案件中包含大量的专业知识,从而要求检察机关不仅要具备较高的业务能力,而且要掌握相关专业知识。跨行政区划检察院通过选任、选调、招录等方式引进具有环境资源保护领域专业知识的检察人才,有利于实现案件处理的专业化,进而提高案件处理的公正性。

破坏环境资源保护刑事案件由跨行政区划检察院管辖,有利于具备专业知识的检察人才在结合以往办理破坏环境资源保护刑事案件经验的基础上,制定本辖区内破坏环境资源保护刑事案件办理方式等相关规定、要求,提高办案质量和办案效率,实现检察资源在"普通案件与特殊案件、行政区划与跨行政区划检察院之间的合理分配与有效整合"①。

(三)保障法律统一正确实施

由于我国各地发展水平参差不齐,即使是同一省份内的不同地域也可能有很大差距,这导致该类案件在适用法律上存在较大差异,甚至相同案件有的地方不予追诉或者是轻诉,有的地方则重诉。环境法益聚集了众多的利益因素,各地方司法机关难以协调一致会导致个案处理结果的实质不公,严重损害了司法权威和国家法律的统一性。

跨行政区划检察院以统一的法律标准对特殊案件进行追诉,对有关部门该移送不移送或移送不及时的案件,可以发出建议移送意见。案件统一受理、统一定罪标准和统一审查,有利于在一定的司法管辖区内统一适用法律,减少了以往破坏环境资源保护刑事案件办理的随意性,实现同案同诉的法律效果。

三、跨行政区划检察院在办理破坏资源环境刑事案件中面临的困境

跨行政区划检察院的设立仍处于探索阶段,试点工作中发现立法的滞后性和司法实践的复杂性会阻碍跨行政区划检察院工作办案机制的顺利进行,尤其是在办理破坏环境资源刑事案件方面存在诸多不足,影响了社会效果和法律效

---

① 马凤辰:《铁检试点管辖跨行政区划特殊案件探讨》,载正义网,2015年2月9日。

果的有机统一。

（一）跨行政区划检察院缺乏法律支撑

从1986年生效的《人民检察院组织法》规定，人民检察院的设立与行政区划相对应，即区级检察院、市级检察院和省级检察院。直辖市因其自身的特殊性质没有下设市级检察院，为解决没有行政区与之相对应的情况而设立检察院分院，其地域管辖范围跨着直辖市内几个区或县的行政管理区域。在现行法律框架下，除直辖市外，其他地区设立跨省（自治区）、市、县（区）的检察院没有相对应的法律依据，因而，跨行政区划检察院的设立得不到推广运行。

目前，独立司法辖区都设置在分院层面，省一级别没有划分管辖区，而司法改革的趋势是省以下地方检察院实施人财物统一管理，因而会面临业务上受上一级检察机关领导，人财物却受所在地省级检察院领导的局面，那么当跨行政区划检察院包含的区域不在同一省份时，则难以真正摆脱上下级检察机关的内部干预。

（二）法律规定分散，案件管辖范围受限

从现阶段上海和北京跨行政区划检察院试点工作来看，跨行政区划检察院办理的破坏环境资源刑事案件主要针对的是《刑法》第六章第六节规定的破坏环境资源保护罪，该章节是在客体"不能归入分则的其他章节之中，或者难以明确其属于其他分则章节的犯罪同类客体"[1]的情况下设立的。况且，《刑法》第二章、第三章和第九章等章节中都有涉及环境犯罪的规定。倘若跨行政区划检察院只办理第六章第六节规定的犯罪，则许多严重破坏环境资源的行为无法及时得到惩治，淡化了《刑法》保护的环境客体，不利于集中整治环境犯罪。

除此之外，《大气污染防治法》、《森林法》、《野生动物保护法》等环保法中也有涉及刑事责任的条款，但目前不属于跨行政区划检察院的管辖范围，这样不仅无法发挥跨行政区划检察院专业性的优势，而且会因行政部门、公安机关判断标准不一致增加移送、退回案件的次数，不利于优化资源配置、提高办案效率。

（三）"跨地区"、"危害重大"等概念模糊，致使跨行政区划检察院案件受理处于被动状态

破坏环境资源保护刑事案件被纳入跨行政区划检察院的管辖范围，是因为

---

[1] 赵秉志、陈璐：《当代中国环境犯罪刑法立法及其完善研究》，载《现代法学》2011年第6期。

其"跨地区"、"危害重大"的特殊性质符合跨行政区划检察院案件管辖的要求,但法律并没有明确规定这些概念的具体程度、范围大小,一方面,易造成行政执法部门作出不移送案件的规定,导致环境行政权的扩张和膨胀,"造成环境行政权对司法权的挤压"[1];另一方面,不同层级检察院之间因受案条件不明、判断标准不一而移送案件,浪费司法资源。

试点过程中,跨行政区划检察院除办理中央确定的八类特殊案件外,还办理其他指定管辖的案件,即公安机关侦查终结向相对应的检察机关移送审查起诉,相应检察院受理后,报请省级检察院的相关部门,该部门采取"一案一指定"的方式决定是否指定跨区划检察院管辖。显然,跨行政区划检察院对于案件的受理处于被动等待的状态,甚至可以说充当的仅仅是出庭应诉的角色。指定管辖前,区、县检察院无法将审查逮捕与审查起诉阶段接触的证据提前向跨行政区划检察院通报,那么跨行政区划检察院只有在审查起诉终了后才会接触到案件证据,无法充分行使侦查监督和审查起诉的权力。关于案件需要补充侦查,是跨行政区划检察院自主行使相关权力还是移送案件的检察院行使相关权力,至今没有规定。

因此,若上述问题没有作出明确规定、进行严格限制,则易"造成环境行政处罚权与刑罚权界限的模糊"[2],难以避免司法行政的人为操纵,任意化、泛滥化、行政化无疑会侵蚀法定管辖的主体地位。

(四) 破坏环境资源刑事犯罪的预防工作不到位

我国《刑法》的惩罚性属于一种事后惩治,破坏环境资源保护罪的构成要素中,对于危害结果的规定是已经造成了实然的危害结果,此规定体现的是传统刑法中结果本位的立法理念和刑法谦抑性的原则。现有法律框架内,对于事前预防和事中控制仍然依靠行政处罚。然而,经济发展过程中积累的生态环境问题日益显现,环境污染愈演愈烈,进入高发频发阶段,甚至环境破坏所带来的侵害无法预测。破坏环境资源保护刑事案件不同于普通刑事案件,它具有潜在危险性,倘若不提前预防,则要付出更大的代价。

---

[1] 王树义、冯汝:《我国环境刑事司法的困境及其对策》,载《法学评论》2014年第3期。

[2] 王树义、冯汝:《我国环境刑事司法的困境及其对策》,载《法学评论》2014年第3期。

四、跨行政区划检察院深入推进破坏资源环境刑事案件办案机制的建议措施

(一) 夯实合法性基础,完善法律依据

《刑事诉讼法》第 24 条规定,地域管辖应以犯罪地法院为主、被告人居住地法院为辅,而以实现司法管辖区与行政区划的分离为目的设立的跨行政区划检察院,其司法管辖区大于所在地的行政管理区域,若单纯从行政区划的角度理解犯罪地、被告人居住地已经难以适应制度创新的需求。

因此,在试点改革阶段,为确保跨行政区划检察院刑事案件管辖权的合法性,最高人民检察院应会同其他相关机关,提请全国人大常委会作出特别授权,允许在试点地区实施有关跨区划司法机关的特别规定,暂停部分《人民检察院组织法》、《人民法院组织法》、《刑事诉讼法》相关条款的效力。同时由全国人大常委会自行做出规定或授权最高人民检察院出台相应的司法解释,为设立跨区划司法机关及其管辖制度的改革提供充分的法律基础。

条件成熟时,立法机关应当尽快启动相关法律的修改程序,明确跨行政区划检察院这一新生司法机关的法律地位,赋予其受案范围及法律效力。对《刑事诉讼法》第 24 条应作出扩大解释,对司法管辖区与行政管理区作出区分,对于一般案件可以从行政区划的角度界定犯罪地和被告人居住地,对于特殊类型的案件要从司法管辖区的角度界定,为跨行政区划检察院的地域管辖明确法律依据。

(二) 完善跨行政区划检察院的机构建制

从跨行政区划检察院的建制目的和破坏环境资源刑事案件的特点来看,继续完善跨行政区划检察院的建制更符合检察改革的目的。但根据我国的国家结构、体制、国情等因素,"跨行政区划检察院设置数量不宜过多,承担的案件数量不宜过大"[1],"每个跨行政区划检察院的辖区要比同一层级的行政区划检察院辖区大得多"[2]。

建议增设与省级检察院同级的跨行政区划检察院负责领导下辖的市级跨行政区划检察院的工作、办理跨省的破坏环境资源刑事案件等,由此,市级跨行政区划检察院不需再接受省级检察院的领导,这也有利于"打破司法机关的地方化倾向,有效排除地方行政机关和领导干预司法的现象"[3]。

---

[1] 张步洪:《跨行政区划检察院案件管辖》,载《国家检察官学院学报》2015 年第 3 期。
[2] 张步洪:《跨行政区划检察院案件管辖》,载《国家检察官学院学报》2015 年第 3 期。
[3] 唐立、叶宁:《跨行政区划检察院刑事案件管辖的合理模式——从实践探索看改革前景》,载《西南政法大学学报》2015 年第 6 期。

但不建议在基层设立涵盖两个或多个县级的跨行政区划检察院,因为基层案件数量虽多但偏于常规,区级检察院办理破坏环境资源这类复杂刑事案件的数量屈指可数。同时,"司法机关人财物省级统筹的改革降低了基层司法机关对基层政府在人、财、物方面的依赖,使司法机关基本摆脱了地方控制"①,所以,在基层设置跨行政区划检察院不仅浪费司法资源,而且会增加诉讼成本。

(三) 扩大跨行政区划检察院环境犯罪案件的管辖范围

1. 将分散在《刑法》各章节中有关环境犯罪的规定纳入跨行政区划检察院的管辖范围。《刑法》在第六章设置第六节对破坏环境资源保护犯罪进行了规定,共15个罪名,目的在于保护环境资源,打击污染、破坏环境的行为。然而,破坏环境资源保护罪已经从单纯地实施破坏环境资源行为、造成经济损失结果衍生至借用其他手段实施犯罪而最终侵害的是《刑法》所保护的环境权益客体。

2. 将环保法中涉及刑事责任的部分纳入跨行政区划检察院的管辖范围。目前,《刑法》中的罪名所保护的"环境"仅仅是未包括草原、湿地、自然保护区等的自然环境,范围较窄。若继续沿用目前《刑法》对环境范围的规定,易"导致环境刑事治理与行政治理之间相互脱节,处于空白地带内的环境管理行为因缺少必要的刑罚后盾保障而导致其执行力降低,造成环境治理整体机制效能的减弱"②。

综观将破坏环境资源的行为纳入《刑法》的惩治范围的兴起和发展进程,是先由行政法规进行规制,逐步发展到由《刑法》进行惩治的。因此,应扩大《刑法》所保护的"环境"的范围,即扩大到"影响人类生存和发展的各种天然的和经过人工改造过的自然因素的总体"③,应将《环境保护法》、《海洋环境保护法》、《草原法》、《土地管理法》等二十多部环保法律中实施严重破坏环境资源的行为造成了严重后果且涉及刑事责任的部分交由跨行政区划检察院管辖。

3. 将不宜由法定管辖的环境犯罪纳入跨行政区划检察院管辖范围。目前,

---

① 上海市松江区人民检察院课题组:《司法辖区改革路径探析》,载《犯罪研究》2015年第3期。

② 赵秉志、陈璐:《当代中国环境犯罪刑法立法及其完善研究》,载《现代法学》2011年第6期。

③ 赵秉志、陈璐:《当代中国环境犯罪刑法立法及其完善研究》,载《现代法学》2011年第6期。

由于跨行政区划检察院的案件管辖范围以列举方式给出，因而应在法律规定的基础上，根据司法实践中的案件情况继续完善总结，如"有法定管辖权的专门机关与特定案件或者案件的当事人整体上存在利害关系，可能导致其作出不公正的处理"①等情况，及时纳入新类型的案件。

（四）打造专业化办案机制

跨行政区划检察院办理破坏环境资源刑事案件时，应准确把握、严格执行《刑法》关于"破坏环境资源保护罪"规定的15个罪名，同时高度关注与生态环境密切相关的其他刑事犯罪。正确适用最高人民法院、最高人民检察院《关于办理环境污染刑事案件适用法律若干问题的解释》等司法解释，履行好刑事案件审查批捕、公诉的职能，不断加大打击破坏生态环境刑事犯罪的力度。

跨行政区划检察院的工作办案机制不仅限于惩治破坏环境资源的行为，还应包括与之相关的贪污、贿赂、渎职行为。因而，要建立健全案件线索同步移送机制和重大案件提前介入机制。跨行政区划检察院的侦查监督、公诉部门在审查破坏环境资源保护刑事案件过程中，注意发现案件背后贪污、贿赂、渎职犯罪线索，建议对于发现的线索可以报请检察长批准后直接进行管辖，且并不限制涉案人员的职务级别、刑罚程度等要件。侦查监督、公诉部门应适时介入侦查，对侦查取证方向、收集固定证据及有关程序问题向侦查部门提出意见建议。同时，加强与环境鉴定检验机构合作联动，特聘环境保护专家学者为咨询委员，对证据进行勘查、保护和固定。

（五）各部门配合协作，形成打击合力

即使跨行政区划检察院依法独立行使检察权，但仍有较多工作需要同级政府机关的配合帮助，因此，要与其他机关部门做好配合工作，形成合力，共同打击破坏环境资源的行为。

1. 加强信息平台建设，建立信息共享机制。过去，相关数据存储在不同领域、不同单位的系统中，没有沟通共享的渠道，形成了众多"信息孤岛"等困局。为了有效地打击环境犯罪，我们应当打破壁垒，使这些系统彼此相连，建议跨行政区划检察院与所辖区域内的工商、税务、环保、当地危险废物处理企业等单位部门建立信息共享机制，实时掌握本地企业危险废物产生量、贮存量及处置量的情况，并建立全程监督网络。

————————
① 宋振策：《跨行政区划法院和检察院及其刑事管辖权研究》，载《石河子大学学报（哲学社会科学版）》2015年第5期。

2. 建立健全联席会议机制。跨行政区划检察院应加强与公安、环保、国土、林业、农业、交通、工商行政执法部门的协作,通过定期或不定期召开联席会议,及时了解和掌握有关行政机关调查处理的破坏环境资源案件的情况,对办理的同类案件进行充分讨论、分析和研究,同时对于过程中发现的涉嫌贪污、贿赂、渎职等职务犯罪案件线索,第一时间介入调查。

3. 加强行政执法与刑事司法的衔接配合。所谓行政执法与刑事司法的衔接配合,是指"行政执法部门在执法过程中,发现涉嫌犯罪的案件或案件线索,依法向刑事司法机关移送查处"[①]。加强行政执法与刑事司法的衔接配合,应制定行政执法机关向跨行政区划检察院移送案件的具体程序,包括期限、证据要求、移送标准、问责程序、监督程序等事项。环保局、公安、跨行政区划检察院和跨行政区划法院应分别设立专门的机构,进行人员专业化培训,减少衔接阻碍,相互制约、相互监督,充分发挥效用。及时了解破坏环境资源保护刑事案件的审理情况,适时开展诉讼法律监督。

(六)运用司法手段恢复生态环境

与一般刑事案件不同,破坏环境资源刑事案件的危害性在于破坏生态环境,其终极目的是保护和恢复生态资源。因此,在打击破坏环境资源类犯罪的同时,倡导恢复性司法,将重点落在生态环境的恢复上。如对乱砍滥伐林木的犯罪行为,可要求责任人补种树苗,修复生态,并建议在追责量刑上酌情给予宽免。利用生态检察手段监督、催促责任单位或责任人严格执行生态利益补偿制度,让生态效益补偿真正落实到保护者身上。

(七)深入探索普遍的办案规律,创造可复制可推广的经验

最高人民检察院检察长曹建明指出,当前全面深化司法体制改革和检察改革正处在关键时期。对于跨行政区划检察院的设立,应坚持目标导向和问题导向相结合,把握办理跨行政区划案件的规律和特点,加强对试点过程中各种问题的分析研究,积极应对案件管辖变化带来的挑战。在办理破坏环境资源保护刑事案件时,应对哪些需要尽快上升为制度、哪些需要完善配套措施、哪些需要及时调整等内容进行全面梳理,不断理顺工作机制,完善工作流程,努力为跨行政区划检察院办理破坏环境资源保护刑事案件提供可复制可推广的经验。完善跨行政区划检察院工作办案机制,有利于推进中国社会主义司法制度建设,为建设中国特色社会主义法治体系作出新的更大贡献。

---

① 赵旭光:《"两法衔接"中的有效监督机制——从环境犯罪行政执法与刑事司法切入》,载《政法论坛》2015年第6期。

派出检察院设立的现实检视与理性回应
——以各地人大常委会的设立《决定》为切入点

苟小军　赵晓荣[*]

本文主要以19个省（直辖市、自治区）共计22个地方[①]人大常委会关于派出检察院[②]的24个设立《决定》为样本，归纳和分析各地在派出检察院设立过程中的差异、创新和经验等，以期修订后的《人民检察院组织法》能对这些问题做出理性的回应。

一、《人民检察院组织法》下的派出检察院设立现状

《人民检察院组织法》关于派出检察院设立的条文比较简单："省一级人民检察院和县一级人民检察院，根据工作需要，提请本级人民代表大会常务委员会批准，可以在工矿区、农垦区、林区等区域设置人民检察院，作为派出机构。"导致在实践中对于派出检察院的提请和批准机构、设立区域、名称等问题，各地做法不尽相同。

（一）设立批准的变通操作

《人民检察院组织法》规定只有省级和县级人大常委会才有权批准设立检察院派出机构，但在现实情况中更为需要设立派出检察院的不是省级县级检察院，而是市级检察院。因此由省级人大常委会和省检察院采取了一些变通做

---

[*] 作者简介：苟小军，江苏省无锡市新吴区人民检察院检察长；赵晓荣，江苏省无锡市新吴区人民检察院检察员，苏州大学检察发展研究中心兼职研究员，江苏省知识产权法（江南大学）研究中心特约研究员，江苏省商法学研究会理事。

[①] 包括北京市、天津滨海区，石家庄、保定市、唐山市、山西省、辽宁省、吉林省、上海市、江苏省、镇江市、江西省、河南安阳市、湖北武汉市、湖南长沙市、广东东莞市、四川省、贵州省、云南曲靖市、甘肃省、青海省、新疆维吾尔自治区。

[②] 本文中的派出检察院，不包括派出检察室和检察分院；省人大包括省、直辖市和自治区人大。

法，如省人大常委会授权市人大常委会来批准设立派出检察院，或者省检察院提请设立县级派出检察院，委托相应的市级检察院来代管。实践中派出检察院设立批准的五种情况：（1）省级检察院提请省人大常委会批准设立县级派出检察院；（2）省级检察院提请省人大常委会批准设立市级派出检察院；（3）市级检察院提请市人大常委会批准设立县级派出检察院；（4）区检察院提请区人大常委会批准设立县级派出检察院；（5）最高人民检察院提请全国人大常委会批准设立省级派出检察院。

（二）设立区域的扩大化

《人民检察院组织法》对设立的地点进行列举，仅明确可以在工矿区、农垦区、林区等区域设置派出检察院。而随着社会经济的发展，仅在上述区域设立派出检察院已经无法满足现实需要，于是很多地方人大常委会对条文中的"等"字做了扩大理解和操作，根据检察院的实际工作需要，在开发区、油田、科研基地等区域都批准设立了派出检察院。在实践中，派出检察院主要设立在以下9种区域：（1）经济开发区；（2）农场区（一般也是监管场所）；（3）市区；（4）油田；（5）工矿区；（6）监管场所；（7）林区；（8）农垦区；（9）科研基地①。

（三）用语不规范、不严谨

各地人大常委会在派出检察院设立批准文件中的一些用语不统一，缺乏应有的规范和严谨。

1. 用"设置"、"设立"还是"建立"不统一。关于派出检察院，有的地方人大《决定》与检察院的提请议案中的用法一致，均用"设立"、"建立"或"设置"，而有的地方人大《决定》与检察院提请议案中的用法却未统一，各用各的。同一个省内的用法也不统一，如1985年江苏省人大常委会授权省辖市人大常委会批准"设置"劳改、劳教场所派出检察院，而2013年镇江市人大常委会却批准"设立"镇江市金山地区人民检察院。而且同一人大常委会的用法也不统一，如吉林省人大常委会，1980年是批准"设置"吉林省四方坨子人民检察院，而1984年是批准"建立"吉林省红石林区人民检察院。另外，全国人大常委会关于新疆维吾尔自治区生产建设兵团检察院，用的是"设置"。

2. 《决议》和《决定》混同。关于设立派出检察院的文件名称，各地做法不统一，有的用《决定》，有的用《决议》，有的地方同一人大常委会的用

---

① 如四川省科学城人民检察院（四川省绵阳市人民检察院派出机构）。

法前后不统一，如新疆维吾尔自治区人大常委会先后分别用《决议》和《决定》来设立派出检察院。

（四）把派出检察院当作专门检察院

有观点认为派出检察院就是专门检察院。持这种观点的有中央法制媒体，也有地方媒体、专业人士等，他们把监管场所的派出检察院当作专门检察院，如（1）2007年11月26日"中国法院网"报道"长沙成立专门检察院监督全市18个监所"；（2）2010年8月19日《长江日报》报道"为何成立监督监所的专门检察院——长沙市星城地区人民检察院诞生记"；（3）2013年6月17日《法制日报》记者采访了某省检察院有关负责同志，这位负责人回答"对于设区的市设置派出检察院是否有相关法律依据的问题"时说，我国《宪法》第130条第1款和《人民检察院组织法》第2条第3款规定：检察机关根据需要可以设置专门检察院。而以上文中的专门检察院实质上应该是派出检察院。

（五）派出检察院的名称多样化

关于派出检察院的名称，没有法律法规来规范。9种区域的派出检察院中，农场区、市区、油田、工矿区、林区、农垦区、科研基地等7种的派出检察院的名称中一般有以上区域的字样，通过名称一般能看出其设立的区域，如吉林省三岔子林区人民检察院，可以看出其设立的区域为林区。

而仅根据名称，一般人比较难以分辨出监管场所的派出检察院，因为其名称不带有监管监狱等字样，它一般有以下几种说法：（1）农场检察院；（2）城郊检察院；（3）跨区域的，如石家庄市冀中南地区人民检察院；（4）特定区域的，如北京市团河地区人民检察院等。

开发区的派出检察院一般有以下几种名称：（1）开发区检察院；（2）工业园区检察院；（3）高新技术产业开发区检察院；（4）某产业开发区检察院，如长春汽车产业开发区人民检察院。

（六）管理、人员任免等其他问题

关于派出检察院的管理、职能、人员任免和级别等问题，有的地方在设立《决定》中就明确，有的是在以后的《决定》中逐步明确：（1）谁来管理。除了已经明确了管理者以外的，一般是谁设立谁管理。（2）人员任免。一般在人大常委会以后的有关决定中体现。（3）级别。或者在设立《决定》中明确，或者是在最高人民检察院的批复、省市编委批复中明确，人大常委会的决定中不再涉及。（4）职能。一般派出检察院行使的职能与非派出检察院的职能没有多大区别，但是特殊的派出检察院即监管场所的派出检察院的职能，由于与一般检察院的职能不同,在检察院提请批准的议案或报告中一般会明确其职能。

二、法律条文及实践存在的问题剖析

由于《人民检察院组织法》至今施行了30多年,有关派出检察院设立的条文不可避免地存在与现实情况不协调、冲突等问题。

(一) 设立批准的条文及实践分析

法律仅规定省级、县级人大常委会可批准设立派出检察院,但在现实中,县级检察院几乎没有提请设立派出检察院,而现实中更为需要设立派出检察院的是市级检察院。

1. 县级检察院没有派出检察院的原因。这可能与乡镇的级别有关,检察院一般是实职科级单位,检察长最低也是副处级待遇,而县级人大常委会是不会在乡镇一级政权设立这样级别的机构;另外,派出检察院行使的是基层以上检察院的职权,由基层检察院派出也不合适。因此,在乡镇一级,法院、公安和司法部门一般都是设立人民法庭、派出所和司法所,检察院一般设立的是检察室。

2. 省级和市级设立派出检察院的现实需要。由于大多数工矿区、农垦区、林区等区域具有跨行政区域和与所在地方不具有行政隶属关系的特点,为更有效地开展检察工作,实践中,对在省、自治区、直辖市辖区内跨行政区域的,由省级人民检察院派出检察院;对在地区或省辖市内跨行政区域的,由市一级人民检察院派出检察院。

3. 市级检察院设立派出检察院有法律依据,但是有一定限制。全国人大常委会办公厅和法制工作委员会曾经答复吉林省人大常委会[①],明确了市级人大常委会可以不经省人大常委会授权,直接可以批准在劳改场所设立派出检察院,但是这是关于"市检察院可否在劳改场所设立派出检察院"的问题答复,所以即使全国人大常委会通过扩大解释,把批准设立权扩大了市级人大常委会,但是也仅是扩大了在劳改劳教场所设立派出检察院,对于市级人大常委会可否批准在工矿区、农垦区、林区以及劳改劳教场所等区域以外的地方设立派出检察院,没有明确答复。实践中,市级人大常委会及省级人大常委会是否有权授权市级人大常委会在这些区域批准设立派出检察院的合法性值得商榷。

---

① 详情请参见"中国人大网"——"立法工作"——"询问答复"——"对人民法院组织法和人民检察院组织法的部分解答"中的内容。

(二)设立区域条文及实践分析

《人民检察院组织法》规定,检察院经过批准,可以在工矿区、农垦区、林区等区域设置派出检察院,经过全国人大常委会的答复,也可以在劳改劳教场所设立派出检察院。但在实际中,检察院根据工作需要,在开发区、油田、科研基地等多个区域都设立了派出检察院。这就涉及条文中的"等"字如何解释。

单从文义而言,"等"是一个多义词,按照《现代汉语词典》的解释,"等"字用于列举之后有两种相反的含义:一是"表示列举未尽(可以叠用),如京、津等地,纸张文具等";二是"列举后煞尾,如长江、黄河、黑龙江、珠江等四大河流"。①

我们认为,《人民检察院组织法》该条的"等"字,联系上下文来看,可作第一种解释,即表示列举未尽。但是,作第一种解释的"等"字,其前面的列举的例示事项,应该与"等"字后面的概括事项性质一致。开发区、市区、油田、科研基地,可以理解为区域,但是监管场所,一般认为是场所,不是区域,和区域有所区别,很难从法律条文中得到设立的立法依据。

(三)用语规范问题分析

1. 设立和设置:中央文件与法律、法规之间不统一

中央文件、法律等在派出机构是用设立和设置问题上,规定和做法不统一。权威的如中央编办在《中央编办关于国家能源局派出机构设置的通知》(中央编办发〔2013〕130号)中就用设置,而《地方各级人民代表大会和地方各级人民政府组织法》、《证券法》等法律用"设立",《人民检察院组织法》却用"设置"。

地方人大常委会在文件中用"设置"的,一是可能受检察院提请报告的用法所影响,二是可能认为《人民检察院组织法》才是设立派出检察院的法律依据;而用设立的,可能认为《地方各级人民代表大会和地方各级人民政府组织法》中关于设立派出机构的用法更为准确。

虽然设立和设置的意义相似,但是为了法律用语的统一性和严谨性,我们认为《人民检察院组织法》适宜和《地方各级人民代表大会和地方各级人民政府组织法》用法一致,用设立比较好。该法是2004年修订,是关于我国地方政权的组织、产生、职权和工作程序的基本法律,是地方政权建设和人大工作的重要法律依据,派出检察院由人大批准,人员由其产生,应该与其一致。

---

① 《现代汉语词典》,商务出版社1992年版,第277页。

2. 《决议》和《决定》需区分

一般来说，《决议》多适用于重大的、内容较为复杂、需要在较长时间内执行的事项，如批准重要工作报告、国民经济和社会发展计划、财政预决算等。《决定》一般适用于对单项的、具体的事项作出安排。[①]

派出检察院的设立，是一个单项具体的事项，我们认为地方人大常委会适宜用《决定》，另外，关于派出检察院的设立，全国人大常委会用的也是《决定》，如《全国人民代表大会常务委员会关于新疆维吾尔自治区生产建设兵团设置人民法院和人民检察院的决定》，其具有一定的参照指导作用。

（四）派出检察院非专门检察院

不同于派出检察院，专门检察院是根据检察工作的需要，在特定的组织系统内设立的、具有专属管辖性质的人民检察院。专门人民检察院与地方人民检察院的主要区别是：专门人民检察院不是按照行政区划设置，而是在特定的组织系统内形成完整体系，在最高人民检察院的领导下对特定范围的案件实行专属管辖。由于铁路运输检察院已经被撤销，目前我国专门检察院仅军事检察院。

我们认为可能是《人民检察院组织法》派出检察院和专门检察院的条款并列，容易造成误解，把专门检察院误认为是派出检察院，因此建议把专门检察院的条文特别说明。

（五）派出检察院名称多样的原因

为了便于管理和服务等原因，派出检察院的名称需要与所辖区域的名称基本保持一致，而我国监管场所和开发区名称的多样，导致这两个地方的派出检察院的名称多种多样。

由于历史原因，我国监狱很多以原来农场或茶场、果场的场名来命名监狱名称，所以叫农场检察院的一般是监管场所的检察院；同时，因为一般监管场所在城市郊区，所以叫城郊检察院的一般也是监管场所的检察院；另外，跨区域非特定行政区域（非县区、市）的派出检察院，也一般为监管场所的检察院，如江西省南昌市长棱地区人民检察院等。

而我国开发区的名称有若干称呼，国家级开发区就有国家级高新技术产业技术开发区和国家级经济技术开发区两种，原还分属不同部门主管，地方上的开发区根据地方的需要，叫法则有工业园区、某产业开发区等，所以开发区的

[①] 参见李恩庆：《地方人大如何使用决议和决定》，载 http://www.tyrd.gov.cn/2011/index.php?id=2030，访问时间：2014 年 1 月 6 日。

派出检察院名称也多种多样。

（六）管理、人员任免等问题

《人民检察院组织法》条文仅涉及派出检察院的设立问题，没有涉及其管理、人员任免、职能和职权级别问题，因此导致各地人大常委会的处理不尽相同。

三、如何对《人民检察院组织法》进行修改

修订的《人民检察院组织法》条文应反映司法改革的成果与满足司法实践的需要，应具有一定的针对性，同时保持稳定性与变动性、阶段性与前瞻性相统一的状态，对经济与社会发展起到引领和推动作用，将修法作为进一步推进改革的契机和手段。

（一）派出检察院设立条文有存在的必要性

《人民检察院组织法》有关于派出检察院如何设立的条文，学者认为，"地方人民检察院依据法律规定可以在开发区设立检察机关的派出机构"。正在修订的《人民法院组织法》很可能增加有关派出法院的条文，而为了减少不必要的争议，关于派出检察院设立的条文有保留的必要性。

（二）旧条文不适应现实需要，发展的现状反逼实践创新

随着区域经济的快速发展，城市功能的逐步完善，社会事业的全面进步，原有的司法体制已无法满足开发区经济社会各项事业发展的需要，开发区派出检察院和法院的设立，为开发区提供了及时有效的司法服务，有利于优化司法资源和方便人民群众诉讼，理顺了辖区的司法管理体制。而在监管场所比较集中的地方设立派出检察院，优化了监所检察权配置，加强了监所检察监督力量，强化了派驻检察机构的基础性作用，顺应了社会各方面对监管场所严格执法和保障人权的要求。故在原法律条文中没有明确可在开发区、监管场所设立派出检察院的情形下，在开发区和监管场所设立派出检察院，顺应了司法体制改革的要求。

（三）原则性与灵活性的统一：《人民检察院组织法》与《人民检察院派出机构管理办法》之间的衔接

法律条文应是精简，用语准确、简洁，具有可操作性。因此在修改时应该原则性和灵活性相统一，确有必要需要规范的问题才纳入《人民检察院组织法》，其他的具体细节操作可考虑纳入《派出机构管理办法》之中。适宜由《派出机构管理办法》细化规定的内容有：

1. 名称问题。如何合理给派出检察院取名，需要进一步详细调研，我们

认为现阶段不适宜纳入《人民检察院组织法》中来规范。

2. 管理、人员任免等问题。至于派出检察院的领导和管理问题，如果市级人大常委会可以批准设立检察院，则就不需要通过省检察院提请省级人大常委会批准设立，让市检察院来代管这样的变通操作，从而可以理顺谁设立谁管理这样的体制，也就不存在领导管理问题。至于派出检察院的职能、级别、人员任免等问题，由于派出检察院的种类不同、区域不同，各自的职能、级别也存在差异，如监管场所、开发区、林区等之间的职能权限肯定不同，有的派出检察院的检察长是处级、有的是副处级，另外人员任免问题也复杂，因此都不适宜在《人民检察院组织法》中用大量条文来规范。

（四）设立的程序宜粗不宜细

有观点认为要严格派出检察院设立程序，建议需要设立派出检察院的，在报经同级编委同意后，再逐级上报最高人民检察院审批，审批后由派出它的检察院报同级人大常委会决定。① 其实，实践中派出检察院设立需要报批的环节很多，以长沙市星城地区派出检察院设立过程为例，需要同意、审批、决定的流程如下：

长沙市人大常委会研究同意——→长沙市机构编制委员会批复同意——→湖南省机构编制委员会批复同意——→最高人民检察院批复同意——→湖南省人民检察院批复同意——→长沙市人大常委会决定设立

长沙市星城地区派出检察院的设立至少要经过6个环节、5个单位，其具体的设立程序比较复杂；另外，各地做法也不一定统一，故不宜在《人民检察院组织法》中对设立程序作出详细规定。

四、条文建议稿及其说明

综上，参考《地方各级人民代表大会和地方各级人民政府组织法》中关于派出机关的设立条文②，我们关于派出检察院设立的建议稿如下：

省一级和自治州、省辖市一级的人民检察院在必要的时候，报经最高人民检察院批准并提请本级人大常委会决定，可以在特定区域、场所设立人民检察

---

① 参见刘继国：《派出检察机构的发展与规范设想》，载《人民检察》2009年第17期。

② 《地方各级人民代表大会和地方各级人民政府组织法》中的设立条文："县、自治县的人民政府在必要的时候，经省、自治区、直辖市的人民政府批准，可以设立若干区公所，作为它的派出机关。市辖区、不设区的市的人民政府，经上一级人民政府批准，可以设立若干街道办事处，作为它的派出机关。"

院,作为它的派出机构。

专门人民检察院的设立、组织和职权等由全国人民代表大会常务委员会另行规定。

(一)设立批准扩大到市级,取消县级

如前所述,在现实中县级检察院不会设立派出检察院,由县级人大常委会批准设立派出检察院的条文不再需要,应该取消。而实践证明,市级人大常委会批准设立派出检察院是比较合理的方式,但是目前市级人大常委会批准设立派出机构,缺乏直接、明确的法律依据,导致其批准设立的派出检察院的法律性质和地位不够明确,不利于国家从总体上控制派出检察机构及人员的设置。另外,为了适当控制派出检察院的数量和规模,适宜仅放宽到省辖市和自治州一级的检察院才有权设立派出检察院。

(二)区分场所和区域,为监管场所的派出检察院正名

原条文只规定了在一定区域设立派出检察院,而区域一般指土地的界划、界限等,场所一般指特定的人或事所占有的环境的特定部分,两者有很大区别。监狱等监管地方一般认为是场所,不是区域。因此由于法律依据不够明确,致使实践中一些监狱集中、在押人员较多的地区亟须设置监所派出检察院而不能及时得到批准设置;① 而另外,对于实际需要和合理存在的监管场所,也需要在法律中正名。故我们认为在条文中适宜区分场所和区域。

(三)不区分派出机构和派出机关

一般来说,派出机关,是指特定的地方人民政府依照《宪法》和《人民检察院组织法》设立的,负责指导和协调辖区内各县市、各乡镇等政府工作的行政组织,包括省、自治区政府设立的行政公署、县政府设立的区公所及不设区的市和市辖区设立的街道办事处。派出机构则是指地方政府或政府(包括中央政府)职能部门为了实现对某一行政事务或特定区域内行政事务的管理而设立的行政组织。

由于以上的观点都是以地方政府机构为研究和讨论对象,而派出检察院不是地方政府派出,也不是地方政府职能部门派出的。所以,我们认为没有必要在派出检察院是派出机构还是派出机关这个问题上进行无休止的讨论和分析,为了条文的稳定性,适宜按照约定俗成,派出检察院还是叫派出机构。

---

① 参见刘继国:《派出检察机构的发展与规范设想》,载《人民检察》2009年第17期。

（四）用语选择等方面

适宜用"必要"取代"工作需要"①。必要，指不可缺少，非这样不可；需要，是指应该有或必须有的意思，侧重一般要具备。"必要"的语气肯定、语意程度较"需要"强。如果为了控制派出检察院的规模和数量，凸显"必要性"是新设立派出检察院的必备条件，我们建议在条文中可用"必要"取代"工作需要"。另外，如前所述，适宜用"设立"取代"设置"；用"决定"来设立派出检察院。

（五）修改后派出检察院不会无序设立，遍地开花

有观点担心使用"特定区域"的表述，可能会使开发区派出检察院的设立普遍化。② 我们认为，这样的担心没有必要。

首先，开发区派出检察院的设立适应当前社会形势发展的需要，但目前其设立的规模和数量有限。

其次，规模和数量有限不是因为法律和文件限制。因为按照最严格的理解和解释，即只有国家级开发区才能设立派出检察院，而截至2013年8月，全国共有国家级经济技术开发区192家，国家级高新技术产业技术开发区105家，故国家级开发区共计297家，但是并非所有的国家级开发区均设立了派出检察院；以拥有国家级开发区（包括开发区和高新区）32家而排名靠前的江苏省为例，其只有8个开发区设立了派出检察院。所以，1983年《人民检察院组织法》的有关规定不是限制各地扩大派出检察院设立规模和数量的约束条件。

再次，在实践中，各地早就在"等"字上做了扩大理解，想设立的地方早就设立了，不会等到《人民检察院组织法》修订后才设立。用特定区域和场所代替"工矿区、农垦区、林区等区域"不过是为了让立法用词更为准确。

最后，我们认为，有以下几个因素可以避免派出检察院的数量和规模急剧扩大。

1. 受制于地方的编制、人员等资源。一个地方的检察院设立，牵涉到编制、人员、经费保障等方方面面，需要当地党委政府、人大等的同意，想从地方有限的资源中挤占这些资源，不是一件容易的事情。

---

① 《地方各级人民代表大会和地方各级人民政府组织法》规定县、自治县的人民政府在"必要"的时候，经批准，可以设立派出机关。

② 参见张步洪：《修订人民检察院组织法基本问题与主要观点评介》，载《第七届国家高级检察官论坛会议文章》。

2. 设立程序复杂。以长沙市星城地区派出检察院的设立为例，至少需要先后经过6个环节、5个部门单位的批复同意，程序比较复杂。另外，1996年6月中央办公厅印发的中央编委《地方各级人民检察院机构改革的意见》也严格了派出检察院设立的审批程序。

3. 最高人民检察院可以总量控制。最高人民检察院可以根据法律原则和实际工作需要对派出检察院进行审批，在规模和数量上进行控制。

综上所述，《人民检察院组织法》修改后，派出检察院不会无序设立，遍地开花。

检察机关法律政策研究机构设置问题研究

韩少峰　孙寅平　陆瑞芳[*]

司法改革的深入推进和员额制的逐步落实,必然带来检察机关内设机构职能和架构的重新考量和设置。法律政策研究室作为检察机关的一个综合性业务部门,设立 67 年来,在服务检察工作大局、规范司法办案、深化检察改革、推进中国特色社会主义检察理论研究等方面发挥了不可替代的重要作用。在当前全面建设法治国家、深入推进司法改革的大背景下,法律政策研究职能是否仍然为司法部门之必要,法律政策研究机构如何设置、职能如何定位、人员如何配备等问题也是司法改革的重要组成部分,甚至可能关系检察事业的发展和司法改革的成败。为此,笔者结合工作实际,探索研究法律政策研究工作在司法工作中的价值功能、职能定位和运行模式,以期为深化司法体制改革,确保检察权科学合理、规范有序运行提供有益的参考和借鉴。

一、检察机关法律政策研究机构设置的历史沿革

作为检察机关承担综合性检察业务工作的重要部门,法律政策研究室堪称资历最老、历久不衰。1949 年,最高人民检察署成立伊始,就设立了"研究室"这一内设机构。67 年来,虽然其名称前面的定语曾有过细微变化,但其功能却一直未有实质改变。

新中国成立初期,1949 年《中央人民政府最高人民检察署试行组织条例》和 1951 年《中央人民政府最高人民检察署暂行组织条例》(以下简称《暂行组织条例》)均对最高人民检察署的机构设置问题作出规定,最高人民检察署据此设置了办公厅、人事处、研究室以及第一处(一般监督)、第二处(刑事

---

[*] 作者简介:韩少峰,山西省太原市人民检察院党组成员、检察委员会专职委员;孙寅平,山西省太原市人民检察院法律政策研究室副主任、检察员;陆瑞芳,山西省太原市人民检察院助理检察员。

检察)、第三处(民事行政检察)。1951年《暂行组织条例》第 11 条规定研究室的职能是"分任调查、统计、研究、编辑、资料、图书等工作"。

1962 年 7 月 14 日,中共最高人民检察院党组扩大会讨论决定恢复各级人民检察院的组织,并在最高人民检察院内分设三个业务厅(一厅负责审查批捕、审查起诉工作;二厅负责劳改、监所检察工作;三厅负责同严重违法乱纪作斗争工作)和研究室、办公厅。

1979 年恢复重建后,最高人民检察院根据 1979 年《人民检察院组织法》第 20 条"最高人民检察院设置刑事、法纪、监所、经济等检察厅,并且可以按照需要,设立其他业务机构。地方各级人民检察院和专门人民检察院可以设置相应的业务机构"之规定,结合工作需要,继续设立了研究室这一内设机构。1982 年 9 月,最高人民检察院确定设立的 8 个厅中仍包括研究室。

20 世纪 80 年代末,研究室被更名为法律政策研究室,负责调查研究与检察工作有关的法律、法规、政策的执行情况,承办有关检察工作法律案的起草工作,负责检察工作法制建设的调研、规划。

2002 年 2 月 21 日,最高人民检察院发布《人民检察院法律政策研究室工作条例(试行)》(以下简称《研究室工作条例》)明确规定,"人民检察院法律政策研究室是承担综合性检察业务工作的业务部门",并对各级检察机关法律政策研究室的设置、工作职能、人员配备等进行了详细规定。[①]

目前,法律政策研究室作为最高人民检察院的 21 个内设机构之一,正在为推动检察事业健康发展发挥着重要作用。全国检察机关所有的省级院、80% 以上的市级院和 1/3 的县级院设有研究室;全国研究室人员共有 4300 余人,近 1/3 为硕士以上,45 岁以下占 70%,有检察官身份的占 74%,全国检察业务专家 15 人。[②]

新中国成立 60 多年来,随着国家法律的不断完善、社会形势的发展变迁和我国检察制度的发展丰富,我国检察机关内设机构的设置,经历了新中国成立初期的初建、1978 年检察机关恢复重建至 1983 年内设机构进一步发展和规范、1983 年至 2000 年内设机构调整以及 2000 年至今不断改革完善等四

---

① 参见王松苗、王丽丽:《检察机关内设机构的风雨变迁》,载《检察日报》2009 年 10 月 12 日第 5 版。

② 该数据源自最高人民检察院法律政策研究室主任万春在国家检察官学院"检察理论研究骨干人才培训班上"的授课内容。

个发展阶段①，但在此期间，法律政策研究室始终未被撤销或者合并。历史经验告诉我们，法律政策研究是检察机关极为重要的一项工作职能，法律政策研究室也是检察机关必不可少的一个重要内设机构。

二、司法改革后检察机关设置法律政策研究机构的必要性

当前，法律政策研究室的去留问题及其职能定位，是检察机关探索内设机构改革、推行检察官分类管理过程中认识分歧最大的问题之一。在近期修改《人民检察院组织法》的讨论中，有的认为法律政策研究室是检察机关的综合业务部门，应当在《人民检察院组织法》中明确设置；有的认为它不是一线办案单位，应纳入综合管理部门；有的认为它可有可无、可以撤销，相关职能可以并入案件管理甚至检务保障部门。在前期推进的新一轮司法体制改革工作中，各试点单位做法不一。上海保留了法律政策研究室，市院配备4名检察官员额，分院配备3名，基层院原则上配备两名；深圳撤销了法律政策研究室，将原先法律政策研究室的工作职能分别并入业务管理部、业务保障部，由两名主办检察官和业务保障部干警分担职责；长春在推进"八部一委"、"大部制"改革中，将原先法律政策研究室的工作职能分别并入检务管理部和检务保障部，没有为这个岗位配备检察官员额；山西则规定法律政策研究室限额配备检察官员额。这些分歧，都是对法律政策研究室的职能属性和重要性认识不统一所导致。

笔者认为，法律政策研究室是检察机关不可或缺的综合性业务部门。理由如下：

（一）法律政策研究室是优化检察权配置的必然选择

检察机关的内设机构是检察权运行的组织载体，也是检察权内部配置和管理的表现形式。② 司法体制改革的目标，是建设公正高效权威的社会主义司法制度。要实现检察权的公正高效权威行使，需要对检察权进行优化配置。所谓"优化配置"，就是通过检察机关内部机构的设置改革，合理分解检察权，并通过不同的内设机构行使不同的检察职权，通过不同机构之间的互相配合、互相制约实现各项检察职权公正高效行使的目标。

关于我国检察权的分解与配置，理论界存在不同观点。主要有以下几种

---

① 参见徐鹤喃、张步洪：《检察机关内设机构设置的改革与立法完善》，载《西南政法大学学报》2007年第1期。

② 参见邓思清：《检察权内部配置与检察机关内设机构改革》，载《国家检察官学院学报》2013年第2期。

分类：

种类	具体分类
三类	侦查方面的检察权（或称检察侦查权）、公诉方面的检察权（即公诉权）和诉讼活动监督方面的检察权（即诉讼监督权）①
四类	调查权、追诉权、建议权（纠错建议权、整改建议权、处置建议权）、法律话语权（立法建议权、法律解释权、法律文件提请审查权）②
五类	检察侦查权（专门调查权、采取强制措施权）、批准和决定逮捕权（批准逮捕权、决定逮捕权）、公诉权（起诉权、支持公诉权、公诉变更权、量刑建议权、不起诉权、抗诉权）、诉讼监督权（刑事诉讼监督权、民事审判监督权、行政诉讼监督权）、其他职权（包括司法解释权、检察建议权、参与社会治安综合治理和预防职务犯罪的职责）③
五类	公诉权、侦查权、侦查监督权、审判监督权、执行监督权④
六类	职务犯罪侦查权、批准和决定逮捕权、刑事公诉权、对刑事诉讼的法律监督权（刑事立案监督权、侦查活动监督权、刑事审判活动监督权、刑罚执行监督权）、对民事审判和行政诉讼活动的法律监督权、其他职权（特种案件检察权、司法解释权、参与社会综合治理和预防犯罪权）⑤
七类	犯罪侦查权、审查逮捕权、刑事公诉权、刑事诉讼监督权、民事审判监督权、行政公诉与行政诉讼监督权、法律话语权⑥

上述有关检察权分解与配置的各种观点都是针对检察机关业务方面的职权进行的划分，虽各有不同，但大部分都将法律话权权、法律解释权、司法解释权等包含在内。根据《研究室工作条例》的相关规定以及多年的司法实践，此部分职权由法律政策研究室行使最为适宜，也充分证明法律政策研究室是综合性检察业务工作部门的性质。因此，从优化检察权配置的层面看，法律政策

---

① 参见邓思清：《检察权研究》，北京大学出版社2007年版，第47页。
② 参见张智辉：《检察权研究》，中国检察出版社2007年版，第111~113页。
③ 参见朱孝清等：《检察学》，中国检察出版社2010年版，第325页。
④ 参见石少侠：《检察权要论》，中国检察出版社2006年版，第112页。
⑤ 参见孙谦：《中国特色社会主义检察制度》，中国检察出版社2009年版，第152页。
⑥ 参见向泽选：《检察职权的内部配置与检察机关内设机构改革》，载《河南社会科学》2011年第3期。

研究室作为上述检察权运行的组织,是保障检察权"全面、公正、高效"实施不可或缺的部分。

(二)法律政策研究室是检察委员会科学决策的重要助手

1999年《最高人民检察院关于改进和加强检察委员会工作的通知》规定,为提高检察委员会的议事水平和工作效率,地(市)级以上人民检察院可在研究室设立检察委员会办事机构或专设机构,县、区院应配备专职人员负责检察委员会日常工作。检察委员会办事机构要充分发挥参谋和辅助作用,对提交检察委员会讨论的事项和案件,提出法律咨询意见供检察委员会讨论时参考。对于经审查不属于检察委员会讨论范围的事项和案件,检察委员会办事机构应提出意见,报请检察长决定。2009年《人民检察院检察委员会议事和工作规则》第12条规定,检察长决定将议题提请检察委员会审议的,检察委员会办事机构应当对议题进行审查,认为承办部门的议题和提请审议的程序不符合有关规定、书面报告或者说明的内容和形式不符合规定或者欠缺有关材料的,应当提出意见后由承办部门修改、补充。必要时,对议题的有关法律问题可以提出研究意见。第31条规定,检察委员会办事机构应当及时了解承办部门或者有关的下级人民检察院执行检察委员会决定的情况,必要时应当进行督办,并定期将执行情况向检察长和检察委员会报告。

上述规定表明,检察委员会办事机构的职责不仅有会前准备、会议通知、会议记录、编写会议纪要和会后督办、归档等事务性工作,还应当包括以下三大职责:(1)程序过滤——对提交检察委员会进行讨论的案件和事项是否属于检察委员会议事范围进行程序性审查过滤;(2)实体审查——对提交检察委员会讨论的事项提出参考性的法律适用意见;(3)决议督办——对各有关内设机构、下级检察院执行检察委员会决定、决议的督办。

实践中,一部分检察院高度重视检察委员会办事机构职能,特别是"实体审查"职能的全面发挥,为检察委员会科学决策提供了强有力的智囊支持。检察委员会委员大多数身兼机关重要领导职务,这决定了委员参与决策研究的时间、精力必然有限。而检察委员会决策对象是重大、疑难复杂案件和重大业务事项,这又要求参与决策的人员对决策对象有细致清楚的了解,并有充分的准备。实践中,如果没有实体审查,检察委员会的决策受承办人汇报方式、汇报内容、汇报能力的影响很大,极有可能被承办人"牵着鼻子走",形成与汇报人相一致的决策结果。检察委员会办事机构指派专人对提请上会的案件、事项进行深入细致专业的实体审查,因为没有处理该类案件的习惯性认识或者受到当事人的干扰等因素,加之以往有考核指挥棒效应存在,审查人常常会提出与承办人想左的处理意见和建议,并加以详细论证,既可以弥补承办人单方汇报的不足，又能给检察委员会讨论提供新的视角和新的依据，有利于检察委员会委员全方位深入细致地了解案件情况，因此，在实践中发挥了极为重要的参谋助手作用。

随着司法改革的不断深入以及扁平化管理模式的逐步推行，提交检察委员会审议的案件和事项，将没有了以往由处长、分管检察长、检察长层层把关的必经程序，案件和事项的决策更容易限制于承办人的能力水平，更容易受到承办人认识的影响，因此，这一时期更需要强化检察委员会办事机构对提请案件事项的程序过滤和实体审查等功能，确保检察委员会决策的科学性。

（三）法律政策研究室是保障检察事业前瞻性发展的重要机构

根据《研究室工作条例》的规定，"调查研究"是各级检察机关法律政策研究室的一项重要职能，主要职责包括：对与检察工作有关的法律、法规、政策的执行情况进行调查研究，围绕检察工作中遇到的新情况、新问题开展专题调研，对辖区内检察工作适用法律问题进行研究，对疑难案件和其他地区性重要问题进行研究。可见，法律政策研究室的调查研究是对检察工作重点和发展进程中的难点、热点的敏锐捕捉和深层剖析，是对检察工作经验和规律的全面总结和深度探寻，是对检察业务在法律理论层面的深入探讨，是对检察体制改革方略的长远谋划。相较于学者，法律政策研究室的调查研究工作不是纯理论研究，更贴近检察工作，更注重为司法实践服务；相较于案件管理中心，其研究更具系统性、法理性；相较于具体检察业务部门，其研究更具有宏观性、前瞻性；相较于办公室，其研究更能体现司法属性，更具专业性。

近年来，全国各地检察机关先后进行了许多创新措施和探索实践，许多方面具体工作都是由法律政策研究室来承担，特别是基层院研究室专职或兼职人员为此做出了很大贡献。司法体制改革后的检察事业发展，将面临更多的举措创新和机制改革。这些改革和创新不仅维系到许多重大而复杂的理论问题，需要大量的深入的调查研究和总结深化，而且会涉及许多具体而现实的实践问题。这些问题的解决，必须依赖于各级法律政策研究室的基础工作，否则顶层设计将成为无源之水。

因此，虽然法律政策研究不是法定程序的刚需岗位，虽然法律政策研究的功能效用不是一目了然、一蹴而就，但它并不是孤立的、可有可无的，相反，它能为领导决策和检察事业发展提供前瞻性的、战略性的参谋助手服务，是保障检察事业创新发展、健康发展、长远发展的重要机构和关键环节。

随着检察改革的不断推进，法律政策研究室的工作日益重要，基于现实和长远考虑，基于合理设计工作机构和优化人员配置，应尽快统一认识，按照检察机关的司法属性和职能特点，在相关法律法规中明确规定各级检察机关必须设立法律政策研究室机构或者岗位。

三、司法改革后法律政策研究岗位的职能定位

明确职能定位，是确保内设机构充分发挥职能作用的前提和基础。目前，由于对法律政策研究室重要性认识不足，各地普遍存在法律政策研究室岗位设置不规范、职能不明晰和功能不到位现象。有的检察院设有法律政策研究室，有的则把法律政策研究工作放在办公室或其他部门；有的把检察委员会办公室设在研究室，有的则将其设在案件管理中心或办公室，有的独立设置一个检察委员会办公室；有的虽有专人负责研究室工作，但往往身兼信息、法制宣传、综合文字等多项工作，检察调研和检察委员会办公室办工作只是捎带为之，无暇深顾；有的虽然设置研究室机构，但主要是为了解决老同志职级待遇。由于设置存在混乱现象，法律政策研究室的功能无法正常全面发挥。因此，在司法改革的深入推进过程中，应当用法律方式明确检察机关内设机构及其职能定位。

根据《研究室工作条例》第 9 条的规定，分、州、市级人民检察院和基层院研究室有组织协调本地区检察调研工作等 10 项主要职责。① 这 10 项职责体现了研究室作为综合业务部门的性质，与检察机关行使的检察权相统一，是检察机关其他部门难以承担的。在司法改革的大背景下，要转变对法律政策研究室就是领导的文秘机构和单纯的检察委员会办事机构的认识，准确把握研究室作为综合性检察业务部门的职能定位，紧紧围绕履行法律话语权、检察委员会办事机构以及检察调查研究三大主业，抓好法律政策研究室各项职能。

（一）履行法律话语权

检察机关的法律话语权主要包括法律政策研究室行使司法解释权、立法建议权、法规提请审查权②等。具体而言，就是负责调查研究国家公布的与检察

---

① 笔者以问题为导向，以自身工作需要为出发点，以基层法律政策研究工作为研究对象，因此该部门仅讨论分、州、市级和基层检察院的职能定位。

② 法规提请审查权，是指检察机关发现行政法规与宪法和法律相冲突时，提请国家最高立法机关就其合法性进行审查的一项权力。这是我国《立法法》赋予检察机关的一项权力，即《立法法》第 90 条第 1 款规定："国务院、中央军事委员会、最高人民法院、最高人民检察院和各省、自治区、直辖市的人民代表大会常务委员会认为行政法规、地方性法规、自治条例和单行条例同宪法或者法律相抵触的，可以向全国人民代表大会常务委员会书面提出进行审查的要求，由常务委员会工作机构分送有关的专门委员会进行审查、提出意见。"

工作有关的法律、法规、政策的执行情况，提出意见和建议；承办有关检察工作法律案的起草工作；承办涉及检察工作的司法协助协定、引渡条约等法律文本草案的起草、谈判工作；对征求最高人民检察院意见的国家立法草案、行政法规草案研究提出意见；对检察工作适用法律问题提出司法解释意见；对中国各级人民检察院在贯彻执行党的路线、方针、政策中的情况进行调查研究，提出意见等。

（二）检察委员会办事机构工作

研究室负责检委办的工作，有利于发挥研究室的智囊作用。根据《人民检察院检察委员会组织条例》的相关规定，其职能可归纳为以下四个方面：

1. 管理协调职能。规范机构设置，充实高素质人员，强化上级院的业务指导，做好会前准备、会议通知与记录、决定的执行与督办、会议材料的归档及相关问题的调研分析与总结等日常事务和工作，为提高检察委员会议事质量奠定基础。

2. 参谋助手职能。对提交检察委员会讨论的事项和案件材料是否符合要求进行程序性审查，确保检察委员会议大事，解决带有根本性和全局性的重大问题。对提交讨论的案件进行实体性审查，提出法律参考意见，协助检察委员会全面深入了解案件情况，为检察委员会科学决策提供参考。

3. 督办检查职能。建立健全检察委员会决定执行情况反馈制度、检察委员会决定执行督促催办制度和检察委员会决定执行情况检查制度，保障检察委员会决定及时正确地得到执行。

4. 总结指导。收集整理理论研究前沿热点和成果，总结撰写检察委员会讨论的疑难争议案例，围绕检察委员会讨论的重点案件和重大法律问题，组织开展调查研究，促进检察业务建设。

（三）组织开展检察理论研究

检察理论研究为领导决策服务，为检察工作的发展和检察改革提供重要智力支持，是法律政策研究工作的重要价值所在。在社会变革飞速发展、司法改革深入推进的新形势下，检察机关在履行法律监督职能的过程中，会遇到更多新情况、新问题。调研的任务就是全面客观了解实际情况，了解当前检察工作中的新情况、新问题，就是要运用科学理论研究分析新情况、新问题，寻求解决问题的有效措施。① 法律政策研究室应正视这一挑战，勇于承担起调查研究工作领头人和组织者的重任。

---

① 参见陈国庆：《工作创新调研为先》，载《人民检察》2008年第1期。

1. 加强与相关具体业务部门的联系与沟通，建立相应的协作机制，及时发现在履行法律监督职能过程中出现的各种问题，认真组织开展调研活动，加强对策研究。特别是要加强对一个时期内某一类问题的规律性研究，如商业贿赂犯罪、新农村建设领域发生的职务犯罪、《民事诉讼法》修改后对民行检察工作的影响等，从而提出有针对性的对策建议，指导检察工作实践，促进检察工作科学发展，保证正确履行法律监督职能。

2. 围绕党和国家大局与中心工作，结合当地政治、经济、社会生活的实际发展状况，结合本院履行法律监督职能的实际情况，深入开展实用性理论研究；对调查研究得出的对策要建议有关部门积极落实相关措施，跟踪关注；对于取得实效的对策措施，要及时建议向其他行业和地区推广普及，形成调研成果转化。要坚决防止调研与实践脱节的现象，着力解决现实问题，着力凸显调研工作的重要作用。

3. 发挥在开展专题调研方面的组织协调作用，制定检察理论研究方案，确定研究课题，健全工作机制，推动检察机关形成"大调研"格局；加强与教学、科研部门的协作配合，动员社会力量、法学专家进行研究。

四、司法改革后法律政策研究机构设置的构想

检察机关的内设机构是承担检察职能和检察工作的载体，不同级别和地区的检察机关，其职责、管辖区域和工作量大小不同，其内设机构的数量和职能侧重点亦有所区别。笔者认为，法律政策研究室的设置应本着全面行使检察职权、优化检察职权的内部配置、整合资源的开发利用、有利于职能的充分发挥等原则，并适当考虑不同级别检察机关的工作需要和人员编制等情况，具体做如下设置。

（一）各级检察机关原则上都应当设置法律政策研究岗位

法律政策研究是关系检察事业发展、关系检察决策水平的一项综合性业务工作，与检察机关的各项业务工作都具有密切的联系，应当给予高度重视。但是，由于各级检察机关管辖区域和工作量存在巨大差异，进行法律政策制定、研究的工作任务也存在很大差距，因而可以对法律政策研究部门的设置区别对待。最高人民检察院、省一级人民检察院和自治州和省辖市人民检察院应当设置法律政策研究室；县一级人民检察院和派出检察院则可以根据自身检察业务工作面和工作量的实际情况确定是否设置法律政策研究室，法律政策研究任务较少的检察院也可以不设置法律政策研究室内设机构，但应当设置法律政策研究工作岗位，并配备专人开展工作。

（二）法律政策研究室工作岗位应当配备检察官员额

法律政策研究的三大主要职能，对这一岗位的人员配备提出了更高的要求。从事法律政策研究工作的检察官，既要有较高的法律政策理论水平，又要有办理提请检察委员会讨论的疑难、重大、复杂案件的能力；既要有较好的文字写作能力，还要有敏锐发现、深度剖析和提炼总结的能力。可以毫不夸张地说，从事法律政策研究工作的检察官是出思想、出点子、出战略思维的检察官，是检察官上的检察官，所以这一岗位不仅应当配备检察官，而且应当配备资深检察官。只有配备了合适的人选，才能确保法律政策研究职能的充分发挥。在当前建立符合职业特点的司法人员管理制度之际，鉴于法律政策研究室业务量从上至下呈现"倒三角"形态、与其他业务部门正相反的实际情况，笔者建议，省级以上检察机关可根据自身业务量配备3~5个检察官员额，自治州和省辖市人民检察院可配备2~3个检察官员额，县一级人民检察院和派出检察院至少要设置1个检察官员额，以确保检察委员会办事机构职能的有效发挥。

（三）采取"1+1"（辅助人员）或"1+N"（行政人员）运行模式

目前，法律政策研究在履行三大职能的同时，还担负着本院专家咨询委员会日常工作、检察理论研究活动的开展、检察官协会、编辑出版检察业务刊物、编撰检察史志资料、汇编法律、法规文件等学习资料和收集、整理法律、检察业务资料等多项工作职责。如果司法改革深入推进后，这些工作仍然列入法律政策研究室的业务范围，那么就应当为其配备适量的辅助人员或行政人员予以辅助，以确保各项工作职能落实到位。

关于检察机关设置的四个问题

北京市人民检察院第二分院课题组[*]

一、关于检察机关设置方面的改革

受到政治体制和文化传统差异的影响,各国检察机关组织系统的设置模式不一,但检察机关组织系统的设立基本上有一些普遍遵循的一般原则,包括法定原则、对应原则、区域原则、便利原则和多元化原则,这些原则为我们科学设置检察机关提供了基本思路。[①] 在《人民检察院组织法》修改过程中,关于检察机关设置方面的讨论十分热烈,有观点认为,应当设立跨省、自治区、直辖市的人民检察院;有观点认为,最高人民检察院应当设立巡回检察厅;还有观点认为,应当允许最高人民检察院设置派出检察院。通过调研,我们认为,上述观点有一定的合理性和必要性,同时也存在一定的障碍和问题,具体分析如下:

(一)合理性和必要性

1. 新中国成立后检察机关曾有先例

1949年10月至1954年6月,中央人民政府成立以后,将全国划分为若干大行政区。新中国成立初期,分别建立大区"人民政府"(华北、东北)或"军政委员会"(西北、华东、中南、西南)。中央政府授权各大行政区人民政府或军政委员会,分别对全国各地区进行领导。1952年11月中央统一设立华北、东北、西北、中南、华东、西南六个中央人民政府行政委员会,自此,正式划分六大行政区。依托上述大行政区,最高人民检察署成立分署行使检察权。1951年9月颁布的《中央人民政府最高人民检察署暂行组织条例》第15

---

[*] 作者简介:课题组负责人:张文志,北京市人民检察院第二分院党组成员、副检察长。课题组成员:孙春雨,北京市人民检察院第二分院检察委员会委员、法律政策研究室主任;王伟,北京市人民检察院第二分院法律政策研究室副主任;张翠松,北京市人民检察院第二分院法律政策研究室检察员;卢凤英,北京市人民检察院第二分院法律政策研究室助理检察员。

[①] 参见朱孝清主编:《检察学》,中国检察出版社2010年版,第258页。

条规定：最高人民检察署得在各大行政区域或其他区域设分署，在其所辖区域内执行最高人民检察署的职务。1954年6月，随着大行政区的撤销，最高人民检察院各大区分署和最高人民法院各大区分院相继撤销。值得注意的是，对于保留还是撤销大区一级最高法院分院和最高检察分署工作，中央在讨论时也存在不同的意见。1954年5月董必武主持召开政务院政法委员会党组干事会第四十六次会议，研究撤销大区一级最高法院分院和最高检察分署工作。彭真发言说："这件事必须慎重考虑。过去各大区有中央局，对各省市的干部情况、工作情况比较熟悉，处理问题很方便很及时。大区一旦撤销，全国三四十个单位的案子都集中到最高法院来，老百姓上诉或控告很不方便。而且高院案件增多，很容易产生官僚主义。这个问题很大，困难不少。"1954年6月19日，中央人民政府委员会第三十二次会议通过了《关于撤销大区一级行政机构和合并若干省市建制的决定》。当天下午，政务院政法委员会召开党组干事会第四十七次会议，会议讨论了大区一级行政机构撤销后，各大区政法部门的存在、撤销和交接问题。按照毛主席"只准接好，不准接坏"的指示，会议初步决定：最高人民检察署各大区分署一律撤销。最高人民法院华北分院即交最高人民法院本部接管。其他大区分院继续存在，党内委托所在省委领导。今后各大区分院专管审判业务，实行审判与司法行政分立的原则。然而，在6月19日的会议之后，中央仍有领导同志质疑最高人民法院大区分院存在的必要性。经过认真研究，最高人民法院于6月28日，向中央报送了《关于撤销各大区分院与加强最高人民法院的意见》，其中，关于保留还是撤销大区分院，最高人民法院认为，各大区高分院的撤与不撤，主要是从便民，同时也从最高人民法院本身工作上来考虑。随着各大行政区的撤销而全部撤销各大行政区的分院是有困难的，因为全国地域辽阔，人口众多，各大区分院受理案件数量又大，如果这些案件全部集中到最高人民法院来审理，势必对人民诉讼不便，而高院也很难担负如此大量集中的案件。因此，建议撤销华北分院，而仍保留华东、中南、西南、东北和西北5个分院为宜。然而，不知是何原因，华北分院之外的其他分院仍然未能保住。7月16日，政务院政法委员会党组干事会向中共中央报送了《关于撤销大区各政法部门和加强中央各政法部门的意见》，最高人民法院大区分院随即陆续撤销。①

此外，作为一个特例，1958年6月根据《全国人民代表大会常务委员会关于批准设立最高人民法院西藏分院和最高人民检察院西藏分院的决议》，设

---

① 参见何帆：《最高人民法院大区分院设立与撤销原委考》，载《北京日报》2015年9月28日。

立了最高人民检察院西藏分院。1965年11月根据《全国人民代表大会常务委员会关于批准撤销最高人民法院西藏分院和最高人民检察院西藏分院的决议》，撤销了最高人民检察院西藏分院。

2. 与区域原则并不违背

根据区域原则，现代各国的检察机关一般按照行政区域或司法区域设置，其中，前者是主流，如日本、韩国、俄罗斯等国的检察系统，均按行政区域设置。后者，比较典型的是美国和法国。按照司法区域设置检察机关的国家，主要是考虑到人口规模和便于公民诉讼以及司法专门化原则。① 在我国，设立跨省、自治区、直辖市检察院，除了基于上述因素的考虑，还着眼于减少行政地方对司法的干预，实现检察权的独立行使，提升司法公信力。从目前已经成立的北京市人民检察院第四分院、上海市人民检察院第三分院，负责办理本市跨区行政案件的实践情况表明，这一做法对于提升司法公信力、减少地方干预的效果明显、意义重大。

3. 有利于实现司法便利原则

从域外情况看，与审判机关对应设置以及按区域设置是检察机关设置的一般原则，但为了适应检察工作的实际需要，便利公民快速、高效地寻求法律救济以及保护国家利益，有时需要对检察机关的设置进行一定的调整。例如，在德国只有州法院和高等州法院才设有检察机关，地方法院中的检察职能通常由其所属的州法院的检察机关行使。但对于个别规模较大或地势偏远的地方法院，州司法行政机构有时会设有具有管辖权的检察机关分支机构。② 此外，韩国也有类似做法。这一点，在设置最高人民检察院巡回检察厅方面表现得比较突出。

4. 符合对应原则

2015年1月最高人民法院根据《关于巡回法庭审理案件若干问题的规定》设立巡回法庭，受理巡回区内相关案件。第一巡回法庭设在广东省深圳市，巡回区为广东、广西、海南三省区。第二巡回法庭设在辽宁省沈阳市，巡回区为辽宁、吉林、黑龙江三省。对此，最高人民检察院应当根据对应原则设置相应机构，以便准确履行法律监督职责。

（二）障碍和问题

1. 法律障碍

检察机关设置的首要原则就是法定原则，法定原则还蕴含着稳定原则。法

---

① 参见曾宪义主编：《检察制度史略》，中国检察出版社2008年版，第233页以下。
② 参见魏武：《法德检察制度》，中国检察出版社2008年版，第177页。

定原则要求检察机关组织系统的设置应依法进行，不得超越法律随意改变、增加或减少。作为《人民检察院组织法》的上位法，《宪法》第 130 条第 1 款规定："中华人民共和国设立最高人民检察院、地方各级人民检察院和军事检察院等专门人民检察院。"① 在这里，并没有提到"跨省、自治区、直辖市检察院、最高人民检察院巡回检察厅、最高人民检察院分院"，在《宪法》没有作出修改的前提下，《人民检察院组织法》增设跨省、自治区、直辖市的人民检察院、最高人民检察院巡回检察厅、最高人民检察院分院，缺少上位法依据。

2. 现实障碍

对于跨省、自治区、直辖市检察院而言，跨越多个省级行政区划，由于没有一级人民代表大会与之相对应，其检察长的产生、检察官的任免均存在现实障碍。

3. 三者关系

如果设立跨省、自治区、直辖市的人民检察院、最高人民检察院巡回检察厅、最高人民检察院分院，三者的关系是什么？我们认为，比照最高人民法院根据《关于巡回法庭审理案件若干问题的规定》第 2 条规定："巡回法庭是最高人民法院派出的常设审判机构。巡回法庭作出的判决、裁定和决定，是最高人民法院的判决、裁定和决定。"最高人民检察院巡回检察厅，应当定位于最高人民检察院的派出机构，对巡回区内最高人民法院巡回法庭所办理的案件进行检察监督。最高人民检察院分院则设置在特定的监管场所（如秦城监狱、燕城监狱），属于最高人民检察院的派出机关，履行对刑事执行的法律监督职责。跨省、自治区、直辖市检察院则属于"地方检察院"，出于"去地方化"的考虑，减少单一行政区内地方对检察机关的办案干扰，同时综合平衡大区内某一类案件的发案频率，对特殊案件实行集中统一办理，如行使对跨省区市行政案件的检察监督权等。基于以上考虑，三者可以并存。

二、关于专门人民检察院的设置

专门检察院是根据检察工作的需要，在特定组织系统内设置的、具有专属管辖性质的人民检察院，主要特点是：不按行政区划设置，而是在特定的组织系统内形成完整体系，对特定范围的案件实行专门管辖。我国目前设置的专门人民检察院只有军事检察院。在《人民检察院组织法》修改过程中，对于是否应当设立海事检察院、知识产权检察院、少年检察院的讨论十分热烈。通过

---

① 参见王桂五主编：《中华人民共和国检察制度研究》，中国检察出版社 2008 年版，第 430 页。

调研，我们认为，除已有的军事检察院之外，设立上述三类专门检察院有其合理性和必要性，理由如下：

第一，历史沿革上有先例可循。1954年8月《中华人民共和国检察署条例草案（初稿）》第22条规定："专门检察署为：军事检察署、铁路运输检察署、水上运输检察署。"1954年11月《中华人民共和国最高人民检察院组织条例（草稿）》第13条规定："本院设铁路、水上运输和军事检察院，其组织条例另行拟定。"[1] 1979年7月《中华人民共和国人民检察院组织法》第2条规定，专门检察院包括：军事检察院、铁路运输检察院、水上运输检察院、其他专门检察院。专门检察院的设置、组织和职权由全国人民代表大会常务委员会另行规定。由此可见，在我国检察机关的体系内，专门检察院的范畴一度比较广泛，有先例可循。

第二，符合国际通行做法和发展方向。从各国检察机关的发展立场上看，基于多种原因，检察机关不断分化并呈现出高度的多元化和专门化。以法国为例，在普通检察机关系统之外，在军事法院、海商法院和财政法院还存在自成一体的检察机关。德国在普通检察机关系统之外，在联邦行政法院还设有联邦利益代表人，作为一个介于行政机关和法院之间的特别司法机构。海事海商案件和知识产权案件的专业性极强，不同于一般民商事案件或行政案件；未成年人案件则需要熟悉未成年人身心特点的专门机构和专业人员办理，因此，对上述案件需要检察机关专业化的法律监督。

第三，符合对应设置原则。依据该原则，检察机关应当与审判机关对应设置，在我国，这也体现了"有权力必受监督"的理念，彰显了《宪法》确定的检察机关的国家法律监督机关属性。目前，在审判系统，除军事法院之外，专门法院还包括海事法院和知识产权法院。此外，最高人民法院也在积极推动少年法院的设立。具体情况如下：根据1989年5月最高人民法院《关于海事法院受案范围的规定》，海事法院管辖海事海商案件5大类14种，目前全国共有广州、大连、上海等10个海事法院；根据全国人大常委会的决定，2014年8月最高人民法院在北京、上海、广州三地设立知识产权法院，而根据2014年10月最高人民法院《关于北京、上海、广州知识产权法院案件管辖的规定》，专门受理涉及知识产权的民事、行政案件；2014年以来，最高人民法院将"推动实现设立少年法院试点"作为推进少年法庭改革发展的重要目标。而与之相对应的专门检察院则尚属空白，这就带来一个对这些专门法院所办理案件的专属监督问题。值得注意的是，鉴于对专门检察院案件量和工作量的预

---

[1] 参见冠钐编：《中国检察史资料选编》，中国检察出版社2008年版，第398页。

判,从提高司法效率和精简设置机构的角度出发,对应设置主要基于"专业对应"的考虑,在实践中并不意味着一定要"一一对应",可以由一个专门检察院对应多个专门法院。

少年检察院的设立除了上述理由之外,还具有独立的价值。第一,少年司法是集教育、预防、矫治、观护于一体的庞大制度体系,未来的发展方向是形成集案件办理、社会调查、观护帮教、心理评估、不良行为教育矫治、福利救济保障、社会安置为一体的专业化检察院。未来的少年检察院除了设立未检部外,还将设立儿童福利保障部(具体负责涉案未成年人最低生活保障、生活救济、家庭监护问题处理,必要时建议民政部门提起撤销监护权诉讼等工作)、社会调查部(负责开展涉未刑、民、行政案件的社会调查、社会观护)、心理辅导和戒瘾部(负责心理评估、跟踪心理辅导、网瘾治疗)、教育矫治部(负责涉案未成年人的教育矫治、考察帮教)、协调安置部(负责与有关部门协调涉案未成年人复学、就业培训等复归社会工作)。[①] 第二,少年检察院在办理刑事案件中具有独立的程序价值。与海事法院、知识产权法院所办理的海商海事案件、民商事案件、行政案件中,先由法院审理案件,再由检察院进行法律监督不同。少年检察院还要办理刑事案件,而从刑事诉讼的流程上看,是按照"公→检→法"的顺序依次进入诉讼程序的,也就是说,少年检察院是法院的前端,一些案件可能在检察环节就作出程序终结性的处理了,不需要再进入审判程序了(如根据《刑事诉讼法》中有关特别程序的规定,作出附条件不起诉处理的案件),从这个角度看,少年检察院的设立甚至可以先于少年法院。第三,少年检察院的设立可以实现聚合增效的目标。从已经按照行程区划分别设立未成年人检察部门的省市的实践情况看,普遍存在案件量不平均,一些检察院的未检部门案件量较少,"机构在,案件少"的情况时有发生,对此,可以通过在一定区域内设立少年检察院,整合办案资源,统一集中办理涉及未成年人的案件。

三、关于新疆生产建设兵团检察院的设置

(一)新疆生产建设兵团检察机关设立的法律依据

1.《宪法》。第130条规定,中华人民共和国设立最高人民检察院、地方各级人民检察院和军事检察院等专门人民检察院。人民检察院的组织由法律规定。

[①] 参见岳慧青:《司法改革背景下的未成年人检察体制改革》,载《青少年犯罪问题》2015年第1期。

2.《人民检察院组织法》。第 2 条规定,中华人民共和国设立最高人民检察院、地方各级人民检察院和军事检察院等专门人民检察院。省一级人民检察院和县一级人民检察院,根据工作需要,提请本级人民代表大会常务委员会批准,可以在工矿区、农垦区、林区等区域设置人民检察院,作为派出机构。

3.《全国人大常委会关于新疆维吾尔自治区生产建设兵团设置人民法院和人民检察院的决定》。该决定规定,新疆维吾尔自治区人民检察院在生产建设兵团设置下列人民检察院,作为自治区人民检察院的派出机构:(1)新疆维吾尔自治区生产建设兵团人民检察院;(2)新疆维吾尔自治区生产建设兵团人民检察院分院;(3)在农牧团场比较集中的垦区设置基层人民检察院。

新疆维吾尔自治区生产建设兵团人民检察院领导生产建设兵团人民检察院分院以及基层人民检察院的工作。

新疆维吾尔自治区生产建设兵团人民检察院检察长、副检察长、检察委员会委员、检察员,新疆维吾尔自治区生产建设兵团人民检察院分院检察长、副检察长、检察委员会委员、检察员,由自治区人民检察院检察长提请自治区人民代表大会常务委员会任免;基层人民检察院检察长、副检察长、检察委员会委员、检察员,由新疆维吾尔自治区生产建设兵团人民检察院任免。

(二)新疆生产建设兵团检察机关现有法律地位存在的问题

从上述法律规定可以看出,现有法律对新疆生产建设兵团检察机关的定位是新疆维吾尔自治区人民检察院的派出机构,包括新疆生产建设兵团人民检察院、新疆生产建设兵团人民检察院分院以及基层人民检察院。但是,现有的法律定位与新疆生产建设兵团的现状不相符合。实际上,新疆生产建设兵团人民检察院下设分院、基层院,相当于省级院的架构,并且在审级上直接对应最高人民检察院,并受其直接领导;最高人民检察院在发文时都将兵团检察院与各省检察院并列,显示出实际上将兵团检察院看作是省级院。兵团检察院与新疆维吾尔自治区人民检察院的唯一联系是兵团人民检察院及其分院的检察长、副检察长、检察委员会委员、检察员要通过自治区检察院检察长提请自治区人民代表大会常务委员会任免(基层院相应人员由兵团人民检察院任免),这是因为兵团没有同级人民代表大会。

这种法律定位与现实情况的脱节,在一定程度上影响了兵团检察院的积极性和工作开展,在反分裂、反暴恐斗争形势日益严峻的今天,兵团的职能作用只能加强,不能削弱,因此,我们建议在《人民检察院组织法》修改中赋予兵团检察机关独立的地位。

四、关于经济开发区、保税区和保税港区检察院的法律地位

（一）经济开发区、保税区、保税港区的概念

探讨经济开发区、保税区和保税港区检察院的法律地位首先要从经济开发区、保税区和保税港区的法律地位谈起，而界定经济开发区、保税区和保税港区的法律地位首先要厘清三个区域的各自概念、类型和功能。

1. 经济开发区的概念

经济开发区是一个范围广泛且划分模糊的综合性概念，世界上几乎每个国家都建有开发区，但目前各国政府部门或学术界还没有一个严格意义上的统一定义，也缺乏统一的认识，且开发区的称谓就有数十种之多，如自由港、出口加工区、科技园、边境贸易区、保税区、投资促进区等。在国内，开发区也有着不同的类型和国家级与省级开发区两个层次，在性质、目的、模式上也各有差异，从而使得许多研究者在开发区的理解上存在一些差异，其中代表性的定义主要有：在《中国利用外资基本知识》一书中，"开发区"被界定为："我国经济性特区是经济特区、经济技术开发区、高新技术产业开发区、保税区、边境经济合作区和旅游度假区等各类区域的统称。"[①] 还有人认为，"开发区"一般是指"一个国家或地区为了吸引国际直接投资，扩大出口创汇，创造就业机会，推动外向型经济发展而专门开辟的实施特别关税制度或优惠政策的特别区域等"[②]。

国内在开发区研究中所形成的比较一致的观点是，"开发区是指一个国家和地区，在交通便利的地方（港口或海、陆、空交通枢纽）划出一定范围，在对外经济活动中实行一些特殊的开放政策，用减免关税，提供良好的基础设施等优惠方式，发展贸易和转口贸易，利用国外资金或技术，发展加工工业或经济事业，以增加就业，扩大出口，赚取外汇，引进先进技术，达到促进本国或本地区经济和科技发展的目的"的区域，如自由港、自由贸易区、投资促进区、保税区以及科技园等。从学界的通说来看，经济开发区的范围广泛，覆盖了经济技术开发区、高新技术开发区、出口加工区和保税区等多种形式的经济开放区域。按照国新办发布的数据，经过清理整顿后，2006年全国开发区的数量由6866家减少到1568家。也就是说在全国范围内，经济开发区是个庞大的群体，即使从级别较高的国家级经济技术开发区和高新技术开发区的数量

---

① 朱水新：《中国开发区组织管理体制与地方政府机构改革》，天津人民出版社2001年版，第11页。

② 张林：《开发区发展模式研究》，武汉理工大学2004年硕士学位论文，第1页。

来看，也是不小的群体。

2. 保税区和保税港区的概念

(1) 保税区概念

保税区是我国在 20 世纪 80 年代后成功创办经济特区的基础上，借鉴并参照国际上的自由贸易区和出口加工区取得的成功经验，主要在外运港口创设的具有中国特色的特殊经济区域。"保税"本属海关用语，可以理解为"对于从国外进口的货物，在一定条件下，暂时保留关税的征收"，它是海关实施贸易便利化的产物。我国保税区与国外的海关保税区域、保税仓库和保税工厂并不是同一个概念，其作用和功能不仅仅是保税，称其为"保税区"是我国创造的具有中国特色的名词。相对于日趋成熟的世界自由贸易区而言，处于发展的初期阶段，学术界对于保税区的认识也在逐步丰富与完善。中南财经大学林汉川先生对保税区的解释是：保税区类似国外自由贸易区、自由港，它是国境内划出的一块易于管理的边境，以全封闭的形式，在海关监管下，通过前门放开、后门关住、外来产品"全进全出"，以减免关税的方式进行管理。经海关批注，保税区可以从事储存、改装、加工、加贴商标后复运出口等经济活动。1997 年 8 月 1 日海关总署发布的《保税区海关监督办法》明确规定：保税区为海关监管区，海关在保税区内依法执行监管任务。保税区与非保税区界限应设置完善的隔离设施。国内关于保税区比较权威的界定是《中国利用外资基础知识》一书中的解释：中国的保税区是海关监管的特殊区域，实际上它类似于其他国家在港口划出一块并用铁丝围网围起来的自由区（Free Zone）或自由港（Free Port），是以贸易为主的多功能经济特区。

结合我国保税区运作实际情况并综合以上各种表述，将保税区比较完整地定义为：保税区是经国家批准设立的，由海关监管的，具有"境内关外"某些特点的，区内进口货物免缴关税并取消其他贸易限制的，从事国际贸易、保税仓储、出口加工、商品展示等活动的特殊经济区域。[1] 其设立的目的就是要在特定的区域内集中建设完善基础设施，采取国际上自由贸易区、自由港通行的做法，创造出良好的软硬件环境，吸引国内外的投资者进入保税区，充分利用区内特殊的政策和区位优势，从事国际贸易、出口加工和仓储物流等业务，使保税区成为我国发展外向型经济的重要窗口。截至 2015 年 9 月我国共有 43 个综合保税区。

---

[1] 参见韩景：《保税区发展、空间演化及其区域效应研究》，辽宁师范大学 2008 年博士学位论文。

(2) 保税港区的概念

从字面上看，保税港区就是指保税区和港口的结合，它是一个新的概念，如何定义保税港区，界定保税港区的内涵，在学界尚无定论。《海关保税港区管理暂行办法》对保税港区的概念做了一个初步的论述：保税港区是指经国务院批准，设立在国家对外开放的口岸港区和与之相连的特定区域内，具有口岸、物流、加工等功能的海关特殊监管区域。保税港区的功能具体包括仓储物流，对外贸易，国际采购、分销和配送，国际中转，检测和售后服务维修，商品展示，研发，加工、制造，港口作业等9项功能。上述论述从保税港区的审批权限、区位、性质、功能等四个方面对保税港区进行了界定。保税港区享受保税区、出口加工区、保税物流园区相关的税收和外汇管理政策，在区位、功能和政策上的优势更明显。目前我国在上海、广东、广西等地方政府共设立14个保税港区。

3. 保税区与保税港区的比较

从保税港区的建立背景和功能设置上可以看出，我国的保税港区是在保税区基础之上设立的高级形态，也是我国建立自由贸易区的先导试验基地。从字面上很容易看出，保税港区比保税区多了码头和港口的功能。目前，我国设立的五大保税港区，都是依港而建。世界上著名的自由贸易区，例如德国的汉堡港、荷兰的鹿特丹港，都是与港口相连，并实行区港一体化管理。与传统保税区相比，保税港区不仅实现了相对意义上的"境内关外"，还享受税收、监管等各项更为优惠的政策。保税港区的功能更多，政策更优，内涵更为丰富，而且意义更为深远。保税港区是经济自由区的一种表现形式，是向国际先进的自由港、自由贸易区迈出的积极一步。按照国务院2015年9月印发的《加快海关特殊监管区域整合优化方案》，要求现有出口加工区、保税物流园区、跨境工业区、保税港区及符合条件的保税区将逐步整合为综合保税区。新设立的海关特殊监管区域统一命名为综合保税区。统一监管模式。也就是说，按照方案要求，保税港区和符合条件的保税区最后都要统一命名为综合保税区。

综上所述，我们认为，从上述对于经济开发区、保税区、保税港区的概念、功能、数量规模等介绍看，从范围、地位、级别上看，经济开发区、保税区、保税港区不是同一层次的概念，经济开发区的内涵最丰富、范围最广，数量最多，按照学界通说，保税区也被认为是经济开发区的一个类型。保税区和保税港区均是经国务院批准设立的，海关实施特殊监管的经济区域，二者功能相似且具有一定的交叉。保税区既可在内陆设置也可在港口设置，保税区数量比保税港区多。保税港区是保税区的高级形态，与保税区相比，保税港区的内涵更为丰富，功能更为齐全。

三、检察机关的设置

（二）经济开发区、保税区、保税港区的法律地位

通过对经济开发区、保税区、保税港区概念的分析来看，经济开发区、保税区、保税港区不是同一层次的概念，三者之间有一定的交叉，因此，在探讨三者的法律地位时，不能一概而论，不同层次、类型、性质、级别的经济开发区、保税区、保税港区的监管模式不同，法律地位也不尽相同。

1. 经济开发区的法律地位

由于我国经济开发区层次比较多，情况比较复杂，各个开发区管理机构承担的职能差别比较大，从《国家经济技术开发区管理机构职责》和地方人大颁布的开发区条例对其定性来看，也不一致。实践中，我国经济开发区管理机构的类型大致有这样几种情况：

（1）纯政府型

这种类型在实践中较少，以上海浦东新区为代表。上海浦东新区原来成立管委会进行管理，在发展过程中出现了很多问题，随着浦东经济和社会的快速发展，城区面积不断扩大，社会事务大量增加，管理体制出现了与现状不相适应的地方，许多事情在上下之间不能很好地衔接。针对这种情况，2000年上海市委决定调整浦东新区的管理体制，建立浦东新区的4套班子，即区党委、区人大、区政府和区政协，浦东新区行政管理体制回归到正常的政治架构。对于这样一种将开发区管委会升格为一级政府，开发区可以设置地方人大，不管是开发区政府还是开发区司法机关的产生都会名正言顺，开发区政府独立行使职权独立承担责任，但是这样一种方案就使得开发区又回到了一般行政区，与开发区在最初设立时的目标定位不吻合，将会使开发区的体制优势不断丧失，开发区管委会的"特权"不断削弱、淡化，也会影响改革开放取得的已有成果。

（2）准政府型

开发区管理机构不但负责经济开发建设任务，还承担着政府行政管理和社会管理职能。目前，这种类型在我国开发区中比重较大，以海南洋浦经济开发区为例，洋浦经济开发区设有开发区工委和开发区管委会，开发区管委会"代表省人民政府对洋浦经济开发区、海南洋浦保税港区及省人民政府划定的邻接海域，实施统一管理；协调国家和本省有关部门设在洋浦经济开发区机构的工作"。"对属地管理事务，行使设区的市和县级行政管理权。"下设有人事劳动保障局、监察局、招商总局、财政局、公安局等职能部门，同时设有洋浦开发区检察院和洋浦开发区法院。我们从其管理体制和机构设置来看，管委会虽然名称没有以人民政府命名，但相当于一级政府。这类管理机构具有明确的行政级别，职权较为全面。

(3) 政府"派出组织"型

开发区管理机构是所在地方政府的组成部分，不能作为一个相对独立行政区域的政府来行使权力，只能行使部分管理权限（主要是经济规划、管理），社会管理由所在行政区的相关职能部门承担。

(4) 行政与企业管理并存型

这种运营模式，作为行政管理主体的开发区管委会及其他职能部门和市场化运营的开发公司同时并存。具体来说，又可以分为两类：一类是采取政企分离的做法，另一类则是政企合一。采取政企分离做法的开发区，开发区管委会及其他职能部门承担行政管理职能，负责制定政策、行政审批和宏观管理，具体的开发经营由独立的开发公司负责。这种模式下，开发区管委会及其他职能部门与开发公司的权责明确，有利于开发区进行大规模成片开发。政企合一的做法，特点是开发区管委会及相关部门既是管理者，又是开发商，管委会和开发公司往往是两块牌子一套班子，这种体制开发区管理机构的能动作用较大，但存在政企不分、职责不清的弊端，导致开发公司在运行上没有独立的决策权。

(5) 独立公司型

随着我国市场经济的发展，到20世纪90年代末，诸如产权制度、现代企业管理制度等市场经济管理制度被广泛地应用于我国整体经济运行。在这样一个背景下，开发区作为一级开发商的主体地位逐步被认同。有的地方政府进行探索实验，直接由企业按照企业制度管理运营开发区，不再设置相关行政机构。

在上述开发区的类型中，纯政府型的开发区，因其已上升为一级独立的政府，故具有独立的行政主体资格，是一级行政机关。"独立公司型"管理的开发区，因其是公司制管理，不具有政府的行政职能，不能作为独立的行政主体。那么众多采用行政管理模式的开发区，其管委会究竟能否作为行政主体独立承担责任，从现有的法律和地方性法规来看更多地持否定或回避的态度，学界的分歧和争议也较大，有人认为它是派出机关，有人则认为它是派出机构，也有人认为它是"法律、法规授权组织"，甚至还有人认为它的本质是临时机构。究竟确定为哪一种定性符合法理和实际，则应从开发区管理委员会的实际特征和运作情况来分析。

第一，开发区管委会是否是一级政府。在实践中，开发区管委会不仅承担着开发区的经济管理事务，还承担着开发区范围内的社会管理职能。从这些方面来看，这种管理模式下的管委会类似于一级政府，但我们从《宪法》第95条来看，"地方各级人民代表大会和地方各级人民政府的组织由法律规定"。

即地方政府的设置属于法律保留事项,只能由法律作出规定,而目前的《宪法》和《地方各级人大和地方各级政府组织法》尚缺乏此类规定。因此尽管开发区管委会机构比照区政府设置,其正式工作人员有财政编制,属于公务员序列,但开发区管委会不是一级政府。

第二,开发区管委会是派出机关还是派出机构。从各地关于经济开发区的地方性法规的规定,结合开发区管理的实际运作来看,开发区管委会应为所在地方政府的派出组织。但我国的派出组织有派出机关和派出机构两种,开发区管委会属于派出机关还是派出机构呢?根据行政法理论,派出机关指县级以上地方各级人民政府因工作需要在一定区域内设立的代表本级政府实施行政管理的机关。在我国,派出机关共有三种:行政公署、区公所和街道办事处。派出机构则是由各级地方人民政府职能部门派出的代表该职能部门进行管理的行政机关,通常情况下,县级人民政府的职能部门设置派出机构,比如公安局设置的派出所、工商局设置的工商所、税务局设置的税务所等。开发区管委会由所在市或所在省人民政府设立,而不是由政府的职能部门设立,因而可以确定它不是派出机构。根据以上分析,将开发区管委会界定为派出机关更符合法理和现实情况,也更有利于认识和把握管委会及其下设机构的行政主体地位。

综上所述,我们认为,对于开发区管理机构的法律地位,应根据开发区不同的管理模式做出区分,对于像浦东新区这样已上升为一级政府的开发区应具有独立的行政主体地位,是一级独立的行政机关,对于准政府型和政府派出型的开发区管委会,政府派出机关的法律地位更符合法理和现实情况。

2. 保税区和保税港区的法律地位

(1) 保税区的法律地位

根据保税区相关法律规定,在保税区内的管理体制上实行了管理委员会的模式,全国各保税区均设立了管理委员会(以下简称"管委会")或管理局,区域实行封闭式管理,海关实施监管。管委会或管理局一般是作为政府的派出机构(如深圳福田保税区、青岛保税区、厦门象屿保税区等)或政府设立的独立管理机构,如上海外高桥保税区、天津港保税区、大连保税区等)对保税区的各项行政事务予以综合管理。与此同时,为了加强保税区各项专业事务的管理,海关、边防查、税务、外汇、公安、卫生、动植物和商品检疫等部门,在保税区也设立了专门的办事机构,统一办理相关的业务。管委会或管理局与各专业管理机构之间是协作与配合的关系。在这些管理机构之下,一般设立保税区开发公司,从事保税区内市政设施建设和房地产经营,保税区内企业提供生活服务,协助投资者兴办企业,并帮助联系水、电、煤气通信设施等的供应。

(2) 保税港区的法律地位

由于我国的保税港区缺乏统一最高立法，也由于各个保税港区的具体情况不同，造成我国各个保税港区的行政管理制度各有特点，由于篇幅所限，下面仅选择其中的两个典型代表即上海洋山保税港区和天津东疆保税港区的行政管理体制的现状进行分析。

首先，上海洋山保税港区颁布的《洋山保税港区管理办法》第 4 条主要体现了洋山保税港区的行政管理体制的有关规定：洋山保税港区管理委员会是洋山保税港区的行政管理机构，它由上海市人民政府组建，市级相关行政管理部门、南汇区人民政府以及浙江省舟山市人民政府会同海关和检验检疫等部门参与。该管委会的主要职责包括在港区建设省市联合协调领导小组的指导下，统一负责港区内的日常事务的管理，此外可以在浙江省和上海市有关行政管理部门的委托下，在港区内履行相关的行政管理的职责，管理协调海关、边检、工商、税务等多种相关行政管理部门在港区内开展的各项行政管理工作。管委会是由上海市政府牵头组建的，其受港区建设省市联合协调领导小组领导。综上分析，管委会实质上处于一个协调和配合的角色，而非保税港区内部的最高权力机构，因为港区内还有海关、商检、外管、边检、外事等职能机构，这种职能的划分和设计相对增加了部门间协调的难度，降低了工作效率，不利于对港区的有效监管。

其次，天津东疆保税港区颁布的《天津东疆保税港区管理规定》对港区内的管理体制、运行机制、管理方式等进行了明确的界定。在借鉴国外先进的政府管理模式的基础上，东疆保税港区提出了"小政府、大服务"的服务以及管理理念，积极创新了行政管理和口岸监管体制等方面的制度。例如，第 7 条规定了东疆保税港区管理委员会是由天津市人民政府设立的旨在对保税港区及其毗邻地区实施统一行政管理的组织。保税港区管委会根据市人民政府授权，按照精简、高效、审批与监管分立的原则，设立、调整行政管理机构，赋予其相应的管理职责。保税港区行政监管模式上，我国保税港区一般实行政企合一的模式，即由保税港区管委会和保税港区开发公司共同管理，但是实质上两个机构就是两块牌子，一套班子。

综上所述，我们认为，目前我国保税区和保税港区没有统一的管理模式，但总体来说均属于行政的管理体制，从行政法理论上讲二者的法律地位相似，管理委员会无论是作为政府部门的派出机构还是政府设立的独立的管理机构，其均不具有独立的行政主体地位，更不是一级独立的行政机关。

(三) 经济开发区、保税区和保税港区检察院的法律地位及立法构想

除了已上升为一级政府的经济开发区外，其他经济开发区、保税区和保税

港区无论其法律地位是派出机关还是派出机构，均是政府或其职能部门的派出单位，虽然派出机关在行政法上具有独立的行政主体资格，但是按照我国的权力体制，派出机关仍不属于一级国家行政机关，也没有相应级别的人民代表大会及其常委会，因此，在经济开发区、保税区、保税港区设立的检察院均不具有独立的主体地位，其法律地位应当界定为经济开发区、保税区、保税港区所在行政区域的人民检察院的派出检察院，并根据经济开发区、保税区、保税港区的级别、类型、管理模式的不同，确定不同的职能范围，比如一些大的国家级经济开发区检察院可具有职务犯罪侦查、审查批捕、审查起诉等检察院核心职能。根据现有的实践，大量的国家级经济开发区、保税区、保税港区是由自治州、设区的市一级政府派出设立的，相应的这些开发区、保税区和保税港区的检察院须由所在行政区域的分州市级人民检察院派出，而按照现行《人民检察院组织法》的规定，省一级人民检察院和县一级人民检察院，根据工作需要，提请本级人民代表大会常务委员会批准，可以在工矿区、农垦区、林区等区域设置人民检察院，作为派出机构。也就是说分州市级检察院是不能作为派出主体。同时现行《人民检察院组织法》规定列举的区域、场所不全面，开发区未包括在内，使派驻开发区的检察院缺乏法律依据。为使法律规定能够更好地适应改革和派出检察机关的实际需要，建议对派出检察机构的区域、场所不作规定，只原则性规定最高、省、市、县四级检察院根据工作需要，提请同级人民代表大会常务委员会批准，可以设置派出人民检察院。具体在哪些区域、场所派出检察机构，可由最高人民检察院根据法律原则和实际工作需要进行审批。

关于我国检察机关设置的思考

张玉华[*]

检察机关的设置是检察制度的一个重要组成部分，也是国家机关组织体系设置中必须涉及的内容。在《人民检察院组织法》面临修改的当下，我们可以梳理一下各个国家和地区检察机关设置的特点和规律，分析我国检察机关设置的现状和存在的问题，为司法体制改革背景下我国检察机关的设置提出可行性的建议。

一、世界各国检察机关设置的特点

（一）检察机关设置与政体相适应

世界主要国家检察制度分为资本主义国家检察制度和社会主义国家检察制度。资本主义国家检察制度则以欧美等国为代表，资本主义国家检察制度又可以分为以德国、法国等为代表的大陆法系和以英国、美国等为代表的英美法系检察制度。资本主义国家采取"三权分立"的原则，检察机关在立法、行政、司法权的政治架构中，隶属于行政权。社会主义国家以苏联和中国为代表，其检察制度在宪法体系中具有独立的法律地位，属于"一府两院"中"两院"之一，检察机关是国家的法律监督机关。

（二）检察机关设置体现检察机关职能

大陆法系国家的检察机关对审判机关的刑事审判有一定的制约和监督功能，检察机关实行垂直领导，检察机关一般与法院对应设置，大陆法系国家往往实行法检合署制，将检察机关设置在对应的法院内。检察官具有裁量权极大等特点。因此，英美法系国家的检察机关设置采取审、检分立式，在内部管理、机构组织体系上较为松散。社会主义国家的检察机关是法律监督机关，检察机关的设置体现了上下级的领导关系和检察机关对其他机关的监督关系，组织体系完整、严密。

---

[*] 作者简介：张玉华，江西省人民检察院法律政策研究室副主任。

（三）检察机关设置与行政区划基本一致

大多数国家根据行政区划设立相应的检察机关，但有的也有例外。资本主义国家则因国家的组织形式是联邦制或单一制而有不同的检察机关设置模式。在实行单一制的国家中，自上而下只设置一套检察机关，在实行联邦制的国家中设置联邦和地方两套检察机关，二者之间不具有隶属关系。英国只是在英格兰和威尔士建立了现行的检察制度。根据列宁的检察理论，社会主义国家只设置一套检察机关。

二、世界有代表性国家和地区检察机关的设置

（一）大陆法系

1. 法国检察机关的设置

法国是实行单一制的国家。法国是大陆法系检察制度的发源地，有专门的《司法组织法典》对法院、检察机关的设置予以规定。在法国，等级性（一体化）、不可分割性和独立性是检察机关的三大传统特点。在民事案件中，只有在普通法院（最高法院、上诉法院、大审法院）才设立检察机关。检察机关原则上是所有刑事案件的主当事人，任何刑事案件都不能在检察机关缺席的情况下开庭。因此，在刑事诉讼领域，在每个刑事法院，无论是普通法院还是特殊法院都设有检察机关是重要原则。驻所有司法法院的检察机关包括驻大审法院检察院、驻上诉法院总检察院、驻最高法院总检察院。在所有特殊的民事法院（如商事法院、仲裁法院），包括小审法院，都未设检察机关。检察院代表检察机关在预审法官、轻罪法院开庭时出庭，必要时在民事法庭开庭时出庭。检察院可以同时委托其代表人在一些特别法庭（商事法院、仲裁法院等）出庭。检察机关在特别刑事法院的存在分为两种情况。在第一种情况下，特殊刑事法院的检察职能是由普通法院的检察机关行使。由普通法院检察机关行使检察权的包括共和国司法法院、高等司法法院、重罪法院、违警罪法院或社区法院、未成年人法院。第二种情况也是非常少有的情况，即在有些特别法院系统内，存在自成一体的检察机关。① 由特设检察机关行使检察权的包括军

---

① 参见魏武：《法德检察制度》，中国检察出版社2008年版，第22~23页。

事法院①、海商法院。海商法院内的检察职能由一名海事官员担任。

2. 德国检察机关的设置

德国是实行联邦制的国家。德国以"三权分立"的议会内阁制为政权组织形式，检察机关属于具有司法属性的行政机关。德国检察机关分为联邦总检察院和州检察系统两部分，分别受联邦司法部长和州司法部长的领导。联邦总检察院不是州检察院的领导机构，二者不具有领导与被领导的关系。联邦总检察院的首要任务是在联邦法院代表国家利益出庭。但是联邦总检察院也对一定的危害国家利益的严重罪行包括恐怖主义行为进行侦查，并在高等州法院提起公诉。其他案件则都由州检察系统承担。德国没有统一的检察院组织法和检察官法，其组织结构由法院组织法、刑事诉讼法等法律予以规定。德国检察机关在国家组织机构体系中，是与法院对应设置并合署于法院的，在法院内设立检察机构，独立行使检察权。在德国，法院分为四级，而检察机关只有三级。普通法院分为联邦最高法院、州高级法院、州法院和地方法院四级，地方法院的检察事务由州检察院负责，检察机关分为联邦总检察院、州总检察院和州检察院三级。在案件类型和地域范围上，检察机关的案件管辖范围与相对应的法一致。德国检察机关实行"检察一体"的领导体制，检察官在执行职务时遵守上级的指令，接受同级司法行政长官的官方监督，但也具有相对的独立性。

3. 韩国检察机关的设置

韩国是一个单一制国家。韩国于1949年通过《检察厅法》，确立了完全独立于法院的检察厅组织。1988年12月31日修改《检察厅法》，规定了检察厅的组织、职权范围以及人事和其他必要事项。韩国《检察厅法》规定，韩国检察机关统称"检察厅"，实行对应于法院设置的原则。韩国检察厅分为大检察厅、高等检察厅和地方检察厅三级。大检察厅对应于大法院设置，其管辖区域与大法院相同；高等检察厅对应于高等法院设置，其管辖区域与相应的高等法院相同；地方检察厅对应于地方法院设置，其管辖区域与相应的地方法院相同。地方检察厅在地方法院分院的设置区域内可以设置支厅，地方检察厅支厅的管辖区域与相应的地方法院分院相同。虽然检察厅支厅的权力效力等同于

---

① 法国的军事法院包括巴黎部队法院和武装部队大区法院、部队军事法院。巴黎部队法院对法国武装部队和平时期在海外实施的所有性质的犯罪行使管辖权。部队法院存在自身的检察机关，由共和国检察官和一名助理组成。检察院司法官由国防部长负责分派。武装部队大区法院和部队军事法院对战争时期法国武装部队实施的犯罪行为行使管辖权。检察机关职权均由政府派员行使检察职权。政府特派员是军事司法官，即派驻在军事法院的司法官。

地方检察厅，但是支厅可以就检察事务独立地作出决定，这在事实上形成了第四个对应层级。① 韩国检察机关隶属于法务部，为法务部所属机构，受法务部长官的指挥和监督。韩国全国有大检察厅1个（设在首尔）、高等检察厅5个（分别设在首尔、大田、大邱、釜山、光州等地），另有包括首尔中央地方检察厅以及首尔东部、首尔南部、首尔北部、首尔西部等在内的地方检察厅12个，其中首尔中央地方检察厅在级别上高于其他地方检察厅，但相互间无隶属和管辖关系，此外，全国还设有地方检察厅支厅40个。为确保检事按统一的标准公正行使检察权，韩国采取检事一体原则，全国检事作为独立官厅，以检察总长为顶点，通过检察总长、检事长、支厅长的指挥监督权，结合成金字塔形的阶梯式的统一组织体。

4. 日本检察机关的设置

日本是一个单一制国家。日本检察机关的设置是"审检分立"，即检察机关与审判机关分别设置。日本现行检察制度中行使检察权的机关统称为检察厅。根据日本《检察厅法》的规定，日本检察厅包括最高检察厅、高等检察厅、地方检察厅和区检察厅四类。在数量、设置场所、管辖区域、职务范围等方面分别与最高法院、高等法院、地方法院和家庭法院、简易法院相对应。另外，高等检察厅和地方检察厅还根据需要设立了分厅，各个分厅也是相对应而设置的。日本全国设有最高检察厅1处（设在东京），高等检察厅8处（分别设在东京、大阪、名古屋、广岛、福冈、仙台、札幌和高松等市）和高等检察厅支部6处，在各道府县分别设置地方检察厅50处及其支部203处，区检察厅438处。日本的检察机关隶属于法务省，检察厅既是统括检察官所从事的事务的场所，又是政府的特别机关，是具有行政性质和准司法性质的机关。

（二）英美法系

1. 英国检察机关的设置

英国是一个单一制国家。英国虽然是英美法系检察制度的发源地，历史悠久，但建立现代的检察制度时间并不长。根据1985年颁布的《犯罪起诉法》，设立了皇家检察署（Crown Prosecution Service，CPS）。皇家检察署是一个全国性的检察机关，检察长是其最高负责人。皇家检察署分为中央和地区两级检察机关：皇家检察署总部以及42个地区检察院。在英国，检察署既是公诉机关，同时也是政府的法律顾问机构，在三权分立的体系中是属于行政权的一个机

---

① 参见张书铭：《韩国、日本检察制度之概要比较及启示》，载《中国检察官》2011年第7期。

构,不同于行使司法权的审判机构。它是一个单一的、独立的和全国性的机构,其管辖权覆盖整个英格兰和威尔士,独立于警察机构并有权决定不起诉。

2. 美国检察机关的设置

美国是一个联邦制国家。美国的检察体制具有"三级双轨,相互独立"的特点。[①] 所谓"三级",是指美国的检察机关建立在联邦、州和市这三个政府"级别"上。所谓"双轨",是指美国的检察职能分别由联邦检察系统和地方检察系统行使,二者平行,互不干扰。美国的检察机构无论级别高低和规模大小,都是相互独立的,联邦、州和市的检察机构之间没有隶属关系,甚至也没有监督和指导关系。联邦司法部的有关部门和94个联邦地区检察署、2700个州检察署和难以计数的城市检察机构,共同构成了美国的检察系统。联邦检察系统由联邦司法部中具有检察职能的部门和分散于各地的检察官办事处组成。联邦检察系统的首脑是联邦检察长,同时也是联邦司法部长。地方检察系统以州检察机关为主,一般由州检察长和州检察官组成。州的地区检察官管辖区一般以县为单位。除了州的地区检察官办事处外,还有独立于州的市镇检察机构。在有些州,市镇没有检察官,全部检察工作都属于州检察官的职权。

(三) 苏联和俄罗斯检察机关的设置

根据《苏联检察院组织法》的规定,苏联检察机关的设置体系是:苏联检察院,加盟共和国检察院,自治州共和国检察院,边疆区、州检察院,区、市检察院,以及军事系统、运输系统的检察院,相当于州检察院、区或市检察院的其他检察院。苏联检察机关是一个独立的国家机关系统。苏联的检察体系除由普通检察机关构成外,还包括军事检察院和运输检察院等专门检察院,这样的检察体系在检察制度发展史上是从未有过的,这也成为社会主义检察制度的重要特点。根据苏联宪法,检察机关为国家的最高监督机关,拥有包括一般监督权在内的广泛的职权和集中统一的检察制度。苏联的检察机关实行垂直领导体制。总检察长由最高苏维埃任命,各共和国、边区、省的检察长和自治共和国、自治省的检察长由苏联总检察长任命,其他地方检察长的任命也须经总检察长批准。

苏联解体后,1993年的俄罗斯新宪法既没有像西方国家那样将检察机关置于行政机关(司法部)之下,也没有像苏联时期那样直接对最高苏维埃负责,置于行政权和司法权之外,而是采取折中方式,将检察机关放在宪法第七章和审判机关一起规定在司法权之中。根据《俄罗斯联邦司法体系法》的规

[①] 参见龙宗智:《检察制度教程》,中国检察出版社2006年版,第33页。

定，俄罗斯联邦的司法体系由联邦法院和联邦主体法院两部分组成。联邦法院由俄罗斯联邦宪法法院、普通法院系统和仲裁法院系统三个分支系统组成。各联邦主体的法院包括联邦主体宪法法院和治安法官。所以联邦司法体系组成中不包括检察机关。[1] 依照俄罗斯联邦现行宪法和司法体系法的规定，俄罗斯联邦检察机关既不是立法权力机关、执行权力机关，又不是司法权力机关。它独立于三权体系之外，是一种特殊的国家机关，在俄罗斯联邦被称为是一种护法机关。[2] 1999年2月10日修订通过的《俄罗斯联邦检察院法》第11条规定，俄罗斯联邦检察院体系的构成有：俄罗斯联邦总检察院、俄罗斯联邦主体检察院和与其同级的军事检察院、其他专门检察院及科研教育机关，有法人地位的编辑印刷出版部门，市、区检察院，区域检察院，军事检察院以及其他专门检察院。检察机关的组建、改革和撤销，其地位和权能的确定，由俄罗斯联邦总检察长决定。在俄罗斯联邦的领土上，不容许有独立于俄罗斯联邦检察院统一体系的检察院存在和进行活动。

（四）我国台湾地区检察机关的设置

我国台湾地区检察机关的设置没有专门的"检察院组织法"规定，而是规定在"法院组织法"中。台湾地区法院分为"最高法院"、高等法院及其分院、地方法院，相对应地设立检察机关。台湾地区的各级检察机关虽分设在各级法院内，与法院合署办公，但根据"法院组织法"第29条规定："检察官对于法院，独立行使其职权。"台湾地区的"最高法院检察署"隶属于"法务部"，"法务部"则隶属于"行政院"，主管台湾地区的检察、监所、司法保护行政事务和行政院之法律事务。"法务部"的内部机构中设有"检察司"，还设有"检察官审议委员会"，分管检察事务。按照现行台湾地区的建制，台湾地区检察机关共设有"最高法院检察署"，台湾省高等法院检察署，台湾省高等法院花莲、高雄、台南、台中分院检察署以及台北等21个地方法院检察署。

三、我国检察机关设置的现状及问题

（一）《人民检察院组织法》规定

由于我国检察机关具有专门的宪法地位，我国检察机关的设置由专门的

---

[1] 参见孙谦：《〈检察监督评价〉（上）——中俄检察比较》，载《人民检察》2010年第1期。

[2] 参见刘向文：《俄罗斯联邦检察制度管窥》，载《检察日报》2008年10月21日。

《人民检察院组织法》规定。《人民检察院组织法》第2条规定,"中华人民共和国设立最高人民检察院、地方各级人民检察院和军事检察院等专门人民检察院。地方各级人民检察院分为:(一)省、自治区、直辖市人民检察院;(二)省、自治区、直辖市人民检察院分院,自治州和省辖市人民检察院;(三)县、市、自治县和市辖区人民检察院。省一级人民检察院和县一级人民检察院,根据工作需要,提请本级人民代表大会常务委员会批准,可以在工矿区、农垦区、林区等区域设置人民检察院,作为派出机构"。

(二)设置的现状

实践中,我国的检察机关基本的有五级,即最高人民检察院,省、自治区、直辖市人民检察院,省、自治区、直辖市人民检察院分院,自治州和省辖市人民检察院,县、市、自治县和市辖区人民检察院。除了直辖市人民检察院分院,以上四级都是按照行政区划设置的。另外,我国存在不按行政区划设置的专门人民检察院,主要包括各级军事检察院,相当于设区市院级的铁路运输检察分院及其基层院,新疆生产建设兵团检察院(三级),工矿区、农垦区、林区、景区检察院,驻监狱检察院,开发区检察院。除此之外,各级地方检察院设立的驻相关行政机关、保护区、景区、园区、乡镇等检察室。设置派驻检察室的机关有省级院、市级院、基层院。

(三)存在的问题

我国的检察机关原则上应当与各级人民法院对应设置。在派出院的设置上,属于省级院派出的既有市分院级,也有基层院级。虽然《人民检察院组织法》只规定省一级人民检察院和县一级人民检察院可以设置派出检察院,没有规定市级检察机关可以设置派出院,仍然有一些市分院设置了派出院,派出院的级别往往高于同级基层检察机关。除了按行政区划设置的检察院和特殊性质的检察院,目前其他检察机关设置并没有与法院严格的对应关系。如我国一直有海事法院,但并没有海事检察院与之对应,我国没有设置驻监狱的法院,但有驻监狱的检察院。此外,随着十八大之后司法改革的发展,设置了最高人民法院第一、第二巡回法庭,北京、上海、广州知识产权法院,也没有相对应的设置检察院。

四、司法体制改革背景下的我国检察机关设置构想

《人民检察院组织法》面临修改,如何在该法中规定检察机关的设置,是必须认真考虑的一个问题。世界上并没有统一、固定的检察制度模式,检察机关设置必须从本国实际出发,必须适合本国实际需要,必须与国体、政体以及

国家结构形式等基本政治制度相一致，还要兼顾本国的文化传统、法律传统、思想观念和风俗习惯，同时吸收和固定司法改革的成果。

（一）我国检察机关设置的原则

1. 体现《宪法》定位的原则

根据《宪法》第 129 条规定："中华人民共和国人民检察院是国家的法律监督机关。"这就决定了检察机关的职权是从事法律监督。我国的检察机关要体现由人大产生，对人大负责的特点，实现人民性。在国家机关的架构中是具有独立宪法地位的国家机关，与各级人民政府、人民法院一起构成"一府两院"。同时，要体现上下级检察机关的领导性。即最高人民检察院领导地方各级人民检察院的工作，上级人民检察院领导下级人民检察院的工作。

2. 主要按行政区划设置的原则

在取消了大区建制之后，我国的行政区划相对稳定，各级政权组织分为中央、省级、设区市级、县级、乡镇级。1978 年之后检察机关恢复重建，在 1979 年《人民检察院组织法》通过后，在县级以上行政区划都设立了检察机关，在乡镇一级政权没有设立检察机关，对乡镇一级政权的检察监督由县级检察院负责，这样的传统格局应当坚持。为了延伸检察职能，如有必要，可以在部分较大的乡镇设立检察室，作为县级检察院的派出机构。因为面临司法改革，检察机关实行人员分类和检察官员额制，基层检察院的编制数量较少，员额不足，是否有必要在所有的乡镇设立检察室应当慎重考虑。

3. 规范高效设置的原则

检察机关是国家机构的重要组成部分，各级检察机关的设置应当于法有据，不得在法律规定之外随意设置检察机关。因此，可以设置哪些层级的检察机关和专门检察机关应当在《人民检察院组织法》中予以规定。根据改革需要设立的各种类别的专门检察机关，应当由最高人民检察院批准，并经最高立法机关授权。检察机关是法律监督机关，同时也是司法机关，在实现司法公正的同时也不能不兼顾司法效率，过于庞杂的检察机关不利于司法效率的实现。

4. 基本与人民法院对应设置的原则

与法院对应设置检察机关是各国普遍的原则。根据《人民法院组织法》规定，我国的人民法院共分为基层人民法院、中级人民法院、高级人民法院和最高人民法院四级法院和军事法院等专门人民法院。虽然我国的法院、检察院分别设置、各成体系，但是检察机关垄断了刑事案件的公诉权，有起诉方有审判。同时，我国的检察机关是法律监督机关，其中的重要职能是对刑事诉讼活动的监督。因此，应当与刑事案件的审判权相对应，设置相应等级的检察院。

(二)《人民检察院组织法》对我国检察机关的设置建议

1. 按行政区划人民检察院的设置

在中央层级设置最高人民检察院，领导地方各级人民检察院和军事检察院等专门人民检察院。考虑到直辖市缺少一级政府和个别地方存在作为省级人民政府派出的行政公署，在地方层级，自上而下分别设立省、自治区、直辖市人民检察院，省、自治区、直辖市人民检察院分院，设区市、自治州人民检察院，县、市、自治县、旗和市辖区人民检察院。根据《中共中央关于全面推进依法治国若干重大问题的决定》精神，探索设立跨行政区划的人民法院和人民检察院，办理跨地区案件。可以根据需要设立跨省、自治区、直辖市和跨自治州、设区市的检察院。

《中共中央关于全面推进依法治国若干重大问题的决定》还规定："最高人民法院设立巡回法庭，审理跨行政区域重大行政和民商事案件。"目前已经在深圳和沈阳设立最高人民法院第一、第二巡回法庭。因为它们是最高人民法院的派出法庭，是一种内设机构，职能定位是审理跨行政区划的重大行政和民商事案件，相应的监督权在最高人民检察院，可以设置最高人民检察院巡回检察厅与之对应，但它们都不是一级独立的法院、检察院。

2. 专门人民检察院的设置

军事检察院是一种特殊的检察机关，在中国、俄罗斯、法国、韩国等都有设立，我们应当在《人民检察院组织法》中予以明确规定。新疆建设兵团检察院也是一种特殊的检察机关，它虽然在新疆维吾尔自治区的辖区范围内，但与新疆维吾尔自治区检察院是平行级别的检察院。在原来的《人民检察院组织法》中没有明确规定，建议在新修订的《人民检察院组织法》中专门规定。在世界各国，检察院对应法院设置是相对的，而非绝对的。有的人认为，人民法院设置了海事法院、知识产权法院，应当对应设置海事检察院、知识产权检察院。笔者认为，如果海事法院、知识产权法院没有刑事审判职能，则没有必要设置相应的检察院，对这些专门法院的法律监督可以根据属地原则，由相应级别的地方检察机关实施。当前有的人提出设立金融法院、少年法院办理专业案件，基于此应当对应设立金融检察院、少年检察院。笔者认为，设立金融法院和少年法院只是一些人提出的设想，在实践中并未落实，出于立法的严肃性，不宜在《人民检察院组织法》中作出设立此类检察院的规定。

五、结语

世界上绝大多数国家检察机关的设置，都由其司法体制的运行来决定的，检察机关主要根据审判机关的审级层次来设置各级机构。由于检察权与审判权

三、检察机关的设置

实现过程中的相互依赖性，无论是实行分权制的国家还是实行集权制、单一制还是联邦制的国家，检察机构始终与审判机构相应设置为原则，但存在的形式并不是完全一致的。按照审判机关的层次级别设置是大多数国家的普遍做法，但实行审检分立还是审检合署则根据国情而有所不同。我国应当根据本国的国情，在《人民检察院组织法》中明确规定按行政区划设立的检察院和专门检察院，使检察机关依法设置、规范设置。

检察机关办案组织的再思考

龚 斌[*]

一、当前办案组织改革面临的两个层面问题

从目前试点改革情形分析,办案组织改革面临的主要问题在于内设机构及内部人员两个层面。

(一) 内设机构层面问题

首先是内设机构数量参差不齐导致的领导职数不同。长期以来检察机关内设机构的设置缺乏统一的标准设置,导致各地检察机关内设机构没有数量限制。[①] 最大的问题在于在同一地区的检察机关也存在不同数量的内设机构,不同数量内设机构带来不同领导职数,办案组织要改革必然涉及人员分流,领导职数多的检察机关往往无法平衡人员分流利益。人员分流利益不均衡会为办案组改革带来不稳定因素。其次是内设机构职能交叉严重带来的束缚,以基层检察院为例,有的单独设立一个检委会办公室,有的将其设在法律政策研究室内,有的则设在办公室内。在现有内设机构方案未定的背景下,如果是在大部制改革下建立办案组这个问题容易处理,但是如果保留现有内设机构组建办案组,那么办案组的专业化就会受到影响。最后是内设机构行政化运行模式带来的根深蒂固影响。长期以来我国检察机关办案沿用的是科层审批制度,按照改革试点方案办案,以主任检察官为中心的办案组完全去行政化带来的是巨大的改变,这种巨变从短期看还是会受到原有行政化办案思维模式的影响。

(二) 内部人员层面问题

首先是业务部门与非业务部门人员构成复杂。受长期以来检察机关行政化路线影响,诸多业务精通、综合素质较高的检察官往非业务部门挤;而与之相

---

[*] 作者简介:龚斌,广东省高州市人民检察院侦查监督科助理检察员。

[①] 参见张智辉:《应当重视检察机关内设机构改革》,载《检察日报》2011年8月19日第3版。

对应的是没有办案资格的人极力想留在办案部门，不愿意去非业务部门；上述情况的后果是人员定岗不匹配，人力资源无法形成最佳配置，造成人力资源浪费。其次是人员需求复杂。比如有的业务部门年纪较大、办案经验丰富且有一定职位的检察官不愿意担任主任检察官，有的则想去非业务部门担任领导职位；有的非业务部门新任检察官因为没有办过案，则极力想去业务部门；有的业务部门没有办案资格的则极力想留在业务部门。个人需求复杂给检察改革带来利益无法平衡的难题。最后是内设机构领导职位安置复杂。按照人员分类管理改革，主任检察官员额比例基本能与检察机关内设机构领导职位比例形成匹配，但是实行主任检察官办案责任制后，主任检察官必须到业务部门办案，容易造成的问题是有些非业务部门的领导任职主任检察官，造成其所在的非业务部门领导职位空缺，这样其所在非业务部门的管理和运行存在一定的遗留问题。

二、检察机关办案组织改革的价值导向

（一）突出检察权的独立属性

检察内设机构改革去行政化，实行大部制，成立办案组，这为检察官独立行使检察权提供了坚实的运行载体，依照司法检察改革试点方案，办案组的人员构成为主任检察官、检察官、检察辅助人员，主任检察官在检察长的直接授权下带领自己的团队独立办案，实行谁办案、谁决定、谁负责的办案责任制度，有利于检察权逐步从行政审批向独立司法的剥离，切实突出了检察权的独立属性。

（二）体现专业化的特点

检察机关内设机构改革，建立以专业检察官为主体的办案组织，合理配置检察官职权，把检察官从繁杂的行政事务中剥离出来，淡化检察官行政色彩，实行检察业务与行政业务的分离，让专业能力强、业务素质高的检察官能发挥自己的特长，有利于其个人在专业领域走向专业化，为检察官职业化、专业化打开了通道。

（三）有利于检察权的精简高效运行

一直以来，我国检察机关办案以业务科室为单位，实行三级审批制，实行检察官承办，部门负责人审核，检察长决定（或检察委员会决定）的办案模式，改革中对检察机关内设机构进行精简整合，建立专业化、分工精细的办案组，以办案组为中心，以实现扁平化管理为目标，减少管理层级审批，使检察决策权在办案一线最大化，大大提升了办案的效率，保证了检察权的高效

运行。

(四) 体现权责相统一原则

在改革前的内设机构设置下,办案流程中是承办人提出意见,科(处)长审核,分管副检察长(检察长)决定的三级审批制度,这种模式带有鲜明的科层制行政色彩,这使得作为办案主体的检察官地位不突出,出现办案风险、责任却要承担的权责不对称现象。办案组织成立后,主任检察官在职权范围内依法独立办案,独立作出决定,并对自己所办的案件负责,体现了权责的统一原则。

三、检察机关办案组织改革的可行性分析

(一) 法律依据

检察官法规定"检察官是依法行使国家检察权的检察人员",明确了检察官作为检察权行使的主体地位。同时,根据检察院组织法规定,可以根据业务性质设定内设机构,至于采取何种组织形式来行使权能,可以由检察机关根据司法工作实际组织实施。① 因此,成立检察官独立办案组织,既符合法律的规定,也凸显了作为执法办案的检察官主体地位。

(二) 实践经验

在最高检推行检察官办案责任改革之前,各地先后推出了主任检察官、主办检察官等意在改变传统办案模式和审批模式的改革措施,其中以上海的主任制和湖北、广东的主办制最具代表性。② 在推行检察官办案责任改革之后,全国在7个省份率先确定改革试点,主要以实行主任检察官为中心的办案组织,实践证明办案组织的改革能优化检察权内部配置,促进检察分工专业化,实现队伍职业化。

(三) 域外经验参考

基于历史渊源、文化传统及法治脉络,德国、日本及我国台湾地区的检察官办案责任制总体呈现一脉相承并各具特色的特点。③ 这些国家和地区的检察机关办案组织基本上以独任制为主,如在日本,检察官被称为"独任制机

---

① 参见陈宝富:《论主任检察官制度的创新实践》,载《检察风云》2013年第10期。
② 参见郑青:《我国检察机关办案组织研究与重构》,载《人民检察》2015年第10期。
③ 参见陈治军、马燕:《大陆法系国家和地区检察官办案责任制比较研究》,载《人民检察》2015年第3期。

关"。① 台湾地区奉行检察官独立原则，每一位检察官都是一个独立的办案主体，每一位检察官又被称为一股，股则是台湾地区检察机关的基本单位。② 作为检察权运行的载体，域外检察机关办案组织的类型、构成及运行模式对于我国检察机关办案组织的建设具有十分重要的参考借鉴意义。

四、检察机关办案组织的定位

（一）检察机关办案组织应当定位为一种执法办案基本模式

在目前主任检察官责任制度改革中，办案组作为主任检察官履职的重要载体，有人认为办案组应该是一种机构，有的则认为是一种办案单元，笔者认为，在目前有关法律还没有修改之前，暂时将办案组织作为一种执法办案的基本模式较为稳妥。

首先是我国法律上尚未对检察机关办案组织作出明确的规定，与之相对比，我国法律规定了法院审理案件采用独任制或合议制两种形式，那么独任庭与合议庭就是法院的基本办案组织，可见，我国检察机关基本办案组织在法律上尚属空白。其次是如果将办案组织定位为一种机构，办案组织就带有行政化色彩，必须赋予其一定的级别，配置一定数量的领导岗位职数，但实际情形是机构编制与领导职数必须法定，机构编制管理条例就要修改与之相对应，从目前机构编制管理部门分析，此项工作难度极大，办案组无法在组织编制机构上进行组建。再次是主任检察官带有行政级别有悖于改革初衷，一方面，会形成内设机构与检察官之间的新层级，变相增加管理层次；另一方面，行政色彩会给独立办案造成损害，不符合独立行使检察权的司法属性。最后是办案组作为一种办案基本单元不够灵活。将一个办案组织固定得太死，特别是重大疑难案件和侦查部门案件，需要的人手比较多，会导致人员紧张和办案不协调。

（二）检察机关办案组织应当具有独立执法地位

检察机关办案组织以主任检察官为中心，主任检察官依托办案组织独立行使检察权，作为一种权力运行的载体，办案组织同样必须独立，否则很难保证主任检察官办案独立行使检察权，要保证办案组织的独立执法地位，首先要保障主任检察官行使检察权的独立，综观世界各国和大多数地区都在刑事诉讼法中规定了检察官、检察长的独立执法地位，如在日本检察制度中，"检察厅是

---

① 参见日本法务省刑事局编：《日本检察讲义》，中国检察出版社1990年版，第18页。
② 参见万毅：《台湾地区检察机关内设机构各司其职》，载《检察日报》2015年7月7日。

统管检察事务的官厅","行使检察权的不是检察厅,而是各个检察官","检察官的权限贯彻整个刑事程序"。① 美国、法国、俄罗斯等国家的法律也都相应对检察长或者检察官的执法主体权力作出规定,不难看出,检察官依法独立行使检察权是世界各国通行的做法,我国可以借鉴参考,适当在法律的范围内对检察官独立行使检察权予以规定。其次是要去行政化和免除行政干扰。办案组织作为一种办案模式,要使这种模式能独立运行就要排除外界一切非法因素对案件独立判断的干扰,一是要防止办案组织内部出现行政化,比如给办案组成员匹配相应的行政级别和职务,避免再现科层制管理特征;二是要破除个别党政领导因素对案件的干扰,树立办案组织绝对的只对法律负责的理念;三是要避免检察机关内部行政事务或者行政因素对办案组织办理案件的影响,办案组织的唯一运行模式是办案运作,以案件为中心开展工作,要保证案件的质量就要防止办案组织工作中出现过多的行政事务,另外就是要防止用行政化的手段对办案组成员进行考核和晋升,否则会对依法独立办案形成干扰。最后是要调整检察机关内部权力结构,适当修改法律规则,让主任检察官和办案组织有明确的法律权力来源,保证主任检察官及办案组织能真正依法独立行使检察权。

(三) 检察机关办案组织应当体现专业化

检察机关办案组织要体现出专业化主要在于要能改变传统办案模式,使检察官能够从原有的束缚中解脱出来,根据自己的特长和优势,实现专业化办案分工,最大限度上提高办案效率,有利于检察队伍的专业化。检察机关办案组织的专业化主要体现在两个方面:一是办案组织成员的专业化。根据2013年最高检《检察官办案责任制改革试点方案》,检察业务部门设若干主任检察官,主任检察官为办案组织的负责人,对案件办理负主要责任。以主任检察官为基数,配备其他检察官和辅助人员若干名,组成办案组织。② 以此可以看出,办案组的人员构成为主任检察官、检察官及辅助人员,由于主任检察官享有办案的决策权,因此对主任检察官的专业素养要求自然就高,在英国,具有7年以上的大律师或者律师资历者才能被任命为检察官;在日本要求检察官职务者除了通过两次统一司法考试取得资格后,必须经过一年半司法研修所的学

---

① 参见[日]田口守一:《刑事诉讼法》,张凌、于秀峰译,中国政法大学出版社2010年版,第126页。

② 参见徐盈雁、许一航:《依法赋予主任检察官执法办案相应决定权》,载《检察日报》2013年12月27日第2版。

习，然后才能担任检察官。① 结合我国的实际情况，应当逐步提高主任检察官任命的门槛。办案组的其他检察官和辅助人员应当也需要选择有法律专业教育背景、通过国家司法考试的人员来担任，通过筛选使办案组成员专业教育背景、法律实践经验及通过国家司法考试等各个条件趋同一致，有利于办案工作沟通协调，提高办案效率，保证办案质量，逐步实现专业化。二是办案组办案方向的精细化。办案组织专业化后应该逐步走向精细化，防止办案组织成为"万金油"，防止办案组织办案业务发生常态化交叉，当然，也要注重各个业务办案组织之间人员的正常交流，尽量使各个成员能互相熟悉业务，在熟悉的基础上再专攻某一项检察业务，使每个人员都是真正的专才。

五、检察机关办案组织重构的设想

在当前行政化检察组织结构模式下，要一步到位实现改革的彻底性存在一定的难度，特别是涉及内设机构改革和人员分类管理，其中的利益平衡问题尤其难以解决，因此，笔者认为在现有内设机构模式下进行大部制整合，按照检察职能的不同分解状况，根据专业化方向重构办案组织，形成办案模式，并从制度上确立办案组织运行机制。具体可以从以下几个方面考虑：

（一）全面落实人员分类，重构组织主体

按照改革试点方案的要求及检察官员额制的比例，人员可以分为检察官、检察辅助人员、检察行政人员三类，笔者认为分类应该坚持一次性到位的原则，首先应当明确检察官、检察辅助人员的选任条件和资格，先将人员分类全面落实到位后，才能使办案组织主体明确化、职权清晰化，防止改革中按照先后顺序分类出现的拖延、徘徊、停滞不前现象。办案组成员结构为检察官和检察辅助人员，如果组织办案的主体没有落实到位，或者是先落实检察官而没有对检察辅助进行分类落实，产生的结果是成员结构岗位职责、职权不明确，办案组不伦不类，无法投入运行。

（二）建立职业保障，重构组织保障

首先是建立办案组管理制度，明确检察官及检察辅助人员的选任资格与条件，岗位职责，晋升方式，培训管理，遴选制度等；其次是强化检察官及检察辅助人员的职业保障，职业保障包括权力保障、人身安全保障及经济保障，特别是作为办案组有独立决策权的检察官，在办案终身责任制的前提下要履行检

---

① 参见李喜春、王小霞：《论检察官精英化及检察官制度改革》，载《国家检察官学院学报》2001年第3期。

察权存在比传统办案更大的风险,按照权责相统一原则,如果相关保障制度没有到位,在利益权衡的考量下,要使其履行办案组检察官的职能存在一定的难度。最后是要注重司法行政人员的职业和经济保障,不能让其与检察官、检察辅助人员的差距过大,否则在利益不平衡的情况下产生内部矛盾,作为后勤保障部门的行政人员如果缺失,办案组织成员执行检察权必然无法专心,影响办案组织的办案效率与质量。

(三)整合内设机构,重构组织结构

一是要厘清办案组与内设机构的关系。检察机关办案组织建设与内设机构设置都是检察机关组织体系建设的重要方面,两者不相互矛盾,且相互关联。内设机构为办案组织管理案件和提供后勤组织保障,要防止以办案组织重构为目标而取消或者代替内设机构的现象,在现有的检察机关内设机构下进行大部制整合是司法界和学术界一直以来所倡导的观点,在检察改革试点中也有试点单位进行了有效的实验,笔者认为其效果是比较明显的,它有利于实现检察资源的优化重置,提高办案的效率。二是要建立灵活的办案组织运行模式。笔者认为可以分为三种模式,一种是独任模式,所谓独任就是检察官一个人自己独立承办、决策,这主要针对简单的案件。另一种是常规模式,这种模式主要针对案件相对复杂的案件,由检察官和检察辅助人员配合完成。还有一种是临时模式,主要是针对重大、疑难、复杂的案件,由检察长亲自授权多个办案组联合办案。

(四)明确职责权限,重构运行机制

一是要明确办案组各类主体的职责权限,特别是对检察官独立运行检察权的相关规定,要制定权力清单,防止检察权下放后的滥用。二是要建立案件质量考评机制,对办案组办理的案件多角度、全方位进行质量评价,细化对办案组成员考核的综合指标考核体系。三是要建立监督机制。强化检察长及检察委员会委员对办案活动的监督,强化办案组成员之间的监督,加强纪检监察部门监督,要通过案件信息公开制度加强人民群众对办案活动的监督等。

中国未检组织体系设置问题研究

操宏均[*]

一般认为，检察制度发端于 14 世纪的法国，而现代意义上的检察制度却诞生于 18 世纪末的法国大革命时期，并以 1808 年颁布的法国《刑事诉讼法典》为标志。[①] 然而，在如此漫长的发展演变过程中，以未成年人检察制度[②]为重要内容的少年司法制度却并没有在欧洲大陆得以开花结果。相反，少年司法制度肇始于北美大陆——1899 年 4 月美国伊利诺伊州议会通过世界第一部《少年法院法》，并于当年 7 月 1 日在芝加哥市的库克郡成立了世界上第一个少年法院，[③] 至今已近 120 年的历史。尽管与世界发达国家相比，中国未成年检察制度起步较晚，发展迟滞。但是回顾中国未成年检察制度走过的 30 年艰辛历程，不难发现，中国特色未成年检察制度总体发展迅猛，逐步走向成熟。在"四个全面"战略部署和深化司法体制改革，以及大力推进《人民检察院组织法》修改的这一新的历史背景下，中国未成年检察制度应该走专门化道路，设立未成年人检察院应该是此次组织法修改的重要内容。

一、中国未成年人检察组织机构变迁规律

根据史料考证，在清末民初由于受西方文明的强烈冲击，我国也逐步形成

---

[*] 作者简介：操宏均，国家检察官学院讲师，法学博士。
[①] 石少侠主编：《检察学新论》，中国检察出版社 2013 年版，第 33 页。
[②] 实际上，未成年范围较少年范围要窄一些，在学界一般也称之为"少年司法"，由于二者实际上存在重叠，并且本文的重点不在于对二者进行严格的学理区分，所以文中会出现二者交替使用的情况，特此说明。
[③] 张鸿巍：《美国未成年人检察制度》，载《国家检察官学院学报》2011 年第 3 期。

了"少年司法制度"的雏形,[1] 但是现代意义上的中国未成年人检察制度则是以 1986 年 6 月上海市长宁区检察院在起诉科设置全国第一个"少年起诉组"为重要标志。与基层院相比,直到 2015 年 12 月 17 日,最高人民检察院经过精心谋划和严密论证,[2] 将 2011 年 11 月设立在公诉厅之下专门负责指导全国未成年人刑事检察工作的"未成年人犯罪检察工作指导处"升格为"未成年人检察工作办公室"。截至 2016 年 3 月,各地检察机关共成立有编制的未成年人检察专门机构 1027 个,形成了一支拥有 7000 余名专职未检干警的队伍。[3] 综观中国未成年检察工作这 30 年的发展历程,[4] 不难发现,中国未成年人检察组织机构变迁具有如下一些规律:

(一)先自下而上先行先试,后自上而下复制推广

20 世纪七八十年代,我国青少年犯罪问题比较突出,党和国家高度关注,正是在这样的一种大背景下,1986 年 6 月上海市长宁区人民检察院在起诉科设置的"少年起诉组",成为中国未成年检察工作启动的标志,同一时期,重

---

[1] 1840 年鸦片战争以后,中国被迫打开国门,西方关于少年司法制度方面的法律、文献被引入国内,并直接影响官方决策,如 1911 年奉天高等审判厅厅丞许世英奏请朝廷,建议在全国范围试办幼年审判厅,同时着手在自己管辖范围先行筹办,他草拟了《奉天高等审判厅幼年审判厅试办章程》10 条,1934 年山东省将第五监狱改设济南少年监狱,1935 年湖北省将第一监狱分监改设为少年监狱。具体内容参见王菲:《"少年司法"之传统、再造及辨析》,载《预防青少年犯罪研究》2016 年第 1 期。

[2] 在最高人民检察院未成年人检察工作办公室的设立过程中,2015 年 5 月 27 日,最高检发布《检察机关加强未成年人司法保护八项措施》确立建立检察机关内部保护未成年人联动机制。2015 年 6 月,中国政法大学终身教授陈光中、北京师范大学教授宋英辉、中国政法大学教授卞建林、中国社科院法学所研究员王敏远、中国人民大学教授陈卫东等 5 名最高检专家咨询委员,以"关于检察改革中加强未成年人检察工作的建议"为题联合致信曹建明检察长,建议在检察改革中进一步加强未检工作。2015 年 8 月,最高检专门召开全国检察机关未成年人刑事检察工作座谈会,重点围绕加强未成年人刑事检察工作专业化、规范化建设等内容进行了研讨。最高检党组多次听取未检工作汇报,专题研究加强未成年人司法保护的措施。2015 年 12 月,最高检党组研究决定,在最高检机关成立未检专门机构。

[3] 徐日丹:《未检 30 年:在不懈探索中坚定前行》,载《检察日报》2016 年 5 月 16 日。

[4] 在高检院 2016 年 5 月 27 日举行的"未成年人检察工作 30 年"新闻发布会上,官方指出可以将中国未成年人检察工作 30 年的发展历程划分为萌芽(1986~1992 年)、探索(1992~2002 年)、发展(2002~2012 年)、深化(2012 年至今)四个阶段,网址:http://gjwft.jcrb.com/2016/5y/wj30n/index.shtml,访问日期:2016 年 5 月 27 日。

庆、福建、北京等地检察院也先后在起诉、批捕部门设立了专门办案组。随着社会发展，小组办案模式已经不能满足实践需要，1992年8月虹口检察院设置了全国第一个独立建制的未检科，同一时期，天津、辽宁、湖北等地检察机关也进行大胆探索。1996年上海检察机关在全国率先实现各基层检察院全部设立独立的未检机构，2009年上海市检察院设立全国第一个未检处。由此可见，在萌芽和探索阶段，未成年检察制度的发展基本上先自下而上渐进推行，有条件的先行先试。

直到2011年11月高检院在公诉厅设立未成年人犯罪检察工作指导处，未检工作开始走"顶层设计"路线，高检院开始在强化未成年人司法保护方面密集"发力"，加大指导力度。并借2012年修改后刑事诉讼法设专章规定了"未成年人刑事案件诉讼程序"之东风，陆续下发了《关于进一步加强未成年人刑事检察工作的决定》、《人民检察院办理未成年人刑事案件的规定》、《检察机关加强未成年人司法保护八项措施》、《关于加强未成年人检察工作专业化建设的意见》等一系列司法解释或规范性文件。高检院还先后于2012年5月、2015年8月分别在上海市召开全国首届未检工作会议、在无锡市召开了第二次全国未检工作会议，2014年5月29日高检院召开发布会通报未成年人刑事检察工作开展情况，2016年2月28日高检院未成年人检察工作办公室主任张志杰在线为大家介绍全国未成年人检察工作发展状况及2016年的工作规划和部署，2016年5月27日高检院召开发布会通报未成年人检察工作30年有关情况。正是高检院就未成年检察工作频频向社会"发声"，2015年12月高检院设立专门的未成年人检察工作办公室，并且全国基本构建起四级检察机关未成年人检察工作专门机构。

（二）在组织形式上，先附属，后独立与附属并存

从上述未检专业化机构的发展历程不难发现，未检工作的组织体系在肇始之初，往往是依附于起诉、批捕等部门，作为其隶属部门而存在，最新统计显示，截至2016年3月，在公诉部门下设未成年人检察工作办公室、专业办案组1400多个。人员配置也不是相对固定，而是灵活组队。一直到1992年上海虹口检察院设置了全国第一个独立建制的未检科开始，各地纷纷开展了未成年人刑事检察工作专业化探索，主要表现为将未检工作组织从公诉、批捕等部门中独立出来进行单设。最新统计显示，截至目前，已有12个省级检察院和

960余个市级检察院、基层检察院成立了有独立编制的未成年人检察专门机构。①

（三）在未检部门工作内容上，早期仅限未成年人犯罪，当前多元并进

"组织是为达成某种特定目的，而精心建立并重新再建立的社会机构"，②所以不同的组织形式（或组织结构）就决定了其具有不同的组织目的。因此，为了实现组织目的，实现与未检组织形式相匹配，未成年人检察部门的业务范围也由最初主要办理未成年人犯罪案件，逐渐发展到同时办理侵害未成年人犯罪案件，以及到现如今又探索开展涉及未成年人的刑罚执行检察、民事行政检察业务，工作内容日趋丰富多元，呈现出系统化、一体化发展模式。

（四）在少年司法制度建设中，未检工作发展相对滞后于法院

就法检系统关于少年司法工作开展的时间先后来看，早在1984年，上海市长宁区法院就建立了全国第一个少年法庭。比全国第一个未检工作组——上海市长宁区检察院在起诉科"少年起诉组"要早2年。并且从机构发展数量来看，2014年底，全国法院共设立少年法庭2253个，合议庭1246个，少年刑事审判庭405个，综合审判庭598个，全国法院共有7200多名法官专门从事少年法庭审判工作，少年法庭呈现出多元化审判机构模式的发展格局。③由此可见，法院少年审判的机构建制与人员配备更为齐备。同时早在2006年，全国法院第五次少年法庭工作会议召开后，最高法就将少年法庭的各项改革和重大工作措施统一纳入其指导工作范围，并启动部分中级人民法院设立未成年人案件综合审判庭试点，确定了15个省、市、自治区的17个中级法院作为试点单位。而高检院对未检工作进行顶层设计则是在2011年底开始，以在公诉厅之下设置"未成年人犯罪检察工作指导处"——专门负责指导全国未成年人刑事检察工作为标志。同样地，在2012年全国少年法庭工作会议已经是第六次召开了，而全国未检工作会议才第一次召开。而且历经三次建立少年法院的努力，④而且，"经过十余年的论证与实践准备，在少年司法条件较为成熟

---

① 徐日丹：《未检办将最大限度预防矫治未成年人犯罪》，载《检察日报》2015年12月24日。

② Parsons, T., Structure and Process in Modern Societies, New York: Free Press, 1960: 17.

③ 骆惠华：《为了孩子幸福为了国家未来——人民法院少年法庭工作辉煌30年回顾》，载《人民法院报》2014年11月25日。

④ 这三次分别为2001年上海市高院推动；2004年最高法推动；2009年上海市与最高法一起推动。

的城市建立少年法院的观点已经得到了较为广泛的认同"。① 与之相比，检察院目前才进行到建立专门未检工作机构的层面，并且受各种因素的影响全国还有部分检察院尚未建立专门化的未检机构。因此，在少年司法制度的构建上，我国具有明显的"法院中心主义"的特点，人民法院走在了前面，检察机关则显得较为滞后。

二、设立未成年人检察院的必要性论证

从上述中国未成年人检察组织机构变迁情况来看，历经30年的发展，中国未成年检察已经基本上实现了组织结构专门化，专业化、专门化已经成为中国未成年人检察制度发展趋势。实践表明，新形势下设立未成年人检察院十分必要。

（一）未成年人犯罪的严峻性

根据2010年第六次全国人口普查统计显示，当前我国未成年人近3亿，占人口总数比例高达22.49%。并且，随着我国城镇化、工业化、信息化发展，农村留守儿童也将近1亿。统计显示，2000~2007年，全国法院共审判未成年犯52.4万余人，且判决生效的未成年人犯罪人数年均上升15.7%，②呈现出逐年递增的趋势。

同时，2000年以来，我国未成年人犯罪呈现出低龄化趋势，15岁以下未成年人犯罪增幅较大，犯罪暴力化、恶性化程度加剧，新型犯罪不断涌现，犯罪手段日趋成人化和智能化，团伙犯罪较为突出。③

与此同时，侵害未成年人合法权益的刑事案件不断发生，社会反响强烈。加之，这些未成年人大多是独生子女，所以往往一人犯罪，其身后往往牵扯到几代人、多个家庭，近几年来，全国检察机关平均每年批准逮捕未成年犯罪嫌疑人71000多人，提起公诉85000多人，直接影响到几十万家庭。④ 因此，较为严峻的未成年人犯罪形势，就要求必须对其进行专门化处置，建立未成年人检察院符合这一客观现实。

---

① 姚建龙：《少年法院试点对未检制度的影响——以上海市检察实践为例》，载《法学》2010年第1期。
② 根据各年度《中国法律年鉴》中数据计算得出。
③ 参见张远煌主编：《中国未成年人犯罪的犯罪学研究》，北京师范大学出版社2012年版，第99~107页。
④ 朱孝清：《关于未成年人刑事检察工作的几个问题》，载《预防青少年犯罪研究》2012年第6期。

(二) 未成年人犯罪的特殊性

大量研究已经充分表明，与成年人犯罪相比，未成年人犯罪具有特殊性，这种特殊性就决定了对于未成年人犯罪的处置必须建立与之相应司法运作制度，即少年司法制度，才能符合现代刑事法治基本理念，发挥矫正功能。一般认为，未成年人犯罪往往具有反社会动机不成熟、对犯罪行为的危害性认识不足、犯罪原因具有可控性，以及对未成年犯进行刑事处罚负面影响较高等基本特点。① 而长期以来，我国刑事制度更多是建立在成人犯罪的基础之上的，这种运行模式与未成年人犯罪的基本规律直接相违背，必须探索出适合未成年人犯罪的司法制度。

(三) "未检办"、"未检处"等组织形式已不能满足保护未成年人的需要

根据高检院党组的决定，高检院未检办负责全国未成年人检察工作的综合业务办理和指导，主要包括：未成年人涉嫌犯罪案件、侵害未成年人人身权利犯罪案件的办理工作，涉及未成年人的刑事、民事、行政诉讼监督活动，有关法律、政策和制度规范研究，参与相关犯罪预防、综合治理工作，等等。但是目前相对比较成熟和完善的业务还是刑事检察，对于涉及未成年人的刑事执行检察、民事行政检察工作如何开展，具体业务范围是哪些，基本上处于空白。同时，曹建明检察长指出："在未成年人司法保护工作上，检察院比法院环节更多，涵盖了整个司法过程，任务也更重。"由此可见，高层对未检机构的定位实际上已经突破了单一刑事指控业务范围，还涉及被害救助、矫正回归，甚至综合治理等方面。显然当前的专门机构设置模式与这种综合性职能的定位不相适应，已经不能满足全面保护未成人合法权益的现实需求。因此，建立未成年人检察院更加符合实际，可以有效整合相关职能。

三、设立未成年人检察院的可行性论证

实践表明，当前我国社会发展已经为设立未成年人检察院做好充分准备和创造了条件，设立未成年人检察院已经具备可行性。

(一) 设立未成年人检察院具有充分的法律依据

依法设置是各国检察组织系统设置原则之一，具体而言，从我国宪法、检察院组织法、未成年人保护法，以及联合国相关文件、党中央相关文件，我们都可以为未成年人检察院的设置找到法律依据。例如，《人民检察院组织法》

---

① 朱孝清：《关于未成年人刑事检察工作的几个问题》，载《预防青少年犯罪研究》2012 年第 6 期。

第 2 条第 1 款规定，中华人民共和国设立最高人民检察院、地方各级人民检察院和军事检察院等专门检察院。《未成年人保护法》第 55 条规定："公安机关、人民检察院、人民法院办理未成年人犯罪案件和涉及未成年人权益保护案件，应当照顾未成年人身心发展特点，尊重他们的人格尊严，保障他们的合法权益，并根据需要设立专门机构或者指定专人办理。"《联合国少年司法最低限度标准规则》规定："应努力在每个国家司法管辖权范围内制定一套专门适用于少年犯的法律、规则和规定，并建立受权实施少年司法的机构和机关。"[①] 由此可见，通过设置专门的检察院来应对高发的未成年人犯罪问题已经得到普遍的认识，无论是国内法还是国际法的相关规定都体现这样的一种主张。因此，设立未成年人检察院于法有据。

（二）设立未成年人检察院具有强烈的现实需求

检察组织的设置还应该遵循适应实际需求的原则，即检察机关的设置也随着国家经济、政治和其他领域形势的变化及其需要而进行相应的调整。[②] 当前未成年犯罪问题已经成为我国社会生活中一类比较突出的问题，需要对其进行专门的治理，设立未成年人检察院因应这种现实需求。

此外，检察组织的设置还讲求一个与审判机关相对应的原则。上文已经指出，历经 30 多年的发展，建立少年法院已经成为人们的共识，加上目前知识产权法院专门法院的迅速建立，都为少年法院的建立提供了充分的准备与经验借鉴，可以预测的是在已经开始的第三轮司法改革中，少年法院的建立正日益触手可及。因此，建立与之相匹配的未成年人检察院也是应有之义。

（三）未成年人检察工作为建立专门检察院积累了人才与经验

经过 30 年不懈努力，我国未成年人检察工作从无到有、从小到大，日趋专业和规范，初步形成了符合司法规律和未成年人特点的特殊司法理念、工作机制和工作规范，也打造出一支政治素质高、业务能力强的未成年人检察队伍。首先，已经形成了坚持教育、感化、挽救方针和教育为主、惩罚为辅原则，坚持少捕、慎诉、少监禁的少年司法规律。其次，对侵害未成年人犯罪，坚持以"零容忍"的态度，依法予以严厉打击，帮助一大批因实施犯罪或者受到犯罪侵害而陷入困境的孩子得以顺利回归社会。在工作机制上，逐步形成

---

① 1985 年 11 月 29 日联合国第 96 次全体会议通过的《联合国少年司法最低限度标准规则》（即《北京规则》），载 http://www.un.org/chinese/esa/social/youth/beijing.htm，访问日期：2016 年 5 月 10 日。

② 陈建民主编：《检察院组织法比较研究》，中国检察出版社 1999 年版，第 163 页。

了"捕、诉、监、防"一体化工作模式，能够对未成年人进行全程、系统的保护。再次，在实践中，探索发展了社会调查、亲情会见、合适成年人到场、强制辩护、附条件不起诉、分案起诉、犯罪记录封存、心理干预等一系列适合未成年人身心特点的诉讼程序和诉讼制度，确保未检工作按照少年司法规律有序推进。最后，已经了形成了一支专业化未成年人检察队伍，涌现出一批优秀的、受到社会高度认可的未检团队和未检检察官成为检察工作的品牌，如重庆市三级检察机关"莎姐"团队、湖北武汉市江汉区人民检察院"大手拉小手"工作室、江苏常州市新北区人民检察院"小橘灯"团队、四川泸州市纳溪区人民检察院"纳爱"团队、黑龙江牡丹江市东安区人民检察院"冬梅姐姐"团队，以及上海市浦东新区人民检察院未成年人案件刑事检察处处长张宇、北京市海淀区人民检察院未成年人检察处处长杨新娥、广东省佛山市人民检察院未检科科长潘媚、浙江省宁波市海曙区人民检察院未检科科长王英、山东省烟台市芝罘区人民检察院未检科副科长刘力萍等未检先进个人代表。因此，日趋成熟的和完善的未检工作机制、日益专业化未检队伍都为下一步建立未成人检察院提供了制度保障和人员保障。

四、设立未成年人检察院中的几个疑难问题

在"四个全面"战略部署和深化司法体制改革，以及大力推进《人民检察院组织法》修改的大背景下，中国未成年检察制度改革也进入一个关键时刻，机遇与挑战并存。尤其是应该充分利用在时隔30年后重启《人民检察院组织法》修改这一大好时机，在组织法中以"设立未成人检察专门检察院"的形式明确未检制度的发展方向，为进一步推进我国未检制度改革和完善中国特色检察制度创造条件。具体来讲，当前我国设立未成年人检察院，应该处理好以下几个方面：

（一）通过"顶层设计"，推动未成年人检察院设立

2012年在高检院的推动下，全国各地检察院都纷纷设立了专门的未检机构。但是由于缺乏顶层设计，不成体系，各地发展也参差不齐，主要表现在机构名称、职能定位、职责界定、工作规范和评价体系等方面千差万别，各自为政。有些地方检察机关搞"一刀切"，将已经成立的未成年人检察机构简单地并入其他部门；有的地方检察院中，未成年人检察依附于成年人检察，专门化不够，没有考虑未成年人犯罪的特殊性，等等。因此，鉴于当前高检院已经于2015年底成立未检办，中国未检工作已经进入自上而下的改革阶段，应该在高检院的统一部署下，对设立未成年人检察院进行顶层设计。

一是统一名称。当前就已经设立未检专门机构的检察院来看，上海等地区

称"未成年人刑事检察处",北京则称"未成年人检察处",显然这种名称上差异直接映射其受理范围的不一致。因此,建议未来未成年人检察组织名称统一"××省(市)未成年人人民检察院",而不是冠以"刑事检察院"。

二是明确未成年人检察院办理未成年人案件的基本原则,以区别于成年人案件。吸纳引进已经被西方国家少年司法制度普遍认可的国家亲权原则与儿童最佳利益原则,① 都强调以保护优于刑罚的立场来处理少年犯罪问题。坚持教育、感化、挽救方针和教育为主、惩罚为辅原则,坚持少捕、慎诉、少监禁的少年司法理念,还应该坚持综合治理、不公开,强化预防等原则。

三是进一步明确未成年人检察院职能。从高检院党组关于未检办的职能定位来看,未检机构的职能并不仅限于处理未成人犯罪案件,实际上包括以"保护未成年人"为出发点的多种职能,如未成年人被害救助、涉未成年人民行检察监督、参与未成年人犯罪预防、综合治理工作等。而这些检察权能在现行组织法中并未明确,所以应该通过组织法予以明确,因为"只有检察院组织法才能作为整合各单行法授予检察机关职权的平台,通过该平台的支撑,对检察制度进行科学、合理的顶层设计,促进各项检察职能得到更有效的衔接"。②

(二)未成年人检察组织不宜设立派出机构,应该建立专门检察院

尽管《人民检察院组织法》第 2 条第 3 款规定:"省一级人民检察院和县一级人民检察院,根据工作需要,提请本级人民代表大会常务委员会批准,可以在工矿区、农垦区、林区等区域设置人民检察院,作为派出机构。"从字面上理解,似乎可以采取派出检察院的形式来设置当前的未检组织,而且实践中也大量存在这样的形式,如北京市检察院派出对监狱等部门执法行为进行法律监督的北京市清河人民检察院、北京市团河地区人民检察院。但是根据 1994 年最高人民检察院《关于设置派出人民检察院的规定》,设置派出检察院的区域和场所包括工矿区、农垦区、林区、监狱、劳教场所和开发区。显然派出机构形式的检察院设置考虑的更多是特殊区域的划分,而未成年人犯罪问题的地域性特征并不是其最关键特点。因此,采取派出检察院的形式来设置未成年人检察组织并不可取。而与此同时,采取内设机构的形式又难以涵盖当前未检工作的相关职能,所以以专门检察院的形式设置未检组织更符合实际情况和满足

---

① 关于这两个原则,参见张鸿巍:《美国未成年人检察制度》,载《国家检察官学院学报》2011 年第 3 期。

② 张步洪:《人民检察院组织修改的理论前瞻与现实路径》,载《人民检察》2012 年第 10 期。

现实需要。

(三) 未成年人检察院的设立应该具有适当的超前性

一方面,上文已经指出在少年司法制度改革中,检察院相对于法院而言,要迟滞一些,很多工作的推进力度、进度等都比法院系统略显落后。而当前少年审判制度势如破竹的推进态势,无不显示少年法院这一终级形态必将建立。另一方面,当前无论是高层对未检机构的职能定位,还是现实需求来看,未检机构将来担负的职能应该日趋广泛,并成为中国少年司法制度的重要组成部分。因此,对少年检察院的建立应该适当超前。

具体而言,在遵循专门检察院设置一般规则的基本前提下,并结合涉未成年案件的基本情况,可以考虑,每一个省应该建立专门的未成年检察院(包括地级市和基层两级),案件数量较多的可以按照管辖区域划分适当增加设置数量,如在上海、浙江、北京、广东等地涉未成年案件较高的地区,可以适当增加未成年人检察院设置数量,并按照区域进行划分。

另外,就未成年人检察院内设机构设置来看,以"突出体现少年司法特殊性"为导向,可以在未成年人检察院内,设立未检部(履行"捕诉监防"四项职能)、儿童福利保障部(具体负责涉案未成年人最低生活保障生活救济家庭监护问题处理,必要时建议民政部门提起撤销监护权诉讼等工作)、社会调查部(负责开展涉未刑民行政案件的社会调查社会观护)、心理辅导和戒瘾部(负责心理评估跟踪心理辅导网瘾治疗)、教育矫治部(负责涉案未成年人的教育矫治考察帮教)和协调安置部(负责与有关部门协调涉案未成年人复学就业培训等复归社会工作)等。[①]

总体而言,当前我国社会发展为建立未成年人检察院奠定了扎实的基础,不仅包括相关体制、机制方面,还包括人员、机构、职能等方面。因此,在《人民检察院组织法》修改之际,应该在这一检察院"小宪法"中对未成年人检察制度进行明确化,确保未检工作顺利推进。

[①] 岳慧青:《司法改革背景下的未成年人检察体制改革》,载《青少年犯罪问题》2015年第1期。

四、检察机关的权力配置

检察职权与检察院组织法修改

王玄玮[*]

我国检察机关的基本职权规定于《人民检察院组织法》。现行的《人民检察院组织法》制定于1979年,自颁布以来一直没有进行过大的修改。但与法律文本的"稳定"形成鲜明反差的是,1979年以来我国政治、经济、社会、法治各方面的建设发生了翻天覆地的变化,中国特色社会主义检察事业不断发展,对检察机关法律监督职能的认识也在不断深化。在全面推进依法治国的新形势下,有必要及时对我国现行检察职权模式进行总结和反思,对检察制度的发展完善趋势进行分析和预判,提出对《人民检察院组织法》关于检察职权的修改建议。

一、"诉讼型"检察职权模式的反思

长期以来,我国检察机关的职能专长于诉讼,主要工作范围"只限于违反刑法,需要追究刑事责任的案件"[①],办理了大量的职务犯罪侦查、批准逮捕、提起公诉的刑事案件,在刑事司法领域颁布了一大批司法解释。而在监督职能的发挥上则较为薄弱,除了数量有限的诉讼监督,对行政权、(地方)立法权的监督几乎是一片空白,与诉讼职能的兴盛形成了很大的反差。总体上讲,我国检察机关的职权运用处于严重"失衡"的状态——诉讼职权的运用高度发达,而监督职权的运用明显不足。因此,可以将我国现行检察职权模式概括为"诉讼型"模式。20世纪90年代以来,检察机关的监督意识逐步强化,监督职能有所发展,但其角色仍脱离不了"诉讼"这一场域。检察机关条文上是国家的"法律监督机关",实际上基本停留在"诉讼监督机关"的层面。虽然诉讼监督也是检察机关法律监督的重要组成部分,但检察机关诉讼职

---

[*] 作者简介:王玄玮,云南省人民检察院研究室副主任,法学博士,全国检察业务专家。

① 1979年6月26日,彭真在中华人民共和国第五届全国人民代表大会第二次会议上所作"关于七个法律草案的说明"。

权与监督职权发展失衡,监督职权中又以诉讼监督"一枝独秀"畸形发展,这种现象与宪法赋予检察机关的政治地位不相吻合,也不适应检察机关全面履行法律监督职能的需要,在理论上和实践中都有一些明显的负面效应。

一是导致法律监督职能残缺不全。宪法文本中规定"人民检察院是国家的法律监督机关",这一条款中"法律监督"一词所指的"法律",从法律部门的角度看,绝不仅仅指刑事法律,也不是仅仅指诉讼法律,而是应该包括刑法、民法、行政法、诉讼法在内的完整意义上的法律监督。从法制运行的各个环节看,法律监督应该包括对立法环节、执法环节、司法环节、守法环节的监督。然而,诉讼型检察职权模式长期运行的结果,一方面导致检察机关诉讼职能发达而监督职能弱化,另一方面导致法律监督职能发展不全面、不均衡,司法监督职能"一枝独秀",而行政执法监督若有若无,立法监督也未取得应有的效果。检察机关九大业务部门中,反贪污贿赂、反渎职侵权、侦查监督、公诉、监所检察、控告检察、刑事申诉检察、职务犯罪预防等八个部门都处理刑法事务,只有民事行政检察部门处理与民法、行政法有关的事务,没有任何一个部门处理与宪法有关的事务。这样的局面,充分说明检察机关的业务配置畸形发展,检察机关的监督职能残缺不全。其后果就是,不少重要公权力的行使和运用没有受到应有的监督,导致权力运行不规范甚至不合法。在国家权力体系中,行政权由于其主动性、广泛性、强制性、自由裁量性等特点,比其他国家权力更容易发生自我膨胀、扩张的倾向,更具有滥用的可能,因而也更需要加以监督和制约。从实践情况看,对行政权的监督仅有行政系统的内部监督是远远不够的,而审判机关限于其被动性和中立性,也不能完全担起监督行政机关的重任。因此,有学者呼吁,"在政府和法院之间,人民检察院的法律监督应当更多地指向政府"。[①] 然而,当前检察机关法律监督职能的残缺,使得行政处罚、行政强制等执法领域监督手段付之阙如。如果检察机关诉讼职能与监督职能均衡发展,法律监督范围不再抱残守缺,那么公权力的运行就多了一道制约的闸门,公民的合法权益就多了一个可以依靠的保障。

二是导致检察机关政治地位动摇。虽然宪法已经设置了一个专门的法律监督机关,但是这个机关并未按照宪法的规定全面履行法律监督的职能。换言之,"虽然作为刑事司法机构的检察院始终在场,但是作为法律监督机关的检

[①] 谢佑平:《检察监督与政治生态的关系及其发展方向》,载《东方法学》2008年第2期。

察院，在实践中却处于缺位的状况"。① 这种状况，导致了立法活动、执法活动甚至司法活动都没有得到有效的监督。检察机关重诉讼、轻监督的现状，使得检察机关在性质上名不副实。有学者这样评论："让一个承担刑事追诉甚至刑事侦查职能的国家机构，去监督和保证国家法律的统一实施，并在其他国家机构违反法律时予以纠正，这的的确确带有一定的'乌托邦'的意味，构成了一种制度上的神话。"② 这样的评价，反映的恰恰是基于检察机关名实不符的现状而产生的对检察职能的误解。诚然，检察机关是担负政治职能的国家机构，必须发挥与其政治地位相匹配的作用。如果检察机关的活动领域仅局限于诉讼领域，那么宪法赋予检察机关的法律监督职能就会在事实上被误读，检察机关的政治地位也将受到挑战和动摇。检察权能在中国国家权力体系中是最弱小的一极③，在历史上的命运也最为坎坷，新中国成立后检察机关曾经"三落三起"，屡被撤销。检察机关恢复重建后，仍然能够听到撤销检察机关、将最高人民检察院与司法部合并等改革建议。如果检察机关继续重诉讼、轻监督，重诉讼监督、轻其他监督，放弃对行政权和（地方）立法权的监督职责，必将造成法律监督职能的弱化、虚化，导致法学法律界对这种名义上的"法律监督权"更大的不认可。在实践中，面对其他公权力失范、违法现象，如果检察机关的监督角色缺位，自甘"有所不为"，也必将招致社会公众对"法律监督机关"的失望。长此以往，我国检察机关与行政机关、审判机关"并驾齐驱"的政治地位将会动摇。

二、检察职权的转型与范围调整

检察职权模式转型，检察机关的履职重心将从诉讼职能转向监督职能，法律监督职能的总体格局将从目前诉讼监督"一枝独秀"转向检察权对（地方）立法权、行政权、审判权的监督均衡发展。相应地，检察职权的范围应当进行必要的调整。现行检察职权规定于《人民检察院组织法》第一章"总则"第5条中，本条规定存在检察职权范围不够完整的明显弊端：一是未能全面反映检察机关实际承担的职能。基于立法时的历史局限，现行《人民检察院组织法》只突出了检察机关打击刑事犯罪的功能，第5条规定的全部是检察机关

---

① 喻中：《如何理解"检察院是国家的法律监督机关"》，载《长白学刊》2009年第3期。

② 陈瑞华：《问题与主义之间》，中国人民大学出版社2000年版，第32页。

③ 参见王玄玮：《论检察权的属性和运行特点》，载《上海政法学院学报》2010年第6期。

参与刑事诉讼的职权。对于检察机关的其他职能（包括历史上人民检察院曾经行使的一些职能），《人民检察院组织法》并未作出规定。检察机关目前实际行使的民事诉讼法律监督、行政诉讼法律监督、预防职务犯罪、进行司法解释等职能，《人民检察院组织法》中只字未提。至于检察机关一些正在发展中的初具雏形的职能，如行政执法监督、参与规范性文件合宪性合法性监督等，就更加处于《人民检察院组织法》上缺乏依据的状态。二是缺乏手段性职权的规定。现行检察院组织法对检察机关行使职权所必须赋予的措施和手段基本未作规定，诸如最起码的知情权、调查权都未写入《人民检察院组织法》，导致在过去较长时期实践中，检察机关履行法律监督职能所必要的手段和措施缺乏《人民检察院组织法》上的保障。随着司法体制改革的进展，检察机关的知情权、调查权以及建议权、技术侦查权、检察长列席权等手段性职权逐渐得到落实，这些内容需要及时补充进《人民检察院组织法》之中。笔者认为，在研究修改《人民检察院组织法》时，对检察职权的规定应当综合考虑以下四种情况：

第一，"特种案件检察权"应当保留，但内容应适当调整，使检察职权体系更加科学合理。现行《人民检察院组织法》规定的"特种案件检察权"在司法实践中的运用十分罕有，一般认为这一职权仅仅在1980年运用过一次。[①] 尽管"特种案件检察权"很少运用，但这一职权仍然有必要在《人民检察院组织法》中予以保留规定。原因是，检察职权体系需要一条统率性的条文表述。1979年制定《人民检察院组织法》时，突出检察机关打击刑事犯罪、维护国家安全的职责角色可以理解，但在今天就不合适了。我国检察机关的性质是法律监督机关，法律监督的基本任务和要求是维护宪法、法律的统一正确实施。因此，建议将"特种案件检察权"表述为："对严重破坏宪法统一实施以及其他严重破坏法律统一实施的犯罪案件，行使检察权。"只有这样表述，才能凸显检察机关作为法律监督机关的性质和基本任务，使检察职权体系更加科学合理。

第二，已经成熟运用的检察职权，在组织法中进行科学表述。这种情况的

---

① "特种案件检察权"指《人民检察院组织法》第5条第1项规定的"对于叛国案、分裂国家案以及严重破坏国家的政策、法律、法令、政令统一实施的重大犯罪案件，行使检察权"的职权。检察理论先驱王桂五先生认为，"最高人民检察院特别检察厅对林彪、江青反革命集团案的检察起诉，是检察机关执行《人民检察院组织法》第五条第一项规定的检察职权的一次重要实践……"参见王桂五：《王桂五论检察》，中国检察出版社2008年版，第50页。

检察职权大多已经入法（主要见于三大诉讼法），是检察机关当前主要业务工作的法律依据。对这类检察职权的表述应当依据法律规定进行，但应当科学、合理地进行归纳、提炼，不必照搬诉讼法的条文表述。这种情况的检察职权包括四类：一是参与及监督刑事诉讼方面的职权。按照诉讼法理和立法传统，检察机关在刑事诉讼中的侦查、批准逮捕、提起公诉等主要职权可以单独表述，① 但刑事诉讼监督职权可以合并表述，不必逐项列举立案监督、审判监督、刑罚执行监督等程序，更不必一一提到2012年刑事诉讼法修改新增加的对指定居所监视居住、死刑复核、强制医疗等具体环节的监督。二是民事、行政诉讼监督方面的职权。与全程参与刑事诉讼不同，检察机关在民事、行政诉讼中的角色主要是事后的监督，事前、事中基本上不参与、不介入。虽然2012年民事诉讼法修改将检察机关监督范围从"民事审判"扩大到"民事诉讼"（增加了对民事执行活动的监督），监督对象增加了调解书等种类，但仍然用"诉讼监督"就足以概括。行政诉讼法目前正在修订过程中，检察机关的角色与在民事诉讼中十分相似，也可以用"诉讼监督"概括表述。三是预防职务犯罪方面的职权。检察机关预防犯罪方面的职能，源于1991年七届全国人大常委会通过的《关于加强社会治安综合治理的决定》。目前，预防职务犯罪在检察机关业务格局中已经提高到与查办职务犯罪并重的高度，但如此重要的职能在现行组织法中却没有提到，不能不说是一个大的缺憾。因此，修改《人民检察院组织法》时应当写入预防职务犯罪方面的职权。四是司法解释方面的职权。从1981年全国人大常委会颁布《关于加强法律解释工作的决议》开始，最高人民检察院已经就"检察工作中具体应用法律、法令的问题"发布过许多司法解释，这一重要职权也应当写入《人民检察院组织法》。

  第三，对于近年来司法体制改革取得的成果，应当及时纳入《人民检察院组织法》。这方面的检察职权主要是一些手段性、保障性的检察职权。例如，2010年最高人民检察院会同最高人民法院、公安部、国家安全部、司法部下发了《关于对司法工作人员在诉讼活动中的渎职行为加强法律监督的若干规定（试行）》，明确检察机关对司法工作人员在诉讼活动中的渎职行为可以采取调查、建议更换办案人等方式进行监督；同年，最高人民法院办公厅、最高人民检察院办公厅联合下发了《关于调阅诉讼卷宗有关问题的通知》，规

---

① 如《刑事诉讼法》第3条规定，检察机关负责"检察、批准逮捕、检察机关直接受理的案件的侦查、提起公诉"，本条中检察机关侦查、批捕、公诉等职权单独列出，但用"检察"一词涵盖了其他诉讼监督职权。又如《检察官法》第3条规定的检察官的职责，也是将侦查、公诉单独列出，与"法律监督工作"并列。

定人民检察院在办理法官涉嫌犯罪案件、抗诉案件、申诉案件过程中，可以调阅人民法院诉讼卷宗。现在，有必要把这些改革的成果上升为法律，写入《人民检察院组织法》中，这些是保障检察机关发挥法律监督职能的必不可少的措施。另外，修订后的民事诉讼法已经赋予检察机关在履行法律监督职责时提出检察建议的职权，2012年修改的刑事诉讼法已赋予检察机关技术侦查权。为了《人民检察院组织法》中检察职权体系的完整，这些已经入法的手段性职权也应当纳入《人民检察院组织法》中。

第四，一些符合法理的"前瞻性职权"，也应当写入《人民检察院组织法》，对检察机关法律监督职能的全面发展奠定基础。《人民检察院组织法》是宪法相关规定的具体化，为检察机关履行职责、为单行法律授予检察机关职权提供指引，《人民检察院组织法》关于检察职权、检察措施的配置应当着眼于必要性，而不必拘泥于是否立马可以做到。① 因此，除了检察机关目前正在行使的职权，其他目前尚未行使的或者尚无相对成熟的制度设计的职权也要予以纳入，不应该将这部分职权继续遗忘在检察机关的职权体系之外。这种情况的检察职权包括四类：一是检察机关参与规范性法律文件合宪性、合法性审查的职权。根据2015年修正的《立法法》第99条第1款，最高人民检察院认为行政法规、地方性法规、自治条例和单行条例同宪法或者法律相抵触的，可以向全国人民代表大会常务委员会书面提出进行审查的要求。根据2006年颁布的《各级人民代表大会常务委员会监督法》第32条第1款，最高人民检察院认为最高人民法院作出的具体应用法律的解释同法律规定相抵触的，可以向全国人大常委会书面提出进行审查的要求。另外，根据国务院颁布的《规章制定程序条例》第35条、《法规规章备案条例》第9条的规定，检察机关可以参与对行政规章的合宪性、合法性的监督。这几项职权，对于检察机关宪法地位的落实、法律监督职能体系的形成具有重要意义。② 虽然目前检察机关尚未开展这方面的业务工作，但应当将相关内容写入《人民检察院组织法》。二是检察机关对行政执法行为进行监督的职权。目前，检察机关对行政执法行为进行监督的范围十分狭窄，仅限于对看守、监管机关的监管活动以及行政执法机关移送涉嫌犯罪案件的工作等少数事项。但现实中，行政执法行为违法违规、侵犯人权的情况还比较严重，检察机关的法律监督角色不应该一直缺位。在监

---

① 参见张步洪：《检察院组织法修改的基本问题与主要观点评介》，载《国家检察官学院学报》2011年第6期。

② 参见王玄玮：《违宪检察论——检察机关启动违宪审查程序的初步探讨》，载《政治与法律》2009年第4期。

督行政执法行为方面,我国《人民警察法》第 42 条、《治安管理处罚法》第 114 条等法律条文已有初步规定。2014 年,党的十八届四中全会《中共中央关于全面推进依法治国若干重大问题的决定》中提出:"完善对涉及公民人身、财产权益的行政强制措施实行司法监督制度。检察机关在履行职责中发现行政机关违法行使职权或者不行使职权的行为,应该督促其纠正。"在修改《人民检察院组织法》时,应当把检察机关对行政执法行为的监督职权纳入,至少应当明确检察机关有权对行政处罚、行政强制这两类最容易侵犯公民基本人权的行政行为进行监督。① 三是检察机关提起民事公诉、行政公诉的职权。公诉也是检察机关基本的手段性职权。对于一般的违法行为,检察机关可以用提出检察建议的方式进行监督,但对于严重的违法行为,提起公诉才是适当的监督方式。目前,检察机关的检察建议职能已经基本配置完成,即在刑事、民事、行政领域一般而言都可以适用检察建议这种方式进行监督,但公诉职能仍然仅局限于刑事领域。2012 年民事诉讼法修改,该法第 55 条已经为检察机关将来提起民事公诉留下了可能性。② 对于行政公诉,学术界的主流看法也是建议法律予以规定。③ 对此,四中全会的《中共中央关于全面推进依法治国若干重大问题的决定》中已经明确提出:"探索建立检察机关提起公益诉讼制度。"因此,这两项职权也应当写入《人民检察院组织法》。四是检察长列席权。检察长列席有关会议是保障检察机关履行法律监督职能的知情权必不可少的措施。目前,检察长列席人民法院审判委员会已经在《人民法院组织法》第 11 条作出规定,检察长列席人民代表大会会议已经在《全国人民代表大会组织法》第 8 条、《地方各级人民代表大会和地方各级人民政府组织法》第 17 条作出规定。修改《人民检察院组织法》时,应当将检察长有权列席同级人民

---

① 参见王玄玮:《论检察权对行政权的法律监督》,载《国家检察官学院学报》2011 年第 3 期。

② 《民事诉讼法》第 55 条规定:"对污染环境、侵害众多消费者合法权益等损害社会公共利益的行为,法律规定的机关和有关组织可以向人民法院提起诉讼。"由于我国《刑事诉讼法》第 99 条第 2 款规定,"如果是国家财产、集体财产遭受损失的,人民检察院在提起公诉的时候,可以提起附带民事诉讼。"因此有初步依据认为,检察机关可以属于民事诉讼法所说"法律规定的机关"之列。随着法治实践的发展,今后还可能出现更加明确的检察机关参与公益诉讼的立法规定。

③ "在我国建立行政公诉制度,由检察机关行使行政公诉功能,已经是一股不可逆的历史潮流。立法机关应当适时地修订行政诉讼法,明确规定检察机关行使行政公诉的功能。"参见韩大元主编:《中国检察制度宪法基础研究》,中国检察出版社 2007 年版,第 285 页。

代表大会常务委员会会议、① 同级人民政府全体会议、常务会议写进法律。否则，检察机关对地方性法规、规章合宪性、合法性的监督将难以开展。

三、对《人民检察院组织法》关于检察职权的修改建议

在修改《人民检察院组织法》时，应当对检察机关的功能性职权和手段性职权进行系统规定。② 笔者认为，检察职权应当包括以下八个方面的内容：

第一，人民检察院的基本职权。人民检察院行使下列职权：（1）对严重破坏宪法统一实施以及其他严重破坏法律统一实施的犯罪案件，行使检察权。（2）对于行政法规、地方性法规、规章、自治条例、单行条例以及行政机关发布的其他具有普遍约束力的行政决定、命令的合宪性、合法性实行法律监督。（3）对刑事诉讼、民事诉讼和行政诉讼活动，实行法律监督。（4）对于法律规定由人民检察院立案管辖的刑事案件，进行侦查。（5）对于侦查机关适用限制人身自由的刑事强制措施是否合法，实行法律监督；对于逮捕申请进行审查，决定是否批准。（6）对于限制、剥夺人身自由的行政强制措施和行政处罚是否合法，实行法律监督。（7）对于自诉案件以外的刑事案件提起公诉。（8）对于涉及国家利益和重大公共利益的民事、行政案件提起公诉。（9）预防职务犯罪。（10）法律规定的其他职权。

第二，检察解释权。最高人民检察院对检察工作中具体应用法律的问题进行解释。

第三，对规范性文件的审查建议权。最高人民检察院认为行政法规、地方性法规、自治条例和单行条例与宪法或者法律相抵触的，可以向全国人民代表大会常务委员会书面提出进行审查的要求。最高人民检察院认为规章以及国务院各部门、省、自治区、直辖市和较大的市的人民政府发布的其他具有普遍约束力的行政决定、命令同宪法、法律、行政法规相抵触的，可以向国务院书面提出进行审查的建议。

第四，对司法解释的审查建议权。最高人民检察院认为最高人民法院在具体应用法律问题的解释与宪法、法律不一致或者相抵触，可以向全国人民代表大会常务委员会书面提出进行审查的要求。

第五，调阅案卷材料权。人民检察院在履行法律监督职责过程中，为了查明案件情况或者调查核实违法犯罪行为，可以调阅人民法院、行政执法机关或

---

① 在实践中，检察长列席同级人民代表大会常务委员会会议已经形成一种政治惯例。
② 参见王玄玮：《检察院组织法对检察职权规定的修改建议》，载《人民检察》2014年第7期。

者其他机关、单位的案卷和其他材料,人民法院、行政执法机关或者其他机关、单位应当予以配合。

第六,检察建议权。人民检察院在履行法律监督职责过程中,发现人民法院、行政执法机关或者其他机关、单位存在职务犯罪隐患或者发现违法情形的,可以向该机关、单位发出检察建议,有关机关、单位应当及时反馈处理情况。

第七,技术侦查权。人民检察院在立案后,对于重大的贪污、贿赂犯罪案件以及利用职权实施的严重侵犯公民人身权利的重大犯罪案件,根据侦查犯罪的需要,经过严格的批准手续,可以采取技术侦查措施,按照规定交有关机关执行。人民检察院追捕被通缉或者批准、决定逮捕的在逃犯罪嫌疑人、被告人,经过批准,可以采取追捕所必需的技术侦查措施。

第八,检察长列席权。建议规定:人民检察院检察长可以列席同级人民代表大会及其常务委员会会议、同级人民政府全体会议及常务会议。当检察长因故不能列席上列会议时,可以委托副检察长列席。

四、结论

检察机关是一个由宪法作出规定的国家机关,应当承担与其宪法地位相匹配的政治职能,因此也应当授予其与政治职能相适应的检察职权。检察职权的范围调整,不能仅仅从诉讼法中寻找依据,而是应当依照宪法和其他相关法律的规定,根据国家权力分工体系来确定。检察机关恢复重建已经37年,对《人民检察院组织法》的修订正当其时。在修改《人民检察院组织法》过程中,只有对检察职权作出全面、系统、科学的规定,才能促成检察职权的"转型",为检察机关实现在宪法意义上的"复归"奠定坚实的基础。

司法责任制改革中检察
内部办案职权的配置及优化

项谷　张菁　姜伟[*]

　　司法责任制是司法改革的核心，办案职权配置是司法责任制的重点和难点。检察内部办案职权的配置是指在检察机关内部对各层级办案主体的职责权限进行科学合理的划定，是检察权公正高效运行的重要基础。检察办案职权如何配置，关乎能否突出检察官在司法办案中的主体地位，更关乎司法责任是否切实落实到"人"。2015年9月，最高人民检察院出台《关于完善人民检察院司法责任制的若干意见》（以下简称高检院《意见》）对各级办案主体的职责权限提出了框架性意见。同年12月，上海市人民检察院制定《上海检察机关落实司法责任制工作细则（试行）》（以下简称《上海细则》）及辖区内各级检察院业务部门权力清单，结合本地实际，进一步细化了检察官的办案职权。检察内部办案职权的优化配置是健全检察权运行机制乃至完善司法责任制的改革探索，当前在理论上和实践中仍有一些认识分歧需要形成共识。本文以司法责任制改革为视角，对办案职权[①]的来源、配置的原则、标准及规范路径等问题作一探讨，以期为改革实践提供参考。

一、办案职权配置坚持授权法定原则

　　办案职权的来源是优化配置必须首先解决的重要问题。实践中，有观点认为，检察官的办案决定权来自法律的直接赋予，而非检察长的授予，理由是《检察官法》第2条明确规定："检察官是依法行使国家检察权的检察人员，包括最高人民检察院、地方各级人民检察院和军事检察院等专门检察院的检察

---

　　[*] 作者简介：项谷，上海市人民检察院第一分院研究室主任，检察官，全国检察业务专家；张菁，上海市人民检察院第一分院副主任，检察官；姜伟，上海市人民检察院第一分院检察官助理。

　　[①] 下文如无特别说明，"办案职权"均指检察内部办案职权。

长、副检察长、检察委员会委员、检察员和助理检察员。"①

我们认为,办案职权是检察权在检察机关内部的表现形式,其来源于检察长的授权。首先,人民检察院对外整体行使检察权,检察权被赋予检察机关整体,而非检察官个体。《宪法》第131条规定,人民检察院依法独立行使检察权,不受行政机关、社会团体和个人的干涉。其次,实行检察"一体化"原则,上下级检察机关是领导关系。《宪法》第132条第2款规定,最高人民检察院领导地方各级人民检察院和专门人民检察院的工作,上级人民检察院领导下级人民检察院的工作。再次,在检察院内部办案决策上实行检察长负责制和检察委员会集体决策相结合的制度模式。《人民检察院组织法》第3条规定,检察长统一领导检察院的工作。因此,宪法法律是将检察办案职权整体赋予检察院,同时由检察长作为"法定代表人"来统一行使。《检察官法》第2条规定检察官是依法行使国家检察权的检察人员,但这仅仅是表明行使检察权必须具备检察官的法定资格条件,或称为"权力能力",并不能因此推导出非检察长的一般检察官具有司法办案的独立地位。因此,一般检察官要行使办案职权必须取得检察长的授权。高检院《意见》第16条、第17条都明确了检察长授权委托的基本立场。域外也有类似的情况,如德国检察机关的职权配置。尽管德国普通检察官与检察长在组织法上具有同等地位,② 但是涉及办案职权时,组织法也明确规定首席检察官一人是检察机关的当然代表,其他检察官只能作为首席检察官的代理人行使法律赋予检察机关的权力。③

当前,检察长授权应该注意关注三个方面:一是以办案权限清单形式对检察官作出明确授权委托。授权内容包含刑事诉讼程序中依法由检察机关决定的部分事项,不必事事请示、每案授权。其他检察人员、内设机构无权改变检察长的授权,或者干涉检察官的决定权。二是检察官行使办案职权具有独立意志。检察官并非单纯的履行职务辅助人、意见传达人,其在授权范围内对案件独立判断处理并承担相应责任。独任检察官承办并作出决定的案件,由独任检

---

① 万毅:《检察改革"三忌"》,载《政法论坛》2015年第1期。
② 《德国法院组织法》第142条:(1)以下机构履行检察院职责:联邦最高法院为一名联邦总检察官,一名或多名检察官;州高等法院和州法院为一名或多名检察官;地区法院为一名或多名检察官或地区检察官。(2)地区检察官的职权不涉及地区法院刑事诉讼中的公诉准备程序,以及其他法院履行初审法院职责时的该项程序。(3)检察官助理可以承担地区检察官的职责或者在具体个案中在检察官的监督下履行检察官的职责。
③ 《德国法院组织法》第144条:法院的检察机关由若干名检察官组成,首席检察官授权指定人员作为其代理人,当他们代理检察首席检察官时,有权履行所有职责,并无须其他特别授权证明。

察官承担责任。检察官办案组承办的案件,由其主任检察官和其他检察官共同承担责任。检察长直接改变检察官决定的,就应对改变部分承担相应的办案责任。三是检察官独立行使办案职权具有相对性。根据高检院《意见》第10条规定,检察长(分管副检察长)有权对独任检察官、检察官办案组承办的案件进行审核。检察长(分管副检察长)不同意检察官处理意见,可以要求检察官复核或提请检察委员会讨论决定,也可以直接作出决定。

二、办案职权行使遵循委托代理规则

批准、决定逮捕是刑事诉讼法明确规定由检察长决定的事项,[①] 是否可以委托检察官决定,是办案职权配置中争议较大的问题。实践中逮捕决定权下放由一般检察官决定已经成为普遍情况。无论是过去主诉检察官办案责任制改革,还是主任检察官责任制改革,试点单位均是由主诉(主任)检察官决定逮捕,拟不批准逮捕的案件由分管副检察长决定。但是,有观点认为,法律明确规定只能由检察长或检委会行使的职权,即逮捕决定权,检察官不得行使。[②]

我们认为,逮捕决定权既可以由检察长直接行使,也可以由检察官作为检察长授权委托的"代理人"行使。首先,从立法规范看,《刑事诉讼法》第87条前段规定中未强调"应当"由检察长决定批准逮捕,而在后段强调重大案件"应当"提交检察委员会讨论决定。前后两段法条的"刚性"明显有所区别。可见检察长的逮捕决定权并非绝对不可委托转移。从高检院《意见》看,其第16条第1款规定,检察长决定是否逮捕和是否批准逮捕犯罪嫌疑人,同时第2款又规定,副检察长、检察委员会专职委员受检察长委托,可以履行前款规定的相关职责。其第17条还规定,检察官依照法律规定和检察长委托履行职责。可见,高检院《意见》已为逮捕权下放预设制度空间。其次,从授权本质看,检察官基于检察长的委托履行职责,并不改变权力归属于检察长的本质,也符合宪法法律关于检察长统一领导检察工作的规定。其类似于民事代理关系中代理人实施的法律行为在法律效果上等同于本人的法律行为,代理人的行为是本人行为的延伸;在行政代理关系中,受委托组织也是以授权行政机关的名义实施行政行为,法律上的效果归属于授权行政机关。再次,从现实

---

① 《刑事诉讼法》第87条:人民检察院审查批准逮捕犯罪嫌疑人由检察长决定。重大案件应当提交检察委员会讨论决定。

② 万毅:《检察改革"三忌"》,载《政法论坛》2015年第1期。

情况看，上海检察机关每年批准、决定逮捕犯罪嫌疑人 2 万多人，[①] 有的基层院每个月审查逮捕案件就达到 300 多件，不可能都由检察长、副检察长审批决定是否逮捕。最后，从域外做法看，无论是大陆法系还是英美法系，其实行司法审查羁押适用的法治国家，法律也没有要求羁押决定必须由法院院长作出，一般均由独任的侦查法官或羁押法官来决定。如在美国提出犯罪嫌疑人是否需要继续羁押的意见由检察官自主决定；而且德国刑事诉讼法上，检察院还有权在提起公诉前释放被羁押的犯罪嫌疑人，此项办案职权的主体为"检察院"，依照组织法规定也可以由检察长授权检察官行使。[②] 检察官作为检察长的"代理人"行使逮捕权，在法律效果上等于检察长行使。

在委托代理规则下，逮捕决定权授予检察官行使时应该注意把握以下三个方面：一是有限授权。根据案件情况决定放权的幅度，普通刑事案件可由检察官作出处理决定，重大疑难复杂案件包括有重大社会影响、敏感案件的逮捕决定权继续由检察长或检委会行使，比如危害国家安全、有影响的涉外案件、社会敏感度高的案件、领导干部要案。二是部分授权。为避免不捕案件大量增加及对廉洁公正执法产生风险隐患，不捕决定权应仍由检察长或检委会行使。这对于办理重大疑难复杂案件居多的直辖市分院、地市级检察院而言，尤为重要。三是加强监督。为确保逮捕决定权的依法公正行使，对检察官的逮捕决定，检察长有权要求复核或者提请检委会讨论决定，也可以直接改变检察官的决定。

三、办案职权纵向配置适应分层分级要求

从高检院《意见》看，重大疑难复杂案件是划定独任检察官与检察官办案组等办案组织及主体办案权限的重要标准之一。高检院《意见》第 5 条规定，审查逮捕、审查起诉案件，一般由独任检察官承办，重大、疑难、复杂案件也可以由检察官办案组承办。在改革实践中，各地检察机关一般亦采用这一标准，"重大疑难复杂案件"的决定权由检察长或检委会行使，其他案件则可以授权检察官行使决定权。但是，对于"重大疑难复杂"案件的界定目前尚未形成统一的、可量化的标准。有的以案件类别来认定，有的以可能判处的

---

① 以 2015 年为例，上海市检察机关全年共批准逮捕犯罪嫌疑人 27691 人。参见《2015 年上海市人民检察院工作报告》。

② 《德国刑事诉讼法》第 120 条（3）项：如果检察院提起公诉前申请撤销羁押令，亦应撤销之。提出申请时，检察院可以命令释放犯罪嫌疑人。

刑罚来认定。① 也有的综合考虑犯罪数额、案件类型、涉案人员情况、涉外因素、社会影响等多种因素设置配置标准。② 还有的对案件进行风险等级评估，根据风险等级决定案件应当由哪个层级的办案组织来决定。③

我们认为，应当对"重大疑难复杂"案件设置具体、相对确定的标准，因为不确定的案件标准会导致检察官授权范围的不确定，而不确定的授权标准不利于检察官的办案主体地位，既可能导致检察官僭越检察长的办案职权，也可能导致检察官将本来应该由自己决定的事项推诿给检察长。对"重大疑难复杂案件"可以根据管辖地域、案件特点和审级不同分层分级设定确定的标准。理由在于：一方面不同层级的检察机关在重大案件标准上有所不同。如在基层检察院，可能判处10年以上有期徒刑的案件属于少数的重大案件，而根据刑事诉讼级别管辖分工，此类案件在地级市院、直辖市分院则属于一般案件。另一方面案件数量不同的检察机关在重大案件标准上也有所不同。在案件数量集中的超大型城市，重大案件标准也要相应提高，以使办案人力、办案职权和案件数量都向基层倾斜，以照顾办案效率的需要。

具体而言，"重大疑难复杂案件"的界定可以采取以下做法：一是以案件类型作为优先标准。对暴力恐怖等危害国家安全犯罪案件、有重大影响的涉外犯罪案件、社会关注度高的敏感案件、黑社会性质组织、团伙犯罪案件、电信网络诈骗、非法集资等涉众型犯罪案件、领导干部要案，由检察官办案组办理。二是以刑罚轻重作为一般标准。以公诉案件为例，在地级市院、直辖市分院层面，独任检察官有权决定对可能判处有期徒刑的案件提起公诉，检察官办案组的主任检察官有权决定对可能判处无期徒刑的案件提起公诉，而对可能判处死刑案件决定是否提起公诉的权力仍保留在检察长、检委会。在基层院层面，独任检察官有权决定对可能判处10年以下有期徒刑的案件提起公诉，主任检察官有权决定对可能判处10年以上有期徒刑的案件提起公诉。三是以各方意见分歧作为补充标准。在案件审查处理过程中，公检法机关对案件定性处理发生重大认识分歧的案件，尤其是对于一些社会影响重大、敏感的案件，还有涉及上下级检察机关"一体化"原则的书面请示案件、抗诉与法律监督案

---

① 徐东、张红霞：《检察官办案责任制的现实困境与路径探析——以基层试点检察院检察官办案责任制为视角》，载万春主编：《检察调研与指导》2015年第5辑。

② 周理松、沈红波：《办案责任制改革背景下检察委员会与检察官关系的定位》，载《人民检察》2015年第16期。

③ 参见最高人民检察院课题组：《主任检察官制度研究》，载《中国法学》2015年第1期。

件,需要办案机关加强协调沟通,单靠检察官个体力量难以胜任。如司法实践中上述案件常见于这些类型:(1)与公安机关有重大分歧的不批准逮捕、不起诉、变更起诉罪名影响量刑幅度的;(2)撤回下级院抗诉、变更刑罚种类或改变刑罚执行方式的上诉案件提出改判或发回重审的;(3)承办检察官与主任检察官、检察长意见有重大分歧的;(4)按审判监督程序提出抗诉的案件等。

四、办案职权横向配置兼顾实体、程序和效率

在办案中,对非终局性事项和一般程序性事项的决定权能否一概由检察官行使,也是职权配置中一个争议较大的问题。如有的试点单位按照"抓两大、放两小"的原则确定职权归属,即所谓"两大"是指重大复杂案件和可能影响其他执法司法机关判决、裁定、决定的诉讼监督案件仍由检察长、检委会决定;所谓"两小"是指将一般案件的处理决定权,以及所有案件的非终局性的事项、事务性工作决定权授予检察官。① 理由在于,程序性办案职权对当事人的权利义务没有直接影响,重要性不及实体性和终局性办案职权。

我们认为,对非终局性、程序性办案职权的配置不可一概而论,应该兼顾办案职权的实体和程序效力、检察机关整体的办案效率。对指挥办案、监督管理办案等重要的程序性办案职权不能授权检察官行使。如职务犯罪侦查案件中的初查权。从法律效果看,初查不具有终局性效力,甚至尚未正式进入刑事规范的刑事诉讼程序,但对于检察机关来说是行政活动,应当接受上级检察院的指挥和监督,遵循正当侦查标准,因此不能由个体检察官决定实施。初查决定权作为侦查指挥权的重要组成部分,应当由检察长来行使。对此,高检院早在2013年11月出台的《检察官办案责任制改革试点方案》明确要求,严格落实职务犯罪侦查及诉讼监督工作的有关制度规定,全面执行对贪污贿赂、渎职侵权案件线索的初查、立案、侦查、采取强制措施和侦查终结决定事项,报职务犯罪侦查部门负责人审批,再由职务犯罪侦查部门负责人报本院分管副检察长直至检察长决定的制度。高检院《意见》第6条也明确规定了,决定初查由主任检察官或独任检察官提出意见,经部门负责人审核,报检察长(分管副检察长)决定。同时,办案程序的拖延对当事人来说也是难以承受的负担。检察长行使检察官办案活动的程序监督,既能保证检察官在实体层面公正客观处理案件,还能确保检察官提高办案效率,贯彻迅速审查原则。

---

① 主要是湖北省检察机关采取的做法。参见周理松、沈红波:《办案责任制改革背景下检察委员会与检察官关系的定位》,载《人民检察》2015年第16期。

为达到兼顾实体、程序和效率的办案效果，我们认为以下程序性办案职权不适宜授权检察官行使，可以由分管副检察长、检察长决定，其中有些事项也可以向检察长报备审核。如：（1）决定案件线索初查，案件线索移送、退查、缓查、中止初查、延长初查期限、初查终结的；（2）决定案件侦查终结，移送起诉的；（3）决定追捕犯罪嫌疑人及报请核准追诉案件的；（4）决定移送犯罪线索的；（5）不批准延长侦查羁押期限，建议侦查机关释放、变更强制措施，纠正侦查机关改变强制措施不当的；（6）报请第三次延长侦查羁押期限的；（7）对疑难复杂案件第三次延长办案期限的；（8）对民事行政监督案件决定跟进监督的。

五、办案职权功能定位实现决定、监督和管理三位一体

案件审核权的定位是职权配置中一个较难把握的问题，容易与审批、决定权混淆。如高检院《意见》第6条与第10条均有"审核"的文字表述，[①] 但是含义不尽相同。实践中有的主任检察官用提交检察长"审核"回避本来应当由其决定的问题。有的把自己的审核权，实际上变成了审批权，"审者不定、定者不审"继续存在。[②]

我们认为，办案职权配置并非狭义的办案决定权的分配，应当是办案决定权、监督权和管理权三位一体的优化配置。案件审核权作为办案活动中加强内部监督制约、保障案件质量的一道把关程序，在办案职权配置体系中不可或缺。理由如下：首先，案件审核是对案件质量进行把关的重要方式之一。案件审核并不是干扰检察官的决定权，不能直接改变检察官的决定，而是预防检察官任意专断。其次，案件审核是辅助检察长行使监督管理权的重要机制。检察官办案能力参差不齐，案件数量不断增长的情况下，以检察官直接对检察长负责尚难以实现，案件审核环节可以借助资深检察官的经验优势，提高检察长决策的效率，降低检察长的决策风险。再次，案件审核并不违反直接审查原则。因为审核没有直接决定案件的效果，不必遵循直接审查原则，可以通过核阅案

[①] 高检院《关于完善人民检察院司法责任制的若干意见》第6条规定：人民检察院直接受理立案侦查的案件，一般由检察官办案组承办，简单案件也可以由独任检察官承办。决定初查、立案、侦查终结等事项，由主任检察官或独任检察官提出意见，经职务犯罪侦查部门负责人审核后报检察长（分管副检察长）决定。第10条第1款规定：检察长（分管副检察长）有权对独任检察官、检察官办案组承办的案件进行审核。检察长（分管副检察长）不同意检察官处理意见，可以要求检察官复核或提请检察委员会讨论决定，也可以直接作出决定。要求复核的意见、决定应当以书面形式作出，归入案件卷宗。

[②] 参见万毅：《主任检察官制度改革质评》，载《甘肃社会科学》2014年第4期。

卷材料对检察官的处理意见进行检查，而不必通过讯问、现场检查、勘验等直接调查程序"建构"案件事实，这是审核与承办的区别。最后，注意区分办案责任制中的"审核权"与"三级审批制"中的"审核权"。高检院《意见》第10条中的"检察长审核权"就是新型监督职权，具有对检察官办案职权的监督制约性质，值得注意的是，其一般是在检察官作出决定后，检察长事后介入的，并不是办案的必经程序。至于检察长能否将审核权下放给部门负责人或者检委会专职委员等需要慎重，防止重复"三级审批制"模式，甚至产生"四级审核、审批制"模式。而高检院《意见》第6条中"部门负责人审核权"，是继承现行"三级审批制"中合理成分，职务犯罪侦查活动带有强烈的行政属性，强调团队合作，部门负责人审核是必经的办案程序。值得指出的是，这种审核模式高检院《意见》仅适用于自侦业务，不宜扩展到审查逮捕、公诉等刑检业务。

为平衡决定、监督和管理三种办案职权的协调运行，审核权的配置要注意以下方面：一是因地制宜。在办案压力大、检察官数量多的大型检察院，审核权非常必要，而在案件数量和检察官数量较少的院，则可以省去审核环节，由检察长直接审批检察官提出的处理意见，检察官直接对检察长负责。二是因人而异。检察长（副检察长）、业务部门负责人、主任检察官根据各自职责权限，对检察官处理意见进行审查把关。根据检察长授权，业务部门负责人对主任检察官、独任检察官办理的案件进行审核，主任检察官对组内检察官独立承办的案件进行审核。三是因案而宜。就审核方式而言，可以根据案件情况采用不同的审核方式，对案件事实、证据清楚，适用法律无争议的案件，可以采取书面审查方式。如对案件有意见分歧的，还可以参照我国台湾地区检察机关实行的法律文书核阅机制审阅案卷和证据材料。① 四是明确责任。业务部门负责人、主任检察官审核后对检察官处理意见没有异议的，办案责任由检察官承担。检察官按照业务部门负责人、主任检察官的意见建议作出的处理决定，办案责任仍由检察官承担。但如案件存在明显错误或瑕疵的，业务部门负责人、主任检察官应当承担监督管理责任。

---

① 我国台湾地区"地方法院及其分院检察署处务规程"规定，检察官执行职务撰拟之文件，应送请主任检察官核转检察长核定。主任检察官撰拟之文件，径送检察长核定。经核阅程序后，检察官撰拟的法律文书才能对外公示及公布。检察长、主任检察官对法律文书的审阅并非仅就文字、形式的审查，而是要对实体问题作全面审查。参见万毅：《台湾地区检察机关的法律文书签发制度》，载《检察日报》2015年12月1日。

六、办案职权配置优化体现基础性、原则性和时效性

目前，办案职权配置的主要规范形式是"检察官权力清单"。高检院《意见》为进一步规范各类检察人员的职责权限，要求省级检察院结合本地实际，根据检察业务类别、办案组织形式，制定辖区内各级检察院检察官权力清单。实践中，对于检察官权力清单的形式有不同做法：有的单位检察官权力清单明确规定到检察长、主任检察官两级；① 有的单位对检察官办案职权采用"负面清单"形式，理由是"正面清单"可能不周延，为避免挂一漏万，只规定检察长、副检察长和检察委员会的职权，而没有规定检察官的职权。②

我们认为，办案职权本质上属于公权力，公权力的授权不能采用"负面清单"，而是要遵循"法无明文不可为"的原则。在检察官办案职权范围内，检察官"代表"检察长，行使的是法律上"人民检察院"的权力，没有明确规定为检察官的办案职权，检察官就不能行使。但是，考虑到检察办案业务和职权的复杂性，可以考虑采取以下规范路径：一是由省级院统一制定办案职权配置的指导性意见。各地检察机关案件特征、数量差异很大，办案职权配置应当符合各地检察机关的办案特点，如案件数量多的检察院对一般检察官的授权也要相应增加，而在数量相对较少的检察院，检察长可以直接决定的案件也可以增加。省级院统一制定检察官的办案职权清单不可能兼容本省范围内不同地区基层院的具体情况，而制定指导性意见则比较容易，而且有更广泛的适用性。二是省级以下各级检察院根据指导意见制定本院办案职权清单。在办案职权配置中应当特别重视突出一般检察官的主体地位，特别重视建设独任检察官这一最基础的办案组织，尽可能放权到检察官一级。而对没有明确或者现阶段还无法明确归属的办案职权，则应当严格依据法律规定由检察长行使，遵循原有的"三级审批制"办案程序。同时，省级检察院各业务条线还可以制定类似"办案职权配置指南"的参考标准，指导下级院制定本条线业务的办案职权清单。三是根据实践中的新情况及时更新办案职权清单。方式上可以采用类似"办案职权年度版本"，每年度作统一更新或调整，随着司法责任制改革不断深入，要及时总结办案职权配置后的运行情况，调整与改革任务、要求和形势不相适应的配置，以不断巩固和完善改革成果。

---

① 黄付平：《出台"权力清单"对检察职权分级授权》，载《深圳特区报》2015 年 5 月 20 日。

② 翟云兰、吴贻伙：《安徽制定检察办案"权力清单"》，载《检察日报》2016 年 1 月 17 日。

检察机关内部权力的配置优化

李忠明[*]

检察权是国家权力的重要内涵,是国家为实现检察职能和检察价值目标而赋予检察机关的权限。在我国,检察机关是国家法律监督机关,检察权则是国家赋予检察机关对国家的宪法、法制的统一、正确地执行进行监督的权力,是检察机关对相对方遵守法律、法规、规章,执行行政命令、决定的情况进行检查、了解、监督和引导的权力,是国家权力在社会生活中的体现。[①]检察权担负的国家法定使命决定了检察权必须在检察机关内部独立、公正、高效行使,这既是检察权的题中应有之义,也是彰显检察权司法属性的必然要求。为保证法律规定的各项检察职能都能够得到公正高效行使,必须对国家赋予检察机关的权力进行科学分析、综合衡量,优化检察权内部配置。

检察权的优化配置是指通过检察机关内部机构的设置改革,合理分解检察权,并通过不同的内设机构行使不同的检察职权,通过不同机构之间的相互配合、相互制约实现各项检察职权公正高效行使的目标。[②]检察权优化配置主要包括三重内涵:检察权合理分解与分类,检察权独立、公正、高效行使和检察权符合诉讼规律。检察权合理分解归类是检察权优化配置的实现方式,是根据检察职权的法律特性、价值目标和运行特征,将整体的检察职权进行合理的分解,并将具有相同法律属性、价值目标和运行特征的检察职权归为一类,设置相对应的内部结构行使具有同一法律属性和特征的职权。检察权独立、公正、高效行使是检察权优化配置的价值目标,即检察职权分解后还要实现职权分离,由不同的内设机构行使不同的检察职权,保证各项检察职权

---

[*] 作者简介:李忠明,天津市河北区人民检察院检察委员会专职委员。
[①] 参见张智辉:《检察权研究》,中国检察出版社2007年版。
[②] 参见邓思清:《检察权内部配置与检察机关内设机构改革》,载《国家检察官学院学报》2013年第2期。

得到合理分解并相互分离、互相监督和制约,有效保证各项检察职权的公正合理行使。[1] 检察权行使符合诉讼规律是检察权优化配置的根本要求,意指要根据诉讼规律来分解和配置各项检察职权,使得检察权的配置符合检察权行使客观规律,实现检察职能工作系统中各要素的良性互动,有效发挥检察权的作用。

一、权力谱系:检察权的法律属性与权属分类

(一)检察权的法律属性

检察权的法律属性是检察权配置的理论基础,也是检察权合理分解和系统归类的基本出发点和落脚点。只有根据检察职权的法律特性、价值目标和运行特征,将整体的检察职权进行合理的分解,并将具有相同法律属性、价值目标和运行特征的检察职权归为一类,设置相对应的内部结构行使具有同一法律属性和特征的职权,才能实现检察权的合理分解,为检察权优化配置奠定基础。

检察权法律属性界定的传统理论主要有:第一,检察权的行政属性。该理论基于检察机关上下级领导的组织形式,检察权行使方式,上命下从的检察一体模式,检察权的有主动性、非中立性、非终局性等特点,认定检察权具有行政属性。[2] 第二,检察权的司法属性。该观点综合考虑检察权的司法功能、遵从法律为天职的使命和目标、以事实判断为基础和以解释适用法律为依据的权力运行方式、具有终结性效力的不起诉决定权、检察官的基本义务、惩罚犯罪和保护权益的双重使命等方面因素,认为检察权具有司法属性。第三,检察权是法律监督权,具有法律监督属性。该理论以我国宪法确立的人大制度作为审视检察权属性的视角,认为检察机关是我国的法律监督机关,检察权是我国宪法确立的,同行政权、审判权、军事权并列的国家权力,这些权力都由人大产生并向人大负责,检察权既不能简单归入行政权,也不能简单归入司法权,它已经超出西方三权分立模式下的"三权"而具有自身独特的属性,即法律监

---

[1] 参见向泽选:《检察职权的内部配置与检察机关内设机构改革》,载《河南社会科学》2011 年第 3 期。

[2] 参见谢佑平、燕星宇:《我国检察权性质的复合式解读》,载《人民检察》2012 年第 9 期。

督属性。①

我们认为,检察权法律属性的界定应该采取复合式理解的方式进行,基于检察机关现实承担的权能考察,行政属性主要体现为:一是检察权基于检察机关"科员—科长—检察长"科层制组织形式,检察权按照科层制逐级审批的行使方式等机制所体现的行政属性;二是检察机关承担的行政工作。前者属于当前我国检察改革的重要内容,逐步削减检察权的行政性,构建扁平化的检察权行使模式,实现从行政走向司法的转变;后者是检察权不可忽视的一部分,但对检察权的本质属性不发生改变。司法属性强调的是检察机关的独立性,侦查监督权、自侦权、公诉权、审判监督权、执行监督权都统辖于检察权的权力内核之中。法律监督属性更多阐释的是检察机关的功能及其与行政机关、审判机关的关系。因此,可以认定,检察权兼具行政属性、司法属性和法律监督属性。这种复合式的理解是一种合理的态度,也符合检察权优化配置改革应秉持的实事求是的原则,进而实现对检察权进行有效分解,促使司法属性与行政属性的分离,突出检察权的司法属性,形成公正高效独立的检察权行使方式,构建以检察官为核心的办案模式,保障检察权能够有效履行法律监督职能。

(二)检察权的权属分类

对检察权进行合理分解,实现检察权优化配置,是检察改革的必然要求和前提条件。关于检察权的分解,理论界存在不同观点,基于诉讼职能,有的学者将检察权分为侦查方面的检察权、公诉方面的检察权和诉讼活动监督方面的检察权三类;有的学者将检察权分为侦查权、公诉权、侦查监督权、审判监督权、执行监督权;有的学者将检察权分为职务犯罪侦查权、审查逮捕权、刑事公诉权、刑事诉讼监督权、民事审判监督权、行政公诉与行政诉讼监督权、法律话语权等七大类。② 我们认为,检察权的属性是检察权分解的逻辑依据,只有基于检察权的法律属性,才能对检察权进行全面合理分解和系统分类,理清检察权的权力谱系,从而使得检察权配置优化和检察改革更加科学合理。依据检察权的法律属性,检察权可以进行如下分类:

---

① 参见石少侠:《论我国检察权的性质——定位于法律监督权的检察权》,载《法制与社会发展》2005 年第 3 期。

② 参见向泽选:《新时期检察改革的进路》,载《中国法学》2013 年第 5 期。

表 1 检察机关权力分类表

检察权	行政属性	行政职权	检察综合管理权	检察人事管理权 检察财务管理权 检察装备管理权 检察技术管理权
	司法属性	诉讼职权	职务犯罪侦查权	渎职侵权案件侦查权 贪污贿赂案件侦查权 职务犯罪预防
			批准和决定逮捕权	审查、批准逮捕权 决定逮捕权
			公诉权	起诉权：公诉变更权 出庭支持公诉权 量刑建议权 不起诉权：法定不起诉 酌定 不起诉 证据不足不起诉
	法律监督属性	诉讼监督	刑事诉讼监督权	刑事立案监督权 刑事侦查监督权 刑事审判监督权 刑罚执行监督权
			民事诉讼监督权	民事抗诉权 民事审判监督权
			行政诉讼监督权	行政抗诉权 行政审判活动监督权
			行政执法监督权	
			案件管理职权	案件流程监控权 程序监督权 赃款 赃物监督权 律师权利保障权
			立法建议权	
			司法解释权	

二、权力运行：检察内设机构改革与模式选择

检察权配置优化的目标就是通过分解权力、优化配置，实现检察权独立、公正、高效运行。检察权是建构运行机制的逻辑前提，检察权运行机制功能的正常发挥，又能够验证检察权的配置是否合理，并能为检察权的优化配置提供依据和进路。检察权运行机制是实现检察职能和检察价值目标的重要载体，检察办案模式是检察权行使的重要保障，要确保检察权运行机制功能的正常发

挥，必须以完善检察机关内部的组织结构为依托，以健全一体化领导机制为中心，以提升检察执法公信力为目标，对检察机关内设机构进行改革，构建以检察官为中心的扁平化办案模式，赋予和厘清检察权运行机制中推动检察权运行的各主体应当享有的职权。

（一）基于检察权优化配置的检察机关内设机构改革

检察机关行使检察权的真正主体是内设机构，内设机构应当体现检察权的基本内容，直观地彰显检察权的法律属性，确保检察权公正、高效、独立行使。现行内设机构存在"设置标准不统一，职责分割及命名标准不统一"等设置不科学问题，导致检察职责界限不明确，检察权行使混乱，影响检察权高效公正独立运行。因此，检察机关内部权力配置优化应当首先从内设机构改革着手，并将其作为检察改革重点。关于内设业务机构的改革，要基于检察权属性的权力分解，优化检察职权内部配置应当对现有内设业务机构进行调整，统一按照各类检察职权运行的要求设置内部机构，确保各个业务机构的设置不仅能够体现检察权的本质属性，而且保证检察职权高效运行。

第一，检察公诉部门机构改革。检察公诉部门的机构改革要秉持专业分工的原则，细化刑事公诉检察部门内部分类，将刑事公诉部门分解为若干个部门，分别承担不同类型的案件的公诉职能和刑事审判监督职能。

第二，民事行政检察部门机构改革。我国现行检察机关民事行政监督并为一处，成为民事行政检察处。这不利于实现专业分工，无法对民事、行政实现有效监督。建议分解民事行政检察部门，将现行的民事行政检察部门一分为二，成立民事检察厅（处、科）和行政检察厅（处、科）。民事检察厅负责民事审判监督和民事执行监督，行政检察厅负责行政诉讼监督和行政执法监督。

第三，保持反贪污贿赂部门和渎职侵权检察部门的分离，密切职务犯罪预防部门同反贪污贿赂部门和反渎职侵权检察部门的联系。有的学者建议整合反贪污贿赂部门、渎职侵权检察部门、职务犯罪预防部门的职能，成立职务犯罪侦查局，负责贪污贿赂案件、渎职侵权案件的侦查，结合办理的职务犯罪案件，开展职务犯罪的预防。我们认为，这种观点在理论上可能是成立的，但是不符合我国的现实情况和客观需要。因为虽然贪污贿赂案件和渎职侵权案件都是职务犯罪案件，检察机关查处这两类案件都是行使检察侦查权，但是，这两类案件的特点不同，其侦查难度有很大差别，设立两个部门有利于深入研究和总结。

第四，案件管理部门改革。一是为了强化检察机关的内部监督，全国检察机关都设立了案件管理部门，但名称不统一，建议统称为"案件管理中心"。二是全国检察业务统一应用系统的灵活运用。全国检察业务统一应用系统有利于规范案件流程，同步监督每一起案件和每一个办案环节，及时发现、督促和纠正违规违违法行为，促进执法办案活动的规范化。但现实运用中，有些单位全国检察业务应用系统应用过于僵化，降低了办案人员的信任感和自主权，如，侦查人员在制定文书前很多信息是不清楚的，造成了案件的低效。三是保持系统应用权限中行政办公科室与业务科室的适度分离，如盖章的权限交由办案人员，只要符合相应权限领导批准以后，即可由办案人员在系统中自己用章，防止行政人员对案件的插手、观看，防止案件泄密。

(二) 检察权运行模式优化

检察权运行模式在本质上是检察权运行的各要素相互联系相互作用的结构或机理。检察权优化配置的关键在于形成相对独立、高效的检察运行模式，检察权运行模式的实际运转需要各相关权力主体的推动，各相关权力主体要发挥推动检察权运行机制实际运转的效用，就必须享有相应的职权。如果给检察权运行机制各相关主体配置的检察职权科学合理，检察权运行模式其他程序性要素的确立，也符合程序和实体理性要求的话，则能够使检察权运行模式符合逻辑的实现检察权的内容及其价值目标。

1. 职务犯罪侦查运行模式优化

职务犯罪侦查权可以分解为案件查办权、强制措施的建议权、初查和立案建议权、询问和讯问权、勘查权、涉案款物的处理建议权、会见批准建议权、录音录像的实施和建议权、鉴定建议权、辨认建议权、特殊侦查手段的建议权、撤案建议权、移送或者不移送审查起诉的建议权等。从职务犯罪运行模式上看，职务犯罪侦查权可以分为侦查启动权、侦查指挥权、侦查执行权、侦查监督权。侦查启动权是职务犯罪侦查权的起点，主要是指初查决定权和立案决定权，侦查启动权应该保持高门槛标准，即将初查决定权交由副检察长决定，将立案决定权交由检察长决定。侦查启动权实施后，侦查指挥权的实行尤为重要，检察改革的目的就是要打破"办案人员—科长—副局长—副检察长"的行政化办案模式，实现主任检察官和副检察长之间的无缝对接。侦查执行权由主任检察官带领的办案组实施，主任检察官负直接责任。侦查监督权是指对案件侦查过程的监督，主要表现为对侦查执行权力的监督，保证侦查权合法合理有效实施。

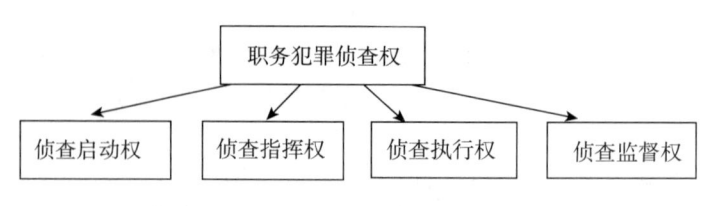

图 1 职务犯罪侦查权运行模式图

2. 公诉权的运行模式优化

公诉权在运行的过程中表现为：起诉权和不起诉权。起诉权包括：公诉变更权、出庭支持公诉权、量刑建议权等；不起诉权表现为法定不起诉权、酌定不起诉权、证据不足不起诉权等。公诉权在实践运行中呈现出低效反应。公诉权运行模式优化既要上疏理顺侦检关系，又要下浚协调诉审关系。第一，上疏：理顺侦检关系。解决侦查环节给审查起诉工作带来的困扰，最根本的路径是侦检一体化的构建，明确由侦查权服务于公诉权的体制，但侦检一体化实现比较困难。依照现有条件，要理顺侦检关系，要从案卷笔录为中心的诉讼结构特质入手。最佳的解决方案就是赋予公诉部门立卷指导权，即由公诉部门出具案卷制作的指导意见，侦查机关据此收集证据并形成案卷资料。前提都是检察机关与公安机关的充分协商并达成合意，否则，公诉权的运转仍旧会受到程序上游"淤塞"的制约。第二，下浚：协调诉审关系。提升审判阶段的诉讼效率，首先需要司法办案人员在观念上进行更新。采取综合措施保证诉审关系协调。

三、问题导向：检察权配置存在的病理与法理

（一）检察权运行机制中职权配置存在的问题

1. 主体职权界限不清

在检察权内部职权配置中，检察活动由普通检察官具体实施，但制度规范上并没有赋予其独立的职权，每实施一个检察活动，每推动检察权往前运行一步，都要获得部门负责人或者检察长的授权。

2. 检察权运行条件不明

检察权运行机制是依靠各权力主体的推动往前运行的，推动检察权运行机制运转的多个主体之间相互配合密切合作，才能确保检察权运行机制功能的正常发挥，这就要求具体明确各权力主体推动检察权运行机制运转的基本条件，规定每个主体具备何种条件以及在何种情形下，即可推动检察权运行机制往前运行。[1] 但现行的检察权运行机制要么只是笼统地确定其运行的模式或者机理，要么只是明确了某个或者某几个权力主体享有的职权。只规定检察长负责和检察委员会集体领导的决策模式，由于各权力主体行使职权的条件不具体不明确，导致检察权运行机制的运转困难。

（二）职能部门职权配置存在的问题

1. 侦查监督呈现行政化倾向，监督有效性难以保证

侦查监督审查逮捕职能是检察工作的重要内容，也是一项重要的司法审查

---

[1] 参见向泽选：《新时期检察改革的进路》，载《中国法学》2013 年第 5 期。

活动，体现了对侦查机关采取强制措施的监督，具有司法属性。然而我国现行侦查监督机制呈现行政化倾向，检察机关单方面审查侦查机关移送的案件材料和证据，然后作出是否批准逮捕的决定，这只是一种行政式的内部审批程序，并没有体现批捕的司法属性，导致监督缺乏有效性。主要表现为检察机关对公安机关的监督是结果监督和静态监督，没有实现对案件的动态监督，公安机关权力仍然是主导，有案不立、立而不侦、徇私枉法、刑讯逼供、非法搜查等情况时有发生。

2. 公诉权权属单一且裁量权较小

公诉权作为我国检察制度的基石，是检察机关拥有的一项重要权力，而我国刑事诉讼法只规定了检察机关起诉和不起诉两种方式，而且当前起诉裁量权只适用于"犯罪情节轻微，依照刑法规定不需要判处刑罚或者可以免除刑罚的"情形。因此，当前公诉权配置的主要缺陷在于起诉裁量权偏小，难以达到制衡法院自由裁量权的目的。

3. 职务犯罪侦查模式单一，技术匮乏

职务犯罪侦查没有形成系统的办案模式，采取的是传统的科室分组形式，在应对复杂案件时办案力量不足，没有形成系统化的办案体系。职务犯罪侦查的技术比较匮乏，很多侦查措施往往借助于公安机关，技术手段的配置没有跟上犯罪形势发展的需要。

四、系统优化：检察权配置的法治化进路

（一）检察权配置的原则

检察权配置原则是检察权配置能够得以有效实施的出发点和落脚点。只有依据检察权的法律属性，对检察权进行合理分解，分析检察权运行过程中存在的病理与法理，才能为合理优化检察权配置提供指导。检察权配置必须遵循以下原则。

第一，权力制约原则。从国家层面而言，权力制约是权力所有者运用民主的手段，通过各种有效途径，对权力行使者所形成的特定的限制与约束关系。近年来，检察官颇受诟病的原因就是权力缺乏制约，在检察权的次级权力分配当中，在尊重权力本质、特性的前提下，也要体现权力制约原则，不能为了制约而制约，体现权力制约的模式、方式有很多，不能简单地追求单一模式，不能将不可分割的权能分派给不同的机构或部门行使，比如在权力监督过程中，普遍存在的做法是另设一个机构来监督原来的机构，但避免不了谁来监督新的监督机构的追问。

第二，司法公正原则。司法公正是司法机关和诉讼参与人所追求的共同价

值,审判机关和检察机关的权力配置的目的就是更有利于司法公正的实现,检察权的配置、检察机关内部机构的设置应当以司法公正为指引。一切制度的创新都不是为了扩张权力,只是为了在既定权力框架内更加有效地实现司法公正。

(二) 我国检察权的配置方式

1. 侦查监督权的配置与优化

第一,切实推进侦查监督工作机制改革。当前,要进一步理顺公检法机关特别是司法机关同地方党委、人大和政府的关系,推进司法机关人财物省级统管改革。改革的最终方向应当是将各级司法机关的经费从地方财政中划拨出来,建立独立的财政预算和支付体制,纳入中央财政的管理。在人事方面,应当加强对司法人员的任职保障,非因法定事由,非经法定程序,司法人员不被免职、降职、辞退或处分。政府部门若想对司法机关提出具体的意见,则必须通过公开、合法的途径,以防止不当干预;理顺公检法内部关系,既要搞好配合,更要强调制约;还要优化内部绩效考评机制。不应过分注重指标或数字,如破案率、批捕率、起诉率、有罪判决、无罪判决率、二审改判率等。对于侦查工作应客观看待,"命案必破"的出发点是很好的,但不能因此带给侦查人员过大的压力,如果具体情况表明竭尽所能仍然无法破案的,不应责罚相关人员。对于检察工作应从整体出发,将对起诉工作的考核与法律监督工作的考核结合起来,不能仅仅考虑起诉的成功与否而忽视法律监督机关的地位和作用。

第二,改革完善审查批捕制度。检察机关侦查监督人员在审查逮捕环节应严格审查报捕证据,排除合理怀疑:一是个体审查与综合审查证据相结合。整个过程中要注意不能轻信口供,通过提审犯罪嫌疑人,面对面地进行讯问和观察,以进一步核实证据和监督公安机关是否采取刑讯逼供等违法办案手段,防止错捕。二是注意审查社会危险性证据材料。对侦查机关以"曾经故意犯罪"报捕的案件,应审查其是否提供生效裁判文书或者刑满释放证明文件。对于曾经故意犯罪,但新罪比较轻微不具备可能判处徒刑以上刑罚条件的,不能予以批捕。三是进一步细化逮捕必要性审查。要转变"构罪即捕"的观念,坚持少捕慎捕方针,对证据材料不能否定或存在疑点,难以排除犯罪嫌疑人符合取保候审、监视居住法定条件或不构成犯罪或所犯罪行未达到判处徒刑以上刑罚的,一般不批捕。

第三,建立健全提前介入制度。建立完善侦检联席会议和信息通报制度,定期研究解决侦查工作中存在的实际问题。侦查监督部门可以了解所有报案、立案、采取的强制措施、侦查结果等信息,通过日常化监控机制促进侦查取证活动的规范；列席案件讨论或听取侦查案件汇报，引导和帮助侦查机关准确、全面地依法收集和固定证据，及时预防和纠正侦查取证活动中的违法行为；建立侦查监督跟踪反馈机制，侦查监督部门设专人对监督案件进行跟踪监督，及时掌握侦查活动进程，提出侦查取证的建议。

2. 公诉权的配置与优化

第一，上疏：理顺侦检关系。解决侦查环节给审查起诉工作带来的困扰，最根本的路径似乎是侦检一体化的构建，明确由侦查权服务于公诉权的体制，这仿佛也是国际通行惯例。"检察官与承担侦查职能的司法警察并非是一种平等、独立的关系，而是属于一种领导与被领导、指挥与被指挥、监督与被监督的法定关系，即所谓上命下从的关系。"然而结合目前我国的国情，这种改革方案至少在短期内是不切实际的。在今后相当长的一段时期内，公安机关与检察机关依然会维持时下这种体制上互不隶属、机制上互相配合的工作模式。而在司法实践当中，就一些特殊案件，公诉权提前介入侦查阶段引导侦查活动的形式业已出现。那么，这种做法是否具有向轻微刑事案件拓展的可能性呢？一方面，从现有的检察人力资源配置看，检察权尚不具备大幅度向侦查阶段倾斜的时间和精力。另一方面，检察机关在侦查环节只能起到建议、咨询作用，难以有效主导侦查行为。故而，"提前介入"的模式也很难改善因侦检衔接不畅而造成的效率低下问题。

依照现有条件，在程序层面理顺两家关系的合理路径，恐怕还要从案卷笔录为中心的诉讼结构特质入手。正如上文所言，刑事程序向前推进的着力点就在于案卷的制作、丰富、完善。侦查取证对于审查起诉效能的影响恰恰就在于案卷制作的瑕疵，表现在证据收集的无序和凌乱上。破解这一难题，还是需要以立卷的规范化为契机。试想，如果公安机关移送的案卷完全符合公诉部门对于证据链条的认知，两部门之间因此产生摩擦、推诿的概率必定会大幅度降低。为此，最佳的解决方案就是赋予公诉部门立卷指导权，即由公诉部门出具案卷制作的指导意见，侦查机关据此收集证据并形成案卷资料。如果这一方案存在现实困难，也可考虑由公诉部门根据以往经验，事先制作各类轻微刑事案件的立卷指南甚至模板，就某类案件的立卷注意事项作出说明，供侦查机关参考。当然，无论是哪种做法，前提都是检察机关与公安机关的充分协商并达成合意，否则，公诉权的运转仍旧会受到程序上游"淤塞"的制约。

第二，下浚：协调诉审关系。提升审判阶段的诉讼效率，首先需要司法办案人员在观念上进行更新。这主要体现在对诉讼效益的认识上，"一个社会，无论多么'公正'，如果没有效益，必将导致社会集体的贫困，那也谈不上什么公正，即使有这种'公正'，也是社会和人们所不取的"。审判机关对于案件公正价值的追求本无可厚非，但这并不等于无限度地投入司法资源，通过反复核实证据材料为内心确信提供心理安慰，尤其是针对那些被告人认罪的轻微案件。对于这些案件，经过侦查和起诉两个前置环节，案件的定性已然清晰，而犯罪嫌疑人通过认罪表态，一定程度上也与公诉部门达成共识，定性问题何必经历相同的审查过程加以夯实？审判机关完全可以出于对公诉部门的信任而舍弃一些不必要的办案环节，在尽可能短的时间内将案件审结。

具体来说，程序简化的辐射范畴应当囊括审前阶段，而不能只局限于庭审。对于那些轻微刑事案件，主审法官没有必要在开庭前字斟句酌地阅读案卷，反复推敲证据体系，只需要对指控事实及所依据的证据材料大致掌握便可。甚至可以考虑在这类案件中尝试以庭审为中心的审理模式，即法官只在庭前阅读起诉状或简单的审查报告，具体的证据调查留待法庭上去完成。如此既提升了诉讼效率，缩短了开庭准备时间，也契合了直接言词原则，避免不必要的预断。此外，这类案件的审理应当全部通过简易程序完成，而简易程序所要求的内容精简亦应得到体现。第一，公诉人讯问应当尽量简略，没有必要拘泥于案件事实的细枝末节，应当主要核实被告人是否认可指控事实、是否认罪等事项。第二，在法庭明确了案件定性的前提下，集中精力审理被告人的量刑问题。第三，举证质证活动可以合并、删减，择要进行。案件的间接证据可以一带而过，简单说明指向即可。证明主要事实的证据在被告人不持异议的前提下，也可直接列举完成质证。第四，法庭调查与法庭辩论可以合二为一，将辩论内容融于质证意见。第五，审判者应当尽可能地减少不必要的主动提问，从而在较短时间内完成庭审活动。第六，条件允许的情况下，大部分轻微案件都应当庭宣判。

3. 职务犯罪侦查权的配置与优化

第一，整合刑事实体性法律，严密刑事法网，促进腐败犯罪罪刑配置均衡化。要适时增设"向特定关系人行贿罪"，将"外国公职人员、国际公共组织官员受贿"纳入腐败犯罪惩治的范畴；要适当扩大部分腐败犯罪的行为范围，将贿赂内容从"财务"扩展到"不当好处"，取消受贿罪"为他人谋取利益"和行贿罪"为谋取不当利益"犯罪目的，并将提议给予好处、允诺给予好处纳入行贿方式范畴。在刑罚方面，要适当增设并合理设置腐败犯罪的资格刑，加重罚金刑的适用，严格限制死刑适用。要丰富资格刑的内容，在"担任国家机关职务的权利"和"担任国有公司、企业、事业单位和人民团体领导"内容基础上，增加从业资格、特定职业的权利等资格内容，增设贪污、挪用公款等主要腐败犯罪的资格刑，规定资格刑的单独或附加适用。要严格限制死刑的适用，严格规定死刑适用条件和程序，防止腐败犯罪死刑适用泛滥。

第二，掌握腐败犯罪控制重心，推动"窝串案"专项整治。基于犯罪结构上的差异，权力占用型和权钱交易型腐败犯罪控制重心也不相同。腐败犯罪不同类型之间的关联性变化，必然促使公权力主体行为由权力占用型向权钱交易型倾斜，权钱交易型腐败犯罪是未来控制的重点。贪污、挪用公款等权力占用型腐败犯罪发生在封闭的空间，隐蔽性差，控制的重心应放在公权力内部管理机制的完善。贿赂型腐败犯罪发生在开放的空间，隐蔽性强、方式复杂多样，控制重心在权力行使和权力相对人行为的结合点。

针对腐败犯罪规制重心，要加强制度机制建设，逐步推进"权力清单制度"，公开权力行使依据、流程，规范权力运行，要健全信息搜集机制，针对犯罪的发生病因和反映的管理、监管漏洞，分析权力与利益之间的寻租方式，加快收集、固定证据节奏，注重运用司法会计、文件鉴定、电子数据等技术对核心证据固定和恢复，深挖"窝案、串案"。

第三，提高犯罪风险，改变博弈理性趋向。犯罪人理性选择理论表明腐败的发生在于成本与收益的失衡，规制腐败犯罪要加大犯罪成本，提高腐败犯罪惩处率，扩大廉洁收益，改变博弈结果，形成"不敢贪"的惩罚体系。

在理念层面，要采取"零容忍"的态度，建立从一般腐败到腐败违法犯罪的系统处罚体系，改变犯罪"厉而不严"状态，打消犯罪者的侥幸心理；在制度层面，要探索"高薪养廉"制度，建立公职人员正常工资收入增长机制，建立廉政保证金制度，促进公职人员激励机制多元化，调整利益分配，平衡收入水平，形成"不必腐"的保障机制。

第四，整合现有权力资源，形成预防与规制腐败犯罪的制度体系。在现有宪政体系中，腐败犯罪预防与规制的制度设计包括党委、政府和司法三个层面，即党的纪律检查委员会，政府的监察局（职务犯罪预防局），司法的检察机关。复合型、混沌型的腐败犯罪侦查格局导致反腐败工作缺乏专业化、明确化。纪检机关、监察机关的职能发挥，与检察机关职务犯罪职能发挥相互交织，线索分配、管辖范围、规制程序、查办顺序等成为检察机关自身发现重大职务犯罪案件线索并予以侦破的机制和效率则成了一个瓶颈问题，因此必须改变腐败犯罪规制工作格局，促进反腐败工作专业化、明确化，要明确线索分配、管辖范围、规制程序及查办顺序等，形成党纪、政纪、法纪三位一体的合力，在职务犯罪预防和反腐败体系构架中有分工、有配合，有侧重，建立信息共享平台，消除监督及规制盲区，形成功能性犯罪预防和规制腐败体系。

检察官办案职权的优化配置与实践探索

钱云灿[*]

一、问题的提出

中央文件多次强调"让审理者裁判,由裁判者负责",习总书记更指出"紧紧牵住司法责任制这个牛鼻子,凡是进入法官、检察官员额的,要在司法一线办案,对案件质量终身负责"。足见司法责任制是这次司法改革的"领头羊",居于基础性的地位。权力是责任的起点,脱离权力的责任是无源之水、无本之木;责任是权力的"绳索",脱离责任的权力必然导致腐败。因此,科学配置检察官办案职权,明确检察官在办案中的权力与界限,是实现检察官办案责任制的核心与前提,其关乎能否突出检察官在办案中的主体地位,关乎司法责任是否切实落实到"人",关乎检察权能否依法公正独立行使。

我国检察机关上下级之间不是一种纯粹的行政隶属关系,也不等同于审判机关上下级之间的监督关系,而是在遵循检察一体原则的基础上,确保下级具有一定范围的独立性。[①] 因此,如何衡平检察一体原则与检察官个体独立的关系,不因过分强调检察一体而使检察官个体自主办案的空间受到挤压,阻断司法亲历性,妨碍其客观公正地行使职权,最终导致不同主体之间的权力界限不明、司法责任不清,办案责任制最终无法落实;同时也应避免因放权过大导致检察官个体因执法水平不高、综合素质欠缺而无所适从甚至腐败堕落。

二、检察官办案职权的来源

实践中,有观点认为,检察官的办案决定权来自法律的直接赋予,而非检察长的授予,理由是《检察官法》第 2 条的规定,检察官是依法行使国家检察权的检察人员,包括最高人民检察院、地方各级人民检察院和军事检察院等

---

[*] 作者简介:钱云灿,浙江省乐清市人民检察院研究室主任。
[①] 郑青:《论司法责任制改革背景下检察指令的法治化》,载《法商研究》2015 年第 4 期。

专门检察院的检察长、副检察长、检察委员会委员、检察员和助理检察员。①也有人提出，《宪法》和相关法律对检察机关上下级和内部运行关系上的规定均是领导关系，其行政性明显，检察权不能再授权。

笔者以为，《刑事诉讼法》、《人民检察院刑事诉讼规则（试行）》中原归属于检察长行使的权力，是不是就必须由检察长亲自行使？其一，我国宪法和刑事诉讼法规定检察权都是以人民检察院作为权力主体，可见我国检察制度的设计是将检察权赋予检察院整体统一行使而非检察官个体行使，检察官只是作为检察权的具体执行主体。《检察官法》第 2 条虽然规定检察官是依法行使国家检察权的检察人员，但赋予检察官的是行使检察权的法定资格，或称为"权力能力"，并没有确立检察官在司法办案上的独立地位。因此，检察官要行使办案职权必须取得检察长的授权。高检院《关于完善人民检察院司法责任制的若干意见》（以下简称《意见》）第 16 条、第 17 条都明确了检察长授权的基本立场。其二，基于检察权的运行效率考虑，法律规定将权力集中于一人，但一人不可能事实上履行所有权力。集权于一身，只能进行授权。在一些要求中立判断、被动审查、亲力亲为等权力要求面前，检察长不可能对所有权力亲自履行，因此该回归检察官应该回归，而对于体现侦查性、团体协作性的权力应谨慎授权。总体而言，大陆法系中检察权的司法定位，要求代表检察机关行使职权、拥有全部权限的检察长必须授权。其三，检察权的再授权是提高检察人员队伍专业化的必由之路，只有放手让检察官在办案一线实战耕耘，才能加快培养检察人才。

检察长授权应注意三方面：一是以办案权限清单形式作明确授权。授权内容包含刑事诉讼程序中依法由检察机关决定的部分事项，不必事事请示、每案授权。其他检察人员、内设机构无权改变检察长的授权，或者干涉检察官的决定权。二是检察官行使办案职权具有独立性。检察官并非单纯地履行职务辅助人、意见传达人，其在授权范围内对案件独立判断处理并承担相应责任。独任检察官承办并作出决定的案件，由独任检察官承担责任。检察官办案组承办的案件，由其负责人和其他检察官共同承担责任。检察长直接改变检察官决定的，就要对改变部分承担相应办案责任。三是检察官独立行使办案职权具有相对性。根据高检院《意见》第 10 条规定，检察长（分管副检察长）有权对独任检察官、检察官办案组承办的案件进行审核。检察长（分管副检察长）不同意检察官处理意见，可以要求检察官复核或提请检察委员会讨论决定，也可以直接作出决定。

---

① 万毅：《检察改革"三忌"》，载《政法论坛》2015 年第 1 期。

三、检察官办案职权授权的标准、方式

（一）授权标准

在明确检察权可以授权的情况下，授权到何种程度，由何种人行使何种权力，其实就是标准问题。根据何种标准授权，理论上及在各个地方曾有不同的标准。通常有：(1) 个人行使的可以授权下放，团队协助的不可以下放。(2) 自由裁量的可以授权下放，非自由裁量的不可以下放。(3) 直接决定刑事责任终结的不可以下放（撤案、撤诉、不起诉等）、直接决定诉讼程序救济权力的不可以下放（回避、各种复议、复核决定等）。笔者认为，检察机关既有司法属性，又有行政属性和监督属性，由于其职能的复杂性，"生于司法，而无往不在行政之中"，检察机关既存在如审查批捕、审查起诉以及其他法律监督等具有司法属性的职权，也具有职务犯罪侦查等高度行政化的职能，而且这些职权与职能在运行过程中也同时存在行政色彩与司法属性的交织。在完善检察官司法责任制的具体制度设计中，既要突出检察官的主体地位，在赋予检察官独立依法行使权力的同时，又要体现检察权运行的一体性，保证上级检察机关、检察长、检委会对司法办案的领导权。因此，要针对检察权的多样性，实施类型化的授权模式。检察权主要包括批捕起诉权、职务犯罪侦查权、诉讼监督权。批捕起诉的授权比较容易取得共识，也容易把权力配置到个体，把责任落实到个体，所以可以逐渐过渡到检察官负责，主任检察官和检察官平权；而职务犯罪侦查权很难让每个检察官都享有权力，其权力往往需要一定程度的集中，需要由资深人员（如改革前的反贪局副局长）担任主任检察官；诉讼监督很难与一般的诉讼活动联系起来，它是代表检察机关对其他公权力机关提出建议、作出决定，甚至是提出纠正意见，对重大监督事项难以由检察官个人作出，因此诉讼监督一般实施主任检察官办案，检察官享有的权力则比较有限。而对以检察院名义作出的抗诉、纠正违法意见等重要监督法律文书，应当由检察长（副检察长）审核、签发。另外，在授权过程中，检察长是直接授权给检察官还是主任检察官，或兼而有之。检察长进行授权时，必须保障承办检察官对案件有一定的决定权，应以直接授权检察官为宜。对于主任检察官，可区别案件的承办与案件的监督，主要提倡其对承办检察官的业务的监督、审核，不得越俎代庖。

以逮捕权授权为例，如2015年《上海检察机关落实司法责任制工作工作细则（试行）》规定：除不构成犯罪或证据不足而不批准逮捕、决定不予逮捕，以及重大、有影响的案件是否批准（决定）逮捕外，其余决定权皆授予检察官（包括独任检察官和检察官办案组）；而2015年《浙江省检察机关司

法责任制度改革试点办法》规定：除无罪不捕、以及不捕案件的复议、复核、申诉的决定外，其他案件处理决定可由检察长授予检察官依法独立作出；2016年《安徽省检察机关检察官办案责任制指导意见（试行）》则规定：除重大、疑难、复杂、敏感的职务犯罪案件犯罪嫌疑人逮捕、不逮捕以及侦查机关提请复议、复核的案件由检察长决定或批准外；一般职务犯罪案件犯罪嫌疑人的逮捕、不逮捕经检察长授权由分管副检察长决定或批准，其余皆授权检察官（主任检察官）行使。可见对于逮捕权，安徽检察机关放权最为彻底，浙江其次，上海最保守。根据刑事检察权充分放权的原理，似乎放权越大越好，但适合的总是最好的，当下我国检察官全面精英化仍待时日，检察官专业素质、职业素养也参差不齐。因此，笔者建议，现阶段，授予检察官逮捕权时：一是有限授权为宜。根据案件情况决定放权的幅度，普通刑事案件可由检察官作出处理决定，重大、有影响案件的逮捕决定权应当由检察长或检委会行使决定权，如危害国家安全、有影响的涉外案件、社会敏感度高的案件、领导干部大要案。这里，安徽省放权很大，仅仅对职务犯罪案件逮捕权、不捕权规定由检察长行使，其他皆授权给检察官；浙江省则放权更大，所有批准或决定逮捕权力皆授予检察官（检察长仅保留无罪不捕的权力），效果有待观察。二是部分授权为宜。为避免不捕案件大量增加及对廉洁公正执法产生隐患，加之无罪不捕往往意见分歧较多，公安机关、被害人也会有不同意见，往往引起复议、复核或申诉，建议此类不捕决定权应仍由检察长或检委会行使。但我省比起上海，不仅将有罪不捕权力授予检察官，还将上海没有授予检察官的证据不足不捕的权力也进行授予，赋予检察官较大的权力，有值得研究之处，以近年浙江省温州市检察机关证据不足不捕占不捕比例为35%左右为参照①，放权程度不可谓不大。三是加强监督。为确保逮捕决定权的正确行使，对检察官的逮捕决定，检察长有权要求复核或者提请检委会讨论决定，也可直接改变检察官的决定。

（二）授权方式

目前，检察官办案职权授权的方式是"检察官权力清单"。高检院《意见》为了进一步规范各类检察人员的职责权限，要求省级检察院结合本地实际，根据检察业务类别、办案组织形式，制定辖区内各级检察院检察官权力清单。实践中，对于检察官权力清单的形式有不同做法，实践中，一般采取负面

---

① 据笔者统计，2012年温州市检察机关证据不足不捕数占不捕数比例为44.9%；2013年为38.9%，2014年为33.7%，2015年为28.2%。

四、检察机关的权力配置

清单的形式，负面清单的表现形式为"除……之外，由……行使"。一般来说，负面清单说明简洁，授予下属的权力也更大。如安徽，对检察官办案职权采用"负面清单"形式，理由是"全面清单"可能不周延，为避免挂一漏万，只规定检察长、副检察长和检察委员会的职权，而没有规定检察官的职权。[①] 而浙江以"正面清单"+"负面清单"的形式进行授权，其不仅在《浙江省检察机关司法责任制度改革试点办法》列举了检察长、检察委员会的职权，然后规定除应当由检察长、检察委员会行使的职权外，其他案件处理决定可以由检察长授予员额检察官依法独立作出，并制定各条线主任检察官办案责任制权力清单。采取"正面清单"+"负面清单"模式，在一定程度上避免了权力清单漏洞。笔者认为，上述模式，各有优缺点，"负面清单"模式过于简单，有时让检察官在办案中无所适从，而"正面清单"+"负面清单"模式过于琐碎，仍有可能遗漏。因此在开列检察官的权力清单中，要分清主次，抓大放小，建议采取主权力与附属权力分类模式。主权力是指宪法性文件规定的，或者能代表检察机关、作为检察机关权力种属中上位概念的权力。如逮捕权、起诉权、侦查权、诉讼监督权。附属权力，即在行使某一权力时或实现某一权力目的过程中，必须行使的权力，否则难以作出准确的决定。比如，在行使逮捕权时，要作出准确的逮捕，必须要讯问犯罪嫌疑人或听取其辩护人的意见，在必要的时候要调取公安机关侦查阶段的录音、录像，在遇到瑕疵证据时要求公安机关作出解释、补正，遇到非法证据时必须排除。因此，逮捕决定权必然附随了讯问犯罪嫌疑人、调取录音录像、瑕疵证据补正、非法证据排除等权力。在授权关系上，检察长授予逮捕决定时必然要把这些附属权力进行授权。

以《浙江省检察机关司法责任制度改革试点办法》为根据，试列出检察长授权清单如下：

[①] 翟云兰、吴贻伙：《安徽制定检察办案"权力清单"》，载《检察日报》2016年1月17日。

主体 \ 条线	职务犯罪侦查（主权力）	公诉（含未检）（主权力）	侦查监督（含未检）（主权力）	诉讼监督（主权力）
检察长权力（含分管检察长）、检察委员会以及专职委员职权	1. 决定初查 2. 决定立案 3. 决定不立案 4. 决定侦查终结 5. 决定撤销案件 6. 上述相应的复议、复查、申诉 7. 技术侦查、异地羁押、边控、通缉等特殊侦查措施	8. 相对不诉（附条件不起诉） 9. 不诉案件的复议、复核、申诉 10. 改变起诉意见书认定的犯罪事实影响量刑档次或影响罪与非罪 11. 提出抗诉 12. 撤回抗诉 13. 提请上一级检察院抗诉	14. 无罪不捕 15. 不捕案件的复议、复核、申诉	16. 以人民检察院名义提出纠正违法意见、检察建议、终结审查、不支持监督申请
	17. 检察人员回避；18. 对司法人员、律师等涉嫌违法犯罪的线索移送有关机关处理			
授予检察官职权	（无主权力）	1. 起诉及量刑建议 2. 绝对不诉 3. 证据不足不诉 4. 撤回起诉 5. 改变起诉意见书认定的犯罪事实不影响量刑档次或影响罪与非罪	1. 批准或决定逮捕 2. 有罪不捕 3. 证据不足不捕	（无主权力）
	讯问犯罪嫌疑人 询问证人 传唤犯罪嫌疑人至指定地点或住处 对犯罪嫌疑人辨认 提押犯罪嫌疑人出所辨认或追缴赃物 搜查 查封、扣押财物、文件、电报 查封、冻结财产、财产变卖、拍卖 违法所得、涉案款物处理 勘验、检查、侦查实验 鉴定、补充鉴定、重新鉴定 律师以外辩护人资格审查并许可会见、查阅卷宗等 律师会见 出席法庭 支持公开审查、宣布处理决定（附属权力）			

考虑到检察办案业务和职权的复杂性，可以考虑采取以下规范路径：一是由省级院统一制定检察办案职权配置的指导性意见。各地检察机关案件特征、数量差异很大。办案职权配置应当符合各地检察机关的办案特点，如案件数量多的检察院对普通检察官的授权也要相应增加，而在数量相对较少的检察院，检察长可以直接决定的案件也可以增加。省级院统一制定检察官的办案职权清单不可能兼容各基层院的具体情况，而制定指导性意见则比较容易，而且有更广泛的适用性。二是省级以下各级检察院根据指导意见制定本院检察办案职权清单。在检察办案职权配置中应当特别重视普通检察官的主体地位，尽可能放权到检察官一线。而对没有明确或者现阶段还无法明确归属的办案职权，则应当严格依据法律规定由检察长行使，遵循原有的"三级审批制"办案程序。同时，省级检察院各业务条线还可以制定类似"办案职权配置指南"的参考标准，指导下级院制定本条线业务的办案职权清单。三是根据实践中的新情况及时更新办案职权清单。方式上可采用类似"办案职权年度版本"，每年度作统一更新或调整，随着司法责任制改革不断深入，及时总结办案职权配置后的运行情况，调整与改革任务、要求和形势不相适应的配置，以不断巩固和完善改革成果。

四、检察官办案职权配置注意的几个问题

（一）兼顾实体、程序和效率

非终局性事项和一般程序性事项的决定权能否一概由检察官行使，是职权配置中一个较有争议的问题。如有的试点单位按照"抓两大、放两小"的原则确定职权归属："两大"指重大复杂案件和可能影响其他执法司法机关判决、裁定、决定的诉讼监督案件仍由检察长、检委会决定；"两小"指将一般案件的处理决定权，以及所有案件的非终局性的事项、事务性工作决定权授予检察官。[①] 上海奉贤区人民检察院则按照"终局性决定权、内部监督类和重大外部监督类权力不下放，其他权力均授权给检察官"的总体原则。

笔者认为，对非终局性、程序性办案职权的配置不可一概而论，应该兼顾办案职权的实体和程序效力、检察机关整体的办案效率。对指挥办案、监督管理办案等重要的程序性办案职权不能授权检察官行使。如职务犯罪侦查案件中的初查权。从法律效果看，初查不具有终局性效力，但对于检察机关来说是行政活动，应当接受上级的指挥和监督，遵循正当侦查标准，因此不能由个体检

---

① 主要是湖北省检察机关采取的做法。参见周理松、沈红波：《办案责任制改革背景下检察委员会与检察官关系的定位》，载《人民检察》2015年第16期。

察官决定实施。初查决定权作为侦查指挥权的重要组成部分，应当由检察长来决定。同时，办案程序的拖延对当事人来说也是难以承受的负担。由检察长行使对检察官办案活动的程序监督权，既能保证检察官在实体层面公正客观处理案件，还能确保检察官提高办案效率，贯彻迅速审查原则。为达到兼顾实体、程序和效率的办案效果，以下程序性办案职权不适宜授权检察官行使：（1）决定案件线索初查，案件线索移送、退查、缓查、中止初查、延长初查期限、初查终结的；（2）决定案件侦查终结，移送起诉的；（3）决定追捕犯罪嫌疑人的；（4）决定移送犯罪线索的

（二）符合分层分级要求

从高检院改革文件看，"重大疑难复杂案件"是划定检察官与主任检察官（检察官办案组）办案权限的重要标准之一。高检院《意见》第5条规定，审查逮捕、审查起诉案件，一般由独任检察官承办，重大、疑难、复杂案件也可以由检察官办案组承办。改革实践中，各地检察机关一般亦采用这一标准，"重大疑难复杂案件"的决定权由检察长行使，其他案件则可以授权检察官行使决定权。但是，对于"重大疑难复杂案件"的界定目前尚未形成统一的、可量化的标准。有的以案件类别来认定，有的以可能判处的刑罚来认定。[①] 也有综合考虑犯罪数额、案件类型、涉案人员情况、涉外因素、社会影响等多种因素设置配置标准。[②] 还有对案件进行风险等级评估，根据风险等级决定案件应当由哪个层级的办案组织来决定。[③]

笔者认为，应当对"重大疑难复杂案件"设置具体、相对确定的标准，因为不确定的案件标准会导致检察官授权范围的不确定，而不确定的授权标准对突出检察官的办案主体地位不利，可能导致检察官将本来应该由自己决定的事项推给检察长。对"重大疑难复杂案件"可以根据管辖地域、案件特点和审级不同分层分级设定确定的标准。理由在于：一方面，不同层级的检察机关在重大案件标准上有所不同。如在基层检察院，可能判处10年以上有期徒刑的案件属于少数的重大案件，而根据刑事诉讼法的级别管辖分工，此类案件在地市级则属于一般案件。另一方面，案件数量不同的检察机关在重大案件标准

[①] 徐东、张红霞：《检察官办案责任制的现实困境与路径探析——以基层试点检察院检察官办案责任制为视角》，载万春主编：《检察调研与指导》2015年第5辑。

[②] 周理松、沈红波：《办案责任制改革背景下检察委员会与检察官关系的定位》，载《人民检察》2015年第16期。

[③] 参见最高人民检察院课题组：《主任检察官制度研究》，载《中国法学》2015年第1期。

上也有所不同。在案件数量集中的超大型城市，重大案件标准也要相应提高，以使办案人力、办案职权和案件数量都向基层倾斜，以照顾办案效率的需要。

具体而言，"重大疑难复杂案件"的界定可以采取以下做法：一是优先采用案件类型标准。对危害国家安全案件、有重大影响的涉外犯罪案件、社会关注度高的敏感案件、团伙犯罪、涉众型犯罪、领导干都要案，由检察官办案组办理。二是采用刑期标准作为一般标准。以公诉案件为例，在地市层面，独任检察官有权对可能判处有期徒刑的案件提起公诉，主任检察官有权对可能判处无期徒刑的案件提起公诉，而对可能判处死刑的案件是否决定提起公诉的权力则由检察长、检委会保留。在基层院层面，独任检察官有权对可能判处 10 年以下有期徒刑的案件提起公诉，主任检察官有权对可能判处 10 年以上有期徒刑的案件提起公诉。三是以意见分歧标准作为补充。与公安机关有重大分歧的不批准逮捕、不起诉、变更起诉罪名影响量刑幅度的；撤回下级院抗诉、变更刑罚种类或改变刑罚执行方式的上诉案件提出改判或发回重审的；承办检察官与主任检察官、检察长意见有重大分歧的；按审判监督程序提出抗诉的案件等均属于重大案件范畴。

（三）实现决定、监督和管理同步

案件审核权的定位是职权配置中一个较难把握的问题，容易与审批、决定权混淆。如高检院《意见》第 6 条与第 10 条均有"审核"的文字表述，但是含义不尽相同。实践中有的主任检察官用提交检察长"审核"回避本来应当由其决定的问题。有的把自己的审核权，实际上变成了审批权，"审者不定、定者不审"继续存在。笔者认为，检察办案职权配置并非狭义的办案决定权的分配，应当是办案决定权、监督权和管理权三位一体的优化配置。案件审核权作为办案活动中加强内部监督制约、保障案件质量的一道把关程序，在办案职权配置体系中不可或缺。理由如下：首先，案件审核是对案件质量进行把关的重要方式之一。案件审核并不是干扰检察官的决定权，不能直接改变检察官的决定，而是预防检察官任意专断。其次，案件审核是辅助检察长行使监督管理权的重要机制。检察官办案能力尚参差不齐，案件数量不断增长的情况下，以检察官直接对检察长负责尚难以实现，案件审核环节可以借助资深检察官的经验优势，提高检察长决策的效率，降低检察长的决策风险。最后，案件审核并不违反直接审查原则。因为审核没有直接决定案件的效果，不必遵循直接审查原则，可以通过核阅案卷材料对检察官的处理意见进行检查，而不必通过讯问、现场检查、勘验等直接调查程序"建构"案件事实，这是审核与承办的区别。

为平衡决定、监督和管理三种办案职权的协调运行，审核权的配置要注意以下方面：一是因地制宜。在办案压力大、检察官数量多的大型检察院，审核权非常必要，而在案件数量和检察官数量较少的院，则可以省去审核环节，由检察长直接审批检察官提出的处理意见，检察官直接对检察长负责。二是因人而异。检察长（副检察长）、业务部门负责人、主任检察官根据各自职责权限，对检察官处理意见进行审查把关。根据检察长授权，业务部门负责人对主任检察官、独任检察官办理的案件进行审核，主任检察官对组内检察官独立承办的案件进行审核。三是因案而异。就审核方式而言，可以根据案件情况采用不同的审核方式，对案件事实、证据清楚，适用法律无争议的案件，可以采取书面审查方式。如对案件有意见分歧的，还可以参照我国台湾地区检察机关实行的法律文书核阅机制审阅案卷和证据材料。四是明确责任。业务部门负责人、主任检察官审核后对检察官处理意见没有异议的，办案责任由检察官承担。检察官按照业务部门负责人、主任检察官的意见建议作出的处理决定，办案责任仍由检察官承担。但如案件存在明显错误或瑕疵的，业务部门负责人、主任检察官应当承担监督管理责任。

符合检察特点的检察官权力清单研究

孙 静[*]

一、问题意识

本轮检察改革中,在检察权运行方面,检察官权力清单、办案组织、办案责任制等问题一直是改革的热点问题。在这三者关系上,根据"没有权力,何来责任"的基本规律,权力清单作为载明权力的载体,应当是检察权规范运行方面的提前性问题。

在 2015 年之前的各地检察改革试点中,出现了不少权力清单类的成果。如湖北省、广东省、深圳市、上海第二人民检察院的以及其他基层检察院都探索权力清单。[①] 但是,这些权力清单,在列明标准、列明方式、列明的权力内容、授权力度等方面,大不相同。单单以权力数量来说,有的梳理出 20 多项权力(上海市二分院)、有的多达 700 多项(深圳检察)。因此,符合检察特点的检察官权力清单应该是怎么列明、列明什么、列明后怎么保障其实现是实务中真正值得研究的问题。

2015 年 9 月 25 日最高人民检察院印发的《关于完善人民检察院司法责任制的若干意见》第 16~19 条共计 4 条,对检察长、检察官、主任检察官、部门行政负责人的权力清单进行了粗线条规定,根据规定,全国暂不设统一的权力清单,由省级检察院"结合本地实际,根据检察业务类别、办案组织形式,制定辖区内各级人民检察院检察官权力清单"。根据后续相关讲话精神,要求各省在制定权力清单过程中,"做到因事制宜、因地制宜、因时制宜",首要

---

[*] 作者简介:孙静,上海市奉贤区人民检察院检察长,上海市人民检察院业务专家。

[①] 湖北省院开列了《检察机关执法办案权限清单》(在 2015 年 10 月下发的《关于实行检察机关司法责任制的方案》被列为后续附件得以保留)、广东省开列了《广东省检察机关检察官权责划分暂行规定》(在 2016 年 1 月 27 日印发的《广东省检察机关检察官职权划分暂行规定(试行)》中也得以保留),其他不再列举。

工作即是把检察官的权力做实。① 虽然有如此开放、宽松的省级权力设置空间，各省权力设置如何，后文将详述。

二、检察机关内部权力及检察权的界定

（一）检察机关内部权力及其性质

进行检察官权力清单研究，首先要弄清检察机关内部有哪些权力、哪些属于检察权、哪些属于非检察权。我们认为检察机关的权力总体可以作如下划分：

检察机关内部权力		
党务工作（领导）权	行政工作（领导）权	检察权

这三种权力，有着不同的权力依据与任务。简而言之，一是来源于党章，主要解决党的建设、思想政治工作、纪律检察工作等。二是来源于各种法律，主要解决财务、保密、公文、工作协调等工作。三是，检察权来源于宪法、检察院组织法、检察官法、三大诉讼法、实体法的，才属于检察权。在当前的权力清单中，主要解决的问题应当是检察权。有些地方在开列权力清单时，将这些检察权与非检察权一起开列，让权力清单显得较为混杂，这不能不说，是让人比较遗憾的地方。

（二）检察权为什么要改革

当前，检察权如何运行已经成为共识，即对于符合司法特点的、具有司法属性的权力进行司法化运作，具有检察特性的权力在运行上保留检察特性。

对于具有司法属性的权力，考察国内外的检察权内容及其运行体制，理论界与实务界一致认为批捕权、公诉权需要进行司法化，要破除饱受批评的"三级审批制"，在具体可行的方式上基本主张为实行检察官独立决定为主，检察官办案组为辅、独立负责、终身负责制。

对于体现中国检察特性的诉讼监督权、职务犯罪侦查权尽可能的司法化，

---

① 2016年4月15日全国部分省级检察院司法责任制改革权力清单调研交流会在合肥召开，会议的主要成果即是确定："既要重视司法活动的一般规律，又要体现检察权运行的特殊规律；既要处理好放权和强化监督制约的关系，处理好检察一体化与检察官办案的关系，还要更加注重统筹协调，处理好制定权力清单、实行司法责任制与推进其他司法改革的关系。"

在不能司法化的情况下，保留行政化，仍然实行三级审批制。①

（三）检察权改革要注意什么

在中国的检察改革中，要避免将检察权等同于司法权、审判权的错误看法，检察改革不同于法院的改革。因为二者有很多不同，第一，二者的上下级关系、内部领导关系不同；第二，两大机关内部的权力种类不同；第三，不同权力种类体现的属性不一样；第四，不同权力属性要求的行使方式不一样。第五，不同权力对应的责任方式不一样。这些不同在改革中是要密切注意的，也正是基于这五个不同，检察改革的思路才是"符合司法性、体现检察特性"。

检察官权力清单改革中需要注意到，检察机关内容的一些权力，如队伍建设、人事管理、基础设施建设、财产管理等权力，永远是行政性的。因为这些权力本身就不是检察权。

三、检察官权力清单改革之基本界定

（一）权力清单的本质

根据《宪法》、《检察院组织法》及相关法律的定位，各级检察院的检察长是检察机关所有权力总出口。但检察长不可能对所有权力直接亲历，检察长不得不将法律规定属于自己的权力，根据不同种类权力的各自属性授权到检察官。本质上，检察官权力清单制度本质是授权清单制度，是检察权在检察机关内部，根据司法规律与检察特点的重新分配。

（二）权力清单中的权力应当是检察官执法办案中的决定性权力

任何权力在在行使时均会涉及决定与执行两个层面的合一与分离的问题。

在以往的检察权运行中，受到"三级审批"制约束，一线办案人员均是根据领导的决定进行具体的事务执行。因此，更多地表现出执行事务的性质。

应当明确，检察官权力清单制度的设立目的主要系在于明确检察官执法办

---

① 在实然层面，依据法律规定，检察权的行使原则为上下级领导原则、内部也为上下级领导原则。这些原则在实践中的具体表现就是"三级审批"制，属于典型的行政式、命令式办案。这恰恰就是改革的主要对象。在应然层面，据现有的理论研究，无论是大陆法系还是英美法系，虽然普遍遵循检察一体化制度，但是对检察权一体化进行了许多限制……这些所有限制的核心就是要保持检察官的独立性。参见陈卫东：《检察工作一体化及其保障与规范》，载《河北法学》2010年第1期。

案中检察官应当享有哪些权力，尤其是检察官决定了哪些事项，进而因自己的决定引起了案件在外部侦查、外部审判中有何种走向。只有这种引起体现外部关系变更的权力才应当列入权力清单。

可作如下简单图示：

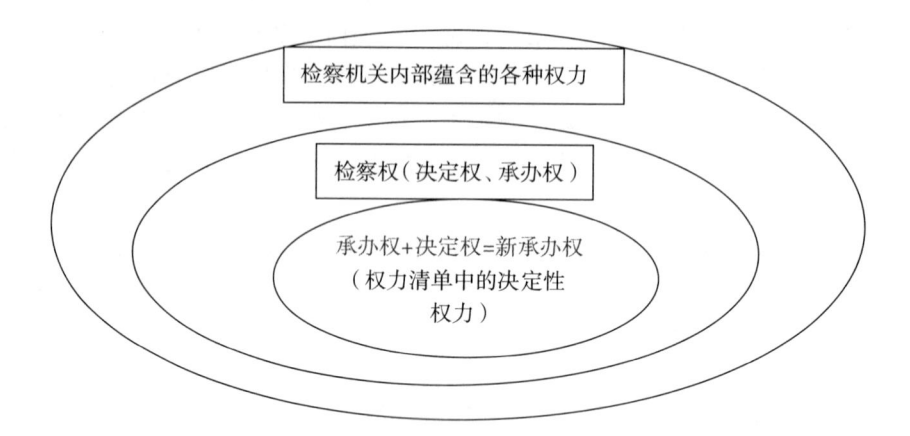

```
            ┌──────────────────────────┐
           检察机关内部蕴含的各种权力
            └──────────────────────────┘

              检察权（决定权、承办权）

            承办权＋决定权＝新承办权
             （权力清单中的决定性
                    权力）
```

那些不属于检察权、不属于对外的决定性权力、不属于改变检察院与公安、检察院与法院、检察院与诉讼当事人关系的决定，是否均需要在检察官权力清单中列明均值得商榷。

当前试点中，一些地方、一些试点单位开列的权力清单过于详细，甚至过于琐碎，就是没有注意到何谓检察官能真正作出的，具有最终性对外权力。使得权力清单的开列没有一根主线或总原则。我们认为，在开列检察官的权力清单过程中，要分清主次、抓大放小。

对于检察官在行使最终性对外决定权时，那些原本就属于行使这些权力必不可少的权力，自然就授予检察官。司法改革中，"让权力回归承办人"指得不应是那些本就有的细小决定权，而是这些最终性对外决定权。[①]

[①] 根据"做实"检察官权力的精神要求，至少目前可搜集到的权力清单中，达到此项要求的几乎没有。如《浙江省检察机关司法责任制改革试点办法》、《福建省人民检察院关于完善司法责任制的实施意见》、《海南省检察机关完善司法责任制的实施意见》、《安徽省检察机关检察官办案责任制指导意见（试行）》等相关省份检察长、检察官的职责权限与《高检意见》如出一辙。相比而言，《上海检察机关落实司法责任制工作细则（试行）》、《上海市各级人民检察院检察官权力清单》的相关授权，要比上述省份文件授权具体得多。

（三）授权并不意味着对权力运行不再进行监督管理

将权力授予检察官后，检察官独立行使检察权与对独立行使检察权的人员进行适当的监督与管理，是两个层面的问题。将权力授予检察官并不意味着对检察官行使权力不再进行监督管理。当前的改革思维中，很多地方不敢放权、不愿放权，就是误认为，放权是检察长、副检察长无法再进行监督、无法再进行管理。本文认为，合理的执法监督管理权与检察官独立行使职权并不矛盾。其法理基础就是"检察一体化"中的检察长领导权。检察长既然可以把权力下放，也可以在必要的时候，将权力予以收回、转移。这与国外的检察一体化中的对指令权的限制精神是相似的。合理的执法监督管理权与检察官独立行使职权并不矛盾。基于检察一体化的法理基础，检察长可以对授予的权力监督管理，但要注意方式上的差别。

四、检察官权力清单授权原则、方式及具体设计

（一）授权原则

检察权授权，要注意不同的权力内容，可以实行"（逮捕、公诉等）刑事检察权充分放权，职务犯罪侦查权限制放权，诉讼监督检察权部分授权"原则。[①]

（二）授权清单涉及的主体

在授权清单中，要避免因主体过多而使改革后的权力运行仍然很复杂。对于逮捕权、公诉权，检察官的权力清单基本可以还原为两个主体：检察长—检察官。要避免主任检察官、行政负责人等介入或者提法。对于具有检察特性的权力，可以有检察长—主任检察官—检察官三个主体。[②]

[①] 在当前的检察官权力清单中，有不少实务观点认为，检察官权力应当分级、分类列明。这值得肯定，本文旨在解决办理全国80%左右案件的基层检察院为视角的展开，对于中级检察院与基层院、省级检察院与基层院、中级检察院与省级检察院之间的权力报批关系，在厘清了检察官在业务办理上所享有的自主决定权的基本原则后，基本也就厘清了。上下级检察院之间的权力主要涉及职务犯罪批捕权、检委会异议决策权等。

[②] 结合各地的改革实践，对于权力清单的配置主体有多种提法，如检察长、副检察长、检委会、主任检察官、检察官（通常报道）；如检察长、检委会、主任检察官、检察官。为避免检察长、副检察长、主任检察官、检察官等引起改革误解提法，考虑到除职务犯罪侦查权外，检察权中占据多数的司法性权力以及可司法化的一些权力，同时考虑到检委会对于具体案件决策的逐渐退出，检察官的权力清单基本可以还原为两个主体：检察长—检察官（在本院的权力清单中，也基本是按此开列权力清单的）。这样才是真正的扁平化。

（三）授权方式

1. 正面清单还是负面清单

检察权不同于政府的行政权采取负面清单方式①，检察权授权，因为检察权的边界是确定的，检察长的权力边界也是确定的，授权清单的内容也应当是确定的。

2. 列举清单与概述清单

检察权虽然有确定的边界，但要完全列举出这些权力也非易事。对此，要明白列举清单或概述清单的各自优缺点，比较适宜采用"列举＋概念"的方式。

（四）具体授权

在开列清单过程中，可以进行三步走：第一，对《宪法》与《刑事诉讼法》、《民事诉讼法》及《人民检察院刑事诉讼规则（试行）》、《人民检察院民事诉讼监督规则（试行）》法律中规定的检察长与上级检察机关在执法办案中的各项权力进行梳理。第二，根据现有法律规定与改革方向标，按照拟保留、拟下放等思路再做全面清理，对决定性权力与执行性权力、承办性权力的再次区分。第三，旨在实现基层检察院内检察长与检察官，按照"刑事检察权充分放权，职务犯罪侦查权限制放权，诉讼监督检察权部分授权"原则进行授权，除必须保留外，所有权力皆下放，下放到检察官个人。在整个检察官权力清单制作技术上，我们最终采取对外性决定权力详细列明，其他权力不完全列举。如在授权起诉权时，为了完成准确认定事实，适用法律进而作出起诉，那为完成这些工作，涉及的退回补充侦查、出庭支持公诉、参加庭前会议、申请证人、鉴定人、侦查人员出庭等必须的决定性权力，理所当然地由检察官享有。最终形成的授权清单如下。②

---

① 当前，政府行政权改革中，经常提及权力的负面清单。主要是因为政府的行政权力很大，几乎无所不包、无所不管。对于无所不包的权力无法——列举，即便列举了，公众也难以明白。所以采取负面清单是理想做法。

② 除此表格外，为了让检察官知悉自己更具体的权力清单，我们将本表格中"授予检察官权力"加上检察官为行使这些权力必然行使的其他附带性权力进行了整合与不完全列举，形成了单独的"检察官权力清单"。限于篇幅此处不再展示。

四、检察机关的权力配置

检察长授予检察官的权力清单

	职务犯罪侦查	公诉（含未检）	侦查监督（含未检）	诉讼监督
检察长	1. 要案线索决定初查 2. 立案 3. 撤案	4. 捕后不诉 5. 不起诉复议决定 6. 撤回起诉 7. 再审抗诉（含民事） 8. 一审抗诉 9. 刑事再审检察建议 11. 侦监公诉建议自侦部门立案、撤案不被采纳	10. 不捕复议	12. 认为不立案决定错误 13. 刑事申诉复查决定变更原意见的 14. 本院自侦部门违法侦查，情节较重或需追究刑事责任 15. 本院办理案件存在违法情形属实，需纠正
	16. 检察人员回避 17. 重特大风险案件			
检委会	1. 检察长及公安机关负责人回避 2. 检察长认为需要提请讨论的案件			
分管检察长	1. 接触初查对象 2. 自侦逃犯通缉 3. 申请采用技术手段	绝对不诉 列席审委会 3. 助检担任公诉人	1. 绝对不捕 2. 自侦不立案复议	1. 民事行政再审检察建议 2. 民事行政提请抗诉 3. 民事行政执行检察建议
	1. 拘传、取保、监视居住、拘留等强制措施的采取、变更、解除，逮捕的变更和解除 2. 侦查人员犯罪需立案的 3. 搜查 4. 查封、扣押财物、文件、电报 5. 查询、冻结财产 6. 查封、扣押物品、财产变卖、拍卖 7. 扣押、冻结债券等财产出售、变现 8. 一般风险案件（未成年人案件除外）			

续表

	职务犯罪侦查	公诉（含未检）	侦查监督（含未检）	诉讼监督
检察官	1. 举报线索初查延期 2. 要案线索之外的线索决定初查 3. 初查方案 4. 报请上级逮捕 5. 侦查终结	1. 起诉及量刑建议 2. 存疑不诉、相对不诉附条件不起诉 3. 变更、追加、补充起诉 4. 审查起诉、违法所得案件延长15日 5. 抗诉请求答复 6. 决定不提出抗诉或再审检察建议	1. 批准逮捕、有条件逮捕 2. 存疑不捕、相对不捕 3. 延长羁押期限意见报上级 4. 自侦案件重新计算羁押期限 5. 公安重新计算羁押期限不当需纠正 6. 要求说明不立案、立案理由 7. 通知公安立案、撤案	1. 认为未查处线索理由不充分 2. 妨碍律师行使权力申诉控告属实需纠正的 3. 暂予监外执行、减刑、假释不当纠正 4. 复查决定维持原决定的 5. 强制医疗错误材料移交 6. 监所线索移送自侦初查 7. 羁押必要性审查驳回申请 8. 民事行政监督案件终结审查 9. 民事行政监督案件审查终结不支持监督申请
	1. 传唤犯罪嫌疑人至指定地点或住处 2. 提押犯罪嫌疑人出所辨认或追缴赃物 3. 勘验、检查、侦查实验 4. 鉴定、补充鉴定、重新鉴定 5. 对犯罪嫌疑人辨认 6. 全程录音、录像由其他人员负责 7. 律师以外辩护人资格审查并许可会见、查阅卷宗 8. 特别重大案件律师会见 9. 非法取证调查核实启动 10. 非法取证调查核实后处置决定 11. 纠正违法通知书 12. 以院的名义制发的检察建议 13. 以院的名义制发的一类问题通报 14. 辩护人干扰办案可能涉嫌犯罪的 15. 违法所得、涉案款物处理			

上述 60 余项重要的决定性权力中，其中 19 项决定权仍由检察长决定、检察官执行。2 项决定权由检察委员会决定，检察官执行。33 项决定权由分管检察长决定，检察官执行。28 项决定权授予检察官自行决定与执行。其他本就属于检察人员在办案中需要执行、承办的权力，回归检察官，由检察官自行决定与执行。

值得注意的是，在检察官的权力中，特别将一些其他试点地方未敢尝试的授权，如决定初查权、不起诉权，批准逮捕权、不批准权、不予逮捕权，对公安机关的重要诉讼监督权等，均授予检察官独立行使。

改革和完善检察机关权力配置之构想

——兼谈修改《人民检察院组织法》与《检察官法》

何明田[*]

完善独立行使检察权与监督权的法律制度、优化检察职权配置是《中共中央关于全面推进依法治国重大问题的决定》的重要内容,更是此次司法改革浓墨重彩的一笔。如何完善与优化,还要从检察机关领导体制改革和完善入手。

检察机关的领导体制,是指国家权力机关与检察机关之间、上级检察机关与下级检察机关之间、检察院内部上下级之间的领导与被领导关系以及相关制度安排的总称。[①]新中国成立以来,我国检察领导体制经历了垂直领导,双重领导,一重领导、一重监督直至现行双重领导体制的发展历程。2013年10月30日,全国人大常委会立法工作会议表决通过《十二届全国人大常委会立法规划》,将"人民检察院组织法(修改)"列为第一类"条件比较成熟、任期内拟提请审议的法律草案"之一;2013年11月,党的十八届三中全会确定了关于我国检察机关领导体制改革的具体要求;2014年10月,党的十八届四中全会以"依法治国"为主题,全面部署推进司法体制改革。借此契机,有必要剖析现行检察领导体制存在的弊端,从党的十八届四中全会《中共中央关于全面推进依法治国重大问题的决定》规定的改革措施中,以"改革和完善检察领导体制为角度"探索破解独立行使检察权之难题。

一、检察权体制之弊端

现行检察机关领导体制已经实行了30多年,中间多有变化。理论界对现

---

[*] 作者简介:何明田,甘肃省白银市人民检察院法律政策研究室主任、白银检察官协会秘书长、四级高级检察官。

[①] 谢鹏程:《检察机关的领导体制》,载检察日报网,http://www.jcrb.com/n1/jcrb369/ca207187.htm。

行检察领导体制的看法存在较大分歧，归纳起来主要有三种观点：一是一重监督、一重领导体制说。持这种观点的学者们认为，检察机关受同级权力机关监督，下级检察机关受上级检察机关领导。二是双重领导体制说。认为是检察机关受同级权力机关和上级检察机关的双重领导。三是多重领导说。认为检察机关受同级权力机关、同级党委和上级检察机关多重领导。理论界之所以存在较大争议，是因为检察机关领导体制不仅存在法律文本规定方面的不足，而且检察机关深受地方人大和党政机关的影响和干预，确实形成事实上对检察机关的多头领导，而且地方国家机关对检察权的无序干涉成为我国司法制度的顽疾之一，严重影响检察机关维护社会公平正义职能的实现。

（一）检察机关受同级人大及其常委会的领导

1. 地方权力机关具有对同级检察机关的领导权

现行《宪法》规定"国家检察机关由人民代表大会产生，对它负责，受它监督"。现行《人民检察院组织法》第10条规定："最高人民检察院对全国人民代表大会和全国人民代表大会常务委员会负责并报告工作。地方各级人民检察院对本级人民代表大会和本级人民代表大会常务委员会负责并报告工作。最高人民检察院领导地方各级人民检察院和专门人民检察院的工作，上级人民检察院领导下级人民检察院的工作。"根据这两条规定，一般认为同级人大主要是"监督"检察机关的工作，上级检察机关"领导"下级检察机关的工作。但是，最高人民检察署首届党组成员、原最高人民检察院党组成员王桂五认为，我国"宪法不只是规定了国家权力机关对检察机关的监督权，而且规定了对检察机关的设置权、授命权、批准权、人事任免权、重大问题的决定权以及视察权和质询权等，综合这些权力，构成国家权力机关对检察机关的领导权"。[①] 在实际运行过程，同级人大及其常委会通过实施对检察机关的人事任免权及重大检察问题决定权，实际上对检察机关有较强的控制力。所以，毋庸置疑的是，在实践层面权力机关不仅对检察机关有监督权，而且还对同级检察机关行使着领导权。

2. 权力机关通过行使"重大问题"决定权介入检察权

《人民检察院组织法》在规定检察机关与地方权力机关之间的关系、检察机关内部领导体制时，就明确规定"各级人民检察院设立检察委员会。检察委员会实行民主集中制，在检察长的主持下，讨论决定重大案件和其他重大问

---

① 王松苗、王丽丽：《检察机关领导体制的五次变动》，载正义网，http://www.jcrb.com/zhuanti/jczt/rmjc60/200909/t20090917_263404.html。

题。如果检察长在重大问题上不同意多数人的决定,可以报请本级人民代表大会常务委员会决定"。本条的核心内容体现在内部上,就是"在内部实行检察长统一领导与检察委员会集体领导相结合的领导体制";体现在外部上,就是"重大问题"可由同级人大常委会决定。相应地,1980年通过的《人民检察院检委会组织条例》也有类似的规定。

对于"重大问题"的范围,全国人大常委会法工委于1986年对此作了解释,明确"重大问题"不但包括贯彻执行国家法律、政策、本级人大及其常委会决议的事项,还包括"重大案件"。自此以后,人大及其常委会却制定了详细的"个案监督"办法,开始"个案监督"。但问题是,没有宪法依据。宪法没有赋予权力机关对司法活动进行"个案监督"的权力。

从法理上分析,这一规定、做法有违法之嫌。"将宪法中规定的权力机关对检察机关的监督关系转变成了领导关系,也扩大了宪法中没有规定的人大常委会的职权。特别是将讨论决定重大案件这一司法性职能交由人大常委会决定,也违背了司法亲历性。"①所以说,人大常委会介入检察机关内部决策机制,破坏了人大与检察机关的基本分工关系,与检察机关独立行使检察权的宪法原则相抵触,造成权力机关和检察机关职能的重叠和交叉,干扰检察机关正常的司法活动,尤其是因人大常委会的决定而导致冤假错案,则难以追究责任。

可喜的是在2008年2月9日,最高人民检察院对《人民检察院检察委员会组织条例》进行了修订。其中第14条规定"地方各级人民检察院检察长在讨论重大案件时不同意多数检察委员会委员意见的,可以报请上一级人民检察院决定;在讨论重大问题时不同意多数检察委员会委员意见的,可以报请上一级人民检察院或者本级人民代表大会常务委员会决定"。这只是从内部规定上逐步探索独立行使检察权。同时,全国人大在吴邦国任委员长期间也决定不搞"个案监督"了,理由是"个案监督"妨碍司法公正。

(二) 检察机关受同级党政机关的领导

现行《宪法》第131条规定:"人民检察院依照法律规定独立行使检察权,不受行政机关、社会团体和个人的干涉。"②这就是说,从法律制度层面

---

① 肖中华:《检察院组织法修改应坚持的原则》,载《国家检察官学院学报》2011年第6期。

② 现行《人民检察院组织法》第9条规定也作了相似规定:"人民检察院依照法律规定独立行使检察权,不受其他行政机关、团体和个人的干涉。"但是,该条文没有根据宪法将"其他行政机关"改为"行政机关"。

讲，检察机关是独立行使检察权的国家法律监督机关，完全独立于行政机构。"各级人民检察院都是国家的检察院，而非地方的检察院，检察机关行使权力代表了国家的意志，而非任何地方、团体或个人的意志。"① 根据现行《宪法》和《人民检察院组织法》的规定，检察机关与同级地方党政机关之间也不存在直接领导关系。但实际上，地方检察机关在人、财、物三方面均受制于地方党政机关，不可避免地受地方党政机关事实上的领导。

1. 地方党委握有人事权

现行《宪法》和《人民检察院组织法》规定，各级检察院的检察长、副检察长、检察员及检察委员会委员均由本级人大及其常委会选举或任命。但根据党管干部的原则，地方党委组织部门负责地方干部的人事管理。检察机关正、副检察长的任免实际上都是由地方党委先行决定，再由人大及其常委会选举、任免。由于地方政府的领导成员在本级党委的组成人员中通常占大多数，这就相当于地方行政机关能够依托党委对同级检察院检察长进行提名和任免，并对其实施影响和控制。

同时，检察官的选拔、任用、晋升、管理、待遇等无法脱离地方行政管理模式。虽然《检察官法》对检察官的资格、待遇、升迁等都有详细的规定，可是《公务员法》将检察官等同于公务员，按照行政方式管理，将检衔与行政级别挂钩。如果没有行政职务、级别，便达不到相应的检察官等级、待遇及荣誉。形成了行政职务的晋升成为检察官衡量自己价值的重要指标，而属于检察官本职的检衔等级、检察业务能力反而退居次要地位。

2. 地方政府拥有财政权

目前我国实行中央财政与地方财政分灶吃饭的财政体制。地方各级人民检察院的财政预算被列入同级地方财政预算，等同于一般的政府部门。地方政府通过对检察机关经费的掌控，左右检察机关的工作。"随着我国社会主义市场经济的建立，法律监督权所面对的部门或地方执法主体的利益多元化必然导致部门或地方保护主义的泛滥，而对位高权重者实施法律监督也必然会在实践中遭遇种种障碍。"② "检察机关执行法律监督职能，尤其是对那些握有重要政治与经济资源的人物和团体，对那些具有一定的政治和社会敏感性的对象侦查、起诉，如果没有一种受到一定法制保障的依法'独立特行'的精神，那只会

---

① 韩大元：《地方人大监督检察机关的合理界限》，载《国家检察官学院学报》2011年第1期。

② 卞建林、田心则：《论我国检察机关领导体制和职权的改革与完善》，载《国家检察官学院学报》2006年第5期。

屈从于权力（政治或经济的）而放弃职守。"①最终使检察机关沦为地方党政机关的附庸，为地方利益服务，严重损害了法律监督机关的司法权威。

3. 地方党委具有业务领导权

全国省级以下各级党委均设有政法委员会，由一名省（市、县）委常委或副省（市、县）长兼任，以党委的名义领导公、检、法、司、安等政法工作。自 2003 年以来，一些地方陆续出现了较大规模的政法委书记兼任公安局长或公安机关党委书记的领导方式。政法委领导司法机关的方式，除了在贯彻落实党的方针政策、法律政策等宏观方面外，对司法机关还采取"个案监督"的领导方式。自人大停止"个案监督"以后，政法委以"协调、监督"为由开始推行。

在这种领导格局下，检察院的法律监督职能出现了有违法理的情况。一是对于公安机关办理的普通刑事案件，检察机关要行使监督职能几乎没有可能。因为被监督者是以党委的名义领导着检察机关，所以大大弱化了检察监督职能，使监督失之过软。二是一些重大刑事案件、有争议案件或者出现重大问题的案件，政法委会充当"调停人"，采取调阅、批示、讨论和协调案件的方法介入案件处理；有的甚至直接介入案件的侦查、起诉和审判过程，使检察机关无法运用法律程序行使权力。三是对检察机关办理的贪污贿赂、侵权渎职等自侦案件，检察长需向政法委书记进行书面或口头汇报，并听取政法委书记的指示，其决定往往成为检察机关处理案件的依据或决定内容。特别是涉及本地区的重点保护企业、相当级别的党政干部等案件时，还须经政法委或党委批准后才能进行。这些做法违背了宪法、法律和党章的规定，使检察机关业务囿于困境。

长此以往，腐败问题得不到及时查处与有效遏制，还造成一些严重的冤假错案。据专家学者研究发现，冤假错案的背后都有政法委的影子。例如，湖北的佘祥林案和河南的赵作海案，就是典型的由当地政法委组织召开案件协调会之后，被告人被定罪量刑的。不过自 2010 年以后，对政法委的领导模式有了重要调整，约有半数的省级政法委书记不再兼任公安厅（局）长职务；十八大以后，政法委机关也开始了转型。

（三）上级检察机关的领导权

由于检察权具有强烈的国家属性，上命下从的领导机制能够使检察机关成为紧密结合的共同体，从而保证检察机关公正统一地行使检察权。目前世界上

---

① 龙宗智：《论依法独立行使检察权》，载《中国刑事法杂志》2002 年第 1 期。

绝大多数国家实行的都是上下级检察机关之间的垂直管理，我国也不例外。我国现行《宪法》第132条第2款和现行《人民检察院组织法》第10条第2款都明确规定："最高人民检察院领导地方各级人民检察院和专门人民检察院的工作，上级人民检察院领导下级人民检察院的工作。"法律对上下级检察机关的这种垂直领导体制的规定符合检察机关性质和特点，但由于这种规定过于原则，没有具体规定上级检察院对下级检察院的领导范围、权限、程序、方式、后果等，也没有配套性保障制度，如检察经费保障制度、检察职务保障制度等，就为行政干涉检察权埋下法律制度上的隐患，在与控制着下级检察机关人、财、物的地方国家机关的较量中，上级检察机关的领导权威受到挑战和抵消，实际使检察机关上下级之间的垂直领导关系仅限于单纯的业务指导关系。

二、改革和完善检察权体制之构建

党的十八届三中全会对我国司法体制改革进行了总体部署，为完善现行检察机关领导体制提供了机遇和思路，党的十八届四中全会更是前所未有提出依法治国的一些重大举措，提出为"完善确保依法独立公正行使审判权和检察权的制度。各级党政机关和领导干部要支持法院、检察院依法独立公正行使职权。建立领导干部干预司法活动、插手具体案件处理的记录、通报和责任追究制度。任何党政机关和领导干部都不得让司法机关做违反法定职责、有碍司法公正的事情，任何司法机关都不得执行党政机关和领导干部违法干预司法活动的要求。对干预司法机关办案的，给予党纪政纪处分；造成冤假错案或者其他严重后果的，依法追究刑事责任"。这一重大决定是改革检察机关领导体制的有力保障。

值此千载难逢之际，在《人民检察院组织法修改》提上本届人大常委会议事日程之时，结合多年来检察工作实践经验，借鉴检察理论研究成果，针对现行检察领导体制存在的弊端，来认真研究改革和完善检察领导体制的路径。

（一）规范权力机关对检察机关监督之属性

根据《宪法》规定，检察机关独立行使检察权。其含义是指检察机关独立于行政机关、社会团体和个人，但并不独立于人民代表大会。从立法的精神上看，权力机关与检察机关之间的核心关系是监督关系，主要是规范权力机关如何对检察机关进行科学、合理和有效的监督，督促检察机关依法行使"法律监督"职能，其实质内涵就是权力机关应当仅限于对同级检察机关行使"法律监督"职能的合法性进行监督。"检察机关虽然由地方人大选举产生，对地方人大负责并受其监督，但检察机关具有国家属性，这是地方人大要充分尊重的。"①

所以，从法律层面上讲，一是要修改《人民检察院组织法》，明确规范国家权力机关监督检察机关的关系属性。可在《人民检察院组织法》第1条中增加相应内容："最高人民检察院向全国人大报告全国检察机关的工作，接受全国人民代表大会及其常委会的监督；地方各级国家权力机关可以通过代表视察、评议等方式，间接参与对本级检察机关的权力监督；如果地方人大及其常委会发现本级检察机关有失职滥权问题，地方人大可向上级人大直至全国人民代表大会报告，并可提出监督意见和建议。人民代表大会的监督必须遵循事后监督、被动监督、程序监督和集体监督的原则。"二是强化检察机关上下级之间是上命下从的领导关系，将《人民检察院组织法》第3条修改为："如果检察长在重大问题上不同意多数人的决定，重大问题属于政治性问题，可以报请本级人民代表大会常务委员会决定，重大问题属于法律性问题，可以报请上级检察院决定，同时抄报同级人大常委会。"

（二）理顺检察机关与同级党委关系之定位

"中国共产党是国家事务的领导核心，它在国家政治生活和政权组织中的领导地位在宪法中得以确认，因而司法机关也不能向执政党独立。"② 坚持党的领导和依法治国是统一的。1997年9月，党的十五大报告明确提出了"依法治国，建设社会主义法治国家"的基本方略；1999年3月，"依法治国，建设社会主义法治国家"被写入宪法；自党的十五大以来，历次党代会报告都强调依法治国是治理国家的基本方略；党的十八大提出"全面推进依法治国，法治是治国理政的基本方式"；2012年12月4日，习近平总书记在首都各界纪念现行宪法公布施行30周年大会上指出，要"坚持法治国家、法治政府、法治社会一体建设"；2013年，党的十八届三中全会提出，司法改革目标是"推进法治中国建设"；2014年党的十八届四中全会，在党的历史第一次把"依法治国"作为党中央全会的主题。梳理党代会关于法治理念的历史，充分说明党对国家治理方式有了越来越清晰和清醒的认识，那就是要依法执政、依法行政、依法治国。党的十八届四中全会公报还特别强调"党的领导是中国特色社会主义最本质的特征，是社会主义法治最根本的保证，要把党的领导贯彻到依法治国的全过程和各个方面"。我国的宪法法律是在党的领导下制定的，并集中反映了党的路线、方针、政策，严格依法办事就是坚持党的领导。

---

① 韩大元：《地方人大监督检察机关的合理界限》，载《国家检察官学院学报》2011年第1期。

② 龙宗智：《论依法独立行使检察权》，载《中国刑事法杂志》2002年第1期。

因此，十八届四中全会公告强调"必须坚持党领导立法、保证执法、支持司法、带头守法，把依法治国基本方略同依法执政基本方式统一起来，把党总揽全局、协调各方同人大、政府、政协、审判机关、检察机关依法依章程履行职能、开展工作统一起来"。

理顺党的领导与检察机关行使检察权的关系定位，就是要"在坚持党的领导的前提下依法独立行使职权，检察工作才能有所作为"。① 党的十八届四中全会精神表明，在国家治理体系中，中国共产党作为执政党，它的领导主要体现在政治上、思想上、组织上的同时，为全面推进依法治国，党对司法工作的领导，就是要实现司法机关公正司法，严格依法办事。党对各级检察机关的领导是一种宏观的、方向性的领导，以宣传党的政策和主张，并带头在工作中贯彻执行党的方针政策为中心，保障人民检察院依法独立行使检察权。为此，必须理顺地方各级院党组关系：一是明确省级以下检察机关党组在省级党委的领导下开展工作，省级检察院党组接受省级党委领导，市级以下院党组接受上一级院党组领导。二是各级党组要从检察机关的具体案件、审批案件、过问案件的事务中解脱出来，通过检察机关上级党组对下级党组的领导实现对检察机关的领导。三是改变地方检察院领导班子由地方党委主管、上级检察院协管的方式，实行地方检察院由上级检察院党组主管，使检察机关能够严格执行宪法和法律，这才是检察机关服从和接受党的领导的最具体、最直接的表现，也依法维护了党对国家和社会的领导权。

（三）破解独立行使检察权之难题

"如果检察权和检察机关……处处受制于行政机关和地方势力，就不可能公正无偏地履行法律监督职责，国家法律统一正确实施就会成为一句空话。"② 2013年党的十八届三中全会提出要"推进法治中国建设"，司法改革要"确保依法独立公正行使审判权、检察权，推动省以下地方法院、检察院人财物统一管理，以及探索与行政区划适当分离的司法管辖制度"。2014年10月，《中共中央关于全面推进依法治国若干重大问题的决定》确定要"完善确保依法独立公正行使检察权的制度"，同时明确提出"任何党政机关和领导干部都不得让检察机关做违反法定职责、有碍司法公正的事情，任何检察机关都不得执行党政机关和领导干部违法干预司法活动的要求"，而且要建立"记录、通报、追责"制度。对于新一轮的司法改革，中共中央全面深化改革领导小组第三

---

① 龙宗智：《理性对待检察改革》，载《人民检察》2012年第5期。
② 万春：《论构建有中国特色的司法独立制度》，载《法学家》2002年第3期。

次会议审议通过《关于司法体制改革试点若干问题的框架意见》和《上海市司法改革试点工作方案》，提出"完善司法人员分类管理、完善司法责任制、健全司法人员职业保障、推动省以下地方法院、检察院人财物统一管理"，并决定这四项改革首先在上海、广东、重庆、吉林、湖北和山西等6个省市进行试点，目前这6个省市已经制定并实施相应的改革实施方案，为全面推进司法改革积累经验。上述关于改革和完善我国检察机关领导体制的规定及试点，就是要去除影响我国司法公信力的两大顽疾：司法地方化和司法行政化。就检察系统而言，当前最重要的是建构检察机关"检察人员分类管理、司法责任、检察官职业保障、省以下人财物统管"等四项主要制度改革，探索破解独立行使检察权之难题。

1. 加强上级检察机关对下级检察机关的业务管理权

为加强上级检察机关对下级检察机关的业务管理，最高人民检察院先后制定和出台了一些办法。1999年最高人民检察院印发的《检察工作五年发展规划》中，明确提出要健全上级检察院对下级检察院的领导体制，并陆续在高检院、各省级检察院建立了职务犯罪侦查指挥中心；2000年起建立了下级检察院向上级检察院请示报告制度，并完善了上级检察院对重大案件的交办、提办、参办、督办制度；2005年，最高人民检察院在《关于进一步加强公诉工作强化法律监督的意见》中提出，下级人民检察院对上级人民检察院的决定，必须坚决执行[1]；2007年又在《关于加强上级人民检察院对下级人民检察院工作领导的意见》中规定，上级检察院作出的决定，下级检察院必须执行，不得擅自改变、故意拖延或者拒不执行。上级检察院发现下级检察院相关决定、活动、文件有违反相关法律规定的，应及时向下级检察院提出纠正意见或指令撤销，下级检察院如认为上级检察院的决定有错误，应在执行的同时向上级检察院报告。[2]

上述检察改革在强化检察机关上下级领导关系方面取得了一定成效，应当在修改《人民检察院组织法》时进一步得到确认、细化和补充，可将现行《人民检察院组织法》第10条第2款关于"最高人民检察院领导地方各级人民检察院和专门人民检察院的工作，上级人民检察院领导下级人民检察院的工作"条款修改为："最高人民检察院领导地方各级人民检察院和专门人民检察院的工作，上级人民检察院领导下级人民检察院的工作。最高人民检察院的决

---

[1] 该资料参见 http://www.law-lib.com/law/law_view.asp?id=106256，法律图书馆。

[2] 该资料参见 http://www.law-lib.com/law/lawml.asp，法律图书馆。

定,地方各级人民检察院和专门人民检察院必须执行;上级人民检察院的决定,下级人民检察院必须执行。最高人民检察院可以变更或者撤销地方各级人民检察院和专门人民检察院的决定;上级人民检察院可以变更或者撤销下级人民检察院的决定。上级人民检察院在必要的时候,可以处理下级人民检察院管辖的案件,上级人民检察院可以指定下级人民检察院将案件移送其他下级人民检察院办理。"

2. 加强上级检察机关对下级检察机关的人事管理权

"从历史经验和实践中能够看到,'领导'包含着人、财、物等方面的内容,其中'用人权'是'领导'的着力点。"[①] 在检察机关人事管理权限方面,要在坚持党管干部的原则和符合宪法有关人大制度基本规定的前提下,通过立法规范各级党委和人大对检察机关的人事权限。在目前情况下,可采取以下措施:

(1) 明确干部管理权限。除省委管理本省一高、二高检察官,二高检察官助理,以及正副厅职(级)人员外,其他检察人员按照权限,由各级院实行分级分类管理。

(2) 设立检察官遴选委员会。省级院设立检察官遴选委员会,统一提出检察官拟任人选、检察官等级评定和晋升的建议。检察官遴选委员会由省委组织部、省委政法委、省人大、省院等单位代表,以及资深法官、资深检察官、人大代表、律师代表、法学学者代表等人员组成。遴选委员会设主任1名,由省院检察长担任。主任以外的其他委员实行任期制,每届任期3年,连续任职不能超过两届。

(3) 党内任免程序。根据干部管理权限,属于省委管理的检察官、检察官助理以及正副厅职(级)人员,由省院提出建议人选,报省委研究决定;拟作为市级院检察长人选的,应征求拟任地同级党委意见;拟作为省院班子成员的,应按现行双重管理办法征得高检院党组同意。

属于省院管理的检察官、检察官助理、书记员以及其他人员,由市级院或者省院政治部提出建议人选,报省院党组织研究决定;拟作为县级院检察长人选的,省院还应征求或委托市级院征求拟任地同级党委意见,并报省委组织部备案。

属于市级院管理的检察官助理、书记员以及其他人员,由县级院,或者市级院政治部提出建议人选,报市级院党组织研究决定。属于县级院管理的检察

---

① 邹绯箭、邵晖:《"检察一体"与中国上下级检察院组织关系构建》,载《中国刑事法杂志》2013年第8期。

官助理、书记员以及其他人员,由县级院政治部提出建议人选,报本院党组织研究决定。

(4) 法律任免程序。检察长人选确定后,由省委组织部将候选人名单通知市级或县级地方党委,由地方党委向本级人大推荐选举。检察长选举产生后,再由上一级院检察长提请同级人大常委会批准任免。副检察长、检察委员会委员、检察员人选确定后,由省院政治部将人选名单通知人选所在检察院,由本级院检察长提请同级人大常委会任免。

(5) 实行机构编制省级统一管理。省以下检察机关机构设置和政法专项编制由省院协助省机构编制主管部门统一管理。省院内设机构的设置、变更、撤销,由省机构编制主管部门审批,并报高检院备案;市级以下检察机关内设机构的设置、变更、撤销,由省院提出意见,报省机构编制主管部门审批。省院负责政法专项编制日常管理工作,在编制总额内,可以根据检察业务工作量、人口规模、经济发展状况、现有队伍素质等情况,提出跨层级、跨区域的编制调配使用意见,报省级机构编制主管部门审批。

相应地,要修改《人民检察院组织法》、《检察官法》,以法律的形式将此改革成果固定下来,做到有法可依。

3. 由中央财政保障检察机关的经费需求

新中国成立以来,检察机关领导体制之所以历经反复,一直未能真正实现独立行使检察权,主要原因之一是国家财政困难,检察机关在经费上受制于地方。要想彻底摆脱地方党政机关对检察机关不当干预,就必须将检察机关的经费预算从地方政府的财政预算中分离出来,由国家财政保障检察机关经费。当前我国的经济总量跃居世界第二位,中央和省级财政实力大大增强,已经具备检察机关经费不受同级政府制约的物质条件。根据2013年党的十八届三中全会提出"推动省以下地方检察院人财物统一管理"的改革思路,主要可行的办法有:

(1) 实行"财政保障、全额拨付、统一管理"的模式。明确检察经费来源只有财政一个渠道,所需经费应当全额拨付,经费收支按照预算级次,逐级汇总形成全省"大账",由省级院和财政部门共同管理。

(2) 保障范围全覆盖。除保障各级检察院外,对目前不享受转移支付资金的专门检察院以及派出检察院实行全额保障。对没有财政拨款但依法依规招用的辅助人员等,通过政府购买服务方式,全部纳入保障范围。

(3) 提高保障标准。为确保检察机关办公经费、办案经费和人员收入不低于现有水平,坚持经费保障向中西部地区、维稳任务重地区与经济困难地区倾斜。

（4）完善公用经费保障制度。以近3年实际支出平均值为参考，结合实际工作量、办案成本支出和干警人数，完善县级检察院公用经费保障标准，逐步制定省级和市级检察院公用经费保障标准。在省院本级预算中编制"中央专项办案经费"项目，统筹用于跨地域重大职务犯罪案件的侦查协作。

（5）实行分级预算管理。各地按照实际情况实行三级或二级预算管理。省级检察院为一级预算单位，分、州、市检察院为二级预算单位，县区检察院为基层预算单位。一级预算单位审核汇总二级预算单位和本级预、决算报省财政部门审核。

（6）扣押款物统一管理。省院开设专户，案款存入专户管理；实物由案管部门登记入库保管。省院可商财政部门将上缴国库的30%作为机动经费，用于全省处置突发事件、办理大案要案、维护公共安全等支出。

最终目标是检察机关的物资配备、办案经费及薪金待遇等经费开支单独列入国家财政预算；由检察机关自行编制独立的经费预算，报全国人大及其常委会审议，国务院统一将审定的款项拨付最高人民检察院，统一支配和管理，彻底切断检察机关与地方的财政关系。

4. 建立检察官办案负责制

有学者研究认为，我国检察机关是全世界最有司法权的检察机关，却是最不以司法方式办案的检察机关，至今仍在实行严格的三级行政审批制。所以，其显著弊端是"行政化过重、司法化不足"。无论是大陆法系国家，如德国，还是英美法系国家，办案检察官都有独立办案权。而且从法理上看，大陆法系的检察官办案的独立性相对而言还比较强。但我国虽然属于大陆法系国家，却没有建立检察官独立办案的工作机制。因此，本轮司法改革的核心问题就是要加强司法化，体现司法的亲历性、独立性、终结性。

（1）建立检察官负责制，确认检察官的相对独立性。所谓检察官负责制，就是检察官相对独立地办理案件，作出决定。其基本制度是承办负责制。核心内容"谁承办谁负责"。大陆法系检察官基本上都属于独任制官署，实行承办负责制，检察官的决定具有法律效力。我国的检察独立严格上讲是检察院独立，不是检察官独立，而且我国检察机关当前要重点解决过度行政化，要通过检察官办案责任制的改革，加强司法一线建设，否则基础不牢地动山摇。

（2）检察长要依法行使指挥权。检察长行使指挥权要受到法律的严格限制。我国台湾地区去年出的所谓"关说案"中，作为主角之一的"最高法院检察长"被弹劾、被免职，其理由就是滥用"检察长"指挥权。其实，他就向承办柯某某案的检察官打了个招呼。

（3）建立检察官职务的收取与转移制度。如果检察长与承办检察官意见不一致，检察官拒不执行检察长的意见，怎么办。这里，就有了职务收取与职务转移制度。检察长不能强令检察官怎么做，但可以收取该检察官的职务，把他的职务（任务）另派检察官来干。这就叫职务收取和职务转移。但是，检察长行使职务收取与职务转移职权，也需要接受法律的检验。一旦其合法性、正当性受到质疑，也将受到弹劾。

5. 建立检察官职业保障机制

司法体制改革的重心是司法责任制。检察权独立行使，检察官独立办案，如果在职业保障、福利待遇、地位荣誉等方面没有相应的保障机制，那改革很难取得成效。

（1）职业身份保障。一是建立检察官专业职务序列，作为确定检察官待遇的主要依据。二是建立检察官职务法定制度，非因法定事由并经法定程序不被免职、撤职和调离，不得要求提前离岗离职。三是建立检察官职务行为豁免制度，检察官依法履行职务的行为不受指控和法律追究，未经其法律职务任命机构批准，不受拘留和逮捕。四是建立检察官人身保护制度，从严惩处报复袭击、诽谤陷害检察官的违法犯罪活动，检察官及其家庭成员人身及财产安全因执法办案受到威胁时，可以要求司法警察予以保护。

（2）经济待遇保障。一是实行检察官单独工资制度，检察官工资全国统一，津补贴省内统一，任检察官满15年的，年资津贴按150%领取，任检察官满20年的，年资津贴按200%领取。二是建立检察官廉政保证金制度，单位和个人各按上一年度本省检察官年均收入的10%缴纳，如无不廉洁行为或者犯罪行为，检察官退休或者在岗死亡时本息一次性发放。三是建立检察官意外伤害保险及补充医疗保险。意外伤害保险所需资金由国家承担，与抚恤优待制度并行。补充医疗保险的范围为医保范围之外的疾病险种及报销比例。四是建立检察官住房保障机制和检察官困难救助制度，参照《人民警察抚恤优待办法》确定的抚恤标准，制定《检察官抚恤优待办法》，将检察官因公牺牲特别补助金和慰问金制度合并纳入。

（3）功勋荣誉。设立检察官功勋荣誉制度，对从事检察工作满30年的，颁发检察官功勋证书和功勋证章；满25年的，颁发检察官荣誉证书和荣誉证章。连选、交流到检察机关担任检察官的，此前的法律工作经历视同检察工作经历。国家对荣获证书和证章的退休检察官给予一定优待。

三、结语

改革和完善检察机关领导体制涉及的关系错综复杂，不仅面临与地方利益抗衡的困难，还要全面考虑相关法律规定及我国政治与经济体制改革等诸多因素。改革必然意味着权力的重新配置，检察机关领导体制改革的"去地方化、去行政化"，最终目的是实现检察机关公正、独立地行使检察权，以维护社会的公平与正义，因此，改革的结果必须保证无论把权力交给谁，都不能让握有权力者以各种各样的形式干预司法。"法治是治国理政的基本方式。"关于检察机关领导体制的改革当前已经提到国家政治体制改革和全国人大立法的议事日程，检察理论研究者和实务工作者的职责就是从理论和实务两方面进行全面、深入的研究和总结，为改革和完善检察机关领导体制、为破独立行使检察权做好充分的前期准备工作。

试论检察机关的权力设置

傅君佳*

党的十八大以来,以习近平同志为总书记的党中央从推进政治体制改革、实现国家治理体系和治理能力现代化的高度,擘画出司法体制改革的宏伟蓝图,加快建设公正高效权威的社会主义司法制度,推动了新一轮司法体制改革大潮的风起云涌。回望改革历程,从顶层设计到基层试点,从健全司法权力运行机制到合理配置司法职权,从提高司法透明度到加大人权司法保障力度,一系列举措让人民群众在每一起司法案件中都感受到公平正义。作为司法权的重要组成部分,检察权在保障社会和谐稳定、促进经济发展上显示出重要价值。在新形势下,如何准确定位检察权,如何合理配置检察权,建立科学合理的检察权运行模式,既是当前检察改革的一项重要课题,又直接影响着司法体制改革的目标和方向。因此,要深化检察体制改革,就必须合理界定和优化配置检察机关内部权力体系,从而保证检察职权的有效运行。本文试就如下几个方面进行探索。

一、检察职权的基本内容

我国《宪法》、《人民检察院组织法》、《刑事诉讼法》都明确规定了我国检察机关的性质是国家的法律监督机关。《宪法》第129条规定:"中华人民共和国人民检察院是国家的法律监督机关",从立法上确定了检察机关的性质。《人民检察院组织法》第5条规定:"各级人民检察院行使下列职权:(一)对于叛国案、分裂国家案以及严重破坏国家的政策、法律、法令、政令统一实施的重大犯罪案件,行使检察权。(二)对于直接受理的刑事案件,进行侦查。(三)对于公安机关侦查的案件,进行审查,决定是否逮捕、起诉或者免予起诉;对于公安机关的侦查活动是否合法,实行监督。(四)对于刑事案件提起公诉,支持公诉;对于人民法院的审判活动是否合法,实行监督。

---

* 作者简介:傅君佳,河北省保定市人民检察院党组书记、检察长。

(五) 对于刑事案件判决、裁定的执行和监狱、看守所、劳动改造机关的活动是否合法，实行监督。"《刑事诉讼法》第3条规定，检察、批准逮捕、检察机关直接受理的案件的侦查、提起公诉，由人民检察院负责。由此可见，我国的检察权可以基本概括为"三元论"，即公诉权、侦查权和法律监督权，分别发挥控诉职能、侦查职能和诉讼监督职能。公诉权是法律赋予检察机关在刑事诉讼中代表国家提起公诉、追究犯罪的专有权力，是检察权的重要组成部分。公诉权包含审查起诉权、决定起诉权、不起诉权、提起公诉权、支持公诉权、变更诉讼权、撤回起诉权等。侦查权是对公务人员实施的一种刑事强制监督，是法律赋予检察机关对国家机关工作人员贪污受贿、渎职侵权等犯罪事实进行调查取证的权力。诉讼监督权是通过审查批准逮捕、审查提起公诉、民事行政诉讼监督、刑罚执行和监管活动的监督来保证案件的审判质量，是维护司法公正的重要形式。公诉权、侦查权、诉讼监督权都属于检察权的行使方式，都是法律赋予检察机关进行监督的有效手段。

二、检察职权的法律定位

(一) 检察职权的发展历程

我国《宪法》第129条和《人民检察院组织法》第1条规定："中华人民共和国人民检察院是国家的法律监督机关。"这既是对检察权的法律定位，也是检察职权配置的法律依据。

1. 法律监督是检察职权的内在品质。纵观检察权产生和发展的历史，由此可知，检察权始终以"监督"为本源和前提。不论是最早建立检察制度的英美法系的英国还是大陆法系的法国，乃至第一个社会主义法系的苏联，概莫能外。而且，随着检察制度的发展，法律监督的职权越来越得到扩展并强化。在我国这样一个多元法律渊源并存且处于重要转型期的社会，如何走出一条具有中国特色的法律监督之路显得尤为重要。

2. 法律监督是法律实施的现实需要。不论国家的国体和政体有何不同，从国家权力构成的设计来看，都旨在使立法权、行政权和司法权在法律框架下有机结合、协调运转。为了保障国家法律的统一实施，就必须对权力和法律运行的情况实行监督和制约，我国的法律监督制度正是适应这些需要应运而生的。

3. 法律监督是宪法要求的表现形式。近现代国家制度的结构形式表明，国家制度对人民主权的表现形式有分权制和授权制两种形式。我国采用的是授权制形式，最高国家权力机关为了保障国家权力的高效运行，可以依据宪法将一些职能授权其他部门行使，检察权所具有的法律监督职能就是这种授权的结果。从这个意义上说，检察权是国家权力中监督职能的延伸和分离。

（二）检察职权的历史回顾

新中国成立后建立了检察机关，新中国成立初期，虽然没有明确规定检察机关是国家的法律监督机关，但从赋予检察机关所行使的职权可以看出，始终是按照"法律监督机关"的职能来建设的。1949年《中央人民政府组织法》第28条规定："最高人民检察署对政府机关、公务人员和全国国民之严格遵守法律负最高的检察责任。"1954年《宪法》第81条规定："中华人民共和国最高人民检察院对于国务院所属各部门、地方各级国家机关、国家机关工作人员和公民是否遵守法律，行使检察权。地方各级人民检察院和专门人民检察院，依照法律规定的范围行使检察权。"上述规定，都体现了检察机关的法律监督性质。从1957年到1976年"文革"结束，我国检察机关遭受重创，使检察制度的发展出现中断。1976年以后，检察机关开展了恢复重建工作。1979年《人民检察院组织法》第一次以法律的形式明确规定了检察机关的法律监督性质。第1条规定："人民检察院是国家的法律监督机关"，第5条规定了检察机关行使的具体职权。该规定分别由1979年和1996年《刑事诉讼法》相继确认并作出相应调整。1982年《宪法》第129条再次明确"中华人民共和国检察院是国家的法律监督机关"属性和地位。1982年《民事诉讼法》和1989年《行政诉讼法》分别赋予检察机关对民事审判和行政审判进行监督的权力。1998年最高人民检察院《关于重新确定监所检察部门办案范围的通知》，明确监所部门对四类案件具有侦查权。2004年最高人民检察院《关于调整人民检察院直接受理案件侦查分工的通知》又将发生在监管场所的贪污贿赂、渎职侵权案件的侦查权赋予监所部门，并明确民行检察部门可以开展审判人员职务犯罪的侦查工作。为了实现检察机关的法律监督职能，检察机关的职权范围虽有不同程度的变化，但基本上是以检察机关的法律监督的性质加以健全和完善的。

（三）检察职权的性质定位

检察权是一项独立的国家权力，是由国家最高权力机关授权产生的制衡权，明确检察权的法律定位对于检察体制改革的目标和方向显得尤为关键。

1. 从配置来看，检察权是一项独立的国家权力。在中国特色的检察制度下，检察权有其自身的特殊性。人民代表大会制度是我国的根本政治制度，人民代表大会统一行使国家权力。在这个前提下，明确划分国家的行政权、审判权、检察权。这样，既能使我国的行政机关、审判机关、检察机关不能脱离人民代表大会或违背人民代表大会的意志而进行活动，又能按照"分工负责、相互制约"的原则,使各个国家机关在法律规定的职权范围内独立行使职权,形成一个统一整体,使检察权真正成为隶属于国家最高权力下的一项独立权力。

2. 从内涵来看,检察权具有法律监督的性质。我国《人民检察院组织法》第4条规定:"人民检察院通过行使检察权,镇压一切叛国的、分裂国家的和其他反革命活动,打击反革命分子和其他犯罪分子,维护国家的统一,维护无产阶级专政制度,维护社会主义法制,维护社会秩序、生产秩序、工作秩序、教学科研秩序和人民群众生活秩序,保护社会主义的全民所有的财产和劳动群众集体所有的财产,保护公民私人所有的合法财产,保护公民的人身权利、民主权利和其他权利,保卫社会主义现代化建设的顺利进行。"因此,检察权在国家法治建设中具有其他国家权力无法替代的作用,即监督一切严重违反法律的行为、保障宪法和法律的统一正确实施。

3. 从要旨来看,检察权保证国家法律的有效实施。检察权是代表国家独立行使法律监督的权力,其是否正确行使,与国家的威望直接相关,与社会的稳定直接相关,与群众的利益直接相关,与公众的评价直接相关。在国家权力结构中独立设置一个检察机关,既不是与行政机关分享行政权,也不是与审判机关分享审判权,其最根本的价值在于通过行使检察权来监督行政机关、审判机关切实执行法律,并教育、监督人民群众和其他社会组织严格遵守法律,以保障国家法律的统一正确实施。

三、检察职权的现状分析

党的十八大报告提出:"进一步深化司法体制改革,坚持和完善中国特色社会主义司法制度,确保审判机关、检察机关依法独立公正行使审判权、检察权。"这一要求,充分体现了司法在中国特色社会主义事业中的独特地位,更加强调了司法机关依法独立公正行使职权的重要意义。我国正处于社会转型期,各种利益冲突日益增多,各种社会矛盾复杂多变,触点多、燃点低,处理不好极易引发严重的社会问题。因此,切实保证司法权依法独立公正行使,维护司法公信力和权威性,对于推进国家法治建设进程、促进社会和谐稳定意义重大。司法职权配置的科学、合理与否,是检验司法体制改革是否深化的重要尺度,是司法行为能否得到依法、有效实施的前提条件,关涉公正高效权威的社会主义司法制度的真正建立。当前,我国检察权配置基本上涵盖了宪法和法律赋予的检察权内容,在一定历史时期、在当时特定的经济社会条件下,充分发挥了检察制度所具有的功能与作用。然而,随着社会经济的发展和人民群众对检察机关要求的提高,基于现有检察职权配置,出现了一些不相适应的状况，具体表现如下：

（一）权力划分过细，导致法律监督职能整体弱化

检察机关的法律监督职权涵盖了公诉权、侦查权、诉讼监督权三大层面，检察机关的内部职能部门应主要依据法律监督的任务进行配置。内部职权分解过细，容易引起职能重叠和冲突，造成工作推诿扯皮，致使检察机关执法公信力和社会亲和力降低。如公诉部门与侦监部门分立导致刑事案件存在重复审查的问题，并有可能出现侦监部门和公诉部门在案件判断上的矛盾，甚至导致刑事赔偿案件的发生。反贪和反渎部门分设造成侦查资源分散，侦查效率降低，且贪污贿赂犯罪和渎职犯罪均属职务犯罪，二者往往相互交织难以界分，两部门分设违背了职务犯罪的侦查规律。民事行政检察部门在实施民事行政案件的诉讼监督时，由于没有配置侦查权，不能对民事行政案件诉讼中的枉法裁判及玩忽职守等职务犯罪及时发现和进行查处，这种诉讼监督显然会大打折扣。

（二）行政色彩浓厚，桎梏了检察官的履职能力

1. 检察官办案缺乏独立性。从权力层级上来看，检察长是检察职权的集权者和代表人，其他检察官的履职行为均来自其授权。此外，检察官须接受分管副检察长、科（处）长的直接领导，他们可以否决检察官的办案意见，也可以通过集体讨论的途径决定检察事务，然后报检察长批准。这种管理方式有悖于检察权的司法属性和检察业务本身的客观要求，在此种情况下，检察官很难发挥主观能动性，积极开展工作。

2. 检委会权力配置不协调。我国立法赋予检察长对检委会强大的制约权，即提请人事任免权、会议当然主持权和最后排众请示权。这在一定程度上造就了检察长主导并实际凌驾于检委会之上，破坏了检委会实行民主集中制的法定原则，也使其他检察委员会委员表决意见受到体制性的抑制。

（三）职权配置不科学，导致诉讼监督职能分散

检察机关的法律监督地位在一定程度上是通过诉讼监督权来实现的，监所检察部门专门承担刑罚执行监督职责，属于专门诉讼监督部门。此外，检察机关未能设立其他专门的诉讼监督部门，使得诉讼监督职权在配置和行使上呈现分散状态。侦查监督权分别由审查批捕部门、审查起诉部门、监所检察部门承担；审判监督权和刑罚执行监督分别由监所部门和审查起诉部门承担；立案监督权由审查批捕部门和控告申诉部门承担。同时，这些监督职能也并非唯一的职能。在这种分散状态下，检察机关的诉讼监督职能成为相关业务部门的附属职权。这种诉讼监督职能的分散状态和辅助性质，直接影响着检察机关的法律监督地位。

（四）管理模式不合理，制约了检察权的深化改革

检察权受制于行政权的现象比较严重，我国的检察官被纳入了国家公务员管理，其录用、考核、晋升、奖惩、任免和其他公务员的管理基本一致。检察机关内设机构的设置和职位控制，由有关行政机关决定而不能由上级检察机关决定，检察机关核定的编制数、财政拨付经费、人员准入情况等一般性标准不是由立法机关管辖而是受制于政府机关直接控制。这种受制于行政机关的状况，导致检察机关的内部管理不得不由行政机关的指挥棒来决定，不得不按照国家公务员的有关规定对检察人员进行管理。这种行政化的社会观念和管理模式，使优化检察职权配置的构想难以实现，影响和制约了检察机关司法体制改革的进程。

四、检察职权的优化配置

检察权的优化配置，是检察改革的核心问题，是推进我国检察权自身可持续发展的必然选择。科学配置检察权，需要以现行的遮盖政治体制和制度框架为基础，遵循司法运行规律，考量检察工作发展的现实需要，从而更好地推动我国检察改革的深入进行。

（一）检察职权优化配置的基本目标

检察机关是国家的法律监督机关，这是宪法规定的检察机关的地位，具有现实合理性。一方面，我国实行的是人民代表大会制度，检察机关是由国家权力机关产生，对其负责，受其监督。法律监督权在国家权力框架结构中，与其他权力的地位一样，独立于国家权力序列。另一方面，在我国的监督体系中，检察机关是一种专门监督，它通过公诉权、侦查权和法律监督权的行使，在维护法治统一、防止司法腐败等方面起到了不可替代的作用，体现出了较大的优越性。由此可见，坚持和巩固检察机关的宪法地位，增强法律监督权威，是检察改革必须遵循的核心原则和基本目标。

（二）检察职权优化配置的基本原则

要保证法律规定的各项检察职权都能够得到公正高效的行使，必须坚持优化检察权内部配置的原则。优化检察职权配置，是推进司法体制改革的重要内容，也是建设公正高效权威的社会主义司法制度的重要途径。必须遵循如下基本原则：

1. 依法配置原则。法治是现代国家权力设置的基本准则，它要求任何国家权力的设立、运行都要依法进行。因此，必须根据各项检察职权的法律特性、价值目标和运行特征，将整体的检察职权进行合理的分解，并将具有相同

法律属性、价值目标和运行特征的检察职权归为一类，设置相对应的内部机构行使具有同一法律属性和特征的检察职权。

2. 诉讼规律原则。检察机关是诉讼活动的重要主体，我国法律赋予检察机关的各项职权也主要是诉讼职权，因而在分解和配置检察职权时，就必须按照诉讼规律的要求进行。如果检察机关在内设机构改革中不顾诉讼规律的要求，随意对内设机构进行合并或分立，尽管会取得某一方面的效果，但会因为违反诉讼规律而带来潜在的影响，不利于检察机关长远发展。

3. 分工协作原则。内设机构只能承担或行使一项检察职权，检察职权分解后必须得到分离，由不同的内设机构行使。只有不同的检察职权由专门的内设机构来行使，各项检察职权才能得到真正的分离，这样一个内设机构就只能承担或行使一项检察职权。只有如此，才能保证检察职权得到合理分解，使内设机构之间互相配合、互相监督、互相制约，有效保证各项检察职权的公正合理行使。

4. 公正效率原则。公正与效率是一个古老又基本的问题，作为一种公共资源，检察职权内部配置，既要讲求司法效率，也要保证权力公正。司法效率旨在解决司法资源如何配置的问题，就是最大限度地节约和有效利用司法资源，并获得最大的司法效益。在检察机关内部，配置检察职权，必须根据权力不同的属性和功能，既要使权力充分行使，又要实现不同权力之间的制约，使检察权本身成为一个内部运转协调、动态平衡的整体。

(三) 检察职权优化配置的具体措施

检察职权配置以检察人员分类管理为基础，以检察长和检察委员会为统领，以主任检察官办案组织为中心，坚持检察业务与检察事务相分离、审查职能与监督职能相分离的办案模式，保证检察职权的合理配置和有效运行。

1. 强化检察官办案独立，确保检察职权的有效运行。推行主任检察官独立行使检察职权的工作机制，成立主任检察官办案组织，赋予主任检察官独立行使检察权，如刑事案件的起诉权、调查权、追诉权等，保障主任检察官真正做到独立思考、自主办案，客观公正履行检察职能。构建主任检察官和检察长两级审批为主的运行模式，凡是检察长授权范围履行检察权的，主任检察官办案组织可以直接行使检察权，不需要再得到检察长的审批。凡属于检察长职权范围审批事项的，由主任检察官报检察长批准，同时，明确主任检察官的责任，主任检察官对所办案件的认定事实和适用法律负责，检察长主要承担对案件程序性审查，仅对适用法律承担领导责任。检察长意见与主任检察官意见不一致的，检察长可以自行决定或提请检察委员会讨论，检察长自行决定的，主任检察官应当服从，责任由检察长承担。

2. 更新检察权运行理念，遵循检察职权的司法规律。研究检察基础理论，通过深入系统的调查和理论研究，创立一套科学的、符合国情的检察制度理论，以此引导我国检察权的定位和检察职权的配置。完善有关检察权定位和职权配置的立法，抓紧解决现行法律中检察权的法律定位与检察职权的配置不匹配的问题。尊重司法规律，依法配置检察职权，树立按照司法规律配置检察职权、按照司法规律管理检察人员、按照司法规律履行检察职能的理念，保证检察职权按照公正高效的要求来运行。检察职权的配置是国家整体司法体制改革的组成部分，应把检察职权的配置纳入司法体制改革的总体方案之中，充分征集人民群众和社会各界的意见和建议，形成人民群众广泛参与司法体制改革的良好氛围，不断提高检察机关执法公信力。同时，加大检察人员职业化培训力度，努力营造有办案能力的人员脱颖而出的软环境，为实现检察职权的优化配置和高效运作奠定坚实基础。

3. 有效整合检察资源，确保检察职权的合理配置。坚持以检察业务办案为中心，紧紧围绕检察职权的行使，将体现业务属性的内设机构设置为三大部门，即职务案件侦查局、公诉局和法律监督局，将统筹检察业务工作体现案件指导、决策、管理职能的内设机构设置为案件管理中心，其他综合性服务及行政事务管理的内设机构设置为办公室，建立五大部门内设机构，保障检察职权的科学有效运行。职务犯罪侦查局包含原反贪污贿赂局、反渎职侵权局、职务犯罪预防局的职能。审查逮捕公诉局包含原侦查监督科、公诉科以及未检科的审查逮捕、审查起诉职能。法律监督局主要是刑事诉讼监督，民事、行政诉讼监督，包含原侦查监督科、公诉科刑事侦查监督、刑事审判监督、监所科、民行科职能。案件管理中心主要是履行案件受理、管理、统计、疑难复杂案件决策、申诉、赔偿案件的办理以及警力保障和技术服务，包括原控告申诉科、案件管理中心、法律政策研究室、法警大队、技术科职能。办公室主要履行人、财、物的管理和监督，包括原办公室、政治处、计财装备科、后勤服务中心、纪检监察科等行政管理职能，全面负责后勤保证工作。

4. 改革行政化管理模式，建立检察特色的管理制度。检察机关工作人员的录用应当由检察机关按照最高检察机关规定的条件和程序自行决定，而不应当由行政机关来为检察机关选拔和录用人员。国家应当设立区别于行政等级的检察人员工资福利序列，而不应当完全套用公务员的工资福利标准。检察官的等级、职责权限、工资福利，应当按照从事检察工作的资历和水平，由检察部门独立决定，而不应当完全按照行政级别由行政机关或行政管理部门来确定。检察机关的人员应当按照法律赋予检察机关的职权及其实际需要进行分类，明确规定不同岗位的职责权限，形成职权之间的监督制约机制，而不应当完全按照行政管理的模式进行上下级单向式的领导。对检察机关和检察人员的考评更应当符合司法工作的实际，有利于激励、培养、造就和使用高素质专业化检察队伍。

完善检察监督程序的几点思考

王国宏*

《人民检察院组织法》（以下简称《组织法》）是规定检察机关法律监督机构、职能和程序的一部重要法律，对相关部门法具体规定检察监督职能和程序发挥着提纲挈领的作用。现行《组织法》是在对 1954 年《组织法》修改、完善基础上，于 1979 年制定通过的，后于 1983 年、1986 年对个别条文进行两次修正。根据目前的实际情况，我国正在开展对《组织法》的又一次修改工作。笔者认为，在《组织法》的本次修改中，健全、完善检察机关法律监督程序应该成为其一项重要的内容。

一、完善检察机关法律监督程序的重要意义

现行《组织法》全篇共三章，在第二章规定了"人民检察院行使职权的程序"，将检察机关的法律监督程序以专章的形式规定于总则之后，凸显了法律监督程序对于检察机关履行法律监督职能的重要性。随着党和国家全面推进依法治国战略的深入贯彻实施，以及检察事业的科学发展，进一步完善《组织法》中的检察监督程序就成为本次修改工作的当务之急。

（一）现行《组织法》对检察机关法律监督程序的规定已严重落后于法治实践，亟须跟上时代发展的步伐

囿于当时的政治环境、司法实践和人权意识的局限，现行《组织法》第二章"人民检察院行使职权的程序"仅规定了 9 条，而且全部属于刑事诉讼范畴，没有涉及民事、行政诉讼领域的监督。检察机关恢复重建 30 多年来，伴随着我国《宪法》、《刑法》、《刑事诉讼法》、《民事诉讼法》、《行政诉讼法》等法律的多次修改和司法体制改革的逐步深入，检察机关的法律监督职能和范围不断扩大，监督手段更加多样化。相比之下，《组织法》在检察监督程序方面的规定已经严重滞后于相关部门法和司法实践，不能适应我国法治建

---

* 作者简介：王国宏，山西省人民检察院党组成员、副检察长。

设和检察工作发展的需要。因此,应当尽快全面修改《组织法》中关于检察机关法律监督程序的规定,使其与上述各重要部门法规定的内容统一起来,将司法体制改革的成果体现出来。

(二)检察机关充分发挥宪法赋予的法律监督职能,必须以完善的程序法律作为保障

我国宪法规定,人民检察院是国家的法律监督机关,这是由我国人民民主专政的国体和人民代表大会制度的政体决定的。法律监督职责是宪法对检察机关性质的准确定位,也是我国检察制度的主要标志。因此,坚持检察机关的宪法定位,是开展检察工作的逻辑起点,更是完善检察监督职能的逻辑起点。但是,要确保依法、有效行使检察监督权,使宪法赋予检察机关的法律监督职能落实到位,必须以法律规定的具体程序作为手段和保障。现行《组织法》主要规定了检察机关在刑事诉讼中的部分监督职能和程序,缺乏对民事诉讼、行政诉讼和行政违法行为进行监督的程序法律规定,难以适应新形势下全面履行检察监督职责的需要。在本次《组织法》的修改工作中,除了吸收相关重要部门法对于检察机关法律监督程序的规定外,尤其要注意对这些规定中的不足予以完善,特别要注意依据《中共中央关于全面推进依法治国若干重大问题的决定》(以下简称《决定》)的有关要求,对检察机关监督行政机关"违法行使职权或者不行使职权的行为"的程序予以明确的规定。

(三)不断提升检察机关的社会公信力,需要通过科学、完善的监督程序予以体现

"正义不仅要实现,而且要以看得见的方式实现。"① 随着法治文明的进步,程序的独立价值日益凸显,"先实体后程序","重实体轻程序"的观念已经逐渐被"实体与程序并重",甚至"程序先于实体"的观念取代。例如,2012年修订的《刑事诉讼法》规定,因事实不清或者证据不足而发回重审的,以一次为限,但因程序违法而发回重审的,则不受次数的限制,反映出以程序正义保障实体公正的司法规律和价值追求。检察机关履行法律监督职责的目的是监督公权的依法行使,实现人权的法律保障,从而确保法律的正确、统一实施和社会的公平正义,如果缺乏完善的程序法律规定,检察机关的监督行为则无法可依,极易导致监督乏力或者监督权力滥用,进而影响检察机关的社会公信力。正如有学者指出,"在作决定的过程中遵循法律的正当程序,将有助于程序参与者和社会公众从心理上承认决定的公正性和合理性,从而对决定产生

---

① [英]丹宁勋爵:《法律的正当程序》,法律出版社2015年版。

信服和满意,这种状态最有利于国家法律的实施"。① 因此,修改完善《组织法》中检察机关法律监督程序的规定,是尊重程序的独立价值,遵循诉讼规律,提升检察机关社会公信力,确保检察机关取得法律监督良好社会效果的必然要求。

(四) 全面推进依法治国,应当构建科学完善的检察机关法律监督程序

党的十八届四中全会作出的《决定》,提出了全面推进依法治国,实现建设中国特色社会主义法治体系,建设社会主义法治国家的总的目标。为此,进一步明确提出了形成严密的法治监督体系,实现科学立法、严格执法、公正司法、全面守法,并且特别强调努力形成科学有效的对行政权力运行的制约和监督体系。要确保上述一系列重要要求在实践中得以贯彻落实,加快构建科学完善的检察机关的法律监督程序,以充分发挥检察机关的监督职能作用,是一项非常重要且行之有效的措施。由此可见,应当借《组织法》本次修改的重大契机,努力使检察机关的法律监督程序在科学完善的体系建设方面得到明显的进步和发展。

二、目前检察监督程序中存在的主要问题

目前,我国的有关法律、法规、司法解释在规定检察机关的法律监督程序方面存在着许多不足和短板,从而直接导致检察监督权在刑事、民事、行政诉讼等方面的实践中发挥的作用不均衡,在实际效果方面也大打折扣。

(一) 模式不统一

从现行相关法律的规定来看,对检察机关法律监督程序的规定有两种模式。一种是《刑事诉讼法》规定的检察机关对刑事诉讼的监督,属于"内部式"或者"当事人式"的监督模式,即检察机关作为审查批准逮捕和审查起诉机关,直接参与刑事诉讼的整个过程,对公安机关的侦查活动、法院的审判活动和司法行政机关的刑罚执行活动进行监督。实践证明,这种直接、深入、全面参与刑事诉讼活动整个过程的监督模式更有利于检察监督作用的发挥。而另一种监督,即检察机关对民事诉讼和行政诉讼的监督模式则不然。根据《民事诉讼法》和《行政诉讼法》的有关规定,检察机关可以对已经发生法律效力的判决、裁定、调解书等和发现的其他问题,通过提起抗诉或者发送再审检察建议等方式进行监督。这种监督属于"外部式"或者"旁观者式"的监

---

① 夏勇主编:《法理讲义——关于法律的道理和学问(下)》,北京大学出版社2010年版,第605页。

督模式,与刑事诉讼监督模式相比,不仅监督范围和手段有限,而且属于事后的不能直接进入诉讼活动内部的监督,监督效力明显不利于检察监督作用的充分发挥。

(二) 体系不完善

1. 缺乏对行政执法行为的监督程序规定。根据我国宪法的规定,我国在人民代表大会之下设立了行政机关、审判机关和检察机关,分别行使行政权、审判权和检察权。现行相关法律比较全面地规定了检察机关对审判权进行监督的权力和程序,但是没有对行政权进行检察监督的职权和程序作出规定,从而导致了检察机关在履行宪法赋予的法律监督职能上的残缺和片面。

最应该赋予检察机关对行政权行使监督的职能。与其他监督机关相比较,检察机关作为专门的法律监督机关,是就个案或具体行政行为进行监督,具有专门性、直接性特点,而且"检察监督比行政机关的内部监督更具中立性,也更具程序性,体现为检察权的行使必须依照法定的程序进行"。[①] 因此,未建立检察机关对行政执法行为的法律监督制度,是立法工作中存在的一个重大缺陷。

2. 对于监督的问题没有建立层次体系。现行相关法律和近年来发布的司法改革文件增加了技术侦查、调阅审判卷宗、侦查卷宗和行政执法机关案卷材料、调查核实违法事实和建议更换办案人、民事诉讼中检察机关的调查核实权和纠正违法通知等监督措施和手段,丰富了检察监督手段及程序。但存在的一个突出问题是监督体系杂乱无序,表现为对于同一个问题或者不同的问题,可以采取口头的或者书面的、机关的或者个体的、正式的或者非正式的监督程序和手段,使这些监督的程序和措施相互混淆、交叉在一起,没有形成一个轻重有序,针对不同程度的问题采取相应的监督程序和方式的层次体系。

以侦查监督为例,针对侦查人员的违法行为,检察人员既可以口头提醒,也可以发出检察建议、纠正违法通知书,甚至建议更换办案人,针对何种情况应该依法采用何种监督方式,法律没有作出明确规定,实践中的做法也不统一。至于接受监督的部门对待检察监督的态度更是五花八门。以检察建议为例,有的单位十分重视,甚至作为干部调整时的重要考量因素;个别单位则根本不予理会,检察建议成为一纸空文。

(三) 程序不科学

1. 监督手段匮乏。近年来,虽然相关法律增加了检察监督手段,但是相

[①] 韩大元、刘松山:《我国检察机关的宪法地位》,载《中国人民大学学报》2002年第5期。

对于检察监督的范围和有待解决问题的实际需要，现有的监督手段仍显匮乏。以修订的《民事诉讼法》和《行政诉讼法》为例，对已经发生法律效力的判决、裁定、调解书，在符合一定条件的情况下，检察机关只能提出抗诉或者检察建议；对审判监督程序以外的其他审判程序中审判人员的违法行为，检察机关只能发出检察建议，除此之外，再无其他监督途径和手段。可以说，监督手段的匮乏也是导致检察机关在民行领域的监督缺乏社会公信力的重要原因。

2. 监督措施缺乏刚性。实践中，相当一部分监督措施因缺乏法律程序的刚性保障，导致难以取得监督的应有效果。以刑事立案监督为例，按照《刑事诉讼法》的规定，人民检察院认为公安机关不立案理由不能成立的，应当通知公安机关立案，公安机关接到通知后应当立案。实践中，公安机关对于检察机关的立案通知，形式上都会遵照执行。然而，立案后不积极侦查，即"立而不侦"，或者不及时结案，即"侦而不结"的情况偶有发生。对此，检察机关无论是发送案件催办函，还是检察建议，甚至是建议更换办案人，都无法从根本上解决问题，检察监督缺乏刚性。

3. 监督手段缺乏可操作性。一些监督手段缺乏从始至终的完整程序规定，即仅有启动程序而没有终结程序，导致实践中缺乏可操作性。例如，《组织法》第13条第2款规定，"人民检察院发现公安机关的侦查活动有违法情况时，应当通知公安机关予以纠正"。对此，是以口头形式还是以书面形式通知，《组织法》没有规定。另外，经通知，公安机关仍不纠正的，检察机关如何应对，也没有进一步规定。这种有始无终，缺乏可操作性的监督程序规定在诉讼法中也存在，导致检察机关在履行监督职责时缺乏统一、明确遵循。另外，部分监督手段与当前的司法实践脱节，同样导致在适用过程中缺乏可操作性。

4. 监督手段缺乏和谐性。法律规定的内容之间应当具有和谐性，即不存在条文上的前后矛盾和实际适用过程中的无所适从。以民事抗诉和民事再审检察建议为例，修改后的《民事诉讼法》规定，对于人民法院已经发生法律效力的判决、裁定，检察机关既可以提出抗诉，也可以发出再审检察建议，但是并未明确两者的界限和具体适用范围，导致司法实践中，对两者的关系认识不清，适用中存在混淆，不利于发挥两种监督方式的各自优势。事实上，笔者认为，检察抗诉具有刚性，对此，人民法院必须予以正式回应，而再审检察建议是"软性"的，人民法院有一定的选择权，甚至可以忽略。对于发生法律效力的判决、裁定，是否可以适用"软性"的再审检察建议，在理论上值得商榷。

四、检察机关的权力配置

（四）渊源不集中

当前，有关检察监督程序的法律规定，有的规定在《刑事诉讼法》、《民事诉讼法》、《行政诉讼法》等全国人民代表大会及其常务委员会制定并通过的法律中，有的规定在有关的司法解释、会议纪要中，还有的规定在近年来发布的司法改革文件中，另外还有一些体现在最高人民法院或者最高人民检察院的答复中，甚至一些地方性的法律规范也有相关规定。这种情况下，不仅检察监督程序的渊源庞杂，解决相关问题需要查阅大量文件，而且一旦遇到不同规范性法律文件内容相矛盾的情况，则会导致司法人员无所适从，影响检察监督权的有效行使。

三、完善《组织法》中检察监督程序的设想

《组织法》是规定检察制度的基本法，是检察监督权运行的法律基础和依据，其内容关系到与其他法律规范的衔接，也关系到下位法的制定。因此，在对《组织法》关于检察监督程序的修改过程中，应当准确把握检察机关的法律监督属性，体现检察规律，突出亟待解决的一些重要问题，并且对检察工作今后的发展留出相适的空间，为检察机关更好地履行法律监督职责提供科学全面的依据。

（一）应当坚持的原则

《组织法》对检察监督程序的修改，应当准确定位，把握方向，从整体上建立一个科学的架构，才能保证取得良好的效果。为此，必须明确修改工作中应当坚持的原则。

1. 落实宪法精神的原则。宪法将人民检察院定位为国家的法律监督机关，同时规定，检察机关独立行使检察权，不受行政机关、社会团体和个人的干涉，各级人民检察院对产生他的国家权力机关负责。另外，还规定人民法院、人民检察院和公安机关办理刑事案件，应当分工负责，互相配合，互相制约，以保证准确有效地实施法律。

据此，检察监督程序的设计也必须符合宪法精神和原则，其中，完善符合当前客观实际，确保检察机关充分发挥法律监督职能，同时不受外界干扰，能够独立行使检察权的检察监督程序，是必须予以高度重视的问题。作为法律监督机关，为防止权力滥用，也必须接受监督，即接受国家权力机关的监督并向其负责，检察监督程序的设计也应对此关切和体现。另外，在办理刑事案件过程中，还应注意与人民法院和公安机关的关系，既制约又配合，不能只讲监督不讲配合，或者只讲配合不讲监督，对这方面的程序规定也应进一步

细化。

2. 符合检察机关法律监督规律的原则。构建和完善检察机关的法律监督程序，必须严格遵循检察机关法律监督的规律，即程序监督、内部监督以及全面监督。

其一，程序监督。检察机关的法律监督属于程序性监督，不具有实体决定权。详言之，就是通过各种途径和手段监督刑事诉讼、民事诉讼、行政诉讼和行政执法等活动，保障程序和实体的公平、公正，保证法律的准确、统一实施。因此，检察监督权力的行使依托于程序，通过程序保障实体正义，属于程序性权力。

其二，内部监督。检察机关履行法律监督职能，不能游离于被监督对象之外，必须深入其内部进行监督。如前文所述，检察机关对刑事诉讼的监督属于"内部式"监督，对民事、行政诉讼的监督则属于"外部式"监督。实践证明，在监督的效力上，两种模式显示出明显的差别，"外部式"监督缺乏积极主动性，在监督的深度和广度上不及"内部式"监督，无法充分保障检察监督效力。因此，应该在《组织法》中进一步强化检察监督的内部监督模式，可以根据民事诉讼、行政诉讼以及行政执法行为的运行特点，区分情况予以不同程度的规定。

其三，全面监督。作为宪法规定的国家法律监督机关，检察机关的法律监督不仅应该覆盖刑事、民事、行政诉讼以及行政执法活动等领域，而且要对每个领域进行自始至终全程的监督。为此，还要从全方位的需要出发，赋予其科学配套的方式和手段，从而使检察机关全面有效地承担和履行法律监督机关的使命和职能。

3. 贯彻司法体制改革要求的原则。党的十八届四中全会通过的司法体制改革总体规划，明确了检察改革总的目标是立足于检察规律，追求建立公正、高效、权威的检察体制。对此，检察监督程序的完善需要体现和遵循司法体制改革精神的要求。根据中央关于司法体制改革的要求和部署，全国各地正在深入开展检察人员分类管理、司法责任制、检察人员职业保障制度和省级以下检察机关人、财、物统一管理的各项改革试点工作。其目的是改进实践中存在的检察权独立性不足，办案责任界限不明，行政化色彩过于浓重等问题，以确保检察机关独立行使职权，维护法律的权威和公正。因此，《组织法》的修改应该将本次司法体制改革试点工作中，取得的涉及完善检察机关法律监督程序的成果予以固定和体现。

4. 遵循程序设计的科学性原则。作为检察法律体系中的"小宪法"，《组织法》的修改应当符合监督程序设计的科学性原则，即监督程序的设计应该严谨，条文表述的内容尽可能明确，不存在前后矛盾之处，监督措施的设置具有刚性和可操作性，符合检察监督的实践需要，也能够在实际工作中得到贯彻落实。

在此，尤其要强调《组织法》与各部诉讼法等法律的相互衔接与协调。《组织法》和诉讼法都属于全国人大及其常委会制定的基本法律，具有相同的法律效力，但二者的功能和侧重应当有所区别，前者应侧重于检察监督内容和程序的全面性、概括性，后者则应侧重于规范诉讼程序的各个具体环节，以进一步落实《组织法》的规定。《组织法》的修改应立足于检察监督程序要实现的总的目标以及发展趋势，解决诉讼法中难以专门规定的检察制度和主要监督程序等方面的问题，以体现其统领性地位和角色。

(二) 需要着重解决的几个问题

修改过程中，要注意突出解决几个重点问题，即围绕《组织法》与现实脱节最严重的方面予以构建和完善。具体而言，要着重加强对以下四个方面问题的研究，以此推动检察机关法律监督程序体系的建立。

1. 明确对刑事、民事、行政诉讼和行政执法行为的全面和深入监督。针对《组织法》中规定的检察监督局限于刑事诉讼的问题，《组织法》的修改和完善应该突出全面性，即不仅要健全对刑事诉讼的监督，还要完善和规定对民事、行政诉讼以及行政执法行为的监督。这就需要将散见于三大诉讼法及相关规范性法律文件中的检察监督内容进行整合，以高度凝练和概括的语言，将监督范围、内容和程序，科学规定于《组织法》中。鉴于《决定》已对检察机关监督行政执法行为提出了明确要求，故《组织法》的修改也应对此有所体现。

要特别提出，必须构建检察机关对刑事诉讼、民事诉讼、行政诉讼和行政违法行为实施监督必须具备的程序权力和保障措施的科学层次体系。要明确口头监督、发出书面建议、提起诉讼或提出抗诉的对象，明确实施这些监督权力时应采取的相应法律方式，增加保障其实施的各种对应的措施和手段，并且要将这些程序权力的逻辑层次、与其相应的法律方式和保障措施，以及这几个方面互相之间的内在合理关系予以明确的界定。

随着我国法治建设进程的不断深化，检察监督职能也必须不断深入。以对民事、行政诉讼监督为例，以往检察监督仅指对生效判决、裁定的监督，修改后的《民事诉讼法》和《行政诉讼法》增加了对调解书、审判人员的违法行为的监督。根据当前的司法状况，检察机关可以选择确定民事和行政诉讼的重点领域的案件，要求人民法院提供当事人的起诉状、裁判文书、执行法律文书等；可以选择确定实践中存在突出问题的行政执法行为，要求相应的行政机关提供执法依据、执法决定、采取的行政措施、执行结果等方面的书面材料。这些材料要根据案件和行政行为的进展动态随时提供，从而为检察机关深入跟踪、履行监督职能提供相应条件。《组织法》修改时对上述问题应当作出相关的规定。

2. 明确检察机关在民事和行政诉讼中的"国家公诉人"地位。检察机关以何种身份参与民事、行政诉讼，是衡量检察机关主体是否适格，能否提起相关诉讼并履行检察监督职责时首先需要考虑的问题。对此，学界主要有"当事人说"、"监督者说"以及"公诉人说"三种主流观点。"公诉人说"认为，检察机关的法律监督者身份，赋予其有权代表国家对违背社会公共利益、破坏刑事法律秩序的犯罪分子提起公诉，因而也自然获得对危害公共利益、破坏民事、行政法律秩序的人提起公诉的权力，这是检察机关公诉权和法律监督权的自然延伸。[1] 对此，笔者表示赞同。首先，检察机关同民事当事人或者行政相对人之间不具有直接利害关系，其首要职责是启动诉讼程序，避免因没有适格主体提起诉讼而损害国家和社会公共利益，这完全符合检察机关作为国家公权力机关和法律监督机关性质和地位的要求。其次，刑事诉讼中，检察机关以国家公诉人的身份参与诉讼程序，因此对程序和实体的监督更加全面、深入、规范和有效。而在民事、行政诉讼中，由于实行"外部式"监督，检察监督则显得被动和滞后，不利于监督的深入开展和对国家及社会公共利益的维护。因此，建议借鉴对刑事诉讼的监督模式，检察机关以"国家公诉人"的角色参与民事、行政诉讼活动，并履行监督职能。2015年12月16日最高人民检察院通过的《人民检察院提起公益诉讼试点工作实施办法》，其中第1条和第28条规定了检察机关对于"危害社会公共利益的行为"和"造成国家和社会公共利益受到侵害"的行为，在一定情况下可以提起民事和行政公益诉讼，则体现了检察机关在本质上属于"国家公诉人"的角色和地位。

3. 明确对行政执法行为的监督程序。如何对待和处理检察机关与行政执法机关的监督与被监督的关系，是法治建设和检察改革的关键问题之一。党的十八届四中全会明确提出，"建设法治中国，必须坚持依法治国、依法执政、依法行政共同推进，坚持法治国家、法治政府、法治社会一体建设。完善行政执法程序，规范执法自由裁量权，加强对行政执法的监督，完善行政执法与刑事司法衔接机制"。

---

[1] 参见曾佳：《对行政机关提起公益诉讼的思考》，载《法制与社会》2014年第6期。

对此，应该在《组织法》中增加对行政执法行为的检察监督内容，并完善职权设置、具体程序规定及保障措施，增强实践中的可操作性。一方面，建议在《组织法》中增加对行政执法行为的督促纠正、检察建议、提起公益诉讼、督促起诉等监督手段和程序。另一方面，针对具体行政行为数量庞大，难以随时随地全程监督的特点，建议对检察监督的介入方式及范围加以明确，即监督方式应当以受理公民、法人或者其他组织的控告、申诉为原则，监督的范围应重点围绕国家利益和社会公共利益受到违法的行政作为或者不作为行为损害并且造成比较严重后果的行政争议展开。

4. 明确检察机关实施法律监督的保障程序和被监督机关不服监督决定的救济程序。目前，检察机关在履行法律监督职能过程中，采取的监督措施缺乏刚性的主要原因，就在于监督程序缺乏制度保障。根据我国宪法规定的在人民代表大会之下设置行政机关、审判机关和检察机关的架构特点，以及检察机关、审判机关和行政机关上下级工作关系的运行特点，可以规定，如果被监督机关不服检察机关的监督决定，同时检察机关认为其不服的理由不能成立时，检察机关可以报请本级人民代表大会常委会决定，也可以报请上级检察机关对被监督机关的上级机关作出监督决定。同时规定，如果被监督机关认为检察机关的监督决定确有错误，可以提请上级检察机关进行复议。建立上述制度既有利于维护检察机关的权威，保证其接受人民代表大会的监督，也有利于维护被监督机关的合法权益。

（三）制定法条可采用的方式

《组织法》的修改已被十二届全国人大常委会列入立法规划，对此，笔者建议可以采取以下三种方式，完善《组织法》中对检察机关法律监督程序的规定，从整体上构建检察监督程序体系，有效解决目前存在的检察法律监督程序渊源分散和混乱等问题。

1. 对现行其他法律已经作出明确规定的监督程序移进《组织法》。近年来，以三大诉讼法为主的法律，丰富了检察监督程序的内容，对此，可以经过科学提炼，将诉讼法中监督程序方面的规定移进《组织法》中。例如，根据《刑事诉讼法》的规定，人民检察院对于重大的贪污、贿赂犯罪案件以及国家工作人员利用职权实施的严重侵犯公民人身权利的重大犯罪案件，依法可以采取技术侦查措施。这是2012年修订《刑事诉讼法》时，以专章的形式增加的检察监督措施，而且在实践中发挥着越来越重要的作用，有必要明确载入《组织法》。再如，相关法律规定，人民检察院在行使检察权过程中，可以向人民法院、行政执法机关或者其他有关单位提出检察建议。最高人民检察院于2009年下发的《人民检察院检察建议工作规定（试行）》明确将检察建议作为一种监督方式，修订的《民事诉讼法》和《行政诉讼法》均将其吸收。因此，在《组织法》中规定检察建议也是应有之义。关于如何具体落实检察建议这一监督措施，"两高"于2010年联合下发的《关于调阅诉讼卷宗有关问题的通知》规定，人民检察院因履行法律监督职责提出检察建议或者抗诉的需要，可以查阅、复制或者调阅人民法院、公安机关以及其他行政执法机关的案卷材料。因此，《组织法》应当将查阅、复制或者调阅相关机关的案卷材料、诉讼卷宗的监督措施吸纳进来。另外，对经过多年实践且行之有效的口头警告、纠正违法通知、案件催办函、建议更换办案人、人民监督员等制度也应移进《组织法》中。

2. 对现行法律规定不够完善的监督程序要完善法条。由于现行《组织法》制定时我国处于社会变革时期，规定的检察监督程序较为笼统和粗疏，且有遗漏和矛盾之处，很多内容已经不能适应当前检察监督工作的开展和法治实践的推进，其他相关部门法对检察监督程序的规定也存在类似问题。因此，应该借《组织法》修改之机予以梳理和完善。例如，根据《民事诉讼法》第208条的规定，地方各级检察机关对同级人民法院发生法律效力的裁判，既可提出再审检察建议，也可提请上级抗诉。对这种用两种监督措施解决同一问题，给检察实践造成混乱的程序设计，建议在本次修改工作中予以纠正。又如，《组织法》第16条规定，人民法院认为主要犯罪事实不清、证据不足，或者有违法情况时，可以将案件退回人民检察院补充侦查，或者通知人民检察院予以纠正。但根据现行《刑事诉讼法》第195条的规定，对于证据不足，不能认定被告人有罪的，人民法院应当作出证据不足、指控的犯罪不能成立的无罪判决。换句话说，法院无权决定将公诉案件退回补充侦查，否则将严重违反审判中立原则。除此之外，《组织法》还应该对检察机关的立案监督权，死刑复核监督权等内容和程序予以规定和完善。

3. 对司法体制改革和全面推进依法治国战略过程中可能带来的新情况、新问题，要制定留有发展空间的法条。修改法律要兼顾原则性与灵活性，前瞻性与现实性，控制好立法边界和法律调整范围，防止出现立法过于超前或者滞后等问题。目前，我国司法体制改革方兴未艾，这种情况对构建检察监督程序的科学体系必然造成不可忽视的影响。因此，对目前不宜具体规定的问题，可以先在《组织法》中作出原则性规定，具体内容可以在改革意见统一后，通过完善相关法律予以解决，这样既可以体现检察改革的方向，又能兼顾当前的实际情况，有利于保证《组织法》的可行性和稳定性，增强《组织法》的弹性和解释空间。

检察机关诉讼监督职权研究

肖振猛　姚俊峰[*]

《人民检察院组织法》作为检察机关的根本法，进行再次修订已经摆上了日程。对第1条进行修改，把有关修改的内容作为第2条十分必要。具体修改内容建议这样表述"中华人民共和国人民检察院是国家的法律监督机关和司法机关，通过依法行使对诉讼活动、行政违法行为实行法律监督和批准逮捕、提起公诉、直接受理的案件的侦查等检察权，维护国家法律统一正确实施和促进法治社会建设"。把诉讼监督职权地位提升到首要位置，其标志性、核心职权能够得以凸显。具体理由有以下几点：

一、把法律监督明确作为检察权的根本属性来理解和把握十分重要

在《人民检察院组织法》第2条，对检察机关的地位、检察监督的属性、检察权的内容、检察工作的任务进行具体明确极其重要。

（一）对检察院这个国家机构的国家级地位进行重申十分重要

在《人民检察院组织法》中重申人民检察院是"国家的"是很重要的。宪法规定，人民政府、人民法院、人民检察院由人大选举产生，向人大负责，人民检察院与人民政府、人民法院一起，被常态性冠称为"一府两院"国家机构，是与政府一样的国家级宪法定位，而不是政府组成或所属部门级的国家机关。

（二）对检察机关的主要性质进行明确十分重要

《人民检察院组织法》第2条明确检察机关是法律监督机关和司法机关意义重大。检察机关有监督属性，也具有司法属性和行政属性，但这些属性都不是根本属性，只是基本属性，这些属性受法律监督属性统摄，法律监督属性才

---

[*] 作者简介：肖振猛，贵州省人民检察院党组成员、副检察长，法学博士；姚俊峰，贵州省人民检察院公诉一处副处长，法律硕士。

是根本属性,法律监督根本属性与监督、司法、行政基本属性是检察机关的"一门三兄弟"。我国宪法作为国家根本大法,对检察机关法律监督的根本性质作了定位,法律监督属性是更为主要的属性。在《人民检察院组织法》修改中把检察机关的司法性质在法律监督性质之后鲜明地阐明,有助于人们尤其是检察人员对检察机关性质的进一步理解和把握。司法权是由特定国家机关行使的公权力,具有国家追诉启动性(也称程序性)、判断性、终结性。审判权仅是一种判断性、终结性的司法权,自2015年4月启动立案登记制,宣告诉讼启动权从审判权中终结。从审判权中分离出来的检察权是国家追诉启动性、(审前)判断性、(暂时)终结性的司法权。新中国(社会主义中国)的司法权不仅是审判权,还包括检察权。那种把司法权仅认为是法院的权力甚至仅指审判权的理论并进行宣传是错误的,如果别有用心就是反动的。监督属性是法律监督性质的具体化,是嫡系,是首要的属性,是最能体现新中国检察机关性质的属性。行政属性在检察机关主要体现为检察院有上下级领导关系,"上命下从"是检察权行使的一体化方式,职务犯罪侦查职权表现尤为明显。

(三)将检察权作为宪法性国家级基本权进行理解十分重要

《人民检察院组织法》第2条明确了检察机关的权叫"检察权"而不叫"法律监督权"。按照新中国宪法学理论,根据中华人民共和国宪法的规定,我国现行的宪法性国家级基本权可以分为行使国家权力的国家元首权(国家主席机构),行使领导武装力量的国家军事权(国家军委机构)、行使国家立法和监督法律实施的国家立法权(人民代表大会及其常务委员会机构),行使国家行政即具体执行国家权力的行政权(政府机构),行使国家司法审判的国家审判权(法院机构),进行法律监督的国家检察权(检察院机构)。从我国有六种宪法性国家级基本权等公共权力而论,我国宪法可以概括为"六权宪法"。在这六种宪法性国家级基本权中,立法权、行政权是国家级基本权好理解,而把元首权、军事权、审判权、检察权这四种权作为宪法性国家级基本权虽然比较难理解,但却是政治形态的实然。我国是社会主义国家,一切权力属于人民,人民通过选举代表自己意愿和主张的人大代表来行使公共权力。国家主席就是国家元首,也是人大代表,而且是人大代表中代表人民利益的"总代表",当然可以通过人民代表大会的会议形式,汇总代表人民利益的意志、主张和想法,通过担任主席即元首来总体代表人民当家作主并行使最为重要的国家权力,所以在国家权力中行使代表权即国家元首权当然应当作为一种宪法性国家级的基本权,并在人民宪法中予以规定。国家主席作为国家元首,当然又是中华人民共和国国家政权的总代表,提名总理、军委主席等特别重要的国家领导人、任命驻外大使、签署通过法律颁布等,当然也是一个重要的专门的国家机构，可以说，总体代表人民当家作主的元首权，是社会主义中国的宪法性国家级公共权力与资本主义国家元首权的一个重要区别。军事权作为一种国家级基本权也是社会主义国家宪法特征，因为我们的军队是人民的军队，军民是一体的，军民是"一家亲"鱼水关系，没有这种"一体"关系，代表人民的共产党不可能在毛泽东领导下带领如同"绵羊"一样的民众打败代表帝国主义（买办资产阶级）、封建主义（地主阶级）、官僚资本主义（官僚资产阶级）的国民党那样的吃喝人民血肉的"群狼"，所以，军事权必须作为人民宪法规定的国家级基本权，始终掌握在代表人民的共产党组织手里。审判权和检察权是作为司法权被宪法分别规定为各自独立的国家级基本权力也是社会主义中国宪法的重要特色。

（四）把检察权细化为四项职权十分重要

在《人民检察院组织法》第2条中，明确把检察权的内容具体为诉讼监督、批准逮捕、提起公诉、职务犯罪侦查（直接受理的案件的侦查）等四种职权或职责或职能或权责或权能，有助于人们尤其是检察人员理解和把握检察权与检察职权及其内在联系。

（五）把法律监督作为检察权根本属性并统摄检察职权各自属性的理解十分重要

检察机关行使的是检察权，检察权具有法律监督性质，法律监督与检察权是内涵与表现、目的与手段的关系，也可看成是检察机关的"一体两面"，如同一枚硬币的两面。[1] 检察权作为六种宪法性国家级基本权之一，由宪法定位其法律监督性质，说明检察机关的权力即检察权是其根本属性，是区别于其他宪法性国家级基本权尤其是区别于审判权的关键属性。无论是社会主义的新中国还是封建主义的旧中国，监督都是中国权力文化中的重要基因。监督与现代检察制度具有天然的契合通融。在封建社会，监督是为家天下，为上方而为之，监督源于"家天下"皇权，所以皇帝为大，依皇权进行的监督为御史监督，监督者叫"御史"；在社会主义社会，监督是为了人民，为了公共利益、国家利益，监督源于宪法法律授权，所以法律为王，依法律授权进行的监督叫法律监督，从事法律监督或依法进行监督的公务员叫"监督者"。人大进行的法律监督、监察依法进行的监督、审计依法进行的监督等，这些从事监督的干部都是"监督官"，依法进行专门（监督纠正诉讼违法和监督控诉犯罪）法律监督的监督者就是检察官。法律监督是检察权根本属性，监督属性、司法属

---

[1] 参见孙谦：《中国的检察改革》，载《法学研究》2003年第6期。

性、行政属性是对应的诉讼监督、批准逮捕或提起公诉、职务犯罪侦查这四项检察职权的各自属性。从法律监督性质与检察权力两个方面理解，法律监督属性是"属"概念范畴，监督属性、司法属性、行政属性是"种"概念范畴；检察权是"属"概念范畴，诉讼监督职权、批准逮捕职权、提起公诉职权、职务犯罪侦查职权是"种"概念范畴。检察权概念与四项具体职权，法律监督概念与监督、司法、行政等概念，在哲学上讲是"一般"和"特殊"的关系、"整体"和"个别"的关系、"抽象"和"具体"的关系。①

（六）把检察机关进行法律监督活动或行使检察权的边界限定在"诉讼中"十分重要

检察机关的法律监督即检察监督②的边界就是"诉讼中"，不在诉讼中的检察监督只能是检察监督职能作用的延伸内容，也不是检察监督。检察监督的对象只能是违法诉讼行为和犯罪行为，不是违法诉讼行为和犯罪行为，很难说是检察监督的对象。督促起诉、公益诉讼目前仅是改革中的内容，也是与诉讼相关联的。检察机关的"权"，为什么不像法院其"审判机关"属性的"权"就叫"审判权"一样，把"法律监督机关"属性的"权"叫"法律监督权"，而改称为"检察权"呢？或者说检察权也可用"法律监督权"替代或通假呢？我们认为应当让人们尤其是检察人员理解和把握的是"不可一样，也不宜替代"。检察权是主要侧重于检察机关权力的概念，法律监督是主要侧重于检察机关性质的概念，因为对法律的遵守和执行的监督实施即"法律监督"，除了检察机关外，人大及其常委会也是有权的，只不过人大的"法律监督"③是广义监督、最高监督，也称"人大监督"，主要方式是通过会议审议和执法检查来实现，侧重于评定整体法律执行方面，人大监督不能针对个案；检察机关的"法律监督"主要是通过司法办案和启动诉讼来实现，侧重于评定单个法律违反方面，检察机关的法律监督几乎都是个案监督。检察与法律监督这两个概念综合起来可以概括为"检察监督"，这个概念其实也可以说是"人民检察院是国家的法律监督机关"这句宪法规定的简称，言简意赅的"检察监督"概念

---

① 参见漠川：《从哲学共性与个性的相互关系看法律监督与检察职能的辩证统一》，载《检察日报》2011年11月25日第3版。

② 参见习近平总书记在庆祝全国人民代表大会成立60周年大会上的讲话，2014年9月5日；参见曹建明：《依靠人民监督推动检察工作创新发展》，载《中国人大》2014年第20期。

③ 参见吴邦国委员长在第十二届全国人民代表大会第一次会议上所作的人大常委会工作报告。

更能说明检察机关的法律监督，也能区别于人大的法律监督即"人大监督"、监察机关的法律监督即"行政监督"。因为检察监督十分重要，所以毛泽东主席在领导制定"五四"宪法时，就建议把检察机关的原为"署"更名提升为"院"，从而使检察院与政府、法院一起形成"一府两院"的重要国家机构。目前"检察监督"这个概念在理论界、实务界已经开始使用并较为频繁。

二、把诉讼监督明确作为检察权监督属性的首要职权来理解和把握十分重要

《人民检察院组织法》第2条的检察权的四项具体职权中，把诉讼监督职权放在首位以对应检察权中的监督属性。检察权中标志性的、核心的职权是诉讼监督职权，不是公诉、批捕职权，也不是职务犯罪侦查职权，这样理解和把握既十分重要，又十分必要。

（一）我国法律对诉讼监督的制度安排十分重要

《刑事诉讼法》第3条第1款规定，检察、批准逮捕、检察机关直接受理的案件的侦查、提起公诉，由人民检察院负责。"检察"这一刑诉法权责术语，目前尚无正式明确的解释，但把"检察"理解为诉讼监督是目前靠谱的解读。只有这样解读，诉讼监督才是名正言顺的检察权的第一职权，是检察权中标志性的、核心的职权，监督属性才是检察权名至实归的首要属性。《人民检察院组织法》、《检察官法》、《民事诉讼法》、《行政诉讼法》以及《人民警察法》，都明确规定检察机关对相关诉讼活动实行法律监督，《人民检察院刑事诉讼规则（试行）》还明确实行诉讼监督的程序和方法，这都能体现诉讼监督职权贯穿检察权行使始终。把诉讼监督作为检察权首要职权、标志性、核心职权，主要是在突出检察权监督属性，否则，不仅不能突出检察权监督属性，还会受到一些别有用心学者的攻击诟病。只有监督属性的存在和体现，检察权在中国特色社会主义法律体系中的监督地位才得以凸显，其在维护程序正义法制权威、实现国家和社会治理法治化上所起的"护法"机关功能作用才能实现。

（二）理解检察权监督属性是在诉讼中体现十分重要

检察机关的法律监督是在诉讼中体现，所以又把检察机关对违法诉讼行为和纠正犯罪追究错误的监督叫作诉讼监督。检察权的监督属性是法律监督的首要属性，也是本质属性，这可从现代检察的起源中找到根据。现代检察权被普遍认为产生于法国大革命后，为消除审判权独揽诉审的滥权影响，代表国王对领地财政税收等事务进行监督和提起私人之诉的国王私人律师转变为代表公共

利益执行国家追诉犯罪的法制守护人即检察官。这种从审判权中分离出来的检察权更多是为了防止司法滥权，实现对警察和法官权力的制约和监督。从我国控权角度理解，也可以说在现代检察权的发展中，根据不同需要体现为监督性检察权与制约性检察权，而在世界通用语言英语中，监督和制约本就是一个词。在汉语中，监督和制约是不一样的两个词，监督是单向性纠错，制约是双向纠错，总体都可说是一种监督属性。如大陆法系国家倾向于国家权力主义，为检察权赋予了更多的监督属性，以实现对整个诉讼过程的监督防止司法专断。英美法系国家倾向于当事人权利主义，检察权主要是公诉，且与审判权之间制约较大，起诉受到大陪审团分割、检察上诉权也不完整。[①] 虽说英美法系检察权构造决定其监督属性较弱，但现在却有增加刚性监督的趋势，如英国1985年《犯罪起诉法》规定检察机关对严重犯罪案件侦查行为有权监督和指导侦查取证的必要建议权；美国总检察长有权提请联邦参议院就宣告无罪案件的法律问题进行复议，地方检察官有权要求地方复审法院复议判决中的法律错误。[②] 可见，检察权监督属性从现代检察权诞生那一刻起便具有，其最初是从诉讼中体现的，在发展中根据不同国情政体的需要予以扩充或缩减。只有在诉讼环节通过法定方式进行监督，才能起到保证程序正义和传递公正司法理念的综合效果。

（三）从实然层面厘清诉讼监督的内容和实现方式十分重要

根据我国法律，诉讼监督是检察机关依据法定程序对刑事诉讼、民事诉讼、行政诉讼违法行为进行监督纠正的概括性职权。诉讼监督职权的主要内容，一是立案监督，即对侦查机关应当立案而不立案或不应当立案而立案实行监督。二是侦查活动监督，即对侦查机关收集调取证据是否符合法定程序进行监督，主要纠正刑讯逼供、非法取证及滥用强制措施等侵害犯罪嫌疑人人权的行为。三是刑事审判监督，包括对审判程序违法提出纠正意见和对法院作出判决裁定是否正确进行法律审查。四是刑罚执行监督，即对监狱、看守所、法院等机关执行刑罚的活动实行监督。五是民事诉讼监督，即对民事诉讼活动实施法律监督。六是行政诉讼监督，即对行政诉讼活动实施法律监督，广义上还可把建立行政执法与刑事司法相衔接机制也作为行政诉讼监督的内容。法律监督案件即刑事诉讼法律监督案件、民事诉讼法律监督案件、行政诉讼法律监督案件，是检察权诉讼监督的载体。刑事诉讼法律监督案件主要是刑事立案监督案

---

① 参见孙谦：《论检察》，中国检察出版社2013年版，第98~106页。
② 兆兴：《两大法系国家检察机关在刑事诉讼中的职权比较》，载《外国法译评》1995年第3期。

件、侦查活动监督案件（含排除非法证据调查案件）、强制措施不当监督案件、刑事审判监督案件、刑事执行监督案件等。诉讼监督的手段或方式主要有对一般违法行为提出纠正违法意见或检察建议，对漏犯漏罪进行追捕、追诉，对错误审理裁判行为提出抗诉等。

（四）认识诉讼监督是检察机关独有职权乃至最重要职权十分重要

说诉讼监督职权是最重要的，要从其是核心的、标志性的、首要的来理解和把握，要从与其他职权并不矛盾来把握。现在有一些所谓检察机关同时行使追诉和诉讼监督职权不合理，甚至提议剥离诉讼监督职能的理论，我们认为所谓角色冲突、影响司法公正的理由并不成立，相反，诉讼监督职权由检察机关行使符合诉讼规律和司法公正要求，不但不能削弱，还应将其作为最能体现法律监督定位的首要职能加以凸显。一是检察机关具有全程监督的最好条件和与法律监督机关定位的最佳契合。检察机关独立于行政机关和审判机关，其工作最终目标就是在诉讼中保证法律统一正确实施，离开了与诉讼的紧密结合任何监督都是空谈。就刑事诉讼而言，检察权贯穿于刑事诉讼从侦查到刑罚执行全过程，现行国家机构中不可能找出比检察机关更适合开展诉讼监督的机关。二是检察机关既要追诉犯罪又要维护公平正义的双重价值追求能使诉讼监督与追诉犯罪职权的冲突完全调和并统一于检察权。检察机关在审查逮捕、审查起诉阶段对漏捕漏诉的追捕追诉，对不符合条件的依法不批捕、不起诉，并重点纠正刑讯逼供、超期羁押等侵犯人权的行为。在审判阶段必须全面提供不利于和有利于被告人的证据。对法院的裁判，既对有罪判无罪、重罪轻判的提出抗诉，也对无罪判有罪、轻罪重判的、重大程序违法的提出抗诉，这充分体现检察机关根本立场不是做片面追诉狂，而是做客观公正、保障人权、依法监督的护法维权机关，身兼诉讼监督职责比没有诉讼监督职责的检察机关更能保证公正追诉。三是诉讼监督明显具有程序意义而非终局意义。诉讼监督只是一种程序申请权，而非实体处分权，作为最重要的诉讼监督手段——抗诉，检察机关也只是启动新的审判程序，对错与否的最终裁判始终由法院自己认定，不会破坏审判权，更不可能出现既当运动员又当裁判员问题。代表检察机关出席法庭的检察人员，无论是以公诉人身份，还是其他检察人员（往往侧重于监督者）身份，在法庭上作为控（或诉讼启动方）、辩、审三方的一极形成三角诉讼架构，发现违法情形一般在庭后提出，以当事人的地位尊重法官居中裁判，不可能凌驾于法官之上。况且任何权力包括审判权都需要一定制约，诉讼监督对于审判权的必要制约是世界各国通行做法。四是诉讼监督本身也受到较多制约。如公安机关不服不批捕不起诉决定的复议复核权、对一审未生效判决裁定提出抗诉须得到上一级检察院支持、人大对检察机关的监督权等。当然，检察机关也应更加重视诉讼监督适度问题，围绕保证程序公正的目标，坚持诉讼监督对司法权顺利运行的补充性、保障性地位，重在启动纠错程序而不干预审判权。坚持诉讼监督手段与对象的比例性，避免随意扩大诉讼监督范围和采取不对称的诉讼监督方式。

三、把批准逮捕、提起公诉明确作为检察权司法属性的重要职权来理解和把握十分重要

批准逮捕、提起公诉主要对应检察机关是司法机关的定位，体现的是检察权的司法属性，认识其具有的启动国家追诉程序性、判断性和终结性特点，对于深刻理解这两项职权是检察权中重要职权并不是核心、标志性职权极其重要。

（一）认识批准逮捕和提起公诉的内涵和要求十分重要

逮捕是一种为保障诉讼顺利进行，由公安机关在特定期限内剥夺犯罪嫌疑人人身自由的刑事强制措施。由于逮捕是对人身自由影响最大的强制措施，为防止权力滥用，侵犯人权，批准逮捕要求依法居中审查，允许犯罪嫌疑人申辩和听取律师意见，是一种司法审查程序。在我国，批准逮捕（含公安机关侦查案件的批准逮捕和检察机关直接受理案件的决定逮捕）由检察机关行使，这是检察权中为保障诉讼顺利进行而具有程序性裁判效力的重要职权。公诉则是指代表国家对侵害国家和社会利益的行为进行追诉。[1] 公诉权的产生即被赋予双重控制功能，如同打入警察和法官之间的楔子，既要防止警察滥权，又要防止法官恣意。[2] 世界各国的检察权不尽相同，具体职权配置也存在很大差异，但至少有一项是相同的，即刑事案件代表国家提起诉讼即公诉，这是司法分权制约的结果，体现检察权的司法属性，因此批准逮捕和提起公诉都是检察权中司法属性最明显的重要职权。

（二）认识检察机关行使批准逮捕职权是中国法律架构的最优选择十分重要

当前，我国有一些观点认为检察机关行使批准逮捕职权违背中立审查原则，容易滥用权力漠视犯罪嫌疑人人权保障，这种认识具有片面性，我们认为在中国司法权配置下检察机关行使批准逮捕职权应属最优选择。一是检察权具

---

[1] 参见石少侠：《我国检察机关的法律监督一元论》，载《法制与社会发展》2006年第5期。

[2] 参见林钰雄：《检察官论》，台湾学林文化事业有限公司1999年版，第16~18页。

有对侦查权的监督和制约功能。刑诉法规定，检察机关审查逮捕，要严格把握逮捕条件，并对侦查活动是否合法、有无漏犯漏罪提出监督意见，这是检察监督的重要内容。同时通过批准逮捕和不批准逮捕，对收集证据标准提供引导，对前期侦查活动的不当和违法进行过滤，实现对侦查权的制约，完全符合法律监督机关的定位。二是批准逮捕职权由谁行使要具体分析。批准逮捕的中立客观不在于由谁行使，而取决于宪法制度、权力架构和法律文化。《公民权利与政治权利公约》和《欧洲人权公约》都规定"任何因刑事指控被逮捕或者拘禁的人，应当被迅速带见审判官或者其他经法律授权行使司法权力的官员，并有权在合理的时间内受审判或者被释放"。可见批准逮捕可以由"审判官"或者"法律授权行使司法权力的官员"行使。西方国家之所以让法官批准逮捕，其重要背景不容忽视，即检察权多属于行政权、多实行检警一体指挥体系、独立设置预审或行政法官与审判法官分离，这些背景我们都不具备，如交由法官行使批准逮捕，自捕自审更易滥权，且无法监督侦查保障人权。而检察机关独立于行政机关和审判机关，维护法律统一正确实施是其根本任务，依法对侦查活动进行监督，更能保证客观中立地行使批准逮捕职权。① 三是检察机关批准逮捕亦受到多重制约。目前检察机关内部由侧重监督的侦查监督部门专司审查逮捕之责，批准逮捕则是检察长之权。这种审查之责与批准之权的分离也体现监督制约，批准逮捕的职权行使有利于审查发现非法取证侵犯人权的行为。鉴于批准逮捕有程序性裁判效力，法律法规仅授权检察长审批决定是否逮捕，当然现在把批准逮捕权下放给独任检察官、主任检察官的改革，合法性存在一定问题，当法律授权于检察长、检察长再转授权是否妥当，应当专门研究并进行刑事诉讼法律修改。四是设置了救济程序。按刑事诉讼程序，批准逮捕环节在前，公诉、审判在后，万一发生错捕可以通过公诉审查不起诉和法院判无罪这两个环节纠错，且对不批准逮捕公安机关亦可提出复议复核。

（三）探索在控申审查、审查逮捕、审查起诉、出席法庭（主要是出庭公诉）办案活动中创新"控诉与监督的职权分离"司法办案机制十分重要

提起公诉职权是检察机关重要职权无可争议，但重要到夸大为核心和标志性的职权就有些过了。所以关键的不是要把批准逮捕和提起公诉职权地位作用夸大，而是如何在具体司法办案活动中，既履行好控诉职责，又履行好监督职责。这里关键是要把办案和案件分开，办案是一种活动、一个平台、一种行

---

① 参见朱孝清：《中国检察制度的几个问题》，载《中国法学》2007年第2期。

为,是动态的;案件是一种载体、一个档案、一种结果,是静态的。检察机关的司法办案有控申审查、审查逮捕、审查起诉、出席法庭(主要是出庭公诉),其中,控申审查是受理并审查公民、法人或其他组织的报案、控告、举报、申诉、申请的办案活动,亦是形成具体案件的重要来源和渠道,不容忽视。案件有批捕案件、提起公诉案件和诉讼监督案件。检察机关通过司法办案活动,为依法行使批准逮捕、提起公诉、诉讼监督检察职权提供事实依据和履职平台。具体而言,检察机关通过控申审查、审查逮捕、审查起诉、出席法庭(主要是出庭公诉)司法办案活动,可能产生批准逮捕、不批准逮捕、监督刑事立案侦查、监督刑事撤案、增捕、提起公诉、不起诉、追诉、监督违法侦查排除非法证据、监督纠正庭审违法、抗诉等不同结果,从而形成体现控诉职能的批准逮捕、提起公诉案件,形成体现诉讼监督职能的不批准逮捕、不起诉、增捕、追诉、监督刑事立案侦查、监督刑事撤案、监督违法侦查排除非法证据、监督纠正庭审违法、抗诉案件。所以说,诉讼监督不是宏观监督,而是具体的,主要是程序的、个案的,必须要通过司法办案活动即控申审查、审查逮捕、审查起诉、出席法庭(主要是出庭公诉)来发现具体监督线索,即违法诉讼行为或活动,脱离了办案活动的诉讼监督只是空谈。我国刑诉法规定,人民检察院对于报案、控告、举报、申诉应当及时进行审查,根据情况采取通知纠正、刑事立案;在审查逮捕中,应当纠正侦查活动违法情况;在审查起诉中,必须查明有无遗漏罪行和其他应当追究刑事责任的人、是否属于不应追究刑事责任的、侦查活动是否合法;在出席法庭(主要是出庭公诉)中,对庭审违反法定程序的情况记明笔录,提出纠正意见,对确有错误的一审判决裁定、生效判决裁定有权提出抗诉。可见,控申审查、审查逮捕、审查起诉、出席法庭(主要是出庭公诉)等办案活动是开展诉讼监督的载体和手段,批准逮捕、提起公诉、监督纠正违法都是办案结果,想把两者完全脱离不但做不到,也违背司法规律。我国检察权在法律监督这个根本属性的统摄下,体现司法属性的批准逮捕、提起公诉等职权与体现监督属性的不批准逮捕、不起诉、增捕、追诉等诉讼监督职权没有根本冲突,两者又需要紧密结合才能保证指控犯罪有力、诉讼监督有效,但批准逮捕、提起公诉是为控诉目标形成的分工配合制约的协助保障型关系,诉讼监督则是查错纠错的监督型关系,司法性职权、监督性职权可以在司法办案活动这个平台中同步进行,但应当按办理控诉或监督不同类型案件分别行使,不能混同亦不能缺位。检察机关现行办案模式即一人主办一人协办或多名办案人共同行使两种属性职权,或没有专人负责诉讼监督职责的办案模式,这种让负责协助保障的人同时承担查错纠错的强人所难模式或放弃监督的本末倒置模式,必须进行改革。所以,应当探索搭建利用审查逮捕、审查起诉（抗诉审查）、出席法庭（主要是出庭公诉）办案平台，建立起紧密配合、平行用权、各司其职的检察监督办案新机制。我们主张可在审查逮捕、审查起诉、出席法庭（主要是出庭公诉）办案活动中，建立"两人办案"制度并形成一人负责批捕起诉出庭的控诉职能，一人负责不批捕、不起诉、监督侦查活动、审判活动违法诉讼等监督职能。进一步说，即把向检察长（含副检察长）提出批准逮捕建议之责交由提起诉讼部门的检察官，把不批捕、不起诉、抗诉等纠正实体错误和违法诉讼行为之责交由专门负责诉讼监督的侦查监督部门检察官，以超然的立场向检察长提出专门监督的意见。由此形成一种新的检察监督办案机制，即侦查部门提请批捕意见、移送起诉意见由公诉部门和侦监部门共同派人审查，公诉部门以履行控诉职能为主即批捕、提起公诉职能，侦监部门履行诉讼监督即不批捕、不起诉、纠正其他违法诉讼行为的职权，这样的司法办案模式既指控犯罪有力，又能保证诉讼监督同步进行。

四、把职务犯罪侦查明确作为检察权突出行政属性，兼具监督属性、司法属性的保障职权来理解和把握十分重要

职务犯罪侦查不仅具有检察权的行政属性、监督属性，还或多或少体现一定司法属性，是检察机关的一项重要职权，其与其他检察职权统一于检察权的法律监督根本属性下，并为诉讼监督、批准逮捕、提起公诉职权的行使提供不可替代的保障作用，对于国家工作人员依法正确行使公权极其重要。

（一）正确认识职务犯罪侦查职权兼具监督属性、行政属性、司法属性但更多表现为行政属性十分重要

职务犯罪是国家公职人员利用职务便利，以权谋私，或者滥用职权、玩忽职守，破坏国家机关、国有企事业单位正常管理职能和国家公职人员职务廉洁性的行为。[1] 从技术角度看，职务犯罪侦查以职务犯罪案件高效侦破为目标，往往要求统一命令、服从指挥，讲究纵横向的一体性，具有追求目的明确性、组织指挥一体性、行动措施高效性等行政基本特征。应当说，职务犯罪侦查行政属性的个性表现比较明显，与公安机关侦查权的行政属性并无实质不同，之所以法律赋予检察机关行使职务犯罪侦查职权而不是让公安机关一并行使，在于其本质的监督属性和兼具的司法属性。我们知道，公权力均由法律直接授权应当依法定程序行使，不受制约监督的权力必然导致腐败，职务犯罪与公权力

---

[1] 参见孙谦：《关于中国特色社会主义检察制度的几个问题》，载《检察日报》2012年4月23日第3版。

的不正当行使或滥用直接相关。检察机关正是通过职务犯罪侦查间接地对公权力行使实施监督，这是检察监督中除诉讼监督外的另一个维度，即对犯罪的监督，如果说诉讼监督是显性监督即违法诉讼行为监督的话，对犯罪的监督就是隐性监督，它通过隐性的预防和震慑，达到维护法律统一正确实施的目的。同时，职务犯罪侦查蕴含的司法属性体现在其发生于刑事诉讼中，是职务犯罪刑事追诉的启动点，以国家刑罚权实现为目的，当然是刑事司法的重要组成。职务犯罪侦查要求严格依法进行，《刑事诉讼法》、《人民检察院刑事诉讼规则（试行）》等明确规定了职务犯罪侦查的案件范围、立案程序、证据收集审查程序、采取强制措施程序、结案处理程序，接受制约和监督程序，严格的程序规范贯穿侦查始终。职务犯罪侦查可自行决定和经许可采取一定强制措施，需要合法性、比例性考量。除收集有罪证据外，必须全面收集自首、立功、退赃、如实供述等罪轻证据，侦查终结可能移送审查起诉意见，也可能移送审查不起诉意见、侦查中或侦查终结后可提出撤销案件意见，具有客观公正的中立性要求。可见，职务犯罪侦查行政属性突出的个性表现及兼具一定的司法属性并无碍其监督属性的本质，毕竟职务犯罪侦查是检察权派生的具体职权，其内在的三种属性从属于法律监督这一检察权根本属性并通过侦查手段保障法律监督得以充分发挥，两者之间是保障与核心、手段与目的的关系。

（二）理解检察机关职务犯罪侦查对于保障其他各项检察职权有效行使十分重要

职务犯罪侦查体现了检察权保障功能。一是保障人民权力不被滥用。对构成犯罪的职务行为立案侦查，实质是通过检察监督制约国家公职人员行使各项具体公权力，用法律的手段预防和惩治公权力的滥用，这是保障公职活动合法性的最后一道防线。二是检察机关行使职务犯罪侦查职权有利于保障诉讼监督。检察权监督属性最明显的是诉讼监督，通过诉讼监督容易发现公职人员特别是司法人员滥用职权、徇私枉法、以权谋私等职务犯罪线索，推动职务犯罪侦查的开展，反之，通过加强职务犯罪侦查，警示或震慑准备实施职务犯罪的公职人员，切实防止司法等公权力被滥用，树立诉讼监督的严明性和权威性，有了职务犯罪侦查这个坚强后盾，才能够有效保障诉讼监督、批准逮捕、提起公诉等职权行使的刚性和力度。三是检察机关特殊定位保证职务犯罪侦查顺利进行。职务犯罪不同于普通刑事犯罪，侦查对象社会关系网复杂，反侦查能力较强，检察机关是国家法律监督机关，依法独立行使检察权，不受行政机关、社会团体和个人的干涉，具有排除各种阻挠和干扰的先天条件。而公安机关本身是行政机关，出于维护自身权威和自我保护意识如让其对国家机关和国家工作人员的职务犯罪实施侦查，必然会受到极大干扰和影响，且容易与内部的行政监督混同,也不利于保证侦办有隶属关系行政机关及领导职务犯罪的公正性。四是检察机关开展职务犯罪侦查有充分依据。普通刑事犯罪由警察机关侦查,职务犯罪由检察机关侦查,是世界上许多国家的做法。联合国《关于检察官作用的准则》规定检察机关三项基本权力之一就是调查权,即"检察官应当适当注意公务人员所犯的罪行,特别是对贪污腐化、滥用权力、严重侵犯人权的,要依照法律或惯例对这种罪行进行调查"。[①] 所以,我国检察机关行使职务犯罪侦查职权,符合世界上多数国家的做法和国际法律文件的要求。

(三) 加强职务犯罪侦查内外监督制约对发挥其保障功能十分重要

职务犯罪侦查与批准逮捕、提起公诉、诉讼监督等职权由检察机关内部不同部门行使,内部分权制约和内部监督与系统外监督相比肯定要弱一些。为改善这种状况,检察机关在立足加强自身内部监督制约的同时,还加强了接受外部监督制约措施,如"四个分离",即线索管理与侦查分离、涉案财物管理与侦查分离、决定逮捕权与侦查立案单位分离、对不服不立案及撤案的复议复查与侦查分离。"三个同步",即每一次讯问职务犯罪嫌疑人同步录音录像、重大职务犯罪探索侦监公诉部门同步介入监督侦查引导取证。建立人民监督员对"三类案件""五种情形"同步监督。

五、把检察一体作为检察权行政属性的上级院领导、检察长领导的职权来理解和把握十分重要

宪法和法律规定检察机关实行上下级领导和检察长领导的一体化组织形式,这反映了上级检察机关和检察长对检察事务的指挥监督职权,是检察权行政属性的集中体现,完全服务于法律监督这一根本属性,对于保障检察权正确行使极其重要。

(一) 正确认识和把握检察一体化十分重要

检察一体化,是指检察权行使的整体化和统一化,即下级检察院服从上级检察院、检察官服从检察长的指挥监督,检察官作为一个整体行使检察职权,相互之间可以代替。大陆法系国家检察机关普遍采取检察一体制。我国《宪法》第132条规定,"最高人民检察院是最高检察机关。最高人民检察院领导地方各级人民检察院和专门人民检察院的工作,上级人民检察院领导下级人民检察院的工作"。《人民检察院组织法》第3条第1款规定,"各级人民检察院设检察长一人,副检察长和检察员若干人。检察长统一领导检察院的工作"。

---

① 参见孙谦:《论检察》,中国检察出版社2013年版,第197页。

第 10 条第 2 款规定，"最高人民检察院领导地方各级人民检察院和专门人民检察院的工作，上级人民检察院领导下级人民检察院的工作"。《人民检察院刑事诉讼规则（试行）》第 14 条规定，"上级人民检察院在必要的时候，可以直接立案侦查或者组织、指挥、参与侦查下级人民检察院管辖的案件。也可以将本院管辖的案件指定下级人民检察院立案侦查……"据此，我国检察机关具有上级领导下级、检察长领导检察人员的高度一体化，上级院或检察长的指令，下级院或检察人员必须执行，这种指挥监督权无疑是检察权行政属性最突出的职权。检察机关行政化领导制度，在检察实践中形成了"三级审批制"为基础的具体职权行使决策模式，即检察人员承办、部门负责人审核、检察长（副检察长）或者检察委员会决定。同时，上级检察院可以就具体案件处理指令下级检察院，可以撤销、变更下级检察院不正确的决定，下级检察院必须执行。司法责任制改革后，由检察官办案组、独任检察官办案，虽然主任检察官、独任检察官承办案件可以行使检察长授权决定案件处理，但部门负责人仍有审核并指导检察官会议讨论或组织专家论证之责任，检察长或检委会对主任检察官、独任检察官决定处理案件有错误不当时，仍有改变纠正的权力。可见，无论是内部还是外部、横向还是纵向，我国检察机关都明确体现检察权的行政属性。

（二）检察一体的行政属性对于保障检察权依法正确行使十分重要

大陆法系国家检察机关出于有效侦查和起诉犯罪、防范误断滥权、统一追诉法令和统一法令解释等目的价值需要，实行检察一体制。按照西方国家三权分立的政权组织原则，检察权也被普遍看作从行政权中分出的权力并实现行政权对司法权的制约功能，故检察机关多隶属于行政机关。我国检察机关检察一体的行政属性是根据中国特色社会主义政权组织制度作出的安排，有利于保证检察权依法行使和国家法律统一正确实施。一是我国检察机关是国家法律监督机关，检察权的根本属性是法律监督，必须严格执行和维护中央指令，必须严格依法规范检察职权行为，实现人大法律监督具体化，检察一体可以最大限度地保证检察权服从于法律监督这一根本目的与宗旨，监督国家法律统一正确实施。二是我国检察机关也是国家司法机关，检察权是中央事权，具有司法属性，必须保证客观中立，而我国幅员辽阔，机构组织众多，为避免检察权行使受到"地方化"干扰，实行检察一体能够最大限度保证检察机关作为整体活动，谋求法律的统一适用。三是司法人员行使司法职权时以法律为最重要的判断标准，检察官和法官一样都将法律作为真正的上司，为保证公正适法不滥权，两者设计了不一样的保障方式，法院是通上下级审级来纠正和监督下级法院、法官的不当或违法审判活动，而检察机关则通过上级院及检察长的领导和指令来防范和监督下级检察机关及检察官的误断和滥权。所以，上命下从的行政属性绝不代表检察权的行政化，其更多地体现检察权主体的组织特征，对检察权正确运行提供重要保障。

（三）检察一体与检察官独立承担司法责任相协调十分重要

我国的检察官也是司法官，办理案件既要坚决服从检察长领导，又要坚持法律确信确保客观公正，所以，检察一体也必须把握一定界限，这个界限就是对承办案件承担司法责任。当前司法改革已进入深水区，尤其是检察机关以司法责任制为重点的四项改革也进入关键期，明确员额检察官办案主体地位，合理界定检察长（副检察长）、承办检察官在具体办案中的司法责任是改革的应有之义。我们认为，既要坚持上下级领导关系和检察长负责的检察一体基本原则，又要建立和完善检察官在不同权责模式下承担办案责任的具体制度，这是检察工作的两个支柱，对立统一，缺一不可。具体而言，应在坚持检察长职务指挥监督权基础上，建立检察长职务收取权和职务转移权。即检察官办案组或独任检察官本着"谁办案谁负责，谁决定谁负责"之权责精神办理案件，检察长（副检察长）或检委会同意主任检察官或独任检察官决定案件处理的，主任检察官或独任检察官在授权范围内对案件作出决定并承担司法责任（一般授权构成犯罪的批准逮捕、提起公诉意见由主任检察官或独任检察官自行决定并负责，不逮捕、不起诉、是否抗诉的案件意见由检察长或分管副检察长决定并与承办检察官共同负责），反之，检察长（副检察长）或检委会不赞同主任检察官或独任检察官决定案件处理、主任检察官或独任检察官亦确信不愿改变决定意见的，检察长（副检察长）可根据自己决定意见或检委会讨论决定意见，指定由赞同决定意见的检察官办案组或独任检察官承办案件，也可以由自己担任独任检察官或检察官办案组的主任检察官承办案件并承担司法责任。只有这样，才能遵循检察权特点，既贯彻检察一体的指挥监督，又切实增强检察官司法责任感，更好地保障人民检察院依法独立公正行使检察权。

"有检察监督不一定实现法治，无检察监督肯定实现不了法治。"坚持中国特色社会主义道路和法治建设实际，通过《人民检察院组织法》的修改明确人民检察院是国家的法律监督机关和司法机关，彰显法律监督是检察权的根本属性，着力突出诉讼监督这一首要职能、标志性职能、核心职能，必将为依法正确独立行使检察权奠定坚实制度基石。

从"以公诉为中心"到"以侦查监督为中心"

——"以审判为中心"视角下侦查活动监督中心调整

高扬捷[*]

以审判为中心,是对我国长期存在的"以侦查为中心"刑事诉讼格局的批判和否定,是对司法机关相互关系的准确定位和对司法职权的优化配置。而"优化司法职权配置"[①] 正是"推进以审判为中心诉讼制度改革"的前提、基础和原则。由于案件事实和证据均依赖侦查起获,因此,要顺利实现从侦查到审判的"中心"转移,让案件事实、证据经得起法律检验,就要切实强化对侦查权的引导和制约。检察机关侦查监督部门与公诉部门均承担了侦查活动监督职能,但处于与侦查权对接最前沿的侦查监督部门具有公诉部门所不具备且符合侦查工作特点的优势,本应该在侦查活动监督工作中发挥"中心"作用。但现有的法律设计和检察实践对侦查权的监督均表现为以公诉为中心。因此,要实现刑事诉讼整体架构的"中心"转移,必须对诉讼过程中侦查活动监督"中心"重新审视。

一、侦查活动监督"中心"错位的现实考察

任何学科都有自己内在的逻辑,检察学也不例外。检察机关内部职权配置的基本逻辑是:侦查监督和审查起诉均承担了侦查监督职能,但各有侧重。前者职能"中心"在于侦查监督[②],而后者职能"重心"在于审判监督。

---

[*] 作者简介:高扬捷,福建省泉州市人民检察院检察长。

[①] 《中共中央关于全面推进依法治国若干重大问题的决定》在"优化司法职权配置"中提出:"健全公安机关、检察机关、审判机关、司法行政机关各司其职,侦查权、检察权、审判权、执行权相互配合,相互制约的体制机制"。

[②] 其中,侦查监督包括三大职能内容:审查逮捕、立案监督和侦查活动监督。

（一）侦查活动监督内容辨析

侦查活动监督，是指人民检察院依法对侦查机关的侦查活动是否合法而进行的监督，包括两项内容：一是保证刑事侦查任务的完成；二是确保刑事诉讼的合法进行。[①] 换言之，监督侦查的彻底性和合法性，前者保证所有证据环节都不空白，后者则审查取证合法性确保非法证据能被排除。只有二者的有机结合和全面开展，才能确保既有力指控犯罪又防止冤假错案"两位一体"刑事诉讼目标的实现。从侦查活动自身的特点看，侦查活动监督还应该包括取证及时性。侦查工作是一项时间性很强的诉讼活动，必须迅速及时，这既是其自身要求，也是顺利完成侦查任务的重要条件。一方面，犯罪分子总是极力隐匿、毁灭、伪造证据或者相互串供，以掩盖罪行和逃避罪责；被害方则趋向于让证据往有利于自己方向呈现。此外，由于环境等自然原因导致证据灭失，比如暴雨对作案现场留下的诸如脚印等痕迹的破坏。还有就是证据本身存续时效性也会导致证据灭失，比如监控视频、通话清单、短信微信电子证据基于存储介质的容量等因素制约，如未及时提取，即使赋予无限退补机会也于事无补。

综上，为了确保侦查所获事实和证据经得起庭审检验，罪与非罪、罪轻罪重都能清晰根据法律规定由法庭作出裁判，侦查活动监督必须包括彻底性、合法性和及时性监督三项内容。

（二）中心错位的现实表现

围绕彻底性、合法性和及时性三方面侦查活动监督内容，现行制度安排和实践运作显然错置，直接影响侦查活动监督目标实现。

1. 立法及评析。《刑事诉讼法》第 98 条和《人民检察院刑事诉讼规则（试行）》第 564 条规定了检察机关开展侦查活动监督的法律依据，[②] 规则第 565 条明确侦查活动监督的 20 项重点内容。[③] 存在以下问题：（1）时间配给错位。法律规定承担侦查活动监督中心在审查逮捕阶段，但配给的时间只有 7 天，而审查起诉期限最长则有 135 天。客观上看，7 天时间安排端在审查逮捕

[①] 参见孙谦主编：《〈人民检察院刑事诉讼规则（试行）〉理解与适用》，中国检察出版社 2012 年版，第 403 页。

[②] 《刑事诉讼法》第 98 条规定："人民检察院在审查批准逮捕工作中，如果发现公安机关的侦查活动有违法情况，应当通知公安机关予以纠正，公安机关应当将纠正情况通知人民检察院。"《人民检察院刑事诉讼规则（试行）》第 564 条则规定"人民检察院依法对公安机关的侦查活动是否合法实行监督"。

[③] 篇幅所限，此处略去。详见孙谦主编：《〈人民检察院刑事诉讼规则（试行）〉理解与适用》，中国检察出版社 2012 年版，第 405~406 页。

确不宜过长，但必无暇无力开展立案监督和侦查活动监督。这是长期以来侦查监督部门工作着力点只在审查逮捕的根本原因。（2）内容配置错位。刑诉法明确侦查活动监督在审查逮捕阶段，审查起诉阶段既非明确要求实践中必然弱化，而从时间配给上看，却为该阶段留足时间，造成要求与时间保障不相匹配。从刑诉规则20项内容看，监督重点全部围绕侦查合法性展开，对于法庭裁判所需的侦查彻底性和及时性则未作要求。

2. 实践表现及评析。（1）侦查环节。首先，自20世纪末以来，公安机关在刑事侦查改革中取消预审部门，造成侦查质量大幅下降。侦查质量对起诉和审判的决定性影响也被古今中外一再验证。"侦查中所犯的错误往往具有不可弥补性，许多实证研究指出，错误裁判最大的肇因乃错误侦查，再好的法官、再完美的审判制度，往往也挽救不了侦查方向偏差的恶果。"[①] 其次，公安机关捕后怠于继续侦查进一步加剧侦查导向偏差。审视公安机关考评标准，基本以捕与不捕作为案件考评标准，起诉与判决质量则不在考评之列，这种导向使得案件一经逮捕后，侦查积极性难以再被调动。因此，公诉阶段虽被赋予侦查监督职能，但案件退补后证据往往无法取得实质性补强，或者虽有进展但已非证据的真实面目。公安机关假以时日便以一纸工作说明再行移送，这是公诉阶段侦查监督成效的基本格局。（2）检察环节。侦查监督的三大核心内容中，除审查逮捕外，立案监督已通过"两法衔接"平台作为常设性构架弥补了立法不足，唯独侦查活动监督既缺乏全面的业务指引，也无常设性机制加以强制要求或强力保障，加上7天时间配给不足和捕诉分离的内部职能分立更加剧了侦查活动监督的空心化，使案件错失最佳补证时机，最终只能"带病"起诉或判决。

综上，立法和机制安排局限在先，自然无法指望侦查和检察人员突破作为生物人的有限理性限制[②]，供给法庭有效的事实和证据。

---

① 林钰雄：《检察官论》，（台湾）学林文化事业有限公司1999年版，第22页。这是林钰雄教授转引自德国Geisler、Peters和Ranf教授的著作，并有实证资料加以分析印证。

② "有限理性"理论是由1978年的诺贝尔经济学奖得主、美国赫伯特·亚·西蒙教授针对理性决策而创立的决策过程分析理论。西蒙认为现实生活中人作为管理者或决策者的人是介于完全理性与非理性之间的"有限理性"的"管理人"。"管理人"的价值取向和目标往往是多元的，不仅受到多方面因素的制约，而且处于变动之中乃至彼此矛盾状态；"管理人"的知识、信息、经验和能力都是有限的，他不可能也不企望达到绝对的最优解，而只以找到满意解为满足。

二、侦查活动监督"中心"错位的原因审视

第一，权力统合素质不相匹配。侦查权是行政权，与刑事诉讼中司法权主导不相匹配，二者价值目标、功能和运行规律都不同。"五星若合，是谓易行。"党的领导提供了国家权力整合平台，但刑事诉讼权力在公检法三机关之间缺乏司法权的统合功能，要回归诉讼规律，必须实现诉讼权力统合。"以审判为中心"试图提供司法权力整合平台，但没有从检察环节入手即改变侦查权的行政属性，行政与司法的不同价值取向始终难以统合，法治国家目标也就难以实现。

第二，刑事诉讼司法属性不强。从侦查权启动开始，一切诉讼活动本均应具有司法属性。实际不然：一是侦查行政化。侦查权是行政权，审查逮捕是侦查权中唯一受审查环节，并没有改变侦查取证过程的封闭性，行政化明显。二是审查逮捕行政化。审查逮捕受检察机关内部行政化审批及依靠公安机关单方面收集的证据进行书面审查①，也具有相当的行政化属性。两种行政化弱化了刑事诉讼的司法属性，侦查质量严重牵制了起诉和审判质量，"快播案"就是典型。网络上对该案公诉人的指责一边倒，实际上，最大的问题不在于公诉人的庭审应变能力而是辩方紧咬侦查证据瑕疵。

第三，刑事证明标准没有全流程贯穿。从根本上说，侦、诉、审三阶段的区别仅仅在于"罪量"而不在于"罪质"，即只有指控事实的增减，而对同一犯罪事实，定罪标准应该一致，都应该达到"事实清楚、证据确实充分"的证明标准，对同一犯罪事实的证据标准应该贯穿侦查、审查起诉和审判全流程，这既是保护人权的必然要求，避免错捕和滥捕，也是司法权引导侦查的证据标准。

第四，考核指标价值取向短板。长期以来，公安机关的考评标准都以案件批捕与否作为质量考评的中心指标。侦查行为必然只围绕"批捕"这一价值网络展开，没有覆盖到整个刑事诉讼过程。如果公安机关的价值目标止步于批准逮捕，考评标准价值网络要素从来就没有起诉或审判，则无法指望侦查质量"以审判为中心"。

第五，证据价值认识错位。以审判为中心本质上就是以证据为中心，侦查阶段收集的所有证据供给都是为了满足庭审裁判需求。因为，是满足了"三性"（客观性、合法性、关联性）证据的效用和证明力才有价值，而不是证据

---

① 2012年刑事诉讼法实施后，审查逮捕阶段检察机关纯书面审的局面有所改观，但对犯罪嫌疑人提审仍然没有做到全覆盖，且仍然没有改变行政化审查的基本格局。

堆砌本身有价值。现行证据问题是无视庭审需求，基于考评项目的不科学诱导，围绕批捕需求展开。当前侦、诉、审证明标准又没有统合情况下，证据、事实自然经不起庭审检验。

三、侦查活动监督"中心"调整的理论辨析

完成对检察中心"错位"的实践考察和原因审视，辅之以理论上的深入辨析，可以更清晰地捕捉到检察"中心"调整线索。

（一）实现"以审判为中心"两造任务的统一

从"以侦查为中心"到"以审判为中心"，主要是为了防止冤假错案，解决刑事诉讼痼疾，这是一种局限于司法领域的"消极任务"。放大历史视界，立足于司法解决社会纷争的固有属性和转型期中国的当下现实，显然，更具有"积极任务"需要达成。一是通过理念辐射力和社会治理信号为民众诉求提供有效的利益表达渠道。二是提供有效的纠纷解决渠道，避免因司法不力变相鼓励极端化的个人行为、恢复原始的"同态复仇"。三是通过统合给予公安机关及其他行政执法机关的执法权监督切实提供公民财产和人身权益保护渠道。显然，这三大积极任务都必须在侦查监督阶段启动。

（二）完善刑事诉讼程序构造的需要

立法中侦查、起诉分立已在一定程度上制约了对侦查权的监督，检察机关内部侦查监督与公诉职能分立，更进一步加剧侦查监督的条块分割：其一，侦查监督部门为法庭提供证据缺乏约束力和驱动力，多做少做成了良心活而不是基于诉讼的技术活。其二，转移给起诉阶段的侦查监督任务又受制于其结构性、不可克服的缺陷。只有有效调动侦查活动监督职能，消除起诉与侦查作为两个独立诉讼阶段的不利因素①，加强对证据能力和证明力的指导和筛选，为庭审阶段进行有效质证与辩论服务，弥合侦查起诉断裂，形成大控诉格局，强化控诉力量、公诉质量和指控效果。

（三）顺应历史沿革的要求

考察检察官制度起源不难发现其肩负任务有三：一是改变纠问式审判格

---

① 在刑事诉讼法中将侦查和起诉作为分立的诉讼阶段是中国独有的制度安排。在其他国家和我国港澳地区，起诉虽由检察机关负责，但检察官基本主导侦查程序，即侦查与起诉不是分立而是合一的。

局；二是控制侦查活动合法性；三是守护法律，既追诉犯罪又保障民权。① 近年来，侦查监督改革一直在对逮捕三个条件的全面、准确把握上转圈，在控制侦查活动合法性和及时性上则无更多作为和建树，这样的侦查监督工作思维已经无法适应诉讼模式的新调整。当我们回溯历史把目光投放到侦查监督部门的更名历史上会发现：其实我们错过了一次很好的扭转"以侦查监督为中心"的机会。2000年9月，全国检察机关审查批捕部门更名为侦查监督部门后的第一次会议召开。会上张穹副检察长指出：此次更名，不是简单的名称变更，"而是为加强对侦查工作的监督，全面强化法律监督职能所作出的一项重大决定"，侦查监督职责和任务概括为"三项职责八大任务"。② 会议界定的侦查监督职能涵括了从刑事立案到法庭审判的全过程。对照八大任务不难发现：此后的15年间，侦查监督工作在要求和监督侦查机关开展补充侦查和提供法庭审判所必需的证据材料这两个维度上并不得力。2012年刑诉法对逮捕条件和审查程序作了较大修改。但其着力点在于避免错捕或滥捕，而不在于强化侦查活动监督职能上。

（四）体现程序邻接的天然优势

审查逮捕阶段具有发现非法证据的天然优势。拘留后最长30天内应当报捕，如果存在刑讯逼供情形，犯罪嫌疑人伤情一般未愈，是发现违法取证、进行非法证据排除的最佳良机。在王某某案件审查中，检察官正是发现王某某右臂石膏固定且行动不便，以此作为突破口排除非法证据，从而避免一起冤错案发生。可以想见，如果再经过两个多月甚至更长时间等案件进入审查起诉阶段，犯罪嫌疑人伤情已愈，更增加发现违法取证的难度。此外，刑事侦查要求迅速及时的特点也直接决定只有离其最近的侦查监督职能才能胜任。

四、侦查活动监督"中心"前移的基本思路

"以审判为中心"，检察机关必须调整检察权自身的优化配置，在侦查活动监督环节把"以公诉为中心"调整为"以侦查监督为中心"。

---

① 参见林钰雄：《检察官论》，（台湾）学林文化事业有限公司1999年版，第14~19页。
② "三项职责"指审查逮捕、刑事立案监督和侦查活动监督。"八大任务"则是对三项职责的具体化，包括：全力维护社会稳定；开展刑事立案监督；适时介入侦查，参与重大案件讨论；审查批准和决定逮捕；要求侦查机关开展补充侦查；要求侦查机关提供法庭审判所必需的证据材料；开展侦查活动监督；对强制措施执行情况开展监督。

（一）统合刑事诉讼司法权力

如前所述，现行刑事诉讼安排中，检察权和审判权这两种司法属性的权力对侦查权这一行政权完全无介入，造成司法权力无法贯穿刑事诉讼始终，行政与司法不同价值目标之间的冲突必然酿成冤假错案。以审判为中心试图提供司法权统合平台，但侦查权固有的行政权属性和其秩序优先的价值目标无法自己实现与司法权的匹配，根本解决之道在于检察权介入侦查，引导侦查权回归司法属性。这是世界各国刑事诉讼的通例。对此，可以从震荡最小的方式开始，通过系列立法和机制配套强化侦查活动监督，引导侦查。检察权介入侦查也有利于消除公安机关对被查处"有案不立有案不移"渎职犯罪的顾虑，改变不顾侦查质量将所有案件都移送审查起诉变相将检察机关变成其预审部门，也将社会矛盾转移加重其信访压力，回归刑事诉讼互相制约的正常局面。

（二）打破侦查监督三重任务与机制配给之间的逻辑悖论

侦查监督职能将审查逮捕、立案监督和侦查活动监督这三种不同实现逻辑的目标集于一身，造成相互冲突的侦查监督格局。审查逮捕关系个人自由，7 天审查时间在世界各国刑事诉讼安排中已经显得过长①，又无益于其试图要同时开展的立案监督和侦查活动监督工作。因此，应当打破将三种不同目标集于一身的侦查监督格局，将审查逮捕诉讼程序单独剥离，既照顾人权维护，也给立案监督和侦查活动监督留足时间，又减少审查起诉阶段的无谓退补。这需要刑事诉讼立法调整。

（三）回归审查逮捕判断权的司法属性

（1）回归司法性。检察权司法属性与行政属性各有自己的作用领域，但在刑事诉讼中经常模糊二者的边界。检察改革必然伴随去行政化要求，回归司法属性。（2）加强亲历性。亲历性是司法权的根本要求，一是严格要求每案必提审；二是规定必须听取辩护律师的法律意见。王某某案被顺利纠错，正是检察长亲自讯问犯罪嫌疑人，是亲历性审查的典范。（3）建构中立性。逮捕是对公民自由权的剥夺，因而是具司法属性的权力。世界各国审查逮捕阶段的司法官都具有中立属性。审查主体不管是法官或检察官，其本质便是审查者的

---

① 英、美、德、法等国都以小时计算，且有严格的捕后羁押必要性审查程序和救济程序。参见宋英辉、孙长永、朴宗根等：《外国刑事诉讼法》，北京大学出版社2011年版。

中立性。① 围绕法官居中的多方参与抗辩,是审判诉讼构造中最重要的司法特征。在我国,审查逮捕并非法官居中裁断,但审查逮捕程序剥离单列后辅之以审查逮捕诉讼化形态改造造,增加抗辩性,保证检察机关的中立性和强制措施的妥适应用。②

(四) 引导侦查职能前移

现行制度设计中有零星引导侦查的痕迹,一是审查逮捕阶段的提前介入,二是审查起诉阶段的引导侦查。实际上,审查逮捕后再经两个月的侦查,案件移送审查起诉时,可供引导的侦查取证行为已经相当有限。对此,有两个环节需要强调:一是对公安机关采纳及查证情况要有跟踪。二是要加大自行补充侦查力度,将自行补侦结果与公安机关怠于侦查情况合并审查,为反贪反渎提供线索,震慑公安机关怠于侦查行为。实现这个目标需要侦查监督部门与公诉部门再行合并才能顺畅实现。在王某某案中,检察机关对王某某作出不捕决定后没有一放了之,而是充分发挥侦查监督职能,提出了9条补充侦查意见被公安机关采纳,对抓获真凶起到关键作用。

(五) 提升侦查活动监督覆盖

侦查监督部门与公诉部门再行合并后,有助于实现侦查活动监督全覆盖。(1) 案件全覆盖。现行诉讼中存在(不捕)直诉机制,公诉部门囿于其公诉思维往往弱化侦查活动监督职能。随着对逮捕的认识深化和司法文明的推进,这类案件所占比重必将越来越高。实现侦查活动监督案件全覆盖,在立法修改与侦监公诉合并之间,后者是最优震荡最小的可选方案。(2) 流程全覆盖。侦监公诉合并有利于法庭证据材料提供和执行情况的跟踪监督。基于这两个覆盖,既是适应以审判为中心之必要调整,从司法矛盾化解的角度,当事人也更容易接受基于全面程序下司法处断的结果。因为"法律程序有助于从心理层面上和行动层面上解决争执。法律程序的诸多内容无助于判决之准确性但有助于解决争执"。③

---

① 参见陈光中、步洋洋:《审判中心与相关诉讼制度改革初探》,载《政法论坛》2015年第3期。《德国刑事诉讼法典》,李昌珂译,中国政法大学出版社1995年版。《美国联邦刑事诉讼规则和证据规则》,卞建林译,中国政法大学出版社1998年版。

② 客观公正是检察机关的义务,深入研析检察机关的几大职能,最能体现其客观公正秉性的就是远在履行犯罪追诉的公诉职能前、在以秩序为其主要价值追求的公安机关侦查之后,居中进行捕与不捕的审查判断。

③ [美]迈克尔·D. 贝勒斯:《法律的原则——一个规范的分析》,张文显等译,中国大百科全书出版社1996年版,第35页。

（六）转移侦查监督重点

（1）关注及时性。捕前的侦查阶段是收集、固定证据的关键阶段，捕后往往受制于证据灭失、怠于侦查等因素使审查起诉阶段证据质量难以再得到提升。因此，捕后对证据作出要求显得尤其重要。（2）关注客观性。重视对证明力强的客观性实物证据的检测和鉴定。在王某某案中，正是对现场遗留血手套的 DNA 鉴定意见，充分运用现代科技手段，为锁定真凶起了决定性作用。（3）关注辩护权保障。文本中的辩护权能否在实践中落实，既关乎案件质量，也关乎抗辩性和司法性的落实，应成为关注的重点。（4）关注被害人意见。在审查逮捕过程中听取被害人及其代理人意见，是对当事人意见的吸纳同时又可节约刑事诉讼程序重大变革成本。（5）关注刑讯逼供的应对。庭审中被告人往往称受到刑讯逼供要求进行非法证据排除，给指控和法院采信证据造成困境。传统中以《工作说明》或侦查人员出庭应对，但证明力和公信力都广受质疑。由侦查监督检察官固定刑讯逼供与否证据，既可避免冤假错案，也可应付法庭翻供之需，更可震慑非法取证行为。

五、结语

由于公安机关肩负着社会治安维护的行政职能，因此，其职能重心会偏向于"秩序"，而司法机关则应立足于中立秉性，在弱小的民众与恣意的行政权力之间发挥平衡器作用，职能重心应着眼于"人"。如此，权力能够得到有效制约、社会矛盾得以理性疏导，而从"以公诉为中心"到"以侦查监督为中心"，便是实现这一权能的必然选择。"以审判为中心"视域下的检察"中心"调整是个系统工程，需要着眼于刑事诉讼全过程和检察工作全局，结合当下正在进行的检察官办案责任制改革，整体推进。路漫漫其修远，但构建伟大的刑事诉讼文明，始于每一代人的点滴累积。实现检察"中心"转移，是历史赋予这一代人的历史课题。

"捕诉合一"抑或"捕诉分离"：实务考察与理论探究

伏 波[*]

一、问题的提出

在我国，批捕和起诉是检察机关最具有司法属性的职权，也是检察机关最具有代表性的职权之一。如何公正高效地履行这两种职权，如何保证这两种职权以司法权的运作方式发挥效能，对于检察机关全面行使法律监督职能具有十分重要的意义，这涉及这两种职权的配置和运行问题。检察权的配置和运行最终落脚于检察机关的内设机构及运行机制，检察机关的内设机构是检察权运行的组织载体，也是检察机关内部配置和管理的表现形式。[①]众所周知，1999年，高检院刑事检察厅分设为审查批捕厅和审查起诉厅，2000年更名为侦查监督厅和公诉厅，在此之前，我国一直采用"捕诉合一"模式，此后，捕诉分离的格局一直沿用至今。[②] 2015年，在首批司法体制改革试点省市中，有吉林、湖北、海南、广东四省进行过内设机构的改革，其中，在省院层面上，只有吉林省检察院进行了内设机构改革，其中，就把公诉一处、二处，侦查监督一处、二处，未检处整合成刑事检察部。在检察体制改革和内设机构整合的背

---

[*] 作者简介：伏波，四川省成都市青羊区人民检察院反贪局干部。

[①] 参见鲍明叶：《基层检察机关内设机构的科学设置——以某省C市基层检察机关为研究对象》，载《新一轮检察改革与检察制度的发展完善——第四届中国检察基础理论论坛文集》，中国检察出版社2015年版，第415页。相关内容可参见谢鹏程：《论检察机关内部机构的设置》，载《人民检察》2003年第3期。

[②] 参见张和林、严然：《检察机关内设机构的科学设置研究》，载《新一轮检察改革与检察制度的发展完善——第四届中国检察基础理论论坛文集》，中国检察出版社2015年版，第393页。相关内容可参见陈亮：《检察机关捕诉关系研究》，华东政法大学硕士学位论文，2011年。

景下，所谓"捕诉合一"并不是指审查批捕权和公诉权归一个部门行使，①而是指审查批捕权和公诉权归一个主任检察官或者检察官办案组行使，②亦即，提请批准逮捕的刑事案件进入起诉阶段后仍由原承办检察官或者原检察官办案组办理的制度。相应地，所谓"捕诉分离"，是指将批准逮捕和公诉职能由不同的主任检察官或者检察官办案组分别独立承担，防止权力过于集中导致的监督失衡。本文旨在以全国各地检察机关对捕诉进行机构整合的实践为基础，对"捕诉合一"与"捕诉分离"两种模式进行实务考察与理论探究，并提出公正高效行使捕诉职权的方案。

二、全国各地检察机关对捕诉职权进行机构整合的实践

（一）"捕诉合一"的实践状况

1. 成都市龙泉驿区检察院视案件性质分别进行轮案

龙泉驿区检察院是成都市检察机关最先试点内设机构改革的基层检察院。其中，龙泉驿区院将公诉科、侦查监督科整合成刑事检察部，根据案件的性质不同，实行不同的分案规则，主要有：（1）提请批准逮捕的刑事案件进入起诉阶段后仍由原承办检察官办理；（2）自侦案件、经侦案件、犯罪嫌疑人在5人以上（含在逃人员）、侦查卷宗在5卷以上的案件视为复杂案件，单独进行轮案。③从实践来看，龙泉驿区院施行的是以"捕诉合一"为主、"捕诉分离"为辅的混合模式。④

2. 湖北省部分检察院视案件性质难易实行不同的办案模式

2009年底，湖北省检察院就制定了《关于部分基层检察院内部整合改革试点工作的实施方案》。根据该方案，实行"诉讼职能与监督职能相分离、案件办理与案件管理相分离"两个分离进行内设机构整合。在逐步推进试点的

---

① 参见石鹏、王崇恒、江泓：《完善检察机关捕诉衔接工作机制的对策》，载《中共银川市委党校学报》2014年第2期。

② 本文认为在全面推进依法治国背景下的检察体制改革中，检察机关内设机构改革不仅仅是之前主要是针对机构臃肿，职能交叉，无法形成办案合力而进行的改革，当下的主要是作为检察机关司法责任制的配套措施，即体现检察机关司法属性和扁平化管理的必要措施。

③ 详情可见《成都市龙泉驿区人民检察院主任检察官办案流程规范（施行）》第二章"刑事检察部"。

④ 本文认为，在司法实践中，普通的、简易的刑事案件占绝大多数比例，疑难、复杂的刑事案件占极小的比例，因此，"捕诉合一"为主、"捕诉分离"为辅的混合模式可以归入"捕诉合一"模式中。

过程中，有试点院实行"五部制"、"七部制"、"九部制"①。其中，诸如武汉市东西湖区检察院将批捕和起诉整合成批捕起诉部，然后将人员整合为 6 个办案组，简易案件的批捕、起诉由一组办案人员负责到底；复杂案件则实行 AB 组交叉办案，即将人员分为 A 组 B 组，A 组办理的批捕案件由 B 组审查起诉，B 组办理的批捕案件由 A 组审查起诉。

3. 重庆市渝北区检察院实行捕诉合一的办案模式

重庆市渝北区检察院将承担捕诉职能（除涉及未成年人犯罪案件外②）的部门整合成刑事检察局，将人员分为 8 个检察官室，批捕和起诉由办案人员负责到底，③ 实行"捕诉合一"的办案模式。

4. 广东省佛山市顺德区检察院的捕诉合一模式

佛山市顺德区检察院整合现有的 14 个内设机构、1 个直属行政单位，设立"三局一办"，其中，公诉局负责刑事犯罪案件审查逮捕、起诉和抗诉职能以及在刑事诉讼中通过案卷材料能直接判定的部分诉讼监督职能。换言之，公诉局就涵盖了审查批捕的职能。

表 1 "捕诉合一"的实践状况

捕诉合一			
"捕诉合一"为主、"捕诉分离"为辅的混合模式		捕诉合一	
成都市龙泉驿区院	武汉市东西湖区院	重庆市渝北区院	佛山市顺德区院
刑事检察部	批捕公诉部	刑事检察局	公诉局
视案件性质分别轮案	按照难易实行 AB 组交叉办案	批捕和起诉由办案人员负责到底	

（二）"捕诉分离"的实践状况

1. 批捕和起诉分属于不同部门的机构整合模式

重庆市南川区检察院在内设机构整合的过程中，将承担审查起诉职能的部

---

① 详情可参见湖北省人民检察院《关于全省基层检察院内部整合改革进展情况的通报》。

② 未成年人刑事检察局，承担原侦查监督和公诉部门办理的涉及未成年人犯罪的案件，包括该类案件的政治部，负责队伍建设和干部人事相关工作。

③ 例如，在 2015 年 8 月各检察官室的办案情况通报中，一室受理侦监 43 件 47 人；公诉 41 件 45 人，其中，刘显平检察官办理侦查监督案件 13 件 14 人，办理公诉案件 8 件 9 人。

门整合成公诉局,将侦查监督科、民事行政检察科、刑罚执行与监管活动监督科以及控告申诉检察科整合成诉讼监督局。① 可见,南川区院在内设机构整合中更加看重侦查监督科所具有的诉讼监督职能的定位。另外,湖北省部分检察院在推进"大部制"改革的试点过程中,将承担捕诉职能的部门整合成批捕部和公诉部。例如,湖北省咸宁市院以参与第二批内部整合改革的嘉鱼县院为样板,出台了《关于咸宁市基层检察院全面推行内部整合改革工作的指导意见》,将基层院内设机构整合为7个部,分别是批捕部、公诉部、职务犯罪侦查部、刑事诉讼监督部、民事和行政诉讼监督部、案件管理部、综合管理部。由此观之,湖北省部分试点"七部制"和"九部制"的检察院一般都将承担捕诉职能的部门整合成批捕部和公诉部,体现出按照业务条线划分和捕诉业务的重要性来进行整合的原则。

2. 批捕和起诉属于同一部门但分离运行的机构整合模式

重庆市武隆县检察院、荣昌区检察院、三分院,海南省三亚市城郊检察院、琼海市检察院、澄迈县检察院、东方市检察院、琼中黎族苗族自治县检察院也是将承担捕诉职能的部门整合成刑事检察局,但采用分离运行的模式,其中,诸如三亚市城郊院刑事检察一局承担侦查监督职能,刑事检察二局承担公诉和未检职能,② 并且刑事检察一局、二局的分管副检察长由不同的人担任。吉林省检察院除省级院进行内设机构整合外,包括下属的4个市级院、12个基层院试点进行内设机构整合,其中,白山市检察院、长春林区分院、铁路运输分院、昌邑区检察院、平东地区检察院、伊通满族自治县检察院、浑江区检察院、江源区检察院、临江市检察院、靖宇县检察院、抚松县检察院、长白朝鲜族自治县检察院是将捕诉整合成刑事检察部。另外,吉林市城西地区检察院将承担捕诉、控申、监管职能的部门整合成刑事及控告申诉检察部。③ 前段时间,包头市检察院、青山区检察院、土右旗检察院也进行了内设机构整合,它们将捕诉整合成法律监督检察部。此外,扬州市江都区检察院将捕诉、控告、民行、监所等5个部门整合成诉讼监督局。深圳市福田区检察院将捕诉整合成刑事犯罪检控局。

---

① 详情可参见《重庆市南川区人民检察院诉讼监督局职责》。
② 详情可参见《三亚市城郊人民检察院关于司改试点期间机构整合及主任检察官办案组织设置的通知》。
③ 详情可参见《刑事及控告申诉检察部"精装修"文件》。

表2 "捕诉分离"的实践状况

捕诉分离				
捕诉分属于不同部门的模式	重庆市南川区院		诉讼监督局	公诉局
	湖北省咸宁市院		批捕部	公诉部
捕诉属于同一部分但分离运行模式	重庆市武隆县院、荣昌区院、三分院			刑事检察局
	三亚市城郊院等			刑事检察一局、二局
	吉林省院、白山市院等4个市级院、昌邑区院等11个基层院			刑事检察部
	吉林市城西地区院			刑事及控告申诉检察部
	包头市院、青山区院、土右旗院			法律监督检察部
	扬州市江都区院			诉讼监督局
	深圳市福田区院			刑事犯罪检控局

(三) 对上述"捕诉合一"与"捕诉分离"实践状况的简要评价

通过对上述"捕诉合一"与"捕诉分离"实践状况的简单描述,当前我国各地检察机关对捕诉进行整合的几个特点:(1) 从笔者收集的资料来看,在对捕诉进行整合中,采用"捕诉合一"模式的检察院只有少数,绝大多数检察院采用"捕诉分离"模式,究其原因,本文认为主要是基于检察实务操作和稳定队伍人心的考量。(2) 在采用"捕诉分离"模式的检察院中,采用"捕诉分属于不同部门"的整合模式只有少数,大多数检察院采用"捕诉属于同一部分但分离运行"的整合模式,究其原因,本文认为主要是从检察机关内设机构变迁的沿革上来讲,捕诉职能曾经隶属于刑事检察部门。(3) 如上所述,我们可以明显地看出,检察机关在对捕诉进行整合中,有两条清晰的线索,一条线索是按照检察职能来进行整合,另一条线索是按照内设机构来进行整合。(4) 全国各地检察机关对捕诉进行整合后的内设机构名称各异。有刑事检察部、刑事检察局、刑事犯罪检控局等。(5) 全国各地检察机关对捕诉职能的定位侧重不同,有的检察机关看重诉讼职能的一面,如刑事检察部,有的看重监督职能的一面,如法律监督检察部。(6) 其中,对采用"捕诉一体"运行机制的未检部门的整合,也是各异,有的检察机关是保留未检部门,有的是纳入刑事检察部,也有的是纳入公诉部、批捕公诉部。

三、"捕诉合一"与"捕诉分离"的实务考察

如上所述,全国各地检察机关既有采用"捕诉合一"模式的,也有采用"捕诉分离"模式的,从实践运行来看,两种模式各有利弊。

(一)"捕诉合一"模式的利弊分析

1. "捕诉合一"模式的优点

(1)"捕诉合一"有利于节约司法资源。"捕诉合一",避免了检察机关内设机构的多重设置、人员的浪费、工作的不必要重复。"捕诉合一",人员进行重新整合,整个工作变成监督侦查、支持公诉,形成合力,更有利于办案。

(2)"捕诉合一"可以缩短办案期限,提高工作效率。实行"捕诉合一",同一案件的审查批捕、审查起诉为同一承办人或者检察官办案组,在批捕阶段已基本吃透案情,初步了解证据情况,到起诉时便可以稍加审查,即可起诉,避免重复阅卷,提高诉讼效率。

(3)"捕诉合一"有利于引导侦查。实行"捕诉合一",承办人对自己批捕的案件都希望能顺利起诉,因此在批捕阶段,承办人责任心会明显增强。如果达到了逮捕的条件,而要起诉又缺少一定的证据时,承办人就会在批捕阶段与侦查人员联系,写出需要补充的证据提纲,并引导侦查人员收集并固定证据。

(4)"捕诉合一"可以避免检察机关内部案件标准掌握不一致的情况。"捕诉合一"之后,可以全程引导、统一调控侦查机关(包括自侦部门)侦查活动,从庭审的角度要求他们侦查取证,提高移送案件质量,[①] 降低公诉风险,避免同一机关对同一事实因认识不一致而作出不同决定的尴尬。

2. "捕诉合一"模式的缺点

(1)直接否定了逮捕程序的独立价值。"捕诉合一",不仅将把握逮捕条件的权力分配给了追诉方,而且也使追诉方完全占据了逮捕程序的权力,使逮捕程序的独立价值受到损害。而且从实践来看,"捕诉合一"可能导致审查批捕异化成审查起诉的"前阶段",使审查批捕失去了本来的价值。

(2)可能导致逮捕权滥用或不正确使用。"捕诉合一"不利于逮捕条件的把握,还可能导致逮捕权的滥用。主要有以下表现:一是该捕不捕。如果公诉人掌握审查批捕权,在实践中很可能担心捕后诉不了,人为地提高逮捕条件,或者以起诉标准衡量逮捕条件。二是滥用逮捕权。在追诉过程中,公诉人为了

[①] 仅从这点来看,"捕诉合一"相较于"捕诉分离",更有利于适应"以审判为中心"的诉讼制度改革。

达到追诉目的，为了有利于起诉，可能最大限度地限制犯罪嫌疑人的人身自由。

（3）检察机关内部失去监督，影响案件质量

实行"捕诉合一"后，承办案件的检察官往往认为，通过审查批捕，自己已经详细掌握了全案的事实和证据，因此在起诉阶段就不再认真去审阅案卷，直接按照批捕阶段认定的事实和证据提起公诉，这样就会遗漏那些公安机关在批捕之后从新侦查取得的新证据以及认定的新事实，从而影响所起诉案件的质量。

（4）容易导致错案的发生

"捕诉合一"，即"谁批捕谁起诉"，如果一个案件在批捕阶段出错后，就会在起诉阶段继续出错，从而导致错案的发生。而在"捕诉分离"下，批捕阶段出错的案件，可以在起诉阶段加以纠正，避免一错再错。①

（二）"捕诉分离"模式的利弊分析

1. "捕诉分离"模式的优点

（1）批捕权和起诉权在性质和目标上是不一样的，"捕诉分离"有利于两者目标的实现。批捕权更加侧重于对侦查活动的监督，本质上是一种法律监督权。起诉权更多的是一种犯罪追诉权，其自身的目的与侦查机关（包括自侦部门）是一致的。因此，将两种性质和目的不同的权力同时交给一个主体行使，很难达到将两种权力分开时的效果。

（2）"捕诉分离"设置两道相对独立的诉讼程序，有利于保证案件质量。捕诉分离有利于加强对检察机关捕诉职能的制约，避免权力过分集中，在审前程序中建立两道相对独立的防线，② 对犯罪嫌疑人是否构成犯罪进行两次独立审查，尽可能地避免错案的发生，保障犯罪嫌疑人的合法权利。

另外，"捕诉分离"可以避免检察官在批捕程序中就形成犯罪嫌疑人有罪的结论，从而在审查起诉中陷入先入为主的思维定势。

2. "捕诉分离"模式的缺点

（1）"捕诉分离"模式在强化内部监督制约、保障案件质量方面的作用是较为有限的。就案件质量方面来看，审查逮捕部门在办案期限紧、案件证据还不完善的情况下，办案人员基本上只是确定犯罪嫌疑人的行为构成了犯罪，有

---

① 另外，就是不利于强化检察机关法律监督地位。1999年以前，高检院实行捕诉合一，正是因为当时特别担心检察机关集侦、捕、诉、监于一身，使检察机关在与犯罪嫌疑人方的对抗中，处于强势地位，不利于诉讼公正，将批捕权划出给其他机关的呼声渐起。因此，在1999年，高检院刑事检察厅分设为审查批捕厅和审查起诉厅。

② 相关内容可以参见胡冬平：《捕诉合一不宜推行》，载《检察日报》2004年7月19日。

逮捕必要即可。而公诉部门的办案人员需要准确认定犯罪嫌疑人的罪名，核实所有的犯罪事实和证据。就内部的监督制约方面来看，两个部门同为检察机关的内设机构，两个部门的办案人员都是同事，互相监督制约作用必然有限。

（2）"捕诉分离"不利于提高办案效率，而且可能浪费司法资源。① 在"捕诉分离"中，同一案件要经过主任检察官或者检察官办案组两次审查，同一犯罪嫌疑人会经过多次讯问，相较于"捕诉合一"来说，不利于提高办案效率。同时绝大多数的刑事案件都归基层检察院管辖，相对比较简单，设置两个独立部门和两道相对独立的诉讼程序进行两次审查，可能导致司法资源的浪费。

（3）未检部门办案实践证明"捕诉合一"对案件质量并没有影响。在未检办案中，实行的是"捕诉监防"一体化运行机制，其中，一名主任检察官或者检察官办案组同时对未成年犯罪嫌疑人实行审查批捕和审查起诉。自如此运行以来，并没有出现什么问题。

综上所述，我们对"捕诉合一"与"捕诉分离"两种模式的利弊进行了分析，可以看出"捕诉合一"着重于提高办案效率、节约司法资源、形成办案合力、更好地追诉刑事犯罪，而"捕诉分离"更加看重权力的监督与制约、办案质量的保障、权属目标与司法公正的实现。

四、"捕诉合一"与"捕诉分离"的理论探究

（一）检察机关内部职权的配置原则

关于检察机关内部职权的配置②应该坚持什么样的原则，学者们进行了很多的论述，并提出了不同观点。③ 这些原则观点在一定程度上有其合理性和实

---

① 相关内容可以参见《资阳市检察机关检察改革研讨会综述》。

② 由检察机关内设机构的历史变迁来看，影响内设机构设置的主要因素有：（1）法律规定的检察机关的职权，即职责权限和业务条线；（2）法律规定的诉讼阶段，即业务流程；（3）内设机构的监督与制约。

③ 主要有以下几种观点：一是有学者认为应当坚持四项原则，即全面履行法律监督职能原则、保障检察官相对独立行使检察权原则、依检察院的层级区别设置内设机构原则、精简高效和优化检察人员结构原则。参见徐鹤喃、张步洪：《检察机关内设机构设置的改革与立法完善》，载《西南政法大学学报》2007年第1期。二是有学者认为应当坚持五项原则，即系统性原则、统一性原则、发展性原则、高效性原则和法治性原则。参见冯中华：《我国检察机关内部机构设置改革研究》，载《青海师范大学学报》2005年第3期。三是还有学者认为应当坚持六项原则，即全面履行法律监督职能原则、检察一体原则、检察官相对独立原则、内部制约原则、加强业务部门和精简非业务机构原则、地县两级人民检察院内部机构设置因地制宜原则。参见谢鹏程：《论检察机关内部机构的设置》，载《人民检察》2003年第3期。

际可操作性，都涵盖了检察机关内部职权配置的不同面向，对于捕诉职权的合理配置，也具有重要意义。本文认为，检察机关内设机构不仅是检察机关的组成元素，也是检察权运行的载体和组织保障，所以对于捕诉职权的整合应当从保证检察权依法行使、确保检察职能有效发挥、全面履行法律监督职能、保证办案质量、加强内部的监督与制约的角度出发，主要应当注重把握以下五个原则：

1. 依法设置的原则

检察机关内设机构的整合必须依据《人民检察院组织法》等相关的法规。从本质上看，检察权属于专门性法律监督权。作为检察权行使载体和组织保障的内设机构必须要承担好法律监督的权属和职能，必须依法设置。[①]

2. 确保检察职能有效发挥的原则

目前，检察机关的内设机构，存在诸如机构林立臃肿、职能交叉分散、效率低下，无法形成办案合力等问题。要想确保检察职能的有效发挥，就需要做好以下工作：（1）精简机构，减少行政化的运作和管理，回归司法权的运作机制；（2）划定界限，确保职能明晰，权责一体；（3）以检察机关的本质是法律监督机关，检察机关的首要任务是办案为导向，构建服务于办案的运行机制。

3. 全面履行法律监督职能的原则

检察机关的实质是法律监督机关，检察权的本质是法律监督权，具体到执行主体，即内设机构，其设置标准要科学，符合检察职能的分解理论和检察权的运行程序。一般来说，宪法和法律规定的检察机关的各项检察权都应当有相应的内设机构来承担，同时也应当防止经由内设机构而不适当地发展检察职能。

4. 保证案件质量的原则

检察机关履行法律监督职能是通过办案实现的，办案是检察机关的主要业务工作，案件质量是检察机关工作的生命线。案件质量无法保障，出现冤假错案或者瑕疵案件，对于检察工作的损害都是很大的。因此，内设机构的设立要以有利于办案，保障办案质量为底线。

5. 加强内部的监督与制约原则

对于检察机关内设业务机构的关系，同样可以适用分工负责、相互配合、相互制约原则。首先，各内设业务机构之间应当分工明确，职责权限界定清

[①] 例如，2012年刑事诉讼法修改后，给监所部门增加了很多监督职能，由此，监所部门转变成刑事执行检察部门。

晰，不能相互交叉，各负其责。其次，各内设业务机构之间的职责权限应当相互衔接，相互配合，共同完成检察权的整体行使。最后，各内设业务机构之间更要互相监督和制约，这是权力制约理论在检察机关内部的必然要求，也是刑事诉讼规律的反映。①

(二)"捕诉合一"与"捕诉分离"的理论探究

1. 捕诉职权的关系

依据《人民检察院组织法》第5条的规定和检察实践来看，捕诉职权是检察机关两大基本诉讼职能。审查批捕，是针对侦查机关（包括自侦部门）将犯罪嫌疑人拘留之后，报请侦监部门逮捕，侦监部门审查案件，决定是否逮捕的诉讼活动。审查批捕权，更多的是一种法律监督权，要对侦查机关（包括自侦部门）的侦查活动的合法性进行监督，同时要对犯罪嫌疑人是否符合逮捕条件进行司法审查，两者结合，审查批捕权是一种救济性的法律监督权，②其在目标上与侦查机关（包括自侦部门）的追诉目标是不相一致的，更多的是对侦查活动的监督制约与对犯罪嫌疑人的人权保障。审查起诉，是公诉部门对侦查机关（包括自侦部门）侦查终结移送审查起诉的案件进行司法审查，确定是否起诉以及当庭支持公诉的诉讼活动。审查起诉权，更多的是一种犯罪追诉权，其自身的目的与侦查机关（包括自侦部门）是一致的，实质上是对侦查机关（包括自侦部门）追诉行为的精细完善和自然延伸，是为了保障国家更好地行使犯罪追诉权，更倾向于打击犯罪。两者具有诸多的不同点：（1）两者是相互独立的。审查批捕针对的对象是侦查机关（包括自侦部门）的强制措施，审查起诉针对的对象是犯罪嫌疑人的犯罪行为，两者是两道相对独立的诉讼程序。（2）两者的功能是不同的。审查批捕是监督制约侦查活动与对犯罪嫌疑人的人权保障。审查起诉是对侦查活动的进一步延伸和完善，是为了更好地打击犯罪活动。（3）两者在逻辑上并没有必然联系。其一，审查批捕是针对逮捕措施的，就算不许可对犯罪嫌疑人采取逮捕，变更其他强制措施，对后续的侦查与审查起诉活动，并没有阻断作用，甚至在一定意义上来说，影响不大。其二，决定审查逮捕的条件是有证据证明有犯罪事实+社会危险性+妨碍诉讼活动顺利进行等因素，决定审查起诉的条件是犯罪事实清楚、证据确实充分，两者只是在司法审查的条件和证据有一定程度的递进和深化关

---

① 参见孔璋、程相鹏：《检察机关内设机构设置改革问题研究》，载《西南政法大学学报》2014年第12期。

② 参见汪建成、王一鸣：《检察职能与检察机关内设机构改革》，载《国家检察官学院学报》2015年第1期。

系，并没有必然联系。其三，两者是两道相对独立的诉讼程序，只不过在审查方法上有相似之处。

2. 采取"捕诉分离"的理由

（1）捕诉职权在权属与目标上不同，"捕诉合一"容易导致两种职能混淆。捕诉两种职权是相互独立的，分别处于不同的业务流程环节，两者在权力属性、本质、功能、针对的对象等方面都是不同的，两者在逻辑上并没有必然联系。两者相联系的地方是同一案件，司法审查的方式是相近的，在认定的证据方面有递进与深化关系。将两种截然不同的检察职权进行合一，会导致两种职能混淆，带来诸多弊端：其一，在实践中，审查批捕权具有追诉化倾向，如果"捕诉合一"，那么审查批捕权的追诉化倾向就会更加深化，那么在监督纠正违法、防止不当羁押、提供权利救济、保障人权方面就会更加不足。其二，"捕诉合一"会损害审查批捕的独立价值。"捕诉合一"，同一个主任检察官或者主任检察官对捕诉负责到底，那么承办人不得不把两个诉讼阶段联系起来，会导致审查批捕为审查起诉服务，审查起诉分为两个阶段，审查批捕异化成审查起诉的"第一阶段"，使审查批捕失去了原本的权属、定位、功能。

（2）"捕诉分离"有利于办案过程中的相互监督，确保案件质量，"捕诉合一"容易导致原有的监督功能消失。"捕诉分离"设置两道相对独立的诉讼程序，避免由一名主任检察官或者检察官办案组进行审查，审查角度不够全面，一错到底的情况发生，尽可能地避免错案的发生，保障犯罪嫌疑人的合法权利和案件质量。另外，捕诉分离就在于当时当时有特别担心检察机关集侦、捕、诉、监于一身，使检察机关在与犯罪嫌疑人方的对抗中，处于强势地位，破坏诉讼平衡的结构。

（3）"捕诉合一"与"捕诉分离"模式本质上的不同，会促使"捕诉分离"模式在目前的形势和改革下占有优势。如上所述，"捕诉合一"的本质在于提高办案效率和更好地追诉刑事犯罪，"捕诉分离"的本质在于实现权属目标、加强监督制约和确保办案质量。办案效率、打击犯罪与司法公正都是刑事诉讼所要追求的目标和原则，但是办案效率、打击犯罪是为了司法公正服务的，没有司法公正和保障人权，办案效率和打击犯罪就失去了意义。在目前防止冤假错案成为底线、全面推进依法治国、司法体制改革的背景下，"捕诉分离"是更好的选择。

（4）以未检办案"捕诉一体"机制来反对"捕诉分离"是存在问题的。首先，在未检办案中，因为犯罪嫌疑人是未成年人，未成年人呈现出与成年人不同的特点，我国法律对未成年人实行宽严相济刑事政策，坚持落实"教育、感化、挽救"方针。其次，在针对未成年犯罪嫌疑人进行审查批捕时，将逮捕措施作为最后手段，严格限制适用。① 从实践来看，未成人刑事案件逮捕率相对较低。最后，由一名主任检察官或者检察官办案组对未成年人刑事案件负责到底，便于对未成年犯罪嫌疑人进行教育、挽救、预防。另外，世界上很多国家对于未成年犯罪实施不同于成年人的刑事政策与刑事制度，例如，在日本，对非法少年的处理，主要由《少年法》加以规定，在刑事司法的各个阶段上受到和成年人不同的处理。②

此外，"捕诉分离"相对于"捕诉合一"更有保障相关制度的落实。例如，依据《中华人民共和国国家赔偿法》第17条第2项的规定，对公民采取逮捕措施后，决定撤销案件、不起诉或者判决宣告无罪终止追究刑事责任的，受害人有取得赔偿的权利。如果采用"捕诉合一"，承办人在审查批捕阶段做了逮捕决定，那么为了不承担国家赔偿责任，承办人必然会想方设法把案件起诉到法院，不利于保障人权和确保案件质量。

（三）回应：一些不得不注意的问题

1. 小地方 vs 大地方

有观点认为小地方的检察院案件数量要少，检察人数也少，司法资源也少，因此，小地方的检察院应该采用"捕诉合一"模式，而大地方的检察院应该采用"捕诉分离"模式。根据上述的分析，本文认为不论是小地方，还是大地方的检察院，都应该采用"捕诉分离"模式。

2. 省市区（县）不同层级检察院

在司法实践中，绝大部分的案件都属于区（县）级检察院管辖，区（县）级检察院处于一线位置，办案是区（县）级检察院的首要任务和主要任务，区（县）级检察院的捕诉职能设置应以突出司法办案为原则。市级检察院管辖的案件相对较少，省级检察院管辖的案件就更少了，同时市级、省级检察院还有领导、指导下级检察院的职权，在进行捕诉职能的整合中，需要考虑不同层级检察院的办案任务、职权、性质定位等因素。本文认为，对于区（县）级和市级检察院，可以将捕诉职能进行整合成捕诉属于同一部分但分离运行模式，对于省级检察院，可以保持原有的捕诉分属于不同部门运行模式。

3. 未检的整合

针对未检的整合，主要的争议点在于未检是单独设置内设机构运行，还是将未检整合到公诉中，本文认为两种方式皆可，在实践中，本文更倾向于将未

---

① 详情可以参见《未成年人刑事案件审查逮捕指引》。
② 参见［日］大谷实：《刑事政策学》（新版），黎宏译，中国人民大学出版社2009年版，第355~357页。

检职能整合成办案组后，纳入捕诉中。

五、余论

采用"捕诉分离"模式，要充分发挥捕诉职能的效能，就需要加强捕诉衔接，本文认为可以采用如下措施：（1）完善证据审查方式，做到捕诉证据标准衔接。审查批捕主任检察官或者检察官办案组要在罪刑法定原则的指引下，完善证据审查方式，严格证明标准。（2）加强捕诉交流，提高引导侦查能力。对于疑难复杂案件，可与审查起诉主任检察官或者检察官办案组、侦查机关（包括自侦部门）座谈，就进一步侦查取证交换意见，通过加强侦捕诉衔接，进一步补强证据，降低捕后不起诉案件发生率。（3）多措并举，构建高效捕诉衔接机制。首先是加强捕诉信息共享。其次是建立重大、复杂案件信息通报、案件会商机制。最后是法律文书的抄送备案。

检察机关刑事审判监督权运行现状与改进

赵永红　金　鑫[*]

强化刑事审判监督权一直是检察机关推进司法改革的重要内容，对维护司法公正、促进法律正确实施具有重要意义。但从制度规范的逻辑结构以及监督机制的运行实效来看，刑事审判监督权自身运行存在局限亦是共识，尤其是刑事审判监督权缺位导致监督疲软的现象广为诟病。该问题的产生与法律对权力的具体授权不明确、不完善不无关系，也与审判监督与公诉运行混同的机制有直接关联。作为检察机关权力来源和根据的法律，检察院组织法是判断检察机关是否依法执法和是否规范执法的重要标准，同时一部完善的组织法也是为权力准确、高效行使提供支撑的重要依据。因此，以检察院组织法修改为契机，完善刑事审判监督权能，为解决监督缺位问题探索发展方向和路径，具有重要的理论与现实意义。

一、问题检视：刑事审判监督缺位的样态分析

（一）对庭审活动监督不足

发现并通知法院纠正违法的审判行为，是法律赋予检察机关的双重权力。我国《刑事诉讼法》第 203 条规定：人民检察院发现人民法院审理案件违反法律规定的诉讼程序，有权向人民法院提出纠正意见。"六部委"《关于实施刑事诉讼法若干问题的规定》第 32 条规定：人民检察院对违反法定程序的庭审活动提出纠正意见，应当由人民检察院在庭审后提出。《人民检察院刑事诉讼规则（试行）》第 580 条规定：人民检察院在审判活动监督中，如果发现人民法院或者审判人员审理案件违反法律规定的诉讼程序，应当向人民法院提出纠正意见。出席法庭的检察人员发现法庭审判违反法律规定的诉讼程序，应当

---

[*] 作者简介：赵永红，北京市人民检察院第一分院二审监督处处长，检察员，法学博士；金鑫，北京市人民检察院第一分院二审监督处助理检察员。

在休庭后及时向检察长报告。人民检察院对违反程序的庭审活动提出纠正意见，应当由人民检察院在庭审后提出。

然而实践中对法庭活动提出纠正意见的监督活动较为鲜见，一方面，从公诉心理角度看，在庭审过程中公诉人一般将重心都放在对刑事犯罪的指控上，并且对法官是否能支持指控颇为关切，而对裁判过程的合法性监督容易忽略。另一方面，刑事审判监督的滞后性也削弱了监督实效。从上述法律规定可以看出，检察人员对刑事审判中的程序违法只能采用庭后监督的方式。而对程序违法监督时间的滞后性不仅使公诉人缺乏后续监督的动力，也违背了刑事诉讼的基本规律，降低甚至损伤了监督效果。实践中出现的刑事审判监督效果微弱，监督纠正意见不能引起被监督者的重视，刑事审判监督难以开展等，与刑事审判的庭审后监督不无关联。①

（二）对上诉案件监督不足

刑事诉讼法修改以后，上诉案件不开庭审理的状况在一定程度上得到改观。有的法院为了贯彻二审案件开庭审理为原则的立法及精神，通过设置开庭率使支持上诉案件开庭审理全面铺开。然而这一做法对于刑事审判监督而言却喜忧参半。一方面通过设置开庭率的确可以鼓励更多案件进入二审开庭程序，大大缩小检察机关刑事审判监督的空白。而另一方面，对开庭案件缺乏必要性判断的做法无法有效分流案件，仅在数量上获得了开庭案件大幅度增长的表象，却没有完全使确有必要开庭的案件纳入刑事审判监督的范围。因此通过设置开庭率来促进开庭案件数量的做法在实践中没有获得长足的生命力。

对于上诉案件监督不足的另一重要问题是法院始终掌握着开庭审理的决定权，检察机关只是出于被动接受工作安排的状态，形成了监督者的监督范围由被监督者反制的局面。实践中，法院向检察机关的移送阅卷的上诉开庭案件量出现不均衡状态，即第一季度移送案件较多，而第四季度移送案件较少甚至没有。这与法院内部人为控制结案率不无关系，在年终为了提高结案率，使大量案件在年底不移送检察机关，而是等到年初集中移送。这种情况说明法院在行使决定上诉案件开庭审理的自由裁量权时表现随意，也致使检察机关对二审书面审理的监督出现盲区。

（三）对自诉案件、附带民事诉讼案件监督不足

从应然层面讲，刑事审判监督应当贯穿整个审判过程，但刑事诉讼法对于

---

① 向泽选：《刑事审判监督的制度缺陷与完善》，载《国家检察官学院学报》2006年第4期。

监督的具体规定极为有限且极为原则，致使部分审判活动是否监督、如何监督没有明确具体的法律依据。长期以来刑事自诉案件是监督的死角已形成普遍共识。我国检察机关对自诉案件的监督权被明确规定在了《宪法》和《刑事诉讼法》中，但具体的监督途径和监督途径法律均没有进行详细规定。在实践中自诉案件形成了法院审判、检察机关不介入不监督的司法常态，导致出现了一些问题。刑事附带民事案件亦是如此，刑事附带民事案件的审理方式主要分为两种，一种是合并审理，另一种是分开审理。在合并审理的情况下，出庭的公诉人一般完成刑事指控部分工作即宣告完毕，其主观上没有监督附带民事诉讼审理的意识，部分公诉人自身对于附带民事诉讼程序和实体内容也并不了解，缺乏监督的基础和能力。在分开审理的情况下，法院一般不通知公诉人出庭，就该部分审理情况如何，公诉人不知情也并不亲历，导致无从监督。

（四）二审和再审案件抗诉力度不足

刑事抗诉率低在实践中是毋庸讳言的事实。针对二审抗诉案件，低抗诉率和上诉案件高改判率的强烈对比更加反衬出刑事审判监督的缺位和不足。在法律大面积修改，尤其是审判中心主义推行的背景下，抗诉率较低的现状更加突出，值得重视的是真正由于重大法律适用争议问题而引发的抗诉案件在实践中少之又少，取而代之的多半是由法官疏忽或者自身素质问题造成的明显法律适用错误而引发的错判抗诉，或者是由于闹访因素或者量刑问题而引发的抗诉。因此，在提抗数量减少的情况下，法院的支抗比例也并不高。

二、原因探寻：刑事审判监督缺位的原因解构

（一）公诉权与审判监督权混同的角色冲突

对庭审活动监督不足的原因，从表象上看是诉讼制约平等性和法律监督上位权的矛盾以及审判监督与审判独立的矛盾，实际根源却是公诉权与审判监督权如何自洽运行的问题。[1] 从理论上看，公诉人要在庭审中服从法官指挥以完成指控任务，又要独立于法官之上使其成为监督的客体，由此产生了强烈的角色冲突，这种冲突有悖于刑事诉讼构造所包含的"控辩平衡"和"法官中立"的原则。从实践上看，希望专注于公诉利益的公诉人超脱出来，适度合理地履行一个客观监督者的职责是难以想象的。[2] 有学者指出：同一扮演者所扮演的

---

[1] 王新：《试论刑事审判监督运行机制的调整》，载《北京政法职业学院学报》2015年1月。

[2] 刘少英、庞良程：《论公诉权与刑事审判监督权的独立行使》，载《国家检察官学院学报》1999年第3期。

不同角色之间的冲突会使扮演者产生角色压力，角色压力累积到一定程度，扮演者就会产生一定形态的角色懈怠。实践也证明，审判监督权依托于公诉权的混同模式弱化甚至消解了监督实效，这种公诉权与审判监督权集于一身的架构在功能发挥上有其固有缺陷。

（二）立法真空引发的模糊效应

1. 立法不足导刑事审判监督权具有依赖性。针对法院审理案件违反诉讼程序规定的行为，刑事诉讼法赋予检察机关提出纠正意见的权力。然而这一权力并不具有改变法院行为或者裁决的当然效力。肯定审判监督正当性的论者亦认为由于法律规定的先天不足，检察机关只拥有审判监督的启动权，至于该程序启动之后的结果如何，则不在检察机关的控制范围之内，导致审判监督权是有限和不稳定的。[①] 检察机关提出纠正意见后，是否纠正以及如何纠正完全取决于被监督者对检察机关意见的认识和态度。[②] 而否定审判监督正当性的论者更坚定地认为检察机关向法院提出纠正意见，其实质不过是公诉方向裁判机关提出的异议，这种权力并非检察机关独有，根据人民检察院组织法的规定，法院也可以就违法行为向人民检察院提出纠正意见，据此，纠正意见仍然是隶属于诉权范围内的异议权，而并非实质意义上的审判监督权。[③] 无论支持哪一种观点，审判监督自身都有着天然弱势，即无实体性和强制性是客观事实。针对裁判结果的监督也同样存在这一问题，即便检察机关拥有强制启动审判监督程序的权能，但诉讼的最终结果仍然显现出检察权实际小于审判权，监督者要接受被监督者的确认。实践中，上级检察机关在作出支持下级机关提出抗诉决定的时候，也不得不考虑抗诉的改判可能性亦证明了这一点。总体而言，审判监督权缺乏终局性的制裁结果与立法的保障不足有直接关系。

2. 立法对监督措施的具体程序缺乏规定。刑事审判监督范围狭窄，监督方式单一一直是刑事审判监督存在的实践困境，法律仅仅赋予了检察机关提出纠正意见、予以抗诉、列席审委会等极为有限的监督措施，导致刑事审判监督权的行使捉襟见肘。而立法又对有限的监督措施缺乏具体实施的程序细则和技术保障，使审判监督权可操作性不强。例如，口头纠正和书面纠正各自的使用范围，检察长列席审委会的条件和程序都没有在相关法律中明确规定，致使刑

---

① 周龙俊、陈倩倩、罗悦来：《从检察权配置论审判监督的难点及对策》，载《辽宁公安司法管理干部学院学报》2007年第3期。

② 参见张智辉、黄维智：《控辩平等与法律监督》，载《法学》2006年第8期。

③ 参见刘计划：《检察机关刑事审判监督职能结构》，载《中国法学》2012年第5期。

事审判监督中在实践中出现适用选择困境和适用的随意。

3. 立法没有保证刑事审判权监督的参与权和知悉权。参与权和知悉权是刑事审判监督权能的重要构成，参与权是指检察机关为行使审判监督权而加入法院审判活动中的权力。知悉权是指检察机关了解审判监督事项的权力，包括得知法院进行司法活动的权力。参与权和知悉权是检察机关进行刑事审判监督的前提和基础。但是现有立法没有充分保障检察机关的参与权和知情权，上诉开庭审理案件和自诉、附带民事诉讼等监督的空白就突出地表现了检察机关参与权和知悉权的缺失。针对自诉案件，由于法律规定不完善，实践当中鲜有将刑事自诉案件的受理情况告知检察机关，并且将判决和裁定送达检察机关接受监督的情况。针对上诉案件的刑事审判监督也同样存在参与权和知悉权保障不足的问题，除非二审法院向检察机关移送上诉案件予以阅卷，检察机关无从知晓被告人的上诉情况以及二审审理情况，二审裁判往往不及时送达甚至不送达二审检察机关和原审检察机关，致使监督滞后甚至无法监督。同时，法律对于开庭审理案件的标准规定得过于原则和笼统，新刑诉法增设的三类应当开庭审理的案件中，对"第一审判决认定的事实、证据提出异议可能影响定罪量刑"的上诉案件和"其他应当开庭审理的案件"都缺乏具体的判断标准，致使法院单方面决定不开庭审理无须征求检察机关意见，书面审理的上诉案件一直处于监督盲区。

（三）抗诉权启动的级别制约导致主体懈怠

抗诉率低固然与以审判为中心的诉讼制度改革存在关联，由于诉审关系的变化，有效辩护的提高，公诉权受到了前所未有的限制，审判机关掌握案件命运的力度逐渐加大，倒逼检察机关在审判监督标准把握上较之以往更加严格。然而不可忽视的因素是，级别设置的烦琐是导致抗诉率低的重要原因。根据法律规定，同级检察院不能对上级法院的生效裁判直接抗诉，而是要提请上级检察院抗诉。但是想要获得上级检察机关的支持，下级检察院除了要在本院内部进行三级汇报并最终取得本院检委会的认可和支持外，还要经过上级机关的抗前指导程序。这一烦琐的过程无疑拉长了抗诉决定形成的认识距离，增加了内部阻力。① 使下级检察机关不愿意提起抗诉。更为重要的是，繁复的程序设置直接背离了司法亲历性的要求。这在实践中出现两个弊端，一方面是下级检察院检察人员直接接触案件的事实和证据，为了获取抗诉支持不如实或者不全面

---

① 干红光、叶林达：《检察机关刑事审判监督实践窘境及其突围》，载《中国司法》2008年第3期。

汇报案件，导致上级检察机关支抗决定出现偏差，浪费司法资源。另一方面是上级检察院在对事实和证据不承担责任的情况下，出于对减少工作量、规避责任的考量，轻易以事实和证据存在瑕疵、抗诉必要性不高、抗诉改判可能性较小为由不予支持抗诉，导致只有那些有明显裁判错误的抗诉案件能够进入抗诉程序，而有价值的抗诉案件，甚至有必要通过抗诉程序来统一法律适用的抗诉案件则被拒之门外。

三、路径发展：改变刑事审判监督缺位的具体设想

从前文分析可见，刑事审判监督权的缺位现状与立法完善、机制运行和机构设置均存在关系，对其予以完善无疑需要综合变革。单纯依靠人民检察院组织法本身显然不能完全解决监督缺位的所有困境，但是以人民检察院组织法修改为契机，在组织法的权限范围使变革先行一步，也是法治进步的幸事。

（一）成立刑事审判监督部门，整合职权配置实现"诉监分置"

机构设置是人民检察院组织法的重要内容。机构设置的合理性直接关系着刑事审判监督的质量。随着人民检察院组织法的修改，必然要赋予检察机关刑事审判监督新的权限和权能，而这些只能通过具体的内设机制来完成。现有的《人民检察院组织法》第20条只是原则性地要求规定了机构设置，而实践中检察机关的刑事审判监督工作政出多门，较为分散。以笔者所在的直辖市分院为例，庭审活动的监督由公诉部门行使，上诉、抗诉工作由二审监督部门行使，再审抗诉工作由控告申诉部门行使，导致出现工作程序混乱，配备人员素质参差不齐无法较好履行监督职能，公诉人兼指控与监督职能于一体，影响了刑事审判监督功能发挥的乱象存在。因此成立专门的刑事审判监督部门势在必行。单设刑事审判监督部门，实现"诉监分置"不仅能够较好地解决公诉人角色冲突的问题，还能够统一监督出口，清晰地捋顺与审判机关的关系，提高刑事审判监督的质量和效能。

当然，针对"诉监分置"模式，也有论者提出明确的反对意见，认为审判监督实现与公诉权的行使具有不可分割性，脱离了审查起诉和出庭公诉的亲历性，审判监督则无从谈起，专门设立机构有叠床架屋之感。[①] 为了解决亲历性的问题，有观点认为应当由专门的审判监督人员出席法庭，与公诉人分席而设。但同样也有观点反对，认为此种做法浪费人力，且分席而设打破了诉讼三

---

① 王新：《试论刑事审判监督运行机制的调整》，载《北京政法职业学院学报》2015年第1期。

角结构，进而对"诉监分置"模式的成效持有怀疑。然而笔者认为，从刑事审判监督实效的运行来看，专门设立刑事审判监督部门确有必要。刑事审判监督的运行乏力与机构设置不无关系。机构设置的科学性和人员素质的高低与刑事审判监督效果密切相关。如果不能从机构设置上为刑事审判监督提供支撑，那么该项工作的受重视程度、履职的顺畅程度将大打折扣。从实践中，公诉人的角色冲突已是不能通过自身拓展加以解决的矛盾，唯有另辟蹊径，设立专门的刑事审判监督部门才有可能使现状出现转机。至于反对论者所提出的设立的必要性考量以及分席设置不妥的观点，笔者认为，从刑事审判监督权的重要法律地位而言，完全有必要为其设置相应的部门以促进权能的有效开展。分席而设更是技术上的解决路径，通过法律规范的限定完全可以使监督人员在法律框架范围内履职，诉讼的三角结构不会因为形式上的增多席位就会被轻易打破。况且，监督人员可以通过观看庭审录像、调阅卷宗等多种直接的方式来弥补亲历性的不足。故而上述理由不足以反对专门设立刑事审判监督部门，"诉监分置"是充分行使刑事审判监督权的迫切需要。

（二）完善监督措施等程序性规定，扭转监督的依赖性

首先，检察院组织法要做好与刑事诉讼法规定的衔接工作，进一步拓宽刑事审判监督的方式和措施，将调阅卷宗和建议更换承办人等监督手段吸纳入新修改的组织法中，进而要对监督措施的程序进行必要的规定。虽然程序问题应当主要在诉讼法中予以规定，但涉及一般的监督程序和监督手段，诉讼法难以规定或者不能规定的监督手段和监督程序，有必要在组织法中作基本规定。组织法和诉讼法的侧重点有所不同，诉讼法是从诉讼程序进行的角度对程序予以规定，而组织法是从权力来源和行使的方式角度对程序予以规定。组织法应当对发出检察建议、调阅卷宗、建议更换承办人、列席审委会的顺序、步骤方式等基本程序要素进行规定。

其次，检察院组织法要明确检察机关对自诉案件、附带民事诉讼进行监督的方式和程序。增强检察机关的参与权和知悉权，确保检察机关能够第一时间了解自诉案件和附带民事诉讼案件的启动和进展，并有效开展监督，提出纠正意见。

最后，针对刑事审判监督存在依赖性的问题，检察院组织法可以采用借力监督的方式，增强刑事审判监督的力度。即借助立法机关享有的质询权对法院违法行为进行监督。检察院组织法可以明确规定在法院拒不接受检察院纠正意见的情况下，检察机关可以向同级人大常委会进行报告，同时对监督者的权力和义务作出明确规定。

（三）取消抗前指导程序，复归下级检察机关提请抗诉的自主权

上级检察机关抗前指导程序的设立无疑是为了提高抗诉工作的准确性，试图通过上级把关最大限度地避免撤抗的发生。但是如前所述，抗前指导程序的存在在一定程度上限制了刑事审判监督的空间，并导致有价值的抗诉案件没有进入抗诉程序。抗前指导程序的存在也并不一定能够保证抗诉工作的准确性，首先从决策程序来看，上级机关的抗前指导程序一般采用检察人员集体听取汇报，领导最终决策的方式进行，而对于是否支持抗诉观点不一的情况也大量存在，这说明最终认定的是否支持抗诉的结论并不一定绝对正确。其次从亲历性角度来看，上级机关在不亲自接触事实和证据的基础上，仅依据下级机关承办人员简短的汇报就作出是否支持抗诉的决定，也很难保证结论的正确性，而且这也明显不符合目前司法改革背景下案件个体对案件负责的要求。因此，取消抗前指导，复归下级检察机关的提抗自主权对于充分发挥审判监督职能至关重要。提抗后的案件，可以由上级机关派员专人办理，承办人员在亲历案件以后得出是否支持抗诉的结论才更具有说服力。至于由于权力复归而可能引发的错误提抗和撤抗问题，笔者认为不能过分扩大该现象的负面作用。一方面在诉讼流程折返而引发的诉讼效率危及和刑事审判监督权能发挥二者之间，我们应当从价值权衡的角度出发避免因过分强调效率而牺牲监督职能。撤抗是不可避免的，但也不能高估其大面积出现的可能性。同时，作为上级机关应当对下级检察机关的案件把握能力存在基本信任，即使出现大面积撤抗，也完全可以通过通报、座谈等方式予以纠正和解决。

审判中心主义视角下的检察官质证问题研究

戴 飞　杨宇冠　张扣华[*]

党的十八届四中全会通过的《中共中央关于全面推进依法治国若干重大问题的决定》（以下简称《决定》）提出："推进以审判为中心的诉讼制度改革，确保侦查、审查起诉的案件事实证据经得起法律的检验。全面贯彻证据裁判规则，严格依法收集、固定、保存、审查、运用证据。"[①] 理解以审判为中心的诉讼制度改革，需要深入探讨其与司法规律的关系、对保障人权的作用、对刑事诉讼各阶段证据的要求，尤其要注重庭审质证在推进以审判为中心的诉讼制度改革中的作用。

以审判为中心应当以侦查为基础、以起诉为关键、以庭审为抓手，以质证为核心。检察官在质证中应当具有主体地位并发挥重要作用。提高检察官质证能力应以改变质证观念为先导，以庭前和庭审两个方面工作为抓手，以完善案件分流为配套，以实现司法公正、保障当事人诉讼权利为目标。

一、对"以审判为中心"的理解

以审判为中心的诉讼制度改革对于刑事诉讼有特别重要的意义。刑事诉讼主要分为侦查、起诉和审判三个阶段，分别由侦查机关、检察机关和审判机关负责，存在三阶段以及其相应的不同职能的状态下才产生以何者为中心的问

---

[*] 作者简介：戴飞，江苏省盐城市人民检察院党组书记、检察长；杨宇冠，中国政法大学诉讼法学研究院副院长、教授、博士生导师；张扣华，江苏省东台市人民检察院党组书记、检察长。

本文系国家2011司法文明协同创新中心成果；2015年度最高人民检察院检察理论研究课题"检察官质证问题研究"（课题编号：GJ2015C30）阶段性成果。

[①]《中共中央关于全面推进依法治国若干重大问题的决定》，载《中国共产党第十八届中央委员会第四次全体会议文件汇编》，人民出版社2014年版，第45页。

题。以审判为中心并非评定刑事诉讼各相关机关的地位高低,而是司法规律发展的必然要求,是司法公正的要求,是保障公民合法权利的要求。

(一)被告人是否有罪应依审判证明标准而定

刑事司法是国家专门机关根据法律认定被告人是否有罪和应当如何处理的活动。判决被告人有罪应当经过审判,并符合法律规定的定罪证明标准。我国刑事诉讼中侦查、起诉和判决有罪的证明标准差别并不十分明显,根据2012年修改后的《刑事诉讼法》,侦查终结移送起诉(第160条),检察机关审查后向法院提起公诉(第172条)和法院作有罪判决(第195条)的证明标准都是"案件事实清楚,证据确实、充分"。立法层面上三个阶段的标准表述是一致的,实践层面上掌握是否一致,还需要进一步考察。

我国侦查机关、检察机关和法院对于不同的诉讼行为使用了相同的证明标准的后果是:犯罪嫌疑人在侦查阶段被认为有罪之后,在审查起诉阶段和审判阶段也同样会认定为有罪,因为证明标准是一致的;如果被告人在审判后被判无罪,就意味着侦查机关和检察机关办了错案,或者说明法院审判出现错案。要求侦查机关和检察机关严把办案质量关本意是好的,可以从源头上杜绝错案,但将侦查、起诉的证明标准等同于定罪的证明标准实际上加重了侦查机关和检察机关的证明责任,虚化了法院庭审的证明作用。

侦查、起诉和审判使用同一证明标准带来许多负面影响。早在2004年笔者就提出:"立案并采取强制措施之后(我国刑事诉讼中公诉案件立案后通常都要对犯罪嫌疑人、被告人采取强制措施),如果以后不能起诉或在审判中被告人被判无罪,办案的机关和人员都可能面临错案赔偿的责任,致使侦查机关从一开始立案就过分谨慎,可能使本来可以立案的,怕立案错了,或害怕立案以后通不过以后的各个关口而不敢立案,结果可能是放纵了某些犯罪人。为了防止撤销案件、拘留后不批捕或审判后作无罪判决,我国的一些侦查、检察机关及其工作人员在诉讼一开始就力图办成铁案。"①

刑事诉讼不同阶段的证明标准应当有所区别。在三机关证明标准不相同的状态下,才有所谓以谁为中心的问题。如果三机关证明标准相同,则不产生中心问题。法院在庭审中证明有罪的标准应当最为严格,或称为最高标准,或称为"中心"。判决一个人是否有罪应当根据法院审判时的证明情况而言,这是"以审判为中心"的要求。"以审判为中心"意味着审判阶段是判断被告人是否有罪的最终的决定性环节,法庭审判是完成刑事诉讼任务的核心阶段。以审

---

① 杨宇冠:《我国刑事赔偿制度之改革》,载《法学研究》2004年第1期。

判为中心意味着定罪只能以法院审判为准,其他任何人和机关即使认为某人有罪都不是最终的和权威的决定。侦查和起诉阶段对事实的认定是暂时的,是为审判工作提供证据等相关准备的,而审判对案件的认定是权威的并具有终局性意义。我国《刑事诉讼法》第 12 条规定"未经人民法院依法判决,对任何人都不得确定有罪",被告人是否有罪和如何处理应当由审判而定。我国还没有明确规定无罪推定原则。有些犯罪嫌疑人、被告人未经人民法院依法审判之前,甚至在未进入刑事诉讼程序或者还在刑事侦查和起诉阶段,就被当作有罪的人看待,尤其是在社会影响比较大的案件发生之后,有些部门,包括一些媒体对涉案情况加以公布和报道,从而导致无论是从舆论方面,还是在诉讼程序之中,许多犯罪嫌疑人、被告人已经被当作有罪的人对待。这种情况不符合以审判为中心的诉讼制度,应当加以改革。

(二)刑事司法收集证据应当符合审判的要求

刑事诉讼的侦查、审查起诉和审判三个阶段各有专门机关负责。《刑事诉讼法》第 3 条第 1 款规定:"对刑事案件的侦查、拘留、执行逮捕、预审,由公安机关负责。检察、批准逮捕、检察机关直接受理的案件的侦查、提起公诉,由人民检察院负责。审判由人民法院负责。除法律特别规定的以外,其他任何机关、团体和个人都无权行使这些权力。"侦查、起诉、审判是三个彼此联系而又相互独立的程序,具体任务又有所侧重。不同阶段采取不同的证明标准,审判中心要求审判证明标准指导审前程序是完全必要的。这种指导主要体现在审判活动对侦查取证活动的制约。

刑事司法各部门的活动应当有统一的证据规则和符合审判对各种刑事司法活动的证据要求。这并不是要求侦查机关、检察机关的各项司法活动的证明标准必须达到与审判时定罪的标准,而是意味着:第一,各部门的司法活动,例如拘留、逮捕、搜查、扣押应当符合各自的证据要求;第二,各部门的司法活动是否符合该活动所要求的证明标准,应当由审判机关最终认定,如果不符合有关标准,相关活动收集的证据就是不合法的证据,不能用作定罪的根据。

以审判为中心要求侦查活动、起诉活动的收集证据的行为要符合审判的标准,在我国现行刑事司法体制中主要体现在审判对非法取证的制约。2012 年《刑事诉讼法》新增加了非法证据排除规则的内容,这就意味着审判负有对侦

四、检察机关的权力配置

查、起诉活动中收集的证据进行审查的职能。根据非法证据排除规则的原理，① 证据要经过法庭质证的检验，不合法的证据应当排除，不能用作定罪的根据。该规则对侦查活动和检察活动应当产生良性影响，使审判前收集证据的行为根据审判的要求而进行。

以审判为中心的证明标准指导审前程序还体现在对审前刑事司法行为，特别是强制措施行为的审查和批准。在国际刑事司法和人权保障准则的层面，以审判为中心还意味着刑事司法过程中对个人的人身自由、财产、隐私等合法权利的限制应当经过行使审判权力的机关的批准。联合国《公民权利和政治权利国际公约》②（以下简称《两权公约》）第9条规定："任何人不得加以任意逮捕或拘禁。除非依照法律所确定的根据和程序，任何人不得被剥夺自由。任何被逮捕的人，在被逮捕时应被告知逮捕他的理由，并应被迅速告知对他提出的任何指控。任何因刑事指控被逮捕或拘禁的人，应被迅速带见审判官或其他经法律授权行使司法权力的官员，并有权在合理的时间内受审判或被释放。等候审判的人受监禁不应作为一般规则，但可规定释放时应保证在司法程序的任何其他阶段出席审判，并在必要时报到听候执行判决。任何因逮捕或拘禁被剥夺自由的人，有资格向法庭提起诉讼，以便法庭能不拖延地决定拘禁他是否合法以及如果拘禁不合法时命令予以释放。"具有审判权的机关对逮捕和羁押行使批准权必须建立在证据的基础上，即执行逮捕等限制人身自由的机关应当根据审判机关的要求提交相关证据才能得到批准，不符合有关证明标准则不能得到批准。这就从统一证据标准的方面规范了侦查取证行为，规制了限制人身自由的强制措施，从而达到保障个人合法权利的目的。

二、检察官在质证中的主体地位和重要作用

虽然质证活动是法庭审判活动的组成部分，但是根据修改后刑事诉讼法及相关规定，检察官在质证中处于主体地位，发挥着十分重要的作用。以审判为中心的诉讼制度改革必然对检察官的法庭质证产生深远的影响，完善检察官质证对推进以审判为中心的诉讼制度改革具有十分重要的意义。笔者认为，提高检察官质证能力应当充分利用审前和庭审两个环节。检察官在审前可以利用庭

---

① 参见杨宇冠：《非法证据排除规则研究》，中国人民公安大学出版社2002年版；杨宇冠等：《非法证据排除规则在中国的实施问题研究》，中国检察出版社2015年版。

② 《公民权利和政治权利国际公约》是1966年12月16日联合国通过的一部重要的人权公约，截至2015年11月10日，全世界已经有168个国家批准了该公约。我国政府已于1998年10月5日签署了该公约，目前尚未批准。

前会议机制实现案件的繁简分流和难易分流，将更多的司法资源投入疑难复杂案件中，从而为质证提供保障；在法庭审判中，检察官应当支持证人出庭作证，使质证落到实处。

（一）我国检察官在质证中主体地位之体现

我国 1979 年刑事诉讼法所确立的审判程序构造，具有相当浓厚的职权主义色彩。法官在法庭调查中处于主导地位，负责调查核实证据，主动讯问被告人，询问证人、鉴定人，出示物证，控辩双方的诉讼职能相对较弱，检察官在质证中的地位不彰显，发挥作用有限。1996 年刑事诉讼法重新配置了审判阶段控辩审三方的关系，吸收了当事人主义的因素。在庭审质证中，法官不再承担调查证据的主要责任，强化控辩双方在举证和质证活动中的平等对抗，发挥控辩双方在质证中的主动性和积极性，检察官在质证中的主体地位有所强化。2012 年修改后刑事诉讼法在证人、鉴定人等出庭作证方面增加了许多新的规定，进一步强化了庭审质证的实质性和检察官在质证中的主体地位。在当前以审判为中心诉讼制度改革的背景下，庭审的实质化更要求公诉人能够发挥自身在质证中的积极性和主动性，增强庭审的对抗性，以更好地发现案件事实。为此，检察官在质证中的主体地位和重要作用需要落实。人民检察院是我国唯一的公诉机关，除自诉案件以外的所有刑事案件，均必须由人民检察院向人民法院提起公诉，并派检察官出庭支持公诉。根据《人民检察院刑事诉讼规则（试行）》第 434 条的规定，公诉人在法庭上承担的重要职能包括讯问被告人、询问证人、被害人、鉴定人，对证据采信、法律适用和案件情况发表意见等，这些活动都与质证有密切关系或者本身就是质证活动的组成部分。

检察官的起诉活动是启动审判的必要条件，检察官提出证据是质证的前提，检察官询问证人、被害人等活动是质证的体现。相比较而言，质证对刑事诉讼的被告方来说是一项权利，权利可以使用，也可以放弃，所以被告方对于证据可以质证，也可以不质证。但是，检察官不仅需要提出证据，为质证打好基础，而且对于被告方的质证，检察官还要承担解释、反驳、说明等工作，这也是法庭质证的重要构成。所以检察官在质证中的主体地位是多方面、多层次的。质证不仅是检察官的权力，而且是检察官的义务和责任。

（二）利用庭前会议为庭审质证做准备

修改后刑事诉讼法增加了庭前会议程序，规定庭前会议的功能是了解情况、听取意见。据此，庭前会议可以在证据开示、确定出庭证人名单和非法证据排除等方面开展工作，这些都对法庭质证的顺利进行起着非常重要的作用。检察官要充分利用庭前会议的制度功能，为庭审质证做好充分的准备工作，包括进行证据展示、确定出庭证人名单、听取被告方意见,明确在庭审中需要质证的事项。

修改后《刑事诉讼法》第172条增加规定,人民检察院在起诉时将案卷材料、证据移送人民法院,既包括指控犯罪事实以及表明罪行严重等对犯罪嫌疑人不利的证据,也包括有从轻、减轻处罚情节等对犯罪嫌疑人有利的证据。此外,《人民检察院刑事诉讼规则(试行)》第398条还规定,"在审查起诉期间,人民检察院可以根据辩护人的申请,向公安机关调取在侦查期间收集的证明犯罪嫌疑人、被告人无罪或者罪轻的证据材料"。但是法律仅规定了公诉方向辩护方展示证据的内容,没有要求辩护方向公诉方承担证据的展示义务,导致实践中辩护人可以获得公诉方的全部证据材料,而公诉方却无法了解辩护人的辩护意见,庭审中辩护人证据突袭的现象比较多见,影响了庭审质证的质量和效率。

我国目前的庭前会议在实践中存在控辩双方证据交换的案例,但是这种证据交换缺乏法律制度的保障,也缺乏具体的操作程序,多属于控辩双方在个案中的自发行为。在有些案例中,辩护律师因多种原因不愿与公诉人在庭前会议中进行证据交换,使得庭前会议明确庭审争点、提高诉讼效率的作用难以发挥。因此,推进以审判为中心的诉讼制度改革,需要建立和完善我国庭前会议中的证据开示制度,有助于检察官了解辩护人对指控犯罪事实和证据的意见,从而有针对性地做好庭审质证准备,这对促进庭审的实质化和提高庭审效率都有十分重要的意义。

(三)实行程序分流是庭审质证的必要手段

根据质证的原理,只有诉讼双方,特别是被告方对控诉的证据存在疑问才应当进行质证,如果对证据没有疑问就不存在质证的必要。在刑事诉讼中,并非每个证据都需要质证,实际上相当一部分证据都不需要质证。为了保证庭审质证的顺利进行,检察官应当将不需要质证的案件及时分流,简易程序和刑事案件速裁程序都是分流的重要举措。

刑事案件的分流与公安司法机关打击犯罪和犯罪嫌疑人的诉讼保障密切相关。分流程序应当有诉讼各方的参与。庭前会议为这种参与提供了理想的平台,可以将庭前会议与现有的简易程序和刑事案件速裁程序相结合,进一步完善刑事诉讼程序,合理配置司法资源,提高审理刑事案件的质量与效率,实现刑事案件办理的繁简分流、难易分流。笔者建议,可以在庭前会议中增加征求被告人适用简易程序意见的功能。具体操作设想可以是:在庭前会议中设置被告人答辩程序,在被告人及其辩护人对起诉书指控的犯罪事实和证据不存在异议的情况下,主审法官可以在庭前会议中核实被告人认罪的真实性、自愿性,以及充分知悉认罪的法律后果。此后，对于符合简易程序适用条件的案件，被告人对适用简易程序没有异议的，人民法院在庭前会议中可以决定适用简易程序；对于符合刑事案件速裁程序适用情形的，人民法院可以在庭前会议中作出适用刑事案件速裁程序的决定。经过以上分流措施，对不需要进行质证的案件进行了科学的分流，才能将有限的司法资源用于保证需要进行质证的案件得到充分质证。因此，公诉机关需要在庭前会议的被告人认罪认罚程序中扮演积极的角色。

（四）支持证人出庭作证是庭审质证的关键

庭审是审判的关键环节。党的十八届四中全会《决定》提出"完善证人、鉴定人出庭制度，保证庭审在查明事实、认定证据、保护诉权、公正裁判中发挥决定性作用"。检察官在这些改革措施中发挥着至关重要的作用。

证人出庭作证、接受质询，有利于判明证据的真伪，准确地查明案件事实真相。证人出庭才能使对方有机会向其质证，因此证人出庭作证既是司法程序公正的需要，又是证明犯罪的需要，同时也是法律赋予被告人的一项权利。在以审判为中心的背景下，检察机关在庭审中质证的方式和方法必然会发生一定的改变，需要及时适应与熟练驾驭庭审质证的新情况和新技巧。

修改后刑事诉讼法增加了关于证人、鉴定人出庭作证的规定，明确了证人应当出庭作证的范围，确立了强制作证制度，完善了证人作证的补偿制度等，对于改善我国长期以来证人出庭率过低的现象，提高庭审中质证的质量和效果有很重要的意义。解决证人出庭的问题，需要公安司法机关的共同努力，其中检察官对于证人出庭具有十分关键的作用，包括提出证人名单、协助证人出庭、对证人进行询问等。没有检察官的支持，我国证人出庭率低的现象不能从根本上改变。检察官需要转变观念，积极准备和参与质证，积极落实中央各项决定，严格按照诉讼法办事，支持证人出庭。检察官还要在庭审过程中注重提高质证技巧。

三、检察官在质证中存在的问题分析

本文选择江苏省东台市人民检察院为调查对象，并以该院2011年至2015年的审查起诉情况为研究样本，主要基于该院是江苏省面积最大的县级市，地处沿海经济发达地区，司法规范化程度与司法人员素质较高，调查结果具有代表性。

总体情况：2011年1月至2015年12月，东台市人民检察院公诉部门共受理审查起诉案件2881件3948人，提起公诉2664件3513人，已开庭审理2621件3451人，有罪判决率100%。从司法实践来看，由于现行法律法规规定过于笼统,"非法证据排除"、"证人出庭"、"鉴定人出庭"、"排除合理怀疑证明标准"等相关证据规则落实还不够到位,当前刑事庭审质证弱化问题比较突出,质证不够全面、不及时、缺乏针对性等问题还存在,因此检察官质证工作亟须完善。

(一)质证理念落后

从调查问卷来看,75.3%的公诉人无法准确说出质证的定义,对2007年最高人民检察院公诉厅制定出台的《公诉人出庭举证质证指导意见》不熟悉,没有系统学习过质证的相关书籍、论文。该院也未曾与当地法院就庭审举证质证工作制定统一规范。公诉部门办案人员少,人均办案量在60件以上,日常工作除了办案,还有学习、开会等烦琐事务大量挤占时间。由于没有实行繁简分流,公诉人往往同时要办理多起案件,无法集中精力应对可能会存在庭审变数的疑难复杂案件。在出庭实践中,公诉人往往存在"重辩论轻举证质证、重庭后沟通轻庭审应对"等思想。

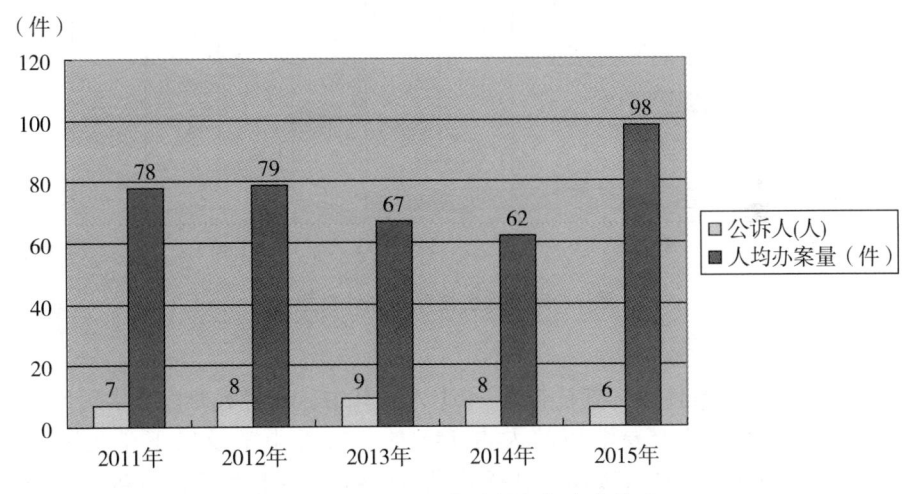

图1 2011~2015年公诉部门办案情况

(二)质证能力不足

从案件类型来看,被告人对案件证据提出异议的主要是共同犯罪案件以及职务犯罪案件,这些案件往往是以言词证据为主。由于案多人少,检察官庭前准备工作不足,庭前审查证据重实体、轻程序,重视对证据合法性和关联性,忽视证据合法性,特别是非法证据排除。在法庭调查中,公诉人不善于质证,往往将质证与辩护混为一谈,举证之后不进行质证,放到法庭辩论阶段。少数公诉人甚至不进行答辩,将难题抛给审判人员。庭审讯问问能力较差,没有做到举证、质证和发问相结合,问不到点子上。对证人证言等言词证据仍旧更多地选择宣读式举证方式,"质纸证"现象突出。质证方式单调,往往是打包质证,进行一证一质,没有进行针对性的质证,形成证据体系,质证不够有力。有的公诉人对辩护人的质疑回应不全面、不及时、不到位,难以有效让审判人员信服。公诉人专业知识能力欠缺,对司法鉴定意见的质证只能流于形式。

从 2013 年 1 月以来,随着修改后刑事诉讼法的实施,东台市检察院发现,司法公开步伐加大,律师阅卷越来越便利,律师越来越重视质证,法庭调查阶段质证越来越激烈,辩方希望从质证角度找出控方的漏洞,从而影响法官的自由心证。从公诉人的应对来看,还显得很不适应。

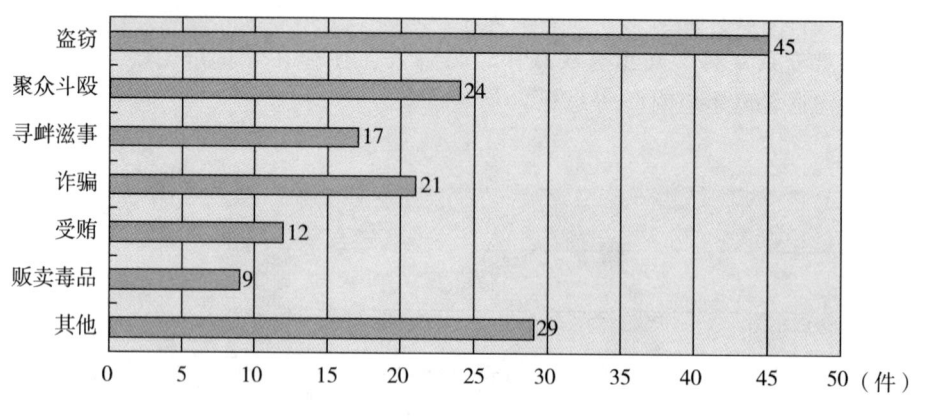

案件类型	件数
盗窃	45
聚众斗殴	24
寻衅滋事	17
诈骗	21
受贿	12
贩卖毒品	9
其他	29

图 2 辩方提出质疑的案件类型

(三)质证效果不佳

在这 2621 起案件中,有被告人 3451 人。其中,获得大专以上学历的人占 3.1%;获得高中或中专学历的人占 14.1%;获得小学及以下学历的人占 25.6%;初中学历的被告人所占比例高达 57.2%。由此可见,被告人受教育的程度总体偏低,这对于他们参与庭审证据调查和自我辩护是很不利的。被告人所处的劣势地位决定了被告人在对控方证据信息的获取、分析和质疑的能力上存在极大的不足。有辩护人参加庭审的案件为 459 件,仅占全部案件的 13.3%。被告人对犯罪事实供认不讳、当庭认罪的有 3376 人,绝大多数证据都没有受到质疑。控辩双方对对方证据进行明确质证的案件为 157 件。其中,质疑证据真实性的 55 件;质疑证据合法性的 39 件;质疑证据关联性的 32 件;质疑证明力的 31 件。

2007 年修改的《律师法》对刑事辩护律师的会见权、阅卷权、调查取证权等问题虽然作出了不少突破性规定,但由于司法机关的固有的惯性思维,影响了被告人获得律师帮助权利的实现。2012年修改后刑事诉讼法实施以后,"两高三部"也相继出台了保障律师权益的规定,这一现象得到改观,但由于证人出庭制度的不落实,导致质证效果不佳。从法院采信辩方质证意见的结果来看,也往往是不予采信。

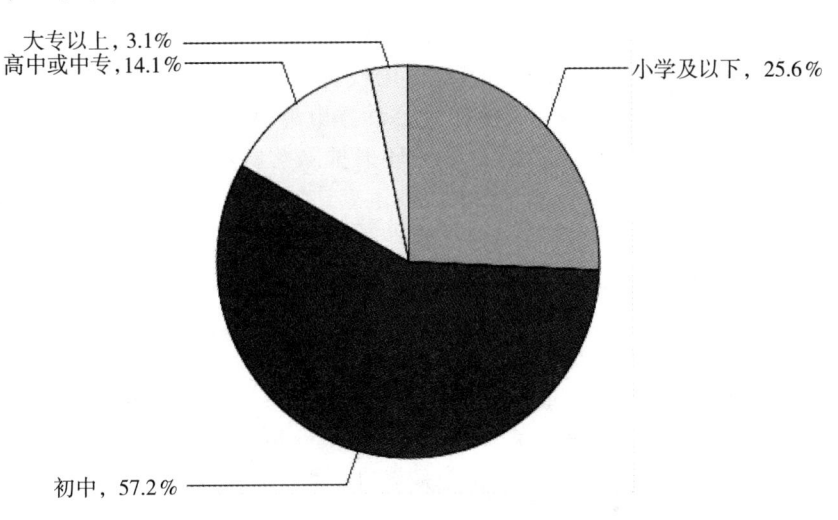

大专以上,3.1%
高中或中专,14.1%
小学及以下,25.6%
初中,57.2%

图3　被告人学历情况

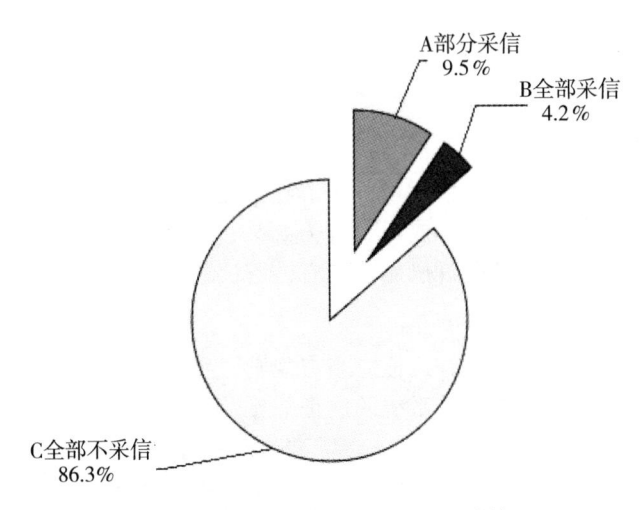

A部分采信 9.5%
B全部采信 4.2%
C全部不采信 86.3%

图4　法庭对辩方异议采信情况

（四）配套制度缺乏

一是庭前程序不完善。虽然我国《刑事诉讼法》第 182 条规定了庭前会议制度，但是，庭前会议程序并非必经程序，具体流程没有被细化，被纳入的证据只是一小部分证据，因此这一程序并未达到证据开示制度的效果。2012 年以来，庭前会议适用仅有 6 件，适用比例为 0.16%。控辩双方庭前沟通不够，在法庭上有证据突袭现象。二是证人出庭率低，2011~2015 年，有 11 件共 23 名证人出庭作证，涉及的罪名有滥用权罪权、受贿罪、强奸罪、交通肇事罪、非法占用农用地罪等，其中作为公诉方申请出庭作证的证人 15 名，辩护方申请出庭的证人有 8 名。三是非法证据排除落实不到位。2013 年 1 月 1 日刑事诉讼法实施以来，东台市检察院在审查逮捕、审查起诉和法庭审理阶段提出非法证据排除申请的案件为 5 件，启动非法证据排除程序的案件为 5 件，其中 2 件单独开庭审理非法证据排除问题，3 件案件为合并审理。提起公诉的案件无一件因存在非法证据而被排除，均被法院作有罪判决。四是质证规则缺乏。质证规则是庭审质证活动得以规范、有序进行的基石和保障。然而现行制定法中并没有形成一套完整的刑事诉讼法庭质证规则体系，只有一些零散的刑事诉讼庭审质证规则散落于法律和司法解释当中。虽然最高检公诉厅制定了公诉人行为规范和举证质证指导意见，但由于是部门文件，缺乏强制力。

四、推进质证方式改革的路径选择

质证是实施控辩式庭审一个必然的组成部分，通过上述对质证概念、分析质证中存在的问题，笔者提出以下对策：

（一）构建新型侦诉审关系

庭审无价值必然导致质证无价值，现行公诉不力、控辩失衡是导致庭审无价值的重要原因。只有改革现行侦诉审关系，建立起公诉统帅侦查，侦查服务于起诉的新型追诉犯罪的机制，形成以起诉为龙头、起诉质量为核心，使侦查尽可能服务于起诉要求的有效公诉机制才能有效解决这一冲突。

（二）建立质证规则

为保证庭审质证的顺利进行，质证应当有规则。我国目前法律和司法解释关于质证的规定较少，还没有形成系统的质证规则。[1] 笔者认为质证规则至少应当包括下列事项的处理规则：（1）确定需要质证的事项，包括哪些案件需要质证，哪些案件可以不进行质证；还包括具体案件中哪些证据需要质证，哪

---

[1] 关于我国质证的现状情况和建议可参见王颂勃：《刑事诉讼法庭质证规则研究》，中国人民公安大学出版社 2015 年版。

些证据不需要质证；（2）法官、检察官、被告人及其辩护律师在质证中的权利和义务；（3）证人的权利和义务，尤其是陈述和回答问题的规则；（4）质证的程序，包括质证的启动、提问的顺序、对不当提问的反对、① 质证终结等活动的规则；（5）质证的效力，包括质证之后相关证据是否采纳之效力，② 以及应当质证而没有质证情况下对案件的影响。

（三）完善配套机制

1. 实行繁简分流

在刑事诉讼中，并非每个证据都需要质证，只有诉讼双方，特别是被告方对控诉的证据存在疑问才应当进行质证，如果对证据没有疑问，那么就不存在质证的必要，所以，实际上相当一部分证据不需要质证。为了保证庭审质证得以顺利进行，不需要质证的案件应当及时分流。党的十八届四中全会《决定》提出："完善刑事诉讼中认罪认罚从宽制度。"这是我国刑事诉讼制度改革的重大举措，对于庭审质证的顺利进行起到至关重要的作用。从东台市检察院的情况来看，2013年1月至2015年12月，简易程序案件比例达到57.3%，认罪认罚案件比例达到95.9%。

笔者认为，认罪认罚从宽制度的适用范围还可以进一步扩大到除死刑案件③之外的所有刑事案件。为此，可以在各个社区设立治安法院，隶属于基层法院之下，并以基层法院的名义处理案件。治安法院可以快速便捷处理大量不需要法庭质证的案件。治安法院在刑事司法中还可使用处罚令程序，辩诉协商机制，简化侦查和起诉手续，侦查机关在抓捕犯罪嫌疑人之后对于其认罪的轻微犯罪，可直接送交治安法院处理。这样可以大规模提高刑事诉讼的效率。

刑事诉讼简易程序改革过程中也需要注意公正和效率的关系。在保证公正的基础上审判机关可以适用多种简化审判的措施。某个案件简化质证程序，或者一个案件中的某些证据不需要质证。这些措施并非否定质证程序，相反是保

---

① "反对"是进行质证一方提出的问题或证人回答时不符合法律和证据规则时，另一方当场提出反对意见，阻止提问和回答该问题的一种方式，法官作为庭审质证的主持人必须对"反对"当场表态。如果反对有效，则该问题或回答不能继续进行，如果反对无效，可以继续进行。

② 在英美法系陪审团审判的情况下，质证的效力直接对陪审团判断发生影响。在我国不实行陪审团审判的情况下，法官在质证之后应当说明该证据是否可以采纳。

③ 死刑案件与普通刑事案件在程序方面有一些显著的不同：死刑案件涉及的通常是最严重的犯罪，死刑案件的审判结果关系到被告人的生命；死刑案件中被告人如果被判处死刑，在执行后具有不可逆转性，即使发现错案也无法补救，因此死刑案件的处理应当比普通刑事案件更为谨慎。

证质证制度得到贯彻执行的必要措施。因为，如果所有的案件中所有的证据都经过质证，司法资源将不堪重负，质证制度不能落实。经过案件分流措施，对不需要进行质证的案件和证据进行了科学的分流，才能将有限的司法资源用于保证需要进行质证的案件和有关证据能够在庭审中得到充分质证。

要积极完善案件审前分流程序，推进刑事速裁改革，进一步优化司法资源配置，让绝大多数不需要质证的案件简化审理，让检察官有足够的精力来准备重大、敏感、复杂案件的质证。同时，在庭审质证中也要"繁简分流"，突出重点，对出示的证据进行取舍、筛选，不纠缠细枝末节，便于集中精力查清有争议的问题及其他影响定罪量刑的问题。

2. 完善证人出庭制度

党的十八届四中全会《决定》中提出"完善证人、鉴定人出庭制度，保证庭审在查明事实、认定证据、保护诉权、公正裁判中发挥决定性作用"。证人出庭作证是质证得以进行的关键。证人不出庭作证，不仅侵犯了被告人与证人质证的合法权利，而且使整个诉讼过程成为走过场，质证实际上是无法进行的。证人出庭作证、接受质询，有利于判明证据的真伪，准确地查明案件事实真相。证人出庭才能使对方有机会向其质证，因此证人出庭作证既是司法程序公正的需要，又是证明犯罪的需要，也是法律赋予被告人与证人对质的权利。我国刑事诉讼中证人出庭率低是一个长期存在的问题。

完善证人出庭作证制度在我国刑事司法中是一个长期的和艰巨的任务。2012 年《刑事诉讼法》修改在完善证人出庭制度方面有长足的进步，明确了证人应当出庭作证的范围（第 187 条），确立了强制作证制度（第 188 条），证人保护制度（第 61 条和第 62 条），证人作证的补偿制度（第 63 条）等，这些规定对于改善我国长期以来证人出庭率过低的现象，提高庭审中质证的质量和效果有很重要的意义。但是，根据笔者对《刑事诉讼法》生效之后我国部分地区司法实务部门的考察发现目前刑事案件审判证人出庭率仍然很低，有些刑事诉讼案件没有一个证人出庭。

进一步完善证人出庭作证制度需要侦查和司法机关的共同努力，在切实执行《刑事诉讼法》中证人出庭各项规定的基础上，制定相关质证规则，进一步明确法官和诉讼双方在证人作证中承担的权利和义务、落实证人传唤制度、建立弹劾证人制度、细化免予作证制度和制定询问证人规则，等等。①

---

① 关于相关质证规则，包括传唤证人制度、弹劾证人制度、免予作证制度和询问证人方法等可详见杨宇冠：《人权法——〈公民权利和政治权利国际公约〉研究》，中国人民公安大学出版社 2003 年版，第 275~288 页。

3. 加强律师辩护制度

辩护制度与庭审质证关系十分密切，被告人行使质证权利是辩护权实行的重要方式，辩护权是被指控者的一项最基本的诉讼权利，是国际人权准则中重要的内容。《世界人权宣言》和"联合国人权两公约"都有明确规定。质证制度的设立是保障辩护权的重要途径，也是法庭质证制度得以实现的重要条件。法庭质证是一项专业性极强的诉讼活动，律师之外的辩护人通常难以胜任。

我国刑事诉讼中还有许多被告人没有辩护律师。在刑事案件的审判阶段，不发达地区只有 30% 左右的案件有律师介入诉讼，在发达地区，这一数字也仅仅超过 50% 。[①] 被告人没有律师辩护，质证程序就难以得到有效进行。推进以审判为中心的诉讼制度改革要求庭审实质化、法庭质证落到实处。为实现此目标，律师辩护缺乏的问题首先应当得到解决。

在当前刑事司法中，每个被告人都有辩护律师的帮助还有许多困难，为了快速解决这个问题，需要扩大法律援助的范围，使更多的被告人能享有专业律师的帮助。笔者建议在法院，特别是基层法院中设立值班律师，对没有聘请辩护律师的被告人提供法律帮助，包括提供法律咨询和进行法庭质证。如果案情比较重大复杂，可由值班律师推荐其他律师专门为被告人质证。如此，不仅解决了刑事案件的律师辩护率低的问题，而且对被告人其他诉讼权利的保障也有重要意义。

4. 深化司法公开

推进判决书公开和提高当庭宣判率是促进当庭质证、认证的有效途径。当庭宣判是落实当庭质证、认证实效，防止暗箱操作、保障合议庭独立裁判的有效措施。因此，提高当庭宣判率就是保障质证制度顺利进行的一个重要方面。实践中制约当庭宣判率的，主要就是当庭质证不充分等。

（四）利用庭前会议制度

《刑事诉讼法》增加了庭前会议程序。庭前会议可以通过证据开示、确定出庭证人名单和非法证据排除等方面的工作为庭审质证做充分的准备工作。

首先，应当确定哪些案件需要进行庭审质证程序。为此可以在庭前会议中设置被告人答辩程序，在被告人及其辩护人对起诉书指控的犯罪事实和证据不存在异议的情况下，该案件就不需要进行庭审质证。为保证案件公正，主审法官在庭前会议中应当核实被告人认罪的真实性、自愿性，以及充分知悉认罪的

---

① 陈光中：《完善的辩护制度是国家民主法治发达的重要标志》，载《中国法律评论》2015 年第 2 期。

法律后果。

其次，应当确定哪些证据需要质证。对于被告人不认罪或对证据有异议的案件，可以在庭前会议中决定哪些证据应当质证。完成此工作需要进行证据开示。目前的庭前会议中进行证据开示还缺乏法律制度的保障和具体的操作程序，多属于控辩双方在个案中的自发行为。因此，需要建立和完善我国庭前会议中的证据开示制度，才能使法官、检察官和被告人及其辩护人有针对性地做好庭审质证准备，这对促进庭审的实质化和提高庭审效率都有十分重要的意义。

（五）加强能力建设

按照直接言词原则，侦查机关收集的各种卷宗笔录、物证、书证等都要经过"呈堂"，关键的证人、鉴定人要出庭作证，这就要求公诉人提高应对庭审中复杂问题的能力。公诉人不仅需要积累多学科知识，还应注意掌握与不同人沟通的方法与技巧。同时，公诉人要提高交叉讯（询）问的能力，注重对证人、鉴定人以及被告人合法权利的保护。此外，公诉人还应善于归纳总结。庭审的实质化必然导致控辩双方质证意见的激烈碰撞，公诉人应当高度重视辩方的质证意见，善于在庭审中认真倾听，整理归纳总结，清楚辩方质证意见的要点，有针对性地进行质证答辩。

五、结语

推进以审判为中心的诉讼制度改革是对我国现有刑事诉讼结构的重大调整和有效纠偏，能够有效提升庭审质量、优化诉讼结构、强化诉权保障，是构建中国特色司法体制的必由之路。本文尝试结合推进"以审判为中心"的司法改革，将质证问题与刑事诉讼其他问题一并研究，提出可行性的解决方案，以期达到推进司法改革、完善刑事诉讼制度、制定质证规则、提高检察官质证能力的效果。

推进以审判为中心的诉讼制度改革，就要落实《刑事诉讼法》对庭审的一系列措施，其中的核心环节是质证。我国自 1979 年《刑事诉讼法》生效以来，质证工作虽然有一些法律规定，但还很不完备，在司法实务中也没有得到很好的落实，严重影响了司法公正和办案质量。

质证的落实是推进司法改革，实现司法公正和人权保障的关键措施。为此，有关部门应当制定庭审质证规则，司法人员应当重视质证工作，提高质证的参与和应对能力，切实做好质证工作。另外刑事诉讼其他制度，特别是程序分流和律师辩护制度的完善对庭审质证的实行和完善有重大影响。

未成年人监护关系变更的检察公益诉讼研究

陈历幸[*]

近年来，未成年人流浪乞讨、无人管护、遭受家庭暴力的事件频频发生，在引起社会各界广泛关注的同时，也反映了完善我国困境未成年人监护关系变更法律制度，以保护和救助处于困境中的未成年人的必要性。虽然我国《民法通则》、《预防未成年人犯罪法》及《未成年人保护法》等法律及相关司法解释规定了监护关系变更法律制度（亦称监护权撤销法律制度），但其存在过于笼统，缺乏可操作性，对未成年人的保护不够全面等问题，实践中监护关系变更案件很少能够进入司法程序，监护权撤销后未成年人如何安置也是一个问题。2015年1月1日起实施的《关于依法处理监护人侵害未成年人权益行为若干问题的意见》（以下简称《意见》）是最高人民法院、最高人民检察院、公安部、民政部在未成年人权益保护方面最新出台的重要规定，得到了有关专家"沉睡近三十年的法律被激活"[①]（指激活了1986年《民法通则》中关于监护关系变更的规定）的积极评价，其在困境未成年人监护关系案件的受理、审理等方面作出了比较明确的规定，法院基本可以对照执行；但在公安机关的全面调查、应急处置，民政部门的临时安置、教育辅导、调查评估、集体会商、提起撤销监护人资格诉讼，检察机关的法律监督工作等的具体落实，还需要有关部门，结合工作的推进和案件的办理，尽快总结经验，出台更具体的法律制度措施。

人民检察院是国家的法律监督机关。作为国家机构的重要组成部分，人民检察院为维护国家法制的统一和尊严，保障法律的正确实施，确保社会主义法治国家建设的顺利进行，发挥着重要作用。对未成年人监护关系变更案件的检

---

[*] 作者简介：陈历幸，上海社会科学院法学研究所副研究员。

[①] 贺劭清：《专家解读未成年人保护新规：沉睡了近三十年的法律制度被激活》，载中新网，http://www.chinanews.com/fz/2014/12-30/6925374.shtml。

察监督,是发挥检察机关职能的重要体现。无论是站在处理监护人侵害未成年人权益行为"第一线"的公安部门,还是在困境未成年人监护关系变更诉讼中起决定作用的法院,抑或是为困境未成年人承担"托底"监护职责的民政部门及所属的未成年人救助保护机构,乃至有可能提起相关诉讼的其他具有监护资格的人员,其正确妥当行使自身权力或权利,以期达到在监护人侵害未成年人权益事件中最大限度地维护未成年人利益的根本目标,均为新形势下检察监督的重要内容。由于这一主题之下所涉内容范围较广,笔者拟于本文中重点研究未成年人监护关系变更的检察监督中一项意义重大但在理论上尚未得到深入探讨、在实践中也未得到充分实践的法律制度,即未成年人监护关系变更的检察公益诉讼。考虑到近年来国内学界已对公益诉讼制度的一般理论问题有过较为充分的探讨,并且,党的十八届四中全会作出的《中共中央关于全面推进依法治国若干重大问题的决定》(以下简称《决定》)也已提出"探索建立检察机关提起公益诉讼制度",笔者于本文中将主要探讨未成年人监护关系变更的检察公益诉讼中的一些具有较强特殊性的问题,以期及时回应相关法律实践,并在理论上做出展望。

一、未成年人监护关系变更的检察公益诉讼的基本定位

《意见》第 30 条第 1 款规定,监护人因侵害未成年人权益行为被提起公诉的案件,人民检察院应当书面告知未成年人及其临时照料人有权依法申请撤销监护人资格。该条第 2 款规定,监护人侵害未成年人权益行为符合《意见》第 35 条所列的七种严重侵害未成年人合法权益的情形[1],相关单位和人员[2]没

---

[1] 这七种情形分别为:(1) 性侵害、出卖、遗弃、虐待、暴力伤害未成年人,严重损害未成年人身心健康的;(2) 将未成年人置于无人监管和照看的状态,导致未成年人面临死亡或者严重伤害危险,经教育不改的;(3) 拒不履行监护职责长达 6 个月以上,导致未成年人流离失所或者生活无着的;(4) 有吸毒、赌博、长期酗酒等恶习无法正确履行监护职责或者因服刑等原因无法履行监护职责,且拒绝将监护职责部分或者全部委托给他人,致使未成年人处于困境或者危险状态的;(5) 胁迫、诱骗、利用未成年人乞讨,经公安机关和未成年人救助保护机构等部门 3 次以上批评教育拒不改正,严重影响未成年人正常生活和学习的;(6) 教唆、利用未成年人实施违法犯罪行为,情节恶劣的;(7) 有其他严重侵害未成年人合法权益行为的。

[2] 根据《意见》第 27 条,这里的相关单位和人员包括未成年人的其他监护人,祖父母、外祖父母、兄、姐,关系密切的其他亲属、朋友;未成年人住所地的村(居)民委员会,未成年人父、母所在单位;民政部门及其设立的未成年人救助保护机构;共青团、妇联、关工委、学校等团体和单位。申请撤销监护人资格,一般由其中负责临时照料未成年人的单位和人员提出,也可以由其中的其他单位和人员提出。

有提起诉讼的，人民检察院应当书面建议当地民政部门或者未成年人救助保护机构向人民法院申请撤销监护人资格。细加分析可知，在未成年人及其临时照料人经检察机关书面告知而未向法院申请撤销监护人资格时，检察机关是否可以直接向法院提起变更未成年人监护关系的民事诉讼，上述规定并未涉及；在相关单位和人员没有提起诉讼时检察机关提出书面建议的方式及其法律效力，上述规定未予明确；此种书面建议未起到适当作用时，检察机关是否可以直接向法院提起变更未成年人监护关系的民事诉讼，是否可以向法院提起以当地民政部门等行政机关为被告的行政诉讼，上述规定更未涉及。然而，正如有的研究者所言，监护人对未成年人实施暴力、虐待、遗弃等行为等不仅侵犯了未成年人的权益，给未成年人造成阴影，"也对社会公共秩序造成威胁"，符合公益诉讼制度的适用条件。① 并且，《决定》明确指出，"检察机关在履行职责中发现行政机关违法行使职权或者不行使职权的行为应该督促其纠正"；习近平总书记在《关于〈中共中央关于全面推进依法治国若干重大问题的决定〉的说明》（以下简称《说明》）中对此又有进一步的阐述："在现实生活中，对一些行政机关违法行使职权或者不作为造成对国家和社会公共利益侵害或者有侵害危险的案件……由检察机关提起公益诉讼，有利于优化司法职权配置、完善行政诉讼制度，也有利于推进法治政府建设。"可见，对于未成年人监护关系变更案件，探索进行检察公益诉讼，与社会的现实需求和《决定》、《说明》的精神是相契合的。

2015 年 7 月 1 日，第十二届全国人民代表大会常务委员会第十五次会议通过全国人民代表大会常务委员会《关于授权最高人民检察院在部分地区开展公益诉讼试点工作的决定》（以下简称《试点决定》），最高人民检察院随即于次日发布了《检察机关提起公益诉讼改革试点方案》（以下简称《试点方案》）。根据《试点方案》，公益诉讼分民事、行政两部分，民事公益诉讼的试点范围为检察机关在履行职责中发现的污染环境、食品药品安全领域侵害众多消费者合法权益等损害社会公共利益的案件；行政公益诉讼的试点案件范围为生态环境和资源保护、国有资产保护、国有土地使用权出让等领域负有监督管理职责的行政机关违法行使职权或不作为，造成国家和社会公共利益受到侵害

---

① 秦爱榕：《论未成年人检察公益诉讼的构建》，载《法制与社会》2015 年第 26 期；赵卿、李庆：《未成年人检察公益诉讼制度构建研究——以全国首例民政部门申请撤销监护权案为例》，载《青少年犯罪问题》2015 年第 5 期；宣孟洁：《未成年人保护新途径——未成年人保护公益诉讼制度》，载《湖北经济学院学报（人文社会科学版）》2015 年第 8 期。

的案件。① 未成年人监护关系变更案件未被列入检察机关提起公益诉讼改革的试点范围。但笔者认为,《试点决定》和《试点方案》确定的试点范围,仅为两年试点期内的试点范围,不排除立法机关此后将未成年人监护关系变更案件纳入的可能,况且《试点方案》已要求地方人民检察院拟决定向人民法院提起公益诉讼时先行层报最高人民检察院审查批准,最高人民检察院可以做到对有关案件是否适合提起公益诉讼先行把关,没有必要过分担心试点中可能出现的偏差,再者,基于现实的迫切需要,立法机关在两年内亦随时可能扩大试点范围。另外,从域外的相关立法看,亦存在将未成年人监护关系变更案件明确列入检察机关提起公益诉讼范围的例子。② 我国研究者从理论上对未成年人检察公益诉讼制度给予预判,在当前已属必要。

此外,从诉讼法学的原理上看,检察机关对未成年人监护关系变更案件提起公益诉讼,可以较好地解决我国现行法上关于监护关系变更法律制度的规定所存在的理论问题。最高人民法院《关于贯彻执行〈中华人民共和国民法通则〉若干问题的意见》第20条规定:"监护人不履行监护职责,或者侵害了被监护人的合法权益,民法通则第十六条、第十七条规定的其他有监护资格的人或者单位向人民法院起诉,要求监护人承担民事责任的,按照普通程序审理;要求变更监护关系的,按照特别程序审理;既要求承担民事责任,又要求变更监护关系的,分别审理。"按照该规定,监护人不履行监护职责,"其他有监护资格的人或者单位"可以作为原告提起民事诉讼,然而,该规定是与《中华人民共和国民事诉讼法》第119条规定的四个立案条件相矛盾的,因为作为原告的"其他有监护资格的人或者单位"只是基于法律的特别规定代为行使未成年人的诉讼权利,并非"与本案有直接利害关系",并且,因为"其他有监护资格的人或者单位"是基于法律的特别规定代为行使未成年人的诉讼权利,其诉讼请求所含有的合法权益也应归未成年人所有,而依我国现行法,未成年人在监护关系变更案件中并非诉讼主体,如果法院判决将相关合法权益归属于案外人,不符合诉讼的基本原理。只有在公益诉讼的理论构造下,由检察机关作为公益的代表对未成年人监护关系变更案件提起公益诉讼,才能

---

① 参见温如军:《检察机关公益诉讼方案公布:重点针对生态环境》,载《法制晚报》2015年7月2日;张媛:《地方提公益诉讼 先报最高检审批》,载《新京报》2015年7月3日。

② 例如,根据法国民事诉讼法的规定,"下列的案件,检察机关应当以诉讼当事人的身份提起、参与或者支持公益诉讼的进行:(1)涉及亲子关系、未成年人监护安排及设置或者变更的案件……"参见唐文:《外国公益诉讼制度及特点》,载《团结》2009年第7期。

够较为妥当地对监护关系变更案件中这种诉讼主体与利益主体相分离的状态予以解释。

综上，笔者认为，未成年人监护关系变更的检察公益诉讼应当包括民事公益诉讼和行政公益诉讼两类：当监护人因监护侵害行为被提起公诉时，如果未成年人及其临时照料人经检察机关书面告知而未向法院申请撤销监护人资格，检察机关可以以公益诉讼人的身份向法院申请撤销监护人资格（此种诉讼在性质上属于民事公益诉讼）；当监护侵害行为符合《意见》第 35 条所列的七种严重侵害未成年人合法权益的情形时，如果相关单位和人员没有提起诉讼，人民检察院对当地民政部门或者未成年人救助保护机构的书面建议也未能使其向人民法院申请撤销监护人资格的，若书面建议的对象为民政部门，即有可能属于《说明》所指出的"一些行政机关违法行使职权或者不作为造成对国家和社会公共利益侵害或者有侵害危险的案件"，检察机关既可以以公益诉讼人的身份向法院申请撤销监护人资格（此种诉讼在性质上属于民事公益诉讼），也可以以公益诉讼人的身份向法院提起以民政部门等行政机关为被告的行政诉讼（此种诉讼在性质上属于行政公益诉讼）。

二、未成年人监护关系变更的检察公益诉讼的前置程序问题

根据来自实务部门的研究者的归纳，在 2014 年以前的司法实践中，我国检察机关参与民事公益诉讼的主要方式有四种：一是支持实体原告提起诉讼；二是与实体原告共同提起诉讼；三是督促实体原告提起诉讼；四是直接提起诉讼。[1] 从学理上看，其实只有第四种方式适用了公益诉讼制度；而第一种方式适用的是支持起诉制度，第三种方式适用的是督促起诉制度。在《意见》出台后，其第 30 条第 2 款规定的人民检察院对当地民政部门或者未成年人救助保护机构的"书面建议"，可以理解为适用的是检察建议制度。《试点决定》规定："提起公益诉讼前，人民检察院应当依法督促行政机关纠正违法行政行为、履行法定职责，或者督促、支持法律规定的机关和有关组织提起公益诉讼。"[2] 曹建明检察长在对《试点决定》草案所做的说明中指出：在提起民事公益诉讼之前，检察机关应当依法督促或者支持法律规定的机关或有关组织提

---

[1] 参见刘阳：《检察机关参与公益诉讼正当性研究》，http://article.chinalawinfo.com/ArticleFullText.aspx?ArticleId=87768（北大法宝引证码 CLI.A.087768）。

[2] 全国人民代表大会常务委员会《关于授权最高人民检察院在部分地区开展公益诉讼试点工作的决定》（2015 年 7 月 1 日第十二届全国人民代表大会常务委员会第十五次会议通过），载《全国人民代表大会常务委员会公报》2015 年第 4 期。

起民事公益诉讼；在提起行政公益诉讼之前，检察机关应当先行向相关行政机关提出检察建议，督促其纠正违法行政行为或依法履行职责。① 《试点方案》对此有类似的规定。② 这些相关的规定和做法，实际上均提出了检察公益诉讼制度和民事行政检察制度群中其他制度间的关联性问题。具体到未成年人监护关系变更的检察公益诉讼，需要研究就是检察机关在运用未成年人检察公益诉讼制度之前是否必须先行适用民事行政检察制度群中的其他制度，在其他制度的适用未能达到妥当效果时，方能运用未成年人检察公益诉讼制度的问题，亦可简单地将其表述为未成年人检察公益诉讼的前置程序或诉前程序问题。

笔者认为，探讨检察公益诉讼的前置程序问题首先必须明确的是，检察建议制度与督促起诉制度是两种不同的法律制度，彼此之间不存在包容关系，这一点从《说明》中"建立督促起诉制度、完善检察建议工作机制等"的表述方式即可得到印证（两者间以顿号分割，之后加"等"字，表明两者显属并列关系）。不能因为《试点决定》和《试点方案》采用了"督促"行政机关纠正违法行政行为、履行法定职责的表述，而认为督促起诉也是检察行政公益诉讼的诉前程序。换言之，依《试点决定》和《试点方案》的规定，检察民事公益诉讼的诉前程序即为督促起诉或者支持起诉，检察行政公益诉讼的诉前程序则为检察建议。在《试点决定》和《试点方案》出台后，据笔者所见，相关研究者基本上是自然而然地根据其规定设计具体的制度架构，而并未对有关规定本身的合理性提出不同意见。③ 然而，笔者认为，《试点决定》和《试点方案》的有关规定虽属于一般规则，但其主要针对的是在生态环境和资源保护、国有资产保护、国有土地使用权出让、食品药品安全等领域的公益诉讼案件，基于未成年人案件的特殊性，未成年人监护关系变更的检察公益诉讼的前置程序问题仍有必要做个别化的考察。具体地说，笔者认为，未成年人检察公益诉讼（无论是民事公益诉讼还是行政公益诉讼）未必需要设置强制性的法定前置程序，理由在于：就困境未成年人监护关系变更案件而言，未成年人通常出于某些特殊原因在主观上不敢提起民事诉讼、在客观上难以提起民事诉

---

① 曹建明：《关于授权最高人民检察院在部分地区开展公益诉讼改革试点工作的决定（草案）的说明——在第十二届全国人民代表大会常务委员会第十五次会议上》，载《全国人民代表大会常务委员会公报》2015 年第 4 期。

② 参见温如军：《检察机关公益诉讼方案公布：重点针对生态环境》，载《法制晚报》2015 年 7 月 2 日；张媛：《地方提公益诉讼 先报最高检审批》，载《新京报》2015 年 7 月 3 日。

③ 李涵：《检察机关提起未成年人公益诉讼制度构建研究——以最高检出台〈检察机关提起公益诉讼试点方案〉为背景》，载《预防青少年犯罪研究》2015 年第 6 期。

讼，此种情形下督促或者支持其起诉的效果往往不明显，检察机关完全应当径行提起民事公益诉讼；如果有关案件涉及纠正行政机关及其工作人员的违法行为，则检察机关在已运用民事公益诉讼制度但仍未达到纠正行政机关违法行为的效果时，既可以选择采用检察建议制度或者行政公益诉讼制度，也可以暂时停止对有关案件的办理，待各方面的主观及客观条件发生变化后，再决定使用检察机关履行民事行政监督职责过程中可以采用的其他法律制度，因此也没有必要将检察建议设定为未成年人检察行政公益诉讼的前置程序。

三、未成年人监护关系变更的检察公益诉讼的承办部门

目前，多数研究者就未成年人检察公益诉讼的承办部门所形成的较为一致的看法是，应由检察机关内部的未成年人检察部门（以下简称未检部门）办理未成年人检察公益诉讼乃至全部未成年人民事检察工作。其理由主要包括以下几方面。第一，检察机关未检部门系检察机关内部办理未成年人案件专职化程度最高的部门，其现有的建制更易于将未成年人相关民事案件纳入受案范围。第二，未检部门作为专门处理未成年人案件的部门积累了相当多的处理未成年人特殊案件的工作经验，为未成年人民事检察制度奠定了基础。第三，未检部门在长期发展过程中注重借助社会力量开展工作，已与相关社会部门建立了广泛的联系，可以成为未成年人民事检察制度的有效保障。第四，检察机关作为民事诉讼当事人参与诉讼后，检察机关对这类案件的审判活动仍要履行监督职能，为体现民事诉讼中当事人地位的平等，应把原告的诉讼权利和检察机关法律监督的职能分开，由未检部门担当提起民事诉讼主体的职能，而由民事检察部门按职履行法律监督职能。[1] 也有人主张在检察机关内部增设公益诉讼业务部门，检察公益诉讼均该部门提起，其在提起公益诉讼的案件中不享有对法院审判活动进行监督的权力，而检察机关内部的民事行政部门依然履行民行检察监督职能。[2] 还有人主张检察机关应基于现实可行性而探索建立以民事行政检察部门（以下简称民行部门）为主体、多部门联动的检察机关公益诉讼

---

[1] 参见殷一琪：《未检部门介入未成年人民事权益保护之探究》，载《法制与社会》2011 年第 24 期；秦爱榕：《论未成年人检察公益诉讼的构建》，载《法制与社会》2015 年第 26 期；顾晓军、陆海萍、曹晓云：《在法律监督中体现儿童利益最大化原则——未成年人民事行政检察工作的探索》，载《青少年犯罪问题》2007 年第 4 期。

[2] 参见刘阳：《检察机关参与公益诉讼正当性研究》，http://article.chinalawinfo.com/ArticleFullText.aspx? ArticleId = 87768（北大法宝引证码 CLI.A.087768）。

模式,① 或者建议在检察机关内部跨部门成立针对个案的临时办案组或人员相对固定的未成年人公益诉讼联合办案组,组成人员不限于未检部门和民行部门,也可纳入控告申诉、职务犯罪预防等各部门人员。②

  实践中,由于检察公益诉讼属于检察机关履行监督民事诉讼、行政诉讼职能的方式之一,通常由民行部门承办各类检察公益诉讼,未成年人检察公益诉讼自然也在其列;但亦有与多数研究者的主张相吻合的做法,例如,江苏省常州市检察机关构建了"五位一体"的未成年人检察一体化机制,即在未成年人案件批捕、起诉、预防、监所等职能外,将民事行政检察职能也归属于未检部门③,又如,据笔者了解,上海市部分基层检察机关的未检部门近年来正在建立健全申请撤销监护人资格的检察机关告知和督促机制,而这种做法显然也是将未成年人案件民事行政检察职能归属于未检部门。

  未成年人监护关系变更的检察公益诉讼的承办部门究竟应当如何设定,笔者对此的看法是:就未成年人检察公益诉讼而言,固然要考虑其与其他各类检察公益诉讼(特别是当前检察机关已有若干试点的污染环境、侵害消费者案件公益诉讼)的差异,未检部门在办理各类未成年人案件中积累起来的专业优势有必要加以重视,但是,未成年人检察公益诉讼毕竟是检察公益诉讼的一种,民行部门在办理检察公益诉讼案件中获得的经验亦不容忽视,况且实践中不少检察机关的民行部门也办理小部分涉及未成年人的民事、行政案件。有的研究者提出设立跨部门的未成年人公益诉讼办案组的设想,其实就是出于兼顾未检部门和民行部门的考虑,只不过,在当前检察机关仍以内设部门而非办案组作为内部组织架构中基本组成单位的情况下,不将未成年人检察公益诉讼落实到具体的承办部门,暂时恐怕还未具备可操作性。至于有的研究者提出的未检部门办理未成年人检察公益诉讼有利于诉讼主体与监督主体分离的观点,需要指出的是,检察机关内部增设公益诉讼业务部门或者设置公益诉讼办案组的做法亦可达致此种效果,但在《决定》提出"探索建立"检察机关提起公益诉讼制度的背景下,同时衡诸当前检察公益诉讼已有实践的深度与广度,在可以预见的未来,尚难实现检察机关内部增设公益诉讼业务部门或办案组的设

---

  ① 参见赵卿、李庆:《未成年人检察公益诉讼制度构建研究——以全国首例民政部门申请撤销监护权案为例》,载《青少年犯罪问题》2015 年第 5 期;闵丰锦:《论检察机关部门联动式公益诉讼模式的构建》,载《辽宁公安司法管理干部学院学报》2015 年第 1 期。

  ② 李涵:《检察机关提起未成年人公益诉讼制度构建研究——以最高检出台〈检察机关提起公益诉讼试点方案〉为背景》,载《预防青少年犯罪研究》2015 年第 6 期。

  ③ 李乐平、吴小强:《江苏常州:"五位一体"开创未成年人检察工作新局面》,载《检察日报》2012 年 3 月 7 日。

想,如果由未检部门办理未成年人检察公益诉讼而由民行部门履行检察监督职能,则此类案件中诉讼主体与监督主体分离程度就与其他各类检察公益诉讼案件中诉讼主体与监督主体分离程度存在显著差异(其他各类检察公益诉讼案件中的诉讼活动与监督活动均由民行部门承担),而这种不平衡的状态对检察公益诉讼经验的积累乃至改革试点的顺利进行都可能产生不利影响。事实上,在检察机关近期办结的"全国首例民政部门申请撤销监护权案"中,也是由"B区检察院未检干警出席法庭支持该院的起诉,并对这个诉讼过程实施法律监督",而没有出现诉讼主体与监督主体分离的情况。[①] 因此,在目前以至可以预期的将来,仍以将民行部门作为未成年人监护关系变更的承办部门的做法为宜。

[①] 参见赵卿、李庆:《未成年人检察公益诉讼制度构建研究——以全国首例民政部门申请撤销监护权案为例》,载《青少年犯罪问题》2015年第5期。

论行政不作为检察监督

霍敬裕　刘雯[*]

行政权具有天然的扩张性，理想型的扩张模式是依据立法机关制定的规则，以社会公共产品的供给为目标和范围予以适度拓展。但在实践中，行政机关行使行政权往往突破了立法权的限制，甚至有时在无法律授权的状态下进行，尤其是行政不作为具备隐蔽性、后发性的特点，实践中往往成为脱离监督的"法外之地"。为避免上述情况的发生，检察机关行使检察监督权对恣意而为的行政权予以控制成为一项重要的监督方式。我国检察制度在世界法律制度中独具特色，其特色体现在我国的检察机关是专门的法律监督机关，依法独立地行使检察权。[①]党的十八届四中全会作出《中共中央关于全面推进依法治国若干重大问题的决定》（以下简称《决定》）指出："检察机关在履行职责中发现行政机关违法行使职权或者不行使职权的行为，应该督促其纠正。"该表述确立了检察机关监督行政行为职能的政治基础，[②]同时也突出了该项职能的基本特征：第一，主动性。检察权对于行政权的不当运行可以直接进行监督，而不必经由第三方的申请或命令行为而启动。第二，全面性。《决定》中将行政机关行政不作为同时纳入监督的范围中，消除了仅有作为的行政行为受到监督的误区。第三，事中与事后的双重监督性。检察监督权的行使既存在于行政行为发生过程中，也作用于行政行为的结果产生后。对于行政不作为行为而言，即意味即使危害结果尚未出现，检察机关仍然可以行使监督权。第四，纠正性。行政行为检察监督职权表现为督促行政机关予以纠正。综上可知，包括行政不作为在内的行政行为，检察机关都可以对此履行检察监督的权能，并在加快建设法治政府进程中发挥独特的制度优势。

---

[*] 作者简介：霍敬裕，安徽建筑大学副教授，法学博士；刘雯，安徽省合肥市瑶海区检察院公诉科科长。

[①] 牛向阳、贾道国、李殿民：《我国民行检察监督在社会管理创新中的实践及其完善》，载《山东社会科学》2013 年第 3 期。

[②] 唐璨：《论行政行为检察监督及其制度优势》，载《江淮论坛》2015 年第 11 期。

一、行政不作为检察监督的概念及其基本特征

（一）行政不作为的基本界定

虽然我国现行法律中对行政不作为未作规定，但在行政法学理论中，行政不作为始终是一个重要的学术概念。学者们从不同的角度试图对行政不作为的概念进行探讨。目前，国内关于行政不作为的概念主要形成以下几种学说：（1）主观抑制说。法律行为以积极或消极的意思表示为标准，分为作为和不作为两种。基于这样的认识，部分行政法学专家认为，行政不作为就是行政主体消极地处理某些行为，例如，公安机关对请求保护的个人合法权利置之不理。（2）间接作用说。法理学者张文显指出：对作为和不作为的定义和划分标准，应该以该行为对相对人所起的作用是直接还是间接。基于此，他认为行政不作为往往表现为不执行某些动作或一系列的行动，即消极行为。（3）程序行为说。有专家提出，因为行政法包括实体法和程序法，所以行政机关的作为和不作为与其他部门不同，行政不作为不应该被视为积极的法律定义，而应由程序法来界定，因此行政不作为具有违法性。（4）被动行为说。以是否由行政相对人申请作为划分标准，行政法学界将行政行为划分为主动行为、被动行为。其中主动行为即依职权的行政行为，被动行为即依申请的行政行为。[①]（5）维持现状说。该学说认为，应该以行政行为是否变更现有的权利义务关系为标准来划分作为和不作为，行政不作为就是维持目前的法律地位不变。

（二）行政不作为监督的困难性

行政不作为在本质上是对公共利益维护权和分配权的放弃。我国现行法律制度中已对行政主体积极行使行政权的主体、范围、程序以及救济路径有诸多规定，并得益于行为的易察性而能够及时监督。然而，对行政不作为的违法性规定则受限诸多，加之现行政不作为法律责任的追究主体、问责方式及处罚公开性均散落于各监督主体的规章制度中，难以统一，使得行政相对人甚至于社会公众对行政不作为现象虽有救济诉求但往往难以实现的尴尬境地。

（三）行政不作为检察监督

党的十八届三中全会将"推进法治中国建设"确立为新时期法治建设的新目标和全面深化改革的重大内容。党的十八届四中全会再次明确了依法行政是依法治国的重要组成部分，强调了检察机关对行政机关违法行使职权或不依

[①] 陈惠、卢顺珍：《行政不作为的界定及对策》，载《福建公安高等专科学校学报》2003年第7期。

法行使职权的行为有监督权。① 根据《宪法》第 129 条的规定,"中华人民共和国人民检察院是国家的法律监督机关"。检察机关具有监督权。《检察官法》第 6 条规定检察官的职责之一是依法进行法律监督工作,涵盖行政不作为在内,检察机关对行政行为行使监督权有别于行政诉讼中的检察监督,此种监督发生于行政过程中而非司法过程,监督对象为行政权而非司法权。鉴于行政不作为的隐蔽性与事后性,检察权的的介入既可更多地获取行政不作为证据,亦能从源头上预防行政相对人权益的受损,故具有鲜明的制度优势。

二、行政不作为监督方式的比较

在我国,对于行政不作为的监督主体是多元化。一方面,各级人民代表大会及其常委会对行政机关是否履行法律授权事项予以监督;另一方面,检察机关通过行使宪法和法律赋予的检察权,对行政机关及其工作人员进行监督,避免行政不作为的出现。同时,作为救济手段的行政复议与行政诉讼程序均将行政不作为纳入受理范围。与此并行,党的监督、行政监察监督、民主党派监督、舆论监督、群众监督以及其他形式的监督,构成了一个完整的监督体系。

然而,实践中多元化的监督模式并未对行政不作为形成有效的遏制。究其主因,至少存在于以下几个方面:

第一,立法机关的监督难以落地。我国实行人民代表大会制度,全国人大和地方各级人大是国家权力机关,各级政府都由人大产生,受其监督,对其负责。县级以上地方各级人大设有常务委员会,在全国人大和地方各级人大闭会期间代行全国人大和地方各级人大的部分职权。在权力设计上,全国人大和地方各级人大及其常委会应该是行政机关最主要和最权威的监督机关。权力机关对行政机关的监督的具体方式包括人事监督、财政监督,审议政府工作报告以及针对一些具体问题的质询和询问等。权力机关的监督具有范围广、权力大,方式多、权威高等特点。但是由于行政机关事务的专业化与高密度化,人大会议审议内容繁多,以及我国人大代表的非专职性等原因,权力机关对行政机关的监督在很大程度上流于形式。②

第二,行政机关内部监督责任难以落实。行政机关内部对于行政不作为的监督启动方式主要为行政监察、行政复议等。较为有利的一面是,行政主体内

---

① 杨威、许志敏、陈羡红:《浅析加强行政执法检察监督在全面推进依法治国中的重要作用》,载《法制与社会》2015 年第 10 期。

② 韩成军:《刍议具体行政行为检察监督的正当性》,载《社会科学统一战线》2014 年第 4 期。

部之间可进行较快的信息沟通,利于行政行为的做出。但相对应的弊端也较为明显。首先,行政机关内部监督的公开性不足,从受理到最终追责的依据信息透明度不高,易导致行政相对人和社会公众的信任危机。其次,行政机关内部监督对行政不作为的启动较为困难,一般多以行政工作人员的失职行为作为责任追究的结果,而对行政不作为导致的侵害性后果赔偿不到位,引发行政相对人的质疑从而转向行政诉讼等其他监督方式,一定程度上形成监督资源的空置。

第三,司法审判机关的监督束缚较多。最高人民法院在 2004 年公布的《关于规范行政案件案由的通知》中已明确对行政案件的案由作出规定,即行政案件应分成三种基本类型:(1)作为类案件。(2)不作为类案件。(3)行政赔偿类案件。① 实施过程中,人民法院的监督职能却难以充分发挥。有学者概括其原因有:一方面,行政不作为诉讼的原告资格过严,依据《行政诉讼法》及其司法解释的规定,原告与被诉的行政行为必须具有"法律上的利害关系",而目前立法尚未明确如何界定"法律上利害关系",基于此,行政不作为之诉会被挡在法院之外。另一方面,行政不作为诉讼的期限规定较乱。首先是行政不作为诉讼的起诉期限规定不明确,致使在司法实践中因审理法官理解不同而造成司法不统一,难以彰显司法公正。其次是司法解释对依职权的行政不作为诉讼没有明确履行期间,只规定了依申请行政不作为诉讼的履行期间为两个月。进言之,我国的司法权与行政权为平行关系,最高人民法院的司法解释中虽规定了行政机关履行某一职责的期限,但因司法机关没有得到法律的特别授权,所以在实践中难以对行政机关行使职权的期限进行约束。并且,行政不作为诉讼的判决方式笼统。当前各级人民法院在审理行政不作为案件时,往往适用确认具体行政行为违法的裁决,同时责令被告限期履行法定职责。而司法实践中,作为被告的行政机关不履行、拖延履行的现象大量存在,司法机关的判决难以实际约束行政机关及其工作人员,造成行政不作为的"空判"。

三、行政不作为检察监督的原则

(一)严格启动的原则

行政权的运行是基于公共管理的需要,不当的干涉可能会造成行政效率的降低和公共利益的受损,检察监督权的介入必须满足法定性和必要性双重条件,而绝非"越俎代庖"。特别是在行政不作为的界定上,检察监督的启动应

---

① 刘宏博:《论行政不作为的救济途径》,载《学术交流》2014 年第 4 期。

更加严格。在必要性的确立上，建议交由立法机关进行规定而非检察机关自由裁量决定。此举可避免检察监督的空泛化与扩大化。

（二）合法性监督原则

行政机关作出的行政行为是否有效，基本的评测标准为合法性与合理性。检察监督的对象是行政权行使的合法性，因而在对行政不作为进行监督时，主要针对行为主体、行为范围及行为程序的是否符合法律规范进行对照性审查，而行政不作为的合理性判断更多的是赋予行政机关的自由裁量权，不能逾越行使。

（三）公共利益为主原则

检察监督权的行使实质是对行政权的干预，若过度为之则会降低行政行为的公信力，从而失去行政行为的执行力。因此，检察机关在对行政不作为行为进行审查时，是不是必须对所有事项进行监督？笔者认为，现阶段应以公共利益为主要范围，而非面面俱到。如环境污染事项，若行政机关钝于采取应急措施，即使没有特定的行政相对人提起异议，检察机关也应启动监督程序，及时督促行政机关积极作为。此外，还包括行政机关对国有资产流失疏于监管以及放任自然资源遭受破坏的不作为等。在"公地悲剧"的效应之下，虽无具体的受害人而公共利益已面临或已遭到破坏，行政权的漠视或者观望导致了行政不作为的客观存在，检察机关作为公权力机关，可对此进行监督。如果仅是对特定行政相对人的行政不作为，受制于我国司法资源的有限性，应以当事人的申请作为启动的必要条件，而非全面铺开，集中检察资源监控行政机关全部行为以发现其有无不作为。

四、行政不作为检察监督的方式

（一）检察建议

2009年9月，最高人民检察院颁布的《人民检察院检察建议工作规定（试行）》第5条规定了可以适用检察建议的六种情形："（一）预防违法犯罪等方面管理不完善、制度不健全、不落实，存在犯罪隐患的；（二）行业主管部门或者主管机关需要加强或改进本行业或者部门的管理监督工作的；（三）民间纠纷问题突出，矛盾可能激化导致恶性案件或者群体性事件，需要加强调解疏导工作的；（四）在办理案件过程中发现应对有关人员或行为予以表彰或者给予处分、行政处罚的；（五）人民法院、公安机关、刑罚执行机关和劳动教养机关在执法过程中存在苗头性、倾向性的不规范问题，需要改进的；（六）其他需要提出检察建议的。"可见，检察机关可以建议书的形式，针对行政应有所为而不为的情形予以监督。检察建议作为检察机关的一种法律行为，能够产生一定的法律效果，主要表现为：被建议议对象必须及时"作出是否接受并采取相关措施的决定；如果决定不采纳检察机关的建议，必须及时回复并说明理由，否则要承担一定的法律后果"①。换言之，被建议机关是否接受建议由其自主决定，检察建议书并无强制性，但无论接受与否，被建议机关需及时作出相关决定并回复其优点表现在：方便、灵活、高效，且能在不引起强对抗的基础上协调检察权和行政权的关系。在对行政不作为进行检察监督的过程中，适用检察建议的情形主要包括：违法程度轻微的、不作为的行为尚未造成重大影响与侵害、不作为行为具有明显不合理性，同时可考虑将其作为检察机关发出纠正违法通知书或提起行政公诉的前置程序。

（二）检察调查

行政不作为的界定需要有充分的证据，检察监督的前提是获得充分的信息资料。因而，检察机关可采取相应的调查性监督措施。其中，包括行政行为证据信息调查，如行政处罚和行政许可；重大程序调查措施，如行政合同、行政命令；调查收集固定证据措施，如调查询问涉案当事人、相关证人，要求行政机关移送行政机关扣押的书证、物证、检验、鉴定意见等。鉴于我国具体行政行为多样化、复杂化，检察机关调查措施运用的压力过大，检察机关正在探索根据地区行政执法具体情况，选择性采取调查措施，监督部分行政执法机关的行政行为。2006年，江苏省整规办等四单位会签了《江苏省省级行政执法与刑事司法信息共享平台应用管理规定（试行）》，正式启动了"两法"衔接信息共享平台建设工作，江苏成为全国第一家在省一级建立这样的信息平台的省份。所构建的信息共享平台包括案件移送、跟踪监控、案件咨询、执法动态、法律法规、查询统计、预警提示、辅助决策、监督管理九个部分。该平台的建立在行政执法机关与司法机关之间开辟一条便捷、规范、高效的"绿色通道"，实现了刑事案件的网上移送、网上办案和网上监督拓展了检察机关立案监督的新空间。②

（三）行政机关工作人员渎职行为监督

随着我国政府权力清单工作的推进，行政权行使的范围、程序及方式均具有可知性，但是，反思监管机制失灵触发的一系列食品药品安全事件、环境监

---

① 张智辉：《检察权研究》，中国检察出版社2007年版，第204页。
② 丁军青、陈士力：《检察调查是行刑衔接的助推器》，载《中国检察官》2011年第4期，第39页。

测事件则反映出行政机关监管者失职与渎职是造成行政不作为的重要源头。行政相对人若单从自身利益侵害角度提起救济，则面临证据收集、致害因果关系等诸多难题。因此，检察机关作为监督机关，对不作为的责任人直接问责可防止"慵政"的情况发生。

五、行政不作为检察监督的瓶颈及解决建议

（一）制约因素

1. 检察建议过于柔性，监督效率不高

我国《刑事诉讼法》中未对检察建议书作出统一性规定，相关依据多散见于检察机关制定的文件中，法律对检察建议的法律效力并没有明确规定，如果行政机关敷衍了事或者不予认真处理，检察机关对"检察建议"的落实缺乏有效的法律手段来强制其执行，使检察机关履行法律监督职能陷入很大的困境。

2. 取证受限，监督实效难以落实

对于行政不作为的监督涉及行政权力运行的整个过程，但由于行政部门科级的复杂设置，"有所为"与"有所不为"的界限难以界定，仅靠简单的手段很难取证，必须较深的介入行政机关，调取相关单位和个人工作中的资料和证据，由此才有可能判断是否存在渎职侵权行为。而我国刑事诉讼法虽规定检察机关"有权向有关单位和个人收集、调取证据，有关单位和个人应当如实提供证据"，但并未授予检察机关强制权力，因此检察机关在获取单位账目、银行账目、文件资料时，经常由于对方的不配合，而被拒绝或拖延，导致调查无法进行。比如常州毒地建学校、疫苗过期等公众广泛关注的事件，其被曝光的背后隐含的是行政机关长期不作为导致的公共利益大面积受损，而承担监管职责的行政部门多采取"马后炮"监管，以是否受到媒体关注作为积极行政的启动阀门，甚至出现"养鱼执法"，以权创收的违法行为。但在判定监管部门是否渎职时，行政机关普遍强调已经积极履行了自己的职责，而调查部门很难证明其存在渎职行为。正是由于侦查手段的相对薄弱，造成证据的搜集存在很大的困难，在客观上导致了对行政不作为的纵容。

（二）建议措施

1. 授予检察机关特别调查权

认定行政不作为的证据涉及国家机关的各种文件资料和行政过程的信息，检察机关的监督具有外部性，对行政文件及信息的审查往往后置于行政机关，因而可以明确规定检察机关对行政机关具有进入权，有权要求任何国家工作人员答复与其职务有关的问题，并可要求其出示任何与其职责有关的内部规定、

指示、会议纪要等文件。①

2. 构建"检察建议—违法通知书—检察意见"渐进监督模式

检察机关在行政行为检察监督方式的选择上，应当先采用"柔性"的监督手段，再采用"刚性"的监督手段。② 检察建议、纠正违法通知和检察意见三种监督方式中，前两者多规定于检察机关的文件中。《刑事诉讼法》只对检察意见作出明确规定。因而普遍被接受的观点是，只有检察意见具有强制性法律效力，检察建议和纠正违法通知对行政机关而言没有必须遵守和执行的效力，这使得行政机关在收到之后，仍然可能无所而为。但对于检察机关依法提出的意见和要求，被监督主体必须作出处理和回应，即对于检察机关提出的意见要求正确的，应当服从接受；对于检察机关提出的存在瑕疵意见和要求，被监督主体应当积极作出回应予以说明，以体现国家专门法律监督机关监督的强制性效力。检察建议从形式上和效力上并不能适应这种需要。因此，对于行政不作为有必要建立比检察建议效力更强的监督方式，即也应适用检察意见的方式。由弱而强的渐进的选择过程，无疑有利于行政机关主动纠正违法行为，避免造成较大损害的同时节约司法和社会资源。

法律很难将司法实践中需要的监督形式列举穷尽，难免产生法律监督的真空地带，如不及时探寻新监督方式的发展空间，必然会制约法律制度的进一步完善和发展。我国行政管理范围与水平的不均衡性逐渐显现，相关行政机关不行使或怠于行使自己的监管职责，致使国有的自然资源、国家文物、环境或国有资产、公益资金等公共利益遭受损失，单一或泛化的监督已不能有效遏制行政不作为，检察机关通过督促行政机关履行职责或者督促其提起民事诉讼的方式，对行政不作为行使监督权，避免行政权的"空转"。

---

① 石东坡、毛志鹏、谢文春：《论渎职侵权检察监督的问题与突破——以职权配置为中心》，载《政法论丛》2010年第4期。

② 韩成军：《具体行政行为检察监督的制度架构》，载《当代法学》2014年第5期。

直辖市民事检察职权配置研究

岳金矿　郭兴莲　那　娜*

囿于民诉法修订前对民事检察权的一元化配置,分州市检察院要行使对绝大多数民事案件的监督管辖权。在直辖市,为解决"案多人少"的矛盾,部分检察分院采取的是"协助调查"的办案模式。目前,虽然民诉法修订已3年有余,民事检察权的配置已经形成多元化格局,基层检察院行使民事检察权的范围也已经扩大,但是"协助调查"办案模式进行分析,以期在民诉法修改后、在司法改革的背景下,这一问题能够得到有效解决。

一、问题的提出:"协助调查"的案件办理模式

(一)"协助调查"导致直辖市检察分院与基层院职权边界不清

"协助调查"是直辖市检察分院将自身具有受理、审查管辖权的民事申请监督案件(民诉法修订前称为"申诉案件")分流给辖区基层院办理的一种方式。直辖市检察分院在受理申请监督案件后,将其中的大部分分流给一审法院所在地的基层检察院协助办理。这一方式具有如下特点:

1. 不改变案件的管辖权,案件在检察机关处理意见的形成,要经过直辖市检察分院的处室负责人、主管领导审批;并以直辖市检察分院的名义制发对外的法律文书。

2. 案件分流由处室负责人决定,程序与部门内部将案件分给不同办案组、办案人类似。

3. 名为"协助调查",实际上从审查原审卷宗、到听取双方当事人及其代理人的意见、到必要的听证和调查取证、到经集体讨论形成倾向性意见、到领导审批后得出初步的处理意见和拟写法律文书,全部在基层检察院完成。对于

---

* 作者简介:岳金矿,北京市人民检察院第三分院副检察长;郭兴莲,北京市人民检察院第三分院法律政策研究室主任,法学博士;那娜,北京市人民检察院第三分院法律政策研究室正科级助理检察员,法学硕士。

不提请抗诉的案件，分院只做形式上的审查；对于提请抗诉的案件，分院虽然进行实质审查，但是在向直辖市院汇报案件时，一般仍然要基层院和分院共同向直辖市院进行汇报。

（二）导致职权边界不清的原因分析

1. 民诉法修订前民事检察权长期的一元化配置

（1）民诉法修订前的规定通过立法的形式使得民事检察权的一元化配置长期固化。

第一，监督对象单一：民诉法修订前，在民事案件中，检察机关只具有对生效判决、裁判进行监督的权利，并不能对审判活动本身进行动态监督。第二，监督方式单一：民诉法修订前，只规定了通过行使抗诉权进行监督这一种方式，而且检察建议这一监督方式的力度相对较弱，并且没有基本法层面的依据。第三，具体监督职权配置欠缺：立法没有为检察机关对民事生效判决、裁定进行监督配置具体的职权。虽然规定检察机关对司法工作人员的渎职行为可以通过行使依法审查案卷材料、调查核实违法事实、提出纠正违法意见或者建议更换办案人、立案侦查职务犯罪等职权进行法律监督，但是没有规定民事检察部门可以在行使上述职权。

（2）认识上的偏差为民事检察权一元化配置的长期固化提供理论基础，导致难以形成对多元化民事检察权的认同。对于民事检察监督，主要存在以下认识偏差，影响了多元化民事检察权的形成：认为监督者与被监督者是对立关系，监督者处于上位，被监督者处在接受监督的客体地位，处于下位，过于强调监督者与被监督者的对立关系；[①] 认为民事检察监督是对人民法院独立行使审判权的干预，审判独立必然排斥任何职权、任何机关的干预和影响，检察监督的实质就是以检察权对法院的审判权进行干预；认为民事检察监督是对民事诉讼当事人权利的不当干预，是公权力对私权利之间纠纷的不当介入、是对民事诉讼双方当事人平等诉讼地位的破坏、是对当事人处分权的干预；对于"有限监督"、"事后监督"等监督理念的理解偏差，认为有限监督就是单一监督，认为事后监督就是案后监督。

（3）审判机关不愿接受检察机关的监督使得一元化民事检察权的行使举步维艰，更加难以形成多元化的民事检察权。从1995年8月10日至2000年12月13日，最高人民法院相继下发了9个司法解释，以没有法律依据为由，

---

① 王德玲：《民事检察监督制度研究》，中国法制出版社2006年版，第123页；张文志：《民事诉讼检察监督论》，法律出版社2007年版，第62~67页。

规定人民法院不得受理人民检察院对于执行裁定、先予执行裁定、诉前保全裁定、诉讼费负担的裁定等八种裁定和民事调解书的抗诉，不得接受人民检察院在办理抗诉案件中提出的暂缓执行建议，对人民检察院抗诉再审后再次就同一案件提出抗诉设置了苛刻的条件，限制民行检察工作的开展。同时，检察机关对于其他判决、裁定的抗诉，也出现了调卷审查难、改判难等问题。2000年5月开始，最高人民法院、最高人民检察院分别以《人民法院报》和《检察日报》为阵地上演了一场"民事检察监督存废"的大论战，并迅速蔓延至整个学术界。①

2. 菱形的申诉案件受理状况

所谓菱形的申诉案件受理状况，主要是指在民诉法修订前，基层院、直辖市院具有受理管辖权的案件数量相对较少，直辖市检察分院有绝大部分民事申诉案件的受理管辖权：（1）由于立案、调解、执行、违法行为等适合由基层检察院行使监督权的诉讼活动都无法进入检察机关的监督视野；一审生效的判决、裁定较少，因而直辖市基层检察院能够行使受案管辖权的案件数量较少。（2）直辖市检察分院主要行使对本辖区中级人民法院生效判决、裁定申诉案件的受理权、审查权和对辖区内基层人民法院生效判决、裁定申诉案件的抗诉权。由于我国实行二审终审制，且基层人民法院具有一审管辖权的案件数量最多，因而直辖市检察分院受理的申诉案件最多。（3）直辖市检察院主要行使对本辖区高级人民法院生效判决、裁定申诉的案件的受理权、审查权和对中级人民法院生效判决、裁定申诉案件的抗诉权。这种菱形的案件受理管辖权的状况，导致直辖市检察分院要受理绝大部分的申诉案件，基层检察院案件量却很小甚至无案可办。

3. 直辖市检察分院办案力量有限

由于长期以来检察机关"重刑轻民"的观念影响，直辖市分院虽然需要受理大量的申诉案件，但是人员编制相对较少。人民法院办理的民商事案件基本上可以占到人民法院办理案件总数的80%～90%，但是作为行使监督权的民事检察监督部门的编制往往不到刑事检察部门的1/2甚至1/3。由于办案力量严重不足，直辖市检察院采取了"协助调查"这种分流案件的方式。

（三）职权边界不清的后果呈现

1. 挑战法律的权威性。虽然名义上由直辖市检察分院行使对中级人民法

---

① 路志强、高继明：《中国民事检察监督的法理思考——以评析理念变迁为基点》，载《西南政法大学学报》2013年第5期。

院二审终审判决、裁定申诉案件的受理、审查权，实际上由基层检察院行使，违法了民事诉讼法的规定。

2. 容易进一步激化矛盾。申诉人经过人民法院的一审、二审，有的甚至经过再审，可能原本就已经对司法机关和法律萌生了不信任，"协助调查"的办案模式容易进一步深化申诉人的不信任，激化社会矛盾。

3. 不能实现办案力量的合理配置。从人力资源的角度讲，由作出生效判决、裁定的审判机关的同级检察机关而不是下一级检察机关行使申诉案件的受理和审查权，主要原因在于同级检察机关的办案力量在法律知识、办案能力、把握司法政策等方面具有行使检察监督权所必需的匹配度；下一级检察机关则不具备上述条件。

4. 监督效果不理想。从受理申诉到结案的过程中办案环节多、程序复杂、办理周期长，影响了办案效果。对于不提请抗诉的案件，在基层检察院经过调阅审查原审卷宗、听取双方当事人及其代理人的意见、必要的听证和调查取证、集体讨论、处室负责人和主管检察长审批、形成处理结果和相关法律文书；在直辖市检察分院要经过形式审查、处室负责人和主管检察长审批。对于拟提请抗诉的案件，还有以下程序：基层检察院办案人员在本处室审批之前到分院进行汇报；基层检察院办理完毕后，分院办案人员进行实质审查；基层院和分院的办案人员共同向直辖市院进行汇报；直辖市院办案人员对案件进行实质审查后提出处理意见，直辖市院处室负责人和主管检察院审批。

二、问题解决的遵循：民事检察权多元化格局和司法责任制改革

（一）民诉法修订前后民事检察权多元化格局的逐步形成使得问题解决成为客观必要

除民诉法修订外，在修订前后，最高人民检察院联合其他机关发布了一系列司法解释和工作文件，如2010年最高人民法院、最高人民检察院、公安部、国家安全部、司法部联合发布《关于对司法工作人员在诉讼活动中的渎职行为加强法律监督的若干规定（试行）》，2011年最高人民法院，最高人民检察院联合发布《关于在部分地方开展民事执行活动法律监督试点工作的通知》，最高人民法院、最高人民检察院联合发布《关于对民事审判活动与行政诉讼实行法律监督的若干意见（试行）》，2015年最高人民检察院发布《检察机关提起公益诉讼改革试点方案》和《人民检察院提起公益诉讼试点工作实施办法》，逐步形成了多元化格局的民事检察权。

1. 民事公益诉讼的参与权

民事公益诉讼的参与权包括起诉权、督促起诉权、支持起诉权。对于公益

诉讼，民诉法并没有对相关条款进行修订，依然沿用原有"机关、社会团体、企业事业单位对损害国家、集体或者个人民事权益的行为，可以支持受损害的单位或者个人向人民法院起诉"的规定，并未明确支持起诉权的行使机关，也并未赋予检察机关提起诉讼、督促起诉的职权。在2015年7月发布的全国人民代表大会常务委员会《关于授权最高人民检察院在部分地区开展公益诉讼试点工作的决定》中，授权检察机关在部分地区开展公益诉讼试点工作，并赋予检察机关在民事公益诉讼中提起诉讼、督促起诉、支持起诉的职权。在此基础上，最高人民检察院发布了《检察机关提起公益诉讼改革试点方案》和《人民检察院提起公益诉讼试点工作实施办法》，对民事公益诉讼领域检察权的配置作了具体规定：从案件范围角度，主要对污染环境案件、食品药品安全领域侵害众多消费者合法权益案件行使提起诉讼、督促起诉、支持起诉的职权。从管辖角度，地域管辖遵循属地原则，主要包括侵权行为地、损害结果地、被告住所地，级别管辖方面，一审案件管辖权在市（分、州）人民检察院。从办案程序角度，确立了"审查——立案——调查——集体讨论——领导审批——处理决定（终结审查、督促起诉或支持起诉、起诉）——出庭支持公诉"的程序，并相应地配置了审查、调查、支持起诉、督促起诉、提起诉讼、出庭支持公诉的具体检察职权。

2. 民事诉讼的监督权

2012年民诉法修订及其之前颁布的一系列文件对于民事诉讼检察监督权的配置具有里程碑的意义。从监督范围角度，检察监督的范围扩大到包括立案、审判、执行的民事诉讼活动全过程，且对审判的监督不再限于生效的判决、裁定，还包括侵犯国家利益、社会公共利益的调解书和审判活动本身。从管辖角度，新增的对调解书和诉讼中的违法行为的监督管辖都在同级人民检察院。并赋予了检察机关提出抗诉、发出再审检察建议、纠正违法检察建议、改进工作检察建议、移送犯罪线索、建议更换承办人、终结审查、中止和恢复审查、不支持监督申请、调阅原审卷宗、听取原审当事人及其代理人的意见、听证、调查核实等具体的监督职权。

对于检察机关被赋予的上述职权，从行使民事检察权的范围和对象角度，可以分为参与民事公益诉讼的职权和对民事诉讼活动进行监督的职权；同时，这也是检察机关最为基本的、位阶最高的两项民事检察权，其他职权都是为了行使这两项职权所配置的具体职权、是这两项职权的下位职权。在具体职权中，又可以分为方式型职权和手段型职权，采取哪种方式行使民事检察权，取决于行使手段型民事检察权后的结果。如调阅原审卷宗、听取原审当事人及其代理人的意见、听证、调查核实属于手段型职权，采取提出抗诉、发出再审检察建议、纠正违反检察建议、改进工作检察建议、移送犯罪线索、建议更换承办人、终结审查、中止和恢复审查、不支持监督申请属于方式型监督职权。

民事检察权多元化格局逐步形成之后,基层检察院具有受理管辖权的案件种类明显增多,数量也将必然增加,因而直辖市基层检察院不可能再像之前那样把绝大部分力量放在协助调查直辖市检察分院的案件中,原有协助调查的办案模式必须有所改变。

(二) 司法责任制改革对问题的解决提出了要求

近年来开始的司法责任制改革为检察机关的职权配置、责权利分配指明了发展方向,而"协助调查"这一办案模式明显与司法责任制改革的大方向不相符合:

1. 司法责任制改革要求检察权的配置与运行符合司法规律。"协助调查"这一办案模式实际上是由不具有管辖权的直辖市基层检察院办理应由直辖市检察分院行使受理、审查管辖权的案件,不仅违反了法律规定,而且与司法规律不符。

2. 司法责任制改革要求权责明晰,权责相当,谁办案谁负责、谁决定谁负责。"协助调查"这一办案模式中,具体办案人员是没有管辖权的直辖市基层检察院的检察人员,不符合权责相当的要求,也不可能要求没有管辖权的直辖市基层检察院的办案人员对案件终身负责。

3. 司法责任制改革要求根据案件类型及复杂难易程度健全办案组织。人民检察院对同级人民法院的民事生效判决、裁定、调解书行使受理、审查管辖权的法律规定,从级别管辖的角度考虑到了这一要求,而在"协助调查"的办案模式中,由作出民事生效判决、裁定、调解书的人民法院的下一级检察院实际办理申请监督案件,明显没有对案件的难易、复杂程度作出考虑。

4. 司法责任制改革要求构建高效的检察权运行机制。在"协助调查"的办案模式中,民事申请监督案件在分案后从直辖市检察分院分流到直辖市基层检察院,直辖市基层检察院经过审查原审卷宗、必要的听证和调查取证、集体讨论、处室负责人和主管领导层层审批得出初步处理意见后,又流转回直辖市检察分院,经负责的检察人员进行审查,再由处室负责人和主管领导层层审批。遇有直辖市检察分院与基层检察院意见不一,案件还要再返回基层检察院;遇有重大疑难复杂案件、关注案件,基层检察院在提出初步处理意见之前要向直辖市检察分院汇报;遇有拟提请抗诉案件,基层检察院的办案人员除提出初步处理意见之前要向直辖市检察分院汇报外,还要会同直辖市检察分院的办案人员一起向直辖市检察院汇报。如此烦琐的办案程序,完全不符合司法改革对于检察权高效行使的要求。

三、问题解决的路径

（一）直辖市三级检察院多元化民事检察权的配置

以民诉法修订为标志，检察机关被赋予了多元化的民事检察权，但是由于直辖市三级检察院的级别不同，能够行使管辖权的案件不同，因而在民事检察权的配置上也会不同。

1. 以同级监督为主的民事检察权——直辖市基层检察院民事检察权的配置特点

（1）对部分法律规定的二审终审案件和民诉法修订后规定的一审终审案件的生效判决、裁定的监督申请的管辖权及相关职权。根据修订后民诉法和《人民检察院民事诉讼监督规则（试行）》的相关规定，依法应当二审终审的案件，当事人未提起上诉的，除由于以下原因之外，人民检察院对于其监督申请不予受理：据以作出原判决、裁定的法律文书被撤销或者变更的；审判人员有贪污受贿、徇私舞弊、枉法裁判等严重违法行为的；基于不可归责于当事人的原因没有提出上诉的。这一制度体现了要求当事人在用尽审判救济渠道之后再到检察机关申请救济的检察监督理念，客观上起到避免之前有的当事人怠于行使上诉权、一边行使上诉权一边到检察机关行使申诉权、同时在审判机关和检察机关行使申诉权的乱象；但同时也大大削弱了基层检察机关对于法律规定二审终审制案件的监督权，缩小了基层检察机关对法律规定二审终审制案件的监督范围，减少了基层检察机关对法律规定二审终审制案件的监督数量。

但是修订后民诉法首次规定了一审终审案件，即基层人民法院和它派出的法庭审理事实清楚、权利义务关系明确、争议不大的简单的民事案件中，标的额为各省、自治区、直辖市上年度就业人员年平均工资30%以下的，实行一审终审。根据监督申请同级管辖原则，对于此类案件的监督申请，由基层人民检察院行使管辖权。

在直辖市中，直辖市基层检察院对于上述两类申请监督案件除行使受理管辖权外，还行使相关的审查权、查阅原审卷宗权、听证权、调查权、中止和恢复审查权、终结审查权、不支持监督申请权、发出再审检察建议权、提请抗诉权。上述两类案件的抗诉权由直辖市检察分院行使。

需要指出的是，虽然再审检察建议权和提请抗诉权都可能引发案件的再审，但是这两项职权行使的条件不同，对于事实问题、程序问题，通过行使再审检察建议权进行纠正，对于适用法律问题和审判人员存在贪污受贿、徇私舞弊、枉法裁判行为的，通过行使提请抗诉权进行纠正。

（2）对同级人民法院生效调解书的监督申请管辖权及相关职权。根据同级监督的原理，直辖市基层检察院对于辖区内基层人民法院的生效调解书行使管辖权及相关职权，与对生效判决、裁定行使发出再审检察建议权和提请抗诉权不同，由于调解书的形成主要体现的是当事人对私权利的处分权，因而只有在生效调解书损害国家利益、社会公共利益时，才能发出再审检察建议或者提请抗诉。

（3）对同级人民法院审判程序中审判人员违法行为的监督申请管辖权及相关职权。需要指出的是，虽然审判程序既包括简易程序，也包括普通程序，还包括特别程序、督促程序、公示催告程序、海事诉讼特别程序、破产程序；既包括一审程序，也包括二审程序，还包括审判监督程序。但是对于直辖市基层检察院而言，只能对辖区内同级人民法院的一审程序、简易程序、特别程序、督促程序、公示催告程序、审判监督程序，对于依法由中级人民法院及以上级别人民法院行使审判权的海事诉讼特别程序、破产程序、二审程序、审判监督程序，直辖市基层检察院没有监督管辖权。另外，此处的审判人员，既包括法官，也包括人民陪审员、还包括书记员。

与行使对生效判决、裁定、调解书监督权的方式不同，对于违法行为，不是通过再审检察建议和提请抗诉的方式进行纠正，而是通过行使发出纠正违法类检察建议的职权进行监督。另外，发现有渎职等影响公正办案的情况，还可以行使建议更换承办人的职权。

（4）对同级人民法院民事执行的监督申请管辖权及相关职权。直辖市基层检察院主要对辖区内人民法院执行生效民事判决、裁定、调解书、决定、仲裁裁决、公证文书的情况行使监督权，包括执行裁定、执行决定、执行行为。对民事执行行使检察监督权的方式与对违法行为行使检察监督权的方式类似，主要通过发出纠正违法检察建议和建议更换承办人的方式行使。

通过上述分析可以发现，直辖市基层检察院的民事检察权的配置具有如下特点：

（1）直辖市基层检察院没有参与公益诉讼的职权和抗诉的职权。由于公益诉讼的一审管辖在分州市一级人民检察院，因而直辖市基层检察院没有这个职权。又由于抗诉权是一种上级检察院对于下级人民法院的职权，直辖市基层检察院在直辖市中是最基层的检察院，没有再下一级的人民法院，因而直辖市基层检察院没有抗诉权。

（2）再审检察建议是直辖市基层检察院对于辖区内同级人民法院生效判决、裁定、调解书的最为刚性的监督职权。虽然从职权本身的角度而言，抗诉是对生效判决、裁定、调解书进行监督的最为刚性的职权，但是由于直辖市基层检察院不具有这项职权，只能提请上级检察院抗诉，因而再审检察建议就成为其对生效判决、裁定、调解书进行监督的最为刚性的职权。

（3）对于审判程序中违法行为的监督和对民事执行活动的监督是直辖市基层检察院最重要的监督权。由于绝大多数生效民事判决、裁定、调解书、决定、仲裁裁决、公证文书的执行在基层人民检察院，绝大多数的案件在基层人民检察院审理，其数量远远超过可以行使监督权的法律规定的二审终审案件和具有监督权的法律规定的一审终审案件；并且对于审判程序中违法行为和执行活动的监督都是同级监督，因而在2012年《民事诉讼法》修订之后，直辖市基层检察院不仅配置了新型的民事检察权，而且民事检察权的行使重心和重点也发生了变化。

2. 以对二审终审案件的生效判决、裁定为主进行监督为主和对参与公益诉讼进行探索的民事检察权——直辖市检察分院民事检察权的配置特点

由于法律规定的二审终审案件占民事案件的绝大多数；且一审在基层人民法院、二审在中级人民法院的民事案件占二审终审民事案件的绝大多数；另外，根据2012年修订后《民事诉讼法》和《人民检察院民事诉讼监督规则（试行）》，法律规定的二审终审案件若生效判决、裁定为一审判决、裁定，除符合规定的受理条件外，大部分的监督申请是不能受理的，因而在直辖市中，绝大多数申请监督案件的受理管辖权及相关职权在直辖市检察分院。这也是直辖市检察分院行使民事检察权的重点所在。由于民事公益诉讼事关国家利益、社会公共利益，影响范围相对比较广，且在调查取证等方面都具有一定难度，因而民事公益诉讼的参与权由分州市级检察院行使，属于试点地区的直辖市检察分院在行使民事检察监督权的同时，还要探索行使民事公益诉讼的参与权。

3. 以抗诉为主的民事检察权——直辖市检察院民事检察权的配置特点

直辖市三级检察院的职权配置特点并不是割裂开来，而是相互关联的，由于抗诉权是上级检察院对下级人民法院行使的职权，因而对于民事案件中占绝大多数的由中级人民法院作出二审生效判决、裁定的案件，直辖市检察分院虽然具有受理管辖权及相关职权，但是并不能行使抗诉权，抗诉权只能由直辖市检察院行使。

（二）根据法律规定和司法改革的要求，建立符合司法规律、符合法律规定、权责清晰的民事检察权行使机制和办案组织

如上文所述，"协助调查"的办案模式不符合司法规律、不符合法律和司法解释关于管辖的规定，也不符合司法改革的要求，因而这种办案模式不适宜继续存在下去，直辖市检察分院应当自行行使对辖区中级人民法院作出的二审生效判决、裁定的管辖权及相关职权。这不仅有利于直辖市检察分院依法规范行使民事检察权，也有利于直辖市基层检察院根据修订后民诉法及其前后出台

的相关司法解释的规定调整民事检察权的行使重点,切实贯彻落实修订后民诉法。

(三) 根据民事检察权的配置情况配备办案力量

如上文所述,直辖市检察分院办案力量匮乏是"协助调查"办案模式形成的最直接原因。配备与行使民事检察权需要相匹配的办案力量是解决这一问题的最关键步骤。这也是与法治的要求、与司法工作规律、与司法改革的要求并行不悖的。如果不能配备与行使民事检察权相匹配的办案力量,在案多人少、办案力量严重匮乏的情况下,司法的公正与效率、权责清晰的司法责任制体系、公正与高效的办案机制,都将难以实现。

派驻基层检察室职权配置研究

——以诉讼职权与监督职权的关系为视角

曾 军 师亮亮[*]

检察机关是国家的法律监督机关。法律监督是法律运行不可或缺的构成性机制,属于护法范畴,是维护法律统一正确实施的主要手段。[①] 检察机关派驻基层检察室,是指检察机关为更好地履行法律监督职责而在本院辖区范围内的乡镇、街道以及园区等区域设置的派出机构。随着派驻基层检察室的设立和运行,检察机关的法律监督触角得以延伸,也探索实践了一些有益的做法和经验。但是,从根本上而言,尤其需要重视和研究的问题是,派驻基层院检察室的职权应当如何配置,这直接关系到派驻基层检察室实际功能的发挥。目前,对于派驻基层检察室而言,开展对公安派出所、人民法庭和司法所等单位执法活动的法律监督是其一项重要的职责。从实践情况来看,派驻基层检察室对公安派出所、人民法庭和司法所等单位执法活动的法律监督,系一种狭义的法律监督,也即通常意义上的诉讼监督,还不是完整意义上的法律监督,这是因为派驻基层检察室普遍还未被配置一定的诉讼职权,即我们通常所说的执法办案权,具体而言就是,侦查权、批捕权、审查起诉和公诉权等职权还尚未配置或者未完整地配置至派驻基层检察室。在派驻基层检察室仅配置诉讼监督权的状态下,派驻基层检察室能否履行好诉讼监督职权,甚至能否在更普遍的意义上履行好法律监督职责?这就需要对诉讼职权与诉讼监督职权之间的关系进行一定的考察和分析。

一、检察机关的诉讼职权与监督职权之间本质是一种相互依存的关系

按照我国《刑事诉讼法》、《民事诉讼法》、《行政诉讼法》等法律和有关

---

[*] 作者简介:曾军,重庆市人民检察院第五分院研究室主任;师亮亮,重庆市人民检察院研究室助理检察员。

[①] 张文显主编:《法理学》,高等教育出版社 2003 年版,第 287 页。

司法解释的规定，检察机关诉讼职权的基本构成为：职务侦查权、批准（决定）逮捕权、公诉权；检察机关监督职权的基本构成为：侦查监督权、刑事审判监督权、民事、行政诉讼监督权、刑罚执行和监管活动监督权、对检察机关诉讼职权的监督权。具体而言，检察机关的监督职权也可归纳为诉讼行为监督权和诉讼决定监督权。其中，对诉讼行为的监督，主要是评价诉讼行为本身是否合法并对其违法情形进行督促纠正；对诉讼决定的监督，主要是评价诉讼决定本身是否妥当，主要包括认定的事实是否清楚，据以认定事实的证据是否充分，适用的法律是否准确等内容，并督促其撤销不当决定、重新作出决定。

（一）从检察机关的职权与监督职权本身而言

一般而言，在刑事诉讼程序中，检察机关诉讼职权的功能为查明犯罪事实并对犯罪嫌疑人作出相应的程序处理；检察机关监督职权的功能则在于查明诉讼行为是否合法并对其作出相应的程序处理。在刑事诉讼程序中，各种诉讼职权的合法行使是实现刑事诉讼惩治犯罪和保护人权的价值追求的基本前提。在刑事诉讼程序中，维系诉讼职权合法运行的路径主要有两条。一是将诉讼职权进行科学区分和配置，并在各种诉讼职权之间建立一种制约关系，防止某种诉讼职权的行使超越其应有的边界；二是构建专门的监督职权，对诉讼职权运行的合法性进行评价和纠正。应当说，诉讼职权之间制约关系的设置和专门监督职权的构建都是旨在防止某种诉讼职权的行使超越其应有的边界。从总体上讲，监督职权的配置情况与诉讼职权之间制约关系的强弱成反比例关系。各诉讼职权之间制约关系的程度越强，监督职权的配置或者实际运行就会越少；理论上而言，如果各诉讼职权之间的制约关系可以完美到杜绝一切违法行为，那么监督职权的存在就会显得多余。但事实上，在我国目前的各种社会现实条件和主观认识条件的限制下，要想在各种诉讼职权之间构建完美到极致的制约关系，并不是可欲的。因此，在刑事诉讼程序中，监督职权的存在是十分必要的。

至于缘何将监督职权的配置主体确定为检察机关，则要从监督职权的本质和监督的效率两方面来进行理解。从本质上讲，监督可分为"监视"和"督促"两个部分；监督职权在运行过程中，分别表现为"监视"、"调查"、"评价"和"督促"四个阶段。其中，"监视"的功能在于获取诉讼行为违法的线索信息，同时，接受举报也是获取线索信息的渠道之一。然而，与"监视"相比，通过接受举报获取线索信息，无论是线索信息的真实性、全面性还是及时性等方面都存在一定的局限性。也就是说，"监视"是获取线索信息的主要渠道。对诉讼行为进行"监视"，有两种可供选择的模式。一是专门设立一个机关，从侦查开始到执行结束，全程参与刑事诉讼程序的各个阶段，对诉讼行为进行"监视"。从效果上讲，这无疑是最理想的。然而，这种模式的主要弊端在于运行成本太高，而且对于某些制约关系比较完善的诉讼职权进行"监视"，也会造成诉讼资源的极大浪费。二是由某一诉讼机关履行职能，在参与刑事诉讼程序和履行诉讼职权的过程中，完成对诉讼行为的"监视"。在效果方面，这种模式尽管可能与前一种模式存在一定差距，但效率较高。综合考量，这种模式较为可取。按照我国《刑事诉讼法》的规定，诉讼职权主要由公安机关、检察机关和法院享有。一般而言，公安机关行使侦查权、检察机关行使公诉权、法院行使审判权。刑事诉讼程序，也基本上是由公安机关、检察机关和法院依次推进的。其中，检察机关居于刑事诉讼程序的中枢，起着承接侦查程序和启动审判程序的重要功能，参与刑事诉讼程序的范围最广。因此，由检察机关在履行诉讼职权的过程中，完成对诉讼行为的"监视"，是最佳的选择。

（二）从刑事案件不可分割的整体性而言

一般而言，作为一种客观存在，刑事案件包括程序和实体两方面的内容。刑事案件的实体内容，主要包括证据、案件事实和法律评价三个方面的内容。刑事案件的程序内容，反映的是刑事案件的程序状态，即刑事案件是如何在诉讼行为和诉讼决定的共同推动下作程序运动的。换言之，刑事案件的程序内容，即为处于某种程序状态下的刑事案件中所凝结的诉讼行为和诉讼决定的整体。与公安、法院等机关不同，检察机关对刑事案件的审查和办理，既要运用诉讼职权对刑事案件的实体内容进行评价并据此作出相应的诉讼决定，又要运用监督职权对凝结在刑事案件中的诉讼行为和诉讼决定等程序内容进行审查并据此作出相应的监督决定，纠正违法的诉讼行为或者不妥当的诉讼决定。

诉讼职权和监督职权统一进行配置，所遵循的认识前提是，刑事案件是一个整体，刑事案件的程序内容和实体内容之间不具有可分割性。正是基于这样的考量，检察机关对部分诉讼职权和监督职权统一配置于某一特定的职能部门。在实际运作过程中，即使在职能部门内部，诉讼职权和监督职权也是由同一办案主体（具体承办人）实际执行，不存在由不同的办案主体（具体承办人）分割执行的情形。

二、为派驻基层检察室统一配置诉讼职权与监督职权的优势

（一）为派驻基层检察室统一配置诉讼职权与监督职权可以节约司法成本

监督职权的运行是一个过程，包括线索信息的获取、调查、评价和作出监督决定等四个阶段。将诉讼职权与监督职权统一配置于派驻基层检察室，通过

四、检察机关的权力配置

审查案件发现的监督线索不必在部门间进行转移,就可以完成监督职权的运行。相反,如果不为派驻基层检察室配置诉讼职权,那么办案部门通过审查案件发现的线索信息涉及相关的派出所、人民法庭和司法所时还要再移送到派驻基层检察室,这个移交过程本身就要多花费一定的时间。在派驻基层检察室接受监督线索后,还要花费一定的时间重新审查,这种重复劳动又会多花费一定的时间;如果派驻基层检察室发现所监督的违法行为可能影响到诉讼部门所作的诉讼决定的,例如,刑讯逼供行为所导致的口供排除可能导致公诉部门的指控出现错误的情形,在作出相应的监督决定时,还要将相关信息再移送到诉讼部门,而这个移交过程同样需要多花费一定的时间。

(二)避免只为派驻基层检察室配置监督职权可能导致的一些冲突出现

1. 可能导致办案期限的冲突

当诉讼部门在办理审查起诉案件时,发现公安派出所办案人员可能存在刑讯逼供情形的,应当将其作为监督线索移送到检察室。此时,侦查行为中是否存在刑讯逼供的情形,将由检察室来进行调查。在调查结果确认并移送诉讼部门之前,诉讼部门将无法作出相应的诉讼决定,因为无论是作出起诉决定还是不起诉决定都将存在巨大的风险。同时,由于存在较多移送环节和重复劳动,检察室对监督职权的实施要花费更多的时间。这些多花费的时间,不仅会导致成本投入增大,在审查起诉时间有法定期限的规定下,还会挤压有限的办案期限,在极端情况下,可能导致办案时间超期,也会影响一定时间内审查起诉案件的办结率。

2. 可能导致结果方面的冲突

当诉讼部门在办理审查起诉案件时,发现公安派出所的侦查行为违法但不属于排除非法证据或者对证据的真实性无影响的情形时,会将监督线索移送相应的检察室,同时作出相应的起诉或者不起诉决定。检察室对监督线索的调查,可能会有两种结果。一是确认诉讼部门的判断,公安派出所的违法侦查行为不会导致证据排除或者不会对关键证据的真实性造成重大影响;二是确认公安派出所的违法侦查行为会导致证据排除或者对关键证据的真实性造成影响。如果出现后一种情形,无疑就会在结果方面,诉讼部门和检察室之间出现冲突,导致案件难以处理。

(三)为派驻基层检察室统一配置诉讼职权与监督职权可以与公安派出所、人民法庭等派出机构相对应

在目前的司法实践中,公安派出所、人民法庭等派出机构不仅仅是一个窗

口单位，而是实实在在的办案机构，尤其是公安派出所除了办理一般治安案件外还在办理部分普通刑事案件。而目前检察机关派驻基层的检察室，则不具体通过履行诉讼职权来办理具体的案件（尤其是刑事案件），只承担单纯的监督职能，无论是从对应性而言还是从公检法三机关之间的配合制约关系而言，在缺少诉讼职权的状态下，派驻基层检察室的职权是不完整的。

三、为派驻基层检察室统一配置诉讼职权和监督职权面临的不利条件

当然，由于派驻基层检察室尚处于探索和起步阶段，将诉讼职权和监督职权统一配置于派驻基层检察室还要面对一些不利的条件。

第一，派驻基层检察室的人员较少难以同时履行好诉讼职权和监督职权两项职能。按照目前对派驻基层检察室的设置要求，一个派驻基层检察室的人员为3~5人，显然从人员配置数量而言，派驻检察室一时还难以有效地完全履行好诉讼职权和监督职权两项职能。

第二，派驻基层检察室的基础性工作较多难以保证其同时履行好诉讼职权和监督职权两项职能。按照目前的职责配置，派驻基层检察室的具体职能较为多样。① 这些职能涉及的工作，绝大多数都是基础性很强的工作，需要花费很多的精力和时间，这也导致难以保证派驻基层检察室能履行好诉讼职权和监督职权两项职能。

四、为派驻基层检察室统一配置诉讼职权和监督职权的思路

第一，立足于案件与所在区域的关系来进行配置。在目前的条件下，可以将部分公诉和批捕职权首先配置于派驻基层检察室，具体而言就是涉及未成年人附条件不起诉的案件以及需要对羁押必要性审查的批捕案件。这是因为附条件不起诉和羁押必要性的审查，都需要充分考虑相关区域的影响，派驻基层检察室对于所在社区的社情民意以及犯罪嫌疑人的家庭情况等信息较为了解，由其来履行这方面的职能，既可以提升效率又可以保障效果。

第二，立足于所在区域的案件数量和类型。如果派驻基层检察室所在区域

---

① 具体为：（1）受理公民的举报、控告和申诉，接待群众来信来访，接受犯罪嫌疑人的自首；（2）收集职务犯罪案件线索，配合查处职务犯罪案件；（3）开展职务犯罪预防工作；（4）开展对公安派出所、人民法庭和司法所等单位执法活动的法律监督；（5）开展法治宣传，化解社会矛盾，参与社会治安综合治理；（6）协助对微罪不起诉人员帮教和对附条件不起诉人员监督考察；（7）收集对检察机关的意见和建议；（8）办理派出院交办的其他工作。

的刑事案件数量较多,则考虑暂时不予配置诉讼职权;反之,如果所在区域的刑事案件数量较少的,则可以将所在区域的刑事案件的批捕和起诉工作交由派驻检察室进行办理。同时,还要考虑所在区域的案件类型,例如所在区域系工业园区或者贸易区的,可以考虑将侵犯知识产权、破坏市场秩序的刑事案件交由派驻检察室来审查逮捕和起诉。

第三,适当增加派驻基层检察室的人员编制。以检察官办案责任制改革为契机,可以考虑在派驻基层检察室设置2~3个办案组,由办案组同时履行诉讼职权和监督职权,重点是普通刑事案件的审查逮捕和起诉。

第四,职务犯罪侦查权暂时不宜完全配置于派驻基层检察室。由于职务犯罪侦查工作具有一定的特殊性,还不宜由派驻基层检察室独立的进行开展,但派驻基层检察室可以协助开展初查、提供线索等相关工作。

从守法执法监督视角看检察职权配置

周晓霞[*]

一、问题提出

1979年《人民检察院组织法》自颁行至今，共经历过两次重大修订（1983年和1986年）。时隔20余年，《人民检察院组织法》修订一事第三次列入全国人大常委会立法规划项目之一，并须在十二届人大任期内提交审议修订草案。目前，最高人民检察院已将《〈人民检察院组织法〉修订草案初步意见稿（2016年2月23日稿）》（以下简称《检察院组织法修订初步意见稿》）下发全国各地，广泛征求意见建议。众所周知，由于我国检察机关享有的法律监督权超出了西方传统政治理论"三权分立"的分析术语范畴，致使法学界和检察实务界在将近30年的时间跨度内反复讨论诸如"检察权性质"、"检察机关定位"、"检察机关职权配置"以及"谁来监督监督者"这些重大问题。《检察院组织法修订初步意见稿》的第2条针对"检察机关定位"问题作出重大突破性规定，即"中华人民共和国人民检察院是国家的法律监督机关和司法机关，通过依法履行侦查、审查逮捕、审查起诉、提起公诉和对诉讼活动、行政违法行为、行政强制措施实行法律监督等职能，维护国家法律统一正确实施"。本文将围绕上述第2条的相关规定，立足于检察机关法律监督的宪法定位，论述我国检察机关目前不宜定位为司法机关问题，并从实然层面论证检察机关现有各项主要职权的配置以及权能定位问题。本文论证的基本思路为：(1) 从国家的政治体制出发，考察一元分立权力结构模式中的法律监督权定位问题；(2) 从守法监督和执法监督二分视角，探讨检察机关各项主要职权配置和权能定位问题；(3) 在以审判为中心的诉讼制度改革大背景下，探讨刑事诉讼运行机制（侦查、批捕、公诉、审判）的一般原理，以及在司法实践中运作良好的职务犯罪案件侦捕诉一体化协作机制的运行现状和诉讼化改造

---

[*] 作者简介：周晓霞，国家检察官学院民事检察教研部讲师，法学博士。

问题。

二、我国检察机关不宜直接定位为司法机关

世界各国（地区）权力结构模式的差异，决定了检察权的不同属性。以美国为代表的"三权分立"结构模式，检察官行使以公诉权为核心的司法职能，不履行法律监督职责。三权分立模式属于平面化权力结构模式，立法权、行政权、司法权处于同一层级，相互之间实行动态平衡制约。在某种意义上，平面化权力结构模式为各种权力的运行设置了最终边界，三种权力在各自的领域内均具有最终的权威，不存在高低之分。而我国属于一元分立的权力结构模式，即人民代表大会下的一府两院制度。在我国，国家行政机关、审判机关、检察机关都由作为国家权力机关的人民代表大会产生，对它负责，受它监督。人民代表大会及其常委会享有立法权。在立法权之下，行政权由国家行政机关行使、审判权（狭义司法权）由人民法院行使、法律监督权（广义司法权）由人民检察院行使。行政权、审判权与检察权并列为立法权之下的二级权力，各自具备独立的属性。本文赞同樊崇义教授主张慎用"司法权"概念的观点。"在我国，司法权通常在狭义上理解为由法院适用的裁判权，在广义上则包括由检察机关行使的法律监督权。我国应狭义理解还是广义适用司法权概念的关键取决于检察权是否具备司法权的内在属性，和是否具有外化的一系列特征。在现实生活中，我们能感受到司法权的存在，但对于司法权性质的释义和说明，则很难在理论上形成统一。在三权分立的权力架构下，权力三分为立法权、司法权、行政权，各个权力的边界清楚且互相制约，但是在一元分立的权力架构下，借用'三权分立'话语下的司法权，在权力运行层面则存在诸多灰色地带，这种内涵和外延上的多重差异，决定我国应慎用'司法权'概念。"① 这也是本文不赞同《检察院组织法修订初步意见稿》第 2 条将人民检察院直接定位为司法机关的原因之一。

原因之二，我国《宪法》已将检察机关定位为国家法律监督机关，履行法律监督职能。作为宪法性法律之一的《人民检察院组织法》不宜突破《宪法》已有规定，将人民检察院直接定位为司法机关。应当说，我国检察机关依法行使的法律监督权是一个独具中国特色的概念，它既有行政权属性，也有司法权属性。具体而言，检察一体原则要求检察机关上命下从，上下级检察机关之间属于领导和监督指挥关系，突出行为实效，具有明显的行政性质。而检

---

① 樊崇义：《一元分立权力结构模式下的中国检察权》，载《人民检察》2009 年第 3 期。

察官恪守的客观中立义务，又要求检察官办案以公正适用法律为目的，能独立作出诉讼判断并付诸实施。我国《宪法》确立检察机关为国家法律监督机关，旨在解决一元分立的层级化权力架构下，如何实现立法权之下的行政权、审判权、检察权之间的动态平衡，从而确保国家权力的有效运行，最终实现国家法律统一正确实施。不可否认，在一元分立的权力结构模式中，行政权、审判权、检察权都是受限制的分权，都必须在其法定的权力结构边界之内行使职权，发挥权能。以审判权为例。尽管2015年施行的新《行政诉讼法》赋予人民法院附带审查规范性文件的权力，但这仍然不属于严格意义上的司法审查（立法）制。根据《行政诉讼法》第53条的规定，人民法院仅能附带审查国务院部门和地方人民政府及其部门制定的规章以下的规范性文件。这里的规范性文件，仅指行政机关为实施法律和执行政策，在法定权限内制定的除行政法规和规章以外的决定、命令等普遍性行为规则的总称。换言之，人民法院不能附带审查在其位阶之上的人民代表大会及其常委会制定通过的法律以及与它并列的国家行政机关制定实施的法规和规章。此外，根据《行政诉讼法》第64条的规定，人民法院在审理行政案件时，经审查认为规章以下的规范性文件不合法时，其仅仅享有拒绝适用权和司法建议权，而不能在判决文书中直接判明规范性文件是否合法。检察权也不例外。从政治层面上看，我国对权力（包含权利）的制约和监督实行人民代表大会及其常委会的宪法监督与检察机关的专门法律监督相结合的机制。检察权也是受限制的权力。一般而言，我国检察机关进行的专门法律监督，只针对行政机关、审判机关及其工作人员的执法行为，以及社会主体的守法活动展开，而不能直接审查或监督在其位阶之上的立法行为。另外，我国检察机关进行的法律监督又是具体的监督，即主要是通过对具体案件或事件的合法性和公正性实行监督，而且必须是在法律规定的范围内通过法定程序进行监督。当然，检察机关作为法律监督者本身也会受到其他权力机构与权利主体的制约和监督。

原因之三，《检察院组织法修订初步意见稿》第2条应求同存异，留有余地，不宜直接规定学界和实务界至今尚未达成共识的问题。关于检察机关存废、检察权性质等问题，自1906年清政府颁布《大理院审判编制法》创建了检察机关和检察官制度伊始，一直是我国学界乐此不疲的恒久话题集[①]。在历经百年有余的马拉松式大讨论中，有两个基本问题从来未被质疑：一是审检分离、控辩分立原则下的检察权问题。二是检察官角色定位问题，即是否给予检察官在职权行使、身份待遇、职务升迁等方面类似于法官的独立性保障，其"目的在于将检察官之人身及事务独立性等身份保障推向宪法层次，求取独立自主性，防范行政滥权"[②]。换言之，检察官身份保障（任免、停职、转任、惩戒、弹劾及退休等）目的，在于确保检察官职权之充分发挥。学界反复质疑的问题始终是检察机关是否须单独设立以及检察机关如何定性问题。最高人民检察院在拟定《检察院组织法修订初步意见稿》时应尽量避免本位主义嫌疑，严格遵守我国《宪法》将检察机关定性为法律监督机关的规定。

三、检察职权配置及权能定位——以守法监督和执法监督为视角

（一）主要检察职权配置及权能定位

我国宪法将检察权定位为法律监督权，这是研究检察机关具体职能和权限边界的出发点和归宿。监督，意为监察、督促，即对某个主体所为的活动进行检视，发现问题督促纠正，以使其结果达到预定目的。法律监督的对象是法律实施活动，如国家机关的执法、司法以及公民守法等。不可否认，检察机关的职权配置既是一个法律问题，也是一个历史形成的事实问题。我国检察机关作为依法行使多项法律监督职权的特定主体，对其具体行为的理解应当根据该行为的特定权能定位来识别和确定，而不能不加区分地统一认定。本文立足于实然层面，从法律实施的三个面向——守法（社会主体守法）、执法（行政机关执法）、司法（人民法院审判），解构检察机关履行的法律监督职权。鉴于人民法院审判属于大执法范畴，本文将行政机关执法、人民法院司法统一划归执法范畴。由此，宪法意义上的法律监督权可区分为守法监督权和执法监督权。守法监督权，是基于国家社会治理权和各权力机构之间的分工，针对违法

[①] 近代检察制度在中国的起源和发展是一个矛盾和冲突不断的过程。1906年晚清政府颁布的《大理院审判编制法》第12条明确规定了检察局和检察官的设置及其职责。1915年袁世凯政权撤销了占全国2/3的地方审判厅和地方检察厅，撤销了全部初级审判厅和初级检察厅。1928年前后，民国政府又采取了一系列裁撤检察机关的举措。1935年南京国民政府召开第一届全国司法会议，主张废弃检察制度和主张保留改善检察制度的两派以提案形式在会上展开激烈争论。新中国成立后，检察机关遭遇三次取消风，导致"三落三起"。近些年，学界和实务界针对"是否取消和削弱法律监督权"发表了各种不同观点，意见分歧明显。

[②] 林钰雄：《检察官论》，台湾学林文化事业有限公司1999年版，第93页。

（犯罪）行为行使公诉权或其他公权力，从而履行检察机关的社会治理职能。执法监督权，源于检察机关行使的公权制约职能，是基于各权力机构之间的权力制约之必要而对执法机关（包括行政机关和人民法院）滥用公权力的行为行使监督权。①

根据上述法律监督权的二元化权能结构，我们可将检察机关依法享有的各项主要职权进行大致的划分：

1. 守法监督权范畴。（1）职务犯罪侦查权：对于贪污贿赂犯罪，国家工作人员的渎职犯罪，国家机关工作人员利用职权实施的侵犯公民人身权利、民主权利的犯罪以及其他重大犯罪案件，进行立案侦查。查办职务犯罪是一种强制性的国家监督权，具有司法弹劾的性质。② 职务犯罪案件的查办是检察机关对其依法管辖的犯罪案件立案后，对犯罪活动是否发生、怎样发展实施的调查事实、收集证据的查明活动，其与公安机关实施刑事犯罪侦查适用的侦查措施完全相同，区别只是管辖权不同。检察机关行使职务犯罪侦查权，针对的并非是公权力的行使过程与公权行为，而是国家（机关）工作人员是否依法行使公权的"守法行为"。因此，职务犯罪侦查权属于守法监督权范畴。（2）公诉权：对于公安机关立案侦查的案件，进行审查，决定起诉或附条件不起诉；对于刑事案件提起公诉，支持公诉；对确有错误尚未生效的刑事判决、裁定依法定程序提出二审抗诉③。（3）附带民事诉讼权：发现国家财产、集体财产遭受损失，可以提起附带民事诉讼。（4）协助自诉权：对于告诉才处理犯罪的被害人因受强制、威吓无法告诉的，可以告诉。（5）没收违法所得申请权：对于犯罪嫌疑人、被告人逃匿、死亡的案件提出没收违法所得的申请。（6）强制医疗申请权：对于依法不负刑事责任的精神病人提出强制医疗的申请。（7）民事行政公益诉权：对损害国家利益或社会公共利益的民事、行政行为依法提起诉讼和参与诉讼。检察机关享有的公益诉权，源于国家社会治理职能而设置的社会违法行为干预权。

2. 执法监督权范畴。（1）批准逮捕权：对于公安机关（检察机关）立案侦查的案件，进行审查，决定是否逮捕。（2）立案监督权：对于公安机关

---

① 参见傅郁林：《我国民事检察权的权能与程序配置》，载《法律科学（西北政法大学学报）》2012年第6期。

② 田凯：《论检察机关行使职务犯罪侦查权的正当性》，载《中国刑事法杂志》2010年第8期。

③ 二审抗诉的性质为上诉，属于诉权范畴。二审抗诉的对象，是一审未生效的裁判，而非法院的审判行为或审判活动。况且，检察机关的抗诉意见是否正确，法院的一审裁判是否确有错误，均须法院审理并作出裁判。

（检察机关）办理刑事案件的立案活动是否合法，实行监督。（3）侦查监督权：对于公安机关（检察机关）办理刑事案件的侦查活动是否合法，实行监督。（4）刑事审判监督权：对于人民法院的刑事审判活动是否合法，已确定的终局刑事判决、裁定是否正确，实行监督。（5）刑事执行监督权：对于刑罚执行、刑事强制措施执行活动是否合法，实行监督。（6）强制医疗监督权：对实行强制医疗的决定和执行活动是否合法，实行监督。（7）民事审判监督权：对人民法院的民事审判、调解活动是否合法，已确定的终局民事判决、裁定、调解书是否正确，实行监督。（8）民事执行监督权：对人民法院的民事执行活动是否合法，实行监督。（9）行政诉讼监督权：对人民法院的行政诉讼是否合法，实行监督。（10）国家赔偿监督权：对人民法院赔偿委员会的决定实行监督。（11）行政违法监督权：对行政违法行为和行政强制措施实行监督。

（二）实例分析：刑事公诉与审判监督职权并行不悖

检察机关既承担追诉犯罪的诉讼职能，又行使对刑事审判的监督职能。这种看起来"既当运动员，又当裁判员"的身份令人不禁起疑：检察机关作为刑事诉讼的一造，其在行使公诉权追求胜诉结果的同时，能否客观公正地履行超然于控辩审三方的审判监督职权？

我们知道，刑事公诉的对象是刑事犯罪，包括依法使国家公权力或公共管理职能的国家（机关）工作人员严重违反法律构成犯罪的职务行为，和其他社会主体实施的严重违反法律构成犯罪的危害行为。"刑罚之本质乃在于法益保护，故刑法实为一种法益保护法。刑法分则规定之每一个不法构成要件均为防止特定法益遭到特定行为模式之侵害所为之刑事立法设计。"[①] 换言之，刑事公诉的目的在于保护法益，修复受破坏的法律秩序。从刑事公诉的权能定位看，通过对犯罪行为的刑事追究，一是力求强迫被告人（犯罪嫌疑人）遵守、尊重法律。二是遏止伤害行为，防止违法状态继续存在。三是教育一切社会主体自觉守法，共同促进法律统一、正确实施。简言之，检察机关依法行使公诉职权，重在发挥刑法一般预防和特殊预防犯罪的社会治理功能。而刑事审判监督的对象是法院的审判活动和法官的审判行为。从逻辑上讲，法院对于每一个具体诉讼行为所作出的各种决定、命令、裁判都是确定的裁判结果。因此，无论是确定的终局裁判，还是作为结果过程中的程序事件，以及作为独立

---

① 林山田：《刑法各罪论》，台湾大学法学院图书部1999年版，第12页。

事件的程序活动和行为，均是检察机关行使审判监督职权的内容之一。① 在法国，检察官对下列各事项也有干预监督职权：对司法辅助人员之监督；对书记课之监督、检查；监视司法救助制度的营运；对户政官员之监督……② 检察机关行使审判监督职权的目的在于保障各诉讼主体依法行使诉讼行为，维护诉讼程序的公平公正。我国《刑事诉讼法》第 203 条规定："人民检察院发现人民法院审理案件违反法律规定的诉讼程序，有权向人民法院提出纠正意见。" 2013 年《关于实施刑事诉讼法若干问题的规定》第 32 条规定："人民检察院对违反法定程序的庭审活动提出纠正意见，应当由人民检察院在庭审后提出。"可见，检察机关向法院提出的"违反法定程序纠正意见"，并不具有直接改变法院行为的法律效力。"纠正意见"成立与否，还须法院进行判断并作出最终裁判。

  本文认为，检察机关在刑事诉讼中并不是普通的运动员，不能将公诉方简单当事人化。一方面，公诉权具备一般诉权的共有属性。公诉权与审判权的关系主要为诉权制约审判权关系。公诉权是审判请求权，属程序性权力，其对审判权的制约：一是检察官享有是否启动刑事审判的职权，其通过不告不理诉审机制来控制法官裁判的入口。是否提起公诉（尤其是不起诉）由检察官依法、中立进行裁量并独立作出起诉或者不起诉的法律处分。在德国，检察官具有停止起诉、不予起诉、暂缓起诉等权力。德国法律甚至允许检察官放弃开庭审判、申请法官直接签发处罚令，避免将证据不足的案件或大量轻罪案件起诉到法院。二是检察机关提起的公诉具有限定刑事审判范围的功能。三是检察机关在刑事诉讼中不仅提出了公诉主张，还参与法庭审理全过程，依法向法庭出示证据，与辩护方展开辩论，根据法庭调查的情况依法及时变更诉讼主张。四是对确有错误的尚未生效或已经生效的刑事裁判依法定程序提出二审或再审抗诉。另一方面，公诉权又具备不同于一般诉权的特殊属性。"理性公诉的基本内涵是公共公诉、公正公诉和公开公诉。公共公诉是指公诉的提起应当基于国家和社会的公共利益，代表的是国家而不是一方当事人；公正公诉是指检察官要恪守客观之公正义务，追求公诉的公平正义，不能将公诉人当事人化；公开公诉是指公正的公诉要以看得见的方式实现，不断提高公诉的民主化、规范化程度。这是法治进程中理性公诉的基本品格，也应当成为公诉权的发展趋势。随着'尊重和保障人权'写入刑事诉讼法，公诉在刑事诉讼中承上启下的特

---

  ① 参见许尚豪：《诉中监督与审判独立的法理辨析》，载《政治与法律》2009 年第 6 期。

  ② 黄东熊：《中外检察制度之比较》，台北文物供应社 1986 年版，第 151 页。

殊作用必然要求人权原则得到进一步彰显和落实，这也是理性公诉所应当始终遵从的理念。"① 换言之，行使公诉职权的检察官，是国家利益和社会公共利益的代表，其不同于一般诉权主体，"检察官应担当法律守护人之光荣使命，追诉犯法者，保护受压迫者，并援助一切受国家照料之人民"；"（在对被告人的刑事程序中）检察官作为法律的守护人，负有彻头彻尾实现法律要求的职权"②。这种法律守护人的角色，要求检察官必须基于独立、客观、中立的立场，在追究被告人刑事责任的同时，最大限度保障被追诉人合法权益。

另外，检察机关在刑事诉讼中更不是裁判员。审判是整个刑事诉讼程序的中心，庭审又是整个审判环节的重心。法官才是真正的裁判员，享有诉讼指挥权和裁判权。检察机关作为起诉方，行使定罪处刑请求权，其指控是否成立，须接受法院的审查与裁判。检察机关作为监督者，其行使审判监督职权的方式多为提出异议，没有相关事项决定权。检察机关应严格按照法律规定的范围、程序和方式履行审判监督职权，主要通过诉讼方式对法院审判中出现的违法行为和错误裁判提出意见，请求上级法院予以纠正。

基于守法监督和执法监督的二元权能界分，检察机关可以并行不悖地行使刑事公诉与审判监督职权，使其分别发挥社会治理和公权制约权能，这在应然层面并没有太大的理论障碍。在实然层面，检察机关能否有效行使公诉职权和审判监督职权，关键在于其是否能够恪守检察官客观中立义务。否则，就算检察官仅单纯行使公诉职权或审判监督职权，他也不可能成为一名真正的法律守护人。检察官客观中立义务要求公诉人不仅应一并注意对被告有利、不利之事证，还应为被告之利益或不利益进行上诉。此外，检察官客观中立义务要求监督者应公正客观判明法官的审判活动或审判行为是否违法和不当。

四、以审判为中心职务犯罪案件侦捕诉一体化研究

（一）宁夏S市职务犯罪案件侦捕诉一体化实证考察

近年来，查办贪污贿赂犯罪案件质量不高成为困扰检察机关反贪办案的一个瓶颈，具体表现为"三高一低"，即撤案率、不诉率、退侦率高，有罪判决率低。据统计，2009年至2012年S市两级检察机关共立案侦查贪污贿赂犯罪案件115件162人；撤销案件7件12人，撤案率达到7.41%；不起诉46件68人，不起诉率为41.98%；审查起诉过程中退回补充侦查67件100人，退侦率为60.91%；法院作出有罪判决62件82人，有罪判决率仅为50.62%。2013

---

① 张书铭：《论控权属性下公诉权的发展》，载《中国刑事法杂志》2014年第3期。
② 林钰雄：《刑事诉讼法（上）》，元照出版有限公司2004年版，第131页。

年以来，S市检察机关结合当地实际，根据职务犯罪侦查工作特点逐步探索建立了侦捕诉一体化协作机制，提炼出了"诊脉、救助、监督、快移快诉"的"十字工作法"。诊脉，是指在查办职务犯罪案件时，对疑难复杂案件将侦监、公诉提前介入的时间前移至初查阶段，三方联合会诊把脉，围绕快速突破案件，以查明事实为中心，确定侦查方向。救助，是指侦监、公诉部门与侦查部门形成信息交流和反馈机制，及时指出侦查部门在收集证据、办案程序等方面的问题，提出补救意见，特别是对容易灭失、不易取得、取证效果与取证时机密切相关的证据提出侦查建议，提高取证效率。在案件侦查终结前15日邀请公诉部门人员再次召开研判会，按照公诉证据标准进行证据审查，排除矛盾证据、非法证据、瑕疵证据，理顺证据链条，形成证据体系。在案件进入审查起诉阶段，侦查部门承办人全程帮助公诉部门了解全案案情，防止防范变供、翻供情况的出现，保证自侦案件一次性移送起诉，一次性提起公诉，杜绝程序倒流。监督，是指建立侦监、公诉部门对办案过程进行指导、纪检部门对办案活动进行检查、控申部门对不立案案件进行审查、案管部门对扣押的涉案款物进行核查的"四位一体"监督模式，提高案件的规范水平。快移快诉，是指侦查部门在证据扎实的情况下尽快将案件移送到公诉部门，公诉部门优先对职务犯罪案件进行审查。目前，S市检察机关查办的贪污贿赂犯罪案件从立案至侦查终结由平均3个月缩短为42天，审查起诉由平均3个月缩短为33天，从以前初查到判决需要8个月左右的时间，缩短到4个月。实践证明，S市检察机关自推行侦捕诉一体化协作机制以来，职务犯罪案件办案规模稳中有进，不起诉率、退侦率明显下降，有罪判决率大幅上升，未发生撤案、无罪判决案件，办案质量明显提升。2013年至2014年6月，S市检察机关共立案侦查贪污贿赂犯罪案件66件87人，侦查终结56件78人，侦结率达到89.6%；起诉至法院53件71人，起诉率达到81%。2013年S市检察机关立案侦查的贪污贿赂犯罪案件36件50人，仅有2件因司法鉴定等原因退侦；法院作出有罪判决45人，有罪判决率为90%。

(二) 基于实证考察的思考

1. 侦捕诉一体化协作机制凸显"以审判为中心"理念

"以审判为中心，是一个诉讼关系命题。即'审判中心'是相对于刑事司法其他权力功能而言，由此确定侦查、起诉必须按照审判的要求进行。因此，'以审判为中心'的基本涵义是：侦查、起诉活动应当面向审判、服从审判要求，同时发挥审判在认定事实、适用法律上的决定性作用。审判应发挥实质性审查判断和裁决功能。"① 而庭审是法庭审判活动的核心，以审判为中心的实质是以庭审为重心。因为，只有庭审才能通过举证、质证、辩论有效实现对不同主张和根据的"兼听、辩论与质疑"；只有庭审才能保证事实认定的亲历性，即事实判定者直接接触、审查、认定证据，直接听取控辩意见和理由，并作出判断；只有庭审才能保证诉讼的公开，以公开促公正；只有庭审才能通过集中、规范的程序安排，实现正当程序或价值平衡程序理念。宁夏 S 市检察机关侦捕诉一体化协作机制有效贯彻了以审判为中心理念。理由如下：在审判中心主义与正三角形诉讼构造下，侦查机关调查事实、收集证据的活动实际上是一种查明活动。检察机关运用证据向裁判者阐明、论证自己主张的活动属于证明活动。而裁判者根据控辩双方的证明，甄别、判断哪一方的主张成立的活动属于判明活动。查明活动的范围一般不受限制，而裁判者只能在控辩双方的证明范围内进行判明活动。此外，侦查机关的查明活动、检察机关的证明活动应紧紧围绕裁判者的判明活动展开，并以裁判者的判明方法和标准调整自己的活动。② 本文认为，职务犯罪案件的撤案率高、不诉率高、退侦率高等问题，归根结底是证据问题。只要证据扎实，职务犯罪案件就能立得住、查得快、捕得准、诉得出、判得了。宁夏 S 市检察机关在推进侦捕诉一体化协作机制中，有效贯彻了"以审判为中心"理念，注重在证据上下功夫，将侦监、公诉提前介入的时间前移至初查阶段，并在整个侦查过程中形成三方信息交流反馈机制，紧紧围绕裁判者的判明标准，根据公诉方的证明要求，全面规范收集、固定证据，确保侦查、批捕、审查起诉的案件事实和证据经得起庭审检验，确保办案质量。

2. 侦捕诉一体化协作机制的缺憾及建议

一为重协作轻监督。侦捕诉一体化协作机制，注重配合协作打击职务犯罪，重在发挥侦查、公诉部门享有的守法监督职权。其结果很可能使整个诉讼程序沦为步步推进的"流水作业"。尤其是侦捕诉一体化协作机制中快移快诉工作方法，仍不免存在侦查、侦监、公诉三部门联合办案嫌疑。特别是在信息化时代，每一件职务犯罪大要案都可能成为网络和媒体关注的焦点。为迅速给社会一个满意的交代，快侦、快捕、快诉、快审甚至联合办案成为一种值得推

---

① 参见龙宗智：《"以审判为中心"的改革及其限度》，载《中外法学》2015 年第 4 期。
② 以上内容参见卞建林：《查明 证明 判明》，载《检察日报》2002 年 1 月 10 日第 3 版；杨迎泽、孙锐：《以审判为中心与刑事证明理论体系的重构》，载《中国检察官》2016 年第 2 期。

广的"成功经验"。以审判为中心侦捕诉一体化机制强调充分发挥法律监督的两种权能：一是侦查、侦监、公诉部门应互相配合协作办案，共同实现有力指控犯罪的公诉工作总要求，实现守法监督职权的社会治理权能；二是侦监和公诉部门应有效行使执法监督职权，按照法治化、现代化的要求全面履行审查逮捕、立案监督、侦查监督三项职责，以期实现执法监督职权的公权制约权能。

二为妨碍权利制约（监督）权力效用发挥。侦捕诉一体化协作机制重视法律监督各项职权的互动，存在忽略涉案公民及辩护人主体地位和能动作用的嫌疑。检察机关应自觉强化对律师辩护权的保障，健全听取辩护律师意见机制，加强对律师会见权、辩护人阅卷权的保障。同时，检察机关应自觉接受党的领导、人大监督、舆论监督和群众监督，恪守权力边界，依法审慎用准用好侦查、批捕、公诉等法律监督职权。

三为抑制司法救济功能。侦捕诉一体化协作机制存在妨碍涉案公民寻求权利保障问题。侦查机关在采取侦查措施时应遵循比例原则，考虑侦查措施的种类、轻重与所追究的犯罪行为是否相适应。尤其是在查办职务犯罪过程中，侦查机关采用侦查措施特别是技术侦查措施时必须一定的控制，以防止措施的滥用，保障当事人的合法权益。检察机关应强化人权保障理念，加强对阻碍辩护人、诉讼代理人诉讼权利的行为进行监督，完善对辩护人、诉讼代理人诉讼权利的救济。

四为法律依据缺位。目前，侦捕诉一体化协作机制仅为地方检察机关为有效查办职务犯罪案件而建立的一种工作机制。检察机关应积极总结实务经验，明确侦捕诉一体化协作机制的原则和机理，通过立法或司法解释的形式构建若干具体制度并予以落实。此外，侦捕诉一体化协作机制应遵循诉讼原理，进行诉讼化建构。要明确侦捕诉一体化协作机制的适用范围、职责权限、启动方式以及运行规则。

公诉人行使法律监督职权合理性分析

赵培显[*]

《中华人民共和国人民检察院组织法》(2016年2月23日稿)第23条第1项规定:"人民检察院提起公诉的刑事案件,由检察官以国家公诉人的身份出席法庭,支持公诉,并且监督审判活动是否合法。"这表明公诉人行使公诉权能的同时,也有权行使法律监督职能。这引起了一个担忧:公诉人行使法律监督权不仅有违控、辩平等对抗原理,也是在法官之外设置了另外的"法官",严重影响了法官的中立裁判地位,可能导致控辩平等对抗、法官居中裁判诉讼架构的瓦解和破坏。事实上,公诉人行使法律监督职权不仅在理论上行得通,而且在实践中不会造成控辩双方诉讼力量的不平等,也不会影响法官居中裁判。

一、公诉人行使法律监督职权的理论依据

(一)公诉制度产生的历史表明公诉具有制约审判的作用

公诉制度发端于中世纪的法国。中世纪的法国处于封建割据状态,全国范围内的司法不统一,封建领主、教会及城市管理者在领地内都设有自己的法庭,对其领地的居民行使司法管辖权,国王法院的管辖范围仅限于王室领地内的案件。并且,诉讼以私诉为主,私诉的弊端表现在,它受加害和被害双方力量对比关系、举证能力等因素的影响。如果加害方势力强大,被害方势力弱小,则被害方会担心抗争不过而放弃诉讼;如果被害方举证不力,不仅官司无法打赢,而且会成为"诬告"者;同时侵害社会公益等没有具体受害人的案件无人过问,等等。法律的统一实施和司法公正受到司法权分散、割据和私诉的严重削弱,国王为了弥补私诉的缺陷,加强中央集权,原先仅代表国王私人处理与诸侯发生涉及财政、税务和领土方面纠纷的国王的律师和代理人逐渐被赋予了以政府公诉的身份听取私人告密,进行侦查,提起诉讼,在法庭上支持

---

[*] 作者简介:赵培显,国家检察官学院讲师,法学博士。

控诉,以及抗议法庭判决并代表国王监督地方行政当局等职能。国王的律师和代理人成为专职的国家官员始于菲力普四世,至 17 世纪路易十四时,其被正式定名为检察官,现代意义上的公诉制度由此产生。① 现代检察官公诉制度的起源表明,公诉权的产生是保护国家利益和制约审判权的需要。检察官起诉制度最初是为了保障国王制定的法律在全国范围内取得一体遵行的效力,以保护体现为国王利益的国家利益,加强国家对诉讼的控制,客观上也弥补了私诉的不足,对法官的审判形成了制约,有利于审判权的客观公正行使。

(二) 公诉权自身具有法律监督属性

公诉权的性质取决于其在国家权力结构中的定位和其运行特征及表现。一方面,从公诉权在国家权力结构中的定位来看,公诉权具有法律监督的属性。作为检察权的重要组成部分,公诉权的法律属性来自检察权的法律属性。从检察权宪法属性看,权力的应然性应当来自检察权所赖以存在的宪法确认的根本制度,政治制度不同导致权力性质的应然性也不相同。我国检察权应当用宪法所确立的人民代表大会制度来解释权力的性质,而不能以西方三权分立学说作为应然性的依据来定位中国的检察权。在我国实行人民代表大会制度的背景下,检察权必然具有法律监督属性。按照人民代表大会制度设计,人民代表大会是国家最高权力机关,其下设置政府、法院、检察院等一府两院,共同行使国家权力,对其负责,受其监督。人民代表大会的监督是整体性的宏观监督,监督的时效性较差,需要专门机构从微观上进行监督,因此,我国《宪法》专门规定"中华人民共和国人民检察院是国家的法律监督机关",人民检察院成为法定的监督机关,其行使的检察权也就具有了法律监督属性。《宪法》是我国的根本大法,其关于法律监督机关的规定是我们必须遵守的准则,对任何问题的分析和改革必须从检察机关是国家法律监督机关这一现实出发,而不能否定这一事实。实践证明,我国的政治体制和国家机构设置具有巨大的优越性,只要我们的政治体制和国家机构设置不改变,检察机关是国家法律监督机关的宪法定位就不会改变,其行使的检察权的法律监督属性也不会改变。

检察权的法律监督属性决定了构成检察权的各项权能的性质,作为检察权构成要素的公诉权也不例外,公诉权同样具有法律监督属性。公诉是连接侦查与审判的中枢环节,公诉不仅包括对侦查认定案件事实的审查判断,对侦查活动监督制约,也包括对审判过程的合法性、裁判结果的公正性的监督。我国检察权的法律监督属性也决定了诉讼监督是公诉权的一项重要内容,公诉权不仅

---

① 朱孝清:《中国检察制度的几个问题》,载《中国法学》2007 年第 2 期。

限于对刑事案件提起公诉，也包括对侦查活动和审判活动的监督等多项权能。法律监督权是检察权的本质属性，法律监督权的实现需要通过检察权的具体行使得以落实和体现，因此检察权的所有权能都包含着法律监督的属性，检察权的每一具体权能都体现着法律监督的本质，都是法律监督权的实现形式。所以，作为检察权一项具体权能的公诉权具有法律监督属性。

另一方面，从公诉权的运作特征和表现来看，公诉权也具有法律监督性质。根据我国法律规定，检察机关的公诉权包括审查起诉权、决定起诉和不起诉权、出庭支持公诉权、公诉变更权和抗诉权五项权能。就审查起诉而言，该程序是检察机关对侦查机关侦查终结移送起诉的案件受理后，依法对侦查机关认定的犯罪事实和证据、犯罪性质和适用法律，以及侦查活动是否合法等进行的审查监督，并可在审查起诉时将案件退回补充侦查。就提起公诉而言，该程序是审查案件是否符合公诉条件，并限定法院的审判范围，防止法院滥用审判权。就不起诉而言，该种决定的作出意味着侦查机关在先前的证据收集、犯罪事实认定、法律适用等方面存在缺陷或不足，体现出了对侦查活动的法律监督功能。就出庭支持公诉而言，该程序是对审判人员以及整个审判活动的全面监督。就变更起诉而言，其目的是监督庭审法律适用，防止犯罪嫌疑人被错误定罪，保障其合法权益或者国家利益。就提起抗诉而言，该程序直接体现了公诉权的法律监督属性。根据法律规定，提起抗诉的条件应满足人民法院认定案件事实不清、证据不足、审判程序违法、量刑不当等情形之一，通过抗诉是维护法律的权威和公正。[①] 所以，无论从公诉权在国家权力结构中的定位，还是从公诉权的运作特征和表现分析，法律监督都是公诉权的应然属性。

（三）公诉人具有履行客观公正的义务

所谓客观公正义务，指检察官负有义务，应当公正地采取行动，特别是要全面地侦查事实真相，检察院不得单方面谋求被告人有罪。根据德国刑事诉讼法相关规定，检察机关在侦查中要考虑有利于被指控人的情况，判决后还可以提出对被告人有利的法律救济手段，使得检察机关拥有客观性的义务。[②] 我国《刑事诉讼法》第6条规定："人民法院、人民检察院和公安机关进行刑事诉讼，必须以事实为根据，以法律为准绳……"第50条规定："审判人员、检察人员、侦查人员必须依照法定程序，收集能够证实犯罪嫌疑人、被告人有罪

[①] 韩成军：《论法律监督与我国检察机关公诉权配置的改革》，载《河南大学学报（社会科学版）》2011年第5期。

[②] 黄礼登：《法律监督精神贯穿德国检察制度史》，载《检察日报》2016年3月1日第3版。

或者无罪,犯罪情节轻重的各种证据……"从而确立了我国检察官的客观公正义务。检察官在行使公诉权的过程中,通过收集对被告人有利的证据,可以避免冤假错案的发生;通过排除非法证据,可以抑制警察的违法侦查行为,保护被告的合法权益;通过单方面展示证明被告人无罪的证据,可以增强被告人的辩护能力,实现实质意义上的控辩平等。公诉人履行这些客观义务,不仅是对被告人合法权益的保障,也是对法律准确适用的维护,因为刑事诉讼法就是一部人权保障法,准确适用法律就是对诉讼参与人合法权益的保障。公诉人履行客观公正义务,不仅要监督刑事程序法的正确运用,保证实现目标方式与手段的合理性,也要监督刑事实体法的准确适用,保证目标结果上的公正性。所以,公诉人客观公正义务的履行产生了对庭审法律监督的效用。

二、公诉人行使法律监督职权不会对控辩审格局产生不利影响

(一)公诉人行使法律监督职权不会影响控辩平等对抗

所谓控辩平等对抗是指控辩双方在庭审示证、质证、辩论等方面享有同等机会、条件及对等的诉讼权利(力),并不要求控辩双方必须享有相同的诉讼权利(力)及同样的诉讼权利(力)行使效果。

一方面,根据我国法律规定,公诉人和被告人在庭审中均享有出示证据、质证、辩论、监督等权利(力)。例如公诉人享有控诉权,被告人则享有辩护权;公诉人享有出示证据支持控诉的权力,被告人则享有出示证据反驳指控的权利;公诉人有权监督庭审活动,发现违法行为有权提出纠正意见,并有权监督法院判决,发现判决有错有权抗诉;被告人同样享有监督庭审活动,发现违法并侵犯其合法权益的行为有权提出意见,并有权监督法院判决,不服判决有权提起上诉或者申诉。检察机关所拥有的之所以是权力而不是权利,是因为履行职责所需,不会因此而破坏了控辩平等。

另一方面,公诉人行使法律监督权不会影响被告人辩护权的行使。虽然由于公诉人和被告人行使监督权性质不同,决定了二者行使权力的效力存在差异,但是这并不会对被告人辩护权的行使产生不利影响。首先,法律监督权本质上是一种相对请求权,该权力行使的效果是作出程序性决定,仅仅具有启动法院自身违法责任追究或者审级监督等纠错程序的效力,而没有任何实体或者程序裁决权效力,如果将庭审阶段的法律监理解为一种程序制约,则检察机关对审判机关的监督在域外普遍存在,唯一存在差异的是审判监督权限的大小;其次,公诉人对庭审的监督既包括对实体违法的监督,也包括对侵犯当事人合法权利的程序违法的监督。我国检察机关的公诉不以胜诉为第一要旨,公诉的根本目的在于维护国家法律的统一正确实施,并追求实体正义和程序正义

的统一实现。具体到庭审过程中，基于公诉的法律监督属性，公诉人不仅要据实指控被告人的犯罪事实，还要依法客观公正地阐述被告人从轻、减轻的情节和理由，并要对庭审中有损被告人合法权利的行为进行法律监督。所以，公诉人行使法律监督权不仅不会减损被告人的辩护权，而且有利于被告人辩护权的有效行使。

（二）公诉人行使法律监督职权不会影响法官居中裁判

法官的独立裁判不会受到公诉人行使法律监督权的影响。理由是：

1. 公诉人对法官的监督不是一种上下层级监督，而是一种平行主体之间的监督，不存在所谓监督者高于审判者的情形，这种监督对法官也不具有命令性，不会对庭审中法官的中心地位产生影响。

2. 检察机关的法律监督职能必须以诉讼职能为基础，诉讼职能是监督职能得以实现的必要途径和手段。公诉人必须通过行使公诉职能对庭审进行监督，而公诉职能必须依法行使，法律规定法官独立裁判，所以公诉人通过行使公诉职能对法官庭审的法律监督，不可能产生超越法律规定从而左右法官裁判的特权，因而不会破坏控辩双方的平等诉讼地位。

3. 法律监督权是一种程序性权力，并非实体处分权。检察机关对庭审的监督体现在两个方面：提起抗诉启动二审程序或者审判监督程序；对违法的审判活动提出纠正意见。这两种监督都只具有程序性意义，检察机关启动二审或者审判监督程序后法院如何判决，提出纠正违法意见后法官是否接受以及如何纠正，都是由法官依法独立作出决定，检察机关无权对法官裁判和纠错提出具体要求。

三、公诉人应正确行使法律监督权

《人民检察院刑事诉讼规则（试行）》第580条明确规定："人民检察院在审判活动监督中，如果发现人民法院或者审判人员审理案件违反法律规定的诉讼程序，应当向人民法院提出纠正意见。出席法庭的检察人员发现法庭审判违反法律规定的诉讼程序，应当在休庭后及时向本院检察长报告。人民检察院对违反程序的庭审活动提出纠正意见，应当由人民检察院在庭审后提出。"以该条文内容而言，公诉人对庭审的监督被定位为"事后监督"，有一定合理性。我国法律规定公、检、法三机关之间"分工负责、互相配合、互相制约"，从司法规律上而言，公检法三机关的相互制约关系必须依靠其履行诉讼职能的具体诉讼行为得以实现，从侦查、起诉、审判来看，后一阶段的诉讼活动对前一阶段的诉讼活动形成了制约，审查起诉的标准制约着侦查取证工作，审判定罪标准制约着审查起诉工作，按照诉讼进程的先后顺序形成了一种"递进制约"。公诉人对庭审的监督被定性为一种"事后监督",符合诉讼"递进制约"这条主线,同时也可以体现法官庭审主体地位。

  但是公诉人是否可以当庭对违法的审判活动提出纠正意见?《人民检察院刑事诉讼规则（试行）》第577条规定了16项需要纠正的违法审判活动,其中既有程序违法,也有证据运用问题和职务犯罪行为,对于证据运用及职务犯罪行为,检察机关庭后进行监督并无不当,但是对于程序违法行为是否只能庭审后提出纠正意见,值得商榷。一方面,某些程序违法情形,并不涉及实体问题,当庭提出纠正意见不会损害法官权威,也有利于节省诉讼成本。例如法庭未告知被告人合议庭组成人员及申请回避的权利,如果公诉人不当庭指出并要求法官重新告知,则可能导致审判无效,又将耗费司法资源进行一场原本可以避免的庭审。另一方面,违反程序的诉讼行为如果程度较轻,无法严重到足以导致法庭审理无效的程度,则即使事后提出纠正意见也没有实际意义,因为法庭审理已经结束,不会因为程序的违法而再次启动,庭审中的瑕疵也无法弥补。此外,大陆法系国家也存在公诉检察官可以当庭纠正法官违反程序行为的做法。例如德国"检察官亦需注意,诉讼过程是否合法举行,其对于有违反刑事诉讼法之情形时,异于辩护人,需立即对之加以更正。"[①]所以,公诉人通过公诉职能进行法律监督时,理应有权当庭对某些庭后监督无法有效弥补的违法行为提出纠正意见。

---

  ① ［德］克劳思·罗科信:《刑事诉讼法》,吴丽琪译,法律出版社2003年版,第363~364页。

五、检察机关内设机构与办案组织

中国检察权运作的内部组织构造回应

邵　晖　韩建祥[*]

2013年中央第十八届三中全会作出《中共中央关于全面深化改革若干重大问题的决定》，提出应"深化司法体制改革，加快建设公正高效权威的社会主义司法制度"，并明确强调应从司法管理体制、司法人员管理制度、司法职权配置等方面来逐步确定改革的方向、深化改革的内容。可以说，该决定为我国检察制度建设和检察改革实践提供了重要的政策指向。而2014年中央十八届四中全会的决定及2015年《关于贯彻落实党的十八届四中全会决定进一步深化司法体制和社会体制改革的实施方案》等文件的出台，则为我国新一轮的检察改革实践提供了重要的参照。

针对我国检察改革的具体实践而言，这一轮的检察改革体现出内容上的丰富多样、方式上的不断求新。虽然当下检察改革涉及的内容方方面面、采行的举措林林总总，但其主要可以归纳为对如何保障我国检察权能的合理运作以及检察制度自身的内部组织构造应怎样设计这两方面问题的应对。整体来看，对检察权能运作同检察制度内部组织构造之间动态关系的把握和认识，显然对深化检察体制改革实践、完善检察制度合理建设具有重要的理论和实践意义。因此，本文以检察权运作、检察制度内部组织构造为研讨的主要对象，其主旨是意图梳理域外检察权能运作同检察制度内部组织构造之间的关系，并延伸探讨我国当下已有的检察权能在运作过程中需要怎样的检察制度内部组织构造的回应。文章主要对我国实践予以理论上的描述，以便对

---

[*] 作者简介：邵晖，北方工业大学文法学院法律系讲师；韩建祥，河北地质大学法政学院讲师。本文为2015年最高人民检察院检察理论研究课题一般项目《中国当下检察管理体制改革研究》（GJ2015D24）的阶段性研究成果，并受北方工业大学科研启动基金项目资助。

认识我国的检察改革提供一定的智识性增量。全文基本结构如下：第一，概述检察权运作同检察制度内部组织构造之间的理论关系及分析域外各国的基本实践。第二，分析和描述我国的检察权能属性、检察权能内容、检察制度内部组织构造以及检察权能运作同检察权能内部组织构造之间的动态关系。

一、理论分析及域外实践

社会学理论认为：个人、群体和组织等是构成当下社会的基本单位。特别是随着近代社会的逐步发展以及个人彼此之间协作性、互助性的加强，组织已然逐渐成为当下社会的最重要单位。正如学者指出：组织不仅是社会的"细胞"、社会的"基本单位"而且可以是社会的基础。[①] 采取社会学的视角来审视，检察制度也可被视为一种典型意义上的社会组织。

社会组织学理论认为：组织创建的任务及目的是创建组织内部构造的出发点，而组织自身所包含的基本权能则是标示组织任务和目的的重要内核。组织的内部构造或内部组织构造主要包括组织中的人、财、物及制度结构等，具体如检察制度中的人员、经费、制度格局等方面。从逻辑关系上来讲，一方面，组织权能、组织内部构造皆服务于组织创设的目的和任务；另一方面，组织权能深刻决定组织内部构造的设计和构建。这是因为：组织权能是辨识组织之特定目的和任务、识别不同组织之间区别的核心标识，更是达到组织目的的必要通道。可以说，组织权能能否合理地运作和实现，既是保障组织目的和任务得以达成的重要标准，又是衡量与判定组织内部构造应如何设计以及是否建构合理的重要参照。[②] 就检察制度而言，检察权能是否得以合理运作显然是检察制度内部组织构造所应直面回应的重要问题，检察制度内部组织构造应以保障检察权能的合理运作为圭臬。

从域外实践来看，本文主要选取了法国、德国、日本、英国、美国等代表性国家来予以分析。

在检察权属性、检察权能的内容上，它们展现为如下情况：

---

① D. S. Pugh, Organization theory: selected readings, Harmondsworth: Penguin, 1990, p. 16.

② R. L. Daft, Organization Theory and Design, 8th edition, Cincinnati, OH: Southwestern, 2004, p. 34.

五、检察机关内设机构与办案组织

国别	检察权属性	检察权内容	法律依据
法国	行政权	刑事案件起诉权、刑事调查权、民商事案件起诉权、行政案件起诉权、执行司法判决权等。	法国《宪法》第64条、65条；《关于司法官地位之组织法之1958年12月22日第58-1270号条例》；法国《公务员法规》；法国《刑事诉讼法典》第31条、第39条至第44-1条；《民法典》第29-3条、第117条、第175-2条、第184条、第375条、第378-1条、第493条、第1893条、第1844-8条；《知识产权法典》第L.613-26条；《民事诉讼法典》第421条至第443条；《商法典》第L.621条至第661条；《行政司法典》第L.7条；《财政法院法典》第L.112-2、第L.264-25条等。
德国	行政权	刑事案件起诉权、刑事调查权、行政程序中的公益代表人、民事案件的起诉权、执行司法判决权等。	德国《宪法》第九章；《法院组织法》第十章；德国《刑事诉讼法典》第127b条、第152条至第173条、第451条；《行政法院法》第35条至第37条；《违反秩序法》第40条至第44条、第69条、第75条；《民法典》第1316条。
日本	行政权	刑事案件起诉权、刑事裁判之执行权、作为公益代表人之职权、民事案件起诉权等。	日本《宪法》第41条、第65条、第76条；《国家行政组织法》第8条；日本《检察厅法》第4条、第6条；日本《刑事诉讼法》第247条、第472条；《民法》第7条、第10条、第13条、第25条、第26条、第40条、第56条、第57条、第744条、第835条、第845条、第918条、第943条、第953条、第958条；《民事诉讼法》第15条、第270条之2第1款、第384条之2第5款。
英国	行政权	刑事案件公诉权、提供必要的法律服务等。	1985年《犯罪起诉法》；1997年《司法官法》（Law Officers Act 1997）；《皇家检察官准则》。
美国	行政权	侦查权和指挥侦查权、刑事案件公诉权、民事诉讼权、行政诉讼权、法律咨询权等。	《美国法典》第二十八章；《美国书记官手册》第6.15条。

整体来看：第一，在检察权属性方面，虽然检察权属性之定位始终是学界的热点问题并且充斥着各种学说和争论，如行政权、司法权、司法行政权、监督权、法律监督权等，但在各国实践中，检察权主要被定位为行政权。此种有

关检察权基本属性的定位多是依赖于各国宪法和组织法中的设定,这说明:一方面,检察制度在一国宪政制度中居于十分重要的地位,另一方面,采取行政权之特点来构架检察制度的内部组织结构是各国的常态。第二,在检察权内容方面,各国检察制度所具有的检察权能有着基本的共同特点,如提起公诉、参与民事和行政诉讼以及执行法院判决等权能。其中,提起刑事公诉权是各国检察制度所包含检察权能的最大公约数。在此处,我们如果套取社会学的类型化方式来分析的话,法国、德国、日本、英国、美国等在检察权能的内容上体现出以公诉权型为主的特征。

而各国在检察制度的内部组织构造方面,体现如下:

国别	检察制度组织构造						
^	外部			内部		
^	人员	同内部的关系	法律依据	人员	内部状况	法律依据
法国	司法部长	检察机关隶属于司法部长;以书面形式,命令检察长提起或指派检察官提起追诉或者向有管辖权的法院提出部长认为适当的书面要求;对检察官进行惩戒和任免。	法国《宪法》第65条;法国《司法组织法典》第5条;《刑事诉讼法典》第30条第1、2、3款。	代理共和国检察官、助理检察官、共和国检察官、上诉法院检察长。	检察长应主动引导和协调各共和国检察官的行动以及辖区内各检察院对公诉政策的执行;共和国检察官每年向检察长提交一份有关检察院的活动与管理以及适用法律的报告,且不影响其主动制定或者应检察长要求提出的个别报告;检察长对本辖区内的所有官员拥有上司之权力,并且可以通过书面的形式命令各检察官;每一级别,检察院成员都由其上级长官与检察长进行工作评价;检察官具有客观之义务。	法国《刑事诉讼法典》第35、36、37条;法国《关于司法官地位之组织法之1958年12月22日第58-1270号条例》第5条。

续表

国别	检察制度组织构造						
^	外部			内部		
^	人员	同内部的关系	法律依据	人员	内部状况	法律依据
德国	联邦司法部长	联邦检察机关隶属于司法部长；以书面形式，命令检察长提起或指派检察官提起追诉或者向有管辖权的法院提出部长认为适当的书面要求；对检察官进行惩戒和任免。	德国《宪法》第九章；德国《法院组织法》第146条。	联邦总检察院检察长；联邦检察官。	联邦总检察院检察长统领各联邦检察官；拥有对所属检察官的惩戒权；书面形式命令检察官；检察官具有客观之义务。	德国《法院组织法》第146条；《法院组织法》第十章；德国《刑事诉讼法》第160条。
^	州司法部长	州检察机关隶属于州司法部长；以书面形式，命令检察长提起或指派检察官提起追诉或者向有管辖权的法院提出部长认为适当的书面要求；对检察官进行惩戒和任免。	德国《宪法》第九章；德国《法院组织法》第146条。	驻州高等法院总检察长；主任检察官；检察官、职务检察官。	驻州高等法院总检察长统领该州所属的检察官；拥有对所属检察官的惩戒权；书面形式命令检察官；检察官具有客观之义务。	德国《法院组织法》第146条；《法院组织法》第十章；德国《刑事诉讼法》第160条。

续表

国别	检察制度组织构造					
^	外部			内部		
^	人员	同内部的关系	法律依据	人员	内部状况	法律依据
日本	法务大臣	法务大臣对检察官进行一般性的指挥监督；对于每一案件的调查或处分，只能对检事总长进行指挥；对检察官进行惩戒和任免。	日本《宪法》第41、65、76条；日本《国家行政组织法》；日本《检察厅法》第14条。	检察总长、次长检事、检事长、检事、副检事。	检察总长、检事长和检事正可以自行处理其指挥监督下的检察官的事务，也可以使其指挥监督下的其他检察官处理；检事总长、检察长或检事正可以行使其指挥监督下的检察官处理规定的部分事务；检察官具有客观义务。	日本《检察厅法》第7、8、9、11条。
英国	律政部长	就皇家检察署的工作向国会负责。	1985年《犯罪起诉法》；1997年《司法官法》(Law Officers Act 1997)；《皇家检察官准则》。	总检察长；地区检察长；检察官。	总检察长、地区检察长统领皇家检察署的工作；检察官具有客观义务。	1985年《犯罪起诉法》；1997年《司法官法》(Law Officers Act 1997)；《皇家检察官准则》。
美国	联邦司法部长	对联邦检察系统中的检察官拥有指挥、命令的权力；对检察官具有惩戒、任免的权力。	《司法组织法》；《美国法典》第二十八章；《美国书记官手册》第6.15条。	总检察长；地区检察长；助理检察官。	总检察长对下属的地区检察长、检察官具有命令、惩戒、任免等权力；检察官具有客观义务。	《司法组织法》；《美国法典》第二十八章；《美国书记官手册》第6.15条。

整体来看：第一，法国、德国、日本、英国、美国在检察制度内部构造框架上都强调以各级检察长为中心，逐步形成各级检察长层层统辖的等级性格局。在检察制度内部纵向维度中设置了各级检察长对所属检察官管理和领导的权限，进一步推动了其横向维度中同级检察机构以及检察官之间的协助和支援，从而形成和保障了整个检察机构系统内部的统一性状态。此种组织内部结构设计，显然同其宪法和组织法中检察权定位于行政权的设置所暗合。

第二，法国、德国、日本、英国、美国在法律规定以及检察制度传统中，都有检察官客观义务权或检察官相对独立的要求。即在检察制度的内部组织构造上，都强调检察官并非单纯"唯命是从"的"官署"，他应该是世界上最客观的机构。在面对案件处理、司法审判的过程中，检察官要以"客观"、"公正"作为其行使职权活动的必然要求，并进一步通过外部保障，如基于法律或其他方式规制和调控司法部长、上级检察官行政指令权对检察官客观处理案件的影响，[①] 以便维护检察官客观义务权之行使。虽然检察权虽被定位为行政属性，但其职权行使的范畴显然应以司法权或法院审判为中心，因此基于审判中地位、角色之设置，检察官应具有客观、中立的特征。

第三，法国、德国、日本、英国、美国有关检察官客观义务权之设置具有以保障检察权能合理行使为中心的共同特征。检察官客观义务权之实现，主要强调检察官在处理"检察事务"时，检察官自身对该原则的遵守以及外部对该原则的执行所给予的保障。所谓检察事务，主要指各国检察机构在涉及法院统辖的司法性案件中所面对的相应事务。由于传统上大陆法系采取"审检合署"制度，原则上是以检察院相对应法院的管辖区域和管辖事项作为检察事务的管辖范围，如日本《检察厅法》第6条有关检察事务范围之规定。[②] 在司法性案件当中，检察官作为司法程序的"启动者"或是重要的"参与人"抑或"公共利益的代表者"等身兼司法程序中的多重"角色"，应对检察官行使权能有严格的实体法、程序法限定并赋予检察官"客观"、"公正"之要求。进一步来看，对规定检察官客观义务权，无非试图保障检察官合理的实现检察权。

[①] Joachim Herrman, "The German Prosecutor", Complied in, Kenneth Culp Davis, Discretionary Justice in Europe and America 16 - 74, Urbana Chicago London, University of Illinois Press（1976）.

[②] ［日］伊藤荣树：《日本检察厅法逐条解释》，徐益初、林青译，中国检察出版社1990年版，第36页。

第四，进一步来看，法国、德国、日本等有关检察官客观义务权的法律设定和保障各不相同。如下图所示：

	法国	德国	日本	英国	美国
选任	与法官相同	与法官相同	与法官相同	选自律师	行政任命
独立性	笔受约束、口碑独立	职务上独立	不能个案指示	职务上独立	受拘束
地位	准司法官	准司法官	准司法官	行政官	行政官
身份保障	除转调外同法官相同	惩戒保障	惩戒保障	惩戒保障	无

此外，法国通过《关于司法官地位之组织法之1958年12月22日第58-1270号条例》第5条，规定检察官作为司法官在法庭当中拥有自我表述其意见的权利。德国则在《刑事诉讼法》第160条第2款中规定，检察官有义务调查有罪和无罪的根据。在审判结束时，检察官如果认为证据不足以定罪甚至可以要求法院宣布被告人无罪。① 日本《检察厅法》中有关检察官客观义务权的规定并不明晰，但是在日本法务省有关检察官培训的《检察官讲义》中则明确要求检察官应该具有"客观"之义务。② 英国在《皇家检察官准则》中第2.2、2.4条中设定了检察官的客观义务，而美国联邦检察官则需参照"律师职业行为准则"（the ABA Model Rules of Professional Conduct）第3.8条之规定。整体来看，虽然各国皆认同检察官客观义务权的重要性，但是鉴于检察官客观义务权同内部指令权之间的冲突，所以在法律设定上多是采取保守、折中的态度，以防止对检察制度的构建造成巨大的冲击。

可以说，各国在检察权属性上定位于行政权，这导致其在制度内部组织构造上体现出等级性、层级性、统一性之特征。由于其在检察权能的内容设定上以公诉权为主，为保障公诉权之有效合理地运作，便在内部组织结构上加入了检察官客观义务权或检察官相对独立之设定。域外检察制度在内部组织构造上，体现出以主要权能为中心来合理构建检察内部组织结构的特征。

二、我国实践的理论分析

如前所述，组织的权能运作、组织的内部构造整体服务于组织的目的和任

---

① ［德］托马斯·魏根特：《德国刑事诉讼程序》，岳礼玲、温小洁译，中国政法大学出版社2004年版，第40页。

② ［日］法务省编：《日本检察讲义》，杨磊、张仁等译，中国检察出版社1990年版，第21页。

务。从检察制度来看，其目的可以被概括为实质和形式两种。就实质目的而言，其意图保障民主、法治、人权等价值目标，而在形式目的方面，检察权能的有效运作既是其自身运转的要义又是实现实质目的的必要保障。在实现目的的过程中，检察权能的合理运作是它的必要条件，而检察制度的内部组织合理设计则是它的充分支撑。

在我国当下就检察权的属性而言，学界和业界仍然没有统一性的共识，但立足于我国的法律设定及检察制度的具体实践来看，显然是在以检察权属性为法律监督权这一基本前提来展开和推动我国检察改革实践的。进一步来看，我国检察权能内容大体上有：第一，公诉权，其具体包括审查起诉权、提起公诉权和不起诉权、出庭支持公诉权、公诉变更权、刑事抗诉权等。第二，职务犯罪侦查权。第三，诉讼监督权，其具体包括立案监督、侦查活动监督、刑事审判监督、刑罚执行监督、民事审判及行政诉讼监督等。第四，批准和决定逮捕权。第五，特种案件检察权。第六，司法解释权。

如果我们继续套用类型化的视角来审查的话，能够发现：在权能内容的设置上，我国同域外各国有着根本性上的不同。这表现在：首先，域外各国检察权能内容主要以公诉权及单一权能类型为主，其相关的职权可视为以公诉权为中心的必然延伸。其次，我国检察权能内容体现出以公诉权、法律监督权二者为主并辅之以司法解释权等其他辅助性权能，体现出复合型的特征。最后，在权能运作上，域外各国当下的实践趋势体现出以公诉权合理运行为主线来形塑制度内部组织构造之特征。相较于此，我国检察权能运作则展现出以公诉权、法律监督权、其他权能共同运作而并行不悖的多主线特点，这导致在检察制度的内部组织设计上显然难以寻觅主要线索的状况。

我国检察权能运作的此种特征，植根于我国检察制度的塑造、沿革和历史，来源于我国当下宪法和组织法中对检察权的设定，体现出历史的丰富性和现实的独特性。从理论上来看，在权能特征和运作风格上，公诉权偏重于客观独立、法律监督权则强调协同统一，二者在权能特质上的不同势必造成二者运作风格上的相异。这又进一步影响到两者在组织结构设计上的根本要求之相异，公诉权要求制度内部组织结构上的相对独立和宽松，法律监督权则要求制度内部组织结构上的整齐划一、一致合力。公诉权、法律监督权共孕于同一制度框架下，显然对制度内部组织结构的统一设计造成必然的隐患。

可以说，虽然我国检察制度整体上看似具有域外检察制度的等级性、层级性和统一性之设定，但在我国宪法、检察院组织法及实践当中，不难看出现有的检察制度之内部组织设计已然并不能完全保障检察权的统一及合理行使，这也是为何中央在此次司法改革过程中强调去地方化的重要性。我国现有的检察院组织法中有关检察制度内部组织构造的规定，已然影响到检察权能的整体运作和行使。这并不简单的是指对公诉权的行使，实际上对法律监督权的运作而言也是同样的。当下的检察制度内部组织结构，显然并不能完全匹配和承载此种复合型态的检察权能内容。从未来的改革趋势来看，中国检察制度内部组织构造显然存在选择的问题，既应以哪种检察权能类型为主来有序地塑造检察制度的内部组织构造。当然是否其中就包含着必然要对其他权能予以割舍，针对中国的实际状况而言，这显然是一种仁者见仁智者见智的问题，从而有待于实践过程予以不断地修正和调整。总体而言，中国的检察改革实践，显然应该秉持着以保障检察权能合理运作为中心的基本思路，来有序合理地谋求检察制度内部组织构造上的回应。

检察机关办案组织改革的组织行为学分析与构建

——以18个省（市）、自治区检察机关司法改革文本共性为视角

蒋昱程　王东卫[*]

检察机关办案组织改革是深入推进司法责任制改革的重要内容之一，是检察官责任制改革有序推行的基本组织保障，与检察机关内部机构设置、权力配置、检察人员分类管理改革密切相关。检察机关办案组织的科学与否直接决定了检察机关办案的质量、效率乃至检察队伍建设。但是，长期以来，有关检察机关办案组织的研究主要集中在检察机关办案组织的历史演进以及各阶段办案组织的利弊上，深层次的研究，尤其是主任检察官责任制改革背景下，有关办案组织的研究缺乏理论依据的探讨，也缺乏实践中存在问题的分析以及配合其实施的微观机制的构建。

一、检察机关办案组织改革的组织行为学基础

马克思主义认识论认为，理论指导实践，科学的理论对实践有巨大的推动作用。改革必须具有理论支撑，理论基础是改革的源泉性概念，也是判断改革进步性的标准。检察机关办案组织的理论基础解决的问题就是回答为什么是此种而非彼种方向的进路。从检察机关司法改革持续推进的角度，这种寻找理论基础的研究不仅是必需的，而且是迫切的。

（一）检察机关办案组织的"组织"性

我国检察机关办案组织建设大致经历了三种形式的演进：科层制的复杂办案组织形式；主诉检察官办案责任制下的办案组织形式；主任（主办）检察

---

[*] 作者简介：蒋昱程，甘肃省酒泉市人民检察院党组书记、检察长、检察官协会会长，高级检察官；王东卫，甘肃省酒泉市人民检察院法律政策研究室副主任，助理检察官。

官办案责任制改革下的办案组织形式。① 这三种办案组织形式的出现具有特定的历史背景，但是无论何种办案组织模式，从本质上讲，都是一种组织。或许有异议的是科层制模式，在此种模式下，具体的办案人员一般是单独的检察官或助理检察官，但"承办人承办—部门负责人审核—检察长（检委会）决定"的"三级审批制"特征决定其办案组织仍然是人员的结合形式。因而，检察官办案组织模式不断演进，但其"组织"特征没有改变。

既然检察机关办案组织本质上是一种"组织"，那么它就属于组织行为学的规范范畴。组织行为学探讨个体、群体以及结构对组织内部行为的影响，目的是应用这些知识改善组织绩效。② 我国检察机关办案组织的构建应该符合组织行为学原理，换句话说，组织行为学有关个体、群体、组织系统、组织动力的理论应自觉引入检察机关办案组织的构建。尤其是团队效能的影响因素、有机系统与机械系统等理论对检察机关办案组织构建具有较大的启发意义。实际上，我国检察机关办案组织的演进就是组织行为学原理灵活作用于实践的有力例证。

（二）检察机关办案组织初始改革的组织行为学依据

组织行为学中，组织结构界定了对工作任务进行正式分解、组合和协调的方式，一般包括简单结构、官僚结构和矩阵结构。但新的组织结构也不断出现，尤其是团队结构，为组织设计提供了新思路。③ 组织设计中，机械体系本质上是一种官僚体系，高层实施严密的、集中的控制，遵守层级原则，较多的权威层级，因而控制跨度较窄，基层几乎不参与决策；有机体系决策的分权化，弹性的并且层级较少的权威结构，因而控制跨度较宽，呈现扁平化。④ 现代组织形式的一个显著特征就是从机械组织到有机组织的转变。

科层制复杂办案组织形式将办理案件区分为承办、审核与决定三个环节，依上命下从的管理机制，将案件的决定权集中于检察长和检委会，这种办案组织的弊端在于：忽视检察工作的司法属性，违背了司法的亲历性原则；办案环

---

① 郑青：《我国检察机关办案组织研究与重构》，载《人民检察》2015年第10期。
② 罗宾斯、贾奇：《组织行为学》，李原、孙健敏译，中国人民大学出版社2008年版，第9页。
③ 罗宾斯、贾奇：《组织行为学》，李原、孙健敏译，中国人民大学出版社2008年版，第466~467页。
④ 赫尔雷格尔、斯洛克姆、伍德曼：《组织行为学》，俞文钊、丁彪等译，华东师范大学出版社2001年版，第776页。

节多、效率低；办案权责不明，难以落实执法过错责任追究制度。① 具有典型的机械体系特征。

顺应组织行为学机械体系向有机体系转变的理论，检察机关办案组织开始向具有有机体系的主诉检察官办案组织方向改革，其基本内容是在检委会和检察长的领导下，以主诉检察官为核心组成办案组，相对独立地承担案件的审查起诉、出庭支持公诉等法律监督职责。② 主诉检察官制度作为"放权检察官"或者说"还权检察官"的制度，赋予主诉检察官一定的独立办案权，符合检察机关作为司法机关应有的司法的判断性、独立性、亲历性、目的性等特征和规律。③ 但是，由于行政化惯性思维的影响以及相关配套制度的缺位，主诉检察官办案模式并没有达到预期目的。实际上，主诉检察官改革效果不佳的原因不在于其改革方向的错误，而在与其微观的配套机制的缺失，或者配套机制没有按照组织行为学原理进行相应的调整或设置，主要原因是主诉检察官在责任加重的情况下，在津贴待遇、职务升迁方面缺乏应有的激励措施，导致责权利不平衡。

二、对18个省（市）、自治区检察机关办案组织改革文本共性的实证分析

从最高人民检察院内网"司法改革"栏目"司法责任制"板块获取18个省（市）、自治区④的司法责任制改革文本，并统计分析18个省（市）、自治区关于办案组织改革的具体内容上的共性，可以发现，检察机关主任检察官责任制下的办案组织改革的具体举措主要有以下几个方面：

（一）整体结构去行政化，实行扁平化办案模式

办案组织整体结构上，在司法责任制改革的大背景下，结合检察官分类管理、大部制改革等相关联改革举措，18个省（市）、自治区检察机关办案组织改革均体现了去行政化的倾向，即改革原来以承办人、各部门会议、各部门负

---

① 邓思清：《主诉（办）检察官制度改革回顾及启示》，载《人民检察》2013年第16期。

② 张栋：《主任检察官制度改革应理顺"一体化"与"独立性"之关系》，载《法学》2014年第5期。

③ 龙宗智：《为什么要实行主诉检察官办案责任制》，载《检察日报》2000年8月27日第3版。

④ 这18个省（市）、自治区分别为：四川、陕西、浙江、内蒙古、福建、广西、云南、河北、宁夏、山东、江苏、广东、海南、上海、重庆、贵州、安徽、湖北。

责人、检察长（副检察长）与检委会逐渐汇报的科层制办案模式，实行扁平化管理的主任检察官办案制。同时，改变原来检察机关内部办案部门的条线孤立状态，根据案件的实际情况，实行办案组织联合办案。这种整体框架结构从根本上改变了检察机关办案组织形式，符合司法改革精神。

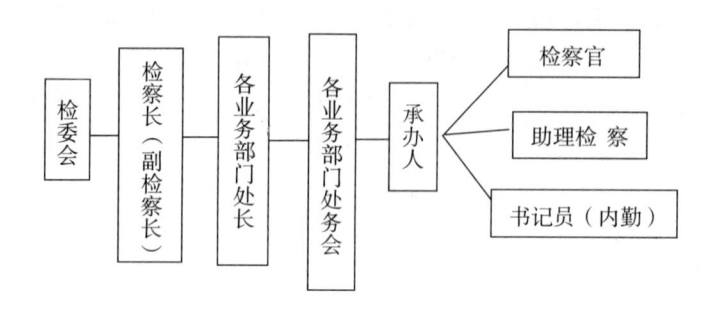

传统办案组织整体结构图

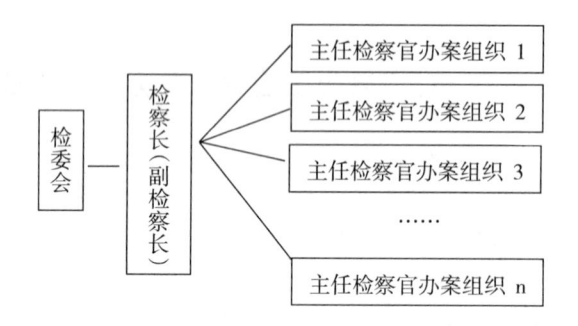

主任检察官责任制下的办案组织整体结构图

（二）内部结构科学化，实行团队制办案模式

传统办案组织模式下，承办人呈现出三种模式：1名检察官配备1名书记员（内勤）；1名助理检察官配备1名书记员（内勤）；1名检察官或助理检察官主办，部门其他人员配合。在具体操作过程中，实际上一个案件基本上由1名检察官或助理检察官办理，配备的书记员或内勤也不是常态配备，而只是需要的时候临时由部门负责人临时指派。在自侦部门，由于案件本身的复杂性，办案模式往往是确定1名负责人，部门其他人员配合的大兵团作战。这种办案模式的存在有其现实的原因，但其弊端是显而易见的：比如，办案效率低、办理案件容易产生偏激的观点，尤其实在复杂、疑难案件上，临时组建的办案组合无法实现合作效果；自侦上的大兵团作战责任不明，集体惰性现象明显。

— 616 —

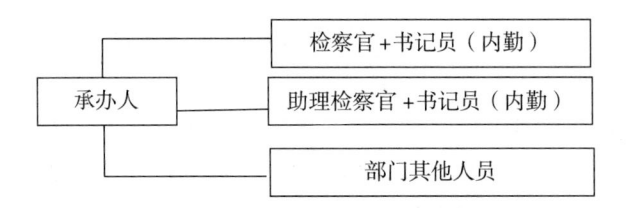

五、检察机关内设机构与办案组织

```
承办人 ─┬─ 检察官+书记员（内勤）
        ├─ 助理检察官+书记员（内勤）
        └─ 部门其他人员
```

传统办案组织内部结构图

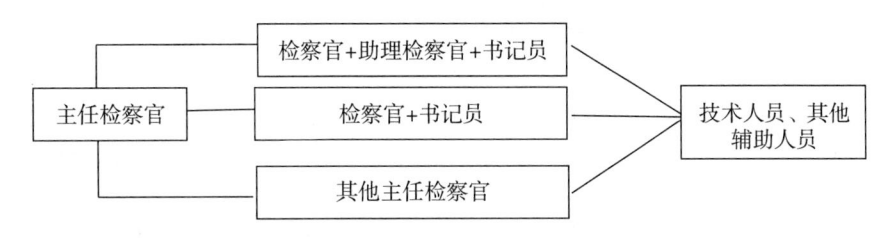

```
主任检察官 ─┬─ 检察官+助理检察官+书记员 ─┐
            ├─ 检察官+书记员              ├─ 技术人员、其他辅助人员
            └─ 其他主任检察官              ─┘
```

主任检察官制下的办案组织内部结构图

主任检察官制办案组织的设置以主任检察官为核心，并配备其他检察官、助理检察官、书记员构成一个基本办案组织，必要的时候实行联合办案。这种办案组织通过团队办案的模式，既注重了办案效率，又避免了单独办案的偏激性，符合办案组织科学性的要求。

（三）权力行使明细化，实行权力清单制度

检察官责任制下办案组织的有效运行需要明确办案组织各成员享有哪些权力以及权力如何行使，18个省（市）、自治区检察机关在权力清单呈现的文本名称、形式、方式、完整性以及具体内容上存在差别，如重庆市分别就检察官、检察官辅助人员单独发布文件，广西分别规定了省、市、县三级检察机关权限，但均以一定的方式公布了主任检察官制下检委会、检察长、副检察长、主任检察官、检察辅助人员享有的权力清单，这为主任检察官制下办案组织的运行提供了基础性因素。

文本形式	代表省份	涉及主体
分类独立文本	重庆	检委会、检察长、检察官、检察官辅助人员
级别独立文本	广西	省、市、县三级检察长、检察官、检察官助理
独立文本	内蒙古	检委会、检察长、副检察长、专职委员、检察官、检察官助理、书记员以及授权性规定
附文形式	湖北	检委会、检察长、检察员
混合形式	贵州	检委会、检察长、副检察长、主任检察官、承办检察官、检察官助理

（四）18 个省（市）、自治区检察机关办案组织的组织行为学分析

上述 18 个省（市）、自治区检察机关办案组织改革是主任检察官办案责任制改革的重要组成部分，其核心内容是：检察业务部门设若干主任检察官，主任检察官为办案组织的负责人，对案件办理负主要责任。以主任检察官为基数，配备其他检察官和辅助人员若干名，组成办案组织。在各地试点院，办案组织形式一般又分为独任制、办案组制、组合办案制。①

从组织行为学的角度分析，18 个省（市）、自治区检察机关的办案组织模式具有科学性与可行性。具体表现在：

1. 符合组织行为学组织设计原理。如上文所述，机械体系向行为体系转向是现代组织发展的潮流，检察机关办案组织实现高效、科学、合理运作也必须顺应这一潮流，主任检察官办案组织的实质是检察机关要实现以案件为中心的扁平化与专业化管理，从而有效去行政化，在确保和提升案件质量的基础上，做到权责明晰，并为优秀检察人员的培养畅通路径。② 也就是真正实现检察机关办案组织的去官僚化，转向有机体系。

2. 符合有效团队因素要求。组织行为学认为，影响团队效能的因素包括外部环境、目标、团队规模、团队成员角色和多元化、凝聚力、领导等。其中，团队经常借助规范达成目标。为配合主任检察官办案组织的实施，地方检察院设立检察官权限清单，有些地方还有针对性地列明了主任检察官、辅助人员、书记员的职责内容。③ 这一权限清单制度的实施为主任检察官、检察辅助人员、书记员在办案组织中设定了权力规范，这为办案组织改革的有效实施提供了较为明确的权力界限。

3. 符合激励理论要求。组织行为学的激励理论认为，组织中的个人是组织管理的核心。主诉检察官办案组织之所以没有达到预期改革目的的重要原因就是主诉检察官在责任加重的情况下，缺乏应有的津贴待遇、职务升迁方面的激励措施，导致责权利不平衡。现行改革，检察机关人员分类管理制度与检察官遴选制度为主任检察官办案组织的推进提供了客观基础。主任检察官作为办

---

① 参见江苏省人民检察院《关于深入推进司法责任制改革的实施意见（试行）》、《宁夏检察机关检察官办案责任制暂行规定（试行）》、《云南省检察机关完善司法责任制改革实施意见（试行）》。

② 张栋：《主任检察官制度改革应理顺"一体化"与"独立性"之关系》，载《法学》2014 年第 5 期。

③ 参见湖北省检察机关《关于实行检察机关司法责任制的方案》、《安徽省检察机关检察官办案责任制指导意见（试行）》。

案责任主体的主要承担者在职级待遇、职务晋升上获得了空间，解决了影响主诉检察官办案组织推行障碍的核心问题。

4. 符合群体类型理论。组织行为学中的群体可以分为功能性群体与任务型群体。功能性群体是为了完成某项组织功能由组织内的结构来确定的群体；任务型群体是为了完成一项长期或短期的工作任务而组成的任务群体。检察机关办案组织的基本形式应该是功能型组织，即根据检察机关的批捕、公诉、刑事执行监督等职能，成立以主任检察官为责任人的办案组织。但是，由于重大、疑难、复杂案件的存在，还需要建立成立任务型组织的机制，在需要的时候，成立办案组或组合办案。

综上，18个省（市）、自治区检察机关办案组织改革证实：检察机关办案组织改革不仅是一个实践问题，还是一个理论问题，是理论指导实践的问题，其理论基础是组织行为学理论，尤其是组织行为学中的组织结构、团队、群体以及组织设计中机械体系向有机体系转变的原理。

三、主任检察官责任制下办案组织构建的倾向性问题

上述18个省（市）、自治区主任检察官责任制下的办案组织改革基本符合组织行为学原理，部分现行试点院的实践也证实了其合理性与科学性。但是，从各省份公布的改革文本内容上看，办案组织改革还存在一定的倾向性问题，不容忽视。

（一）偏重框架设置，忽视内聚力培养

从各地出台的司法责任制改革实施意见或方案看，主任检察官责任制下的办案组织的整体框架已经基本清晰，主任检察官、检察辅助人员、书记员组合成为基本办案组织，它们的职权范围等核心内容基本得到界清。这种总体上的框架结构为各地办案组织的组建提供了清晰的思路。然而，一个不容忽视的问题是，作为检察机关办案基本单元的办案组织的内聚力培养则没有被关注。

办案组织的内聚力不同于检察官文化，检察官文化培养的目的是树立检察事业荣誉感与职业道德情操；而检察机关办案组织内聚力培养，是增强组织成员间的相互吸引力以及他们愿意留在组织中的程度，进而增强办案组织的效能。[1] 在办案组织整体框架设置基本成熟的基础上，组织内聚力的培养直接影响到检察机关办案组织运行的效能。

---

[1] 赫尔雷格尔、斯洛克姆、伍德曼：《组织行为学》，俞文钊、丁彪等译，华东师范大学出版社2001年版，第377页。

（二）偏重现状转化，忽视组织司法内涵

检察机关长期以来办案组织是一种典型的机械体系，或者说是官僚体系。主任检察官办案组织从本质上讲是突出检察官的司法性，使检察官从繁杂的事务性工作中解脱出来，专心于案件办理，也就是说，这一办案组织下的人员结合的目的是办理案件。此种概念下的办案组织应该是一种司法办案组织，而非行政组织。

但是，主任检察官办案组织推行过程中容易出现司法化与行政化混同的问题。这一想象又表现为以下几种不同情形：其一，部门负责人直接担任主任检察官，其他部门人员直接转变为办案组织人员。这样一来，原来的行政关系原封不动地转移到办案组织内部。检察机关办案组织改革成为单纯的称谓变化，没有实质性改变。其二，在大部制改革下，原来的部门组合成同一部门，比如反渎职侵权部门、反贪污贿赂部门、职务犯罪预防部门组合成职务犯罪侦查预防局，同一部门内组成不同的办案组织，但在行政关系上等同于同一局内的不同科室，主任检察官是实质上的科室长，不仅具有办案组织权、指挥权、决策权，还具有行政上的领导权。这种办案组织司法化与行政化混同的现象具有较大的危害性，甚至直接导致办案组织，乃至主任检察官办案责任制改革的失效。

（三）偏重条线办案，忽视办案组织联合

检察机关内部权限配置的基本特点是部门化、条线化操作，各部门之间很少存在交叉。即使是在控申、民行、刑事执行、自侦这些具有天然联系性的部门，也几乎是隔绝的。这种模式的存在，直接影响检察机关内部权力配置资源浪费，也是检察机关"案多人少"这一固化问题存在的因素之一。此次司法改革的目标之一就是进一步合理配置检察权，科学设置检察机关内部机构。

但是，从18个省（市）、自治区现有司法改革文本内容看，这一状态没有得到应有的重视。各院办案组织仍然是按照各条线进行的，只是有部分院结合检察机关大部制改革，将一些条线进行了整合，实质仍然是按照条线进行办案组织的设置。部分院也提到办案组联合，但从表述内容上看，其实质是条线内部的联合，而没有突破条线限制。当然，这种设置方式本身是合理的，无论如何改革，按照案件性质组件不同的办案组织办理案件这一基本的原则是不会改变的，但问题是，在遵循这一原则的同时，忽视了办案组织突破条线的联合办案。尤其是在控申与民行、自侦，刑事执行与自侦办案上，缺少联合办案机制。

四、检察机关办案组织微观机制的组织行为学建构

既然检察机关办案组织的构建是建立在组织行为学原理之上的,那么组织行为学有关组织规模、类别、结构等内容对检察机关办案组织的微观机制的设立就具有指引作用,甚至可以作为判断现有机制科学与否的标准。在现有组织框架与机制的基础上,检察机关办案组织的运行还需要配置以下机制:

(一)办案组织规模

布劳(Peter M. Blau)认为:"规模是结构的重要决定因素。"[1] 组织行为学关于群体规模人员数量研究的核心结论是:就完成任务而言,小群体比大群体速度更快,个体在小群体中表现更好,但是就解决复杂和困难任务而言,大群体总是比小群体做得更好。2 至 7 人,尤其是 5 人或 7 人组成的群体在执行任务时,比更大一些或更小一些的群体更有效。[2]

检察机关办案组织规模的确定除应遵循组织行为学科学实验结论之外,还应考虑检察机关干警人数的实际情况。总的来说省、市级检察院在办案组织规模上可以直接采用组织行为学群体规模的结论,即以 5 人为办案组,其中 1 名主任检察官、1 名书记员、3 名检察官或助理检察官。问题的关键在于县级院如何确定组织规模。我国很多地方的县级院存在一人、二人部门,甚至在一些少数民族县,还存在空部门的院,直接适用组织行为学群体规模似有难度。解决问题的途径有二:第一,解决的途径包含在此次司法体制改革中,即检察机关推行的大部制改革。检察机关内部机构条线式的工作方式与考核方式是人为割裂检察职能,不符合司法规律与办案逻辑。大部制改革旨在根据司法办案的规律与逻辑关系,通过重新设置检察内部机构,实现检察权配置的科学化。县级院的办案组织规模必须建立在大部制改革的基础上,精简行政人员,充实主任检察官与检察辅助人员,组成符合组织行为学组织规模的办案组织。第二,组织规模的进一步限缩。由于基层院办理的案件一般较为简单、常见,争议较少,因而在办案组织规模上可以进一步限缩,尝试 1 名主任检察官配备 1 名辅助人员的模式。

---

[1] 理查德·H.霍尔:《组织:结构、过程及结果》,张友星等译,上海财经大学出版社 2003 年版,第 95 页。

[2] 罗宾斯、贾奇:《组织行为学》,李原、孙健敏译,中国人民大学出版社 2008 年版,第 266 页。

(二) 办案组织人员选配机制

我们这里所说的办案人员选配机制包括组织人员组合选择机制与人员调配机制。前者是指在组成一个办案组织的人员选择上应该遵循的机制；后者是指办案组织的横向扩展与纵向延伸机制。

1. 组织行为学认为，有效运作的团队需要有三种不同类型的技能：具有技术专长的成员、具有问题解决和决策技能的人，具有善于聆听、提供反馈、解决冲突及其他人际关系技能的成员。① 检察机关一个具体的办案组织人员的选配不是一个随意搭配的过程，而是一个需要科学选配不同角色人员的复杂过程。作为办案组织的主要责任人，应该选配业务能力强，具有一定的领导能力和决策能力的检察官担任主任检察官；其他人员应该选配一部分具有问题导向，善于发现问题的检察人员，一部分性格亲善，善于人际关系维护的检察人员。这样的人员配置才能真正实现检察机关办案组织的科学、高效。

2. 检察机关办案组织的基本类型是固定型的组织，但是由于案件的复杂性，需要有办案组织的弹性机制的存在，也就是我们所说的组织的横向扩展与纵向延伸机制，横向扩展是指同一检察院不同办案组织之间的人员调配机制，比如刑事执行办案组发现移送的自侦案件，最好的办案方式就是自侦办案组织与刑事执行办案组织进行组合办案；纵向的延伸是指不同级别检察院间的人员调配机制，比如自侦案件侦查一体化机制要求不同级别的检察院在侦查工作中进行人员间的自由调配。

(三) 办案组织矩阵结构管理机制

组织行为学中组织结构的具体设计形式是不断变化的，尤其是随着组织管理理念的不断更新，新的组织设计模式不断涌现，尤其是随着对组织分化研究的不断深入，组织分化被区分为垂直分化和水平分化，垂直分化就是操作性工作与管理性工作之间的区分，水平分化是指操作性工作之间的区分。② 矩阵设计模式逐渐引起人们的重视。矩阵设计中的矩阵结构的基本特征是命令链的双向性。为了有效避免办案组织的司法化与行政化的混同，检察机关办案组织基本结构应当适用矩阵结构，即作为办案组织的成员，尤其是主任检察官，其在办理案件上，根据权限清单，可以自主决策案件，或由检察长、检察委员会决策，这是一条命令链；其在行政事务上，受政治组织人事部门、检察官遴选委

---

① 罗宾斯、贾奇:《组织行为学》，李原、孙健敏译，中国人民大学出版社 2008 年版，第 289 页。

② 鲁品越编译:《社会组织学》，中国人民大学出版社 1989 年版，第 319 页。

员会管理,这又是一条命令链。上述两种链条不能混合,各行其道,这样才能有效避免办案组织的司法化与行政化相混同现象的发生。

(四)技术人员的定位问题

组织中的技术是指活动执行过程中的处理方式,包括工具技术与知识技术。[1]《重案六组》电视连续剧给人印象深刻的不仅在于办案组织的精练与高效,还在于其背后法医鉴定与技术分析人员的辅助作用。检察机关办案组织构建一个无法回避的问题是技术辅助人员的定位问题。从团队效能的影响因素角度讲,技术因素属于影响团队效能的背景因素,或者说是外部环境因素。

部分检察院的办案组织均配备有技术人员名额。这种配备方式显然是值得肯定的。但是,其实施的真实性值得怀疑。包括省级院在内的各级检察机关技术人员的数量都不足以支撑每个办案组织均配备技术人员的配备方式,加之检察机关技术人员工作定位自身存在的问题,检察技术人员还不能满足办案需要。从可行性与科学性角度,检察机关办案组织需要技术的支撑,尤其是自侦部门,技术侦查的作用逐渐凸显,组件专业的技术队伍的必要性也逐渐彰显。但是,作为外部影响因素的技术人员与办案组织的关系,宜采用技术人员以整体支持全部办案组织的模式,而不宜采用技术人员作为办案组织辅助人员分化进入办案组织的模式。

(五)办案组织内聚力培养机制

组织行为学中的群体内聚力是群体内部的一种向心力和凝聚力,也表现为群体成员彼此之间的亲和力。群体内聚力是影响组织绩效的一个重要因素。[2]根据组织行为学内聚力研究结论,内聚力是影响组织效能的一个关键因素,一个组织的内聚力越强,其组织效率越高。影响组织内聚力的要素包括:目标、成员利益、成员角色、核心人物、激励机制等。[3]

检察机关在办案组织内聚力培养方面需要注意以下几个方面:

1. 明确办案组织的目标。检察机关办案组织的目标是遵循检察权行使规律,公正公平高效地办理案件,这一目标是明确的。办案组织作为司法办案的基本单元,培养的目标是办案组织个体的目标应该与组织的目标相一致,而不是相背离。办案组织个体成员的个人目标与办案组织的组织目标相背离时,应

---

[1] 方统法:《组织设计的知识基础论》,复旦大学2003年博士学位论文,第94页。
[2] 刘家用:《群体内聚力与领导行为研究》,载《辽宁行政学院学报》2008年第11期。
[3] 陈炳亮:《试论群体内聚力》,载《苏州大学学报(哲学社会科学版)》1996年第2期。

该适用组织目标。

2. 对群体而不是成员个体奖励。即激励措施尽量选择以办案组织为对象，而不是选择以办案组织中的个人为对象，这样做的好处在于避免成员因个人荣誉的得失而与组织成员发生矛盾，培养组织成员的组织荣誉，而非个人荣誉，以增强办案组织的团结与协作。

3. 注重参与性。办案参与性问题具有一定的特殊性，表面上看不应作为问题而存在，因为"案多人少"现象使得检察干警的工作量均较大，不存在"清闲"人员。但是，实际上参与性的问题十分严重，甚至成为影响干警从检积极性的关键因素。主任检察官制下办案组织参与性不只要求进入办案组织，还在于真正融入办案过程。主任检察官应注重成员办理案件的参与性，通过讨论、分析、研判，使案件成为成员共同的案件，而非主任检察官个人的案件，以避免组织惰性现象的出现。

我国基层人民检察院内部机构设置探析

何秉群　冯韶辉[*]

检察机关的内设机构是检察权行使的载体，其设置合理与否在很大程度上影响着检察职能的实现和检察改革的成效。基层检察院作为履行法律监督职能的基础单位，其内设机构改革的成功与否更是检验整个检察改革成果的重要方面。本文旨在通过反思基层检察院在内部机构设置上存在的问题，并对其成因进行分析，进而提出基层检察院机构改革应坚持的原则和需要注意的问题，以期对检察改革实践提供有益参考。

一、科学合理设置基层检察院内部机构的重要性

首先，设置科学、合理的内部机构是检察权有效运行的重要保证。我国检察权在宪法定位上是法律监督权，由职务犯罪侦查、起诉、诉讼监督等多项具体权能组成，并按照一定的规律运行。内设机构是检察权能分解落实的具体形式，是检察权有效、规范运行的组织载体，其设置是检察权从法律规定到具体落实的机制保障，科学合理与否直接关系到检察权的运行效率和机构组织目标的实现程度，这是内设机构在组织结构意义上的价值和检察权司法属性所决定的。[①] 只有通过科学、合理的内部机构设置，检察机关才能成为一个稳定、规范的有机系统，检察权也才能在这个系统内得到高效运行和功能实现。

其次，基层检察院内设机构改革是检察改革的重要内容。当前全面推进的人员分类管理、司法责任制、人员职业保障和人财物统一管理四项改革试点中，司法责任制是核心内容，而内部机构改革是建立司法责任制的内在要求，是保证各项改革措施统一协调推进的关键环节。如何从组织功能的角度促进工

---

[*] 作者简介：何秉群，河北省人民检察院副检察长；冯韶辉，河北省人民检察院助理检察员、河北经贸大学硕士研究生。

[①] 付丕玉、包英华：《基层检察院内设机构的整合与重构》，载《第七届国家高级检察官论坛论文集》，第978~979页。

作机制的改革与完善,进而强化检察职能,是检察改革的基本思路。由于基层检察院占全国检察机关数量的 80% 以上,占检察工作任务的 80% 以上,占检察干警人数的 80% 以上,是检察工作的基础,[①] 其内设机构完整地体现了"检察职能的分解形态和检察官行使职权过程的行政组合"[②],因此基层检察院内设机构改革在整个检察改革中占有重要地位。

最后,深入推进内设机构改革是保持基层检察工作健康发展的迫切需要。从近年来基层检察院运行状况来看,内部机构设置问题已成为制约检察工作和检察改革发展的一个重要因素。从体制改革本身的规律性要求来看,检察改革要想取得切实的成效,必然要触动组织机构设置的改革与完善,必然要涉及人的因素。[③] 内部机构设置问题,不仅直接影响基层检察院工作效率和办案质量,而且直接关系检察机关能否充分发挥法律监督职能,能否最大限度地维护司法权威和社会公平正义。

二、基层检察院在内部机构设置上存在的主要问题

近年来,基层检察机关根据法律监督职能的定位设置内部机构,总体上较好地发挥了维护法律统一的职能作用。但随着检察工作发展和检察改革的深入,基层检察院内部机构的设置和运行状况已难以适应新形势新任务的要求,出现了一些亟待解决的问题和弊端:

一是内设机构的数量偏多。2002 年机构改革时,中办印发的《地方各级人民检察院机构改革意见》(中办发〔2001〕9 号)中,对基层检察机关内设机构的数量作出了明确限定:基层院设 6 至 8 个内设机构,根据工作需要,可增加或减少 1 至 3 个。但随着社会形势的变化,特别是三大诉讼法的修改,检察机关所承担的职能越来越多,专业化水平越来越高,检察职权划分越来越细,加之受行政化倾向的影响,导致基层检察院内设机构不断膨胀,越设越多,大部分都在 16 至 20 个之间,有的甚至达到了 27 个,大幅度突破了机构改革时规定的上限。同时,由于人员编制并没有相应大幅增加,造成"一人科室"、"二人科室"等现象的出现。如我省某基层检察院有在岗干警 42 人,

---

① 冉孟辉、王建华:《基层检察院内设机构的审视与重构》,载《中国刑事法杂志》2009 年第 6 期。

② 徐鹤喃、张步洪:《检察机关内设机构设置的改革与立法完善》,载《西南政法大学学报》2007 年第 1 期。

③ 徐鹤喃、张步洪:《检察机关内设机构设置的改革与立法完善》,载《西南政法大学学报》2007 年第 1 期。

承担着18个科室28项检察工作,其中有10个科室仅有1名干警,有5名干警同时肩负着两个科室的工作。内设机构过多,不仅分散了有限的检力资源,影响了办案质量,也导致案件在检察机关内部流转的环节过多,从而降低了工作效率。

二是内设机构的名称不统一。作为国家法律监督机关的基本单元,检察机关内设机构名称一定要与其职能相称,准确反映检察机关的本质和内设机构的特性,而且要科学、规范、统一。然而从目前检察机关的内设机构看,名称较为混乱,不能完全反映检察机关法律监督的性质和特点。一是同一基层检察院内设机构的名称不统一。有的称"科",有的称"局",还有的称"室",有的名称中含有"检察"二字,有的则没有。二是职能基本相同的部门在不同检察院的名称也不相同。如反贪污贿赂部门,有的检察院叫"反贪污贿赂局",有的叫"反贪污贿赂工作局",负责新闻宣传的部门,有的检察院叫"组宣科",有的叫"宣教科"、"宣传科"等,部门负责人有的称局长,有的称科长,有的称主任。这些名称和称谓上的不统一,既影响了基层院检察工作的内在整体性和协调性,也不利于检察机关司法公信建设,比如公众常常搞不清检察院与反贪局是何种关系。

三是机构设置的标准不规范。现行《人民检察院组织法》没有对内设机构的设置标准进行明确,而是赋予了检察机关设置内部机构的灵活性,也因此损失了必要的统一性,导致现在基层检察院机构设置的不稳定和不规范。有的机构是以刑事诉讼的程序阶段作为设置标准,如侦查监督、公诉等部门;有的是以对案件管辖权的性质为标准,如反贪局、反渎局等;有的以具体职能为标准,如预防科、研究室等;有的是以管辖对象为标准,如未检科。设置机构的标准不科学、不统一,很容易造成内设机构之间职能的交叉。如行使职务犯罪侦查职能的内设机构就有反贪污贿赂部门、反渎职侵权部门、监所检察部门等。尽管设立之初从编制方案上对这些机构的职责进行了划分,但是在纷繁复杂的司法实践中,很难对犯罪行为做准确界定。如贪污贿赂犯罪和渎职侵权犯罪,虽然类型不同,但侦查工作的程序、手段基本一致,且多种犯罪行为相互交织的现象日益明显,将反贪与反渎部门分开设立,不利于统一调配侦查资源,而且"职能分工过细,机构设置交叉、重叠,割裂了法律监督职能的内在联系,造成重复劳动、效率不高"[①]。

四是业务机构和非业务机构设置比例不合理。司法办案是基层检察机关的第一要务,机构设置上要最大限度地体现检察权的司法办案属性。当前基层检

[①] 吴建雄:《检察机关业务机构设置研究》,载《法学评论》2007年第3期。

察院在内设机构的设置上还无法充分体现司法属性，内设业务机构和综合管理机构之间的比例不合理，综合管理机构设置过多。大部分基层检察院在设立办公室、政治部、财务科等综合保障科室的基础上，按照与上级院的对应关系，还设立了监察室、干部科、宣传科、计划装备科等内部机构，在反贪局、反渎局等业务部门内还设有综合科。使得综合管理机构和人员配置比例过重，造成一线办案人员严重不足，"案多人少"的矛盾愈发突出。

三、产生问题的原因分析

造成以上问题和弊端的原因，大致有以下五个方面：

一是法律规定不够明确。《人民检察院组织法》对机构设置只作了原则性的规定，即第20条规定，"最高人民检察院根据需要，设立若干检察厅和其他业务机构。地方各级人民检察院可以分别设立相应的检察处、科和其他业务机构"。这样规定有其合理的方面：检察机关职能较多，其内设机构必然需要适应这种职能设置，法律不便作明确的列举规定；原则性的规定可以适应形势发展变化的需要，有助于保持法律的稳定性和连续性。但是，这在客观上却导致了检察机关内部机构设置的随意性，使检察机关职能在随着形势发展而不断完备的同时，内设机构不断膨胀。

二是检察机关受行政化管理模式的影响过深。尽管我国将检察机关定位为司法机关，检察权也属于司法权，但检察机关的管理和内部机构的设置仍然具有明显的行政化倾向，检察机关内部也存在以官职的有无和高低为标准评价检察人员成功与否的现象。[1] 当然，将行政管理模式适用于检察机关的日常管理，在一定程度上可以保障各机构之间的沟通与协作。但过于强调行政化，容易导致检察业务部门和综合管理部门的职能划分愈加混乱，也进一步恶化了检察机关的决策环境，致使协调成本上升，部门自主、检察官独立裁量的能力下降。[2]

三是对检察权的认识不够科学明晰。检察机关内部机构设置的是否科学、合理，直接反映了对检察权的认识是否清晰、分类是否准确。尽管宪法定位是法律监督机关，但是关于检察权的属性，理论界仍有很大争议，具体有"法律监督权说"、"公诉权说"、"行政、司法双重属性说"等多种观点，理论上的不统一对检察实务界也产生着影响。例如，诉讼监督权的行使，是分别由多

---

[1] 邓思清：《检察权内部配置与检察机关内设机构改革》，载《国家检察官学院学报》2013年3月。

[2] 甄贞：《检察机关内部机构设置改革研究》，载《河南社会科学》2013年1月。

个部门,还是设立一个诉讼监督部门统一行使,职务犯罪预防机构是单独设置,还是与职务犯罪侦查部门整合为一体,这都反映出对检察权属性的认识不清晰。因此,检察机关在内部机构设置标准上存在的问题,一定程度上是对检察权缺乏科学、统一的认识造成的。

四是过于追求与上级检察院机构设置上的对应。按照检察职能设置的一般规律,最高人民检察院、省级人民检察院的业务指导和调研任务相对较重,而市、县级检察院的主要力量应放在司法办案上。各级检察机关有各自不同的工作重点,不同地区也有不同的实际情况,对机构设置来说,不能搞"一刀切",过于强调上下级对应关系。但实践中,有些上级检察院不考虑一些部门在下级院是否有单独设置的必要性和可能性,片面追求条线机构健全,甚至将其列入年度考核事项。作为基层检察院只能被动执行上级院的要求,成立相应的内设机构,致使有限的司法资源更加分散,部门分工更加混乱,影响了整个检察职能的发挥。

五是过分强调解决干警的职级待遇问题。由于没有建立完善的职业保障制度,检察官还是按照普通公务员的模式进行管理,职级待遇问题只能通过行政职务的提升来解决。而基层检察院级别低,领导职数少,干警上升空间有限,增设内部机构是激励干警工作积极性的重要途径。另外,根据《评定检察官等级实施办法》的规定:"评定检察官等级,应根据其所任检察官职务、行政职级、行政职级任职时间和工作年限以及德才表现等,通盘考虑,全面衡量。"检察官等级的高低,很大程度上与其行政职务和级别相关联,成为内设机构负责人是确定检察官等级的重要标准。所以从安排人员和解决职级待遇的角度出发,基层检察院会千方百计地多成立机构,这是造成内设机构臃肿的重要原因。

四、基层检察院内部机构设置应遵循的原则

关于检察机关内部机构设置原则,理论界有不同的认识。根据中央和最高人民检察院关于司法改革、检察改革的有关精神,结合司法实践,笔者认为,基层检察院内部机构的设置和改革应重点遵循五项原则:

(一)依法设置原则

内设机构改革和重构必须依法进行,这是检察改革的底线,任何探索都不能突破这一底线。一是内部机构的设置要严格遵守宪法和法律,包括三大诉讼法、人民检察院组织法以及检察官法等相关法律规定,明确设置的数量、级别、名称,做到有法可依,并在上级院的领导下统一规划、统一组织实施,依法稳妥推进。二是在机构设置时要明确细化法律赋予检察机关的职能,严格设

定职权，既不能回避法律赋予的职责，也不能突破法律授权的范围，依法全面履行检察机关法律监督职能。

（二）遵循司法规律和检察工作特点的原则

检察权的配置应反映其作为国家法律监督职权所具有的特点和规律，无论是内设机构的设立、整合，还是内设机构的职能划分都必须符合司法规律和检察权运行规律。如果不顾检察工作规律而随意进行合并或分立，虽然可能会取得某一方面的效果，但最终会损害整个检察职能的发挥。因此基层检察院内设机构改革，要改变传统的管理模式，以服务司法办案、提高法律监督能力和司法公信力为目标，尊重司法规律和检察权的司法属性，优化整合检力资源，突出检察官在司法办案中的主体地位，促进和保障检察权依法独立公正行使。

（三）精简、效能原则

基层检察院内设机构改革，应从机构设置的科学化、职能再配置的合理化入手，严控机构设置的数量，科学配置检察职能，既适当去行政化又强化司法管理，促进机构扁平化和办案专业化，合并职能重叠部门，优化办案力量配置，使机构设置更为合理、科学、高效，为法律监督功能的最大化和最优化构建相应的组织载体。[①] 具体机构设置比例上，应该注意精简综合部门的数量，增加业务部门在全院内设机构中的比重，明确界定各内设机构的职责权限，促进检察队伍的职业化、专业化建设。

（四）统一原则

"统一是一个系统的灵魂和核心，也是一个系统发挥一致功能的根本保障"[②]。检察机关担负着对国家法律统一实施的监督职能，这也决定了检察权的完整统一性。在设置内部机构时，必须保证上级检察机关对下级检察机关的有效领导和检察权运行的完整统一，各基层检察院应在内设机构的设置、职能划分等方面保持对应与统一，统一设置标准，统一机构名称，统一机构级别，统一数量规模，最大限度地确保检察体系的协调和平衡。

（五）制约与配合相结合原则

检察权集侦查、起诉、诉讼监督等权力于一体的属性，决定了检察机关必须加强权力的分离和相互制衡。特别是随着司法责任制的落实，进一步突出检察官的主体办案地位，更需要强化权力之间的监督和制约，这也决定了基层检

[①] 吴建雄：《检察机关业务机构设置研究》，载《法学评论》2007年第3期。

[②] 邓思清：《检察权内部配置与检察机关内设机构改革》，载《国家检察官学院学报》2013年3月。

察院内部必须建立各职能部门之间的相互制约关系，确保分工明确，权限界定清晰，防止因职权的过分集中而导致司法不公。同时，基于法律监督权的完整性，从强化法律监督的整体功能以及各项检察业务全面发展的角度出发，各业务机构之间必须能够高效协作配合，将有限的检察资源发挥出最大效能。

五、对基层检察院内设机构改革的探索和建议

优化检察职能内部配置、实现内部机构科学合理化设置是保证各项检察权得以有效公正行使的必由之路。内设机构改革，基层是重点。当前各地在开展检察改革中，围绕中央关于司法体制改革的总体部署要求，基本形成以下共识：一是减少内设机构数量，精简综合后勤部门，增强业务部门的办案力量；二是通过对业务部门进行大范围的整合，避免内设机构职能的交叉；三是尽量淡化检察机关的行政色彩，强化检察官的办案主体地位。对于具体的机构设置方案，笔者认为基层检察院应当设立侦查监督、公诉、反贪污贿赂、刑事执行检察、民事行政检察、控告申诉检察、业务管理（含研究室、案管、检委会日常工作）等七个业务机构，并按照精简、效能原则，统筹考虑综合部门机构设置。这种改革思路，契合了当前我国基层检察院的职业特点，符合司法改革的总体要求，有利于形成分工合理、权责明确、协作紧密、制约有力、运行高效的内部管理机制。在具体认识上，我们需要坚持和明确以下几个问题。

（一）应坚持检察权内部运行的相互制约

实践中突出表现就是应该"捕诉合一"还是"捕诉分离"的问题。赞成"捕诉合一"者认为，将批捕权和公诉权由一个部门、一个承办检察官来完成，有利于节省诉讼资源，加快办案进度，提高检察机关对案件的把控程度，增强办案效能。很多改革试点地区也采纳了这种观点，成立刑事检察部来统一行使批捕和起诉权。笔者认为应坚持"捕诉分离"模式。首先，"捕诉合一"模式不利于加强检察机关的内部监督制约，而且使案件少了一道审查把关程序，不利于保证案件质量，不符合诉讼规律的内在要求。其次，从性质上讲，公诉权与批捕权的侧重点不同，公诉权更多的是一种犯罪追诉权，而批捕权更多的是一种侦查监督权，将二者合并行使有违检察工作规律和诉讼原理。最后，"捕诉合一"不利于犯罪嫌疑人权利的保障，因为公诉权并不具有完全中立和超然性，如果由一个公诉检察官来决定是否逮捕犯罪嫌疑人，会从打击犯罪、有利诉讼的角度出发，往往更倾向于羁押，从而影响到人权保障。

（二）应坚持不同性质的检察权由不同内设机构行使

检察机关集多种特点不同或者相互制约的职能于一身，是检察机关内部机

构设置面临的难题。只有正视各项职能之间的差异和制约关系，对检察职能进行适当的分离，由不同的机构分别行使性质不同的检察职能及相应职权，才能使检察权摆脱定位困境，促进各项检察职能的全面实现。如检察机关依法履行对三大诉讼法的监督职能，由于传统上对刑事诉讼监督的重视，显得民事行政检察部门的职能发挥相对薄弱。故有学者认为，应当将民事行政监督权纳入公诉权中，其理由是：刑事公诉权和民事、行政公诉权都是检察机关代表国家履行"诉"的职能，参加诉讼的目的都是维护社会利益，实现公平正义；针对的目标都是审判，两者工作的程序和方法也比较类似；从机构外观上或者从职责履行上，由公诉部门统一行使刑事、民事、行政公诉权有利于保持公诉权的完整性，有利于提高庭审效果。笔者认为，这种观点只是看到问题的表象，而模糊了公诉权与民事、行政检察权的实质区别，二者在法律监督属性上是截然不同的，如果混淆到一起，可能会严重影响检察权的运行和法律效果。因此，基层检察院在机构改革中，应保持民事行政检察部门的单独设置和法律地位。

（三）应坚持各基层检察院内部机构设置上的统一性

在具体改革意见上，有观点认为，应该根据编制数来确定业务机构的数量，如编制50人以下的基层院设置几个业务机构，50至100人的设置几个业务机构，100人以上的设置几个业务机构，同时，对50人以下基层检察院，可将侦查监督和公诉整合为刑事检察部门，将刑事执行检察、民事行政检察和控告申诉检察整合为诉讼监督部门。笔者不赞同这种改革意见。首先，内设机构改革的目的是建立完善符合司法活动规律和检察权运行规律、体现检察工作特点的业务机构体系，如果探索形成一套科学合理的业务机构设置模式，如七个业务机构的设置模式，就应该坚持这套模式在全国基层检察院内设机构改革中的统一，而不应因编制数不同而有所不同，因为检察权运行规律是客观存在的，并不会因为检察资源的多少而发生改变。其次，从解决问题的角度讲，现有基层检察院机构设置上突出问题就是多、乱、标准不一，七个业务机构的设置模式，既符合司法规律和检察职业特点，又遵循了精简、效能原则，按照这种模式统一设置机构，能够有效地解决改革面临的问题，促进检察权有序运行和司法公信力提升。如果按照编制人数灵活掌握机构设置，则无法解决改革实践中存在的问题。

（四）应结合《人民检察院组织法》的修改，对内设机构设置进行明确

"检察院组织法是关于中国特色社会主义检察制度的根本法律，是我国法

律体系的重要组成部分。"① 如前文所述，由于现行《人民检察院组织法》对检察机关机构设置的规定过于原则，已不适应检察工作的发展和我国法治建设的需要。应当结合司法改革和检察改革的实际要求，对基层检察院的内部机构设置进行明确，规定内设机构的种类、规格、数量、职能及名称，既突出检察机关作为法律监督机关的属性，也要为科学划分配置检察权提供明确的法律依据，使基层检察院机构设置有法可依，有章可循。笔者建议，将《人民检察院组织法》第 20 条内容进行丰富，明确规定"县级人民检察院应当设置职务犯罪侦查、侦查监督、公诉、刑事执行检察、民事行政检察、控告申诉检察、业务管理等业务机构和综合行政、检务保障等行政管理机构。除特殊地区和专门检察院外，任何县级检察院都不得改变内设机构设置"。从法律上防止基层检察院内部机构设置重走"膨胀、精简、再膨胀"的老路，保持内设机构的统一、规范。

（五）应对内设机构改革进行充分评估

从目前试点的情况看，一些地方推行"大部制"改革，检察官单独职务序列和配套薪酬制度等改革措施尚未完全落实，机构的减少意味着干警晋升空间的缩小，个人发展面临"天花板"现象，一些地方出于稳定人心、保持人员待遇等多种因素考虑，往往是在原有机构上纵向增加了"大部"的层级，实质上仍保留了原有内设机构，造成改革"换汤不换药"。另外，在一些基层检察院，队伍老化和断档问题仍然突出，一人身兼数职的现象存在，即便在不整合资源的情况下，设置统一、规范的内设机构也存在一定困难，改革可能会在一段时期内对办案质量和干警工作积极性产生影响。因此，对于内设机构改革中可能遇到的各种情况都要充分考量，保持头脑清醒，对可能出现的问题提前预判，积极做好相应的准备和应对工作，扎实稳妥地推进各项改革措施的落实。

---

① 孙谦：《关于修改人民检察院组织法的若干思考》，载《人民检察》2011 年第 12 期。

基层检察机关内设机构设置改革研究

——以检察权权力属性为视角

陈晓明[*]

一、引言

随着社会经济的迅速发展和司法体制改革的深入推进，基层检察工作的执法工作量大幅增加，一方面任务增多、难度增加、人力资源紧缺，案多人少。另一方面内设机构过多，一些人才限于事务性工作无法抽身，检察权的行使与执法公信受到一定程度的制约和影响。以石家庄市基层检察机关为例，一般设置14~17个内设机构。机构的臃肿导致了很多的弊端：一是检察人员的内耗过多，办案力量严重不足。二是职责分工过细，容易阻碍信息流通、破坏案件处理的统一性，影响办案效率的提高。三是忽略检察权权力特质。曹建明检察长指出，检察权既有司法属性，又有行政属性，还有监督属性。这种具有复合性质的权力属性，也就明确要求在价值评判上，效率也成为其核心价值追求。因此，权力的特性决定了其管理和机构设置方式也必须科学。在进行内设机构的设置改革的道路上，我们必须紧紧围绕检察权的权力特性去展开。

二、基层检察机关内设机构设置存在的问题

检察机关的内设机构，是检察机关内部的功能单位，是检察权运行的组织载体，也是检察权内部分解和管理的组织保障。目前，我国检察机关的内设机构可分为领导机构、业务机构和非业务机构，地方各级人民检察院的内设机构大体上与此对应。从现有情况看，检察机关内设机构在设置上主要存在内设机构领导层臃肿、人力资源配置滞后、忽略诉讼规律等三大问题，在内设机构设置行政化色彩浓厚，检察权的司法属性被逐渐弱化。

第一，基层检察机关内设机构领导层臃肿，不符合现代管理科学。现代管

---

[*] 作者简介：陈晓明，河北省石家庄市人民检察院检察长。

理科学认为，管理机构和人员应该依照"能级"进行配置，形成上小下大稳固的"金字塔"式的管理模式，以便使其发挥各自最大的能量。而目前基层检察机关的内设机构由于是依照行政单位的建制进行设置和配置，所以形成了内设机构科室多，内设机构中层多，普通干警科员少的"二多一少"的不正常现象，最终形成了"上大下小"的倒"金字塔"的管理模式。这就在很大程度上造成了一旦成为领导甚至是副职就直接脱离办案一线的问题，实际从事检察业务的干警经验少、资历薄、认识浅，严重妨害了检察业务工作的正常开展。

第二，基层检察机关内设机构设置不科学，人力资源配置存在滞后。在检察业务的管理上，我们一直沿袭着将检察业务按检察权类型划分、以设立业务部门独立行使某一种检察权的分散管理模式。目前，除了少数已经完全推开司法体制改革的试点省份之外，全国的检察机关内设机构设置大多数是按照工作任务的内容来划分的，通常为：侦查监督、公诉、反贪污贿赂、渎职侵权检察、监所检察、民事行政检察、控告申诉检察和举报中心、案件管理、检察技术、办公室、行政装备、法律政策研究室、政工、宣传、犯罪预防等部门。

在这种模式下，检察权在各业务部门之间自成一体，独立运作，各业务部门彼此大多重视纵向联系轻横向沟通，导致部门间的相互制约作用日趋减弱，案件在不同业务部门之间流转时，易出现管理脱节、空挡的现象，这就在很大程度上形成了法律监督的盲区。这就是"由于部门的条块化，检察权的层层分解，在各自不同的部门，行使不同的检察权，检察机关的法律监督职能无法发挥整体优势"。[①] 检察人力资源的配置不合理，存在条块分割的滞后，导致了检察监督的乏力和失声。

第三，基层检察内设机构工作职责的划分不尊重诉讼规律，难以完全适应司法实践。现代司法要求"公正与效率并重"。诉讼活动作为社会实践的一部分，有其自身的客观规律，人们只有依照诉讼活动的客观规律开展工作，才能更好地实现公正与效率的最佳契合。

目前的检察内设机构的职责设置恰恰忽略了诉讼规律的引导作用，未能依照诉讼活动的特点划分和设置，这往往就导致机构设置重复，职责划分不清，工作效率低下的现象出现。尤其是在审查逮捕权的行使方面，比较显见。显然，逮捕是《刑事诉讼法》规定的强制措施之一，而强制措施的适用是为了保障刑事诉讼活动正常进行的一种手段，其目的是为刑事诉讼活动服务。

---

① 孙厚鹏、刘勇、汤道路：《构建检察业务管理中心之研究——以程序集中控制为构建核心》，载《中国司法》2011年第11期。

公诉部门作为检察机关刑事诉讼的核心部门，因目前在内设机构职权划分上不具有保障其诉讼工作实施的强制措施"逮捕"的适用审查权；而侦查监督部门却将服务于公安刑事侦查活动的逮捕措施的适用与否作为工作的重中之重，将本来应加大力度的对公安机关侦查活动监督、立案监督作为例外活动，不免给人一种主次颠倒的感觉。这样做的后果就是不利于"强化法律监督"这一检察工作的总体要求。因此对现行的内部机构设置进行改革，建立起符合诉讼规律的检察工作机制和机构设置势在必行。

第四，内设机构检察官在履行检察业务中权力类似于行政权，与履行法律监督职能的司法属性不匹配。我国检察制度自确立以来，在管理上一直沿用行政管理模式；在检察业务组织模式上，实际实行的是首长负责制。检察业务每一环节都层层请示汇报，由行政级别更高一级的领导做出决定。为强化内部控制，检察权在运行过程中，逐渐形成了分级审批与分段管辖相结合的运行机制。根据 2012 年版《人民检察院刑事诉讼规则（试行）》第 4 条规定："人民检察院办理刑事案件，由检察人员承办，办案部门负责人审核，检察长或者检察委员会决定。"分级审批虽然在当前业务部门案件量大、新近人员占比高的实际情况下运转良好，但层层审批、汇报无疑会严重影响效率，同时也使"最终作出决定的主体，离案件的证据材料越远，作出决定的准确性的概率就越低。因此，检察改革如果不研究和解决检察职权的优化配置问题，仅仅依靠增加制约环节，是很难走出困境的"。[①] 在此机制下，长期以来我国检察机关形成了以行政审批、集体负责为主要特征的办案机制，管理过程行政化的特点十分明显。这种领导体制在本质上讲，又不完全符合司法工作相对独立和时效性的具体要求。

三、基层检察机关内设机构设置存在问题的原因

一是现行检察组织法缺乏明确的法律规定。检察机关内部组织机构设置的问题，应当由检察机关的组织法来规定，但我国现行的 1986 年 12 月修订的《人民检察院组织法》对此只作了原则性的规定，即第 20 条规定："最高人民检察院根据需要，设立若干检察厅和其他业务机构。地方各级人民检察院可以分别设立相应的检察处、科和其他业务机构。"[②] 这在一定的客观程度上造成

[①] 张智辉：《检察改革要以检察职权优化配置为核心》，载《河南社会科学》2011 年第 3 期。

[②] 邓思清：《检察权内部配置与检察机关内设机构改革》，载《国家检察官学院学报》2013 年第 2 期。

了各级检察机关内设机构设置的随意性。

二是现行检察组织法缺乏对检察权的具体权力分类。检察机关内设机构的设置与检察权的分类密切相连。检察机关内设机构设置的是否科学、合理，直接反映了检察机关对检察权的认识是否科学和分类是否合理。比如，行使审判监督权的部门，是设在公诉部门还是专门设立一个审判监督部门，就直接反映着检察机关对公诉权的认识，即公诉权是否包括对审判活动进行监督的职权。又如，职务犯罪预防机构是独立设置，还是与职务犯罪侦查部门合为一体，也反映了检察机关对职务犯罪预防权的不同观念，即检察机关进行职务犯罪预防与查办职务犯罪案件是否为各自独立的两个检察权能。再如，目前一些地方检察院如广西、海南等地正在大力推行的乡镇检察室制度①，直接涉及检察职能延伸的空间问题，也涉及对检察权性质功能的理解问题。

三是现行检察体系管理模式的行政化影响。尽管我国将检察机关定位为司法机关，检察权也是司法权，但检察机关的管理和内部机构的设置仍然存在明显的行政化现象，检察机关内部往往也存在以官职的有无和高低为标准评价检察人员成功与否的现象。在这种情况下，大多数的检察机关为了解决检察官的待遇和职级等问题，在内设机构的设置上就会"宁多勿少"，可设可不设的"设"，可分可不分的"分"。这也在一定程度上造成了内设机构检察职权行使的部分重叠性。

四、基层检察机关内设机构设置不合理的弊端

笔者认为弊端主要是对检察权合理、高效行使以及检察公信的树立和塑造存在的不利影响。

第一，检察机关内设机构设置的不合理，影响检察职权行使的整体性。检察机关的内设机构设置过多，检察职权被过度细分，相同的职能形式重复体现，例如侦查监督部门与公诉部门分别对相同的犯罪事实和证据进行审查，分别制作审查文书，最终分别形成各自内卷存档，效率问题难以体现；在涉及交叉职能时往往又容易造成不同内设机构之间的推诿，检察职责无人履行；而在需要多个内设机构之间相互协助时，合作的结果也往往不尽如人意，例如反贪局与反渎局在共同查办同一线索时，由于两个内部部门往往由不同的副检察长分管，人员调配及调查步伐的统一上往往并不能及时实现。

第二，检察机关内设机构设置的不合理，不利于有限的人力资源的充分利

---

① 李轩甫、林玥：《海南派驻乡镇检察室显现"十大成效"》，载《检察日报》2011年8月30日第1版。

用。当前检察机关主要内设机构设置虽然在不同级别、不同地区上存在区别，但是大同小异，一般都包括以下几个部门：侦查监督部门、公诉部门、反贪污贿赂部门、渎职侵权部门、监所检察部门、控告申诉检察部门、民事行政检察部门、案管管理部门以及其他部门，如政治处（纪检监察）、办公室（行政装备）、职务犯罪预防、法律政策研究、检察技术等。相比较于内设机构的齐整，检察机关内部的人力资源却相形见绌，特别对于基层检察院而言，一般都是50～70个编制的居多，这就造成了把极其有限的人力资源分摊到各个部门之中，不可避免地出现"一人科"、"二人科"。而这种现象的出现，无论是对于业务科室职责的履行抑或是科室年轻干警的成长而言都是不利和被动的。

第三，检察机关内设机构设置的不合理，影响检察官专业性、检察权威公信良好形象的确立。检察官是具有丰富的法律知识与深厚的理论功底的职业群体，从比较法的角度来看，各国的检察官都是具备较强的专业性知识，给民众以专业、权威的形象，而在我国，法律规定上检察官比起其他国家而言权力更广，然而，专业性并不强。究其原因，其中一个就根源于检察机关内设机构设置的不合理。现阶段而言，检察机关内设机构中业务科室与非业务科室的比例近乎相同，更有甚者，非业务科室的比例更高，这造成的后果就是大量的检察官从事的是非检察业务的工作。

在这样的体制下，将使得部分检察官丧失对于检察业务钻研的热情，法律知识、业务水平被荒废，造成人才的浪费。另外，由于业务部门有限，有些具有较高业务水平的检察官经提拔之后，无法继续留在业务部门，可能要到非业务部门任领导职务，其到非业务部门之后，从事的都是事务性的工作，从而阻断了专业型人才的养成。以上种种致使检察官这一职业在检察官群体内部或者在民众中都难以形成专业性的形象，也就无法树立其权威，造成检察官群体的形象不够鲜明，检察权威和公信塑造缺失。

五、检察机关内设机构设置改革应坚持的价值取向和基本原则

对于检察机关内设机构改革的原则，有的学者认为应坚持四项原则，即全面履行法律监督职能原则、保障检察官相对独立行使检察权原则、依检察院的层级区别设置内设机构原则、精简高效和优化检察人员结构原则;[①] 有的学者则认为应当坚持五项原则，即系统性原则、统一性原则、发展性原则、高效性

---

① 徐鹤喃、张步洪：《检察机关内设机构设置的改革与立法完善》，载《西南政法大学学报》2007年第1期。

原则和法治性原则;① 还有的学者认为应当坚持六项原则，即全面履行法律监督职能原则、检察一体原则、检察官相对独立原则、内部制约原则、加强业务部门和精简非业务机构原则、地县两级人民检察院内部机构设置因地制宜原则;② 高检院胡泽君常务副检察长指出，检察机关内设机构改革的应遵循四个原则：一是当前内设机构改革的重点是基层检察院，二是既促进机构扁平化又促进办案专业化，三是既适当去行政化又强化司法管理，四是业务部门负责人须是员额内检察官。

笔者认为，高检院胡泽君常务副检察长提出的四个原则应当作为我们的最终坚持。可以说，这一轮的检察内设机构改革应该在坚持法律监督基本属性的框架下，以公平正义和效能提高为追求，从保证检察权科学行使的角度出发来确定基本的原则。

（一）价值取向

我国宪法规定，检察机关是国家法律监督机关。我国的检察权定位为法律监督权。检察机关的业务机构设置要能够反映并承载法律监督职能，也即通过检察机关的业务机构设置，将法律赋予检察机关的职能加以有效的实现。因此，基层院内设机构改革的价值追求应当是更好地行使检察权，进一步强化和发挥法律监督职能，切实维护和实现全社会的公平正义。

（二）改革原则

第一，效能优化原则。机构改革不是简单的机构撤并，而是为了通过更加合理、科学的配置职能，来实现组织效能最大化的目标。因此，首先必须确保组织的各项主要职能都有相应的部门承担，有些机构可以合并，但必须有专人负责该项工作，以确保完成组织目标。

第二，机构精简原则。在有效实现目标的前提下，组织结构要力求精简，部门必须力求最少，这是职能配置的一般规律。为此，要从机构设置的科学化、职能再配置的合理化入手，充实业务部门，精简行政管理部门，合并职能重叠部门，优化力量配置，形成高效节约的检务运行机制。

第三，强化法治原则。目前检察机关内设机构存在行政化色彩较浓的特点，一个明显的例证便是，在2012年之前的全国各地检察院的检察官等级评定工作中，每位检察官都清楚地知道，检察官等级、助理检察员和检察员至多

---

① 冯中华：《我国检察机关内部机构设置改革研究》，载《青海师范大学学报》2005年第3期。

② 谢鹏程：《论检察机关内部机构的设置》，载《人民检察》2003年第3期。

是在称谓上有所不同，工资待遇没有多大变化；而一些如"科"、"处"、"厅"等行政级别则对每个干警更具有现实意义①以至于在全院范围内公开选拔主诉检察官、主办检察官时，响应者不多，难以吸引检察精英充实到办案第一线。与之相反，在中层领导干部竞聘上岗工作中，报名之热烈，参与积极性之高与前者形成鲜明的对比。

一定程度上可以说，行政级别的晋升早已成为检察干部事业成功的重要标志。如果检察机关内设机构过少，一大批积极要求上进的检察官就必然晋升无门。因此自然而然的选择，可设可不设的仍要设，可分可不分的坚持分，因为多一个机构就可以多设几个"官位"，抬高一个位子则可以多升一个"级别"。这种根深蒂固的行政化管理模式如不改变，机构改革便很难成功，只会越改越多，而这在当前各级检察机关进行的机构改革过程中已经成为一个普遍现象，②这明显不利于机构设置改革。

第四，统一分级设置原则。统一，是一个系统的灵魂和核心，也是一个系统发挥一致功能的根本保障。检察机关的内设机构只有统一，才能发挥检察机关的法律监督功能。同时，层级分明是一个系统复杂性和完备性的要求，也是一个系统能够发挥比单个个体总和更大功能的基础。因此，"统一"就是要求检察机关在内部机构的设置上，坚持统一的标准、统一的名称、统一的级别和统一的模式，所以对检察机关内设机构进行改革时，必须坚持统一分级设置的原则。

六、基层检察机关内设机构改革的向度和设想

检察机关内设机构的设置属于检察机关体制问题，而但凡体制问题总是要与特定时期政治经济发展程度相适应。笔者认为，对于内设机构的整合而言，目标在于既促进机构扁平化又促进办案专业化、既适当去行政化又强化司法管理、既讲配合又讲制约。以深化体制改革，优化司法职权设置，规范司法行为，建设公正权威高效的社会主义司法制度为目标。因此，解决过去机构冗杂的问题并非必须完全进行大部制改革，但将目前职能相同或相近的部门整合、归并为一个较大的部门或许能够成为当前的一个最佳选择。笔者建议，将内设机构划分为行政部门与业务部门两大类别。

---

① 张建新：《基层检察院内设机构设置及改革之初探》，载《法学教育》2009年第11期。

② 梁志宝：《检察人员分类管理改革刍议》，载正义网，访问时间2014年3月18日。

（一）行政部门

1. 设置检察事务保障局。具体负责文秘、印章、信息、统计、档案、技术、调研、行政事务、财务装备、局域网等保障检察机关得以正常运行的职责。该部门与其他部门管理模式不同，但同时也不是单一的管理模式，而是根据所从事工作类型的不同，分属不同的管理序列，技术人员的工资、福利方面以技术职称为依据；其他的人员则以公务员法为相关依据。这样技术人员或者其他专业人才可以充分地发挥其自身专业优势，真正实现科技强检。

2. 检察政治局（含纪检监察和检务督察）。负责本院干警思想政治教育、机关党建、人事管理、工资福利和离退休人员的管理；受理、查处本院干警违纪违法案件；对在职干部进行培训；检察宣传等工作。

（二）检察业务部门

由于检察权是一种复合性的权力，包括许多具体的权能，将检察权分为职务犯罪侦查权、审查逮捕权、刑事公诉权、刑事诉讼监督权、民事审判监督权、行政公诉与行政诉讼监督权、法律话语权。[①] 七大类职权的划分，在目前看来是具有一定代表性的。

第一，设置职务犯罪侦查预防局。包含原先反贪局、反渎局、职务犯罪预防、举报中心、法警支队（大队）等部门的职责。建议基层 [含县（市）、区] 所设职务犯罪侦查预防局为正科级内设局。在人员配备上，该局主要是以主动发现线索为主，因此，如何集思广益、综合研判分析线索是关键，相比刑检和诉讼监督，其检察官独立性相对要低一些，更多情况下是在集中行使侦查职权。建议为成立的办案组配备检助，无须为具体的检察官一一配置辅助人员。

一是举报中心受理的自侦案件线索，与反贪局、反渎局一脉相承，将举报中心受理举报职能编入职务犯罪侦查局，有利于对举报线索的协调、递转、快捷地处理，减少流转程序，提高工作效率。二是反贪局、反渎局同属检察机关职务犯罪侦查部门，而在基层院司法实践中，遇有大要案、疑难复杂案件，往往整合这二个局的侦查资源，而且渎职贪贿案件往往相互交织在一起，统归一个部门管辖，有利于线索的深查细挖，形成反腐合力，提高侦破职务犯罪成功率，有效利用司法资源。全面负责职务犯罪线索的受理、初查、侦查、调查以及职务犯罪预防工作。局内不再设置不同部门分别负责不同工作，而是成立以

[①] 向泽选：《检察职权的内部配置与检察机关内设机构改革》，载《河南社会科学》2011年第3期。

检察官为主体，配以若干检查事务官的办案小组，在检察官的指挥下开展工作。三是司法警察大队基本上是为职务犯罪侦查提供警务上的保障，可以归入职务犯罪侦查局。

第二，设置刑事案件检察局。负责刑事案件的审查逮捕、审查起诉工作，但不再包含侦查监督、审判监督的职能。刑事检察局以被动审查案件为主，案件法律性质的界定、证据的梳理与采纳需要较高的法学功底，司法亲历性的要求与单方决定、逻辑推理的工作特点需要有排除干扰的独立判断，因此，建议有5年以上法律工作经验或者曾经有过刑事审判经验的资深检察官或者法官遴选进入。因法律文书制作与开具较多，所以建议刑检局应采取检察官领导若干检察官助理、书记员的工作模式。当初，检察机关分设侦查监督和公诉两个部门，主要是为了加强内部监督制约，但是自2012年6月以来，全国四级检察机关都普遍成立了案件管理中心（办公室），其在承担案件受理、分流、流程监控、登记备案等程序性职能之外，应该更加充分履行对案件的内部监督管理职责。这样，可以将侦查监督和公诉部门合并，节省、整合司法资源，成立以若干检察官，辅以检察事务官的办案小组，实行"捕诉合一"，推行"谁批捕、谁主诉"的一条龙办案机制，减轻集中受案的压力，加快办案速度。如果刑事案件检察局在办案的过程中，如发现有需要监督的事项，则移送诉讼监督局处理。

第三，设置诉讼监督局。全面包含原先控告申诉部门、监所部门、公诉部门、民行部门，但又不限于这些部门的法律监督职能，而是对于法律规定的检察机关的诉讼监督职责都集中由该部门行使。诉讼监督局的设置必将大大增加刑事、民事案件的抗诉数量和质量，形成监督机制以保证办案质量，其原因在于公诉职能与抗诉职能相对分离，对审判工作能够形成足够的监督。而监所的监督也可以将刑罚执行监督纳入诉讼监督范围之内。但是，由于刑事抗诉职能与民事、行政检察抗诉案件、刑罚执行监督都是针对法院不公的判决、裁定或者执行情况进行监督，由于该部门所涉领域的多样性，涉及不同的诉讼程序和阶段，笔者建议，建立若干检察官办案小组进行适当内部分类，争取实现检察官诉讼监督的专业性、针对性与相对独立性。

第四，设置案件管理局。该局承担统一受理和分流案件；对案件办理进行流程监督、涉案财物的监管；对各法律文书进行统一管理；对案件办案质量评查和业务考评等职能。曹建明检察长指出，将分散的管理改为集中管理，从手工操作改为信息化管理，不仅是办案方式改革，而且是一场思想革命，真正是进一步对我们自己提出严格要求。加强检察机关内部统一管理，不仅是对各个部门执法办案提出要求、进行监督，也是对检察长进行监督。在人员配备上，该局主要以事务性工作为主,对于案件受理可以根据具体需要配置若干书记员和少数检察官;案件评查和考评工作则与检察官独立办案性质存在差异,因而可以配置少数资深检察官或检察官助理,从而借此发现案件瑕疵或错误。

设置该局是为了细化从案件入口到案件出口,涵盖各个执法环节、执法活动的规范监督,辅以监控预警制度以及分析研判制度,解决"检察机关一直是监督者,一旦我们自己被监督,是否会真心实意接受管理、监督和制约"的难题。[①] 设置该局的重要价值在于规范检察机关自身的执法行为,确保执法办案的每一个环节都切实得到监督,每一个瑕疵都能得到纠正和预防,提高办案质量与效率,统筹管理执法办案活动,达到强化内部监督,最大限度地保证司法公正的目的。

另外需要补充指出的是,将来内设机构改革还要认真处理好办案组织与内设机构以及办案组织负责人与内设机构负责人的关系。这个问题相对比较复杂,涉及基层检察院的规模大小、案件数量等因素。但是,可以明确的是,内设机构和办案组织是两种不同性质的组织。处理好这个问题,需要区别不同情况,从各个检察院的实际出发。无论是内设机构改革还是办案组的确定与设置,都要有利于强化法律监督职能,有利于遵循司法规律,提高司法公信力,有利于提高办案质量和效率。

七、结语

检察制度的改革不是一蹴而就的,因此,我们要客观地、审慎地对现有的内设机构进行改革和创新,当然这其中不免也会遇到一些原有制度内部的阻力,但是,当前人民群众对司法公正的热切期盼和高标准的要求已经致使检察制度的改革不能再耽搁或延误。机构设置的科学与否直接影响着我们的检察公信。笔者期望能在不久的将来,实现检察机关内设机构的科学化、合理化、规范化设置,最终保证检察权的公平、公正、高效运行。

---

① 2012年3月2日,曹建明在高检院第十一届检委会第73次会议审议《最高人民检察院案件管理暂行办法(审议稿)》上的讲话。

基层检察机关内设机构调整研究

赵智慧　付文亮[*]

人民检察院是国家的法律监督机关。基层检察院是检察机关依法履行法律监督职能的基础单位，承担着 90% 以上的案件承办量，也是检察机关植入社会的根系。影响基层检察院工作效率和执法质量的因素包括检察体制机制、检察人员素质、社会执法环境等多方面。内设机构设置的科学、合理是影响检察机关执法质量、数量、效率、效果的重要因素。内设机构设置的实践表明，基层检察院在内设机构设置方面，存在一些不足和问题，主要是内设机构的功能定位不清晰，缺乏足够的理论支持；内设机构设置与检察机关的编制规模和业务工作量之间缺乏科学的统计和测量标准；内设机构的整体结构和资源配置不尽合理等。这些问题的存在在一定程度上影响和制约了检察职能的行使，使本来就非常紧张的人力资源不能得到有效充分的发挥。基层检察院应当主动适应检察官办案责任制改革，对内设机构进行调整，实现内部资源更好地整合，从而更好地符合检察工作科学发展的要求。

一、深刻领会检察机关内设机构的功能定位

检察机关的内设机构是检察权有效运行的组织载体，是检察机关依法履行法律监督职能的基本保障。在设置上，内设机构是检察制度的一个有机组成部分，内设机构的名称和基本职能在人民检察院组织法上有原则的规定。在具体地位和作用上，有关法律在规定检察工作的程序时，有明确的内设机构的职责规定。如《人民检察院刑事诉讼规则（试行）》第 303 条规定："人民检察院审查批准或者决定逮捕犯罪嫌疑人，由侦查监督部门办理。"检察机关的其他职权的行使程序中都有类似的规定。这表明，内设机构具有较为明确的法律地位和职责。内设机构在组织机构中起到一定的影响和基本保障作用，是对履行

---

[*] 作者简介：赵智慧，河北省承德市人民检察院检察长；付文亮，河北省兴隆县人民检察院法律政策研究室主任。

法律监督职能的有效分解，对检察官行使权力的肢解和细分。它是通过组合检察官来间接实现检察职能或者为检察职能的实现提供组织和管理上的保障。

二、当前基层检察院机构设置存在的问题

根据《人民检察院组织法》第 20 条的规定，基层检察院的内设机构设置基本上是套照上级机关内设机构设置。作为基层检察院、检察体系的基础单位，因所处的经济发展环境、面对的服务对象和工作重点不同，内设机构的设置在一定程度上缺乏科学性和实用性，致使检察职能发挥不到位，在一定程度上影响和束缚了检察权的行使，掣肘了检察机关的服务能力和执法水平。

一是机构繁多，名称冗杂，管理缺乏条理性。目前，基层检察院内设机构名称有组、局、处、科、室、队，机构设置齐全的要突破 20 个。另外，反贪污贿赂局、反渎职侵权局、政治处的部门正职的职级高配为处级或科级，其职级待遇高于其他内设机构部门正职。在内部，造成同是一个基层检察院内设机构而待遇不同。在外部，部分群众对反贪污贿赂局、反渎职侵权局与基层检察院的隶属关系缺乏了解，容易让人产生误解。

二是人员少，编制补给不及时，人才使用缺乏科学性。因受地区经济发展水平制约，全国各地基层院人员编制不同。单就经济欠发达的地区且人员少的基层检察院来说，按照编制机构设置人员定岗的要求，每个内设机构不能少于 2 人。出于工作需要，不得不把有限的人力资源进行"平均"分配，安排到各个科室，往往出现多个 2 人科室，甚至会出现 1 人科室，致使工作任务重、压力大的自侦、公诉、侦查监督等部门的人力严重不足，影响执法办案进度，导致业务部门和非业务部门人员比例失衡，不能有效实现业务工作的大突破。另外，由于各科室工作量的不同，往往出现有的科室工作任务重，工作超负荷，经常加班加点，干警压力大；有的科室工作量小，干警比较清闲。但受到科室行政划分的限制，彼此又不能穿插办案，形成工作量不均衡、干警存在情绪化的局面。

三是职能细化，重复审查，业务工作缺乏时效性。目前，基层检察院内设机构多，职责分工过于精细，造成一些业务工作重复审查，形成人力资源和物力资源的浪费。在案件审查逮捕、审查起诉环节，基层检察院侦查监督部门负责对公安机关提请逮捕的案件审查决定是否逮捕，对公安机关应当立案侦查而不立案以及侦查活动是否合法实行监督等工作；公诉部门负责对公安机关、人民检察院侦查部门移送起诉或不起诉的案件，审查决定是否提起公诉或不诉，出席法庭支持公诉，对人民法院的审判活动实行监督等工作。这两个部门就审查公安机关移送的案件来讲，一个通过审查是否逮捕，另一个通过审查决定是

否提起公诉或不诉两种不同的方式来实现监督。具体工作中，两种监督方式需要通过两个部门、不同的检察官来完成，承办案件的检察官在个别案件上，沟通甚少，出现阅卷、讯问、熟悉案情重复工作，办案效率低，浪费检察资源。在侦查部门职能方面，反贪污贿赂局负责对国家工作人员贪污、贿赂、挪用公款等职务犯罪进行立案侦查等工作；反渎职侵权局负责对国家工作人员渎职犯罪和国家机关工作人员利用职权实施的非法拘禁、刑讯逼供、报复陷害、非法搜查、暴力取证、破坏选举等侵犯公民人身权利的犯罪以及侵犯公民民主权利的犯罪案件的侦查等工作。实践中，反贪部门线索多，查案缺人手；反渎职侵权部门案源少，有力无处使，人力资源不均衡。另外，遇到行为人既犯贪污贿赂罪，又犯渎职侵权罪，两个部门分别侦查，不属于本部门职权的案件就转查，这样形成了重复侦查，重复讯问取证，大大浪费司法资源，给案件侦破带来不利影响。在职务犯罪的侦查和预防环节，侦查部门在案件结案后，要根据发案单位的案发具体情况，撰写有针对性的检察建议，帮助发案单位整改，这牵扯了侦查人员的部分精力；而作为职务犯罪预防部门，在对案发单位开展职务犯罪预防工作过程中，还需要重新介入熟悉案情，分析原因，提出整改措施，重复劳作，费神又费力，致使部分基层检察院的职务犯罪预防工作缺乏针对性和时效性。

四是行政管理思想严重，上下对口内设机构过多，缺乏规范性。受"官本位"思想的影响，为解决干警的职级待遇，不得不多设机构。自 1999 年《检察官法》实施以来，始终没有形成一套科学、完整、配套的检察官等级管理办法，现行的检察官等级管理办法具有严重行政管理色彩。一般干警要想晋升更高层次的检察官等级只有靠股级、科级、处级等职位。众所周知，检察官是非常具有职业特点的行业，而其对司法实践的经历、能力又在很大程度上影响着检察官的决策力、执行力，加上检察官在进口、出口方面流动性差，为解决他们的待遇只有多设机构。而上级院过多要求上下对口，便于指导的导向也给基层院过多设置内设机构打开方便之门。

三、基层检察机关内设机构设置存在问题的主要原因

基层检察机关内设机构的设置存在诸多问题，有着它法律规定、体制机制等方面的原因。

（一）法律规定过于原则

1983 年修改《人民检察院组织法》第 20 条规定："最高人民检察院根据需要，设立若干检察厅和其他业务机构。地方各级人民检察院可以分别设立相应的检察处、科和其他业务机构。"受行政管理模式和"官本位"思想的影

响，检察人员在检察官等级晋升、行政职级待遇、工资等物质待遇方面均与是否担任院领导、内设机构负责人挂钩，当官是检察人员提升职级、实现人生价值的有效途径。法律规定过于原则在客观上给基层检察机关过多地设置内设机构打开了方便之门，基层检察院为了解决检察干警的职级待遇，在机构设置上采取可设可不设的原则，使检察机关职能在随形势发展而不断完备的同时，也不可避免地带来了机构的扩张和膨胀，从而导致机构繁多，机构设置"官本位"浓，管理应急性不足，不利于实现检察一体化。

（二）内设机构称谓、规格不统一

检察机关的内设机构称谓有厅、局、处、科等，在称谓上缺乏规范统一。1988年，全国人大常委会通过了《关于惩治贪污罪贿赂罪的补充规定》，首次在单行刑法中将贪污贿赂犯罪规定为一类犯罪，最高人民检察院决定将法纪和经济检察厅分设。1995年，经中央批准，高检院成立了反贪污贿赂总局。2000年，"法纪检察厅"更名为"渎职侵权检察厅"。地方检察机关的法纪检察部门也同时更名。为了进一步强化检察机关反渎职侵权工作职能，2005年5月，最高检发出通知，地方各级检察院反渎职侵权工作机构更名设局，成立反渎职侵权局。反贪污贿赂局和反渎职侵权局的负责人行政职级待遇要高于其他内设机构负责人，但是在提高职务犯罪案件质量和刑事案件控辩式诉讼构造的背景下，侦查监督、公诉部门提前介入、引导自侦案件侦查，纪检部门强化对查办自侦案件的内部监督将成为常态，但是由于内设机构职级不统一，使法律监督机关机构内部失去了应有的平衡、协调关系，不利于部门之间在工作中协调配合和相互制约，容易导致形成内耗摩擦、部门壁垒和岗位轮换难等问题。

（三）受领导体制和考核机制的影响

我国上下级检察机关是领导与被领导的关系，最高人民检察院领导地方各级人民检察院和专门人民检察院的工作，上级人民检察院领导下级人民检察院的工作。上级检察机关编制多、人员素质高，为了实现检察业务专业化、规范化和精细化，彰显检察工作的权威性和公信力，必然要通过配置专业人员、细化内设机构、加强对下级检察院的指导等方式推进检察工作。上级检察院内设机构的细分设置决定和影响着基层检察院的设置。上级院的领导和部门负责人在督导、检查工作过程中，都强调本部门业务工作的重要性，要求基层院对其领导的职能部门予以加强，配备优秀人才，优化资源配置，形成了上下级检察院职能部门对应细化与基层院编制少、人员不足之间的矛盾。在考核机制方面，上级检察院对基层院的领导班子和业务工作开展情况进行年度考核，基层院的业务工作开展的情况并入上级院对应部门考核。在职能部门考核中，上级院将基层院是否设立相应机构、配备相关人员作为考核的重要依据。在检察实践中，随着上级检察院人民监督员办公室、生态环境保护检察处、未成年犯罪案件检察处等机构的设立，基层院也成立相应机构，细化内设机构成为基层院创先争优、推进特色工作的重要手段。

四、基层检察机关内设机构设置的基本原则

基层检察机关内设机构设置应在依法高效的基础上，充分考虑基层检察机关的地位、特点和所处的社会环境。从对基层检察院机构改革的指导作用看，内设机构设置要从科学、实用的角度出发，更要适合基层检察机关特点和发展需求，更好地促进基层检察机关发挥职能作用。

一是依法设置原则。检察机关内设机构设置，不论是最高人民检察院还是基层人民检察院，都必须在法律授权范围内设置，都要符合《宪法》、《人民检察院组织》和其他法律规定，在法律许可范围内细化法律赋予检察机关的监督职能，科学合理地把检察职能归类并设立相应的内设机构行使检察权，充分彰显检察机关的宪法定位，从而促进检察机关法律监督职能的有效发挥。

二是精简高效原则。基层检察机关的内设机构，要遵循职能配置的一般规律，在有效实现目标的前提下，组织结构要力求精简，部门必须力求最少。机构精简、提高效率已成为当今机构改革的一个大趋势。在基层检察机关进行的内设机构改革过程中，要打破旧有的设置模式，积极引进现代管理的科学原理，充分考虑基层检察工作的特点和社会实际情况，综合各项检察业务，从机构设置的科学化、职能再配置的合理化入手，充实业务部门，精简行政管理部门，合并职能重叠部门，优化力量配置，在检察机关内部形成新的运行机制。

三是直指目标原则。机构的设置，要力求通过机制运行达到指定目标的法律效能。机构改革不是简单的机构撤销与合并，而是寻求更加合理、科学、高效的配置，促使职能行使更适应社会发展的需要。要明确全部职能所在，将细化的职能由相应的部门承担。所以，机构改革不能简单地称之为机构的增、减、合、并，更不能为精简而精简，为细化而增多。要顺应科学法制的需要，做到既精又全，既简又含，切实使法律监督职能得以顺利实施、落实和实现。

四是检察一体化原则。检察机关内设机构设置，要反映检察工作的内在要求和发展规律，要建立在对诉讼原理和检察工作规律的了解和掌握上，推进上下联动、左右配合的"检察一体化"机制建设，切实保障检察职能的统一正确行使，增强法律监督合力与效能。

五是切合业务原则。检察机关是国家的司法机关，其内设机构应着重体现司法性，要逐步探索完善具有中国特色社会主义的司法管理体制，体现检察工

作司法特性。要尽可能减少行政化管理，要充分发挥主任检察官的作用，严格按照检察工作的规律进行机构改革，依照检察工作的特点对检察官进行管理，使检察官等级实质化，与物质利益、业绩评价等挂钩，不再将行政级别作为能力评价的重要标准，将在办案一线承担重任履行检察职责作为事业成功的标准，使优秀的检察官抛弃当前的行政职位，充实到业务办案的第一线。

五、基层检察机关内设机构的调整构想

基层检察院内设机构的调整重点是整合综合部门，优化业务部门，按照工作职责进行梳理归类，尽可能地减少机构设置，增强机构内部人员的协调性、检察业务的统一性，进一步提高检察机关职级地位。同时，要强化检察干警的执法办案责任，适当增加检察机关职级指数，落实职级待遇，调动检察干警的工作积极性，提高检察工作效率，实现责任、权力、利益三者的有机统一。下面，本文以基层检察院为例，浅谈对内设机构的调整构想。

（一）纪检组

设纪检组组长 1 人。下设监察室，监察室设主任 1 名。按照最高人民检察院于 2004 年 3 月 19 日下发的《关于健全检察机关纪检监察机构设置等问题的通知》精神，基层人民检察院的纪检监察工作只能加强，不能削弱。通知指出：直辖市、副省级市、省会市的基层检察院和编制在 60 人以上的基层检察院，应商当地机构编制管理部门设立纪检监察机构，编制在 30 人以上未设立纪检监察机构的基层检察院，应配备专职纪检监察干部，30 人以下的应明确兼职负责纪检监察工作的人员。

理由：纪检组是检察机关专门负责内部监督的职能部门，承担着教育、制度、监督、改革、纠风、惩治等职能。纪检组主要负责党风廉政、纪检监察、检务督察、纪律作风、规章制度起草、修订、落实等项工作。纪检组通过强化对检察机关领导班子、领导干部和检察权运行的监督，促进严格、公正、文明、廉洁执法。按照权力监督的理论，检察机关的纪检组要从当前的同级检察院党组领导、党组与纪委双重领导转变到纪检委派驻纪检组统一管理模式。

（二）政治部

政治主要负责检察机关党的思想、组织、作风建设和队伍建设工作。具体负责开展具有检察特点的思想政治工作；协同主管部门和党委负责对领导班子的考核、配备及后备干部的考察工作；承办检察机关机构编制工作以及奖励工作；负责本院机构设置、人员编制和工作人员考核、调配、奖励、任免、检察官等级评定、司法警察警衔晋级、工资管理、干部档案管理、老干部事务协调

管理等项工作；负责教育培训工作，制定教育培训规划，组织开展教育培训活动，开展岗位练兵等项工作；负责宣传工作，推广检察成果。

理由：政治部是检察机关专门负责党的建设和队伍建设的职能部门，承担着干部管理、教育培训、宣传等职能。检察机关要深入落实中央关于加强党的建设的工作部署，全面加强和改进检察机关党的建设。政治部通过认真履职，坚持以党的建设推进检察队伍建设，以确保检察机关坚定正确的政治方向为根本，以坚持从严管党治党为核心，以持续推进作风建设为重点，有利于打造一支政治坚定、业务精通、作风优良、执法公正的高素质检察队伍，全面提升队伍整体素质和执法公信力。

（三）检务保障部

将现有的办公室、司法警察、检察技术、计财装备等项工作纳入检务保障部。检务保障部下设检察长办公室、司法警察组、技术信息化组、后勤保障组等工作小组。检察长办公室具体负责文秘信息调研工作、机要通信、工作协调、催办督办、编辑检察工作年鉴等项工作；司法警察组具体负责开展警务活动、警用装备管理等项工作；技术信息化组负责检察技术、信息化工作；后勤保障组具体负责机关管理、日常值班、行政事务管理、交通工具管理、调配工作，负责本院经费预算、收支，服装统筹计划、管理和分配等财务装备等项工作。检务保障部可以实行AB岗工作机制，人员力求精简，把综合服务职能整合，便于工作协调，增强检务保障服务效率。

理由：整合保障部门的职能，是社会管理进步的需要，也是法律保障机制科学发展的需要。办公室、调查研究工作是检察政务运行的基础性工作，为依法履行检察职能起到组织协调、经验推广等多面的作用；而司法警察、检察技术、计财装备等项工作也都是依法办案的后勤保障工作，在履行法律监督职能中有不可替代的作用，将这些机构的有机组合，从组合搭配来说，能够做到机构精简、指挥有力；从服务效能来说，便于协调沟通，能够加大检务保障力度，更加有效地提高服务质量，增强服务合力。

（四）职务犯罪侦查和预防部

将现有的反贪污贿赂局、反渎职侵权局和职务犯罪预防科合并，成立职务犯罪侦查和预防部，全面负责职务犯罪侦查和预防工作。职务犯罪侦查和预防部主要负责国家工作人员的贪污贿赂犯罪、国家机关工作人员的渎职侵权犯罪的侦查、职务犯罪预防等项工作。职务犯罪侦查和预防部内设侦查组、综合组、预防组。侦查组具体负责职务犯罪初查、侦查工作；综合组具体负责本部文件起草、事务安排、工作协调，总结职务犯罪侦查工作经验，探索职务犯罪规律等项工作；预防组具体负责研究分析职务犯罪特点、规律，提出惩治对策，开展职务犯罪预防等项工作。将职务犯罪侦查和预防工作整合，能够更好地发挥职务犯罪惩防一体化的作用，利用集中优势兵力打攻坚战。

理由：现实中，贪污贿赂和渎职侵权等腐败问题往往伴生，把反贪污贿赂局和反渎职侵权局合并，便于实现查办腐败案件和渎职侵权案件工作资源共享、资源整合，有利于深挖线索，有利于及时查办案件，利于提高工作效率。同时，将职务犯罪预防工作与职务犯罪侦查工作整合，使预防工作与查办案件同步进行，便于了解案情、发现问题、制定措施，做到有的放矢，增强职务犯罪预防的针对性和实效性。另外，整合职能相近、相关的反腐机构，能够消除机构重叠所造成的管理壁垒和内耗，最大限度地发挥惩治和预防职务犯罪的法律监督功能，建立起既不影响专业职责分工，又能最大限度地凝聚检察资源优势，建立集"查办、预防"于一体的惩防一体化反腐工作机制。同时，将三个机构合并，既可以从贪污贿赂与渎职犯罪等线索的相互交织中寻找突破口，促进自侦工作的发展，也可以使预防工作直接建立在查办案件的基础上，使预防犯罪的内容更具针对性和实效性。紧密结合办案开展预防工作，提高了预防工作的权威性，预防工作更能得到相关单位的配合，有利于工作的深入开展。

（五）刑事检察部

对引导立案侦查活动、审查逮捕、审查起诉、提起公诉等项职能进行整合，成立刑事检察部。刑事检察部主要负责对刑事案件进行审查，决定是否逮捕、起诉或者不起诉，对于刑事案件提起公诉、支持公诉。刑事检察部主要以审查逮捕、审查起诉工作为根本，主任检察官通过审查案件的事实和证据，有效引导侦查，作出是否逮捕、起诉的决定。

理由：审查逮捕和审查起诉在职能上相互依赖，批捕案件的质量关系着案件能否顺利起诉，起诉是批捕的必然延伸，二者具有先后相继不可分割的紧密联系。检察机关作为司法机关，最能体现其参与刑事诉讼的特征就是控诉职能，对立案活动、侦查活动的介入引导、指挥，对逮捕措施的采取，都是为了更好地指控犯罪，因此把这几项工作合并，有利于提高办案效率、减少诉讼成本，提高案件公诉的质量，便于整合人力资源，尤其是相对于人员少的基层院更有利于工作开展。在现有的体制下，立案活动和审查逮捕活动是与公诉工作分离的，两个部门的承办人分别就案件进行审查，工作重复，造成司法资源的浪费。由于认识的局限，以及逮捕措施的阶段性，审查逮捕部门很难对案件的继续侦查进行跟踪，也容易与公诉部门的意见相冲突，不利于实现检察一体化。事实上，所有的立案活动、侦查活动、强制措施都是为公诉工作做准备。将这些工作统一由刑事检察部负责，主任检察官从最初的立案活动开始就进行提前介入、引导侦查，直到案件作出判决，更有利于执法的连续性和主次性。但刑事检察部不具有立案监督和审判监督职能，对于应立不立案件、不应立而立案件和侦查违法行为以及判决确有错误的案件的监督权应统一由诉讼监督部行使，刑事检察部在工作中发现上述问题应及时移交诉讼监督部查处。

（六）诉讼监督部

诉讼监督部主要负责对公安机关的侦查活动是否合法进行监督，对检察机关职务犯罪侦查活动和刑事检察办案活动是否合法进行监督，对人民法院刑事、民事、行政诉讼动是否合法进行监督，对刑事案件判决、裁定的执行和监狱、看守所的活动是否合法进行监督。

理由：诉讼监督部的设立将检察机关的诉讼职能和监督职能分开，解决了既当"运动员"又当"裁判员"的问题，有利于强化对侦查权、审判权、刑事执行权的监督和制约。诉讼监督部的办案人员从开展诉讼监督工作遇到的新情况、新问题入手，从影响诉讼监督成效的机制、体制等方面进行深入分析，采取强化诉讼监督的举措，提出强化法律监督的意见、措施和立法建议，有利于构建强化法律监督的制度和机制。诉讼监督部可以通过常态化监督和专项监督的方式，在加强对公安机关立案活动、侦查活动和人民法院的刑事审判活动监督的同时，强化对检察机关职务犯罪侦查和刑事检察办案活动的监督，对主任检察官办案组的执法活动进行有效制约，防止检察人员在履职过程中的违法交易，维护法律的统一正确实施。

（七）案件监督管理部

案件监督管理部负责控告申诉、案件管理、检察委员会、人民监督员的日常工作。案件监督管理部负责受理公民的举报、控告、申诉，对举报线索进行审查、管理、分流、初核，开展刑事申诉、国家赔偿、司法救助审查工作；负责案件受理登记、法律文书管理、涉案财物管理、办案期限管理、办案流程监控、执法办案风险评估，开展案件质量评查、执法办案考评、执法办案分析、统计分析，开展案件信息公开和接待辩护人、诉讼代理人工作；负责检察委员会、人民监督员的日常工作。案件监督管理部对案件进行程序性审查，监督落实办案责任制责。

理由：案件监督管理部将控告申诉、案件管理、检察委员会办公室、人民监督员办公室的职能进行有效整合，既体现了上述职能业务性的属性，又能对检察机关自身的执法办案进行监督管理，有效促进规范执法、廉洁执法。同时，案件监督管理部可以与检务公开大厅进行联动配合，以便全面地收集汇总民声、民意、民愿，为案件查询、群众信访提供一站式服务。

论健全检察机关办案组织

王春风　佟　齐　张云波[*]

办案组织是行使办案权力、承担办案责任的主体。权力是履行职责的基础，责任是正确行使权力的保障。本质上，办案组织是权力与责任的统一体，这是办案组织的基本特征。[①] 就检察机关而言，办案组织是具体行使检察权的主体，也是检察机关与其他专门机关、当事人和诉讼参与人发生诉讼权利义务关系的具体代表。[②] 它是检察权运行机制的载体，也是落实司法责任制的基础。

长期以来，检察机关办案的行政化色彩较浓，办案组织的概念不够清晰、组织形式不够健全，逐渐显现出检察机关内设机构过多过滥、各层级职权配置不科学、检察优秀人才流失和一线检力资源不足等问题。十八大以来，党中央高度重视法治建设，修改后刑诉法、民诉法、行诉法赋予检察机关更多法律监督职能，对检察机关的办案质量效率提出了更高要求。因此，健全检察机关办案组织，建立符合检察职业特点和司法运行规律的办案模式，既是构建公正高效权威的检察权运行机制的内在要求，也是全面提升法律监督水平、提高司法公信力的迫切需要。

一、健全检察机关办案组织的必要性

（一）健全检察机关办案组织是完善人民检察院司法责任制的基础

2014年6月，中央全面深化改革领导小组审议通过《关于司法体制改革试点若干问题的框架意见》，决定就完善司法人员分类管理、完善司法责任

---

[*] 作者简介：王春风，北京市石景山区人民检察院检察长；佟齐，北京市石景山区人民检察院政治处主任；张云波，北京市石景山区人民检察院民事行政检察处副处长。

[①] 参见郑青：《我国检察机关办案组织研究与重构》，载《人民检察》2015年第10期。

[②] 参见樊崇义：《刑事诉讼法学》，法律出版社2013年版，第109页，转引自万毅：《主任检察官制度改革质评》，载《甘肃社会科学》2014年第4期。

制、健全司法人员职业保障、推动省以下地方法院检察院人财物统一管理这4项基础性、制度性改革措施,在上海、广东、吉林、湖北、海南、青海6个省市先行试点,按照可复制、可推广的要求,推动制度创新,着力解决影响司法公正、制约司法能力的深层次问题,并将完善司法责任制作为4项改革措施的重点予以明确。① 完善人民检察院司法责任制是一项综合性改革,涉及检察人员分类管理、检察官员额制、检察机关办案组织及运行方式、检察委员会机制、检察管理和监督机制等多个方面的具体改革措施。其中,检察机关办案所采取的组织形式,是人民检察院司法责任制形成的基础,不同的组织形式对应不同的责任方式,形成不同的检察权运行机制。②

党的十八届三中、四中全会都对完善司法责任制提出了明确要求。③ 随着改革的深化,司法责任制在整个司法体制改革中的地位和意义越来越突出,受关注程度越来越高。习近平总书记在中央政治局第21次集体学习时要求,"要紧紧抓住司法责任制这个牛鼻子,凡是进入法官、检察官员额的,要在司法一线办案,对案件质量终身负责"④,指出了这项改革在司法体制改革中的核心地位。强调完善司法责任制的核心地位,主要有两方面原因:一是完善司法责任制是本轮司法改革的重要内容,其成效与本轮司法改革的成败密切相关;二是本轮司法改革是深层次的体制机制性改革,一些重大改革举措之间的系统性、关联性很强,需要统筹推进,而司法责任制改革具有牵一发而动全身的意义和作用。因此,健全检察机关办案组织,明确执法权限和责任,优化办案模式,有利于解决影响司法公正的深层次问题,提高办案质量效率,提升检察公信力。

(二) 健全检察机关办案组织是对传统办案模式的优化调整

长期以来,检察机关办案实行"检察人员承办,办案部门负责人审核,

---

① 参见《坚持顶层设计与实践探索相结合积极稳妥推进司法体制改革试点工作》,载《检察日报》2014年6月16日第1版。

② 参见尹伊君等:《检察机关办案组织内部职权配置研究》,载《人民检察》2016年第5期。

③ 2013年11月12日,中国共产党第十八届中央委员会第三次全体会议通过《中共中央关于全面深化改革若干重大问题的决定》,规定"完善主审法官、合议庭办案责任制,让审理者裁判、由裁判者负责"。2014年10月23日,中国共产党第十八届中央委员会第四次全体会议通过《中共中央关于全面推进依法治国若干重大问题的决定》,规定"完善主审法官、合议庭、主任检察官、主办侦查员办案责任制,落实谁办案谁负责"。

④ 参见《以提高司法公信力为根本尺度 坚定不移深化司法体制改革》,载《检察日报》2015年3月26日第1版。

检察长或者检察委员会决定"的办案模式,① 简称三级审批制。该办案模式"区分承办、审核与决定三个环节,依上命下从的管理机制,将决定权集中于检察长,因此具有典型的行政化特征"。② 这种办案模式的优点是能够较好地体现检察一体,保证法律的统一适用;能够较好地强化对办案工作的领导和监督,防止检察权的滥用;能够集中集体智慧,发挥办案骨干的审查把关作用。但是,随着法治建设的深入推进和检察官专业素质的提升,这种办案模式在司法实践中也暴露出一些问题,已不能完全适应检察机关办案的需要。比如,审批层级过多,影响办案效率;审者不定、定者不审,违背司法规律;承办人过度依赖领导,难以适应检察官队伍专业化、职业化的发展方向;各层级权限不明、责任不清,司法过错责任难以严格落实;等等。

检察机关现有办案模式最突出的特点,"是由于强势的行政因素和行政关系的影响,承办检察官缺乏决定权,因而既不构成行政法上的独任制检察官署,也未成为以判断权为根本特性,具有独立地位和决定权限的司法官。而在'三级审批制'下,只有检察长负责制,而无真正意义上的检察官责任制"。③ 因此,需要对传统的办案模式进行优化调整,突出检察官办案主体地位,将办案与定案、权力与责任统一起来,建立责权利相一致的检察权运行机制,形成各司其职、各负其责的办案责任体系,以有效整合现有人才资源,引导优秀检察官向检察业务工作、向办案一线集中,促进内设机构扁平化和办案专业化,提升检察队伍素质和法律监督效能。

二、健全检察机关办案组织的原则

(一)坚持法律规定的检察机关领导体制

《宪法》第 132 条规定,"最高人民检察院是最高检察机关。最高人民检察院领导地方各级人民检察院和专门人民检察院的工作,上级人民检察院领导下级人民检察院的工作"。《人民检察院组织法》第 3 条规定,检察长统一领导检察院的工作。《宪法》和《人们检察院组织法》还规定,人民检察院依照

---

① 《检察机关执法工作基本规范(2013 年版)》第 19 条规定,"人民检察院办理案件,由检察人员承办,办案部门负责人审核,检察长或者检察委员会决定"。参见最高人民检察院:《检察机关执法工作基本规范(2013 年版)》,中国检察出版社 2013 年版,第 2 页。

② 龙宗智:《检察机关办案方式的适度司法化改革》,载《法学研究》2013 年第 1 期。

③ 龙宗智:《检察机关办案责任制相关问题研究》,载《中国法学》2015 年第 1 期。

法律规定独立行使检察权,不受行政机关、社会团体和个人的干涉。① 这种检察一体、上令下从的领导体制决定了检察权运行机制,既不同于法院的审判权运行机制,也不同于国(境)外的检察权运行机制,有着鲜明的自身特点。健全检察机关办案组织,不是简单的放权,更不能否定和弱化宪法法律规定的检察机关领导体制,而要在赋予检察官相对独立的依法对案件作出处理决定职权的同时,又要坚持检察一体原则,加强上级人民检察院、检察委员会、检察长对办案工作的领导。健全检察机关办案组织,不是构建一个全新的检察权运行体系和司法责任体系,而是在发挥中国特色社会主义检察制度体制优势、坚持长期以来形成的有效做法的基础上,改革那些不适应形势发展和司法办案需要的问题和弊端,是在继承基础上的发展,是一种自我完善。②

(二)遵循司法规律,符合检察职业特点

检察机关是法律监督机关,检察权既有司法属性,又有行政属性,还有监督属性。③ 健全检察机关办案组织既要遵循司法活动的一般规律,也要符合检察职业的特殊规律。司法规律是司法活动的内在规定性,由司法活动的性质所决定。司法过程是认定事实、适用法律的过程,其最重要的功能就是对诉争案件实现是非曲直的判断,因此,司法活动必然是一个裁断性的活动。要保证裁断的科学性和合理性,必然要求裁断者亲身经历诉讼程序,直接审查证据和认定事实。同时,为了给司法活动的裁断性、亲历性提供保障,必然要求司法者具有一定的独立性,司法者只根据自己对事实的把握以及对法律的理解作出判断。裁断性、亲历性、独立性即司法规律基础性、工具性的特征。④检察职能既有司法职能的基本属性,又与审判职能相区别。权力属性的多元化、业务类型的多样化,决定了在构建检察权运行方式和司法责任体系时,不能用一种模式来涵盖所有的检察业务,而要坚持分类创制。对司法属性较强的检察业务,如侦监、公诉,应更多地运用司法方式确立检察权运行方式;对行政属性较强的业务,如职务犯罪侦查,应更多地运用行政性的运行方式;对监督属性较强

---

① 《宪法》第131条规定,"人民检察院依照法律规定独立行使检察权,不受行政机关、社会团体和个人的干涉"。《人民检察院组织法》第9条规定,"人民检察院依照法律规定独立行使检察权,不受其他行政机关、团体和个人的干涉"。

② 参见尹伊君等:《检察机关办案组织内部职权配置研究》,载《人民检察》2016年第5期。

③ 参见《集思广益共破改革难题》,载《检察日报》2015年7月12日第1版。

④ 参见尹伊君等:《检察机关办案组织内部职权配置研究》,载《人民检察》2016年第5期。

的业务，如刑事执行检察、民事行政检察，因操作中更加复杂，应当考虑具体情形而设置。因此，健全检察机关办案组织，既要遵循裁断性、亲历性、独立性等司法规律基础性的特征，也要依据各类检察职能的权力属性来确定相应的办案组织的形式及运行方式。

（三）突出检察官办案主体地位，加强监督制约

健全检察机关办案组织是对检察权的重新配置，是对过去办案实行三级审批制的一种改变和完善，其实施关键是放权检察官。它要求检察官从缺乏自主性和独立性的案件承办人员成为有职有权、相对独立的检察权行使主体。当然，放权不是不管，既不能原封不动地继续层级审批，也不能把所有权力都给检察官，而要在依法授权、合理放权后加强对检察官的监督制约。"法官、检察官要有审案判案的权力，也要加强对他们的监督制约，把对司法权的法律监督、社会监督、舆论监督等落实到位，保证法官、检察官做到'以至公无私之心，行正大光明之事'，把司法权关进制度的笼子，让公平正义的阳光照进人民心田，让老百姓看到实实在在的改革成效。"[①] 突出检察官办案主体地位与加强监督制约是对立统一的，坚持放权与监督相结合，是对宪法法律更全面的理解。放权强调的是独立行使检察权，强化监督强调的是保障正确行使检察权，两者的根本目的一致，都是保证司法公正。因此，健全检察机关办案组织，既要明确检察官职责权限，积极放权，又要完善办案各环节之间、办案组织之间、办案组织内部的制约机制，对办案实行更有效的监督，确保检察权依法公正行使。

三、健全检察机关办案组织的设想

（一）办案组织的构建

从比较研究看，域外检察机关办案主要采取独任制和协同制两种组织形式。所谓独任制，是指承办案件的检察官，在检察辅助人员的协助下，相对独立地办理案件并作出决定。协同制可以分为临时协同制与团队办案制。前者是指承办检察官在办理案件过程中，在必要时提出要求，经检察长安排或部门协调，其他检察官予以配合的工作机制。团队办案制，指由2名以上检察官及配属的检察辅助人员组成办案团队，每位检察官全程参与办案，发挥团队协作精神，由担任团队负责职务的检察官，作为团队负责人，内部形成主持和协从关

[①] 参见《以提高司法公信力为根本尺度 坚定不移深化司法体制改革》，载《检察日报》2015年3月26日第1版。

系，展开重大案件办案活动的组织形式。①

在我国，法律除明确规定检委会为最高业务决策机构外，确实未规定检察机关的基本办案组织形式。实践中，受检察一体原则的限制，检察机关办案不宜也不能采用合议制，只能采用独任制，因此独任制检察官就是检察机关的基本办案组织。对重大、疑难、复杂的案件，根据案件办理需要，也会采取团队办案的形式。但即使在团队办案的组织形式下，案件的处理包括立案、侦查、起诉、不起诉、提请抗诉、提出抗诉、检察建议、不支持监督申请等法律处分，最终都是以承办人的名义作出的，因而，至少在形式上，承办人才是适合的办案组织。所以，我国检察实务中长期以来实行的承办人制度，实际上就是独任制检察官运作的具体形式。② 但是，在三级审批制下，检察官只是案件的承办者，并不拥有决定权，与此同时，我国三大诉讼法均以检察机关为诉讼法律关系的主体，并未确认检察官独立的诉讼地位，所以，可以说我国并不存在严格意义上的独任制。

让办案者定案、由定案者负责，既是当前司法体制改革的明确要求，也是保障检察权依法独立公正行使的重要举措。2015年9月，中央全面深化改革领导小组审议通过了《关于完善人民检察院司法责任制的若干意见》，明确提出了独任检察官和检察官办案组的概念，这实际上规定了检察机关两种基本的办案组织形式。③ 笔者进一步认为，检察机关办案应当采取检察官单独办案为主、团队办案为辅的组织形式。将独任制规定为检察机关办案基本组织形式的原因有二：一是在于检察权的司法属性。司法权最重要的特征是判断权，而这种判断，是司法官对涉案事实与法律适用的判别和确认，只能基于个体的理性，体现个体的差别，因此须以个体在精神上独立的方式作出。二是在于检察业务的性质。从实际情况看，现代社会犯罪案件尤其是检察机关重点关注的职务犯罪、经济犯罪案件的侦查难度增加，为有效控制犯罪，团队办案可能成为检察官对大、要案件侦查的常态，但检察机关办理的大部分甚至绝大部分案件，仍属于可以采用独任制形式办理的普通刑事案件。因此，检察机关办案组织形式应当以独任制为主要和基本的形式，而以团队办案作为辅助形式或必要

---

① 参见龙宗智：《检察官办案责任制相关问题研究》，载《中国法学》2015年第1期。
② 参见万毅：《主任检察官制度改革质评》，载《甘肃社会科学》2014年第4期。
③ 《关于完善人民检察院司法责任制的若干意见》第4条规定，根据履行职能需要、案件类型及复杂难易程度，实行独任检察官或检察官办案组的办案组织形式。

补充。①

在检察机关具体办案中,应当根据业务类别、案件类型和复杂难易程度,综合确定是采取检察官单独办案或者团队办案。通常来看,审查逮捕、审查起诉案件的办理更强调司法性,一般应由独任检察官承办,重大、疑难、复杂的案件可以由检察官办案组承办。检察机关直接受理立案侦查案件的办理更强调检察一体原则,办案的行政性较强,一般应由检察官办案组承办,简单案件可以由独任检察官承办。诉讼监督等其他法律监督案件,一般应由独任检察官承办,重大、疑难、复杂的案件可以由检察官办案组承办。②

(二) 检察人员的职权划分

在实施检察人员分类管理和落实检察官员额制的改革背景下,无论是独任检察官办案,还是检察官办案组办案,均需配备必要的检察辅助人员,以公正、高效地行使检察权,充分履行检察职能。同时,在现行法律框架下,办案均要对检察长负责,特殊案件需要由检察长或检察委员会决定。因此,应当明确检察长、检察官和检察辅助人员的职责权限,突出检察官在办案中的主体地位,使检察官在职权范围内相对独立地承办和决定案件,按照"谁办案谁负责、谁决定谁负责"的要求,使检察官既成为司法办案的主体,也成为司法责任的主体。③

依据现行法律,为防范个人滥用权力,我国检察制度以检察机关为检察权行使的主体,以检察长负责制为检察权运行机制的基本内容,并未确认检察官在诉讼法上的独立地位。在目前制度背景下推动改革,赋予检察官相对独立的地位,突出其办案主体作用,应当考虑将办案过程中哪些决定权、处置权划归检察官行使,既要有效建立责权利相统一的检察官办案责任制,又要维系检察

---

① 参见龙宗智:《检察官办案责任制相关问题研究》,载《中国法学》2015年第1期。

② 《关于完善人民检察院司法责任制的若干意见》第5条规定,审查逮捕、审查起诉案件,一般由独任检察官承办,重大、疑难、复杂案件也可以由检察官办案组承办;第6条规定,人民检察院直接受理立案侦查的案件,一般由检察官办案组承办,简单案件也可以由独任检察官承办;第7条规定,诉讼监督等其他法律监督案件,可以由独任检察官承办,也可以由检察官办案组承办。

③ 参见《明晰检察人员职责权限 严格司法责任认定追究——最高检司改办负责人就〈关于完善人民检察院司法责任制的若干意见〉答记者问》,载《检察日报》2015年9月29日第2版。

一体原则及保障办案质量，做到检察官办案责任制与检察长负责制的协调。①在划分权限过程中，可参考以下五个因素：一是重要性。重大事项由检察长或检委会最终决定，一般事项可授权检察官处理。二是争议性。有争议的案件强调程序的正当性与实体处理的正确，原则上应当由检察长审核，无争议的案件更强调诉讼的效率，可由检察官处理。三是强制性。对强制侦查实行司法审查和令状主义，是刑事诉讼法正当程序的要求。因此，应当区别侦查取证行为的性质，使强制侦查由检察长决定，任意侦查由检察官决定。四是程序性。案件办理程序上行，如提起公诉，可授权检察官决定，案件办理程序下行（逆行），如决定不起诉或撤销案件，属于打破原办案逻辑的重大事项，应由检察长或检委会决定。五是表达方式。言词业务一般由检察官把握，书面决定应当经检察长审核作出，以保证决定的严肃性、正确性和法律适用的统一性。②

在办案组织内部，应当明确检察官与检察辅助人员的权限。《人民检察院工作人员分类管理制度改革意见》规定，检察辅助人员是协助检察官履行检察职责的工作人员，包括检察官助理、书记员、司法警察和检察技术人员等。因司法警察和检察技术人员的职责较为明确，书记员主要负责文字记录、归档等事务性工作，与检察官的职责易于区分，所以明确检察官与检察辅助人员权限的关键是区分检察官与检察官助理的职责范围。检察官是依法行使国家检察权的检察人员，检察官助理是在检察官的指导下协助检察官行使检察权的检察人员，因此，应当明确检察官的办案主体地位及检察官助理的协助地位，合理划分职责权限，让检察官能够从事务性工作中解脱出来，集中精力去办案。

（三）相关配套制度的建立

1. 建立检察官履行法定职责保护机制

司法是社会公平正义的最后一道防线。作为坚守这最后一道防线的司法人员，不仅应具备相应的高素质，而且要享有履行法定职责的制度保障，以更好地行使司法权。从司法人员职业保障最基本的意义来看，司法人员在履行法定职责过程中，只有得到充分而有效的保护，才能敢于担当、不徇私情，做到严格、公正司法。建立健全检察官履行法定职责保护机制，可以使检察官在办案

---

① 参见龙宗智：《检察官办案责任制相关问题研究》，载《中国法学》2015 年第 1 期。

② 参见龙宗智：《检察官办案责任制相关问题研究》，载《中国法学》2015 年第 1 期。

中免受党政机关、社会团体和个人的干涉,在面对矛盾和利害关系的焦点时更加从容,依法公正、独立地行使检察权。当前的司法改革在促进和保障检察机关、检察官依法独立、公正行使检察权上得到了加强,更加突出强调检察官的办案主体地位,但也强调了对司法责任的追究,即"办案质量终身负责制"。不过,职业保障和责任追究这两个问题虽然都重要,但只有在建立检察官履行法定职责保护机制,使检察官依法独立、公正行使检察权得到了充分保障后,追究其司法责任才有相应的根据。因此,党的十八届四中全会通过的《中共中央关于全面推进依法治国若干重大问题的决定》提出,"建立健全司法人员履行法定职责保护机制。非因法定事由,非经法定程序,不得将法官、检察官调离、辞退或者作出免职、降级等处分"。[①]

在实施检察人员分类管理、落实检察官员额制的基础上,建立检察官履行法定职责保护机制主要包括以下四个方面的内容:一是建立检察人员职业保护制度,非因法定事由,非经法定程序,不得将检察官调离、辞退或者作出免职、降级等处分;二是建立领导干部干预司法活动、插手具体案件处理的记录、通报和责任追究制度[②];三是建立省以下检察院人财物统一管理体制,使检察权的行使不易受到干扰;四是建立科学合理的办案质量评价机制和检察官业绩评价体系,评价结果作为检察官任职和晋职晋级的重要依据。

2. 加强对检察官办案的监督制约

在检察官办案责任制改革背景下,一些原属检察长或部门负责人的权力被划归检察官行使,检察官的办案权力得到了显著加强。"一切有权力的人都容易滥用权力,这是万古不易的一条经验,防止滥用权力的方法,就是以权力制约权力。"[③] 检察官的权力范围扩大,若无相应的监督制约机制,就会为检察官滥用检察权留下很大空间,因此,应当加强对检察官办案的监督制约,确保

[①] 参见王敏远:《论加强司法人员的职业保障》,载《中国司法》2015年第5期。

[②] 2015年3月,中共中央办公厅、国务院办公厅印发的《领导干部干预司法活动、插手具体案件处理的记录、通报和责任追究规定》,中央政法委员会印发的《司法机关内部人员过问案件的记录和责任追究规定》,在同一天公布。这两个《规定》,一个从外部建立防止领导干部干预司法活动的"防火墙"和"隔离带",一个从内部架起司法人员过问案件的"高压线",两者在内容上配套衔接,共同构建防止干预司法办案活动的制度屏障,对于维护司法公正、提高司法公信力,具有十分重要的意义。参见《防止干预司法办案活动的制度屏障》,载《检察日报》2015年3月31日第1版。

[③] 孟德斯鸠:《论法的精神》(上册),商务印书馆1961年版,第154页,转引自殷方龙:《浅论执法公信视角下检察权运行内部监督与制约机制完善》,载《法学杂志》2013年第12期。

检察权规范行使。

具体而言,可从以下方面着手:一是加强检察长、检委会的领导和监督。检察官与主管副检察长的意见不一致时,应报检察长审批;检察官与检察长的意见不一致或者属于应提交检委会研究的案件,应提交检委会研究决定。二是建立办案组织内部的监督制约机制,加强办案组织成员之间的相互监督和工作制约。三是建立统一业务应用系统,实现办案信息网上录入、办案流程网上管理、办案活动网上监督。四是加强案件管理部门的监督,由案管部门对办案工作实行统一集中管理,全面记录办案流程信息,全程、同步、动态监督办案活动,对办结后的案件质量进行评查。五是建立随机分案为主、指定分案为辅的案件承办确定机制。六是构建开放动态透明便民的阳光司法机制,推进新媒体公开平台建设。七是接受人大、政协、社会各界、新闻媒体以及人民监督员的监督,依法保障律师执业权利。八是进一步完善内部监督制约机制,加强纪检监察机构的监督。

3. 公平合理地确定司法责任

落实"谁办案谁负责、谁决定谁负责",是完善人民检察院司法责任制的核心。目前,检察机关在一定程度上存在责任分散、主体不明、责任难追等情况。健全检察机关办案组织,要求检察机关确定司法责任承担主体,做到把责任落实到人。既通过明确司法责任促使检察人员恪尽职守、忠诚履职,又确保依法履行职责、尽到注意义务的检察人员不受追究,鼓励检察官在职权范围内依法对案件作出决定。

在保障正当履职和加强责任追究的双重内涵中,追究意义上的司法责任由于关系到检察人员的惩处规则而备受关注。所谓追究意义上的司法责任,就是指检察人员在行使职权过程中出现过错行为所应承担的不利后果。从最高人民检察院出台的《关于完善人民检察院司法责任制的若干意见》来看,设置追究意义上的司法责任应当注意五点:一是追究司法责任必须满足相应的条件。即责任承担主体须为检察人员,检察人员存在过错行为,过错行为必须是司法办案过程中的职务行为。二是司法责任不是检察人员过错责任的全部。检察人员做出的与办案活动无关但违反职业道德准则或纪律、法律规定的违纪违法行为,不是司法责任,而是单纯的纪律责任或法律责任。三是司法责任不是一种责任形式,而是因司法人员身份的特殊性和司法过程的特殊性而形成的一种由轻到重、层层递进的违法违纪追责体系。对司法人员的具体处理是按照党纪处分、纪律处分和法律处分三个层次划分的,且此三种处分形式可以并用。四是司法责任的归责原则是行为责任原则。即使有错案发生,但检察人员履行了应尽义务,没有行为过错的,不承担司法责任。这主要是希望通过保障权力独立行使和严格责任追究来实现检察官在履职过程中的责任担当。五是司法瑕疵不应列入司法责任范围。检察人员在办案中出现一些小的疏漏,如法律文书格式、文字、符号等出现错误,只要不影响案件处理,就不宜作为司法责任予以追究,避免司法责任的规定过于严苛。①

---

① 参见葛琳:《追究意义上的司法责任有三个特点》,载《检察日报》2016年3月30日第3版。

司法体制改革试点中的检察办案组织研究

杨 平 杜 颖[*]

司法责任制是司法体制改革必须牵住的"牛鼻子",而检察办案组织的改革则是落实司法责任制的关键一环。曹建明检察长指出:"办案组织是检察权运行机制的载体和细胞,也是司法责任制的基础。"[①]以检察官为基础建立符合司法责任制要求的检察办案组织,确保检察官真正成为行使检察权的主体,是改革试点中的一项重要的基础性问题。

一、检察办案组织的定位与内涵

关于检察办案组织的概念,有的学者认为,检察机关办案组织是确保推动检察权运行的最基本的组织单元;[②] 有的学者认为"办案组织是司法机关最基本的组织单元",三级审批制之下的业务处、科就是检察机关最基本的办案单元;[③] 有的学者认为,检察机关办案组织主要是指检察官的设置和使用,检察官是检察权运行的最基本组织形式和组织单元。[④] 事实上,检察机关长期实行履行检察权的"三级审批制",实际上是以业务处(科)室为单元,在本项业务范围内既负责办案,又负责监督。在业务机构中作为个体的检察员、助理检察员固然不是检察组织,业务机构似乎也不是严格意义上的办案组织。行政化的司法办案工作机制导致办案组织的概念不清晰,组织形式也不健全。

---

[*] 作者简介:杨平,重庆市人民检察院党组成员、政治部主任;杜颖,重庆市人民检察院政治部干部处处长。

[①] 参见曹建明检察长 2015 年 7 月 7 日在大检察官研讨班上的讲话。

[②] 参见向泽选:《检察办案组织的改革应当彰显司法属性》,载《人民检察》2013 年第 22 期。

[③] 参见张栋:《主任检察官制度改革应理顺"一体化"与"独立性"之关系》,载《法学》2014 年第 5 期。

[④] 参见徐鹤喃:《检察改革的一个视角——我国检察机关组织机构改革论略》,载《当代法学》2005 年第 6 期。

基于司法责任制的要求，检察办案组织应当包括以下几个方面的要素：一是要体现"直接办案"的亲历性特点，基于审批的组织体系不是办案组织；二是要体现"办案单元"的团队特点，单个的检察官或者辅助人员不能成为办案组织；三是要体现"检察一体"的组织特点，检察办案组织必须置于检察长、检察委员会领导之下，由检察官负责。

根据司法责任制的特点，最高检对检察办案组织提出了"因需设职"的要求，即"人由案生、案随人走、上案有责、下案无权"。《关于完善人民检察院司法责任制的若干意见》也从组织形式、人员组成、权属要求等方面对健全检察办案组织及运行机制进行了明确规定，为各地司法体制改革试点中建立检察办案组织提供了基本遵循。

1. 明确了办案组织的两种形式：根据履行职能需要、案件类型及复杂难易程度，实行独任检察官或检察官办案组的办案组织形式。其中检察官办案组可以相对固定设置，也可以根据司法办案需要临时组成。

2. 明确了办案组织的组成：独任检察官承办案件，配备必要的检察辅助人员；检察官办案组由两名以上检察官组成，配备必要的检察辅助人员，办案组负责人为主任检察官。

3. 明确了办案组织的权属：独任检察官、主任检察官对检察长（分管副检察长）负责，在职权范围内对办案事项作出决定。

4. 明确了各主要业务的办案组织形式：审查逮捕和审查起诉案件，一般由独任检察官承办，重大疑难复杂案件也可以由检察官办案组承办；直接受理立案侦查的案件，一般由检察官办案组承办，简单案件也可以由独任检察官承办；诉讼监督等其他法律监督案件，可以由独任检察官承办，也可以由检察官办案组承办。

二、检察办案组织的实践与分析

作为全国第二批改革试点地区，重庆的法、检两院自2015年9月起正式启动了司法体制改革试点工作。检察机关确定了1个检察分院、4个区县检察院作为试点院，首批共选任员额内检察官161名，并按照司法责任制的要求构建新型检察办案组织，自2015年12月26日起正式按司法责任制的要求运行。5个试点院共设置独任检察官119名，相对固定的检察官办案组9个。侦查监督、公诉案件，诉讼监督等其他法律监督案件原则上由独任检察官承办，职务犯罪案件原则上由检察官办案组承办。重大、疑难、复杂案件经检察长（分管副检察长）决定可以临时组成检察官办案组承办。

表 1　试点院业务部门检察官、检察官助理、书记员分布情况表

	侦监公诉		侦查预防		诉讼监督		其他业务	
	检察官	辅助人员	检察官	辅助人员	检察官	辅助人员	检察官	辅助人员
试点分院	13	14	8	20	9	17	5	7
试点区院 A	8	10	5	11	3	10	3	6
试点区院 B	27	25	11	21	4	13	7	8
试点区院 C	9	10	5	14	3	7	1	6
试点县院	8	11	6	13	4	10	2	7
合　计	65	70	35	79	23	57	18	34

表 2　试点院业务部门检察办案组织情况表

	侦监公诉		侦查预防		诉讼监督		其他业务	
	独任	办案组	独任	办案组	独任	办案组	独任	办案组
试点分院	13			2	9		5	
试点区院 A	8		5		3		3	
试点区院 B	27			5	4		7	
试点区院 C	9		3	1	3		2	
试点县院	8		4	1	4		2	
合　计	65	0	12	9	23	0	19	0

（一）侦监公诉办案组织及运行情况

侦监及公诉业务岗位在员额内检察官中占据的比重较大。5 个试点院 161 名检察官中，身在侦监公诉岗位的有 65 人，占检察官总数的 40.4%；共配备检察官助理和书记员 70 人，检察官和辅助人员的比例为 1∶1.08。按照最高检"审查逮捕和审查起诉案件，一般由独任检察官承办，重大疑难复杂案件也可以由检察官办案组承办"的要求，试点院侦监公诉部门全部实行独任检察官，基本按照"一带一"的模式，为每一名检察官配备一名助理或书记员；遇有重大疑难复杂案件时，再临时组建检察官办案组，没有建立相对固定的办案组。

（二）侦查预防办案组织及运行情况

5 个试点院为侦查及预防岗位配备检察官 35 名，占检察官总数的 21.7%；

配备检察官助理和书记员 79 名，检察官和辅助人员的比例为 1∶2.3。按照"直接受理立案侦查的案件，一般由检察官办案组承办，简单案件也可以由独任检察官承办"的要求，23 名检察官组成了 9 个相对固定的检察官办案组，另外还设置了 12 名独任检察官负责办理简单案件。职务犯罪预防工作寓于日常办案之中，在侦查检察官中指定一人相对固定牵头负责。根据侦查工作集团作战的特点，侦查预防办案组织采取了"一带几"的人员配比模式，与侦监公诉"一带一"有着明显区别。

（三）诉讼监督办案组织及运行情况

诉讼监督，即刑事执行检察、民事行政检察、控告申诉检察岗位共配备检察官 23 名，占检察官总数的 14.3%；配备检察官助理和书记员 57 名，检察官和辅助人员的比例为 1∶2.5。虽然最高检提出"诉讼监督等其他法律监督案件，可以由独任检察官承办，也可以由检察官办案组承办"，但重庆检察机关从工作实际出发，要求诉讼监督案件原则上也应由独任检察官承办。

（四）其他业务办案组织及运行情况

除侦监公诉、侦查预防、诉讼监督以外，选任的检察官还有少数配备在案件管理、法律政策研究以及派驻基层检察室。重庆的 5 个试点院共配备上述岗位检察官 18 名，占检察官总数的 11.2%；配备检察官助理和书记员 34 名，检察官和辅助人员的比例为 1∶1.9。案件管理、法律政策研究以及基层检察室在其自身业务范围内，没有"办案"的任务，因此这些业务岗位的"办案组织"实际上承担的不是真正的办案工作，而是其他的检察业务工作，如规范化检查、案件质量评查、规范性文件起草、法律适用研究以及基层检察工作等。

（五）未编入办案组织的检察官情况

除以上 4 个业务岗位的检察办案组织外，还有一部分检察官未编入办案组织，即各试点院的正副检察长。重庆的 5 个试点检察院首批选任的员额内检察官中，有 20 名是正副检察长，占检察官总数的 12.4%。按照中央的改革精神，重庆在试点中明确要求进入员额的正副检察长必须在检察一线直接办案。正副检察长以检察官身份办案时，视案件情况的不同分别采取独任检察官或检察官办案组形式；采取办案组形式时，正副检察长任主任检察官。2016 年 1~4 月，5 个试点院 20 名正副检察长共直接办理案件 40 件。

（六）存在的问题及分析

1. 业务管理及派驻基层检察室的办案组织问题。按照司法责任制的要求，检察官是相对独立行使检察权的主体；业务部门退出行政审批层级后，办案组

— 667 —

织成为了检察权运行机制的载体,也是司法责任制的基础。按照这一逻辑,除检察长的决定权外,检察官在行使检察权时需要以办案组织为依托,办案组织在某种意义上成为了联系检察官与检察权的纽带。但在案件管理部门、法律政策研究部门以及派驻基层检察室,分配有检察官员额,行使检察权也需要建立办案组织为载体,但又没有直接办案的任务,因此就客观形成了"办案组织不办案"的悖论。究其症结,在于"办案"无法涵盖"行使检察权"的全部内涵。业务管理及派驻检察室是行使检察权的岗位,应当配备员额内检察官;检察权运行过程中,在业务部门退出审批层级的同时,应当建立行使检察权的新的载体组织。由于这一行使检察权的载体已定名为"办案组织",因此出现了业务管理部门和派驻基层检察室既不直接办案,同时又有办案组织的现象。有的试点院为了破除这一悖论,也为了落实"员额内检察官必须在一线办案"的要求,让案件管理、法律政策研究以及基层检察室的检察官都必须办理一定数量的批捕、起诉案件。这样的做法是否科学,还有待进一步研究评估。

2. 办案组织"相对固定"与"因案而设"各有利弊。重庆检察机关的试点中,为了便于日常工作的开展,采取了检察官和检察辅助人员相对固定搭配的方式,这种方式下检察官和辅助人员相互之间长期配合,对加强日常管理、形成工作默契、提高工作质效有一定的好处,但也可能造成忙闲不均,人力资源得不到合理的应用。实践中有的检察官也反映,最优秀的助理只有那么几个,一旦给自己搭配的助理能力不强,今后工作开展就会比较吃力。但如果全部的办案组织都"因案而设",则只能在分案时再把检察官和检察官助理、书记员进行临时搭配,可能在不同的案件中办案人员出现交叉,各个临时的办案组织在工作上难免有所牵扯,影响工作的开展。同时,绝对的"因案而设"也不利于检察官针对性指导助理、帮助助理提高办案水平。

3. 检察办案组织的内部关系问题。办案组织中,有检察官,还有检察官助理、书记员;检察官办案组中还有主任检察官,因此,检察官和辅助人员的关系,以及主任检察官与检察官、检察辅助人员的关系,是办案组织中的基本问题。重庆检察机关在试点中出台了《检察官、检察辅助人员岗位职责规范》,其中对检察官、检察辅助人员的岗位职责明确了"检察官组织辅助人员办理案件或者开展检察业务管理工作","检察辅助人员应当接受检察官的指派,协助其办理案件或者开展检察业务工作,对检察官负责";对检察官办案组,明确了"主任检察官应当对组内其他检察官承办的办案事项处理意见进行审核,不同意检察官处理意见的可以要求复核,复核后意见仍不一致的,主任检察官可以在其权限范围内直接作出决定,也可以提交检察长或者检察委员会决定"。但是,目前仍然有几个问题没有得到解决:一是办案组织中检察官对辅助人员除业务上的指导关系外，还有没有日常工作中的管理职责；如果不赋予检察官一定的管理职责，如何保证助理完成各项工作安排。二是检察官办案组中如何准确界定检察官的职责定位，办案组中有主任检察官、检察官、检察辅助人员，如果赋予检察官一定的案件处理决定权，检察官与主任检察官的决定权应如何界分；如果不赋予检察官任何决定权，检察官与本办案组内的检察辅助人员职责又应如何界分。三是工作业绩评价的问题，由于检察官最了解办案组织内辅助人员的履职情况，也出于激励辅助人员认真履职的目的，是否应当赋予检察官对检察辅助人员的工作业绩一定的评价权，同理，主任检察官是否也应对本办案组的其他检察官、辅助人员的工作业绩有一定的评价权，等等。

4. 检察办案组织与业务部门的关系问题。改革前，检察权的运行是以检察机关内设业务部门为基本单位来展开的，检察长抓业务工作的主要抓手也是各业务部门。改革后，业务部门退出了审批层级，进入员额的检察官直接向检察长、分管副检察长负责，业务部门成为了纯粹的司法行政管理层级。虽然有检察官联席会、部门负责人日常监督的存在，业务部门对检察官的决定也不再有改变权，即使发现可能存在问题，也只能向检察长、分管副检察长报告。但是，制度设计之所以在办案组织之上依然保留了业务部门，没有选择在检察长、分管副检察长之下直接设立办案组织，这就说明业务部门除了日常行政管理之外，还需要承担一定业务管理职责。但这些业务管理职责有哪些，业务管理如何与办案组织行使检察权的工作准确界分，让业务部门既能有效管理，又能规范管理，不干涉办案组织的正常工作，是下一步需要认真研究的问题。

三、检察办案组织的完善与健全

（一）完善与健全办案组织的基本原则

完善和健全检察办案组织，是司法体制改革的一项基础内容。在坚持中央关于司法体制改革的总体思路、基本原则和最高检指导意见的前提下，对完善检察办案组织应当坚持以下三项基本原则：

1. 全面履行检察权原则。作为检察权运行的载体，设置检察办案组织的根本目的在于行使检察权。法律明确规定的职务犯罪侦查权、公诉权、诉讼监督权之中，侦查权是典型的行政属性，公诉权是司法属性，诉讼监督权是行政、司法兼而有之。随着各项检察业务日益呈现出专业化、精细化的态势，在传统的侦查、公诉、诉讼监督三项职权之下，还可以细分出更多的子项职权。设置办案组织，不仅要考虑法律监督这一项共同的属性，还要对各类行使检察权的岗位职权进行分解，考察不同职权的不同规律和特点，分析具体行使某一项职权的条件和要求。但无论如何,"办案"都无法涵盖检察权的全部。因此,检察办案组织虽名为"办案",在实践中必须要把职权范围扩展为"行使检察权",不能因名称上的局限使检察权在组织层面落空,让"不办案的检察权"也能有相应的细胞和单元来承担。

2. 确保检察官相对独立行使检察权原则。设置检察办案组织,是在检察官与行使检察权之间搭建的桥梁和纽带。因此,检察办案组织的设置对内应当突出检察官的主导地位,办案组织内的辅助人员应当服从检察官的指挥;对外应当妥善处置办案组织与检察业务机构的关系,避免业务机构不当干涉办案组织行使检察权的履职活动,侵蚀检察官相对独立行使检察权的主体地位。

3. 优化高效、按需设置的原则。设置检察办案组织,必须以各项检察权的特点为基础,切合侦查、公诉、诉讼监督等各项业务工作的不同需要。同时,还应考虑不同层级检察院的工作特点,根据承担的直接行使检察权、对下指导两项职责的不同轻重配比,办案组织设置也应当有所不同。优化高效,是要在办案组织设置上遵循优化人力资源配置的要求,提高检察机关的工作效率。

(二)完善和健全办案组织应当考虑的几个因素

1. 各项检察权的不同属性

侦查权作为一种行政性权力,具有主动性、效率性、强制性、秘密性等特点。[①] 侦查权积极追求"证明犯罪",与被动性的司法权相异;侦查权严格执行上令下从的指挥作战方式,与相对独立的司法办案有明显区别。检察机关的职务犯罪侦查权,以职务犯罪为侦查对象,面对的主要是国家工作人员,比一般的刑事犯罪侦查难度更大,对侦查能力、侦查组织、侦查纪律的要求更高。因此,相应地行使侦查权的检察办案组织必须组织更加严密、纪律更加严格、上下联动更加顺畅,做到快速反应、集团作战。

公诉权是在查明犯罪事实、查获犯罪嫌疑人的基础上,向法院提起诉讼,要求追究被告人刑事责任的职权。公诉权是典型的司法权,办案组织不宜过大,以免影响检察官司法亲历的改革要求。

诉讼监督权包括立案监督、侦查活动监督、刑事审判监督、民事行政诉讼监督、刑事执行监督等,可能涉及自行侦查、审查批捕、出庭应诉等多项职权,同时,刑事执行监督还涉及派驻监管场所检察室,办案组织设置时应充

---

① 汪建成、王一鸣:《检察职能与检察机关内设机构改革》,载《国家检察官学院学报》2015年第1期。

考虑履行各种检察权的可能性。

案件管理、法律政策研究等其他检察权，以事务性工作为主，设置办案组织时应当把这些履行检察权岗位的特点充分考虑进去。

2. 检察官员额数及人员配比

建立检察办案组织，必须以人员分类为基础。办案组织中，既要有一定数量的检察官，也要有一定数量的检察辅助人员。在检察官、检察辅助人员、司法行政人员的三大类之下，检察辅助人员又分为了检察官助理、书记员、检察技术人员和司法警察四小类，其中检察技术人员和司法警察是在某些特定的情况下协助检察官履职，一般只有检察官助理和书记员才能与检察官组成办案组织。在具体设置时，必须考虑某一检察院内部检察官、检察官助理和书记员的人员配比情况。

按照中央关于司法体制改革试点中人员分类的规定，检察官员额数必须控制在政法专项编制数的39%以内，检察辅助人员应当在编制数的46%以上，司法行政人员应控制在15%以内。行政人员已经没有再继续压缩的空间，如果选任的员额内检察官数量过多，相应地辅助人员数量就会减少，其中的检察官助理和书记员数量将会更少，甚至可能检察官和书记员加起来都达不到员额内检察官的数量。"官多兵少"，独任检察官可能面临辅助人员不够分的局面。

3. 检察官与检察辅助人员的关系

办案组织中检察官与检察辅助人员的关系，是健全完善办案组织时无法回避的问题。《关于完善人民检察院司法责任制的若干意见》只明确了为独任检察官和检察官办案组"配备必要的检察辅助人员"，"检察官助理在检察官的指导下履职"，这说明检察官和检察辅助人员之间在业务上是指导关系，以检察官为主，辅助人员为辅。但实践中案多人少矛盾突出，办案组织的大量工作都需要由检察辅助人员协助检察官完成，可以说离开辅助人员的检察官寸步难行。如果只明确检察官和辅助人员之间是指导关系，那么检察官对辅助人员的控制力不足，难以保证辅助人员按照检察官的意图完成好行使检察权的各项工作。但如果明确检察官对辅助人员是领导关系，又可能回到过去的行政模式，把进入员额的检察官变成一个个"小科长"、"小处长"，与业务工作淡化行政色彩的改革导向相悖。解决思路之一是在保持检察官与辅助人员之间指导关系的基础上，让检察官参与到检察辅助人员的业绩考评过程之中，既能保证办案组织不被行政化，又能保证检察官对辅助人员一定的控制力。至于效果如何，还有待实践检验。

4. 检察官办案组中主任检察官与其他检察官的关系

关于办案组中主任检察官与其他检察官的关系问题，比检察官和辅助人员的关系更加模糊。《关于完善人民检察院司法责任制的若干意见》只明确了"办案组负责人为主任检察官",但主任检察官与检察官的关系并不明确。办案组中在"检察官——检察辅助人员"的层级之上又增加了"主任检察官"这一层级,形成了三级结构,如果说检察官和检察辅助人员之间已明确为指导关系,那么主任检察官与检察官之间应当是何种关系?如果主任检察官对办案组办理的全案负责,那么办案组织中的检察官还有没有决定权?如果办案组织中的检察官不再拥有任何案件决定权,那么检察官将可能被混同为辅助人员使用;如果办案组织中的检察官依然应当拥有一定的案件决定权,那么"部分负责"的检察官与"整体负责"的主任检察官之间权、责应如何划分?这是健全完善办案组织必须回答的重要问题。既然实行了人员分类,检察官和检察辅助人员之间的权、责、利都有了明显界分,那么办案组中的检察官就绝不能混同于辅助人员;至于主任检察官与检察官,可以采取分片负责与总负责的思路,检察官对自己负责范围内的案件事项,可以指导辅助人员完成并作出决定,主任检察官对检察官的决定有不同意见的,可以通过一定的程序进行干预。

(三)完善健全检察办案组织的初步构想

1. "以案定员",严格控制检察官员额。重庆的改革试点中,5个试点院首批共选任员额内检察官161名,确认检察辅助人员288人、司法行政人员74人,分别占政法专项编制的28.2%、50.4%和13.0%,占实有人数的比例分别为30.8%、55.1%和14.1%;其中检察官助理152人、书记员88人、技术人员13人、法警35人。检察官与检察官助理和书记员的比值达到了1∶1.5,再扣除不需要建立相对固定办案组织的20名正副检察长,检察官与检察官助理和书记员的比值为1∶1.7,完全能够满足建立办案组织时的人员配比需要。要确保办案组织中有足够的检察官助理、书记员协助检察官行使检察权,需要把检察官员额控制在编制数的30%左右,避免人员配比捉襟见肘。

2. 明确职责,按不同业务类别分别组建相对固定的办案组织。首先应当明确检察办案组织的工作职责是行使检察权,而非字面所指的"办案";除办理案件之外的其他检察业务工作,同样属于办案组织的职责范围,如社会治安综合治理、"两法"衔接、法律适用研究、案件质量监督、执法规范化检查等,仍然属于检察办案组织的职责范围,不能以"不是办案"为由推脱。另外,上级院对辖区检察业务工作的指导,也应当纳入上级院检察办案组织的工作职责范围。下一步,还需要对各业务条线除"办理案件"之外还有哪些任务也属于行使检察权范畴进行梳理,将履行检察权的具体内容和形式进一步具体化,以准确定位各个业务岗位的检察办案组织工作职责。

在具体设计各业务类别的办案组织时，要注意两个方面的问题：一是要根据各项检察业务的不同特点，建立不同类型的办案组织；二是要灵活掌握"相对固定"与"因案而设"。具体来说，侦监、公诉业务，建立相对固定的独任检察官+助理或书记员的"1+1"搭档制办案组织为宜，如遇涉案人数特别多、案情特别复杂的案件，再临时组建检察官办案组。侦查业务，按照"侦防合一"的方式建立相对固定的检察官办案组更为适宜，办案组配备的检察官助理和书记员数量应略多于检察官的数量，遇有特别简单案件再临时指定独任检察官+1至2名助理或书记员办理。诉讼监督业务，立案监督、侦查活动监督以及刑事审判监督，一般应由侦监、公诉的办案组织一并行使；控告申诉、民行检察、刑事执行监督（包括派驻监管场所检察室），一般情况下应当以相对固定的独任检察官为主，配备2名及以上的辅助人员；遇有特别重大疑难复杂的案件，以及履行诉讼监督职能时涉及的自行侦查，可以临时组建检察官办案组办理。案件管理、检察研究、派驻基层检察室，由于配备的员额数少，主要职责也不是办案，以相对固定的独任检察官+3名及以上检察官助理或书记员为宜，遇有特别重大的业务事项，再临时组建检察官办案组。

3. 进一步明确检察办案组织的内外部关系。对外，涉及业务工作的事项，办案组织向检察长、分管副检察长负责，不受其所在业务部门的干预；在日常管理、工作纪律等方面，办案组织中的每一个人都应当接受其所在业务部门的管理和监督。对内，办案组织中的检察官负责指导本办案组织内的辅助人员开展工作，但并非上下级领导关系；对辅助人员的业绩考评应以其所在办案组织检察官的意见为重要参考；检察官办案组中，检察官在自己负责的案件或事项范围内指导辅助人员完成工作、自己作出决定并承担责任，主任检察官在检察官决定的基础上对案件或事项整体作出决定并承担责任，如果主任检察官不同意检察官决定的，可以在权限范围内自行决定或提交检察长、检委会决定，检察官不再承担责任。接下来的改革试点，还应进一步界定检察办案组织需要服从所在业务部门管理的具体事项范围，界定各业务类别检察官办案组中主任检察官、检察官各自的权限划分，使办案组织的内外部关系进一步明晰，确保检察办案组织运转顺畅。

论检察机关司法办案组织及权力运行机制的完善

——以湖北省武汉市汉阳区人民检察院改革试点为例

陈重喜[*]

经中央全面深化改革领导小组审议通过，最高人民检察院于 2015 年 9 月 28 日正式印发《关于完善人民检察院司法责任制的若干意见》（以下简称《意见》）。它适用于中央确定的司法体制改革综合试点地区确定的试点检察院，其他检察院可以参照执行。根据省检察院的统一部署和要求，汉阳区人民检察院组织专门力量成立调研组，对《意见》中关于完善检察机关司法办案组织形式及运行机制这一专题进行了调研。

一、基本业务情况：汉阳区人民检察院部门、人员结构及案件办理状况

（一）业务部门设置状况

试点改革前汉阳区人民检察院设置有 16 个内设部门，分别为：反贪局、反渎局、侦监科、公诉科、监所科、预防科、控申科、民行科、办公室、政治处、技术科、行装科、机关党委、监察室、人监办、派驻监察室。内部整合后，精简设置为"贪污贿赂犯罪侦查部、渎职侵权犯罪侦查部、批捕部、公诉部、刑事诉讼监督部、民事和行政检察部、案件管理部、人事管理部、司法行政管理局"等 9 个工作机构。

（二）检察人员结构状况

全院共有检察专项编制 106 个，实有在编检察人员 95 人，其中：现有干警 95 人，中共党员 89 人，占 93.6%。改革前有正副检察长 4 人，党组成员 6 人，专职检委会委员 2 人，检察员 52 人，助理检察员 15 人，书记员 12 人，

---

[*] 作者简介：陈重喜，湖北省武汉市汉阳区人民检察院检察长，湖北省检察业务专家。

司法警察8人，无法律职务8人。分类管理改革后，有检察官40人，检察官助理23人，书记员2人，司法警察9人，检察技术人员6人，司法行政人员16人。按行政级别分，正处级2人，副处级11人，正科级34人，副科级6人，科员42人。

（三）近3年主要办案数据（2012年1月~2014年12月）

年份	查办职务犯罪		审查批准逮捕		审查起诉		刑事执行检察		民事行政检察
	件	人	件	人	件	人	件	人	件
2012	30	34	675	891	911	1986	165	178	91
2013	27	38	787	995	1126	1432	211	226	94
2014	22	40	990	1076	1240	1500	225	245	87

二、现实问题检视：汉阳区人民检察院改革前业务运行的障碍

汉阳区是武汉市七个主城区之一，区内人口数量达70万人，执法办案业务总量较大，近年来，由于旧城改造，城市基础设施建设，流动人口增多，增加了办案工作量。检察机关办案组织形式和检察业务运行方式按照全国统一标准和模式设置，在强化内部监督、保证案件质量等方面发挥了重要作用。长期以来，检察机关"行政化"色彩较浓，检察职能与司法行政管理职能合一、业务部门职权边界模糊、办案力量分散等弊端逐渐显现，影响了法律监督职能的有效发挥，已经不能适应地区法治建设和新时期检察工作的要求。

（一）改革前业务运行模式

1. 职务犯罪侦查实行集中统一指挥模式。改革前，反贪、反渎、预防三个部门分设，其中反贪局内部又设置综合科、侦查一科、侦查二科等内设机构，各科内部分成若干个办案组，负责独立查办贪污贿赂、渎职侵权等职务犯罪案件。这种工作模式的一个明显特点，案件承办人、办案组长、科长、副局长、局长、副检察长成为检察权运行的多个主体，客观上适应职务犯罪侦查的需求，但不利于整合办案力量和办案资源，提高办案效率，促进职务犯罪侦查工作协调发展。

2. 审查逮捕、审查起诉、诉讼监督沿袭"三级审批制"模式。汉阳区院侦查监督、公诉部门和监所检察、控告申诉检察等诉讼监督部门主要实行由承办人审查、科长审核、检察长（分管副检察长）或副检察长决定的办案模式，

即承办人（负责对接收的材料进行审查，提出审查意见）→业务部门负责人（负责审核承办人审查意见）→分管副检察长（负责审批）。对于重大、疑难、复杂案件，报检察长决定或由检察长提交检察委员会讨论决定。办案组织形式以检察员或者助理检察员独立承办案件为主，以多人组成专案组为辅，以科室为单位配备1至3名书记员协助办案。独立承办案件时，由一人独立完成办案工作任务。专案组承办案件时，确定一名负责人负责统筹，根据案件具体情况细化内部职责分工。这种业务运行方式具有层层把关、内部制约的优势，有效防止了检察权的滥用。

（二）业务运行的深层障碍

1. 业务部门职能交叉重叠，影响了检察权运行的整体效能。通过对现有业务部门职能进行梳理，我们发现，业务部门职能设置上有许多交叉重叠的地方。由于业务部门设置过多，检察干警被分散至各个业务部门，机构过多和人员不足之间的矛盾比较突出，出现"一人科"、"二人科"现象，甚至还有被兼职的"无人科室"，难以有效履行检察职能。一些业务能力强的干警往往跨几个部门兼职，跨部门之间人员频繁抽调，导致有的干警忙闲不均，有的部门相互推诿扯皮，影响了检察业务工作的正常开展。

2. 现行的"三级审批"办案模式，制约了检察官办案主体地位。检察权运行模式一直沿袭由检察人员具体承办、业务部门负责人审批，检察长、副检察长（分管副检察长）或者检察委员会决定的"三级审批"办案方式。业务部门负责人、检察长因为没有实际参与具体办案，往往依赖于承办人的口头或书面汇报作出审核、批准的决定。这种层层请示汇报的办案审批制，将审核权、决定权集中于业务部门负责人、分管副检察长、检察长，弱化了检察官在承办案件中的主导作用，容易使案件承办人对检察长（分管副检察长）或检察委员会决策产生依赖心理，不利于强化其责任心和荣誉感。

3. 检察业务运行的单一"行政化"方式，难以体现检察权的多元属性。检察权既有司法属性，又有行政属性，还有监督属性。长期以来，检察权以检察机关业务部门中的局、科、室为基本单元，注重"行政化"审批。总体来说，这种检察业务运行机制客观上适应了职务犯罪侦查等部分检察业务工作，但不符合审查逮捕、审查起诉、诉讼监督案件办理的内在规律。由于这种检察业务运行方式忽视了检察权属性的多元化和业务类型的多样化，违背了司法活动直接性和亲历性的要求，往往导致案件"审而不定、定而不审"。

4. 组建办案组织在主体上存在一定的困难。汉阳区检察院检察员、助理检察员所占比例较大，但符合职业化、专业化素能要求的人员少，检察官司法能力与组建新的司法办案组织的要求存在一定的差距。此外，办案组织需要配备大量检察辅助人员，而助理检察员只有 15 人，书记员只有 12 人（包括非业务部门书记员），不能保证执法办案对检察辅助人员的需求。

三、组织形态变革：探索健全符合检察工作规律的司法办案组织

检察机关现行办案模式由高检院于 1980 年确立，并一直沿用至今。这种办案模式是以业务部门为中心构建办案组织，区分承办、审核与决定三个环节，具有层层审批、上命下从的特点。针对现行办案组织存在的问题和弊端，《意见》在继承的基础上进行了改革创新，规定了检察机关实行独任检察官和检察官办案组这两种基本的办案组织形式，通过依法合理授权，使一线检察官成为有职有权有责的相对独立的办案主体，实现以业务部门为中心向以检察官为中心的重大转变。遵循检察业务运行规律，根据履行职能需要、案件类型及复杂难易程度，以《意见》精神为指针，我们对办案组织设置作出规划。

（一）司法办案组织的类型和设定标准

1. 类型

根据办案组织中检察官人数的多寡，可以划分为独任制检察官和检察官办案组。独任制检察官，由一名检察官带领其辅助人员组成，独任检察官负责行使检察权力和领导、指挥其辅助人员办理案件。检察官办案组，由两名及以上检察官及其辅助人员组成，由其中一名检察官办案组负责人，其他检察官和辅助人员在该名检察官带领下承办案件。

根据检察业务类型的不同，可以划分为职务犯罪侦查类办案组织、刑事检察类办案组织、诉讼监督类办案组织。职务犯罪侦查类办案组织包括反贪污贿赂办案、反渎职侵权等检察业务办案组织。刑事检察类办案组织包括审查逮捕、审查起诉等检察业务办案组织。诉讼监督类办案组织包括监所、民事行政、控告申诉、案件管理等检察业务办案组织。

2. 设定标准

独任制办案组织适用于办案任务较为简单的案件，检察官办案组适用于办案任务较为复杂的案件。

职务犯罪类案件，需要团队协同作战、集中统一指挥，一般应以设立相对固定的检察官办案组为宜，简单的职务犯罪侦查案件也可以由独任检察官承办。

刑事检察类（审查逮捕、审查起诉）案件，以独任检察官承办为主；对于重大、疑难、复杂案件，设立检察官办案组办理。

诉讼监督（监所、民行、控申、案管等）类案件，以独任检察官承办为

主；对于事关全局、特殊敏感的重大、疑难、复杂案件，设立检察官办案组办理。

(二) 司法办案组织的形态和结构

根据职务犯罪侦查、刑事检察、诉讼监督等检察业务的权力属性及其运行规律不同，采用不同的办案组织形态，配备不同的人员力量，设置不同的办案组织结构。

1. 职务犯罪侦查类办案组织

独任检察官主要设两种组织形式：（1）1 名检察官＋N 名检察官助理；（2）1 名检察官＋N 名检察官助理＋N 名书记员。侦查指挥中心、职务犯罪预防部门可以配备独任检察官。

检察官办案组主要设三种组织形式：（1）2 名以上检察官＋N 名检察官助理＋N 名书记员；（2）业务部门负责人＋N 名检察官＋N 名检察官助理＋N 名书记员；（3）检察长（分管副检察长）＋N 名检察官＋N 名检察官助理＋N 名书记员。对于大要案的办理，可以根据办案工作需要跨部门抽调力量组成临时办案组。

职务犯罪侦查组织中的检察辅助人员配备不设比例要求，以业务部门为单位实行统一管理、按需调配。

2. 刑事检察类办案组织

独任检察官主要设五种组织形态：（1）1 名检察官＋N 名检察官助理；（2）1 名检察官＋N 名书记员；（3）1 名检察官＋N 名检察官助理＋N 名书记员；（4）业务部门负责人＋N 名检察官助理＋N 名书记员；（5）检察长（分管副检察长）＋N 名检察官助理＋N 名书记员。

检察官办案组主要设三种组织形式：（1）2 名以上检察官＋N 名检察官助理＋N 名书记员；（2）业务部门负责人＋N 名检察官＋N 名检察官助理＋N 名书记员；（3）检察长（分管副检察长）＋N 名检察官＋N 名检察官助理＋N 名书记员。

根据本院实际情况，批捕、公诉部门的检察辅助人员以业务部门为单位实行统一管理、按需调配。独任检察官组织中，检察辅助人员原则上按照 2∶1 的比例配备；检察官办案组中，检察辅助人员配备不设比例要求，根据办案需要进行调配。

3. 诉讼监督类办案组织

独任检察官主要设六种组织形态：（1）1 名检察官；（2）1 名检察官＋N 名检察官助理；（3）1 名检察官＋N 名书记员；（4）1 名检察官＋N 名检察官助理＋N 名书记员；（5）业务部门负责人＋N 名检察官助理＋N 名书记员；

（6）检察长（分管副检察长）+N名检察官助理+N名书记员。举报中心（接访大厅）和案管中心大厅可以配备独任检察官。

检察官办案组主要设三种组织形式：（1）2名以上检察官+N名检察官助理+N名书记员；（2）业务部门负责人+N名检察官+N名检察官助理+N名书记员；（3）检察长（分管副检察长）+N名检察官+N名检察官助理+N名书记员。

根据本院实际情况，诉讼监督部门的检察辅助人员以业务部门为单位实行统一管理。独任检察官组织中，检察辅助人员原则上按照1:1的比例配备。检察官办案组中，检察辅助人员不设比例要求，根据办案需要进行调配。

四、运行机制转变：构建公正高效的检察权运行机制

《意见》对三种不同类别的检察业务运行方式作了原则性规定，进一步明确了检察长和检察官在司法办案中的职权与责任。在遵循检察权多元属性的前提下，结合汉阳区检察院在司法实践中各类检察业务工作的特点和需要，进一步细化上述规定，调适检察权运行要素之间的相互关系，促进检察职能的优化配置和办案组织的公正高效运行。

（一）从单一的"三级审批"模式向多种模式共存转变

检察机关不仅拥有批捕权、公诉权、侦查权，还有法律监督权、司法救济权，这些权力有的具有司法属性，有的具有行政属性，有的具有监督属性。应改变过去单一的"上命下从"行政审批模式，遵循检察业务的属性特征和内在规律，采取不同的运行模式，以保障其公正高效运转。

1. 刑事检察办案部门可实行"两级审批"模式。审查逮捕、审查起诉业务具有司法属性，需要遵循司法判断的亲历性、中立性要求，应赋予检察官案件承办权和部分决定权。除法律政策明确规定必须由检察长行使的权力外，检察官可以根据检察长的授权自行承办、决定案件，无须呈报部门审核、分管副检察长审批。下列事项则必须呈报检察长决定，实行两级审批：是否逮捕、起诉、抗诉，是否提出检察建议、纠正违法意见，是否终结审查、不支持监督申请，是否回避、将案件提交检委会研究，以及法律规定应当由分管副检察长履行的其他职责。

2. 职务犯罪侦查办案部门可实行"三级审批模式"。侦查权具有较强的行政属性，职务犯罪案件社会关注度高，查处难度大，牵涉面广，为保证司法公正和办案效率，需要实行集中统一指挥和层级领导。决定立案、不立案、撤销案件、复议、复核、复查、采取强制措施和查封、扣押、冻结财产等重要侦查措施的决策权由检察长（分管副检察长）或检察委员会行使。职务犯罪侦查

部门负责人负责案件的分配、审核。调查取证、询问、讯问等事项的自主权授予检察官行使。

3. 诉讼监督办案部门可实行"一级审批"或"二级审批"模式。"一级审批",即根据诉讼监督等法律监督业务的内在规律和工作要求,检察官可在授权范围内对办案事项自行作出决定。"二级审批",即以人民检察院名义提出纠正违法意见、检察建议、终结审查、不支持监督申请或提请抗诉的,由检察官报请检察长(分管副检察长)或检察委员会决定。

(二)从"科层式"运行模式向扁平化建构转变

1. 承办权和决定权叠加。侦监、公诉、侦查等检察业务部门共有280多项办案职权,除法律明确规定由检察长或检察委员会行使的职权外,都可以根据实际情况授予检察官,如签发传唤通知书、询问通知书、调取通知书、委托辩护人告知书等,检察官对职权范围内的事项作出决定,不仅是"办案"的人,还是"定案"的人。检察长、业务部门负责人担任检察官承办案件,承办权和决定权自动叠加的范围更广,可以进一步提高办案效率。

2. 取消业务部门的审核环节。除自侦案件和有特殊规定的案件外,业务部门不再进行审核、审批,办案组织直接对检察长(分管副检察长)负责。

3. 业务部门的集体研究不是必经程序。一般案件不需要业务部门集体研究。对于重大、疑难、复杂及新类型案件,业务部门负责人可以召集检察官联席会议进行讨论;必要时,可由分管副检察长跨部门召集检察官联席会议进行讨论。检察官联席会议讨论的结果和意见供办案组织参考,但不直接改变其决定。

4. 检察长(分管副检察长)负责领导、监督检察官办案工作,有权改变检察官的决定;检察官因故不能继续执行职务时,检察长(分管副检察长)有权指派其他检察官承继或者代理其职务。

(三)从检察官包揽法律事务和行政事务向组织成员各司其职、分工协作转变

1. 研究制定《检察官办案职权规定》,细化规范检察官职权行使。检察官负责组织、指挥、协调办理案件以及对办案组成员的管理,并在职权范围内对办案事项做出处理决定或提出处理意见。检察官应当直接办理各类案件,直接办理重要监督事项,负责检察官办案组的案件管理和质量管理。检察官办案组中的成员服从检察官的组织、指挥。

2. 研究制定《检察官助理职权规定》,规范检察官与检察官助理之间的关系。检察官助理协助检察官开展各项法律业务工作,承担检察官交办的其他工

作，在检察官的指导下行使部分检察职权。在司法办案中，检察官助理应以检察官的名义，介入对案件实质性内容的处理，审阅案卷，提出认定事实和适用法律意见，协助检察官收集、调取、核实证据等事项。检察官应当合理安排并指导检察官助理开展草拟检察文书、协助调查审查等工作。检察官对检察官助理的履职情况提出考核意见。

3. 书记员主要负责案件办理的事务性工作，包括送达告知、填写法律文书、整卷归档、文字记录，以及检察官交办的其他事项。

（四）从主体不明、权责不清向层级清晰、权责对称的责任体系转变

1. 检察官与检察长（或分管副检察长）或检察委员会之间：层级清晰、各负其责。属于检察长（或分管副检察长）或检察委员会决定的事项，检察官对事实和证据负责，检察长（分管副检察长）或检察委员会对决定事项负责。检察长（分管副检察长）或检察委员会改变或者部分改变意见的，检察官对改变的部分不承担责任。但检察官未经检察长（分管副检察长）或检察委员会决定，擅自对重大事项作出决定的，由其对所作的决定负责，并根据情节按照相关规定追究责任。对于检察官在职权范围内作出决定的事项，检察长（或分管副检察长）不因签发法律文书承担司法责任。

2. 检察官与组织内部成员之间：分工清晰、权责对称。独任检察官承办并作出决定的案件，由检察官承担责任。检察官办案组承办的案件，由组内检察官共同承担责任，其中办案组负责检察官对职权范围内决定的事项承担责任，其他检察官对自己的行为承担责任。检察官对指派其他检察官、检察官助理、书记员执行有关决定和处理的相关事项以及自己承办的事项承担责任；办案组织内的其他检察官、检察官助理、书记员对指派事项的执行、处理情况承担责任。

五、改革的深入思考：推进改革需要持续关注与解决的核心问题

改革的本质是权力和利益的重新调整，触动利益往往比触动灵魂还难。在这次司法办案组织及运行机制改革中，应当充分估计、正确处理改革可能遇到的困难和问题。

1. 利益调整、权力重构，可能导致相关人员心理失衡。《意见》规定，健全司法办案组织的前置条件是实行检察人员分类管理，落实检察官员额制。中央要求入额的检察官比例不得超过39%并提高其工资待遇，以调动入额检察官的工作积极性，吸引优秀干警加入检察官队伍。而对于未入额的检察干警，可能会因为调整而导致心理失衡，挫伤其工作积极性。此外，多年来实行的

"三级审批制"办案模式赋予业务部门负责人一定的决定权、审核权。改革后,将建立独任制检察官和检察官办案组两种办案组织形式,检察长、业务部门负责人将让渡部分决定权、审核权,增加部分承办权,未入额的检察人员也将让渡部分承办权、解除独立办案权。权力的丧失或减少,任务和责任的添加,以及工作习惯和办案模式的改变,将给检察长、未入额检察人员特别是业务部门负责人带来心理落差,并延展影响到办案的效率、效果。

2. 改革过渡期,"案多人少"矛盾可能加剧。改革前,汉阳区院有检察员、助理检察员67人,改革后,现有40名员额内检察官。改革后,未入额的27名检察员和助理检察员不能独立办案,短期内也难以保证入额的院领导、业务部门负责人大幅度减少行政性事务,把主要精力投入具体办案当中,加之,司法行政部门工作量与日俱增,现有行政部门内需要转岗的人员难以调整到位,这种状况将加剧"案多人少"的矛盾。

3. 检察辅助人员不足、配备不合理,可能导致办案工作开展不顺畅。在独任检察官和检察官办案组中,一般需要配备必要的检察辅助人员协助办案和处理行政性事务。从汉阳区院的人员状况看,现仅有在编检察官助理23人和书记员2人,只能满足少数司法办案组织配备检察辅助人员的需求,大多数司法办案组织将存在检察辅助人员紧缺的问题,难以有序、顺利运转并提高办案效率和办案质量。

针对上述问题,建议从以下几个方面破题:

一是着眼于改革共识的凝聚和形成,做好宣传动员和思想引导工作。重视思想政治工作,加强宣传动员,注意听取各方面的意见建议,提升改革的认同感和参与度,在更大范围争取对改革的理解和支持。要引导检察机关领导干部做好自我心理调适,带头服从安排,带头推进改革,严守政治规矩,争当改革的促进派。

二是着眼于检察官队伍的长远发展,建立充满活力、能上能下的新陈代谢机制。适当减少行政部门人员入额比例,分管行政事务工作的领导和行政部门负责人不纳入入额范围,使更多的一线办案干警特别是优秀年轻干警能够入额。入额检察官应全部配置在司法办案岗位,司法行政部门不再配备检察官。建立已入额检察官业绩评价、责任追究和淘汰制度,增强其责任心和荣誉感。规范其他检察人员和优秀检察官助理进入员额制检察官的选任程序,畅通检察官晋升通道和进入渠道。

三是着眼于司法办案组织的优化配置,解决检察辅助人员紧缺的问题。加快推进检察机关机构改革,将职能相近的行政综合部门和检察业务部门予以合并,将行政综合部门中一部分具有法律资格的检察干警充实到检察业务部门,担任检察官助理。规定新进人员必须在检察业务部门的书记员岗位工作一定的年限才能晋升检察官助理。加强与当地党委、政府的汇报、沟通，通过政府购买劳务的方式增聘一批书记员分配到检察业务部门，由地方财政保障其工资待遇。

四是着眼于检察官资源的充分开发，解决办案力量不足的问题。加强考核评比，将考评结果与晋职晋级、奖励惩戒挂钩，充分发挥入额检察官在执法办案中的"主力军"作用。赋予未入额的检察人员更多的案件承办权，在检察官的指导下相对独立地开展执法办案活动。根据实际情况，对检察官承办案件任务进行科学合理的分配，规定入额的院领导、业务部门负责人必须承办一定数量的案件。

检察组织机构改革的原点回归与立法遵循

——以福建省平潭县检察组织机构设置为标本

林雪标　周孙章[*]

组织法意在规范组织机构设置、人员安排与权力配置，据其构架的组织结构则是相关角色或群体间固定化关系生成的一种稳定形式。[①] 立法修改牵一发而动全身，势将对特定组织发展、职能发挥产生深远影响。检察院组织法修改自需因应检察实践问题和现实困境作出合理调整，从中归纳提炼立法修改的基本遵循，以确保检察组织体系、内设机构与权力职能的合理配置。近年来，随着法治中国建设与现代司法改革的逐渐深化，人们对于检察组织机构改革的呼声日高，各地试点探索更是方兴未艾，却事实面临着理性内核与正当基础的证成困境。这意味着组织法的修改不单要直面检察组织机构改革的表象问题，更要回归制度本源的"原点"审思，才能形成相对科学的立法遵循，破解纷繁复杂的现实困境。本文试图回到检察制度设置与检察权运行机理这一"原点问题"，探求检察组织机构改革的立法遵循，并为破解特殊区域检察组织机构设置的现实困境提供正当进路。

一、权力控制模式与检察权运行机理

检察组织机构设置的决定要素在于其所预期实现的主要功能，实际指向宏

---

[*] 作者简介：林雪标，福建省人民检察院法律政策研究室副主任，吉林大学法学博士、中国人民大学法学博士后，现挂职担任福建省闽清县副县长；周孙章，福建省平潭县人民检察院法律政策研究室副主任，福建省检察理论研究骨干。

[①] 参见张建伟：《试论检察机关和检察官的办案自主权——从组织法角度进行观察》，载《人民检察》2007年第10期。

观层面的权力控制与微观层面的检察权运行,即"原点问题"。① 而所谓检察组织机构设置主要涉及纵向的检察机关层级配置与横向的内设机构和办案组织设置,均需回归原点的审思考量。

(一)"权力一元分立"理论要旨

现代法治的根本问题在于划定权力边界,实现对权力的限制或控制。就此而言,中西方所追求的法治目标大致相同。然而,由于历史传统、文化传承、意识形态等诸多方面的差异,双方权力控制模式迥然不同。

1. 价值意涵。西方国家的"三权分立"模式侧重分权与制衡,中国的"权力一元分立"模式则侧重权力的内部分工与外部监督。而制衡与监督是防范权力滥用的两种不同制度选择,监督显然偏于外在性和单向性,其成功与否"取决于监督者是否比被监督者拥有更优越的地位"②。中国的政体和国体决定了检察机关的特殊属性和地位,作为专门的法律监督机关,检察机关承担着监督国家行政权、审判权正确行使,保障宪法和法律统一正确实施的功能。这种政治"原点"定位,使得中国检察制度区别于世界各法域,实体法上不仅是社会公益的代表、程序法上也不仅是诉权的主体,而是超越了诉讼监督身份成为国家的法律监督者。③ 这就意味着检察机关超然于权力机关以外的其他国家机关,在行政权和审判权的外部监督中具有独立优越地位。

2. 制度设计。"权力一元分立"模式的理性根基在于"人民主权",即一切权力属于人民,人民代表大会代表人民行使权力,其他国家机关由人民代表大会产生,对其负责、受其监督;为保证监督效果,其通过宪法授权检察机关对其他国家机关行使权力进行监督,进而形成法律监督制度。这就要求政治意义上理应形成人大之下的"一府两院"格局。然而,"权力一元分立"理论范畴并非无可置疑,它仅是从总体构架上要求检察权的行使必须受到人大的监督,是否同时适用于地方权力配置则是理解不一。毕竟,地方所谓的"一府

---

① 有学者比对中外检察组织机构设置模式指出,各主要国家的检察机关设置都是在经历了数次改革之后,适应本国国情的理性选择。并认为,对检察机关机构设置的比较研究,应当立足各国设立检察组织机构所预期实现的主要功能。参见李哲:《中国检察机关组织机构设置研究——以各国检察机关组织机构设置模式为基础》,载《中国刑事法杂志》2010年第9期。

② 蒋德海:《为什么法律监督要有更优越的地位?》,载《学习与探索》2009年第6期。

③ 参见杜睿哲、张芸:《检察权的配置:回归原点与制度修正》,载《甘肃社会科学》2012年第2期。

两院"意味着地方各级人大与政府、法院、检察院的对应,这种检察权的地方化极易使检察机关和检察人员深受地方利益因素的影响,冲淡应有的司法内涵,自身依法独立公正履职难以保证。

(二)检察权运行机制的要素构成

一般认为,检察权运行机制系由运行环境、运行主体、运行客体、效果评价等关联要素构成的动态系统。"权力一元分立"的理论要旨及中国特色检察制度规制着构成要素的性质和功能,各构成要素的相互影响和相互作用则推动着检察权运行机制的发展变化。[①]

1. 要素构成。运行环境是检察权赖以生存发展的外部条件,也是施加影响作用的对象。它涉及特定政治体制、社会状况与法治特征、检察权社会认可等,是机制运行的根本前提。运行主体则指权力的行使者和指向对象,是机制运行的核心要素。检察权行使者一般为各级检察机关和检察人员;指向对象则为监督关系中的被监督者即刑事侦查、审判、执行等环节的对应部门以及具体案件中的当事人与辩护人等。运行客体涵摄检察权指向对象的违法行为,与自身职能定位密切相关,构成机制运行的重要载体。效果评价则是关联要素相互作用之后生成的结果状态,其根本判断标准在于法律效果、社会效果和政治效果的有机统一。

2. 机构意旨。检察权运行机制的良性运转,意味着对公平正义价值的追求,民众司法需求与社会功能期待的契合以及党和国家工作大局的保障。为此,需要通过一定的制度设计,促使关联构成要素在相互作用中保持合理结构和良性状态,即检察组织机构的理性设置。换言之,检察组织机构的纵向、横向设置必须同时对关联要素结构起到优化作用。纵向设置上,应当在特定体制下,寻求契合社会发展现状的本土化路径,逐步破除检察权地方化的不利因子,提升检察权运行的社会认可;横向设置上,需要保障主体与客体的良性运转,积极推进内设机构优化整合以及办案组织由传统人民检察院整体向检察官个体的时代转变,破除行政化弊端,实现司法化的理性回归。这就要求构建符合检察权运行规律的司法管理模式,促进检察人员职业化。

二、往返原点的制度设计与现实困境

循着人民检察院组织法的历次制定、修改脉络,可略览中国检察制度的曲

[①] 参见吕涛、朱会民:《检察权运行机制的基本要素探析》,载《人民检察》2012年第3期。

折历程。从垂直管理到双重领导再到省级以下垂直管理，从一般监督到诉讼监督再到职能拓展，制度设计的理念变迁往往造成实践调试的脱节并引发系列现实问题。

（一）纵向层级设置的现实求索与制度省察

检察组织机构的纵向设置应循体制与现状的基本前提，找寻破除地方化藩篱的本土化路径。这需要现实的求索，更需要立足其上的制度省察。

1. 现实求索。现行检察院组织法规定，检察组织机构设置纵向上区分最高人民检察院、地方各级人民检察院和军事检察院等专门人民检察院。地方各级检察院依据各级行政区划，相应设立省、市、县三级检察院，对本级人大及其常委会负责并报告工作。① 即总体上实行司法管辖与行政管辖区域重合方式，地方各级检察院接受当地党委和上级检察院的双重领导，检察权地方化特征较为明显。然而，随着形势发展变化，这种机构弊端日益凸显。较为典型的有：直辖市、直筒子市等行政区划调整后相应检察组织机构缺少对应行政构架；自贸区以及平潭综合实验区等行政区划尚未明确情形下检察组织机构难以设置；特殊派出机构与乡镇基层派出检察室的机构定位不明、配置混杂，等等。② 这些情形的存在实际反映了现行检察院组织法与社会发展的脱钩，亟须制度证成与立法回应。

2. 制度省察。应对纵向设置地方化的诸多弊端以及法治建设的理性需求，党的十八届三中、四中全会提出和明确"推动省以下地方法院、检察院人财物统一管理，探索建立与行政区划适当分离的司法管辖制度"。这体现了检察机关探索垂直管理、破除地方干扰的渐进努力，也是司法管理体制改革的大势所趋，势将成为检察组织机构设置、组织法修改的立法遵循。事实上，这种纵向配置之争可以远溯人民检察初创时期。1949年12月颁布的《中央人民政府最高人民检察署试行组织条例》曾明确了检察机关的垂直领导模式，全国各级检察署均独立行使职权，不受地方机关干涉；1954年人民检察院组织法也

---

① 参见《中华人民共和国人民检察院组织法》第2条、第10条。
② 直辖市的检察组织机构问题主要是检察分院无对应同级党政部门，检察分院依托直辖市人大代表大会产生，实际面临着监督失位；直筒子市，即不设市辖区（县）的地级市，如东莞、中山、三亚、嘉峪关等市。其检察机关问题则在于基层检察院（市区检察院）无对应同级党政部门；平潭综合实验区等行政区划尚未明确地区检察院设置则面临着法理依据尴尬，下文将予以阐述；特殊派出机构更因现实弊端被逐渐取消；乡镇基层派出检察室则面临合法性质疑，一般归为下沉检力、延伸监督触角的试点探索，除海南以外较少正式设立，试点探索定位不一、名目各异。

规定，地方各级检察院独立行使职权，不受地方国家机关包括地方各级人大的干涉。现行人民检察院组织法虽确立"双重领导"架构却同样规定，省级和县级检察院根据工作需要可在特定区域设置检察院作为派出机构，存有机动之策。可以预见，纵向检察组织机构设置最终必然趋向中央以下垂直管理，在后续推进纵向机构改革中，更应考量如何循序推进与行政区划"适当分离"的司法管辖配置。

（二）横向组织机构的功能预期与试点改革

横向组织机构涵摄内设机构与办案组织配置，体现了赋予其上的功能预期，影响决定着试点改革方向，形成制度修正与立法修改的基本遵循。

1. 功能预期。依据现行组织法规定，最高人民检察院根据需要设立若干检察厅和其他业务机构，地方各级检察院可分别设立相应部门。[①] 相应地，传统内设机构设置多为"机构对应型"，近年来则趋于"职能适应型"，力图实现机构设置的功能预期。[②] 机构对应型即上下一贯，由最高人民检察院确立基本架构，各地方检察院平行复制；职能适应型即适应检察职能调整与功能预期进行相应机构设置。[③] 然而，立法未明确内设设置，表述过于灵活，在为机构设置留有余地的同时，也为实践中的混杂设置提供弹性空间。基于不同的功能预期，在机构设置的各核心要素方面，包括检察机关内部组织机构的基本框架、领导机构及各具体内设部门等方面都存在相应问题，亟须在理顺机构设置基本规律的前提下加以完善。[④] 更为关键的是，现有内设机构具有浓厚的行政化色彩，未能契合检察官自主办案的基本趋势。而现有组织法确立了人民检察院整体作为基本办案组织，同样有违检察官自主办案的改革趋势，旨在确立检察官办案主体地位和强化办案责任的检察官办案责任制等试点改革正大力推进。

[①] 参见《中华人民共和国人民检察院组织法》第20条。

[②] 参见甄珍：《检察机关内部机构设置改革研究》，载《河南社会科学》2013年1月。论者归纳当前内设机构设置的"机构对应型"、"职能适应型"、"监督回应型"等三种类型，而实际上强化监督也应是职能适应的应有之义，本文将其统称"职能适应型"。

[③] "机构对应型"设置，如1979年人民检察院组织法规定最高人民检察院可设置刑事、法纪、监所、经济等部门（后演化为侦监、公诉、反渎、监所、反贪等相应机构），各地基本平行复制上述内设机构。而由于各地对检察职能的理解不一，所预期实现的机构功能不同，"职能对应型"机构设置往往差别较大。如职务犯罪侦查与预防、批捕与公诉、民事检察与行政检察的契合分离相继引发了机构改革与调整。

[④] 参见李哲：《中国检察机关组织机构设置研究——以各国检察机关组织机构设置模式为基础》，载《中国刑事法杂志》2010年第9期。

2. 试点改革。功能预期调整，即监督职能与诉讼职能的适度分开、检察官自主办案的确立，渐成横向机构调整改革的趋势所在。湖北等地较早探索设立专门诉讼监督部门，打破机构对应型设置，对基层院等内设部门进行整合，契合了监督职能与诉讼职能的适度分离。如批捕合一、职务犯罪侦查预防合一、诉讼监督合一，案件管理统合控申、内部监督、法警和人民监督员工作，以综合管理部门统合办公室、政工、纪检监察、计财装备、研究室和技术部门。① 上海等地则相继开展检察官办案责任制试点改革，体现了规范检察权行使、突出检察官主体地位的基本规律。2013年12月，最高人民检察院下发《检察官办案责任制改革试点方案》，2015年9月下发《关于完善人民检察院司法责任制的若干意见》，提出根据需要在检察业务部门设立检察官办案组，主任检察官作为办案组负责人，即经检察长授权依法履行执法办案职责，享有一定范围内的办案决定权并承担相应责任。② 至此，从司法运作的内在机理出发，优化内设机构与办案组织设置，显然成为横向机构改革与立法的方向遵循。

（三）现实标本：平潭县检察组织机构设置之惑

纵览各地检察机关纵向和横向组织机构设置，经受行政区划调整与经济社会形势急速变化，往往面临着法理困境和现实困扰，这在"实验区＋自贸区"双区叠加的平潭区域尤为明显。

1. 困境生成。平潭原属福建省会福州市辖县，2011年12月中央编办正式批复同意设立平潭综合实验区管理委员会，确定为福建省政府派出机构（正厅级），平潭渐成两岸共建共管、封关运作的特殊区域；2014年底全国人大常委会通过平潭列入新一轮自由贸易区建设试点，至此形成平潭"实验区＋自贸区"叠加的特殊区域。此前，平潭已由福州划归平潭综合实验区管理，且基本完成"区县合一"，但迄今仍然仅有平潭县检察院唯一一个基层检察机关。实践中涉及上级检察院的案件管辖等事项，仍由福建省检察院依法指定福州市检察院办理。实际造成检察监督的优越地位无法保障，对于实验区处级以上干部监督较为被动、检察监督关系难以理顺，且涉诉纠纷中优惠政策难以落实、台胞权益难以保障。随着实验区开放开发的不断深入，尤其是2011年5月平潭综合实验区公安局（正处级）成立后，上述体制中存在的协调不顺、管理不畅等问题逐渐凸显。与此同时，实验区和自贸区的建设发展促使涉台涉

---

① 参见湖北省人民检察院检察发展研究中心：《努力构建更加健全完善的检察工作体系——湖北检察机关的实践探索》，湖北人民出版社2011年版，第333页。

② 参见郑青：《关于检察官办案责任制改革的几点思考》，载《检察日报》2014年1月8日。

外业务激增，同时对依法行政、规范执法提出更高要求，相应要求调整横向机构配置，加强涉台、案件管理、职务犯罪侦查等部门配备，完善执法办案责任体系。2016年初，最高人民检察院批复同意设立平潭综合实验区人民检察院，却又明确仅是在平潭县检察院加挂牌子，行使基层检察院职权，并未实际破解发展中存在的困境；相应设立平潭综合实验区（平潭县）人民检察院派驻中国（福建）自由贸易试验区平潭片区检察室，但有关检察室的编制定位并不明确。

2. 困境审思。分析可见，平潭检察组织机构设置既面临着纵向层级设置的法理困境，又面临着横向机构改革的现实问题，实际上集中了各地机构试点改革的突出问题。纵向上，平潭检察组织机构的层级问题主要在于因行政区划调整，地方党政机关设置与检察组织机构配置相脱节。平潭综合实验区党工委（管委会）无相对应的检察组织机构，虽然平潭综合实验区检察院成立后可缓解这一问题，但其编制定位并不明确；同样，与二审相关的检察业务仍然需要指定福州市检察院等地市级检察院代管。横向上，内设机构和办案组织改革问题则是各地试点改革的共通性问题。较为特殊的是平潭作为两岸先行先试单位且部分区域划为自贸试验区，被赋予特定的功能预期，需要在横向改革中着重考虑。回归平潭实际，早在平潭综合实验区建设之初，司法机构改革已在酝酿之中，却迄今仍未解决，造成经济社会建设与司法法治进程的矛盾冲突。而在党的十八届三中、四中全会提出"探索建立与行政区划适当分离的司法管辖制度"的当下，平潭检察组织机构设置至少面临两个困惑：第一，正当性困惑。平潭地区目前存有实验区、组团、县、乡镇等多个具有行政区划内涵的元素，根据授权实验区行使相当于地市级单位职权，却并未明确作为地市级单位；组团可能整合为县级单位，却也并无相应规范确认。且如何理解司法管辖与行政区划的"适当分离"？在当下司法机构改革中，平潭地区设置两个层级检察院的正当性、必要性何在？均需深入思考。而这或许也正是最高人民检察院同意设立平潭综合实验区检察院，却限定在平潭县检察院加挂牌子的重要考量。第二，规制性困惑。基于平潭实际，纵向上如何理顺平潭检察组织机构与党委、人大等体制内关系，横向上如何权衡内设机构和办案组织设置？自贸检察室的角色定位又当如何？这些机构配置的规制问题同样需要深入思考。

三、回归原点后的立法遵循与制度实现

回归"权力一元分立"理论与检察权运行机理的原点审思，可大致梳理归纳人民检察院组织法修改的立法遵循，并为当下相关现实困境的破解提供正当进路。

（一）一元分立与检察独立的分离契合

毋庸置疑，检察院组织法的修改应当确保检察机关依法独立行使检察权，

却不应脱离"权力一元分立"的理论构架。然而，如何准确理解一元分立的理性内核存有颇多争议。依据党的十八届三中、四中全会提出和部署推进省以下地方检察院人财物统一管理方式，检察机关的垂直管理模式势将逐渐树立并最终得到立法确认。事实上，"权力一元分立"的理论内涵也应仅指向最高人民检察院由全国人民代表大会产生，并对其负责、受其监督，完成国家制度层面的权力配置。基于当前检察改革现状，检察院组织法修改应吸纳时代改革成果，确立权力一元分立与检察独立相契合的立法遵循。可通过组织法修改规定，地方各级检察院由省级人大产生，对其负责、受其监督，相应取消省级以下地方检察院向同级人大报告工作的规定，遇有专门事项由省级检察院统一负责向省人大报告。同时，现有地方检察院设置基本与行政区划对应，有违机构改革去地方化的方向遵循。为此，建议对应法院审级设计，将地方各级检察院分为高级、中级、基层等三级检察院，不再对应相应行政区划，但如何实现司法管辖与行政区划的"适当分离"则需谨慎考量。因应时势变化发展，在特殊区域和特殊领域检察组织机构设置方面应当留有更大的弹性空间，设计更为灵活的机动机制。建议将现有《人民检察院组织法》第2条第3款之规定"省一级人民检察院和县一级人民检察院，根据工作需要，提请本级人民代表大会常务委员会批准，可以在工矿区、农垦区、林区等区域设置人民检察院，作为派出机构"，相应修改为，"各级人民检察院根据工作需要，提请省级人民代表大会常务委员会批准，可以设置派出人民检察院"。这样既避开了在特殊区域和特定领域设置检察院的现实尴尬，同时避免了地市一级检察院因工作需要设立派出检察院的法理困境；而提高授权单位的级别，符合省级以下人财物统一管理的试点改革方向，也可使相应决定更具权威，避免地方利益因素对检察机构设置的不当影响，实现特殊情形下设立检察院的正当性和规制性的有机统一。①

（二）检察权运行与机构规制的冲突调和

检察权运行机制系由运行环境、运行主体、运行客体、效果评价等关联

---

① 也有学者指出，原有规定存在以下不足："其一，县一级检察院还可以派出检察院，不符合检察机关实行四级设置的原则。其二，国家在多数工矿区、农垦区、林区等部门企业设立派出检察院的必要性已经随着经济发展与技术进步而消失。其三，现存的农垦、林区等检察院受派驻部门、企业管理，与现行宪法关于'人民检察院依照法律规定独立行使检察权，不受行政机关、社会团体和个人的干涉'的规定不符。为此，中央已经将改革部门、企业管理公检法体制作为司法体制改革的一项重要内容。"参见徐鹤喃、张步洪：《检察机关组织机构设置探析》，载《人民检察》2007年第2期。但若取消该项规定，则可能导致类似上海自贸区、平潭综合区等特殊区域检察组织机构设置无法可依，故原规定非但不能直接取消，更应优化调整、实际加强。

要素构成的动态系统，通过机构规制的理性设计，促使关联要素在相互作用中保持合理结构和良性状态。纵向上检察组织机构的垂直管理，无疑将优化关联要素，有助于形成良性规制；横向上内设机构和办案组织配置却仍需佐证考量。虽然组织法修改同样可以保留原文规定，鼓励实践中灵活设置相关内设机构，却并不利于试点改革的规范有效推进，宜规定相应的原则遵循。如针对"职能适应型"机构设置可能导致的机构设置庞杂不一，立法可规定实行"领导机关——大部门——具体部门（检察官办案组）"的基本框架，理顺检察机关的具体职权行使。① 在办案组织设置中，现有试点实际和规范设计基本遵循十八届三中、四中全会精神和司法工作规律，明确了检察官自主办案的基本方向，契合检察组织机构改革的基本规律，理应成为立法遵循。最高人民检察院《关于完善人民检察院司法责任制的若干规定》（以下简称《若干规定》）提出"根据履行职能需要、案件类型及复杂程度，实行独任检察官或检察官办案组的办案组织形式"，"检察官办案组可以相对固定设置，也可以根据司法办案需要临时组成，办案组负责人为主任检察官"。《若干规定》实际明确了办案组织设置的基本依据，据此推进试点改革也将破解检察权行政化弊端，有助于培育专业化、职业化检察队伍，形成应有检察职业荣誉。但如何进行内设机构的优化配置、如何科学合理设计检察官办案组（主任检察官），仍然需要实践探索与立法确认。

（三）制度安排：平潭县检察组织机构设置的秩序规制

检察院组织法的修改应当遵循权力一元分立与检察独立相契合、检察权运行与机构规制相融和的基本准则，当下试点改革、制度实践，直至检察组织机构设置困境的破解同样需要谨守上述立法遵循。诚如上文所述，平潭问题实际上集中了各地检察组织机构纵向和横向设置面临的问题，选取平潭检察为标本或可为相应困境破解和立法实践提供参考。

1. 纵向考量。从当前平潭区县合一的实际出发，平潭地区检察组织机构设置的基本方向应是明确平潭综合实验区检察院作为福建省检察院的派出机

---

① 在此框架下，大部门可根据各地实际大致分为，刑事案件诉讼部门、职务犯罪侦查部门、诉讼监督部门、综合后勤部门。刑事案件诉讼部门包括公诉、批捕、控告申诉部门；职务犯罪侦查部门包括反贪、反渎、预防部门；诉讼监督部门包括民行、监所等部门；综合后勤部门包括案件管理、研究室、纪检监察、办公室、政工、机关党委等部门。各具体部门可根据需要，下设科、室等机构。参见李哲：《中国检察机关组织机构设置研究——以各国检察机关组织机构设置模式为基础》，载《中国刑事法杂志》2010年第9期。

构，行使相当于地市级检察院或中级检察院职能，统一受理平潭地区中级检察院检察业务；且平潭综合实验区检察院与平潭县检察院不宜作为同一个机构，应根据发展实际区分为两级机构，且依据区域实际增设若干平潭地区检察院（涵盖"组团"）作为基层检察院，不受平潭当地国家机关包括当地人大干涉。作为过渡安排，在平潭综合实验区检察院与平潭县检察院合一的前提下，二审相关的检察业务仍应委托福州市人民检察院代行。这种制度设置的主要障碍在于司法管辖与行政区划适当分离的立法遵循，但这种"适当分离"不应机械理解。事实上，平潭的特殊形态决定了检察组织机构改革的基本方向。作为两岸共建共管的特殊区域，中央、省委省政府赋予平潭系列对台开放开发优惠政策，若脱离平潭地区由其他地区司法机构处理涉台案件，无法强求办案人员熟悉掌握两岸司法实务及相关优惠政策，在纠纷解决中难以确保法律的准确适用、优惠政策的全面落实及台胞权益的有效保障。况且，《中华人民共和国海关对平潭综合实验区监管办法（试行）》正式实施后，平潭本岛已经成为海关特殊监管区。尤其是随着封关运作，司法机构缺位也将影响平潭海关稽查走私犯罪，维护人货通关秩序。

2. 横向考量。以平潭地区检察组织机构的纵向改革为契机，大力破除当前横向机构改革的诸多弊端。可根据监督职能与诉讼职能的适度分开以及检察官自主办案的发展规律，借鉴吸收各地试点改革的有益经验，在兼顾"遵循规律与依法办案"、"完善组织体系与健全运行机制"、"突出主体地位与强化监督制约"等基本前提下完成合理布局。内设机构配置上，总体上区分综合部门和检察业务部门，综合部门统一履行干部管理、考核监督、后勤保障等职责；检察业务部门根据需要设置，分别履行批捕公诉、职务犯罪侦防和诉讼监督等职责，并可视情设立大部（局）。如：职务犯罪侦查局、刑事检察部、诉讼监督部、业务管理部、综合保障部等。契合平潭发展特点，可相应调整配强涉台、案管、自侦等内设机构，明确自贸区检察室作为正式派出机构。各检察业务部门（检察室）依据发展实际，分别设立若干检察官办案组，由1名主任检察官、3名以上检察官及若干辅助人员组成，在主任检察官负责下依法行使检察权。由此，逐渐优化关联要素的内在关系，塑造熟悉两岸司法实务及优惠政策的职业检察队伍，形成符合检察工作规律、职业特点、队伍管理和法律监督运行要求的组织结构、责任体制和运行机制。

毋庸讳言，现行检察院组织法运行多年已经较难适应经济社会发展，且在立法技术等方面尚不完备。当下检察组织机构的试点改革实际面临着正当性、合法性等诸多困惑，需要回归原点找寻制度依据，据此形成检察院组织法修改应循的"权力一元分立与检察独立相契合"、"检察权运行与机构规制相融和"

规则。平潭综合实验区以及类似区域建设引起原有行政区划调整，在现行法令下形成较为尴尬的检察监督现状，或可依照相应的立法遵循，循序推进困境的有序破解，也为后续立法修改提供生动的实践素材。

检察改革与检察机关内外组织体系完善研究

张福坤　韩秋杰[*]

完善司法责任制在司法改革中居于基础性地位，为了抓住司法体制改革的这个"牛鼻子"，充分落实检察司法责任制改革，2015年9月，最高人民检察院出台了《关于完善人民检察院司法责任制的若干意见》，指明了检察机关司法体制改革的方向和原则，提供了检察权运行机制的公正高效范式。其中，影响检察机关之最深远者之一，乃检察机关司法责任制改革之检察格局丕变，定于2017年在全国范围试行变革检察整体格局。本文中，笔者将交代检察机关司法体制改革之基本出发点，作为整体检讨检察格局丕变问题之论据。首先，笔者拟先追本溯源，简短回顾检察格局丕变之来龙去脉，厘清检察改革下的格局丕变的现实局面，以寻找检察格局丕变的问题所在。其次，笔者拟将叙明检察格局的路径反思，分别就本原功能与我国选择之错位及现实困境等层面加以分析，期能实现检察格局丕变的制度改良，对未来的检察改革有所助益。

一、博弈视角下检察格局丕变

众所周知，检察体制改革的设计框架，将与检察人员分类管理、检察官员额制以及检察官职业保障等改革措施并行不悖。毋庸置疑，此等举措必然牵出检察格局之变革。值得注意的是，新旧检察格局更迭背后所折射出的法律传统博弈亟须引起重视。事实上，两种法律传统博弈在司法实践中的例证俯拾皆是，无论是"疑罪从无"规则的变相运行抑或是"案卷笔录中心主义"的盛行皆能证实此现象之存在，[①] 如此种种，不一而足。改革顶层设计者奉行"拿来主义"原则，顺势传播和移植国外制度，与奠基于本土的刑事司法政策和

---

[*] 作者简介：张福坤，重庆市永川区人民检察院法律政策研究室主任；韩秋杰，重庆市永川区人民检察院法律政策研究室干警。

[①] 陈瑞华：《刑事诉讼的中国模式》，法律出版社2010年版，第317页。

程序规则激烈碰撞,这些根深蒂固的本土刑事司法政策和程序规则在司法实践中因可操作性和实用性强大行其道,对检察机关办案活动具有举足轻重的指导意义,此所谓法律传统之博弈所关注的问题。

(一)日趋逼近的检察改革

现有的司法体制改革,乃始于党的十六大"推进司法体制改革"之先声,至党的十七大"深化司法体制改革"之部署,再至十八大三中、四中"改革司法体制和运行机制"之宏伟蓝图,司法体制改革渐次以"看得见"、"感受得到"的形式呈现出来。诞生于《中共中央关于全面推进依法治国若干重大问题的决定》(以下简称《决定》)之"推进以审判为中心的诉讼制度改革",最高人民检察院《关于深化检察改革的意见》(2013~2017年工作规划)中也注明"检察机关要适应以审判为中心的诉讼制度改革",在这个意义上不妨承认,检察体制改革与"以审判为中心的诉讼制度改革"相生相随。故此,新一轮的检察体制改革对内围绕检察权运行机制和检察权优化配置,对外适应以审判为中心的诉讼改革,建立与检察职权运行规律相适应的检察官办案责任制,完成新旧格局变化下检察工作的有序衔接和平稳转换。[1] 那么,几经探讨的检察体制改革所牵涉的格局之变势必诱发囊括检察系统内外两个场域的变化。具体来说,不仅仅是指同一检察机关内部机构和上下级检察机关之间的运行,还包括检察机关在侦查、起诉、审判、刑罚执行等诉讼构造中的地位和作用。[2] 因此,检察格局丕变的探讨,不妨先从检察体制改革之目的起步。

事实上,检察体制改革之肇因始于检察权性质。检察权性质这一问题在不同司法制度下有不同的理解。众所周知,在英美国家,检察权属于行政权。究其原因在于:一是属于单纯的刑事起诉机构,负责对犯罪案件提起公诉、支持公诉及监督裁判执行的职能发挥;二是因其在法庭上负有控诉职责的活动方式;三是其属于行政分支有机组成部分的隶属关系,综合上述三点可知,检察官之职责在于代表国家刑事行政追诉权,具有行政权属性。[3] 与之不同的是,大陆法系国家的检察机构不单单行使带有行政权色彩的刑事追诉权,还具有一定的司法机构性质,具有双重属性。德国、法国检察官设置之职责既在于刑事被告人之追诉,也在于法律之守护人,包括被告人免于法官之擅断及警察之恣

---

[1] 郑赫南:《准确把握司法责任制改革目标原则,着力构建公正高效检察权运行机制》,载《检察日报》2015年10月第1版。

[2] 向泽选:《检察权运行机制与检察权配置》,载《政法论坛》2012年11月。

[3] 陈瑞华:《问题与主义之间——刑事诉讼基本问题研究(第二版)》,中国人民大学出版社2008年版,第28页。

意,发现实体真实、维护司法公正之使命。① 我国检察权在目前的政治体制下,被界定为"法律监督机关和司法机关"双机关特性,我国宪法中也明确将检察权和审判权并列同属司法权。② 虽然我国检察机关的法律监督权力受到学者、专家的"口诛笔伐",并提倡将之予以弱化甚至搁置,但在司法实践中受到了实务工作者的青睐,法律监督工作机制顺畅运行。

以检察机关内部办案组织的三级审批办案制为例,即便试行了多年的主诉检察官负责制也并未能改变行政权干预司法权的局面;检察机关的财政权、人事权受制于地方政府机关,对地方四面八方的行政干预无法完全做到视而不见;由地方政法委统一领导下的"公检法司"四机关,在强调"侦查、起诉、审判"一体化的司法实践中,检察机关受到侦查机关"做饭"架势的掣肘,即使强调检察引导侦查对改变当下的检警关系局面无济于事,与之相反,囿于考核体系的制约,公安机关不得不通过高层干预施压检察机关配合公安机关的专项执法活动,至此,检察机关的司法独立权支离破碎所剩无几。故此,以升级版检察官办案责任制为代表的检察体制改革,强调"谁决定谁负责,谁办案谁负责"的目的在于使检察官责权相应,强调将人财物权收归省级检察机关旨在脱离地方行政的桎梏,强调完善履职保护,为了提高检察官办案积极性,强调建立检察官业绩评价机制和惩戒委员会机制以监督检察官滥权和恣意行为,这一系列的检察改革带来了检察格局内外相应的变革。

(二) 博弈视角下检察内外格局之变的选择

"春江水暖鸭先知",面临即将到来的新一轮改革,基层检察机关作为检察体制改革的"试水兵",需做好内设机构改革和外部组织变化的双重应对,实现既要去行政化,又要强化对司法案件管理的既定目标。值得注意的是,在检察体制改革的各种制度和举措方面中,因新旧办案组织方式和管理权限变化带来的"格局之变"给予了高度重视,即检察内外格局的革新。

事实上,所谓检察格局之变分为两方面,一曰内设机构格局之变。此举被管理学上称之为将"金字塔"式的组织形式变为"扁平化"组织形成的过程,既减少了指令权的层级,又能实现掌控司法案件的"双赢";二曰外部组织之变。一方面,不言而喻,将人财物权统归省级检察机关的举措,不单单在于减少地方干预,也是为了将检察机关的司法独立权得以彻底落实,实现中国特色的检察机关独立,而并非检察官独立;另一方面,检察机关外部组织之变,也

---

① 林钰雄:《检察官论》,法律出版社 2008 年版,第 9 页。
② 目前中国的政治体制属于"人大领导下的一府两院"体制。

不仅仅体现在检察系统外部组织的变革,还有以检察权配置为中心的诉讼格局之变。那么,这内外组织机构两者之间勾连的各种制度环节,特别是程序要件还有待进一步完备。

1. 检察内设机构的现行状况

当下的基层检察机关内设机构即使经过主诉、主办检察官的试行改革,仍因循守旧地按照固有的检察格局行使检察权,有政治处、办公室、研究室、侦监科、公诉科、民行科、控申科、法警队、未检科、职务犯罪侦查局、刑事执行监督科、案管中心以及派驻基层检察室,① 科室数量多达 17 个,这些繁多复杂的科室却仅是检察机关职能的体现而已,部分科室是"一人科""二人科",呈现内设机构空心化、办案职能碎片化的现象,② 其在实践中具体运作格局如图 1 所示。

以 C 市某基层院为例,除了基本的科室设置外,主要业务科室除了设置科室负责人外,还下设了专业化的办案小组。其中,公诉科设 3 名科级负责人,每名负责人都是主诉检察官,由 6 名主诉检察官分别领导 6 个办案小组,每组 2~3 名成员有主诉检察官与承办人组成,共 14 人;侦监科设 2 名科室负责人,组成 2 个主办检察官办案小组,共 7 人;未检科同样设 2 名科室负责人,实行捕诉监防一体化办案体系,组成 2 个主诉、主办检察官办案小组,共 5 人;职务犯罪侦查局因其特殊性,设置了 4 个基本科室,分别是职务犯罪侦查一科、职务犯罪侦查二科、职务犯罪预防科以及反渎职侵权科,为了探索专业的办案模式,该院该局以科室设置为基础,试行了 3 个专业化的办案小组,采取分工办案、整体协作模式办理职务犯罪案件。需要指出的是,虽然该基层院探索实行专业化的办案小组,但并未改变三级审批的办案模式,即在公诉、未检、侦监科室中,将起诉权限下放给了主诉检察官,但办理的不起诉案件除了有承办人意见外,还需主诉检察官、科室负责人以及分管检察长审批,在主诉检察官不是科室负责人的情形下,还增加了一层审批手续;在试行主办检察官的过程中,案件限制更为严格,不批准逮捕案件和部分批准逮捕的案件仍实行主诉检察官、分管检察长的三级审批机制,更遑论案件特殊性的职务犯罪侦

---

① 司人事的政治处、司财物的办公室、司调研的研究室、握批捕权的侦监科、负审查起诉权的公诉科、主民事行政双监督的民行科、能控告申诉接待的控申科、有司法警察身份的法警队、办未成年人刑事案件的未检科、从事侦查工作的职务犯罪侦查局、办刑事执行监督案件的刑事执行监督科、动态管理案件质量的案管中心以及与延伸检察权触角的派驻基层检察室。

② 孙雪丽、王伟:《深化检察改革视角下检察权运行机制的规范与完善》,载《犯罪研究》2014 年第 4 期。

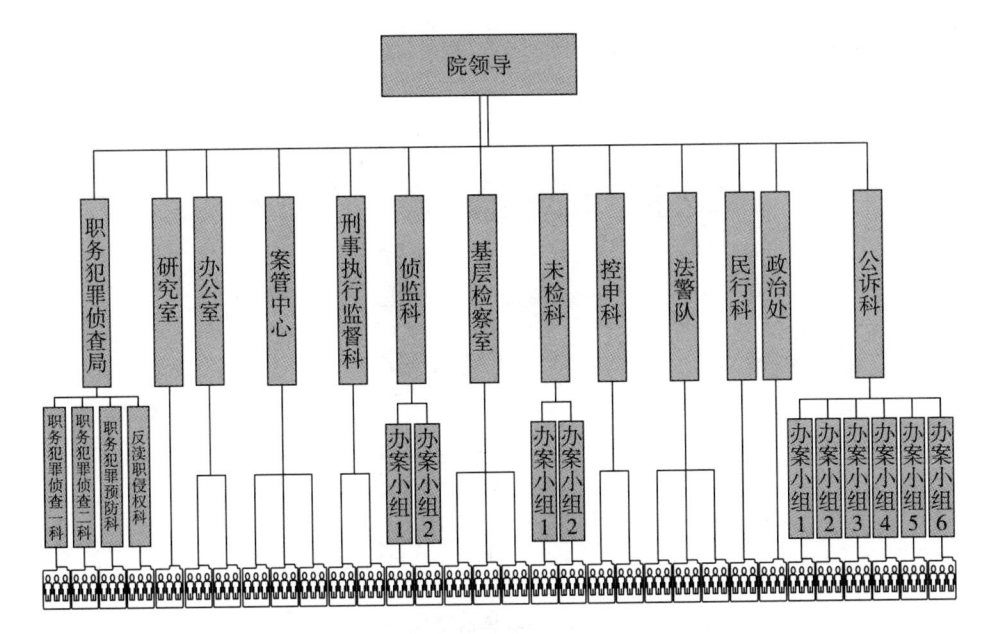

```
                                    院领导
     ┌────┬────┬────┬────┬────┬────┬────┬────┬────┬────┐
   职务  研究  办公  案管  刑事  侦监  基层  未检  控申  法警  民行  政治  公诉
   犯罪  室    室    中心  执行  科    检察  科    科    队    科    处    科
   侦查              监督  室
   局                科
  ┌─┼─┐                   ┌─┐      ┌─┐       ┌─┬─┬─┬─┬─┐
职 职 反                   办 办    办 办      办 办 办 办 办 办
务 务 渎                   案 案    案 案      案 案 案 案 案 案
犯 犯 职                   小 小    小 小      小 小 小 小 小 小
罪 罪 侵                   组 组    组 组      组 组 组 组 组 组
侦 侦 权                   1  2     1  2       1  2  3  4  5  6
查 查 科
一 二
科 科
```

图1 基层检察院内设机构格局

查案件严格的行政审批和掌控手续了；此外，在案件数量较少的控申科、民行科、刑事执行监督科以及身份尴尬的案件管理中心、法律政策研究室办案责任制尚未实施。故此，为了改变上述与检察体制改革无益的不利局面，基层检察机关整合内设机构实有必要。

2. 检察外部组织的无奈选择

众所周知，2015年11月5日，中央政法委通过了《关于省以下地方法院检察院政法专项编制统一管理的试点意见》，其中提到，检察体制改革后，省以下地方检察院机构编制实行以省级机构编制部门管理为主、省级检察院协同管理的体制。这也就意味着，检察机关原有的不规则"直角"格局（如图2）发生变化，变为不等边的"倒三角形"格局（如图3），长边为省级行政机关、短边为省级检察机关，箭头指示方向与辖制方向相同。不言而喻，基层检察机关的行政辖属单位精简，当然，这并未改变检察机关的上下垂直领导关系，致使之成为了省级机构编制部门和省级检察院共同管辖的司法机构。在这个意义上不妨承认，辖属机构的精简带来的检察系统上下格局的变化一定程度上是迫于减少地方因素对司法案件的影响和干预的无奈选择。但毕竟最终行使司法权和办案权限在于人，也即是检察官办案小组，问题的关键，在于更加系统地规范检察官办案小组行为，方为上策。就此变化而言，经济欠发达的偏远区县院明显利大于弊，对于经济较为发达的区县院来说是否利于弊有待进一步考量，但可以肯定的是，即使实现同属管辖，考虑到经济水平和消费能力的差别，不同区县院也会有一定的差别。

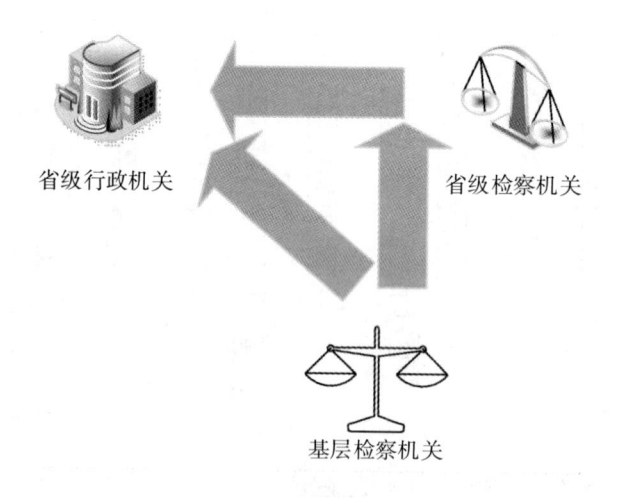

图 2　改革前格局

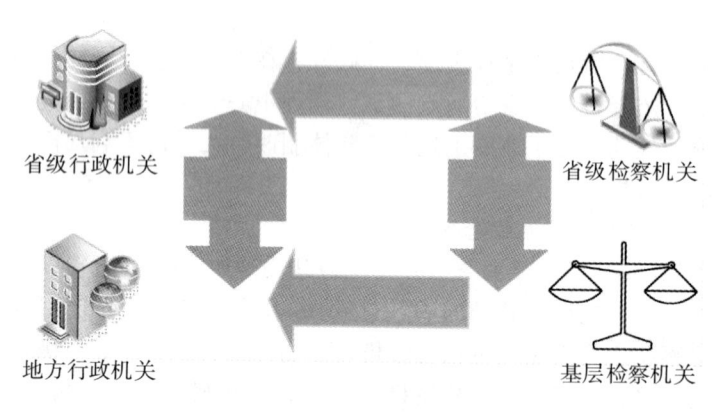

图 3　改革后格局

二、检察格局丕变的反思与厘清

任何事物都可以在不同层面一分为二，有利有弊，检察格局分布也不例外。检察机关内设机构的格局设置有或因诉讼流程或因法律监督或因诉讼职能的背景需要，外部组织形式也基于一定的权力制约考虑，因此，这些格局分布既带来了检察权机制的部分有效运行，也造成了诸如行政化色彩严重、检察权不独立的流弊，在这个意义上，追根溯源去梳理检察格局设置的本原功能，找出内外格局变革的原因,实现新检察格局视野下的功能目标,是言之成理、持之有据的。

(一) 检察格局的本原功能与错位

在这里,需要强调一点,即我们应该用辩证的观点去看待检察格局的现状和革新,不能对检察格局的现状一概持否定或者压抑态度,也不能不站在发展角度探寻检察格局分布的本原功能。从检察机构的历史沿革可以发现,内设机构和外部组织形式顶层设计初衷在于制约并防止检察权滥权与恣意。我国对检察权的制约制度表现为内外两个方面,其一是受制于地方行政形成的外部制约制度,包括党委审批案件异化后的请示汇报程序、[①] 政法委协调案件制度、人大个案监督制度、人民监督员制度以及来自法院的制约等,其二是受制于内设机构设计形成的内部制约制度,包括上级检察院的制约、本院检察长和部门负责人的制约、本院检委会的制约等。不可否认的是,这些制约制度在一定程度上实现了对案件承办人的充分掌控,对不起诉关口的把控,对不涉及重大政治、经济、社会影响及疑难案件的普通案件的监控,一定时期内发挥了积极作用。

令人遗憾的是,这些具有非规范化、单向性、行政性、地方性、社会性因素为主的制约制度在外部制约上表现为非日常性监督,以行政化的审查方式干预检察案件的办理,这股干预检察权正当行使的制约力量"绑架"了检察权,其结果是案件承办人在办理案件时不得不考虑政治效果、社会效果和法律效果的统一。故此,我国的检察权日常性制约多依赖以"自我约束"为特点的内部制约模式。[②] 以检察长、科室负责人、承办人共同审批案件的三级审批机制以及得以成功转嫁责任的检委会运行机制,使内部监督制约机制异化为行政化的干预权,整个检察机构的检察权监督制约制度逐渐失去题中应有之义,动力不足。

(二) 检察机关内部机构设置路径的偏差

现代检察机关内设机构随着国家社会经济政策几经更迭,内设机构名称更换频繁,例如2016年最高人民检察院"监所科"重新更名为"刑事执行监督科";机构数量多少未定,例如某基层院增设派驻基层检察后,科室数量平增

---

① 主要表现在职务犯罪侦查案件中,坚持党内请示制度。见最高人民检察院《关于检察机关反贪污贿赂工作若干问题的决定》,载《最高人民检察院公报》2000年第1期。

② 谢小剑:《公诉权制约机制研究》,四川大学博士学位论文2007年4月,第197页。

4 个；机构行政级别不尽相同，如某直辖市下属的基层院职务犯罪侦查局、公诉科、未检科等均是副处级科室，该院的控申科、民行科、刑事执行监督科均是正科级科室，相差一级；机构办案模式各有千秋，如某基层院的未检科、侦监科、公诉科、职侦局探索试行专业化的办案小组模式，而控申科、民行科、刑事执行监督科等科室仍然是科室负责人负责制的办案模式。另外，据图 1 就可以看出，基层检察院数目众多的科室划分标准并不明确，有的按照法律监督职能权限划分，如刑事执行监督科、侦查监督科；有的按照诉讼流程划分，如侦监科、公诉科、控申科；有的按照案件性质划分，如职务犯罪侦查科、反渎职侵权科；各科室业务范围不一样，人员数目不均衡，公诉科和职侦局号称检察机关的两把"利剑"，人员多业务广，研究室、监察室号称"小科室"，人员精业务尖，平行科室之间差距较大；科室业务多有交叉，有的科室定位尚未明确，如派驻基层检察室的职能定位尚未充分发挥，沦为其他科室的"陪衬"，与多个科室业务都有交叉，刑事执行监督科的职能范围与侦查监督科的审查范围重复交叉，案件管理中心对案件的动态管理与干警业绩挂钩，其职责范围与政治处、纪检监察室的职能范围交叉重复。此外，长期以来，由于检察机关内设机构奉行带有行政化色彩的"科室"划分模式，督促检察干警在关注提升自我价值和实现职业目标方面，转换成为科室负责人，而不是带有职业荣誉感的高级检察官，职级的提高与工资待遇挂钩，检察干警的职业信仰缺失，沦为"官奴"。客观上，也形成了从事办案的检察干警多为年轻、资历较浅、经验不足的年轻人的现状，办理刑事案件需要有经验性的判断和法律性判断相结合，而优秀的办案干警被提拔为骨干或中层干部后，面临着从事行政岗位或者辞职当律师的选择，从事一线办案的经验丰富的人员较少，故此，内设机构格细而多带来的先天行政彩色亟须检察体制改革予以破除。

正是基于检察机关职能体系不同的考虑，检察机关通过内设机构设置来惩治贪污腐败犯罪，履行审查起诉、未成年人案件办理等一般职能，通过民事行政监督、刑事执行监督、侦查监督实现法律监督职能，从图 1 可以直观地看出，检察机关内设机构的设置呈"金字塔"设置，至此形成完整的法律监督体系和刑事检察体系。尽管如此，不得不指出，由于行政管理模式和"官本位"的影响，虽然"承办干警—部门负责人—检察长"的三级审批制办案方式，正逐渐被"案件承办干警—主诉检察官—部门负责人—检察长"的新审批办案方式所替代，其实质上将案件办理分为承办、行政审核和决定的三个阶段，属于上命下从、上下一体的组织原则，检察长的行政指令权具有最终的刚性效力,有职务移转和职务承担权。① 在上述背景下,检察机关的内设机构设计程序失灵,在司法实践中所设定的有关检察机关保障检察业务专案专人办理的设计受到了架空,逐渐由目前呈内部三级审批所替代,致使检察权独立性地位丧失,试行的主诉、主办检察官一定程度上又增加了新的行政审批层级,"办案不定案,定案不办案"的现象时有发生,检察意见沦为"集体讨论"和"民主集中制"的粗疏产品。其结果是,因检察职能专业化划分的内设机构规制目标并未实现,还往往出现"非专业性"的意见主导案件的办理结果。

(三) 检察机关外部组织形式的失当

从图 2 可以看到基层检察机关外部组织配合方面,受到了地方行政机关和上级检察机关的双重领导,检察机关"生于司法,却无往不在行政之中"凸显出来。② 所谓行政化是指用行政化的管理手段加以管理,具有行政色彩。检察机关人财物权受制于地方行政机关,"下好全区一盘棋"、"为全区经济发展保驾护航"这样带有行政色彩的口号在基层检察机关日常办案中随处可见,为保证地方社会秩序,检察机关行使审查起诉权时要做上诉上访风险分析,关注案件的社会效果和政治效果;为了维护地方稳定,检察机关行使控告申诉职能时,需及时与地方政府沟通,协调做好维稳工作;为了保证地方政府的知情权,检察机关查办职务犯罪案件时,需做好案件请示汇报工作,征求地方政府的同意;囿于地方政治因素,检察机关引导侦查机关规范取证的底气不足。

三、实现检察格局丕变目标的制度改良

(一) 检察格局本原功能的回归

检察内设机构和外部组织形式的目的在于健全内外监督机制,促使检察权运行机制独立、高效、公正运转。但无论是内设机构的监督制约还是人民监督员、人大代表个案监督以及行政机构的监督都未发挥应有的功效。故而,面临检察体制改革中时,我们十分有必要转变监督观念和监督方式,力求从机制上保障检察官独立行使职权,在内部机构设置上采取"井字式"网状结构,横向实行大部制下设办案小组的形式,纵向实行扁平化管理模式;外部组织形式上,在坚持检察机关上下一体原则的基础上,确立省级检察机关的统领地位,从自上而下推行检务公开制度、保障律师正当行使职权以及受理案件当事人合

---

① 万毅:《论检察权的定位——兼论我国检察机构改革》,载《南京师范大学学报(社会科学版)》2004 年第 1 期。

② 龙宗智:《检察机关办案方式的适度司法化改革》,载《法学研究》2013 年第 1 期。

理诉求,加强监督制约机制,以实现检察格局本院功能的回归。

此外,如图4所示,正如日本田口守一教授所描述"公诉程序是侦查和审判的连接点,可以说公诉的状态决定了整个刑事司法的状态",检察机关在刑事诉讼流程中,处于中间衔接位置。需要澄清的是,以审判为中心的诉讼制度改革,是指确认指控犯罪事实是否发生、被告人应否承担刑事责任应当由法官通过审判进行,可以看出,以审判为中心更多的是一种司法理念,强调"如何最大限度提高庭审质量",事实上,就是在强调审判的重要性、决定性和终局性。"推进以审判为中心的诉讼制度改革"关键问题并不是削弱检察机关的法律监督权、批准逮捕权、审查起诉权和执行监督权等职权配置,推动形成以法院为中心的刑事诉讼格局,形成侦查、起诉围绕审判中心运转的诉讼运行和推进方式,将审判为中心等同于以法院为中心,而是在以审判为中心的诉讼改革氛围里合理利用法律监督权和检察权限,引导侦查机关以确保在看守所对犯罪嫌疑人适用拘留逮捕强制措施;监督侦查机关以保证讯问必须在看守所进行;在证据审查方面,引导侦查机关改变固有的"口供为本"转向"物证优先"和"实物证据优先";在严格取证规则方面,检察机关应坚持适用非法证据排除规则,对有刑讯逼供的证据坚决予以排除,以增加侦查机关非法取证的原动力;尤其是可以尝试探索拓展公诉权范围,在试行检察机关公益诉讼的基础上,探索增设民行案件的公诉权,这些才更值得检察机关反思和重视。

| 重大案件检察机关引导侦查 | → | 公安机关侦查终结移送审查起诉 | → | 检察机关移送审查起诉 | → | 法庭审判程序 |

图 4 检察机关在刑事诉讼程序中的地位

(二)检察机关内设机构的平权设置

科学设置整合基层检察机关内设机构除了坚持职权法定、符合立法目的外,还应符合检察规律和检察权运行规则,将案件管理职能与案件监督职能、案件办理职能与案件管理职能、司法行政事业实务权与检察权三大方面的权限适当分离,在设置"井字式"网格状内设机构时,横向实行大部制,纵向实行扁平化管理。具体而言,是指在检察改革启动之时,检察机关依据职能设置和检察权运行机制重新整合数目繁多的内设机构资源,优化检察权配置。这也就是意味着,为了形成统一的检察机构分类,增强工作效率,以检察官办案责任制为基础,在原有科室设置的基础上不断消解科室数目,确立可在全国范围内推行已优化的精简检察机构秩序。在此语境下,可将内设机构分为三大部,一曰检察业务部门,二曰检察综合业务部门,三曰检察综合部门,形成大部门内设"小血管"即检察官办案小组，内设机构划分三组的大格局是检察改革的应有内容，避免造成"制度之中有制度、规则之中另有规则"之势，影响改革的进程与效果。

"小血管"设计原理，乃将检察业务部门下设职能不同的办案小组，剥离科室管理，称之为公诉办案一组或批捕办案一组，大部制的称谓为虚职，不必另行配备负责人员，在办案小组内部配备检察官、检察助理人员及书记员，公诉、批捕业务可以采用独任制和协同办案之相结合的方式，一般情形下，完全实现扁平化管理结构，由检察官和检察长或检察委员会直接对接。必要情形下，在所需的公诉办案小组上设主任检察官，由主任检察官协调所需办案小组之间的办案进度和办案方式，该主任检察官为临时的，当该必要情形的存在理由消失时，随即解散该办案大组。此外，在坚持检察业务工作一体化、专业化原则基础上，在横向上各办案小组的办案权限在本院内部以法定方式固定下来，将权利清单、责任主体、责任体系、职权范围、运行机制等内容固化，在纵向上，加强上下级办案小组的联动，按照办案领域实现专业化办案，并配置相应的资源。

当下的检察体制改革，除了将检察官的职权配置与检察长、检察委员会之间的权利清单厘清，明确检察长、检察委员会对重大案件、重大事项的职务移转、职务收取和领导指挥权。就内部监督而言，在检察综合业务部门设置中，考虑案件管理部门和检委会专职委员等人员共同成立案件质量及规范化管理小组，确定科学合理的考核标准后，根据案件质量评查结果建立检察官、检察助理人员以及书记员的个人绩效档案，开展常态化案件管理和监督，关注案件质量、案件效率、案件规范化等方面，将绩效考核机制与各类人员职级晋升、工资待遇挂钩。

（三）检察机关外部组织形式的微型调整

第一，去行政化。去行政化是指淡化行业的行政色彩，尽可能突破行政的束缚，突出行业的主导地位。检察机关防止外部压力主要是排除外部机构的指令，即检察机关具有独立性，需要检察组织的独立性来实现。检察组织的独立性就是使检察机关的组织机构、人员构成（包括检察官的任命）等方面独立。[①] 这也就意味着，检察机关在检察系统一体的前提下，从资源保障、身份保障和资质保障应独立于地方行政机关，独立行使检察权，这一原则在1990

[①] 万毅：《论检察权的定位——兼论我国检察机构改革》，载《南京师范大学学报（社会科学版）》2004年第1期。

年就被第八届联合国大会上通过的《关于检察官作用的准则》中有关检察官组织独立措施予以确认。其中，资源保障即是保证供给人力、物力、财力的来源独立，如图3所示，这与当下的检察机关体制改革所预期的目标不谋而合，其结果是将基层检察机关的人力、物力、财力收归省级行政机关，由省级检察院协同管理，基层检察机关在资源配置中独立于地方行政机关，才有独立自主地行使职权办理案件。第二，身份保障。既包括检察人员的任命方式和任命期限独立，也包括检察人员的工资待遇和人才交流、流动机制的独立，即建立检察机关上下级之间良性循环的人才流动和岗位流动机制，尤其是建立检察官遴选制度，建立检察官遴选的常态机制，可以探索下级检察院优秀的检察官充实到上级检察机关中，下级优秀的检察助理人员流动至上级检察机关，上级检察机关优秀的检察助理人员在下级检察机关任命检察官挂职锻炼。

当然，值得注意的是，就检察官办案责任制职权范围增加而言，伴随而生的是办案责任制的终身追究机制和职务保障机制。在上述检察体制改革的背景下，建议将责任制追究权限上提，由省级检察机关建立责任追究委员会，除了从理论上梳理司法责任追究的实现方式、范围和法定化外，还应明确区分司法责任的范围、种类和免责事由、司法责任的追究程序、承担主体和承担形式等问题。[①]检察官的职务保障机制除了包括工资待遇与职级晋升外，建议由省级检察机关与省级行政机关牵头成立检察官履职保护组织，以保障检察官及其家属因履职带来的潜在风险，同时与检察官的追究机制协调开展职务保障，建立检察官非因法定事由及法定原因外，不得罢免、调离或降级现有的检察职位。

---

① 《第五届检察基础理论论坛——结合实践深化司法责任制理论研究》，载《检察日报》2015年9月21日第3版。

司法责任制改革背景下检察机关办案组织改革研究

刘兆欣　史　焱[*]

检察机关办案组织建设是检察权运行机制和检察组织体系建设的重要方面，对于检察机关依法独立公正行使职权，提升执法公信力具有重要意义。[①]随着检察制度的完善进步，检察机关办案组织也在不断发展变革。最高人民检察院于2015年10月出台《关于完善人民检察院司法责任制的若干意见》（以下简称《意见》），对完善司法责任制提出改革要求，检察机关办案组织建设即为其中重要内容。因而，检察机关办案组织是司法责任制的基础，对检察机关办案组织改革的研究不应局限于单纯的理论探索，而应置于司法责任制改革的背景之下进行。

一、检察机关办案组织的主体重构

（一）司法责任制改革对办案组织主体的规定要求

《意见》明确提出了"完善人民检察院司法责任制的目标是：健全司法办案组织，科学界定内部司法办案权限，完善司法办案责任体系，构建公正高效的检察权运行机制和公平合理的司法责任认定、追究机制，做到谁办案谁负责、谁决定谁负责"。在此目标体系之下，意见对司法办案组织形式、人员组成、不同业务的办案组织予以较为明确的规定。

《意见》明确了办案组织形式，即"健全司法办案组织形式。根据履行职能需要、案件类型及复杂难易程度，实行独任检察官或检察官办案组的办案组织形式"。同时，确定了办案组织人员组成，即"独任检察官承办案件，配备必要的检察辅助人员。检察官办案组由两名以上检察官组成，配备必要的检察

---

[*] 作者简介：刘兆欣，北京市昌平区人民检察院副检察长；史焱，北京市昌平区人民检察院法律政策研究室副主任。

[①] 郑青：《我国检察机关办案组织研究与重构》，载《人民检察》2015年第10期。

辅助人员。检察官办案组可以相对固定设置,也可以根据司法办案需要临时组成,办案组负责人为主任检察官"。此外,《意见》明确不同检察业务的不同办案组织设置,即"审查逮捕、审查起诉案件,一般由独任检察官承办,重大、疑难、复杂案件也可以由检察官办案组承办"。"人民检察院直接受理立案侦查的案件,一般由检察官办案组承办,简单案件也可以由独任检察官承办。""诉讼监督等其他法律监督案件,可以由独任检察官承办,也可以由检察官办案组承办。"

(二) 各地试点单位对办案组织主体设置的实践探索

中央确定完善司法责任制等四项司法体制改革试点,同时高检院也确定检察官办案责任制改革试点。各试点单位在改革试点中坚持把办案组织作为推进改革试点工作的重要内容,积极探索新型办案组织体系的构建。

一是以主任检察官为核心的办案组织体系构建。多数试点单位采用此种模式,如上海浦东新区检察院、北京昌平检察院和河北邯郸市峰峰矿区院。其中,上海浦东新区检察院遴选56名主任检察院,根据不同部门和业务工作的实际情况、办案需要,分别确定不同人员配置,刑检部门(包括侦监、公诉和未检)为每名主任检察院配备2~4名检察官、书记员(或检察辅助人员)为助手,自侦部门则区分反贪局和反渎局各配置6~7名和3~4名助手,民检部门配备2~3名助手,监所、控申和驻监狱检察室则配备1~4名助手。① 北京昌平检察院办案组织原则上采取1+2+n模式,即以主任检察官为基数,根据公诉、侦查监督、申诉等部门工作需要,分别由1名主任检察官+2名检察官+n名检察官助手组成,作为基本办案组织。办案组织组成人员因各部门工作特点不同而有所区别,如在公诉主任检察官办公室实行1+2+3模式,一名主任检察官配备2名检察官、3名助手;未成年人主任检察官办公室考虑到"捕、诉、监、防"一体化工作需要,实行1+3+4模式;侦查监督、刑事执行检察、申诉检察主任检察官办公室实行1+2+1模式;侦查主任检察官办公室实行1+5或1+6模式等。

二是以独任检察官为基本办案组织的三层次办案组织体系。该模式以湖北模式为代表。2013年,湖北省院制定了《关于开展主办检察官办案责任制试点工作的实施方案》,建立主办检察官+其他检察官+检察辅助人员的主办检察官执法办案团队(组),由主办检察官全面主持、组织该团队的执法办案工

---

① 陈宝富、陈鹤:《主任检察官制度的探索与思考——基于浦东新区人民检察院的实践》,载《主任检察官办案责任制——第十届国家高级检察官论坛论文集》,中国检察出版社2014年版,第285页。

作。其后，湖北省检察机关贯彻高检院关于独任检察官、检察官办案组的规定，细分三个层次：建立"检察员＋检察辅助人员"基本办案组织，根据实际情况采取固定办案组、临时办案组、临时指派办案等三种形式；在其基础上根据需要实行组合办案或协同办案，由两个以上基本办案组织形成；对特别重大、复杂案件，则组建专案组办理。① 可见，湖北省关于办案组织体系经历了逐步探索的过程，由主办检察官执法办案团队（组），过渡到以独任检察官为基本办案组织、检察官办案组和专案组为补充的三层次办案组织体系。

（三）办案组织主体重构设想

1. 明确独任检察官和检察官办案组为基本办案组织

有观点认为，应当将检察官独任制作为基本办案组织，司法责任制改革强调检察官的独立性，注重发挥个体检察官的作用，检察权由检察官个人行使，责任亦由其一方承担。我们认为，将独任检察官和检察官办案组两种组织形式明确为基本办案组织，是检察权科学运行的内在要求，符合司法责任制改革需求，也是实践探索后的必然结果。

从理论上讲，检察权是包括侦查权、公诉权、诉讼监督权在内的一项复合性权力，兼具司法属性、行政属性和监督属性。基于上述特点，设置办案组织时，既要考虑检察权所具有的司法的判断性、独立性、中立性和亲历性等特征，在保持检察一体原则的前提下强调检察官的相对独立，也应顾及不同检察职权的运行特点和行使规律不同。同时，检察机关案件类型又有按照流程来分类的，各项业务特点存在较大不同，不同业务类型的具体流程和办理方法也不同，必然要求采取多元化的基本办案组织形式。

从实践看，随着公众对司法公正的关注、评价和诉求日趋强烈，新型犯罪、涉众型犯罪、高科技犯罪日益增多，检察机关司法办案的复杂度、困难度不断增强，遇有存在重大分歧或者重大社会影响的个别案件、法律适用中存在的疑难问题、司法办案缺乏统一标准等情形时，将全部办案压力集中于独任检察官之上，显失公平。因而，出于规避可能存在的决策风险、保证检察权的独立公正行使、维护司法公信力和司法权威的考虑，将检察官办案组设为基本办案组织形式，当属必要。

2. 区别不同检察职能构建不同办案组织

第一类是职务犯罪侦查职能。由于职务犯罪侦查权的行政属性明显，权力

---

① 胡新桥、刘志月、周泽春：《湖北检察遵循规律推进司改》，载《法制日报》2016年1月14日。

行使难度大，需要检察机关整体抗压和行政协调，可以由若干名检察官组成一个办案团队，配备辅助人员，设 1 名主任检察官，组织指挥本组检察官办案。检察官对负责或参与办理的案件也应当承担相应的责任。同时应当制定主任检察官之间的侦查协作和评价机制，以适应办理特殊重大案件的需要。针对特别重大、疑难、复杂的案件，可以实行专案组侦查的组织形式。第二类是公诉和审查逮捕职能。办案组织履行的主要是刑事诉讼职能，在司法办案过程中具有更强的司法性，体现司法的判断性、独立性、亲历性等特征要求，因而，该部门的每一名检察官就是一个办案单元，给其配备 1~2 名辅助人员，就应独立承担起办案的责任。第三类是诉讼监督职能。办案组织履行的是诉讼监督职能，但诉讼监督包括刑事诉讼监督、民事行政诉讼监督，前者依环节又可划分为侦查监督、审查监督、执行监督和控告申诉检察等，针对不同的诉讼监督事项，可以分别设立不同的办案组织。具体而言，民行检察官主要从事审查工作，可以实行独任检察官办案责任制；控告申诉检察官的办案方式是书面审查为主，可以分别设置刑事申诉和信访控告检察官；刑事执行检察官因涉及大量繁杂的监督事项和不同案件的办理，可以考虑分别设置驻看守所和监外执行主任检察官，采检察官办案组形式。第四类是检察业务管理职能，办案组织履行的是质量评查、流程监控、检察委员会、调研等职能，可以针对这些岗位设置检察官。

3. 注重办案组织设置的专业化构建

一些国家和地区检察机关实行集中专业办案。如德国检察机关设有专门办理有组织犯罪、洗钱、麻醉品刑事案件和少年刑事案件的办案组织。我国台湾地区大部分检察署检察官也约略分为检肃黑金小组、经济犯罪小组、查缉毒品小组、重大刑案小组、打击民生犯罪小组、智慧财产权保护小组、妇幼保护小组等。① 因而，借鉴上述国家和地区的做法，可以尝试以专业化为中心，设立承担复合职能的办案机构。具体而言，针对特定类型案件的指定管辖及特定监督事项的指定监督，可以在特定的检察院设立专案办事中心或部门，或者在内设办案机构内部实行专业分组办案。例如，可以设立专门办理涉及知识产权、经济、贪污贿赂、渎职侵权、毒品等案件的专业化办案组，对这些案件实行专组办理，对其他案件可以实行各组轮流办理。

二、检察机关办案组织的职权配置

（一）司法责任制改革对办案组织职权配置的规定要求

《意见》对检察长、副检察长、检察委员会专职委员、检察官、主任检察

---

① 甄贞等：《检察制度比较研究》，法律出版社 2010 年版，第 187 页、第 461 页。

官、部门负责人、检察官助理的职责权限进行了较为明确的规定。其中,检察长有10项职责:刑事检察工作中,决定是否逮捕或者批准逮捕,是否起诉;诉讼监督工作中,决定是否提出抗诉、检察建议、纠正违法意见或提请抗诉,决定终结审查、不支持监督申请;职务犯罪侦查工作中,决定立案、不立案、撤销案件以及复议、复核、复查,决定采取强制措施或重要侦查措施;业务管理工作中,决定将案件提请检察委员会讨论,主持检察委员会;另有决定检察人员回避、检察官考评及组织研究检察工作中的重大问题。《意见》明确,受检察长委托,副检察长、检察委员会专职委员可以履行上述相关职责。

《意见》规定检察官需亲自承担的办案事项有7项:依法讯问,询问关键证人或其他重要诉讼参与人,重大案件组织现场勘验检查,组织实施搜查,组织实施查封、扣押物证书证,决定进行鉴定,组织收集、调取、审核证据,主持公开审查、宣布处理决定,代表检察机关当面提出监督意见,出席法庭等。主任检察官除履行检察官职责外,还应当履行2项职责:负责办案组承办案件的组织、指挥、协调以及对办案组成员的管理工作,在职权范围内对办案事项作出处理决定或提出处理意见。业务部门负责人除作为检察官承办案件外,履行职责包括:法律政策问题研究、下级院办案工作的指导、检察官联席会议的召集、本部门司法行政管理及其他应由部门负责人履行的职责等。检察官助理在检察官的指导下履行职责,包括开展讯问、询问,接待律师及案件相关人员,现场勘验检查,实施搜查,实施查封、扣押物证书证,收集、调取、核实证据,草拟案件审查报告、法律文书,协助检察官出席法庭,检察官交办的其他办案事项。

从前述规定可以看出,就职责权限的规定而言,《意见》虽然采用列举性规定,但并未将全部权力清单进行全面明确的梳理,如决定在押嫌疑人是否取保候审、决定是否撤回起诉或变更起诉、决定是否开展初查、决定是否案件线索缓查等,对未尽事宜以"其他"表述予以概括;就检察长、部门负责人与检察官之间的权限分配而言,检察长享有案件决定权,部门负责人主要是行政管理、监督制约等权力,检察官或主任检察官主要负责具体办案事项;就检察官或主任检察官的授权而言,其主要负责具体办案事项,并未享有更多授权,决定案件诉讼进程或者影响人身财产自由的强制措施的决定权或审批权仍归检察长享有。

(二)各地试点单位对办案组织职权配置的实践探索

各试点院坚持依法、合理放权和加强领导相统一,根据审查批捕、公诉、职务犯罪侦查等执法环节的不同特点和要求,采取列出主任检察官权力清单的模式,在法律规定的框架内,充分下放执法办案权限,明确主任检察官执法办案主体地位和职责权限。

以上海闵行检察院为例，该院根据案件风险等级分配办案决定权：对于一、二级风险的案件，由主任检察官办理并决定，或者由具有检察官资格的承办人员办理，主任检察官审批；对于三、四级风险的案件，由主任检察官亲自办理，办案组其他成员完成辅助工作，主任检察官提出审查意见后交分管检察长审批决定或由分管检察长提请检察委员会讨论决定。[1]

另以重庆检察机关为例，渝北、渝中、武隆三个试点检察院，均把刑检案件一般权限交给主任检察官，包括决定批捕、决定起诉等；有的试点检察院拟把部门案件的不批捕、不起诉决定权交给主任检察官行使。职侦案件中主任检察官的权限相对较小，只包含查询、提捕和少数案件的初查权等，多数案件的批准初查、决定立案等权限基本仍由检察长行使。[2]

再以北京昌平检察院为例，该院制定了《主任检察官岗位职责规范》，采取梳理"权力清单"模式，赋予主任检察官与其主体地位相适应的、更大程度的执法权限。在岗位职责规范中，明确检察委员会、检察长、分管副检察长、部门负责人、主任检察官职权范围，经合并同类项后统计，该院将刑事诉讼规则中45项由检察长、副检察长行使的职权全部或部分授予了主任检察官。

(三) 办案组织职权配置设想

1. 正确处理检察一体与检察官相对独立的关系

各检察权行使主体之间的检察权限划分问题的本质是"检察一体"原则与"检察独立"问题之间的协调和平衡问题，尽管从表面上看，这是两个相互对立的命题，但实际上，二者可以统一协调的，日本前国家检察长伊藤荣树就曾指出：检察一体原则的创建就是因为承认检察官的独立。[3] 而在我国司法责任制改革的当前，解决这一问题的关键便是保证检察官及其办案组的独立性，赋予检察官与其主体地位相适应的司法权限，使其对绝大部分案件能够独立而不受干扰地作出决定，避免"办案权"与"定案权"分离，真正"还权"于检察官。如前所述，各地司法改革和检察改革试点已进行多种尝试，基本原

---

[1] 潘祖全：《主任检察官制度的实践探索》，载《人民检察》2013年第10期。

[2] 杨平、朱学元、杜颖：《重庆市检察机关开展检察官办案责任制改革试点的实践与思考》，载《主任检察官办案责任制——第十届国家高级检察官论坛论文集》，中国检察出版社2014年版，第73页。

[3] ［日］伊藤荣树：《日本检察厅法逐条解释》，徐益初、林青译，中国检察出版社1990年版，第57页。

则都是逐步放权给检察官。伴随检察官办案主体地位的突出，分管副检察长、检察长和检察委员会的个案决策权必然要相应地收敛限缩。

2. 限缩检察委员会的个案决策权

具体到检察委员会个案决策权的限缩，也就是要明确"重大"的范围标准。《意见》规定："检察委员会讨论决定的案件，主要是本院办理的重大、疑难、复杂案件，涉及国家安全、外交、社会稳定的案件，下一级人民检察院提请复议的案件。"我们认为，在司法责任制改革背景下，在保留检察委员会个案决策功能的前提下，检察委员会应限于讨论两类案件：一是有重大社会影响的案件，如社会广泛关注、引发舆论炒作的案件，通过检察委员会讨论来分担检察官办案压力，保障检察机关依法独立行使职权；二是有重大争议的案件，一般指涉及罪与非罪争议较大的案件，或者对此罪彼罪有重大意见分歧且量刑差异较大的案件，通过检察委员会讨论来保证案件质量。这种争议既包括检察机关内部的争议，也包括外部争议，如拟向法院提出抗诉的案件。实践中基层检察院检察委员会讨论较多的案件是拟作不起诉处理的案件，这主要基于控权的考虑。不起诉决定属于终结性事项，缺乏后序环节的制约，由于法治发展的阶段性以及社会的高度关注，为防止权力的滥用，目前这项权力尚不宜交由检察官独立决定。但不交由检察官自主决定也不必然意味着直接提交检察委员会决定，而是可由检察长、分管副检察长决定，只有争议较大的不起诉案件才有必要提交检察委员会讨论研究。

3. 保留检察长（分管副检察长）的部分决定权

针对检察权的多样性，从不同维度进行分析，合理确定检察长（分管副检察长）所保留的办案职责权限。具体而言，一是保留重大案件审批权，即对于实体上拟改变原处理结果，如提请抗诉或改变原决定，提出再审检察建议等，程序上拟对重大监督事项的决定，如对严重违法的书面监督纠正，拟作出不予国家赔偿决定等，应报分管副检察长决定。二是保留案件终止决定权，如不起诉等终结性事项，考虑到法治发展的阶段性和社会的高度关注，仍应由检察长（分管副检察长）决定。三是保留关键程序批准权，就职务犯罪侦查工作而言，由于其行政权属性突出，对于社会关注和特大案件开展初查、案件线索缓查、立案、不立案、撤案、侦查终结等实体事项，以及强制措施、处分性的强制性侦查措施、技术侦查措施等涉及人权保障的重要侦查措施的采取，仍由分管副检察长决定。就审查逮捕而言，这是一项涉及人权和诉讼保障的重要司法程序，批准逮捕应保留由分管副检察长决定。

4. 取消部门负责人的案件审核权

修订前的《人民检察院刑事诉讼规则（试行）》规定："人民检察院办理

刑事案件，由检察人员承办，办案部门负责人审核，检察长或者检察委员会决定。"这就是"承办人承办—部门负责人审核—检察长（检察委员会）决定"的"三级审批制"办案模式。这种办案模式中，部门负责人对案件具有审核权，是复杂办案组织的必要层级，是检察工作行政属性和检察一体化在检察机关司法办案活动中的重要体现。司法责任制改革背景下的办案组织重构，重要环节就是要突出主体地位、减少中间层级、优化审批程序，因而取消部门负责人的案件审核权，就是必要之义。换言之，部门负责人除作为检察官办理案件外，其作为部门负责人时，所履行职责主要就是行政管理、办案管理、队伍管理、内部监督等，不再在具体案件办理中发挥实质性作用。

5. 扩展检察官（主任检察官）的职权范围

从理论上讲，检察机关的各项权力都可以授予检察官或主任检察官行使，使其独立承担权责。但我国检察权在法律监督的总定位下具有多样性，是包括侦查权、公诉权、诉讼监督权在内的一项复合性权力。检察权的行使是通过不同的检察职能实现的，各项职能具体差异较大，目前各项职权还不能完全授予检察官或主任检察官独立行使，而只能部分授予。

一是职务犯罪侦查职能。该项职能需要检察机关整体抗压和行政协调，侦查主任检察官目前尚无法独立承担起完全的侦查主体职责，更多应起到侦查行为中层指挥者、实施者的作用。具体而言对于搜查、查封、扣押等程序性强制侦查措施，主任检察官可自行决定实施；对于案值在5万元以下的科级以下人员涉嫌贪污贿赂犯罪的案件，如非纪委和上级交办、无较大社会影响，主任检察官可以决定立案、采取羁押性强制措施及侦查终结。

二是公诉和审查逮捕等刑事检察职能。该项职能履行时，繁杂的调查和补充侦查工作可以引导侦查人员开展，检察官以书面审查、复核证据为主要办案方式，审查结论更依赖其个人的内心确信，司法裁量性质明显，因此可以赋予检察官（主任检察官）更为独立的职权。具体而言，除上级督办案件、拟不起诉、撤销原不起诉、撤回起诉等决定权外，其他职权如起诉、变更起诉、退回补充侦查、延长审查期限等均由检察官（主任检察官）决定。

三是诉讼监督职能。该项职能主要是对其他执法司法机关职责履行的法律监督，有时还会涉及生效裁判、决定的稳定性，考虑其社会影响，除提出抗诉、提请抗诉、提出再审检察建议、书面纠正违法、不支持监督申请等决定权以外，其他诉讼监督职责的履行，如提出检察建议、追捕追诉、监督立案、监督撤案、羁押必要性审查等，均由检察官（主任检察官）决定是否开展。

三、检察机关办案组织的运行管理

（一）司法责任制改革对办案组织运行管理的规定要求

《意见》明确规定，部门负责人负责本部门司法行政管理工作；检察官助理在检察官指导下履行职责；加强上级检察院对下级检察院司法办案工作的领导，上级院对下级院有权指令纠错、撤销或变更决定、指定异地管辖、调配检察官异地履行职务；下级检察院就案件处理或检察工作重大问题可以请示上级检察院；司法办案工作应当在统一业务应用系统上进行；建立随机分案为主、指定分案为辅的案件承办确定机制；建立检察官业绩评价体系；建立办案质量评价机制。

（二）各地试点单位对办案组织运行管理的实践探索

各试点单位就办案组织的内部关系、外部协作、业绩考核、案件分配等均进行了不同程度的探索。在办案组织的内部关系构架方面，以河南省郑州航空港经济综合实验区检察院为例，该院刑事检察局、职务犯罪侦查局和诉讼监督局三个业务部门实行不同的模式。刑事检察局实行主任检察官审核制模式，即主任检察官对组内其他检察官的办案活动有指挥权、调度权、指导权、决定权，但需尊重辅助检察官的相对独立性、连续性和建议权。职务犯罪侦查局实行主任检察官负责制模式，即主任检察官对组内检察官的办案活动具有决定权，检察官对于主任检察官的决定应予执行。诉讼监督局实行主任检察官主持下的合议制模式，即口头监督建议及一般的法律监督事项，可以授予检察官独立行使，而重大法律监督事项，应当由法律监督办案组以合议的方式来行使。[①] 在目标考核机制建立方面，仍以河南省郑州航空港经济综合实验区检察院为例，该院建立科学的检察人员评价体系，对检察官的考核，以评价其履行法律监督职责的效果、能力为主，重点考察对案件的处理情况；对检察辅助人员的考核，以评价其辅助检察官履行职责的情况和能力为主，并确立检察官对检察辅助人员考核的权限和责任；对检察官的每一个案件进行公开的质量评价，纳入绩效考核；将平时考核和年度考核相结合，作为检察官遴选、人事任用的重要依据。[②] 在案件分配方面，以北京昌平检察院为例，该院先后制定实施了《侦查监督部门轮案规则》、《公诉和未检部门轮案规则》，实现了审查逮

[①] 刘建国：《主任检察官制度的比较分析与实践探索》，载《主任检察官办案责任制——第十届国家高级检察官论坛论文集》，中国检察出版社2014年版，第118~119页。

[②] 刘建国：《主任检察官制度的比较分析与实践探索》，载《主任检察官办案责任制——第十届国家高级检察官论坛论文集》，中国检察出版社2014年版，第120页。

捕、审查起诉等刑事检察案件全部自动轮案。在严格执行自动轮案的同时，针对特殊情况下需要更换主任检察官办公室的案件，实行书面登记备案制度。此外，定期制作案件调整清单，发现问题，寻找规律，适时会同办案部门协商修正调整轮案规则，最大限度发挥轮案制度优势作用。

（三）办案组织运行管理设想

1. 理顺办案组织内部管理

办案组织内部关系的构建，主要就是理顺检察官与检察辅助人员的关系。我们认为，应区别不同办案组织进行不同关系架构。

就独任检察官而言，其享有对案件的调度权、决定权、变更权、异议权、建议权、提请权、召集权和指导权，检察辅助人员仅协助其办理案件，检察官对协助办理的案件进行审核把关，不仅要对案件的事实和证据负责，还要对案件的定性和法律适用等问题负责。检察官对职责范围内的处理决定承担全部责任，检察辅助人员仅对其职责范围内的行为承担责任。

就检察官办案组而言，主任检察官享有对案件的分案权、决定权、审核权、异议权、建议权、召集权、提请权、指导权、变更权等。主任检察官指导检察官、检察辅助人员开展案件、事项办理工作，有权改变检察官、检察辅助人员的意见，检察官、检察辅助人员应当执行主任检察官的决定，由此产生的法律后果由主任检察官承担。因检察官、检察辅助人员不执行主任检察官决定而产生的责任，由检察官、检察辅助人员自行承担。主任检察官在办理案件过程中应当充分听取检察官、检察辅助人员的意见和建议。主任检察官有权向部门负责人、分管副检察长提出人员调整的建议。同时，检察官应对自己承办的案件承担责任。

2. 规范办案组织外部运行

一是与部门负责人的关系重构。如前所述，部门负责人不再承担案件审批职责，独任检察官或检察官办案组是基本办案组织，就司法办案而言，二者不再有领导与被领导关系，独任检察官或主任检察官对案件办理有绝对权威，部门负责人不得干预。但同时，部门负责人负责行政管理、业务管理、队伍管理、监督制约等事项，办案组织在这些方面应接受其领导、管理和监督。

二是与检察长、检察委员会的关系。对于检察官或主任检察官职责范围内的案件，检察长、分管副检察长可以享有职务收取权、移转权，有权根据检察官的专业化办案水平，下放或收回赋予主任检察官的职权；有权监督主任检察官行使职权及承办案件情况，不同意检察官或主任检察官对案件事实、证据的认定、法律适用或者所作的决定的，可以将案件收回自己办理或交由其他检察官办理。对于检察长、分管副检察长职责范围内的案件和事项，主任检察官应当明确提出意见并提供相应材料，报请检察长、分管副检察长决定，检察长、分管副检察长认为案件和事项需要检察委员会决定的，可以提议召开检察委员会讨论决定。

三是与上下级检察院的关系。关于上级检察院对下级检察院的领导工作，上级院对下级院可以通过个案指导、督办、领办、民行案件协查等方式对司法办案工作进行领导，上级院享有指令纠错、撤销或变更决定、指定异地管辖、调配检察官异地履行职务等职权。关于下级检察院对上级检察院的请示工作，高检院已经出台《人民检察院案件请示办理工作规定（试行）》，根据该规定，下级检察院在办理具体案件时，对涉及法律适用、办案程序、司法政策等方面确属重大疑难复杂的问题，经本院检察委员会研究难以决定的，应当遵循逐级请示原则向上级检察院请示。

3. 建立案件承办确定机制

应建立随机分案为主、指定分案为辅的案件承办确定机制。具体而言，一是明确承办检察官名单，名单包括检察长、分管副检察长、检察委员会委员、部门负责人等，案件管理部门应根据承办检察官名单进行分案。二是结合案件管理部门对案件的统一受理，由案件管理部门在统一业务应用系统中进行自动随机分案。三是对于重大、疑难、复杂案件，可以由检察长指定检察官办案组或独任检察官承办。四是对于专业性较强的案件，各业务部门应当提前将分案规则提供给案件管理部门，由其进行指定分案。五是特殊情况下需要对随机分案结果进行调整的，应当进行审批，实行书面登记备案。六是定期制作案件调整清单，案件管理部门适时会同业务部门协商修正调整分案规则。

4. 完善检察官业务评价体系

一是建立司法办案目标责任体系，将办案数量、质量、效率、效果、安全五者有机统一作为司法办案目标责任要求，以核心业务指标为基础，将办案质量和规范司法的情况作为衡量的重要指标，如质量指标即包括提起抗诉、追诉漏罪漏犯、立案监督等。年初各独任检察官或主任检察官报本年度目标责任，案件管理部门每季度进行评查，年底予以总结。二是对检察官或主任检察官办案绩效进行考评，考评内容主要包括核心业务数据、司法办案目标责任要求、案件质量评查情况，具体区分不同业务进行考评，如职务犯罪侦查主任检察官即考评立案数、提起公诉案件数、有罪判决数、参与案件数等指标。三是建立健全检察官或主任检察官司法档案管理制度，针对不同业务检察官或主任检察官，改变以往年终总结式的记载办法，将检察官司法办案情况如实记入司法档案，解决对检察官评价不全面、缺乏客观依据的问题。

5. 建立案件办理全程留痕机制

检察权的行使会经过多个办案层级、环节和人员，对于权力行使的整体过程必须保证清晰可见、有迹可循，应当对于检察权运转的重要环节进行书面记载，实现"权力留痕"，这既是厘清责任的依据，也是检察权规范化运行的必然要求。① 具体到独任检察官或检察官办案组司法办案中，一是规范运用统一业务应用系统，完善业务应用系统的组织机构、人员角色、办案权限、审批权限的调整，保证案件受理、证据审查、案件办理、报告制作、文书审批、印鉴使用等全程在统一业务应用系统中进行操作。二是做好案件汇报、讨论的记录、纪要工作，如就案件办理情况向分管副检察长、检察长汇报、召开主任检察官联席会议讨论、向上级检察院汇报、召开检察委员研究审议、召开专家论证会讨论研究等，均需做好会议记录，必要时可由参与人员签名认定。三是遵循高检院的相关规定，对领导干部干预检察机关司法办案活动、插手具体案件处理，以及司法机关内部人员过问检察机关办理案件的，检察人员应当全面、如实记录，做到全程留痕、有据可查。四是做好诉讼卷宗的归档工作，包括电子卷宗及纸质卷宗的归档。

6. 健全监督问责机制

用权必有责，责任司法应当成为检察人员信奉的基本理念。具体而言，可以开展以下三个方面工作：一是科学确定责任种类，司法责任可以分为纪律责任、民事责任和刑事责任三类，根据具体违法行为的不同特征和构成可对责任作出细化。② 依据责任轻重的程度，将司法责任行为分为故意违反法律规定责任、重大过失责任和监督管理责任三个层次，确定不同责任行为的认定标准和责任范围。二是建立追责机制，责任行为调查方面，可以明确由纪检监督部门进行责任行为调查。责任认定方面，对于调查结果，经检察长审议提交检委会，检委会综合考虑主观过错、情节、后果等作出专业认定；检委会认定司法责任的，提交党组会研究是否追究检察人员司法责任；党组会认为应当追究检察官司法责任的，则应按规定移送省级检察官惩戒委员会审议。责任追究方面，对经调查属实应当承担司法责任的检察人员，应当根据检察人员的主观过错、客观事实、情节、后果等，给予批评教育、组织处理、纪律处分、依法追偿、刑事处理等不同处理。三是明确责任豁免，规定检察官的正常职务行为不受责任追究，不能因办案认识分歧、适用法律见解不同而追究承办检察官的责

---

① 邹开红：《检察官执法办案责任体系研究》，载《人民检察》2015 年第 9 期。
② 梁玉霞：《司法独立的另一种诠释：权、责、信的统一》，载《现代法学》2000 年 10 月第 22 卷第 5 期。

任。同时，坚持谁办案谁负责、谁决定谁负责的原则，明确不同办案主体之间的责任划分，保证既不越权插手办案，也不逾越承担责任。①

四、检察机关办案组织改革与其他改革的协同推进

（一）与检察人员分类管理改革

探索建立符合检察工作规律的人员分类管理制度是近年来检察机关提出的一项重大改革举措。检察人员分类管理改革的核心内容是保证检察权行使主体的独立性和专业性，是实现检察队伍专业化、职业化的根本途径，也是推动其他方面改革的重要基础。

检察机关办案组织改革的基础环节是组织主体重构，无论独任检察官还是检察官办案组的设立，均涉及人员分类管理改革。具体改革时，需要将检察人员划分为检察官、检察辅助人员和司法行政人员三类，明确不同人员的职责和岗位设置、员额配置比例以及管理依据，为形成并运行新的办案组织奠定基础。可见，检察人员分类管理改革是办案组织改革的基础，而检察队伍专业化、职业化建设则需要在办案组织的具体运行中完成。

（二）与检察机关内设机构改革

组织机构改革当中，组织体系是保障，内设机构是关键，检察官是根本。②检察机关内设机构改革不仅是高检院的要求，也是全面改革的应有之义。只有首先进行内设机构改革，重组整合新的职能部门，才能从理念上树牢改革思维，否则仍然依托原来的部门、旧有的理念，很难有科学的改革思路。

应首先明确，改革后的内设机构不再是法律意义上的办案组织，其性质应为"专业平台"和"管理单元"。"专业平台"就是专门办理某类型案件或某类事务的集体，"管理单元"主要承担本部门办案管理、行政管理、队伍管理等职责，不再在办案中发挥实质性作用。检察机关内设机构设置的基本理论依据是检察职能的有效行使，改革中，我们可以依托不同检察职能，仿效国家大部制改革的思路和实践，将职能相同或工作性质近似的部门予以整合，促进检察职能的整体运行，尽量减少管理层级，实现扁平化管理，同时释放人力资源和待遇资源。在此基础上，区别不同内设业务机构设立不同的办案组织。

---

① 邹开红：《基层检察机关司法规范化体系建设》，载《检察工作实践与理论研究》2015年第2期。

② 徐鹤喃：《检察改革的一个视角——我国检察机关组织机构改革论略》，载《当代法学》2005年第6期。

（三）与检察人员职业保障机制改革

检察官职业保障是指以检察官职业化建设为核心，通过建立和完善检察机关内部、外部的相关制度体系，切实保证和落实检察官的职业权力、职业地位和职业素养，以达到增强检察官职业荣誉、维护国家法律尊严和司法权威之目的。① 检察机关办案组织的顺利组建及运行，依赖于职业保障机制的健全完善。

检察官职业保障机制改革，主要是对检察人员实行不同于普通公务员的管理办法，加强职业身份和经济待遇等方面的保障，增强检察官职业荣誉感和使命感。具体而言，一是身份保障，即人员分类管理后的检察官，其依法履职受法律保护，非因法定事由、非经法定程序，不得将检察官、辞退或作出免职、降级等处分。检察官依法办理案件不受行政机关、社会团体和个人的干涉。检察官对法定职责范围之外的事务有权拒绝执行。二是安全保障，探索建立检察官意外伤害保障以及检察官职业风险基金等检察官职业保险制度，采取适当措施保护检察官的合法权益，对蓄意伤害检察官的行为人严惩不贷。三是经济保障，推进检察官单独职务序列和工资改革，适当提高检察人员特别是基层检察院人员职级比例，完善检察人员工资、津贴补贴和福利保险体系。

---

① 何强、凌雯：《加强检察官职业保障的几点建议》，载《人民检察》2014 年第 18 期。

检察机关内设机构优化配置的立法思考

白剑平[*]

检察机关内设机构配置,是指检察机关根据权力配置,依据管理规律、检察工作规律和司法行政规律,结合工作任务而设置内部组织,以实现任务、岗位、责任和人员的相互匹配,为检察权的公正高效运行提供组织保障。因此,内设机构设置起着规范、整合、引导个体行为的作用,对于保障检察权的高效运行意义重大,需要从立法层面明确规制。

一、优化配置检察机关内设机构的一般规律

现代管理学认为,组织结构选择与一个组织的规模大小、战略目标、技术手段、发展阶段等因素密切相关。同其他组织体系一样,检察机关内设机构的设置必须遵循管理学的一般规律。从总体来看,检察机关的内设机构与检察机关的组建、发展息息相关,随着检察职能拓展、目标任务调整而不断发展变化,目前已进入成熟稳定时期,其一般性要求有:

一是科学设岗、配备合理。设置科学合理的内设机构,首先要明确在一定时期检察机关面临的工作任务,根据任务的性质和数量对有关岗位进行有机组合,实现岗位种类、数量之间的协调适应,形成组织结构的基本单元。例如,市级院的公诉工作的任务主要有审查起诉、侦查活动监督、审判监督、对下指导、内部管理等职能,需要设置检察官岗位、行政管理岗位和检察辅助人员的岗位,然后根据工作任务调整岗位与人员的比重。

二是效率优先、经济核算。效率与经济核算是组织生存的根基,一个没有效率的组织是没有生命力的组织。对于检察机关来说,效率是有效行使检察权的保障,是人民群众的基本要求。因此,内设机构的设置必须贯彻精简、高效的原则,最大限度降低运行成本。这需要考虑两个方面的内容:

---

[*] 作者简介:白剑平,河北省张家口市人民检察院党组书记、检察长,二级高级检察官。

第一，贯彻精简原则，保证内部机构设置的经济性。制度经济学认为，一个组织的边界是由组织内的市场成本决定的。一个内设组织如果其外部成本大于内部成本，那么就需要设立，否则就没有必要设立。例如，如果检务保障中法警工作能够由外部完成（如得到公安机关的有力支持等），那就没有必要设立法警部门。

第二，内设机构之间配置最优、效率最高。各内设机构之间要达到冲突最少，系统运行时摩擦最小，能够有效降低协调成本。这就求内设机构之间职责明确、互不交叉，工作落实到岗位和人员，防止互相扯皮。

三是宽度合理、规模适中。管理宽度是指被管理者的人数，它是由科技水平、被管理者劳动的复杂程度、被管理者的工作自觉性等决定。检察工作是复杂的脑力劳动，检察官的文化水平较高，具有较高的工作自觉性，因此其管理宽度应更大一些。在检察机关内部，侦监、公诉、民行、综合保障等部门的管理宽度最大、刑事执行检察、职务犯罪侦查的管理宽度可以适当小一些。管理宽度确定后再根据管理人数确定处室数量，这样既能保持工作活力，又能保证管理活动的有序进行。同时，各内设机构之间规模要大体相等，避免管理权力的不平衡。出于管理宽度的考虑，一些基层检察机关可以撤销机关党办、人民监督员办公室、检委会办室等"一人科"室，将其职责合并，通过"一岗多人"的方式进行解决。

四是层次分明、协调顺畅。管理层次由管理宽度决定的，在人员规模不变的情况下，管理宽度越大、管理层次就越少。由于基层检察机关的管理宽度较大，因此其管理层次应当减少，实行扁平化组织结构。扁平化的组织结构层次不明显，往往导致上下之间连接不够顺畅，协调难度较大，这就是需要设立有关科层。例如，目前基层检察机关的领导方式是分管检察长分工管理处室，由于缺少中间层，职能部门下达通知时要分头进行，沟通协调的成本很高。如果能在分管检察长与所管辖处室之间设置一个小型办公室，或者指定人员承担秘书工作，则会使连接更加顺畅，提高行政工作效率。

二、检察权运行规律对内设机构优化配置的特殊要求

我国检察机关的检察权配置较为复杂，主要包括职务犯罪侦查权、审查逮捕、审查起诉、诉讼监督权等内容，检察机关作为国家机构的组成部分，还要承担其他社会职能。不同的检察权之间又有不同特点，对内部机构设置有不同要求。

（一）监督职能与司法办案相结合，要求统一规范机构名称

监督是检察权的核心要求，我国检察机关定位为法律监督机关，主要通过

司法办案进行监督，导致设立内设机构时有三种情况：一是办案即是监督，例如民事行政检察工作，其对案件进行审查就是进行对审判和执行情况进行监督，因其职能单一，易于统一设置。二是办案保障监督，即通过司法办案发现监督线索后进行监督，如通过对案件的审查逮捕、审查起诉，发现侦查活动违法后进行监督，在监督与办案两者难以分清的情况下，存在以何种职能为主确定机构名称的问题。如果按司法办案职能设立，应该称"批捕处"、"公诉处"，如果按监督职能来定位，则应称"侦查监督处"、"审查起诉处"。三是办案保障监督效果，例如刑事执行检察部门对发生在监管场所的职务犯罪案件具有侦查权，其权力设置的目的在于加强对监管场所的权力制约，但又与职务犯罪侦查部门职权重合。上述内部机构是检察机关的核心业务部门，其名称直接关系到对检察权、司法权的理解，如不加统一规定，容易引起社会误解。

（二）主动监督与被动办案相结合，要求灵活确定组织结构

理论界公认，我国检察权既具有行政属性，又具有司法属性，检察机关在发挥监督职能时既具有主动性，又具有被动性。主动性要求建立耸立式组织结构，强调集中统一，加强行政领导和责任追究。职务犯罪侦查、刑事执行检察等部门需要加强工作指导，加强对一线办案的集中统一领导，需要建立内部职能部门，适度增加管理层次。被动性要求建立扁平式组织结构，减少中间管理层次，发挥一线人员的主观能动性。民行检察部门、公诉部门需要对检察官办案进行放权，采用独任或主任检察官的办案组织。而侦查监督部门在进行立案监督时，需要发挥主动性，加强集中统一领导，而在审查报请的批捕案件时又强调司法性、被动性，要求建立扁平式的组织结构。在我国四级检察机关中，因上级检察机关承担着对下指导职能，所以应建立耸立式组织结构，而基层检察机关因突出办案工作，需要建立扁平式组织结构。综上所述，检察权的运行特点要求灵活确定各内设机构的管理层次，不宜对组织结构的形状进行统一要求。

（三）独立办案与团队协作相结合，要求改变行政权属结构

为推进司法责任制改革，使检察人员的责权利相统一，根据司法办案的亲历性要求，克服"审而不定、定而不审"的问题，此次司法改革重点推进办案组织改革，改变过去"办案人员提出意见、部门负责人审核、（分管）检察长审批"的流水线办案机制，取消中间的行政审批环节，落实检察官在法定范围内的决定权，由办案人员直接向检察长负责。反映在组织结构上，要求减少中间审批层次。针对当前案件日益复杂的形势，客观上要求加强检察官之间协作，设立临时或者固定的办案组。受管理宽度的限制，又必须设立相应行政

管理小组，赋予小组以检察事务的管理权。改革确定了检察官以团体队协作的形式进行办案，在主办检察官的带领下进行办案，又要求加强工作指导性，上述情况要求灵活地改变行政权属结构，根据工作需要设置不同的管理机构。

（四）专业规范与加强制约相结合，要求统一设立业务管理机构

管理学认为，组织规模越大、越成熟、专业性越强，其内设机构数量就倾向于越多、越细致。近年来，随着检务职能的拓展，检察机关顺应这种客观趋势，内设机构越设越多，岗位职责越分越细，这有利于促进检察工作专业化和规范化建设。随着人民群众法治意识的提高，要求检察机关公正、高效地行使检察权，这就需要加强内设机构之间的相互制约，防止司法腐败的发生。内设机构相互分权，容易使一些检察职能"碎片化"。为保障检察权的高效运行，又需要各个部门之间加强合作，强化部门内部交流和案件移送转办。例如，检务公开工作被分摊在各个部门，由各个部门共同完成，由于权责不统一，落实难度很大。另外，根据法律的特殊规定，检察机关设立了一些权力过分集中的部门，如为实现未成年犯罪案件的单独办理，未成年人刑事检察部门集批捕、起诉、帮教等多种权力于一体，需要加强权力制约。这在客观上需要建立综合性的业务管理机构，并加强纵向领导。

综上所述，中国特色检察权的多重配置、实现检察权的多种手段、法律对检察权运作的特殊规定等，均对内设机构设立提出很高要求，结合实际，应在立法中统一规定主要业务部门的名称、统一规定设立业务管理部门，对内设机构的管理层次等内容由最高人民检察院出台具体的行政条例加以解决。

三、影响内设机构配置的主要问题及立法规制

除前述中国特色检察权配置、检察权运行规律等因素外，还需要解析机构设置的内在动力机制和主观影响因素，找出问题的根源症结，从立法层面进行规制。

（一）优先推进检察官分类管理改革

目前，我国对检察人员实行行政化的管理方式，检察人员的职级待遇等与行政级别挂钩。这种管理方式与检察机关的司法性、检察职业的专业性、检察工作的稳定性相背离，对于个人来说，在物质利益的激励下，检察人员将个人进步置于等级设置的公务员岗位，形成浓厚的"官本位"思想。对于组织来说，职级职数直接关系到个人利益，各级检察机关拥有争取编制、提高职级、增设职数的内在动力，而当一个机构不具备存在合理性时仍想方设法地维持，致使机构日益增多、部门林立、人员与任务配置失衡，机关内部苦乐不均、部

分人员怠于履行职权，不利于检察权的高效行使，急需采取措施加以解决。建议在立法中进一步加强法律的引导作用，详细阐述检察官分类管理的基本原则和具体要求，从立法层面推进分类管理改革的力度。

（二）强化检察机关内设机构的效能建设

上下级检察院之间是领导与被领导的关系，由于检察业务之间专业性较强，多项职能相互交叉，这就导致了各内设机构均注重业务条线建设。通过条线加强领导，是实施有效管理的捷径。各业务部门为加强本系统建设，相继出台文件，要求下级院建立与之对应的内设机构，便于统一领导。纵向管理提高检察工作的专业化程度，但也造成业务部门独立性强，横向职能作用发挥不明显，突出表现在各院的政工、案管等职能部门缺乏应有的权威，工作难以落实。例如，案管部门的职能需要对案件进行集中管理，但是由于检察机关以纵向管理为主，对同级部门的制约不足，流程监控、案件评查等职能难以有效发挥。在侦查活动监督中，有关部门之间互相配合、线索互相移送等积极性、主动性不强。因此，建议在立法中强调"检察长加强对全院工作统一领导、各内设机构之间加强协作配合"等内容表述。

（三）提高机构设置的法治化水平

由于法律对内设机构设置没有要求，在实践中基层检察机关领导依法管理、按职责管理的意识不强，内设机构运行的法治化水平不高。因办案人手缺乏，有些基层院根据办案任务随意用人，打破部门职能界限，批捕、公诉、反贪等各部门一起上，实行"全院办反贪、全员办渎检"等"大呼隆"、"粗放式"办案用人方式；有的违背管理规律，随意设立内设机构；有的因人设岗，因人划分工作任务，出现"任务随着人员走"等情况，影响检察权的高效运行，不利于专业化职业化建设。为增强内设机构和基层检察机关建设的规范性，建议在立法中明确检察机关加强效能建设的基本原则和监督检查制度，增加"检察机关应定期向人大报告本院经费预算、人员编制、效能建设等情况，自觉接受人大对检察机关效能建设的监督"等内容表述。

检察机关办案组织与办案责任制相关问题探讨

戴 萍 陈鹏飞[*]

推进检察机关办案组织改革，构建办案责任制，是本轮检察改革的重要着力点，也是深化检察改革的关键。如何理解和重构我国检察机关办案组织，以此作为检察改革的依托和检察权运行的载体，是当前司法体制改革中的重要一环。关于我国检察机关办案组织问题，一直以来都不缺乏关注，也没停止过改革，但由于各种原因，导致办案组织改革的成效并不明显，制约了检察工作的良性发展。事实上，办案组织和办案责任制是两个不可分割的概念，办案组织是办案责任制的基础，办案责任制是办案组织的落脚点。本文将从办案责任制的角度，分析我国检察机关办案组织相关问题，以期为检察体制改革略尽绵薄之力。

一、办案组织的基础问题：独任制与团队制

纵观世界各国检察机关的办案组织，不外乎独任制与团队制两种形式。所谓的独任制办案组织，是指负责承办案件的检察官，独立地承办案件，独立行使决定权，并承担相应的办案责任的一种办案组织。当然，独任制办案组织中，并非只有承办检察官一人来负责所有的办案事务，而是由一名检察官或主任检察官主导、指挥、决定办案，并配备有数名检察官助理或者辅助人员。团队制则是相对于独任制而言的，由数名检察官或主任检察官组成办案团队，共同承办案件的办案组织。总体而言，独任制是各国检察机关所采取的基础的办案组织形式，检察官具有诉讼上的独立主体地位，集权力与责任于一体。

将独任制作为检察机关最主要的办案组织形式，首先便是由检察权的属性所决定的。尽管关于检察权的性质尚处争议之中，但无论何种观点，都不能否

---

[*] 作者简介：戴萍，重庆市北碚区人民检察院检察长，全国检察业务专家；陈鹏飞，重庆市北碚区人民检察院助理检察员。

认检察权带有司法权属性。既然检察权具有司法权属性,而司法权的主要特征便是判断,那么检察官从事检察业务便是对具体案件所作出判断,并在此基础上作出最为合法与合理的决定。判断是一种主观性的行为,是检察官基于案情和证据得出是或非的结论,这个过程就只能是检察官在冷静、独立的条件下作出,而不是通过集体讨论的方式作出。集体讨论虽然可以群策群力,但也容易为了随波逐流,并成为规避责任的方式,因而只能是作出表达意见的渠道,绝不可作为独立判断的途径。要保证检察官独立作出的判断和决定是合乎法律的,在赋予其独立地位的同时,也施加了独立承担判断后果的责任。相较于团队制而言,独任制之所以能够成为检察院基础办案方式,这与独任制的优势是分不开的。在独任制之下,承办检察官独立判断并作出决定,能够有效地排除来自外界的影响,以自己的经验、知识和逻辑来分析和判断,有利于得出最为接近客观真实的结论。并且,独任制还意味着"谁承办、谁决定、谁负责",将具体责任明确到了承办检察官个人身上,有利于实现权责统一,增强检察官的责任感和荣誉感,承办检察官为了避免职业风险,必定会尽可能提高判断结果的准确性,努力确保案件质量能够经得起考验。

当然,独任制作为基础办案方式,并不是唯一的办案组织形式,除此之外,团队制也时常充当着重要角色。检察机关的业务范围十分广泛,就大陆法系来说,侦查、起诉、执行是三大主要业务,不同的检察业务需要采取不同的办案组织形式。起诉与执行通常采取的是独任制办案组织,而侦查则往往采取的是团队制办案组织。就侦查而言,特别是重大、复杂案件,如贪污贿赂犯罪案件和经济犯罪案件,一名检察官承担侦查任务是不现实的,这就需要数名检察官相互协作分工。对于特别复杂的起诉事务,审查与指控的任务也十分繁重,也有可能出现一名检察官无力承担的情形,这时也需要多名检察官共同完成指控任务。总体而言,独任制的基础地位仍然无法动摇,多数案件的办理还是要通过独任制的方式来完成,团队制则是应对特殊案件时所采取的补充性办案组织形式。事实上,团队制办案组织是独任制的一种变形,在团队制办案组织中,并非就是各自办理各自的部分,各自对各自所办理的事务负责,而往往有一名主要负责的承办检察官,负责对案件的总体把握和任务分配,其他检察官则处于协办地位,主要负责承办检察官对全案承担办案责任,而其他参与检察官只对承办的具体事项负责。[①] 相对而言,团队制的办案方式将案件承办分解到了不同的检察官身上,不利于检察官发挥个人能力,同时由于权责不明,容易导致检察官的依赖思想和逃避责任倾向。

[①] 龙宗智:《检察官办案责任制相关问题研究》,载《中国法学》2015年第1期。

二、我国检察机关办案组织与办案责任

我国检察机关办案组织的现状，可以说是偏离了主流形式，其主要特征就在于行政化色彩浓厚，司法责任无法落实，成为制约检察工作的重大因素。

（一）行政审批制办案组织

在我国，检察机关职能与检察权的定位明显区别于其他国家和地区，这就使得我国检察机关办案组织有着特殊性。最为突出的特点，就在于检察机关被定位为法律监督机关，除了传统的检察业务之外，其职权范围还延伸到了批捕、诉讼监督等领域，基本实现了对各类型诉讼以及诉讼各阶段的全方位覆盖。而且，我国检察机关所具有的侦查职能与其他国家的侦查职能也不相同，对于执行也只有监督权，而无执行权，仅有起诉与其他国家大致相同。我国检察机关业务类型多样化和非典型的特点，也决定了我国检察机关采取的办案形式的多样化，既有强调单兵作战，具有一定独任制色彩的办案组织形式，如公诉、批捕等业务，也有体现团队制办案的组织形式，如职务犯罪侦查，还有介于二者之间的办案形式，如执行监督与诉讼监督等。从表征来看，我国检察机关采取的办案组织形式似乎也有独任制和团队制两种，但事实上并非真正意义上的独任制与团队制，但是即使表现出独任制特征的公诉与批捕等业务，这种独立仅局限于独立地对案件进行初步审查，甚至于下一步要采取何种措施承办检察官也无权决定，没有独立判断和决定的权限，更没有真正意义上的独立责任，实际上都是行政审批式的办案组织。

事实上，不论是体现独任制的公诉、批捕业务，还是体现团队制的侦查业务，也不论采取的是何种办案组织形式，有一个共同的特征就在于，它们都是行政审批制的办案组织，体现着强势的行政因素，受到行政关系的深刻影响。我国检察机关内部运行过程中，基本套路就是"承办检察官负责案件审查，部门负责人负责审核，检察长或者检委会负责决定"，有学者将此种办案制度称为"三级审批制"。在行政审批制的办案组织形式之下，即使是最具独任制色彩的公诉与批捕，承办检察官也只是案件的初步审查者，或者说是"案件加工者"，只是负责对案件进行审查，发现案件主要问题，可以提出初步的处理意见，并不拥有决定权，完全听命于上级领导。在职务犯罪侦查中，办案组织形式与责任机制划分与公安机关并无太大区别：统一部署、按命令行动、三级审批、集体责任。需要提出的是，2000年左右在全国检察机关推广的主诉检察官制度，将一部分案件的决定权从分管检察长和部门负责人手中分配给了主诉检察官，在一定程度上减少了审批环节，使得一部分相对资深的检察官具有了一定的独立性。但是，主诉检察官能够决定的案件毕竟只是少数案情简单

的案件，主诉检察官制度并未解决权责利的问题，为了避免承担，甚至有些主诉检察官主动将一些本可自行决定的案件交由上级领导审批，以致出现行政化加强的趋势，成为承办检察官与审批者之间的另一道审批环节，主诉检察官制度的效果实际上是十分有限的。

行政审批制的办案组织是在长期的行政因素影响之下形成的，有着深刻的现实因素和存在基础，相对而言，部门负责人或者检察长一般都是从业务能力突出的人员中选拔出来的，由这些人来审核把关并作出决定，对于保证办案质量起到重要作用，这种办案组织在检察人员司法能力不足、案外影响因素多的历史条件下保证案件质量发挥了不可替代的功能。随着社会条件的变化，这种行政审批制的办案组织也越来越显现出与现实条件相冲突的矛盾，基本上到了需要退出历史舞台的关头了。在行政审批式的办案组织中，检察官并无独立的诉讼地位，他们只是诉讼主体——检察机关的代表而已。正如龙宗智教授所言，"最具司法权的检察机关而最不以司法的方式办案，这是一个突出的悖论"。承办检察官只能从事审查之类的初加工程序，既影响了检察官的积极性，抑制了检察官的成长，还从根本上违背了检察工作的规律。

（二）行政审批式办案组织下的办案责任

在传统的行政审批制办案组织之下，承办权与决定权的分离，也导致了办案责任的分离，即承办检察官负责具体承办责任，审批人只对审批行为负责，都只是对自己具体承办的事项负责，并不存在完整的办案责任。在这种责任机制之下，责任主体不明，责任划分困难，往往最终的结果就是都没有责任。事实上，一般类型的案件的绝大部分工作都是由承办检察官完成的，而承办者不决定，不承担办案责任，不符合司法规律，容易导致承办检察官疏忽与随意，对承办检察官的积极性来说是一个严重的打击。对于负责审批的领导而言，由于只是负责审批，并不实施具体的办案业务，有时通过承办检察官的书面或口头汇报来作出决定，难免会出现判断失误的情况。至于责任划分问题，一直都不甚清晰，一旦出现了案件质量问题需要追究责任时，承办检察官和审批领导分别要承担何种责任，这个问题至今都没有完全厘清，而对于处于中间环节的部门负责人的办案责任问题，似乎更加难以确定，这也是很多所谓的责任追究最后都不了了之的重要原因。在职务犯罪侦查过程中，虽然说指定了一名主要负责的检察官，但这名负责的检察官同样是在科长、局长和检察长的领导下实施侦查活动，办案责任同样是分离状态，至于其他普通办案人员，由于只对自己的具体行为负责，所以就容易出现消极、不作为的问题，因为所谓的责任就是"做事必定有可能会做错，做错了才有责任，不做事就没有错，也就没有责任"，在这种情况下，侦查效率、办案人员的成长都是极为不利的。

在检察机关内部,事实上只有检察长才拥有承办、决定与责任于一体的办案权,除检察长之外,其他的检察官的权力均处于不完整状态。也就是说,在理论上只有在检察长亲自承办案件的情况下,才可能落实办案责任,但让检察长办案却是极为罕见的,也是不可取的。可见,行政审批制的办案组织之下的办案责任实际上并不真正存在,只有检察长责任制,而没有检察官责任制。

三、我国检察机关办案组织形式的路径选择

我国检察机关办案组织改革的主要方向,就是要如何改变高度行政化的模式,摒弃以行政性的方式来办理司法性事务的做法,促进检察工作运行的司法化,让司法的回归司法,让行政的回归行政。令人欣慰的是,正在推进的检察体制改革,特别是办案责任制、检察人员分类管理等改革措施,能够比较有力地推进办案组织和办案责任的优化。

(一)办案组织的模式选择

我国检察机关的业务范围十分广泛,已经大大突破了传统大陆法系国家检察机关的业务范围,在业务内容上也不尽相同。业务范围和内容的不同,决定了我国检察机关的办案组织形式不可能千篇一律。根据我国检察机关的业务内容,办案组织形式主要采用独任制与团队制相结合,但绝非照搬此前的办案组织形式,而是要赋予其新的内涵。

公诉、批捕等多数检察业务可以借鉴独任制的办案组织,赋予检察官以独立承办、决定的权力。总体而言,公诉、批捕等业务的司法属性较强,更能体现司法权的独立性与判断性,更需独立思考与判断,原则上采取独任制较为合理。在独任制之下,检察官应当被视为独立的个体,不受外界干扰和影响,只服从于法律,根据法律作出最合法合理的判断与决定。但考虑到我国政治体制的特殊性,包括审判权与检察权在内的司法权,并非如国外那样与立法权、行政权并立,而是立法权之下的二级权力。[①] 加之现实中影响办案人员独立性的因素还大量存在,外部监督不足,办案人员的独立办理所有案件的能力也尚未普遍达到要求。因此,笔者并不主张如国外那样将承办检察官视为独立的公署,而是结合我国国情建立适合现实情况的办案组织。笔者认为,应根据不同的案件,建立权力清单,明确哪些案件可由检察官自行办理,哪些案件可以组成协作团队办理,哪些案件要实行层级审批。具体来说,可以目前的各业务部

---

① 石茂生:《论检察权的宪政地位》,载《郑州大学学报(哲学社会科学版)》2008年第2期。

门进行重组，以公诉部门为例，取消行政审批制的办案组织，建立若干个办案组，每个办案组设置一名主任检察官和若干名检察官，多数普遍案件直接交由承办检察官独自办理和决定，由主任检察官审批后生效。要注意的是，主任检察官此时只是监督者，而非决定者，案件的决定者仍然是承办检察官。对于少数特殊类型的案件，如重大的危害国家安全犯罪案件、特别重大的贪污贿赂案件或者社会影响很大的其他案件，可以决定临时组成办案团队，由数名检察官共同组成办案组织，并指定一名主要负责的承办检察官。在案件性质、复杂程度较为特殊的案件，由于社会影响大，案件复杂，还是有必要实行层级审批制。① 在协作团队办案组织下，如何防止主任检察官办案组演变成新的行政审批制办案组织，使得主任检察官成为新的科长、分管检察长，如何防止承办检察官责任心缺乏，过于依赖主任检察官的审批？这就需要通过办案责任的划分来予以保障，本文将在下面的办案责任部分进行分析论述，此处不再赘述。

可以采用团队制办案组织的业务则主要是职务犯罪侦查，我国检察机关的侦查权与国外不同，不是指挥司法警察进行侦查活动，而是像司法警察那样亲自实施侦查活动，体现的是行政权属性和行政化的运行模式。对于职务犯罪侦查的办案组织，可以参照上文论及的团队制。也就是将侦查部门分为若干个主任检察官办案组，配置一名主任检察官和数名检察官或检察官助理，检察官与检察官助理在主任检察官的指挥下从事侦查活动。相应地，通过权力清单的方式将侦查权力进行划分，将普通的侦查活动决定权下放至主任检察官，检察长保留限制人身自由措施的决定权，对于这些措施的适用还是应当适用传统的审批制，既保障侦查的效率，又防止权力滥用。当然，侦查办案组织的运行效率也是要通过办案责任制度来加以保障的。总体来说，检察机关办案组织形式还是以独任制为基本形式，以协作办案或团队办案为辅助或者是补充。

（二）办案责任的落实

办案责任制是检察改革过程中一个无法逾越的问题，与办案组织相生相息，是办案组织模式能否发挥应有效果的保障，也是解决当前实践中责任不明的重要措施。从目前的试点地区的做法和有关文件的表述来看，主要做法是将一部分权力下放给主任检察官，在赋予主任检察官一定决定权的同时，也赋予主任检察官的办案责任。② 这种改革模式在一定程度上缓解了办案组织和办案

---

① 林必恒：《主任检察官办案责任制实践思考与路径选择》，载《人民检察》2014 年第 11 期。

② 徐盈雁、许一航：《依法赋予主任检察官执法办案相应决定权：高检院在全国 7 个省份 17 个检察院试点检察官办案责任制》，载《检察日报》2013 年 12 月 27 日。

责任问题，但是改革力度还应当进一步加强，办案责任还应进一步明确。将主任检察官作为办案责任的直接和主要的主体，虽然在一定程度上实现了办案组织的扁平化管理，但也存在认知上的问题。也就是说，目前这种所谓的办案责任，实际上就是主任检察官的责任，只有在主任检察官亲自办案时才符合"谁决定、谁负责"的一般原理，而忽视了作为绝大多部办案主体——普通检察官的责任问题。之所以要推进办案责任制，就是为了解决当前这种办案的不负责，负责的不办案的不正常现象，而将办案责任制等同于主任检察官责任制，一则有失公允，二则又可能导致新的审批制办案组织形成。正如有学者指出，主任检察官是根据检察长授权对承办检察官办理案件进行监督，而非决定者的角色。[①]

按照笔者的设想，建立上文所述的办案组织模式，多数普通案件就是由普通检察官自行办理和决定，这样责任主体和责任划分就比较明确。笔者认为，在各个主任检察官办案组内，承办检察官负责案件的审查并作出决定，主任检察官审批后生效，实际上的承办主体就是承办检察官，那么承办检察官就责任主体，对其承办的案件质量终身负责。而作为审批者的主任检察官，虽然行使了审批权，但这种审批权多为程序性事项，并不直接干预承办检察官的审查和决定过程。因而，在责任划分时，就应区分承办责任和审批责任，原则上案件责任由承办检察官承担，主任检察官只要没有故意违法、重大疏忽或者明显失职的，无须承担案件质量责任。对于采取团队制办案组织的，主要负责的检察官对整个案件负责，其他处于协办地位的检察官则对各自承担的部分负责。

（三）理顺办案组与二级部门之间的关系

改变过度行政化的领导体制，实现组织体系的扁平化，是本次检察改革的主要方向。根据试点地区的方案来看，普遍推行"大部制"改革，将若干职能相近的二级部门组合成一个大的部门，在新的部门内设置若干个主任检察官办案组，或者直接取消二级部门，建立若干个主任检察官办案组。应当说，上述改革方向都体现了检察工作的规律，有利于将办案力量尽可能地投入一线，并且把办案责任落实到具体的责任人。但是，主任检察官领导的办案组与二级部门之间的关系如何构建，却又是一个新的问题。直接取消二级部门，由主任检察官直接向检察长负责的方式固然合乎理论设计，但不具普遍适用性，只能在案件数量和自身规模较小的检察机关里实行，多数检察机关还是要在检察长

---

① 施庆堂、林丽莹：《台湾地区的主任检察官制度》，载《国家检察官学院学报》2014年第6期。

与办案组之间设置一层二级部门。保留二级部门，是缓冲检察长与主任检察官之间矛盾的有效设置，也有利于上下级检察机关之间的业务衔接。然而，在这种情况下，二级部门负责人与办案组主任检察官的关系如何，行政性职权与办案职能如何划分，却是一个极难处理的问题。

笔者认为，"大部制"下的二级部门负责人可由办案组主任检察官兼任，这也是解决办案组与二级部门之间矛盾的最好途径，担任部门负责人的主任检察官既要负责案件办理业务，同时也要负责其他行政性事务。如果实行部门负责人与主任检察官双轨制，就很难保证部门负责人完全从事行政性事务而不干预办案业务，有些事务往往难以完全区分清楚到底是行政性事务还是办案业务，双轨制下的双首长制，极易产生矛盾与冲突，最终也还是要影响到办案业务。

检察机关办案组织形式问题探究

——以《人民检察院组织法》修改为视角

冀运福[*]

党的十八届三中、四中全会对全面深化司法体制改革作出了重要部署,提出要优化司法职权配置,明确司法机关内部各层级权限。党中央在新一轮司法体制改革部署中,把完善司法责任制作为司法改革的一项核心任务提了出来。[①] 高检院对完善检察机关办案责任体系、健全检察机关执法办案组织形式相继作出了一系列部署,为推进检察改革指明了目标和方向。[②] 此次《人民检察院组织法》修改,又将办案组织形式以法的形式予以确认,这既是贯彻党的十八届三中、四中全会精神的必然要求,也是保障和促进独立公正行使检察权、提高司法公信力的现实需要,对于健全检察业务和队伍管理机制,完善中国特色社会主义检察制度具有重大现实和长远意义。

一、问题提出的背景

司法责任制在司法制度体系和司法权运行机制中,居于十分重要的地位,是严格公正司法的重要保障。近年来,司法公信力不足问题比较突出,人民群众对司法不公、司法腐败、冤假错案等问题反映强烈,这些问题的产生,有司法观念陈旧、司法人员素质不高等方面的原因,但深层次的原因在于司法管理

---

[*] 作者简介:冀运福,河北省廊坊市人民检察院检察长。

[①] 中央《关于深化司法体制和社会体制改革的意见》提出,要"探索建立突出检察官主体地位的办案责任制,科学划分检察机关内部执法办案权限,建立健全检察机关执法办案组织,完善检察机关执法办案责任体系"。

[②] 高检院《关于完善人民检察院司法责任制的若干意见》提出,健全司法办案组织及运行机制。根据履行职能需要、案件类型及复杂难易程度,实行独任检察官或检察官办案组的办案组织形式。独任检察官承办案件,配备必要的检察辅助人员;检察官办案组由两名以上检察官组成,配备必要检察辅助人员。检察官办案组可以相对固定设置,也可以根据司法办案需要临时组成,办案组负责人为主任检察官。

五、检察机关内设机构与办案组织

体制和司法权运行机制不健全,其中就包括司法责任制不完善。① 检察机关完善司法责任制,就是要创新检察机关组织体系建设,重构和优化组织结构、组织机构和基本办案组织的关系,建立科学的办案组织形式及工作模式。作为检察权运行最基本的组织形式,检察办案组织的科学构建和内部职权配置,成为检察权能够依法公正行使的关键。因此,有必要总结当前检察机关办案组织内部职权配置特点,确认办案组织的配置和运行规律,推动办案组织内部职权配置的科学化,从而实现改革的目标。2014年以来,高检院在部分省市推行了检察官办案责任制改革试点工作,对落实办案责任制改革进行了摸索探讨,积累了"上海模式"、"重庆模式"、"安徽模式"等经验;2015年,经中央全面深化改革领导小组审议通过的《关于完善人民检察院司法责任制的若干意见》印发,为检察机关司法职权的重新配置提供了指导;此次《人民检察院组织法》修改,正式以法的形式将检察机关办案组织设置和运行方式予以确认,丰富和发展了对司法规律和检察工作特点的认识,对于落实司法责任制,推进检察改革,提升检察队伍建设水平具有重大的现实意义。

(一)遵循了检察权运行规律,有利于完善中国特色社会主义检察制度

检察权的内容和价值目标是通过检察权的运行机制来实现的。司法责任制改革以检察权运行机制改革为前提,有什么样的权力运行机制,就会有相应的责任体系。办案组织形式作为检察权运行机制的重要组成部分是保障检察权依法公正行使的基础。从我国检察权的运行来看,兼有司法权和行政权的双重属性,"检察一体"和"上令下从"的领导体制决定了检察权的运行体制有其自身的特点。但在现代检察制度中,检察权的司法属性是第一位的,是根本;行政属性是第二位的,是保障。办案组织是检察权运行的主要载体,检察权的司法属性要求检察官在司法活动中遵循亲历性、独立性和判断性的司法规则。《人民检察院组织法》修改意见稿中对办案组织形式的规定恰当地兼具了司法亲历性、判断性和独立性特点,有利于办案检察官在恪守合法性和客观义务的前提下,亲身经历司法程序,发现、获取、审查和甄别证据,从而有效地建立内心确认,并据此作出判断和正确的法律适用;同时,又能够在坚持个体理性和特质的前提下排除各种非司法理性的干扰,进一步增强裁判的公正性,有效

---

① 曹建明检察长在贯彻落实《关于完善人民检察院司法责任制的若干意见》部署会上的讲话。

的防止冤假错案，提高司法公信力。①

（二）突出了办案主体地位，有利于落实司法责任制改革目标

健全司法权力运行机制，探索建立突出检察官办案主体地位的检察官办案责任制，是本轮检察改革的核心和关键。近年来，随着"张辉、张高平"、"呼格吉勒图"等冤假错案的陆续曝光，错案追究制度迅速进入社会公众视野，完善防止和纠正冤假错案的法律制度和工作机制，落实司法责任制成为人民的强烈呼声。② 长期以来，检察机关"承办人承办—部门负责人审核—检察长（检委会）审批决定"的办案主导模式已经不能适应法治建设的深入推进和检官专业素质的提升要求。承办案件检察官没有决定权，不是检察权运行的独立主体；检察权内部运行行政色彩较浓，检察官承办案件不能独立决定案件的处理；审批案件的人不具体办案，审批层级过多，办案效率较低，司法责任不清，司法过错责任难以严格落实等问题严重阻碍了司法改革的进程。针对这些问题，此次《人民检察院组织法》修改中增加和确认了检察机关办案组织的形式，赋予独任检察官和检察官办案组独立的办案主体地位，按照"谁办案谁负、谁决定谁负责"的要求，让检察官自主决断和处理权限范围内的事务，将办案与决定、权力与责任结合起来，办案组织直接对检察长（检委会）负责，体现了"让审理者裁判，让裁判者负责"的司法规律，纠正了司法程序上以行政替代司法的错位现象，增强了检察官司法办案的责任心和荣誉感。同时也有利于将司法办案的责任落到实处，减少内外部人员对司法办案的不当干预，从而更好地保障人民检察院依法独立行使检察权，提高司法公信力，让人民群众在每一个司法案件中都能感受到公平正义。

（三）契合了检察工作发展特点，有利于推进检察官队伍建设

落实检察官办案责任制，推进司法体制改革，其最终目标就是通过优化办案组织形式，以员额制和分类管理改革为抓手，倒逼检察官提升综合素质和业务能力，建设一支专业化、职业化的检察队伍。随着经济社会的发展和人民法治意识的不断增强，尤其是在网络信息化的环境中，检察官承办的案件越来越呈现出政治敏感性强、舆情关注度高、新兴问题层出、疑难复杂案件多发等特点；同时，员额制改革又将一部分检察官从原有的办案队伍中剥离出来，充当

---

① 尹伊君等：《检察机关办案组织内部职权配置研究》，载《人民检察》2016年3月总第714期。

② 最高人民检察院司法体制改革领导小组办公室：《人民检察院司法责任制学习资料》，中国检察出版社2015年版。

检察官助理角色。检察机关办案压力大、质量要求高的现状，促使检察官必须从以前行政审批制和团队式办案模式中跳出来，适应《人民检察院组织法》意见稿中的办案组织模式，摒弃习惯性依赖心理，避免和克服案件调查浮躁化、证据审查程式化、法律适用公式化等弊端，以检察官个体的理性、思维、智慧和技能，独立应对复杂案件的事实认定和法律适用问题，尽快实现由以往"固化模式生产线的操作工"向将来"优化办案组织的领跑者"转变，培养和造就检察职业精英，推进检察官队伍建设向着职业化、专业化、精英化方向发展。①

二、检察官、检察官办案组在司法实践中可能遇到的问题

最高人民检察院《关于完善人民检察院司法责任制的若干意见》（以下简称高检院《意见》）、《人民检察院组织法》（修改意见稿）中，均对检察机关的案件办理形式进行了改革，如高检院《意见》中规定："根据履行职能需要、案件类型及复杂难易程度，实行独任检察官或检察官办案组的办案组织形式……检察官办案组由两名以上检察官组成……可以相对固定设置，也可以根据司法办案需要临时组成，办案组负责人为主任检察官。"《人民检察院组织法》的修改意见中，也将检察机关的司法办案组织确定为检察官或检察官办案组的基本形式。检察官、检察官办案组的形式顺应了司法体制改革的要求，符合检察权运行规律，相较于以往"承办人承办—部门负责人审核—检察长（检委会）审批决定"的三级审批模式，在案件办理效率、主体责任划分、司法亲历性体验等方面均体现出了较大优势。但截至目前，检察官、检察官办案组的组织形式仍在"试水"阶段，尚未在检察机关中全部推行。任何新制度的出现，都必将附着一些"瑕疵"或"问题"，也正是由于发现了"瑕疵或问题"，制度本身才能不断得以完善和升级。同理，检察官、检察官办案组作为一种全新的尝试，尤其是针对已经形成固有侦、诉模式的职务犯罪而言，难免会产生一些"不适"。

（一）检察官、检察官办案组的概念、定位仍存争议

长期以来，处、科、组作为检察机关内设机构的下设组成部分，承载着检察权的运转任务。但这种运转模式基本上秉承了行政机关的工作机制，司法属性较差，难以体现案件承办者的主体性地位。为彻底改变这种"司法弱化的

---

① 钟琦：《独任制：我国检察官办案责任制实现的主要形式》，载《检察工作》2016年第1期。

运营模式"，检察官、检察官办案组在司法体制改革的大背景下应运而生。但从目前来看，法律职业共同体大多将焦点放在检察官、检察官办案组"如何设置、权利如何配置"的方法论问题上，而对于检察官、检察官办案组"是什么"的本体论问题涉猎较少。虽有学者论及，但其观点也是"百花齐放"，未能达成共识。如有论者认为"检察机关办案组织主要是指检察官的设置和使用，检察官是检察权运行的最基本组织形式和组织单元"。[①]"所谓检察机关办案组织是指检察机关为了公正、高效地行使检察权，在检察长和检察委员会的领导下，根据司法规律和检察权运行特点建立起来的，检察官办案主体地位突出、检察人员配置科学合理、权责利统一明确的基本办案单元和组织形式。"[②]而对于检察官、检察官办案组的地位，各方认识也并不一致。"办案组织是具体行使检察权的主体，办案组织的典型特征是能够以自己的名义对外做出法律处分。在我国检察实务中实行的承办人制度下，案件的处理都是以承办人的名义做出的，因而，至少在形式上，承办人才是适格的办案组织。"[③]"主任检察官办案组，是指检察机关业务部门中，在主任检察官的主持下，依法独立行使检察权的基本办案单元，其直接对检察长和检察委员会负责，中间不存在任何的层级，也就是说主任检察官制度内在地包含了取消行政科层设置的意蕴。"[④]通过上述分析不难看出，对于"何谓检察官、检察官办案组，检察官、检察官办案组的地位为何"的问题，答案可以归结为两种：其一，办案组是检察机关的基本组成单元，是检察权行使的主体和载体，其本质上相当于一级内设机构；其二，在现行检察体制下，办案组并非一级组织机构，检察权行使的主体实质上是检察官本身。因此，在对检察官、检察官办案组的概念、地位均存在不同认识的情况下，检察官、检察官办案组的设置及权力配置问题就难以合理解决，当务之急是合理界定检察官、检察官办案组的概念及外延，科学界定其地位，这也是办案组织形式改革必须面对的首要问题。

（二）检察官、检察官办案组与检察机关内设机构之间的相互关系仍待厘清

根据高检院《意见》及《人民检察院组织法》的相关修改意见来看，检

---

① 徐鹤喃：《检察改革的一个视角——我国检察机关组织机构改革论略》，载《当代法学》2005年第6期。
② 阮志勇：《检察机关办案组织的理论探讨》，载《新一轮检察改革与检察制度的发展完善论坛文集》2015年5月。
③ 万毅：《主任检察官制度改革质评》，载《甘肃社会科学》2014年第4期。
④ 陈旭：《建立主任检察官制度的构想》，载《法学》2014年第2期。

察官、检察官办案组将作为一种新的办案组织形式与检察机关原有内设机构并存,而并存必然发生联系,有联系就会产生一些问题。原有内设机构的设置行政化较强,不利于凸显检察机关的司法属性,这一点在理论界及实务界基本达成了共识。但是,检察官、检察官办案组的出现,是否意在否定内设机构的存在价值?内设机构与办案组之间的关系是指导关系、领导关系亦或"平行"关系?如果内设机构与办案组之间处于指导关系,那么在办案组意见与内设机构负责人意见存在不一致的情况下,到底应当如何解决"争议"?如果二者之间处于领导关系,那办案组的存在似乎失去了意义,其与原有科层审批制的办案模式基本上不存在质的差异,甚至有"画蛇添足"的感觉,不仅不利于提高办案效率,反而与精简机构的理念相背离。当然,如果二者之间处于"平行"关系,这种矛盾仍然存在。

从当前改革的实践来看,部分检察机关将办案组与内设机构的关系界定为"领导关系",即内设机构下设若干个办案组承办案件,办案组的人员组成、调配、任务分解等职能均由内设机构负责,除了形式上由检察官、检察官办案组承办案件取代了原有的"科、处"分配办理案件外,与传统办案架构基本相同;当然,也有部分检察机关赋予办案组在案件承办、决定等方面的职权,除综合性、行政性事物外,不受内设机构的领导,等等。在办案模式改革的大框架下,之所以会出现种种不同的设置方式及架构体系,归根结底是目前还未能彻底厘清办案组与内设机构之间的相互关系,以至于不同地区的检察机关可能出现各不相同的案件办理模式,而在不同地区协同办案的情况下,更可能出现一地的检察机关与另一地的检察机关办案部门职能对接的问题。

(三) 检察官、检察官办案组与专精化的司法要求仍存矛盾

专业化、精细化、职业化是司法发展规律的客观要求,更是检察权运行过程中期冀达到的理想状态。高检院《意见》中规定"检察官办案组可以相对固定设置,也可以根据司法办案需要临时组成",因此,在司法实践过程中,随案产生的办案组将随时可能出现,相对于固定办案组,临时办案组具有较强的"灵活性",可以按需派员,根据案情的发展,配备不同的检察人员,更有利于加强监督制约,但是其弊端也是存在的,正如最高人民检察院检察长曹建明同志在大检察官研讨班上的讲话中指出:"这又会产生新的问题,如何加强司法管理?如何加强检察工作专业化建设?如何强化各项检察职能?"专精化的司法要求首先需要实现检察人员、办案组织、案件范围的固定化,如果临时性办案组织经常性出现,那么必然难以做到专业化、精细化的司法要求,而囿于检察机关"案多人少"的司法困境,临时性的办案组织不可或缺,固定化的办案组织难以绝对化,也就是说,在目前的司法条件下,我们不可能单独组

织若干名检察官，仅承担某一方面的案件的办理工作，而不办或者少办其他方面的案件，设立多个固定化的办案组织是非常不现实的。由此，检察官、检察官办案组与专精化的司法要求之间的矛盾便产生了，即专精化的司法要求所必需的固定化条件，由于检察官人数少，案件数量多，无法设置多个固定化办案组，且临时性办案组又随时产生，要求与现实之间暂时无法达成一致。

（四）检察官、检察官办案组并存状态下的人员配置仍存问题

检察官独任办案与检察官办案组办案是两种并存的办案组织形式，在并存状态下似乎并不会产生问题，但在司法实践中，人员配置问题却常常成为制约这两种共存模式的"瓶颈"。独任检察官承办案件，由若干名检察辅助人员配合，并最终由检察官决定；检察官办案组办案由两名以上检察官组成，并配备若干名检察辅助人员。但检察官办案组主要有两种形式："固定式"和随案产生的"临时式"。比如在办理复杂职务犯罪案件过程中，往往需要"兵团式"作战，由较高级别的检察机关临时从不同部门、下级机关中抽调检察人员参与办案，但被抽调的检察人员往往又承载着独任检察官办案任务亦或是检察官办案组成员。但出于案件需要和临时性办案组的产生，被抽调检察官原所在的办案组则可能因人员匮乏而面临着无法履职的窘境。如果欲使原办案组继续履职，则只能再次抽调其他检察官充实，但其他检察官的原办案组也将同样面临此问题，如此往复，问题仍无法得到有效解决。并且在检察官人数较少的检察机关，往复抽调人员组成新的办案组以维持原有办案组履行职能的做法也难实现。因此，如何合理、科学配置检察官，是办案组承办案件模式下亟待解决的关键性问题。

（五）检察官、检察官办案组仍受原有办案模式的冲击、影响

"三级审批式"的办案模式已经延续多年，大多数检察官已经逐步适应并习惯了该模式，这一模式在防止权力滥用、强化监督制约、确保追诉统一等方面具有积极的作用。但在检察官、检察官办案组的新型模式下，检察官的主动性、能动性加强，并成为办案组织的"核心"，对所承办案件具有较大程度的决定权，而且改革后的独任检察官、检察官办案组中的检察官在之前的办案模式中可能并不处于领导岗位，在案件承办过程中往往只承办不决定，因此其在案件定性把关、决定、指挥等方面的能力相对薄弱，能否迅速适应检察官、检察官办案组中的"检察官"角色仍难以确定。

三、对策与思考

尽管检察官、检察官办案组在实施过程中可能遇到一些问题，但司法改革

的目的就是发现问题、解决问题,切实提高办案效率、提升办案质量,达到公平、公正的最终目标。围绕上述问题的分析,我们可以从以下几个方面入手,探讨相应对策,以期对检察官、检察官办案组这种新型办案模式的推行提供有益参考。

(一)明确检察官、检察官办案组的内涵及定位

科学界定检察官、检察官办案组的内涵,明晰检察官、检察官办案组在司法实践中的位阶,是推行检察官、检察官办案组这种新型办案组织模式的前提。结合当下司法改革的特点及发展规律,检察官、检察官办案组至少应当涵盖以下特性:其一,检察官、检察官办案组是检察机关行使检察职权、处办各种案件的基本单元;其二,检察官、检察官办案组应注重突出检察官的主体性和相对独立性,强调案件承办的亲历性;其三,检察官、检察官办案组受检察长、检察委员会、主任检察官的领导,对其所办理的案件负责。因此,检察官、检察官办案组是指在检察长、检察委员会或主任检察官的领导、负责下,由一名或多名检察官及若干名检察辅助人员组成的,依法行使检察权处办案件的基本办案单元。

在司法体制及司法责任制改革的大背景下,检察机关原有的科、处、局等内设机构将不再承担具体的办案任务,取而代之的是检察官、检察官办案组模式。因此,检察官、检察官办案组的位阶应为检察机关的办案模式或组织形式,既不同于以往的内设机构,又区别于以往三级审批模式下的办案小组,它是权力与责任的统一体,即"办案决定权与承办权相统一,办案权力与办案责任相对应,既包括检察长、检委会领导的科层制办案组织,也包括检察官办案责任制下检察官主导的办案组织"。[①]

(二)厘清检察官、检察官办案组与检察机关内设机构之间的相互关系

检察机关的内设机构是检察机关根据其性质和职能以及人数和工作需要设立的部门组织,也可以称为内部功能单位。[②] 从司法及检察权的运行规律来看,内设机构的功能应侧重于组织、管理职能,具有较强的行政属性,其只是具体检察职能的组织者,"负责本部门的政治思想、业务基础建设、日常行政

[①] 郑青:《我国检察机关办案组织研究与重构》,载《人民检察》2015年第10期。

[②] 徐鹤喃:《检察改革的一个视角——我国检察机关组织机构改革论略》,载《当代法学》2015年第6期。

管理和协调工作，不是真正的执法办案组织"。① 因此，检察机关内设机构与检察官、检察官办案组之间既有交叉又有分工，即内设机构主要负责本部门的行政管理工作，包括执法办案的管理工作，如对本部门的组织纪律、廉洁自律、学习培训、执法监督等方面进行管理，而对于案件本身则不再有审批、审核职能；检察官、检察官办案组则负责案件的具体承办，并对案件本身负责，在案件办理过程中，直接受检察委员会、检察长及独任检察官的领导，这样既可以减少审批层级，实现组织机构的扁平化，又可以强化检察官办案的主体性，充分体现承办者决定、承办者负责的司法属性。

（三）优化检察官、检察官办案组组织结构

科学化的组织结构是最大限度发挥办案组作用的关键。在检察官独任办案、检察官固定办案组、随案产生的办案组等多种组织形式并存的情况下，如何优化组织结构，解决因案多人少、组织冲突等问题带来的不利，是检察官、检察官办案组模式可能面临的重要课题。从目前司法实践看，在短时间内不可能大量增加检察官数量的情况下，以下设计可以大胆尝试。

第一，赋予固定化检察官办案组中的1至2名检察官"临时性"特征。检察官办案组一般由2名以上检察官组成，并由其中1名检察官担任主任。为了适应随案产生办案组的需要，可以根据实际情况指定本组中的1至2名检察官为随案产生办案组的"预备役"，若干个固定化办案组就将产生若干名"预备役队员"，当根据案件需要，临时成立办案组时，则从"预备役"队员中抽调，平时"预备役"队员仍在各自所属的固定化办案组中承办案件。由此，"预备役"队员的存在将解决因随案产生办案组的出现而影响固定化办案组职能的问题。

第二，指定若干名检察官为"检察官独任办案的后备人选"。检察官独任办案组是由1名检察官并配有若干名检察辅助人员的办案组织。由于独任检察官办案组中只有一名检察官，一旦随案产生的办案组需要抽调独任检察官办案组中的检察官时，独任检察官办案组将面临"瘫痪"状态，其所承办的案件则无法继续开展。为了解决这一突出问题，可以在员额制内的检察官中指定若干名检察官为独任制检察官的"后备人选"，一旦现有独任制检察官被抽调，其原所承办的案件将由"独任制"检察官"后备人选"中的检察官继续承办，从而解决独任制检察官办案组因其检察官被抽调组成"临时性"办案组而无

---

① 阮志勇：《检察机关办案组织的理论探讨》，载《新一轮检察改革与检察制度的发展完善论坛文集》2015年5月。

人办案的情况。

（四）提高检察官办案能力及业务素养

检察官、检察官办案组的办案模式赋予了检察官案件承办权和较大程度的决定权，使其切实成为执法办案的主体。但与此同时，办案组模式对检察官个人的办案能力和业务水平均提出了更高的要求，如果作为办案组"核心"的检察官不能迅速适应办案组"精英化"的需求，无疑会使检察官、检察官办案组的办案质量和效率大打折扣。因此，在加大办案力度的同时，提高检察官的业务素质迫在眉睫。具体而言，一是要加大对检察官法学理论知识的培训，保证处于办案一线的检察官在一定周期内必须能够接受一次系统化的培训，有条件的院可以积极探索、完善检校共建机制，依托专业的法学院、系，为检察官法学理论素养的提升提供平台。二是要严格检察官选任条件和程序，完善检察官遴选制度，确保将更多的优秀人才选任到办案一线，实现检察队伍的专业化、精英化。三是要完善考评激励机制。从检察工作实际出发，根据不同业务特点和办案组织形式构建科学的考核评价体系，细化各业务条线办案组织考核办法和标准，重点考评业务能力和办案质量，减少行政性评比考核。在考评基础上，建立完善奖优罚劣激励机制，明确奖励条件及标准，增强考评结果的权威性，营造"能者上、平者让、庸者下"的人才竞争任用氛围，激发检察官昂扬向上的内生动力，促进检察队伍整体素质的提高。

基层检察院内设机构改革途径之初探

——以成都市金牛区检察院改革为视角

连小可[*]

曹建明检察长在全国司法体制改革试点工作推进会上指出,内设机构改革的重点在基层检察院,要按照精简、统一、效能的原则,理顺各项检察职能之间的关系,打破原有机构职能和业务条块划分,对部门的职能任务、运行方式、工作流程、力量配备进行深度整合,稳步推行大部制改革,以突出司法属性,实行管理扁平化。按照高检院相关改革要求,成都市金牛区人民检察院在严格遵循司法规律的前提下,以自侦部门为试点,从提升查办和预防职务犯罪的质效出发,在现有基础上着力优化检察资源配置,整合相关办案部门,积极探索和构建侦防一体的"大自侦"格局,切实提高检察机关法律监督能力。

一、侦防一体概述

职务犯罪的侦防一体是指检察机关预防和侦查部门,在法律规定的框架内,遵循检察工作整体性、统一性的规律,通过检察职权的合理分配,而建立的统一协调和运转高效的查办和预防职务犯罪的有机整体。[①] 侦防一体制度的建立就是为了将职务犯罪侦查部门与预防部门有机连接,实现双方资源共享,通过相互间的协作配合,达到优势互补、共同促进,实现惩防职务犯罪效果最优化的目的。根据该理念,成都市金牛区人民检察院整合反贪污贿赂局、反渎职侵权局、职务犯罪举报与预防局、职务犯罪侦查与预防综合科、检察技术科、司法警察大队六个内设机构,在全省基层检察院率先重组建构侦防一体"大自侦"格局,以顺应职务犯罪侦查与预防工作自身客观规律的要求。

---

[*] 作者简介:连小可,四川省成都市金牛区人民检察院检察长。

[①] 参见陈耀武:《建立职务犯罪侦防一体化机制的路径选择》,载《中国检察官》2013年第5期。

二、侦防一体"大自侦"的设置机理

（一）理论基础

首先，法国著名的思想家孟德斯鸠在《论法的精神》一书中提到："一个良好的立法者关心预防犯罪，多过惩治犯罪；注意激励良好的风格，多过施用刑法。"对职务犯罪的惩处是遏制腐败的有效手段，但打击本身并不是目的，打击的目的是发挥法律的惩戒、威慑作用，预防职务犯罪的发生。只有"坚持'老虎'、'苍蝇'一起打，贪贿、渎职一起查，赃款、逃犯一起追，惩治、预防两手抓"①，创造不能、不敢、不想犯罪的大环境，才能做到标本兼治、惩防并举，从源头上制止和减少职务犯罪，减少国家因犯罪造而造成的经济、社会成本的浪费。

其次，机构整合是职务犯罪侦查工作的客观需要。侦查是一种团队行为，从突审到取证，从抓捕到搜查，无一不需要侦查员之间、侦查员与司法警察、侦查员与技术人员之间的相互配合。特别是当前职务犯罪行为越来越隐蔽、犯罪手段越来越智能，窝案串案频发，贪贿案件与渎职案件交织，传统办案小组、办案模式已无法适应当前的办案需要。

最后，侦防一体"大自侦"工作格局顺应了司法组织体系设置的司法规律，即减少层级，促进机构扁平化和办案专业化。在基层自侦部门实行大部制改革，将反贪、反渎、预防、技术、法警等工作关联度高、人员互动性强的部门整合优化，既有利于缓解内设机构过多、一线办案力量不足的问题，又能促进工作的有机结合、合理对接，办案人员的整体协调、密切合作，以达到最大限度的有机统筹，以实现公平基础上的效能最大化。

（二）实践基础

侦防一体工作机制的建设经历了长期的探索。1989年夏，广东省人民检察院率先设立了反贪污贿赂局，并在局内设立预防处，形成了一个集"举报、侦查、预防"于一体的反贪体系。广东省人民检察院这一做法得到了最高人民检察院的肯定，和党中央、全国人大常委会以及国务院的大力支持，在全国范围内推广设立反贪污贿赂局，反腐败工作的法制化进程真正在实践中得以启动，初步形成了查办贪污贿赂犯罪的侦查体制。1992年10月，最高人民检察院制定并下发了《关于加强贪污贿赂犯罪预防工作的通知》，强调检察机关在

---

① 曹建明检察长在学习贯彻全国两会精神电视电话会议上的讲话（2016年3月25日）。

严厉打击贪污贿赂等犯罪的同时要积极开展犯罪预防工作。① 随后，全国各地相继建起立专门开展贪污贿赂犯罪预防工作的机构，在严厉打击贪污贿赂犯罪的同时注重对贪污贿赂犯罪的预防，将腐败的"秧苗"扼杀在摇篮里，从源头解决腐败问题，以起到标本兼治的优化效果。而最高人民检察院于2000年8月正式成立职务犯罪预防厅的举措使职务犯罪预防工作迈出了实质性的一步，跨上了一个新台阶。在"标本兼治，综合治理，惩防并举"的指导方针下，查办和预防职务犯罪取得较好成绩的同时，职务犯罪也呈现出智能化、隐蔽化、复杂化等特点，涉案人员反侦查能力增强，也给职务犯罪侦防工作带来了新的挑战。而在实际工作中侦查与预防相互脱节、各自为政的局面也未能充分发挥查办和预防职务犯罪的协同作用。为了促进侦查和预防职能的有效衔接，取得侦查和预防互利共赢的效果，2010年7月，最高人民检察院印发了《关于推进职务犯罪侦查与预防一体化工作机制建设的指导意见（试行）》，指出建立健全职务犯罪侦防一体化工作机制，是检察机关强化职务犯罪侦查和预防工作有效衔接、协调配合，增强工作实效的有力举措，是深化检察改革和创新发展的重要内容。② 尔后，侦防一体工作机制在全国范围内逐步得以推广，各地检察机关开始在实践中努力探索侦防一体的运行机制。

三、成都市金牛区人民检察院侦防一体"大自侦"格局的构建

2012年年底以来，成都市金牛区人民检察院积极探索职务犯罪侦查与预防工作新模式，整合反贪污局、反渎职侵权局、职务犯罪举报与预防局、职务犯罪侦查与预防综合科、检察技术科、司法警察大队六个内设机构，完善机制，优化配置，构建侦防一体"大自侦"格局。

（一）机构整合

侦防一体"大自侦"格局包括反贪污贿赂局、反渎职侵权局、职务犯罪举报与预防局、职务犯罪侦查与预防综合科、检察技术科、司法警察大队六个内设机构。反贪污贿赂局和反渎职侵权局的职能基本不变，在此不再赘述，重点对改革后的职务犯罪举报与预防局、职务犯罪侦查与预防综合科进行阐述。

1. 职务犯罪举报与预防局。由原职务犯罪预防科和原属于控告申诉科中的举报中心合并成立。主要职责是：负责全区预防职务犯罪领导小组办公室日

---

① 柳晞春：《预防职务犯罪——反腐败的理性选择》，法律出版社2003年版，第47~48页。

② 2010年7月最高人民检察院《关于推进职务犯罪侦查和预防一体化工作机制建设的指导意见（试行）》。

常工作，组织协调全区预防职务犯罪工作的开展；负责全区预防职务犯罪的考核；提出预防职务犯罪年度报告；负责收集、管理全区贪污、贿赂犯罪、渎职侵权犯罪的信息、通报；负责职务犯罪信息库的建立完善和管理、对类案件进行分析；研究、分析犯罪预防工作特点、规律，提出贪污贿赂、渎职犯罪的预防对策及预防职务犯罪的检察建议；开展行业预防、重点工程项目预防，对涉及教育、就业、社会保障、医疗、食品药品安全等职务犯罪的预防调查；综合办案，开展案件预防工作；开展预防职务犯罪法制宣传和警示教育活动；参与全国检察机关查办和预防职务犯罪专项工作；受理全区职务犯罪案件的举报和线索管理；受理单位、个人行贿犯罪档案查询。

2. 职务犯罪侦查与预防综合科。由原反贪局综合科独立出来并更名，主要职责是：负责监督预防职务犯罪、反贪污贿赂犯罪、渎职侵权犯罪的犯罪侦查工作；协调处理预防职务犯罪、反贪污贿赂犯罪、渎职侵权犯罪、司法警察部门的事务性工作；负责预防职务犯罪、反贪污贿赂犯罪、渎职侵权犯罪的调研、信息等综合性文稿的起草、审核工作。职务犯罪侦查与预防综合科是协调串联"大自侦"各职能部门，为"大自侦"整体运行提供综合保障。

上述两个部门的更名不是简单的称谓和职能调整，而是通过组织机构重建来实现内部资源的挖掘和重组，带动"大自侦"全盘的侦查工作重心和资源整合。

3. 检察技术科和司法警察大队。将检察技术科定位为专门服务于职务犯罪侦查同步录音录像和侦查技术工作，加强与省、市检察院技术鉴定中心和省、市、区公安技术中心的联系，充分利用鉴定中心、技术中心的技术资源提升侦查活动的科技含量；将法医和司法会计鉴定"外包"，既避免了区检察院法医和司法会计鉴定工作的不足，也集约了技术资源以夯实自侦办案。将司法警察大队工作重心转移到保障和服务自侦办案，强化了办案安全防范，充实了办案力量。

（二）办案组织

在"大自侦"格局下设立办案小组，整合办案力量，力求实现办案专业化。在反贪局设A1、A2、A3、A4办案组，负责查办贪污贿赂犯罪案件，并进一步专业化分工，A1案组主攻工程建设领域，A2案组主攻医疗卫生领域，A3案组主攻涉农和教育系统职务犯罪，A4案组主攻其他贪污贿赂犯罪；在反渎局设B1、B2办案组，B1案组主攻渎职类职务犯罪，B2案组主攻侵权类职务犯罪；在法警大队分设C1、C2办案组，C1案组协助A案组办案，C2案组协助B案组办案；此外，职务犯罪举报和预防局、技术科、职务犯罪侦查与预防综合科也可适时进行编组，根据需要动态编入不同案组，服务和保障自侦办案。

办案小组的设置，模糊原办案各行政部门的界限，以案组为基础，可整合可分工，灵活机动，克服单兵作战、粗放自侦等不足，提高了检察机关职务犯罪侦查工作精细化和专业化水平，提高了办案效率和质量。同时，由于行政壁垒的瓦解，为预防人员融入办案，特别是案件侦结时，预防人员参与案件讨论，对有针对性地开展预防调查和个案、类案分析报告及形成有针对性的检察建议、惩治和预防职务犯罪年度报告等奠定了基础。

（三）运行体系

长期以来，自侦部门行政化色彩浓厚，岗位职责不清、职权与职责脱节、指挥和执行效率低下的弊端较为突出，"办案的不拍板，拍板的不办案"，问责、追责找不到人，凡事"集体讨论决定、上下责任混淆"等问题较为明显，致使办案倒查责任和终身追究制度不能落实。原有的管理方式、运行体系已成为严重制约自侦工作的瓶颈。"大自侦"构建，一开始就立足于符合职务犯罪侦防内在规律，建立专业的侦查活动指挥、执行、监督、保障运行系统，结合司法责任制改革，形成权、责、利分明的办案责任。

在"大自侦"格局下，检察长、分管检察长、反贪局长共同组成案件最高级别的统一指挥"决策层"，反贪局副局长、反渎局局长、各办案组负责人组成中间级"执行、监督层"，各办案组、警务组为"案件侦查和警务支持承办层"。在侦查活动中，"决策层"和"执行、监督层"应当靠前指挥，必须亲自参与办案活动，"决策层"和"执行、监督层"必须与"承办层"侦查、警务人员会商取得认同，其参与的侦查活动情况记入侦查员《办案记录》，其决定在相关法律文书、内部审批文书或会议记录上载明。这样规定，既符合现阶段基层检察院侦查、警务活动的具体条件和侦查工作特点，最大限度地发挥领导在侦查中以身作则、身先士卒办案带领作用，又有效提升一线侦查人员的主观能动性和办案积极性，使其成为侦查的权力和责任的共同主体，坚持权责明晰，权责相当，避免领导"越界干扰"，行权都不负责任的现象发生。

（四）侦查模式

"大自侦"格局的形成以及内部办案小组的确立，为自侦模式的改革搭建了平台。职务犯罪侦防模式的改变不仅是"由供到证"向"由证到供、证供互动"的转变，也应是"贪渎分侦"向"职侦一体、侦防一体"模式的转变。反贪局和反渎局均属检察机关职务犯罪侦查部门，侦查职权相同，侦查技能类似，而当今贪污贿赂和渎职侵权犯罪往往相互交织，相伴而生，为了受贿而渎职，因为渎职而侵权，屡见不鲜。"大自侦"办案组的设立既是打破部门行政壁垒的需求，更是突破案侦瓶颈的必然。过去，反贪、反渎两个侦查部门案中发现应当由对方管辖的职务犯罪线索或案件，按管辖移交后，接手部门承办人员、部门负责人及分管领导由于没有前期介入，未能及时深入了解案情，导致从线索受理到初查再到立案过程中，大量侦查力量重复浪费，同时侦查节奏相对迟缓。而在"大自侦"格局下办理职务犯罪案件，经前期线索经营评估，发现有可能以案挖案扩大办案规模的，都会启动集团办案模式：A案组和B案组前期直接参与，根据案情的发展变化趋势，综合研判，而举报中心职能的纳入，更为自侦线索的受理、分流提供便捷，省去以往线索材料和案件材料来回移送，各自侦部门重复劳动的缺陷。同时，职务犯罪举报与预防局负责情报信息的开发运用，能第一时间将情报信息与线索初核有机结合，不仅为前期线索研判节省时间，为初（侦）查提供指引方向，还为后期开展个案预防提供便利。

（五）预防模式

在"大自侦"格局下，开展专项预防工作时，借助侦查人员对所办理的职务犯罪原因、特点、规律更为熟悉的优势，预防人员与侦查人员共同研究专项预防所涉及的职务犯罪的状况、发案原因、特点、规律并制定相应的对策。对于新领域、新手段、新类型的职务犯罪案件，或反映趋势性、行业性、区域性特点和规律的典型案件，由主管领导牵头召开案例剖析会、专题分析会，预防人员与侦查人员共同分析案件的发案特点、犯罪手段、制度漏洞，并有针对性地提出弥补措施，形成一套具有实效的预防工作方案并组织落实。

（六）相关配套建设

1. 情报管理系统。为适应自侦工作，该院还研制了职务犯罪侦查与预防情报管理系统，系统具有基础数据管理、举报管理、案例管理、数据统计分析、对外查询五大功能模块，收集存储了各类职务犯罪典型案例的判决书1400余份、本院办理的发案单位相关信息、全区国有企业中层以上干部信息、全区伤残优抚对象信息、医院药品采购流程及人员身份信息、全区党员干部基础信息、全区重大工程项目信息等高达10万余条的侦查基础信息，并与相关行政执法单位建立了侦查协作机制，开通工商、税务、国电、全市社保信息快速查询绿色通道。通过广泛、大量而有系统地收集职务犯罪情报，及时了解和掌握犯罪动向、特点、规律，确定侦查打击的目标和重点，预防职务犯罪的领域和方向，以适应新形势的需要。

2. 绩效考核。由作为联系纽带的职务犯罪侦查与预防综合科负责制定考评机制和实施考评，将案件线索移送、案件办理、预防调查、案件分析、检察建议、预防宣传、警示教育等工作的具体内容全部纳入考核体系,明确各办案组的职责分工和具体任务目标,并定期对目标任务的落实情况进行考核。

四、成都市金牛区人民检察院侦防一体"大自侦"格局的实践成效

成都市金牛区人民检察院自构建"大自侦"侦防格局以来,自侦整体战斗力大幅提升,查办和预防职务犯罪成效显著,尤其是在查办窝串案方面较为突出,查办拆迁领域、社保领域、医疗卫生领域、地税系统的经验做法和预防工作多次受到上级检察机关的肯定。

1. 行业犯罪侦防能力明显提升。2013年,该院办理了社保系统干部违规办理外地人员参保、补缴社保收受贿赂案件13件15人,全部获有罪判决,取得了良好的社会效果;结合办案开展了行业调查,撰写的社保领域贿赂犯罪窝案高发现象的情况分析报告获上级院检察长肯定性批示,并被高检院上报信息采用。2014年,该院查办了成都大学附属医院10人商业贿赂窝串案,采用专职工作组进驻、召开干部职工大会、设立廉政专户等方式,收到医生主动清退的非法所得款70余万元,在全市医疗系统引起较大反响;开展了"检医共建"活动,有针对性地发出检察建议,促进医院廉政建设,保护和服务医院健康发展。2015年,该院相继查办了区文旅局(2件3人)、区地税局(9件10人)、区卫生局(6件6人)系统犯罪。

2. 以案促防,服务中心工作能力明显提升。一是该院"大自侦"分组对全区47个涉及1000亿元"北改"重大项目实施以专家预防为核心内容的同步预防,并结合办案对5家区属平台公司资金管理、项目管理等7个方面开展专项检查,梳理出96个问题,并提出对策建议呈报区委,引起高度重视。二是通过个案开展专项预防,促进廉政建设。2014年该院在办理该区某社区两委成员侵吞拆迁安置房案中,着眼于区委中心工作,对于发现的拆迁过程中存在问题和漏洞,及时向街道办事处和社区发出检察建议,敦促清退违规分配的15套1000多平方米住房,收回其中已售6套房款130万余元,清退过渡费、产权终结款18万余元,共计挽回损失近千万元,案件办理起到以点代面作用,该区其他涉农街道相继配合开展违规分配住房的清退工作,成效显著。

3. 以制度建设为抓手,司法行为全面规范。自行修订编制《大自侦办案规范操作手册》,手册涵盖了案件受理、初查、立案、侦查、侦查终结(移送起诉)、审判环节及预防工作、立卷归档七大部分150余条,将规范性操作流程图贯穿自侦工作全程,同时,专门制作了涉及自侦工作的100余种法律文书范本,指导侦查人员规范文书填制工作。此外,还制定了《遵守办案纪律承

诺书》、《办案必填项》表格、《办案工作区使用管理规定细则》、《送看、体检流程》、《搜查流程》等制度，以单项文件方式，就具体事项细化规范，真正做到实体公正，程序为先。

五、结语

成都市金牛区人民检察院探索的侦防一体"大自侦"格局契合了基层检察机关内设机构改革的方向，顺应了职务犯罪侦查与预防工作自身客观规律的需求，提升了职务犯罪侦查与预防工作质效。但作为一项探索性工作，还存在一些问题与不足，如办案组的专业化问题、办案组负责人与内设机构负责人的关系、绩效考核结果如何运用等，都还需要进一步研究和改进。

反思基层院的"大部制"改革

——以某省 L 市基层院的内设机构整合改革为研究样本

李芳芳　唐　燕[*]

时下"大部制"①已然成为检察机关内设机构改革的时髦词。但是其能否实现：保障依法独立行使检察权，精简、统一、效能，优化队伍结构、提高人员素质的预期司改目标？如何避免陷入内设机构分立——合并——分立的怪圈，跳出"钱穆式制度陷阱"②？这些都是我们在推进改革中需要高度关注的问题。而据不完全统计，我国约80%以上的检察业务量集中在基层，约80%以上的检察人员也集中在基层。基层检察院承担着绝大部分的检察工作和办案任务，所以由此不难得出结论，基层院的内设机构设置与办案组织建构，又将是整个检察工作的基础和重中之重。③

一、"钱穆式制度陷阱"——基层院内设机构设置的历史沿革与现实困境

（一）检察机关内设机构的立法沿革

检察机关内设机构是检察权运行的组织载体，是检察机关内部的职能分

---

[*] 作者简介：李芳芳，湖南省娄底市人民检察院检察长，全国检察业务专家；唐燕，湖南省娄底市人民检察院法律政策研究室副主任。

① 大部制即为大部门体制，即在政府的部门设置中，将那些职能相近的部门、业务范围趋同的事项相对集中，由一个部门统一管理，最大限度地避免政府职能交叉、政出多门、多头管理，从而提高行政效率，降低行政成本。

② 钱穆制度陷阱是指中国著名历史学家钱穆（1895~1990）在分析中国历史时指出，中国政治制度演绎的传统是，一个制度出了毛病，再定一个制度来防止它，相沿日久，一天天地繁密化，但是有些却变成了病上加病。

③ 参见鲍明叶：《基层检察机关内设机构的科学设置——以某省 c 市基层检察机关为研究对象》，载《新一轮检察改革与检察制度的发展完善——第四届中国检察基础理论论坛文集》。

解、权力析分和管理形式问题,也是检察权内部配置和管理的表现形式。[1]对于检察权的运行而言,内设机构提供一种工作机制上的影响和保障,对检察职能的发挥起着非常重要的作用。最早于 1954 年 9 月 21 日《中华人民共和国人民检察院组织法》(以下简称《人民检察院组织法》),由全国人民代表大会颁布,后根据 1987 年 11 月 24 日全国人民代表大会常务委员会发布的《全国人民代表大会常务委员会关于批准法制工作委员会关于对一九八七年底以前颁布的法律进行清理情况和意见报告的决定》,被宣布废止。1978 年检察机关恢复重建,1979 年 7 月 5 日颁布的《人民检察院组织法》,于 1980 年 1 月 1 日实施。1979 年,全国人大颁布的《人民检察院组织法》第 20 条对检察机关业务机构设置作了明确规定:"最高人民检察院设置刑事、法纪、监所、经济等检察厅,并且可以按照需要,设立其他业务机构。地方各级人民检察院和专门人民检察院可以设置相应的业务机构。"1983 年,全国人大常委会修改《人民检察院组织法》时,改变了列举式立法模式,采用概括式立法模式,其第 20 条规定:"最高人民检察院根据需要,设立若干检察厅和其他业务机构。地方各级人民检察院可以分别设立相应的检察处、科和其他业务机构。"1996 年,高检院颁布的《关于地方各级人民检察院机构改革意见的实施意见》中明确指出:"(二)规范调整内设机构。地方各级人民检察院内设机构应本着精简、统一、效能的原则,在《意见》规定的机构数额幅度内设置。内设机构一般分为必设机构和因地制宜设置的机构两类……根据人民检察院组织法的规定,市(地)人民检察院内设处(部、室、局),县级人民检察院内设科(室、局)。"2001 年高检院政治部、中编办一司《关于地方各级人民检察院机构改革组织实施过程中几个问题的意见》明确,各地可根据区域、人口、经济发展水平、工作量大小等情况,从工作需要出发,实事求是地确定内设机构。《2009—2012 年基层人民检察院建设规划》指出,"科学设置基层检察院内设机构,规范基层检察院各业务部门之间职能划分,优化检察职能配置,整合检察资源,使基层检察院的法律监督能力得到进一步增强"。上述一系列原则性立法虽然在一定程度上适应了发展形势的需要,保持了检察机关组织法的稳定性和连续性,但随着新一轮检察改革与检察制度的发展完善,检察职能不断完备,也不可避免地带来了新的问题与困惑。

(二)基层院面临的现实困惑

以司法体制改革试点单位的双峰县院作为研究模本。该院有内设机构 16

---

[1] 参见徐鹤喃、张步洪:《检察机关内设机构设置的改革与立法完善》,载《西南政法大学学报》2007 年第 1 期。

个，其中业务机构设有反贪污贿赂局、反渎职侵权局、职务犯罪预防科、侦查监督科、公诉科、监所检察科、民事行政检察科、控告申诉检察科、检察技术科、法律政策研究室、法警支队、案管中心 12 个，综合机构设有办公室、政工科、监察室、计财科。政法专项编制 76 个，干部职工 76 人，其中院领导 10 人，部门正职负责人 28 个，还有 10 名干部不是实职正、副科级干部但享有正副科级干部待遇。基于行政级别与职能对应而细化设置的现行基层院内设机构已经暴露出来不少问题：

1. 职能分化、内设机构称谓、规格、职能不统一，检察权配置上的不明确，内设机构承担的责任重，新设部门有权力扩张的倾向，现有的内设机构没有完全行使法律规定的检察权。解决检察官职级晋升、福利提升，工作激励的重大责任成为内设机构的难以承受之重，甚至增设内设机构成为解决干部职级待遇的主渠道；内设机构还是检察委员会或者检察长、分管副检察长之下的一个业务决策部门，负有相当的审批案件的权限。权力都有扩张的倾向，新设立的部门为了谋取地位，经常会依靠上级的红头文件扩张自己的权力，多出些没有科学论证的工作量。综合管理类机构在其中所占比例大，人员占比为 20% 以上，此消彼长，相应的业务部门的人员和资源配置不能适应工作量的要求，甚至存在检察官不愿意去公诉、批捕等业务量大的部门工作的现象。

2. 内设机构级别低，怎么设立缺乏自主权。基层检察院的级别和架构实质上相当于政府一个部门的级别，正科级，检察长是高配副处级，具体到县院只有三个部门是高配正科，其他是高配的副科。根据《人民检察院组织法》的规定，内部机构的设置应当由检察机关根据工作需要进行确定，但现实情况却大相径庭。基层院要设立某个业务机构，不仅本身无权决定，而且连上级检察机关也难以左右，必须报本级机构编制部门进行审查批准。而机构编制部门往往以政府各级部门之间是否平衡作为是否批准的出发点。

二、反思制度陷阱——基层院内设机构及办案组织的理论依托与改革路径

（一）以现代管理学为依托的"大部制"改革

1. 对大部制改革的肯定论。当前，对于如何解决检察机关内设机构数量多和乱的问题，基本的共识是实行参考行政机关推行的"大部制"改革，整合内设机构，实现内部扁平化管理。所谓的"大部制"是一种政府政务综合管理组织体制，具有"大职能、宽领域、少机构"的特征。上述特征完全符合我国司法体制改革的目标诉求，推行大部制改革可以，达成以下三个方面的积极作用。

作用一：有利于减少职能交叉，完善司法运行机制。以职能为导向建立符合司法规律与诉讼规律的办案组织与基层院内设机构，原有的"等级式"或叫"金字塔"式内部管理构架导致内设机构运转效率低下，不符合检察工作规律。检察机关的领导体制是检察委员会合议制和检察长个人负责制相结合的领导体制，检察机关组织与活动的一项基本原则是"检察一体制"，即检察机关上下形成一个整体，其突出表现是"阶层式架构"和上级的"指令权"。[①]在这种检察机关一体化的形势下，一定程度上可以保障检察院业务部门之间的沟通与协作，集中有限的精力去研究检察工作对策和发展的战略问题。其检察长、副检察长、内设机构负责人组成一个金字塔状的结构，管理幅度小而窄，管理层次多，层级分明，路径长，效率低。办案人员的信息通过一层一层的筛选过滤，最后到达最高决策者检察长。工作机制的科学性不足，内设机构成为了"信息中转站"，检察官在承办案件时，只有对事实和案件情况的汇报义务，案件的走向和结果往往需要经过层层审批，办案者不决定，决定者不办案是其典型症状，缺乏亲历性的决策模式，到决策者时也许信息已走样失真，迟钝缺乏适应性，不符合司法规律，检察官的独立性被大大削减，公平与效率难以建立，不利于建立检察官追责制度。美国管理学家德鲁克一针见血地指出："组织不良最常见的病症，也就是最严重的病症，便是管理层次太多，组织结构上一项基本原则是，尽量减少管理层次，尽量形成一条最短的指挥链"。

作用二：有利于落实司法责任制，完善司法运行机制。检察人员是检察机关的细胞，是行使检察权的主体，是检察机关最活跃的因素，内设机构是检察官行使检察权的组合。对于内设机构的存在和功能，检察官的地位和状况具有说明和支配意义，内设机构的职责如果过多，则检察官的独立性愈小，反之亦然。[②] 从检察改革的历程来看，现阶段实现这一任务所面临的一个深层次的问题，不是简单的法律修改和制度摇摆，不是组织机构，是人的问题。检察机关内设机构中非业务科室比例高，大量的检察官从事的是非检察业务的工作。将使得部分检察官丧失对于检察业务钻研的热情，法律知识、业务水平被荒废，造成人才的浪费。另外，由于业务部门有限，有些具有较高业务水平的检察官不能拒绝组织的爱，经提拔之后，无法继续留在业务部门，可能要到非业务部

---

① 参见石少侠：《论我国检察权的性质——定位于法律监督权的检察权》，载《法制与社会发展》2005 年第 3 期。

② 参见徐鹤喃、张步洪：《检察机关内设机构设置的改革与立法完善》，载《西南政法大学学报》2007 年第 1 期。

门任领导职务,其到非业务部门之后,从事的都是事务性的工作,从而阻断了专业型人才的养成。上述所有合力作用下在检察职业群体内部无法形成对这一职业的认同感,以及在集体认同感伴生下的集体荣誉感。这样的认知也将影响到广大的民众,使得民众丧失对于检察官这一职业"专家"、"精英"的印象,无法形成对于检察官这一职业群体专业性、权威性的信服,使得检察官在民众中的声望不高。

作用三:有利于司法体制改革的突破和深化。根据我国《宪法》第132条的规定,我国上级人民检察院领导下级人民检察院的工作。上级人民检察院一定意义上决定下级检察院的人、财、物权,案件决定权,考评权等,渐渐地演化为检察机关的组织体系和行政化管理方式过于强调内设机构的上下对应,没有体现不同层级检察院在职责分工上的不同特点。实践中片面强调内设机构上下对应,基层院是办理案件的主要力量,侧重于具体检察职权的行使,内设机构的数量应当与其工作量相匹配,特别是基层院的机构设置要充分考虑自身的业务量和人员编制规模,在保证主要检察业务机构与上级院一致的前提下,可以因地制宜,不必要求机构设置的绝对一致。通过推行大部制改革,打破目前实践中出现的过于强调上下级检察院内设机构对应性的问题。改变上级检察院的内设机构歧义各自强调本业务的重要性,以院名义发文或院领导讲话等方式,要求下级检察院对口设置相应业务机构等不合理的考核机制,建立真正意义上职能为导向的基层检察院内设机构。

2. 对大部制改革的否定论。我国检察机关内设机构的设置,存在的突出问题是部门过多、职能交叉、权责脱节。根据《人民检察院组织法》第20条的规定,基层检察院可以遵循最高人民检察院的内部机构设置,设置相应的科室。随着最高检业务分工细化,某些工作不断加强,原先以工作对象或场所为标准的设置原则逐渐淡化,开始呈现出混杂的景象,职权定向进一步凸显,[1]内设机构的增设和细分,虽然是对检察工作专业化和业务细分的响应,但是缺乏顶层设计层面的全面统筹和有序引导。检察理论研究将"法律监督权"作为一个广泛的、扩大化解释的整体概念,未解剖为具体形态或权能及其相应的正当性基础。[2]检察院在部署总体工作时,也多用"加强法律监督"、"履行法律监督职责"、"提高法律监督能力"等笼统表述,对检察机关的不同职能、

---

[1] 参见甄贞:《检察机关内部机构设置改革研究》,载《河南社会科学》2013年第1期。

[2] 参见傅郁林:《我国民事检察权的权能与程序配置》,载《法律科学》2012年第6期。

对不同检察职能下的内设机构定位，缺少足够重视和研究部署。上述现象蕴含着这样一个逻辑：检察机关宪法定位是法律监督机关，因而检察权就是法律监督权，检察职能就是法律监督职能。监督是个筐，什么都往里面装，这一思路导致检察职能在内设机构设置过程中没有发挥应有的导向和规范作用。

问题一：对检察机关内设机构之缺点的归纳和提炼过于表面，如对内设机构设置随意、混乱，称谓不统一，数量不统一等问题，又如对职能划分不清、职能交叉，人力资源过于分散等问题，但这样的改革并未解决检察机关内设机构存在的深层次问题，检察机关上下级对口部门设置，行政层级化明显的问题，以及由此附带衍生的相关不合理检察业务考核、指标摊派的深度影响司法运作，诉讼资源优化组合的的问题，基层院单方进行大部制合并，极有可能在上级院的业务指标、业绩考核等压力之下，再度反弹。

问题二：机构之间相互整合更多体现了行政意志上的强行"拉郎配"；整合后内设机构负责人总的数量并没有减少；"案多人少"的矛盾没有得到有效缓解。以双峰县院的机构整合为样本分析，对于侦查监督与公诉业务的合并缺乏合理的实证调研，根据试行情况分析也没有取得预期的优化资源的效果，相反出现了主要诉讼部门的人员工作量增强，业务运转存在时效冲突等个别化问题。

问题三："大部制"架构下的整合只是部门的合并，但是并无权利的下放与检察官主体地位的突显。无论是"大部"，还是其内设机构都没有退出权力运行机制，共同分担权力，"大部"及其内设机构虽然相互之间让渡部分权力（如"大部"让渡执行权；内设机构让渡决策权），但"大部"、内设机构及其负责人原来所共有的权力"总和"并没有改变，机构整合不过是在内设机构或者"大部"之间的一种优化的排列组合。

3. 本文观点，推行基层检察院"大部制"改革，但必须打破现有的陈旧行政化对口建制格局，构建以检察官为责任主体、内部扁平化管理的新格局，推动检察队伍的专业化、职业化建设，真正实现检察机关人力资源的科学配置，建构符合检察权运行规律的新型组织体系。诺贝尔经济学奖获得者科斯在其著名的《企业的性质》一文中提出：企业的规模取决于组织成本和交易成本的比较。企业将倾向于扩张，直到在企业内部组织一笔额外交易的成本，等于通过在公开市场上完成同一笔交易的成本或在另一个企业中组织同样交易的成本为止。但正如增设的无序会出现问题一样，整合的无序也会出现问题。如果不对此进行细致分析，只是一合了之，可能不仅解决不了问题，反而产生新的负面效应。产生新一轮的合并——分立——再合并的钱穆制度陷阱，影响司法体制改革的推进。

(二) 基层检察机关内设机构及办案组织的改革路径

1. 整合机构，优化职能。推行"五部制"整合模式，这种模式主要在湖北省、湖南省部分基层检察院推行，将原内设科室整合为职务犯罪侦查局、刑事检察局、诉讼监督局、案件管理局和综合管理局，并全部升格为正科级。具体包括了：

一是职务犯罪侦查局整合原反贪局、反渎局、职务犯罪预防等部门的职责，全面负责职务犯罪线索的受理、初查、侦查、调查以及职务犯罪预防工作。职责主要是：对本地管辖或上级院交办的贪污贿赂、渎职侵权等犯罪进行侦查；掌握了解和综合分析本地区职务犯罪情况，开展职务犯罪预防工作。

二是刑事检察局整合原公诉科、侦查监督科审查逮捕、审查起诉等业务。职责主要是：对公安机关移交的案件是否提起公诉；出庭支持公诉；依法提前介入，引导侦查机关侦查取证；审查决定是否追捕、追诉；决定是否提出或提请刑事抗诉。

三是诉讼监督局（正科级）整合原监所检察科、民事行政检察科和侦查监督科、公诉科、控告申诉检察科诉讼监督业务。其职责主要是：对侦查机关的立案活动、侦查活动进行监督；对行政执法机关移送刑事案件进行监督；审查决定是否批准延长羁押期限；对刑事审判活动、民事审判活动与行政诉讼活动进行监督；对刑罚执行与监管活动进行监督；法律规定的其他监督工作。

四是案件管理局（正科级）整合原案件管理中心、法律政策研究室、检察技术科、法警大队和控告申诉检察科接访、受理业务。职责主要是：受理和接待举报、控告、申诉和投诉，处理来信来访；接受犯罪人自首；办理刑事赔偿和申诉案件；统一管理职务犯罪案件线索；接收侦查机关移送的提请批捕、移送起诉案件；接收有关部门移交或上级检察机关交办的案件或线索；对业务部门办案情况进行统一登记，并跟踪监督办案过程；负责司法警察管理工作，检察技术工作，负责检察委员会、调研、人民监督员、特约检察员、检务公开等工作。

五是综合管理局（正科级）整合政工、办公室、监察、计财装备。其职责主要是：负责办公室、政工、纪检监察、计财装备、技术等各类综合管理、服务及相关工作。纪检组合和工会等群众组织按规定设置，职能并入综合管理局。

2. 压缩层级，整合流程。权力分配与决策模式效率是影响内设机构效率最关键的要素。每个局设负责人1名，可以由副检察长兼任，负责该局全面工作。局内按照工作量配备主办检察官及其他检察人员若干名，建立以主办检察官为主体的执法办案模式，其他人员按照履职要求合理配备。将行政管理、执法保障等工作任务与主办检察官岗位职责相分离，保证主办检察官集中精力办案。权力中心下移，分权管理为主，突出检察官相对独立的主体地位，简化审批流程，减少决策在时间和空间上的延迟过程，明晰主办检察官的办案职权，对于法律明确规定应当由检察长、检委会行使的职权和具有监督性质、相关行为及决定影响其他执法、司法机关权力的，由检察长、检委会行使。对各部定岗定责，使权责明晰、权责一致、权责对等，增强责任，检察官主动地接受和完成任务，独立行使众多原来由内设机构负责人甚至检察长拥有和行使的职能。与此同时，各项工作的办理流程应当根据法律规定和现有工作要求，并按照以检察官为主体的岗位管理模式作适当调整；工作审批由检察官直接报部负责人决定，重大事项报检察长或检察委员会决定；日常监督、年终考评由综合管理部按各项工作质量标准进行，监督与考评结果由检察长或检察委员会核定。各类案件在各环节的流转情况由案件管理部统一登记，并跟踪监督。上级院召开的有关会议，由对应职能部门根据会议内容指派合适的人员参与。各项工作流程的具体细节，以及与流程相配套的各类文书按照上级的要求结合实际制定。

3. 主体意识，目标导向。雅克·拉康、路易·阿尔都塞提出著名的"镜像阶段"概念，认为人将自身认同于镜子中的幻象，认为人的一生通常都处于"镜像阶段"，生活在对自身和外在世界的想象而非现实之中，人乃是"意识形态动物"。如果主流思想认为能遴选入额的检察官群体是优秀的、成功的、富有竞争力的；是有渊博的学识、对法律精湛的理解、丰富的司法阅历、缜密的逻辑推理和冷静的判断的；是能对自己承办的案件有能力有勇气承担终身责任的；是公平正义以能服务公众作为使命的。总体上既能头顶星空又能脚踏实地，是以适现代法治目标为要求，以专业化和职业化为背景，在法律素养、实践能力、人文精神和人格品质等方面具有高度的卓越性，对社会发展可以产生积极影响，并因此而获得社会的高度评价与尊重，进而因为上述所有的因素总和可以获得具有法律保障下的优厚地位，通过群体的行为获得社会的肯定和欣赏。

省以下检察机关设置问题研究

孔璋　程相鹏[*]

党的十八届三中全会作出了"推动省以下地方人民法院、人民检察院人财物由省一级统一管理,探索建立与行政区划适当分离的司法管辖制度,保证国家法律统一正确实施"的深化司法体制改革安排。在此基础上,四中全会进一步提出了"探索设立跨行政区划的人民法院和人民检察院,办理跨地区案件"的具体改革举措。我们认为,中央全会提出的改革任务归根结底是地方司法机关尤其是省以下司法机关的设置问题。关于省以下检察机关的设置,当下法学理论界和司法实务界进行系统研究的并不多见。我们试对此专文探讨,以为未来在现行宪法框架下探索设立跨行政区划的检察院提供一个改革蓝本。

一、省以下检察机关设置现状及存在问题

(一) 现状

《宪法》第130条规定:"中华人民共和国设立最高人民检察院、地方各级人民检察院和军事检察院等专门人民检察院。"《人民检察院组织法》第2条第1款作出与此完全一致的规定,第2款规定地方各级检察院分为:(1)省、自治区、直辖市人民检察院;(2)省、自治区、直辖市人民检察院分院,自治州和省辖市人民检察院;(3)县、市、自治县和市辖区人民检察院。第3款规定省一级检察院和县一级检察院可以设置派出检察院。条文中的"专门人民检察院与地方各级人民检察院的主要区别是:专门检察院不是按照行政区划设置,而是在特定的组织系统内形成完整体系,在最高检察院领导下

---

[*] 作者简介:孔璋,全国检察业务专家,浙江省湖州市人民检察院检察长,法学博士;程相鹏,浙江省湖州市人民检察院案件管理办公室副主任,法律硕士。

对特定范围的案件实行专属管辖。"① 最典型的就是军事检察院。由于《宪法》第 132 条第 2 款和《人民检察院组织法》第 10 条第 2 款均把专门检察院和地方各级检察院并列规定，从语义逻辑上，可以得出专门检察院归属最高检察院直接领导，不归属地方各级检察院领导的结论。因为如果专门检察院是地方各级检察院的机构，那二者就不能相提并论，何况《人民检察院组织法》规定的地方各级检察院也不包括专门检察院。另外从上文二者区别也可以看出，专门检察院与地方各级检察院互不隶属，自成体系。因此，本文所探讨的省以下检察机关设置不包括专门检察院，即使专门检察院级别属于省以下比如基层军事检察院，换言之，本文中的省以下检察机关设置事实上是指省以下市（此处的市是指地级市，本文没有单独列明指出的市均是指地级市）、县两级检察院包括派出检察院的设置问题。

目前，省以下市、县两级检察院以及派出检察院的设置情况是：

第一，市、县两级检察院设置情况。市、县两级检察院是完全按照国家行政区划设置。宪法规定了国家的行政区域划分为省、市、县、乡四级或者省、县、乡三级，省级行政区划一般就分为市、县、乡三级行政区划，市、县两级检察院是市、县两级国家政权机关的重要组成部分"一府两院"中的"一院"。全国凡是有市、县行政区划，就必然设立市、县级检察院。

第二，派出检察院设置情况。在实践中，派出单位有三种情形，省一级、市一级、县一级检察院均可以派出。例如，省级检察院派出检察院有分院，也有监所检察院、林区检察院等；市级检察院派出检察院有经济开发区检察院、监所检察院等；县级检察院在一些工矿区、林区等区域设置派出检察院。这些派出检察院的设置方式也有三种，一是完全按照行政区划设置，例如，经济开发区检察院，一部分省级检察院分院。二是跨行政区划设置，例如，一些直辖市检察院在全市范围内设立几个派出检察院——分院，分别管辖几个市辖区；也有个别省级检察院如河南省、海南省检察院设立第一、第二分院，对一些省管县实行跨行政区划管辖。三是按照监管场所、工矿区、农垦区、林区等一些特定区域设置派出检察院，例如，监所检察院、农垦检察院、林区检察院等。这里要单独对铁路运输检察院做一简要分析。铁路运输检察院设立之初是定位在专门检察院，但是 2012 年改革实行属地管理后，出现了"两级铁路运输检察院均作为省级检察院派出机构"和"铁检机关是国家依法设置的专门检察

---

① 庄永廉：《专门人民检察院的职责及发展历程》，载 http://news.9ask.cn/xsss，访问日期：2014 年 7 月 19 日。

院"的混淆说法。① 铁路运输检察院是按照行业设立的,也完全符合专门检察院的特征,理论上讲,应当是专门检察院,不应该作为省级检察院派出机构。② 我们赞同铁路检察院定位于专门检察院的观点,本文不对此展开探讨。

综上,省以下检察机关设置是以行政区划为主,兼有跨行政区划设置、按照特定区域设置方式。

(二) 存在问题

1. 导致司法地方化,破坏国家法制统一

市、县两级检察院完全按行政区划设立,把自身同现有的行政区划体制紧紧联系在一起。加上按照宪法法律规定,由地方同级人民代表大会产生,并对其负责。从而导致蜕变成为地方的检察院,实行地方保护,在办理案件特别是跨地区案件这样的特殊案件时很难按照平等适用原则维护法律公正实施,破坏国家法制的统一。

2. 破坏法制维护国家统一的功能,使中央地方关系不正常化

市、县两级检察院司法管辖区与行政区划完全一致形成的司法地方化发展到最后,可能导致各个地方存在司法割据局面,不利于中央法令的统一施行,逐渐形成国家内部的诸侯割据局面,中央政府渐渐失去权威,最终失去控制全国的能力,直至破坏国家的统一。③

3. 破坏司法独立原则,损害司法公正

我国宪法法律对司法独立作了原则性的确认和规定。如明确规定了检察机关依法独立行使检察权,不受行政机关、社会团体和个人的干涉。但是"各个地方的司法机关沉潜在各个地方,难以获得超然的司法状态,地方司法机关不敢得罪所在地方的相关权威部门,有时甚至还要讨好他们,就使自身难以坚守司法的独立品格,遇到一些特殊案件实难做到严格执法而不曲法迎合"。④

4. 造成司法资源配置不合理

我国东部、中部、西部三大地区之间经济社会发展极不平衡,各地检察院

---

① 参见龙平川:《76个铁路检察院全面移交29个省市区》,载《检察日报》2012年7月3日。

② 参见刘建刚:《论我国铁路运输检察机关的专门性》,载《人民检察》2012年第1期。

③ 参见张建伟:《超越地方主义和去行政化——司法体制改革的两大目标和实现途径》,载《法学杂志》2014年第3期。

④ 张建伟:《超越地方主义和去行政化——司法体制改革的两大目标和实现途径》,载《法学杂志》2014年第3期。

承担的检察业务工作量也有较大差距,一些地方司法资源闲置,另一些地方司法资源紧张,案多人少矛盾突出。而这种事实上归属于地方的检察院设置方式,导致不同地区检察院之间的司法资源囿于行政区划的隔断无法调配,造成司法资源配置不合理,各地检察院之间忙闲不均,人员素质也参差不齐。

另外,"派出检察院的设置也存在比较杂乱,缺乏规范的问题。有的是省级检察院派出检察院,有的是市级检察院派出,有的是基层检察院派出检察院。"① 虽然1986年全国人大法工委《关于检察院组织法几个问题的答复》已经将提请设立派出检察院的主体扩张为设区的市、自治州,但是《人民检察院组织法》并未予以修改跟进,所以从严格意义上讲,市级检察院设立派出检察院是没有明确的法律依据的。县级检察院根据《人民检察院组织法》规定也拥有派出检察院的权力,那么其派出的检察院是不是基层检察院,如果不是,是不是违反了我国四级检察院的建制?如果是,基层检察院可以领导基层检察院吗?上下级检察院领导关系的法治原则可能遭到了破坏,我们认为这种设置方式不够严肃,也不符合法治原则。

二、现行省以下检察机关设置改革方案之确定

省以下检察机关完全按照行政区划设置在司法实践中产生了上述诸多问题,如何解决这些问题,法学理论界提出了实行省以下检察机关与行政区划分离设置的改革方案。② 该种改革方案借鉴了当今世界各国的一般做法。"为有效破除地方保护主义,各国都打破了与行政区划完全重叠的做法,建立了独立的司法管辖区。如英国、美国、法国、德国、加拿大、日本、泰国、俄罗斯、越南等,这些国家或因历史原因或因社会发展的现实需要而采用该制度,在长期的司法实践中积累了丰富的实践经验。"③ 该种改革方案也得到了中央最高决策层的部分认可。党的十八届三中、四中全会就决定对该种改革方案的精神实质在一定程度上进行了吸收。

---

① 参见徐鹤喃:《检察改革的一个视角——我国检察机关组织机构改革论略》,载《当代法学》2005年第6期。

② 张文显、徐汉明等教授在2013年12月举办的全国"深化司法体制改革"高端论坛上均主张司法机关司法管辖区与行政区划分离。参见汪习根:《新一轮司法改革的理念创新与制度构建——全国"深化司法体制改革"高端论坛综述》,载《中南民族大学学报(人文社科版)》2014年第2期。

③ 彭何利:《法院设置体制改革的方向与路径——比较法视野下的司法改革研究进路》,载《法学杂志》2014年第3期。

(一)省以下检察机关与行政区划分离设置改革方案之利弊

客观地讲，我们也赞同该种改革方案。这是因为从理论上看，若实行省以下检察机关跨行政区划设置改革，上文提到的按照行政区划设置省以下检察机关产生的许多问题会迎刃而解。但是从实践来看，也会产生一些问题或者弊端，甚至有些问题或者弊端在目前条件下还不容易解决。

首先，与现行宪法法律存在冲突。实行省以下检察机关跨行政区划设置改革，意味着市、县两级检察院数量一定会精简，这就必然导致我国现行的"一府两院"政权架构在市、县两级行政区划出现坍塌，因为市、县两级检察院数量减少，肯定会造成相当一部分市、县"一府两院"出现"跛脚"状态。这就有违我国宪法规定的人民代表大会制度下的"一府两院"的宪政体制安排。

其次，不方便群众诉讼。实行省以下检察机关跨行政区划设置改革，必然会大量减少市、县两级检察院，而司法实践中绝大多数的案件是由市、县两级检察院办理的。而且市、县两级检察院尤其是县级检察院直接与人民群众打交道，数量减少势必不方便人民群众诉讼，由于跨行政区划，人民群众当然也会多支付交通住宿差旅费用，为人民群众增添经济负担。

再次，会增加相当多的司法成本。由于实行省以下检察机关跨行政区划设置，与原来按照行政区划设置相比较，会增加相当多的司法成本，这是毫无疑问的，也是难以避免的。因为既然跨行政区划设置，自然司法管辖区域面积会扩大很多，办案成本支出会有相当程度的上升。但是实行司法改革，也不是不计司法成本进行改革，如果那样，就变成为司法改革而司法改革。

最后，检察人员生活问题需要同步考虑解决。如果二、三个县级行政区划划分为一个司法管辖区，基层检察院就会合并，检察人员会相对集中办公，这样势必带来大量的现实问题，检察人员的个人生活，其配偶工作、子女读书问题需要同步解决。市级检察院检察人员也会面临着同样的问题。所以，实行跨行政区划设置必须要考虑检察人员的生活问题，而此问题牵涉甚广，遍布全国，在当下国情条件下，不易解决。

所以，虽然这种改革方案能够解决当前检察机关设置中存在的一些问题，是一个比较理想的方案，但是考虑到当下实际，我们认为成本过于高昂，产生的一些实际问题难以解决，现阶段并不具有可行性。

(二)本文观点

由上可知，目前存在问题集中到一点就是司法地方化，只要设计出破解司法地方化的改革方案即可。基于此，我们认为，应当充分考虑当下国情，遵照宪法安排，对省以下检察机关的设置采取"双轨制"改革模式。所谓"双轨制"模式即保留市、县两级检察院完全按照行政区划设置的传统做法，维持宪法规定的"一府两院"基本格局不变，但是实行省以下地方检察院人财物统一管理，使司法机关摆脱长期以来"将自家后院托付给地方行政机关"① 的后顾之忧，此为一轨；另一轨是在此基础上，在省级行政区划范围内设立跨行政区划的市、县两级检察院，分别作为省、市两级检察院的派出检察院负责办理跨地区案件，从而构建普通案件在行政区划检察院办理、特殊案件在跨行政区划检察院办理的诉讼格局。另外应当适当规范派出检察院设置，统一制定设置标准。

首先，"双轨制"改革方案基本上解决了现行省以下检察机关设置存在的问题。"双轨制"改革方案中要求必须对现有的市、县两级检察院人财物实行省级以下统一管理，可以在一定程度上削弱司法地方化的影响，排除地方党政机关通过人事权力、财政物资调拨权力干扰市、县两级检察院依法独立公正行使检察权。再通过设立跨行政区划的检察院办理跨地区此类特殊案件，进一步去司法地方化，保障了跨行政区划检察院能够做到平等对待案件当事人，维护法律公正实施，从而可以基本上解决现行省级以下检察机关设置存在的一些问题。

其次，"双轨制"方案既照顾国情实际，又不违反现行宪法规定，具有科学合理性。因为，"双轨制"改革方案，"一府两院"的政权架构没有改变，不存在与现行宪法冲突问题，同时由于不将现有市县两级检察院跨行政区划设置也就不会造成现有检察人员的生活问题，也不会产生不方便群众诉讼的问题，当然另外设立新的跨行政区划的检察院会增加一定的司法成本。需要特别说明的是，设立跨行政区划的市、县两级检察院，分别作为省、市两级检察院的派出检察院，负责办理特殊案件，这一新设立的检察院并不违反现行宪法规定，因为我国现行宪法没有规定派出检察院的设置，而是由宪法授权法律予以规定。《人民检察院组织法》第 2 条第 3 款规定了派出检察院的设置，对照法律文本规定，本文提出的设置跨行政区划的检察院作为派出检察院似乎不完全符合该条规定。但是正如前文述及，当前实践中派出检察院形式多样，跨行政区划设置即是其中一种。所以，双轨制改革方案设置跨行政区划的检察院并没有超出司法实践中现有的一些做法。当然为了完全合乎法律，未来应当修改检察院组织法，以符合司法实践需要。

---

① 熊文钊：《司法管辖与行政区划适当分离》，载《人民法院报》2013 年 11 月 21 日。

最后,"双轨制"改革方案完全契合党的十八届四中全会决定精神,具有可行性。"全会决定提出,探索设立跨行政区划的人民法院和人民检察院。这有利于排除对审判工作和检察工作的干扰、保障法院和检察院依法独立公正行使审判权和检察权,有利于构建普通案件在行政区划法院审理、特殊案件在跨行政区划法院审理的诉讼格局。"① 中央全面深化改革领导小组第七次会议也作出了同样决定,并且审议通过了《最高人民法院设立巡回法庭试点方案》和《设立跨行政区划人民法院、人民检察院试点方案》。② 因此,"双轨制"方案也具有现实可能性,已经提上改革日程。

事实上,和省以下检察机关设置与行政区划分离改革方案相比较,"双轨制"改革方案并不是一个理想方案,而是一个折中方案。既保持现有格局,又作出一定程度改革。

三、省以下检察机关设置"双轨制"改革构想

(一) 保留现存市、县两级检察院的行政区划

从全国范围来讲,每个市、县级行政区划都分别设有市、县级检察院。这些设立在市、县级行政区划的检察院与该地方政府和法院组成了宪法规定的"一府两院",我们建议对这些机构建制全部保留现状,维持"一府两院"的政权架构不变。行政区划市、县两级检察院继续对本级人民代表大会和本级人民代表大会常务委员会负责并报告工作。所以现行宪法、地方各级人大和地方各级人民政府组织法以及检察院组织法关于地方各级检察院对本级人民代表大会和本级人民代表大会常务委员会负责并报告工作的规定均不需要修改。但是为了保障行政区划市、县两级检察院依法独立公正行使检察权,克服司法地方化,需要作出两大改革:

1. 对行政区划市、县两级检察院的人财物要实行省级统管

此举意在使行政区划市、县两级检察院脱离地方党政机关的束缚,斩断地方党政机关对其的利益羁绊,减少地方党政机关对其司法办案的干扰,最大限度上保障行政区划市、县两级检察院依法独立公正行使检察权。由于省以下检察院人财物统管非本文探讨主题,此处恕不赘述。

---

① 习近平:《关于〈中共中央关于全面推进依法治国若干重大问题的决定〉的说明》,载《党的十八届四中全会〈决定〉学习辅导百问》,党建读物出版社、学习出版社 2014 年版。
② 参见习近平主持召开中央全面深化改革领导小组第七次会议,载 http://news.xinnet.com,访问日期:2014 年 12 月 5 日。

2. 对行政区划市、县两级检察院的案件管辖范围要加以限定

建议重构行政区划市、县两级检察院的案件管辖范围。由于仍然处在行政区划内，与地方依然会存在千丝万缕的联系，行政区划市、县两级检察院在办理一些跨地区案件或者特殊案件时难免会受到地方保护主义的影响，不能做到平等保护案件涉及的所有当事人，不能严格依法监督地方政府依法行政，所以有必要重新划分行政区划市、县两级检察院的案件管辖范围，同时以与跨行政区划市、县两级检察院的案件管辖相区分、相衔接。具体可以案件涉及的行政区划范围作为划分标准，即跨行政区划的案件由跨行政区划检察院办理，在行政区划范围内的案件由行政区划检察院办理。构建普通案件在行政区划检察院办理、特殊案件在跨行政区划检察院办理的诉讼格局。其案件管辖范围要与对等设立的法院管辖范围相一致。因为，刑事诉讼法与民事诉讼法、行政诉讼法规定的案件管辖范围除了刑事犯罪侦查分工以外均是规定的法院审判管辖，检察院的管辖要匹配或者依托法院的审判管辖。行政区划检察院依法对行政区划法院所审理案件实行法律监督，跨行政区划检察院要依法履行对跨行政区划法院所审理案件的法律监督。关于刑事犯罪侦查分工，行政区划市、县两级检察院查办的是本行政区划范围内的职务犯罪案件，跨行政区划的职务犯罪案件由跨行政区划检察院办理。这一点可以通过修改人民检察院刑事诉讼规则达成。

（二）设置跨行政区划市、县两级检察院

1. 确定跨行政区划设立标准或者原则

设置跨行政区划市、县两级检察院应当参考以下原则：

其一，检察业务工作量原则。跨行政区划设立市、县两级检察院，应当充分考虑检察业务工作量，争取与行政区划市、县级检察院之间人均办案数量基本持平。省级检察院可以对全省市级检察院、县级检察院近3年的总体案件数量和跨地区案件数量做统计分析比较，确定一个平均值，作为参考值来平衡确定。

其二，地域相邻就近原则。在确定设置跨行政区划市、县两级检察院时，应当充分考虑相邻地区划分在一个司法管辖区，这样一方面可以提高诉讼效率、节省司法成本，另一方面距离最近、相邻地区的风土人情、民族语言文字差异基本不大，也便于保障诉讼参与人的诉讼权利。例如，浙江省杭州市、嘉兴市与湖州市是相邻地市，同处浙江北部，就可以划分在一个市级司法管辖区。

其三，参考行政区划原则。设置跨行政区划市、县两级检察院，必须充分尊重现有行政区划，在考虑行政区划基础上，跨区域设置。例如，以市级检察

院司法管辖区为例，浙江省杭州市、湖州市与嘉兴市划分为一个司法管辖区，不能将杭州市、湖州市或者嘉兴市的一部分县、区划归其他市级检察院司法管辖区管辖；以县级检察院司法管辖区为例，两个县、区可以合并为一个司法管辖区，但是不能把其中一个县、区分成几个司法管辖区进行管辖。虽然国家行政区划是以乡镇为最低单位，但是宪法法律均规定检察院的司法管辖区是以县级行政区划为基本单位。所以，跨行政区划设置市、县两级检察院必须充分考虑现有的行政区划，以县级行政区划为基础考虑划分，这样也便于开展工作，与地方国家机关沟通联系、接受监督。

其四，与法院设置对等原则。检察院与法院是我国宪法法律规定的两大司法机关，是国家政权架构中"一府两院"中的"两院"，二者在地方的设置一直是对等原则。在行政区划的检察院与法院是对等设置，跨行政区划设置的市、县两级检察院也要遵循与法院设置对等原则。除专门法院、检察院以外，设置跨行政区划的检察院必须设置对应的法院。党的十八届四中全会提出的也是探索设立跨行政区划的法院和检察院，二者是相提并论、对等设立的。这也符合对等监督的需要。跨行政区划法院应当接受跨同一行政区划检察院的法律监督。

2. 机构定位与命名

现存的在行政区划市、县两级检察院是一级独立法律机构，由同级人大产生，并且对其负责，报告工作，接受监督。"跨行政区域设置之后，即司法管辖区与行政区划适当分离之后，司法机关的司法管辖区可能涉及两个不同的同级人大，向两个人大均作报告还是向主要辖区涉及的人大作报告，都是需要给予明确答案的问题。"① 所以必须明确跨行政区划设置后的市、县两级检察院的法律地位。我们认为，跨行政区划设置的市、县两级检察院，如果还是由同级人大产生，则不符合现实需要，因司法管辖区大于行政区划，无法由其产生又向其报告工作。所以建议设立的跨行政区划市、县两级检察院分别作为省级检察院和行政区划市级检察院的派出机构即派出检察院进行定位，由省级检察院提请省级人大及其常委会产生跨行政区划市级检察院，由行政区划市级检察院提请市级人大及其常委会产生跨行政区划县级检察院，这样可以避免上述问题。

在对其科学定位之后，要对跨行政区划设置的市、县两级检察院名称进行命名，基于省级检察院分院一直存在，我们建议跨行政区划市级检察院借鉴此

---

① 张建伟：《超越地方主义和去行政化——司法体制改革的两大目标和实现途径》，载《法学杂志》2014 年第 3 期。

种命名方式,具有历史延续性,均命名为某某省(自治区)人民检察院某某地区分院,某某地区的命名要适当参考司法管辖区涉及的行政区划地理方位,例如,把浙江省杭州市、湖州市与嘉兴市划分为一个司法管辖区,由于3个省辖市均位于浙江省北部,其跨行政区划市级检察院可以命名为浙江省人民检察院浙北地区分院。当然也可以按照顺序依次命名,例如,也可以称之为浙江省人民检察院第一分院。建议跨行政区划基层检察院均命名为某某省(自治区)某某市第一人民检察院、第二人民检察院,等等,以此类推。例如,浙江省杭州市第一人民检察院、第二人民检察院。这是因为在市级行政区划范围内,为了方便与其他行政区划基层检察院区分,按照顺序依次命名容易辨识。机构名称既要考虑其作为省级检察院和行政区划市级检察院派出检察院的法律地位,也要适度考虑人民群众的接受度,名称的辨识度。

由于直辖市检察院目前设立的分院均是跨行政区划设立,其本身就是派出检察院,不存在与行政区划同样设置的市级检察院,不存在与同级人大及其常委会、党委政府的关系,所以其完全可以保留,包括称谓第一分院、第二分院等。至于直辖市设置跨行政区划县级检察院,我们认为,在城市化高度发达的直辖市,目前也可以不予设立,特别是北京、上海、天津3个直辖市,重庆市相对城市化程度低,可以考虑设立。当然直辖市也可以均设置,如果设置跨行政区划县级检察院则由直辖市检察院提请同级人大及其常委会产生,作为直辖市检察院派出检察院,不能作为分院的派出检察院设置(因为分院本身即是派出检察院,法律没有规定派出检察院可以设置派出检察院,退一步讲,分院无同级人大及其常委会相对应,故其设置派出检察院无对应的提请批准机关),但是可以划归分院代为管理,以体现省、市、县三级检察院之定位。

3.案件管辖范围

跨行政区划检察院的案件管辖范围,即是与行政区划检察院的案件管辖如何分工的问题,这一点必须明确,以杜绝推诿扯皮。具体上文已经论述,此处不再赘述。

(三)规范现有派出检察院设置

现有派出检察院设置比较杂乱,需要规范,尤其是市级检察院设立派出检察院没有明确法律依据,县级检察院也可以设立派出检察院更是不符合法理。我们建议修改《人民检察院组织法》第2条第3款,改为:"省、自治区、直辖市人民检察院,自治州和省辖市人民检察院,根据工作需要,提请本级人民代表大会常务委员会批准,可以设立派出人民检察院。"取消县一级检察院设立派出检察院的权力,赋予市一级检察院设立派出检察院的权力,规范设置标准为工作需要,取消在工矿区、农垦区、林区等区域设置这样的设置标准,有利于解决司法实践中存在的一些问题，事实上目前派出检察院按照行政区划设置、跨行政区划设置以及在监管场所设置都是因为工作需要而派出，不完全按照检察院组织法规定的特定区域标准予以设置。因此，为了适应司法实践需要，建议修改法律，以符合真实状况。

职务犯罪侦查部门办案组织构建问题思考

白　洁[*]

一、问题意识

在我国，1979年《人民检察院组织法》实施以来一直是检察机关自侦、批捕和公诉等业务部门的基本办案形式，20世纪90年代末，北京、上海等省市检察机关率先在公诉部门进行了主诉检察官制度的改革。2000年最高人民检察院在《关于在审查起诉部门全面推行主诉检察官办案责任制的工作方案》中规定，主诉检察官在检察长的领导下，独立承办案件，负责处理相关事项。主诉检察官制度改革促使了检察机关各部门的改革，自侦部门和其他法律监督部门相继提出了主办检察官制度。最高人民检察院对改革趋势给予肯定，在2000年印发的《检察改革三年实施意见》（高检发〔2000〕3号）提出"改革检察官办案机制，全面建立主诉、主办检察官办案责任制"。但经过2年多的试点，主办检察官办案责任制由于仅停留在个体责任制层面，尚未上升到办案组织整体责任层面。2013年5月，最高人民检察院在《关于加强和改进新形势下检察队伍建设的意见》中强调，构建符合执法办案专业要求的组织机构体系和办案组织模式，促进检察人员专业化、检察官专业化和检察执法办案组织专业化。因此，赋予办案检察官一定或相对的独立决定权以保障检察官的主体地位并承担相应的办案责任，实现办案组织的适度司法化一直是研究的重要内容。

职务犯罪侦查组织体系的改革完善需处理好"侦查一体化"和"侦查独立性"这两个基本维度的关系，既要实现侦查指挥顺畅有力，又要确保侦查运行相对独立。完善职务犯罪侦查主任检察官办案责任制度，建立健全职务犯

---

[*] 作者简介：白洁，最高人民检察院反贪污贿赂总局二局助理检察员，中国人民大学博士后。

罪侦查主任检察官职权配置体系，建立健全职务犯罪侦查主任检察官办案组结构，建立健全职务犯罪侦查主任检察官选任制度，建立健全职务犯罪主任检察官职业保障制度，增强主任检察官的职业尊严感，建立健全职务犯罪主任检察官的监督制约制度，保障依法规范行使职权，是保障反腐败继续深入开展的制度基石，构建完善的职务犯罪侦查部门办案组织，对于推进制度、规则的制定，解决实践中职务犯罪查办实践上的困难，解决人、事、物的相关问题，具有极其重要的意义。

本文通过比较法和移植论，对世界其他国家各国职务犯罪侦查部门办案组织构建进行研究，分析世界其他国家和地区相同或近似的法治价值理念，探寻法治运行所需要遵循的共同司法规律；同时立足本土化，通过对我国职务犯罪侦查部门构建现状及问题的总结分析，找准当前实践中存在的问题及痛点；通过对我国几年来职务犯罪侦查部门办案组织构建现实情况的准确把握，找准职务犯罪侦查部门办案组织构建体系的目标及构建应遵循的思路；通过把握当前司法体制背景下检察改革的方向，找准自身定位，构建科学合理高效的职务犯罪侦查部门办案组织构建。

二、职务犯罪侦查部门办案组织构建的演进

职务犯罪侦查部门办案组织的构建问题是世界各国司法体系中一直以来面对的共同难题，更是各机构参与、各部门共同协调冲突下共同形成的复杂产物，世界上没有一种通用的职务犯罪侦查部门办案组织构建及放之四海而皆准的组织方式，能够直接引入而减少构建的复杂性和不确定性。在充分实践调研、反复理论论证的基础上，探索、构建一套有效的中国特色职务犯罪侦查部门办案组织构建体系具有极其重要的意义。选择从法制本土化与比较法两个方面切入研究，通过采取比较研究、实证研究、价值分析等研究方法，结合我国职务犯罪侦查部门办案组织的历史沿革、实践现状、改革图景，构建具有中国特色的职务犯罪侦查部门办案组织构架。

（一）国外关于职务犯罪侦查部门办案组织的模式

在大陆法系国家，职务犯罪的范围一般涵盖较广，除了国内的公务员腐败案件之外，常常还扩展到与外国官员和国际组织官员职务犯罪有关的案件。职务犯罪的侦查一般实施检警一体化原则，案件大都是检察院主导进行的或者由检察院指挥警察机关进行侦查。通常检察机关的权力大于警察机关，其有权对

所有类型的犯罪进行侦查。而警察机关则必须在检察机关的领导下开展侦查工作。①

在德国，警察、检察机关有权对《德国刑法》所规定的被动型的贿赂犯罪、行贿、违反公职的行贿索贿以及欧盟成员国官员行贿和受贿的行为进行侦查。警察机关是检察机关的附属官员，警察机关配合检察机关工作，服从检察机关的指挥。在检察机关出现立案管辖冲突的情况下，上级检察官有权将一个程序交给其中某个检察官，收到该案件的检察官便获得了该案的立案管辖权，有权将案件在本地区法院起诉。在日本，职务犯罪的范围主要包括公职人员贪污贿赂犯罪和渎职犯罪。检察院实施检察官一体化原则，下级检察院对上级检察院负责，检察院内部设立特别搜查部专门负责职务案件的侦查。②

英美法系国家大多数存在多个司法体制，职务犯罪也一般由多种机关负责侦查取证。同时针对重大腐败案件，英美法系国家还赋予了检察院自行和补充侦查的权利。③ 在美国，职务犯罪的侦查也是由多种机构负责。警察机关、检察机关和大陪审团都有权对职务犯罪进行侦查。而对于政府的高级官员包括总统、副总统、各部部长等职务犯罪行为则由美国最高检察机关——司法部负责调查。但是如若总检察长认为司法部的调查不能公正有效地进行，则有权认命一名独立的、不受现有检察系统束缚的检察官负责侦查。④ 在英国，对于职务犯罪除检察机关有权侦查外，警察机关、反贪局和政府内部设立的监督机构均有权对其进行调查。虽然检察院对所有案件都有管辖权，但是涉及政府各部门或本部门的职务犯罪由本部门内设立的侦查机构负责侦查。⑤

其他国家和地区同样有值得借鉴的职务犯罪侦查部门办案组织构建。在韩国，检察官隶属于行政院法务部，具有很高的独立性。在具体的办案过程中，法务部部长无权干涉检察官办案。检察官一个人构成独立的行政官厅，检察官对于自己负责的案子独立侦察，独立判断并作出决定也要自行承担责任。在法国，在职务犯罪的规定上与德国有众多相似的地方。检察官都有权对所有的职务犯罪案件行使侦查权。检察官权力大于司法警察，并负责在具体的侦查过程

---

① 参见杨宗辉、刘为军：《侦查方法论》，中国检察出版社 2012 年版，第 78 页。
② 参见何家弘：《论职务犯罪侦查的专业化》，载《中国法学》2007 年第 7 期。
③ 参见王鹰、潘舫：《英、美刑事侦查制度比较研究》，载《当代法学》2003 年第 4 期。
④ ［美］爱伦·豪切斯泰勒·斯黛丽、南希·弗兰克：《美国刑事法院诉讼程序》，陈卫东等译，中国人民大学出版社 2002 年版。
⑤ ［英］约翰·斯普莱克：《英国刑事诉讼程序》，徐美君、杨立涛译，中国人民大学出版社 2006 年版。

中对司法警察进行指挥。在意大利,检察院领导司法警察有权对职务犯罪在内的所有案件进行侦查。在检察机关内部设有犯罪侦查部,司法警察在犯罪侦查部的直接领导下侦查案件。在检察机关之间并不存在等级上的隶属关系。在侦查职务案件上都是相互独立的。①

(二) 我国关于职务犯罪侦查部门办案组织的沿革演变

一直以来,我国职务犯罪侦查部门办案组织构建采取"一张嘴,一支笔,两条腿"各自为战的侦查组织模式,后来发展成为上下级检察机关条线作战、侦查一体化的侦查组织模式,横向还有检察机关与纪委机关"联合办案"的侦查组织模式。目前的职务犯罪侦查工作具有一定的"上命下从"式的行政属性,在侦破工作中采用层层讨论研究—逐级请示汇报—领导审核把关—集体决策负责的行政机关工作程序;此外,职务犯罪案件本身往往具有重大性、敏感性以及复杂性等特性,从而导致许多职务犯罪侦查部门一线侦查人员将自己仅仅定位为被动的、消极的、机械的执行者,而非主动的、积极的、灵活的实践者,存在"事事汇报、层层汇报、时时汇报"的情况,于是,在现有的体制和机制下,职务犯罪侦查的决策权基本上由领导来决定,其他侦查人员一般无须考虑和专业要求,"学识、能力、技术、经验"等得不到应有的重视,只要唯命是从,"熬年头"就可以晋升,很难有效地提升他们的办案积极性和独立办案能力。②

(三) 现行职务犯罪侦查部门办案组织的价值评估

现行职务犯罪侦查部门办案组织的构建具有一定的价值,有利于实现"侦查一体化"和"侦查独立性",是排除权力干扰的需要,是司法独立的强烈要求,同时有利于排除地方干扰,确保刑事诉讼各环节顺利进行,并且可以充分整合现有的侦控资源,发挥检察机关侦控一体化的优势。

2002年5月,最高人民检察院在全国检察机关职务犯罪侦查工作会议上正式提出"职务犯罪侦查一体化"。2005年9月8日,第六次全国检察机关反贪污贿赂侦查工作会议明确提出,实行侦查一体化,就是要运用以省院为指导,以地级市为主体,以区县院为基础的侦查办案模式,通过有效地整合侦查资源,充分发挥检察机关打击贪污贿赂犯罪的整体效能,以此推动检察机关反

---

① 参见雷建昌:《职务犯罪侦查模式比较研究》,载《社会科学研究》2004年第2期。

② 参见朱孝清等:《我国职务犯罪侦查体制改革研究》,中国人民公安大学出版社2008年版,第106页。

贪侦查工作的健康发展。① 通过职务犯罪侦查职能的整合，将分散在各内设部门的职务犯罪侦查权集中，保障职务犯罪侦查职能的相对统一性，通过职务犯罪侦查和预防职能的整合，真正形成侦防一体化，当然，也要防止"一体化"过度压缩"独立性"的空间。

当然，目前的职务犯罪侦查部门办案组织构建亦存在一定的问题，行政化色彩浓重下的办案组织结构，侦查部门办案组织内部的"科/组—处—局"科层制格局、上下级院条线对口管理机制削弱了办案组的独立性；承办检察官—部门负责人—检察长流程环节行政化的层层审批亦有问题。曾经的"主办检察官办案责任制"下存在的法律规定不明、配套机制欠缺、人事制度支撑不足、激励约束机制建设滞后问题。在横向联系中，职务犯罪侦查部门与纪检监察部门的协作不畅，在部分地区，存在检察机关跟在纪检监察机关背后办理法律手续的现象，似乎成为了纪检部门的二级下属机构，存在阶段性不协调的问题，纪检监察部门向检察机关移送案件线索有时带有随意性，实践做法不一，有失规范，检察机关的侦查工作易受地方化色彩干扰。以上种种都是在职务犯罪侦查部门办案组织构建中亟待解决的重要问题。

三、司法体制改革背景下检察改革的制度构想

司法体制改革背景下检察改革的制度构建的难点在于目前司法体制改革重重压力下科学有效的办案组织以及相关的监督机制、职业保障机制、激励机制的构建和贯彻落实。如何明确检察机关办案组织的侦查权、检察权、决策权，如何明确纪检监察部门和检察机关查办职权界限不明确的问题，是理论与实践中的难题。现行检察改革试点地区"主任检察官"制度评析以及司法体制改革背景下检察改革的制度构想，新型职务犯罪侦查部门办案组织构建的图景与制度建设，司法改革背景下检察改革的突破是本文的主要创新之处。

（一）建立健全职务犯罪侦查部门办案组织责任清单制度及职务犯罪侦查主任检察官职权配置体系

通过建立健全职务犯罪侦查部门办案组织责任清单制度，依法界定自侦部门主任检察官职责权限，依法界定自侦部门负责人职责权限，依法界定自侦部门检察长及检察委员会在执法办案中的职责权限。通过职务犯罪侦查主任检察官职权配置体系的建立，建立健全职务犯罪侦查主任检察官职权配置体系，切实明确办案责任，尤其是切实赋予主任检察官一定范围的侦查指挥权和侦查决

---

① 张云霄：《我国职务犯罪侦查体制改革初探》，载《法学杂志》2015 年第 9 期。

策权。建立健全职务犯罪侦查主任检察官办案组结构,满足职务犯罪侦查办案的实践需求。建立健全职务犯罪侦查主任检察官选任制度,通过科学设置主任检察官素能标准,保障主任检察官队伍的精英化和职业化,建立健全职务犯罪侦查主任检察官职业保障制度,增强主任检察官的职业尊严感,建立健全职务犯罪侦查主任检察官的监督制约制度,保障依法规范行使职权。① 同时,构建完备的自侦部门主任检察官执法办案监督制约制度以及完善职务犯罪主任检察官培训制度。

(二) 构建畅通的与纪检监察部门沟通机制

纪检监察机关与检察机关是我国两大反腐力量。两者之间的和谐关系是我国职务犯罪侦查体制需要面对的问题,纪检监察机关与检察机关分别立足于自身职能定位,在查办案件中,各有侧重,相互配合,充分运用各自手段措施,发挥优势,以形成打击职务犯罪的有效合力,明确纪检监察和刑事办案标准和程序衔接。建立健全案件线索移送制度,从受理、案件线索评估、初步核查、纪委线索移送检察机关、检察机关案件线索评估、检察机关开展初查、检察机关立案、检察机关侦查、检察机关与纪检监察机关反馈,这一套线索移送处理机制。特别注意的是检察机关要注重独立开展职务犯罪初查、侦查工作。可以探讨要案通报制度的建立,明确职务犯罪案件报告请示的对象、范围、程序、责任等,建立和细化"领导干部干预司法活动、插手具体案件处理的记录、通报和责任追究制度",保障检察机关依法、客观、公正地行使职务犯罪侦查权。②

总而言之,大量的侦查部门办案组织构建实践相关问题及案例信息构成了研究中国特色职务犯罪侦查部门办案组织构建的基石。通过对世界各国职务犯罪侦查部门办案组织构建的相关情况问题进行掌握、分析,吸收世界先进的立法理念及制度架构。从具体实践出发,在司法实践中分析职务犯罪侦查部门办案组织构建的具体问题,以法治思维出发,从立法的角度,力争为探索,构建"精英化"和"职业化"的主任检察官制度,建立健全职务犯罪主任检察官职业保障制度,增强主任检察官的职业尊严感,构建真正符合我国实际的职务犯罪侦查部门办案组织构建建言献策,提供有价值的理论探讨和制度设计。

---

① 参见张云霄:《我国职务犯罪侦查体制改革初探》,载《法学杂志》2015 年第 9 期。

② 参见《中国共产党第十八届中央委员会第四次全体会议文件汇编》,人民出版社 2014 年版,第 41 页。

检察机关办案组织比较研究及其构建

常 杰 徐 健[*]

党的十八届三中、四中全会以后,新一轮司法体制改革逐渐深入,其中,保障检察权依法独立公正行使是一项重要的改革任务。但是检察权要实现依法独立公正行使的目的,必然需要构建科学的检察权运行主体,因此,检察机关办案组织的构建成为一个前提性的任务。然而,此次司法体制改革的整体性和全面性,使办案组织的构建与检察职权配置、人员分类管理改革、内设机构改革等内容息息相关,这无疑增加了检察机关办案组织科学构建的复杂性和艰巨性。随着改革的深入推进,各地在落实司法责任改革、突出检察官办案主体地位的同时,对检察机关办案组织构建进行了多样化、特色化的试点。这些改革试点无疑为检察机关办案组织的科学构建积累了丰富的经验,但是也逐渐暴露出一些深层次问题,促进我们对规律性问题的深入研究。笔者认为,法治社会的发展是整个人类文明不断发展的产物,他山之石可以攻玉,我们可以通过对域外检察办案组织的研究,为我国改革的发展提供方法论、实体论的借鉴,从而促进我国检察机关办案组织的科学构建。

一、域外检察办案组织的基本形态

从域外检察办案组织的具体形态看,大致可以分为三种情况:第一种是以检察官为基本的办案组织,第二种是以内设机构为基本的办案组织,第三种则具有多元化的特点。

(一)以检察官为基本的办案组织

以检察官为基本办案组织,突出检察官的办案主体地位的情况,以英美法系国家为主,法国也同样具有这种特点。

英国检察机关的正式构建比较晚,直到1985年颁布的《犯罪起诉法》,

---

[*] 作者简介:常杰,国家检察官学院天津分院院长;徐健,天津市人民检察院研究室干部。

明确了英国皇家检察署的构建。英国皇家检察署在伦敦、约克和伯明翰设立总部，并按照全国司法区域的分布，设立了 13 家地区检察署①。英国皇家检察署的成员包括总检察长、检察长、首席检察官、检察官、助理检察官、案件办理人和管理人员组成。②《犯罪起诉法》第 1 条规定，"每个皇家检察官对自己所分到的职责都不能有任何偏见，在机构和程序上都享有检察长的所有权力，但是要在检察长的指挥之下工作"。通过这样的规定，明确了皇家检察官享有广泛的起诉及参与诉讼的权力，标志着检察官成为英国检察体系中的基本办案组织。③

美国检察机关实行的是双轨制，联邦与州的检察机关分属不同系统，相互独立。④ 其中，联邦检察机关主要由检察官和其他法律工作人员组成。检察官包括总检察长、副总检察长、助理总检察长、联邦检察官。地方检察系统的人员构成与联邦系统大同小异。美国检察官以个人负责制为基础的权力结构基本上不受监督，特别是当检察官就某一特定案件选择不起诉时，几乎没有机制为不满决定的人提供救济办法。因此，美国的独任制检察官构成了基本办案组织。在美国，上下级检察官之间并不能形成有效的控制关系，这与其选举过程有着密切关系。而联邦与州检察官之间的关系更是以分权为主线，在不违背联邦宪法的前提下，联邦检察官无权干涉州检察官办案。当然，针对某些重大疑难案件，联邦与州检察机关之间也会通力合作，但必须以各自的主权为限。⑤

在法国，检察院没有明确的内设机构，每一位共和国检察官都是一个内设部门，配有若干名检察官助理，办理特定种类的案件。检察官分为总检察长、首席助理总检察长、助理总检察长、首席检察官、检察官。除检察官外，检察人员还包括代理共和国检察官、助理检察官或首席助理。⑥ 由于检察官本身具有内设机构的性质，共和国检察官作为检察院首长具有办案决定权；代理共和

---

① 参见英国皇家检察署官方网站 http：//www.cps.gov.uk/about/facts.html，访问日期：2015 年 7 月 30 日。

② 其中，检察官由有经验的大律师（barrister）和律师（lawyer）担任，负责代表皇家起诉刑事案件。助理检察官由非法律背景的雇员担任，对于有限范围的案件负责审查以及在治安法院出庭公诉。案件办理人帮助检察官准备拟起诉的案件。管理人员在财务、管理和信息技术方面为皇家检察官提供支持。参见甄贞等：《检察制度比较研究》，法律出版社 2010 年版，第 74～77 页。

③ M. McConville et al.，The case for the Prosecution（London：Routledge，1991）.

④ 参见何家弘：《检察制度比较研究》，中国检察出版社 2008 年版，第 17 页。

⑤ 参见张鸿巍：《美国检察制度研究》，人民出版社 2009 年版，第 162～163 页。

⑥ 参见魏武：《法德检察制度》，中国检察出版社 2008 年版，第 19 页。

国检察官、副检察官、一般助理检察官在共和国检察官领导下办理具体案件，对于共和国检察官的决定必须服从，因此，这种具有机构性质的检察官领导下的办案组织即为其基本办案组织。

（二）以内设机构为基本办案组织

以内设机构为基本的办案组织在大陆法系的德国比较典型。作为联邦制国家，德国的政权架构由联邦中央政府和联邦州组成。在具体职权分配上，德国认为国家权力的行使，在基本法没有规定的范围之外，由各州履行相关职责。① 与这种权力架构相适应，检察机关同样存在联邦和州两个体系。在检察机关内部设有"处"，以主任检察官为其负责人，要承担主要的出庭工作。同时，出于开展检察业务的需要，还设有并非正式建制的"科"，相当于具体的办案组。在"组"之上还设置有"主要业务部门"②。在具体的职权配置上，科长原则上可以就其办理的检察业务独立承担责任，但重要事务要及时向处长报告③。由此可见，德国检察办案基本组织是科，由一名检察官或职务检察官④领导，独立作出办案决定；检察长和主任检察官（处长）领导科的工作。

（三）多元化的办案组织形式

除了上述两种比较单一的检察办案组织形态外，有的国家在办案组织形式上采用了多元化的构建方式，既包括单独的检察官，又包括联合形式的办案组，尤其是日本和中国台湾地区为其典型。

日本的检察官在性质上定位为"独任制官厅"，是具有机构属性的主体，可以独立行使检察职能，拥有对检察事务的自行决定权。根据《日本检察厅法》和《刑事诉讼法》的规定，检察官全程参与从刑事犯罪侦查到裁判执行的全过程，拥有针对任何犯罪的侦查权、对刑事案件的公诉权、要求法院就有关事项的通知或陈述意见权、作为公益代表人处理其他法规规定的事务权等权力。⑤ 同时，在日本"检察官同一体"原则的精神下，检察官行使职权要受到

---

① Vgl. dazu § §92, 95, 96 GG.

② 参见黄士元：《德国检警联系之法制及实务运作现况之研究》，载 http://open.nat.gov.tw/OpenFront/report/show_ file.jsp? sysId = C09503123&fileNo = 001。

③ § 12 OrgStA.

④ 职务检察官包括主任职务检察官和普通职务检察官，从司法辅助人员或法律实习生中任命，属于国家公务员，不属于检察官序列。

⑤ 《日本检察厅法》第 4 条、第 6 条，《刑事诉讼法》第 472 条等内容。

上司的指挥监督权①、事务调取权和转移权②、上司代理权③等制约。但这并不影响检察官作为行使检察权的主体，独立作出相关决定的性质。除此之外，日本在东京、大阪和名古屋三个地方检察厅内设有特殊的侦查机构"特搜捕"。④并在札幌、仙台、浦和、千叶、横滨、京都、神户、广岛、高松、福冈等十个地方检察厅，新设"特别刑事部"。特搜部内部设有"科"、"班"的组织机构。在承办案件过程中，特搜捕的副部长、部长对承办检事所为指导、指挥（含侦查手法）等，亦应转向次席检事、检事正报告并接受指挥进行侦查。检事正亦会逐层向东京高检检事长、最高检检事总长报告并接受指挥进行侦查。⑤由此可见，在日本，基本的检察办案组织主要包括了两种具体形式，一种是具有独立官署性质的检察官；另一种是具有较强行政性质的特搜部。

中国台湾地区的检察机关设置实行审检合署，但检察机关自身自成体系。检察人员包括检察官、检察事务官。在刑事诉讼中，检察官全程参与侦查、审判及执行的全过程，具有实施侦查、提起及实行公诉、协助和担当自诉、指挥刑事裁判执行以及法律规定的其他职务。检察官具有较强的司法决定权和自由裁量权，有权对所有犯罪进行侦查，并可以直接发动并主导案件的侦查，指挥协调司法警察启动的侦查案件中发挥指挥、协调和指导作用；可以遵循公诉独占原则对案件的公诉过程发挥唯一主导作用；可以在刑事案件判决执行过程中发挥监督权。同时，我国台湾地区在"最高法院检察署"设特别侦查组，办理涉及"总统"、"副总统"、"五院院长"、"部会首长"或"上将"阶级军职人员之贪渎案件；选务机关、政党或候选人于"总统"、"副总统"或"立法委员"选举时，涉嫌全台性舞弊事件或妨害选举之案件；特殊重大贪渎、经济犯罪、危害社会秩序，经"最高法院检察署"检察总长指定之案件。在具体的运行过程中，检察官办案存在独立办案与协同办案的不同方式。在检察官独立办案中，侦查组的检察官固定配置一位书记官；公诉组的检察官则不固定书记官配置；执行组则配置多名书记官。在协同办理重大案件时，多名检察官共同办案，侦查行为及侦查结论采用"少数服从多数"的方式决定。⑥而特侦

---

① 《日本检察厅法》第 7~10 条。
② 《日本检察厅法》第 12 条。
③ 《日本检察厅法》第 11、13 条。
④ 参见徐尉：《日本检察制度概述》，中国政法大学出版社 2011 年版，第 30 页。
⑤ 参见台湾"法务部所属检察官 95 年度赴韩国研习检察实务报告"。
⑥ 参见万毅：《台湾地区检察制度》，中国检察出版社 2011 年版，第 54 页。

组办案则一般采用"共同办案"模式,以"独任办案"和"协同办案"为例外。①

二、域外检察办案组织构建的内在规律

从域外办案组织的具体构建形态看,体现出较大差异,存在一元与多元的区别。即使在一元化的构建形态内,也存在以检察官为主体构建办案组织和以内设机构为基本办案组织的区别。透过现象分析,之所以存在这种区别,与各国(地区)检察机关的性质定位、功能和诉讼模式等因素具有十分密切的关系。总的来看,在检察权具有综合属性的大陆法系国家和地区,不同程度上带有行政性色彩的机构化特点,而趋向单一诉讼功能的英美法系国家,更突出以检察官为中心的构建办案组织。

(一)检察机关的性质定位对办案组织形态的影响

由于产生的背景、历史渊源的不同,两大法系国家的检察机关在性质定位上具有很大的差异。在大陆法系国家,随着资本主义革命的完成,对封建王权的斗争取得了胜利。为了巩固这份胜利,检察机关承担了双重的历史使命。一方面,要作为社会的维护者承担对刑事犯罪的追诉职能,从而恢复被破坏的社会关系;另一方面,为了保障人权,防止警察国家对个人权利的侵犯,检察机关承担者对国家权力进行控制的重要职能。因此,作为法律之守护人,检察官既要保护被告免于法官之擅断,亦要保护其免于警察之恣意。② 因此,在大陆法系国家,将检察权多定位为司法性质或准司法性质,而检察机关则多具有行政性与司法性的兼容属性。在这种前提下,检察机关办案组织的构建多带有行政性质。这种特点在德国尤为明显,直接体现为以"科"、"处"为基本的办案组织。而在法国,虽然以共和国检察官为核心构建了基本办案组织,表面上与英美国家较为相似,但检察官的这种独立性并非相对于检察院的。在检察官的上下级等级秩序中,检察官一方面拥有自己相对独立的职权,另一方面则必须要服从上级检察官的领导,体现出检察官整体的"不可分性",每个检察官代表的是检察院的整体,正如《司法组织法典》第 L122-4 条所规定的,"检

---

① 在共同办案时,同组检察官对于所有侦查行动及侦查终结的结论,采用共识决定。协同办案则凡参与协同办案的检察官,对于案件事项,共同讨论决定,以共识为原则,无法达成共识时,采用记名表决的方式,并将表决结果提交检察总长裁决。参见朱朝亮:《"我国"特别侦查组运作之现状与未来》,载《检察新论》2009 年第 5 期。

② 林钰雄:《检察官论》,法律出版社 2008 年版,第 9 页。

察院或总检察院的任何司法官在检察院中行使检察机关的职能"。① 因此，在本质上，检察官带有较强的机构特性。德法之间之所以出现这种差别，本质上是对检察权复合性不同方面的侧重。德国检察权更偏重其行政性，而法国检察权更突出其司法性。②

但是在英美法系国家的法制发展过程中，由于地方自治性质较强，王权的触角并非深入社会的每个角落，因此私诉在很长时间内成为诉讼的主要形态。在英国，私人提起刑事诉讼始终存在，而检察机关作为"国王代理人"登上历史舞台，同样是为了解决诉讼纠纷问题。美国则以英国传统的法律思想和法律制度为蓝本和基础，通过民选选任检察官，并赋予其极大的自由裁量权，实行个人负责制。因此，英国和美国则以检察官为核心构建办案组织。

（二）职权主义与当事人主义的诉讼模式对检察办案组织的影响

在"法律守护人"的性质定位下，大陆法系国家的职权主义诉讼模式特点显著，"检察官同时被赋予事实发现者与真实判断者双重的职务，故检察官是侦查中的司法官，被告是侦查的客体"。③ 在这种诉讼模式中，对于犯罪的追诉主动性很强，多依靠理性的国家权力，只不过在追诉犯罪的过程中需要对国家权力的侵犯性进行制约和监督。为了充分发挥国家力量的作用，检察机关办案组织构建过程中，必然带有较强的行政属性，充分发挥上命下从的作用，尤其是在以侦查为核心的诉讼过程中。

而在英美法系国家，检察机关多被定为一方当事人，并不比作为个人的犯罪嫌疑人或被告人拥有更优越的诉讼地位。在这种当事人主义的诉讼模式中，检察机关没有承担监督职责。整个诉讼过程多以解决纠纷为目的，即使是刑事诉讼，也被看成是一种"纠纷"。因此，也不会赋予检察机关更多的权力，以保证控辩双方的诉讼地位，充分体现诉讼双方的对抗性。在这种情况下，必然会对检察官赋予较多的自由裁量权，从而应付复杂多变的庭审对抗。而基本办案组织的构建也必然多以检察官为核心进行构建。

（三）检察职能的多元化与一元化对检察办案组织的影响

由于大陆法系国家检察机关具有"法律守护人"的功能，在承担诉讼职责的前提下，带有一定的监督属性，因此检察机关的职能呈现出多元化的形

---

① 甄贞等：《检察制度比较研究》，法律出版社2010年版，第35页。
② 参见何勤华、王思杰：《西方检察权发展简论》，载《人民检察》2012年第11期。
③ 参见朱朝亮：《检察官在刑事诉讼之定位》，载《东海大学法学研究》2000年第15期。

态：为了防止警察力量因为滥用而侵犯个人权利，检察机关取代警察成为侦查主体，拥有对犯罪案件的侦查权；为了有效地追诉犯罪，发挥检察机关整体力量，充分突出了检察官或检察组织的科层性和一体性；为了防止法官恣意裁判，检察机关对法院的庭审活动和刑事裁判的执行拥有监督职责。为了实现多元化的功能，必然会导致检察办案组织呈现多样化的形态。尤其是在日本和中国台湾地区，由于前后继受了德国法律制度和英美法系的制度，以侦查为中心，同时兼具公诉、执行等职能，因此，在以检察官为核心的构建办案组织的同时，中国台湾地区还设置了"特别侦查组"，存在共同办案、协同办案等多种模式；日本则设置了"特搜部"这种办案组织。

而在当事人主义的诉讼模式下，检察机关功能则多集中于较为单一的公诉职能上。在英国，检察官制度于晚近在私人自诉的基础上产生，其主要目的在于解决单纯的私人自诉导致国家利益无法充分得到维护的问题。因此，警察仍为重要刑事犯罪的侦查主体，检察官则没有侦查职能。在美国，侦查活动也主要是由警察或者联邦调查局负责，检察官只对部分类型的犯罪拥有调查权。承载功能的单一化，一种办案组织模式足以实现其功能。且为了更好实现诉讼对抗，赋予检察官较大的决定权和自由裁量权。

三、域外相关制度对我国构建检察机关办案组织的借鉴意义

法治的发展，既有其传承性，也有借鉴性。为保障检察权依法独立公正行使，从 2014 年开始，最高人民检察院开始试行检察官办案责任制改革。之后随着司法体制改革的推进，司法责任制改革逐渐深化。而要落实司法责任制改革，必然要求构建科学的办案组织。近年来，司法体制改革的各试点单位进行了积极的探索，积累了丰富的经验。① 立足于这些经验，以比较法的视角去审视域外相关制度，可以为我国完善检察办案组织的构建提供积极的借鉴。这种借鉴，体现着检察办案组织背后的运行规律，更深层次的是一种方法论意义上的借鉴。

（一）透过现象看本质，甄别相似称谓的不同内涵

目前，无论是检察机关对司法责任制的积极探索，还是学界对办案组织的探讨研究，并未对检察办案组织的性质和内涵作出明确的界定。有的立足于检

---

① 相关报道较多，参见《以主任检察官为基数组成办案组织——检察机关将试点开展检察官办案责任制改革》，载《检察日报》2013 年 12 月 27 日；《探索建立科学的办案组织》，载《检察日报》2013 年 8 月 19 日第 3 版等。

察办案组织的性质,认为办案组织是检察执法办案的基本形式。① 有的则立足于从办案组织内部人员构成,提出检察办案组织是根据检察机关的司法特点建立起来的,能够确保公正高效权威办理案件的固定的人员配置和职权关系架构的总称。② 在对检察办案组织的探讨过程中,不可避免地会涉及诸多特有名词,如"检察官"、"主任检察官"等。但是我们在借鉴域外检察办案组织相关制度的过程中,不能照搬照抄,必须要立足于其所处的整体法律制度的背景,认真甄别相关制度的特定内涵,立足于我国法律体系和检察制度本身,科学界定检察办案组织的内涵。比如我国台湾地区的"主任检察官"实际上是为了方便对检察官的管理而产生的,本质上与我国检察机关内设机构十分接近。因此,不能简单套用我国台湾地区主任检察官的职能来解释我国检察办案组织中出现的主任检察官。再比如美国的"检察官"虽然承担公诉职能,但是其本质上更多具有政府律师的性质,与我国检察制度中的"检察官"无论在选任、职权范围上均具有本质上的差异。

(二)立足于检察权性质和检察职能构架多元化组织形式

从域外相关制度的比较研究中可以看出,功能相对单一的英美法系国家的检察机关与功能相对综合的大陆法系国家和地区,尤其是日本和中国台湾地区,检察办案组织体现的具体形态差距较大。而我国在司法体制改革推进过程中,对于如何构建检察办案组织,也存在有一元化与多元化的分歧,即是采用单一的检察官办案组或主任检察官办案组,还是采用两者都包含在内的多元化的办案组织形态。③ 笔者认为,从性质上讲,我国检察机关作为"法律监督机关",具有十分广泛的职能,涵盖了侦查、公诉、诉讼监督等诸多方面。由于职能的多元化,使检察权体现出行政与司法的复合性。而这种功能的多元化,必然要求采用不同的办案组织形态,从而充分满足检察权运行的需要。因此,我国检察办案组织宜采用多元化的构建模式。其中,对于审查批捕、审查起诉等体现较强司法属性的业务领域,可以充分体现检察官办案主体地位,赋予检

---

① 参见张晨、韩建霞:《司法责任制视域下的基层检察办案组织改革》,载胡卫列、韩大元主编:《主任检察官办案责任制——第十届国家高级检察官论坛论文集》,中国检察出版社2014年版,第562页。

② 参见陈旭:《检察办案组织构建》,载《法学》2014年第2期。

③ 当前相关的论述很多。其中单一化的也有两种模式,一种主张以"主任检察官"为核心,配备其他检察官以及辅助人员,建立主任检察官办案组;另一种主张以"检察官"为核心,配备辅助人员,建立"检察官办案组"。多元化的观点则主张应兼顾以上两种方式。

察官较大的裁断权,实行以检察官为核心,配备其他辅助人员的检察官独任办理案件的模式;而对于职务犯罪侦查等体现较强行政属性的业务领域,则可以采用"检察官办案组"的模式,由两名以上的检察官组成办案组,设置主任检察官协调领导办案工作。但是,在检察官办案组是临时设置还是固定设置方面,笔者认为"检察官办案组"不应当成为固定形式。因为如果固定设置,很容易使办案组负责人身份职务化,使办案组与检察机关内设的"科、处"格局毫无差别。

(三)以动态视野推动检察办案组织的完善

任何法律制度都是随着经济社会的发展而不断变化的,因此构成了历史发展的一部分。域外关于检察办案组织的相关制度,也是在长期发展演变过程中不断完善的。即使在现今,检察办案组织的构建和具体形态也在理论争论和实践探索中不断变化。如在我国台湾地区,职权主义和当事人主义在不断融合过程中,也是争议不断,需要融合两大诉讼模式带来的冲突,在当事人主义的诉讼制度与检察官作为司法官的职权主义检察制度如何协调,是一个存在变数的问题[1],近年来也一致在改革完善过程中,其中公诉检察官的问题,就是一个典型的例子。[2] 而法国近年来检察制度也存在检察官职业化和自治化发展方向与传统职能转变的矛盾。[3] 因此,当前我国检察办案组织的构建完善过程中,也必须立足于宏观的视角和发展的思维,努力实现司法制度的价值追求和检察权运行规律,从而为检察权依法独立公正行使发挥充分的保障作用。

---

[1] 万毅:《台湾地区检察制度》,中国检察出版社2011年版,第3页。
[2] 参见林钰雄:《检察官论》,法律出版社2008年版,第242~248页。
[3] 参见甄贞等:《检察制度比较研究》,法律出版社2010年版,第59页。

检察办案组织若干问题研究

——以司法责任制改革下的办案组织构建为视角

桂万先　杨吉高[*]

检察办案组织是检察权运行在实践层面的最基本载体。构建和完善检察办案组织，是实行检察官员额制和检察人员分类管理改革的自然延伸，也是推行司法责任制改革的逻辑前提和重要内容，对于完善检察组织体系建设、保障检察机关依法独立公正行使职权、提升检察司法公信力具有重要意义。本文拟结合当前检察机关司法体制改革试点实践，对司法责任制改革下的检察办案组织建设几个重点问题作初步探讨。

一、检察办案组织的基本内涵

作为检察权运行的载体，检察办案组织在司法实践中现实存在，但其概念内涵却一直并不清晰。究其原因，一方面，与法院的合议庭、独任庭等法定办案组织不同，无论是三大诉讼法还是人民检察院组织法，都没有对检察基本办案组织形式作出规定；另一方面，从检察权的现实运行状态来看，因长期实行"检察人员承办、部门负责人审核、检察长或检委会决定"的三级审批制，办案权与定案权分离，检察机关并没有形成功能类似于法院合议庭或独任庭的固定办案组织。[①] 作为一个明确概念，检察办案组织是在司法责任制改革背景下提出来的。目前，学术界和实务界有关检察办案组织的界定主要有如下四种观

---

[*] 作者简介：桂万先，江苏省人民检察院法律政策研究室主任，法学博士，全国检察业务专家，南京师范大学中国法治现代化研究院特邀研究员；杨吉高，江苏省人民检察院助理检察员，法学硕士。

① 参见姚莉、张柳：《两岸主任检察官制度比较与借鉴》，载《中南大学学报（社会科学版）》2015年第5期。

点：其一，检察办案组织是确保推动检察权运行的最基本的组织单元。[1] 其二，主任检察官办案组，是指检察机关业务部门中，在主任检察官的主持下，依法独立行使检察权的基本办案单元。其直接对检察长和检委会负责，中间不存在任何层级，也就是说主任检察官制度内在地包含了取消行政科层设置的意蕴。[2] 其三，检察办案组织主要是指检察官的设置和使用，检察官是检察权运行的最基本组织形式和组织单元。[3] 其四，所谓检察机关办案组织，是指检察机关为了公正、高效地行使检察权，在检察长和检委会的领导下，根据司法规律和检察权运行特点建立起来的，检察官办案主体地位突出、检察人员配置科学合理、权责利统一明确的基本办案单元和组织形式。[4] 以上观点都强调办案组织是最基本的办案单元，突出检察官的办案主体作用，值得肯定。但是前三种观点侧重检察权行使，而未涉及司法责任承担；第四种观点指出了"权责利统一"，但对于办案组织构架的表述失之抽象。根据司法责任制改革要求，办案组织不仅仅是检察权运行的载体，更是司法责任承担的载体，其实是办案权力与办案责任的统一体。所以笔者认为，检察办案组织，是检察机关在履行司法办案职责时，在检委会、检察长的直接领导下，根据不同业务部门的案件数量、类型及难易程度等情况，所采取的由检察官负责、检察辅助人员协助的具体案件承办及司法责任承担的组织形式。

由上述关于检察办案组织的涵义界定可知，司法责任制改革下的办案组织构建，应当遵循检察权的复合型属性，合理区分司法属性明显的审查逮捕、审查起诉以及行政属性明显的职务犯罪侦查等部门的办案组织形式；应当坚持司法亲历性原则，确立检察官在司法办案中的主体地位，科学合理"放权"于检察官，有效改变"审而不定、定而不审"的问题；应当以实现检察办案扁平化管理为目标，尽量减少管理层级，形成在检察长领导下横向到边的管理模式，最大限度提高办案效率；应当构建一整套规范的监督制约和责任追究体系，促进检察权在阳光下依法规范运行。

---

[1] 参见向泽选：《检察办案组织的改革应当彰显司法属性》，载《人民检察》2013年第22期。

[2] 参见陈旭：《建立主任检察官制度的构想》，载《法学》2014年第2期。

[3] 参见徐鹤喃：《检察改革的一个视角——我国检察机关组织机构改革略论》，载《当代法学》2005年第6期。

[4] 参见阮志勇：《检察机关办案组织的理论探讨》，载中国检察学研究会检察基础理论专业委员会编《新一轮检察改革与检察制度的发展完善——第四届中国检察基础理论论坛文集》，中国检察出版社2015年版，第312页。

二、检察办案组织的设置类型

我国检察权具有复合性特征，融司法性、行政性、监督性于一体，与此相应，检察机关刑事检察、职务犯罪侦查、诉讼监督等不同业务类别也具有不同的运行规律和特点，这决定了检察办案组织的设置模式也不能强求一律，而应兼顾统一性与多元性。结合改革试点做法，笔者认为检察办案组织可依三种模式设置：

（一）依内部组成，可以分为独任检察官与检察官办案组

独任检察官，即由一名检察官负责承办案件，并配备相应的检察辅助人员，以实现办案组织内部的分工协作。域外检察机关办案组织多为独任制的简单结构，即一名检察官和若干助手组成办案团队，由检察官承办案件并作出决定。比如日本，检察官被称为"独任制机关"，起诉书由检察官署名，办案组织以检察官为中心，其他检察事务官、检察技术官辅助检察官办案，服从检察官指挥。[①] 随着检察官专业化、职业化改革的推进，我国检察机关办案组织也应以独任制检察官为主，除部分重大复杂案件外，其他案件都可以交由独任检察官办理，使检察官的办案主体作用得到最大限度发挥。检察官办案组，系由两名以上检察官以及必要的检察辅助人员组成的办案团队。一般情况下，重大、疑难、复杂案件应由检察官办案组承办，以充足的人员力量保证案件办理质效。特别是职务犯罪案件，考虑到侦查工作行政属性比较强，很多案件复杂、敏感，客观上要有必要的层级领导和集中统一指挥，除部分线索明确充分、事实清楚简单的案件外，其他都应当由办案组承办。在办案组中，可由检察长按照相应组织程序任命，或者根据检察官的工作阅历、办案水平、综合素能等情况指定，明确一名检察官为办案组负责人，即主任检察官。与前几年有的地方试行的主任检察官办案责任制改革不同，新的办案组织中的主任检察官并非行政性职务，只是在办理案件时作为该办案组的负责人，凡是进入员额的检察官都可以作为主任检察官。办案过程中，主任检察官负责组织、指挥、协调办案组的办案工作以及对办案组成员的管理，并在职权范围内对办案事项作出处理决定，或提出处理意见。

（二）依紧密程度，可以分为固定办案组织和临时办案组织

办案组织可以相对固定设置，也可以根据司法办案需要临时组成。固定组

[①] 参见日本法务省刑事局编：《日本检察讲义》，中国检察出版社1990年版，第18页。

成的办案组织，其人员、关系以及结构等相对稳定，所以能够反复不断地被运用于司法办案工作，而不是不可复制、不可再次运用的易变模式。[①] 这既是加强司法管理、强化法律监督的制度需要，也是办案组织人员职责清晰明确、运转顺畅高效的现实需要。但办案组织的稳定性并不必然排斥办案组织的临时性。实践中，检察机关在办理重大职务犯罪案件时，往往跨地区、跨层级抽调检察人员组成临时办案团队，待案件办理完毕后即自动解散，这就是一种临时组成的办案组织。当然，这一类办案组织虽然是临时组成的，但是在办案期间办案组织中的人员、关系、职能是相对稳定的。实践中办案组织到底是固定设置还是临时组建，应当从司法办案实际需要出发，兼顾不同层级检察院的功能定位、人员状况等现实情况，综合考虑确定。另外，固定办案组织中的人员组成并不是完全封闭式的，可以根据安排参加其他固定或临时办案组织的司法办案工作，从而实现人力资源的合理配置，提高整体办案工作质效。

（三）依办案类型，可以分为综合办案组织和专业办案组织

办案组织确定后，按照分案规则分受案件，在检察官的组织领导下具体审查办理案件。由于案件类型多种多样，理论上每个办案组织分到各种类型的案件概率是相同的，每个办案组织都应当是有能力承办各种类型案件的办案团队。按照随机分案规则承办不同种类案件的，即为综合性办案组织。但是，考虑到不同检察官术业专攻不同、擅长的案件类型也不相同，特别是涉及相关专业领域的案件，由具有相应工作经历或背景知识的检察官办理效果会更好，因此有必要建立专业化的办案组织。如公诉部门可以针对金融、知识产权、环境资源保护等领域案件类型，设立若干相对固定的专业化办案组织。实践中，多数检察院特别是基层检察院办理金融、知识产权、环境资源等领域的专业性案件相对较少的，如果专业化办案组织只办理相关特定类型案件，既会造成各办案组织办案数量上的不均衡，也不利于办案工作整体发展。因此，专业化办案组织除根据专业分工办理特定类型案件外，也可以根据部门统一安排兼办其他案件。

三、检察办案组织的人员职责

人是检察办案组织中的最核心要素。检察办案组织的基本目的就是促进人员组合效能的最优化，进而实现办案质量和效率的双提升。一般来说，无论是

[①] 参见郑青：《我国检察机关办案组织研究与重构》，载《人民检察》2015 年第 10 期。

何种类型的办案组织,其中都要包括检察官、检察官助理、书记员以及其他检察辅助人员。

(一)检察官

这里的检察官,是指在司法责任制改革中,由省级检察院按照相应的标准和程序统一遴选,并经检察官遴选委员会审议入额的员额制检察官。推行新的改革试点后,员额制检察官和遴选前的检察官(检察员、助检员)有以下不同:其一,员额比例和遴选程序不同。员额制检察官按照中央政法专项编制39%的上限控制,经过重新考试考核、检察官遴选委员会审核、向社会公示确定,体现了专业化职业化的发展要求。无论是改革试点期间还是过渡期后,将有很大一部分现任检察员、助检员无法进入员额。而遴选前的检察员、助检员并无员额比例的限制,检察员由助检员任职满一定年限或者晋升到相应行政职级后,经检察长提请同级人大常委会任命产生;助检员由检察长从任职满一定年限的书记员中任命产生,基本上是"到期晋升"。其二,工作岗位和工作职责不同。员额制检察官全部配备在业务部门办案岗位,主要从事具体案件办理工作,是依法行使检察权的独立主体;人员分类管理后,检察官助理、书记员等检察辅助人员只能辅助员额制检察官办案,本身不具有独立的办案权。而遴选前的检察员、助检员,不仅检察员具有办案权,助检员也会以代理检察员的身份独立承办有关案件。其三,办案权限和责任承担不同。根据司法责任制改革要求,员额制检察官依照法律规定和检察长授权,对职权范围内的办案事项独立作出处理决定,并对办案质量终身负责,体现了"谁办案谁负责、谁决定谁负责"的要求。而遴选前的检察员、助检员,办理案件时需经部门负责人、分管检察长乃至检察长审批决定,行政化色彩明显,既不符合司法亲历性的要求,也模糊了司法责任制的主体。总之,与检察员、助检员相比,员额制检察官人数更少、业务性更强、办案权限更大、司法责任也更重,二者已经不是同一概念下的"检察官"。所有办案组织中的检察官,都应当是经遴选产生的员额制检察官;未入额的原检察员、助检员,可以经一定程序转任为检察官助理或书记员,编入办案组织中,辅助检察官从事司法办案工作。

(二)检察官助理

检察官助理是随着检察人员分类管理改革而提出来的新生概念。2013年中组部、高检院联合下发的《人民检察院工作人员分类管理改革意见》中,把检察人员分为检察官、检察辅助人员和司法行政人员,并把检察官助理定性为检察辅助人员的一种。对于检察官助理的职责,可以从两个层面进行分析、理解:第一,与书记员主要从事事务性、程序性工作相比,检察官助理的工作更侧重于司法性、业务性。很多时候,检察官助理要介入对案件实质性内容的处理,在诉讼程序中承担部分组织、引导、调查等职能。第二,检察官助理职责与检察官职责相比,不同之处主要体现在"决定权"和"亲历性"上。检察官对所承办案件在职权范围内具有决定权,包括对程序性事项的决定权;要求检察官亲历性的事项,必须由检察官办理。检察官助理只是协助检察官办案,对协助办理案件的所有事项包括程序性事项,都不具有决定权。当然,有些办案职责究竟应当由检察官还是检察官助理、书记员承担,不一定要作出非此即彼的划分,可以允许存在交叉模糊地带,这也是实践中充分利用司法资源的需要。

现阶段,检察官助理的来源主要有两种途径:一是经省级统一招录、作为初任检察官"预备队"的检察官助理,二是未入额的现任检察员、助检员转任为检察官助理的。这两种类型的检察官助理内涵是不一样的。对于未能入额的现任检察员、助检员,按照现行检察官法规定,他们具有检察官身份,也具有一定程度甚至较强的办案能力,不能等同于新招录的检察官助理。笔者认为,在改革试点期内,对转任为检察官助理的现任检察员、助检员,基于对其原有的检察官身份以及办案经历、能力的认可,以及为缓解案多人少现实矛盾,经检察长特别授权后,可以独立承办事实清楚、证据充分的简单案件。当然,这并不意味着所有未入额的现任检察员、助检员都能经授权办理案件,应该以具备相应的办案能力为主要标准,并且以试点检察院确有需要为条件,这只是针对个别人员的临时安排。

(三)书记员

书记员作为检察辅助人员的重要力量,其制度的健全性和完备性直接关系到办案组织的运转成效,当然也影响着司法责任制改革的成效。目前,不少地方检察机关的书记员可以分为两类:一是具有公务员身份、未通过司法考试或通过司法考试未满一定任职年限的检察干警;二是由各级检察院单独招录、所在检察院或地方财政负责经费、所在检察院进行日常管理的聘用制书记员。但是,由于聘用制书记员人员素质参差不齐,日常管理较为松散,待遇保障水平较差,晋升空间有限,产生了工作质量不高、人员流动性大等问题,目前这种混合制书记员队伍的弊端日益显现。随着司法体制改革的推进,在人员分类管理的制度设计上,初任检察官将择优在任职满一定年限的检察官助理中选任,而检察官助理则由省级统一招录产生,新招录的书记员将无法转任为检察官助理,以前作为检察员、助检员后备力量的编制内书记员的"编制身份"很大程度上失去了存在的价值。因此,笔者认为,司法体制改革过渡期满后,检察机关的书记员原则上不应再占用中央政法编,未来检察机关书记员的主渠道应

— 791 —

当是聘用制书记员。随着改革的深入推进，应当尽快建立完善聘用制书记员统一招录管理制度，由省级相关部门负责招录、培训和经费保障，所在检察院负责日常管理，并实行单独职务序列，逐步完成聘用制书记员队伍建设。

（四）其他检察辅助人员

除检察官助理、书记员外，司法警察、检察技术人员也是检察辅助人员的重要组成部分。所不同的是，司法警察、检察技术人员本身实行单独的部门管理，而不是长期、固定配备到相关检察业务部门。实践中，应当根据办案工作需要，由办案部门负责人申请，检察长统一调配安排，将司法警察、检察技术人员临时配备至检察办案组织，在检察官（主任检察官）的指导下，从事与职能相关的辅助性工作。司法警察主要履行保护职务犯罪案件现场、执行或协助执行有关强制措施、协助追捕、参与搜查、提押看管、送达有关法律文书、保护办案检察人员安全等工作职责，技术人员主要履行司法鉴定、现场勘验、技术取证、检验鉴定、文证审查等工作职责。被分配给办案组织的司法警察和检察技术人员，仍然接受所在部门的组织和行政管理，但是在办案中应当接受办案组织检察官（主任检察官）的指挥调度，与其他检察辅助人员协作配合，共同完成辅助办案任务。

四、检察办案组织的运行机制构建

检察办案组织的运行，需要依法规范处理好检察官与检委会、检察长、部门负责人以及办案组织内部人员间的权责关系，基本导向是去行政化，突出司法属性。但是，基于检察权具有司法性、行政性和监督性等多重属性，办案组织的运行并非完全的去行政化改造，而是要实现还司法以司法、交行政给行政，做到司法与行政属性各归其类、各显其效。

（一）接受检委会、检察长的领导和指导

从理论上说，检察官的权力来自于检委会、检察长的授权，检察官是在办案组织中代表检委会、检察长行使职权的执行者，因此要依法接受检委会、检察长的领导和指导。但是，随着司法责任制改革的深入推进，检委会、检察长在审议、决定案件范围缩小的情况下，在业务指导、评估、保障上的功能将会逐步增强；办案组织在与检委会、检察长职能明确区分的情况下，其司法办案的主体地位也将会日益显现。因此，检委会、检察长与办案组织的关系将不再是过去简单的命令与执行一元化关系，而是呈现出多元化的发展趋势，具体包括以下三个层面内容：首先，检委会、检察长应保障办案组织依法履职时不受不当干扰。从制度上看，我国检察办案组织不能独立代表检察机关，并不具备独立对外的完整资格，由其自行对抗不当干涉缺乏制度依据。① 而检委会、检察长从组织级别、领导层级和能力素质上看，同时具备代表检察机关的资格和代表检察机关内部最高办案水平的能力，能够尽可能地对办案工作是否存在不当干涉进行准确判断，并能代表检察机关与外界进行沟通交涉，具有保障办案组织依法独立运行的条件。其次，对依法应当由检委会、检察长决定的办案事项，办案组织应当按程序提请决定；对办案组织职权范围内的办案事项，检委会、检察长可以提供专业指导意见。对重大、疑难、复杂案件的审查决定，职务犯罪案件初查、立案、侦查终结、撤销案件等事项，以及以检察院名义提出纠正违法意见、检察建议、终结审查、提出（提请）抗诉的，应当由办案组织提请检委会、检察长决定。同时，在当前办案组织自由裁量权不断扩大前提下，检委会、检察长还可以根据办案中的实际情况，对办案组织职权范围内的决定事项提供咨询意见，形成一种日常辅助与指导的新型关系。② 最后，检委会、检察长负责评估检察官的职业水平和办案绩效。考评办案组织的主体，必须既能够对考评对象长期了解，又能够从各方面进行综合评估。检委会作为由院领导、各业务部门主要负责人参与组成的组织，检察长作为检察机关的负责人，长期听取各个检察官的案件汇报，经常与各个检察官有工作上的往来关系，能够从各个方面、各种渠道了解检察官的表现，从而得出相对全面、客观的评价意见，由其负责检察官考评工作具有一定的合理性和现实性。实际上，目前各级检察机关考评委员会均系由检察长、副检察长、有关部门负责人以及资深检察官组成，其人选范围和检委会具有高度的重合性，这也为检委会负责考评检察官奠定了基础。

（二）服从部门负责人的工作管理

检察办案组织运行目的，主要是改变原有的行政管理模式以及与其相对应的三级审批办案方式，在办案上直接对检察长、检委会负责，取消中间的部门负责人审核层级。在司法责任制改革中，部门负责人除作为承办检察官办理案件外，一般不再对案件进行审核、把关，只具有对部门事务的日常管理权。笔者认为，这种管理权既包括对部门行政工作的管理，比如组织考勤、安排参加相关活动、开展专题教育活动、完善廉政教育制度等工作；更主要的是对部门业务工作的管理，包括组织研究涉及本部门业务的法律政策问题，组织对下级

---

① 参见范思力：《论检察委员会与办案组织关系的重新构建》，载《贵阳市委党校学报》2014 年第 4 期。

② 参见范思力：《论检察委员会与办案组织关系的重新构建》，载《贵阳市委党校学报》2014 年第 4 期。

检察院业务部门办案工作的指导,召集检察官联席会议为承办案件的检察官提供参考意见等。实践中,需要注意避免部门负责人借日常行政或业务管理职权,作出干预或过问案件的行为,进而影响或改变检察官的审查意见或决定,形成一种异化了的三级审批模式。

(三)理顺主任检察官与承办检察官的职责关系

办案组织尤其是办案组内部人员关系具有多重性,既涉及检察官与检察官的分工协作关系,也涉及检察官与检察辅助人员的辅助配合关系,还有不同检察辅助人员之间的合作关系。因为检察官和检察辅助人员在身份、职务序列、工作职责等方面具有明显的不同,所以工作中相对比较容易处理二者之间的关系。需要厘清的是办案组中主任检察官与承办检察官的职责关系,这其中既要坚持检察官独立办案的司法属性,也要考虑到办案组内部管理上的行政化关系。笔者认为,在主任检察官与办案组内其他承办检察官的关系上,主任检察官既要行使必要的领导权和指挥权,又要尊重办案检察官的独立自主性,因此应当谨慎行使指令类、监督类办案权利,更多地行使指导类、建议类权利。主任检察官应主要通过审阅而非审批对承办检察官办案工作进行监督,监督的内容应着重于应调查的事项是否遗漏、法律适用是否统一,不应涉及承办检察官的具体办案意见。① 主任检察官与承办检察官意见不一致时,可以书面提出自己的意见,或提请召开检察官联席会议进行讨论,以供承办检察官参考。基于对承办检察官独立办案主体的尊重,承办检察官不接受主任检察官或者检察官联席会议多数人意见的,主任检察官不能改变承办检察官的意见而自行作出决定,只能将分歧意见提交检察长或检委会讨论决定。当然,对承办检察官来说,也应当先形成自己的审查意见,再由主任检察官指导把关,以凸显承办检察官办案主体与责任主体的特性。

(四)厘清运行中的司法责任承担情形

根据主客观相一致的司法责任认定原则,遵循"谁办案谁负责、谁决定谁负责"的要求,可以大致划分办案组织运行中的司法责任承担情形如下:其一,检委会决定的案件,应当追究司法责任的,根据检委会委员发表意见时有无过错和过错程度,确定其应当承担的司法责任,但检察官向检委会汇报案件时,故意隐瞒、歪曲事实,遗漏重要事实、证据或情节,导致检委会作出错误决定的,由检察官承担责任。其二,检察长对司法办案工作承担监督管理责

---

① 参见姚莉、张柳:《两岸主任检察官制度比较与借鉴》,载《中南大学学报(社会科学版)》2015年第5期。

任,对在职权范围内作出的有关办案事项决定承担完全责任。属于检察长决定的事项,检察官对事实和证据负责,检察长对决定事项负责。检察官根据检察长的要求进行复核并改变原处理意见的,由检察长与检察官共同承担责任。检察长改变检察官决定的,对改变部分承担责任。其三,检察官对职权或授权范围内所作出的决定承担责任。分为两种情形:一是独任检察官承办并作出决定的案件,由独任检察官完全承担责任;二是检察官办案组承办的案件,由主任检察官和组内其他检察官共同承担责任,其中主任检察官对职权范围内决定的事项承担责任,其他检察官对自己的办案行为承担责任。实践中,对检察官司法责任的追究,必须把握好与检察权依法独立运行的界限,不能将检察官对事实和法律的正常认识偏差作为追究责任的依据,否则将会限制检察官的独立思考和判断,也与认定司法责任的主观过错原则不相符合。为此,有必要研究制定检察官承担司法责任的负面清单,明确豁免检察官责任的情形,对于因出现新的证据、对法律理解和认识上的偏差、法律修订或政策调整、办案所依据的其他法律文书被撤销或变更等原因,不得认定为错案并要求检察官承担责任。其四,检察辅助人员参与司法办案工作的,根据职权和分工承担相应的司法责任。检察官有审核把关责任的,应当承担相应的司法责任。

五、与检察办案组织运行配套的相关制度建设

检察办案组织的有效运转,离不开一系列的相关配套制度建设,这也是统筹推进司法责任制与其他改革试点任务,确保整体改革试点取得实效的重要保障。

(一) 逐步完善检察官职权清单

科学完善的检察官职权清单,是办案组织依法开展司法办案工作的重要依托。只有明确检察官的权力清单,以检察官为主体的办案组织职权才能清晰明确,与之相应的司法责任才能落到实处,这是司法责任制改革的基本要求。考虑到全国检察系统人员与案件情况的地域差别,改革试点期间可在省级层面分类别、分阶段推出检察官权力清单。所谓分类别,就是按照侦监、公诉、职务犯罪侦查等不同业务类别的性质和特点分别研究制定。比如,批捕、起诉业务对一线办案组织的放权幅度可以大些;职务犯罪侦查工作中,一线办案组织主要就是承办权,重要节点的决定权仍然要由检委会、检察长行使。所谓分阶段,就是根据改革进程不断进行调整完善,开始时出于对放权过大可能因监管措施不到位、检察官能力素质不过硬而产生办案风险的担心,授权范围可以窄一些;等待积累了经验、检察官的整体办案水平适应了,授权的幅度就可以逐步扩大。当然,条件成熟时应当由高检院制定全国统一的各级检察院检察官权

力清单,以统一检察官的职权标准,体现司法规范性和权威性。

(二) 尽快落实检察人员职业保障制度

相比以前,办案组织的检察官不但要承担更多的办案任务和压力,还要承担更大的办案责任和风险,因而应当实现"责权利"改革同步到位,特别要实行检察官单独职务序列和工资序列改革,这既是激发检察官担当办案责任的重要手段,也是司法体制改革试点的应有内容。检察辅助人员是办案组织的重要力量,但目前对检察官助理、书记员、司法警察以及技术人员工作职责、工资制度、发展路径等关注还不太多,需要及时明确政策制度,落实职业保障要求,促进形成办案工作合力。同时,许多综合行政部门人员,是因工作需要从业务部门选拔调整过去的,但现有的职业保障规定主要是向检察官、检察辅助人员倾斜,因此需要进一步研究明确司法行政人员的职级待遇、发展空间等政策,保证综合行政部门能够留住一批优秀人才,有效服务司法办案工作。

(三) 妥善实行检察人员分类管理

人员分类管理是促进形成办案组织内部主体职责明确、配合顺畅、运转高效的工作格局的重要保障。但人员分类管理改革是一项系统工程,牵涉到的问题敏感、重要、复杂,必须通盘考虑、协同推进,才能避免工作上的相互牵制、顾此失彼。笔者认为,在推进员额制改革过程中,应同步研究推进检察官助理单独职务序列改革,只有畅通检察官助理的发展通道、明确其职业前景,才能引导未入额的检察员、助检员从事检察官助理职业,才能吸引统一招录的检察官助理在本职务序列内长期工作,否则员额制检察官难以配备足够数量和质量的检察官助理,也会影响办案组织的运转成效。

(四) 稳步推行内设机构改革

一直以来,我国检察机关内设机构的设置,以厅(局)、处、科、组等行政化的组织为基本运转单元,忽视了检察官的主体性地位,导致办案中"非司法化"现象发生,必须要加以改革和完善。当前,检察机关内设机构改革需要以"大部制"为方向,科学设定内设机构数量,业务上实行扁平化管理,突出检察官办案主体地位,促进队伍专业化职业化建设。根据不同层级检察院情况,不同检察职能发展情况,以及不同检察院人员、工作情况,对业务部门能合并的合并,该拆分的拆分,对综合部门大幅度进行压缩、整合,有效控制内设机构数量。各业务部门下,不再设立处、科、组等行政化的组织,直接设立专业化分工、扁平化管理的检察办案组织,形成在检察长领导下横向到边的办案工作格局。只有实行内设机构大部制改革,取消原内设机构下的行政组织设置,才能打破检察机关内部行政化壁垒,促进办案组织顺畅运转。

基层检察院内设机构与办案组织构建

马 量　任丽敏　刘 哲　蔡菊霜[*]

一、基层检察院如何面对和适应检察机关业务机制改革

作为基层人民检察院，要积极适应检察机关检察监督业务机制改革部署和步骤，不论是在具体司法理念上还是在司法能力规范建设上，以及司法行为和活动的具体规范上，都应当做好充分的准备和预测。

（一）关于司法理念上的适应和准备

要想适应检察机关的业务机制改革部署和步骤，就必须树立和端正科学正确的司法理念，坚持立检为公执法为民的理念，端正和树立强化法律监督维护公平正义的理念，端正和树立尊重和保障当事人、诉讼参与人合法权益并切实维护检察机关司法公信力的理念。同时，不论是在刑事诉讼、民事诉讼、经济诉讼，还是在行政诉讼的整体过程中，还要树立一些具体的诉讼理念和意识。比如说，诉讼证据的核心理念、证据标准规格条件和证据规则统一的理念，坚持证据裁判原则、证据最佳原则、证据合法性和客观性关联性原则以及非法证据排除规则等具体诉讼理念和意识。

（二）关于规范司法行为和活动的适应与准备

检察机关的司法行为和活动主要体现在检察监督的行为和活动上，而且这种行为和活动按照高检院和省市院的要求，应当是依法、科学、规范和有效的，这种规范要求不单体现在实体内容上，还具体体现在监督业务和办理案件的细节程序和流程上。因此，客观法定要求检察机关的监督行为和活动应当是合法、科学、规范和有效的，作为基层人民检察院，更应该在细节、细微和细

---

[*] 作者简介：马量，辽宁省锦州北镇市人民检察院党组书记、检察长，四级高级检察官；任丽敏，辽宁省锦州北镇市人民检察院党组成员、副检察长，四级高级检察官；刘哲，辽宁省锦州北镇市人民检察院检委会委员、调研室主任，一级检察官；蔡菊霜，辽宁省锦州北镇市人民检察院侦查监督科副科长，三级检察官。

致之处积极适应和准备好。

（三）关于能力素质和水平上的适应和准备

关于这种适应和准备，可以分为三个层次和层级。首先，作为基层人民检察院，要充分做好整体能力、素质和水平的适应和准备。它主要体现在一个基层院的司法能力从整体水平上看应该达到一个基本适应和层次的对应，在它的检察监督业务的指挥、组织、协调和配合系统机制上应当达到基本的科学、规范和有效；整体的队伍水平和素质，应当适应这种业务机制改革的需要，真正能够实现依法监督、科学监督、规范监督和有效监督。其次，作为基层人民检察院，其内部的检察官应当具备依法独立的办案能力和水平，依法科学的指挥、组织、协调监督业务的能力和水平，依法进行协调配合的能力和水平，还要具备责任担当的素质和心理准备。最后，作为检察机关业务最高决策机构的检察委员会，应当具备科学决策的能力、解决复杂疑难问题的能力和监督业务的水平以及对于各类案件把关的能力和水平。

二、关于基层检察院检察官员额制的构想和建议

关于检察机关检察官员额制的设定和设置是检察机关检察业务机制改革的主要核心内容之一，它涉及检察官资源、检察力量、检察条件和检察保障的合理配置和调整，因此，此项内容涉及基层检察院检察监督业务的发展方向和发展水平及发展布局。一个地区检察机关 70% ~ 80% 的业务量在基层检察院，但检察官的数量配备、有资格办案的人员配备和办案检察官比例的配备，往往会出现缺陷和不足。尽管近几年，作为基层人民检察院，招录和进入了一些新生力量，但由于基层院客观条件所限，很难留住各类人才，甚至出现青黄不接和断层的情况和问题。所以，基于基层检察院存在办案力量不足、检察官人员数量偏少和后备力量跟不上又不能及时跟进的实际状况，笔者就基层检察院检察官员额制的设定和设置问题，提出以下三点构想建议：一是应当合法科学地计算和准确掌控检察业务量与人员比例对应的实际情况，在检察官员额制的设定和设置上，应当在基层院的检察官数量方面留有余地和余额，从而作为检察官队伍的准备和科学资源的应对与准备。二是依法认真严格检察官的遴选和筛选，严格把握检察官的遴选、筛选、审核、考核、考试、论证、选拔和任用等程序，其目的和宗旨在于让更多的优秀具有资格的检察人员逐步、逐渐地进入基层检察院的业务机构和办案组织系统之内。三是检察机关内设机构与办案组织应当依法科学合理规范和有效的设置和设立，它应当与检察职能相对应，它应当与检察监督工作和业务量相适应，它应当与检察监督的层次和层级相适应。

因此，检察机关内设机构与办案组织中的检察官员额数量与比例应当科学的设立和设定。按照高检院、省院关于检察官员额制的初步设定部署和要求，特别是根据已经试点单位的实际操作情况，一般设定检察官的员额制比例为35%左右，而笔者认为在一定的条件下、在一定的时期阶段，考虑到基层院的人员配备、机构设置和检察业务的实际职能、任务内容，检察官的员额制比例在基层院是否可以适当调整可以进一步讨论。

三、关于检察机关内设机构与办案组织设定构想与建议

本文前两部分的论述与检察机关内设机构和办案组织的设置与设定直接关联，内设机构和办案组织的科学设置与设定要与检察机关的职能属性相适应，要与检察官及其辅助综合人员的状况和数量相适应，要与监督业务工作质量和数量相适应；同时，检察机关内设机构和办案组织的设置和设定还必须坚持三个具体原则：设置设定的精益求精原则、其内设人员的优中选优原则、业务质量数量和司法效率的最佳以及法定的规范原则。随着检察官办案制的推行，检察官员额制的展开和办案责任制、责任追究制和保障机制的逐步推行，现有的内设机构和办案组织模式必须有所调整、改革和完善，初步建议为以下三种形式：第一种形式是以检察官办案组为核心的监督业务机构，其他辅助和保障机构及其辅助业务组织紧紧围绕检察官办案组织的系统和机制展开的辐射机构；第二种形式是可以根据检察机关监督业务性质、监督业务内容、监督业务工作、数量和质量的实际情况，从质量、效率和保障的角度出发提出初步粗浅的建议，可以进行两个方面的调整和配置，一方面设置和设定局的编制和集中的综合保障机构组织，另一方面可以从职能调整合并的角度考虑，例如，设置和设定职务犯罪侦查局、刑事检察监督局、刑事执行检察监督局、诉讼检察监督局等业务机构和组织；第三种形式是作为检察官办案组织机构是相对稳定的，但根据检察监督业务的需要和办理案件所需，检察官办案组织和机构，很有可能出现重新和随时调整、配备、重组重合的局面，这时的检察官及其办案组织和机构的变化是因监督和办案业务的变化而变化的，具有暂时性。

此外，从基层院整体全面内设机构和办案组织科学化的角度出发和考虑，应当坚持三个原则，进行调整和配置：一是坚持主要监督业务突出的原则，即自侦部门应当包含反贪污贿赂业务、反渎职侵权业务、举报线索管理业务和职务犯罪预防业务，在这一业务组织和机构中，职务犯罪侦查系主要检察监督业务内容，预防业务、举报线索管理业务以及综合辅助业务应是主项侦查的保障因素；刑事检察监督办案机构和组织应当包含审查批捕、审查起诉、提起公诉和出庭支持公诉等主项侦查监督业务内容，同时将批捕与公诉的横向监督转换

为系统内部监督，更重要的还在于刑事检察监督部门在案件的定性、定罪、事实认定、证据适用和法律适用等方面应当尽量采用统一的法定标准、规格和条件；刑事执行检察监督办案机构和组织应包含法定的羁押必要性审查内容、强制措施适用监督内容、刑罚执行变更监督内容和社区矫正监督等主项业务内容；检察机关的诉讼监督业务在基层院能否依法归一，主要是指对于刑事诉讼、民事诉讼、经济诉讼的检察是否可以统一归属于诉讼监督业务内容，尤其是立案监督、侦查活动监督、审判监督，特别是抗诉监督、控告申诉监督均是否可以依法统一和集中；其他的案管系统管理监督、调研室的法律政策及案件论证监督业务以及其他带有管理服务性质的监督业务都应当作为检察监督保障的内容和辅项职能。二是尽最大努力配置配齐内设机构和办案组织内的检察资源原则。能独立指挥办案的检察官和能够依法独立履行法律监督职能的检察官是内设机构和办案组织内的主体，但内设机构和办案组织内也急需懂法医、懂鉴定、懂相关专业技术的专门人才和技术人员，从检察专业的角度出发更需要自侦、侦监、公诉、民行等专才，客观上这只能逐步逐渐地实现。三是坚持依法科学规范适应和调整的原则。面临检察机关业务机制改革，面临新情况、新问题和新课题，内设机构和办案组织显然要面临着根据检察监督业务和办理案件的客观需要进行适应和调整的问题，但必须坚持依法科学规范有效的原则。

四、办案检察官设置与内设机构和办案组织的科学对应

按照高检院、省院关于办案检察官的设置设定部署和要求，从宏观角度讲，进入员额制的检察官和担任独立监督业务、办理案件业务的检察官的选拔遴选条件基础和前提基本要求有三个：一是必须具备助理检察员以上资格，必须经过严格的考试、考核、论证、审核、审批、决定等遴选和选拔程序流程；二是同时要求检察官必须具备独立的从事检察监督业务和依法独立的办案能力和水平，具有独立的担当意识和素质；三是必须具备独立的指挥、组织、协调、配合、把关能力和水平。从微观角度讲，作为员额制的检察官的出现和确认是优中选优、精中求精。因此，针对基层检察院检察业务工作实际，在内设机构和办案组织有所调整的情况下，应赋予检察官办案业务权限，指挥、组织、协调和配合权限以及依法管理办案组织内人员的部分行政管理权限；一旦检察官确立确认后，那么检察官对其所负责的办案机构和组织就具有了法定的管理选择权限，更重要的是检察官以及其下属的辅助人员与相应的办案机构和组织应当达到三个相适应：（1）检察官与其所要依法承担的检察监督业务和办案任务应当相适应；（2）检察官在选择辅助人员时应当具有自身的建议选择决定权，从而与其指挥、组织、协调和配合的具体检察监督业务、办案的层

次层级相适应；（3）检察官依法履行检察监督业务和办理案件应与基层检察院保障机制和系统相适应。

五、检察官办案组织的基本稳定和科学调整

作为基层人民检察院，检察监督业务和办理案件的任务比较繁重，检察官办案组织依法应当保持基本的稳定，但是随着检察监督业务和依法办理案件工作的发展趋势和实际需要，检察官及其检察官办案组织内的辅助人员随时可能出现调整和重新配置的情况，一般会出现三种情形：一是在一般的检察监督业务量和办案数量比较平稳、比较平衡的情况下，已经设置和设定的检察官办案组织可以适应和应对职能的业务量，这时检察官办案组织应保持相对的稳定，一般情况下不应该调整和重新配置。比如说，刑事检察部门的侦监、公诉的检察官办案组织，可以依法正常完成一般性的检察监督业务任务，应当处于相对稳定的状态。二是当办案规模、办案对象的主体层次和层级以及案件本身的影响力出现重大变化时，检察官办案组织甚至检察官组织内的辅助人员都将面临着办案资源、办案条件和办案力量的重新调整和配置问题。比如，当检察官独立的办案组织无法完全完成重大检察业务和重特大案件办理任务时，就应当对检察官办案组织依法进行调整、配备、重组和重合；对于一起重大检察监督业务或者一件重特大案件，可能要由两个以上或者几个检察官办案组织共同完成；特别是在办理职务犯罪侦查案件时，很有可能是由不同的检察官办案组来共同完成侦查任务，这时检察官办案组就要重组和重合，在这个大的办案组中，可能包含了几位检察官，但以其中的一位检察官为主，其依法具有一定的指挥、组织、配合、协调权限，但案件的最终决策决定权限应当归属于主管局长、主管检察长和检察长。三是当上级院交办、转办和指办下级院办理案件或者由上级院组织组成专案组办案模式时，都要依法服从上级院的指挥、组织、协调和配合，基层院的检察官、检察官办案组织机构和检察官组织机构内的辅助人员都要依法服从上级院检察官、主管局长、主管检察长和检察长的指挥、组织、协调和配合。

检察机关的办案组织及其权责配置
——以《人民检察院组织法》的修改为视角

孙 锐[*]

检察机关办案应采取什么样的组织模式？办案组织的权力与责任应如何配置？这是当前检察改革及《人民检察院组织法》修改中亟须明确的问题。

一、组织模式

《〈中华人民共和国人民检察院组织法〉修订草案初步意见稿》（以下简称《意见稿》）第53条规定："人民检察院根据履行职能需要、案件类型及复杂程度，实行独任检察官或检察官办案组的办案组织形式。独任检察官承办案件，配备必要的检察辅助人员。检察官办案组由两名以上检察官组成，配备必要的检察辅助人员。检察官办案组可以相对固定设置，也可以根据司法办案需要随案产生。"

这种组织模式是在之前主任检察官办案责任制试点改革的基础上总结经验教训后得出的一个比较合理的方案。

高检院曾在《检察官办案责任制改革试点实施工作指导意见》中对办案组织改革提出了如下意见，即"以主任检察官为基数，原则上以1∶2的比例配备其他检察官、检察辅助人员，组建基本办案组织。试点单位也可以根据本院实际和具体案件情况适当调整配备比例。"实践中，各试点检察院均按上述要求组建了以主任检察官为核心的基本办案组织，有的试点检察院称之为"办案组"，有的称之为"主任检察官办公室"。但在试点过程中，由于办案需要，实际上逐渐形成了两种办案组织：

其一，仅由一名主任检察官配以一定检察辅助人员的办案组，这种办案组实际上就是《意见稿》中"独任检察官"之办案组织的雏形。

其二，由一名或多名主任检察官和一名或多名检察官组成，并配以一定检

---

[*] 作者简介：孙锐，国家检察官学院副教授，法学博士。

察辅助人员的"大办案组"。这种"大办案组"实际上就是《意见稿》中"检察官办案组"的雏形。

随着员额制改革的落实,"主任检察官"的性质也发生了改变。在员额制尚未落实的改革初期,主任检察官主要是在检察官数量较多、水平参差不齐的背景下被选拔出来的能够独立承担办案责任的优秀检察官。而随着员额制的落实,进入员额的检察官都是能够独立承担办案责任的,因此,对能够独立承担办案责任的检察官就无须再称为"主任检察官",而直接称为"检察官"即可,只有在由多名检察官组成的检察官办案组中才需要设置一名主任检察官,以组织、指挥、协调办案组承办案件,并在职权范围内对办案事项作出处理决定。① 由此,上述第一种办案组织也就由一名主任检察官配以一定检察辅助人员,演化为由一名检察官配以一定检察辅助人员的"独任检察官"模式;上述第二种办案组织也就由一名或多名主任检察官和一名或多名检察官组成,并配以一定检察辅助人员的"大办案组",演化为由多名检察官组成,只需要从中设置一名主任检察官,并配以一定检察辅助人员的"检察官办案组"模式。

在试点改革中,上述"大办案组"的形成又有两种模式:一是相对固定的"大办案组"。例如,由于自侦部门常常需要"大兵团作战",北京市朝阳区人民检察院就在自侦部门设立了由一名主任检察官和多名普通检察官组成的"大办案组",以应对自侦部门的特殊办案需要。二是由于办理一些大要案或特殊类型案件的需要而临时组成的"大办案组"。例如,上海市闵行区人民检察院曾试行,对于特别重大疑难的案件,检察长可以决定临时合并若干主任检察官办公室,形成临时性办案组织,由一名副检察长或者资深主任检察官牵头负责。正是在对这些试点经验予以总结的基础上,《意见稿》第 53 条规定了:"检察官办案组可以相对固定设置,也可以根据司法办案需要随案产生。"

此外,在试点改革的经验中,还反映出了由于办案需要和人员条件的限制等原因,不宜对每个办案组织中应予配备的检察辅助人员数量或比例作出统一规定。例如,由于公诉部门对检察辅助人员的需求量更大,北京市昌平区人民检察院在试点改革中便将有限的检察辅助人员优先配备到公诉部门的办案组中,而其他部门的办案组中检察辅助人员的比例则比较低,可能全组只配备一个检察辅助人员,甚至一个部门多个组只配备一个检察辅助人员。因此,《意见稿》第 53 条没有具体规定检察官办案组或独任检察官办案应予配备的检察辅助人员的数量或比例,而是一概规定"配备必要的检察辅助人员",也即允

---

① 《意见稿》第 50 条第 2 款规定:"检察官办案组设主任检察官。主任检察官组织、指挥、协调办案组承办案件,在职权范围内对办案事项作出处理决定。"

许各院根据自身的具体情况合理、灵活地配备一定数量的检察辅助人员。这样的规定也是比较合理、稳妥的。

二、权限配置

《意见稿》第54条规定："独任检察官在职权范围内对办案事项作出决定。检察官办案组设主任检察官。主任检察官组织、指挥、协调办案组承办案件，在职权范围内对办案事项作出处理决定。"该条规定对独任检察官和检察官办案组中主任检察官的职权使用了不同的表述，前者为"作出决定"，后者为"作出处理决定"，不知是否意味着独任检察官所能够作出的决定只能是不带有处置性质的一般性决定。我们认为，"决定"与"处理决定"的划分本身非常模糊，缺乏共识，独任检察官和检察官办案组中主任检察官的具体权限范围可通过司法解释、部门规定等予以进一步细化和明确，无须在组织法中使用"决定"和"处理决定"这样容易导致困惑的表述来加以区别，建议统一使用"决定"来表述即可。

在上述独任检察官和检察官办案组的组织模式下，相关的权限配置主要涉及三个方面的问题：一是在检察官办案组内部，主任检察官与其他检察官之间的权限配置；二是检察长或检委会与独任检察官或检察官办案组之间的权限配置；三是部门负责人与独任检察官或检察官办案组之间的权限配置。

（一）检察官办案组中主任检察官与其他检察官之间的权限配置

《意见稿》第54条第2款规定："检察官办案组设主任检察官。主任检察官组织、指挥、协调办案组承办案件，在职权范围内对办案事项作出处理决定。"这条规定未能解决这样一个问题：当办案组内检察官们意见一致时，主任检察官当然可依据此意见作出决定；但是，如果组内其他检察官不同意主任检察官的意见，主任检察官是否可以依据自己的意见直接作出决定呢？

我们认为，由于能够进入员额的检察官一般都是非常优秀的检察官，因此，当他们出现不同意见时，说明案件具有一定的复杂性和疑难性，在此种情况下，直接依据主任检察官的意见作出决定，恐怕不够慎重。对于此种情况，应当区别对待：如果主任检察官认为案件疑难、复杂，自己也难以作出决定的，可以请求检察长提交检察委员会讨论；如果主任检察官坚持认为自己的意见正确的，应当请求检察长审核。至于检察长如何审核及审核后如何处理，以及具体的法律条文应如何规定，涉及检察长、检察委员会与主任检察官或检察官办案组之间的权限划分，留待下文相关部分再予讨论。

（二）检察长或检委会与独任检察官或检察官办案组之间的权限配置

检察长或检委会与独任检察官或检察官办案组之间的权限配置需解决以下

几个方面的问题:

第一,哪些事项是可以由独任检察官或检察官办案组"在职权范围内"做出决定的?哪些事项必须提请检察长决定或提交检委会讨论决定?

对此,目前《意见稿》仅在第33条中对检察长的职权作了原则性的规定,即"检察长统一领导检察院的工作。副检察长、检察委员会委员受检察长委托,可以履行相关职责。"在第34条中对检委会的职权作了原则性的规定,即"各级人民检察院设立检察委员会。检察委员会是人民检察院的议事决策机构,在检察长主持下,讨论决定重大检察事项和重大复杂案件。前款规定的重大复杂案件,包括涉及国家安全、外交、社会稳定的案件,在定性上疑难、复杂的案件,以及下一级人民检察院提请复议的案件。"应当说,这种在组织法中仅对检察长、检委会的职权作出原则性规定的做法是合理的。至于独任检察官或检察官办案组可以对哪些事项做出决定,一则涉及问题太细,二则尚需在实践中继续摸索,因此,不宜在组织法中作出具体的规定。可通过司法解释、部门规定等予以进一步明确。值得指出的是,无论通过什么形式来明确独任检察官或检察官办案组的权限范围,都不能突破法律的规定。在主任检察官试点改革中,有的试点院突破了刑事诉讼法的规定,将审查批准逮捕犯罪嫌疑人的决定权全部或部分下放给了主任检察官,这是不可取的,而且是违法的。

此外,《意见稿》第56条规定:"独任检察官或者主任检察官可以请求将所承办的案件提请检察委员会讨论,报检察长决定。"该条没有规定独任检察官或者主任检察官在哪些情形下可以将所承办的案件提请检委会讨论,因此可能导致一些不必要的提请给检察长造成过重的审查负担,严重影响办案效率。我们认为,对此应当设置必要的过滤机制。对于独任检察官承办的案件,当前各试点院试行的主任检察官联席会议制度可资借鉴,即可以以比较灵活的检察官联席会议的形式作为过滤机制,对独任检察官认为难以做出判断的案件进行集体讨论,如经集体讨论确实存在较大意见分歧、独任检察官仍然认为难以做出决定的,再行提请检察长提交检委会讨论。出于效率原因的考虑,这种检察官联席会议只需要求达到3名以上检察官参加即可。对于检察官办案组承办的案件,由于组内已经进行过集体讨论,出于效率原因,主任检察官认为难以做出决定的,可以直接提请检察长提交检委会讨论。据此,建议将《意见稿》第56条修改为:"独任检察官对所承办的案件认为难以做出决定的,可以提交由三名以上检察官组成的检察官联席会议讨论,讨论后仍然认为难以做出决定的,可以提请检察长提交检察委员会讨论。主任检察官对所承办的案件经由组内全体检察官讨论后仍然认为难以做出决定的,可以报请检察长提交检察委员会讨论。"并应增加规定:"检察官联席会议应由承办案件的检察官以外的检察官组成。承办案件的检察官应当出席检察官联席会议,并就案件有关情况进行陈述和报告。"

第二,对于独任检察官或检察官办案组承办的案件,哪些需要审核?哪些不需要审核?由谁审核?

对此,《意见稿》第55条规定:"检察长可以对独任检察官、检察官办案组承办案件进行审核。"这一规定存在两个问题:第一,对独任检察官、检察官办案组所承办的所有案件,是否需要审核,完全由检察长自行判断,缺乏考量标准,随意性太大。我们认为,对于独任检察官办理的案件,由于一般都是比较简单的案件,可以由检察长根据具体情况决定是否需要予以审核。对于检察官办案组办理的案件,如果组内没有不同意见的,说明案件也比较简单,可以由检察长根据具体情况决定是否需要予以审核。如果组内有其他检察官不同意主任检察官的意见的,则应区别情况,对于主任检察官认为难以做出决定的,如上文所述,可以请求提请检察长提交检委会讨论;对于主任检察官坚持自己意见的,则均应予以审核。第二,所有案件均由检察长审核会导致检察长的审核负担过重,也会导致大量需要审核的案件实际上无法得到审核。我们认为,这里也应当发挥检察官联席会议的功能,分解检察长的审核压力。并且,当检察官联席会议多数票同意独任检察官或主任检察官的意见,即应视为审核通过。据此,建议将上述规定修改为"检察长可以对独任检察官、检察官办案组承办案件进行审核,也可以指令检察官联席会议进行审核。对于检察官办案组内存在不同意见的,应当进行审核。"并规定:"审核案件的检察官联席会议应由承办案件的检察官以外的检察官组成。组成联席会议的检察官应为奇数,且不得少于三人。组成联席会议的检察官中过半数同意独任检察官或主任检察官意见,该意见通过。独任检察官或主任检察官应当出席检察官联席会议,并就案件有关情况进行陈述和报告。"

第三,检察长或检察官联席会议对独任检察官、检察官办案组承办案件进行审核后,如果不同意独任检察官或主任检察官意见,应如何处理?

对此,《意见稿》没有明确规定,仅在第55条后半句中规定:"……其对检察官的指令或决定应当以书面形式作出,归入案件卷宗。"这似乎意味着,对于独任检察官、检察官办案组承办的案件,检察长经审核持不同意见的,可以指令独任检察官或检察官办案组的主任检察官作出决定,或者直接作出决定。我们认为,无论是经检察长还是检察官联席会议审核,如果检察长或检察官联席会议形成了不同于独任检察官或主任检察官的意见,则应当征求独任检察官或主任检察官的意见,如果独任检察官或主任检察官同意检察长或检察联席会议的意见,即可依此意见作出决定;如果独任检察官或主任检察官不同意检察长或检察官联席会议的意见,则说明案件可能属于疑难、复杂案件,应报检察长决定是否需要提交检委会讨论决定。据此建议规定:"检察长或检察官联席会议对独任检察官、检察官办案组承办案件进行审核,形成了不同于独任检察官、主任检察官的意见的,应当征求独任检察官或检察官办案组的意见,如果独任检察官或检察官办案组同意审核意见,可依此意见作出决定;如果独任检察官或检察官办案组不同意审核意见,应报检察长提交检察委员会讨论。"

(三)部门负责人与独任检察官或检察官办案组之间的权限配置

《意见稿》第36条规定了"人民检察院根据需要,可以设置反贪污贿赂、侦查监督、公诉、刑事执行检察、民事行政检察、控告申诉检察、法律政策研究、案件管理、未成年人检察等若干业务机构和其他综合管理机构。人民检察院内设机构名称为'部'、'局',或经最高人民检察院批准的其他名称"。但没有对部门负责人作出任何规定,也没有提及部门负责人与独任检察官或检察官办案组之间的权限配置问题。

从《意见稿》目前的规定来看,其显然不再赋予部门负责人以案件审核权等办案权力,这有利于检察工作的去行政化和扁平化运作,值得肯定。但是,各部门的行政管理工作总还是要有人来负责,我们可称之为"部门行政负责人",对于部门行政负责人的职权范围,组织法中还是应当有所规定,因此建议在第36条后增加规定:"人民检察院根据需要,可在各部门设行政负责人,负责本部门的行政事务。"

三、责任划分

检察官办案责任制改革的最终目标是要落实"谁办案,谁负责",但是,将所有案件都交由独任检察官或检察官办案组的主任检察官直接作出决定并对之负责,显然是不现实的,甚至是危险的。因此,在检察长或检察官联席会议对案件进行审核、检委会对案件进行讨论的情况下,就涉及责任划分的问题。人民检察院组织法也应当就此作出规定。责任划分与权限配置密切相关,因此,根据上文对检察官办案权限配置的分析,我们认为,应对相关的责任划分作如下规定:

其一,独任检察官承办的案件,独任检察官在职权范围内对办案事项作出决定的,由独任检察官承担责任;独任检察官意见经检察长或检察官联席会议审核通过的,由独任检察官与检察长或检察官联席会议中同意独任检察官意见的检察官共同承担责任;独任检察官意见经检委会讨论后通过的,由独任检察官和检委会中同意独任检察官意见的检察官共同承担责任；独任检察官意见经检委会讨论后被改变的，独任检察官对被改变部分不承担责任，检委会中同意改变部分的检察官对改变部分承担责任。如果检委会决定中的错误部分是由于独任检察官在汇报中故意或过失隐瞒事实、遗漏证据等原因造成的，则由独任检察官独自承担责任。

其二，检察官办案组承办的案件，主任检察官与组内其他检察官意见一致，在职权范围内对办案事项作出决定的，由主任检察官承担主要责任，其他检察官承担次要责任；主任检察官与组内其他检察官意见不一致时，案件需要审核或需要提交检委会讨论，其责任划分与上述独任检察官在所承办案件需要审核或需要提交检委会讨论的情况一致。

六、检察人员分类管理与职业保障

检察人员分类管理的实证考察
——基于对 7 省市 13 个检察院全体检察人员的调查

陈宝富　程金华　陈　鹤[*]

作为检察改革的重要内容，检察人员分类管理改革经历了十余年的探索与试点，[①] 其目的在于建立符合职业特点的司法人员管理制度，突出检察官的办案主体地位，健全有别于普通公务员的检察官专业职务序列。作为"顶层设计"的改革方案，分类管理方案的制定与落实，将会不可避免地受到作为利益直接相关方的检察人员的立场、态度的影响。基于此，本文通过实证调研与问卷调查相结合的方式，考察检察人员分类管理的现状及其所面临的困境，进而提出分类管理的框架性建议及完善进路。

一、检察人员分类管理制度运行的实践情况

（一）受访人员概况

1. 受访人员地区分布。本次调研选取的方式主要以问卷调查为主，以实地调研为辅。其中，实地调研的单位主要为在全国范围内检察人员分类管理试点改革中拥有较为丰富实践经验的人民检察院；问卷调查对象则为全国 7 省市 13 个地市级或者区县级检察院的全体检察人员，包括上海市的 3 个基层检察

---

[*] 作者简介：陈宝富，上海市浦东新区人民检察院原检察长；程金华，华东政法大学教授；陈鹤，上海市浦东新区人民检察院检察官助理。
本文系 2013 年度最高人民检察院理论研究重点课题《检察人员分类管理制度研究》（课题编号：GJ2013B13）的阶段研究成果。

[①] 检察人员分类管理制度的探索与试点，最早可以追溯至 1999 年最高人民检察院提出的《检察工作五年发展规划》。在此之后的《检察改革三年实施意见》（2000 年）、《检察人员分类改革框架方案》（2003 年）、《2004—2008 年全国检察人才队伍建设规划》（2004 年）、《2009—2012 年基层人民检察院建设规划》（2009 年）、《检察官职务序列设置暂行规定》（2011 年）以及《人民检察院工作人员分类管理制度改革意见》（2013 年）均在实现检察人员分类管理目标的基础上作出了相关规定。

院,浙江省1个基层检察院,广东省1个地市级检察院和1个基层检察院,安徽省1个地市级检察院和1个基层检察院,山东省1个地市级检察院和1个基层检察院,重庆市2个基层检察院和四川省1个地市级检察院。针对上述13家检察院检察人员的问卷调查,共收回问卷1748份,其中有效问卷1744份。具体分布见下表1:

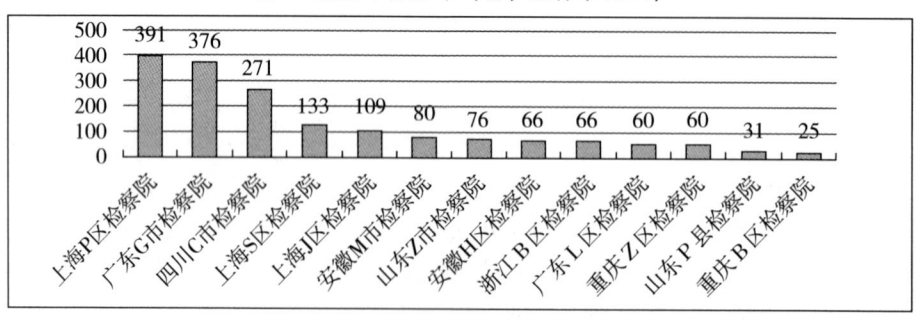

表1 受访单位分布(份,总样本1744)

单位	份数
上海P区检察院	391
广东G市检察院	376
四川C市检察院	271
上海S区检察院	133
上海J区检察院	109
安徽M市检察院	80
山东Z市检察院	76
安徽H区检察院	66
浙江B区检察院	66
广东L区检察院	60
重庆Z区检察院	60
山东P县检察院	31
重庆B区检察院	25

从调研范围分析,选取的调研单位辐射了东部、中部、西部三大区域,涉及面广泛;从调研层级考虑,选取的调研单位涵盖了基层、市级两级人民检察院(这归因于分类管理制度的实施主要集中于基层、市级两级人民检察院),其中受访的基层检察人员占53.96%(941人),市级检察人员则占46.04%(803人)。

2. 受访人员类别。根据司法人员分类管理制度规定,将人民检察院工作人员主要划分为三类,即检察官、检察辅助人员以及检察行政人员,以便形成专业化、科学化的队伍体系。从人员类别的比例分析,检察官类人员和检察辅助人员是整个检察队伍的前线实务人员,其比例愈高,则意味着检察人员分类管理愈加合理、科学,意味着检察职能发挥得愈加充分有效。通过对受访人员进行类别统计,发现检察行政人员和"其他人员"占了整个人数的29.46%。较高比例的检察行政人员和"其他人员"无疑是整个检察队伍冗杂化的表征,也是浪费司法资源的表现。

3. 受访人员受教育状况。检察工作的性质与特点,要求检察人员尤其是检察官和检察辅助人员必须具备较高的政治素质、职业道德素养以及专业化的法律知识,这是检察人员依法履行检察职责的基本条件。文化或专业素质状况(抑或教育状况)是直接影响检察人员依法正确履职的重要因素。较高的文化或专业素质有利于检察人员依法正确履行检察职责,从而能够以合法且合理的形式保障诉讼当事人、参与人的合法权益。

从受访人员的教育状况考察,大学本科(包括法学与非法学专业)以上学历占95.88%，这凸显出在国内法学教育的普及下，检察队伍的整体素质较以往已有了大幅度的提升。如表2所示，拥有法科学历的受访人员已达到70%以上，这对于深化检察人员分类管理改革而言具有一定的群众优势。如对于分类管理的理论依据及其所要达到的目标，以及分类管理对规范检察权行使等方面的理论分析与架构体系，这部分法科人员更易于认可并接受。

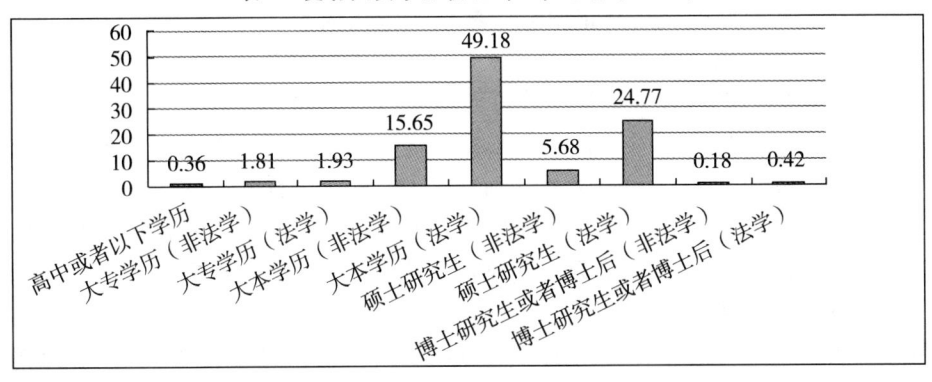

表2 受访人员学历状况（%，总样本1655）

学历	比例
高中或者以下学历	0.36
大专学历（非法学）	1.81
大专学历（法学）	1.93
大本学历（非法学）	15.65
大本学历（法学）	49.18
硕士研究生（非法学）	5.68
硕士研究生（法学）	24.77
博士研究生或者博士后（非法学）	0.18
博士研究生或者博士后（法学）	0.42

（二）问卷调查：受访人员对检察人员分类管理改革的认知

1. 对"检察人员"与"检察官"关系的认识。"检察人员"是一个界限相对模糊的概念。从狭义上讲，根据分类管理规定，检察人员主要包括检察官、检察辅助人员以及检察行政人员三类；从广义上讲，检察人员还包括人民检察院中的领导以及其他人员。而检察官的概念则是比较确定的，是指人民检察院中依法行使国家检察权的人员。

据调查统计，对于"检察人员"与"检察官"两者的关系，高达83%的受访人员能够明确区分"检察人员"与"检察官"两者的内涵，认为两者是不等同的；8.81%的受访人员则认为"检察人员"与"检察官"在范围上是等同的，两者只不过是称谓的变化；尚有8.19%的受访人员对于两者的关系则表态"不清楚"。数据表明，对于"检察人员"与"检察官"两者的关系，17%的受访人员在识别上是存在偏差的，其原因可以归结为：现行检察机制的管理沿用的是行政化的人事管理体制。即无论是检察办案工作，还是对检察官的管理，都是通过行政管理的手段和方法来实现，检察职务的提升取决于行政职级的提升，个人的政治、经济待遇都同本人的行政级别严格对应。①

---

① 参见张河洁：《检察官管理体制改革的理论与实践》，载《国家检察官学院学报》2005年第2期。

2. 对"检察人员分类管理改革"原因的认识。检察人员分类管理改革的实质在于按照各类检察人员的不同职责和工作性质,合理配置人力资源,优化人员结构,实现检察队伍科学分类与科学管理。因而,检察机关人员配置结构的不合理,司法资源的浪费,以及运作体制的低效率等成为了当下"检察人员分类管理改革"推行的原因所在。

据调查统计,受访人员在很大程度上认可了"检察人员分类管理改革"推行所带来的积极性,且其正面影响远大于负面因素。对于"检察人员分类管理改革"的原因,66.76%的受访人员认为改革可"提高检察机关的工作效率",65.10%的受访人员认为改革可"改善检察人员的工作待遇",57.89%的受访人员认为改革可"改善检察人员的整体社会声望以提高司法公信力",55.83%的受访人员认为改革可"增加检察人员的职级晋升渠道"。

3. 对本单位检察人员分类管理现状及改革阻力的看法。最高人民检察院自1999年首次提出检察人员分类管理设想以来,已进行多区域多层次的试点,十余年的探索为推动和深化新形势下的检察改革积累了经验,但先前改革中遇到的阻力却不容忽视,改革不前甚或倒退、试点流于形式、保守的人事体制等因素都制约了多年来的改革。在探讨检察人员分类管理现状是否合理的问题上,46.73%的受访人员认为本单位检察人员分类管理现状不合理,仅有11.86%的受访人员认为本单位的人员分类状况是合理的,另外41.41%的受访人员既不选择"不合理"也不选择"合理",对本单位人员分类管理的现状表示"不清楚"。

同时,有关分类管理改革的阻力问题,受访者认为它主要体现在对外部体制不配套、检察系统内部管理体制的约束、缺乏顶层设计、党政领导不够重视、改革方案不合理、检察人员的反对很大、时机不成熟等诸多因素。如表3所示,目前内、外部管理体制对于检察人员分类管理改革的制约最为严重,这一点获得了绝大部分检察人员的认可。因此,"去行政化"取向将会是实现检察权独立行使的重要路径。

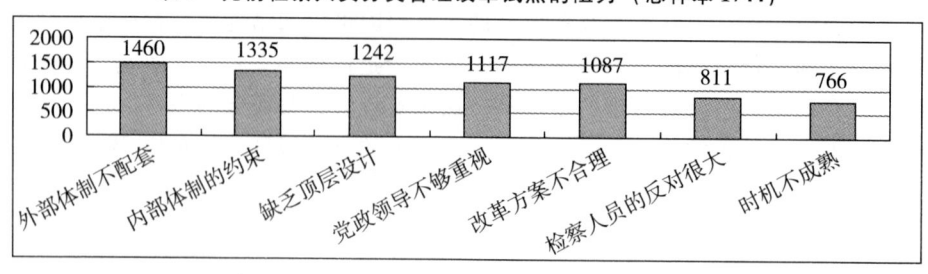

表3 先前检察人员分类管理改革试点的阻力(总样本1744)

外部体制不配套	内部体制的约束	缺乏顶层设计	党政领导不够重视	改革方案不合理	检察人员的反对很大	时机不成熟
1460	1335	1242	1117	1087	811	766

4. 对于检察人员晋升方式与职业化的认知。目前，检察人员的晋升主要依据《公务员法》和《检察官法》，根据分类管理改革的规定，检察人员分为检察官（检察业务人员）、检察辅助人员以及检察行政人员，那么其晋升方法也应当根据人员岗位进行专门化、职业化的区分。对此问题，74.16%的受访人员表示认同按照《检察官法》晋升的方式，相反仅有10.32%的受访人员仍依旧认同按照《公务员法》晋升的方式，而采取折中路线的则占15.51%。此外，检察行政人员的晋升应直接根据《公务员法》进行，而检察辅助人员的晋升则须根据具体的工作岗位、职责确定晋升的法律依据。

（三）实地调研：分类管理改革试点的实践概况

自 2002 年以来，重庆、山东、上海等地的区县级、地市级人民检察院作为最高人民检察院政治部推进全国检察人员分类管理改革的试点单位，进行了阶段性的有益探索。对此，本次实地调研选取拥有较为丰富改革试点实践经验的上海市 P 区、山东省 P 县以及重庆市 Z 区、B 区人民检察院作为研究对象。通过比较三个地区四家检察试点单位（见下表4）在分类管理改革领域的实践历程与经验，从而为新形势下检察人员分类管理制度"先试先行"埋下可行性基调。

表 4　沪渝鲁三地检察人员分类改革的试点对比

试点单位	上海市 P 区检察院	重庆市 B 区、Z 区检察院	山东省 P 县检察院
试点时间	2000 年	B 区于 2005 年 4 月开始试点；Z 区于 2002 年 4 月开始试点	2004 年 9 月
分类类别	五类：检察官、检察技术官、书记员、检察行政官、司法警察	三类：检察官、检察辅助人员（检察官助理、检察侦查官、检察技术官、司法警察）、检察行政人员	三类：检察官、检察事务官、检察行政官
各类别人员比例	检察官占 57%，检察技术人员占 5%，书记员占 16.9%，检察行政人员占 16.9%，司法警察占 4.2%	检察官占 30%，检察辅助人员占 45%～50%，检察行政官占 20%～25%（其中 B 区检察官占 26.8%，检察辅助人员占 51.2%，检察行政官占 22%）	检察官占 32.9%，检察事务官占 36%，检察行政占 31.1%
各类别人员管理	检察官、书记员取消行政职级，按等级制；其他三类实行行政职级制	检察官序列：按照《检察官法》的规定，实行等级制度；检察辅助人员序列：实行级别管理；检察行政人员序列：行政职级制	全部按照《国家公务员暂行条例》、《检察官法》、《检察人员分类改革框架方案》和相关政策并行管理

续表

试点单位	上海市 P 区检察院	重庆市 B 区、Z 区检察院	山东省 P 县检察院
各类别人员待遇	检察官享受上一级行政职级的待遇	检察官、检察辅助人员、检察行政人员的类别拉开 500 多元/300 多元/200 多元收入差距,2008 年取消了对检察官的津贴	检察官职位补助,高于标准参照检察官高于警察警衔 10%
机构设置变化	没变化	将原来十余个内设部门整合为 6 个,形成"三局两部一办"(职务犯罪侦查局、刑事检察局、诉讼监督局、政治部、检察事务部、检察长办公室),这是内部试点结构,区编委还是保持原来的十余个	将原来 21 个机构整合为 8 个,形成"三局三室、两部"(刑事检察局、职务犯罪侦查一局、职务犯罪侦查二局、控告申诉检察室、民事行政检察室、检察长办公室、政治部、总务部),均为正科级部门
目前状况	2011 年检察官不再按照检察官等级晋升,综合部门干警恢复了法律职务	Z 区:内设机构恢复原来设置,人员也恢复原来的管理方式;B 区:目前还是"三局两部一办"的机构格局,2010 年 7 月增设监察室,2011 年 5 月增设未成年人刑事检察局,人员管理遇到瓶颈	2009 年 6 月份,检察人员分类管理改革停滞下来

根据表 4 分析,沪渝鲁三地在检察人员分类改革试点实践领域均取得了一定的成效,主要表现为以下几个方面:

首先,检察官主体地位的突显。以检察官为主体的人事制度有效增强了检察官的职业荣誉感和认同感。检察人员分类管理体制最大限度地赋予检察官序列人员权力,保障检察官独立履行检察权,使其按照检察办案司法规律,领导检察官助理或者其他事务官工作,并对案件的事实和证据负责。

其次,检察院内设机构的精简。尽管上述各个院在机构整合方式上存在不同,但在检察人员分类改革试点后上述院的内设部门均有所减少,如山东省 P 县人民检察院的内设部门由原来的 21 个整合为 8 个,从而使机构设置体现检察事务和行政事务相分离的原则。

最后,检察办案效率的显著提高。以山东省 P 县人民检察院为例,在

2005年至2009年6月，共批准逮捕犯罪嫌疑人1445人，在受理案件数量增长53.7%的情况下，平均每3天办结一起案件；提起公诉1584人，在受理案件数量增长54.1%的情况下，平均办案天数缩短到14天，办案节奏明显加快；立案审查民行申诉案件205件，建议抗诉和建议提请抗诉82件，监督改判56件，办案效率相对于试点之前都有很大提高。

二、分类管理改革试点的实践检讨

尽管试点院在检察人员分类管理改革试点过程中取得诸多成效，但部分院依旧面临较多现实问题，最终导致人员分类管理方式的停滞不前甚或失效，如山东省P县、重庆市Z区人民检察院相继于2009年、2013年停止改革试点，上海市P区人民检察院也在改革过程中遭遇严峻挑战。总结起来，检察人员分类管理改革试点中遇到了以下几个方面的问题：

（一）干部管理和人事体制的制约

现阶段，检察机关系统内的人员晋升只能依照《公务员法》进行行政职级的晋升。从基层院实际情况分析，检察机关人员分类管理后内设机构的整合在一定程度上是对检察人员晋升空间的挤压。例如，在山东省P县人民检察院分类管理改革试点中，内设部门从原有的21个缩减为8个，造成科级单位的锐减，进而面临着中层正职职位数的大幅度缩减。后果则是，伴随着检察人员晋升空间的削减，检察官的职级待遇又无法得到解决，从而使得人员分类改革面对的压力不断加大。

（二）检察官的"权、责、利"未能做到有机统一

分类管理的实施，一方面将分管检察长的权限以"授权授责"等方式授予检察官，另一方面对检察官实行单独的薪酬待遇体系，从而实现了检察官对检察权的独立行使、对检察责任的独立承担以及有等级的薪酬待遇。然而，从试点院的实践看，重庆市Z区、B区，山东省P县人民检察院在改革试点初期，尚能够对检察官给予一定的津贴福利，但在实行"阳光工资"后，检察官的津贴福利受到大幅度削减，从而导致检察官工作积极性的降低，甚至出现部分年龄较大的检察官主动辞职到非检察官岗位工作的现象。

三、检察人员分类管理的基本架构与管理

（一）准确把握检察人员分类管理改革的指导思想

"建立符合职业特点的司法人员管理制度，健全法官、检察官、人民警察统一招录、有序交流、逐级遴选机制，完善司法人员分类管理制度，健全法

官、检察官、人民警察职业保障制度"是当前司法改革的一项重要任务。在指导思想层面,检察人员分类管理改革需要坚持以下几个方面:

1. 检察人员分类管理改革应当符合我国司法体制改革的基本方向。十八届三中全会提出了司法改革管理体制的基本观点,即推动省以下地方法院、检察院人财物统一管理,探索建立与行政区划适当分离的司法管辖制度,保证国家法律统一正确实施。从域外经验分析,建立区别于行政机关公务员的人事管理机制是较具借鉴性的人事制度,它赋予检察官独立的职务序列和薪酬体系,并根据不同的工作岗位、工作特性对其他检察人员实行分类管理;此外,检察机关及其检察人员具有较强的独立性,它表现在检察机关是脱离于地方政府而独立存在的,不受地方政府的任意干预,并且对检察人员的管理实行垂直化体系的运作。因此,提出建立省以下人财物统一管理的检察机关管理体制,是新形势下"去地方化"、"去行政化"司法改革理念的积极贯彻,也是充分保障检察机关公正执法、检察权独立行使的重要途径。

2. 检察人员分类管理改革应当使检察权的行使符合司法规律。检察权具有司法与行政双重属性,而其不同属性则应对应于检察机关不同的执法活动。从检察机关内部活动分析,职务犯罪侦查活动具有明显的行政色彩,而审查逮捕、审查起诉和抗诉活动等以适用法律为目的活动则具有鲜明的司法属性。面对检察一体化与检察独立的双重属性特征,检察人员分类管理改革的根本目的更多的是侧重司法独立的层面,确保检察机关独立行使检察权,保障检察官的独立性、中立性,使其执法办案只依照事实本身,而不受来自案件事实之外因素的干扰,以此提升检察办案的公正性以及司法公信力。

3. 检察人员分类管理改革应当遵循人力资源管理专业化、职业化的管理原则。长期以来,来自非检察人员岗位与检察人员岗位的人员共同竞争检察职称的现象较为普遍,这不仅导致检察官专业化水平难以提升,也引发了司法人才资源的不合理利用。对此,解决上述不合理的人事管理机制,建立以科学的序列管理为中心的人事制度势在必行,从而保证检察人员各司其职,在明确各自角色定位的基础上最大限度地提高专业技能与工作水平。因此,从人力资源管理角度分析,发挥检察人员效率最大化的重要途径在于实现人员的专业化和职业化,即在合理划分检察机关工作类别的基础上进行合理的人员配备,在保障检察人员各司其职的基础上,保证每个序列的人员平等地享有通畅的晋升渠道和足够的晋升空间,充分实现司法人力成本的合理使用。

4. 检察人员分类管理改革应当具有可操作性。改革应该在现行制度框架下进行,而不能脱离我国的基本国情。作为国家的法律监督机关,检察机关既要遵从党的领导,又要在宪法和国家制度的框架下进行改革。对此,检察人员

六、检察人员分类管理与职业保障

分类管理的改革应在以检察一体化为前提的基本检察体制下，充分保证检察机关依法独立执法、检察官依法独立办案。因此，我国检察人员分类管理的改革应当循序渐进，对目前检察机关不同岗位的工作人员进行合理梳理和归类，在减少改革阻力的同时保证改革的有效推进，切忌采取"一刀切"的方式。

（二）检察人员分类管理的基本架构与管理

改革试点经验的探索与域外检察人员分类管理实践对于建立检察人员分类管理体制具有积极的指导作用。具体操作中，可以将检察人员按照工作性质和工作特点分为三类：检察官、检察辅助人员（司法警察、书记员、检察技术人员）、检察行政人员。① 对这三类人员可以分别采取以下表5的管理方式：

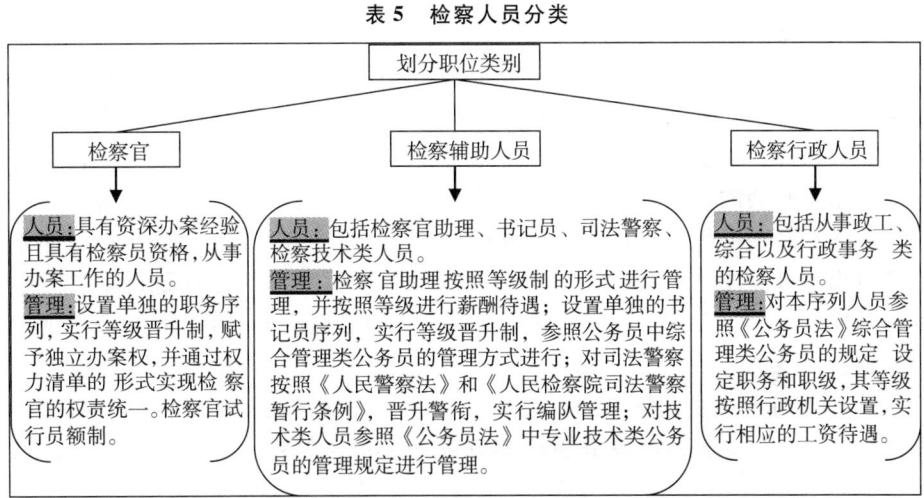

表5 检察人员分类

划分职位类别		
检察官	检察辅助人员	检察行政人员
人员：具有资深办案经验且具有检察员资格，从事办案工作的人员。**管理**：设置单独的职务序列，实行等级晋升制，赋予独立办案权，并通过权力清单的形式实现检察官的权责统一。检察官试行员额制。	**人员**：包括检察官助理、书记员、司法警察、检察技术类人员。**管理**：检察官助理按照等级制的形式进行管理，并按照等级进行薪酬待遇；设置单独的书记员序列，实行等级晋升制，参照公务员中综合管理类公务员的管理方式进行；对司法警察按照《人民警察法》和《人民检察院司法警察暂行条例》，晋升警衔，实行编队管理；对技术类人员参照《公务员法》中专业技术类公务员的管理规定进行管理。	**人员**：包括从事政工、综合以及行政事务类的检察人员。**管理**：对本序列人员参照《公务员法》综合管理类公务员的规定设定职务和职级，其等级按照行政机关设置，实行相应的工资待遇。

1. 检察官序列人员的管理。人员分类改革不仅应当明确各序列人员任职资格，还应当合理设置检察官的配比，控制检察官的职数，体现检察官的尊崇地位。② 建立统一司法考试、遴选、培训一体化制度，提升检察官任职条件。根据检察业务与检察行政事务相分离的原则，笔者认为，检察行政岗位上的人员原则上不应被任命为检察官。如果上述人员需转入检察官序列，则必须具备检察官的任职条件，并根据其从事检察业务的时间、经历、业绩等确认其检察官等级，而不能凭借其在检察行政岗位上的行政级别直接对应较高等级的检察

---

① 根据2013年中组部和高检联合发布的《人民检察院工作人员分类管理制度改革意见》，将人民检察院工作人员划分为检察官、检察辅助人员、司法行政人员。

② 上海市的试点方案中，检察官、检察辅助人员、检察行政人员的比例设定为33%、52%、15%。

官序列。反之，如果检察官因岗位调整被任命到检察行政岗位上，其检察官等级及其相应的待遇在其担任检察行政人员期间则不再享有。此外，在检察官序列队伍完善方面，应该健全检察官的交流机制。建立横向、纵向和外部交流机制，实行逐级遴选制度，引入竞争机制打通外部优秀人才进入检察官队伍的通道，从社会上具备法律职业资格、法律工作从业经历的法官、律师、专家学者等人员中择优选拔检察官。

在职业保障方面，需设立单独的检察官职务序列和薪酬体系。建立检察官等级的单独序列取消行政级别，并建立与检察官等级配套的薪酬体系，检察官的薪酬应当实行比同等公务员高一等级的薪酬。首先是检察官的身份保障，适当延长检察官的退休年龄。对于从事检察业务工作 20 年以上且身体健康的检察官，可以建议至 65 周岁实行退休。此外，建立司法官管理委员会，由检察院、法院、组织部门、人大、律师团体及其他社会团体成员组成，负责对包括检察官在内的司法官的弹劾、撤职、调离或令其提前退休的审查。其次是检察官的职位保障，赋予检察官一定程度的司法豁免权。以日本为例，日本检察官除受合格审查会的审查免官或因检察厅废止等成为冗员外，在任职期间无失官、停职和减薪的担忧，甚至部分国家如德国的检察官采用的是终身制，即非法定事由不被免职。对于我国而言，现阶段实行检察官的终身制是非常困难的，但赋予检察官在一定程度上的司法豁免权即非经法定事由不被免职的情形还是值得考虑的。

2. 检察辅助人员的管理。检察辅助人员是检察机关辅助于检察官执法办案的工作人员，它具体可以分为检察官助理、司法警察、书记员、检察技术人员。

（1）对检察官助理的管理，应当按照等级制形式进行，并以此进行薪酬待遇的分配。检察官助理享有部分办案权，其处理的检察案件须得到主任检察官（未实行主任检察官的单位由主诉、主办检察官代替）的审核并同意。作为检察官序列人员的后备人选，检察官助理应当具有专业的法律能力，应由省级院统一招录。

（2）对司法警察的管理，应当根据《人民检察院司法警察条例》进行，并参照人民警察的待遇和警衔晋升方式予以晋升警衔。在招录和培训方面，由省级院对其统一进行。

（3）对书记员的管理，应当建立单独的书记员序列，实行定向招录和终身制，并参照《公务员法》中综合管理类公务员进行等级制管理。在设置书记员单独序列的情况下，书记员应由省级院统一进行招录和分配。其中，对于书记员的招录，除了通过公务员考试进行外，还可以借鉴法院书记员的招聘方式，实行聘任制等多种方式进行招录。

（4）对检察技术人员的管理，与其他检察辅助人员的要求较不同。虽由省级院统一招录，但不需要具备检察官的任职要求，只需其具备较高的专业技术能力，其职务层级和福利待遇参照《公务员法》中专业技术类公务员的方式进行配备。从范围上讲，检察技术人员主要是指检察机关从事文件、证物的审查、检验及鉴定等刑事鉴定工作的人员，而不包含检察机关从事计算机维护、网络维护等方面工作的人员。此外，检察技术部门只需在省级院设置，省以下则没必要设置。

3. 检察行政人员的管理。检察行政人员的选任应当坚持定向招录的原则，以保持队伍的稳定性。非领导岗位的检察行政人员由省级检察机关统一招录，可以由省级检察院会同省级公务员招录部门进行，也可以委托省级公务员招录部门进行统一招录，并给予相应的经济待遇。

检察人员分类管理制度的现实考察与路径探析

——以《人民检察院组织法》修改为基点

杨 安 林晓萌[*]

2013年3月1日,中共中央组织部、最高人民检察院联合下发了《关于印发〈人民检察院工作人员分类管理制度改革意见〉的通知》,《检察人员分类管理制度改革意见》(以下简称《意见》)正式出台。《意见》中对检察人员分类管理制度的主要任务等内容做出详细的规定,对强化检察官职业保障、激发检察人员内在活力具有积极的推进作用。但是分类管理制度的改革是一项牵一发而动全身的系统工程,人事管理的变动涉及机构设置、办案机制、检务保障等诸多方面的问题,必须从宏观上统一筹划布置,做好各项机制间的紧密衔接和协调推进,才能保障改革的进一步深化。检察院组织法是检察领域的大宪章,是构建我国检察制度的法律基础。以检察院组织法修改为契机、结合党的十八届三中全会的新要求,高屋建瓴地对检察改革作出原则性规定,对推进检察人员分类管理的深入实施,突出检察官职业特性,加强检察官队伍建设具有重要深远的意义。

一、价值反思:分类管理制度的必要性证成

《意见》中对检察人员实行分类管理的规定,是在充分的理论论证与稳妥的试点改革基础之上提出的。最高人民检察院自2003年、2004年起分别在山东、重庆等省市的部分地区检察院实施了检察人员分类管理的改革试点,而近几年理论界对分类管理的方式与途径亦进行了诸多论证。虽然改革的过程艰辛复杂,不可能一蹴而就,但是《意见》的出台表明了检察机关和干部管理机

---

[*] 作者简介:杨安,天津市北辰区人民检察院副检察长;林晓萌,天津市人民检察院助理检察员。

关在分类管理上达成的共识和进行分类管理的决心①,是推行检察人员分类管理的破发之举。检察人员分类管理是实现检察官人事管理职业化的理想载体,是检察工作和检察制度发展到一定阶段的客观要求。

(一) 科学分工的制度回应

根据管理学上的社会分工理论,由于组织内部存在不同分工,要做到人力资源的合理配置,就需要对组织中的成员根据其职位进行合理分类,通过明确各职位的职责、建立完善的管理制度,使各个成员围绕职责而展开具体行为,实现组织的管理目标。换言之,即对组织成员应当进行分类管理。

《意见》出台前,对检察机关工作人员的管理主要是参照公务员的管理方式实行行政化管理。《检察官法》将检察官的等级分为四等十二级,将检察人员的职级与普通公务员作了区分,但法律职级并不直接与待遇等工作人员关注的问题挂钩,其在司法机关的影响力和受关注度远逊于行政职级,基本处于"空中楼阁"的尴尬状态。这种行政职级制和法律职级制的混合体的检察人事管理制度不利于检察权的有效行使。从规范的角度看,检察院作为司法机关,其内部分工应当以有效行使检察权为目标,围绕检察权的优化配置进行。而现行体制下哪些工作属于行使国家检察权的事项、应由检察官承担,缺乏明确界定。检察机关各类工作岗位的职责亦缺乏明确统一的规定,主要由各地检察院自行制定。对检察人员实行分类管理,是以检察权的行使为核心,顺应了检察权运行的脉络,对于检察机关实现科学分工、推进检察权有效行使具有重要意义。

(二) 去行政化的价值坚守

新时期的检察改革应当在健全检察权依法独立行使的体制机制、确保检察权的实践运行体现司法属性、使检察人员的管理更加适应司法官的要求等问题上下功夫。② 要体现检察院的司法属性,必须从人员管理和机构设置上去行政化,凸显检察官作为司法官的主体地位。

检察活动不同于一般行政行为,涉及案件事实认定、证据采信等处理案件的具体问题时,必须符合亲历性规律。尤其是在处理个案时,具体承办案件的检察人员应当掌握对案件处理的话语权。最高人民检察院日前印发《检察官办案责任制试点改革方案》,试点开展检察官办案责任制,正是体现了对这一理念的肯定与践行。要实现这种理想状态,必须首先从管理上去行政化。分类

---

① 参见向泽远:《新时期检察改革的进路》,载《中国法学》2013 年第 5 期。
② 参见向泽远:《新时期检察改革的进路》,载《中国法学》2013 年第 5 期。

管理制度围绕检察权的运行将检察人员分为三类,这种分类标准本身即体现了对检察权运行规律的重视与尊重。在此基础上进行配套制度改革,使整个检察机关的管理体制与检察院的司法官属性相适应,从而摆脱普通的行政管理模式。

(三) 分类发展的机制补强

根据《意见》的规定,人民检察院工作人员划分为检察官、检察辅助人员、司法行政人员。以此为基础实施相关的配套措施,按照不同类别制定符合各自职业特点的考核、晋升、奖惩等管理办法,有助于激发检察机关工作人员对本职工作的责任心和进取心。

一方面,对检察官而言,明确其司法官的核心地位,逐步建立与法律职级挂钩的工资、福利制度,有助于激发其工作热情。以基层检察院为例,在行政职级主导的检察人事管理制度下,与工资福利直接挂钩的是行政职级而非法律职级,行政职级的晋升空间与数量都有限,大量优秀的检察业务精英因为编制限制难以获得晋升机会,与之相对应的工资、福利也难以得到改善,与检察人员司法官的属性不相符。

另一方面,对于检察辅助人员和司法行政人员而言,过往机制中所有检察人员职务晋升都在一个序列中排队。书记员和司法警察把自己的本职工作视为一种过渡,其晋升目标是检察官,而检察官的晋升目标就是担任一定的领导职务。这种价值取向直接导致了检察官数量的膨胀。诸如法医、文字痕迹、检察技术等领域的业务精英,因为考核评价晋升体系的不健全、与自身业务领域挂钩的考核机制缺位,难以获得更好的发展机会。分类管理后为检察辅助人员和司法行政人员制定相应的考核评价、提拔晋升体制,使其职业前景更为明朗,如不从事检察业务的技术人员,在职系内可以晋升到与检察长或者副检察长相对等的职级(如副总工程师),享受与之对应的薪酬报酬等,从而有利于激发其工作积极性。

二、制度拷问:检察人员分类管理的困境探析

推进分类管理改革是一项漫长艰辛的工作,目前来看,要将改革深化拓展,必须对改革面临的困难有准确分析和清晰认识。

(一) 内核症结难解:去行政化改革举步维艰

目前检察机关的行政化色彩主要体现在内外两个方面。外部方面表现在检察机关与行政机关的关系上,目前检察机关的人事、财政权掌握在地方党委手中,人事调配与财政事务方面与行政机关几乎无异;内部方面主要表现在检察

事务与行政事务的混同管理。

单就检察机关内部管理而言，就目前来看，管理模式中传统的行政色彩依然浓厚。在行政式管理模式下，检察组织结构的改革还停留在增加内设机构的层面。[①] 且改革过程中机构设置的标准没有明确，机构设置与检察权内部配置的逻辑关系尚未理顺，职权界限不明确、职能交叉的现象仍然屡见不鲜。检察机关内部组织单元即为适例。在法院中，业务部门按照审判庭进行划分，负责人为庭长，抛开具体的管理模式不论，这种设置从形式上是围绕审判权的划分展开的。反观检察院内部，公诉、侦查监督等业务部门，名称上与行政事务部门没有区别，称处室、科室，业务处室负责人厅长、处长、科长的称谓与行政机关一致。

对检察人员分类管理的理想模式应当是检察官为行使检察权的主体、围绕检察权配置的背景下运行的，而目前的机构设置模式下，逐层汇报、层层审批过程中难免"定而不审，审而不定"的尴尬局面。承办人员对案件处理的话语权难以得到保障，检察官的主体地位得不到体现，背离了分类管理改革的逻辑起点和内在精神，更不利于改革的深化和推进。

此外，分类管理的深化必将牵涉内设机构的调整重组，我国四级检察机关上下级间属于领导关系，在内设机构的改革中还存在上下级间的协调问题。分类管理、部门整合后，与上级院的部门设置如何实现对应，工作运行模式、工作运行机制、考核机制等如何对接，都是需要研究与考量的实际问题。

（二）配套机制阙如：检务保障机制尚未跟进

分类管理改革是一个体系性工程，需要相关协调机制协同并进，如果相配套的保障机制落实不到位，难以真正实现"责、权、利"的统一。建立各类人员相对独立的管理序列，起码要解决考核评价体系、晋升通道和待遇落实问题。

考核评价体系方面，目前量化的考核体系尚未建立，考核结果的实际应用不够。笔者认为，理想的考核体系应当具有区分性、量化性、制约性。首先，检察官、检察辅助人员、司法行政人员应当有不同的业务考核体系。其次，在考核过程中，应当通过职位说明书等方式将考核量化。最后，考核得来的数据应当与奖惩、晋升等各项工作挂钩，作为其依据或者重要参考内容，考核的作用才能真正发挥。目前来看，由于分类管理条件下的考核评价机制尚未成型，

[①] 参见王正海、张晓：《检察人员分类管理改革之思考与建议》，载《人民检察》2007年第20期。

内部管理机制和工作运行机制比较脆弱,发挥作用的空间需要进一步扩大。

晋升通道方面,在按照分类管理的要求将检察人员分为三类之后,应当有计划地制定可操作性强的具体标准。一方面确定各类人员内部的职级、职等及晋升方式;另一方面规定不同类工作人员之间的转化条件,如检察辅助人员在符合一定条件时可以转化为检察官身份。这对于解决各类人员均通过行政职级一个通道晋升的问题有积极的意义。

待遇落实方面,与分类管理制度相衔接的工资、福利体系尚未建立。根据经济学上的理性经济人理论,趋利避害、追求利益最大化是每一个体的本能选择。工资、待遇是最有效的激励机制,直接关系着工作人员的工作热情与积极性。分类管理的改革过程中如果不辅以待遇落实的改革,则如同空中楼阁,缺乏强有力的基建支撑。目前检察人员的待遇仍然与行政职级和级别挂钩,造成干警并不关心自己在分类中内部职级、职等,而更愿意看到行政级别和经济待遇的提升。

(三)区分功能稀释:具体操作标准依然缺位

根据《意见》的规定,"最高人民检察院、省级人民检察院、地市级人民检察院、县级人民检察院检察官和检察辅助人员两类人员在人民检察院的中央政法专项编制中所占员额比例分别为70%、75%、80%、85%左右,司法行政人员所占员额比例分别为30%、25%、20%、15%左右。其中,检察官、检察辅助人员分别在各级人民检察院的中央政法专项编制中所占员额比例,由最高人民检察院商有关部门另行规定。"推行分类管理必然对检察院人员身份进行分类界定,其中涉及利益的重新调整,如果处理不当,极易产生矛盾,给改革造成阻力。目前分类管理改革尚未形成具体可行的分类标准与实施细则,具言之:

一是缺乏统一分类标准。《意见》中明确了检察官、检察辅助人员、司法行政人员的含义和职责,但并未设置明确的区分标准。实践中不同地区和级别的检察院由于职位设置、职权划分、人员素质、编制数量等方面的差异,既有的检察人员结构、比例各不相同,很难确定统一的分类标准,但是根据各自情况分别确定不同标准又可能产生不同院间情况相似人员差别对待的情况,这是进一步推进改革过程中必须协调好的一个矛盾。

二是缺乏充分深入调研。无论采取何种标准,职位分类管理首要步骤都对现有职位进行充分调研。通过对每个职位开展以职位调查、职位分析、职位评价、职系区分、职级区分、职级列等和职位归级等位为主要内容的调查和分析,对每一职组、职系、职级等制定详细的划分标准和规范,以此作为分类的基础和依据。调研分析需要人力、财力各方面的支撑,受多方面的限制,很难在现实中得以贯彻。为了适应改革要求，单位倾向于将工作重心放在形式方面"分得开"上，而无暇考虑充分调研、分得合理的问题。以分类改革试点单位渝中区人民检察院为例，该院收集的分类改革调查问卷数据显示，80%的检察人员对自己从事岗位的职业属性存在认识模糊，并不认为改革后事务官、行政人员与改革前存在很大区别。[①] 由此可见，分类改革要起到明确的区分作用，必须以为充分的调研为前提。

三、善治重构：以组织法修改为依托的制度优化设想

检察人员分类管理的改革是一项牵一发而动全身的系统工程，改革涉及检察体制与检察机制的重组配置，需要检察机关以外的国家人事部门、财政部门的鼎力支持，但改革复杂性不能成为改革停滞不前的理由，改革复杂更要求善于抓住机遇实现跨越性发展。

目前我国检察改革已进入攻坚阶段，机制改革相对较为深透，体制革新尚处于初级阶段，机制改革倒逼下的体制改革势在必行。检察组织法的修改正是对目前情形的立法回应。抓住检察组织法修改这一机遇，从宏观角度调配各项检察机制，使之形成互利的良性互动，正是分类管理改革攻坚破难的关键所在。下面笔者主要结合检察组织法的修改，探讨推进分类管理改革的建构意见。

（一）理顺检察权配置及运行的逻辑思路

从法律框架来看，现行检察院组织法分为三章，分别是：总则、人民检察院行使职权的程序、人民检察院的机构设置和人员的任免。第三章中只是简单规定了各类检察人员的产生方式，对于检察职权在检察机关内部的配置却只字未提。检察权在检察院内部的具体配置与现实检察机关管理组织制度密切相关，有必要在修改检察院组织法时予以明确规定。

具体而言，可以在体例上对检察院组织法进行修正。首先，修改现有《人民检察院组织法》第27条的规定，明确将检察官、检察辅助人员、司法行政人员的分类写入组织法，并规定对三类人员进行分类管理；其次，专门设置章节规定人民检察院的编制、机构、人员管理的相关制度，在该章节中通过对内设机构的规定明晰检察权的具体分配。这样以基本法的形式确定检察权的具体配置及检察人员分类管理体制，对于深化检察人员分类管理改革具有指导

---

① 参见南东方等：《检察人员分类管理改革及其工作运行机制研究》，载《第四届国家高级检察官论坛论文集》。

性和先决性意义。

（二）明晰办案机制中检察官的主导地位

分类管理的核心是要突出检察官在检察工作中的主体地位，凸显检察机关作为司法官署的社会形象。①

笔者认为，分类管理模式下检察官的主体地位，应当从宏观和微观两个层面理解。宏观层面讲，检察官作为一个整体在整个检察权的配置及检察活动运作过程中应该居于主导、核心地位。微观层面讲，在对案件的处理过程中，基于检察活动"亲历性、直接性、独立性"的司法特征，承办人对于案件的处理具有主导性话语权。

确立检察官在检察活动中的主体地位，需要有立法的支持。在检察官法中，检察官是一个集体概念，泛指检察机关内部的工作人员，而非职务设置意义上的检察官，检察官作为司法官的属性没有凸显出来。检察官，是检察权运行的基本组织形式和组织单元。

检察院组织法与检察官法存在内在的统一关系，对检察院组织法的修改完善过程中必须协调好与检察官法的关系。从这一角度出发，在修改检察院组织法时，可以在活动原则部分将检察官的主体地位进行盖然性规定，同时明确对检察官为主体的检察办案机制予以规定。

（三）规划顺应检察改革方向的机构设置

对内设机构的构建重组首先要以检察权的运行为出发点，明晰内设机构的改革方向。笔者认为，按照检察权运转的基本规律，内设机构的设置应当是以检察官独立行使检察权为逻辑起点的。在检察权的理想运行模式下，就行使检察权而言，检察机关首先不是由行政化管理意义上的内设机构组成的，而是由一定数量的检察官组成的，因为检察权的运行在微观上表现为检察官为主导的单元行使检察权的行为。由此可知，检察官是检察权能分解的具体承担者，检察官职位是检察权运行的基本组织形式和单元，是检察机关组织体系中的规模最小的、数量最多的基础性机构。而在行政机关，行政权力职能分解的具体承担部门是内设机构。

检察机关与行政机关的职能分解单元不同，决定了检察机关内设机构的设置与行政机关的内设机构设置存在区分。行政机关的合理管理模式应当是"金字塔形"的，而检察机关的合理管理模式应当是"蜂巢形"的。因此，分类管理制度下内设机构的设置应当理顺与检察官主导地位的逻辑关系。

---

① 参见向泽远：《新时期检察改革的进路》，载《中国法学》2013年第5期。

具体到检察院组织法的修改上，可以对现有业务工作机构的设置及职能进行相应调整，以解决业务工作机构与检察权运行的协调问题。一是精简内设机构。分类管理后逐步落实检察官独立的职业晋升通道，可以有效遏制为解决职级待遇而设置机构部门的现象，为精简机构创造了有利条件。[1] 检察院组织法修改时可以将精简机构作为原则性规定予以明确。二是按照检察权运行规律重新设置内设机构。目前关于检察院内设机构的改革存在诸多理论研究，司法界也进行了许多有益探索。笔者认为，在条件成熟的前提下，可以将有益的成果吸收入法，以便抓住检察院组织法修改这一机遇，对内设机构的改革进行阶段性巩固，并提供强劲的法律助推力。如基层检察院业务部门"三局一办"（刑事检察局、诉讼监督局、职务犯罪侦查局、检察长办公室）的设置等可以在立法中进行规定。刑事检察局负责行使公诉、侦查监督业务职能；诉讼监督局负责控告申诉、民事行政诉讼监督、刑罚执行等工作；职务犯罪侦查局负责反贪污贿赂和反渎职侵权工作。考虑到侦查职能的特殊性，可以在该局实行检察官兼行政领导的机制，把履行侦查权与组织领导侦查办案相结合。检察长办公室作为专门的案件管理督察部门，通过对检察权进行监督保证办案质量。

（四）完善权责利相统一的配套机制

在检察队伍专业化建设进程中，在对检察队伍各方面作出严格要求的同时，还应从制度层面加强对检察职业的保障，以使检察官能够获得良好的政治待遇和经济待遇。[2]

要实现分类管理改革的制度目标，需要将各项配套机制落到实处。完善权责利相统一的配套机制，必须解决考核评价体系、晋升通道、待遇落实和权力监督的问题。通过修改检察院组织法，推进上述机制的完善：

首先，调整检察官职级制度的内容，建立独立的检察官职级制度。鉴于现行检察官职级制度的诸多弊端，顺应司法机关去行政化的形势，在修改检察院组织法时可以考虑建立独立的检察官业务职级，以取代现行的检察官行政职级。为保证平稳过渡，可以保留现有的局长、处长、科长等检察官职务名称不变，但上述职务和行政职务脱钩。

其次，建立健全工作业绩为导向的考核评价、晋升、待遇体系。这是落实分类管理的基础条件，也是凸显检察官在检察机关核心地位的物质基础。在分

---

[1] 参见南东方等：《检察人员分类管理改革及其工作运行机制研究》，载《第四届国家高级检察官论坛论文集》。

[2] 参见张剑斌、章其彦：《检察队伍专业化建设的路径》，载《人民检察》2012年第22期。

类管理的基础之上,应当落实以分类为基础、配套衔接的考核评价机制,将考核结果作为检察官职级晋升重要参考指标,改变行政职级与待遇挂钩的现有模式,让待遇水平与法律职级直接挂钩,形成分类管理和保障机制的良性互动。

最后,将完善检察权运行监督的有益成果吸收入法,做到自我约束与外部监督并行。一方面,写入对检察权进行内部监督的内容。通过案件管理部门履行案件管理督查职责,强化对执法办案的内部监督。另一方面,将人民监督员的有益实践成果吸收入法。2010年10月起,人民监督员制度在全国检察机关全面推行,表现了这一制度的日臻完善。在修改检察院组织法时,有必要对人民监督员的内容加以明确规定,通过法制化路径保证这项制度功能作用的有效发挥。

浅析检察官职业保障和人员分类管理制度

杨文萍[*]

《中共中央关于全面深化改革若干重大问题的决定》对深化司法体制改革作出了全面部署后,完善司法人员分类管理制度,健全检察官、职业保障制度,成为检察机关当前改革的主要方向。二者作为司法改革的重点也成为当前改革的热点,与每名检察干警的前途和福利待遇息息相关,笔者发表如下几点意见与大家共同探讨,共同商榷。

一、当前基层检察机关检察人员分类管理和职业保障制度中存在的问题

(一)当前在一些基层院还存在人员机构配备比例不尽合理的情况

一些检察机关一定程度上存在办案业务人员少,综合后勤保障部门人员多的情况,实践中会造成在人员分类管理过程中,按照既定的检察官、检察辅助人员,行政管理人员这三大类人员相关岗位职数配备比例可能出现不合理的情况,即业务人员比例不够,检察辅助人员或行政管理人员比例过多。

(二)有些基层院人员结构和年龄结构不尽合理

长期存在案多人少,尤其是一线办案人员少,忙闲不均等情况,具有检察官资格的年轻人相对比较少,有部分检察人员年龄偏大、因离岗或不在一线办案。有些具有办案资格的检察官因为本单位整体大局工作的需要,可能从事的是综合业务,如政工、办公室等部门。实行分类管理以后,检察官的数量必将大幅减少,这部分具有检察官资格却因工作大局的需要不在业务部门工作的人员将有可能被确定检察辅助或行政人员,这势必会影响这部分人的职业归属

---

[*] 作者简介:杨文萍,河北省定州市人民检察院检察长。

感，因此容易产生思想上的波动。

（三）地域差异导致基层检察官招录出现困难

大批高素质检察人才往往愿意去经济发达地区，而偏远或经济落后县检察院招录检察官出现报名人数不足现象，久而久之形成检察官队伍年龄逐步老化且整体素质不高的局面。

（四）检察人员身份保障问题

目前，我国还未建立真正意义上的检察官身份保障制度，在许多情况下，还面临着失去检察官身份的风险。检察官在依法行使职权的时候，有的地方党委政府出于保护当地经济发展考虑，对检察官办案进行干涉阻挠，致使检察权难以正常发挥作用。我国宪法和法律规定，检察机关实行上级检察机关和同级党委双重领导体制，但是由于立法配套规定的缺陷，检察机关宪法上的相对独立性在人事、财力保障不充分，甚至有的基层院出现检察权地方化的趋势。

（五）经济保障落实不到位问题

在我国，检察官属于司法类公务员，其工资、待遇低于公安、工商、税务等行政执法机关的公务员，与检察官职业资格的高要求形成了鲜明的对比。从优待检落不到实处，检察人员的福利待遇偏低偏少，因财政原因，检察官等级津贴过低，且在执行过程中仍是困难重重，即使落实也不能同警衔一样固定到基本工资中，随着检察官身份的免除而取消，在检察机关内部，检察官待遇甚至低于处于辅助地位的司法警察。

同时，检察官的政治、福利待遇偏低，职业保障不到位的问题，很大程度上影响了检察人员的发展和进步，致使许多优秀人才不愿选择检察官职业，基层检察官后继乏人的问题愈发突出，制约了检察官队伍整体素质的提升。基层检察干警工作在最底层，内外交流机会少，导致干部职级偏低，这些都会影响部分干警的积极性，导致基层检察院优秀人才流失现象严重。

二、人员分类是基础，合理分类，是完善检察官职业保障制度的前提

（一）检察人员分类的目标和意义

检察人员分类管理的目标，是通过科学划分检察人员类别，合理设置员额比例，建立健全各类检察人员职务序列，构建符合干部人事管理规律、符合司法运行规律、符合检察工作需要的各类检察人员分类管理制度，形成各归其类、各司其职、各展其才、各得其所的中国特色检察人员职业发展通道，推进检察队伍专业化、职业化建设，为依法独立公正行使检察权提供坚实的人才和

队伍支撑。毫无疑问，在不进行分类的前提下，普遍将所有检察干警的保障标准提升至较高的水平是不现实的，即便能够实现，也不会从根本上提升检察官的职业荣誉感。基于此，设定合理的检察人员员额分配机制，不仅关乎检察资源的优化配置，更涉及检察人员的工作积极性维护以及职业尊严的巩固。科学的人员分类管理，有利于破解实践中案多人少与忙闲不均现象并存的结构性矛盾，突出专业等级的核心价值，把检察官从非业务事项中解脱出来。

（二）人员分类应遵循的原则

现有人员分为检察官、辅助人员、行政管理人员三类已成为共识，检察机关推进检察人员分类管理改革，应当首先通过认真分析检察人员类别，对现有各种身份人员（如公务员、机关工勤、事业人员）进行界定，尽可能地在现行法律法规框架内推进人员的分类管理，对身份明确（如有公务员身份的检察官、司法警察）的先行分类，对法律法规确无规定或规定不明的检察人员再行进行人员分类管理改革。保证依法稳步推进，避免出现不稳定因素，影响检察工作的正常开展，顺利推进检察人员分类管理改革。笔者认为检察人员分类应遵循以下几个原则：一是充分尊重个人意愿。由个人自愿申请采取竞争上岗的方式开展，同时由检察官遴选委员会结合个人的德、能、勤、绩、廉确定人选。二是设定岗位条件。具有检察官资格，符合《检察官法》的任职条件，同时从事一线检察工作3年以上，具有一定的工作实绩，连续3年年度考核称职以上。三是在总比例数范围内设定一线检察官所占比例。在现行政策下，正、副检察长，专职检委，检委会委员，检察员，助检员均为检察官序列，在这当中院领导和部门负责人占有相当比例，这部分人当中相当比例没有参与办理具体案件，大量的具体案件和业务是由没有任何行政职务的检察员承办的，这些人员才是检察业务工作的主要承担者，要保证这些人员能够进入员额内，否则改革的效果将会大打折扣。四是采取"新人新办法，老人老办法"的方式，设定一定年限过渡期，对没有进入检察官序列的人员逐年消化，特别是对在综合部门工作多年具有检察官身份的人员合理安排，为他们多提供一些政策倾斜，依个人意愿为他们转换工作岗位。

（三）建立检察官、辅助人员及行政人员晋升制度和福利保险制度

一是检察官与行政职级彻底脱钩，将检察官等级制度落到实处，检察官的工资福利由检察官等级的晋升而晋升。二是检察官的工资及福利与辅助人员和行政人员拉开一定差距，前期时差距不可过于悬殊，在一定年限内逐步提高。辅助人员和行政人员的工资及福利可采取增加津贴补贴的方式适当高于当地其他党政机关单位人员。三是畅通人员交流晋升渠道。建立相关制度实现检察系

统之间（上下级院、其他兄弟院）、业务部门与综合部门之间（如辅助人员及行政人员符合检察官条件的可遴选为检察官）、检察机关与当地党政机关之间的交流，对于党政机关进入检察机关工作的人员，要严格依照《检察官法》规定的要求把关。此外，辅助人员及行政人员的管理，建议按照检察工作实际设置专门技术岗位或专业技术职称的方式进行。以保证辅助人员及行政人员提级晋升空间，调动工作积极性，留住人才，稳定队伍特别是不可缺少的专业技术人才，如计算机网络、司法鉴定人员。

三、职业保障是保证，健全制度，是检察官依法履职，提升职业荣誉感的基础

目前，随着经济社会的快速发展和体制改革的不断深入，社会公众对于公平正义的渴望和依法治国的新要求给检察机关提出了新任务和新要求，使检察机关的工作量日益加大，但检察人员增加的速度却远远低于检察工作量的上升速度，一线检察人员经常加班加点，超负荷工作。在基层院检察官工资待遇差、职级晋升难、社会地位不高等问题依然十分突出。同时检察官的人均工作量呈现不断上升趋势，且背负的工作压力也越来越大，特别是一线办案部门尤其突出，而超负荷的工作量却与检察官的职级、工资福利不相匹配。在基层，特别是经济欠发达地区，有学历、有能力、有潜力、有思想的检察干警要么选择调离检察机关，要么选择想办法遴选到经济发达的地区检察院，或者辞职，不少基层院都面临人才外流、年轻干警数量不足的尴尬局面。甚至于在公务员招录时个别院没人报名。检察官职业保障制度关乎每一位检察干警的切身利益，也是检察干警依法履职，提升荣誉感的基础。

（一）完善检察官的职权保障制度

检察官的职权是法律赋予检察机关职权的再分配，基于检察官职务而产生，是检察官处理职责范围内的事务的支配力。根据规定，检察官的职权保障包括两个方面：一是履行检察官职责应具备的职权和工作条件。检察官拥有检察职权不仅是其履行法律监督职责的必要条件，而且是检察机关依法独立公正地行使检察权的基本保障。国家赋予检察官职权的同时，应当为检察官行使职权提供必要的工作条件，包括办公场所、技术装备、交通通信工具、服装及办公用品等。同时，为确保检察官把主要精力用在把握案件事实、分析案件证据、研究法律适用上，办案中的事务工作，如记录、通知、复印等应由检察官之外的辅助人员专司其职，检察官应当具有一定数量的助手。二是检察官履行职责应保持对外独立性。根据《检察官法》规定，检察官依法履行检察职责不受行政机关、社会团体和个人的干涉，检察官履行职责过程中，对任何来自

行政机关、社会团体和个人的干涉，有权予以抵制。对行政机关、社会团体或者个人干涉检察官依法履行检察职责的，应当依法追究其责任。

（二）完善检察官的身份保障制度

检察官的身份保障是指检察官依照严格的法定程序任命，非因法定事由、非经法定程序不被免职、降职、辞退或者处分。完善的检察官身份保障制度，可以考虑借鉴其他国家经验，实行检察官终身制，检察官一经任用，一般不得违反检察官个人的意愿将其罢免、转职、停职、减薪或调换工作，只有依照法定条件，才能予以弹劾、撤职、调离或令其提前退休。这样才能解除检察官的后顾之忧，使其免受外部干扰而能依法行使职权。其次是保障检察官具有崇高的职业荣誉感，赋予检察官与其特殊责任相适应的较高社会地位，增强检察官的社会威望，增强社会对检察官执法的认同感。最后是完善检察官等级制度，逐步实现检察官待遇与检察官等级相配套，强化检察官的身份保障。

（三）完善检察官的经济保障制度

检察官的经济保障包括检察人员的工资制度和工资标准，实行定期增资制度，享受国家规定的检察津贴、地区津贴、其他津贴以及保险和福利待遇等。《检察官法》就此作了如下规定：一是检察官的工资制度和工资标准，根据检察工作特点，由国家规定。二是检察官实行定期增资制度。检察官经考核确定为优秀、称职的，可以按照规定晋升工资；有特殊贡献的，可以按照规定提前晋升工资。三是检察官享受国家规定的检察津贴、地区津贴、其他津贴以及保险和福利。检察官津贴在检察官退休后继续保留。因此，检察官的薪金和其他待遇必须得到充分保障，并与其地位、尊严和职务责任相适应，同时还应随物价的增长而加以适当的调整，从而为公正执法奠定基础。

稳定的收入保障和社会福利水平是确保检察官维持职业操守的重要物质基础。建议设立检察官廉政保证金制度。廉政保证金作为检察官收入的一部分，保留到退休或在岗死亡时发放。由单位和个人按一定比例按年度缴纳，专户管理，如无不廉洁行为或者犯罪行为，则于检察官退休或者在岗死亡时本息一次性发放。建议制定和完善检察官保险、救助、抚恤等社会福利制度。通过建立检察官意外伤害保险及补充医疗保险，避免因病、因伤致贫现象的发生，让检察官们看得起病、治得起伤。其中，意外伤害保险所需的资金由国家财政承担，如果检察官因意外事故死亡，由保险公司给付死亡赔偿金。同理，因公致残的要给付残疾赔偿金。通过建立检察官困难救助制度，由国家及省级财政出一部分资金，同时每级检察机关出部分资金，建立检察官困难救助专项资金，对因各种原因导致生活困难的检察官及其家属进行资助。建议进一步完善检察官抚恤优待制度，应当参照 2014 年新颁布的《人民警察抚恤优待办法》确定的抚恤标准，制定《检察官抚恤优待办法》。

（四）完善检察官的交流保障制度

检察官交流制度，就是指检察官以各种不同形式到同级或上级检察机关、审判机关及其他机关工作一定年限后，再回到原工作岗位的一种检察官管理制度。确立这项制度的目的，就在于丰富检察官的阅历，提高检察官的综合素质，培养检察官对实际问题认识的深度和广度，以便更公正地履行宪法和法律赋予的职权。现有的检察机关选任制度略显单一、僵化，建立从符合条件的律师、法学专家中招录检察官制度，应当确保优秀律师、法学专家进得去、出得来。也就是说，一旦被招录入检察院后，工作一段时间，如果觉得自己不适应检察工作，检察机关应协同相关部门为其"另谋生路"或回归原来的岗位继续工作提供一定程度上的制度保障。一是建立检察官与法官职业交流制度，由省级部门具体制定实施办法。二是建立律师与检察官、法官交流制度，吸收研究生以上学历高素质律师人才加入检察官、法官队伍。三是建立异地检察官交流制度。在原工作检察院或法院服务年限达到 15 年或 20 年，可根据本人申请，并经省级检察院批准，回原籍检察院或法院工作。

四、结语

随着国家法治进程的加速，检察机关和检察人员肩负的责任重大，科学合理的进行人员分类，完善各项检察官职业保障制度，让检察官全身心的投入执法办案中去，为推进我国法治进程，实现社会公平正义贡献自己的力量。确保人尽其才、人尽其用，破除忙闲不均的不合理现象，打破检察官管理行政化的旧机制，正确把握改革力度、进度与可承受度的关系，确保改革有计划、分步骤、先易后难、稳步推行，以充分调动全体检察人员的积极性。

检察官遴选制度的现实困境与理想构建

安徽省淮南市人民检察院课题组[*]

《中共中央关于全面推进依法治国若干重大问题的决定》（以下简称《决定》）是党的十八届四中全会通过的法治国家建设的战略部署，明确提出建立法官和检察官的遴选制度。司法改革已经到了尤为关键的发展阶段，检察官遴选制度也就必然受到社会各界的普遍关注与期待，司法队伍的正规化、专业化和职业化应是其达致的建设目标。现实际遇中的检察官遴选制度建构具体存在哪些困境和问题，需要进行较为充分的分析与论证，为其探寻符合司法规律的具体制度与措施。

一、我国检察官遴选制度的发展简况回顾

简言之，检察官遴选制度也就是如何选择合格的检察官来从事检察工作的具体制度和措施。该种制度，包括担任检察官人员的挑选和职级晋升制度，其目的是保证选任出来的检察官都是称职的检察官。在《现代汉语词典》中，"遴选"基本内涵是"慎重地选择、慎重地选拔"。主要关涉两个主体，组织者和被组织者，组织者解决"谁来选"以及"如何选的问题"，被组织者解决"如何有资格被选"以及"怎样会被选上"的问题。其中关键是"谁有资格选"和"选出有资格的被选者"。因检察官负有法定的办理司法案件的职能和职责，所以世界上法治文明水平较高的发达国家，对检察官遴选制度均非常重视。

（一）新中国成立以来检察官制度发展概况

我国检察官制度雏形可以上溯至革命根据地时期，如鄂豫皖革命根据地在

---

[*] 课题组成员：朱新武，安徽省淮南市人民检察院检察长；杨玉云，安徽省淮南市人民检察院政治部副主任；计金娣，安徽省淮南市人民检察院研究室主任；黄尚，安徽省淮南市人民检察院反渎局副局长；王占寻，安徽省淮南市人民检察院检察员；靳良成，安徽省淮南市人民检察院检察员；汤佩山，安徽省淮南市人民检察院检察员；吕庆宁，安徽省淮南市谢家集区人民检察院民行科长；莫良元，安徽理工大学教授。

革命法庭内设国家公诉员,负责对破坏苏维埃政权法令实施的案件提起公诉。中央苏区在建立苏维埃政府时即组建了中央工农检察（人民委员）部,负责监督苏维埃的公职人员正确执行苏维埃的政治纲领以及党的方针政策,坚决维护广大工农群众的合法权益,对苏维埃政府公职人员的违法犯罪行为进行有效监督与严格审查,并在证据确实情况下向法院提出请求,直至提起公诉。

1949年新中国成立时,在中央政府组建过程中创立了最高人民检察署,1954年随着社会主义制度的基本确立将其更名为最高人民检察院。1966年"文革"开始一直到1978年,由于当时社会大环境的影响,我国检察官制度的发展一度中断,甚至倒退。1979年,《人民检察院组织法》颁布,明确了检察机关是国家的法律监督机关,全国检察机关迅速恢复重建,相应检察官队伍建设也得到明显加强。1995年2月28日,《中华人民共和国检察官法》颁布,对检察官的任职条件和考核等级进行了规定,标志着我国对检察官的管理进入了规范化发展阶段。"根据检察官法的规定,检察官是行使国家检察权的官员。检察官制度是国家检察制度的重要内容。推进检察官制度改革是深化司法体制改革的一项重要任务。"[①]

我国检察官制度的发展过程,足以表明检察官在革命根据地时期及国家法治建设过程中的地位和作用的变化,从革命时期的对敌专政的国家机器转型为社会法治建设过程中的法律监督部门的司法职业人员,可以说,我国的检察官制度是在适应国家社会的发展变化而得到逐步健全和完善的,并且这种变化直接反映出我国社会法治发展的进步。

（二）我国检察官遴选制度发展的基本现状

在我国检察官制度中,检察官遴选一直受到较为重要的关注。早期对政治素养的考察尤为重视。随着社会主义法治建设的逐步进行,以及对司法职业共同体的社会期待,检察官遴选制度的建构也必然会成为司法改革的重要内容。据相关统计资料显示,1986年全国在职检察官人数为9.7万人,2006年为14.6万人,截至2014年年底,人数升至35.3万人。但直至今日,仍未能就检察官的职业特性形成特殊的检察官初任及晋升遴选制度,国家对检察官的招录及管理基本上是参照国家行政机关的管理模式。

目前,我国检察官的初任遴选方式有公务员考试、军队干部转干、地方组织部门选派等,这与行政机关公务员的遴选模式是完全一样的,所不同的唯有要求参与公务员考试的人员须通过国家司法考试。就检察机关系统本身来讲,

---

① 张步洪：《检察官制度改革要论》,载《人民检察》2013年第6期。

最高人民检察院、省级检察院、市、县（区）级人民检察院均各自面向社会招录社会经验较缺乏的应届大学毕业生，这与检察机关司法职业化发展目标和趋势存有一定距离。正如有关学者提及的，"检察官是国家的职业法律工作者，属于法律人。检察官获取职业收入的主要资本是自己所掌握的法律专业知识和专业技能。离开了法律专业知识和专业技能，检察官无以立足。判断检察官素质的根本或主要标准是其法律专业知识和法律专业技能。"[①] 然而，这种"专业知识"和"专业技能"明显是需要专门培训和长期积累的。近年来，随着司法改革的逐步推进，检察官职业化的呼声越来越高，检察机关正逐步探索从相关系统中遴选有相关工作经历的人才担任检察官。尤其近十年来，除公务员招考外，最高人民检察院和地方各级检察院都在尝试在更大范围内遴选检察官，主要是对相关岗位出现缺额时临时展开检察官的考试选拔。显然，这种面向司法职业内部范围较小的人员挑选，在一定程度上可以促进我国检察官队伍的专业化和职能化，这无疑是一大进步，但是这种单向的层层遴选明显暴露出基层检察机关将面临严重人才流失的问题，同时，这种遴选仅仅是检察官初任或晋升方式的一种拓展，对于已任命检察官的管理仍然没有形成科学规范的制度。

总的来说，我国检察官长期以来顺利完成各项法定工作职责的情况足以说明我国检察官选任制度与我国国情发展是基本相适应的，但随着近年来司法改革的不断推进，司法精英化的趋势不断加强，人均办案数量猛增，（基层）检察机关"案多人少"、"人才流失"等问题急剧凸显，设置科学的检察官遴选制度、对检察官进行科学管理当然成为现今司法改革亟需解决的问题。

二、西方两大法系检察官遴选制度的比较阅读

我们知悉，当今西方典型的法系是普通法系和大陆法系，关于检察官遴选制度他们具有较为成熟的实践经验，对他们进行较为充分的比较，是探寻我国相关制度建设的实践路径，找出检察官遴选制度中符合司法规律的共识性特点，作为当前司法改革探寻科学规范的实践路径。

（一）两大法系国家检察官遴选制度的共同之处

1. 重视司法知识背景。两大法系国家对候选检察官的教育背景和司法实践等方面的要求，可谓是高标准、严要求。

[①] 田先纲：《我国检察官的性质、职业特点及其职权配置的再思考》，载《上海大学学报（社会科学版）》2007年第2期。

法系 共同点	英美法系	大陆法系
司法知识背景	大学教育＋律师资格	大学法学教育＋通过司法官任职资格考试

可以看出，两大法系主要国家对候选检察官都要求法学"科班"教育背景、取得法学学位，并通过司法考试或者律师资格考试等资格考试。在英美法系国家，要进入大学学习才能成为检察官，如美国，要求必须完成4年大学学习，通过法学院的录取考试，通过州律师资格考试，才能任命为检察官。在大陆法系国家，重视任职前的专门的法律知识学习，在德国，要从事法律职业，须进行正规大学理论学习；在法国，须在相关法学院校学习法律专业知识，取得法学学士学位，并通过任职资格考试，才能成为检察官。

2. 严格要求司法实践。两大法系国家，都要求候选检察官在任职前从事过具体的司法工作，认定他们已经积累了一定的司法工作经验。司法是需要解决社会纠纷的，是实践性较为突出的工作，而社会纠纷的高度复杂性，必然对法律人提出法律意见、解决法律问题提出严格要求，司法实践经验尤为必要。两大法系国家都要求检察官候选人必须具有一定的司法实践经验。

法系 共同点	英美法系	大陆法系
研修年限	从事律师2年或7年以上	第一次司考＋实习＋第二次司考

英美法系国家注重候选检察官的律师从业经历。例如，美国要求候选检察官从事2年以上律师职业并有律协会员身份；州、区检察长还必须是有一定名望的律师。英国要求候选检察官要有7年以上律师或大律师资格。大陆法系国家要求候选检察官还要通过接受职业培训以获取法律实践经验。例如，德国要求法学"科班"毕业生通过第一次司法考试后，必须进入特定机构选择特定领域实习2年，然后再参加第二次司法考试。法国要求候选检察官还需在国家司法官研习中心完成为期3年半的理论学习和司法实务训练，进行司法实务训练，才能任命为助理检察官，然后凭工作业绩，1至4年后任命为检察官。

3. 关注职业伦理和个人品行。两大法系国家都注重候选检察官的职业伦理和个人品行。通过调查检察官候选人在日常生活中表现出来的基本情况进行较为充分的评估，结合实地调查和相关人员的谈话等形式，多方面多角度对其个人品行和职业伦理展开客观化标准的检测，同时在任职资格上从严把握，这样使得那些在人格品质方面有一定缺陷的人是无法进入检察官队伍的。

（二）两大法系国家检察官遴选制度的不同之处

诚然，西方两大法系在候选检察官的教育背景和司法实践等方面有同样的要求，但也存在诸多差异。例如，英美法系国家主要要求检察官来自于律师，而大陆法系国家主要从通过司法资格考试人员中选拔检察官，一般不要求具有律师背景。

1. 检察官选任途径不同

法系 共同点	英美法系	大陆法系
选任途径	从通过司考且从事律师职业人员中选拔	从通过司考且经过实习人员中选拔

例如，美国特定的国家及司法制度决定了该国的现职检察官一般具有双重"身份"：在刑事诉讼中作为中央政府和地方政府的代表又是各级政府日常的官方律师，故而只有通过州律师资格考试并取得当地律师资格是从事检察工作的前提。在英国，检察署是公诉机关，也是政府法律顾问机构，检察官一般由内政大臣任命一位出庭或诉状律师担任。以法、德为代表的大陆法系国家的检察官，一般不从律师中选任，一般是通过专门培养产生，从通过司考且经过实习人员中选拔。

2. 检察官任命机制不同

法系 共同点	英美法系	大陆法系
选任途径	总统或首相任命、总检察长任命、州长任命或选举产生	联邦总统批准或总统任命

例如，"美国检察官分为地方检察官和联邦检察官，地方检察官多由地方选举产生，联邦总检察长则由总统提名、参议院批准任命。作为总检察长下属的联邦检察官则由总检察长提名、参议院同意后总统任命，每届任期为四年。"[①] 英国的检察机构，是由中央法律事务部、刑事检察署以及区检察署构成，具体将其划分为基层、高级、助理分部、分部和首席检察官五个等级，检

---

① 王玄玮：《美国独立检察官制度之镜鉴》，载《人民检察》2011年第13期。

察长领导皇家检察署和检察官,总检察长由首相提名任命,对议会负责。德国的检察官,实行任命制,联邦检察官由联邦任命,州检察官由州任命。具体程序上,司法部长的提名非常重要,联邦的总检察长和检察官都由联邦司法部长提名,由总理提交联邦参议员讨论,最后由联邦总统批准。改各州的检察官由高级检察院的检察长提名,由各州的司法部长任命。法国的检察官是由总统任命,在程序上,上诉法院检察长以上的检察官,由司法部长提名,总统组织部长联席会议讨论和决定后颁发任命书;初任检察官,要求毕业于审判官学校,取得检察官资格后,先进行宣誓、然后颁发任命书,才可以成为检察官;其他的检察官,由司法部长提名,经过最高审判官委员会组织人员讨论,通过后以总统名义任命。

3. 检察官保障制度和社会地位不同

法系 共同点	英美法系	大陆法系
保障和社会地位	普通行政人员管理	和法官地位相同

"在大陆法系国家,检察官是国家的公务员,且为公益代表人,具有较浓厚的司法性格,因此多半赋予身份保障。而在英美法系国家,检察官直接由律师担任,并没有特别的身份保障。"[①] 英美法系检察官属于普通行政人员管理,其社会地位与影响远远低于大陆法系国家。因为在大陆法系,司法官员包括法官和检察官,他们享有一定的特权保障,尤其在经济和职业保障方面,例如,在德国和法国,司法官员的工资待遇方面是独立于高级公务员的,且比较高的公务员的工资还有所提高,视为国家精英。值得关注的是在法国,检察官退休年龄比普通公务员要晚5年,为65岁。

4. 检察官队伍稳定程度不同

法系 共同点	英美法系	大陆法系
稳定程度	流动或更迭性较大	相对较稳定

英美法系国家中,由于检察官的地位和待遇没有大陆法系国家的高标准,

---

① 李美蓉:《从检察制度的历史与比较论我国检察官之定位与保障》,载《法学杂志》2012年第1期。

使得其队伍具有较大的流动性，同时在美国由于总统大选的原因，每届总统换届后在检察官任用方面会做出较大的调整，往往会任命自己党派的人员为检察官，这进一步使得其队伍的稳定性无法保证。当然这也为更多的法律人员的相互流动带来了更多的机会，尤其在司法规律的职业化路径上探寻出较为成熟的典范模式。而大陆法系国家的检察官属于司法官员，是国家精英，其社会地位、工资待遇以及身份保障等原因使得其队伍的稳定性较为突出。

(三) 启示

正如学者总结的，"简单地说，大陆法系国家的法官遴选制度对法官资格的要求趋向是工匠型人才，采取任命制，遴选程序相类似于行政官员的任命程序；英美法系的国家，法官的选择更倾向于经验型人才，任命制和选举制各有侧重"①。两大法系关于检察官的遴选在选拔条件和程序方面都有较为严格的规定，但随着社会发展变化的需要，具体实践中，两大法系国家根据实际情况，也在不断探索和完善各自在检察官遴选过程中的相关制度建设。检察官的任职资格，各国大体包含国籍、年龄、学历、法律资格、品行、实践经验，都要求检察官受过专业的学习培训，具有专业知识，热爱检察工作，具备检察职业道德，熟悉并掌握各种法律规定等。当然，两大法系在检察官遴选制度方面的差异性也是较为鲜明的，这与它们在司法传统、国家政治制度、诉讼模式以及民族文化心理等方面具有不同有关。由此可见，检察官遴选制度具有民族差异、国别区分以及制度关联，同时在不同的发展阶段具有与之相适应的条件，检察官遴选制度的理想建构才能够探寻出符合国情，符合司法规律的实践路径。

三、我国检察官遴选制度建设过程中的现实困境

司法官遴选制度在司法改革的总体目标中居于较为关键的地位，其中检察官遴选制度是其重要的组成部分，随着司法改革进入制度完善与建构的综合复杂阶段，其现实困境也就随之而来。"建立一套完善规范的检察官逐级遴选机制，是选拔优秀检察人员、优化检察队伍结构、促进检察事业健康发展的前提和保证。"② 检察官遴选制度的价值目标应该是为建立正规化、专业化和职业化的司法队伍，在这三个维度中关注其现实困境的司法改革进程，需要充分体

---

① 兰薇：《两大法系法官遴选制度之考察》，载《武汉科技学院学报》2009年第9期。

② 杨蕊：《检察官逐级遴选机制的架构与现时过渡》，载《天津法学》2015年第1期。

察各类主体认知与本真客观情势变化,分析论证相关制度建构过程中遇到问题的内在原因。

(一)检察官遴选分类范围不作区分,其制度建构的正规化目标难以达致

正如前文所言,检察官遴选主要内涵应是如何从社会上初次招录检察官以及在检察官中为更高不同层次职位上再次选择合适人员担任检察官,这主要指向为初任遴选与逐级遴选的问题,而现实中司法改革的检察官遴选制度的改革主要指向为后者,对于前者的讨论则较少被关注。至于从律师和法学家中遴选检察官的讨论以及实践得到较为普遍性的关注,其实我们认为,在检察官遴选制度的建构过程中应该成为补充形式,需要在分类范围的区分中为该制度遭遇的困境探寻出路。换句话说,当前司法改革的实践中我们首先遇到的困境即是对检察官遴选分类范围不作区分,使得其制度建构的正规化目标难以达致。

具体而言,检察官遴选过程对于司法改革是对目标的达致应具有指向意义,也就是说,检察官的初任遴选与逐级遴选在分类范围上应具有差异性和连续性,这就给司法改革的目标实现带来现实困境。因为司法改革中正规化的目标对于检察官队伍来说首先是分类管理的制度建构问题,将我国现有的检察人员中区分出检察官与非检察官两类,对检察官的每个层级中的人数按照一定的比例留出相应数额给进一步遴选提供保障,这样就会出现前后不相一致的标准条件把握问题。我们现在的司法改革对于检察官遴选而言是基于对现有检察队伍的充分信任的基础上得以展开的,也就是说逐级遴选在现实中认为每个层级的检察官是可以被遴选出来的,同时还可以在符合条件的律师和法学专家中遴选出相应条件的检察官。能够被质疑的应该是这种假设在现实中是否会真正达致检察官队伍的正规化目标,似乎这个问题在初任检察官的招录过程中不会成为问题,但是逐级遴选似乎对于司法改革的自编指导却必然带来现实困境。尤其在我们对基层检察人员的调研中发现,逐级遴选是为了追求改革的稳定性与渐进性,避免出现大量检察人员的下岗或不能成为检察官的现实问题,这当然会使得正规化的改革目标难以达致。我们不是要否定现有检察人员的职业水平无法胜任现有的检察官工作的悲观判断,而是从基层实际出发来为检察官遴选的分类范围考量其制度建构的现实困境。

"长期以来,我国检察官的录用事实上由'招录检察人员'和'在职检察人员中选拔检察官'两大环节组成。这两个环节虽然有紧密的内在联系,但在实务上一直是分列的,缺乏相互的配合与支持,从而对检察官队伍建设产生

了消极影响,使检察官可选择面过窄。"① 检察官遴选的分类范围作出区分是解决制度建构目标的正规化达致的关键环节,尤其在初任遴选的标准设置上要保证与逐级遴选的对应性和连续性,这是当前没有得到重视的主要方面,也是导致遴选制度在基层检察官中较为困惑的地方,也进一步对专业化和职业化目标实现带来困境。

(二)检察官遴选标准条件不够清晰,其制度建构的专业化目标难以实现

司法改革目标对于司法队伍建设的要求提出专业化的标准,其实也是司法职业化建设的前提性基础所在。因而,我们认为检察官遴选制度建构的核心要素即是相关遴选标准条件的确立与实践,当前虽然司法改革对于其较为重视,但是与检察官的专业化目标要求相差较远,且相关规定不够清晰,过于简单抽象。如前文所述,检察官遴选的分类范围不作区分使得相关标准条件也就较难达成一致性的专业化诉求,也就必然会带来两个基本问题,即初任招录和逐级遴选的标准条件是否会具有冲突以及能否遴选出符合现实需要的不同层级的检察官,全国检察官的统一性标准条件以及是否应该一致在实践中如何解决该种问题也就成为检察官遴选制度建构的现实困境之一。正如学者提及的,"如果说改革检察官初任遴选制度可以通过改善水源质量,保证检察官队伍整体素质在吐故纳新过程中循序渐进逐步提高的话,那么完善的晋升遴选制度则可更加合理地配置现有的检察官资源,加快检察官队伍专业化建设进程。"②

党的十八届三中全会和四中全会对司法改革中检察官遴选提出的要求主要来自两个方面,即检察官初任遴选由省级检察院统一进行并一律到基层任职,同时指出在符合条件的律师和法学家中遴选检察官。现在各地的司法改革也就在此种安排中进行检察官的遴选制度建构实践,至于由同一个遴选委员会来遴选不同层级的检察官是否会在遴选标准条件上出现不一致的问题,似乎不会发生,其实这才是问题的关键。因为,初任检察官的遴选是为将来对于初任检察官进入检察官队伍的把关问题,是现在进行时和将来时,而对现有检察官的逐级遴选则是过去时。我们不是认为已有的检察官达不到检察官的资格要求,而是质疑在遴选标准条件方面两者是会发生冲突的,如果没有进行充分考虑就会导致改革困境。我们现在对于检察官任职标准条件的规定仍然是在一般公务员录用标准基础上加上通过司法考试的规定,这在专业化的标准条件上与世界上

---

① 农中校:《论检察官准入机制的构建与完善》,载《广西社会科学》2008年第8期。

② 马楠:《试论检察官遴选制度的建构与完善》,载《人民检察》2005年第7期。

其他法治发达国家相去甚远，同时在实践中也使得基层检察院对人才的要求颇感失望，一位合格的检察官的培养是在其录用后才慢慢开始的，甚至好不容易培养个优秀的检察官还没办法留住。对于不同层级的检察官遴选现实中考虑的问题更多的是强调从优秀的基层或下级检察官中往上逐级遴选的制度建构优越性，而较少考虑每个层级检察官专业化要求的胜任问题以及对下级检察院的影响。随着各级人民检察院的省级财政统筹的落实，逐级遴选制度关注的问题应该是遴选标准条件的核心要素建构的问题，也就是说不解决不同层级检察官的职务序列待遇问题，也就无法实现专业化队伍建设目标。至于从符合条件的律师和法学家中遴选检察官在现实中遇到的障碍较为突出，似乎是无法达到对他们引起兴趣的高待遇和职业生涯期待。我们认为，这其中当然包括对优秀法律人才具有吸引力的待遇问题，但这不是关键，主要的是法律人才标准条件的差异化无法在专业化的平台上得到具体体现。也就是说我们对检察官的标准条件规定过于抽象，没有达到技术标准可以精确进行测量的程度。

正如学者提及的，"司法制度的发展是一个长期的历史进程，司法改革更是一个阶段性的历史过程，司法从野蛮到蒙昧到开化再到文明经过数千年的历程。我国当下的司法改革还处于职业化、专业化的进程中，当然我们亦应当回应当下的历史课题，同时促进检察制度的民主化、社会化。"[1] 不同分类范围和层级的检察官应该在专业化的标准条件中得到体现，现实中我们对检察官遴选制度的理解如果没有达致较为统一的共识，尤其在专业化的技术参数方面进行努力，司法改革目标的实现也就只会是自编自导且作茧自缚而困难重重。

（三）检察官遴选程序机制缺乏张力，其制度建构的职业化目标难以完成

检察官遴选制度对程序机制的规定属于司法改革中得到较为集中关注的方面，尤其现实中改革试点省份响应党的十八届四中全会精神所作出具体改革措施更是如此，但是，检察官遴选程序机制的改革措施缺乏张力，其制度建构的职业化目标难以完成，这即是检察官遴选制度建构过程中遭遇的现实困境所在。

司法职业化对于学界和实务界来说不会陌生，且较易达成共识，认为这是司法改革的必然要求所在，符合司法规律的目标指向。我们认为重视该问题和如何重视是两个完全不同的实践命题，关键是后者，司法职业化的程序机制保障首先在检察官遴选制度中居于何种地位，如果认为只要是将省级以上设立遴

---

[1] 陈卫东、李训虎：《检察一体与检察官独立》，载《法学研究》2006年第1期。

选委员会统一全省检察官初任录用和逐级遴选即可解决重视的态度保障，未免过于天真和简单了。

在检察官队伍职业化的路径中考察检察官遴选程序机制的张力，关键是由谁来遴选以及如何实现遴选，我们在现实中发现如果说所有所在省份的检察官都由这样一个少数人组成的遴选委员会来完成遴选工作，这是不可想象的。世界各国的司法实践即使有这种做法，在我国也是难以得到推广的，因为我国国情是幅员辽阔，地方差异度高，往往会出现"瘦子需要跟着胖子一起减肥"的荒唐情形。党的十八届四中全会精神是省级以上进行初任检察官的统一招录，而是否由省级一个遴选委员会来承担此项工作，直辖市的检察官遴选委员会与各个省、自治区的检察官遴选委员会在人才选取以及检察官人数等几个基本方面具有明显的不同情形，所以我们认为由谁来组织遴选不同层级的检察官在程序机制上应该具有一定的张力，而不应是简单复制的整齐划一，否则出现现实困境就是必然的，无法真正实现职业化的司法改革目标。

另外，在遴选程序机制方面，遴选委员会与地方人大及其常委会在检察官任命过程中如何解决彼此的关系是一个现实的法治课题。根据《宪法》、《人民检察院组织法》和《检察官法》的规定，各地方检察官必须由所在地方人大及其常委会进行任命，这与遴选委员会在职能分工上不仅仅是一个程序安排上的问题。正如有关学者担心的，"从人大及其常委会的角度来说，由于受到各方面条件的限制，常委们在选举或任命检察官时，所依据的仅限于组织部门和检察机关提供的材料（通常都极其简单，一般是个人履历表和组织考察材料），对于其品德才能、专业素质等综合素质的了解是不够的，而且根本没有或基本没有对候选人进行详细了解的渠道和程序，因而往往是对提名人选举手通过，使选举和任命流于形式"①。

四、我国检察官遴选制度的理想构建

"为确保司法官（含法官、检察官，下同）队伍的专业化、职业化，提高司法公信力和司法能力，落实司法机关人财物省级统管的改革举措，新一轮司法体制改革的顶层设计已经明确，司法官的任命将以通过省级遴选为前置条件。"② 建立一套科学规范的检察官遴选制度，是形成高素质检察官队伍的关键所在。而检察官遴选制度的设计应当结合当前检察工作的实际，注重省级以

---

① 曾乐非：《改革完善检察官遴选制度》，载《特区实践与理论》2009 年第 1 期。
② 石少侠：《对健全司法官遴选制度的几点思考》，载《法制与社会发展》2014 年第 6 期。

上检察官遴选制度与基层院检察官遴选制度的不同特征，在坚持公平、公正、公开基本原则的基础上，切实贯彻"定向遴选"、"精英遴选"、"比例遴选"的原则，构建出符合检察权运行规律的遴选制度。

（一）遴选机构的专门化是检察官遴选制度的组织保障

检察权是一项独立的国家权力，根本属性是法律监督，同时兼有司法特性和行政特性。长期以来，无论是检察官的遴选还是检察官队伍的管理，都等同于行政机关公务人员的遴选与管理。司法实践中，检察官的遴选主要由检察机关内部的政治部（处），配合人事组织部门具体负责组织实施，对列为检察官的候选人，一般由检察院党委的人事组织部门和检察院党组联合进行综合评价与相关审查。这种检察官遴选制度具有程序简单、高效的优点，但是程序不够透明公开，监督制约机制相对缺失，缺乏专门化的检察官遴选机构。当前，新一轮司法体制改革正在进行当中，中央全面深化改革领导小组第三次会议审议通过的《关于司法体制改革试点若干问题的框架意见》提出了"在省一级设立法官、检察官遴选委员会"的构想。司法实践中检察官遴选（惩戒）机制的探索创新仍旧相对缓慢，特别是在市级检察机关探索设立"检察官遴选（惩戒）委员会"仍是空白。故此，我们建议，在当前尚未全面推行检察官分类管理的情况下，借鉴国内司法改革试点单位的先进做法，市级检察机关内部探索设立一个专门机构即"检察官遴选（惩戒）委员会"，负责基层检察官遴选工作，在全面推行检察官分类管理以后，按照中央司法改革精神，在省级检察机关和最高检设立"检察官遴选（惩戒）委员会"，专门负责省级以上检察官的遴选、评价、惩戒工作。

（二）遴选方式的专业化是检察官遴选制度的技术性要件

初任检察官遴选是检察官遴选的第一道门槛，也是检察官逐级遴选的基础，直接决定着这个检察官队伍的职业素养与发展方向。当前，应当积极探索建立初任检察官统一招录、统一分配的检察官遴选制度，通过"检察官遴选（惩戒）委员会"科学确立检察官员额的基础上，根据检察官员额的缺额情况，由"检察官遴选（惩戒）委员会"组织实施统一招录初任检察官工作。长期以来，我国初任检察官主要的遴选方式就是公务员考试，国家统一司法考试只是公务员考试的一项资格条件，这种检察官遴选制度不利于选拔具备检察官职业素养的人才。因为公务员考试的主要内容不能突出考察对于检察官来说最为重要的法律职业素养与法律逻辑思维，而是偏重于考察行政工作人员所必须具备的职业素养。国家统一司法考试不仅涵盖了考察行政机关工作人员的能力要素，还突出考察了应试者的法律职业素能。所以，通过国家统一司法考试是初任检察官遴选的基础条件,同时由"检察官遴选(惩戒)委员会"组织考察一些与检察官工作密切相关的业务知识、司法实务,使得初任检察官遴选考察主要集中在法学理论素养、法律实务实践和其他方面的综合评价上,并借鉴域外先进做法,建立初任检察官遴选面试制度。对于检察官逐级遴选的方式,则由"检察官遴选(惩戒)委员会"根据检察官员额及职位的空缺情况,采取与职位相对应的业务能力考察,考察的总体目标应该侧重于检察官素质养成的全面性。

(三)遴选范围的多元化是检察官遴选制度的社会信赖基础

《检察官法》在一定程度上扩大了检察官的遴选范围,为检察官的社会化遴选提供了法律依据。但是,长期以来,检察官的遴选范围仍旧比较狭窄,逐级遴选主要在检察机关内部工作人员中进行,因此,应当进一步扩大初任检察官遴选范围,招收社会优秀法律人才,为逐级遴选创设条件。《决定》明确指出,应当建立从符合条件的律师、法学专家中招录立法工作者、法官、检察官制度。所以,检察官的遴选范围应当扩大到社会领域,拓宽检察官遴选的渠道、充分利用社会法律人才资源,从符合检察官任职条件的法官、律师、优秀法学教师、法律研究人员中择优遴选高素质法律人才,不需要参加国家公务员考试,从源头上改善检察官队伍素质结构,同时,也为检察官的社会信赖基础提供切实的依据和保障。

(四)逐级遴选的常态化是检察官遴选制度的内在要求

科学合理的检察官逐级遴选制度对于检察事业的可持续发展起着至关重要的作用,检察官逐级遴选制度能够克服当前检察机关定岗定人的检察人员管理制度,有利于激发基层检察院检察官不断的努力进取,使优秀的基层检察官能够在不同层级的检察院"留得住"和"走的了",为优秀人才的良性流动确立较为科学规范的制度安排。同时,检察官逐级遴选制度有利于上级检察院对基层检察机关的优秀检察官有足够的吸引力和竞争力,盘活检察院系统内的人才智力资源进一步激发内部活力,解决不同层级检察院案多人少的困境,进一步优化上下级检察机关的队伍结构,形成人才的良性有序流动。目前,最高人民检察院正在研究探索关涉检察官遴选工作的制度性文件,而地方各级检察机关也积极探索与创新,这些为检察官遴选制度积累了较为科学的经验。因此,司法实践中,应当严格按照中央司法改革精神,结合基层检察工作实际,逐步健全、完善检察官逐级遴选常态化机制,这也是检察官遴选制度的内在要求。

(五)遴选条件的职业化是检察官遴选制度的科学依据

检察官遴选资格条件的设置是否科学、合理是检察官队伍职业化、专业化建设的基础，我国《检察官法》规定了检察官遴选的资格条件，但是过于笼统，特别是对专业条件的要求过于宏观，司法实践中不易操作。从事法律职业的检察官，由精通法律业务、具备较高专业素质与能力，同时具备一定司法实践的专门人才负责检察权的职能发挥，这也是其规律性和特殊性所必须面对的，法治国家建设需要在此方面得到应有的关切。事实上，正如前文中提及的世界上大多数国家和地区，都对初任检察官业务素养与法律工作实践提出了严格要求。在遴选条件上加大对法律职业化的知识和能力的考察，确定符合我国国情的法律教育背景以及实践经验是解决检察官遴选制度的科学依据所在，也是符合司法规律的核心要件。

（六）遴选程序的规范化是检察官遴选制度的重要前提

检察官遴选程序是检察官遴选制度的重要前提，遴选程序设计的是否公平合理，直接决定着检察官遴选结果是否科学。初任检察官遴选程序可以按照以下步骤设计：一是由检察官遴选（惩戒）委员会根据检察官缺额的实际情况，向社会发布遴选公告；二是检察官遴选（惩戒）委员会进行报名资格条件审查，并组织笔试考试，笔试合格者，由遴选（惩戒）委员会按照遴选检察官职位一定的比例组织面试；三是遴选（惩戒）委员会根据笔试、面试成绩确定遴选检察官人选并组织考察、体检、公示，并统一分配至各基层检察院；四是检察官遴选（惩戒）委员会根据民主评议、组织考核等程序，择优提出合适人选，按法定程序任命为基层检察院初任检察官。检察官逐级遴选的程序可以按照以下步骤设计：一是由检察官遴选（惩戒）委员会根据上级院检察官缺额情况，向各基层院发布遴选公告；二是根据组织推荐和个人自愿的方式报名，由检察官遴选（惩戒）委员会审核确定符合条件的遴选对象，并组织对遴选对象的遴选考试，包括笔试与面试；三是由检察官遴选（惩戒）委员会根据遴选考试成绩确定遴选检察官人选，并组织考察与公示。如果试用期满后，经考核不能胜任上级检察机关相关岗位要求的，退回原基层检察机关。

（七）遴选配套机制的不断完善是检察官遴选制度的系统保障

作为一项新的制度设计，检察官遴选制度需要在实践中不断探索与完善，必须与各项司法体制改革制度相融合，才能使其发挥应有的功效。在当前新一轮的司法体制改革推进的过程中，无论检察官遴选制度设计的多么理想与完美，其制度价值的实现还有待于相关配套机制的跟进。一方面要突出遴选检察官的常态化培训机制，对初任检察官的职业后续培训应该成为解决其司法实践能力建设的重要环节，对其进行任职培训是保障其走上工作岗位履职尽责的前提。另一方面要建立检察官职业保障制度。在当前新的司法环境背景下，人民群众对司法工作提出了新要求与新期待，然而对检察官的职业保障却缺乏相应的制度跟进，因此应该尽快建立检察官职业保障机制，使得检察官的工资、待遇、福利等都有较高的提升，并结合检察官员额制改革，使不同级别之间的检察官保持有效平衡，这样才能稳定检察官队伍，吸引优秀法律人才。

员额检察官监督制约制度研究

钟晓云　吴　波[*]

习近平总书记在中央政治局第 21 次集体学习时强调，法官、检察官要有审案判案的权力，也要加强对他们的监督制约，把对司法权的法律监督、社会监督、舆论监督等落实到位，保障法官检察官做到"以至公无私之心，行正大光明之事"，把司法权关进制度的笼子。2016 年是检察改革试点进一步扩大和深化的一年，各地试点单位按照最高检的部署相继制定检察官权力清单，细化检察官办案权力，赋予员额检察官独立办案及相关事项的决定权，但如何加强对员额检察官的监督制约成为理论和实践中需要解决的新课题。

一、加强员额检察官监督制约的重要意义

（一）检察官独立办案的重要支撑

本轮检察改革推行检察官员额制，将检察官的编制数量严格控制在 39% 左右，不仅体现了检察官职业化、精英化的发展道路，而且更加突出检察官的办案主体地位。通过依法合理的放权，使一线办案的检察官成为有职有权、相对独立而且承担责任的办案主体。但正如孟德斯鸠《论法的精神》所指出的："一切有权力的人都容易滥用权力，……有权力的人行使权力一直通到有界限的地方才休止"，权力的滥用或是怠于行使都将严重腐蚀检察官独立办案责任制。如何保证在赋予检察官较多职权的同时，其能依法公正办案将成为司法改革面临的难题之一。另一方面从改革实践看，大部分原业务部门的中层管理骨干选任成为员额内检察官，原先的"管理者"变成现今的"被管理者"，在一定程度上造成了监督制约的真空。因此，加强监督制约机制成为支撑员额检察官独立办案的重要力量。

---

[*] 作者简介：钟晓云，重庆市人民检察院第二分院副检察长；吴波，重庆市人民检察院第二分院助理检察员，全国刑事申诉检察人才。

（二）检察权合理配置的重要内容

科学合理配置检察权不仅要考虑不同地区之间的差异，而且要考虑检察机关内部不同业务类别的性质和特点，做到因地制宜、因事制宜、符合实际、科学有效。但犹如硬币的正反两面，权力与权力的制约、权利与权力的监督同样是检察权配置的重要方面。各地试点检察院针对本地实际，制定了检察官、检察官助理、业务部门负责人、检察长、检委会等权力清单，但仅是对检察权进行归属分配并不能有效防止权力的滥用和不作为。只有在明确不同责任主体的职权范围后，同时设置权力与权力制约、权利与权力监督相关机制才能达到不同责任主体之间相互监督制约的平衡，实现检察权的科学合理优化配置。

（三）司法责任追究的重要保障

员额制检察官的司法责任制体现了检察官独立主体地位、清晰明确的权力清单和完善的司法责任追究的"人、权、责"三位一体。在一定程度上，对检察官的司法责任追究体现了最为严苛的监督制约，是检察官不能触碰的红线。但司法实践中，大量存在"责任分散、主体不明、责任难追"和"逐级审批层层把关、集体负责而无人负责"的状况，典型如最近的"呼格吉勒图案"的追责通报，除一名人员因涉嫌职务犯罪另案处理外，其他26人均获党内严重警告、行政记大过等处分，由此引发问责过轻的社会质疑。究其原因，一方面可能是检察系统的内部包庇、纵容、从轻处罚；但更为重要的是，对检察官的监督制约机制不完善，现有制度不能有效落实导致的。因此，正本清源，只有加强和完善对员额制检察官的监督制约制度，才能保证司法责任的有效落实，才能避免"有责不追"，"追责过轻"等司法不公问题的出现。

（四）推进检察改革的现实需要

2016年检察院的司法责任改革将进一步扩大和深化，其所面临的突出问题从最初的制度设计延伸为与检察实践的兼容。改革实践中，不仅要面临"双轨制"的运行，而且大量新的问题亟待解决。其中成为改革"瓶颈"的突出问题就是对员额制检察官监督制约机制的建立和完善上，如果不能对新建立起的员额检察官进行有效的监督制约，不仅顶层设计的检察权无法有效运行，而且会严重阻碍检察司法责任改革的进程，甚至重蹈"主诉检察官"改革失败的覆辙。[①] 因此，要进一步深入推进检察改革，就应当通过监督制约机制，督促员额检察官按照改革方案正确履职，既不滥用权力又不怠于行使权力。

[①] 参见高怀：《主诉检察官办案责任制研究》，西南政法大学2011年硕士学位论文，第10页。

二、对员额检察官监督制约存在的问题

检察机关司法责任制改革"建章立制"的阶段基本完成,下个阶段的核心问题将是如何保证选任的员额检察官能有效落实各项措施,因此加强员额检察官的监督制约尤为重要。分析目前各试点检察院的改革实践,其主要存在以下三个方面。

(一)对检察官监督制约的认识误区

思想理念的正确与否是改革成败的重要因素之一。从目前的检察改革实践看,可能存在对检察官监督制约的认识不够,甚至带有片面、错误的观点,笔者将其概括为四种认识误区:

1. 监督制约是干涉办案的认识误区

改革实践中,存在片面理解员额检察官办案独立性的认识误区,认为监督制约是对员额检察官"独立自主"办案的干涉,是对检察官的不信任,甚至认为改革中的监督制约机制影响了办案效率,从而消极抵触。事实上,员额检察官办案的主体地位并非绝对,检察官在"权力清单"的范围内履职并接受监督制约本就是改革的题中之义,片面将监督制约理解为"干涉办案"是个别行使权力者恣意妄为、骄横跋扈的极端现象。

2. 对监督制约重视不够的认识误区

与西方传统的"权力制衡"理念不同,我国长期以来形成的"集权"思想制约了监督理念的发展,使得监督制约理论一直成为"集权"的附属品,以至于司法实践中没有建立起真正产生实效的监督制约制度。即使到了现代,我国司法制度仍然受到传统思想的影响,对监督制约的理念重视不够,如《刑事诉讼法》第7条强调人民法院、人民检察院和公安机关进行刑事诉讼应当分工负责、相互配合、相互制约。条文虽然没有明确规定孰先孰后,但在司法实践操作中,往往"相互配合"优先于"相互制约"。结合此次司法责任制改革,各地对检察官的权力规定得非常详尽,但对检察官具有可操作性的监督制约机制却很少,以致改革实践中无法达到督促、鞭策检察官有效履职的目的。

3. 片面强调自我监督的认识误区

检察官的"自我监督"是指通过个人自觉地调整自己的动机和行为,使之符合检察官的道德规范和职业准则。[①] 与我国长期以来对监督制约不重视相

---

① 参见万尊和、方克:《检察机关实现自我监督的途径》,载《检察日报》2013年5月12日第3版。

对应，现行的司法权力分配和制度设计背后反映的是"自我监督"理念的根深蒂固。此次司法改革对员额制检察官的建立正是寄希望于选任出的检察官能自觉遵守、独立履职、自担责任，充分实现"自我监督"。但现实问题是，由于检察官的社会自觉性、文化水平、社会地位、权力大小不同，其"自我监督"效果也有强弱之分，因此片面夸大检察官"自我监督"能力，将检察权力下放后不管不问，不做额外的监督制约设计，不仅难以督促检察官加强自我修养，而且不利于司法改革的推进。

4. 片面强调内部监督的认识误区

与"自我监督"相伴相生的另一片面认识就是"内部监督"认识。一般而言，内部监督是指依靠检察机关内部不同机构之间在行使检察权能时进行的相互监督和制约。[①] 检察机关作为法律监督机关，一直面临着"谁来监督监督者"的"魔比斯环"困境。在外部监督弱化的情况下，检察机关往往倾向于将监督制约放在"内部"，通过部门内部、部门之间、上下级之间的制约来达到监督的效果，这也就是传统"承办人承办—部门负责人审核—检察长（检委会）审批"的"三级审批模式"的由来。但正如与"自我监督"的片面性类似，过分夸大内部监督的效果，往往会造成"地方保护"、"部门保护"、"处罚过轻"、"监督乏力"等问题。因此对员额检察官片面强调"自我监督"或是"内部监督"都不符合司法改革的目的。

（二）对检察官监督制约机制的不完善

虽然司法实践中，存在对监督制约认识不够、片面强调"自我监督"、"内部监督"等问题，但并非没有建立监督制约的相关制度，只是与日益增长的司法需求和人民群众对司法的期待还存在一定差距。[②] 结合检察工作实际，对检察官监督制约制度不完善主要表现在三个方面。

1. "扁平化"管理弱化原有的部门内部监督

改革前，检察办案依照"承办人承办—部门负责人审核—检察长（检委会）审批"的"三级审批模式"，部门负责人、（分管）检察长对部门内部成员进行行政化管理，起到一定的监督制约作用。改革后，部门负责人不再承担案件的审批职责，员额检察官成为独立办案主体，之间权力范围相当，地位相互平等，不存在监督制约关系，加之（分管）检察长不能亲力亲为所有案件。

---

① 参见杨平：《检察机关内部监督机制的理性思考及制度完善》，载《西部法学评论》2009年第2期。

② 参见吴细辉：《现行检察权的监督制约机制研究》，载《法制与经济》2011年第11期。

由此可能造成对检察官监督制约的"真空地带",由于外部监督制约尚未完善,完全寄希望于检察官个人"自我监督"难以有效推进检察权的运行,不能防止检察权的滥用或是不作为。

2."大部制"整合弱化原有的部门之间的监督

伴随员额检察官的改革,不少传统的业务部门进行"大部制"的职能整合,成立了新的"部、局",由此带来的是办案效率的提高和"去行政化"、"扁平化"的管理模式。但也相应地打破了《刑事诉讼法》和《人民检察院刑事诉讼规则》所制定的部门间的监督制约关系,将本来就弱化的"内部监督"成为摆设。如将侦查监督部门与公诉部门合并成立刑事检察局,就弱化了批捕权力与公诉权力的监督制约;又如将控告申诉部门与民行检察部门合并成立诉讼监督局后,民事行政申诉案件的受理审查分离制度设计将无法实现,等等。

3. 上下级检察院的监督制约机制不完善

检察院与法院不同,上下级检察院实行的是领导与被领导关系,因此在案件办理的权限和责任承担上存在理不清的关系。例如司法实践中,不少地方检察院在做出不起诉决定之前需要报上级检察院"备案",名为"备案"实质为"决定",但如果不起诉决定被纠正后,责任谁来承担?因此上级检察院如何在不干预下级院独立办案的同时加强指导和监督制约,如何保证现有的监督制约机制发挥效力成为难题。

(三) 对检察官监督制约的落实不到位

对检察官监督制约虽然有不完善甚至缺陷,但最大的问题在于对赋予员额检察官较大检察权力的同时,现行的监督制约制度无法有效落实,极大影响了人民群众对检察权威的信服。其中突出反映在:一是监督制约强度不够。被社会媒体报道的"呼格吉勒图案"就因对原承办人追责过轻饱受质疑。监督力度不大,究其原因,一方面可能是"检察内部保护主义"作祟,另一方面是责任分散,落实不到位。二是监督制约时间滞后。最近媒体盘点10起备受关注的冤案,其中只有赵作海案存在明确的追责,其他案件大多是高调成立调查组便无下文或是干脆"不便透露"敷衍塞责,法谚"迟来的正义非正义",不及时发挥监督制约效力往往会造成超过案件本身的负面后果。三是监督制约消极被动。对大多数的冤假错案的纠正都源于网络社会媒体的披露报道,而对错案责任的追究也源于社会舆论的压力,一旦案件淡出人们视线,又会重复"好了伤疤忘了疼",甚至接受处罚的官员、承办人又能复职。如此对检察官的监督制约制度怎能产生实效?同时,对检察官监督制约的放纵又会进一步腐蚀现行的监督制度,由此不断恶性循环。

三、对员额检察官监督制约机制的完善

（一）加强有关监督制约理念的检察文化路径建设

检察文化是指检察机关及其检察人员在履行法律监督职能和管理活动过程中逐渐形成的价值观念、思维模式、行为准则、制度规范以及相关的物质表现的总和。[1] 除了传统的公平、正义、廉洁、奉公等内容外，监督也是其重要的检察文化之一。检察文化的形成不仅有来自内部长年累月的文化积淀和民族精髓，如公平、正义等，而且也可以通过外部宣传、培养形成特定的文化，如忠于党、忠于人民等。结合此次司法改革，其目的就是破除以往不符合司法规律、不能满足司法需求的旧思想、旧传统、旧制度，特别是与以往检察办案"不适应"的新制度、新举措、新理念都必须依靠有目的、有规划的检察文化建设来加以培养和形成。

正如前文所述，一直以来我国的检察文化缺乏对监督制约理念的重视，过分强调配合协作，往往使得设计好的监督制约制度形同虚设。因此要想完善对检察官的监督制约机制就必须首先加强监督制约的检察文化建设，其意义表现在：一是通过监督制约的检察文化建设有利于宣传司法改革中的监督制约制度，使检察官能够了解其制度设计的重要意义，督促检察官在实践操作中严格遵守，并消除与以往办案的"不适应感"。二是通过监督制约的检察文化建设，由外而内地形成监督制约意识，实现监督制约机制的有效落实的良性循环。三是通过长期的监督制约检察文化建设，有利于减少司法改革的阻力，保障改革取得长效。

在检察文化建设的形式上，可以充分借鉴各地试点检察院的相关经验。如上海市检察系统通过理论课题研究的方式，将司法体制改革探索实践上升为理论，并以著书立作的形式总结经验教训。[2] 又如重庆市检察院通过发放问卷调查的方式，将改革关心的热点话题特别是实践中可能存在的问题进行汇总分析。再如广东省深圳市检察院通过社会媒体及网络宣传的方式扩大检察改革的影响，并借"成果展"、"文化长廊"、"读书角"等形式向检察干警宣传改革政策，提高检察官监督制约意识，自觉履行监督制约的相关机制。

（二）完善检察官的外部监督制约机制

1. 深化检务公开建设平台

阳光是最好的防腐剂。通过加大司法公开的力度，将检察官的权力置于阳

---

[1] 参见陈茜倩：《我国检察文化现状及完善建议》，广西师范大学2012年硕士学位论文，第4页。

[2] 参见张智辉主编：《上海司法体制改革研究》，法律出版社2015年版。

光下，不仅可以保证当事人及社会舆论的知情权、监督权，而且也是加强对员额检察官执法办案有效监督的重要途径。一是加强检察官执法办案的公开。将检察官执法办案的重要环节进行公开审查、公开听证、公开宣布，确保利害双方的共同参与，充分发表意见，接受各方监督。二是加强执法办案信息公开。严格按照《人民检察院案件信息公开工作规定》的要求，将案件程序性信息、重要案件信息和生效法律文书及时公开，通过信息公开查询监督检察官执法办案。三是加强法律文书的释法说理。检察官对外的重要窗口即是生效的法律文书，通过对外公布的法律文书和文书的释法说理，能够使得检察官接受当事人及社会媒体的监督。

2. 拓展人民监督的范围

除了传统的检察机关人民监督员制度外，需要进一步拓展人大代表、政协委员、专家学者、单位代表、社区居民、乡镇干部等第三方参与检察机关重大疑难复杂的案件办理和评议。如侦查监督部门在逮捕必要性的审查过程中，承办人通过邀请双方当事人、人民监督员等共同参与评析，为最终做出是否逮捕的决定提供参考。又如控告申诉部门在办理刑事申诉案件过程中，通过邀请人大代表、政协委员参与公开审查、公开听证，接受双方当事人的监督，保证了复查决定的公信力，也促使矛盾的有效化解。

3. 补强律师监督的机制

律师作为中立第三方，在参与检察官执法办案的监督过程中具有不可比拟的优势。[①] 一方面是律师具有专业的法律知识，精通各环节的诉讼程序，能够对检察官进行有效的外部监督，提出批评、建议。另一方面是律师与检察官办案有着天然的职业联系，其有监督的动力和积极性。司法实践中大量的冤假错案和执法瑕疵都是代理律师发现指出的。各试点检察院在加强律师监督方面有不少的探索，从实践看，律师参加检察官监督还需要从律师权益保障、监督制度设计、人身安全保障、物质服务保障等方面加以完善。

(三) 加强检察官的内部监督制约机制

1. 建立办案组织内部监督制约机制

改革后，实行的是检察委员会、检察长（副检察长）、检察官、检察辅助人员的办案模式。改革制度设计中，虽然通过权力清单的形式划分了各主体之间的权力范围，但并没有建立不同主体之间的监督制约机制。如检察委员会、检察长（副检察长）如何在不干涉检察官独立办案的同时实现监督？又如检

---

① 参见刘太宗：《刑事涉检信访工作探讨》，载《中国刑事法杂志》2012年第12期。

察官之间、检察官与检察辅助人员之间如何进行监督？

笔者认为，应当在改革后的办案组织构架下设计对检察官权力的监督制约机制。首先是检察委员会、检察长（副检察长）的监督。虽然检察委员会、检察长（副检察长）不可能每个案件都亲力亲为，但对明显存在滥用职权或不作为的检察官应当有区别传统"行政命令"的措施，因此可以设置"罢免"、"暂停检察职务"或"中止案件办理"等相关程序。其次是检察官之间的监督。检察官之间的监督制约不能停留在"相互拆台"或是"冷眼旁观"，而应当有相互监督制约的设计，如办案组中其他检察官对主任检察官的"弹劾"制度，或是提交检察长（检委会）的动议制度等。最后是检察辅助人员的监督。虽然检察辅助人员在办案上附属于检察官，但对明显存在错误的事项或是权力的滥用、懈怠等，也应当有检察辅助人员相应的监督程序，如辅助人员对检察官的不同意见可以采取"附议"制，即案卷附页个人意见；或"申诉"制，即向主管部门申诉汇报。

2. 完善办案组织之间的监督制约机制

"大部制"职能整合后，原办案组织在试点时期仍将"双轨"运行，其办案职权也将长久存在，因此完善办案组织之间的监督是对检察官监督制约的有效途径。（1）加强案管部门对案件流程的监控和案件质量评查。通过流程监控和质量评查，可以有效监督制约检察官的执法办案，并为检察官的错误、瑕疵提出监督改正意见。（2）加强控申检察部门的反向审视功能。通过办理涉检信访案件和刑事申诉、国家赔偿等案件，控申检察部门可以反向审查原办案环节存在的问题，对检察官起到一定的监督制约效力。（3）加强纪检监察的执法办案。打破"内部保护"主义的思想，通过纪检监察部门的"专项检查"、"个案督查"、"定期通报"、"廉政档案"等建设对检察官执法办案是否公正廉洁进行全程监督，杜绝检察官"关系案"、"人情案"、"金钱案"的发生。

3. 落实办案环节的监督制约

我国《刑事诉讼法》和《人民检察院刑事诉讼规则（试行）》对检察案件办理的各个环节都有相互的监督制约设计，如审查逮捕环节，逮捕权对职务犯罪侦查权和公诉权的监督制约；刑事申诉环节，申诉复查权对不起诉案件的监督；立案环节，侦查监督部门的不立案监督权以及民事行政监督案件中受理与审查的分离制约制度等。① 但司法实践中，如何打破"部门利益"和"内部保护"主义成为落实监督制约制度的关键。笔者认为除了传统加强检察官

---

① 参见张贺：《检察权内部监督制约机制探讨》，载《重庆三峡学院学报》2012年第1期。

"自我监督"、"内部监督"意识外,通过合理有效的惩戒或激励措施能够有效落实监督制度。如对检察机关、检察官的考核考评中,增加案件反向审视的部分,对办理的监督案件进行加分、对办理的重大影响的监督案件进行通报表彰,对虽然办理错案但能够及时监督纠正的不扣分或少扣分,等等,都能够起到落实办案环节对检察官有效监督的效果。

4. 整合现有监督制约机制

现行对员额检察官的监督制约机制分散在各个业务部门,如案件管理部门的案件评查制度,控申检察部门的控告举报线索,机关党办的中共党员管理,纪检监察的违法违纪查办等,通过将现有的监督制约机制进行有效整合,将成为加强对员额检察官监督制约的重要措施之一。如重庆市人民检察院出台的《重庆市检察机关"六类案件"质量评查工作办法(试行)》,就是将案管、纪检、控申等部门联合起来,通过案件评查的方式加强对案件承办人的有效监督。

四、完善对员额检察官的司法责任追究机制

司法责任追究是对员额检察官最严厉的监督制约,是最后一道监督屏障。2015 年 9 月 28 日,最高人民检察院出台《关于完善人民检察院司法责任制的若干意见》(以下简称《意见》),在健全司法办案组织及运行机制、界定检察人员职责权限的基础上,明确了检察官司法责任的范围、类型、认定和追究程序等主要问题,实践操作中应进一步细化,尤其是把握以下三点:

(一)严格把握"重大过失"的标准

《意见》第 32 条规定检察人员的司法责任包括故意违反法律法规责任、重大过失责任和监督管理责任。其中对"重大过失"的理解学界一直存在较大争论,而司法实践中也有以"重大过失"放纵对检察官责任追究的情形。一般而言,重大过失是与一般过失相对应,"其主要有两个特点:一是行为人严重违反了注意义务,而不是一般地违反注意义务;二是行为人对义务只要给予一般或一般以下的注意,其错案的结果就能避免,但行为人连这点注意义务也没有尽到"。[①] 但笔者认为,检察官作为专业的法律人,其注意义务本来就应当高于普通人,检察官的"过失"是否重大,其注意义务应当以普通检察官为参考标准而不是以不具有专业法律知识的普通人为标准。如在讯问笔录

[①] 朱孝清:《试论错案责任》,载《人民检察院司法责任制学习资料》,中国检察出版社 2015 年版,第 155 页。

中，一名检察官代替另一名检察官在笔录中签字，这在司法实践中大量存在可能只是一般过失，但对犯罪嫌疑人或普通民众而言可能就是"故意"或是"重大过失"的行为，甚至导致该份证据存在瑕疵或是被排除的严重后果。因此对"重大过失"应当从严把握，既不能宽泛理解也不能降低要求。

(二) 明确把握司法责任追究的内容

司法实践中，对检察官的责任追究要防止简单套用行政追责的方法，也要防止"从轻处理"的倾向。其责任追究的内容从轻至重包括道德责任、纪律责任和法律责任。[①] 一是道德责任的追究。按照 2009 年最高人民检察院公布的《检察官职业道德基本准则（试行）》第 2 条的规定，检察官职业道德的基本要求是忠诚、公正、清廉、文明。对无法达到检察官基本道德要求，既不能忠于法律，立检为公、执法为民，也不能恪守公平正义的底线，因此从检察官职业的角度给予责任人道德谴责，以期在人生事业的记录里留下污点，接受社会及内心的考问。二是纪律责任的追究。按照 2007 年最高检修改后的《检察人员纪律处分条例（试行）》第 6 条的规定，检察纪律处分分为：警告、记过、记大过、降级、撤职、开除。同时按照《中国共产党纪律处分条例》第 10 条的规定，对党员的纪律处分种类包括警告、严重警告、撤销党内职务、留党察看、开除党籍。对具有双重身份的检察人员，在纪律处分上可以分别适用，如此可以避免检察机关人员因调离、退休后无法纪律追责的问题。三是法律责任的追究。包括刑事法律责任、民事法律责任和行政法律责任。对司法责任人的道德、纪律、法律责任的追究并行不悖，特殊情况下存在适用冲突时，按照法律优于法规，特殊优于一般的原则具体运用。

(三) 保证司法责任申诉控告的畅通

司法责任的申诉控告是对责任追究的救济程序设计。其目的在于更好地查明事实真相、明确责任，保障被追究责任人的合法控告申诉权。《检察人员纪律处分条例（试行）》和《中国共产党纪律处分条例》并没有规定责任人的申诉控告程序，但是在《检察官法》和《公务员法》中设有"申诉控告"专章。不论是《检察官法》的"复议"制度，还是《公务员法》的"复核"制度，其实质都是"一次审查制"，而且是向做出处罚的机关申请，如对复议、复核不服可以向上级机关不断反复申诉。从司法实践看，这种程序设计不仅不利于保障"责任人"的合法权益，而且容易造成重复申诉、胡乱控告等信访

---

① 参见朱孝清：《错案责任追究的是致错的故意或重大过失行为》，载《人民检察院司法责任制学习资料》，中国检察出版社 2015 年版，第 167 页。

问题。对此笔者建议实行复议加复核的"二元审查机制"。责任检察官首先可以向做出处罚的检察院提出复议申请，其后对复议决定不服或是原处罚单位逾期未做决定的可以向上一级检察院申请复核，对经过复议、复核后的申诉，检察机关原则上不再受理审查。"二元审查机制"不仅能充分保障申诉检察官的合法权利，督促处理机关及时有效做出答复，而且将责任追究纳入法制轨道，避免无休止的上访申诉。

检察人员分类管理与职业保障

常高直[*]

当前，为贯彻落实十八届四中全会《中共中央关于全面推进依法治国若干重大问题的决定》，司法改革正如火如荼的进行。检察改革作为司法改革的重要组成部分，在各地分别试点进行了检察人员分类管理、省以下检察院人财物统一管理、检察官办案责任制及完善检察官职业保障等方面的改革。检察改革坚持理论先导原则，着眼长远，结合政治、经济、文化、传统习惯，充分运用社会科学方法，实现检察机关的法律监督职能。现笔者从检察人员分类管理与职业保障的角度提出个人粗浅看法，以期抛砖引玉，推进人民检察制度的逐步完善。

一、检察人员分类管理制度述评

人员分类，就是以职业特点为中心，根据职业的工作性质、难易程度、责任轻重和所需资格条件等要素，针对不同类别的职业特点对该类别的从业人员进行管理的一项人事管理制度。[①] 具体到检察人员其有广义和狭义之分。检察人员是指人民检察院工作人员的总称，包括各级人民检察院的检察长、副检察长、检察委员会委员、检察员、助理检察员、书记员、司法警察等。检察人员分类管理，是指在检察机关区分人员类别，分别适用不同的职务序列和管理方法，根据职务类别各自特点进行管理的管理方式。[②]

（一）检察人员分类管理的域外经验

检察机关人员实行分类管理的管理模式在国外已被多个国家采用，是确保

---

[*] 作者简介：常高直，河北省邯郸市磁县人民检察院检察员。

[①] 参见马楠：《检察人员分类管理制度研究》，载《中国检察》第3卷，中国检察出版社2003年版，第625页。

[②] 参见童建明、万春：《中国检察体制改革论纲》，中国检察出版社2008年版，第362页。

检察官独立行使检察权而进行科学管理的有益探索。德国检察机关人员分为检察官、司法员、公务员、书记员等，司法员、公务员、书记员等辅助人员主要从事行政事务和文秘等辅助工作，其中司法员从事检察行政、司法协理和公司辩护人等工作。① 日本检察厅人员分为检察官、检察事务官、检察技官和其他职员，"检察事务官受上级长官之命，掌管检察厅的事务，并辅佐检察官或受其指挥进行侦查"，"检察技术官受检察官指挥，掌理技术"。② 韩国的检察机关人员分为检事（检察官）、检察书记官、调查书记官、事务官、通信技术人员及其他辅助人。③

德国、日本及韩国等法律体系较为完备的国家，在司法人员的管理上均实行分类管理，并且严格控制检察官的比例。在一个时期内，德国检察机关中约有工作人员670人，其中检察官约90人，占其总人数的13%。日本检察机关约有工作人员11257人，其中检察官约2092人，占其总人数的19%。韩国检察机关中约有工作人员6000人，其中检察官约1000人，占其总人数的17%。

（二）我国检察人员管理现状

1995年《中华人民共和国检察官法》（以下简称《检察官法》）出台以前，检察人员一直按照管理行政机关工作人员的方式进行管理，与检察机关的法律监督职能不相适应。《检察官法》出台后，第一次以法律形式明确了检察官的法律地位、职责、权利和义务、任职条件、任免程序和奖惩等问题，对推进检察官的专业化、提高检察队伍专业素质起了重要的作用。但随着我国经济建设的快速发展和改革的不断深入，检察队伍结构发生了巨大的变化，《检察官法》规定的检察人员管理体制存在诸多问题，已阻碍了检察事业的发展。

现行《检察官法》将检察机关工作人员分为检察长、副检察长、检察委员会委员、检察员、助理检察员、书记员、司法警察等，业务部门和综合部门检察人员只要具有法律职业资格均任命为检察官，统称为检察干警。据有关统计数字显示，全国省级及以下检察院中，现有检察官为154697人占检察人员总数的62.9%，书记员为23884人占检察人员总数的9.7%，检察官和书记员的比例还不到6.5:1。而在检察官中，综合部门与技术部门占22.3%，大量的检察官从事着非检察业务工作。④ 检察人员的人事管理由同级党委组织人事部

---

① 参见黄东熊：《中外检察制度之比较》，中央文物供应社1986年版，第23页。
② 黄东熊：《中外检察制度之比较》，中央文物供应社1986年版，第24页。
③ 参见《国外法制信息》1998年第6期。
④ 根据高检院政治部2013年1月编印的《2012年下半年检察机关政治工作信息统计数据》统计。

门纳入普通公务员进行统一管理,以行政级别对薪酬待遇进行考量,检察官职务等级形同虚设,致使检察机关具有浓厚的行政色彩,办案程序上层层审批,弱化了检察官在检察机关的主体地位,不能体现专业检察人员的司法官属性,已不能适应检察机关履行法律监督职能的需要。

(三) 我国检察人员管理中存在的问题

1. 概念混淆不清,管理体制混乱。目前在检察机关对检察人员有几种称呼:检察官、检察员、助理检察员、办案人、承办人、书记员、检察人员等,都称为检察人员。没有明确检察官的概念。《检察官法》第2条规定,"检察官是依法行使国家检察权的检察人员,包括最高人民检察院、地方各级人民检察院和军事检察院等专门人民检察院的检察长、副检察长、检察委员会委员、检察员和助理检察员"。由此可见,检察人员在检察官法的意义上仅指检察官。在《人民检察院组织法》(以下简称《组织法》)第三章关于人民检察院的机构设置和人员任免中,除检察官法提到的检察人员中还加入了"书记员",《检察官法》提到助理检察员时是将其与其他检察人员并列的,而《组织法》在提到助理检察员时是将其与书记员并列的。从《组织法》的规定中可以得出这样的结论,检察人员应当是由依法独立行使国家检察权的人员,助理检察员和书记员都不属于检察人员范畴。《组织法》第27条规定,经检察长批准,助理检察员可以代行检察员职务。在未经批准之前,助理检察员没有独立办案的权力。书记员职责是担任案件记录、案卷装订及其他有关事项。另外,我们平时所称的"检察人员"是指检察机关所有在编人员,包括政工人员、行政人员、技术人员、工勤人员。政工人员、行政人员和技术人员大多还具有检察职务,检察职务资源被辅助人员占用。

2. 行政管理模式制约了检察队伍的专业化建设。现行的检察人员管理体制虽然有一定的科学性,但其仍具有较浓的行政色彩,与专业化要求还有很大的差距。虽然《组织法》中规定了检察员、助理检察员、书记员等检察职务,《检察官法》中也规定了检察官的任职资格、等级、权利义务、任免程序、考核奖惩、职业保障等内容,但由于长期受行政管理理念的影响,这些与检察队伍专业化建设密切相连的规定并未落实,现行检察人员管理体制仍然是管理公务员的方式来管理专业检察人员,主要表现为检察机关每个工作人员都要有行政职级,级别、工资、福利等待遇都取决于行政职级,就连检察职务的作用也要以达到一定的行政级别为前提条件。《检察官法》规定的检察官等级与检察官待遇没有任何关系,形同虚设。这种行政管理模式不符合检察官的培养规律,不利于检察队伍的专业化建设。

3. 检察官资格取得方式不符合专业化要求。现行体制下,检察官资格的取得有三种情况：一是在国家司法考试制度实行以前，其途径是到检察机关后根据其行政职级确定相应的检察职务，如军转团职干部，对应行政级别为处级，转业到检察机关后，不论其是否具备办案能力，便可直接任命为检察官，而没有行政级别或行政级别较低的，即使是法学专业，精通法律亦难以任命为检察官。后来检察院自主组织检察员考试对工作年限较长的工作人员进行任命。二是在国家司法考试实行后，检察机关无法律职务人员通过司法考试后获得任命和已通过司法考试的人员又经过公务员考试进入检察机关获得任命。三是具有一定职务的领导干部调入检察机关直接取得领导职务和检察官资格。如区县书记、乡镇书记等行政机关干部调入检察机关被任命为检察长、副检察长，直接取得检察官资格。《检察官法》第13条明确规定：初任检察官采用严格考核的办法，按照德才兼备的标准，从通过国家司法考试取得资格，并且具备检察官条件的人中择优提出人选。人民检察院的检察长、副检察长应当从检察官或者其他具备检察官条件的人员中择优提出人选。根据检察官法的规定，区县书记、乡镇书记等行政机关的干部是不符合检察官任职条件的，但基层实践中却屡见不鲜，严重影响了检察官的专业化建设。

因此，修改《检察官法》、改革现行的检察人员管理体制，实行科学合理的管理模式，充分发挥检察人员的积极性，已是解决当前制约检察事业发展的一条重要途径。

二、实行检察人员分类管理的必要性

我国的检察制度是在移植苏联和借鉴大陆法系国家检察制度的基础上设立，在扬弃的基础上又形成了自己的特色，并且需要通过改革，不断的完善和发展。但现行检察人员管理机制存在的种种问题和弊端凸显了改革和完善检察人员管理制度的必要性和紧迫性。

（一）实行检察人员分类管理，有助于实现检察队伍专业化

检察机关作为国家的法律监督机关，检察队伍应是围绕检察权行使，具有高度专业性的检察官。对检察人员进行科学分类、明确职位的任职条件、职责，有针对性地招录、遴选，根据职位特点制定管理措施，合理配置主任检察官、检察官助理和书记员，做到人事相宜、人尽其才，有助于检察队伍的专业化建设。

（二）实行检察人员分类管理，有助于实现检察官的精英化

国外司法部门一直奉行检察官精英化政策，检察官的人数始终保持在比较低的水平，保证了检察官的精英化。在我国通过实行检察人员分类管理制度，

在保证案件办理的前提下，遴选出主任检察官作为独立行使检察权的主体，使检察官的数量大幅减少，进而提高检察官的入职门槛。

（三）实行检察人员分类管理，有助于提高检察机关办案效率

长期以来，检察机关实行办案层层审批机制（三级审批制），办案程序为：办案检察官拿出案件处理意见，由部门负责人审批后提交主管副检察长，由主管副检察长拿出决定意见。如果案件复杂，案件进一步向检察长汇报或提交检委会决定。层层把关以致不能凸显出办案检察官主体作用。并且办案检察官在案多人少的现实情况下，没有明确的辅助人员，承办案件后从审查案卷、询（讯）问犯罪嫌疑人、调查取证、资料复印到办结后的案卷整理归档均需亲自操办，以致办案效率低下，办案责任意识不强。

（四）实行检察人员分类管理，有助于更好地实现司法公正

人员分类管理实施后，大量的办案准备工作将由检察官助理来完成，如公诉案件的提讯、自侦案件的取证，主任检察官一般不直接接触当事人或其家属，这样的制度可以避免因直接当事人或其家属而可能发生的人情案、关系案，从而更好地实现司法公正。

三、检察人员分类管理后的职位设置

通过对国外检察人员管理模式的学习，笔者认为对检察人员依据职务类别、工作性质和职责进行分类管理，按照一定比例确定检察官、检察官助理和其他检察辅助人员是非常必要的。检察人员分类管理，从不同角度有不同的分法，较为常见的有两种：一是将检察人员分为检察官、检察官助理、检察行政人员；二是将检察人员分为检察官类职位、检察官辅助类职位、司法行政类职位。但笔者认为，将检察人员分为检察官类职位、检察辅助类职位两种即可。下面就此做些探讨。

（一）检察官类职位

根据现行《检察官法》确定的检察官范围包括检察员和助理检察员，尽管在《组织法》当中将助理检察员和书记员并列，助理检察员不在检察官范围内。现在的改革方向是检察官类职务将保留主任检察官，检察官助理将与书记员被排列到检察辅助人员，这样的设置可能会导致承担大量办案任务的助理检察官不再具有检察官身份，没有了职业的尊荣感，不利于调动检察官助理的积极性。笔者认为应将检察官助理纳入检察官的范围，作为检察官人才储备库，在符合一定条件后，经过统一的遴选考试，将优秀的检察官助理确定为检察官，作为激励措施。

(二) 检察辅助类职位

检察辅助类岗位包括书记员、政工人员、行政人员、纪检人员、技术人员和司法警察。

1. 关于书记员，一直以来，书记员和检察官一样属于公务员序列，其管理模式为书记员，具有法律职业资格的达到一定年限后过渡为助理检察员，经过一定年限经考核再过渡为检察员。大量的书记员过渡为检察员导致检察官的队伍过大，严重影响了检察队伍的整体素质，也造成书记员的短缺，书记员和检察员的比例严重失调，是我国检察机关书记员管理体制的弊端，应明确检察机关书记员的辅助人员地位，在辅助人员职务序列内管理，形成一支稳定高效的书记员队伍。

2. 关于政工人员、纪检人员、行政人员和技术人员，其在各级人民检察院中承担内部行政事务管理职能，负责检察机关的人事管理、宣传教育、纪检监察、党务、文秘等工作，其实际履行的职能和其他行政机关并没有区别，改革后检察机关仍应依据《公务员法》按综合管理类公务员和技术类公务员对其进行管理。但在实践中，有一部分政工人员、纪检人员和行政人员本身和业务部门工作人员一样地通过了司法考试和公务员考试，同样按现行检察人员管理体制被任命为检察员，如果在之后的发展渠道上堵死其进入检察官的路径，必会挫伤其工作的积极性。宜对此类人员设置过渡期，符合轮岗条件的在过渡期内逐步过渡到业务部门出任检察官助理，达到条件后经统一考试遴选为检察官。在之后的招录考试中，应明确招录人员岗位性质，确定岗位后不再转岗交流。

3. 关于司法警察，司法警察是检察机关中检务保障的专门力量，承担着看护、押解及协助拘捕犯罪嫌疑人等重要职责，但我国法律法规没有明确司法警察的法律地位、职责和属性，应在《组织法》修改时予以明确，明确后仍参照《人民警察法》管理。

人员分类管理改革后，在检察机关突出检察官的主体地位，使其可以客观、公正、独立的行使检察权。但检察辅助类职能是检察业务工作的保障，应当予以高度重视，科学合理地设置检察辅助人员职务序列，确保检察业务工作顺利进行。

四、完善检察人员分类管理制度的建议

(一) 人员任命

1. 设置主任检察官制度。从国外的经验和我国部分检察机关试点的经验

看，设置主任检察官制度是实行人员分类管理的基础。主任检察官将作为检察机关办案的主体，在检察长领导下，依法独立的行使检察权，在案件办理中作为办案组的组长，配备检察官助理与书记员，负责组织人员、统筹安排和决定案件处理结果，并负责解决组内办理专业案件的难点与问题，还要注意总结、探索出办理专业案件的特色方法或经验。取消科、处长等行政管理者对案件的审批权，主任检察官依法独立履行法律监督职责，原则上只接受检察长与检委会的领导。

2. 要明确检察官的进退流转。主任检察官实行省级统一遴选，由省级检察官遴选委员会根据现任检察官的专业知识、办案质量、办案效果等因素将优秀的纳入主任检察官，坚决杜绝检察长、副检察长、处长或科长统一过渡成主任检察官，将遴选变成职务名称的改变。人员分类管理改革后，检察官在检察机关将具有更突出的主体地位。同时，要完善检察官的惩戒机制，确保检察官的进退流转。首先，建立检察官的惩戒机制，如引咎辞职制度、限期调离制度等，并以法律的形式予以固定，保证能在实践中落实。其次，建立专门的检察官惩戒委员会，该机构独立行使对检察官的惩戒权，避免因部门利益出现对检察官的袒护和包庇。最后，要完善惩戒程序，由于检察官职业的特殊性，对检察官的惩戒应当设置严格的程序，并应允许被惩戒的检察官提出抗辩或申诉。

另外，试点检察院在人员分类管理改革后，将检察工作人员分为主任检察官、检察辅助人员和行政人员，《检察官法》相对应的将设置分类后的检察官范围、职责、义务和权利、任职条件等方面的内容，主任检察官理所当然地纳入检察官的范围，可是大部分原来的检察官将过渡为检察官助理，其将不再属于检察官的范围，亦不属于检察官法调整的范围，对检察官助理如不纳入公务员法的管理范畴，还需另行制定检察官助理的管理制度，但在人员分类管理改革后无论是将检察官助理纳入公务员法管理范畴还是另行制定检察官助理管理法均不合适。笔者建议，依然将检察辅助人员纳入《检察官法》的管理，明确检察官助理的检察官身份，依据本院检察长的任命履行检察职能，可相对于主任检察官在较低的检察官等级范围内另行制定检察官助理的职务序列，既实现了检察人员的全面管理，又保留了检察官助理的晋升渠道，还使从检察官过渡为检察官助理的群体保持了工作的积极性。

3. 人员任命宜在现行宪法框架内进行。一直以来，司法权虽作为中央事权，但由于司法机关是对应行政区域设置，司法机关的人财物由地方政府财政管理、保障，此次改革将法、检的人财物上划至省级，由省级统一管理。依照宪法规定，各级检察机关由同级人大产生，对其负责。检察人员任命亦应同级人大常委会负责。现行检察人员管理制度中助理检察员由本院检察长直接任命，检察员由本院党组研究提名后，报同级党委组织部门或政法委员会考核、审批后，方可报人大常委会进行考核、任命。省级统一管理后，主任检察官将由省级遴选委员会遴选决定，其任命程序未作出规定，如果将每一个主任检察官的任命统一到省级人大常委会，将无形中给省级常委会带来巨大的工作量。笔者认为，检察人员的任命应在宪法框架内进行，主任检察官在遴选作出决定后，由地方人大常委会依据遴选决定直接履行任命程序。

（二）办案责任划分

检察机关作为具有司法权的司法机关，长期以来在管理上具有浓厚的行政属性，在办案程序上实行内部"三级审批制"，即办案人员建议，主管副检察长或部门领导审批，检察长或检察委员会决定。十八大提出让审理者裁判、让裁判者负责的办案终身负责制，检察改革提出主任检察官办案责任制，由主任检察官带领辅助人员成立办案组，所办案件由主任检察官决定，取消审批环节，主张"谁办案、谁决定、谁负责"，但需要厘清主任检察官同其他检察人员的关系。

1. 主任检察官与检察长、副检察长的关系。检察长领导本院的业务工作，副检察长在检察长授权下履行检察长的职权。主任检察官要接受检察长及主管副检察长的领导，实行主任检察官办案责任制后要赋予主任检察官相应的执法办案决定权。但在法律层面，主任检察官并不是独立的执法主体，而是办案组织中代行检察长部分权力的执行者。对于检察长或检委会决定的案件，主任检察官只对事实和证据负责，检察长或分管副检察长对主任检察官的决定改变或部分改变的，主任检察官对改变的部分不承担责任。

2. 主任检察官与部门负责人的关系。检察机关在办理案件时采用层级审批制，使得检察官对上级的依附性逐渐凸显，是检察权行使行政化的表现，不利于检察官客观公正地行使职权。改革将取消检察官办案的行政审批环节，将部分业务精湛、经验丰富的检察官遴选为主任检察官作为检察权能的具体承载者，以其为核心组成固定的办案组，由其决定检察权的运行，在检察长或检委会的授权下独立地办理案件并承担责任。设立的部门负责人宜由主任检察官担任，除作为主任检察官办案外，要负责组织案件讨论会和业务学习会等行政性工作，但不负责审批案件，更不得干预其他主任检察官办案。

3. 主任检察官与办案组成员的关系。主任检察官与检察官助理、书记员组成办案组后，主任检察官是办案组的负责人，是行使检察权的主体，负责案件的办理方向和进度并对案件终生负责，其他办案组成员作为辅助人员在主任检察官的领导下开展工作，主任检察官对辅助人员的工作进行细化分工、统筹安排并监督管理,审查辅助人员侦查取证、询(讯)问材料,对承办的案件具有决定权。

(三) 履职保障

1. 职权保障。"检察官是独任制机关,本身具有独立的性质。这对于保障公诉权的行使及绝对公正,不受其他势力操纵,以及检察官的职务行为必须直接产生确定的权力,都是必不可少的"。① 检察官依法、公正、独立行使检察权,外部不受其他任何机关、团体和个人的干涉,党委亦不可直接干涉具体案件,党对司法的领导主要是思想组织和路线方针政策的领导,不能代替司法工作,这在党中央《关于坚决保证刑法刑事诉讼法切实实施的指示》中明确提出。内部检察官亦应具有一定的独立性,除特别重大复杂的案件需要报检察长或检察委员会决定外,提倡"谁办案谁负责、谁办案谁决定",由检察官独立决定案件的处理。即使是提交检察委员会讨论的案件,原则上仍应保证检察官对案件证据、事实的认定权,检察委员会只是对法律问题作出决定。实现检察官的独立性,还需要在法律上明确检察官的职务,使检察机关的职权以法律的形式划分给检察官,使每个业务岗位有详细的履职手册,明确检察官之间的分工,使检察官真正成为检察权的掌舵人。

2. 身份保障。检察官独立履职是实现法律下公平正义的保障,是司法公正的基石,而检察官身份保障则是检察官独立保障的最基本内容。检察官身份保障是指为解除检察官的后顾之忧,使其免受外部干扰而依法行使职权,在经法定程序任命后,非经法定程序不得随意免职、转职、辞退和处分。《日本检察厅法》规定,除检察官满退休年龄,因身心故障、职务上效率低及其他原因不适于执行职务,由于检察厅的撤销和其他原因检事长、检事、副检事成为剩余人员三种情况外,不得违反检察官的意愿而使其失去职务、停薪或减薪,但受惩戒处分的情况不在此限,并明确规定检察总长年满 65 岁,其他检察官年满 63 岁时退休。②《德国法官法》规定,试用职法官试用后 5 年内,应任命终身职法官或属于一般终身公务员性质之检察官。③ 我国应借鉴国外的保障制度,在明确检察官进退流转制度的基础上,建立终身检察官制度,保证检察官依法履职具有连续性。

3. 待遇保障。检察官作为行使法律监督权的主体,工作的专业性较强,

---

① [日] 法务省刑事局编:《日本检察讲义》,杨磊等译,中国检察出版社 1990 年版,第 18 页。

② 参见王克主编:《世界各国检察院组织法选编》,中国社会科学出版社 1994 年版。

③ 参见周道鸾主编:《外国法院组织法与法官制度》,人民法院出版社 2000 年版。

应实行不同于一般公务员的单独职务序列和工资序列。法官、检察官工资标准高于一般公务员和警察的工资标准是许多国家的通例。日本检察官平均工资高出国家公务员40%，奥地利检察官工资水平与同级公务员、警察相比平均高出15%左右。① 我国应参照国外标准，依照我国国情，制定适宜的检察官职务序列和工资序列。但应把握以下两点：一是体现对法律的尊崇，与检察官的社会地位相称。检察官作为法律实施的监督者，要树立社会公众对法律的尊崇，必须给予检察官较高的社会地位，而物质待遇总是要与社会地位相称。二是要保持对优秀法律人才的吸引力。我国目前处于矛盾多发期，需要检察官、法官去维护公平正义的最后一道防线，如果不具有吸引优秀法律人才的待遇，优秀法官、检察官流失将会更加严重。

---

① 参见于萍主编：《检察官管理制度教程》，法律出版社2003年版。

试点时期检察官助理的困境及破解

任海新　吴　波[*]

2015年检察官改革试点进一步扩大和深化，在试点探索中，各试点检察院建立主任检察官办案组，细化检察官办案权力清单，赋予检察官自主决定权，将检察官办案责任制改革与内设机构整合同步进行，推进检察权专业化、扁平化运行。但相较检察官而言，对检察官助理的研究较少。事实上，此次司法责任制改革，冲击最大的还有"检察官助理"群体，尤其在试点时期运行"双规制"，大量无法进入员额的助理检察员（检察员）如何做好检察官助理的工作，按照"木桶原理"，可能会成为影响司法改革成败的关键因素之一。

一、从助理检察员（检察员）到检察官助理

从目前各地检察院的试点来看，员额内的检察官比率都控制在在编人数的39%左右，人数相对较多的是检察辅助人员。而其中，由于未进入到员额内的助理检察员（检察员）都将成为检察官助理，使得这个群体充满了压力、竞争、利益和变数。

（一）检察官助理角色的转变

改革前，《中华人民共和国检察官法》第2条规定："检察官是依法行使国家检察权的检察人员，包括最高人民检察院、地方各级人民检察院和军事检察院等专门人民检察院的检察长、副检察长、检察委员会委员、检察员和助理检察员"。可见不论是检察员还是助理检察员都属于检察官序列，独立履行检察官职权。相较而言，助理检察员属于资历尚浅、经验不足、级别较低的检察官。按照《中华人民共和国检察官等级暂行规定》，助理检察员分为一级至五级检察官不等。

改革后，按照中组部和高检院联合下发《人民检察院工作人员分类管理

---

[*] 作者简介：任海新，重庆市人民检察院研究室主任，全国检察理论研究人才；吴波，重庆市人民检察院第二分院干警，全国刑事申诉检察人才。

改革意见》，把检察院工作人员分为检察官、检察辅助人员和司法行政人员三大类，并进一步明确检察官助理的定位和职责，把检察官助理纳为检察辅助人员的一种，规定"检察官助理在检察官的指导下履行对法律规定由人民检察院直接受理的犯罪案件进行侦查、协助检察官审查各类案件、对案件进行补充侦查、草拟案件审查报告及有关法律文书等职责"①。相较改革前，检察官助理已不属于检察官序列，不能独立行使检察职权。

改革试点过程中，原先的检察员、助理检察员进行了分流，部分检察员和资深法律经验的助理检察员通过选拔考核进入员额内成为检察官，其他的检察员和助理检察员将成为检察官助理。对尚未进入员额的助理检察员（检察员）面临着改革前后的角色转变和职能的重新定位。

（二）检察官助理的人员分类

从各地试点的检察院陆续完成员额检察官（主任检察官）选任推荐工作后，通过分析可以看出检察官助理大致包括以下三类人员。②

	人员情况	优势	劣势	年龄结构	所占比例	试点影响
1	主动放弃或未通过检察官选任考核的原检察员	年龄较大、资历较深、办案经验丰富	学历不高，大多未受过法律专业知识训练，工作积极性较差	50岁左右	根据地区、部门不同，大致占到检察官助理的20%左右。	影响中等（虽未进入员额检察官，但试点时期职级待遇保留不变）
2	暂不具备资格或未通过检察官选任考核的原助理检察员	工作积极性、主动性强，进取意识明显，能独立办案	资历尚浅，办案经验不足，改革利益得失明显	30、40岁左右	根据地区、部门不同，大致占到检察官助理的50%左右。	影响较大（是否能进入员额检察官事关切身利益）
3	因改革暂停任命助理检察员的新进人员	工作踏实肯干，承担较多事务性内勤工作	新进单位，资历最低，暂不具备独立办案资格	22岁左右	根据地区、部门不同，大致占到检察官助理的20%左右。	影响较小（试点时期基本不具备进入员额检察官的资格）

---

① 参见胡伯溟、邹海燕：《浅析检察官助理制度的建立与完善》，载《法制与社会》2014年第5期。

② 分析数据引至重庆市人民检察院第二分院（重庆市检察改革试点单位）。

（三）检察官助理的权限变化

从助理检察员（检察员）到检察官助理的角色转变，不仅体现了职级、地位、待遇的改变，而且承担的检察工作和职权也有明显的变化。按照《中华人民共和国检察官法》第 6 条的规定，检察官的职责包括：依法进行法律监督工作；代表国家进行公诉；对法律规定由人民检察院直接受理的犯罪案件进行侦查；法律规定的其他职责。对照 2015 年最高检《关于完善人民检察院司法责任制的若干意见》，其基本等同于第 17 条"检察官"的七项职权，而检察官助理的职权由第 20 条单独列举。[①]

	助理检察员（检察员）	检察官助理（在检察官指导下）
1	询问关键证人和对诉讼活动具有重要影响的其他诉讼参与人	讯问犯罪嫌疑人、被告人，询问证人和其他诉讼参与人
2	对重大案件组织现场勘验、检查，组织实施搜查，组织实施查封、扣押物证、书证，决定进行鉴定	现场勘验、检查，实施搜查，实施查封、扣押物证、书证
3	组织收集、调取、审核证据	收集、调取、核实证据
4	主持公开审查、宣布处理决定	无
5	代表检察机关当面提出监督意见	无
6	出席法庭	协助检察官出席法庭
7	其他应当由检察官亲自承担的事项	接待律师及案件相关人员；草拟案件审查报告，草拟法律文书；完成检察官交办的其他办案事项

通过权限对比分析可以看出，试点时期未进入员额检察官的助理检察员（检察员），在改革后履行的职权总体有所缩减，主要体现在上图中的 4、5、6 三项。当然结合不同部门的具体业务，这三项职权又可以细化为若干项。如检察官助理不再享有原助理检察员（检察员）履行的第 5 项"代表检察机关当面提出监督意见"，当然还包括提出检察建议、意见，提出抗诉，提出再审检察建议等权限。

---

① 详见最高人民检察院《关于完善人民检察院司法责任制的若干意见》，2015 年 9 月 28 日。

二、试点时期检察官助理面临的困境

改革试点时期,部分未进入员额内的助理检察员(检察员)作为检察官助理,不得不面临来自心理落差、身份混同、前景展望的三大困境。

(一)试点时期检察官助理面临心理落差的困境

1. 员额检察官落选的挫折感

按照选拔考核检察官设定的条件和39%左右的员额比例,部分助理检察员(检察员)是不具备或是未通过员额检察官的考核,由此产生的心理挫折感在所难免。检察官司法责任制改革是事关每位干警切身利益的大事,改革前的政策制定,动员部署在一定程度上调动了广大检察干警的积极性、参与性。但由于顶层制度设计缺乏足够的公开透明,同时鉴于保密需要对政策制度的宣传力度不大,加之社会媒体对改革后"涨工资"的报道,使得检察干警普遍存在盲目的高期望和不理智的参与度,如部分干警对改革政策不了解,不能正确评估自身条件,只是希望进入员额后能涨工资而参加选任考试,这样必然导致落选后的心理落差,不仅会对员额检察官选任考试的公平性产生质疑,也会对检察改革产生误解,而且会直接影响到现实的工作。

2. 竞争压力的紧迫感

长期以来,检察系统参照行政公务员的管理,却仍然无法打破"大锅饭"、"铁饭碗"的思想。不少年轻干警通过激烈的公务员招考进入检察院,但深受"干多干少一个样,干好干坏一个样"的旧思想腐蚀,学习的积极性、主动性不断减弱,干警的职业压力并不明显,加之检察系统尚未建立有效的考核、淘汰机制,从而形成了部分年轻干警懒散、懈怠、求稳、不思进取的不良习惯和氛围。检察官司法责任制改革后,这一局面将有所改观,因为检察人员不仅实行分类管理,而且检察官的员额比例将严格控制,因此检察干警,特别是年轻干警为寻求进入员额检察官,就必须树立起紧迫的竞争压力,不论在学习和具体工作上,而且在为人处世和社交上都要积极主动,崭露头角,否则将难以晋升。从这个角度看,检察干警从被动学习到主动学习,从消极工作到作出成绩,从不注重人际交往到同事关系融洽的转变,在心理上会存在一定的不适应和落差。

3. 职级待遇的高期待

2015年9月《法官、检察官单独职务序列改革试点方案》明确了根据职业特点,建立有别于其他公务员,与检察官单独职务序列相衔接的检察官工资制度。在第一批司法改革试点的省市中,上海已经对外公布改革工资上涨幅度为43%左右,而深圳市的检察官收入较执法类公务员平均增长15%左右。不论制度设计还是媒体宣传，从试点实践看，检察官工资的上涨目前尚未完全实现。究其原因，检察官薪酬制度的设计目前仍不完善，需要过细研究论证。另外是试点时期，改革还未全面铺开，过早的上涨工资缺乏制度保障。因此在试点时期，检察干警希望通过改革上涨工资的高期待明显不现实，造成理想与现实的落差需要心理调节。

（二）助理检察员（检察员）与检察官助理的混同

1. 职务身份的混同

试点时期，改革的检察单位实行"双轨制"，不仅其行政机构和行政职权继续运行，检察人员的原职务身份也继续保留，容易造成多重身份的混同。一是法律职务的混同。按照《检察官法》，不论是助理检察员还是检察员都有严格的任命程序，相较助理检察员由本院检察长任免而言，检察员则由本级人大常委会任免。因此在改革试点时期，助理检察员（检察员）的法律职务并没有撤销，因此未进入员额检察官的助理检察员（检察员）存在法律职务的混同。[①] 二是行政职务的混同。不少试点检察院，特别是基层检察院由于员额检察官的数量有限，业务部门担任行政职务的副科长（副处长）可能无法进入员额检察官，但其行政职务尚未撤销，存在身份的混同。

2. 职权的不兼容

司法实践中，由于检察机关办案数量多，而检察员的任命条件和程序较为严苛，因此助理检察员大量存在并成为办理案件的中坚骨干。但试点改革后，未进入员额检察官的助理检察员（检察员）分流成为检察官助理，相较员额检察官的职权，检察官助理的权限有所缩减，如上图。因此实践中面临的困境就是助理检察员（检察员）和检察官助理权限的兼容。[②] 以公诉检察员出庭为例，原检察员或是助理检察员都有出庭公诉的职权，但改革后检察官助理只能协助检察官出席法庭，两者如何协调？又如案件管理系统中大量的文书制作原先的最低审批角色为"承办人"（包括助理检察员）。改革后随着检察官权力清单的规定，大量审批权限规定为"检察官"或"主任检察官"，职权的不兼容导致案件流转、办理效率不高。

3. 与检察官的冲突

由于职务身份的混同和职权的不兼容，司法实践中容易形成"二元悖

---

① 参见王广宾：《中国检察官助理制度研究》，苏州大学 2010 年硕士学位论文，第 25 页。

② 参见李小龙：《分类管理形势下助理检察员的角色定位》，载《法制与社会》2015 年第 4 期。

论",即如果检察官助理要继续履行助理检察员(检察员)的职权,那么分类改革和检察官司法责任制改革的意义就不复存在;但如果只做好检察官助理的有限职权,大量的工作实际转移到员额检察官身上,易造成检察官助理与检察官的冲突。实践中已经存在未进入员额检察官的检察员消极怠工,不愿担责的现象。而继续履行原检察员职权的检察官助理,因为"名不副实"其不满情绪较为严重,已经影响到现实的工作。

(三)检察官助理前景展望的担忧

检察官分类改革的目的在于对检察官的精英化、专业化、职业化的培养,而对检察官助理本身定位就是在辅助意义上。对于改革推行后检察院新招收的检察辅助人员直接适用新规定,因此影响较小。而对检察系统现职人员,特别是尚未进入到员额的检察人员影响较大,结合自身实际情况其对职业前景的展望日益担忧,主要包括待遇的担忧和晋升的担忧。从待遇方面看,在制度设计上员额检察官和检察辅助人员及司法行政人员要有所差别,因此未进入员额检察官的助理检察员(检察员)容易攀比而产生不健康的心态。同时在晋升方面,试点时期员额检察官的名额有所保留,对符合条件的助理检察员(检察官)仍可以通过竞争选拔进入检察官序列,但39%的底线仍然使得大部分人排除在检察官序列之外,除非存在退休、离职、调任、死亡等情形检察官名额才可空出,空出的名额竞争不仅有来自本单位,而且还有整个省、市检察系统,其竞争压力之大、晋升之难不低于新进检察员考试。

三、试点时期检察官助理面临困境的破解

试点时期,助理检察员(检察员)担任检察官助理面临的困境是现实的,需要得到重视和化解,否则会直接影响到司法改革的成败,2000年开始试行的"主诉检察官"改革的失败就是值得借鉴的最好例证。①

(一)检察官助理心理困境的调节

1. 心理疏导

试点改革时期,助理检察员(检察员)面临分流为员额检察官和检察官助理的现实,不论是员额检察官还是未进入员额的检察官助理都会产生与以往工作不尽相同的心理落差,抑郁、焦虑、抱怨、烦躁、懈怠等不良情绪时有发生,轻者影响正常的工作,重者造成心理疾病。因此对每位检察干警而言,应

---

① 参见高怀:《主诉检察官办案责任制研究》,西南政法大学2011年硕士学位论文,第10页。

当保持积极、平和、理性的心态对待司法改革，不断加强自身心理调节，将负面情绪尽量疏导、转移、转化。而对试点检察院而言，应当高度重视干警的心理健康，特别是因检察改革而影响实际工作的干警，检察院政工部门应当及早发现、及早预防、及时疏导，具体可以采取领导谈心、同事交流、留言笔谈等方式了解干警内心真实想法，有的放矢制定心理疏导方案。同时试点检察院可以多组织集体性的体育锻炼或文化娱乐活动来放松干警身心，缓解改革带来的紧张、焦虑情绪。

2. 政策宣传

现实中不少干警的焦虑、不满等负面情绪来自于对检察改革政策的不了解，甚至是误解。由于改革制度的顶层设计和保密需要，广大的普通干警是无法参与政策的制定，加之试点后对政策宣传的不到位，致使个别抵触、消极、不满情绪得到扩大化的传播，人云亦云。因此要使得改革推向深入，必须加强改革政策的积极宣传，使得改革政策深入人心，得到广大干警的拥护。公开透明的政策制定和积极的政策宣传不仅可以消除少数干警对政策的抵触和质疑，而且可以有效防止负面情绪的传播。对此，检察改革的决策部门应当在政策制定过程中多听取基层干警的意见建议，集思广益，避免脱离群众、暗箱操作。检察院的宣传部门应当加大改革政策的宣传力度，使干警充分了解政策的精神，答疑解惑，同时做好干警意见建议的收集，供决策部门参考。如此良性循环可以有效减少改革的阻力。

3. 职业规划

试点检察院在政策宣传的同时，应当有针对性地营造良好的学习、竞争、压力环境，如通过举办培训班、专家讲座、网络学习、岗位训练、考试比赛等方式促使干警加强学习，增强职业危机感和竞争意识，将改革带来的负面消极情绪转化积极进取的动力，引导干警适应司法改革的发展。同时能够引导干警正确区分好现实和理想、眼前和长远、利益得与失的关系，不论作为员额检察官还是检察官助理、书记员，都要结合自身实际情况制定理性的职业规划，避免无休止的抱怨、不满、抵触等恶性循环。[①]

（二）检察官助理与助理检察员（检察员）的兼容

试点时期，检察官助理与助理检察员（检察员）的双重身份会存在"双轨制"的运行，因此检察干警不仅要看到改革带来的两者落差，而且要努力使两者在工作上兼容、磨合。

---

① 参见万毅：《检察改革"三题"》，载《人民检察》2015年第5期。

一是员额检察官要勇于担责。不论改革前是检察员还是助理检察员,改革后凡是进入员额的检察官,其身份、职权、责任都有重新的定位,其对检察官助理而言,就是应当承担更多的案件和责任,享受更高的待遇,严格按照检察官权力清单的要求认真履职。而不是只履行审批角色或是最终决定,将所有的事情交给未进入员额的检察官助理来做,否则只会造成检察官助理的消极不满情绪或是不必要的冲突对立。

二是检察官助理要积极进取。由于试点时期,检察官助理的助理检察员(检察员)职务并未取消,虽然成为"助理"但仍可以履行助理检察员(检察员)的法律职务。因此对未进入员额检察官的助理检察员(检察员)也应积极看待司法改革,将心理落差和消极情绪转化为进取动力,做好检察官助理的同时,在法律和政策允许的范围内继续履行好助理检察员(检察员)的法律职责,做到善始善终。

三是探索检察官授权制度。试点时期由于员额检察官的数量有限,原先具有独立办案资格的助理检察员(检察员)成为检察官助理,造成的工作真空需要得到填补。对此重庆、上海的做法是严格区分员额检察官和检察官助理的权限,员额检察官必须带头履职,如出庭公诉。而广东的做法是在"主任检察官"的同时继续保留"检察官"的职权。笔者认为重庆、上海的试点是未来检察官分类改革的方向,广东的"检察官"虽然能解决现实人少案多的情况,但名不副实。对此建议在试点时期可以探索建立员额检察官特别授权的方式,在不打破检察官与检察官助理权限的前提下,解决检察官助理办案的需要。

(三)建立公开公正的检察官选任考核制度

建立公开透明、公平公正的检察官选拔考核制度,不仅对未进入员额检察官的助理检察员(检察员)而言是希望动力,而且事关未来检察司法改革的成败。[①] 结合全国各地试点检察院选任考核的实践经验,笔者建议:

1. 加强笔试、面试考核的比重

虽然各地试点检察院选任考核都有笔试面试的环节,但鉴于司法实践平稳过渡的考虑,笔试面试所占比重不大,甚至存在走形式走过场的情况。虽然笔试面试不能成为选任考核的决定因素,不能代表干警的办案能力和经验,但如果没有公平公正的考试就无法建立长效的改革机制,也无法将改革推向成功。因此严格检察官选任的笔试和面试,甚至增加其比重,对未来形成常态化的检察官选拔制度尤为重要。

---

① 参见万毅:《台湾地区检察制度》,中国检察出版社2011年版,第36页。

2. 减少重复的民主测评

有效的民主测评能够真实地反映干警的综合水平，是检察官选任的重要考核指标。但司法实践中，重复的民主测评、无效的民主测评甚至是架空笔试面试的民主测评不利于公平公正的选任考核。如不少检察院在选任时重复使用普通干警的民主测评，中层干部的民主测评和院领导的民主测评，又如个别检察院设置不合理的民主测评比重，等等。因此设置简单、高效、合理的民主测评制度才能真正反映"民主"，供检察官选任负责机构参考。

3. 实行差额选拔制度

现实选举中有差额选举和等额选举之分，两者各有优劣。在检察官选任考核中，笔者认为应当多采用差额选拔的方式，特别是结合民主测评时，差额选拔更优于等额选拔，也可以有效避免利用等额民主测评直接干预检察官人选的现实状况。实践中，通过差额选拔后，再充分结合笔试、面试成绩或是民主测评分数等，才能更全面地反映干警的综合能力，也可以为干警提供公平公正的舞台进行竞争。

4. 建立检察官退出制度

除了正常的退休、离职、死亡、调任等情况外，员额检察官比例一旦确定和选任完毕后，其名额在较长时间内不会改变，因此建立检察官退出制度为未进入员额的助理检察员（检察员）提供新的竞争机会。改革实践中，不少试点检察院已经存在主动放弃选任检察官或是辞职的现象。此外笔者还建议通过定期的年度考核，对业绩处于末尾的员额检察官可以考虑淘汰或是重新竞争上岗，这不仅有利于在员额检察官中引入危机意识，而且也为尚未进入员额检察官的助理检察员（检察员）提供崭露头角的机会，促进检察官与检察官助理的良性竞争。

（四）畅通检察官助理的晋升渠道

试点时期，未进入员额的助理检察员（检察员）之所以面临困境，究其原因在于其对检察官助理晋升前景的担忧。因此从制度上建立和完善检察官助理的晋升渠道，有利于减轻改革的阻力。笔者认为畅通检察官助理的晋升渠道主要有以下三点：[①]

一是建立检察官助理单独职务序列。目前最高人民检察院正在对检察官、检察官助理的单独职务序列进行讨论研究。可以预见，在检察职务分类改革的大背景下，虽然检察官助理相比检察官在地位、待遇上会有一定的差别，但通

[①] 参见朱孝清：《对司法体制改革的几点思考》，载《法学杂志》2014年第12期。

过合理设置检察官助理的多级序列，其也可以达到与改革前相适应的职级待遇，使得虽未进入员额的助理检察员（检察员）能够安心做好检察官助理工作。

二是建立检察官助理与检察官双向流通制度。员额检察官虽然能够享受更高的待遇但也意味着更大的责任，两者都各有优劣。司法实践中不仅存在希望通过竞争选任进入员额检察官的助理检察员（检察员），也有考虑压力、精力、身体、家庭等各种原因而希望退出员额的检察官，对此都应当有双向流通的渠道。

三是建立检察官助理向外单位流动的渠道。检察官助理发展前景不仅有晋升员额检察官或是助理的单独序列，而且还可以参与检察院外单位的竞争，保证检察官助理流动的多方向。如检察改革有规定未来员额检察官可以从律师等群体中选任，那么相应的检察官助理也可以选择律师、法律顾问或是参与法律专业相关的公务员、事业单位等竞争，其检察官助理的身份和履职必然会成为其竞争的亮点和优势。

完善检察官职业保障机制研究

曲 波[*]

检察官职业保障,是指通过检察官职业化建设,建立和完善检察官的职业保障体系和运行机制,全面落实法律赋予检察官的职业权力和职业地位,从制度上确保检察官依法独立公正行使职权,依法保障检察官的职业收入,保护检察官的人身安全和合法利益,增强检察官的职业荣誉感。目前,我国检察官的职业保障并没有形成科学、规范的机制,或者说还不完备。为了吸引优秀的法律人才加入到检察官行列,激发职业检察官的潜能,形成以维护社会公平与正义为终身追求的检察官职业群体,建立和完善检察官职业保障机制是非常必要的。检察官职业保障机制作为社会主义司法制度的重要组成部分,需要我们以开阔的视野、开放的心态、开拓的精神,借鉴国外经验,结合我国的基本国情,不断深化改革,使之更加符合司法的规律。

一、检察官职业保障机制目前存在的不足

我国检察官职业保障水平仍旧偏低,立法和实践中存在一些问题,主要体现在以下方面:

(一)法律规定过于原则

虽然我国人民检察院组织法和检察官法对检察官职业保障制度作出了规定,但规定不科学,检察官独立行使检察权所应具备的职业保障制度规定过于原则,有些条文过于抽象、笼统、宽泛,无法有效实施。例如,《检察官法》第9条规定检察官享有依法履行职责不受行政机关、社会团体和个人的干涉的权利;非因法定事由,非经法定程序不被免职、降职、辞退和处分的权利;人身、财产和住所安全受法律保护的权利等。但是这些规定不是太过于宽泛和原则,就是受到诸多因素的制约,使制度保障功能无法彰显。再如《检察官法》第14条对检察官免除职务条件中规定"调出本检察院的"、"职务变动不需要

---

[*] 作者简介:曲波,河北省人民检察院党组成员、河北省唐山市人民检察院检察长。

保留原职务的"、"辞职或被辞退的"、"因违纪不能继续任职的"等，缺乏明确的标准和解释；有些制度，如检察官等级、退休制度需"另行规定"配套，目前尚未出台；有些规定行政色彩过浓、与检察官身份的要求不相匹配。第43条关于检察官辞退条件的规定，使检察官身份失却的事由非常简单。这些缺憾都影响到检察官的身份保障的具体实施。

(二) 检察官未处于核心地位

检察院行政化管理模式，使检察官职位不能处于核心地位。首先，从事检察业务素质高、业务水平好的优秀检察官在被提拔到领导岗位后，他们不再从事检察业务工作，主要从事的是行政事务性管理工作，诸如检察官队伍的思想政治工作、检察绩效管理、检察官业绩评估以及文书的审批签发等。其次，现行的案件流程管理、质量评查以及错案追究等制度都是用来管理和监督检察官的，检察官始终处于被管理者的地位，面临的压力大于其他岗位的工作人员。这在一定程度上造成从事检察业务的检察官心理上的失衡，挫伤其工作积极性，造成从事检察业务的检察官不安心检察工作。最后，检察官还要承担诸如扶贫帮困、法制宣传、计划生育、综合治理等非职业角色的其他工作任务，加大了检察官的工作压力，弱化了检察官的职业角色。人民检察院的核心任务和工作是检察工作，队伍管理机制应是以检察官为中心的管理模式，更确切地说，应是以检察业务检察官为核心的管理模式，其他检察辅助人员、后勤保障人员乃至行政管理人员都是为检察官服务并最终服务于检察工作的，但现实却并非如此。检察官的中心地位得不到认可，必然丧失对优秀法律人才的吸引力，使检察官职业群体难以形成。

(三) 案件审批制易使检察官的自主性丧失

检察工作具有司法专业性和法律约束性等特点，现行的检察办案机制易使检察官的自主性丧失。案件审批制是指根据有关规定，检察官办理案件，要将其对案件的处理意见先报办案部门负责人审核，再报分管副检察长同意（一般案件）或者检察委员会讨论（重大案件和疑难案件）之后，才能按权限做出具有法律效力的决定。案件审批制的问题主要有：第一，案件审批制的核心在于，检察机关内部是由各级领导根据行政级别关系对检察官的办案活动进行管理，检察官并不是案件的实际决定者，案件的最终决定权掌握在行政领导手中。案件审批制的最大特点是，办案者不能决断、决断者又不办案。第二，检察委员会讨论案件作为案件审批制的一个主要内容和环节，对检察官行使检察权的效果是大打折扣的。检委会的主要作用应该体现在对检察业务工作的宏观决策和监督指导上，可实际情况是，目前各级检察院的检委会讨论具体案件的范围普遍有扩大的趋势，有的几乎到了事无巨细的地步。法律的适用是一种讲究亲历性的活动，强调的是个人对法律的理解。但是作为检委会委员，事先基本上都不参与某个需要会上讨论的案件的具体办理；而且在检委会上，具体办案的检察官个人对法律的理解已经被集体行为所抵消。第三，案件审批制是建立在对检察官个体不信任的基础之上的，损害了检察官的自尊，降低了检察官的荣誉感和自豪感，消磨了检察官的主观能动性和积极进取心。

（四）检察官调任和免职存在不规范、随意性等问题

检察官身份保障要求调任、免职均严格依照法定条件，遵循法定程序，且应出于保障其正常履职的目的。我国在检察官的任期上，制度上并没有设立任期终身制。长期以来，行政化的检察官人事管理使我国并未建立起真正意义上的身份保障制度，而且检察官罢免惩戒事由宽泛、程序简单。由于检察官任免规定不具体，而检察官的任免权又长期掌握在地方党委手中，各级检察院的检察官经常因各种原因被调出检察系统，造成检察官队伍不稳定。

（五）检察官的控告申诉权难以保障

检察官维护自身权益目前尚无制度化保障，存在检察官权利受到侵害之后，救济渠道不畅的问题，权利受到侵害的检察官只能转而通过依靠寻求上级私人关系来保护自己的权利。《检察官法》第47条对检察官对关于本人的处分、处理不服的申诉权和程序作了一定的规定，但具有强烈的内部性。第48条规定了检察官有权提出控告的原则性规定，但对受理控告的主体、控告权的行使和作出处理决定的程序、期限以及作出决定后的救济等，都无配套规定。因而，检察官即使行使控告申诉权，实际上并无更多制度保障。实践中存在因某案认定为"错案"对承办检察官追究责任，但不论该结果的发生是否属于检察官的可控范围、该检察官主观是否有过错，客观上是否有失职行为的现象。这种情况极大影响了检察官依法办案的自信心和积极性，导致检察官通过增加环节、推卸责任等行为以规避职业风险，影响了司法效率和公正。

（六）检察官付出与待遇失衡

长期以来，我国检察官实行的是公务员的工资制度。检察官职业对知识、技能、经验的要求很高，检察官工作的紧张程度、所承受的心理压力以及维护社会稳定所做出的贡献都较其他行业突出，其职业风险很高。《检察官法》有关于检察官福利待遇的规定，但配套机制迟迟不能出台，导致检察官待遇无法落实。在工作条件上，检察官办公条件一般较拥挤，业务书籍靠自己购买，办案车辆甚至办案经费都难以保障。在福利待遇上，普通检察官没有或者很少有职务津贴、电话费补助。我国检察官是世界上待遇偏低的法律职业群体，这种

检察官的高付出与低待遇所形成的强烈反差，其直接后果就是造成检察官人才的大量流失。

二、检察官职业保障缺失的原因分析

（一）社会传统与现实冲突是深层原因

我国检察官职业保障缺失其原因也是多方面的，其深层原因在于我国社会发展的需要、现代法治观念与固有的权力运行方式和管理模式存在冲突，社会基础和承受力与现代司法理念之间存在矛盾。具体而言：一是权力运行方式的行政性未完全改变。由于历史和现实的原因，我国的法治建设很大程度上是政府推进型的，行政权力相对强势。无论是在某一个地方各部门之间的人员调配，还是在检察机关内部，权力运行的行政化色彩依旧较浓，对检察官的管理仍然主要依循行政管理的模式，这种权力运行和管理方式直接影响到检察官身份保障。二是与我国经济社会发展的阶段相对应，法治理念和精神尚未成为一种社会共识，传统的处理问题的方式和观念仍占一定的地位，人们在思想观念上往往并不认为检察职业具有专业性和技术性，检察官的身份保障应不同于一般的党政干部。

（二）人事任免权配置存在问题

根据党管干部的原则，国家机关人事权掌握在各级党委手中，检察院在用人上缺乏自主性，在进人、选拔任用干部上听命于地方党委的情况时有发生。在这种体制下，在行使职务过程中，检察官们为了求得组织上的任命，向一些有权机关或掌权的个人妥协，最终导致检察机关和检察官管理的属地化，检察院成为服务于地方的检察机关，检察官成为服务于地方的检察官员。

（三）检察经费保障体制尚待完善

检察权独立作为实现司法公正的途径之一，需要一定的经济基础做支撑。检察机关的经费能否保障是关系检察工作能否正常进行的重要前提和基础。目前，我国实行的是中央财政与地方财政分灶吃饭的财政体制，"分级管理，分级负担"，最高检察机关和地方各级检察机关的经费，分别列支于与其相对应的中央或地方政府的财政。地方检察机关的财政主要由地方行政机关供给，上级检察机关虽然也向下级检察机关拨款，但仅占少部分，并且具有不确定性。地方各级检察院的办案经费和检察官工资是由各级地方财政负担，造成不同地区的检察院之间经费标准不统一，待遇不平等。这在一定程度上会损害司法的公正性和权威性，也是检察院检察权严重地方化的重要原因之一。

这种财政体制使得检察机关在经费上受制于地方政府，地方各级检察机关的经济利益与所在地方的经济利益挂钩，在办案过程中就不得不受地方政府的干涉和控制。如果地方财政状况良好且检察机关与地方配合"默契"，那么经费问题好"商量"，该地检察机关业务经费就充足，检察官福利工资待遇也相应要好。政府不配合检察机关的地区，则检察经费就会成为困扰检察机关的难题，检察机关的经费很少，仅能保证检察人员的工资。贫困地区的检察院办案经费得不到保障，一旦地方政府的财力严重不济，那么检察机关的发展也就成了空中楼阁，甚至衣食住行都会成为问题。由于检察机关的经济命脉掌握在当地政府手中，为了能保证检察经费的正常供给，办案中如果受到行政机关干预，检察机关和检察官很难挺起腰杆进行有效抵制。在这种形势下，检察权不得不依附于行政权，检察机关不得不听命于行政机关，检察机关自然就成了地方的检察机关，检察独立仅仅停留在口号上，造成司法的地方保护主义泛滥。如果具体办案人员不顾地方利益而秉公执法，则要受到来自地方政府或上级领导的干涉。作为检察机关中的一员，检察官难以保证执法的公正。

（四）地位的行政等级化

我国检察院内部的检察官地位的行政等级化非常严重。长期以来，我国在检察官管理上，一直把检察官等同于行政机关的干部，采用行政管理模式进行管理。检察官的任用、考核、奖惩等都是套用公务员形式，按行政级别进行管理。在组织关系上，在检察机关内部实行阶层式组织和管理结构，限制检察官的个体性。这种管理模式一方面模糊了检察官同一般行政人员的界限；另一方面，这种过于行政化的级别关系，强化了检察官上下级之间的服从关系，弱化了检察官的独立自主性，使检察官的独立性难以保障。虽然在《检察官法》中规定检察官按等级评定，但这种等级是和行政级别相联系的，且不与工资、福利等与检察官切身利益相关的内容相联系。从而导致没有人在意检察官等级的晋升，相反却更加关心行政级别的高低。检察官的行政级别不仅意味着所谓政治待遇的差别，而且也显示出一种等级服从的位阶和责任的分布，甚至有时可以表示着检察官素质的高下。检察官的政治、经济待遇是随行政级别而定的，政治待遇高则意味着经济待遇强。现阶段的检察官队伍中，行政级别上不去，经济待遇就不可能提高，个人价值就得不到认可或肯定。对于检察官而言，业务能力突出仅是其获得提拔的一个台阶或者手段，而不是对检察事业执着追求的结果。套用行政级别式的晋升模式，使得检察官不能专心致志于从事法律监督工作，而是要分心按照行政领域的规则去争取职务的晋升以获得更高的职位和待遇。

（五）办案机制"一体化"使检察官无独立空间

我国长期以来实行集体负责的办案机制。在案件的决定权上，检察官只能提出处理建议，法律文书的审批权由检察长或部门负责人掌握，案件的最后处理结果由检察长决定，其后果是检察官形成严重的依附心理，责任意识淡薄，难以形成独立人格。当检察机关接到案件，首先由办案部门领导将案件交给普通检察官具体办理，该承办检察官审查案件材料之后，提出自己的意见，再提请办案部门领导审核或者召集部门会议研究，然后提交给主管副检察长，由主管副检察长决定。在多数情况下，主管副检察长会将案件再提交检察长或者检察委员会研究，由检察长或检察委员会提出处理意见，然后再通过办案部门领导交给承办检察官，由其具体办理。从受理线索，到最后决定，每一步都必须层层汇报、层层请示。对于上级领导的处理决定，承办检察官即使有不同意见也只能按领导意思办。具体承办案件者无权决定案件的处理，而没有具体承办案件的领导却可以拍板。这种办案方式，与检察权的司法性相矛盾，不符合检察活动的直接性和亲历性要求，检察官独立空间过窄，无权决定案件的处理，司法效率低下。

三、完善我国检察官职业保障机制的设想

高素质检察官队伍的建设，需要相应的制度保障，其中具有直接意义的是检察官职业保障制度，必须保障检察官身份的稳定性、检察官地位的平等性。检察官职业保障制度的作用就是从制度层面上消除检察官的后顾之忧，使其免受外部干扰，为检察官公正办案提供制度保障。检察官的职业保障是检察官队伍职业化建设的根基，要实现检察官的高度自律，除了必要的政治思想教育外，建立和完善检察官职业保障机制是十分重要的环节。我国尚处于社会主义初级阶段，我们在重构检察官职业保障机制时不应苛求尽善尽美，而是要坚持从中国国情出发，坚持促进检察官职业化进程，坚持遵循司法活动的特点和规律等原则，从制度的重构和健全上着手，进一步完善检察官身份保障，以免除检察官的后顾之忧，主要有以下几个方面：

（一）继续推进实行省级以下人事和财政垂直领导体制

深化我国现行的双重领导体制改革，实行检察机关省级以下垂直领导体制。改变检察机关及检察官受地方权力制约的现状就必须改革现有的检察机关财政管理和人事管理体制，要实行人事和财政省级以下垂直领导体制。这种领导体制符合检察权的行政属性和检察一体化的要求；有利于阻隔地方保护主义的恶性蔓延，消除检察权的地方保护，从而解决检察权不独立的问题。

（二）提高检察官工资待遇

当前，很多专家学者从依法治国的长远规划出发大力呼吁适当提高检察官

的待遇。如果检察官得不到社会应当给予的尊重和优厚待遇，现实地位的巨大反差会使检察官失去作为检察官的尊荣感，丧失提高综合素质的意愿。所以，提高检察官的经济保障，就成为检察官职业化和检察官独立实现过程中的一个必须解决的问题。

相对的高薪有利于反腐倡廉，吸收优秀人才，稳定队伍，提高整体素质，使检察官珍惜自身职业，培养敬业精神，严格执法，秉公办案，使其能在外界的压力前多一些选择、多一些底气、多一些独立。可以借鉴国外一些国家的做法，实行相对高薪制，适当提高检察官的工资、待遇、福利等。提高检察官待遇，应从以下几个方面着手：一是建立健全检察官独立的工资序列，从公务员工资序列中分离出来，使检察官工资高于本地区的公务员。比当地平均生活水平高。二是检察官工资及保险福利由财政全额拨付。三是建立检察官的津贴补助制度。四是实行全薪退休制，检察官在退休后仍享受全薪待遇。五是提高检察官的福利待遇，应在医疗保险、意外伤害等方面享有特殊的照顾。相对高薪制使检察官的待遇相对优于其他国家机关工作人员，并使不同级别之间的检察官保持有效平衡，实现检察人员的有序流动和区域平衡。检察官生活、工作条件和待遇差是导致司法腐败的一个重要原因。检察官待遇比较优厚，可以促使检察官倍加珍惜检察官职业，慎用手中的权力，不至于为物欲所驱动而贪赃枉法。因此，落实从优待检，提高检察官的待遇，解除检察官生活上的后顾之忧，使其不受经济利益的诱惑，做到洁身自好，是确保司法公正的重要措施。

（三）严格检察官的选任离任程序，完善检察官身份保障制度

应该完善任免辞退的条件和程序，收回地方各级党政部门尤其是组织部门对于检察官升降去留权，保障检察官受免职处分时的申诉权，防止涉及检察官身份问题处理的长官随意性和不规范行为。由上级检察院检察官考评委员会履行检察官选任职责，人大常委会在任命检察官时应充分考虑上级检察院检察官考评委员会的意见。严格把握选任检察官的三个基本条件：一是有良好的政治思想素质和良好的品行操守；二是有良好的法律专业知识和较强的法律工作经验；三是有严密的思维方式和分析判断能力。其中对法律工作经验的把握，应重点考虑检察官的年龄和心理承受能力，以保证有足够的能力承受因案件处理所带来的社会压力。

实行检察官的身份保障制度目的在于解决检察官的后顾之忧，使其能免受外界的干扰，依法独立行使职权。检察官任职后履行职务的稳定性如何，是其能够有效地实现检察机关职能作用的首要因素。多数发达国家都规定了完善的检察官身份保障制度，一经任命，非经法定事由不得被免职，不得违反检察官的个人意愿，随意将其罢免、更换，或免职、转职、调换工作等。我国检察官

法有关检察官任免和辞退的规定不尽完善,检察官身份失却事由过于宽泛。应通过立法对检察官免职事由和辞退检察官的条件进行修改完善,对免职和辞退的事由进行限定性规定,严格条件。总的原则是只能在检察官触犯了国家的法律、违反职业道德和职业纪律条件下才能被免职、撤职、调离。同时,应对免除职务和辞退程序作具体规定,可设置专门的审查机构,规定相应程序,对免职、撤职、调离事由和事实进行调查,明确被免职人、辞退人的知情权、陈述权和申辩权,再由人大常委会根据该专门审查机构的调查结果作出相应决定。确保检察官一经任用,只要没有法定的失职和违法犯罪行为,或非因身体健康因素,可以一直任职到退休,任何机关和个人非依法定的条件和法定程序,不得将其罢免、转职、停职或调换工作。

(四) 完善检察官退休制度

建立完善检察官退休制度,对于保障老年和丧失工作能力的检察官的生活无忧、保持在职检察官队伍的生气和活力、提高工作效率有积极的意义。为保障检察官公正司法,检察官退休后的生活保障也是各国关注的重点,许多国家对检察官的任期和退休年龄作出了专门的规定,特点有二:一是检察官退休年龄一般比其他公职人员要高;二是退休后的待遇比较优厚,一般可以拿全薪退休,世界各国对检察官的退休年龄和工作年限的规定,通常都略高于一般的公务人员。

检察官的专业性要求一名优秀的检察官不但具有良好的道德品质业务素质,还要具有精深的法学修养和丰富的检察实践经验。长期的司法工作获得的经验和阅历对检察官职业来说是一种难得的资本,且检察官要经历很多的考试和培训才能开始执业。如果要求在其完全可以继续工作的情况下退休,无疑是对司法资源的浪费。因此,除因健康原因或在一定情形下的自愿退休,应适当延长检察官的退休年龄。健全检察官退休制度的主要内容有:首先,可适当推迟检察官退休年龄,以男65周岁、女60周岁为宜。这是因为,随着物质生活水平的提高,人们的平均寿命在逐步增长,检察官年满60周岁时仍有充沛的精力从事检察工作。检察官也是需要丰富司法实践经验的职业,司法经验是高素质检察官的必备条件,成长为一名检察官要经过长达数十年的学习和工作历练,资源宝贵,应充分利用,因而其退休年龄略高符合对检察官特殊专业素质的要求。其次,保留检察官荣誉。即检察官退休后其最后评定的检察官职级为终身享有,只是不能履行检察职责。退休后的检察官仍可到检察官协会任职,参加检察官协会的调研活动。最后,还可以实行检察官退休后的优厚退休金制度,保障经济待遇。检察官退休后应享受全额薪水以及其他社会福利待遇。

六、检察人员分类管理与职业保障

（五）建立有限的检察官职务豁免制度，完善检察官免责机制和控告申诉保障制度

司法判断有其局限性，任何司法决定只能根据当时案件的证据情况所证明的事实和法律对此情形的规定而作出。在我国目前的执法环境和司法决策运行体制下，造成司法判断错误的原因更为复杂，检察官即使恪尽职守也有可能办错案。检察官免责是检察官职业保障机制的重要内容，是指检察官在依法履行检察职务时所进行的诉讼活动和发表的言论，不受法律责任的追究。确立检察官免责制度的目的，在于消除检察官独立检察的后顾之忧，使检察官公正司法。检察官因执行职务之作为或不作为，应享有不受诉讼或骚扰之免责权，这样可使检察官不致因正当执行职务而失去自己的事业或职位，从而专注于检察事务，不断提高自身素质。

建立司法豁免制度是保证检察官依法履行职权的要求。检察官也是凡人，难免有取错证、抓错人的时候，为防止他们瞻前顾后、畏首畏尾，法律应允许检察官在特定情况下，享有豁免权。但检察官免责只限于在执行职务时的言行，不包括职务以外的言行。

控告申诉是权利救济的形式，是检察官基本权利受到侵害时给予挽回的法律机制，是检察官能充分享受其基本权利，保障基本权利完整实现的要求。为给检察官行使控告申诉权创造条件，应在立法上进一步明确检察官控告申诉事项的受理、审查主体和处理程序、期限和救济。为保证检察官保障检察官控告申诉权的实现，使之能抵制不当干预，应考虑救济的外部制度构造，如司法救济渠道。

（六）完善人事管理制度

完善检察官分类管理制度，使检察辅助人员、行政服务人员各司其职，努力成就晋升为检察官的条件，在检察院内部形成良性循环的竞争氛围。检察官的分类管理是检察机关中检察权的司法属性和行政属性分别化的必然要求。我们可以将检察机关人员分为四类：第一类是检察官，应当将检察机关中从事职务犯罪侦查、审查逮捕、出庭公诉以及民事行政检察、监所检察等部门行使检察权的人员授予检察官职位。第二类是检察辅助人员，包括书记员、司法警察等。第三类是检察综合管理人员，包括检察机关的行政管理人员、政工人员。第四类是检察技术人员。这样分类管理之后，检察官就能实现少而优的"精英化"。在实现检察机关的检察职能和行政管理职能逐步分离的基础上，建立检察官独立办案的工作机制。实行检察官助理制度。检察官助理，顾名思义就是检察官的助手。经过选任的检察官应是专家型、精英型的检察官，对案件全

权负责，主要职责在于分析判断证据、查清案件事实。为检察官配备助理和其他司法辅助人员，就是要让检察官有充足的时间和充沛的精力去钻研法律、办理案件。检察官助理的职责主要是：一是协助检察官查阅案卷；二是为检察官草拟法律意见书，编辑、校对文书；三是为检察官提供与案件相关的学术界的研究动向，当好检察官开展调查研究的参谋。每位检察官可配备1至5名检察官助理、1名书记员或速录员。只有这样，才能使检察官从诸多繁琐的事务中解脱出来，专司检察业务。

完善检察官的遴选制度。严格的遴选晋升机制是检察官素质和权威的保障，也是抵制地方人事部门对检察机关人事任用制度不当干涉的制度性保障。上级检察院的检察官不仅要办理各类重大疑难有争议的案件，同时还要发挥上级院领导下级院工作和指导业务的作用，上级院检察官应具有比下级院检察官更高的业务素质和专业知识，因此，开展检察官遴选工作，建立上级院检察官从下级优秀的检察官中选拔的制度，切实做到"人岗相适"、"人尽其才"。上级院从下级院中遴选优秀的检察官，可以确保上级院检察官知识结构的合理性和全面性，公正地行使检察权，提高和保证检察官的素质，有助于推动检察队伍专业化、职业化建设。同时，检察官遴选制度还能为基层检察官提供更为广阔的个人发展空间，是对下级院检察官的一种激励，有利于激发胸怀抱负的基层检察官努力工作，积极进取，在实现自我超越中推动整个检察工作向前发展。

（七）完善检察官职业培训教育保障

开展继续教育，实行完善的继续教育制度，加强对检察官的职业培训，是使检察官一以贯之的保持高素质、实现职业化的有效手段。目前在对检察官的法律知识和技能的教育培训上，要改变以往零敲碎打式和普法式的做法，努力向专业化、高端化发展，积极推行系统的、从理念到内容形式都焕然一新的司法研修制度。对在职检察官进行再教育再培训，可以激发检察官的学习热情，使之适应职业和未来发展的需要。

检察职业保障视角下的检察官研修机制创新
——以上海市闵行区人民检察院研究室的工作试点为例

张 晨 杨 珍 林竹静[*]

当前,检察人员分类管理与职业保障相关方面改革对检察官素能提出了更高的要求。根据检察人员分类管理的制度设计,改革后,员额制中的检察官将承担更大的办案职责。因此,改革当前的检察官在职培训模式,构建更加符合检察工作现实需要的检察官研修制度,进而有效提升检察官公正高效履职的能力,帮助其适应改革后的岗位职责需要,已成为当前检察改革工作中的一项重要而紧迫的任务。所谓检察官研修,即检察机关依托自身内设机构——法律政策研究室的资源优势,由检察官进行一定时间的脱产研修,以课题研究或指定科目的方式,使检察官有一个充裕的知识"沉淀"期,对工作中遇到的重点、疑点、难点问题进行系统深入的理论思考,进而提高检察官的专业理论水平和实务能力的,以检察官自我修习为主,辅导老师授课为辅的新型在职培训模式。检察官研修将"离岗研修"与"集中调研"相结合,将"自主学习"和"带教研习"相结合,是一项具有重要意义的检察官培训体制工作创新。

一、检察官研修的概念解读

作为检察干部在职教育工作在"司改"新时期的一项新举措,构建和完善检察官研修机制,既是检察工作发展的需要,也是检察官人才培养的需要。目前,对于检察教育这一概念并没有确定的定义,从宽泛的意义上讲,它可以指所有检察教育培训机构所进行的各类教学培训,也可以指针对所有检察人员所进行的各类教学培训活动包括由非检察教育培训机构承担的教学和培训活

---

[*] 作者简介:张晨,上海市闵行区人民检察院副检察长;杨珍,上海市闵行区人民检察院研究室主任;林竹静,上海市闵行区人民检察院研究室副主任。

动。所谓检察教育,指由检察教育培训机构实施的针对检察人员的各类教学培训。基于这样的理解,我们对检察教育的性质问题可以得到如下的认识:检察教育属于成人教育的范畴。[①] 联合国教科文组织国际教育发展委员会撰写的《学会生存——教育世界的今天和明天》的报告中这样定义成人教育:"成人教育可能有许多定义,对于世界上许许多多成人来说,成人教育是代替他们失去的基础教育,对于那些只受过很不完全教育的人来说,成人教育是补充初等教育或职业教育。对于那些要应付环境的新的要求的人们来说,成人教育是延长他们现有的教育。对于那些已经受过高等训练的人们来说,成人教育就给他们提供了进一步的教育。成人教育也是发展一个人的个性的手段。"[②] 检察官研修作为检察教育的创新形式,具有职业教育与继续教育的特征。

(一) 检察官研修属于职业教育范畴

检察官研修是一种法律职业教育制度。职业教育是指培养人们从事某种职业的一种专门化教育,包括职前教育和职后教育两大子系统。长期以来,我国的法学专业教育和法律职业教育衔接不够,在法律本科教育制度内缺乏必要的法律职业教育和法律实务培训。加之法律职业教育对师资、教学内容以及教材的要求相较法学通识教育有着更高的标准,这就使得成人职业高等院校的存在和发展成为必然。

(二) 检察官研修属于继续教育范畴

继续教育的兴起始于美国。在我国,继续教育指通过教育培训使已经具有大学专科以上学历的受教育者提高思想道德水准,增长新知识,增强专业能力。继续教育体系是成人教育阶段的最高层次部分,是人一生中统一教育的高级阶段。世界各国的职业教育逐渐融入终身教育体系,其表征之一,是职业教育不再被看作终结性教育而是一种阶段性教育。对不同的教育培训项目要具体分析其属性以便于按教育规律确定科学的教育培训计划。

二、各国检察官研修机制的运行模式

联合国《关于检察官作用的准则》对检察官研修提出明确要求,准则规定,各国政府应确保检察官受过适当的教育和培训,应使其认识检察官职务所

[①] 参见马立东:《论检察教育的性质与目的》,载《国家检察官学院学报》2004年第1期。

[②] 高志敏:《"成人教育"概念辨析》,载《陕西师范大学继续教育学报》2000年第1期。

涉及的理想和职业道德以及国家法律有关人权方面的规定等。① 由上可见，对检察官进行研修培训是联合国法律文件对各国提出的具体要求，目前，为了不断更新检察官的知识结构，提高检察官专业素质，以更好地适应实际工作的需要，各国都非常重视检察官研修工作。当然，由于各国在司法传统、检察体制等方面存在较大差异，因此，在检察官研修上也各具特色。

（一）英美以在职教育为特色的检察官研修模式

在英国，检察机关一般采取集中培训和分散培训两种方式安排检察官进行研修。集中研修由皇家检察署统一组织，根据工作需要和检察官的要求设置研修培训课程，参与研修的包括全英各地方检察署新录用人员，包括助理检察官和各检察机构的部门负责人。分散研修则由各地检察机构自行组织，形式上多以短期离岗集中学习为主，学习方法为观看录像、专题讨论等，研修内容根据对象的不同设有法律专业、管理与技巧、发展课程等。研修宗旨是培养适应不同岗位要求的检察官。② 在美国，检察官研修有两种基本形式，一种是在岗研修模式，另一种是短期离岗脱产研修。在两种研修模式中，以在岗研修为主。在岗研修的具体方式除业务讲座、工作研讨和以老带新外，还包括其他很多灵活多样的方式。③

（二）法德两国检法人员统一司法研修模式

在法国，检察官与法官的任职资格具有互换性，接受研修既是检察官的权利，也是法官的权利。国家司法官学院是法国唯一的专门为法官、检察官提供研修、培训的专门学校，该学院除负责对通过国家司法考试合格者进行司法官资格培训外，还负责在职法官、检察官的研修与在职教育。国家司法官学院每年在调查的基础上编制研修培训项目计划。在德国，检察官研修培训期短，但目的明确。④ 德国联邦设有两所法官、检察官管理学院，联邦司法部每年做出研修培训计划，由各州组织司法官员到学院进修，一般每次进修两周左右，同时各州也组织短期培训。检察官研修主要是为检察官提供一个有关新知识、专业技能等内容和就专门问题进行研究、交流以更新知识的机会，一般没有长

---

① 参见徐益初：《司法公正与检察官》，载《法学研究》2000年第6期。

② 参见廖益新：《英国法律职业人才培养模式对我国的启示》，载《现代法学》2004年第5期。

③ 参见张鸿巍：《美国检察官职业化刍议》，载《法学杂志》2011年第1期。

④ 参见中国高级法官培训中心赴德、法考察团：《德法两国的法官培训制度》，载《法律适用》1996年第10期。

期、完整的教学规划和固定教材，时间也较短。①

（三）俄罗斯及东欧国家的检察官技能培训体系

俄罗斯联邦检察机关工作人员技能培训体系在世界上享有较高的声誉。俄罗斯联邦总检察院在俄罗斯各地设置了多所专门学院，负责检察官的技能培训工作。俄联邦总检察院现有三所技能培训学院。有关院系在整个检察院教学系统内占有非常重要的地位。学员的级别、人数、培训期限等皆由总检察院人事司会同教学单位行政机构，并听取总检察院其他部门意见后做出决定。在俄罗斯联邦检察机关中建立统一的技能培训体系包括不同的形式。俄罗斯联邦检察机关工作人员技能培训体系在世界上享有较高的声誉。这一点有事实为证：俄联邦总检察院下属的学院曾培训过来自阿富汗、蒙古、捷克、斯洛伐克、古巴、越南、保加利亚、匈牙利、波兰、贝宁等国家的检察工作人员。除此之外，学院基地还经常举行有美国、法国、荷兰、韩国及其他国家检察人员参加的国际会议及研讨会。②

（四）韩日的司法培训学院与研修所制度

韩国政府和检察机关主要通过以下三条途径对检察官进行研修培训。一是由专门教育机构进行。二是依托高等院校开展研修，各级检察机关定期选派检察官到韩国国防大学和其他一些大学的研究生院，进行法律研究，接受法律专业培训。三是开展广泛的国际交流研修活动。韩国司法部每年都要选派一定数量的检察官赴美国、英国、法国、日本等国家的大学或专门的法律研究机构，进行法律制度比较研究工作。③ 在日本，检察官研修培训包括任职培训和在职研修两种。日本设立了司法研修所，专门从事法官、检察官和律师的研修与培养。检察官研修的主要内容是检察工作中遇到的复杂问题，以及作为检察工作的组织监督者应当具有的管理知识和工作能力。此外日本法务省和人事院每年都派检察官作为访问学者赴美国、法国、英国的高等法律院校进行短期或较长期限的研究工作。④

三、检察官业务研修的构建与完善

检察官研修虽源于检察官培训，也与"检察官在职培训""职业教育"等

---

① 参见韩赤风：《当代德国法学教育及其启示》，载《比较法研究》2004年第1期。
② 参见沈海平：《俄罗斯检察职业培训略览》，载《人民检察》2012年第23期。
③ 参见赴韩国考察团：《韩国司法考试和司法官遴选制度概况》，载《国家检察官学院学报》2002年第2期。
④ 参见李颖峰：《日本司法习修制度述评》，载《中国审判》2013年第3期。

相关名称有内涵上的交叉与重合之处,但却是源于"培训"有所创新的改革新生事物。

(一)上海检察官研修工作的缘起与发展

2014年8月,陈旭检察长在参加闵行区院调研检察改革试点工作会议时指出,要探索检察官研修机制,建立适应检察改革要求的人才培养新机制。2014年10月,闵行区院研究室在全市范围内率先启动检察官研修机制的调研,制定与研修相关的调研计划纲要。2014年12月,闵行区院举办检察官研修培训班,邀请最高院理论研究所向泽选副所长、市院研究室陶建平主任、华东政法大学博士生导师刘宪权等理论与实务界的权威人士为检察官研修授课,检察官研修项目成功试运行。2015年1月,闵行区院研究制定检察官业务研修实施细则,拟规定检察官在规定的履职期限内,集中一段时间,分期分批到研究室进行在职离岗培训。2015年3月,闵行区院召开检委会,研究通过检察官业务研修实施细则,检察官研修的试点工作正式全面启动。目前,闵行区院在先行调研的基础上,加强与检察官业务研修相关的组织实施、评审考核和成果转化等工作制度设计,扎实启动工作,首期5名检察官已脱岗研修,今年内将完成2期,每期3个月,预计完成20项应用性课题和最佳实践案例的研究。

(二)检察官研修机制的后续完善路径

由于检察官研修工作目前尚在初期试点阶段,尚缺乏深层次理论思考。对于检察官研修机制的后续完善,目前只能结合闵行、徐汇等少数试点基层院的先行先试经验,做粗浅探索。结合目前的研修工作现状,对此项工作的后续发展的建言主要包括:

1. 适应改革,把理念落实到实践

为适应司法责任制改革需要,探索构建检察官业务研修新机制,应围绕"在实务中增进专业素养,又能以法学理论反哺实务"作为检察官研修目标,突出"三个着力":一是着力于检察官在职培训模式,由"被动灌输"向"主动研习"转变。针对以往培训时间分散、内容不够系统和"填鸭式"教学的状况,将检察官业务研修作为履行职责的硬指标,研修情况纳入检察官业务考核,保证其每5年任职周期完成3个月的业务研修。二是着力于研究室服务检察办案职能,由"埋头创作"向"研修督导"转变。研究室专设检察官业务研修督导岗位,负责研修排期、流程督导和组织考评等工作,对检察官离岗研修期间执行规章制度情况进行监督,研修考评情况直接报送检察官遴选(惩戒)办公室。三是着力于检察官业务素能提升,由"人人过关"向"学分制考评"转变。研究室对经业务部门审核同意的研修检察官,统一编制业务研修五年规划和年度计划,经分管副检察长、检察长层层审批,分别明确研修检察官的研修课题、指定项目及项目督导,除重点课题外,由研究室干警协同、督促检察官进行课题研究工作,对初审合格的课题报告提交专家评审委员会匿名评审。检察官离岗研修情况是其业务考核的辅助指标,记入个人司法档案,作为晋职的重要参考依据。

2. 强化演练,推行"三化一体"研修模式

应落实检察官研修经费专款专用,通过专设检察官研修室,建立"研修微信群",举办课题论证(评审)会、蓝页案例研讨会、检察官论坛,作为研修检察官专门的演练场,融合形成"个性化、标准化、数字化"研修模式,保证研修工作的顺利进行。一是个性化。检察官本人根据当年度办案组人员配置情况,向部门负责人提出研修申请,经所在部门审核后办理研修登记。研究室根据区院研究工作需要,对检察官提交的研修课题统一审核,以解决法律适用问题、完善工作机制和提高检察官专业水平为标准,逐一确定研修课题和指定项目,通过分阶段演练和检查,充分发挥检察官精研业务的主观能动性,避免其消极应付、得过且过。二是标准化。通过制作《检察官业务研修流程指南》模板,以课题研究作为业务研修重点任务,抓住开题论证、中期检查和成果验收三个重点阶段,实行"周计划月目标"标准化运作。检察长亲自做开班动员,研究室干警与研修检察官建立"一对一"协同研修联系,同步进行开题准备、初稿写作等方面的辅导。邀请实务专家进行研究方法训导和写作内容的针对性指导,通过互动交流、深度会谈,引导检察官深入"研习"。三是数字化。完善《检察官业务考核实施细则》,把研修成果纳入检察官业务考核指标,实行对离岗研修检察官的考核倾斜政策,鼓励高层次研修成果。研修检察官提交的论文应符合《上海检察调研》以上法学期刊或综合类知名期刊的用稿要求,经研究室初审合格的,交特聘法学专家、检察实务专家等组成的评审委员会进行匿名评审,分为优秀、良好、合格三个等级,各等级有相应的研修得分。同时,加大实务研究力度,检察官研修期间应当承担典型案例、业务分析报告或者法律政策适用报告等指定项目,研修期满由研究室对完成指定项目的数量、质量和效果进行综合评鉴。

3. 注重结合,确保研修实现制度预期

发挥先行先试优势,着力把业务研修作为检察官专业发展的杠杆,以培养智慧型、专业型检察官为目标,做好结合文章:一是研修与培训相结合。吸取岗位实训和"套餐式"培训的经验,对外借助专家资源,对内实行制度保障,促使检察官自发自觉地精"修"业务。从研修课题的设定入手,既凸显研修

检察官的个性和专长，又注重工作需求，协同进行前瞻性、创新性研究。比如在首期研修中，侦监科检察官承担了《检察官办案责任制再思考》的课题研究任务，就是基于对实践中运行良好的主任检察官办案责任制的实证分析，用数据发声，通过审查、审核和审批等检察权的评估分析，对推行检察官办案责任制进路提出建设性意见。二是研修与应用相结合。针对长期以来检察官在职培训模式"学习有余、思考不足，理论脱离实际"的局限，依托课题研修、提高检察官发现问题、研究问题能力的同时，注重研、学、用相结合，专门设定业务研修指定项目，项目立足岗位实践，坚持问题导向，让每位研修检察官选择与其岗位特点匹配、有浓厚研究兴趣的指定项目，落笔成章、言之有物。如公诉科主任检察官在研修期间承担了速裁案件的业务分析报告，重点反映工作中遇到的重点、疑点、难点问题，有数字、有例证、有分析、有建议，报告内容翔实，有较高的决策参考价值。

海峡两岸比较视野下检察官考核制度研究

林秀冰　沈　威[*]

我国现行《检察官法》第八章至第十一章对检察官考核、奖惩作出了具体规定，由于长期沿用类同一般公务员的行政管理模式，对检察官个体的评价也充满了行政色彩。在司法改革逐渐步入深水区的新形势下，如何对检察官办案进行有效评价这一论题一再被提出来讨论。有人认为，办案考评已经成为检察首长控制检察官的工具，对承办检察官的相对独立有相当大的伤害；也有人认为，检察官的工作种类、性质各异，以办案统计的平均值作为考评依据，完全忽略个案之间的差异，对检察官办案反而会造成不当的误导。因此，科学合理的检察官考核制度不仅是落实检察改革的有力保障，也是检验办案质量的重要途径。然而，当前检察机关的案件质量考评制度存在政出多门、指标不尽合理、评价结果运用失当等问题，严重影响了该制度创设的目的。笔者试以基层院案件质量考评为样本，同时比较我国台湾地区检察官考评制度，对《检察官法》修改背景下的检察官办案质量考评制度提出粗浅建议。

一、检察官考核制度的现状分析

（一）检察官考核制度的实施现状

自检察机关恢复重建以来，对检察人员实行的是类同公务行政机关的管理模式，管理手段也普遍体现出公共行政化的特点，如在录用上，检察机关需经过公务员考试招录新人；在晋升上，在法律职级的同时并行套用行政级别；在惩戒上，也有类似行政处分的警告、记过等种类。因此，制定于1995年的《检察官法》以及与之相配套的《检察官考核暂行规定》也同样

---

[*] 作者简介：林秀冰，福建省莆田市城厢区人民检察院党组书记、检察长；沈威，福建省莆田市城厢区人民检察院副检察长，福建省检察业务专家。

带有行政考评色彩。随着司法改革的不断推进，检务督察、案件督察以及案件评查等评价机制的逐步完善，特别是高检院于 2014 年制定了《关于进一步改进检察业务考评工作的意见》，检察官办案考核形成了多部门、多指标、细量化的新格局。为了更加简洁明了地揭示当前检察官办案考核制度的现状，笔者以所在单位隶属的省、市按文件制定时间顺序制作了一览表进行比较（详见表 1）。

表 1　现行检察官办案考核规定一览表

	高检院《检察官考核暂行规定》（1995 年 8 月）	P 市检察院《案件质量评查工作实施办法》(2011 年 12 月)	F 省政法委《关于开展案件评查工作的规定》(2014 年 8 月)	F 省检察机关《案件质量评查标准》（2015 年 11 月）
案件评查范围	检察工作实绩；思想品德；检察业务和法学理论水平；工作态度和工作作风	上级交办、批办、督办案件；当事人缠诉缠访或群众反映强烈的案件；批准、起诉中存在复议复核、改定性、变更起诉、撤案、无罪案件等 11 类	重点评查群众反映强烈、到省进京上访的涉检信访案件，容易滋生腐败、发生违法违纪问题的自侦、审查逮捕、审查起诉和民事行政检察环节的案件等 9 类	分为日常抽查、重点评查、专项评查。日常抽查范围是全部案件；重点评查自侦案件不起诉或撤案的等 8 类重点案件；专项评查涉及民生民利、群众关注、重大疑难复杂案件
评查数量	无具体规定	县区院每季度、市院每半年一次	无具体规定	不低于办案总数的 5%
评查主体	在本院检察官考评委员会的指导下，由政工部门具体组织实施	由案件管理中心人员、本院具有较强业务素质的检察人员、部分案件督察员、纪检监察人员组成的案件质量评查小组	由省院副检察长、分管院领导和有关业务处室负责人组成案件评查工作领导小组，办公室设在省检察院案管办	由各级检察院检察长、案件管理部门、有关办案部门、政工部门、纪检监察部门负责人组成案件质量评查工作领导小组，设立案件质量评查员，建立案件质量评查人才库

续表

	高检院《检察官考核暂行规定》（1995年8月）	P市检察院《案件质量评查工作实施办法》（2011年12月）	F省政法委《关于开展案件评查工作的规定》（2014年8月）	F省检察机关《案件质量评查标准》（2015年11月）
评查标准	以检察官的职务（岗位）规范和工作任务为依据	从事实认定、程序规范、法律适用、文书质量、卷宗归档等方面详细制定一般不合格案件、严重不合格案件、不属于不合格案件的具体评价标准	从实体、程序、法律监督职责、办案纪律、卷宗装订等方面进行检查执法规范程度	专门制定了69条案件质量评查标准，分为通用标准和业务标准。通用标准细化为：系统应用、案件办案程序、诉讼权利保障等；业务标准细化为：自侦案件类、侦查监督类、公诉类、刑事申诉国家赔偿类等
考评结果运用	考核结果分为优秀、称职、不称职。考核为优秀、称职的，具有晋职、晋级、晋升工资和获得奖金的资格；考核为不称职的，应予免职、降级、辞退	案件被确定为不合格和严重不合格情形的，给予通报、剥夺评先评优资格、警告处分、调离岗位、移送监察部门查处等处理	对于普适性问题，督促建章立制；评查结果计入执法档案，并视情节，给予通报、纠正、取消评优评先资格，移送监察部门处理；并纳入部门年终考核，作为基层院考评重要依据	评查结果实行等级评定。分为优秀、良好、合格、不合格四个等级。作为检察业务考评和检查业绩评价的重要依据，并计入个人司法档案。对存在问题的，进行通报、督促纠正。被评为不合格，取消评先评优资格；违法违纪的，移送纪检监察部门

（二）现行检察官考核制度的特点分析

1. 考核评价的内容逐渐从粗犷走向精细。从上述的对比图表不难看出，早期的检察官考核完全参照公务员考核标准进行，以"德、能、勤、绩、廉"

为基本内容，带着浓厚的行政色彩，没有突出检察官的职业特点。1995 年《检察官考核暂行规定》中虽然确立了检察工作实绩、思想品德、检察业务水平、法学理论水平、工作态度和工作作风等六项考核内容，却未对该内容进行细化，这种粗放型的考核内容过于笼统，实践中难以操作。相形之下，近年来以省、市级文件方式规范的考核制度日益精细化，侧重于考核检察官办案的质量、效果和效率，一般采取列举方式，详细规定案件评查的对象、范围、内容，并从办案实体、办案程序、办案纪律等方面制定可操作的、具体化的考评标准，用以促进检察官考核实施的透明化与科学化。

2. 考核评价的标准逐渐从模糊走向明确。考评标准作为考核体系的核心内容，直接影响着考核结果是否准确、客观，也是评价考核制度是否合理、有效的重要依据。早期的考核标准过于模糊，缺乏可操作性，如 1995 年《检察官考核暂行规定》标准是以检察官的职务规范和工作任务为依据。该标准除了可采用办案数量、受奖立功等少数客观标准来考核检察官业绩外，多采取自我评价、领导访谈以及民主测评等主观方法进行，导致考核方法上具有随意性，无法体现考核结果的客观公正性。近年来考评标准日益明确、细化，如 2015 年 F 省检察机关《案件质量评查标准》以 69 条 204 项规定了案件质量评查标准，并逐条逐项设定扣分分值，明晰清楚的考评标准不仅减少了主观判断的成分，还使得考评结果有据可循，具有普适性参考价值。

3. 考核评价的指标逐渐从零散走向系统。考核内容越发精细、考核标准越发明确，客观上促成了考评指标的系统化。从上述对比表看，考评指标经历了从重实体评查到实体与程序并重、考评案件范围从部分重点案件到全部案件、考评项目设置从批捕、起诉、自侦环节到检察职能部门的全覆盖。如 2015 年 F 省检察机关《案件质量评查标准》将考评标准分为通用标准和业务标准。其中，业务标准是以检察职能构成为依据，将考评标准划分为职务犯罪侦查类、侦查监督类、公诉类、刑事申诉国家赔偿类、民事行政诉讼监督类、刑事执行检察类等 6 类，与检察机关职能部门的业务目标一一对应，环环相扣，实现考评指标对检察职能的全覆盖。

二、现行检察官考核制度存在的问题

纵观考核评价制度的发展历程，其为一把评价检察官业绩的"双刃剑"，虽然日益精细、丰富与系统，但随之而来的也有相应的不足与问题。

1. 考核部门多头，标准不一，导致检察官办案无所适从。究其原因，主要在于检察官办案考核评价体系没有高阶位的文本规定，从而导致各级部门与检察机关各行其是。检察官在办案过程中需要面对名目繁多的案件评查、检务

督察、案件督察，由于考评价值取向不同，导致考评目标差异，从而造成考评标准不一。各类考评规则均呈现范围广、内容多、标准细等趋势，如单就 F 省《检察机关案件质量评查标准》而言，其标准就有 200 多项。检察官在办案过程中对各类考评规则难以区分、熟记，对考评规则的认识混乱，导致考评标准无法引导检察官形成规范化的办案模式。另外，考核程序过于形式化，办案检察官疲于应付，致使考评结果的应用无法具有说服力。

2. 考核指标设定不科学，产生对检察业务的异化现象。现行考评规则多倾向于将考评指标量化，追求以"数"和"率"为主，考核评价检察官办案工作。立案数、逮捕数、起诉数、结案数、抗诉数、有罪判决率、捕后轻刑率等一定程度上反映了检察官的工作量的多少、效率的高低，却不能客观说明办案质量的好坏，也不能真实反映办案人员工作能力水平，甚至不能作为评价办案人员工作量的唯一标准。如办理未检案件的功夫在于案外帮教，重点在于感化、教育、挽救涉罪的未成年人，其间花费的时间、精力以及取得的成效都无法体现在具体的量化数字上，而考评指标片面追求"数"、"率"，很大程度上会误导检察官在办理此类案件时，将未检案件等同于普通刑事案件"快捕快诉"，从而导致涉罪未成年人的合法利益无法得到全面有效保护。因此，"一刀切"的考评模式在注重功利化成效的同时，往往容易产生对检察业务的异化。

3. 个人考核体系不完善，导致考核效果差强人意。虽然现行的考核规则日益精细化、明确化、系统化，但是考核效果却不尽理想。根源在于，考核内容强调普适性而没有针对性，检察机关各部门各职位的工作量、工作性质、难易程度均存在差异，而现行的考核规则普遍忽视个体差异，未按照职位分类设置不同的考核制度，也未根据个人的工作努力程度和具体效绩水平制定个别化的考核体系。如"检察业务人员与综合业务人员考评标准一样，普通干警考评内容与中层干部考评内容一致，形成干多干少一个样，多做多错、不做不错的不良风气。"① 无法实现对检察官自身法律素养与办案法律效果的准确考核。

4. 考核评价程序封闭，可能危及检察官相对独立原则。从检察官考核的程序上看，一般是在系统内部进行，实行单向直线封闭性考核。由政工部门为主导，案管部门人员、业务部门负责人、单位领导作为考核主体，根据考评规则，制定考评计划后分步实施。考核对象只需提供卷宗或根据政工部门提供的格式表格填写信息后上交；考核主体自行考核，对于考核过程无须公开，只需

---

① 夏黎阳：《检察官办案责任制条件下绩效量化考核机制之对应探微》，载《第五届中国检察基础理论论坛论文集》，第 314 页。

将考评结果告知考评对象，一般不做具体解释，考评对象即使有异议也无从申诉。此种考核，尚且不论结果是否具有科学性和公信力，单是上命下从的行政化考评方式就存在诸多弊病。检察官办案好坏、优劣的评价权利均系于行政化的单位领导身上，且无救济途径，强化了上下级之间的等级服从，导致检察官可能为追求仕途前程而依附上级，丧失检察办案的相对独立性。

5. 考核结果运用不理想，无法起到奖优惩劣的激励作用。上述一览表中涉及的四份规定，对于考核结果的运用略有不同。其中，高检院《检察官暂行规定》将考核结果分为优秀、称职、不称职；F省检察机关《案件质量评查标准》以扣分制实行等级评定，将考核结果分为优秀、良好、合格、不合格四个等级。这两份规定，对于考核结果的划分过于简单、笼统，且考核结果事实上并未与具体奖金、薪资、晋升等相挂钩，加之上考核结果科学性与公正性有待考证，使得检察官长期投入与产出不对等，必然导致检察官对于考核结果难以理解和认同。考核结果不仅无法达到奖优惩劣的效果，反而可能起到降低检察官办案主动性、积极性的反作用。而其余两份规定的考核结果均为负面考核，目的在于淘汰与惩戒。绩效管理理论历来认为"只有将绩效评价结果与人们所获得的回报挂钩，才能真正使绩效管理发挥应有的作用。"① 很显然，不论根据这两份规定进行考核而得出的结果是否合理、客观，因其结果实质为负面考核，在现行的正面考核无法发挥"奖优"激励作用的情况下，单方面强调"惩劣"作用，必然无法真正发挥结果与回报相挂钩的作用，使得考核结果运用更为不理想。

三、我国台湾地区检察官考核制度评介②

我国台湾地区检察官制度与大陆地区同源而分流，都经历从行政化到专业化的发展历程，因其更为强调权力的分工与制衡，故在考察其制度的合理性并总结其制度运行的不足两方面，均有可资我国《检察官法》修改完善的借鉴之处。

（一）我国台湾地区检察官考核制度概况

1. "法官法"颁布前的检察官考核制度

我国台湾地区在"法官法"施行之前，检察官的考核都依照公务人员考

---

① 孙伯瑛、祁光华：《公共部门人力资源开发与管理》，中国检察出版社2004年版，第164页。

② 本章节内容如无特别注明，所援引的"法律"及规定均指我国台湾地区的"法律"或规定。

绩法及其实施细则、各机关办理公务人员考绩作业要点等相关规定办理。具体分为平时考核与年终考绩，其中年终考绩按照综合工作（占考绩总分50%）、操行（占考绩总分20%）、学识（占考绩总分15%）、才能（占考绩总分15%）四项予以评分，以100分为满分，分甲（80分以上）、乙（70分以上不满80分）、丙（60分以上不满70分）、丁（不满60分）四等。① 考绩相关事项由主管人员就考绩项目评定成绩，送考绩委员会初核，由机关长官复核，最后由铨叙机关核定。考绩结果的运用有四方面功能：一是决定能否获得考绩奖金，二是决定能否晋升工资，三是决定是否遭免职，四是影响职务晋升。

2. "法官法"颁布之后的检察官考核制度

2011年7月6日"法官法"颁布实施之后，法官与检察官不再适用公务员考绩法所定的考核制度，而是适用职务评定与全面评核的新制度。② "法官法"第73条规定："检察官职务评定项目包括学识能力、品德操守、敬业精神及裁判品质；其评定及救济程式等有关事项之办法，由'司法院'定之。"其后，"法务部"于2012年7月分别制定颁布了"检察官职务评定办法"和"检察官全面评核实施办法"，成为评价检察官办案的主要依据。此外，"法务部"于2014年6月修订了"'高等法院'以下各级法院及其分院检察署与'台湾高等法院'检察署智慧财产分署检察官办案质量考评实施要点"，成为考核检察官办案质量的直接依据。

3. 小结

纵观我国台湾地区检察官考核制度的变迁，其特点体现在以下几个方面：

（1）检察官地位超然化。"法官法"第71条规定："法官不列官等、职等。"意味着随着"法官法"的颁布，取消了法官、检察官原来比照一般公务员考绩的行政职等制，无论哪一级检察署的检察官，均无职级高低之分，只以工作年限、工作考绩区分收入差异，彰显检察官超然于公务员的独立地位，也减少了检察官为了升迁而逢迎上级的科层制弊端。

（2）考绩结果简单化。与公务员考绩结果分为甲、乙、丙、丁四等不同的是，检察官职务评定结果只有良好和未达良好两种，且该两种结果只与工资晋级、奖金给予相挂钩，并不发生其他效果，具体结果如表2。

---

① 我国台湾地区"公务人员考绩法"第6条、"考绩法施行细则"第3条。
② 我国台湾地区没有单独制定检察官法，检察官的相关规定均由"法官法"涵盖，除有特别说明外，检察官准用法官的相关规定。

表 2　我国台湾地区检察官办案考核评定结果表

序号	职务评定结果	工资晋级	奖金给予
1	年终评定良好	晋 1 级	给予 1 个月俸给总额的奖金；已达最高俸级者，给予 2 个月俸给总额的奖金。12 月 2 日以后退休或死亡，导致当年度职务评定应予晋级部分无法于次年 1 月 1 日执行，给予 2 个月俸给总额的奖金；符合 4 所列晋二级的，给予 3 个月俸给总额的奖金。
2	另予评定良好①	不晋级	给予半个月俸给总额的奖金
3	未达良好	不晋级	不给予奖金
4	连续 4 年评定良好	晋 2 级	依 1 给予奖金

（3）考评方式多样化。与原来的公务员考绩相比，我国台湾地区"法官法"对检察官的考评增加了全面评核的内容。其第 89 条第 1 款规定："'司法院'应每三年至少完成一次检察官的全面考核，其结果不予公开，评核结果作为检察官职务评定的参考。"第 2 款规定："'司法院'因全面考核结果发现检察官由应付个案评鉴之事由者，应移送检察官评鉴委员会进行评鉴。"全面评核的项目对于检察官而言，具体包括以下四项内容：开庭及执行职务态度、办案绩效、制作检察书类质量与品德操守。其重大意义在于通过全面评价，可能产生个案评鉴，实为一种负面考核，因为其功能在于淘汰与惩戒。与考绩互补的是，评鉴并不具备俸给调整的功能。正是通过这种正反两反面的考评制度，在确立检察官独立地位的同时，将其考核评价全面化、公正化。

（二）我国台湾地区检察官考核制度之有益借鉴

1. 精确的量化指标，使得检察官考核具有可操作性。作为检察官办案质量量化考核的依据，"法务部"于 2014 年修订的"'高等法院'以下各级法院及其分院检察署与'台湾高等法院'检察署智慧财产分署检察官办案质量考评实施要点"的量化程度令人叹为观止。其将考评项目具体分为：结案件数、结案速度、办案维持率、实行公诉四项，并制订了四个项目的具体成绩计算方法，同时又根据检察官具体职务的不同，以所办案件类别的不同将成绩配之以百分比。另外，还以附件形式详列两张表格，列举各级检察署检察官每月办案

---

① 另予评定适用于同一年度连续任职不满 1 年而已达 6 个月者。

最低数目，按照案件种类制作结案折计标准。使得检察官办案考评具有极强的操作性。以公诉检察官办案成绩的计算方法为例，公诉类的办案成绩分为两个部分：结案件数占 65%，办案持续率占 35%，结案件数最高分为 100 分。办理专责全程到庭实行公诉的检察官，对于应到庭实行公诉之案件，均依规定全程到庭的，视为达到每月办案最低数目，办案成绩为 80 分；每提出翔实论告书、补充理由书或经翔实具体交互诘问及论告之法院审理笔录 1 件，于签请检察长核定后，加 0.5 分，每达成认罪协商之确定判决 1 件，加 0.2 分，最高加10 分为限；经法院通知无故不到庭者，每次扣减 5 分。办案维持率的成绩以起诉后判决有罪确定案件占起诉后判决确定案件百分比；经无罪判决确定之案件，有具体理由，明显不可规则于公诉检察官者，得签请检察长核准自计算办案维持率之案件中扣除；有罪判决之案件，公诉检察官认原审判决不当而上诉，经上诉撤销改判的，得签请检察长核准加计 1 件有罪判决案件之办案维持率。

2. 完善的救济配套措施，使得制度设计具有完整性。所谓"无救济，即无权力"，当前大陆地区办案考核评价制度遭到诟病的原因之一就是单向线性的封闭考评机制，缺乏应有的救济措施，容易引起人们对考评结果公正性的怀疑。而我国台湾地区检察官考核制度具有完善的救济配套措施。首先，检察官资格终身制是制度保障。我国台湾地区"法官法"规定："非经法定事由不得停止职务、不得转任法官、检察官以外职务、不得调动。"检察官职务评定结果只与工资晋级、奖金给予相挂钩，并不发生其他效果。其次，设定征询意见事项是程序保障。"检察官职务评定办法"不仅赋予受评人投票权，而且规定职务评定审议会初评议案有疑义时，可通知受评人到会备询，听取受评人意见和解释，使受评人参与到考评过程中来，而不是一味被动接受考评结果。最后，规定异议救济途径是措施保障。"检察官职务评定办法"规定，评定结果应书面通知受评人，并应附记不服处分者提起救济之方法、期间及受理机关。"受评人于收到职务评定结果通知后，如有不服，得依公务人员保障法提起救济；如有显然错误，或有发生新事实、发生新证据等行政程序再开事由，得准用行政程序法相关规定办理。"明确规定通过异议程序加以救济，避免错误的考评结果产生绝对性影响。

3. 考核主体的多样性，使得考评制度具有公正性。与一般公务员考绩相区别的是，检察官办案考评并不仅限于机关首长的评价。以检察官全面评核为例，其实施评核的机关和人员除了受评人所在检察署的检察长及直属长官、主任检察官,还包括该检察署对应设置的法院以及所在辖区的律师公会。① 评核机关应当将全面评核意见调查表分送各评核人员填写后整理成统计表层报法务部,作为检察官职务评定的参考。如果说考绩主体仍以司法人员为主的话,在更为严厉的检察官评鉴制度上,更是大幅度地引入司法系统外的评鉴人员,以检察官评鉴委员会为例,由检察官3人、法官1人、律师3人,学者及社会公正人士4人组成,② 司法系统外人员比例已近三分之二。如此改革的效应有三个方面:一是刑事诉讼多方参与人对检察官办案有直接亲历的感受,引入他们对检察官办案开展评价,可以使得考核体系更具针对性与全面性;二是外部人员的引进使得评价考核机制更具外部监督色彩,得以避免以遭受专断、官官相护而无法发挥评价功能的批评;三是从社会效果来看,外部评价机制可以使得检察官对自己办案言行更为谨慎,更有利于检察机关权威的树立。

4. 办案指标考绩与检察官评鉴制度相结合,使得考评结果运用具有权威性。如前所述,简单化的考绩结果运用显然是与检察官不列官等、职等的独立性改革制度相对应,但结果的简单化并不等于对检察官的监督有所放松。从办案指标考绩的项目看,内容繁多,如办案成绩就包括结案件数、结案速度、办案维持率与实行公诉四个项目,成绩计算更是相当复杂,③ 其优点在于各项指标均为客观存在并可反复经受检视,不受评价主体主观上的左右,但其弊端也同样明显,即各个案件之间差异甚大,单纯的数据指标未必能够反映案件质量。因此,作为办案指标考绩的补充,我国台湾地区设置了全面考核制度,并以极具特色的检察官个案评鉴制度来对检察官办案可能存在的负面情况进行约束。其互补作用体现在以下三个方面:一是对办案指标所无法涉及的个案办理情况进行全面检查;二是引入评鉴委员会对办案指标所无法反映的办案态度、检察官行为是否符合伦理规范进行主观评价;三是引入外部评价机制对办案指标所无法体现的办案效果进行倒逼检视。正面与负面相结合、客观与主观相结合,使得该考评机制具有全面性和权威性。

(三) 我国台湾地区检察官考核制度之困境启示

我国台湾地区自"法官法"颁布以来在检察官考核评价方面去行政化以确保检察官独立地位等方面颇有成效,但在旧问题未彻底清理的同时还出现新的问题。大陆地区至今仍在为摆脱行政科层制考评而努力,我国台湾地区所面临的实务困境也是大陆地区不得不面对或者说在司法改革后仍需面对的,因此

---

① "检察官全面评核实施办法"第6条。
② "法官法"第89条第3款。
③ "检察官办案质量考评实施要点"第7条。

将其中的主要部分进行梳理分析实有必要。

1. 考核方式仍未完善，容易流于形式审查，无法及时淘汰不适任的检察官。改革后的检察官考核机制虽然通过书面审查可以评价检察官的专业能力、工作表现及履职作为是否符合法律规定，但就其个人品德、敬业精神、交友状态等仍难以及时察觉，且同僚之间往往顾及私人情谊，不愿检举。所以，发生惩戒事件后，其平时考核年终考评均为良好的情形甚为常见。从年终评定职务评定的结果看，2013年共有1322名检察官参与职务评定，其中评定良好的有1297人，比率为98.11%（2012年为98.53%），其余为未达良好者，大多属于停止办案人员而非表现不良者。① 可见，考核结果无法明显体现检察官的差异性成效不够显著，难以作为淘汰依据。

2. 全面评价制度仍有短板，评鉴过于泛滥，无法有效达到考核目的。自2012年1月6日"法官法"及检察官评鉴制度实施以来，至2015年7月，依"法务部"官方网站检察官评鉴专区检察官评鉴委员会决议书统计，共完成评鉴结果36件，其中8件有评鉴事由，建议予以惩戒，其余28件无评鉴事由，其中请求不成立15件、请求不成立但交付行政监督作适当处分的2件，不交付评鉴11件。从这28件的申请主体上看，"法务部"及所属检察机关共提起5件，均有评鉴事由；台北律师公会提起2件，均无评鉴事由，请求不成立；财团法人民间司法改革基金会提起32件（其中与"法务部"重复3件），有评鉴事由4件，无评鉴事由而请求不成立12件，交付行政监督2件，不交付评鉴11件。由此可见，由检察机关内部调查后申请评鉴的效果最好，由民间团体申请评鉴的，除少数成立外，其余不仅部分不符合申请评鉴要件，而且有部分捏造申请评鉴事由，经调查后与事实不符，显然系受理当事人申请后即来函照转，没有过滤机制而有被滥用之嫌。同时，就是由检察官内部申请的评鉴，也都是由当事人申诉或媒体揭露出来的事件，可见平时考核仍有不足，无法察觉检察官之不当履职，在淘汰功能上仍有改进空间。

四、关于完善检察官考核制度的若干思考

（一）制度本源：检察官考核制度的比例原则与监控边界

在研究如何构建并完善检察官办案考评制度之前，首先要问的是：检察官该不该考评？我国《宪法》第131条确立了人民检察院独立行使检察权的原则，对检察官的考评，特别是外部考评制度是否会对检察权独立原则造成某种

---

① 我国台湾地区"考试院"2014年7月24日第11届第24次会议记录，载 http://www.exam.gov.tw/cp.aspxItem=20645&ctNode=411&mp=1，访问日期：2015年7月10日。

程度的侵害？司法独立是现代国家普遍尊崇的原则，而几乎所有国家都对法官与检察官均有某种形式的绩效考核的现状来看，似乎可以从实然层面得出结论：二者不是绝对不相容，而只是界限的问题。因此，厘清考评制度的监督边界对于考评内容的设计具有先导意义。

司法制度确立和存在的意义在于确保公民权利的实现，司法权既是为保障人权而存在，司法独立就不可能有其自足的目的。相对于诉讼权的平等与有效保障，相对于人民监督，司法独立只是一个工具性的原则。当然，这也并非意味着司法独立原则可以随意牺牲，因为司法之所以要独立正是要保障社会的公平正义，以防止公权力的滥用，使宪法规定的主权在民原则不至落空。强调司法独立的工具性，主要还在于检察权也和其他公权力一样可能存在不妥当行使的情形，导致人民的权利无法得到有效保障。如何对检察权的正确行使加以监督，便和维护检察权独立具有同样的重要性。从宪法的角度来看，在这两个目标不可避免的发生某种冲突的时候，检察权独立至少不当然地具有优先地位。制度设计的出发点应当保障二者得到最大限度的共同实现，也就是说，需要在保障检察权独立核心的同时，对检察权的行使建立有效的监督考评。罗马人很早就看到这其中的微妙冲突，而用"谁来监督监督者"（Who Watches the Watchmen?）一语道破这两难困境。在长期的司法实践中，对检察官施行行政监督是可以从这个规定推导出来的宪法要求，而绩效考核制度又可以说是行政监督的一种重要方式。因此，我国台湾地区"法官法"的立法基点也正在于此，其在第1条即开宗明义地指出："为维护法官依法独立审判，保障法官之身份，并建立法官评鉴机制，以确保人民接受公正审判之权利，特制定本法。"

检察官办案的绩效考核，依其方法、目的可有多种选择，有的对检察权独立行使完全不发生影响或影响较小，有的则检察权的行使影响很大；有的在配套制度的设计上已有充分考量，考核并无真正必要，有的则有其客观的需要。具体而言，可以粗略地区分以下几种情况：一是结果取向的考核相对于内容取向的考核，对检察权独立行使的侵害要小。单纯过程的考核，包括办案的态度、技巧、能力等考核，侵害程度又更小一些。二是考核结果的运用，如果用于司法决策参考，如员额增补、法律修改等，则对检察权的独立行使完全没有影响；但若用作特别奖励的依据，如加发奖金，则不能说没有影响；若还用于检察官遴选、职务升迁等，则影响更深。三是考核主体，是一人独任还是多人合议，内部考评还是外部兼容，尚难一概而论，要视其利害关系以及救济制度而定，下文将进行具体的探讨。

（二）制度评价：检察官考核制度主体的多样化选择与公正性

需要考量的第二个问题是：由谁来组织或负责考核才具有中立性与公正性？在司法体制科层化、司法行政权强大的大陆法系国家，考核多半是由机关首长负起主要责任，如韩国的勤务考核制度便是由院长依据平日观察法官工作表现并参酌法官所属庭长的意见而做出考核。首长考核最受质疑的，就是关乎晋级升迁的重大权力操之于首长，使其与检察官的关系更难与一般行政机关的长官部属关系区分，独立办案就很容易受到影响。因此奥地利的法官考核就交由人事委员会合议行使。但一人考核的优点也非常明显，除了行政成本更低以外，这个首长因为不具有竞争者的身份，比起"同僚评价"更具公正性，这或许是德国至今仍然坚持首长考核制度的原因。无论是首长独任考核，还是人事审议委员会的合议考核，都还是内部考核，难免具有本位主义的局限性。因此，美国的法院管理引入了服务业上的外部评价理念，从20世纪70年代开始，不仅在考核标准上纳入"消费者"的观点，如礼民、便民、亲和、信赖等标准，而且在考核主体上不以法院内部为限，所依据的资料也不限于法院的统计、裁判文书。如新泽西州评鉴工作交给由退休法官组成的委员会，伊利诺伊州则请心理学家训练了一批具备考评专长的法官，成为"司法考绩促成者"。内部和外部相结合的考核方式具有互补的效用，但相应地，行政成本也会跟着大幅度增加。

综合几种考核主体与方式的利弊权衡，笔者建议分两个层次实施检察官考核：一是对一般检察官的考核仍由检察首长负责，以发挥垂直考核的优点；二是对检察首长的考核，则由检察官代表、法官代表、学者以及社会人士组成的委员会进行合议考核，对其操守、能力以及检察院的整体绩效做多方面考评。如此一来可以实现两方面的效能：一是合理分配考核的司法行政成本，对数量众多的检察官考核以首长独任制可有效节约成本，提高考评效率；二是对检察首长进行个人和整体的合议制考核，一方面可以多方位客观评价检察长工作，另一方面也可督促检察首长谨慎公平地行使对检察官个体的考评权，以有限的行政资源做到全面考核，把平均主义的弊端降到最低，真正发挥考核的效益。

（三）制度执行：考核指标设置的类型化与科学性

需要考量的第三个问题是：什么样的制度设计才能真正发挥考核的效用，且在成本上具有可行性？笔者试区分量和质两个部分展开讨论。

1. 量的考核。就检察官工作内容而言，所谓"量"是指一定时间的产量，如每月的结案案件数或结案的速度、每案花费的天数等。统计上最多再依案件性质加以区分，并无太大困难。产量和速度的统计，不仅对司法行政者来说是决策上必要的参考资料，也是表现检察官勤惰、能力的重要指标。甚至从当事人角度来看,拖延造成的费用和精神的损失,何尝不是公平的减损——所谓"迟到的正义非正义"。因此,这方面的考评,可以说是各国司法行政的一项基础、常态性工作。但是,以产量和速度作为司法决策或预算编制的参考资料是一回事,若同时用来作为检察官办案考核的指标,就不能不小心以下事项:除了案件间的差异性必须尽可能反映外,也要避免造成草率结案追求业绩的后遗症。因此,一般来说,数量的考评,只适宜在与平均值有明显差距时,作为负面判断的依据,而不能作为正面优劣的考评依据。正面考评只有加入办案品质的考评,才能做到公允且不至于误导。

2. 质的考核。所谓质的考核,是指程序和实体的公平,包括事实认定的正确与法律适用的稳妥。相对量而言,质的考评在技术上要困难许多:该用什么标准?什么方式来认定公平的程度?法院判决有罪的比例,或当事人不上诉的比例,经过若干修正,都还是比较容易操作的方式。其优点是可以量化而比较出高低,但有罪判决是否表示公诉人在认定事实和适用法律上比较正确?不上诉是否表示程序合理、论证周延而让当事人比较信服?这种纯结果取向且以单一比例简单的量化方式来替代个案考核,仍难免受到过于粗糙的质疑,且容易因为引导作用太大出现扭曲的逢迎现象。因此需要配合其他的判断标准,尤其是内容、过程取向的考核。以德国萨克森州的法官考核办法为例,就把考核项目分为9项:专业知识、理解能力、口语表达能力、文字表达能力、处理能力、接人待物态度、沟通技巧、贯彻能力和敬业程度。奥地利的法官职务法也有非常类似的规定,通常由考核者以阅卷、法庭现场观察以及平日印象等方式对法官履职进行分别评定再加总而得出最后考核成绩。

五、结语

随着法治进程的不断深入,人民群众对检察机关越来越高的期待,或从司法给付的供不应求来看,建立检察官绩效的考核制度,从办案的量和质两方面做长期的考核,使检察官适才适所,不至拖延泄沓,都有强烈的需要,从而足以合理化地对检察权独立行使形成"威胁"。检察权的独立行使是否真正受到侵害,不完全在于考核内容的深度和广度,和其合理性应有更大关系。从这个角度来看最近有关检察官办案责任制的改革,似乎正掉入这样一个陷阱:为了减少侵害检察官独立办案的危险,而把考核制度调整到一个成本更高、效益更低的方向,其结果反而不能合理化地保障检察官办案质量。当世界各国已经从司法独立的关注转移到司法责任,而我们的司法独立问题也因外在大环境的改变而变得相对小很多时,如何完善科学合理的检察官办案评价机制,实在值得进一步思考和探索。

完善检察官职业保障制度的路径

张纳军[*]

2014年10月,十八届四中全会审议通过了《中共中央关于全面推进依法治国若干重大问题的决定》(以下简称《决定》),提出完善确保依法独立公正行使审判权和检察权的制度,建立健全司法人员履行法定职责保护机制,意义重大,为健全完善检察官职业保障制度、机制提供了基本的遵循。当前,新一轮司法体制改革已在全国范围内推开,健全司法人员职业保障制度作为该轮司法体制改革"四项改革任务"[①]之一,备受瞩目。司法体制改革试点中,各地区检察机关对健全检察官职业保障制度做了有益尝试,但因司法传统和现实司法环境影响,实践中检察官职业保障方面还存在诸多值得探讨的问题。

一、检察官职业保障制度简述

检察官职业保障从理论上应有两层意思:广义上的检察官职业保障,是指与检察官职业相关的所有制度和机制,大体包括检察官准入制度、检察官分类管理制度及检察官履行检察职业的各种激励、待遇。狭义上的检察官职业保障,仅指已具有检察官身份并履行检察职责的人的职权、身份、薪酬、社会地位等各项保障。本文因篇幅所限,仅探讨狭义上的检察官职业保障制度。检察官职业保障制度的内涵与要义,本质是通过对检察官职业给予保障的过程中,确保司法的独立与公正。这是实现公平正义这一现代司法理念的客观需要,也是司法价值的终极追求。

(一)检察官履职保障

国家将职责赋予检察官的同时,应给予检察官履职之裁决自由、工作条件及履职精力。裁决自由是指检察官依法、独立作出裁决而免受行政机关、社会

---

[*] 作者简介:张纳军,海南省陵水黎族自治县人民检察院检察长。
[①] 中央政法机关推动的四项改革任务包括:完善司法人员分类管理制度、健全司法人员职业保障制度、完善司法责任制、推动省以下人才物统一管理。

团体和个人的干涉,"检察官履行职责过程中对任何来自行政机关、社会团体和个人的干涉,有权予以抵制。行政机关、社会团体或者个人干涉检察官依法履行检察职责的,应当依法追究其责任"。① 工作条件是指行使职权所必需的办公场所、办公用品等,不赘述。履职精力,是指应保障检察官将绝大部分有限精力投入到事实、证据及法律分析、研究中,不因行政事务、检察机关内部各类活动及案件办理中的事务性工作等消耗,浪费检察官宝贵的人力资源。

(二)检察官身份保障

检察官依照严格的法定程序任命,非因法定事由、非经法定程序不被免职、降职、辞退或者处分。检察官对检察机关的免职、降职、辞退或者处分决定不服的,可以依法提出申诉或者控告,甚至司法救济。笔者认为,身份保障还应包括不被任意调岗及摊派、指示从事非检察官职责之事务,也有学者认为,身份保障还应包括不被任意降薪。②

检察官作为从事法律监督的司法官员,要贯彻其追求真实和正义的准则以及合法性与客观性的义务,缺乏相应的身份保障,是不可能实现的。③

(三)检察官社会及其他权利保障

检察官社会及其他权利保障包括检察官的福利保障、教育培训保障、安全保障等,都是检察官独立、公正履行职责不可或缺之内容。

建立完善检察官职业保障制度,通过司法体制改革试点,探索一套符合社会主义法治国家的检察官职业保障体系,维护检察官的职业尊荣、声誉和形象,促进检察机关依法、独立、公正行使检察权,实现司法公正,提升司法权威,具有十分重要的意义。

二、检察官职业保障现状

检察官职业保障是一项系统工程,制度机制涉及多方面因素制衡,目前《人民检察院组织法》、《检察官法》等对检察官职业保障的规定较为原则,且在司法实践中,检察官受人事、行政等制约,现代检察官保障的内容及我国相关法律法规关于检察官职业保障原则性的规定,实现的程度并不理想,并未很好得到落实。

---

① 佚名:《检察官的职业保障》,载《检察日报》2013年3月11日第6版。
② 参见《"检察官职业素养"——第四届国家高级检察官论坛(下)》,2008年11月14日。
③ 参见吴权平:《我国检察官职业保障制度研究》,华中科技大学2014年硕士学位论文。

(一) 检察官履职保障不到位

我国现行法律、法规及政策性文件都对检察官职权保障作出相关规定。如《检察官法》第9条规定，检察官有权获得履行职责应当具备的职权和工作条件，依法履行检察职责不受行政机关、社会团体和个人的干涉。第48条规定，对于国家机关及其工作人员侵犯本法第九条规定的检察官权利的行为，检察官有权提出控告。行政机关、社会团体或者个人干涉检察官依法履行检察职责的，应当依法追究其责任。2006年中共中央《关于进一步加强人民法院、人民检察院工作的决定》（中发〔2006〕11号）文件指出：各级党委要坚决支持人民检察院依法独立行使检察权，不允许任何人、任何组织非法干预人民检察院的司法活动，坚决抵制和克服地方、部门保护主义对司法活动的干扰，坚决纠正以权压法、以权代法的现象；要科学区分司法和行政执法的界限，不得安排司法人员从事或者参与行政执法活动，不得要求人民检察院从事招商引资、经济创收等经营性活动。2014年的《决定》明确指出：各级党政机关和领导干部要支持法院、检察院依法独立公正行使职权。建立领导干部干预司法活动、插手具体案件处理的记录、通报和责任追究制度。任何党政机关和领导干部都不得让司法机关做违反法定职责、有碍司法公正的事情，任何司法机关都不得执行党政机关和领导干部违法干预司法活动的要求。对干预司法机关办案的，给予党纪政纪处分；造成冤假错案或者其他严重后果的，依法追究刑事责任。可见，我国法律法规和政策性文件，都对检察机关依法独立行使检察权、对检察官职业保障进行了规定。但在实践中，这些规定没有得到很好的贯彻执行，检察官职权保障不到位，检察官的职业地位、职业形象和职业权威未得到充分彰显。

1. 检察官独立行使职权受限。司法体制改革前，检察官等级建立在普通公务员管理体制和工资体制的基础上，检察官的行政级别直接决定检察官在检察机关的职务及待遇，检察官等级基本不受检察人员及社会所重视，"权威性不强，难以在社会中形成职业尊荣，检察官等级近成摆设"[①]。而检察机关沿用行政命令的内部管理模式，如基层检察院，副检察长（党组成员）向检察长（党组书记）负责，各部门科长（主任）向分管副检察长（党组成员）负责，各部门检察官、其他检察人员向部门负责人负责，检察官行政职务上的升迁及待遇，直接受行政级别更高的领导决定，相应地，能够决定检察官行政职

---

① 参见吴权平：《我国检察官职业保障制度研究》，华中科技大学2014年硕士学位论文。

务上的升迁及待遇的领导，通过案件承办的检察官，最终决定了案件的处理，可以看出，检察官在行使职权时，本质上成为行政命令执行中的一个环节，从检察官职业保障角度考量，沿用行政命令管理下的检察官，仅是检察机关的一名普通公务员，不属于现代意义上的，具有独立行使职权保障的检察官。如司法体制改革前，检察机关办理审查起诉、审查逮捕案件实行的"三级审批"办案模式，经过"三级审批"或者检察委员会讨论的案件，最终处理意见变成了检察机关的处理意见，承办检察官在此过程中，没有体现出职权的独立性。在"三级审批"办案模式外，承办案检察官还不可避免地收到内部或外部行政级别更高的对检察官人事任免等具有决定或影响的领导口头的行政命令或对案件处理提出的具体意见、建议，如该意见、建议与检察官对案件处理的立场存在矛盾，致使检察官要在不执行意见、建议面临的行政不利和依法、公正办案上做出尴尬抉择，缺乏职权保障的检察官，在此种抉择中，要坚持依法、公正办案不具有可期待性，这也是现实中产生各种冤假错案的一个重要原因。

2. 检察官履职精力被消耗。保障检察官有充足精力投入到事实、证据及法律分析、研究中，已成为现代检察官职业保障的普遍认知："当前，我国台湾地区关于主任检察官制度的批评主要集中在：主任检察官必须分担行政事务，长期减少办理刑事侦查案件，造成基层检察官负荷沉重，浪费了有经验的资深检察官"[1]。保障检察官具有充足的履职精力，是检察官职业化、专业化的理性选择和必然要求。笔者认为，当前检察官主要精力被职责外之消耗的主要原因是检察官承担了大量行政事务、会议等工作。以某基层检察院2013年为例，全院政法专项编制检察干警58人，检察官（检察员、助理检察员）42名，其中主要从事行政管理工作的院领导3名，在综合部门（政工、纪检、办公室、技术、装备、宣传等）专门从事行政事务、政治教育等工作的检察官有8人，仅上述检察官已占检察官总人数的19%。同时，未专门在上述部门任职的其他检察官，在执法办案的同时，还必须参加本单位及外单位以行政命令等形式要求参加的诸多非检察业务性的工作，该部分工作的工作量无从统计，但实践中，该部分工作已让检察官们消耗了大量的精力。虽然新一轮司法体制改革试点已对检察官各项职业保障进行了探索，但因检察机关承担的行政事务、会议等工作总量未减少，且在短时间内尚不能快速建立一支司法行政队伍，能够代替长期以来由检察官承担的上述工作，过渡期被选任的检察官群

---

[1] 详见《身先士卒的"急先锋"：台湾地区的主任检察官》，载《检察日报》2015年5月12日第3版。

体,从整体上来说,承担大量行政事务类工作的现状依然没有改变,检察官有限精力被行政事务、各类会议等工作消耗,检察官履职的精力保障仍然没有落实到位。

(二) 检察官身份保障不严谨

虽然我国已在法律及政策层面上基本确立了检察官身份保障制度。如《检察官法》第4条规定,检察官依法履行职责,受法律保护。第9条规定,检察官非因法定事由、非经法定程序,不被免职、降职、辞退或处分。《决定》中也指出,建立健全司法人员履行法定职责保护机制。非因法定事由,非经法定程序,不得将法官、检察官调离、辞退或者作出免职、降级等处分。这是我国检察官身份保障制度的原则性规定,表明我国承认并确立了检察官职业身份保障制度。但在司法实践中,因法律规定的不完善及"恣意的自由裁量权",使检察官身份随时面临失缺,《检察官法》规定承载检察官身份法律保障的使命形同虚设:第14条规定,检察官免除职务的理由有调出本检察院、职务变动不需要保留原职务、经考核确定为不称职、辞职或者被辞退、因违纪、违法犯罪不能继续任职。第43条规定,检察官被辞退的情形有年度考核连续两年不称职、不胜任现职工作,又不接受另行安排、因检察机构调整或者缩减编制员额需要调整工作,本人拒绝合理安排等。检察官免职、辞退的理由过于宽泛,免职和辞退程序随意,自由裁量权未受约束,导致检察官被免职、辞退"没有理由"。实践中,检察官被免除职务、辞退"很随意",检察官随时面临因拒不执行行政命令、个人恩怨等失去检察官身份的风险。如"调出本检察院、职务变动不需要保留原职务"作为免除检察官职务的情形,存在很大漏洞,鉴于目前检察官仍然按照行政人事管理,实践中检察官因得罪上级领导而遭调动的情况时有发生。又如"在年度考核中,连续两年被确定为不称职"的情形,既可以是检察官免职的理由,也可以是辞退检察官的理由,但因年度考核缺乏统一、科学考核标准、考核程序,实践中考核工作参照公务员由人事部门组织考核,考核"仅仅建立在主观判断的基础之上"[1],操作的弹性较大。又如"不胜任现职工作,又不接受另行安排"的规定中,"不胜任本职工作"没有客观标准,检察官是否能胜任本职工作,全凭主观认知,检察官被免职、辞退的事由泛化。

(三) 检察官社会保障及其他权利保障不甚理想

2007年7月,国务院批准落实对各级人民检察院检察官实行检察官检察

---

[1] 参见孙谦主编:《中国特色社会主义检察制度》,中国检察出版社2009年版,第395~396页。

津贴发放，发放标准按检察等级执行，从首席检察官至五级检察官，津贴标准为340元至180元，按检察官等级发放津贴的做法，是检察官职业化进程中的一大进步，但因检察官津贴过低，且检察官的工资、待遇完全参照国家公务员的有关法律法规办理，致使检察官与同级别公务员相比，并没有体现出薪酬待遇方面的优越，导致实践中，检察官等级与行政级别相比，检察官等级几乎没有吸引力，检察官社会保障方面与普通公务员并无差别，检察官在社会保障方面，存在"门槛高、待遇低"的矛盾。除检察官社会保障不甚理想外，检察官的安全保障、社会认知、职业信仰、职业精神、职业约束等，还存在诸多问题，检察官没有感受到现代检察官职业应有的社会地位和尊荣。

三、新一轮司法体制改革中完善检察官职业保障制度的路径

（一）司法体制改革试点中完善检察官职业保障的有益探索

2014年6月，上海、广东、海南等6个省市区作为第一批司法体制改革试点单位，推开了新一轮司法体制改革试点。2015年上半年中央又确定在云南、山西等12个省市区推开第二批司法体制改革试点，2016年上半年，第三批司法体制改革试点在北京、河北等14个省市区进行试点，标志着以"四项改革任务"为重点的新一轮司法体制改革试点在全国范围推开，对检察官职业保障制度的完善进行了有益探索：

1. 完善司法人员分类管理制度，实行检察官单独系列管理。将检察机关工作人员分成检察官、司法辅助人员（检察官助理、书记员、司法技术人员、司法警察）、司法行政人员三类，各省市区根据经济社会发展、人口数量和案件数量等，在中央确定员额检察官不超过39%的前提下，分别对三类人员进行了比例控制，如上海市试点中确定的三类人员比例分别为33%、52%、15%，通过检察官员额控制，在数量上确保检察官成为"精英中的精英"。同时，实行检察官单独职务系列管理，并在全国推行检察官职务套改，理顺检察官职务与公务员行政级别的对应关系，从根本上改变了一直以来检察官按照普通公务管理的做法，为检察官职业保障奠定了坚实的基础。大部分地区试点中，还明确实行检察官等级按期晋升与择优选升相结合以及建立检察官职务单独序列配套的薪酬制度和正常增长机制，试点方案中规定，在检察院员额限度内，符合任职条件、经考核合格的检察官按期晋升，有突出成绩或特别优秀的检察官择优选升。同时各地区正积极制定检察官职务单独序列配套的薪酬制度和正常增长机制的实施细则，提高检察官待遇。考核合格按期晋升及实行检察官职务单独序列薪酬制度的做法，为检察官等级晋升及薪酬待遇提供了最低的保障，有效解决了检察官等级晋升、薪酬待遇受限于行政级别的弊病，迈出了

检察官职业保障关键性、实质性的一步。

2. 健全检察官身份保障制度机制，解决检察官依法履职的后顾之忧。各地区试点中，分别对检察官依法履职在身份上不应遭受不利的保障进行了相应的试点，明确了检察官依法履职行为受法律保护，非因法定事由、非经法定程序，任何机关不得将检察官调离、辞退，或者作出免职、降级等处分，当前各地政法部门与纪委等正研究制定相关实施办法。大部分试点地区还成立了检察官遴选委员会及惩戒委员会，明确委员会的成员，提高人大代表、政协委员、律师、法学学者等社会各界代表的比例，实行委员会人才库随机抽取非常任委员等，彰显检察官遴选及惩戒的中立性，通过制定严格的遴选委员会及惩戒委员会工作职责、议事规则和程序，突出遴选委员会及惩戒委员开展工作的公正性及规范性。遴选委员会及惩戒委员会的正式运行，使检察官的拟任及惩戒等走上专业、规范、严格、公正的轨道，通过注重惩戒与保护相结合，正确区分司法责任和工作瑕疵，保障检察官辩解、举证、申请复议及申诉的权利，有效避免了当前检察官职业身份任免上的随意性，解决检察官依法履职的后顾之忧。

3. 实行检察官办案责任制，将检察官推向办案一线。各地在改革试点中，都实行检察官（主任检察官）办案责任制，大幅下放检察权，设置不同检察职能的检察官办案责任模式，重点对办理审查起诉、审查逮捕案件的检察官充分放权，取消层级审批模式，精简办案组织层级，整合内设机构设置，实现办案组织专业化，使检察官成为有职、有权、有责的主体，检察官依法、独立、公正行使职业的权力得到了应有的保障。各地还确定了"谁办案、谁决定、谁负责"的原则，并探索多样化的内外监督模式，实行与案件审批有本质区别的部门负责人或分管副检察长核阅等制度，在突出检察官主体地位的同时，加强对案件办理的监督，保证案件质量，促进改革积极稳妥推进。在保障检察官职业精力方面，各地区试点中明确要求，入额检察官（享受检察官待遇）应当在司法一线办案，并对担任院领导的检察官、因工作需要在综合部门工作的检察官规定了最低办案任务，如部分地区规定，以本院上一年度检察官人均办案数为基准，省级检察院、地市级检察院及县级检察院综合部门检察官办案数应分别不低于20%、30%、30%，通过确定办案任务，切实将检察官推到司法办案一线，努力保障检察官将精力投入到事实、证据及法律分析、研究中。

（二）进一步完善检察官职业保障制度的建议

构想一个"应是什么"的法律世界并不难，因为它在我们的心中；而实现"应是什么"的法律世界却不易，因为它在我们的身外。① 在司法体制改革的实践中，完善我国检察官职业保障制度，有以下建议：

1. 理解检察权属性，根据不同岗位、不同职责设置检察官办案权限，对检察官职权进行分类保障。检察机关是国家的法律监督机关，在学术界，对检察权到底是司法权，还是行政权或是监督权存在争论。争论检察权到底属于什么权，对当前推动司法体制改革，完善检察官职业保障制度等亟待解决的实际问题意义有限，笔者认为，检察权具有"三重属性"，即司法属性、监督属性及行政属性：审查起诉、审查逮捕等检察权具有司法属性，民事行政监督、刑罚执行监督等检察权具有监督属性，职务犯罪侦查权等检察权具有行政属性。认清检察权的"三重属性"，对完善检察官职权保障制度具有重要意义，应对检察官职业身份、薪酬待遇等进行统一保障的前提下，对履行不同岗位职责的检察官职权进行分类保障：办理审查逮捕、审查起诉案件的检察官，应充分保障其独立对案件作出决定的职权，在案件办理中完全取消审批制度，保障检察官能够独立作出决定，独立承担责任。办理诉讼监督等监督案件的检察官，应当保障其在职权范围内对办案事项作出决定的职权，但以人民检察院名义提出纠正违法、检察建议、终结审查、不支持监督申请或提出（提请）抗诉的，建议继续由检察长（分管副检察长）或检察委员会决定。对承担人民检察院直接受理立案侦查案件职责的检察官，决定初查、立案、侦查终结等权限，应沿用行政审批的模式，对检察官职权进行分配和保障，由检察官提出意见，检察长（分管副检察长）决定。

2. 切实将检察官放到办案一线，加强检察官职业精力保障。当前，司法体制改革中，虽然各地区都明确了入员额的检察官必须在一线办案，但保障检察机关顺利运转的行政事务、政治监察及各类活动工作量没有减少的前提下，该部分工作仍需检察官承担的现状与改革目标"检察官必须到司法一线办案"的矛盾，使过渡期内，部分试点检察院实行检察官主岗、副岗或 A 岗、B 岗的做法，使综合部门的检察官继续承担行政事务或检务保障工作，确保检察机关顺利运转，同时该部分检察官又在相应的业务部门设立岗位，办理一定数量司法案件。笔者认为，这种做法是过渡期内解决上述矛盾的稳妥之举，但从另一个侧面来说，是检察官职业保障中履职精力保障在司法实践中的一种妥协，应该在过渡期满后立即取消，让检察官回归到司法办案一线的独立岗位上，且不应再向检察官安排相应行政事务性工作，让检察官宝贵的精力全部回归维护公

---

① 参见吴权平：《我国检察官职业保障制度研究》，华中科技大学 2014 年硕士学位论文。

平正义的司法一线。另外，为了使检察官职业精力得到更好的保障，在检察机关内部建立一支稳定的、高素质的司法行政队伍同样重要，建议通过公务员招录等方式，加大对司法行政人员的招录力度，严格按照分类管理所确定的三类人员比例，配齐配强检察机关司法行政队伍。

3. 推进"两法"修改，完善检察官职业保障制度。新一轮司法体制改革试点，对完善检察官职业保障制度进行了有益探索，检察官办案责任制、检察人员分类管理、检察官单独序列管理、检察官遴选、惩戒等改革举措，符合司法规律和现代检察官职业保障的初衷，是全面推进依法治国，建设社会主义法治国家理性而科学的选择，下一步，各地区应在完善检察官职业保障制度、机制的同时，经试点成熟后，逐步出台全国统一的改革方案、改革细则，并将全国司改探索取得的有益经验，通过《人民检察院组织法》、《检察官法》修改进行固定和明确，使我国检察官职业保障真正走上法治的轨道。

我国检察职业国家荣誉制度设计初探

简乐伟[*]

司法责任制是新一轮司法体制改革的关键，检察机关在落实司法责任方面不仅需要"构建公平合理的司法责任认定、追究机制，做到谁办案谁负责、谁决定谁负责";[①] 还需要按照责权利相统一的原则，强化检察官办案责任的同时，为检察官依法公正履职提供必要的职业保障。[②] 检察人员职业保障的重要内容之一就是建立检察职业国家荣誉制度，提升检察人员的职业荣誉感、归属感。国家荣誉制度是国家政治制度的重要组成部分，是指国家元首或其他法定授权机关通过一定的程序和仪式，以国家名义对为国家和社会作出突出贡献的优秀人士予以表彰或奖励并授予勋章、奖章、荣誉称号等的各项规则、章程和制度的总称。[③]《国家勋章和国家荣誉称号法》[④] 的颁布和实施，标志着我国国家功勋荣誉制度进入新的发展阶段。特别是2016年4月召开的全国政法队伍建设工作会议上"要推动把政法职业荣誉制度纳入国家荣誉制度体系，发挥其正向激励作用"[⑤] 这一目标的提出，意味着建立政法职业荣誉正式提上全国政法工作议程。本文围绕检察职业国家荣誉涉及的相关问题进行探讨，以期对我国包括检察职业国家荣誉在内的政法职业荣誉的建立有所助益。

---

[*] 作者简介：简乐伟，法学博士，湖北省襄阳市人民检察院副县级干部。

[①] 参见最高人民检察院2015年9月28日发布的《关于完善人民检察院司法责任制的若干意见》。

[②] 参见孟建柱：《深化司法体制改革》，载《人民日报》2013年11月25日第6版。

[③] 参见袁峰：《围绕五位一体构建国家荣誉制度》，载《人民论坛》2012年第36期。

[④] 中华人民共和国主席令第38号，第十二届全国人民代表大会常务委员会第十八次会议于2015年12月27日通过，自2016年1月1日起施行。

[⑤] 参见2016年全国政法队伍建设工作会议微解读之三：《以问题为导向，提高政法队伍建设科学化水平》，载中国长安网：http://www.chinapeace.gov.cn/duijian/2016-04/26/content_11336941.htm，访问日期：2016年5月5日。

一、建立检察职业国家荣誉制度的意义

检察职业国家荣誉制度,是指对我国社会主义检察事业作出杰出贡献的检察人才给予崇高荣誉的规定,是检察人员奖励体系中的最高奖励机制,是国家层面的常态化、体系化安排,是国家实现全面推进依法治国的重要手段之一。我国检察制度的发展实践证明,检察人员能否充分发挥自己的聪明才智、能否最大限度地根据国家需要选择自己的行为,关键在于机制的建构和制度的安排。检察职业国家荣誉制度具有引导检察人员职业道德体系的形成、提升检察人员职业尊荣感、增强检察工作内部凝聚力和外部吸引力、促进我国检察人才队伍建设的作用。我国建立检察职业国家荣誉制度的意义在于:

(一)完善我国人才激励机制和奖励体系的需要

我国政府提出"建立国家功勋奖励制度"是中共中央办公厅、国务院办公厅在《2002-2005年全国人才队伍建设规划纲要》和《中共中央、国务院关于进一步加强人才工作的决定》中确定的;继党的十七大报告中明确提出"设立国家荣誉制度","表彰有杰出贡献的文化工作者"后,党的十八大报告再次提出建立国家荣誉制度,并且将范围从"文化"领域拓展到所有与人才相关领域。《国家勋章和国家荣誉称号法》第3条、第4条进一步明确规定,"共和国勋章授予在中国特色社会主义建设和保卫国家中作出巨大贡献、建立卓越功勋的杰出人士";"国家荣誉称号授予在经济、社会、国防、外交、教育、科技、文化、卫生、体育等各领域各行业作出重大贡献、享有崇高声誉的杰出人士"。建立检察职业国家荣誉制度是实现检察人才发展战略目标的重要支撑,是国家人才奖励制度体系的重要组成部分。我国应着手建立统一的、国家层面的检察职业国家荣誉表彰制度,统一各种检察人员荣誉称号,规范检察人员奖励标准和荣誉待遇等,逐步形成一套具有中国特色社会主义的检察职业国家荣誉奖励体系,增强社会主义检察事业的凝集力、吸引力和影响力。

(二)完善我国检察人员荣誉制度体系的需要

就我国目前检察人员荣誉体系来看,地方层面的中低层次奖励较多且重复,而国家层面的高级荣誉奖励较少且社会知名度、认可度低。同时,我国现行的检察职业国家荣誉体系在实施过程中由于存在政策导向不鲜明[①]、评审规

[①] 如在优秀检察人员、先进检察人员、模范检察人员等评选实践中,带病工作或在岗位上因病去世为获得检察荣誉的普遍因素,一定程度上造成检察人员大多认为自己难有机会获得检察荣誉。

则和评审制度不够完善等问题，这种检察人员荣誉体系在社会上、在检察队伍中难以起到应有的导向作用和激励作用。完善检察职业国家荣誉制度体系，对检察人员更好地履行国家社会治理、全面推进依法治国的使命具有重要的现实意义。

（三）完善我国检察人员奖励制度体系的需要

由于我国检察职业国家荣誉制度的欠缺，一方面造成政法部门之间、政法部门与其他部门之间、新闻媒体之间、甲地区与乙地区之间争相评奖，常常出现一位检察人员因一件事而被重复评奖，甚至出现某一检察人员的检察工作事迹要么无人理睬，要么在获得一种奖励后其他各种奖励蜂拥而至的奇诡现象，缺乏严肃性。另一方面造成临时性、应景性的检察人员奖励多，且大多仅为一次性的特殊奖励，缺乏后续激励性和约束性，对鼓励获得荣誉的检察人员本人再接再厉或者在检察工作中对其他检察人员所起到的榜样作用等不甚明显。因此，建立检察职业国家荣誉制度是实现检察人员奖励制度化、规范化和科学化的需要。

二、我国检察职业荣誉奖励体系现状

在过去较长一段时期，我国对检察人员的荣誉奖励套用普通公务人员模式，我国有关检察人员荣誉的设置、评选等规定实践中大多与普通公务员一致。目前，对检察职业荣誉设置、评选进行规范的文件主要有：《公务员奖励规定（试行）》、《检察机关奖励暂行规定》、《评比达标表彰活动管理办法（试行）》、《关于严格规范检察机关奖励工作和评比达标表彰活动的意见》。

（一）现行检察人员荣誉奖励的主要种类

从奖励层级来看，我国检察人员可获得的荣誉有国家级的，也有省部级的；从受众群体来看，有覆盖包括检察人员在内的全体公民的，也有体现检察专业性的；从激励措施来看：有给予精神奖励的，也有给予物质奖励的，或者二者兼而有之的，等等。这些分类标准在实践中有时相互交叉，一名检察人员因同一事迹而多次获得不同荣誉的情形时有发生。

1. 以奖励层级为标准

我国检察人员可获得的荣誉分为国家级、省部级、地市级、县区级等层级，这是最常用的检察人员奖励形式。比如，检察人员获得的"劳动模范"、"某某类型检察人才"等奖励就从高到低分为若干个不同层级。

2. 以受众群体为标准

我国检察人员可获得的荣誉既有面向社会大众的，如"优秀共产党员"、

"五一劳动奖章"、"五一劳动奖状"等；又有专门授予检察人员的，如"最美检察人员"、"十大杰出检察人员"等。

3. 以激励措施为标准

我国检察人员可获得的荣誉有纯精神奖励的，如"检察业务专家"、"优秀政法干警"等，也有精神和物质奖励相结合的，如"记功"、"先进工作者"等。

4. 以奖励期间为标准

我国检察人员可获得的荣誉有每年一次的奖励，如"三八红旗手"、"十佳公诉人"；也有若干年一次的奖励，如"全国模范检察人员"、"检察业务专家"等。

5. 以颁奖主体为标准

我国检察人员可获得的荣誉有检察机关自行颁发的，如"检察业务专家"、"检察理论研究人才"等；也有其他机关颁发的，如"三八红旗手"、"先进工作者"等；还有检察机关与其他机关联合颁发的，如"全国模范检察人员"、"优秀政法干警"等。

(二) 现行检察荣誉奖励的主要问题

目前，我国检察荣誉奖励评比呈现出临时性、一般性、局部性的现象，普遍存在着"过杂、过多、过乱、过滥"等问题，即部门多、奖项乱、代表性差、影响力弱，缺乏权威性、严肃性、科学性。尽管最高人民检察院于2013年7月专门下发了关于印发《关于严格规范检察机关奖励工作和评比达标表彰活动的意见》①的通知，对检察职业荣誉评比问题进行了规定；但是，从检察职业荣誉制度体系来看，在实践中对检察人员奖励规制方面，如奖励对象、颁奖规格、评审条件、授奖方式和管理体制等方面仍存在诸多问题：

一是中低层次的奖励、评比多，且奖励范围相互之间多有交叉，奖励主体更是五花八门。

二是部门间、地区间争相评奖，争抢"影响力"。

三是临时性、应景性的奖励多，大多为一次性的特殊奖励，缺乏后续激励性。

四是评奖混乱，一些奖励随意性强，缺少相应的法律规定，或内部性、局域性过强，缺乏社会广泛参与，评奖结果的社会效果不佳。

五是现行检察人员奖励只重视一次性的成绩和较短时期内的表现，基本上

---

① 高检发政字〔2013〕69号。

没有对从事检察事业终生成就的褒奖，不能彰显社会主义检察事业内在的精神和要求，难以起到弘扬先进、集聚人才的作用，不利于社会主义检察事业持续健康发展。

三、我国检察职业国家荣誉制度的构建

检察职业国家荣誉制度的建立，标志着检察人才奖励制度将释放更大的激励和导向作用，而且也标志着我国法治国家、法治政府、法治社会一体建设获得新进展，全面推进依法治国进入崭新局面。有学者在研究西方主要发达国家的功勋荣誉制度后提出，"应当由国家最高领导人颁发国家级荣誉勋章"，"应当建立完善的法律，从制度上保障荣誉制度的健康运行"；[1] "奖章和荣誉称号体系要呈金字塔状，层级分明，特色鲜明"，"功勋荣誉奖励重视精神鼓励和奖赏，比物质和金钱的奖励更具表现力和激励性"[2] 等建议。对此，我国应制定《检察职业国家荣誉奖励办法》，结合《国家勋章和国家荣誉称号法》、《公务员奖励规定（试行）》、《检察机关奖励暂行规定》等相关规定，该奖励办法主要包括奖励设置、申报条件、评审与授予、奖励标准、奖后约束等内容。

（一）检察职业国家荣誉制度的主要特点

检察职业国家荣誉制度是为彰显检察人员对社会主义检察事业作出的贡献，增强检察人员职业荣誉感而必不可少的激励之举。[3] 因此，我国检察职业国家荣誉制度的建构应彰显以下特点：

1. 权威性。检察职业国家荣誉制度是国家功勋荣誉制度的重要组成部分，检察职业国家荣誉是国家对检察人员工作业绩的最高奖励。一方面，检察职业国家荣誉所给予检察人员的崇高荣誉是其他奖励无法替代的；另一方面，检察职业国家荣誉所给予的相应物质鼓励也应高于其他奖励。

2. 终身性。检察职业国家荣誉是对从事检察工作达到特定年限且在工作期间恪尽职守、无违规违纪记录，或者为检察事业作出卓越贡献的检察人员个人的表彰，是国家层面对其从事检察工作经历的终身肯定，是一种终身荣誉。

3. 稀缺性。检察职业国家荣誉的权威性决定其事前评定和事后约束条件

---

[1] 参见张树华、贺惠玲：《欧美主要国家的功勋荣誉制度》，载《中国民政》2015年第16期。

[2] 参见张树华、潘晨光、祝伟伟：《关于中国建立国家功勋荣誉制度的思考》，载《政治学研究》2010年第3期。

[3] 参见王守安：《论检察人员职业保障制度的建构》，载《河南社会科学》2015年第6期。

都应当从严，检察职业国家荣誉的评定和颁发的对象应当少而精，宁缺毋滥。

4. 等级性。检察职业国家荣誉的设计一般带有一定的层次性，以区别获奖层次。通过设立不同的奖励等级，一方面根据检察人员本人工作所取得成绩的大小来确定奖励的等级，做到两者相称；另一方面预留一定的上升空间，鼓励获得较低等级奖励的检察人员再接再厉，通过继续努力工作获得更高等级的奖励。

5. 约束性。检察职业国家荣誉既是对检察人员工作业绩的奖励，更是对检察人员今后行为规范的约束。检察人员在获得检察职业国家荣誉后，如果本人出现违法违纪行为，根据其情节严重程度可对其进行通报批评、降低其检察职业国家荣誉等级、撤销其检察职业国家荣誉等惩戒。

（二）检察职业国家荣誉的奖励设置

检察职业国家荣誉奖励设置通常包括：奖励种类、奖励等级、奖励数量、奖励周期等几个方面。

1. 奖励种类

检察职业国家荣誉奖励建议分为国家检察勋章、国家检察荣誉称号两种。国家检察勋章授予从事检察工作达到特定年限且在工作期间恪尽职守、无违纪记录的检察人员个人，并签发证书。国家检察荣誉称号授予为检察事业作出卓越贡献的检察人员个人，并签发证书。

2. 奖励等级

国家检察勋章建议分为若干个等级，国家检察荣誉称号不区分等级。国家检察勋章建议设置三个等级，由高到低分别为：金质国家检察勋章、银质国家检察勋章和铜质国家检察勋章；并规定高等级国家检察勋章的奖励效力自然涵盖低等级国家检察勋章，即高等级国家检察勋章的获得者，视为已获得低等级的国家检察勋章。

3. 奖励数量

奖励数量是指为达到奖励的最佳效果，实现奖励的普遍性与稀缺性相统一，而对奖励人数进行适当的控制。检察职业国家荣誉奖励数量设置需要考虑鼓励检察人员长期从事检察工作、恪尽职守，吸引更多优秀人才加入检察队伍从事检察工作，以及社会主义检察事业持续健康发展等因素。

建议对国家检察勋章的颁发对象不进行数量控制，即符合条件即可授予。由于申报条件的普适性，国家检察勋章奖励理论上可以多次获得，如检察人员在获得低一等级国家检察勋章后，达到高一等级国家检察勋章后授予条件的，可以再次申报高一等级国家检察勋章。但是，考虑到该项奖励的稀缺性和严肃性，一方面需要在申报条件中的"从事检察工作达到特定年限"方面进行从严限定。另一方面需要从国家检察勋章既存数量进行控制，建议规定"提倡检察人员在临近退休前或者合法离开检察人员岗位前后的特定时间内进行申报"；同时规定"申报高一等级国家检察勋章的获得者如果已获得低一等级国家检察勋章，则应当将已获得的低一等级勋章交回颁发机构"。

建议对国家检察荣誉称号的颁发对象进行数量控制，即需要在申报条件中的"为社会主义检察事业作出卓越贡献"方面进行从严限定。

国家检察勋章和国家检察荣誉称号可以兼得，前提是检察人员在申报时应当符合国家检察职业荣誉的授予条件。

4. 奖励周期

奖励周期指两次授奖时间的间隔。根据授予国家检察勋章的关键要素是检察人员本人从事检察工作的年限及其从事检察工作的行为表现，从检察人员个人及时获得荣誉奖励的角度考虑，最好不设奖励周期，检察人员个人达到该荣誉的授予条件即可申报。不过，综合考虑荣誉奖励的组织、评定、公示等评审成本等问题，建议该奖项每一年评审一次，由符合授予条件的检察人员在临近退休前或者合法离开检察人员岗位前后的特定时间内进行申报。

结合授予国家检察荣誉称号的关键要素是为社会主义检察事业作出卓越贡献，考虑到在检察工作中作出卓越贡献需要一定年限的实际，建议该奖项每三年评审一次，每次授予不超过两名。

（三）检察职业国家荣誉的申报条件

1. 国家检察勋章申报条件

根据政法队伍建设正规化、专业化、职业化的方向和要求，提高政法职业待遇、提升政法职业荣誉等相关精神；[①] 结合《检察官法》关于检察官任职年龄不低于23周岁的规定，检察职业与其他职业之间交流的实际和需要，国家渐进式延迟退休政策；以及境外关于检察人员65周岁退休的普遍做法，建议检察人员申请国家检察勋章的条件为：

从事检察工作年限或者累计年限满35年，且在检察工作期间恪尽职守、无违纪违法记录的检察人员，可以申请颁发金质国家检察勋章。

从事检察工作年限或者累计年限满25年，且在检察工作期间恪尽职守、无违纪违法记录的检察人员，可以申请颁发银质国家检察勋章。

从事检察工作年限或者累计年限满15年，且在检察工作期间恪尽职守、

[①] 参见孟建柱2016年4月在全国政法队伍建设工作会议上的讲话精神。彭波：《努力建设一支过硬政法队伍》，载《人民日报》2016年4月27日第4版。

无违纪违法记录的检察人员,可以申请颁发铜质国家检察勋章。

2. 国家检察荣誉称号申请条件

为社会主义检察事业作出卓越贡献是指,检察人员个人为社会主义检察事业发展作出重大检察理论创新,或者提出可在全国范围内推广的重大检察改革举措等制度创新,以及在检察文化、检察科技等方面的重大创新。

(四)检察职业国家荣誉的评审与授予

公正的评审主体是检察职业国家荣誉制度成功实施的重要保证。根据《宪法》第80条"中华人民共和国主席根据全国人民代表大会和全国人民代表大会常务委员会的决定……授予国家的勋章和荣誉称号……"规定,建议由全国人大常委会、中央纪委、中央组织部、中央宣传部、国务院人社部、国家公务员局及最高人民检察院等单位联合制定检察职业国家荣誉评审委员会组成办法,在全国人大常委会下设立检察职业国家荣誉评审委员会,委员由上述单位相关人员与律师、法学专家等社会人士组成。为了避免过去公众对"评审专家"在短时间内能否作出客观公正判断的质疑,建议评审委员会在向全国人大常委会报送检察职业国家荣誉建议名单之前,需要先在候选人所在省、市、县,及所在单位等层面进行为期1个月的公示,充分听取并尊重社会公众的合理意见与建议。

公示期结束后,检察职业国家荣誉评审委员会没有收到反映候选人在检察工作期间违法、违纪情况的或者所反映的事项经查证后不属实并向社会公布的,参照《国家勋章和国家荣誉称号法》相关规定,建议由全国人大常委会作出授予候选人相应国家检察勋章、国家检察荣誉称号的决定。建议国家金质检察勋章和国家检察荣誉称号由国家主席向获得者授予,并签发证书;国家银质检察勋章由全国人大常委会委员长向获得者授予,并签发证书;国家铜质检察勋章由最高人民检察院检察长向获得者授予,并签发证书。

(五)检察职业国家荣誉的奖励标准

奖励标准是指检察职业国家荣誉中所包含的精神奖励的大小和物质奖励的多少。参考国外的国家荣誉制度重视精神奖励,大多不设物质奖励,荣誉的颁授一般结合国家重大的节庆日由国家元首或首脑亲自颁授荣誉;以及部分国家的荣誉奖励除了精神激励,还在一些特殊领域设有专门的物质奖励,例如俄罗斯联邦国家奖金等奖励做法;[①] 建议我国检察职业国家荣誉奖励采用以精神鼓

[①] 参见戴鑫韬、陆宁:《国家荣誉制度比较研究》,载《山东行政学院学报》2012年第3期。

励为主,以物质鼓励为辅的方式。具体而言:

1. 检察职业国家荣誉的精神奖励

参照《国家勋章和国家荣誉称号法》相关规定,建议国家在国庆日或者其他重大节日、纪念日,举行颁授国家检察勋章、国家检察荣誉称号的仪式;必要时,也可以在其他时间举行颁授国家检察勋章、国家检察荣誉称号的仪式。同时,建议国家设立国家检察功勋簿,记载国家检察勋章和国家检察荣誉称号获得者的检察人员及其从事检察工作的功绩。

2. 国家检察勋章奖励的物质奖励

对获得国家检察勋章检察人员的物质鼓励,主要是在检察人员退休后或者因合法事由离开检察机关后实现。国家检察勋章获得者从检察机关退休的,其物质奖励主要表现为根据其获奖等级增发相应幅度的退休金(养老金)。

综合考虑我国机关事业单位工作人员养老保险改革,检察人员退休年龄为65周岁和我国人均预期寿命2020年增加到77周岁[①]等情况,建议金质国家检察勋章获得者,可获得增加退休金(养老金)计发比例15%,且最终实际增发数额不少于10万元,不足部分由国家予以一次性补足;银质国家检察勋章获得者,可获得增加退休金(养老金)计发比例10%,且实际最终增发数额不少于6万元,不足部分由国家予以一次性补足;铜质国家检察勋章获得者,可获得增加退休金(养老金)计发比例5%,且实际最终增发数额不少于3万元,不足部分由国家予以一次性补足。

检察人员获得国家检察勋章后因工作调动、辞职等合法事由从检察机关离职的,其物质奖励主要体现为发放一次性奖金。建议根据其获奖等级发放:金质国家检察勋章获得者,由国家发放一次性奖金5万元;银质国家检察勋章获得者,由国家发放一次性奖金3万元;铜质国家检察勋章获得者,由国家发放一次性奖金1万元。

3. 国家检察荣誉称号的物质奖励

对获得国家检察荣誉称号检察人员的物质鼓励,主要是发放一次性奖金,建议为3万元。

此外,可根据《国家勋章和国家荣誉称号法》的相关规定,建议规定国家检察勋章和国家检察荣誉称号获得者去世的,其获得的勋章、奖章及证书由其继承人或者指定的人保存,相应的物质奖励可作为遗产继承;没有继承人或

[①] 根据《"健康中国2020"战略研究报告》,到2020年,我国人均预期寿命达到77岁。参见白剑峰:《2020年人均预期寿命77岁》,载《人民日报》2012年8月18日第4版。

者被指定人的,可以由国家收存。

(六)检察职业国家荣誉的奖后约束

检察人员获得检察职业国家荣誉后,应当按照规定佩戴国家检察勋章、国家检察荣誉称号奖章,妥善保管勋章、奖章及证书,不得出售、出租或者用于从事其他营利性活动。

经调查核实,如果检察职业国家荣誉获得者的推荐和评选不符合实质条件或者程序违法,国家检察职业荣誉评审委员会可以按照法定程序报请全国人大常委会撤销对其的表彰奖励决定。

检察人员在获得检察职业国家荣誉后,如果出现违法违纪行为或者其他不当行为,应当根据其情节严重程度对其作出进行通报批评,降低其所获国家检察勋章等级,直至撤销其所获检察职业国家荣誉等惩戒。检察人员因违法违纪行为或者其他不当行为而被撤销检察职业国家荣誉的,其获得的物质奖励应当一并予以取消,已经发放的物质奖励应当予以追缴。

论作为组织法制度的检察官考核

张剑文[*]

一、检察官考核的制度背景之比较

检察官考核属于司法考核制度。[①] 司法考核制度并不具有普遍性，至少美国联邦法院系统、日本法院系统就没有设置法官考核制度，虽然1999年日本司法制度改革提出了应使法官人事评价标准明确、透明，但尚不能认为其意在建立作为制度的司法考核。[②] 芬兰、丹麦的法院实施了目标管理却只是将案件负担作为司法预算的参照数据，[③] 因而也不算有法官考核制度。确立司法考核制度的有法国、西班牙[④]、美国部分州、中国台湾地区、中国等。司法考核制度背景比较的第一个问题便是，确立司法考核或不确立司法考核制度的理由是什么？笔者的假设是，该项制度与司法独立程度有关，司法独立程度较低的地方，公众对司法信任不足，因而需要以司法考核赢得公众信任；而司法独立程度高的地方，司法权威与公众信任是良性互动关系，不需要司法考核制度介入。

上述国家和地区在世界经济论坛的全球竞争力指数（Global Competitiveness Index，GCI）中的司法独立排名，[⑤] 如表1所示。

---

[*] 作者简介：张剑文，国家检察官学院行政检察教研部副主任、副教授。

[①] 相对于法院体系，检察制度的国家、地区间差异性较大，本节的制度背景比较和相关分析从司法官考核的总体视角进行。

[②] 最高人民检察院法律政策研究室编译：《支撑21世纪日本的司法制度——司法制度改革审议会意见书》，中国检察出版社2004年版，第89页。

[③] Francesco Contini & Richard Mohr, "Reconciling independence and accountability in judicial systems", 2007 Utrecht Law Review, vol 3, issue 2, p. 35.

[④] Ibid, p. 36.

[⑤] 参见世界经济论坛（World Economic Forum）网站，http://www.weforum.org/reports，访问日期：2016年5月13日。

表1　GCI司法独立指数排名比较

年份	日本	芬兰	丹麦	美国	中国（大陆）	中国（台湾地区）	法国	西班牙
2014~2015	8	2	3	30	60	49	33	97
2013~2014	14	2	8	32	57	45	31	72
2012~2013	17	2	13	38	66	42	37	60
2011~2012	18	4	2	36	63	44	37	65
2010~2011	20	6	3	35	62	49	39	66
2009~2010	23	4	3	26	62	49	42	60
2008~2009	25	2	5	23	69	49	29	56

美国司法独立指数没有区分联邦法院和州法院系统，[1] 但依然可以看出各个地方司法独立指数排名与司法考核制度之相关性，即没有司法考核制度的地方司法独立指数高于确立了司法考核制度的地方。一项调查显示，日本法官的职业威信居各行业之首，[2] 日本1999年开始的司法改革所形成的《支撑21世纪日本的司法制度——司法制度改革审议会意见书》认为，日本社会所期待的司法作用，是支撑公共性空间的支柱之一，[3] 可见司法权的公众信任程度。在确立有司法考核制度的四个地方中，法国的制度最为简约、对司法官实际约束最小，其司法考核的结果运用与公众信任几乎无关，而其司法独立指数亦相对最高，也可见二者的相关性。GCI之中公众对政治家的信任指数、清廉指数与司法独立指数呈正相关，即司法独立程度低的地方，公众也对政治人物信任度低，而腐败指数较高。

虽然样本有限，但明显的相关性仍然存在，因而可以大致验证笔者的假设，也就是当讨论司法考核时，大多情形是在司法独立程度不高的背景之下，讨论以某种方式提升公众信任的问题。对于司法独立程度较高的地方，如果有司法考核或类似的制度设计，则通常基于科层制管理的需要。[4] 因而司法考核

---

[1] 美国联邦法院系统的独立性高于州法院系统，因而如果仅考虑联邦法院，该排名应该更高。

[2] 参见季卫东：《法律职业的定位——日本改造权力结构的实践》，载《中国社会科学》1994年第2期。

[3] 最高人民检察院法律政策研究室编译：《支撑21世纪日本的司法制度——司法制度改革审议会意见书》，中国检察出版社2004年版，第3页。

[4] 据笔者2004年9月至2005年2月在法国Aix-en-provence法院系统实习之体验，法国公众对司法官颇为尊重，信任度也很高。

并不是司法制度之中固有的部分,而是在特定背景之下建立的起到某种替代功能的制度。也不妨假设,当公众对司法足够信任,司法独立程度足以与公众信任形成良性互动之时,司法考核制度也便不必存在了。当然由司法独立指数排名与司法考核制度的相关性,也可以推知,确立有司法考核制度的地方,司法独立程度终归是较为有限的。因而偏好司法民主问责、采用司法考核制度的地方也不必担心司法会独立到脱离公众的地步。

由司法考核制度背景的有限比较可知,司法考核制度并非因为有权力就要有监督这样的观念而设置,公众对司法的信任并非由司法考核制度建立,现代西方司法权的公众信任的基础是司法独立。① 美国联邦最高法院的历程则提供了独立的法院和法官如何在政治力量的帮助下赢得公众信任的过程,② 以色列司法制度的成功也很大程度归功于司法独立。③ 而对于社会文化土壤不具备司法独立思想基础,司法无法脱离权力干预的地方,尽管纷纷学习了现代司法制度的外形,却无法习得其精神,中国大陆司法独立思想之变迁可为一例。④ 因而中国大陆司法机关借鉴引入司法考核制度,虽然是在权力监督制约的理念之下所为,却也合乎司法制度的实际情形。唯今需要扭转的观念是,就制度背景而言,司法考核制度是作为司法独立程度不足的补充,赢得公众信任是制度的重要功能。美国联邦最高法院布雷耶大法官在其书中强调,人民信任至关重要,否则司法系统便失去守护宪法的正当性基础。从实际作用而言,司法考核制度还可以作为科层制管理的措施、司法预算的参考、司法官晋升的依据等。

我国台湾地区司法改革的经验是成功走向独立,这一过程之中,司法官自我提升的自觉是关键因素,⑤ 其司法考核制度由公务员考绩制度中脱出,更多倾向于司法自治,兼顾少量外部监督力量的介入,则被认为并不适合其社会政治制度之背景,因其公众对过于独立的司法仍有疑虑,而希望能对司法官实施民主问责。以其制度背景评判,似不能认为我国台湾地区目前由"法官法"及其配套制度构成的司法考核制度是相对最优选择。而以司法独立程度而言,则更倾向司法自治的司法考核是我国台湾地区司法机关的合理选择。司法考核

---

① 参见林来梵、刘练军:《论宪法政制中的司法权——从孟德斯鸠的一个古典论断说开去》,载《福建师范大学学报(哲学社会科学版)》2007年第2期。

② [美]斯蒂芬·布雷耶:《法官能为民主做什么》,何帆译,法律出版社2012年版,中文版序言。

③ [以]巴拉克:《民主国家的法官》,毕洪海译,法律出版社2011年版,译者前言。

④ 参见夏锦文:《世纪沉浮:司法独立的思想与制度变迁——以司法现代化为视角的考察》,载《政法论坛》2004年第1期。

⑤ 王金寿:《台湾司法改革二十年:迈向独立之路》,载《思与言》2008年第2期。

制度的一个功能是促进公众信任，但媒介化社会的公众更可能缺乏理性，① 因而司法考核制度亦应避免滑向曲意迎合表面化的民意，应当在制度理性之中寻求更合理的架构。②

二、作为司法组织法之组成的司法考核

需要进一步探讨的是，在建立有司法考核制度的成文法国家和地区，司法考核制度在法律规范中的定位。以法国和中国台湾地区两个与中国大陆司法官制度更为相似的地方为例。法国和中国台湾地区的司法官考核制度均以性质为司法组织法的司法官身份法确立，法官和检察官共同作为司法官，在同一部法律中规定，法国为司法官身份法，中国台湾地区为"法官法"。法国司法官身份法的标题为 loi organique relative au statut de la magistrature，表明该项法律的性质为司法组织法。中国台湾地区"法官法"立法目的是"维护法官依法独立审判，保障法官之身份，并建立法官评鉴机制，以确保人民接受公正审判之权利"，③ 并规定法官之任用为一种特别任用，亦明确了"法官法"的性质是保障法官身份的组织法。司法官身份法的主要规范包括对司法官身份的界定，司法官地位的保障，对司法官行为的限制，司法官等级和任职条件，司法官选任、晋升、迁调条件及程序，司法官职业道德准则及惩戒机制。

（一）何谓司法官身份

法国和我国台湾地区均认可司法官亦属广义的公务员，又为何需要以专门的法律为司法官身份提供特别保障？尤其是我国台湾地区，司法改革的重要一步便是将司法官自公务员序列以法律的形式独立。这种特别保障的理由在于司法官的特别身份，从两个维度来看：第一，司法官与其他公共部门官员或公务员相比较的特别之处；第二，司法官与其他法律职业相比较的特别之处。

第一个维度的比较，基于分权理论的现代司法权演进，和关于司法、司法权的诸多论说，已经有充分的表达，司法官身份相对于公务员的特别之处在于，如果没有公共服务的宗旨，娴熟的专业技艺，相应的资格准入、纪律惩戒、职业保障规章以确保其独立性，则司法官无法尽职。④ 在中国大陆，即便

---

① 参见张晓锋：《论媒介化社会形成的三重逻辑》，载《现代传播》2010年第7期。
② 参见孙笑侠、熊静波：《判决与民意——兼比较考察中美法官如何对待民意》，载《政法论坛》2005年第5期。
③ 中国台湾地区"法官法"第1条。
④ 参见季卫东：《法律职业的定位——日本改造权力结构的实践》，载《中国社会科学》1994年第2期。

对"西方式"司法独立存有疑虑,① 中共十八届三中全会文件却也表明,司法制度不同于政治体制中的其他部分,司法公信力不足很大程度上与司法体制和工作机制不合理有关,而包括司法官身份保障制度在内的司法改革各项举措,目的在于"确保司法机关依法独立行使审判权和检察权、健全权责明晰的司法权力运行机制、提高司法透明度和公信力、更好保障人权"。②

在第二个维度,即司法官身份与其他法律职业比较的特别之处,显著的例子是司法官转任律师等与诉讼有关职业的限制条件。我国台湾地区"律师法"规定,司法人员自离职之日起 3 年内,不得在曾任管辖区域内执行律师职务。③ 法国司法官身份法规定的限制期则为 5 年。④ 而我国台湾地区和法国法律规定的司法官任职条件本来就远高于律师的任职条件,我国台湾地区"法官法"规定实际执行律师职业 6 年以上方具有司法官任职资格;⑤ 法国司法官身份法规定律师等其他法律职业人士进入司法官序列亦需要通过考试、实习等环节。⑥ 既然司法官和律师及法律学者等法律职业人士有相同的教育背景,是一个法律职业共同体的成员,⑦ 职业之间的区隔壁垒,特别是司法官职业的壁垒,理由何在?从西方司法官职业渊源和司法仪式来看,合理的解答是,如同法律与宗教的密切关联,⑧ 与司法官职业更为相似的并非律师和法学教授,而是神职人员。⑨ 对司法官的技艺、品格、威严之要求,在衣着、法庭设置、法庭仪式等形式上与社会一般生活场景营造的距离,也都在显示司法官身份的这

---

① 《最高法:划清与西方"司法独立""三权鼎立"界限》,载 http://www.chinanews.com/fz/2015/02-25/7079142.shtml,访问日期:2016 年 5 月 13 日;刘瑞复:《我国独立公正司法与西方国家"司法独立"的根本区别》,载《红旗文稿》2014 年第 24 期。

② 习近平:《关于〈中共中央关于全面深化改革若干重大问题的决定〉的说明》,载《人民日报(海外版)》2013 年 11 月 16 日。

③ 我国台湾地区"法官法"第 97 条、"律师法"第 37 条。

④ 法国《司法官身份法》第 9-1 条。

⑤ 我国台湾地区"法官法"第 5 条、第 87 条。

⑥ 法国《司法官身份法》第 17 条、第 18-1 条。

⑦ 参见吴卫军、冯军:《论法律共同体》,载《当代法学》2001 年第 11 期。

⑧ 参见伯尔曼:《法律与宗教》,梁治平译,中国政法大学出版社 2003 年版,第 101 页。

⑨ 参见[英]萨达卡特·卡德里:《审判为什么不公正》,杨雄译,新星出版社 2014 年版,第 1 页。

种与神职相似的特质。① 牧师也是经常用以比拟司法官特别是法官职业的参照。② 来自神职的法袍、法庭仪式等为司法赋予形式合理性，为司法官身份提供了独立的屏障。③ 虽然司法文化趋向实用主义，司法官服饰也在变革，④ 但对于神职特征的司法官身份之传统认识仍然是司法权威的一个基础，司法是"身披法袍的正义"，⑤ 而正义是神圣的，否则就不是正义，反之亦然。⑥

因此，传统上司法官身份可以如此描述，相对于公务员，司法官需要与司法权独立性相应的身份，相对于其他法律职业，传统上司法官须有更超然、接近神性之身份特质。中国大陆司法官身份塑造具有双重难题，首先，在中国传统文化中并无专业化的法律职业，司法并没有成为特别的权力，⑦ 反而人民司法作为新的传统，⑧ 与重新引进的职业化司法形成观念冲突；⑨ 其次，制度传统中也没有宗教仪式混同于法律制裁仪式的阶段，司法者并非具有巫术或神权的人，⑩ 引入法袍法槌等西方司法威仪象征物便很难收到增强司法官威严的效果，不合身的法袍反而可能成为造成庭审不严肃的原因。⑪

中国大陆的司法考试与法官法、检察官法在形式上都已经具备，而司法官身份塑造远未完成，一个障碍便是，司法官身份特殊性的理由究竟何在？日本1889年起从严格的资格考试着手，逐步建立现代化的法律职业群体，经由二

---

① ［美］杰罗姆·弗兰克：《初审法院——美国司法中的神话与现实》，赵承寿译，中国政法大学出版社2007年版，第277页。
② ［美］爱德华·杰·德维特：《美国联邦新任法官工作指南》，胡雪梅、韩春海译，载《人民法院报》2012年2月3日。
③ 张薇薇：《法袍与法文化》，载《法律科学》2000年第5期。
④ 王华胜：《英国法官服饰的形成与变革》，载《环球法律评论》2010年第5期。
⑤ ［美］罗纳德·德沃金：《身披法袍的正义》，周林刚、翟志勇译，北京大学出版社2010年版，第14页。
⑥ 伯尔曼：《法律与宗教》，梁治平译，中国政法大学出版社2003年版，第105页。
⑦ 苏力：《法律活动专门化的法律社会学思考》，载《中国社会科学》1994年第6期。
⑧ 赵晓耕、沈玮玮：《人民如何司法：董必武人民司法观在新中国初期的实践》，载《甘肃社会科学》2012年第2期。
⑨ 李斯特：《人民司法群众路线的谱系》，载《法律和社会科学》第1卷，法律出版社2006年版，第285页。
⑩ 瞿同祖：《中国法律与中国社会》，中华书局2003年版，第269页。
⑪ 方乐：《法槌与法袍：符号改革的实际效果》，载《法律和社会科学》第1卷，法律出版社2006年版，第66页。

六、检察人员分类管理与职业保障

战以后美国人的介入,确立了与西方传统相类似的司法官身份制度。[1] 日本的经验提供了司法官身份特殊性的另一个理由,即设置高企的任职条件和司法官转任律师等法律职业的限制条件壁垒,可以使司法官作为高素质的群体获得社会对其特殊地位的认同。[2] 以实用主义来看,较高的任职条件同时可以阻止不适合的人士进入司法官序列,[3] 例如想要以司法官资历获取律师执业优势的人。如此司法官身份的特殊性可以使出于其他动机而非司法官职业理想动机的人士不进入司法官行列,从而保持司法官职业的品质和稳定性。司法官身份的含义便是以同意有关司法官身份的所有限制为条件,所获得的地位和保障。在这个意义上,司法官身份能够更多回应现实中的多元需要,既可以是人民的,也可以是职业的,既可以是威严的,也可以是亲切的。基于对多元需要的回应,司法官身份有所分化,相应的限制条件及地位保障亦有所区分。例如美国联邦法院法官与州法院法官身份保障的区别。[4] 又如法国劳动法院的选举产生的非职业法官,其身份限制与保障和职业司法官不同,并不穿着法袍,庭审中律师也不必站立;[5] 以及商事法院由前商人经选举组成的法庭,也是法国非职业法官的一个重要类别,其职业操守的要求为荣誉、廉洁、尊严,并无独立等内容。[6] 有着深厚司法传统的国家,其司法官身份的分化,对于中国大陆而言,更具有借鉴的价值,虽然职业化仍是一个理想图景。[7] 而我国台湾地区高度职业化的司法官身份是否会带来新的问题,研究者已然提出忧虑,[8] 实际的情形则有待观察。

---

[1] 季卫东:《法律职业的定位——日本改造权力结构的实践》,载《中国社会科学》1994年第2期。

[2] 季卫东:《法律职业的定位——日本改造权力结构的实践》,载《中国社会科学》1994年第2期。

[3] 这一点与波斯纳认为过高的薪水会降低求职者的素质的原理一致。参见[美]理查德·波斯纳:《法官如何思考》,苏力译,北京大学出版社2009年版,第157页。

[4] [美]亨利·J.亚伯拉罕:《司法的过程》,泮伟江、宦盛奎、韩阳译,北京大学出版社2009年版,第21页。

[5] 法国《劳动法典》(Code du travail)第4编"纠纷解决:劳动法院"(Livre IV: La résolution des litige - le conseil de prud'hommes)。

[6] 法国《商法典》(Code de commerce)第724-1条。

[7] 陈海光:《法官法实施的现实成效与远景展望》,载《中国人大》2006年第19期;程竹汝:《法治发展的逻辑:司法角色制度的优先性——兼论新〈法官法〉和〈检察官法〉在中国司法角色制度上的历史性超越》,载《上海社会科学院学术季刊》2002年第2期。

[8] 参见王金寿:《台湾司法改革二十年:迈向独立之路》,载《思与言》2008年第2期。

值得注意的是，中国大陆 2015 年修订的职业分类大典，将法官和检察官列为法律专业人员，与律师、公证员、司法鉴定人员、书记员为一类，属于专业技术人员大类，而法院院长、检察院检察长仍为第一大类国家机关负责人。① 此一分类殊为不当，全然不符合司法官身份的特殊性。司法官的职业虽然有极强的专业性，但其最主要的职业特征仍为行使国家权力，因而司法官虽与一般公务员不同，仍属公务人员，并非专业技术人员。

（二）作为司法组织法的司法官身份法之结构

司法官身份法的结构，以时间坐标，可以分为司法官身份的取得、保持、变更、丧失四个环节的规范，以法效果区分，则可以分为司法官身份条件规范、义务规范、地位规范和保障规范。在规则意义上，后一种区分更能揭示司法官身份的特别之处，因而更具价值。

司法官身份条件规范即司法官选任规范，法效果是只有符合司法官选任规范者，方可获得司法官身份，分为资格条件和程序条件。资格条件的条款包括司法官提名人选的来源，每一类来源的具体条件如年龄、学历、特别的职业资历、是否需要资格考试、实习等，以及资格排除条件。程序条件包括选任决定的主体及其组成，提名程序，审议咨询程序，决定程序等。

司法官身份义务规范是指保有司法官身份所应遵守的义务，主要是司法官行为准则和职业道德准则，法效果是只有遵守这些义务规范，方可保有司法官身份。司法官行为准则和职业道德准则设定的司法官义务主要有，宣誓、不得兼任特定职业、保守职业秘密、不得有不正当经济活动、不得有不正当利益交往等。

司法官身份地位规范规定司法官的权利和权力，法效果是具有司法官身份者，即拥有这些规范赋予的权力，享有这些规范界定的权利。具体包括行使职权不受干涉的权利，非因法定事由不被免职、停职的权利，非因依法律规定条件或本人同意不被迁调的权利，非法定事由经法定程序不被惩戒的权利，获得与其资历和能力相应的司法官级别的权利，获得与其级别相应的薪俸的权利，进修培训的权利等。

司法官身份保障规范是保证司法官身份义务规范和地位规范得以实施的各种条件，如司法官获得薪俸权利需要的薪俸标准，司法官级别对应的晋升程序，司法官义务遵守及免职、停职对应的惩戒程序，评估司法官行为是否合乎

---

① 《中华人民共和国职业分类大典》（2015 版）第 1-02（GBM0-2）词条、第 2-08（GBM2-3）词条。

六、检察人员分类管理与职业保障

地位规范及义务规范的考核程序，以及与迁调对应的职务变动条件及程序，有关司法官职务保有和权利行使的任期保障或限制规定等。法效果符合这些规范的构成要件时，方可发生因违反义务产生的后果，或积极权利的实现及消极权利的限制。

司法官身份规范，与公务员和其他法律职业相比，规定了更高的任职条件，更严格的义务规则，更崇高的地位和相应更严密充分的身份保障。正是这些特别的规范，从法律上将司法官与其他职业相区别，通过司法官身份法的实施，在现实生活中也将司法官与公众和其他公职人员相区别。而讨论司法官身份规范及职业保障制度的特殊重要性，一个前提便是，承认司法制度本身的特殊性，[1] 所谓尊重司法规律，也就是要认同司法与社会其他部门的适度距离，[2] 一切相关制度设计，都要围绕这种规律展开。

以此审视中国大陆的法官法和检察官法，其立意首先是管理，《法官法》第1条列明的立法目的，依序为提高法官素质、加强对法官的管理、保障法院独立行使审判权、保障法官依法履行职责，检察官法立法目的之表述类同。全国人大常委会2006年和2007年对法官法和检察官法实施情况的报告亦表明，法官法和检察官法实施十多年的主要成效在于管理方面，职业保障由于配套措施的缺乏而一直处于待落实的状态。[3] 中国大陆关于司法官职业保障的诸多研究也认为法官法检察官法没有得到贯彻，是司法官职业保障不足的重要原因，[4] 而完善的路径则是落实法官法、检察官法。[5] 法律实施效果固然受多种因素影响，但从结构来看，法官法和检察官法之中，司法官身份地位规范供给不足，司法官身份保障规范之中严重缺乏程序条件，这样不具有规范性的法律

---

[1] 参见林来梵、刘练军：《论宪法政制中的司法权——从孟德斯鸠的一个古典论断说开去》，载《福建师范大学学报（哲学社会科学版）》2007年第2期。

[2] 参见许章润：《"司法权威"：一种最低限度的现实主义进路》，载《社会科学论坛》2005年第8期。

[3] 顾秀莲：《全国人大常委会执法检查组关于检查〈中华人民共和国法官法〉和〈中华人民共和国检察官法〉实施情况的报告》，载《全国人民代表大会常务委员会公报》2006年第7期；顾秀莲：《全国人大常委会执法检查组关于跟踪检查〈中华人民共和国法官法〉和〈中华人民共和国检察官法〉实施情况的报告》，载《全国人民代表大会常务委员会公报》2007年第6期。

[4] 高洪宾：《法官的职业保障亟待改善——〈法官法〉颁布十周年有感》，载《法律适用》2005年第7期；钱锋：《法官职业保障与审判独立》，载《法律适用》2005年第1期。

[5] 宁杰、程刚：《法官职业保障之探析——以〈法官法〉中法官权利落实为视角》，载《法律适用》2014年第6期。

规定，即便没有其他因素制约，亦很难产生良好的法效果。法官法和检察官法本身规范性不足，也导致其没有能力确立司法官身份的特殊地位，"末位淘汰"之类层出创新的管理制度也就不足为奇了。①

（三）司法考核制度的定位

司法考核制度属于司法官身份法的组成部分，作为司法官身份保障规范之一，作用是评估司法官行为是否合乎地位规范及义务规范，与司法官晋升、薪俸、惩戒等制度相关联。司法考核在司法官职务评定及晋升、薪俸、惩戒等制度中的功能，首先是作为司法官等级晋升等的程序条件，其次是考核结果作为职务评定等的参考信息，最后是考核结果作为惩戒审查程序的启动条件之一。

兹以我国台湾地区法官考核为例，说明司法考核制度与司法官身份保障规范之中其他制度的关系。我国台湾地区法官考核首先是作为法官职务评定的参考，每三年一次的法官全面评核和每年至少两次的平时考评均作为法官职务评定的参考。② 职务评定则是职务晋级、晋升上级法院职务、薪俸奖励的依据。③ 我国台湾地区法官职务评定分良好和未达良好，评定为良好者可获得职务晋级及薪俸奖励；迁调（晋升）上级法院职务时，遴选的要件之一是最近5年职务评定无未达良好的情形。我国台湾地区法官考核结果与法官惩戒、处分也有关联，但仅为启动惩戒、处分审查程序的一个条件。据"法官法"规定，"司法院"进行的法官全面评核，如果发现有应当个案评鉴的事由，即应移送法官评鉴委员会进行个案评鉴。所谓个案评鉴，是指法官涉嫌严重违反司法行为规则及司法伦理规则时，由"法官法"规定的适格主体提出申请，法官评鉴委员会进行审查，法官全面评核发现应付个案评鉴仅为启动途径之一。④ 经审查确有严重违反司法行为规则及司法伦理规则情形，依情节严重程度分两个途径处理。对于较为严重有惩戒必要者，报由"司法院"移送监察院审查弹

---

① 周玉国、陈东：《周口中级法院：法官绩效考核实行末位淘汰制》，载《河南法制报》2008年12月4日；杨永辉、郑洪清：《北京西城区法官末位淘汰》，载《北京青年报》2001年4月8日；《河南查贪腐"末位淘汰"竞赛？"后进单位问责"引争议》，载《法制日报》2009年11月4日；马超欣：《张家界市人民检察院"试水"末位淘汰制》，载 http://hn.rednet.cn/c/2013/03/29/2956474.htm，访问日期：2015年8月23日。

② 中国台湾地区"司法院""各级法院法官评核办法"第8条。

③ 中国台湾地区"司法院""法官职务评定办法"，2012年6月26日院台人三字第1010017918号；"司法院"、"考试院""法官迁调改任办法"，2012年9月21日院台人法字第1010026935号、考台组贰一字第10100079011号。

④ 中国台湾地区"法官法"第30、35条；中国台湾地区"司法院""法官评鉴委员会评鉴实施办法"，2011年12月30日院台人一字第1000033485号。

劾，"监察院"决定弹劾后移送职务法庭审理；无惩戒必要者，由"司法院"交付"司法院"人事审议委员会审议。① 在我国台湾地区相当复杂的司法官晋升、惩戒处分制度中，法官考核的作用是过程性的，考核本身不产生权利处分的结果。对照法国的制度，司法考核的作用也是过程性的。②

司法考核作为一种评估，本身不具有决定司法官身份事项的法效果，因而司法考核制度是一项过程性制度。司法考核、司法官晋升、薪俸保障、惩戒等相互关联形成为动机反馈系统，司法考核目标之实现，有两个阶段，第一阶段是通过合理激励方式的选择对司法过程进行客观评估，第二阶段则是通过司法考核结果的运用实现设定的目标。在这个意义上，也可以说司法考核制度具有从属性，须服务于司法官身份保障的其他制度，如晋升、薪俸保障、惩戒等制度。

三、司法考核规范性之条件

虽然司法考核本身不具有决定司法官身份事项的法效果，是一项过程性制度，具有相当程度的从属性，但其作为司法官身份保障规范的组成部分，是对司法过程中司法官行为的评估，亦应当是规范化的规则。所谓规范化，就不仅意味着要有明确的司法考核规则，并且这些规则还应当包含规范性的构成要件和法效果两个必要要素，③ 是形式与实质相统一的法律规范。④ 概言之，司法考核规范应当包括考核主体及其权限、考核内容及标准、考核信息获取、考核结果生成、考核结果的运用、受考核者的救济程序等具体规则均应由法律规定，每一具体规则应当符合法律规范性条件，即综前文所述，司法考核规范性之条件主要是各环节事项及程序的确定性。

第一，司法考核主体及其权限的确定性。司法考核主体及其权限必须以法律规范的形式予以确定，意义在于，首先，司法考核的实施也是一项权力的执行，也应当受法定权限和程序的约束，并且对考核行为本身也应当进行职务监

---

① 中国台湾地区"法官法"第 39、40、51 条。
② 法国《司法官身份法》（Loi organique relative au statut de la magistrature）第 12 – 1 条。
③ ［德］卡尔·拉伦茨：《法学方法论》，陈爱娥译，商务印书馆 2003 年版，第 132 页。
④ 周永坤：《司法的地方化、行政化、规范化——论司法改革的整体规范化思路》，载《苏州大学学报（哲学社会科学版）》2014 年第 6 期；朱继萍：《法律规范的意义、结构及表达》，载《法律科学》2007 年第 4 期；魏枝勋：《法律规范结构理论的批判与重构》，载《法律科学》2008 年第 5 期。

督；其次，司法考核的客观公平需要考核实施机构组成本身符合公正性的要求，其组成规则及权限的确定性是一个基本保障。

第二，司法考核内容及标准的确定及透明。司法考核内容及标准之确定及透明的意义首先在于，如果考核内容及标准处于随时变动状态，就很难避免非司法因素通过考核对司法过程进行干预；其次，客观公正的实现需要确定及透明的司法考核内容及标准，通过司法考核将司法道德准则及司法行为准则具体化，使司法官的行为能够受到考核的正向激励。此外，确定及透明的司法考核内容及标准亦利于对其进行持续的研究以便改进。

第三，司法考核程序的确定性。司法考核程序包括考核信息获取、信息分析和结果生成，考核信息从哪些来源获取，由谁获取，考核信息如何分析，由谁以何种方式生成考核结果，均须确定。意义在于，首先，避免考核信息获取和分析方法差异造成的不公平，使用尽量充分的信息和合理的分析方法才能避免考核的不客观；其次，考核结果并不同于考核信息，由谁以何种方式生成考核结果的确定性，也足以影响司法考核的客观公正。

第四，司法考核结果运用的确定性。司法考核本身只是一个评估，经由结果运用产生法律上的效果，因而考核结果运用的确定性意味着在适用司法考核的场合，司法官身份保障的确定性。司法考核结果运用的确定性包括运用主体、场合、程序的确定性，以及受考核者救济程序的确定性。

司法考核规范必须服从其宗旨，即司法考核是司法官身份保障制度之组成部分，而非对司法官的管制，司法考核的具体规则也应以满足其规范功能为限。

四、结论：检察官考核制度的规范化

综上对司法考核制度的性质之分析可知，考核是司法官身份法和司法组织法的组成部分，作为司法官身份法之中的保障规范之一部分，司法考核制度具有过程性和从属性。司法考核服务于司法官晋升、薪俸保障、惩戒等制度，其本身并不直接产生决定司法官身份事项变动的法律效果。

无论从理论、实践抑或比较的立场来看，司法考核的性质均系法律制度而非内部管理机制，虽然考核常常作为各类组织机构的管理机制运用，但司法权及司法机关的性质决定了司法考核的法律属性。

就理论立场而言，司法考核的制度基础是司法独立与民主问责的平衡，在司法独立程度不足以带来足够程度的公众信任，或司法制度本身的架构需要更多回应民主问责需求时，司法考核制度作为替代及补充功能的制度出场。这一制度背景决定了司法考核并非因为有权力就要有监督这样的观念而设置，而是在司法权威与公众信任的良性互动中发挥作用，因而司法考核并不是内部的随时变动的管理机制，而是有确定目标和功能的制度。

从实践层面来看，司法考核关涉司法过程的顺畅运行，司法职能的稳妥行使，司法官行为的勤勉尽职。由于司法过程、司法职能、司法官行为本身的规范性，司法考核规则亦应当具有规范性，其对司法过程及司法官行为应当提供确定、可预期、客观的评估。因而司法考核若作为政策性的内部管理机制，就与其评估的对象不匹配。从司法考核的效用来看，司法考核应为法律规范。

在建立有司法考核制度的成文法国家和地区，司法考核制度在法律规范中的定位是司法官身份法。司法官身份法的主要规范包括，对司法官身份的界定，司法官地位的保障，对司法官行为的限制，司法官等级和任职条件，司法官选任、晋升、迁调条件及程序，司法官职业道德准则及惩戒机制。司法考核作为一种评估，本身不具有决定司法官身份事项的法效果，是一项过程性、从属性制度，须服务于司法官身份保障的其他制度，如晋升、薪俸保障、惩戒等制度，通过考核结果的运用产生法律效果。

中国大陆司法制度虽有自身特色，亦为具有司法权基本性质和特征的制度，司法考核也应是司法制度的组成部分，是属于司法官身份法范畴并与诉讼制度等相关联的一项法律制度，其制度目标、规则属性、改进路径均应是法律的而非政策的。

检察官作为司法官，其考核制度应当作为检察院组织法和检察官法的组成部分来重新构建。具体而言，考核应当与晋升、薪俸保证、惩戒等制度一起，构建完整的检察官职业保障制度，使考核制度从内部工作机制上升为法律，实现真正意义上的规范化。

日本检察官的工资制度及其启示

韩 啸[*]

由于先后受到大陆法系与英美法系的影响,日本形成了独具特色的检察制度。日本检察官公诉权和搜查权的普遍性、检察厅兼具行政与司法的双重属性、检察官适格审查委员会的科学运行、检察官的特色养成机制等,均体现出独特的日式检察特色而为世人所广泛关注。除了上述特色以外,日本检察官的工资制度亦颇具代表性。虽然未纳入单独序列,但日本检察官实行了区分对待的工资制度,部分检察官执行行政职级的特别标准,使得工资高于同职级的一般公务员。

一、日本的检察厅与检察官

(一) 日本的检察厅

日本实行审检合署制,检察厅对应配置于同级法院之内。检察厅共分四级,依层级依次为最高检察厅、高等检察厅、地方检察厅和区检察厅,分别配置于最高法院、各高等法院、各地方法院和各简易法院之内。

日本检察厅隶属于法务省。据法务省官方网站显示,检察厅组织地位及机构如下图所示:(见下页)

如图所示,日本检察厅在机构性质上属于"特殊机关",地位略高于法务省管辖的其他内部部局。

(二) 日本的检察官

依昭和二十二年颁布的日本《检察厅法》,检察厅设置检察官、检察事务官及检察技官。[①] 检察事务官受上级命令负责处理检察厅事务、辅佐检察官并受其指令实施搜查。检察技官受检察官指挥从事技术工作。检察事务官和检察技官工资待遇与一般行政职员无异,不在本文讨论范围。本文主要研究日本检

---

[*] 作者简介:韩啸,国家检察官学院讲师、法学博士。
[①]《检察厅法》(昭和二十二年四月十六日法律第六十一号),第27、28条。

六、检察人员分类管理与职业保障

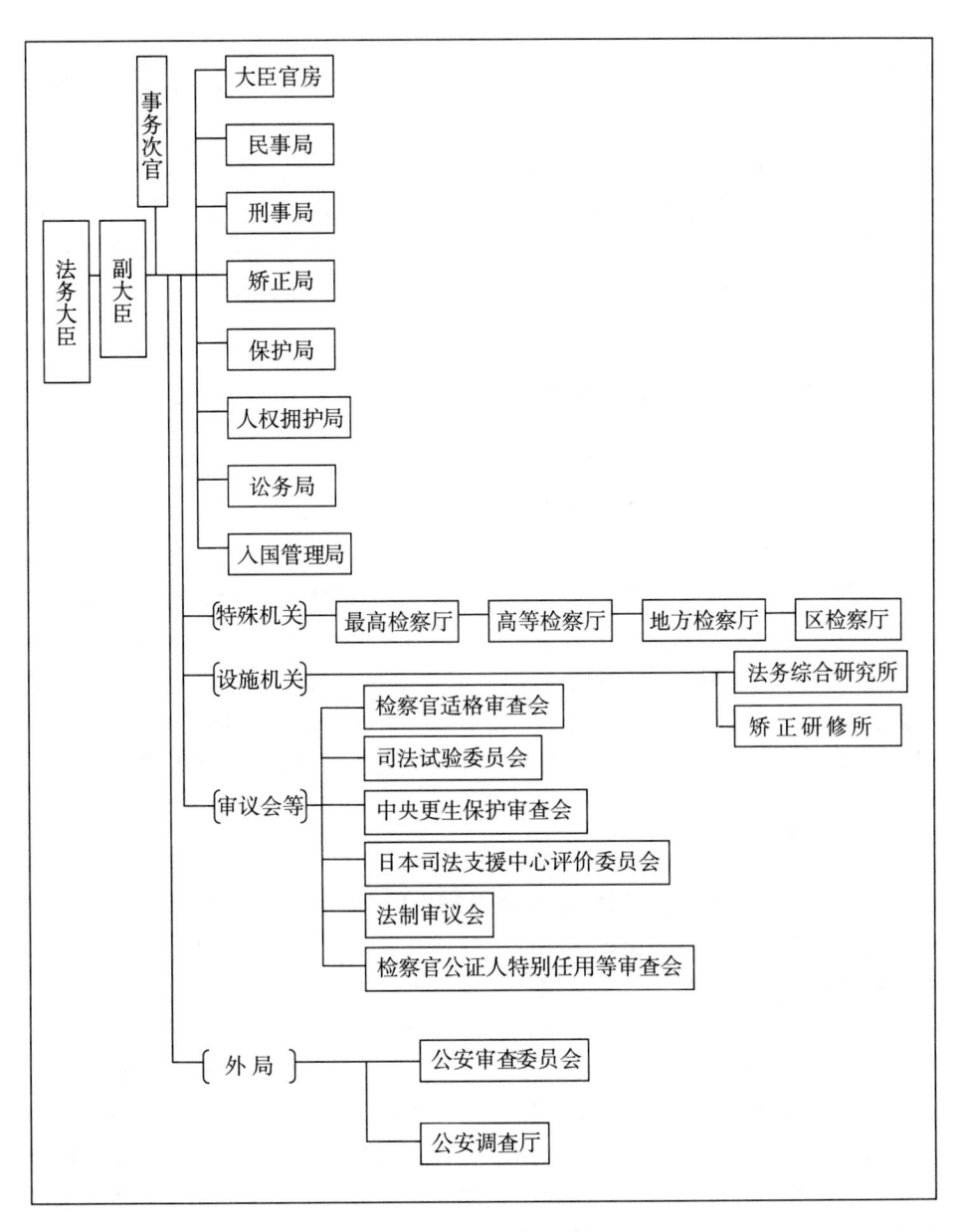

```
法务大臣 ── 副大臣 ── 事务次官 ┬ 大臣官房
                              ├ 民事局
                              ├ 刑事局
                              ├ 矫正局
                              ├ 保护局
                              ├ 人权拥护局
                              ├ 讼务局
                              └ 入国管理局
         ├ 特殊机关 ── 最高检察厅 ── 高等检察厅 ── 地方检察厅 ── 区检察厅
         ├ 设施机关 ┬ 法务综合研究所
         │         └ 矫正研修所
         ├ 审议会等 ┬ 检察官适格审查会
         │         ├ 司法试验委员会
         │         ├ 中央更生保护审查会
         │         ├ 日本司法支援中心评价委员会
         │         ├ 法制审议会
         │         └ 检察官公证人特别任用等审查会
         └ 外局 ┬ 公安审查委员会
                └ 公安调查厅
```

日本法务省组织机构图①

---

① 该图为笔者根据日本法务省官方网站显示图例，选取于本文直接相关的信息所制。详情参见网址：http://www.moj.go.jp/content/000121497.pdf。

察官的工资制度。依《检察厅法》，检察官依职级高低依次为检事总长、次长检事、检事长、检事及副检事。① 检事总长是最高检察厅的最高长官，掌理厅务，有权指挥监督所有检察厅的职员。次长检事是最高检察厅的属官，辅佐检事总长处理事务，检事总长因事或缺位时代为行使职务。检事长是高等检察厅的长官，掌理厅务，有权指挥监督该高等检察厅及其对应的法院管辖范围内的地方检察厅及区检察厅的职员。各地方检察厅设检事正一人，负责掌理厅务，有权指挥监督该地方检察厅及其对应的法院管辖范围内的区检察厅的职员。

二、日本检察官的工资体系

（一）日本公务员的工资体系

日本的《国家公务员法》确定了职位分类的理念，日本公务员的主管机关人事院以职务的复杂程度、困难程度及责任大小为标准，考虑到工作的强度、时间、环境等条件，将职级以表格形式呈现并分配以不同的俸号，每个俸号配以有区别的工资数额，这即是日本公务员"俸给表制度"。为落实职位分类理念，日本《一般职员工资法》继续采用表格的形式，将一般国家公务员分为行政职、专门行政职、税务职、公安职、海事职、教育职、研究职、医疗职、福祉职、专门工作职和指定职，共计十一大类。每类职务类别均划分了级别、俸号和相应的工资数额。

（二）日本检察官区别对待的工资体系

依据日本《检察官工资法》，内阁总理大臣与法务大臣共同商定检察官俸号的确定标准，由法务大臣确定初任、升任及其他检察官的俸号。检察官的工资月额以俸给表形式附于该法末尾。检察官俸给表依次显示了检事总长、次长检事、检事长，一号至二十号检事以及一号至十七号副检事的俸号与对应工资数额。值得注意的是，日本采取了区别对待的检察官工资体系。根据《检察官工资法》第 1 条规定，检事总长、次长检事及检事长的工资待遇，依照《特殊职员工资法》（昭和二十四年十二月十二日法律第二百五十二号）的规定执行；享受一号到八号待遇的检事、享受该法第 9 条规定的固定工资月额的副检事、享受一号或二号待遇的副检事，依照《一般职员工资法》（昭和二十五年四月三日法律第九十五号）中"指定职务俸给表"所列的待遇执行；其余检察官执行一般公务员的工资标准。因此，依据检察官工资执行标准，日本

---

① 《检察厅法》（昭和二十二年四月十六日法律第六十一号），第 3 条。

的检察官可分为三类：一是检事总长、次长检事及检事长，为行文方便，可称其为高级别检察官；二是享受一号到八号待遇的检事、享受该法第9条规定的固定工资月额的副检事、享受一号或二号待遇的副检事，为行文方便，暂称其为中高级别检察官；三是其他的中高级以下的检察官。

1. 检事总长、次长检事及检事长等高级别检察官的工资体系

根据日本《特殊职员工资法》规定，检事总长、次长检事及各高等检察厅检事长的工资待遇，主要包括如下几项：月基本工资，地域补贴、通勤补贴和期末补贴。此外，《检察官工资法》规定，次长检事及检事长，享受单身赴任补贴；[1] 在寒冷地区工作的检事长，享受寒冷地补贴。[2]

2. 中高级别及以下检察官的工资体系

日本一般公务员的工资由如下几项构成：月基本工资，法律规定的特别调整额，本部门业务调整补贴，初任职调整补贴、专门工作职调整补贴、扶养补贴、地域补贴、远距离调动补贴、研究员调整补贴、居住补贴、通勤补贴、单身赴任补贴、特殊工作补贴、特别地域工作补贴、加班补贴、假日补贴、夜班补贴、值班补贴、管理职员特别工作补贴、期末补贴及勤勉补贴等。[3] 相对于一般公务员，所有检察官均不享受工资特别调整额、加班补贴、假日补贴、夜班补贴及值班补贴。[4] 所以普通检察官的工资包括如下几项：月基本工资、本部门业务调整补贴、初任职调整补贴、专门工作职调整补贴、扶养补贴、地域补贴、远距离调动补贴、研究员调整补贴、居住补贴、通勤补贴、单身赴任补贴、特殊工作补贴、特别地域工作补贴、管理职员特别工作补贴、期末补贴及勤勉补贴等。

三、日本检察官工资制度的特点

（一）专法规范，适时调整

日本《检察厅法》规定，"关于检察官的工资，由其他法律规定"。[5] 为

---

[1] 《検察官の俸給等に関する法律》（昭和二十三年七月一日法律第七十六号），第2条。

[2] 《検察官の俸給等に関する法律》（昭和二十三年七月一日法律第七十六号），第3条。

[3] 《一般職の職員の給与に関する法律》（昭和二十五年四月三日法律第九十五号），第5条。

[4] 《検察官の俸給等に関する法律》（昭和二十三年七月一日法律第七十六号），第1条。

[5] 《検察庁法》（昭和二十二年四月十六日法律第六十一号），第21条。

了更好地落实检察官工资待遇,日本于昭和二十三年七月一日颁布《检察官工资法》,并在随后的近 70 年中进行了 50 次修改,最近的一次修改是平成二十八年(2016 年)一月二十六日。该法中就检察官的每月的月工资数额,以俸给表的形式分级分号,作为落实工资待遇的标准。

日本检察官实行浮动工资制,可升可降。由于工资普遍高于一般公务员,以至于曾出现过检察官工资过高而适当下调的情况。可查的检察官下调工资事件就曾于 2005 年和 2016 年发生过两次。以 2016 年下调工资为例,从检事总长、次长检事、检事长、检事到副检事,其工资依次分别减少了原有工资数额的 20%、15%、10%、9.77%、7.77%、4.77%,该下调举措由《检察官工资法》规定。

(二)高额月俸,阶梯增长

1. 检事总长、次长检事及检事长等高级别检察官

由法务省的组织机构图可知,检察厅是作为"特殊机关"而设置,与法务省内部部局、审议会、设施机关、外局等机构并行存在。依照行政机关级别待遇的通行惯例,相同地位的行政机关一般处于相同的级别。行政机关的级别决定了该行政机关最高长官的级别。因此,相同地位的行政机关的最高长官,往往处于相同的职级,享受相同或相近的待遇。如法务省组织机构图所示,与最高检察厅同等地位的行政机关,如司法试验委员会、中央更生保护审查会、公安审查委员会等,应当处于相同的级别。以最高检察厅的最高长官检事总长为例,其应与上述平行机构的最高长官处于同等职级、享受相同或相近的待遇。然而实际情况是,日本《特殊职员工资法》所列的"中央更生保护审查会委员长"的工资月额为 1035000 日元;反观《检察官工资法》,最高检察厅检事总长的工资月额为 1466000 日元。也就是说,最高检察厅检事总长的月工资,高于相同级别的其他公务员月工资的比例为 29.4%。

2. 俸号一到八的检事、享受法定工资月额及俸号一或二的副检事等中高级别检察官

对于中高级别的检察官,《检察官工资法》规定,其工资标准参照《一般职员工资法》中所列"指定职俸给表"执行。《一般职员工资法》所列指定职俸给表 1 所示。根据表 1 不难推算,指定职一号到八号的平均月工资为 932750 日元。

六、检察人员分类管理与职业保障

号俸	俸給月額
1	706,000
2	761,000
3	818,000
4	895,000
5	965,000
6	1035,000
7	1107,000
8	1175,000

表1①

然而，根据《检察官工资法》，上述中高级别检察官的"应发"工资月额如表2所示：

适	一号	1175,000？
	二号	1035,000？
	三号	965,000？
	四号	818,000？
	五号	706,000？
	六号	634,000？
	七号	574,000？
	八号	516,000？
副适	固定额	634,000？
	一号	574,000？
	二号	516,000？

表2②

根据表2所示数据，可推算出上述中高级别检察官的"应发"月工资的平均值740636日元/月。由于参照《一般职员工资法》所列"指定职俸给表"

---

① 《一般職の職員の給与に関する法律》（昭和二十五年四月三日法律第九十五号），"別表十一"。

② 该表格由笔者根据《検察官の俸給等に関する法律》第9条及"别表"所制。

— 951 —

执行，中高级别检察官可享受平均每月932750日元的"实发"工资标准。经比较不难得知，中高级别检察官的月"实发"工资比"应发"工资平均高出了20.6%。

3. 中高级别以下的检察官

根据《检察官工资法》第1条的规定，除检事总长、次长检事、检事长、工资号一到八的检事、享受法定工资月额及工资号一或二的副检事以外，一般的检察官，其工资标准依据一般公务员执行。也就是说，他们不享有检察官工资待遇上的特别优遇，与一般行政机关工作人员无异。

（三）合理风险，有效救济

日本《检察厅法》规定，如果由于检察厅撤废等事由而致员额减少，该撤废检察厅的检事长、检事与副检事暂时无法上岗，应发放其工资的50%。[①] 同时，还应发放扶养补贴、地区补贴、远距离调动补贴、居住补贴、期末补贴和寒冷地区补贴等。

四、日本检察官工资制度的评价

（一）有利于维护检察官的独立地位

日本的检察官主要承担犯罪的侦查与公诉，监督刑事案件的判决和裁定，并请求法院通知特定事项并陈述意见等职权。责任的重大加之职业的复杂性与危险性，需要政府为之提供高质量的生活保障，免除其后顾之忧。优渥的经济保障降低了检察官贪污受贿的风险，使其行使职权免受经济因素的干扰，从而有利于维护检察官的独立地位。

（二）有利于激励检察官的进取热情

日本检察官实行有区别的工资标准。通过上文分析可知，检事总长、次长检事、检事长等位于金字塔尖的高级别检察官，其工资待遇比同级别公务员高出近30%；工资号一到八的检事、享受法定工资月额及工资号一或二的副检事等中高级别检察官，由于执行"指定职"工资标准，其"实发"工资比"应发"工资平均增长了20%强；而对于其他的检察官，其工资待遇与其他行政机关的普通公务员无异，不享受检察官的特别优待，甚至由于检察官职业的特殊性，某些补贴还少于普通公务员。由此可见，检察官职位越高，其工资待

[①] 《检察厅法》第24条："検事長、検事又は副検事が検察庁の廃止その他の事由に因り剰員となつたときは、法務大臣は、その検事長、検事又は副検事に俸給の半額を給して欠位を待たせることができる。"此条规定了过剩员额情形下的工资发放原则。

遇的相对增长幅度越大。这无疑是鼓励检察官提高业务素养、激励检察官追求晋升并激发其工作勤勉与积极性的有效机制。

(三) 有利于增强检察官的职业尊荣

工资是职员从事某项特定工作的经济回报,这种回报与工作的功能与实效紧密关联。从这个意义来讲,工资待遇某种程度上反映了职业的定位与价值,反映了社会对职业的需求与评价。根据《检察官工资法》所示,检事总长的工资月额为 1466000 日元。而根据《特殊职员工资法》,享受这一工资标准的主体是"国务大臣、会计检查院长、人事院总裁"。最高检察厅是设于法务省的特殊机关,检事总长对法务大臣负责,二者是上下级隶属关系。可见,检事总长虽职位较法务大臣为低,工资待遇却与之相同。无独有偶,工资号一到八的检事、享受法定工资月额及工资号一或二的副检事等中高级检察官,其工资标准参照《一般职员工资法》所列"指定职俸给表"执行,而"指定职俸给表"的适用对象是事务次官、外局长官、试验所或研究所长、医院院长或疗养所所长等①,均是职级远高于检察官的高级公务员。位低而薪高,意味着检察官职业在经济层面获得了较高的社会评价,从而使得检察官群体享有较高的职业尊荣感。

五、日本检察官工资制度对我国的启示

(一) 健全检察官工资相关法规

为规范检察官工资制度,日本采取了各级《公务员法》作出原则性规定,《特别职员工资法》和《一般职员工资法》作出普遍性规定,《检察官工资法》作出专门性规定的方式。共性与个性相结合的立法体系,体现出检察官工资待遇的规范与特殊。当前,为我国检察官工资制度提供原则性与具体性规范的文件,主要是《中华人民共和国公务员法》、《国务院关于改革公务员工资制度的通知》、《检察官职务序列设置暂行规定》等,调整公务员工资的规范性法律文件尚未出台,遑提调整检察官工资的专门法规和配套的实施细则。检察官工资制度是需要精细化规范的系统工程,迫切需要出台专门法规进行调整。建议完善检察官工资相关法规,并出台细则保障其贯彻落实。

(二) 提高检察官工资待遇水平

在现行公务员工资制度下,检察官应采取行政职级与检察官序列等级相挂

---

① 《一般職の職員の給与に関する法律》(昭和二十五年四月三日法律第九十五号),"別表十一"备注。

钩的方式确定检察官工资的标准,该标准应由最高人民检察院会同组织部门、财政部门、编制部门等相关机构制定。应完善地区附加津贴,增加检察官津补贴种类及金额,提高检察官工资待遇水平。我国现行的公务员工资共包括六大部分,即职务工资、职级工资、地区附加津贴、艰苦边远地区津贴、岗位津贴和年终奖。在公务员所有上升的工资构成中,除了地区附加津贴外,均已由中央政府统一制定了标准。① 其中,"地区附加津贴制度实施方案"尚未出台。我国正处于高速发展阶段,东南沿海与中西部地区经济发展水平、物价水平和消费水平均存在较大差异。建议综合当地检察官人数、人口密度与规模、物价水平、经济发展水平等指标,制定科学标准,按照检察官所在地区工资标准,制定有差别的地区附加津贴,保证各地区检察官的购买力相当。此外,由于职务的特殊性,除了与普通公务员相同的津补贴条目外,检察官还应适当增加津补贴种类,提高津补贴金额。例如,可借鉴增加日本检察官的单身赴任津贴、住房补贴、扶养补贴等津贴种类,依据有差别的地区标准适度提高交通补贴金额。目前,在新一轮司法改革过程中,检察官工资上调已为试点省份所逐步实施。"上海公布入额法官、检察官薪酬调整水平,暂时按高于普通公务员43%的比例安排;青海省计划将法官、检察官的平均工资提高50%;在深圳,每名法官工资约增长了1500元左右。"②

(三)增强检察官工资管理透明度

在日本公务员工资管理方面,主管部门人事院及相关机构在官方网站上公布工资标准、文件、数据及调研报告,即时更新法律文本,所有工资信息全部向社会公开。任何组织或公民均可通过政府信息公开网站"电子政府综合窗口"③,随时查询包括检察官在内的所有公务员的工资级别和数额。人力资源和社会保障部下设的工资福利司④是我国公务员工资主管机构。人力资源和社会保障部的官方网站所列的"政府公开目录"中,罗列了各类公开信息1600

---

① 参见刘昕、董克用:《公务员工资水平调查比较制度:我国政府的困境与对策》,载《公共管理学报》2016年第1期。

② 《司改让法官检察官更体面 法官助理工资提高近一半》,载《法制日报》2015年7月30日。

③ 参见"电子政府综合窗口":http://law.e-gov.go.jp/cgi-bin/idxsearch.cgi。

④ 工资福利司主要负责"拟定机关、事业单位工作人员工资收入分配、福利和离退休政策,牵头拟定驻外使领馆工作人员、驻港澳地区内派人员和机关事业单位驻外非外交人员工资政策;承担中央国家机关所属事业单位工资总额管理工作"。参见人力资源和社会保障部官方网站"主要职责和内设机构"页:http://www.mohrss.gov.cn/gkml/xxgk/201304/t20130407_97387.html,访问日期:2016年5月15日。

余件，但未收录公务员工资收入情况。① 公开透明的工资制度有利于约束和规范工资管理部门，便于社会对于公务人员工资收入的了解，有助于吸引和激励人才。建议我国借鉴日本的做法，规范检察官收入分配秩序，将包括检察官在内的公务员工资管理制度、法律法规与政策文件、工资标准、调整方式等信息逐步公开化，增强检察官工资透明度，激励人才进步，消除公众质疑。

---

① 参见人力资源和社会保障部官方网站"政府公开目录"页：http://www.mohrss.gov.cn/gkml/index2.htm，访问日期：2016年5月15日。